一、领导调研

时任宁夏回族自治区党委书记李建华视察学科建设（2017）

时任宁夏回族自治区党委书记石泰峰视察中俄人文合作（2018）

宁夏回族自治区主席咸辉视察基地建设（2017）

中央巡回督察组视察（2019）

宁夏回族自治区党委常委、组织部长石岱
考察人才工作（2019）

宁夏回族自治区人大常委会副主任袁进琳
考察调研（2017）

宁夏回族自治区副主席王和山调研
学科建设（2018）

教育部专家组考察"211工程"学科
建设项目（2012）

教育部社会科学司谭方正副司长调研
基地建设（2019）

中山大学党委书记陈春生
考察调研（2018）

二、研究成果

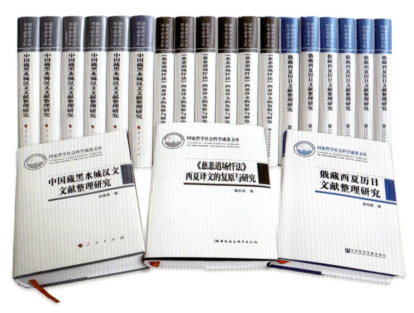

入选"国家哲学社会科学成果文库"成果

《西夏文献研究丛刊》

《西夏学》集刊

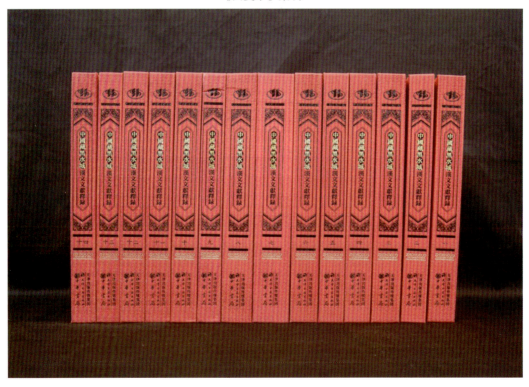

《中国藏黑水城汉文文献释录》

全彩写真《天盛改旧新定律令》

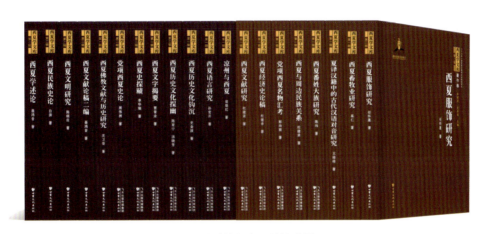

"西夏学文库"首批成果

三、学 术 交 流

第三届西夏学国际学术论坛暨王静如学术思想研讨会（2013）

第四届西夏学国际学术论坛暨河西历史文化研讨会（2015）

第五届西夏学国际学术论坛暨黑水城历史文化研讨会（2017）

第六届西夏学国际学术论坛（2019）

首届民族学贺兰山论坛（2019）

首届民族学贺兰山论坛留念（2019）

黑水城文献与西夏学论坛（2014）　　　　　西夏学基地建设 15 周年研讨会（2016）

北方民族与丝绸之路博士后论坛（2015）　　　第四届西夏学博士后论坛（2018）

朔方论坛暨青年学者研讨会（2017）

辽宋夏金时期中国行政区划与地域文化工作坊（2019）

南北民族史学对话工作坊（2019）

西夏建都兴庆府 980 周年学术研讨会（2018）

国家社科基金重大招标项目"西夏通志"开题（2016）

教育部哲学社会科学重大委托项目开题（2017）

《西夏大词典》编纂工作会议（2016）

《西夏文物》编纂研讨会（2012）

《西夏文物》工作会议（2015）

西夏学研究院教学科研基地在
阿拉善博物馆揭牌（2015）

西夏学专家来访（2016）

北京大学燕京学社留学生访学交流（2016）

杜建录教授在哈佛大学学术会议上发言（2014）

《神秘西夏》《正说西夏》首发式暨出版座谈会（2016）

《西夏文物》内蒙古编甘肃编首发（2015）

《西夏学文库》首发座谈会（2018）

"西夏学文库"首发座谈会（2018）

四、中俄合作

时任宁夏回族自治区党委书记石泰峰出席中俄人文合作研究项目签约仪式（2018）

时任宁夏回族自治区党委书记石泰峰出席中俄人文合作研究项目签约仪式（2018）

时任宁夏回族自治区党委书记石泰峰考察中俄西夏学合作成果（2018）

出席俄罗斯亚洲博物馆成立 200 周年学术研讨会（2018）

俄中西夏学联合研究成果发布会（2017）

俄罗斯科学院东方文献研究所所长波波娃讲座（2013）

和冬宫博物馆专家座谈（2017）

西夏学研究院和冬宫签订合作协议（2018）

再访俄中西夏学联合研究所（2018）

中俄西夏学合作研究成果出版座谈会（2016）

中俄西夏学联合研究项目研讨会（2018）

五、人才培养

2012 届博士研究生毕业合影

2012 届硕士研究生毕业合影

2013 届博士研究生毕业合影

2013 届硕士学位论文答辩合影

2014 届博士学位论文答辩合影

2014 届硕士生毕业留念

2015 届博士学位论文答辩合影　　　　　　　　2015 届硕士学位论文答辩

2016 届博士学位论文答辩合影　　　　　　　　2016 届硕士生毕业留念

2017 届博士学位论文答辩合影　　　　　　　　2017 届硕士学位论文答辩合影

2018 届硕士学位论文答辩合影　　　　　　　　2019 届研究生毕业合影

2020 届研究生毕业合影   宁夏大学西夏学研究院校友座谈

第二届西夏文研修班结业留念照片

第三届西夏文研修班结业留念照片

六、服务社会

大型纪录片《神秘的西夏》开机仪式（2013）

杜建录教授代表创作团队发言（2013）

首届文创大赛颁奖（2017）

第二届文创大赛颁奖（2018）

产学研融合基地揭牌（2019）

文创研发基地（西夏陵国家考古遗址公园）

文创研发基地（银川西夏博物馆）

文创研发基地（宁夏图书馆）

文创研发基地（甘肃武威文庙）

文创研发基地（甘肃武威博物馆）

文创研发基地（银川西夏风情园）

教育部学科评估组专家调研文创基地

教育部人文社会科学重点研究基地建设二十周年纪念

西夏学论集

（2011—2020）

杜建录　主编

科 学 出 版 社
北 京

内 容 简 介

本书共计四编，分别为"西夏历史研究""西夏艺术研究""西夏语言文字研究""西夏文献研究"，以探讨西夏学为主要内容，兼及对辽、宋、金、元等历史展开研究。本书在史论结合的基础上，论述了 2011—2020 年西夏学发展的若干基本问题、主要特点及其基本规律，资料翔实，逻辑严密，观点新颖，论证充分，深刻分析了西夏学领域内的重大问题，高度概括了 2011—2020 年西夏学发展的特点和规律，并对西夏学的前沿问题进行了有益探索。

本书可供中国古代史等专业的师生阅读和参考。

图书在版编目（CIP）数据

西夏学论集：2011—2020 / 杜建录主编. —北京：科学出版社，2021.10
ISBN 978-7-03-068328-1

Ⅰ. ①西⋯ Ⅱ. ①杜⋯ Ⅲ. ①中国历史-西夏-文集 Ⅳ. ①K246.307-53

中国版本图书馆 CIP 数据核字（2021）第 043840 号

责任编辑：任晓刚 / 责任校对：王晓茜

责任印制：师艳茹 / 封面设计：楠竹文化

科 学 出 版 社 出版
北京东黄城根北街 16 号
邮政编码：100717
http://www.sciencep.com
三河市春园印刷有限公司 印刷
科学出版社发行　各地新华书店经销

*

2021 年 10 月第 一 版　开本：787×1092　1/16
2021 年 10 月第一次印刷　印张：48　插页：10
字数：950 000
定价：398.00 元
（如有印装质量问题，我社负责调换）

序

1999 年，教育部启动高校人文社会科学重点研究基地建设，计划从 1999 年到 2001 年，分三批评选出 100 个左右重点研究基地。最初限定在设有文科博士点的普通高校，当时博士授予单位比较少，应相关省区和高校的强烈要求，适当扩大到部分没有文科博士点的省属大学，当时的评审和建设标准是"唯一"和"一流"，所谓"唯一"，就是说在同一领域只设一个重点研究基地。"一流"，就是研究水平在全国是一流的，或者经过若干年的努力达到全国乃至国际一流。经教育部组织专家通讯评审和实地考察，宁夏大学西夏学研究中心有幸入围，2001 年 3 月，教育部正式发文批准为省属高校人文社会科学重点研究基地，2008 年，经教育部批准更名西夏学研究院。西夏学基地虽然具有唯一性，但要达一流，真正成为国内外研究中心，是一个艰难的历程。

西夏学是 20 世纪初因黑水城文献发现而形成的一门学问，文献整理研究具有特殊意义。基地建设之初，在充分征求国内外专家学者意见的基础上，确立了文献文物资料整理出版、文献文物资料专题研究以及在此基础上的西夏社会历史文化研究的"三步走"战略，先后承担 80 余项国家、教育部以及自治区重大、重点和一般研究项目，组织出版《中国藏西夏文献》（20 册）、《中国藏黑水城汉文文献》（10 册）、《中国藏黑水城民族文字文献》、《西夏文物》（5 编）等大型文献文物丛书，以及《党项西夏文献研究：词目索引、注释与异名对照》（6 卷）、《中国藏黑水城汉文文献释录》（14 册）、《俄藏黑水城汉文文献释录》（4 卷）、《西夏文献研究丛刊》（13 种）等系列研究成果，编辑出版基地刊物《西夏学》。其中，《西夏学》为中文社会科学引文索引（CSSCI）核心集刊，"西夏学文库"计划出版 100 种，目前出版 30 种，分著作卷、论集卷、译著卷，是"十三五"国家重点图书出版规划项目和国家出版基金资助项目，由宁夏大学西夏学研究院和中国社会科学院西夏文化研究中心编辑，陈育宁任编委会主任，史金波、杜建录主编，面向国内外征稿。《中国藏黑水城汉文文献整理研究》《传统典籍中的汉文西夏文献研究》《〈慈悲道场忏法〉西夏译文的复原与研究》《俄藏西夏历日文献整理研究》4 项成果入选"国家哲学社会科学成果文库"。《中国藏西夏文献》《中国藏黑水城汉文文献》被评为教育部基地优秀标志性成果，几十项成果获教育部高等学校科学研究优秀成果奖（人文社会科学）和宁夏回族自治区哲学社会科学优秀成果奖，其中一等奖 9 项。这些研究成果较大提升了中国西夏学的国际地位，增强了中国西夏学的国际话语权。2010 年 6 月 11 日《光明日报》头版报眼位置报道："宁夏大学研究成果再次印证，西夏在中国，西夏学也在中国。"

教育部批准建设西夏学重点研究基地，不仅使西夏学进入了完全意义上的学科建设，而且带动了学校人文社会科学的全面发展。20 年来，西夏学重点研究基地已成为国家重点学科、国内一流学科、教育部和宁夏回族自治区人民政府合建学科群的核心平台，相继牵头建设中国少数民族史国家重点培育学科、中国少数民族史自治区重点学科、中国民族史学理论与回族史西夏史国家"211 工程"学科项目、自治区建设民族学一流学科、部省合建民族学学科群、宁夏回族自治区西夏学人才高地、民族学博士后科研流动站、中国少数民族史博士点、中国少数民族史硕士点、中国古代史硕士点和民族学一级学科博士点。培养上百名西夏学及相关专业硕士、博士研究生，13 篇学位论文获宁夏回族自治区及全国优秀博士、硕士学位论文，其中 1 篇博士论文获全国百篇优秀博士论文提名奖。基地还接受中组部"西部之光"访问学者和宁夏回族自治区党委组织部"基层之星"访问学者。

围绕学科建设，西夏学重点研究基地构建起"西夏学国际学术论坛""民族学贺兰山论坛""民族学与文化旅游产业研究工作坊""朔方论坛""民族学与文化旅游产业大讲堂"等系列学术交流平台。其中，"西夏学国际学术论坛"得到了教育部社会科学司和国际合作与交流司的大力支持，目前已举办 6 届，是最具影响的国际西夏学交流平台。"民族学贺兰山论坛"由宁夏大学、厦门大学、陕西师范大学主办，宁夏大学西夏学研究院（民族学与文化旅游产业研究院）、厦门大学社会与人类学院、陕西师范大学中国西部边疆研究院承办。

　　另外，西夏学重点研究基地相继举办 4 届西夏文研修班，主持召开"黑水城文献出土 100 周年学术讨论会""西夏与敦煌学术研讨会""西夏学基地建设 15 周年学术研讨会""西夏建都兴庆府 980 周年学术研讨会"等重要学术会议，承办"黑水城文献与西夏学""北方民族与丝绸之路""西夏学博士后论坛"等博士后论坛，主办"朔方论坛暨青年学者研讨会""南北民族史学对话""辽宋夏金时期中国行政区划与地域文化"等工作坊。

　　服务国家战略和地方经济社会发展是西夏学重点研究基地的重要使命。2009 年，在国家领导人的亲切关怀下，教育部国际合作与交流司确定西夏文化研究为中俄"语言年"活动项目，由宁夏回族自治区教育厅和宁夏大学共同承担。2010 年，该项目进一步明确为"黑水城文献与西夏学研究"，列入长期连续支持项目。为了将人文合作项目落到实处，宁夏大学西夏学研究院和俄罗斯科学院东方文献研究所签订协议，成立中俄（俄中）西夏学联合研究所，分别挂靠在宁夏大学西夏学研究院和俄罗斯科学院东方文献研究所，杜建录院长任中方所长，俄罗斯科学院东方文献研究所所长波波娃教授任俄方所长。中俄（俄中）西夏学联合研究所成立以来，两国学者不是停留在一般的往来上，而是实质性开展合作研究，出版 20 余种（册）著作，受到国家领导人多次表扬，被誉为国际学术合作的成功范例。2018 年，西夏学研究院和俄罗斯科学院东方文献研究所在圣彼得堡签订新一轮合作研究协议，时任宁夏回族自治区党委书记石泰峰出席签约仪式并发表重要讲话，他希望进一步加强合作研究，为两国战略协作伙伴关系做出贡献。人民网、新华网、光明网等中央媒体多次对联合研究成果和学术活动进行报道，产生了广泛的社会影响。

　　2013 年，由杜建录教授牵头的研究团队，接受宁夏回族自治区党委宣传部的委托，承担大型史诗纪录片《神秘的西夏》策划撰稿和学术把关工作。该纪录片在央视和省市电视台多次播放，受到各界的一致好评。与此同时，基地还推出《神秘西夏》《话说西夏》《解密西夏》《还原西夏》《西夏文明》等正说西夏系列丛书。2017 年以来，西夏学重点研究基地积极配合自治区"国家全域旅游示范区"建设，先后在西夏陵国家考古遗址公园、宁夏博物馆、贺兰山岩画博物馆、阿拉善博物馆、武威市博物馆、武威西夏博物馆等单位建立产学研融合实践基地和文创基地，跨学科、跨行业、跨院校、跨地区协同创新，紧扣"丝路宁夏"和"丝路西夏"两大文旅资源，设计研发特色鲜明、贴近时代、贴近生活、贴近大众的文创产品，目前已研发出西夏瑞兽等 10 个系列百余种产品，涵盖了日用陶瓷、餐具、箱包、钥匙链、办公用品、学习用具、丝绸纺织等领域，申请外观设计专利 31 项，部分产品投入市场，受到广大游客的青睐和追捧。与此同时，西夏学重点研究基地和银川市西夏陵管理处签订合作框架协议，积极参与西夏陵申遗文本编修，为西夏陵申报世界文化遗产提供学术支持。自 2010 年 6 月 11 日《光明日报》头版以"宁夏大学研究成果再次印证，西夏在中国，西夏学也在中国"为题报道后，2020 年 6 月 10 日，《光明日报》再次在头版位置，以"杜建录：顶天立地西夏学"为题进行报道，充分肯定了西夏学"顶天"的学术研究成果和"立地"的产业研发成果。

"工欲善其事必先利其器"，就人文社会科学来说，资料建设无疑是学科建设的前提和基础。20 年来，基地采购了一批纸质图书和中华经典古籍库、中国金石库、历代馆藏书画资源库等 21 个大型文献资料数据库，自主开发西夏文献资料数据库、西夏文物资料数据库、宁夏非物质文化遗产数据库，构建起自成体系的大型数字资料馆。

基地建设的成就，首先得益于党和国家繁荣哲学社会科学的方针，得益于教育部、自治区和学校的大力支持，得益于学术团队的不懈努力。回顾 20 年的历程，我们感慨万千，深切感悟到学科建设有三个关键：一是研究队伍是基础。没有高水平的专职队伍和学科带头人，就没有凝聚力，就形不成核心，研究选题往往陷于涣散。兼职研究队伍也同样重要，只有把国内外顶尖级专家汇聚到学科平台上，才能站在国际学术前沿。

二是重大研究是抓手。基地不是课题组，也不是一般意义上的研究所，不是小打小闹，承担几个课题，发表一些论文，出版一批专著，而是通过组织该领域重大关键性课题，产出标志性成果，引领整个学科发展。20 年来，西夏学重点研究基地先后组织完成了一系列重大项目，产出《中国藏西夏文献》《中国藏黑水城汉文文献》《西夏文献丛刊》《西夏文物》《西夏通志》《西夏多元文化及其历史地位研究》《西夏文大词典》等重大成果。

三是协同创新是关键，专职研究队伍的力量毕竟是有限的，重大项目的开展，需要多个单位的联合攻关，上述重大项目就是和国内外相关单位共同完成的，并且逐渐形成了宁夏大学西夏学研究院、中国社会科学院西夏文化研究中心、俄罗斯科学院东方文献研究所和国内相关文物部门、出版单位之间的合作共赢模式。

作为基地负责人，我自己先后主持制订了基地"十五"到"十三五"规划，"十四五"期间，我们通过创新学科、创新研究、创新方法，建立创新团队，围绕国家和宁夏回族自治区经济社会发展战略，针对西夏研究前沿问题，组织创新性研究项目，产出创新性成果，促进西夏学战略转型和全面深入发展。过去的 20 年，西夏学研究院（研究中心）从小到大，已经成长起来，尽管与党和国家的期望还差得很远，不尽人意的地方还很多，但毕竟有了比较坚实的基础。展望"十四五"，我们充满信心，愿和国内外学界携起手来，共创西夏学学科建设的美好明天！

杜建录

2020 年 8 月 2 日于逸夫楼研究室

目　录

第二编　西夏艺术研究

第三编　西夏语言文字研究

第四编　西夏文献研究

第一编

西夏历史研究

早期党项拓跋氏世系考辨

周伟洲

摘　要：建立西夏政权的早期党项拓跋氏的世系，过去中外学者多有记述，然因史料的阙如，有的多为推测。本文依据陕西榆林及内蒙古自治区乌审旗出土的唐至北宋初的拓跋氏墓志及史籍，分为隋至盛唐及唐末至北宋初两个阶段，分别考辨拓跋氏世系，最后列出隋代至元昊建立西夏之前党项拓跋氏之世系表。

关键词：党项；拓跋氏；世系；考辨

一

在研究党项及西夏的历史论著中，对建立西夏政权的早期党项拓跋氏世系多有论及，且附有世系表等。最早论及拓跋氏世系的，是清代吴广成的《西夏书事》卷一，内容首次追记唐末宥州刺史拓跋思恭之先世，云其"始祖赤辞"，赤辞有"从子思头"；唐开元时，有"赤辞孙守寂"；贞元中，有夏州刺史拓跋乾晖，"思恭，乾晖裔孙也"。唐乾宁二年（895），"思恭子仁祐早卒，孙彝昌幼"，故思恭卒，"弟思谏嗣"。梁开平二年（908）"李思谏卒，思恭孙彝昌嗣"。开平三年（909），彝昌被部下所杀，众立其族父李仁福为留后。①后唐长兴四年（933），仁福卒，"子彝超嗣"。后唐清泰二年

---

① ［清］吴广成撰、龚世俊等校证：《西夏书事校证》，兰州：甘肃文化出版社，1995年，第13—14页。

（935），彝超卒，"弟彝殷（后改名'彝兴'）代"①。宋乾德五年（967），彝兴卒，"子光睿（后改名'克睿'）权知州事"。宋太平兴国三年（978），克睿卒，"子继筠嗣"。太平兴国五年（980），继筠卒，"弟继捧嗣"②。继捧降宋，献地。其族弟继迁（光俨子）反宋自立，后降宋，赠姓名为赵保忠。宋景德元年（1004），继迁受伤卒，其"子德明嗣"③。宋明道元年（1032），德明卒，"子元昊嗣"④，元昊时正式建西夏政权。

以上即是《西夏书事》所拟定早期党项拓跋氏世系。在20世纪80年代后，国内研究党项族及其所建西夏政权再度兴起，出版的几部有分量和影响的西夏史论著，对党项元昊正式建立西夏政权之前，拓跋氏世系基本上沿袭了上述《西夏书事》的说法，而略有损益。如1981年四川人民出版社出版及2006年广西师范大学出版社再版的吴天墀先生《西夏史稿（增订本）》、1997年人民出版社出版的李蔚先生的《简明西夏史》，甚至在2005年由著名西夏学家李范文先生主编、集国内众多学者撰写的《西夏通史》（人民出版社、宁夏人民出版社联合出版），均是如此。如《西夏通史》一书附录一所列《党项西夏世系表》（第689页）对早期拓跋氏世系列表1如下：

《西夏通史》所列此世系表，应是代表现今学界关于早期党项拓跋氏世系的观点。然而，过去因历史文献记载的阙如，这一世系表存在的问题较多，有些世系环节多为清人吴广成在《西夏书事》一书中的推测。事实上，据《隋书》、两《唐书》的《党项传》，在党项八个大部落中，最强的"拓跋氏"部落，也是"其种每姓别自为部落，一姓之中复分为小部落"，至唐代，部落"大者万余骑，小者数千骑，不相统一"⑤。因此，特别是在隋末唐初，不相统一的党项各部首领偶尔出现于唐代文献中，其后文献出现的拓跋氏首领，是否即为前者的直属后裔，因无明确记述，故令人怀疑。

自20世纪60年代以来，在陕西榆林和内蒙古乌审旗等地，发现和出土了一批唐代至北宋初的党项拓跋氏贵族墓志及文物，为我们修正和补充拓跋氏世系提供了最为珍贵的资料。因此，我们有必要对过去学界有关早期党项拓跋氏的世系重新审视，做一番考辨。下面本文将早期党项拓跋氏世系以唐末拓跋思恭为界，分为前、后两个阶段，

① ［清］吴广成撰、龚世俊等校证：《西夏书事校证》，兰州：甘肃文化出版社，1995年，第22页。
② ［清］吴广成撰、龚世俊等校证：《西夏书事校证》，兰州：甘肃文化出版社，1995年，第35页。
③ ［清］吴广成撰、龚世俊等校证：《西夏书事校证》，兰州：甘肃文化出版社，1995年，第93页。
④ ［清］吴广成撰、龚世俊等校证：《西夏书事校证》，兰州：甘肃文化出版社，1995年，第131页。
⑤ ［后晋］刘昫等：《旧唐书》卷一九八《党项羌传》，北京：中华书局，1975年，第5290页。

表 1　党项西夏世系表

```
世系：拓跋赤辞 ─────── 思泰（赤辞子） ─────── 守寂（思泰子） ─
朝代：唐贞观八年（634）    唐开元九年（721）      唐开元、天宝年间（707—736）
官爵：西戎州都督          静边州都督            静边州都督　西平公
                                            容州刺史　　天柱军使

 ┌── 乾晖（守寂孙） ─────── □（乾晖子） ─────── 思恭（乾晖裔孙）
 │   唐贞元年间（785—805）                       唐中和元年至乾宁二年
 │   银州刺史                                    （881—895）
 │                                              定难军节度使　夏国公
 │
 │  ┌── 思谦（思恭弟）              仁祐（思恭子）        彝昌（思恭孙）
 │  │   唐乾宁二年至后梁            早卒                后梁开平二至三年（908—909）
 │  │   开平二年（895—908）                            定难军节度使
 │  │   定难军节度使
 │  │
 │  │   仁福（彝昌族父） ─────── 彝超（仁福子） ─────── 彝殷（彝超弟）
 │  │   后梁开平三年至后唐        后唐长兴四年至清         后唐末帝清泰二年
 │  │   长兴四年（903—933）      泰二年（933—935）       至宋乾德三年（935—967）
 │  │   定难军节度使             定难军节度使            定难军节度使　平西王
 │  │   朔方主
 │  │
 │  │   光睿（彝殷子） ─────── 继筠（光睿子） ─────── 继捧（继筠弟）
 │  │   宋乾德三年至太平兴       宋太平兴国三年至五年      宋太平兴国五年至景德元年
 │  │   国三年（967—978）       （978—980）            （980—1004）
 │  │   定难军节度使            定难军留后             定难军节度使
 │  ├── 思忠（思恭弟）            仁颜（思忠子）          彝景（仁颜子）
 │  │   唐中和元年卒             银州防御使             银州防御使
 │  │   （？—881）
 │  │   赠宥州刺史
 │  │
 │  └── 光俨（彝景子） ─────── 继迁（光俨子） ─────── 德明（继迁子）
 │      银州防御使             （991—1004）           （1004—1032）
 │                            庙号　太祖             庙号　太宗
 │                            谥号　神武皇帝          谥号　光圣皇帝
 │
 └── 元昊（德明子）------------（下略）
     （1032—1048）
     庙号　景宗
     谥号　五烈皇帝
```

分别进行论述。

二

上引《西夏通史》的《党项西夏世系表》是沿《西夏书事》，将守寂作为赤辞之裔孙，据史实文献补充了守寂父思泰（唐开元时），下接守寂孙乾晖，以下不明；再接唐末"思恭（乾晖裔孙）"。李蔚《简明西夏史》此段拓跋氏世系则同《西夏书事》[①]。吴天墀《西夏史稿》附录一《西夏拓跋氏世系表》则在赤辞后用"……"号（表示推定世系）接"思泰（=思头？）"，以下基本相同[②]。

上述此段拓跋氏世系有两个大的问题：

一是拓跋守寂或其父拓跋思泰是否是拓跋赤辞子或孙？首先，按《西夏通史》世系表，拓跋赤辞系唐贞观时党项名王，而距思泰及其子守寂活动近百年，云后者为前者之子或孙，颇令人生疑。其次，遍检唐宋史籍及文物考古资料，均无上述的说法。故而吴天墀先生《西夏史稿》比较谨慎，采用"……"符号，表示上述说法只是一种"推定"。

二是表中将拓跋思恭作为拓跋守寂孙拓跋乾晖之孙，同样存在上述的问题，不可信。

根据在陕西省榆林市横山区韩岔乡元岔村出土的《拓跋守寂墓志》（唐开元二十五年，即公元 737 年立石）及内蒙古自治区乌审旗纳林河乡排子湾出土的《李彝谨墓志》（后周广顺二年，即公元 952 年立石）等新出土的文物考古资料[③]，内明确记载了拓跋守寂及拓跋思恭一族的世系，与上述《西夏通史》所列世系多有不同；特别是对拓跋守寂、思恭的先世记载，则完全相异；对一些不明的世系阙遗也有补充和修正。据《拓跋守寂墓志》记：

> 公讳寂，字守寂，出自三苗，盖姜姓之别……载炳前史，详于有隋。名王弥府君泪附，授大将军、宁府君矣。时逢季代，政乱中原，王教不宣，方贡殆绝，天降宝命，允归圣唐。迨仪凤年，公之高祖立伽府君，委质为臣，率众内属。国家纳其即叙，待以殊荣，却魏绛之协和，美由余之入侍。拜大将军兼十八州部落使，徙居固阴之地，则今静边府也。曾祖罗胄府君，不殒其名，昭乎前烈，亢宗守止，保族勤邦。拜右监门卫将军、押十八州部落使，仍充防河军大使。祖后那府君，信以出言，功高由志。莫非嘉绩，褒德备洽于朝恩；抚有余人，建牧以崇其都府。拜静边州都督，押淳、临等一十八州部落使兼防河军大使，赠银州刺史。考思泰府君，文武通才，帅师为任，光有启土，莫之与京。拜左金吾卫大将军兼静边州都督防御使、西平郡开国公。会朔方不开，皇赫斯怒，周处则以身殉节，毕万乃其后克昌。赠特

[①] 李蔚：《简明西夏史》，北京：人民出版社，1997 年，第 366 页。

[②] 吴天墀：《西夏史稿》，北京：商务印书馆，2017 年，第 268 页。

[③] 康兰英主编：《榆林碑石》，西安：三秦出版社，2003 年，第 81 页；邓辉、白庆元：《内蒙古乌审旗发现的五代至北宋夏州拓拔氏部族李氏家族墓志铭考释》，荣新江主编：《唐研究》第八卷，北京：北京大学出版社，2002 年，第 384—386 页。

进、左羽林军大将军。

内云守寂的远祖为"名王弥府君"，应即《隋书》卷八三《吐谷浑传》所记，隋开皇八年（588）吐谷浑"名王拓拔（跋）木弥请以千余家归化"中的"拓拔（跋）木弥"。时党项大部分为吐谷浑所统属，木弥为其"名王"之一，因吐谷浑可汗吕夸常以喜怒废杀太子，故国中乱，木弥即欲率部附隋。然而，隋文帝以"朕之抚育，俱以仁孝为本"①为由，拒绝派兵马应接。据墓志，知木弥降隋已成事实，且被封"大将军"，与开皇四年（584）诣旭州（治今甘肃临潭附近）降隋之党项拓跋宁丛封为大将军同②。守寂之高祖系"立伽"，在唐仪凤年（676—679）内属唐，始徙居"圜阴"（今陕北无定河南）；曾祖名"罗胄"，祖名"后那"；其父名"思泰"。

因此，《西夏通史》附录一的世系表所列守寂父思泰之前世系，与《拓跋守寂墓志》所记完全不同。世系表所列活动于唐贞观初年的党项名王拓跋赤辞，决非守寂或其父思泰之祖或父。木弥与赤辞是什么关系，是否父子关系？因史无记载，不可妄断。

守寂父思泰，在唐开元九年（721）曾因参加唐朝平定"康待宾之乱"战死，被唐朝所封赐，并以其子守寂"袭其官爵"③。《守寂墓志》中也有相同记载。思泰还有一异母弟，即《拓跋守寂墓志》所记之守寂"叔父朔方军节度副使、并防河使、右领军卫大将军、兼将作大匠兴宗"。在《全唐文》卷三〇一曾收录其三篇《致仕侍亲表》文，内云其有早亡之子"守义"。在《拓跋守寂墓志》盖内底部左侧栏有明阴刻楷书一行字："弟开元州刺史守义从节送至银州赴葬"④亦可佐证。《拓跋守寂墓志》还记载了守寂有一弟，即"游击将军、守右武卫翊府右郎将，员外置宿卫，赐紫金鱼袋、助知检校部落使守礼"，与守寂同为"守"字辈。

值得注意的是，《拓跋守寂墓志》明确记载了守寂的"嗣子朝散大夫、守殿中省尚辇奉御，员外置同正员，使持节、淳、恤等一十八州诸军事、兼静边州都督防御部落使，赐紫金鱼袋、西平郡开国公曰澄澜"。此人不见文献记载，故以前有关西夏论著于守寂

① ［唐］魏征等：《隋书》卷八三《党项传》，北京：中华书局，1973年，第1844页。
② ［唐］魏征等：《隋书》卷八三《党项传》，北京：中华书局，1973年，第1846页。志文所云"宁府君"，可能为部内对其之尊称，非唐官爵名。
③ ［宋］王钦若等编纂、周勋初等校订：《册府元龟》卷九七四《外臣部·襃异一》，南京：凤凰出版社，2006年，第11278页。
④ 王富春：《唐党项族首领拓拔（跋）守寂墓志考释》，《考古与文物》2004年第3期，第73—81页。

之后多空缺。有的学者如日本冈崎精郎，认为守寂子是《新唐书·党项传》所记永泰元年（765）"召静边州大首领、左羽林大将军拓跋朝光等五刺史入朝"中的"拓跋朝光"①。此说误也。又《元和姓纂》卷一〇还记有守寂侄澄岘，"今（元和时）任银州刺史"。

至于守寂子"澄澜"之后，据《元和姓纂》卷一〇记有"拓跋乾晖"，云其为守寂孙，时任银州刺史。据《新唐书》卷二一六《吐蕃传》记，贞元二年（786）"吐蕃攻盐、夏，刺史杜彦光、拓跋乾晖不能守……"上述世系表所列正确。但是，在乾晖之后，守寂一族世系，再未见于史籍。

根据上述，可将拓跋守寂一族的较详细的世系，列表2如下：

表2　党项拓跋守寂一族世系表

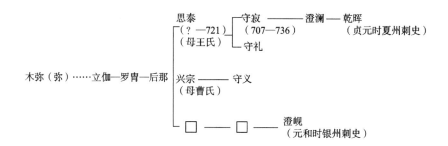

三

《西夏通史》附录一的世系表，是将唐末兴起的拓跋思恭作为乾晖的裔孙列入表中的。据前述内蒙古乌审旗纳林河乡排子湾出土的《李彝谨墓志》记："曾祖讳重建，皇任大都督府安抚平下番落使。祖姚破丑氏，累赠梁国太夫人。祖讳思□，皇任京城四面都统教练使，累赠太师。祖母梁氏，封魏国太夫人。烈考讳仁福，皇任定难军节度使，累赠韩王。……公即韩王第二子也。"②内彝谨祖"思□"，从官职及事绩来看，应是拓跋思恭，曾祖为拓跋"重建"。彝谨父即"仁福"，为其第二子。

又榆林市榆阳区红石榆乡拱盖梁村出土的《李仁宝墓志》（后晋开运三年，即公元946年立石）记："曾祖副叶，皇任宁州、丹州等刺史，金紫光禄大夫，检校司空兼御史

---

① ［日］冈崎精郎：《タングート党项古代史研究》，京都：中村印刷株式会社，1972年，第49页。
② 邓辉、白庆元：《内蒙古乌审旗发现的五代至北宋夏州拓拔氏部李氏家族墓志铭考释》，荣新江主编：《唐研究》第八卷，北京：北京大学出版社，2002年，第384页。

大夫，上柱国拓拔副叶。祖重遂，皇任银州防御、度支营田等使，金紫光禄大夫，检校太保兼御史大夫，上柱国李重遂。考思□……"①又与《李仁宝墓志》同一地出土的仁宝妻《破丑氏夫人墓志》文记，仁宝有子七人，即彝瑶、彝震、彝嗣、彝雍、彝玉、彝慜、彝璘。②按仁宝及祖重遂、父思？、子彝瑶等七人，恰好与仁福属"仁"字辈，其祖重建、父思恭，同属"重"和"思"，其子与思恭子均为"彝"字辈；则仁宝曾祖副叶当为仁福曾祖、思恭之祖父。如此，则可列出思恭祖、父两代，与《西夏通史》附录一的世系所列完全不同；至于思恭一族与盛于唐开元、天宝年间守寂一族有何亲属关系，则不明。

据史籍记载，思恭有弟思孝，曾任保大节度使；弟思谏，后继为定难军节度使；弟思忠，唐中和元年（881）与黄巢军朱温激战于东渭桥，战死③；弟思敬、思瑶。

《李彝谨墓志》记载其父仁福为思恭子，这解决了历史上长期困扰学者们关于李仁福是不是思恭子的问题。按《旧五代史》卷一三二《李仁福传》、《新五代史》卷四〇《李仁福传》均未记仁福与思恭是什么关系，后者甚至说："李仁福，不知其世家"④，"不知其于（与）思谏（思恭弟）为亲疏也"⑤；或云其为彝昌族子。《李彝谨墓志》则明确记载仁福为思恭子，解决了这一问题。

思恭除仁福一子，《西夏书事》还记其有一子仁祐，早夭。其实，据《资治通鉴》及《全唐文》卷八四〇《授李成庆夏州节度使制》等史籍记载，思恭卒后，先由其弟思谏袭定难军节度使，后又有其子成庆（或作"承庆"，疑又作"仁庆"）袭任夏州节度使（定难军节度使）。到后梁开平二年（908）前，成庆或卒，又由思谏任定难军节度使。《西夏书事》撰者及冈崎精郎等人，否定有"李成庆"的存在，笔者认为是不妥当的，李成庆确有其人⑥。

后梁开平二年（908）十一月，思谏卒，由其孙彝昌为留后。关于彝昌，史籍或云其为思谏子（《旧五代史》卷一三二《李仁福传》），或云其为思恭孙（《宋史》卷四八五《夏国传》，《西夏通史》附录一的世系表采取此说）。彝昌应为思谏孙，为"彝"

---

① 康兰英主编：《榆林碑石》，西安：三秦出版社，2003 年，第 252 页。《榆林碑石》录文"□"字未识出，对照墓志拓本图片，此字出现两次，两者相校，此字应同"沿"字。
② 康兰英主编：《榆林碑石》，西安：三秦出版社，2003 年，第 77 页。
③ ［元］脱脱等：《宋史》卷四八五《夏国传》，北京：中华书局，1977 年，第 13985 页。
④ ［宋］欧阳修：《新五代史》卷四〇《李仁福传》，北京：中华书局，1974 年，第 436 页。
⑤ ［宋］欧阳修：《新五代史》卷四〇《李仁福传》，北京：中华书局，1974 年，第 437 页。
⑥ 周伟洲：《早期党项史研究》，北京：中国社会科学出版社，2004 年，第 103—105 页。

字辈，思谏卒后，以其袭任定难军节度留后；但其年幼，族人不服，开平三年（909）发生政变，彝昌被杀，故部众推思恭子仁福为留后①。

又在乌审旗排子湾出土的仁福妻《淩氏墓志》记录仁福有五子：即长子嗣承彝殷、二子彝谨、三子彝氙、四子彝超、五子彝温②。后唐长兴四年（933）仁福卒，其四子彝超袭留后，过了二年（935）病卒，其兄彝殷（《西夏通史》附录一的世系表云其为彝超弟，误）继为留后。至北宋乾德五年（967），彝兴（即彝殷，避讳改名）卒，其子李光睿世袭夏州节度使。据乌审旗排子湾出土李彝谨夫人《里氏墓志》记其有子五人：光琇、光珪、光义、光璘、光琮③。皆与袭任之光睿为叔伯兄弟。

从光睿（后因避讳，改为克睿）之后至元昊正式建立西夏政权之间的拓跋氏世系，因史籍记载较为清晰，故《西夏通史》附录一的世系表所列基本正确。值得注意的是，继捧（克睿子，继其兄继筠为夏州节度使）降宋后，继之反宋自立的拓跋氏首领李继迁，则非思恭一族的直接后裔，而是思恭弟思忠之后裔。其曾祖仁颜，祖彝景，父光俨。④

四

在隋唐时期，党项拓跋氏曾有三次名著于史籍：第一次是隋代至唐初，著名拓跋氏首领有拓跋木弥、拓跋赤辞（词）等；第二次是在唐开元、天宝年间，以拓跋守寂一族为代表；第三次是唐末拓跋思恭一族，此族因为唐末藩镇之一，史籍记载较为明确，且一直传承下来，最终在元昊时建立西夏政权。而在拓跋氏第一次与第二次名著史籍、第二次与第三次名著史籍之间，史籍与出土考古资料并没有记载他们的亲属关系，是拓跋氏世系中所缺的环节。因此，不能任意地、想当然地将他们用亲属关系串联起来。

据此，我们将早期党项拓跋氏世系，以主要首领排序的简要形式，用"……"符号表示"关系不明"，重新列表 3 如下：

---

① 参见上引新、旧《五代史》之《李仁福传》及《宋史·夏国传》。
② 邓辉、白庆元：《内蒙古乌审旗发现的五代至北宋夏州拓拔部李氏家族墓志铭考释》，荣新江主编：《唐研究》第八卷，北京：北京大学出版社，2002 年，第 381 页。
③ 邓辉、白庆元：《内蒙古乌审旗发现的五代至北宋夏州拓拔部李氏家族墓志铭考释》，荣新江主编：《唐研究》第八卷，北京：北京大学出版社，2002 年，第 383 页。
④ 〔元〕脱脱等：《宋史》卷四八五《夏国传》，北京：中华书局，1977 年，第 13985 页。

表3 早期党项拓跋氏世系表

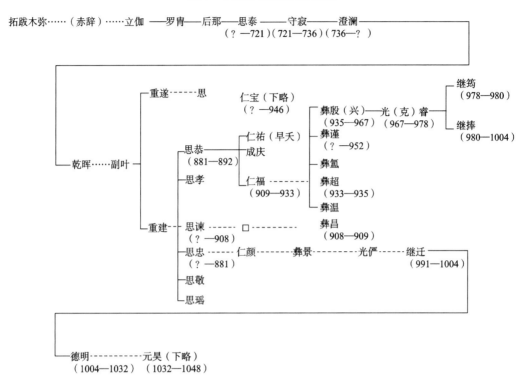

注：（1）内横线表表示父子世系，竖线为兄弟并列。虚线表示关系不明。人名后括号内或为别名，或为任职年代。（2）关于思恭卒年，过去一般据《西夏书事》卷一及《新五代史·李仁福传》认为是乾宁二年（895）。据《榆林碑石》录《白敬立墓志》文，思恭早于敬立而卒，敬立卒于景福二年（893）。志称思恭卒，其"伏枕绵年"而卒，故思恭应卒于景福元年（892）

（原载《西夏研究》2010年第1期）

早期党项拓跋氏世系补考

周伟洲

摘　要：早期党项拓跋氏世系是研究党项史、西夏史学者均十分重视的问题。2010年笔者据新出土的考古文物资料发表了《早期党项拓跋氏世系考辨》一文，此后又有学者撰文对拙文一些看法提出异议和增补，如汤开建先生发表之《隋唐五代宋初党项拓跋部世次嬗递考》一文。本文即对此问题首先提出三点总的认识，接着对世系中的六个问题再加考辨，最后列出一个简明的"早期党项拓跋氏世系表"。同时，笔者认为学术的争鸣和讨论是学术前进的动力之一，希望有更多的学者加入到对这一问题的讨论之中。

关键词：党项；拓跋氏；早期世系；补考

建立西夏的党项拓跋部首领世系，是研究党项史、西夏史学者均十分重视的问题。自清代吴广成撰《西夏书事》以来，至今撰写及出版的党项史、西夏史或简史都有拓跋部首领世系的论述或附有世系表。其中，在元昊正式建立西夏政权（1038）之前的（即本文所云"早期党项"）拓跋氏首领世系，则因史籍记载的阙如而难以理清，多沿袭吴广成《西夏书事》的成说而略有损益。

20世纪60年代以后，陕西榆林和内蒙古乌审旗等地发现和出土了一批唐至北宋初的党项拓跋氏贵族墓志及文物，为我们修正和补充拓跋氏世系提供了最为珍贵的资料。因此，笔者不揣冒昧于2010年在《西夏研究》第1期发表了《早期党项拓跋氏世系考辨》一文，谈了一些不成熟的看法。2014年，汤开建先生在《西夏学》第9辑发表了《隋唐五代宋初党项拓跋部世次嬗递考》一文，对拙文提出了一些异议并做了一些增补。笔者由衷地感到欣喜，因为学术的争鸣和讨论是学术前进的动力之一，史实也是越辨越明。因而笔者撰写此文，对一些有争议的问题再作一些辨证。笔者还希望有更多的学者加入到对这一问题的争鸣之中，使早期党项拓跋氏世系问题能够得出学界大致认同的结论，有较大分歧的问题可暂时存疑，以待今后有新的考古文物资料的发现。

一、对早期党项拓跋氏世系的几点认识

在整理和研究早期党项拓跋氏世系问题的过程中，笔者对这一问题有一些总的认识，在拙文《早期党项拓跋氏世系考辨》里也有表述。

其一，有关早期党项拓跋氏人物及世系的资料，基本是长约四百多年汉文史籍或考古文物资料，没有后期西夏文或其他文字的资料。前者的相关记述，分别是隋唐、五代和宋初的史官、史家记录各朝与拓跋氏相关的人或事，而对党项拓跋氏内部的历史记载有限；而出土的汉文碑铭、墓志也只是反映某一时期拓跋氏一个家族的世系，两者均有很大的局限性。

其二，在这长约四百多年的时间内，正如《隋书》、两《唐书》的《党项传》所记，在党项八个大部落中，最强的"拓跋氏"部落，也是"其种每姓别自为部落，一姓之中复分为小部落，大者万余骑，小者数千骑，不相统一"[1]。因此，特别是隋至唐代中叶，凡史籍出现的拓跋氏首领是否即为前者的直属后裔，抑或为其他拓跋部首领，因无明确记述，故应避免任意将其归入一个世系之中。

其三，在隋唐时期，党项拓跋氏曾有三次名著于史籍：第一次是隋代至唐初，著名拓跋氏首领有拓跋木弥、拓跋赤辞（词）等；第二次是在唐开元、天宝年间，以拓跋守寂一族为代表；第三次是唐末拓跋思恭一族，此族为唐末藩镇之一，史籍记载较为明确且一直传承下来，最终在元昊时建立西夏政权。而在拓跋氏第一次与第二次名著史籍、第二次与第三次名著史籍之间，史籍与出土考古资料并没有记载他们的亲属关系，是拓跋氏世系中所缺的环节。因此，不能任意地、想当然地将他们用亲属关系串联起来。

---

① ［后晋］刘昫等：《旧唐书》卷一九八《党项羌传》，北京：中华书局，1975年，第5290页。

正是基于上述认识，笔者认为，所谓"早期党项拓跋氏世系"或按"一代一代"的论述方式试图完全理清拓跋氏首领传承，有一定的局限性。只是到唐末拓跋思恭以后，其世系或世代传承才逐渐清晰起来。即便如此，仍有一些问题难以辨清。

二、早期党项拓跋氏世系中若干问题的再探索

下面以《隋唐五代宋初党项拓跋部世次嬗递考》一文对笔者发表的《早期党项拓跋氏世系考辨》一文提出的异议及增补之处再加讨论，相同之处则不再论及。

（1）由于榆林市横山区韩岔乡元岔村《拓跋守寂墓志》的出土，结合有关文献资料，因而唐代开元、天宝时兴盛起来的党项拓跋守寂一支前后世系传承清晰起来[①]。《拓跋守寂墓志》将守寂的远祖上溯到隋开皇八年（588）附隋的党项首领、吐谷浑名王"拓拔（跋）木弥"，即《拓跋守寂墓志》所云之"名王弥府君"。虽然，《隋书》卷八三《吐谷浑传》仅记木弥为吐谷浑之"名王"，因当时党项部落多为吐谷浑所控制，故此拓跋木弥当为党项拓跋部首领[②]。这一结论，上述《隋唐五代宋初党项拓跋部世次嬗递考》一文作者也是同意的。

问题在于《拓跋守寂墓志》中相关一段文字："名王弥府君洎附，授大将军、宁府君矣。时逢季代，政乱中原，王教不宣，方贡殆绝，天降宝命，允归圣唐。"《隋唐五代宋初党项拓跋部世次嬗递考》一文认为，"宁府君"是指隋开皇五年（585）附隋，且被授大将军号的"拓拔（跋）宁丛"[③]。即守寂一族有两个远祖木弥、宁丛，两人时代相近，为同一辈人，亲疏关系不明。

按，《拓跋守寂墓志》撰文者为"夏州刺史郑宏之"，其所记守寂远祖木弥、宁丛系文献记载中仅有的隋代党项部的两位首领，且上引志文记述有些令人费解。也正如《隋唐五代宋初党项拓跋部世次嬗递考》一文所说："在拓跋部的谱牒记忆中……具体亲疏关系已不太清楚了。"《隋唐五代宋初党项拓跋部世次嬗递考》认为笔者误读上引《拓跋守寂墓志》志文标点有误，即志文"宁府君矣"前为句号，后为逗号。"宁府君"可能指拓跋宁丛，《隋唐五代宋初党项拓跋部世次嬗递考》一文考释正确。但上述改正的标点，则似可商榷。经此一改，就会和《隋唐五代宋初党项拓跋部世次

---

① 周伟洲：《早期党项拓跋氏世系考辨》，《西夏研究》2010年第1期，第5—11页。
② 周伟洲：《唐代党项》修订本，桂林：广西师范大学出版社，2006年，第13页。
③ ［唐］魏征等：《隋书》卷八三《党项传》，北京：中华书局，1973年，第1846页。

嬗递考》一样得出一个不可思议的结论："墓志还给我们提供了新的内容，即拓跋宁丛于开皇五年降隋，又于隋末之时归附唐朝，可补正史之缺。""隋末之时"群雄割据，唐朝还未建立，远在西北的党项部首领拓跋宁丛不可能归附"唐朝"。《拓跋守寂墓志》此句，只不过泛指隋唐"换代"，党项拓跋氏又附唐的事而已。考党项诸部最早附唐是在贞观初年，两《唐书》的《党项传》记载最早降附于唐的是党项首领细封步赖，时间是在贞观三年（629）；《新唐书》卷四三下《地理志》所记于归附党项部内所设羁縻府州中的崦州、奉州也在贞观元年（627）以降户置。因此，如上引志文句号放在"宁府君矣"之后，就不会产生以上的错误。总之，志文此段文颇费解，所记两个远祖木弥、宁丛关系不明，难道其有两支关系不明的远祖？

（2）《隋唐五代宋初党项拓跋部世次嬗递考》提出拙文《早期党项拓跋氏世系考辨》引《元和姓纂》卷一〇云有拓跋守寂"侄澄岘，今任银州刺史"一段，将澄岘列为守寂、守礼、守义之外的另一支的后代，不知何据？认为澄岘为守寂侄，"那最合适者应为守寂弟守礼之子，或者是守义之子亦可，不应另出一支"。而在附录之世次表中，竟至将澄岘列为守义子。按，上引《元和姓纂》仅记澄岘为守寂侄，并未记其为谁之子；可知守寂有弟守礼、守义，也许还有未见记载之兄弟，因此笔者为郑重起见，将澄岘另列在守寂兄弟之子的名下，存疑。若如《隋唐五代宋初党项拓跋部世次嬗递考》径直将澄岘列为守义之子，显然是缺乏根据的。

又《隋唐五代宋初党项拓跋部世次嬗递考》引《唐大诏令集》卷九唐代宗广德元年（763）颁布《册尊号赦》所列平定安史之乱有功人员中有"拓跋澄泌"，认为此澄泌即与守寂子澄澜为同一辈之拓跋氏，可能是《新唐书》卷二二一上《党项传》中所记"天宝末，平夏部有战功，擢容州刺史、天柱军使"之人。此说是，且为拓跋氏世系增补一重要成员。但是，《隋唐五代宋初党项拓跋部世次嬗递考》考证澄泌即《新唐书·党项传》所记，宝应元年（762）被召入朝的"静边州大首领兼左羽林大将军拓拔（跋）朝光"；而澄岘即为入朝的"思乐州刺史拓拔乞梅"，则是无根据的推测，不可信。因唐设安置拓跋部之"静边州都督府"下辖有二十五个州，各州刺史为拓跋部大小部落首领，朝光、乞梅当为其中之一，似非守寂一族直系亲属。

（3）关于唐末拓跋思恭的卒年，笔者《早期党项拓跋氏世系考辨》一文及《早期党项史研究》一书中，引榆林出土的《白敬立墓志》考证思恭卒于景福元年（892），《隋唐五代宋初党项拓跋部世次嬗递考》一文基本赞同。但也有学者提出异议，如牛达生先生依据《新唐书·党项传》考证思恭卒于唐光启二年（886），并引《白敬立墓志》说："这条资料进一步印证了拓拔（跋）思恭只能死于僖宗光启二年，而不会晚至昭宗乾宁二年。有人不考虑《新唐书》的记载，亦不考虑志文的语气，就以此为依据，定拓拔（跋）思恭死于景福元年，显然是欠考虑的。"[1]按，《白敬立墓志》明记，文德元年（888）思恭取鄜、延二州时，思恭还健在，《新唐书》记其卒于光启二年（886）显然误也。又《白敬立墓志》记思恭卒后，敬立于景福二年（893）去世，是因王（思恭）卒，"悲戚哀愤"，"伏枕绵年"而卒；故思恭应卒于景福元年左右。

（4）关于李仁福是否为思恭子的问题。自内蒙古乌审旗发现《李彝谨墓志》后，绝大多数学者（包括笔者）一般均认为仁福系思恭子。《隋唐五代宋初党项拓跋部世次嬗递考》一文则提出了四点质疑，主要是两点：一是《李彝谨墓志》原文为"祖讳思□，皇任京城四面都统教练使，累赠太师。……烈考讳仁福，皇任定难军节度使，累赠韩王……"[2]。如所缺字为"恭"，则思恭曾任过"京城四面都统"，但墓志记的是"京城四面都统教练使"，两官职不同，教练使仅是四面都统之下掌教练兵法及武艺之官职。二是文献仅记思恭被赠为"太子太傅、夏国公"，而未赠太师，赠太师的是思恭之弟思孝。故疑仁福父为思孝，缺字应为"孝"字。此说有一定的道理。

但是，关于思恭所任"京城四面都统"，史籍记载名称多有不同，如《太平广记》卷一七五记神童李琪就思恭为"京城四面都统"时赋诗，记思恭为"收复都统"。志所云之"京城四面都统教练使"，似也可作"京城四面都统、教练使"理解。至于思恭在镇压黄巢起义后，最初的封号是"太子太傅、夏国公"，但在以后可能也曾封太师，只不过史籍缺载而已。总之，要真正解决这一问题，最关键的是志文所缺此字是"恭"，还是"孝"，或是其他。可惜我们未见到原墓志或拓片，姑且存疑。

[1] 牛达生：《拓拔（跋）思恭卒年考》，成建正主编《陕西历史博物馆馆刊》第15辑，西安：三秦出版社，2008年，第192—196页；牛达生：《西夏考古论稿》，上海：上海古籍出版社，2013年，第220页。
[2] 邓辉、白庆元：《内蒙古乌审旗发现的五代至北宋夏州拓拔氏部李氏家族墓志铭考释》，荣新江主编：《唐研究》第八卷，北京：北京大学出版社，2002年，第384页。

（5）关于曾任夏州节度使李存（承）庆是不是思恭子的问题。自清代吴广成撰《西夏书事》以来，中外学者如吴廷燮撰《唐方镇年表》卷一《夏绥》条、日本学者冈崎精郎撰《タングート古代史研究》（中村印刷株式会社，1972年版）对此均有讨论。吴广成、冈崎精郎认为李存庆非思恭子，而吴廷燮考证李存庆为思恭子。笔者所撰《唐代党项》等论著则同意吴廷燮的观点，并做了较为详细的论述。①

《隋唐五代宋初党项拓跋部世次嬗递考》仔细分析成庆为思恭子的重要依据之一，即《全唐文》卷八四〇《授李成庆夏州节度使制》，提出四点疑问：一是制文云："朱泚盗国之时，绩复书于盟府"，史籍未载党项拓跋氏参加这次平叛；二是制文称："黄巢犯阙，先臣进士兄弟、宗族悉帅征讨"，而拓跋部从未有中"进士"者；三是制文云："尔其思曾高戡祸之勋"，如成庆曾祖、高祖时，未见有记载拓跋部为唐戡定祸乱之事；四是制文云："尽驱锐旅，速殄祆巢"，祆者，胡神也。"祆巢是否可作'胡巢'解？如是，则李成庆当不为党项部人"。因此，《隋唐五代宋初党项拓跋部世次嬗递考》作者不同意成庆为李思恭子的说法，并云："唐朝将定难军节度使（即夏州节度使）授予党项拓跋部之外的人，很可能与李思恭逝世后党项拓跋部内部出现的问题有关，只是史书缺载而已。"

按，朱泚之乱时，作为唐藩镇之一的拓跋氏当然有所表态，"绩复书于盟府"即是，但不一定直接出兵。而制文云"先臣进士兄弟"之"进士"，一般是指唐代科举制中的"进士"，此处不过泛指先臣左右的士人和兄弟而已，须知唐末北方诸藩镇中，可考藩镇中有"进士兄弟"者寥寥无几。至于后两个疑问，制文完整的句子是"尔其思曾高戡祸之勋，缵父、叔定顷之烈，尽驱锐旅，速殄祆巢，克副家声，以康国步……"，此句不过是要成庆追思祖先之功绩，派遣锐旅平定"近辅元渠"之乱（指凤翔节度使李茂贞，因其895年率军入京师，昭宗出走），速殄之"祆巢"或可说"妖巢"，系对靠近京师的藩镇凤翔节度使李茂贞处的污称。

从大的方面看，思恭卒后，因其子年幼，由其弟思谏袭为夏州节度使，但至乾宁三年（即上述制文颁布之年，即896年），成庆则继任夏州节度使，思谏改任静难节度使。这种变化，史籍班班可考。如果李成庆非党项拓跋部人，而是拓跋部之外的人，则不可想象。因自思恭为夏州节度使以来，夏州节度使所辖之地即为拓跋

---

① 周伟洲：《唐代党项》修订本，桂林：广西师范大学出版社，2006年，第88—91页；周伟洲：《早期党项史研究》，北京：中国社会科学出版社，2004年，第103—106页。

部之根本，绝对不会轻易让给他族人。五代后唐时，唐明宗企图用"迁镇"之策，任命延州节度使安从进为夏州留后，引起夏州节度使拓跋氏展开一场生死保卫战，即一例①。而继任思谏为夏州节度使之李成庆，若非思恭之子，也绝对不会在思谏地位之上，平稳地登上夏州节度使的大位。成庆卒后，思谏又平稳地接任夏州节度使。此外，《西夏书事》卷一记思恭只有早夭的一子仁祐（《隋唐五代宋初党项拓跋部世次嬗递考》作"思佑"，可能为校对误），也有悖常理，其不是不能生育，即使不能生育，也可有养子。总之，笔者仍然认为，思恭除早卒之子仁祐外，成庆、仁福均可能系其子。

（6）与此问题相关的是，继思谏为夏州节度使的李彝昌，是思恭孙，或思谏孙？《隋唐五代宋初党项拓跋部世次嬗递考》一文引《西夏书事》卷一记"思恭子仁祐早卒，孙彝昌幼"一句，"故知彝昌的父亲应为李仁祐"，"彝昌应为李思恭之孙，非思谏子"。仁祐早卒，是否有子嗣，是一个疑问；如果按上述思恭还有成庆等子嗣，彝昌为思恭孙，是有可能的。但是，据《旧五代史》卷一三二《李仁福传》记，后梁开平二年（908）思谏卒，"三军立其子彝昌为留后"（《新五代史》卷四〇《李仁福传》记载相同）；而《宋史》卷四八五《夏国传上》却记为"思谏卒，思恭孙彝昌嗣"。从彝昌字辈看，应为思恭孙子辈，且应为思谏孙，因思谏传袭给其孙彝昌（年幼）较为合理。因此，接着拓跋部内部发生了政变，彝昌被杀②。故笔者倾向彝昌为思谏孙的看法，但也不排除其为思恭孙的可能，存疑。

《隋唐五代宋初党项拓跋部世次嬗递考》一文还据墓志及史籍增补了"彝字辈"后，"光字辈"及以下"继字辈"若干拓跋氏世系人物，因非世系主要传承者，故不赘述。

三、结语

根据上述的讨论，我们将早期党项拓跋氏世系，以主要首领排序的简明形式，用"……"符号表示"关系不明"，或存疑，重新列表1如下：

---

① 周伟洲：《唐代党项》修订本，桂林：广西师范大学出版社，2006年，第110—113页。
② ［宋］薛居正等：《旧五代史》卷一三二《李仁福传》，北京：中华书局，1976年，第1746页。

表 1　早期党项拓跋氏世系表①

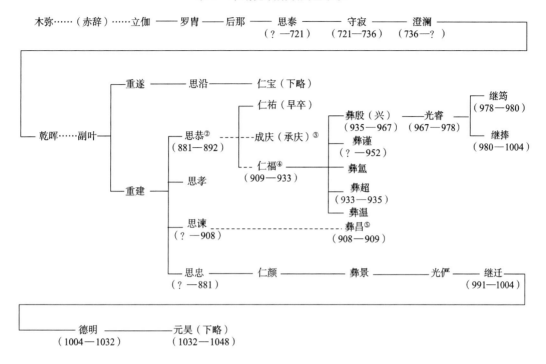

（原载《西夏研究》2015 年第 4 期）

---

① 内横线表示父子世系，竖线为兄弟并列。"……"表示关系不明，或存疑。人名后括号内或为别名，或为任职年代。
② 关于思恭卒年，过去一般据《西夏书事》卷一及《新五代史·李仁福传》认为是乾宁二年（895）。据《榆林碑石》录《白敬立墓志》文，思恭早于敬立而卒，敬立卒于景福二年（893）。志称思恭卒，其"伏枕绵年"而卒，故思恭应卒于景福元年（892）。
③ 成庆是否为思恭子，存疑。
④ 仁福是否为思恭子有争议，存疑。
⑤ 彝昌是思恭孙或思谏孙有争议，存疑。

西夏的汉族和党项民族的汉化

史金波

摘　要： 西夏境内原有大量汉族。汉文和西夏文文献表明，西夏的汉族与主体民族党项族关系密切，一些汉人在西夏政府中有重要地位，更多的汉族在基层与党项族杂居。西夏社会主流提倡番、汉民族友好和交流。党项族因受到汉族的强大影响，在物质生产方面，在衣、食、住、婚姻等风俗习惯方面，甚至在语言方面都在不断向汉族趋同。西夏灭亡后，党项族在蒙、元时期有较高的政治地位，不少人流向内地，其中一些党项族后裔在湖北地区留下了足迹。无论是留居西北还是进入中原地区的党项族后裔都经历了更深刻的汉化进程，加速了党项族的消亡，在明清之际多数融入汉族。

关键词： 西夏；汉族；党项族；汉化

西夏是中国中古时期党项族建立的大夏国（或称夏国）的别称。它作为有宋一代中国的第三大势力，在西北地区称霸近两个世纪。西夏是以党项族为主体，包括汉族、吐蕃、回鹘等民族的多民族王朝。

一、西夏时期的汉族

西夏所辖的中国西北地区，包括今宁夏、甘肃大部，陕西北部，内蒙古西部和青海东部的广大地区。这些地区靠近中原，很早以前就有汉人与其他少数民族共同居住、开发，是汉族和其他民族往来密切、交错杂居之处。

党项族自唐代北迁进入这一地区后，就与汉族和其他民族共同生活在这里。可能开始时因党项族多从事传统的畜牧业而游牧于草地、山坡等牧区，汉族则主要居住在农村和城市。随着部分党项族学习种植术并从事农业，特别是其统治者将其政权中心先后设立在夏州（今陕西省靖边县北白城子）、灵州（今宁夏回族自治区灵武市境内）、兴州（今宁夏回族自治区银川市）后，党项族的居住地更与汉族接近，形成了更为广泛的民族杂居态势。

在西夏社会中，党项族和汉族是西夏的两大主要民族。这两个民族有着十分密切的往来。西夏在经济上以党项族为主的牧业和以汉族为主的农业并重，政治上自皇帝以下有党项人和汉人同朝为官，在文化上番礼和汉礼交互行用。就连文字的使用也是番文（西夏文）、汉文同时流行。

汉族在西夏有着举足轻重的地位和影响。西夏语中称汉族为"嘚"。汉族在长期的历史形成过程中混入了很多不同民族的成分，它的构成确实很杂。特别是离西夏较近的唐末、五代时期，由于藩镇割据、朝代频繁更迭，北方各民族进入了一个迅速融合的历史时期，一些民族逐渐消亡，他们大部分归入了汉族之中。党项人用汉语中的"杂"字来称呼汉人，反映出汉族人数众多，分布地域广，其成分比较复杂，各地的汉族有某些不同的特点。辽、金时期有所谓的"乣"，读音为"札"或"察"，本义有"杂户""杂类"之义，用以称呼杂居的外族分子。至元代索性用来称呼汉人[1]。"乣"和西夏文中称呼汉人的"嘚"语音极相似，北方少数民族对汉人的称呼有共通之处，可能元代的"乣"来源于西夏的"嘚"。在西夏文字典《文海》中，此发音为"嘚"的字，有如下的注释："此者蛮也，汉人汉之谓也。"[2] "阔、嘚"两个西夏字，第一个字，与字义为"布"的字同音，字形构成由"布"字左部和读音为"嘚的"汉"字全字合成；第二个字与字义为"衣"的字同音，字形构成又正好由"衣"的左部和"汉"字整个字合成。原来党项人称呼汉人的所谓"阔嘚"二字，是"布衣"之意。《番汉合时掌中珠》中有"布衫"一词，旁边所注的汉字读音即为"阔嘚"[3]。党项人称呼汉人为"布衣"，反映了番族"衣皮毛，事畜牧"习俗与汉族人民穿布衣、事农桑习俗的明显差别。这一称呼很可能是早期党项人对汉人的称谓。西夏创制文字时，为了书面上把称衣着的"布衣"和称呼

① 蔡美彪：《乣与乣军之演变》，元史研究会：《元史论丛》第二辑，北京：中华书局，1983年，第1—22页。
② 史金波、白滨、黄振华：《文海研究》，北京：中国社会科学出版社，1983年，第519、638页。
③ ［西夏］骨勒茂才著，黄振华、聂鸿音、史金波整理：《番汉合时掌中珠》，银川：宁夏人民出版社，1989年，第50页。

汉人的"布衣"相区别，便在称呼汉人时用"布""衣"二字的一部分分别加上"汉"字的字形。

汉族在西夏处于特殊、微妙的地位。特别是西夏初期因与以汉族为主体的宋朝不断发生战争，对汉族有敌视情绪。西夏初期创制西夏文字时，"汉"字（音"嘚"）由"小"和"虫"字组成，便是证明。在阶级社会中，统治阶级的民族不平等、民族歧视观念根深蒂固，取得优势地位的少数民族统治者也不例外。但汉族经济、文化相对比较发达，汉族士人的统治经验比较丰富、文化素养又比较高，以汉族为主的农业生产在社会经济生活中起着越来越重要的作用，因而西夏统治者对汉族的作用也有充分的认识。西夏历代统治者没有因为与以汉族为主体的宋朝对峙而完全排斥汉人，而是多能从大局着眼，以实际需要出发，吸收、利用汉族人才。一些汉人早在夏州党项政权时，就参与军政。北宋初年，党项族首领李彝兴任定难军节度使时，汉族康氏家族是当地官宦之家，康公任夏州政权五州管内都指挥使①。至李继迁时期，汉人张浦出谋划策，辅佐李继迁抗宋自立，后来还代表夏州政权出使宋朝。继迁时期还有宋灵州屯戍军校郑美投归，被授指挥使之职，协助继迁夺取宋朝重镇灵武。事后宋太子中允、直集贤院富弼上疏皇帝曾论及此事：

> 顷年灵州屯戍军校郑美奔戎，德明用之持兵，朝廷终失灵武。元昊早蓄奸险，务收豪杰。故我举子不第，贫贱无归，如此数人，自投于彼。元昊或授以将帅，或任之公卿，推诚不疑，倚为谋主。彼数子者，既不得志于我，遂奔异域。观其决策背叛，发愤包藏，肯教元昊为顺乎，其效郑美必矣②。

这里富弼将继迁误记为德明。可知当时宋入西夏的汉人并非只有一二人，已引起统治阶层的重视。

西夏正式立国后有更多的汉族进入政府高层，身居枢要，甚至位居宰辅。元昊称帝之初，以番人野利仁荣、汉人杨守素为谋士，立国授官时，又任用多位汉人为其主要文官。后又接纳中原地区的汉人文士张元、吴昊，参与谋议，委以重任。张元，宋许州（今河南许昌）人，多次举进士不第，又为县宰笞打，于是逃往西夏，备受重用，位至国相③。宋朝旧制，殿试皆有黜落。张元黜落后以积忿投归元昊，成为宋朝大患。宋朝由此事总结

---

① 戴应新：《有关党项夏州政权的真实记录——记〈故大宋国定难军管内都指挥使康公墓志铭〉》，《宁夏社会科学》1999年第 2 期。
② ［宋］李焘：《续资治通鉴长编》卷一二四"仁宗宝元二年九月己卯"条，北京：中华书局，1985 年，第 2926 页。
③ ［宋］王巩：《闻见近录》，北京：中华书局，1984 年。

教训，归咎于殿试黜落制度。于是在宋嘉祐二年（1057），诏进士与殿试者皆不黜落，此后成为定制。此一张元投西夏，而使宋朝后世士子无殿试黜落之忧[①]。

夏毅宗谅祚时，陕西人景询投奔西夏，谅祚授其为学士，深受信用。谅祚"每得汉人归附，辄共起居，时致中国物，娱其意，故近边番汉争归之"[②]。可见当时西夏皇帝对汉人的重视。

夏崇宗时，汉人任得敬献女得宠，镇压起义得势，仁宗时为国相，进位楚王、秦晋国王，位在一人之下，万人之上。成为汉人在西夏王朝职位最高者，后因篡权分国被杀。

西夏王朝中很多重要事项都是番、汉并列，如番汉大学院、番汉学士、番汉乐人、番汉僧人等。在提及多民族时，番在前，汉在后，然后是其他民族。汉族在西夏是番族以外影响最大的民族。

在西夏法典《天盛改旧新定律令》中，西夏的汉人又区分为"汉"和"降汉"，汉可能是原来就居住在西夏地区的汉人，"降汉"在西夏原文是"兽汉"，也可译为"敌汉"。应是后来战争中被俘或投诚的汉人。《天盛改旧新定律令》中又有"修城黑汉人"和"归义军院黑汉人"[③]。汉人作修城的苦力，投降的汉族军人为"归义军"，这当然不是西夏军队的主力。《天盛改旧新定律令》规定："番、汉、降汉、西番、回鹘共职者，官高低依番汉共职法实行。"[④]可知在西夏不仅"汉"可以做官，"降汉"也能为官。西夏虽视汉人为国人，但仍保持番、汉界线，甚至对汉官的服饰也作出具体规定。《天盛改旧新定律令》记载："汉臣僚当戴汉式头巾。违律不戴汉式时，有官罚马一，庶人十三杖。"[⑤]这样的意图是想不使番汉混淆。

汉族在西夏的政治活动和生产活动中都发挥了重要作用。在汉文文献中所能见到的汉族人名多为上层统治者，主要汉姓有赵、李、梁、王、任、曹、刘、韩、张、杨、苏、罗、贺、高、薛、潘、米、白、宋、吴、焦、田、邹、马、郝、索、陈等。

在西夏社会中，不仅上层有汉族，在普通居民中更有大量的汉人。在西夏传统的农业区中应是以汉族为多数。即便是在西夏新兴的地区中，也有不少汉族。黑水城是西夏始建的城市，那一带牧业发达，因引黑水灌溉，农业也兴盛起来。在黑水城出土的一件

① ［宋］王林撰、诚刚点校：《燕翼诒谋录》卷五《殿试士人不黜落》，北京：中华书局，1981年，第52页。
② ［清］吴广成撰、龚世俊校证：《西夏书事校证》卷二十一，兰州：甘肃文化出版社，1995年，第243页。
③ 史金波、聂鸿音、白滨译注：《天盛改旧新定律令》，北京：法律出版社，2000年，第224页。
④ 史金波、聂鸿音、白滨译注：《天盛改旧新定律令》，北京：法律出版社，2000年，第379页。
⑤ 史金波、聂鸿音、白滨译注：《天盛改旧新定律令》，北京：法律出版社，2000年，第431页。

户籍文书中，可见其中除有党项族以外，还有杨、浑、潘、罗等汉姓户主，证明当时黑水城地区的基层党项人和汉族杂居①。当时两个民族的农民混居在一起，归属于一个社区。

在西夏文《杂字》和西夏汉文本《杂字》中，除"番姓"外，都有"汉姓"一节。在西夏文《杂字》中自"张、王、李、赵、任、季、田、狄"开始，共有 84 个汉姓。而在汉文本《杂字》中"汉姓"列在第一节，"番姓"为第二节。"汉姓"前残，约缺几十个姓，尚余"梁、陈、苏、辛、美、丁、薛、谋"等 138 个姓②。汉姓在《杂字》中的位置表明了汉族人在西夏有与番族相近的地位。

西夏文《新集碎金置掌文》相当于中原地区的《千字文》，其一千个字中记载了 120 个汉姓：

> 张王任钟季，李赵刘黎夏。田狄褚唐秦，温武邢袁枝。金严陶萧甄，胡白邵封崔。
> 息传茫廉罗，司段薄徐娄。江南蔡子高，羊鞠钱伯万。董隋贾逦卓，韩石方穆回。
> 解周燕尚龚，何傅儿奚德。耿郭君邱铁，史申嵇孙合。曹陆倪苏姚，浑酒和殷陈。
> 牛杨孟杜家，吕马纪不华。寇婴宗许虞，韦翟权薛安。吴九邹聂丁，侯窦左糜潘。

在《新集碎金置掌文》中，汉姓的前面是常用的番姓，以嵬名为头。汉姓以张姓为首。看来，这些汉姓应是在西夏地区常见的汉族姓氏③。

特别值得提出的是西夏时期编纂的《番汉合时掌中珠》，每一词语皆有西夏文、相应的汉文、西夏文的汉字注音、汉文的西夏字注音四项。是当时西夏番人和汉人互相学习对方语言、文字的工具书。其序言就提到番、汉语言的关系：

> 今时人者，番汉语言可以俱备，不学番言则岂和番人之众；不会汉语则岂入汉人之数。番有智者，汉人不敬；汉有贤士，番人不崇。若此者由语言不通故也。

由此不难看到当时西夏社会上对番、汉关系和番、汉语言的基本态度，也反映了当时社会主流提倡民族友好、注重民族交流的深刻认识。此书编印问世后，曾一再修订印行。近代不仅在大量出土西夏文献的黑水城遗址（今属内蒙古自治区额济纳旗）发现了此书的全本，还在当时西夏的首都（今宁夏回族自治区银川市）、敦煌莫高窟

---

① 史金波：《西夏户籍初探——4 件西夏文草书户籍文书译释研究》，《民族研究》2004 年第 5 期，第 64—72 页。
② 史金波：《西夏汉文本〈杂字〉初探》，白滨：《中国民族史研究（二）》，北京：中央民族学院出版社，1989 年，第 170 页。
③ 聂鸿音、史金波：《西夏文本〈碎金〉研究》，《宁夏大学学报》（社会科学版）1995 年第 2 期，第 8—15 页。

都发现了此书的残本，证明此书当时流行范围很广，同时也反映出西夏时期汉族的重要地位与友好的民族关系。

二、西夏时期党项族的汉化趋向

党项族原来居住在今青海省东南部、四川省西北部一带。那时，党项族还处于原始社会的晚期。后与其相邻的吐蕃势力不断壮大，党项族直接受到吐蕃的威胁，于8世纪初期陆续内迁。中唐以后，大部分党项人逐渐内迁到今甘肃东部、宁夏和陕西北部一带，在新的地区繁衍生息，不断发展壮大。黄巢起义军攻入唐都城长安（今陕西省西安市）时，党项族首领拓跋思恭于中和元年（881）与其他节度使响应唐僖宗的号召，参与镇压黄巢义军，次年攻入长安，因功被封为定难军节度使，管领五州，治所在夏州。五代时期，夏州党项政权先后依附于中原的梁、唐、晋、汉、周各朝，在与邻近藩镇斗争中，势力不断壮大。北宋时期党项族首领李继迁抗宋自立，对宋朝造成重大威胁。经其子李德明时期的发展，扩大了管辖版图，至李德明子元昊时正式立国称帝。

若仔细分析西夏主体民族党项族的发展，可以看到它随着时间的推移不断在发生着变化，有些变化甚至是非常显著、非常深刻。这种变化是在社会发展过程中，在民族进步中有意或无意地进行。而这种变化的最大特点就是趋同汉族，逐步汉化。

（1）物质生产方式的转变。党项族在未北迁之前完全是游牧民族的生产方式。《隋书·党项传》记载：党项人"牧养牦牛、羊、猪，以供食，不知稼穑。"至唐代，党项人仍然"畜牦牛、马、驴、羊，以供其食。不知稼穑，土无五谷"[①]。党项人进入西北地区后领地不断扩大，自然环境有了很大改变。那里不仅有宜于放牧的牧地，还有很多适于耕种并早有耕作传统的农田。同时，无论是统治者还是百姓都不断地、频繁地接触汉族。汉族先进的生产方式潜移默化地影响着党项族。不少党项族逐步从事农业生产，他们慢慢由纯牧民变为农民，或半农半牧之人。黑水城出土的西夏后期土地买卖契约中，卖地者及证人都是当地农民，从他们的姓氏看多数是党项族，如耶和、没啰、恶恶、讹劳、平尚、每乃、藐浞、息尚、麻祖等。这些原始资料证实当时党项族中不少已是耕种土地的农民。这些卖地契还证实，西夏后期党项族农民中的一些人由于生活所迫，不得不出卖祖先经营的土地。契约中也有部分出卖土地者和证人是汉族姓氏，如契约中的梁、

---

① ［后晋］刘昫等：《旧唐书》卷一九八《党项羌传》，北京：中华书局，1975年，第5291页。

邱、翟、曹、陈姓等①。证明当时党项族和汉族农民居住在同一社区，在经济生活中联系紧密。党项族物质生产方面的根本性变化是学习、趋同汉族的结果。

（2）风俗习惯的变化。党项族来到汉族文化底蕴很深的西北地区后，不仅在生产方面，而且在吃、穿、用等方面都有很大改变。原来生活用品基本上都取自于牲畜，食畜肉，饮畜乳，衣牲畜皮毛，就连居室都是"织牦牛尾及羊毛覆之"。后来在汉族的影响下，其生活方式不可避免地产生了巨大变化。西夏第一代皇帝元昊在称帝前与其父李德明有一段对话：

> （元昊）数谏德明无臣中国，德明辄戒之曰："吾久用兵，终无益，徒自疲尔。吾族三十年衣锦绮衣，此圣宋天子恩，不可负也。"元昊曰："衣皮毛，事畜牧，蕃性所便。英雄之生，当王霸尔，何锦绮为！"②

由此可见，党项族北迁后一个多世纪，生活方式也发生了很大变化，特别是统治阶级变化更是明显，他们不再只"衣皮毛"，而是喜欢穿着"锦衣"。

元昊在其父德明的基业上正式建立大夏皇朝，他突出标榜党项民族特性，但在番、汉接触增多，难舍难分的大环境下，也不得不接受诸多汉文化的影响，成为一个复杂、矛盾的人物。据《宋史·夏国传上》记载，元昊在立国前夕进行服饰改制，以服饰区分等级，正式规定西夏文武官员衣着：

> 文资则幞头、靴笏、紫衣、绯衣；武职则冠金帖起云镂冠、银帖间金镂冠、黑漆冠，衣紫旋襕，金涂银束带，垂蹀躞，佩解结锥、短刀、弓矢韣……便服则紫皂地绣盘球子花旋襕，束带。民庶青绿，以别贵贱。

可以看出，这种服饰制度的原则和具体内容，多是效法中原地区的服饰制度，文官的装束多因袭唐宋，而武职的服装除效法中原外，还保留了较多的少数民族特色。这些特色恐怕与隋唐时期的党项族服饰相去甚远，倒可能因长期以来与骑马民族回鹘、契丹交往较多，这些民族武士服饰对西夏武官的服饰产生了重要影响。西夏文官和武官服饰的差别，大概和西夏初期文官汉族人居多，武职中又以党项人为主关系很大。

西夏前期在统治者内部长期存在着所谓"番礼"和"汉礼"之争。在西夏，番、汉两种文化同时并存，而在不同时期又根据当时政治形势和统治者的爱好而有所侧重。西

---

① 史金波：《黑水城出土西夏文卖地契约研究》，《历史研究》2012年第2期，第45—67页。
② ［宋］李焘：《续资治通鉴长编》卷一一一"仁宗明道元年十一月壬辰"条，北京：中华书局，1985年，第2593、2594页。

夏统治者内部在提倡番礼抑或汉礼问题上，曾有严重的分歧和兴废的反复。元昊时，兴秃发、别服饰、创番文，提倡番礼。元昊死后，没藏太后专权，更强调番礼。此后一般后族掌权时提倡番礼，而皇族掌权时则提倡汉礼。第二代皇帝毅宗亲政后，想与宋修好，于奲都元年（1057）杀掉专权的舅父没藏讹庞后，请去番礼，而用汉仪。毅宗给宋朝上表："本国窃慕汉衣冠，今国人皆不用番礼。明年欲以汉仪迎待朝廷使人。"[①]此举当然得到宋朝嘉许。第三代皇帝惠宗朝垂帘听政的梁太后恢复番礼。而惠宗却爱好汉礼。因此，梁太后便把惠宗囚禁起来。西夏前期"番礼"与"汉礼"之争，其实质往往反映出皇族与保守势力支持的后族之间的政治斗争[②]。这种斗争也反映出在西夏党项族虽是主体民族，但汉族的风俗礼仪却也影响深厚，不容忽视。从崇宗到仁宗时期，番、汉文化同时发展到新的阶段。特别是仁宗在发展番族文化、大量使用番文的同时，全面学习汉文化，使西夏成为一个文化发展、礼仪类似中原的国度。

其实汉族的风俗一直在浸润着党项族的方方面面。衣食住行、婚丧嫁娶都摆脱不了汉族越来越多的影响。《番汉合时掌中珠》中所载的西夏衣物、食品已与中原地区大致相同；其住房无论统治者的宫殿、官府，还是普通百姓的土屋，都不再是单纯的帐篷。

在婚姻方面变化尤其明显。隋唐时期，党项族的婚姻还保留着群婚的残余。《隋书·党项传》记载："淫秽烝报，于诸族中最为甚。"《旧唐书·党项羌传》记载更加详尽："妻其庶母及伯叔母、嫂、子弟之妇，淫秽烝裹，诸夷中最为甚，然不婚同姓。"至西夏时期，党项族的婚姻无论从西夏法典《天盛改旧新定律令》的法律规定，还是从《番汉合时掌中珠》记载都可知，包括党项族在内的西夏婚姻已经是有父母之命、媒妁之言的封建婚姻关系。尽管党项族还保存着姑舅表婚的特点，但事实上，已经接近汉族的婚姻习俗了[③]。

更直接反映西夏婚俗变化的是番、汉两个民族之间的族际通婚。西夏党项族和附近民族长期友好往来，他们互通婚姻，不断进行民族间的自然融合。西夏皇室就不断与其他民族结亲。李继迁、元昊和乾顺曾先后娶契丹皇室女为妻。西夏皇帝娶汉族女为妻的也不乏其人。如崇宗乾顺之妃曹氏为汉族，生子仁孝，是为仁宗；仁宗妃罗氏也为汉族，生子纯佑，是为桓宗，西夏两代皇帝的母亲都是汉族。西夏皇族中汉族的血统成分越来越多了。黑水城出土的西夏文户籍表明，西夏底层社会存在着更为普遍的番、汉通婚现

① ［宋］李焘：《续资治通鉴长编》卷一九五"仁宗嘉祐六年十一月己巳"条，北京：中华书局，1985年，第4730页。
② 蔡美彪等：《中国通史》第六册，北京：人民出版社，1979年，第164—174页。
③ 史金波：《西夏党项人的亲属称谓和婚姻》，《民族研究》1992年第1期，第80—89页。

象。如从Инв.No.6342号30户的户籍可知，当地居民虽以党项族为主，户籍中反映的婚姻关系也以党项族之间结合为多，但党项族与汉族通婚已不是个别现象。如第6户千叔讹吉的妻子焦氏，第9户嵬移雨鸟的妻子罗氏，第27户千玉吉祥的妻子瞿氏都是汉族①。证明当地党项族和汉族互通婚姻。

西夏姓氏中有复姓现象。如西夏首领印上刻画的首领姓名有"吴嵬名山"，又如《凉州重修护国寺感通塔碑铭》中有"浑嵬名遇"，莫高窟第61窟题记有"翟嵬名九"，榆林窟第12—13窟之间的题记有"张讹三茂"等。以上姓氏第一个音节为汉姓，第二、三个音节为番姓。这种复姓现象或许是父姓与母姓共用，或许表明了一种特殊的婚姻关系。在所见一个人名中有汉姓和番姓两个姓氏时，都是汉姓在前、番姓在后。大约本人是汉族，妻子是番族。在西夏境内各族当中，自然以主体民族党项族地位较高，有的汉人与党项人结为婚姻后，为了表明自己不同于一般汉人的特殊地位，便在自己的汉姓之后加上妻族的姓氏。由此可以看出，西夏上层和基层都不乏党项族和汉族通婚的例证，这是两族密切交往的自然融合现象。

当时在宋、夏有很长的边境接壤，而且边界并不固定，不少汉人在西夏生活，也有很多党项人到宋朝所辖地区生活。有的党项人在宋朝便更改成汉姓。原来是朝廷赐姓，后私自改姓。当时范仲淹之子、时任鄜延路经略使的范纯粹还为此郑重上言：

> 契勘本路蕃官，自来有因归顺，或立战功，朝廷特赐姓名，以示旌宠。如咸明善为赵怀顺，均凌凌为朱保忠是也。后来有蕃官无故自陈乞改姓名，经略司不为止遏，据状申陈，省部亦无问难，遂改作汉姓，如伊格为白守忠，鄂钦为罗信是也。亦有不曾陈乞，袞私擅改作汉姓，如罗凌之子为周俊明是也。……今乃使外蕃种类，无故自易姓氏，混杂华人，若年岁稍远，则本源汩乱，无有考究，汉蕃弗辨，非所以尊中国而别族类也②。

上述"咸名"即西夏皇族嵬名氏。看来宋朝党项族改为汉姓的不是个别现象。入宋的党项族更容易被汉族同化。

（3）语言文字的表现。语言往往是一个民族的重要特点。党项族的语言属汉藏语系藏缅语族，后世称党项语为西夏语。党项族与汉族的密切交往，使西夏语也发生了前所未有的变化。

最直接的变化是西夏语中出现了大批汉语借词。在基本词中就有不下上百个汉语借

---

① 史金波：《西夏户籍初探——4件西夏文草书户籍文书译释研究》，《民族研究》2004年第5期，第64—72页。
② ［宋］李焘：《续资治通鉴长编》卷四七六"哲宗元祐七年八月壬戌"条，北京：中华书局，1993年，第11343页。

词。其中有的是党项族原来没有的事物和行为，在接受了汉族的新事物后同时借词，如名词中的圣、府、州、县、堡、官、车、经略、刺史、箜篌、和尚、沙门，动词中的写、灌、雇、包、安抚、安排、参差，量词中的寸、卷等；有的是西夏原也有此种事物，但因经常使用汉语中相应的词，汉语词也逐渐进入西夏语，形成本语词和汉语借词并用的态势。如名词中的牲、谷、山，动词中的生、打、分，形容词中的大、粗、细、正等，皆存在党项语本语词和汉语借词两种。

一般在语言的语音、词汇、语法三部分中，语法是最稳定的。但西夏语语法的某些用法，也在汉语的影响下发生了明显的变化。例如，在西夏语中形容词在修饰名词时，形容词置于被修饰的名词之后，这与汉语的词序相反。但因受汉语的影响，西夏语中也出现了一些形容词置于被修饰的名词之前的现象。这表明汉语对西夏语的影响已达到很深的程度。

西夏早期创制了记录西夏语言的文字，后世称为西夏文。在创制西夏文时好像要特意突出特点，尽量标新立异，所有六千多个西夏字，无一字与汉字雷同。但翻看西夏文文献，第一眼就感到他们特别像汉字，因为西夏字不仅是和汉字一样性质的方块字，而且使用了汉字点、横、竖、撇、捺、拐等笔画，构字方法也与汉字相近。因此，尽管造西夏字者力图摆脱汉字的影响，但结果终未能跳出汉字系统的圈圈，从西夏字中可以透视到汉字的影子。

从前述《番汉合时掌中珠》的序言可知，由于社会实际的需要，西夏提倡番汉民族互相学习对方的语言、文字，大力推行双语教育。这种双语现象和带有教科书的双语教育，促进了两个民族更加密切的接近和实质性的融会。

西夏番汉两个民族在接触过程中，都会受到对方的影响，但一般经济、文化先进的民族给予对方的影响更大。党项族实际上早已处于趋同汉族的过程之中。

三、西夏灭亡后党项民族的汉化过程

历史使西夏走过了由弱而强、由盛而衰的道路。党项族素以强军著称。西夏之所以能在强邻环伺的局势下，强梗立国近两个世纪，靠的是一支组织有序、机动灵活、战斗力强大的军队。这支军队在西夏前期与宋、辽、吐蕃、回鹘轮番作战，胜多败少，维持并发展了自己的势力。然而随着社会的发展，王朝经济、文化建设成为社会的主流，文治加强，武备渐弱。在蒙古迅速崛起后，西夏军队与之周旋二十余年，最终未能抵挡住

蒙古铁骑的多次进攻，于1227年首都陷落，西夏王朝灭亡。

在蒙古进攻西夏的过程中，除以武力进攻外，还采取利用、拉拢西夏人的做法，甚至逼迫西夏把部分西夏军队交由蒙古军队驱使作战。期间一些西夏党项人或其后裔加入了蒙古军队的行列，立下了赫赫战功，有的还是西夏皇族后裔。其中一些人在湖北省留下了他们的足迹。

李桢是党项人，"其先姓於弥氏，唐末赐姓李，世为西夏国主。"於弥氏即西夏皇族嵬名氏。他曾随从蒙古皇子阔出伐金，太宗命阔出："凡军中事，须访桢以行。"可见，李桢在伐金的战斗中受到太宗的极大信任，起着皇子阔出军事顾问的作用。后来他向定宗指出襄阳（今湖北襄阳市）在对宋战争中的战略地位："襄阳乃吴、蜀之要冲，宋之喉襟，得之则可为他日取宋之基本。"后来对宋的战争充分证明其建议确有先见之明，襄阳成为蒙古军和宋军反复争夺的战略要地。1250年，李桢被授为襄阳军马万户，1256年，宪宗命他率师巡哨襄樊，1258年宪宗亲征，李桢被召议事，是年，卒于合州①。

党项人李恒也是西夏皇族后裔。"其先姓於弥氏，唐末赐姓李，世为西夏国主。"②早年李恒随其父（淄川达鲁花赤）为蒙古军队效力有功，1270年伐宋，他率军打败宋襄阳守将吕文焕。1273年春，李恒以精兵渡汉水，自南面先登，攻破樊城，襄阳亦归降。占领襄阳后，李恒继续向东南进军。第二年，丞相伯颜进攻沙洋（今湖北省沙洋县）、新城（今湖北省襄阳市东南），李恒为后援，败宋追兵，激战阳罗堡（今属湖北省武汉市），攻陷鄂州（今湖北省鄂州市）、汉阳（今属湖北省武汉市）。后从伯颜东下。1275年，宋将高世杰攻湖北，李恒受命守鄂州，又南下攻湖南，至洞庭，擒高世杰。后世祖下令出师，李恒为左副都元帅，攻江西、福建、广东，被任命为蒙古汉军都元帅。后又从皇子镇南王征交趾，中毒矢死在思明州③。

党项人察罕也是西夏皇族嵬名（乌密）氏，成为蒙古军的著名将领，后为马步军都元帅，并兼领尚书省事。据《元史·察罕传》载，察罕之子木花里初为蒙古宪宗宿卫，1267年攻宋，自江陵（今湖北省荆州市）略地回兵时，救都元帅阿术，后在进攻襄樊战斗中立有军功。

党项人来阿八赤，早年其父术速忽里归太祖，宪宗时曾上进攻四川之策。来阿八赤在进攻襄樊时曾督运粮储。据《元史·来阿八赤传》载："至元七年，南征襄樊，发河南、

---

① ［明］宋濂等：《元史》卷一二四《李桢传》，北京：中华书局，1976年，第3051页。
② ［明］宋濂等：《元史》卷一二九《李恒传》，北京：中华书局，1976年，第3155页。
③ ［明］宋濂等：《元史》卷一二九《李恒传》，北京：中华书局，1976年，第3156—3159页。

北器械粮储悉聚于淮西之义阳。虑宋人剽掠，命阿八赤督运，二日而毕。"受到世祖的奖赏。

河南濮阳杨十八郎村古金堤南墓地立有一通《大元赠敦武校尉万户府百夫长唐兀公碑铭》，叙述唐兀氏闾马"优于武艺，攻城野战，围打襄樊，诸处征讨，多获功赏"①。闾马也是一位参加过攻打襄樊的党项人。

元代党项人属色目人，有较高的政治地位，在政治、军事、经济、文化领域，皆有不俗表现。在这一时期，党项人的汉化也更为深刻。一方面党项人不再具有主体民族的地位；另一方面元朝的大一统地域为党项人向更为广大地区的流动提供了广阔空间。

党项人通过多种渠道、多种形式大批内迁。比如元大都的宿卫军主要由蒙古、色目兵士组成，是皇室的亲军，其中有唐兀卫，领河西军（党项人部队）三千人②。又如元初党项人昂吉儿率河西军屯驻庐州，后他又请于两淮屯田。其子昂阿秃1289年任庐州蒙古汉军万户府达鲁花赤，大德六年（1302），外出征讨后还镇庐州。党项部队也有驻守其他地区者，如1328年，《元史·文宗本纪》载："征鄢陵县河西军赴阙。"可知河南鄢陵也曾屯驻党项部队③。

党项人迁到内地为官者也不少。党项人余阙祖居武威，其父名沙拉藏卜，后在庐州为官。余阙自幼读书，元统元年（1333）进士及第，三次被召入大都为官。元末农民起义时，政府为镇压农民起义，于至正十二年（1352）任命余阙为淮西副使，驻守安庆。至正十八年（1358）安庆被起义军攻破。余阙及其妻子、儿女皆自尽，仅留一襁褓幼子，传承后世。余阙成了为元"死节"的典型人物。余阙曾写过一篇《送归彦温赴河西廉使序》，其中记录了西夏故地党项人质朴的风俗习惯，又感慨地描述了进入内地之后这些人的风俗变化，经数十年以后，合肥的党项人"其习日以异，其俗日不同"，不仅移居内地的党项人如此，即便是居住在西夏故地的"今亦莫不皆然"。可见，元末的党项人风俗习惯发生了根本变化。余阙不了解这是社会发展的结果，还希望政府所派"廉能之官"到河西一带去恢复过去那种比较原始的风俗习惯，以为那样"风俗必当丕变，以复

① 任崇岳、穆朝庆：《略谈河南省的西夏遗民》，《宁夏社会科学》1986年第2期，第76—80页。
② ［明］宋濂等：《元史》卷八六《百官志》，北京：中华书局，1976年，第2168页；［明］宋濂等：《元史》卷九九《兵志》，北京：中华书局，1976年，第2527页。［元］虞集：《道园类稿》卷四二《彭城郡侯刘公神道碑》，《元人文集珍本丛刊本》第六册，台北：新文丰出版公司，1985年，第267页。
③ 史金波：《河南、安徽西夏后裔及其汉化》，揣振宇主编：《汉民族文化与构建和谐社会——2007年汉民族研究学术研讨会论文集》，哈尔滨：黑龙江人民出版社，2008年，第10页。

于古"①。然而党项族与其他民族同化的局面毕竟无法挽回，就连余阙等党项族上层人士也处于十分矛盾的状态之中。一方面他们从生活、文化上已经汉化，民族语言、文字也不再使用，甚至连姓名也改成汉族样式；另一方面却期望本族故土和人民保留原来的形态，这自然是难以实行的②。

由元入明，党项族后裔步入了更为迅速的汉化进程，至明清之际，党项族作为一个民族最后消亡了。合肥一带的余阙后裔至今仍有成千上万，他们现今属于汉族，其语言、意识、风俗，包括婚姻、葬俗等方面与汉族无异，他们作为汉族与当地其他汉族人民亲密无间地生活在一起。党项族的后裔在这里走过了与时俱进的历史进程，这是历史选择的必然结局。

四、余论

中国历史上就是一个多民族的国家，同时也是一个多语言、多方言、多文字的国家。西夏所在的时代，无论是以汉族为主体的宋朝，还是以少数民族为主体建立的辽、西夏、金国，都对中国的历史做出了各自的贡献。

中国历史上消失了不少民族，有些是在中国历史上颇具影响的民族，诸如匈奴、鲜卑、契丹等，当然还有本文讨论的党项族，这些都是历史发展的正常现象。实际上从全世界人类发展的历史来看，民族、部族随着时代的前进，都在不断地减少。特别是近代以来，随着民族间交往更频繁、更深刻地演进，世界上的民族和民族语言消失的速度加快。这似乎成了一个发展趋向，成了一种历史潮流。在中国历史上，各民族之间交往密切，总在自动地、不断地相互吸收、借鉴、融汇，这成为中华民族发展的主流。

当前，我们更要站在维护祖国统一、增强民族团结的高度，加强国家认同，加强中华民族认同，在保障各民族使用自己语言、文字权利的同时，在互相尊重的前提下，注重互相学习、互相帮助，加强各民族之间的交流，保障各民族权益。对于强迫民族同化的行为，应予以坚决反对。对于促进民族发展、改善民生的民族之间自然而然的交往、交流、吸收、融汇，则应欢迎、鼓励、提倡、推进，毕竟社会的进步、人民生活的改善是我们追求的主要目标。在语言、文字方面，应推广国家通用的语言文字，加强双语教

---

① ［元］余阙：《青阳先生文集》卷四《送归彦温赴河西廉使序》，《四部丛刊续编·集部》第72册，上海：上海书店，
1985年。

② 史金波、吴峯云：《西夏后裔在安徽》，《安徽大学学报》（哲学社会科学版）1983年第1期，第64—67页。

学，在一些地区提倡双语生活，避免人为地在各民族间设置交往障碍，影响民族之间的交流。对已经消失的民族语言，要尽力做好文献的整理、保存和研究工作；对目前使用较少的民族语言要认真做好多媒体记录、保存工作，科学地保留有声语言的数据，同时加强研究工作。语言的发展有其内在的规律，不以个人意志为转移。应全面、正确地理解部分少数民族语言和方言趋向萎缩和消亡的现象，这样我们才能更加有效地保留和传承各民族的优秀文化遗产。

我们民族研究工作者要做祖国统一和各民族团结的促进派，要做各民族经济、文化、社会发展的促进派，要做各民族互相交流、学习，共同发展、繁荣的促进派。

[原载《中南民族大学学报》（人文社会科学版）2013年第1期]

略论宋夏时期的中西陆路交通①

李华瑞

摘　要： 西夏建国前后对于中西陆路交通产生两个重大影响：一是李继迁攻占灵州造成中唐以来形成的以灵州为中转的中西交通路线衰落，而元昊攻占河西走廊使河西诸政权朝贡中断、西域诸国朝贡再次改道；二是北宋不能再如此前回访或出使西域诸国，同时中断了西行求取佛法的活动。宋朝没有能力去控制通往中亚和欧洲的陆路，加上经济重心南移基本完成，宋朝对外的交通主要转向海上丝绸之路。从宋朝的本位文化发展来看，汉唐时期思想文化艺术受西域中亚"胡化"影响的历史基本一去不复返。即便是西夏的文化艺术，除受汉文化、藏传佛教、党项自身文化制约外，西来的因素也是微乎其微。

关键词： 北宋；西夏；丝路；河西；西域

　　20 世纪 90 年代以前，有关宋夏时期丝绸之路的研究，一般多采取日本学者的观点，以为西夏建国阻断了丝绸之路的正常进行。20 世纪 90 年代以后，随着西夏史的广泛展开，国内大多数西夏史研究者否定此前日本学者的观点，认为西夏并没有阻绝丝绸之路的畅通，而且西夏还开辟了丝绸之路的中继形式，即西夏从宋朝得到中原地区的农业产

---

① 本文讨论的时间范围是 960—1126 年。中西陆路交通范围包括西夏攻占前的河西走廊诸政权和《宋史·外国传六》记述的天竺、于阗、高昌、回鹘、大食、龟兹、沙州、拂菻等。亦即《宋本历代地理执掌图·辨西域》，上海：上海古籍出版社，1989 年，第 134 页所言："隋之世，来朝者四十余国。唐破吐蕃，复四镇，诸国贡献，侔于前代。本朝建隆以来，通贡者于阗、高昌、龟兹、大食、天竺。"

品，再经西夏转手与西域中亚贸易。[1]但也有学者指出："对比前后两个时期的研究成果，似乎从问题的一端走向了另一端。必须承认，有关西夏时期丝路研究的资料少而又少，认为西夏时期丝路断绝或基本畅通的观点并不具有很强的说服力，因此这一问题还有深入研究的必要。"[2]

笔者以为，这些讨论有两个误区：一是没有注意丝绸之路的开凿和维护是中原王朝与西域、中亚诸国的双向互动；二是把丝绸之路仅视作商品贸易的交流，而未考量丝绸之路实际上是经济文化的中西交通。对此，笔者就这两个问题想谈几点看法，以就教于同好。

一、西夏立国前后河西、西域与北宋朝贡关系的变化

960年赵匡胤建立北宋，继承了五代以来的政治版图，至元昊建立大夏国之前，宋的西部大致谨守秦凤一线，兰州以西不在疆理范围。但是自晚唐五代以来与中原王朝保持密切朝贡关系的河西的吐蕃凉州（西凉府）、甘州回鹘、瓜沙曹氏和西域的西州回鹘（高昌、龟兹）、于阗、天竺、大食等亦与宋朝继承了这种关系，元昊建立大夏国后也没有完全阻断中西陆路交通，正如元史臣所说："西若天竺、于阗、回鹘、大食、高昌、龟兹、拂菻等国，虽介辽、夏之间，筐篚亦至，屡勤馆人。"[3]不过，西夏割据、建国过程对以河西诸政权、西域诸国朝贡宋朝为主的陆路交通产生了两次重大影响。

一是李继迁攻占灵州造成中唐以来形成的以灵州为中转的中西交通路线衰落。[4]《宋会要辑稿》方域二一《西凉府》记事云：

太祖乾德四年，知（西）凉府折逋葛支上言："有回鹘二百余人、汉僧六十余人，自朔方路来，为部落劫略，僧云欲往天竺取经，并送达甘州讫。"诏书褒答之。

开宝六年，凉州令步奏官僧客毡声、遣胜拉躏二人求通道于泾州以申朝贡。诏泾州令牙将至凉州慰抚之。[5]

① 陈爱峰、赵学东：《西夏与丝绸之路研究综述》，《西北第二民族学院学报》（哲学社会科学版）2007年第2期，第27—30页。
② 杨蕤：《关于西夏丝路研究中几个问题的再探讨》，《中国历史地理论丛》2003年第4辑，第117—123页。
③〔元〕脱脱等：《宋史》卷四八五《外国传》序，北京：中华书局，1977年，第13981页。
④ 严耕望：《长安西北通凉州驿道及灵州四达交通线》，《唐代交通图考》第一卷《京都关内区》，上海：上海古籍出版社，2007年，第175—228页。
⑤ 刘琳等点校：《宋会要辑稿》方域二一《西凉府》，上海：上海古籍出版社，2014年，第9704页。

从这段记事来看，宋太祖建隆、乾德年间，回鹘、天竺僧人和汉僧等通过朔方往来于宋朝、河西走廊、天竺之间。此处所言的朔方即是灵州，而开宝六年（973）又在泾州至西凉府之间开辟了西凉府朝贡使的通道。此外，还有经夏州通往西域的路线，如太平兴国六年（981），供奉官王延德等奉命出使高昌，即经此道。可见，灵州、泾州和夏州在宋初是中西交通三个重要的中转枢纽。不过在宋初40年间，灵州作为国际贸易枢纽地更显得重要。因为夏州自太平兴国七年（982）李继迁反宋以后，此道逐渐阻绝。而泾州道虽在开宝六年（981）开通，但在灵州被攻陷之前，回鹘、于阗、天竺等朝贡使和游僧很少走这条线路，直到灵州陷落，泾州道才取代灵州道而日益显得重要起来。

以下简要叙述经由灵州的交通路线。据研究，经由灵州的交通路线可划为东西两段。东段出洛阳、长安，沿泾河北上抵邠州（今陕西省彬州市），再循马岭水（今泾河支流环江）继续北上，经宁州（今甘肃省宁县）、庆州（今甘肃省庆阳市）至通远军（994年改置环州，今甘肃省环县），再由此继续向西北行，沿白马川出青岗峡，经清远军，再沿灵州川附近的博乐城和耀德城，抵达灵州，此为东段。环州以南、以东的交通线，因北宋能够行之有效地统治，驿站、邸店为商旅、使人、游僧饮食住宿提供了诸多方便。而环州以北、以西的地区散居着广大的党项、吐蕃等部族。《宋史》卷二六四《宋琪传》载："向来使人、商旅经由，并在部族安泊，所求赂遗无几，谓之'打当'，亦如汉界逆旅之家宿食之直也。"[1]可见灵州东段是畅通无阻的。

在灵州中转以后，商旅、使人渡黄河，越过腾格里沙漠抵达民勤绿洲，再沿白亭河（今石羊河）折向南下而至西凉府（凉州）。由此穿过河西走廊，从沙州"西行三十里人鬼魅碛，行八日出碛至伊州"，即由敦煌县向正北方向走，鬼魅碛即现在穿越青墩峡以北的大沙漠。北上至现在的红柳河，由此偏西进入今新疆境，再向北达伊州，即现在的哈密。由伊州向西至高昌，由高昌西去经月氏（今焉耆）、龟兹、割鹿（即葛逻禄，以民族名），南下至于阗。由于阗再北至疏勒（今喀什市），转向西南，经现在的塔什库尔干，越过葱岭，进入加湿弥逻（今克什米尔），达北印度、南印度，此为西段。西段的交通也基本上是畅通无阻的。[2]

宋初自建隆二年（961）至咸平五年（1002）的40余年间，中原与西域、天竺之间通过灵州枢纽交通线的交往十分频繁。据统计约96次，其中西凉府吐蕃政权15次，甘

① ［元］脱脱等：《宋史》卷二六四《宋琪传》，北京：中华书局，1977年，第9130页。
② 陈守忠：《北宋通西域的四条道路的探索》，《西北师院学报》（社会科学版）1988年第1期，第75—82页；罗丰：《五代、宋初灵州与丝绸之路》，《西北民族研究》1998年第1期，第8—26页。

州回鹘政权 15 次，瓜、沙曹氏政权及回鹘 19 次，高昌（西州回鹘）5 次，龟兹 3 次，于阗 8 次，塔坦（鞑靼）2 次，大食 15 次，天竺 14 次。①大食和天竺有时从南海方向前来朝贡，这是需要特别指出的。

李继迁自宋太宗太平兴国七年（982）反宋自立，从淳化五年（994）开始用兵攫取灵州，经过十年的争夺，宋真宗咸平五年（1002）攻占灵州，随后宋廷承认既成事实，于景德二年（1005）与李继迁的后继者李德明订立和约。灵州遂成为新崛起的党项族的政治中心。②灵州的陷落，使得中唐以来形成的以灵州为枢纽的交通线急剧衰落，特别是灵州失去了以往国际贸易商都的地位。虽然有学者论证灵州陷落后，来自西域朝贡的使者、商人并没有完全放弃河西道③，"昔时道路尝有剽掠，今自瓜、沙抵于阗，道路清谧，行旅如流"④。事实上，李继迁攻占灵州之时，河西走廊并不在夏州政权的控制范围，所以河西道并未受到多大影响。但是不可否认绕过灵州而改走以泾州（太宗至道以后改由镇戎军）为中心的交通路线，已成为河西诸政权、西域诸国不得已而为之的选择。咸平四年（1001），李继迁围灵州，张齐贤经略陕西，因访李继和边事，继和上言："镇戎军……正当回鹘、西凉六谷、咩逋、贱遇、马藏梁家诸族之路。"⑤魏泰亦云："回鹘皆遣使，自兰州入镇戎军，以修朝贡。"⑥

二是元昊攻占河西走廊使河西诸政权朝贡中断、西域诸国朝贡再次改道。1032 年，元昊继承王位，是西夏发展史上的重大转折。元昊继续德明以来西掠吐蕃健马、北收回鹘锐兵的扩张政策，迅速兼并河西走廊，至公元 1038 年称帝，建立大夏国。

元昊公开与宋对立之时，谏官吴育就曾上书说："汉通西域诸国，断匈奴右臂。诸戎内附，虽有桀黠，不敢独叛。……元昊第见朝廷比年与西域诸戎不通朝贡，乃得以利啖邻境，固其巢穴，无肘腋之患。跳梁猖獗，彼得以肆而不顾矣。"⑦

清人吴广成在综合宋人材料基础上指出："回鹘土产，珠玉为最。帛有兜罗锦、毛毼、狨锦、注丝、熟绫、斜褐；药有腽纳脐、硇砂；香有乳香、安息、笃褥。其人善造宾铁

① ［日］前田正名著、陈俊谋译：《河西历史地理学研究》，北京：中国藏学出版社，1993 年，第 383—387 页。
② 李华瑞：《宋夏关系史》，北京：中国人民大学出版社，2010 年，第 23—28、128—129 页。
③ 梁松涛、陈炳应：《西夏与丝绸之路若干问题述论》，姜锡东、丁建军主编：《中华文明的历史与未来——国际学术研讨会论文集》，保定：河北大学出版社，2010 年，第 47—59 页。
④ ［元］脱脱等：《宋史》卷四九〇《于阗传》，北京：中华书局，1977 年，第 14107 页。
⑤ ［宋］李焘：《续资治通鉴长编》卷五〇"真宗咸平四年十二月乙卯"条，北京：中华书局，2004 年，第 1090—1091 页。有关北宋与西域交通改道的情况，详见陈守忠：《北宋通西域的四条道路的探索》，《西北师院学报》（社会科学版）1988 年第 1 期。
⑥ ［宋］魏泰撰、李裕民点校：《东轩笔录》卷三，北京：中华书局，1983 年，第 33 页。
⑦ ［元］脱脱等：《宋史》卷二九一《吴育传》，北京：中华书局，1977 年，第 9728—9729 页。

刀、乌金银器。或为商贩，市于中国、契丹诸处。往来必由夏界，夏国将吏率十中取一，择其上品，贾人苦之。"①

研究河西历史地理的著名日本学者前田正名认为，西夏建国后对河西之地的军事设防极大损害了河西走廊作为丝绸之路交通要道的地位：

> 凡属交通要道，毫无遗漏地设置在其管辖之下，瓜州西平监军司控制着从瓜州起到罗布泊及伊州、高昌一带的河西西端交通路线分岔地点等各重要地段。黑山威福监军司配置在从伊州起向东走，经由河西的北侧，到达阴山山麓的沿途各要道据点，及古时汉代的旧居延城地方，控制着沿额济纳河道的那条纵断河西的路线的北方出口地点。而卓啰监军司则和它分别担任着控制河西纵断路的出口地点的任务，把根据点卓啰城设置在现在的庄浪河，亦当时的喀啰川下游地方。黑水镇监军司则设置在贺兰山北方，处于阴山之间，控制着向南走往灵州、兴州的路线，以及额济纳河方面向东走，来到阴山山麓和鄂尔斯沙漠的路线。甘州甘肃监军司控制着通往肃州、凉州的古代以来河西路及甘州、灵州之间的路线。西夏就是这样全面的掌握着河西附近主要交通点，由各地监军司严密地监察着通过河西的各国行商。②

前田正名又说，在探讨了西夏的军事部署之后，当我们围绕此问题进一步探讨契丹、宋、宗哥族（青唐族）及其他西域各国所进行的交通和贸易时就会了解到，当时的河西是一个与四周相隔绝的地域，已经丧失了过去东西互市的意义，同时也丧失了作为东西交通要道的"河西通道""河西走廊"的意义。"这样，在河西的周围，沿着西夏的国境产生了一条大规模的国际交通路。"③

这条国际交通路就是西域各地到中原的商旅，不得不绕道经过唃厮罗境内的鄯州（乐都）。这里成了当时代替河西走廊，沟通中西交通的重要地方，这也给唃厮罗带来了空前的经济繁荣。"党项人原本希望通过占领河西而获取种种唾手可得的商业利益都化成了泡影。从塔里木盆地出发的商人或经由北道，沿着戈壁南缘到达契丹朝廷，或是迂回向南，到达青唐——青唐这时已发展成了一个繁荣的货物集散地。"④"及元昊取西凉府，潘罗支旧部往往归厮啰，又得回纥种人数万。厮啰居鄯州，西有临谷城通青海，高昌诸

① ［清］吴广成撰、龚世俊等校证：《西夏书事校证》卷一五，兰州：甘肃文化出版社，1995年，第175页。
② 前田正名：《西夏时代河西南北的交通路线》，《西北史地》1983年第1期。
③ 又见［日］前田正名著、陈俊谋译：《河西历史地理学研究》，北京：中国藏学出版社，1993年，第619页。
④ ［德］傅海波、［英］崔瑞德编，史卫民等译：《剑桥中国辽西夏金元史》，北京：中国社会科学出版社，1998年，第206页。

国商人皆趋鄯州贸卖，以故富强。"①

宋神宗元丰六年（1083）五月，"于阗贡方物，见于延和殿。上问曰：'离本国几何时？'曰：'四年。''在道几何时？'曰：'二年。''经涉何国？'曰：'道由黄头回纥、草头达靼、董毡等国。'又问：'留董毡几何时？'曰：'一年。'问：'达靼有无头领、部落？'曰：'以乏草、粟，故经由其地皆散居也。'上顾谓枢密都承旨张诚一曰：'达靼在唐与河西、天德为邻，今河西、天德隔在北境。自太祖朝尝入贡。后道路阻隔，贡奉遂绝。'又问：'尝与夏国战者，岂此达靼乎？'曰：'达靼与李氏世仇也。'"②

笔者从《宋史·外国传》《宋会要辑稿·藩夷七》《玉海》《群书考索》等书中辑出在元昊建国前后河西、西域与北宋之间的朝贡关系的变化，由此窥其大概，具体见表1。

表1　元昊建国前后河西、西域与北宋之间的朝贡关系表（单位：次）

年代	甘州回鹘	西州回鹘	回鹘	龟兹	于阗	大食	总计
961—1038	16	5	20	30	7	14	92
1040—1125	0	0	1	5	39	0	45
总计	16	5	21	35	46	14	137

表1需要说明的是，840年漠北回鹘被黠戛斯灭亡后，分三支西迁，一支进入河西，以甘州回鹘为主；一支迁至西州（高昌、龟兹故地）；一支在庞特勤率领下西奔楚河地区葛逻禄部，后庞特勤臣服了葛逻禄及其他回鹘部族，史称喀喇汗王朝。一般地讲，宋代文献中只提及回鹘者多指喀喇汗王朝，而于阗则在11世纪初臣服于喀喇汗王朝。③由表1统计来看，西夏建国后，甘州回鹘被吞并，与宋朝的朝贡关系已不复存在，西州回鹘高昌、龟兹与宋朝的朝贡关系也几乎停止，大食则基本转向海路。喀喇汗回鹘虽然途经西夏朝贡，但是又遭到宋朝立法禁止，"然回鹘使不常来，宣和中，间因入贡散而之陕

① ［元］脱脱等：《宋史》卷四九二《吐蕃传》，北京：中华书局，1977年，第14161—14162页。
② ［宋］李焘：《续资治通鉴长编》卷三三五"神宗元丰六年五月丙子朔"条，北京：中华书局，2004年，第8061页。
③ 学界一般认为于阗是在11世纪初被喀喇汗王朝征服后亡国，见程溯洛《〈宋史·于阗传〉补正》。对此种看法近来有不同意见，荣新江、朱丽双认为于阗灭亡后，于阗人并没有很快被征服，他们仍保有自己的王号，各地抵抗也延续了相当长时间，而且"佛教在很长时间之内仍然是于阗人的精神支柱"，参阅荣新江、朱丽双：《11世纪初于阗佛教亡国灭亡新探——兼谈喀喇汗王朝的成立与发展》，朱玉麒主编：《西域文史》第六辑，北京：科学出版社，2011年，第191—204页。汤开建则以为："公元11世纪后，于阗政权虽然曾被喀喇汗王朝征服过，并且有过一段比较亲密的羁縻关系，但时间是短暂的，从整体上看，于阗政权基本上是以一个独立政权的姿态出现在中世纪的历史舞台。"详见汤开建：《宋代的于阗——兼论于阗政权与喀喇汗王朝的关系》，《纪念陈乐素教授诞辰110周年学术研讨会论文集》上册，内部资料，2012年，第109—125页。

西诸州，公为贸易，至留久不归。朝廷虑其习知边事，且往来皆经夏国，于播传非便，乃立法禁之"①。只有于阗与宋朝保持密切的交往，《宋史·于阗传》说："绍圣中，其王阿忽都董娥密竭笃又言，缅药家（即指西夏）作过，别无报效，已遣兵攻甘、沙、肃三州。诏厚答其意。知秦州游师雄言：'于阗、大食、拂菻等国贡奉，般次踵至，有司惮于供赉，抑留边方，限二岁一进。外夷慕义，万里而至，此非所以来远人也。'从之。自是迄于宣和，朝享不绝。"②但从前揭材料及于阗与西夏的矛盾来看，于阗主要从青唐道来往于丝绸之路上。

二、西夏立国前后，北宋与河西、西域交往的变化

如果说，西夏割据、建国过程中对河西、西域与宋朝贡关系的影响主要表现在改道和减少次数上，那么对北宋经略西域则是致命的一击，即基本中断了北宋与西域的交往。

李继迁反宋之前，夏州政权与宋朝保持良好的臣属关系，但李继迁的反宋使得夏州政权成为宋朝的敌对势力。而李德明和元昊奉行西掠吐蕃健马、北收回鹘锐兵的政策，使得河西吐蕃西凉府、甘州回鹘、瓜沙曹氏也与西夏结成仇敌，他们纷纷向宋朝表示归顺，愿意接受宋廷的封授，或者请中央王朝派使臣督理国事。乾德二年（964）十二月，西凉府蕃部酋长等诣阙请帅，宋廷任命供备库使麹彦饶为河西节度使。③太平兴国五年（980）四月，以曹延禄为归义军节度使。④咸平四年（1001）十月，以西凉府六谷蕃部大首领潘罗支为灵州西面都巡检使盐州防御使。⑤党项夏州李氏崛起，吐蕃、回鹘受到很大威胁，他们很希望与宋朝结成联盟共同打击李继迁。咸平四年（1001），甘州回鹘可汗王禄胜遣曹万通出使宋朝，"愿朝廷命使统领，使得缚继迁以献"，宋廷降诏褒奖禄胜称："卿世济忠烈，义笃舅甥"⑥，特授曹万通左神武军大将军。同年，凉州吐蕃首领潘罗支亦表示愿与宋朝联手打击李继迁，由于当时宋廷"方务绥怀"李继迁⑦，故未积极响应。为了牵制夏州政权，大中祥符年间宋与唃厮啰结成联盟共同抵制夏州政权。

① ［元］脱脱等：《宋史》卷四九〇《回鹘传》，北京：中华书局，1977年，第14117页。
② ［元］脱脱等：《宋史》卷四九〇《于阗传》，北京：中华书局，1977年，第14109页。
③ ［宋］李焘：《续资治通鉴长编》卷五"太祖乾德二年十二月丁巳"，北京：中华书局，2004年，第136页。
④ ［宋］李焘：《续资治通鉴长编》卷二一"太宗太平兴国五年闰三月辛未"条，北京：中华书局，2004年，第474页。
⑤ ［宋］李焘：《续资治通鉴长编》卷四九"真宗咸平四年十月乙卯"条，北京：中华书局，2004年，第1079页。
⑥ ［元］脱脱等：《宋史》卷四九〇《回鹘传》，北京：中华书局，1977年，第14115页。
⑦ ［元］脱脱等：《宋史》卷四九二《吐蕃传》，北京：中华书局，1977年，第14155页。

随着元昊吞并河西建国，宋朝与河西之朝贡关系不复存在，这些朝贡政权一变而为宋朝的敌对势力之一部分，这对宋朝主动经略或联络河西乃至西域造成很大困难，甚至在某种意义上成为不可能。这有以下两方面的表现：

一是宋廷不能再如此前回访或出使西域诸国。宋前期的中西交往虽然大多数都是西域诸政权遣使来朝贡，但有时宋朝也派使者回访。

太平兴国六年（981），高昌国王阿斯兰汗始自称西州，遣外甥都督万逊来贡，宋太宗遂派供奉官王延德及殿前承旨白勋两人为使，回访高昌，出使四年，雍熙元年（984）四月王延德回到东京。出使途中，王延德撰有著名的《西州使程记》[①]，该游记是研究高昌回鹘王国及由中原至高昌沿途情况的宝贵资料。另外，王延德出使途中"所过蕃部，皆以诏书赐其君长袭衣、金带、缯帛，其君长各遣使谢恩"[②]。可见王延德此次出使大有收获，既扬了国威，又与西域诸政权发展了友好关系。

王延德出使高昌之后，见于史载的还有大中祥符六年（1013）宋廷曾派供奉官刘渥出使龟兹，但《宋会要》与《续资治通鉴长编》的记载略有歧异：

（大中祥符）六年六月，秦州上言："回纥怀化司戈兰遗质遣弟室腊丹赍状诣州，称押领龟兹进奉般次，为蕃部阻隔，且寓遗质家，供奉官刘渥以疾先出蕃。望别差使迎接般次，兼赐遗质官告。"朝议以尽依所请，虑蕃部告求无厌，止令秦州就差使臣并译语官取接出蕃。仍谕遗质，候般次至京，当议恩泽。刘渥，前奉使龟兹者，还京而卒。诏官借供帐什物，并赐其家，随行公人悉优改转。[③]

（大中祥符六年六月）丙戌，秦州言押领龟兹国进奉回鹘首领、怀化司戈林布智行至黄河北，为蕃部所隔，望遣使臣接导，仍赐迁秩告身。上曰："戎人无厌，不可悉如其请。"令秦州就遣使臣量加赐与，引伴出蕃。供奉官刘渥前使龟兹，以疾先还，至京而卒。上闵其在道艰阻，诏以供帐物赐其家。从行人第迁补之。[④]

这两段材料的主要歧异是刘渥出使龟兹完成后回到东京才去世，还是出使中途因病返回东京后去世？笔者目前掌握的材料尚无法解决这个问题。但无论如何，结合太宗时

[①] 北宋太宗太平兴国六年（981），西州（高昌）回鹘王国向宋廷遣使朝贡，宋廷派殿前承旨、供奉官王延德回访西州回鹘，出使四年，于雍熙元年（984）四月返回开封，撰有《西州使程记》一卷（亦称《王延德使高昌记》）。宋代文献如李焘《续资治通鉴长编》、王明清《挥麈录》前录、马端临《文献通考》、《宋史》都有不同程度的收录。近代以来学者对该篇文献有较多研究和注释，如王国维《古行记校录·王延德使高昌记》、程溯洛《〈宋史·高昌传〉笺证》、杨琳新《古西行记选注·西州使程记》。

[②] ［宋］李焘：《续资治通鉴长编》卷二五"太宗雍熙元年四月"条，北京：中华书局，2004年，第579页。

[③] 刘琳等校点：《宋会要辑稿·蕃夷四》之一四，上海：上海古籍出版社，2014年，第9774、9775页。

[④] ［宋］李焘：《续资治通鉴长编》卷八〇"真宗大中祥符六年六月丙戌"条，北京：中华书局，2004年，第1831—1832页。

派遣王延德出使西州（高昌），在宋仁宗明道天圣之际西夏占领河西走廊之前，北宋不仅仅只是接受西州、龟兹的朝贡，而且也会礼尚往来主动回访。但是，宋仁宗以后宋廷再未有回访性质的交往。

二是西行求法。宋代是中国佛教史上译经的重要时期。李焘对宋初译经院的建立始末有如下记述：

> 唐自元和以后，不复译经。江南始用兵之岁，有中天竺摩伽陀国僧法天者至鄜州，与河中梵学僧法进共译经义，始出《无量寿尊胜》二经、《七佛赞》，法进笔受缀文，知州王龟从润色之，遣法天、法进献经阙下。太祖召见慰劳，赐以紫方袍。法天请游名山，许之。上即位之五年，又有北天竺伽湿弥罗国僧天息灾、乌填囊国僧施护继至，法天闻天息灾等至，亦归京师。上素崇尚释教，即召见天息灾等，令阅乾德以来西域所献梵夹，天息灾等皆晓华言，上遂有意翻译，因命内侍郑守钧就太平兴国寺建译经院。是月，院成，诏天息灾等各译一经以献，择梵学僧常谨、清沼等与法进同笔受缀文，光禄卿汤悦、兵部员外郎张洎参详润色之，内侍刘素为都监。①

大量译经需求和译经院的建立为宋朝与五个天竺（印度）之间的文化交流搭建了平台，因而在太祖朝至仁宗朝双方僧侣往来于丝绸之路络绎不绝。

据有关文献记载，咸平五年前，宋僧曾九次去天竺（印度）求法，其中大规模的有两次。范成大《吴船录》卷上载："（王继业）耀州人。隶东京天寿院。乾德二年，诏沙门三百人，入天竺求舍利及贝多叶书。业预遣中。至开宝九年，始归寺。所藏《涅盘经》一函，四十二卷。业于每卷后，分记西域行程，虽不甚详，然地里大略可考，世所罕见，录于此，以备国史之阙"②。如此大规模的西行求法，且在印度游学长达十余年之久，这在中国历史上，至少在宋代以前的中国历史上是极不多见。《宋史·天竺传》载："（乾德）四年，僧行勤等一百五十七人诣阙上言，愿至西域求佛书，许之。以其所历甘、沙、伊、肃等州，焉耆、龟兹、于阗、割禄等国，又历布路沙、加湿弥罗等国，并诏谕其国令人引导之。开宝后，天竺僧持梵夹来献者不绝。八年冬，东印度王子穰结说啰来朝贡。"③又据《宋史·大食传》，行勤等僧徒还带着宋太祖赐给大食国王的国书。他们不辱使命，以宋朝国书奉达大食。他们最远到了印度最南端的宝陀洛山，沟通了大食、

---

① ［宋］李焘：《续资治通鉴长编》卷二三"太宗太平兴国七年六月丙子"条，北京：中华书局，2004年，第522—523页。
② ［宋］范成大撰、孔凡礼点校：《范成大笔记六种》，中华书局，2002年，第204页。
③ ［元］脱脱等：《宋史》卷四九〇《天竺传》，北京：中华书局，1977年，第14104页。

印度和宋朝的来往。开宝元年（968）十二月，大食来贡。开宝四年（971）七月，大食遣使来贡，宋以其使者李河末为怀化将军，特以金花五色绫纸写官告以赐。①其后，大食贡使络绎不绝。可见宋僧在西行求法的过程中，还充当了外交使节的角色。

另外，值得一提的是沧州僧道圆。道圆是在后晋天福年间西行求法的，"乾德三年，沧州僧道圆自西域还，得佛舍利一水晶器、贝叶梵经四十夹来献。道圆晋天福中诣西域，在涂十二年，住五印度凡六年，五印度即天竺也；还经于阗，与其使偕至。太祖召问所历风俗山川道里，一一能记"②。"至是冬，沙门道圆自西域还，经于阗，与其朝贡使至。"③可见，在这里僧道圆也充当了外交使节的角色。

上述这类频繁而众多的宋朝与五个天竺（印度）的双向交往却在元昊建国前夕戛然而止。据已故著名学者梁天锡先生的研究，北宋翻译佛经的译材，除太平兴国七年（982）以禁中所有梵夹（压盛贝叶经夹）经付译经院者外，其主要源自宋初四朝五个（东南西北中）天竺（印度）僧来贡，或宋僧游天竺经西域还所献。据《传法碑》统计，自宋初至仁宗景祐二年（1035）其贡经五个天竺（印度）僧自法军至法称80人（1036年9人及皇祐中2人），取经还华僧自辞潮（一作幹）至栖秘138人（宝元二年四人）。宋僧游天竺取经还，太祖至仁宗朝13次，共70人次以上。番僧及南海使贡经，太祖至仁宗共有31次，约85人次。宋僧与番僧共计2次。④

值得注意的是，西夏建国与宋朝对峙，使宋人对西域诸国政治地理的看法，也发生了很大变化。笔者曾在十多年前发表文章论宋初西部边疆政策，认为宋初不积极疆理秦凤以西的西部地区，造成了西夏崛起并与宋朝敌对的严重后果。从前揭史实而言，宋朝虽然没有疆理西部地区，特别是西夏兴起之时，河西诸政权、西域诸国纷纷向宋朝靠拢，而宋朝没有给予积极响应，但这并不意味着宋朝完全放弃对河西和西域的经营，并不意味着放弃对汉唐已王化之地的认同。但是西夏的建国，使这种认同在西夏建国前后的地理书和军事典籍中有不同的表述方式。

宋初建国规模虽然远逊于唐代的政治辖境，但是宋太宗雍熙之前对政区的划分仍然是采用唐代开元以后的十五道制中的十三道叙述天下的地理范围（除去京畿道和都畿道），故乐史《太平寰宇记·陇右道七》详述了河西诸郡及安西大都护府（龟兹、高昌、焉耆、于阗等）的建置。这种记述方式表达出来的政治含义，即是宋的统一大业还在进

① ［元］脱脱等：《宋史》卷四九〇《大食传》，北京：中华书局，1977年，第14118页。
② ［元］脱脱等：《宋史》卷四九〇《天竺传》，北京：中华书局，1977年，第14103—14104页。
③ ［元］脱脱等：《宋史》卷四九〇《于阗传》，北京：中华书局，1977年，第14107页。
④ 梁天锡：《北宋传法院及其译经制度——北宋传法院研究之二》，香港：志莲净苑，2003年，第91—96页。

行中，北边的燕云地区、西部的陇右地区还没有完全被摒弃在统治者的视野之外。乐史在叙述完《太平寰宇记·陇右道七》后加按语说："右西域诸国，分置羁縻州军府，皆属安西都护统摄。自天宝十四载已前，朝贡不绝。今于安西府事末纪之，以表环宇之志也。"①

曾公亮等撰《武经总要》于宋仁宗康定年，亦将河西、西域之地作为"边防"中的"西蕃地界"，这与《通典》的叙述方式相类。如记述"安西都护府"云：

> 唐太宗开西域，初置府。高宗开四镇，西境开拓数千里，得于阗、焉耆、龟兹、疏勒诸国。明庆中，移都护于龟兹。东接焉耆，西连疏勒，葱岭七百里。后西陲不守，并陷吐蕃。如意初，王孝杰大破吐蕃，克复龟兹、于阗、疏勒、碎叶四镇。郭元振、郭知运辈并相次为都护府。后为安西节度，抚宁西域，统领四国。今龟兹，即安西都护治所。②

乐史叙西域"以表环宇之志也"和曾公亮等人所言"今龟兹，即安西都护治所"，即是对汉唐开拓疆域的一种认同。

公元1038年，元昊建国没有得到宋朝的承认，于是元昊发动侵宋战争，宋军在陕西三次大战役中三战皆败，至庆历五年（1045）与西夏签订和约。虽然宋朝以每年向西夏输送25万贯匹的赔款代价换取西夏不称帝，只以国主相称，给宋保留了一定颜面。但是令宋人感到痛惜的不仅是西夏对宋朝的背叛，而且还在于痛失曾被汉唐王化的河西、朔方、河湟、安西四镇，所谓"陇右、河源，久陷遐荒之域；旃裘髦服，俄为冠带之民……唐室不纲，吐蕃肆虐，致陇右、河西之陷，在乾元、至德之间"③，但宋朝建国后这些"遐荒之域的冠带之民"向往王化，以一种臣属的姿态与宋朝保持密切的朝贡关系，虽不能使他们重新成为王化之地，但宋朝通过臣属关系毕竟可以施以"声教"。而西夏的建立，显然使这些曾经"声教所暨，莫非王民"的地区在西夏的统辖下更加远离王化，是故其后王存《元丰九域志》和欧阳忞《舆地广记》两部地理总志均将西夏占领的朔方、河西走廊及汉唐开拓的西域之地列为"化外州"。"化外州"，非王土也，声教不及。而且记述化外州的内容极其简略。

《元丰九域志》卷一〇《化外州·陕西路》：安西大都护府、庭州、灵州、夏州、

---

① ［宋］乐史撰、王文楚等点校：《太平寰宇记》卷一五六，北京：中华书局，2007年，第3002页。
② ［宋］曾公亮等：《武经总要》前集卷一八下，《景印文渊阁四库全书·子部》第726册，台北：商务印书馆，1986年，第546页。
③ ［宋］李焘：《续资治通鉴长编》卷五一六"元符二年闰九月壬申"条，北京：中华书局，2004年，第12265、12266页。

凉州、沙州、鄯州、瓜州、银州、盐州、胜州、宥州、西州、廓州、会州、宕州、叠州、甘州、肃州、伊州、洮阳州、建康州、镇州。

《舆地广记》卷一七《陕西路·化外州》：安西大都护府、北庭大都护府、灵州、夏州、凉州、沙州、瓜州、盐州、胜州、西州、伊州、甘州、肃州、叠州、宕州、丰州、宥州。

从叙述河西、陇右"以表环宇之志也""今龟兹，即安西都护治所"，到把它们列入"化外州"，表现了西夏建国后宋朝对昔日王化之地河西、陇右更加远离"王化"的一种无奈心境。

三、关于西夏割据对中西交通影响的几个相关问题

以上讨论了西夏割据对中西交通两个方面的影响，基本事实是清楚的，但还有一些问题需要再认识。

第一，西夏与宋朝及西域诸国间的贸易和往来，无疑是丝绸之路上中西陆路交往的重要环节。西夏为自身发展，不可能断绝丝绸之路贸易。而西夏建国后不仅从安全考虑对丝绸之路进行军事控制，而且为了经济文化的发展积极经营丝绸之路贸易。丝绸之路贸易在西夏社会经济生活中扮演了重要角色，这在近年的研究中得到充分印证。[1]

第二，西夏时期的丝绸之路贸易不是当时中西交通的主流，虽有材料可以说明西域诸国朝贡宋朝有经过西夏境内贸易的史实，并且党项统治者"与高昌、龟兹、于阗、哈喇契丹、鞑靼"[2]等西方的贸易伙伴保持了理智的友好关系。但更多的材料证明，因西夏的缘故，西域诸国避开灵州和河西走廊而绕道东行。

第三，正如研究者所说："已有的研究显然是夸大了西夏国在丝绸之路贸易中的作用，其误解多基于这样一种事实，即西夏占据从河套平原至河西走廊广大的丝绸之路咽喉通道，掌握其制控权。我们应当关注到，西夏是党项人在西北地区建立的以宋为对抗对象的割据政权，目的极为明确，首先是一个政治实体，而并不是以攫取商贸利益为终极目

---

① 陈爱峰：《西夏与丝绸之路关系研究》，西北民族大学 2007 年硕士学位论文，第 61 页。该文在广泛吸收前人成果基础上，对西夏时期的丝绸之路贸易做了迄今为止最为全面的论述。另可参见梁松涛、陈炳应：《西夏与丝绸之路若干问题述论》，姜锡东、丁建军主编：《中华文明的历史与未来——国际学术研讨会论文集》，保定：河北大学出版社，2010 年，第 47—59 页。

② ［德］傅海波、［英］崔瑞德编，史卫民等译：《剑桥中国辽西夏金元史》，北京：中国社会科学出版社，1998 年，第 173 页。

的，尤其在建国前后这一点表现得十分明确。"①认识这一点很重要，因其敌对势力横亘在宋朝与西域诸国之间，不仅使西域诸国东向的交往出现困难，而且阻止了宋人经由陆路前往欧亚大陆的其他地区，从而促使宋朝转移中西交通的方向，由陆路、海路并重变为以海路为主。换句话说，宋朝没有能力去控制通往中亚和欧洲的陆路，它没有其他选择，只能积极推进海洋贸易政策。海运贸易本身涵盖的商品范围很广。宋初，从西亚来的奢侈品还在贸易中占据主导地位，到了 12 世纪，从日本、朝鲜、琉球和东南亚来的大宗多样商品成为主流。②所以，宋朝自元昊建国以后改变了中西交通的方向，或者说不再出使西域，西夏割据敌对是其唯一的原因。

第四，当时东北亚的"国际"政治格局是以宋和辽为中心，西夏在政治上称帝并未得到辽（辽亡前匆忙承认除外）、宋的承认，西夏的地位不可与宋、辽同日而语。河西诸政权、西域诸国之所以不辞劳苦千里迢迢朝贡辽、宋，不仅仅在于贸易往来，更大的目的是得到宋、辽的封赠。单就贸易而言，西夏、辽的社会经济结构和发展水平又远远不能与宋相比，所以西夏在丝绸之路上的贸易往来不是西域诸国东向交往的终极目的，其终极目的是与辽、宋两国的交通——在很大程度上更是与宋朝的交通。有研究者指出，北宋灭亡后中西商贸往来逐步减少，其主要原因之一即在于北宋灭亡后，金和西夏所拥有的、能够吸引西域商人的商品越来越少③，这从一个侧面证明宋夏时期，西域诸国的东向商贸活动以朝贡宋朝为主要目的。

第五，虽然西夏占据了中西交通要道河西走廊，但来自西方的文化对西夏文化艺术发展影响并不明显。党项人在其发展过程中受到了周边地区文化的深刻影响，尤其是在东亚大陆具有支配地位的印度—吐蕃、汉、突厥—蒙古三种文化，对党项文化的影响尤其重大。④西夏的艺术：绘画、建筑、雕塑、工艺美术、书法、碑刻、雕版、音乐舞蹈，主要受三个方面的影响：一是中原文化；二是藏传佛教；三是党项人建国过程中融入的北方民族（吐谷浑、西突厥沙陀人和中亚粟特人后裔的融入，漠北回鹘式微后西迁至甘州、瓜沙、凉州地区的回鹘人）文化。⑤西夏时期，凉州虽然是"当四冲地，车辙马迹，

① 罗丰：《五代、宋初灵州与丝绸之路》，《西北民族研究》1998 年第 1 期，第 8—26 页。
② 贾志扬：《宋代与东亚的多国体系及贸易世界》，《北京大学学报》（哲学社会科学版）2009 年第 2 期，第 99—108 页。
③ 李学江：《西夏时期的丝绸之路》，《宁夏社会科学》2002 年第 1 期，第 91—96 页。
④ ［德］傅海波、［英］崔瑞德编，史卫民等译：《剑桥中国辽西夏金元史》，北京：中国社会科学出版社，1998 年，第 175 页。
⑤ 陈育宁、汤晓芳：《西夏艺术史》结语，上海：上海三联书店，2010 年，第 365—371 页。

辐辏交会，日有千数"①，但这只限于西夏一域的交会，而不能有隋唐以来那种凉州为河西都会，"襟带西藩、葱右诸国，商旅往来，无有停绝"②的盛况。这不仅从一个侧面说明西夏时期的凉州无法与唐朝时凉州的繁荣相比，而且深刻说明宋夏时期丝绸之路的衰落。

第六，如果把宋夏之间的贸易作为中西交通丝绸之路贸易上的一个中继阶段来看待，西夏与西域诸国之间的贸易与西夏和北宋之间的贸易相比，不论是贸易数量，还是经济结构的互补性，都是无法相比。宋夏的敌对，对宋与西夏的贸易基本没有影响，用宋人的话说："天朝，水也；夏国，鱼也。水可无鱼，鱼不可无水。"③而西夏则不同："其三面皆戎狄，鬻之不售，惟中国者，羊马毡之所输而茶彩百货之所自来也。"④正是基于这种历史条件，在西夏反叛或侵扰宋朝之时，当北宋以武力手段制伏西夏屡屡不能奏效时，禁限贸易便成为制伏西夏的主要经济手段。这种禁限既包括断绝双边互市贸易，实行经济封锁，同时也包括对来自西域诸国可能经过西夏的贸易实行禁限，"先是，其入贡路繇沙州，涉夏国，抵秦州。乾兴初，赵德明请道其国中，不许。至天圣元年来贡，恐为西人钞略，乃诏自今取海路繇广州至京师"⑤。天圣元年十一月，入内内侍省副都知周文质言："大食国（比）来皆泛海由广州入朝，今取沙州入京，经历夏州境内，方至渭州，伏虑自今大食止于此路出入。望申旧制，不得于西蕃出入。从之。"⑥"然回鹘使不常来，宣和中，间因入贡散而之陕西诸州，公为贸易，至留久不归。朝廷虑其习知边事，且往来皆经夏国，于播传非便，乃立法禁之。"⑦北宋对西夏的贸易禁限政策不仅影响宋夏之间的正常贸易，而且也对宋与西域之间贸易的畅通产生不利影响。虽然禁令出自北宋，但缘起是因为西夏的割据敌对。换言之，西夏有自立的权力，北宋也有维护符合自身利益的政治秩序的责任。

第七，为了客观评价西夏割据对中西交通的影响，需对丝绸之路发展演变大势，特别是宋夏时期中西交通世界格局背景的变动趋势有所了解。丝绸之路是沟通中西经济、政治、人员、文化和思想交流的一条大动脉。在海上丝绸之路大举开通之前，陆路丝绸

① 《重修凉州护国寺感通塔碑铭》，现藏武威博物馆。

② ［唐］慧立、彦悰撰，孙毓棠、谢方点校：《大慈恩寺三藏法师传》卷一，北京：中华书局，2000 年，第 11 页。

③ ［宋］李焘：《续资治通鉴长编》卷一九六"仁宗嘉祐七年六月"条，北京：中华书局，2004 年，第 4763 页。

④ ［宋］司马光：《上哲宗乞还西夏六寨》，［宋］赵汝愚编、北京大学中国中古史研究中心校点整理：《宋朝诸臣奏议》卷一三八，上海：上海古籍出版社，1999 年，第 1554 页。

⑤ ［元］脱脱等：《宋史》卷四九〇《大食传》，北京：中华书局，1977 年，第 14121 页。

⑥ 刘琳等校点：《宋会要辑稿·藩夷四》，上海：上海古籍出版社，2014 年，第 9827 页。

⑦ ［元］脱脱等：《宋史》卷四九〇《回鹘传》，北京：中华书局，1977 年，第 14117—14118 页。

之路东起中国，穿越西域、古印度、阿拉伯—波斯社会，一直通向希腊—罗马世界。丝绸之路输送的并不仅仅是丝绸，而且从时空和交易额方面综观全局，丝绸之路上的丝绸交易所占比例甚小。从狭义上讲，文化交流实际上与物质交流平分秋色，甚至还可能有过之而无不及。①物质文化的交流总是双向的，中国奉献给西方世界以精美实用的丝绸，还有难以统计的物产和技术：造纸、印刷、漆器、瓷器、火药、指南针等西传，为世界文明做出了重大的贡献。欧亚各国人民也同样回报了许多给中国：不仅仅有植物，还有罗马的玻璃容器，西域的乐舞、杂技。到了东汉末年，史书记载："（汉）灵帝好胡服、胡帐、胡床、胡坐、胡饭、胡空侯、胡笛、胡舞，京都贵戚皆竞为之"②。从魏晋到隋唐，随着属于伊朗文化系统的粟特人大批迁入中国，西亚、中亚的音乐、舞蹈、饮食、服饰等，大量传入中国。特别是沿着丝绸之路留存下来的佛教石窟，著名的如龟兹的克孜尔、吐鲁番柏孜克里克、敦煌莫高窟、安西榆林窟、武威天梯山、永靖炳灵寺、天水麦积山、大同云冈、洛阳龙门，等等，这些石窟大多融会了东西方的艺术风格，是丝绸之路上中西文化交流的见证，它们连成一串"宝珠"，成为丝绸之路上的重要文化遗产。③

但是不可否认盛行近千年的丝绸之路在中唐以后开始衰落，这个衰落不仅是中国经济重心逐渐南移的结果，而且与公元6世纪后世界历史格局开始发生变化密切相关。用西方历史学者的话来说："公元500年左右，整个欧亚大陆处于动乱时期。亚洲草原上游牧民族侵袭了当时所有的文明中心。虽然古典时期的成就并未完全丧失，但中国与西方、北非与意大利、拜占庭和西欧之间的联系却大大减弱。在随后的几个世纪中，各个地区又退回到依靠自身资源独立发展的状态。"④安史之乱引起的巨大社会动荡，给后来的统治者以积极开拓政策应对北方高原民族的挑战提出了疑问。宋朝的建立者和后继者差不多就只满足于对传统农耕区域的控制，谨华夷之辨成为朝野大多数人的共识。在这种大背景下，欧洲与宋朝在陆路很少交往，"在从公元600—1100年的至少五个世纪当中，欧洲的古典传统已黯然失色"⑤。据研究，居住在宋朝开封的70姓犹太人是通过海路从印度登陆宋朝的。"中国与基督教世界的关系于9世纪期间中断，而于13和14世纪时又

① 耿昇：《法国汉学界对丝绸之路的研究》，《西北第二民族学院学报》2002年第2期，第5—13页。
② ［南朝·宋］范晔：《后汉书·五行志一》，北京：中华书局，1965年，第3272页。
③ 荣新江：《丝绸之路——东西方文明交往的通道》，袁行霈主编：《中华文明之光》第二辑《唐宋元》，北京：北京大学出版社，1999年，第123—134页。
④ ［英］理查德·奥弗里等编、毛昭晰等译：《泰晤士世界历史》第四篇"割裂为诸多区域的世界"导言，太原、广州：希望出版社、新世纪出版社，2011年，第95页。
⑤ ［英］G.F.赫德逊著，王遵仲、李申、张毅译：《欧洲与中国》前言，北京：中华书局，1995年，第4页。

得以恢复。"①"在广大的中亚、西亚地区很少发现可以肯定是从陆路运来的北宋器物，这是和当时的政治形势相应的。北宋北阻于辽，西阻于西夏、回鹘。黑韩王朝和塞尔柱突厥虽和北宋曾多次发生联系，但较大规模的陆上的往来，特别是贸易往来是不大可能的。"②而西域中亚从陆路朝贡所带来的马匹、玉石、香料、乳香、畜牧业和狩猎产品、毛织品、琉璃器、佛牙、水晶、琥珀、珊瑚、宾铁剑甲、宝器、硇砂、腽纳脐等商品对宋朝经济文化和社会生活的影响很有限。③这与汉唐因积极开拓带回的西域产品不论是数量，还是"胡人"习俗文化，不可同日而语。宋人认为的胡文化或者胡俗多指西夏、吐蕃、契丹等周边民族，这一点与唐代欣赏来自中亚、波斯等地的胡人习俗有很大不同。④宋代社会生活中的一些西域文化因素，如宫廷教坊中的龟兹音乐舞蹈元素，还有"胡床""胡椅"等大都是从唐代继承而来，并非来自宋夏时的中西陆路交通。即便是在海外贸易大发展的北宋中后期，日本、欧洲、阿拉伯等国家和地区并无足够的大宗商品与北宋交换，只能用金银支付。⑤深受印度文化影响的东南亚和印度洋沿岸与宋朝的交往亦是以出口资源性商品为主，如香料、药材、犀象、珠玉等，未经加工或技术含量较少，对宋代的社会生活只能起到一些互补性的作用。总之，汉唐以吸收外来文化为主的态势在宋代已被益形强固的民族本位文化所取代。虽然宋代对外交通甚为发达，但其各项学术都不脱中国本位文化的范围，其排拒外来文化的成见，也日益加深。⑥

与宋朝文化"独立"发展相应，漠北回鹘西迁后亦在与当地各民族融合的同时接受距离自身更近的波斯—阿拉伯伊斯兰文化。宋朝先进的物质文化不同程度地从海上传入东南亚及非洲，如瓷器、货币等，"中亚、西亚摹仿我国陶瓷的釉陶工艺发展较快……12世纪左右伊朗陶艺出现了一个大发展时期，是受到宋代给予的影响的推论，已得到一般的承认"⑦。但是在唐代安西大都护府治所的龟兹故地，现今可以看到很多汉唐以来的文物和历史遗迹，却罕见宋代的文物和历史遗迹。⑧编撰于北宋神宗熙宁年间的两部回

---

① ［法］安田朴著、耿昇译：《中国文化西传欧洲史》，北京：商务印书馆，2013 年，第 76 页。
② 宿白：《考古发现与中西文化交流》，北京：文物出版社，2012 年，第 108—109 页。
③ 朱瑞熙等：《辽宋西夏金社会生活史》，北京：中国社会科学出版社，1998 年。
④ 杨蕤：《宋代陆上丝绸之路贸易三论》，《新疆大学学报》（哲学·人文社会科学版）2009 年第 5 期，第 59—64 页。
⑤ 黄纯艳：《宋代海外贸易》绪论，北京：社会科学文献出版社，2003 年，第 3 页。
⑥ 傅乐成：《唐型文化与宋型文化》，中国通史教学研讨会：《中国通史论文选》，台北：华世出版社，1979 年，第 314、350 页。
⑦ 宿白：《考古发现与中西文化交流》，北京：文物出版社，2012 年，第 109 页。
⑧ 新疆阿克苏博物馆收藏有一件宋代绿绸袍，丝绸质地，阿瓦提县古迹遗址采集，衣长 132 厘米，袖通长 173 厘米。年代不详。

鹘文化巨著：长诗《福乐智慧》和《突厥语大词典》，与中原文化极不相同。[①]如果说其中依稀有汉文化的影子，那也是汉唐文化的遗风，"喀什噶尔称下秦。……桃花石和汗据说应释为'伟大的和古代的统治者'。比较可能的是，这一称号是从前和中国接壤的邻族所留下的，也是突厥人对于中国人的国家观念的一种爱好"[②]。可见由于宋与西域的政治隔绝，宋夏对立时期的中西陆路交通已远不能与汉唐中西陆路交通相比。

由这些变化再来衡量西夏对宋夏时期中西交通的影响，除了对北宋改变向西出访影响较为重大外，其他方面是阻碍抑或是推进？其作用和意义都是颇为有限的。

（原载《中国史研究》2014 年第 2 期）

---

① 麻赫默德·喀什噶里著、校仲彝等译：《突厥语大词典》，北京：民族出版社，2002 年；尤素甫·哈斯·哈吉甫著，郝关中、张宏超、刘宾译：《福乐智慧》，北京：民族出版社，1986 年。

② ［苏］威廉·巴托尔德著，罗致平译：《中亚突厥史十二讲》，北京：中国社会科学出版社，1984 年，第 101 页。附志：感谢新疆社会科学院李树辉先生提供《突厥语大辞典》维吾尔文版和汉文版相关资料。李先生致信说："在新疆出土的喀喇汗王朝的钱币中，仅属于'苏莱曼·喀德尔·桃花石可汗'的钱币就多达 500 多枚。表明喀喇汗王朝的统治者认为自己是中国君主。显然，喀喇汗王朝的历史文化是祖国悠久历史文化的一个重要组成部分。"

中古时期党项与粟特关系论考

陈　玮

摘　要： 中古时期的党项与粟特关系密切。灵夏党项与六胡州粟特人同受突厥政治文化的强烈影响，在追求共同政治目标的驱使下联合发动六胡州之乱。参与平乱的党项拓跋部借平乱成为唐廷统治党项诸部的合法代表，政治地位居于诸部之上。党项拓跋部建立定难军政权后，夏州地区的粟特人及唐末迁徙于此的粟特人纷纷效力于定难军节度使，或执戟于外，或侍奉于内，为定难军职官系统中的重要成员。定难军政权成为西夏王朝后，随着王朝疆域的扩大，灵州、凉州、沙州等地的粟特人后裔都成为王朝属民，身份各异，黑水城也出现了粟特人后裔的身影。双方关系的转变突出反映了西北政治格局中党项势力的崛兴与粟特势力的衰落。

关键词： 党项；定难军；西夏；粟特

中古时期的党项在从部族到藩镇、王国、王朝的政治演进过程中，与其周边诸族存在着密切的政治、军事交往。通过与周边诸族的交往，党项改变了自身的地缘政治环境，逐步成长为雄踞西北的独立政权。21 世纪以来，学界深入探讨了中古时期党项与周边诸族的政治关系、文化交流[①]，但尚未积极讨论党项与粟特之间的

[①] 黄兆宏：《七至九世纪吐蕃与党项关系述论》，《青海民族研究》2004 年第 2 期，第 75—78 页；黄兆宏：《党项与吐谷浑关系探析》，《青海师范大学学报》（哲学社会科学版）2006 年第 5 期，第 83—86 页；张万静：《突厥与党项关系略考》，《宁夏社会科学》2006 年第 6 期，第 110—112 页；杨浣：《辽夏关系史》，北京：人民出版社，2010 年；陈玮：《公元 10—11 世纪灵夏党项及西夏与于阗关系史研究》，杜建录主编：《西夏学论集》，上海：上海古籍出版社，2012 年，第 97—112 页；杨富学、陈爱峰：《西夏与周边关系研究》，兰州：甘肃民族出版社，2012 年。

关系①，因此笔者拟对中古时期党项与粟特关系的演变进行系统梳理。

一、六胡州之乱中的党项人与粟特人

（一）灵、夏、胜三州党项与六胡州粟特叛军

唐太宗贞观四年（630），东突厥汗国灭亡，唐廷以颉利可汗部众分置北开、北宁、北抚、北安等六羁縻州。在颉利可汗被擒之前，突利可汗已经降唐，唐廷为安抚其部众，"在以夏州为中心的地区设置了顺、佑、化、长四州，突利任顺州都督，阿史那思摩为化州都督"②。粟特人为东突厥汗国的重要属部，伴随着降唐突厥人大量进入河套以南，粟特人也加入了此次迁徙浪潮。入居河南的粟特人聚居于六胡州一带。在粟特人定居六胡州后，由于吐蕃崛起内徙的党项人也来到了灵夏一带。神龙三年（707），唐廷以六胡州"置兰池都督府"③。据《新唐书·地理志》记载，党项羁縻府州中亦有兰池都督府。可见六胡州粟特人与灵夏党项共同生活于同一行政单位中，双方关系密切。

唐玄宗开元九年（721），六胡州粟特人康待宾等由于"苦于赋役，诱降虏余烬，攻夏州反叛"④。叛军包括粟特人、突厥人和吐谷浑人。⑤党项部落武装为康待宾叛军的重要盟军，据《旧唐书·张说传》记载，在叛军起事后，"时叛胡与党项连结，攻银城、连谷，以据仓粮"⑥。康待宾叛军在攻夏州不克后，和灵夏党项部落武装合兵东攻属于胜州的银城县、连谷县。联军进攻两县一是为获取这里的仓粮以补充军资；二是为招诱这里的突厥人加入反唐大军。胜州一带聚居有大量突厥人，早在贞观十九年（645）薛延陀

① 戴应新先生考释了定难军武将康成之墓志，但未指出其粟特族属。参阅戴应新：《有关党项夏州政权的真实记录——〈记故大宋国定难军管内都指挥使康公墓志铭〉》，《宁夏社会科学》1996年第2期，第68—71页。荣新江先生指出康成为粟特人，夏州为其祖籍，其应为当地的胡人领袖。参阅荣新江：《北朝隋唐粟特人之迁徙及其聚落补考》，余太山、李锦绣主编：《欧亚学刊》第6辑，北京：中华书局，2007年，第170页；荣新江：《唐代六胡州粟特人的畜牧生活状态——2007年西北农牧交错地带城址与环境考察纪略》，北京大学中国古代史研究中心：《舆地、考古与史学新说——李孝聪教授荣休纪念论文集》，北京：中华书局，2012年，第670页。笔者考证定难军文官何德璘为粟特人，参阅陈玮：《后晋夏银绥宥等州观察支使何德璘墓志铭考释》，《中国国家博物馆馆刊》2013年第3期，第68—74页。
② 吴玉贵：《突厥汗国与隋唐关系史研究》，北京：中国社会科学出版社，1998年，第252页。
③ ［后晋］刘昫等：《旧唐书》卷三八《地理志一》，北京：中华书局，1975年，第1418页。
④ ［后晋］刘昫等：《旧唐书》卷九三《王晙传》，北京：中华书局，1975年，第2988页。
⑤ 《资治通鉴》云："兰池州胡康待宾诱诸降户同反。"唐玄宗招抚叛军诏令记为"左右厢降户""吐浑"。［宋］司马光编著、［元］胡三省音注：《资治通鉴》卷二一二"唐玄宗开元九年"条，北京：中华书局，1956年，第6745页；［宋］王钦若等编纂、周勋初等校订：《册府元龟》卷九九二《外臣部·备御第五》，南京：凤凰出版社，2006年，第11490页。
⑥ ［后晋］刘昫等：《旧唐书》卷九七《张说传》，北京：中华书局，1975年，第3052页。

南侵夏州时，唐廷即命执失思力"发灵、胜二州突厥兵"①进击薛延陀。开元年间王晙还上疏谈道："突厥时属乱离，所以款塞降附……今有降者部落，不受军州进止，辄动兵马，屡有伤杀。询问胜州左侧，被损五百余人。"②胜州一带还是后突厥汗国南侵中原的重要孔道，《资治通鉴》云：武后神功元年（697）正月"癸亥，突厥默啜寇胜州"③。六州胡与党项联军占据胜州属县，以仓粮作为军资，正可以持守待援，等待后突厥汗国军队的南下。

康待宾叛军带有浓厚的突厥背景④，康待宾起事时自称叶护，其余党康愿子自称可汗，彭建英女士即指出六胡州之乱中的粟特人对突厥具有亲近和认同感。⑤六州胡长期以来即是突厥属部，叛军内部夹杂有大量突厥人，唐玄宗讨伐叛军诏敕称叛军为"北胡部落"⑥，"北胡"即指突厥。前文分析叛军东攻胜州带有获取后突厥汗国支援的企图，而党项在武后圣历年间即曾与后突厥汗国联合，《新唐书》卷一一六《陆余庆传》云："圣历初，灵、胜二州党项诱北胡寇边。"⑦这里的圣历初年就是圣历元年（698），而圣历元年（698）与神功元年（697）仅隔一年，《资治通鉴》所记默啜可汗于神功元年（697）遣军进犯胜州，应与《新唐书》所记圣历初年灵州、胜州党项诱使后突厥汗国军队寇边为同一事件。可见在武后时期，后突厥汗国即通过胜州党项来南侵胜州，这样六州胡与灵夏党项联军东攻胜州的一大背景，即在于圣历初年胜州党项与后突厥汗国的联合寇边，已使胜州成为党项与后突厥汗国的交往窗口，攻陷胜州可通过早已和后突厥汗国存在联系的胜州党项向后突厥汗国投以忠效，迅速获取与后突厥汗国的联系。六州胡与党项组成联军的政治原因，在于双方同奉后突厥汗国为宗主。

由于叛乱区域密迩关内道与京畿，唐廷出动大军平叛。天兵军节度大使张说"统马步万人出合河关掩击，大破之"⑧，在唐军追击至骆驼堰时，叛军内讧，粟特人与党项

① ［宋］司马光编著、［元］胡三省音注：《资治通鉴》卷一九八"唐太宗贞观十九年十二月己未"条，北京：中华书局，1956年，第6233页。
② ［后晋］刘昫等：《旧唐书》卷九三《王晙传》，北京：中华书局，1975年，第2986—2987页。
③ ［宋］司马光编著、［元］胡三省音注：《资治通鉴》卷二〇六"武后神功元年正月癸亥"条，北京：中华书局，1956年，第6514页。
④ 森部丰先生指出六胡州的粟特人为粟特系突厥人，即游牧化或突厥化的粟特人。参见［日］森部丰：《ソグド人の東方活動と東ユーラシア世界の歴史的展開》，大阪：関西大学出版部，2010年，第98页。
⑤ 彭建英女士认为："一部分突厥化的降胡（粟特系突厥）在受到唐朝挤压时，自愿采用突厥官号，发动武装叛乱，在表达自己政治、经济诉求的同时，也表现出对突厥的亲近和认同。"彭建英：《东突厥汗国属部的突厥化——以粟特人为中心的考察》，《历史研究》2011年第2期，第4—15页。
⑥ ［北宋］王钦若等：《册府元龟》卷九八六《外臣部·征讨五》，北京：中华书局，1960年，第11585页。
⑦ ［宋］欧阳修、宋祁：《新唐书》卷一一六《陆余庆传》，北京：中华书局，1975年，第4239页。
⑧ ［后晋］刘昫等：《旧唐书》卷九七《张说传》，北京：中华书局，1975年，第3052—3053页。

人自相残杀。①《新唐书》云："（双方）自相猜，夜斗。"②六州胡和党项羌互相猜疑见于《臧怀亮碑》。③从碑文可知，时任胜州都督的臧怀亮在胜州对抗叛军，用计使六州胡和党项羌互疑。

叛军溃散后，一些余众亡匿山谷、沙漠躲避唐军追杀，其中就包括一些党项人，唐玄宗下诏赦免。④唐玄宗又以朔方军大总管王晙负责招抚，下诏令王晙"宣崇恩命，示以柔服。……及却投来吐浑、党项、左右厢降户、杂藩，并胡残部落，或善恶未分，或久长取稳，若须厘革，一事已上，并委王晙叙录"⑤。

张说也负责招降党项，《资治通鉴》记其"奏置麟州，以镇抚党项余众"⑥。《新唐书·地理志》云："麟州新秦郡，下都督府。开元十二年析胜州之连谷、银城置。"⑦值得注意的是麟州是因在叛乱中受到叛军攻击的胜州连谷、银城二县设置的，这说明胜州党项也参与了叛乱，而以麟州抚集党项的主要目的就是以较高的州级行政建制监控惯与突厥交通的胜州党项。

（二）党项拓跋氏与六胡州之乱

吐谷浑人和党项人参加了唐廷平叛大军。吐谷浑王族慕容曦光率本部兵马"摧破凶胡"⑧。党项首领拓跋守寂之父静边州都督拓跋思泰在平叛中战殁，"赠特进、左羽林军大将军"⑨。唐廷赠拓跋思泰特进制亦云："党项大首领故右监门卫将军员外置同正员使持节淳、渪等一十二州诸军事兼静边州都督，仍充防御部落使拓跋思泰……可赠特进兼左金吾卫大将军，赐物五百段，米粟五百石，仍以其子守寂袭其官爵。"⑩从制文来看，右监门卫将军员外置同正员为拓跋思泰荣誉职衔，其实职为静边州都督兼任防御部

① ［后晋］刘昫等：《旧唐书》卷九七《张说传》，北京：中华书局，1975 年，第 3053 页记："胡及党项自相杀。阻夜，胡乃西通人铁建山，余党溃散。"
② ［宋］欧阳修、宋祁：《新唐书》卷一二五《张说传》，北京：中华书局，1975 年，第 4407 页。
③ 碑文云："公（指臧怀亮）分于二番，制于散地，持必攻之郡，计必死之凶，上奇兵以四征，保危堞以内备，虽诸军合势，而殊效特高。"［宋］李昉等：《文苑英华》卷九〇七，北京：中华书局，1966 年，第 4776 页。
④ 诏文云："其胡贼及勾引诸蕃同叛逃在山谷沙薮间，疑惧不出者，并原其罪。"［宋］王钦若等编纂、周勋初等校订：《册府元龟》卷九八六《外臣部·征讨第五》，南京：凤凰出版社，2006 年，第 11416 页。
⑤ ［宋］王钦若等编纂、周勋初等校订：《册府元龟》卷九九二《外臣部·备御第五》，南京：凤凰出版社，2006 年，第 11490 页。
⑥ ［宋］司马光编著、［元］胡三省音注：《资治通鉴》卷二一二"唐玄宗开元九年七月"条，北京：中华书局，1956 年，第 6746 页。
⑦ ［宋］欧阳修、宋祁：《新唐书》卷三七《地理志一》，北京：中华书局，1975 年，第 975 页。
⑧ 吴钢主编：《全唐文补遗》第四辑，西安：三秦出版社，1997 年，第 432 页。
⑨ 周伟洲：《陕北出土三方唐五代党项拓跋氏墓志考释——兼论党项拓跋氏之族源问题》，《民族研究》2004 年第 6 期，第 70—81 页。
⑩ ［清］董诰等：《全唐文》卷一六，北京：中华书局，1983 年，第 195 页。

落使，属于在蕃蕃将。《拓跋守寂墓志》记拓跋思泰曾祖拓跋立迦"率众内属。……拜大将军、兼十八州部落使，徙居圆阴之地，则今之静边府也"①。静边府即静边州都督府，周伟洲先生考证其治所为银州儒林县新兴乡。②志文称静边州所在的银州为圆阴之地，而原属于胜州，新隶于麟州之连谷、银城二县也处于圆阴之地。《通典》《元和郡县图志》云连谷、银城均为"汉圆阴县地"③。可见六州胡和党项联军所进攻的连谷、银城县与拓跋思泰所在静边州距离极近，因此拓跋思泰率本部赴难，不幸战殁。

从拓跋思泰战殁来看，领有十八羁縻州的静边州都督府主体部落党项拓跋部尚不具有号召灵夏地区所有党项部落的实力，所以夹杂大量灵夏党项的叛军敢与之对敌。叛军中的党项应主要来自云中都督府与呼延州都督府。④这两个都督府的党项部落与突厥部落杂居，极有可能受突厥影响参与六胡州之乱。党项拓跋部与叛军中灵夏党项发生战争，反映了内徙党项人存在拥护唐廷与投效突厥的不同政治态度。

党项拓跋氏没有参与叛乱，是因为其自内徙以来即与唐廷保持着密切的政治联系。《拓跋守寂墓志》云："迨仪凤年，公之高祖立迦府君，委质为臣，率众内属。……拜大将军、兼十八州部落使，徙居圆阴之地，则今之静边府也。曾祖罗胃府君……拜右监门卫将军，押十八州部落使，仍充防河军大使。祖后那府君……拜静边州都督，押淳、恤等一十八州部落使、兼防河军大使，赠银州刺史。"⑤可知拓跋守寂高祖拓跋立迦、曾祖拓跋罗胃均有荣誉性质的禁军将衔，周伟洲先生指出拓跋罗胃所任右监门卫大将军"当为员外置，且为虚衔。押十八州部落使、防河军大使，均为唐朝专为管理少数民族所设官职名，所谓'防河军大使'中'河'，应为今无定河"⑥。

考诸唐代文献，唐代前期的"防河"主要指防备突厥人在冬季渡黄河南下，张鷟《龙筋凤髓判》所载《左右军卫二条》即云："将军宋敬状，被差防河，恐冰合贼过……蛮夷

---

① 周伟洲：《陕北出土三方唐五代党项拓跋氏墓志考释——兼论党项拓跋氏之族源问题》，《民族研究》2004年第6期，第70—81页。

② 周伟洲：《陕北出土三方唐五代党项拓跋氏墓志考释——兼论党项拓跋氏之族源问题》，《民族研究》2004年第6期，第70—81页。

③ ［唐］杜佑撰、王文锦等点校：《通典》卷一七三《州郡三》，北京：中华书局，1988年，第4529页。［唐］李吉甫撰，贺次君点校：《元和郡县图志》卷三《关内道四》，北京：中华书局，1983年，第109页。

④ ［后晋］刘昫等：《旧唐书》卷三八《地理志一》，北京：中华书局，1975年，第1414页云："云中都督府党项部落，寄在朔方县界，管小州五：舍利、思璧州、阿史那州、绰部州、白登州。""呼延州都督府党项部落，寄在朔方县界，管小州三：贺鲁州、那吉州、跌跌州。"

⑤ 周伟洲：《陕北出土三方唐五代党项拓跋氏墓志考释——兼论党项拓跋氏之族源问题》，《民族研究》2004年第6期，第70—81页。

⑥ 周伟洲：《陕北出土三方唐五代党项拓跋氏墓志考释——兼论党项拓跋氏之族源问题》，《民族研究》2004年第6期，第70—81页。

猾夏，肇自遐年，獯鬻不臣，匪惟今日。玁狁孔炽太原，称六月之兵，冒顿不恭平城，有七朝之弊。……万里黄河，遥通翰海。”[①]杜甫《兵车行》亦云：“或从十五北防河，便至四十西营田。”[②]因此，拓跋罗胄任防河军大使主要是防备突厥人，而其子拓跋后那也担任防河军大使，可见党项拓跋氏一直为唐廷所用来对抗突厥人，突厥人变为党项拓跋氏的主要敌人。在这样的政治背景下，拓跋思泰参与平定六胡州之乱，既是因为党项拓跋氏的忠唐立场，亦是因为在长期的防河战备中突厥人已成为党项拓跋氏的主要敌人。

据《拓跋守寂墓志》载，六胡州之乱平定后，唐廷令拓跋守寂袭任拓跋思泰官爵，拓跋思泰之弟拓跋兴宗担任防河军大使。唐廷曾以内附的吐谷浑部落组建安塞军，《旧唐书·德宗纪》云:“辛丑，以延州刺史李如暹所部蕃落赐名曰安塞军，以如暹为军使。”[③]据李如暹子李良仅墓志，李良仅在李如暹逝后继任安塞军使，可见吐谷浑李氏世袭安塞军使。拓跋罗胄、拓跋后那、拓跋兴宗祖孙三代也世袭防河军使，防河军的军事力量应主要来源于党项拓跋部。苏航认为:“在外蕃部落中置军在唐前期就已经出现，但在徙于内地的部落中置军建号似乎并无确凿的例子。”[④]从党项拓跋氏世袭防河军使来看，唐前期在内附的党项部落中已出现了军级建置。苏航曾提出“在部蕃军”这一概念。[⑤]拓跋罗胄、拓跋后那长期担任押十八州部落使，主要在部落生活，防河军也应为在部蕃军。但从拓跋兴宗开始，防河军转为从军蕃部，因为拓跋兴宗是以朔方军节度副使兼任防河军使。苏航曾以朔方军中的党项将领任敷和铁勒浑部首领浑释之为例，指出:“在军蕃部是指长期生活在边军当中的蕃部军。他们是正规军中的定额士兵，通常按正规军的组织原则进行编制，与纯粹的部落兵有着明显的区别。”[⑥]拓跋兴宗既任官于朔方军，防河军也随之长期在朔方军中活动，因此成为从军蕃部。

唐代前期的朔方军节度辖区有不少内附的蕃部羁縻府州，这些羁縻府州的世袭都督有很多都担任朔方军中的节度副使一职，如世袭归德州都督的论弓仁、论诚节，世袭安乐州都督的慕容曦光，世袭金徽州都督的仆固怀恩。王永兴先生指出:“就朔方军的将校

① ［唐］张鷟著，田涛、郭成伟校注：《龙筋凤髓判校注》卷三，北京：中国政法大学出版社，1996 年，第 124 页。
② ［唐］杜甫著、［清］仇占鳌注：《杜诗详注》卷二，北京：中华书局，1979 年，第 113 页。
③ ［后晋］刘昫等：《旧唐书》卷一八一，北京：中华书局，1975 年，第 379 页。
④ 苏航：《唐代北方内附蕃部研究》，北京大学 2006 年博士学位论文，第 151 页。
⑤ 在部蕃军是指“编入边军的正式编制，有征讨或游奕等任务时从军活动，而无事之时则放归部落的部落军”。苏航：《唐代北方内附蕃部研究》，北京大学 2006 年博士学位论文，第 102 页。
⑥ 苏航：《唐代北方内附蕃部研究》，北京大学 2006 年博士学位论文，第 104 页。

和兵士而论，朔方军乃是蕃汉混杂，以胡兵为主力的部落制的军队。"①拓跋兴宗的父兄皆世袭静边州都督府都督，拓跋兴宗本人担任朔方军节度副使，表明党项拓跋部也是朔方军的主力部队之一。

安史之乱爆发后，党项拓跋部作为朔方军的一部参与平乱，又参加讨伐朱泚之战。②在朔方军被分割后，党项拓跋部仍然在银州、夏州保有强大的政治势力，直至拓跋思恭借平定黄巢之乱建立定难军政权。可见在六胡州之乱后，党项拓跋氏由于平乱之功为唐廷所重用，在朔方军中的政治地位大为提高，以后又借勤王伐叛而不断扩充政治势力。六胡州之乱可以称为党项拓跋氏权力扩展的发轫点。

从上可见，在六胡州之乱中党项人基于政治态度的不同分裂为两大派别。灵夏党项首先与六胡州粟特人结成联盟掀起叛乱，随后向胜州移动以争取后突厥汗国的支援，胜州党项随即也加入叛军。党项拓跋部则与叛军针锋相对，积极参与唐廷平叛的军事行动。可以说在六胡州之乱中，大多数党项人都支持以粟特人为首的党项粟特联军，党项人与粟特人的政治倾向一致，双方基本处于同等的政治地位，仅有党项拓跋部一支没有加入叛乱，反而应唐廷征召参与平叛。拓跋部首领虽然战殁，但从此奠定了拓跋氏在唐廷持续发展的政治资本和在党项诸部中的政治威望。以拓跋氏为首的党项人逐渐取代粟特人在唐代西北政治格局中扮演重要角色，迄至唐末终于因缘际会建立了定难军政权。

二、五代宋初定难军政权中的粟特人

（一）唐代夏州的粟特人

定难军会府夏州自十六国北朝以来即为中西交通辐辏之地，聚居了许多粟特人。北周《翟曹明墓志》志题"夫夏州天主仪同翟君墓志"，志文云："君讳曹明，西国人也。祖宗忠列，令誉家邦。受命来朝，遂居恒夏。"③据荣新江先生研究，唐太宗亲信安元寿曾任夏州群牧使，华严宗大师康宝藏之弟康法藏也为夏州监牧官员，康宝藏曾觐亲于

---

① 王永兴：《论唐朔方军》，《陈门问学丛稿》，南昌：江西人民出版社，1993 年，第 417 页。

② ［宋］李昉等：《文苑英华》卷四五八《授李成庆夏州节度使制》，北京：中华书局，1966 年，第 2330 页云："以尔成庆，代有殊烈。禄山滔天之日，文已载于司勋。朱泚盗国之时，绩复书于盟府。"

③ 荣新江：《中古中西交通史上的统万城》，陕西师范大学西北环发中心：《统万城遗址综合研究》，西安：三秦出版社，2004 年，第 32 页。

夏州。①武周《安旻墓志》记志主安旻为"夏州朔方县人"，其先祖为"西凉大族，声振当时。流宦婆娑，遂居塞北"②。统万城出土之武周《王夫人墓志》记王夫人之夫为康氏。晚唐夏州藩镇武将张宁于本州"娶安氏女"③，宋初夏州尚有任教练使的安晏及其子安守正。④晚唐时夏州藩镇就有粟特军人，如夏州节度使米暨、魏博节度使何进滔之父何默。何进滔于元和年间前往河北发展，可能随行有一批粟特人。⑤《何进滔德政碑》碑侧题名中，有许多何姓将佐。⑥随何进滔前往河北发展的粟特人中，当有不少出于夏州。

（二）粟特何氏家族与定难军

1. 何氏家族之族属

五代宋初，在定难军政权中的粟特人家族主要有何德璘家族与康成家族。据《何德璘墓志》，何德璘曾祖父何敏为唐泰州军事衙推。⑦此泰州在五代时由奉化军升成，治所为莫州之清苑县（今河北省清苑县）。⑧墓志云何德璘曾祖母为"平卢郡曹氏"。唐廷曾于营州设平卢军。唐玄宗天宝十载（751）秋，安禄山与契丹作战兵败后"遂投平卢城。平卢骑将史定方领精兵三千赴之"⑨。《资治通鉴》则云：安禄山兵败后，"平卢守将史定方将精兵二千救禄山，契丹引去，禄山乃得免。至平卢，麾下皆亡，不知所出"⑩。《册

---

① 荣新江：《唐代六胡州粟特人的畜牧生活状态——2007年西北农牧交错地带城址与环境考察纪略》，北京大学中国古代史研究中心：《舆地、考古与史学新说——李孝聪教授荣休纪念论文集》，北京：中华书局，2012年，第671—672页。

② 康兰英主编：《榆林碑石》，西安：三秦出版社，2003年，第211页。

③ 康兰英主编：《榆林碑石》，西安：三秦出版社，2003年，第233页。

④ ［宋］李焘：《续资治通鉴长编》卷五五"宋真宗咸平六年九月"条，北京：中华书局，1980年，第1212页载："夏州教练使安晏与其子守正来归，且言贼境艰窘，惟劫掠以济，又籍夏、银、宥州民之丁壮者徙于河外，众益咨怨，常不聊生。"

⑤ ［日］森部丰：《略论唐代灵州和河北藩镇》，史念海主编：《汉唐长安与黄土高原》，西安：陕西师范大学中国历史地理研究所，1998年，第265页；荣新江：《安史之乱后粟特胡人的动向》，纪宗安、汤开建主编：《暨南史学》第二辑，广州：暨南大学出版社，2003年，第112—113页。何进滔孙何弘敬的墓志记："并部曲八百人迁于魏、相、贝三州。"吴钢主编：《全唐文补遗》第五辑，西安：三秦出版社，1998年，第39页。

⑥ 如"散兵马使兼将何惠幹""兼将何国宁""兼将何忠谊""节度押衙何""节度押衙何重洁""节度押衙何重迺""检校太子宾客何义升""十将何重儼"等。孙继民主编：《河北新发现石刻题记与隋唐史研究》附录，石家庄：河北人民出版社，2006年，第305—307页。

⑦ 陈玮：《后晋夏银绥宥等州观察支使何德璘墓志铭考释》，《中国国家博物馆馆刊》2013年第3期，第68—74页。

⑧ 陈玮：《后晋夏银绥宥等州观察支使何德璘墓志铭考释》，《中国国家博物馆馆刊》2013年第3期，第68—74页。

⑨ ［唐］姚汝能著、曾贻芬点校：《安禄山事迹》卷上，北京：中华书局，2006年，第84页。

⑩ ［宋］司马光编著、［元］胡三省音注：《资治通鉴》卷二一六"玄宗天宝十载八月"条，北京：中华书局，1956年，第6909页。

府元龟》亦记："（安禄山）遂投平卢城。城中骁将史定方，领精骑三千出追寇。"①可见平卢城即平卢军治所营州。严耕望先生也指出："（安禄山）此次用兵，由营州（即平卢军）西北行渡吐护真水（今老哈河）……兵败仍退归营州。"②唐末，契丹人仍称营州为平卢城。③北宋末年，宋人则将营州称为平卢郡。④可见志文中的"平卢郡"应指营州。

　　唐代的曹姓一为汉姓，一为粟特姓氏。据敦煌遗书 S.2052 号《新集天下姓望氏族谱一卷并序》，曹姓望出亳州谯郡、青州乐安郡。BD.8418 号《姓氏录》记曹姓望出亳州谯国郡、兖州高平郡、徐州彭城郡。P.3191 号《郡望姓望》亦云曹姓出于亳州谯国郡。《古今姓氏书辩证》卷一一云曹氏有望出谯国、金乡、齐郡亭山县、东海、陈留、清河、巨鹿者。可见汉人曹姓郡望中并没有"平卢郡"。"平卢郡"应为何德璘曾祖母曹氏所居地。据荣新江先生研究，唐代入华粟特人在河北诸州及营州均有自己的聚落，安史之乱后更有大批粟特人迁入河北，在河北藩镇仕职。⑤考虑到曹氏之夫何敏之何姓也为粟特姓氏之一，且其在河北的莫州仕职，莫州和营州均为幽州管辖，因此何敏与曹氏应为唐代入华粟特人后裔。

2. 何氏家族在定难军之仕宦

　　据《何德璘墓志》，何德璘祖父何遂隆为唐"守京兆府功曹参军兼大理评事"。何德璘父何子嵒为唐"守夏州医博士"⑥，可知何氏家族于晚唐因为仕宦由河北迁徙至长安，在唐末又由长安迁往夏州。这与何进韬率族离开夏州前往河北正好相反。在统万城附近还出土一何姓士人墓志，志题"大宋摄夏州观察支使何公墓志铭并序"，根据志文，何公"曾祖子嵒，字隐之，皇任节度随军文林郎、试右武卫长史、摄夏州医博士、将仕郎、试太常寺协律郎。曾祖母琅琊郡王氏。祖德遇，字嗣宗，皇任夏银绥宥等州观察衙推、宣德郎、守绥州长史，右可授朝散大夫、右监门卫长史同正、充夏银绥宥等州观察衙推，

① ［宋］王钦若等编纂、周勋初等校订：《册府元龟》卷四四三《将帅部·败衄第三》，南京：凤凰出版社，2006 年，第 4995 页。
② 严耕望：《唐代交通图考》第五卷《河东河北区》，上海：上海古籍出版社，2007 年，第 1761 页。
③ ［元］脱脱等：《辽史》卷一《太祖记》，北京：中华书局，1974 年，第 3 页云：开平元年（907）七月，幽州刘守光兄"平州刺史守奇率其众数千人来降，命置之平卢城"。
④ ［宋］徐梦莘：《三朝北盟会编》卷一〇《政宣上帙十》，上海：上海古籍出版社，2008 年，第 71 页云：宋徽宗将营州以御笔"赐名平卢郡"。
⑤ 荣新江：《北朝隋唐粟特人之迁徙及其聚落》，《中古中国与外来文明》，北京：生活·读书·新知三联书店，2001 年，第 104—108 页；荣新江：《安史之乱后粟特胡人的动向》，纪宗安、汤开建主编：《暨南史学》第二辑，广州：暨南大学出版社，2003 年，第 102—123 页。
⑥ 陈玮：《后晋夏银绥宥等州观察支使何德璘墓志铭考释》，《中国国家博物馆馆刊》2013 年第 3 期，第 68—74 页。

右可授将仕郎、试大理评事、充夏银绥宥等州观察支使、试大理司直、□赐绯鱼袋。祖母清河郡张氏"①。《何德璘墓志》云何德璘"考子嵒，皇任儒林郎、守夏州医博士、试太常寺奉礼郎。妣太原郡王氏"。继云何德璘于"天成四年，先王改署观察衙推，寻奏授右监门卫长史□职。清泰元年，今府主绍位……遂奏授观察支使、将仕郎、试大理评事，仍兼朱绶"。又记何德璘妻为"清河张氏"②。将两方墓志所记何德遇、何德璘的世系、官衔及妻室相对比，两人实即一人，何公为何德璘之孙。从何公之墓志所叙何公逝于北宋开宝元年（968）来看，何氏家族在夏州活动的时间从唐末一直持续至北宋初年。

何氏家族自何德璘之父何子嵒起仕职于夏州，将《何德璘墓志》与何公之墓志相结合可知何子嵒起家为节度随军，随军为唐藩镇幕府文职僚佐。③严耕望先生认为："盖随军无定职，临时遣使勾当职事耳。"④随军为节度使之亲从，于劭《田司马传》即称其为耳目之职。此后何子嵒任摄夏州医博士。医学博士，"掌疗民疾"⑤。《唐六典》记中都督府设有"医学博士一人，正九品下"⑥。而夏州据《元和郡县图志》即为中都督府。此后何子嵒又任守夏州医博士。从《何德璘墓志》来看，何德璘于后梁开平二年（908），被"先太尉""补衙前虞侯（候）"。"先太尉"指定难军节度使李思谏⑦，其为定难军基业奠定者拓跋思恭之弟。虞候为藩镇使府中的重要军将，乃"保卫军中之制度、纪律或侦查非法事并消除之职也"⑧。

后唐同光三年（925），"故虢王"署命何德璘为"州衙推"。"故虢王"指定难军节度使李仁福⑨，"州衙推"则为夏州州院文职僚佐，为"当州荣职"⑩。后唐明宗天成四

---

① ［宋］郭贻：《宋摄观察支使何公墓志铭并盖），宁夏大学西夏学研究中心、国家图书馆、甘肃省古籍文献整理编译中心编：《中国藏西夏文献》第十八卷，兰州：甘肃人民出版社、敦煌文艺出版社，2005 年，第67 页。

② 陈玮：《后晋夏银绥宥等州观察支使何德璘墓志铭考释》，《中国国家博物馆刊》2013 年第 3 期，第68—74 页。

③ ［宋］欧阳修、宋祁：《新唐书》卷四九下《百官志四》，北京：中华书局，1975 年，第 1309 页云：节度使有"随军四人"。

④ 严耕望：《唐代方镇使府僚佐考》，《严耕望史学论文集》上册，上海：上海古籍出版社，2009 年，第 429 页。

⑤ ［宋］欧阳修、宋祁：《新唐书》卷四九下《百官志四》，北京：中华书局，1975 年，第 1314 页。

⑥ ［唐］李林甫等撰、陈仲夫点校：《唐六典》卷三〇《大都督府中都督下都督官吏》，北京：中华书局，1992 年，第744 页。

⑦ 薛居正等：《旧五代史》卷一三二《李仁福传》，北京：中华书局，1976 年，第 1746 页云：开平元年（907），后梁朝廷"授思谏检校太尉、兼侍中"。

⑧ 王永兴：《唐代后期军事史略论稿》，北京：北京大学出版社，2006 年，第 25 页。

⑨ ［宋］王溥：《五代会要》，上海：上海古籍出版社，2006 年，第 189 页记：后唐庄宗长兴四年（933）五月，朝廷"追封故夏州节度使李仁福为虢王"。

⑩ 周绍良、赵超主编：《唐代墓志汇编续集》咸通 012《唐故集州衙推狄（玄懋）公墓志》，上海：上海古籍出版社，2001 年，第 1042 页。

年（929），"先王"改署何德璘为"观察衙推"。"先王"亦指李仁福，其任定难军节度使时间为后梁开平四年（910）至后唐长兴四年（933）。根据志文，李仁福又向朝廷为何德璘奏得试官右监门卫长史。

后唐清泰元年（934），"今府主绍位"，又将何德璘升为"节度衙推兼银州长史"。"今府主"指何德璘于后晋天福八年（943）逝世时任定难军节度使的李彝殷。"节度衙推"为藩镇幕府文职僚佐。《新唐书·百官志》记节度使下有衙推一人。胡三省注《资治通鉴》云："唐制，节度观察牙推在巡官之下，幕府右职也。"①五代承唐制。何德璘以节度衙推兼任银州长史，反映了定难军属州的藩镇化。此后，李彝殷再向后晋朝廷为其奏得"观察支使、将仕郎、试大理评事，仍兼朱绶"。唐制，节度使兼领观察使，其幕府僚佐有支使一人。五代承唐制。据石云涛先生研究，观察支使"是助府主从事政务之职，而且有分使出入之责"②。"仍兼朱绶"则指何德璘被朝廷赐绯鱼袋。

据《何德璘墓志》，何德璘长子何绍文被李彝殷署为观察衙推兼绥州长史。次子何绍伦未仕。观察衙推为唐五代观察使使府文职僚佐之一。唐制，节度使兼领观察使，其幕府僚佐设有衙推。五代承唐制，定难军节度使兼任管内观察使，因此何绍文任观察衙推。从何公之墓志可知何绍文后又升为观察支使。

从何绍文之子何公之墓志来看，何公于后唐清泰元年（934）被"先王"奏授朝廷为文林郎、试左武卫兵曹参军，以此文散官、试衔担任定难军节度要籍。"先王"指时任定难军节度使的李彝殷，曾被后周封为西平王，被北宋追封为夏王。节度要籍为节度使亲信属官③，唐制，藩镇节度使之下有要籍一人。藩镇要籍官常参谋军事④。另外，节度要籍还参与管理藩镇的财务工作。⑤

何公任节度要籍时其文散官及试衔又于后唐清泰二年（935）被升为将仕郎、试太常寺协律郎。后晋天福六年（941），何公被授为"府衙推、宣德郎、守绥州长史、兼监察御史、柱国"。"府衙推"指定难军会府夏州衙推。监察御史为其宪衔，非实任，但在本州仍然具有监察职权。因此志文称其"言惟正直，道屏奸邪"。天福九年（944），

① ［宋］司马光编著、［元］胡三省音注：《资治通鉴》卷二六四"唐昭宗天复三年十二月乙亥"条胡注，北京：中华书局，1956年，第8622页。

② 石云涛：《唐代幕府制度研究》，北京：中国社会科学出版社，2003年，第213页。

③ 胡三省注《资治通鉴》曰："要籍官，亦唐时节度衙前之职。……则要籍，乃节度使之腹心也。"［宋］司马光编著、［元］胡三省音注：《资治通鉴》卷二二七"唐德宗建中三年正月"条胡注，北京：中华书局，1956年，第7318页。

④ 《大唐故辅国大将军兼左骁卫将军御史中丞马公墓志铭》即云：志主马实"起家为范阳军要籍，本军疑政，画多自出"。［清］董诰等：《全唐文》卷五九八，北京：中华书局，1983年，第6049页。

⑤ 《唐故上谷成公墓志铭》即云志主成君信之婿牛从实为"节度要籍支计斛斗司"。［清］董诰等：《全唐文》卷九九六，北京：中华书局，1983年，第10324页。

何公又被"摄授观察衙推、宣德郎、兼监察御史、柱国"。此后何公以其文韬武略参与定难军的开疆拓土。后周广顺元年（951），何氏又被"摄授节度衙推、守银州长史、朝请郎、试大理司直、兼殿中侍御史、柱国，仍摄夏州长史"。胡三省注《资治通鉴》云："牙推，在节度推官之下。"①"殿中侍御史"为其宪衔，"柱国"为何公勋官。何公还摄任夏州长史一职。后周显德元年（954），何公又被定难军节度使辟署为摄夏州观察支使。

何公有子五人，长子何令图任北宋夏州治所朔方县县令。次子何令柱，为定难军"厅直行首"。"厅直"即定难军衙军中的厅直军。北宋定难军节度观察留后李继筠就曾任定难军"厅直指挥使"②。"厅直行首"为厅直军的先锋军将。③归义军在五代时亦置有行首，敦煌文书 S.76V/1 号《长兴五年正月一日行首陈鲁修牒》云："行首陈鲁修，右鲁修谨在衙门随例祗候口贺，伏听处分。"④可见行首确为节度使使衙军将。三子何令蘷担任仓曹参军。仓曹参军为唐以来府州判司官员，执掌府州仓贮、租赋、财货、市肆诸事。四子何令殉、五子何令瑾尚未出仕，沉醉于诗书与医学。

3. 何氏家族之方伎与婚姻

从《何德璘墓志》及何公之墓志来看，何氏家族为夏州的医学世家，何德璘及其孙何公先后以绝妙医术受知于定难军节度使并为其重用。何德璘之父何子晶任夏州医学博士，何德璘受其真传，被定难军节度使李仁福"以公继之家伐，习以方书，药有口全，功传百中，特署州衙推"。后又被李仁福之子李彝殷"以公口赡三医，恭勤两政，迁署节度衙推兼银州长史"。从志文"其或民有迫切，公不隐藏。凡药石以上闻，必春膏之普及"⑤来看，何德璘不仅为定难军节度使服务，还为百姓治疗疾病。何德璘之子何绍文也"艺可承家，术多济世"⑥。何绍文之子何公则"幼习家风，颇积医论。愈威王之疾，已播良名；追太魂，屡彰神效。非卢生之辈，董氏之徒，莫能偕也"⑦。他的高超医

① ［宋］司马光编著、［元］胡三省音注：《资治通鉴》卷二四三"唐穆宗长庆三年四月"条胡注，北京：中华书局，1956年，第7826页。

② 陈玮：《北宋定难军节度观察留后李继筠墓志研究》，《西夏研究》2014年第4期，第58—63页。

③ 胡三省云后周的殿前右番行首"居殿前右番班行之首，其官犹在散员指挥使之下。"［宋］司马光编著、［元］胡三省音注：《资治通鉴》卷二九一"后周太祖显德元年三月"条胡注，北京：中华书局，1956年，第9505页。

④ 中国社会科学院历史研究所等：《英藏敦煌文献（汉文佛经以外部分）》第一卷，成都：四川人民出版社，1990年，第26页。

⑤ 陈玮：《后晋夏银绥宥等州观察支使何德璘墓志铭考释》，《中国国家博物馆馆刊》2013年第3期，第68—74页。

⑥ 陈玮：《后晋夏银绥宥等州观察支使何德璘墓志铭考释》，《中国国家博物馆馆刊》2013年第3期，第68—74页。

⑦ ［宋］郭贻：《宋摄观察支使何公墓志铭并盖》，宁夏大学西夏学研究中心、国家图书馆、甘肃省古籍文献整理编译中心：《中国藏西夏文献》第十八卷，兰州：甘肃人民出版社、敦煌文艺出版社，2005年，第67页。

术被赞誉为能与燕地方士卢生、上古神人董父相媲美。后何公又为李彝殷之兄李彝超"以医见重，奏授文林郎、试左武卫兵曹参军，改充节度要籍。公以侯伯相知，功名必遂。转留心于方术，益砺节于衙庭"。在任观察衙推时，何公"以妙散神丸，供应上命"。他的精湛医术被称为"神通丸散，妙绝针汤。术追魂魄，脉认阴阳"。由于何公先后为数代定难军节度使医治，还曾为李彝殷之弟李彝谨诊治[①]，因此，在其殁后，定难军节度使李克睿"罢公衙而兴叹，以为折吾梁柱，丧我股肱。追想无宁，悲伤倍切。仍差吊使，厚赐赠仪"[②]。何公之子何令珣、何令瑾等人也继承家学，被称为"颇精方论，不辜门望，悉有父风"[③]。

夏州医学世家何氏家族族出粟特，而中古时期的粟特人多富有医药知识并从事医业。《大唐西域求法高僧传》卷上云康国僧人迦跋摩入华后，"奉敕令往交趾采药"[④]，显然精于药学。据敦煌文书，公元982年有粟特人翟胡在敦煌渠北开店卖药。[⑤]关于另一卖药的阿柴喑胡，郑炳林先生指出："阿，疑是'何'字之误，既称之为胡，应是西域粟特人。"[⑥]可见具有医药知识的何姓粟特人也出现于沙州。郑炳林先生还认为唐代同州名医石公集可能也是粟特人。[⑦]美国学者则认为："一位显然擅长于眼科的粟特（胡）医生，在著名的中国僧人鉴真去日本期间给他做过治疗。"[⑧]在沙州还有粟特医家史再盈。[⑨]与何氏家族任定难军文职僚佐、武职军将相似，史再盈在后晋天福七年（942）也任归义军的节度押衙，他修习过以耆婆为代表的印度神秘医术。夏州粟特人何氏家族世代承传之医术被志文赞为神妙，其或具有外来文化背景。

何氏家族虽然族出粟特，但其自唐末以来不断汉化。何德璘、何公都自称出于南阳何氏，《何德璘墓志》与何公的墓志志盖面均篆刻"南阳郡何公墓志之铭"。南阳为汉

---

① 《李彝谨墓志》称李彝谨病重时："府主大王以鸰原轸念，雁序兴怀。遣三代之良医，炼十全之良药"。参见陈玮：《后周绥州刺史李彝谨墓志铭考释》，杜建录主编：《西夏学》第五辑，上海：上海古籍出版社，2010年，第235页。

② ［宋］郭贻：《宋摄观察支使何公墓志铭并盖》，宁夏大学西夏学研究中心、国家图书馆、甘肃省古籍文献整理编译中心：《中国藏西夏文献》第十八卷，兰州：甘肃人民出版社、敦煌文艺出版社，2005年，第67页。

③ ［宋］郭贻：《宋摄观察支使何公墓志铭并盖》，宁夏大学西夏学研究中心、国家图书馆、甘肃省古籍文献整理编译中心：《中国藏西夏文献》第十八卷，兰州：甘肃人民出版社、敦煌文艺出版社，2005年，第67页。

④ ［唐］义净原著、王邦维校注：《大唐西域求法高僧传校注》，北京：中华书局，1988年，第93页。

⑤ 郑炳林：《唐五代敦煌医学酿酒建筑业中的粟特人》，《西北第二民族学院学报》1999年第4期，第19—25页。

⑥ 郑炳林：《唐五代敦煌医学酿酒建筑业中的粟特人》，《西北第二民族学院学报》1999年第4期，第19—25页。

⑦ 郑炳林主编：《敦煌归义军史专题研究》，兰州：兰州大学出版社，1997年，第526页。

⑧ ［美］克里斯托夫·贝克威斯著、端智译注：《公元七八世纪希腊医学传入吐蕃考》，《西北民族大学学报》（哲学社会科学版）2011年第3期，第62—76页。

⑨ 党新玲：《五代敦煌粟特人医家史再盈》，《甘肃中医学院学报》1994年第3期，第9—10页。

人何氏郡望。何氏家族无论男女，其婚姻对象均以汉人为主。据《何德璘墓志》，何德璘祖父何遂隆娶弘农杨氏，何德璘之父何子喦娶太原王氏，何德璘本人娶清河张氏，何德璘之女嫁与韩氏。何德璘墓志撰写人横银州营田判官王卿为其表弟，书碑人押衙王某为其表外甥，可见何德璘与母族关系亲密。另据何公之墓志，何德璘之子何绍文娶东平郡叱吕氏。"叱吕氏"为代北鲜卑姓氏。①何绍文之子何公之妻也为叱吕氏，应出自其母族。何公还有一女，嫁与张氏。

（三）粟特康氏家族与定难军

1. 康氏家族之族属

康成家族为夏州本地粟特人家族。《康成墓志》志盖题为"太原郡康公墓志之铭"②。中古康姓一为汉姓，一为粟特姓氏。汉人康姓之渊源，《元和姓纂》记为"卫康叔之孙，以谥为姓也"③。汉人康姓之郡望为会稽，敦煌遗书 S.2052《新集天下姓望氏族谱一卷并序》云康为越州会稽郡十四姓之一。《古今姓氏书辩证》云："唐太学博士康国安远祖，过江居丹阳，又徙会稽。"④志盖记康成郡望为太原而非会稽，可见康成不是汉人。荣新江先生指出太原为中古时期粟特人聚落，许多粟特人以太原为郡望或籍贯，如康武通、何氏、安孝臣。⑤其中康武通为"太原祁人也"⑥。何氏为"太原人也"⑦。安孝臣为"太原郡人也"⑧。另有《翟夫人墓志》云翟氏"其先太原人也"⑨。至五代宋初，仍有不少粟特人以太原为其郡望，如后唐大将康思立"本出阴山诸部"⑩，为沙陀部粟特人，但《旧五代史·康思立传》称其为"晋阳人也"⑪。后唐大将史敬镕、何福进都被《旧五代史》记为太原人。由后周入宋的安守忠，"字信臣，并州晋阳人"⑫。但其实际为

① ［北齐］魏收：《魏书》卷一一三《官氏志九》，北京，中华书局，1974 年，第 3009 页云："神元皇帝时，余部诸姓内人者……叱吕氏，后改为吕氏。"《通志·氏族略》亦载叱吕氏为鲜卑氏。

② 宁夏大学西夏学研究中心、国家图书馆、甘肃省古籍文献整理编译中心编：《中国藏西夏文献》第十八卷，兰州：甘肃人民出版社、敦煌文艺出版社，2005 年，第 59 页。

③ ［唐］林宝撰，岑仲勉校记：《元和姓纂（附四校记）》卷五，北京：中华书局，1994 年，第 606 页。

④ ［宋］邓名世撰、王力平点校：《古今姓氏书辩证》卷一五，南昌：江西人民出版社，2006 年，第 221 页。

⑤ 荣新江：《北朝隋唐粟特人之迁徙及其聚落》，《中古中国与外来文明》，北京：生活·读书·新知三联书店，2001 年，第 97 页。

⑥ 周绍良主编：《唐代墓志汇编》，上海：上海古籍出版社，1992 年，第 545 页。

⑦ 周绍良主编：《唐代墓志汇编》，上海：上海古籍出版社，1992 年，第 585 页。

⑧ 周绍良主编：《唐代墓志汇编》，上海：上海古籍出版社，1992 年，第 1433 页。

⑨ 郭茂育、赵水森编著：《洛阳出土鸳鸯志辑录》，北京：国家图书馆出版社，2012 年，第 186 页。

⑩ 陈尚君辑纂：《旧五代史新辑会证》卷七○《康思立传》，上海：复旦大学出版社，2005 年，第 2167 页。

⑪ 陈尚君辑纂：《旧五代史新辑会证》卷七○《康思立传》，上海：复旦大学出版社，2005 年，第 2165 页。

⑫ ［元］脱脱等：《宋史》卷二七五，北京，中华书局，1977 年，第 9368 页。

沙陀系粟特人，其父安审琦"字国瑞，其先沙陀部人也"①。志盖记康成郡望为太原，可见其也应出于粟特，与康武通、康思礼同属粟特康氏。

2. 康氏家族在定难军之仕宦

康氏家族为夏州本地的粟特武人世家。康成曾祖康山人为唐"洪门镇使，次任上平关使，兼授北衙都知兵马使"②。唐制，边军中镇设镇使，安史之乱后内地藩镇多置镇，设镇将统领。《唐六典》记镇有使、副使各一人。洪门镇地属夏州③，又称为洪门寨④，上平关地属隰州石楼县⑤，兵马使为藩镇军中要职⑥，"在道一级或藩镇使府下的兵马使，职权最大的莫过于都知兵马使"⑦。康山人所任之北衙都知兵马使与夏州"监军衙马步都知兵马使"⑧相对，监军衙马步都知兵马使为夏州监军使衙署卫队总指挥官，北衙都知兵马使则为夏州节度使衙署卫队总指挥官。

康成祖父康文义为唐东城副兵马使，东城指夏州之东城。隋末梁师都据夏州称帝后，唐高祖遣延州总管段德操"悉发边兵进击师都，拔其东城。师都退据西城"⑨。唐太宗即位后，又"遣右卫大将军柴绍、殿中少监薛万均击之，又遣旻等据朔方东城以逼之"⑩。戴应新先生也指出统万城由外廓城和东西二内城组成，"由东往西依次为外廓城、东城、西城，即当地人所谓的头道城、二道城与三道城"⑪。康成之父康爽为

① 陈尚君辑纂：《旧五代史新辑会证》卷一二三《安审琦传》，上海：复旦大学出版社，2005 年，第 3777 页。
② ［宋］郭贻：《宋定难军管内都指挥使康成墓志铭并盖》，宁夏大学西夏学研究中心、国家图书馆、甘肃省古籍文献整理编译中心：《中国藏西夏文献》第十八卷，兰州：甘肃人民出版社、敦煌文艺出版社，2005 年，第 61 页。
③ 《武经总要前集》云："本夏州地，唐邠宁节度张献甫筑洪门镇城，置兵以防蕃寇。"［北宋］曾公亮：《武经总要前集》卷一九《西蕃地理》，《中国兵书集成》编委会：《中国兵书集成》第三册，北京、沈阳：解放军出版社、辽沈书社，1988 年，第 940 页。［后晋］刘昫等：《旧唐书》卷一二二《张献甫传》，北京：中华书局，1975 年，第 3499 页云："（张献甫）又上疏请复盐州及洪门、洛原等镇，各置兵防以备蕃寇。"
④ 《唐张宁墓志》记：晚唐时"及李常侍率盐、夏兵屯洪门寨，方与南山贼族决胜负。"康兰英主编：《榆林碑石》，西安：三秦出版社，2003 年，第 233 页。
⑤ 胡三省注《资治通鉴》云："《金人疆域图》：隰州石楼县有上平关。"［宋］司马光编著、［元］胡三省音注：《资治通鉴》卷二六七"梁太祖开平二年八月戊子"条，北京：中华书局，1956 年，第 8704 页。《金史》卷二六《地理志》亦云隰州石楼县有"关二：永宁、上平关。"
⑥ 胡三省注《资治通鉴》云："兵马使，节镇衙前军职也，总兵权，任其重。至德以后，都知兵马使率为藩镇储帅。"［宋］司马光编著、［元］胡三省音注：《资治通鉴》卷二一五"唐玄宗天宝六载十月"条胡注，北京：中华书局，1956 年，第 6877 页。
⑦ 李艳：《唐代兵马使研究》，河北师范大学 2009 年硕士学位论文，第 12 页。
⑧ 《陈审墓志铭并盖》，康兰英主编：《榆林碑石》，西安：三秦出版社，2003 年，第 240 页。
⑨ ［后晋］刘昫等：《旧唐书》卷五六《梁师都传》，北京：中华书局，1975 年，第 2281 页。
⑩ ［宋］司马光编著、［元］胡三省音注：《资治通鉴》卷一九二"唐太宗贞观二年四月"条，北京：中华书局，1956 年，第 6050 页。
⑪ 戴应新：《大夏统万城址考古记》，侯甫坚、李令福：《走向世界的沙漠古都——统万城》，内部资料，2003 年，第 79 页。

节度押衙①，严耕望先生认为押衙"曰肘腋驱使，曰旌旆之侧，曰委事弄权，皆见其亲任"，"职在亲从、禁卫"②。

康成卒于北宋乾德四年（966），终年62岁。戴应新先生考证其生于唐哀帝天祐元年（904），在28岁时参与夏州定难军对抗后唐削藩之战③，即墓志所云："尝值上府多难，南军相逼。时府主大王独权庋旅，外应龟城，甚藉奇人，共平家难。公唯思立事，务在荣身，因生归附之心，愿效驱驰之节。"志文中之"府主大王"，戴应新先生认为即时任定难军节度使之李彝超，但笔者以为此"府主大王"应指李彝超之长兄李彝殷。因为第一，《康成墓志》中的府主大王在志文中一共出现两次，首次出现时没有具体时间，再次出现时是在康成逝世之北宋乾德四年（966），志文云其时"府主大王忽闻倾，莫遏悲伤。俯念勤劳，仍须吊赠"。而北宋乾德四年（966）担任定难军节度使的正是李彝殷。《康成墓志》中出现两次的府主大王应指同一人。第二，在定难军其他官贵的墓志中，李彝超均被称为太傅而不是府主大王。④在定难军官贵的墓志中，李彝殷均被称为府主大王，如《后周绥州刺史李彝谨墓志铭》记李彝谨病重时，"府主大王以鸰原轸念，雁序兴怀。遣三代之良医，炼十全之良药"⑤。李彝谨于广顺二年（952）七月逝世后，"府主大王忽闻怨悲，□过哀号"⑥。广顺二年（952）担任定难军节度使的正是李彝殷。《北宋定难军节度使李光睿墓志铭》亦云："时大周广顺元年，府主大王以郡邑封疆，开托（拓）几数千里。"⑦第三，五代时期被封王爵的定难军节度使仅有李仁福和李彝殷，李彝超并未封王。李仁福被后

---

① 胡三省注《资治通鉴》云："押牙者，尽管节度使牙内之事。"[宋]司马光编著、[元]胡三省音注：《资治通鉴》卷二一六"唐玄宗天宝六载十二月己巳"条胡注，北京：中华书局，1956年，第6887页。《演繁录》卷二《牙旗牙门旗鼓》云："魏博特置骁锐可倚仗者，使为护卫，名为牙兵。而典总此兵者，其结衔名为押衙。"[北宋]程大昌：《演繁录》，上海师范大学古籍整理研究所：《全宋笔记》第四编八，郑州：大象出版社，2008年，第159页。

② 严耕望：《唐代方镇使府僚佐考》，《严耕望史学论文集》上册，上海：上海古籍出版社，2009年，第451页。

③ 戴应新：《有关党项夏州政权的真实记录——记〈故大宋国管内都指挥使康公墓志铭〉》，《宁夏社会科学》1999年第2期，第68—71页。

④ 李彝超之母《后晋魏王李仁福妻浍氏墓志铭》记李彝超为"故节度使、检校太傅兼御史大夫"。宁夏大学西夏学研究中心、国家图书馆、甘肃省古籍文献整理编译中心：《中国藏西夏文献》第十八卷，兰州：甘肃人民出版社、敦煌文艺出版社，2005年，第33页。《后晋定难军节度副使刘敬瑭墓志铭》云：后唐长兴四年（933）夏州之战时"先太傅祾请权兵把截四面，师徒抽退，士庶获安"。康兰英主编：《榆林碑石》，西安：三秦出版社，2003年，第251页。

⑤ 陈玮：《后周绥州刺史李彝谨墓志铭考释》，杜建录主编：《西夏学》第五辑，上海：上海古籍出版社，2010年，第235页。

⑥ 陈玮：《后周绥州刺史李彝谨墓志铭考释》，杜建录主编：《西夏学》第五辑，上海：上海古籍出版社，2010年，第235页。

⑦ 杜建录等：《宋代党项拓跋部大首领李光睿墓志铭考释》，杜建录主编：《西夏学》第一辑，银川：宁夏人民出版社，2006年，第81页。

梁封为陇西郡王，被后唐封为朔方王，追封为虢王。李彝殷被后周先后封为陇西郡王和西平王。定难军本镇官贵称李仁福为"故虢王"①、"故虢国王"②、"韩王"③、"先王"④，"府主大王"应指李彝殷。

从府主大王为李彝殷可知，《康成墓志》所记"尝值上府多难，南军相逼。时府主大王独权庋旅，外应龟城，甚藉奇人，共平家难"，并非指后唐长兴四年（933）夏州之战。从"家难"来看，该事件应属定难军内乱。据《旧五代史》卷八二《晋书·少帝纪》、《旧五代史》卷一三二《李彝兴传》，后晋出帝天福八年（943）九月，定难军曾发生衙内都指挥使与属州刺史联合发动旨在谋杀李彝殷的大规模动乱。动乱结束后，李彝殷上奏云："衙内都指挥使拓拔（跋）崇斌等五人作乱，当时收擒处斩讫。相次绥州刺史李彝敏擅将兵士，直抵城门，寻差人掩杀，彝敏知事不济，与弟五人将家南走。"⑤衙内都指挥使为节度使使衙卫队总指挥官，在五代时一般由节度使亲族担任，定难军李氏出于拓跋氏，拓跋崇斌正以其亲族身份任职，其发动的叛乱对李彝殷威胁其大。

在拓跋崇斌被李彝殷擒拿处斩后，李彝殷祖父拓跋思恭之侄孙绥州刺史李彝敏率绥州军乘乱进攻定难军会府夏州，但被击败。从晋出帝下诏云"李彝敏潜结凶党，显恣逆谋，骨肉之间，尚兴屠害，照临之内，难以含容，送夏州处斩"⑥来看，李彝敏与拓跋崇斌为同谋。但李彝敏自称："与兄夏州节度使彝殷偶起猜嫌，互相攻伐故也。"⑦从拓跋崇斌刚被李彝殷斩杀，绥州军就出现于夏州城外来看，李彝敏所云并不可信，该事件应是一起有预谋的联合叛乱。李彝敏早在后唐明宗天成元年（926）即担任绥州刺史，本

① 陈玮：《后晋绥州刺史李仁宝墓志铭考释》，杜建录主编：《西夏学》第十一辑，上海：上海古籍出版社，2015年，第141页；［后晋］毛汶：《后晋虢王李仁福妻渂氏墓志铭》，宁夏大学西夏学研究中心、国家图书馆、甘肃省古籍文献整理编译中心：《中国藏西夏文献》第十八卷，兰州：甘肃人民出版社、敦煌文艺出版社，2005年，第33页。

② 陈玮：《后晋定难军摄度判官兼掌书记毛汶墓志铭考释》，杜建录主编：《西夏学》第八辑，上海：上海古籍出版社，2011年，第206页；陈玮：《后晋夏银绥宥等州观察支使何德璘墓志铭考释》，《中国国家博物馆馆刊》2013年第3期；［后晋］牛渥：《刘敬瑭墓志铭并盖》，康兰英主编：《榆林碑石》，西安：三秦出版社，2003年，第250页。

③ 陈玮：《后周绥州刺史李彝谨墓志铭考释》，杜建录主编：《西夏学》第五辑，上海：上海古籍出版社，2010年，第234页；杜建录等：《宋代党项拓跋部大首领李光睿墓志铭考释》，杜建录主编：《西夏学》第一辑，银川：宁夏人民出版社，2006年，第81页；［后汉］刘梦符：《后汉沛国郡夫人里氏墓志铭》，宁夏大学西夏学研究中心、国家图书馆、甘肃省古籍文献整理编译中心：《中国藏西夏文献》第十八卷，兰州：甘肃人民出版社、敦煌文艺出版社，2005年，第50页；陈玮：《北宋定难军节度观察留后李继筠墓志研究》，《西夏研究》2014年第，第58页。

④ 陈玮：《后晋定难军摄度判官兼掌书记毛汶墓志铭考释》，杜建录主编：《西夏学》第八辑，上海：上海古籍出版社，2011年，第207页；陈玮：《后晋夏银绥宥等州观察支使何德璘墓志铭考释》，《中国国家博物馆馆刊》2013年第3期，第69页；［北宋］郭贻：《宋摄定难军观察支使何公墓志铭》，宁夏大学西夏学研究中心、国家图书馆、甘肃省古籍文献整理编译中心：《中国藏西夏文献》第十八卷，兰州：甘肃人民出版社、敦煌文艺出版社，2005年，第67页。

⑤ 陈尚君辑纂：《旧五代史新辑会证》卷八二《晋书八·少帝纪二》，上海：复旦大学出版社，2005年，第2541页。

⑥ 陈尚君辑纂：《旧五代史新辑会证》卷八二《晋书八·少帝纪二》，上海：复旦大学出版社，2005年，第2542页。

⑦ 陈尚君辑纂：《旧代史新辑会证》卷八二《晋书八·少帝纪二》，上海：复旦大学出版社，2005年，第2541页。

年绥州军与银州军发生变乱时，由银州防御使李仁颜与绥州刺史李彝敏讨平。《册府元龟》记后唐长兴四年（933）"八月，夏州自署李彝殷为绥州刺史，乞正授，从之"①。可见李彝殷取代了李彝敏执掌绥州大权，此后李彝殷以行军司马一职继任定难军节度使，李彝敏又再次担任绥州刺史，双方之抵牾或围绕绥州之控制权。

从《康成墓志》来看，李彝殷在拓跋崇斌与李彝敏发动叛乱时身处险局，仅凭衙军防守夏州城，借助城墙之高厚与猛士奇人成功戡乱，康成即在此危急时刻投效李彝殷。《康成墓志》中的"南军"指绥州军，因绥州在夏州以南，李彝敏率军从绥州北上而来。"龟城"指夏州城，现统万城东西二内城虽略呈长方形，但其外郭城"呈西南—东北走向，然后西折，驱向东城北垣"②，"因迁就地势和为包容最大面积，颇不规整"③。从陕西省古建设计研究所2003年测画的《统万城遗址保护规划图》来看，统万城外郭城确似龟形。《北宋定难军节度使李光睿墓志铭》铭文曰："龟城一任，凤历十移。"④形象比喻李光睿在夏州曾任定难军节度使达十一年。龟城可说是夏州城在北宋初年本地士人心目中的标准形象。

康成投效李彝殷后积极参与定难军的军事行动，志文云："自后陪随霜戟，扈从风蹄。无若之不同，有艰危而备历。披坚执锐，罔辞深入之劳；破寨收营，屡奋先登之勇。旋致凶徒自溃，峻垒复完，人民例免于伤残，疆境再获于宁静，盖公之力也。"后晋少帝开运元年（944）二月，李彝殷曾麾军进击契丹以助后晋朝廷⑤，从志文"罔辞深入之劳"可知康成参加了定难军与契丹的战事。杨浣先生曾指出这场战争仅具象征意义，《辽史》并未记载，定难军出兵不过是敷衍后晋的虚张声势。⑥但从志文来看，定难军曾攻破契丹军寨，康成也冲锋陷阵，立有大功。战后康成受赏，被李彝殷署命为"定塞都副兵马"。定塞为都号，都为军事编制。⑦定塞都副兵马即定塞都副兵马使。志文云康成任此职后

① ［宋］王钦若等编纂、周勋初等校订：《册府元龟》卷一七八《帝王部·姑息第三》，南京：凤凰出版社，2006年，第1982页。

② 戴应新：《统万城城址勘测记》，《考古》1981年第3期，第225—232页。

③ 戴应新：《大夏统万城址考古记》，侯甬坚、李令福：《走向世界的沙漠古都——统万城》，内部资料，2003年，第79页。

④ 杜建录等：《宋代党项拓跋部大首领李光睿墓志铭考释》，杜建录主编：《西夏学》第一辑，银川：宁夏人民出版社，2006年，第83页。

⑤ 《册府元龟》卷一一八《帝王部·亲征第三》记本年二月"辛亥，夏州节度使李彝殷、银州刺史李彝沼，合蕃汉之兵四万抵麟州，济河侵契丹之境"。《旧五代史》云："辛亥，夏州节度使李彝殷合蕃汉之兵四万抵麟州，济河，侵契丹之境，以牵胁之。壬子，以彝殷为契丹西南面招讨使。"陈尚君辑纂：《旧五代史新辑会证》卷八二《晋书八·少帝纪二》，上海：复旦大学出版社，2005年，第2557页。

⑥ 杨浣：《辽夏关系史》，北京：人民出版社，2010年，第70页。

⑦ 《武经总要前集》卷一《军制》云："大凡百人为都。"《中国兵书集成》编委会：《中国兵书集成》第三册，北京、沈阳：解放军出版社、辽沈书社，1988年，第42页。

"受宠若惊，临危不惧。攀鞍跃马，每呈骁捷之能；拔剑屠龙，深蕴恢张之志"。从"攀鞍跃马，每呈骁捷之能"可知，定塞都副兵马使为定难军马军军将。

此后康成又任安远将军使。将为晚唐五代一级军事编制，《资治通鉴》记唐末昭义军有后院将五百人。《旧唐书》记唐末魏博节度使乐彦祯有子将五百余人。宋承五代军制，"百人为都，五都为营"[1]。昭义军后院将和魏博子将均有五百人，正符合"五都为营"之制，可见将为营级编制。康成所任安远将军使即定难军安远将的军事指挥官，安远为番号。此后康成又升任东城都虞候，历任随使左都押衙、随使都知兵马使，终官五州管内都军指挥使。虞候为藩镇军中执法军将，被都虞候总领。康成任东城都虞候，负责巡察夏州东城，处理狱讼。都押衙则总领押衙，胡三省注《资治通鉴》云："唐节度使置都押牙，牙前重职也。"[2]志文"爱处爪牙之任"即表明了康成所任之随使左都押衙与定难军节度使之间的亲从关系。志文云康成任随使都知兵马使时，"名标上将，誉美公衙"。可见其时为衙军统兵军将。在北宋初年的定难军中，都指挥使为最高统兵军将，其军事领导权仅次于定难军节度使，在军中地位极其尊崇。五州指定难军所领有的夏、绥、银、宥、静五州。五州管内都军指挥使即五州都指挥使。藩镇诸州都指挥使多为节度使亲信，如唐末魏博节度使乐彦祯即以其子乐从训为"六州都指挥使"[3]。康成能成为定难军高级军事指挥官，说明其被定难军节度使李彝殷深所委遇。

康成之弟康某任定难军衙队将副兵马使、长子康延祚任定难军衙队都副兵马使，均为定难军衙军的军事指挥官，从康某年长于康延祚可知，将副兵马使高于都副兵马使，将应为高于都的一级军事编制。

康成参与平定定难军内乱，开疆拓土，对定难军节度使忠心耿耿，功莫大焉，因此志文称："明王建位，须凭上将之功。即见善领师徒，能和部件，外展纵横之策，内怀慷慨之诚。致令戎境无虞，王庭大治，不惟遏迹，悉慕威名，乃管内都指挥使康成此之功也。"从"戎境无虞，王庭大治"来看，康成主持军务有方，定难军下属蕃部及会府夏州均保持安宁。其对定难军节度使之忠心翊戴被志文称为"弼辅之功莫比。"其作为定难军首届一指的大将"作明王之手臂"，"力壮明王"[4]。因此其逝世使定难军节度使如

① [元] 脱脱等：《宋史》卷一九五《兵志九》，北京，中华书局，1977年，第4864页。
② [宋] 司马光编著、[元] 胡三省音注：《资治通鉴》卷二二五"唐代宗大历十三年正月戊辰"条胡注，北京：中华书局，1956年，第7250页。
③ [后晋] 刘昫等：《旧唐书》卷一八一《乐彦祯传》，北京：中华书局，1975年，第4690页。
④ [宋] 郭贻：《宋定难军管内都指挥使康成墓志铭并盖》，宁夏大学西夏学研究中心、国家图书馆、甘肃省古籍文献整理编译中心：《中国藏西夏文献》第十八卷，兰州：甘肃人民出版社、敦煌文艺出版社，2005年，第62页。

失肱股，"莫遏悲伤。俯念勤劳，仍需吊赠"①。

与何氏家族相似，康成家族在婚姻上也体现了汉化趋势。康成曾祖母为任氏、李氏，祖母为卢氏，母为任氏、南氏。康成妻为郝氏、贺氏，其长女嫁给周氏，次女嫁给李氏。其诸子"洞知礼乐之规"也体现了汉化教育。另外康成墓志的撰写人定难军文职僚佐郭贻，也是何德璘墓志的撰写人，暗示了康成或与何德璘同为粟特人。

从上可见，在唐代的夏州，粟特人即处于本地社会的上层，由于人口较多，人才世代辈出，粟特人群体对夏州地方社会的影响一直持续至五代。唐末，党项拓跋氏由于镇压黄巢起义之军功，被唐廷授予定难军节度使并世袭担任，党项人从夏州社会的边缘一跃进至核心，党项拓跋氏与粟特人在夏州的社会角色发生了剧烈改变，双方从六胡州之乱中的敌对关系变为统治者与被统治者的关系。由于五代群雄并立、互相敌对的特殊政治环境，效力于定难军节度使的粟特何氏、康氏家族，其官履仕途始终胶着于定难军辖地，家族成员与定难军节度使有着密切的政治依附关系。何氏家族凭借其世代相传之绝妙医术，与定难军节度使结有良好的私人情谊，而以康氏家族为代表的粟特武人则成为定难军军事力量的重要支柱。总之，粟特何氏、康氏家族在定难军的发展，凸显了党项拓跋氏在夏州政治地位的高升与粟特人政治地位的下移。

出身于夏州粟特武人世家的康成，在五代宋初中原地区胡汉语境消融之时，依然保持了其族属意识，其墓志盖仍刻有入华粟特人之传统郡望太原。相对于中原地区在中央朝廷为官、汉化甚深之粟特武人，康成身处自唐末以来未受战争影响、社会阶层流动较为固化、民族构成基本稳定的夏州，其汉化主要表现为本家族多与汉人通婚。康成家族以武技立身，世代从军于夏州藩镇，历晚唐、五代、宋初，为本地粟特人家族的一大代表。从康成曾祖父康山人起，康氏家族与夏州节度使关系紧密。康山人曾任夏州节度使使衙北衙都知兵马使，为晚唐夏州节度使衙军总指挥官。康成又任定难军随使左都押衙、随使都知兵马使，为定难军节度使李彝殷之高级亲从军官。康成之弟康某为定难军衙队将副兵马使，康成长子康延祚为定难军衙队都副兵马使，属节度使衙军军官。康成家族世代担任夏州衙军军职，表明粟特武人在夏州军事核心力量中占有重要地位，靠近权力中枢，亦说明夏州粟特人的军事化和本土化。康成本人在李彝殷平定内乱时投效军伍，参与定难军对契丹之战，对李彝殷忠心耿耿，勤于本职，体现了夏州粟特人对于夏州节度使党项李氏家族统治之拥戴。康成最后官至定难军高级军事指挥官五州管内都军指挥

---

① ［宋］郭贻：《宋定难军管内都指挥使康成墓志铭并盖》，宁夏大学西夏学研究中心、国家图书馆、甘肃省古籍文献整理编译中心：《中国藏西夏文献》第十八卷，兰州：甘肃人民出版社、敦煌文艺出版社，2005 年，第 61 页。

使，在定难军军事领导体系中仅次于节度使李彝殷，一方面说明李彝殷对以康成为代表的夏州粟特武人势力极为倚重；另一方面表明粟特人在夏州军事系统中占据核心地位，仅次于党项人。诚如郑炳林先生所认为："归义军是一个以汉族为主体的多民族联合政权，而粟特人是少数民族中起影响最大的部分。"①夏州定难军亦可说是一个以党项人为主体的胡籍藩镇，在本镇军事指挥阶层中，粟特人是仅次于党项人的重要力量。

何氏家族自晚唐起由于仕宦由河北迁徙至长安，在唐末又由长安向夏州迁徙。何氏家族在迁徙过程中不断汉化，其婚姻对象逐渐由粟特后裔向中原汉人扩展。伴随着胡汉通婚而带来的血缘交融，何氏家族至第四代何德璘时已完全融入汉人之中。何德璘之母王氏家族中有多人担任定难军官员，如为其撰写墓志铭的横银州营田判官王卿及书碑人押衙王某。何氏家族成员与王氏家族成员同在定难军内部仕职，双方的联姻体现了夏州中层士人的门第意识。何氏家族作为医学世家，不仅凭借其高超医术为定难军节度使所信用，长期担任定难军所属诸州上佐；还长期担任观察使使府幕职，执掌对定难军内部各级官员的监察权，明正善恶，堪称定难军使府御史世家。

三、西夏境内的粟特人后裔

（一）西夏境内的安姓粟特人后裔

西夏境内的粟特人后裔主要分为安、康、石、米、曹、翟、史诸姓人。见于史籍的西夏安姓粟特人后裔主要有安德信、安惟敬、安礼。据《金史·交聘表》记载，金世宗大定二十年（1180）正月有西夏武功大夫安德信贺正旦，大定二十八年（1188）正月有宣德郎安惟敬贺正旦，金章宗泰和七年（1207）八月有西夏宣德郎安礼贺天寿节。可见他们活跃于夏仁宗仁孝乾祐年间及夏襄宗安全应天年间，为西夏出使金国的贺正旦使及贺金帝生日使，冠以武散官或文散官衔。

西夏石窟题记及佛经发愿文题记也记录了一些安姓粟特人后裔，如莫高窟第363窟第四身供养人榜题为"社户安存遂□□一心供（养）"②。夏惠宗秉常天赐礼盛国庆五年（1073）题书的《主持榆林窟记》云："弟子弗兴、安住及白衣行者王温顺等七人，住于榆林窟岩。"还记有"供衣粮行婆真顺小名安和尚。"③从题记可知安住与安和尚

---

① 郑炳林：《敦煌归义军史专题研究》，兰州：兰州大学出版社，1997年，第400页。
② 陈炳应：《西夏文物研究》，银川：宁夏人民出版社，1985年，第5页。
③ 史金波：《西夏佛教史略》，银川：宁夏人民出版社，1988年，第304页。

均为虔诚的佛教徒，安住与其他六名僧人、白衣信众一起在榆林窟主持修行，题记云其于榆林窟"主持四十日，看读经书文字，稍熏习善根种子，洗身三次，因结当采菩提之因"①。安和尚则是为这些修行人提供衣粮的施主，其与安住或为亲属。莫高窟、榆林窟为沙州佛教大窟，而沙州自唐、五代以来就有大量的粟特佛教徒活动，安存遂、安住与安和尚应为唐五代沙州粟特人之后裔。

写于夏仁宗仁孝乾祐十五年（1184）、反映密宗信仰的《金轮佛顶大威德炽盛光佛如来陀罗尼经发愿文》记有"雕经善友众：尚座袁宗鉴、杜俊义、朱信忠、杜俊德、安平"②等十七名结缘雕经人，这十七人中除讹德胜为番人外，其余均为汉人，杜姓人士就有六名，可见安平已与汉人无异。另外西夏乾祐七年（1176）立石的《黑水河建桥敕碑》记有"泻作使安善惠刊"③。该碑记载了夏仁宗对镇夷郡黑水诸神发布的敕命，但碑末记有"都大勾当镇夷郡正兼郡学教授王德昌"④，可见敕文或由王德昌奉旨撰写，负责刊刻的安善惠也应为镇夷郡小史。镇夷郡由甘州升置，而甘州自北朝以来即为粟特人一聚落，安善惠应为甘州粟特人之后裔。

（二）西夏境内的康姓、石姓粟特人后裔

见于史籍、碑刻和出土文书的西夏康姓粟特人后裔主要有康忠义、康狗□、康吃□、康茂盛、康□亨、康监富、康牛儿等。据《金史·交聘表》记载，金世宗大定二十一年（1181）三月"夏武功大夫苏志纯、宣德郎康忠义等贺万春节"⑤，可知康忠义以文散官衔作为西夏使节庆贺金帝生日。夏崇宗天祐民安五年（1094）镌刻之《重修护国寺感通塔碑铭》记有"石匠人员韦移移崖、任迁子、康猗（名）"⑥，此三人姓名列于西夏文、汉文书碑官员之后，但在其他官员及石匠之前，表明他们在造碑中功劳颇丰，应为众石匠管理者。《重修护国寺感通塔碑铭》所在之凉州自三国至唐代均有大量粟特人生活，康猗应为凉州粟特人后裔。

黑水城所出《西夏天庆年间裴松寿典麦契》记载："天庆十一年五月五日立文人

① 史金波：《西夏佛教史略》，银川：宁夏人民出版社，1988年，第304页。
② 俄罗斯科学院东方研究所圣彼得堡分所、中国社会科学院民族研究所、上海古籍出版社：《俄藏黑水城文献（汉文部分）》第三册，上海：上海古籍出版社，1996年，第79页。
③ 陈炳应：《西夏文物研究》，银川：宁夏人民出版社，1985年，第140页。
④ 陈炳应：《西夏文物研究》，银川：宁夏人民出版社，1985年，第141页。
⑤ ［元］脱脱等：《金史》卷六一《交聘表中》，北京：中华书局，1975年，第1441页。
⑥ 陈炳应：《西夏文物研究》，银川：宁夏人民出版社，1985年，第110页。

康……立文人康□□。"①从契约行文来看，康吃□为夏桓宗天庆十一年（1204）生活于黑水镇燕军司的下层贫民，其与番人骂屈移遏共同向大商人裴松寿典当"旧皮毯一领"，获得"共本利大麦九斗一升"②。黑水城所出《西夏光定借谷物契》记有"同商契康茂盛"③，从契文可知，康茂盛生活于西夏末年的黑水镇燕军司，他与番人耶和小狗山共同向另一番人移讹阿金刚茂借贷谷物。黑水城所出《西夏南边榷场使申银牌安排官状为王大成等博买货物扭算收税事》记有携带"黄褐一十"参加榷场贸易的"康牛儿"④。还有一件黑水城出土的《西夏乾祐五年（1174）验伤单》为"医生出具伤情证明和承诺属实的文书"⑤，该验伤单中记有"医人康□亨"，康□亨将被番人嵬某殴伤的伤者验明为"鼻内见有血迹，验是拳手伤"⑥。日藏西夏光定五年（1215）《夏汉合璧典谷文书》记有"同日立文字者康那征取到谷一石"⑦，康那征为西夏番人（党项人）的常用名，可见康那征作为粟特人后裔已经趋于番化。另一光定年间《夏汉合璧典谷文书》记有典粮契签押人"康氏伊"⑧。绿城出土的《佛顶无垢总持》经经末西夏文题记有"宝塔匠人及发愿者行善康监富"⑨，可知康监富为修建佛塔之工匠。

此外在西夏千佛阁佛塔还发现了康姓佛教徒的题记，题曰："……三日净信弟子巡礼到于此处，前立□□福哥偏但□和妻王氏、钊戒安、康年、康契丹埋、康闰埋、康小埋。大都督府。"⑩千佛阁佛塔位于凉州，而大都督府则指灵州，可见康年、康契丹埋、康闰埋、康小埋是从灵州前往凉州的。灵州自北魏至北宋初年一直有粟特人活动，P.4071号敦煌文书还记有宋太宗开宝七年（974）十二月"灵州大都督府白衣术士康遵课"⑪，康年、康契丹埋、康闰埋、康小埋应为灵州粟特人后裔。

① 沙知、吴芳思：《斯坦因第三次中亚考古所获汉文文献（非佛经部分）》第一册，上海：上海辞书出版社，2005年，第198页。
② 沙知、吴芳思：《斯坦因第三次中亚考古所获汉文文献（非佛经部分）》第一册，上海：上海辞书出版社，2005年，第198页。
③ 王元林：《西夏光定未年借谷物契〉考释》，《敦煌研究》2002年第2期，第31—36页。
④ 孙继民等：《俄藏黑水城汉文非佛教文献整理与研究》中册，北京：北京师范大学出版社，2012年，第682页。
⑤ 孙继民等：《俄藏黑水城汉文非佛教文献整理与研究》中册，北京：北京师范大学出版社，2012年，第713页。
⑥ 俄罗斯科学院东方研究所圣彼得堡分所、中国社会科学院民族研究所、上海古籍出版社：《俄藏黑水城文献（汉文部分）》第六册，上海：上海古籍出版社，2000年，第296页。
⑦ 武宇林、〔日〕荒川慎太郎主编：《日本藏西夏文文献》下册，北京：中华书局，2010年，第338页。
⑧ 武宇林、〔日〕荒川慎太郎主编：《日本藏西夏文文献》下册，北京：中华书局，2010年，第341页。
⑨ 史金波：《中国藏西夏文文献新探》，杜建录主编：《西夏学》第二辑，银川：宁夏人民出版社，2007年，第14页。
⑩ 党寿山：《被埋没的西夏千佛阁遗址》，杜建录主编：《西夏学》第七辑，上海：上海古籍出版社，2011年，第229页。
⑪ 上海古籍出版社、法国国家图书馆：《法国国家图书馆藏敦煌西域文献》第三十一册，上海：上海古籍出版社，2005年，第78页。

石姓粟特人与党项人联系紧密，早在五代时就有过联合军事行动，《资治通鉴》云：后晋王令温担任朔方节度使时"不存抚羌、胡，以中国法绳之。羌、胡怨怒，竞为寇钞。拓跋彦超、石存、也厮褒三族，共攻灵州，杀令温弟令周"①。西夏的石姓粟特人后裔主要有石方、石公义、石伴橡、石慧护、石甘州、石狐□。《续资治通鉴长编》记：宋仁宗嘉祐八年（1063）八月"癸丑，诏夏国主谅祚：'所遣进奉人石方，称宣徽南院使，非陪臣官号'"②，可见石方任西夏宣徽南院使，并以此官作为西夏使臣来到北宋。莫高窟第229窟主室门南侧有墨书"天庆四年七月廿一……石公义到……"③，可知石公义于夏桓宗天庆四年（1197）曾到莫高窟巡礼。写于夏惠宗大安二年（1075）的贺兰山拜寺沟方塔塔心柱题记曰："仪鸾司小班袁怀信、赵文信、石伴橡、杨奴□。"④可知石伴橡于西夏宫廷仪礼机构仪鸾司当差。黑水城出土的西夏文《大般若波罗蜜多经卷第三十四》卷末记有写经人"出家禅定石慧护"⑤，石慧护为禅宗僧人。克恰诺夫指出在黑水城出土的西夏文佛经中"还有一些有关甘州抄经者的资料，如净本抄者石甘州（馆册第1442号）。净本写者、修禅定者石甘州、□慧侍曾在甘州从事译经活动（馆册第1712号）"⑥。前文提到甘州自北朝以来即为粟特之一聚落，禅宗僧人石甘州或为甘州粟特人后裔。石狐□见于西夏贞观辛卯十一年（1111）首领印⑦，为持印人姓名。首领为西夏军队中的基层军官，一般由番人担任，石狐□担任首领可见其番化甚深。

（三）西夏境内的米姓、曹姓、翟姓、史姓粟特人后裔

见于史籍的西夏米姓粟特人后裔主要有米知顺、米崇吉、米元杰。米知顺本为北宋蕃官，后被俘入西夏。《续资治通鉴长编》云：宋仁宗宝元二年（1039）十一月，北宋以"内殿承制米知顺为礼宾副使、兼权荄村等族巡检，以御西贼有劳也"⑧。宋仁宗康定元年（1040）三月，陕西安抚使韩琦上疏说："藩篱熟户李士彬、米知顺、李思之族，亦为之降且虏矣"⑨。《续资治通鉴长编》小注云："米知顺，保安

---

① ［宋］司马光编著、［元］胡三省音注：《资治通鉴》卷二八五"后晋齐王开运三年三月"条，北京：中华书局，1956年，第9303页。

② ［宋］李焘：《续资治通鉴长编》卷一九八"仁宗嘉祐八年正月癸丑"条，北京：中华书局，1985年，第4789页。

③ 史金波：《西夏佛教史略》，银川：宁夏人民出版社，1988年，第293页。

④ 宁夏文物考古研究所编著：《拜寺沟西夏方塔》，北京：文物出版社，2005年，第300页。

⑤ 宁夏大学西夏学研究中心、国家图书馆、甘肃省古籍文献整理编译中心：《中国藏西夏文献》第一卷，兰州：甘肃人民出版社、敦煌文艺出版社，2005年，第186页。

⑥ 叶·伊·克恰诺夫：《俄藏黑水城西夏文佛经叙录·绪论（2）》，《西夏研究》2011年第1期。

⑦ 史金波：《西夏官印姓氏考》，《史金波文集》，上海：上海辞书出版社，2005年，第528页，第33—45页。

⑧ ［宋］李焘：《续资治通鉴长编》卷一二五"仁宗宝元二年十一月庚子"条，北京：中华书局，1985年，第2941页。

⑨ ［宋］李焘：《续资治通鉴长编》卷一二六"仁宗康定元年三月癸未"条，北京：中华书局，1985年，第2994页。

熟户。"①可见米知顺在降夏前即已党项化。米崇吉为西夏首都中兴府府尹，曾出使金国。《金史·交聘表》云：金世宗大定二十五年（1185）"十一月丙申，夏国以车驾还京，贺尊安使御史大夫李崇懿、中兴尹米崇吉、押进匦匣使李嗣卿等朝见。"②米元杰也曾为西夏使节前往金国庆贺金帝生日。《金史·交聘表》云：金章宗泰和八年（1208）"十月己卯，夏武节大夫李世昌、宣德郎米元杰贺天寿节。"③

佟建荣女士指出："西夏境内的确有曹姓中亚血统的曹姓人。"④她考证《西夏译经图》中的曹广智"当出自河西粟特曹姓"⑤。榆林窟第29窟内室西壁门北上部有西夏时期供养人榜题墨书，其中写有"故岳母曹氏福者一心皈依"⑥。曹姓为唐五代敦煌粟特大姓，此曹氏或为敦煌粟特后裔。据史金波先生研究，黑水城出土的一件西夏文粮食借贷契约写有借贷者姓名曹肃州及其妻名讹七氏酉宝。⑦前述石甘州为甘州的粟特人后裔，则曹肃州也应为肃州的粟特人后裔，而肃州自西晋以来就有大批粟特人活动。武威出土的西夏冥契写有"直祭主曹铁驴"⑧。

莫高窟第61窟甬道北壁供养比丘第十二身西夏文榜题为"助缘僧翟嵬名九像"⑨。翟姓为唐五代敦煌粟特大姓，此僧人翟嵬名九抑或出自敦煌粟特翟氏。值得注意的是翟嵬名九为双姓粟特后裔，其翟姓源于粟特，嵬名为西夏皇族姓氏。史金波先生认为："西夏的复姓现象可能反映了当时的婚姻关系，一些人为了某种政治需要特意把本族的姓氏和妻族姓氏一齐反映在自己姓名之中。"⑩翟嵬名九的姓名正反映了其母族为番人。前引凉州千佛阁佛塔题记中的康契丹埋亦属此种情况，康契丹埋的母族或妻族应为西夏境内的契丹人。另外黑水城所出俄Инв.No.4597《天庆未年卖使军契》记有画押的"文书写者翟宝胜"⑪。

史姓为粟特著姓之一，《东都事略》卷六一《种谔传》云："银夏监军司牙吏史屈子，托言嵬名山来报内附。"⑫《金史·交聘传》云："正月乙巳朔，夏武节大夫赵好、

① ［宋］李焘：《续资治通鉴长编》卷一二六"仁宗康定元年三月癸未"条，北京：中华书局，1985年，第2994页。
② ［元］脱脱等：《金史》卷六一《交聘表中》，北京：中华书局，1975年，第1444—1445页。
③ ［元］脱脱等：《金史》卷六二《交聘表下》，北京：中华书局，1975年，第1480页。
④ 佟建荣：《西夏后妃宗族考》，《西夏研究》2010年第2期，第28—33页。
⑤ 佟建荣：《西夏后妃宗族考》，《西夏研究》2010年第2期，第28—33页。
⑥ 陈炳应：《西夏文物研究》，银川：宁夏人民出版社，1985年，第13页。
⑦ 杜建录、史金波：《西夏社会文书研究》，上海：上海古籍出版社，2010年，第122页。
⑧ 于光建、徐玉萍：《武威西夏墓出土冥契研究》，《西夏研究》2010年第3期，第39—43页。
⑨ 史金波：《西夏佛教史略》，银川：宁夏人民出版社，1988年，第289页。
⑩ 史金波：《西夏官印姓氏考》，《史金波文集》，上海：上海辞书出版社，2005年，第538页。
⑪ 史金波：《黑水城出土西夏文卖人口契研究》，《中国社会科学院研究生院学报》2014年第4期，第121—129页。
⑫ ［宋］王称著，孙言诚、崔国光点校：《东都事略》卷六一《种谔传》，济南：齐鲁书社，2000年，第497页。

宣德郎史从礼贺正旦。"①黑水城所出俄Инв.No.2858—1《天庆丑年卖畜契》记有西夏黑水城居民史阿酉为画押的契约证人。②史屈子、史从礼、史阿酉或为史姓粟特人后裔。元武宗重臣、西夏人后裔史乞台普济曾祖史持理威为西夏大臣，史氏一族"其来姑臧，不知其纪"③，可见其为凉州粟特人后裔。

从上可见，西夏立国后，灵州及河西走廊地区的凉州、甘州、肃州、沙州的粟特人后裔都成为西夏臣民，一些粟特人后裔甚至远迁至边境城市黑水镇燕军司。由于政治中心的转移，定难军时期活跃于夏州地区的粟特人在西夏的政治舞台上消失了。总体来看，西夏粟特人后裔身份各异，既有大臣官贵，又有普通小吏，还有基层武官，更多的是工匠、医人、贫民等普通百姓，也不乏职业僧侣，其政治地位远不如定难军时期夏州地区的粟特人。这一方面说明了粟特人在西北政治格局中所发挥的作用日益式微；另一方面说明了粟特人在西夏时期已经全面汉化，西夏统治者已将其视为普通汉人。④此时的西夏已由唐末五代蕃汉联合执政的胡籍藩镇，转变为番人为大的党项王朝，粟特人后裔的权力空间已大为缩小，但其信仰仍然延续了数世纪以来的传统，在西夏的佛教文化遗存上抹上了浓厚一笔。值得注意的是，西夏境内的一些粟特人后裔从姓名和婚姻来看呈现出党项化趋势，这正如高昌回鹘中的粟特人走向回鹘化一样，西北地区的粟特人最终融入了在本地占有政治和文化优势的党项、回鹘与汉人之中。

四、结语

综上所述，党项人与突厥属部中的粟特人在公元 8 世纪时为军事同盟；在公元 10 世纪时夏州粟特人成为以夏州党项为主体的定难军政权中的文职僚佐与武职军将，世代辅弼夏州党项酋首——定难军节度使李氏家族；在李元昊称帝建国后，原夏州、灵州、凉州、沙州的粟特人后裔又成为西夏的属民。具体而言，党项与东突厥汗国中的粟特人原本属于不同区域的民族，两者由于初唐时内亚政治局势的风云变幻而聚集于河套这一

---

① ［元］脱脱等：《金史》卷六二《交聘表下》，北京：中华书局，1975 年，第 1459 页。
② 史金波：《西夏文卖畜契和雇畜契研究》，《中华文史论丛》2014 年第 3 期，第 1—53 页。
③ ［元］姚燧著、查洪德编校：《姚燧集》卷二六《开府仪同三司太尉太保太子太师中书右丞相史公先德碑》，北京：人民文学出版社，2011 年，第 401 页。
④ 西夏文本《杂字·汉姓》列有石、曹、安，参阅王静如、李范文：《西夏文〈杂字〉研究》，《西北民族研究》1997 年第 2 期，第 66—86 页。西夏汉文本《杂字》中曹、翟两姓在蕃姓名之外，参阅俄罗斯科学院东方研究所圣彼得堡分所、中国社会科学院民族研究所、上海古籍出版社：《俄藏黑水城文献（汉文部分）》第六册，上海：上海古籍出版社，2000 年，第 137 页。

地理空间，在灵夏间形成了犬牙交错的居住格局。基于共同的政治地位和经济形态，双方同受唐朝压迫，六胡州粟特人率先铤而走险，灵夏党项积极响应，组成粟特党项联军，兵锋东指胜州，以联合胜州突厥、党项并希冀获得后突厥汗国的军事支援。粟特、党项结盟的重要原因还在于双方均受到突厥政治文化的强烈影响，其叛乱的政治诉求正在于希冀借助后突厥汗国的政治影响而对抗唐朝。联军最终在唐军、党项拓跋部、吐谷浑慕容部三方夹击下内讧、溃灭。忠于唐廷的党项拓跋部积极介入平叛，拓跋思泰因而战死，但拓跋氏家族从此在朝野中的政治地位迅速提升，其政治影响扩展至其余党项诸部，成为唐廷统治党项诸部的合法代表。

五代宋初，在定难军政权中的粟特人主要包括唐末迁入夏州的河北粟特人后裔以及北朝以来夏州本地的粟特人后裔。由河北而来的何德璘家族，自何德璘父何子昱起居于夏州，直至何德璘曾孙何令图、何令珣、何令瑾，其家族已然入籍夏州。康成家族为夏州土著，家族史可上溯至康成曾祖康山人。两支家族带有浓厚的地方特色，家族历史贯穿了唐末、五代、宋初，见证了定难军的崛起与衰落。两支家族都世代效力于定难军节度使，如何德璘历仕李思谏、李仁福、李彝超、李彝殷，何公历仕李彝超、李彝殷、李克睿，康成历仕李彝超、李彝殷，因此他们与定难军节度使之间的亲从关系极为深厚，他们对定难军节度使也极为拥戴，在何德璘墓志、何公墓志、康成墓志中出现的"先王""府主""府主大王"都说明了何氏家族与康氏家族对于定难军节度使的政治认同。何德璘家族与康成家族步入仕途以后不断显达，都与历代定难军节度使密不可分，甚至何德璘、何公的试官、宪官、勋官都为定难军节度使向朝廷奏授。何德璘家族多为定难军属州州官、县官及文职僚佐，也有一些武职军将，康成家族则均为定难军武职军将。他们作为定难军的世宦之家都为定难军节度使所信重，其中何德璘家族以其家族世传之医术供奉于内，康成家族以其武技内平节度使家难、外抗强敌，康成甚至成为统军权仅次于定难军节度使的五州管内都军指挥使，夏州粟特人的权力场域因之从节度使衙廷扩展到了藩镇武人中。

西夏境内的粟特人后裔主要分为官吏、僧侣、平民三大群体。在官吏群体中，既有官至中兴府尹的高官，也有仅为宫廷仪礼机构的小吏，还有很多人为出使金国的使臣。这些人大都居于西夏首都，或服务于皇室或出使外国宣扬国威，本身为西夏官僚系统的重要组成人员，在西夏国家权力结构中享有一定地位。在僧侣群体中，既有为皇室译经的高僧，也有身处地方开凿石窟供养的普通僧人。在平民群体中，既有佛教信众，也有职业石匠、商人、医人，还有底层贫民。佛教信众大都在石窟题记和佛经发愿文中祈求皇室隆兴，有的还认为自己修行圆满来源于皇室圣德，石匠姓名也题于对皇室歌功颂德的石碑中，这都反映了粟特后裔对于西夏国家政权的政治认同。从地域分布来看，除官吏与高僧居于首都外，普通僧侣和世俗信众、商人、职业石匠、医人、底层贫民多居住于沙州、灵州、凉州、甘州、黑水城。沙州、灵州、凉州、甘州自北朝以来就有大量粟特人聚居，西夏时期在此四地仍出现粟特人后裔体现了民族血缘之流传。黑水城地区的粟特人后裔应是伴随着王朝疆域的扩展，而从以上四地流向黑水城定居的。无论是官吏、僧侣，还是平民，他们都与番人、汉人友好共处，或与番人、汉人官员同朝为官出使金国；或与番人僧侣一起为皇室译经；或与番汉僧侣共同开凿石窟供养佛像；或与番汉信众结缘一起雕印佛经；或与番汉工匠一起雕凿石碑；或为番人验伤；甚至与番人联姻。这些都说明粟特后裔在西夏统治下已成为西夏多民族社会的重要成员。

（原载《中国史研究》2015 年第 4 期）

西夏文献中的回鹘
——丝绸之路背景下西夏与回鹘关系补证

王 龙

摘 要： 西夏与回鹘关系密切，主要体现在文化交流和商业贸易两个方面。文化方面的交流，主要包括佛教文化、语言文化和世俗文化；商业贸易方面，在西夏原创作品《天盛改旧新定律令》《亥年新法》《法则》等文献中可以得到印证，在这些西夏法律文献中，番（西夏）、汉、西番（藏）、回鹘、鞑靼大多时候同时连用，证明西夏境内回鹘人占有很重要的地位。本文综合考察了存世西夏文献中明确提及回鹘的资料并加以翻译，展现西夏与回鹘的密切关系，以及双方奉使往来的方方面面，也为西夏与回鹘关系提供了一些佐证。一方面，自8世纪后期至11世纪前期，回鹘与中原各政权保持着政治上、经济上和文化上的密切联系；另一方面，回鹘又先后与吐蕃、西夏在丝绸之路上展开了激烈的争斗，为疏通和维护丝绸之路，发展中西经济文化联系、开发和建设西北边疆，做出了积极重大的贡献。

关键词： 回纥；回鹘；西夏；丝绸之路；补证

党项与回鹘两个民族对西北历史影响深远，早在西夏国建立之前他们已有接触，但两者真正意义上的交流往来于10世纪30年代后才见诸史册。《旧五代史·党项传》曰：

> 党项，其俗皆土著，居有栋宇，织毛罽以覆之。尚武，其人多寿，至百五十、六十岁，不事生业，好为盗贼。党项自同光以后，大姓之强者各自来朝贡。明宗时，

诏沿边置场市马，诸夷皆入市中国，有回鹘、党项马最多。明宗招怀远人，马来无驽壮皆集，而所售过常直，往来馆给，道路倍费。其每至京师，明宗为御殿见之，劳以酒食，既醉，连袂歌呼，道其土风以为乐，去又厚以赐赍，岁耗百万计。唐大臣皆患之，数以为言，乃诏吏就边场售马给直，止其来朝，而党项利其所得，来不可止。其在灵、庆之间者，数犯边为盗。自河西回鹘朝贡中国，道其部落，辄邀劫之，执其使者，卖之他族以易牛马。①

由此可见，当时回鹘控制丝绸之路河西段贸易，西夏劫掠了甘州回鹘进入中原的贡使，由此受到后唐明宗的打击，西夏便是回鹘在丝绸之路上遇到的一个劲敌，其争夺的主要地区，则是丝绸之路东段的西端——河西走廊。西夏贵族加强了对丝绸之路沿线地区的控制，将视力转向商旅，以武力劫掠过路商旅的财富，对通过其境的商人实行重税政策。洪皓《松漠纪闻》载：

回鹘自唐末浸微……甘、凉、瓜、沙，旧皆有族帐，后悉羁縻于西夏。……多为商贾于燕，载以橐驼，过夏地，夏人率十而指一，必得其最上品者。贾人苦之，后以物美恶杂贮毛连中。毛连以羊毛缉之，单其中，两头为袋。以毛绳或线封之，有甚粗者，有间以杂色毛者，则轻细。然所征亦不赀。其来浸熟，始厚赂税吏，密识其中下品，俾指之。尤能别珍宝，蕃汉为市者，非其人为侩，则不能售价。②

据上，西夏对回鹘商人收取什一税，且是择上品而取。此种重税使回鹘商人苦不堪言。此后，西夏与甘州回鹘之间的摩擦和战争不断发生，除对凉州的争夺外，西夏与甘州回鹘争夺的另一重点城市是回鹘都城甘州，从现有史料来看，双方先后就此发生过三次大的激烈战役，随着甘州的陷落，甘州回鹘政权也就倾覆，甘州回鹘政权灭亡以后，其遗民除部分外逃外，大部仍留局旧地，成为西夏属民。吐鲁番出土了4件西夏文佛教文书就是西夏曾与回鹘有密切交往的最好佐证③，存世的西夏文献中也有关于回鹘的记载。

① ［宋］薛居正等：《旧五代史》卷一三八《党项传》，北京：中华书局，1976 年，第 1845 页。
② ［宋］洪皓：《松漠纪闻》卷上，朱易安、傅璇琮等主编：《全宋笔记》第三编七，郑州：大象出版社，2008 年，第 117—118 页。
③ 原件 20 世纪初出土于新疆吐鲁番，今藏德国柏林民族博物馆。照片刊布见 E. von Zach，Entzifferung des Turfan-Manuskriptes T.M.190 des Berliner Museums für Völkerkunde，*Orientalistische Literaturzeitung*，Vol.31. No.1-6，1928，pp.480-484，解读及相关研究见孙伯君：《德藏吐鲁番所出西夏文〈郁伽长者问经〉残片考》，《宁夏社会科学》2005 年第 5 期，第 92—94 页；孙伯君：《德藏吐鲁番所出西夏文〈郁伽长者问经〉残片考》，郑炳林、樊锦诗、杨富学主编：《丝绸之路民族古文字与文化学术讨论会文集》上册，西安：三秦出版社，2007 年，第 30—31 页。

学界关于西夏与回鹘的关系，史金波[①]、李并成和朱悦梅[②]、杨富学[③]、陈爱峰[④]和佟建荣[⑤]等学者已有论及，大多是从民族史的角度来阐述的。本文试图从西夏文献中辑录明确提及回鹘的资料并加以翻译，这些记载尽管数量有限，但略微可以展现西夏与回鹘的关系，以及双方奉使往来的方方面面。

一

　　提及回鹘的西夏资料首先是西夏文辞书。西夏文献中"𗼨𘘨"，音［嵬恶］，为"回鹘"之音译。"𗼨"，读若 *ɣwej¹，据《同音》《文海》归喉音平声第 33 韵。"𘘨"，读若 *ɣwə¹，据《同音》《文海》归喉音平声第 27 韵。《文海》对"𗼨"和"𘘨"的解释均为"族姓回鹘之谓"[⑥]。

　　俄藏编号为Инв.No.7741 的文献中出现了借贷者为"回鹘后"[⑦]。"𗼨𘘨"（回鹘）一词还见于Инв.No.5010 号天盛二十二年（1170）寡妇耶和氏宝引等卖地契中，相关的研究已有很多[⑧]，本文的译文参照史金波先生的观点。

> 𗼨𘏨𗐛 𗼨𘘨𗾔𗫉𗫻， 𘝵、𘐋𗐛𗫉𘕿𗫉𗫻， 𗄭𗙏 𘝵𘜶𗴼𗫉𗫻。
> ［北与耶和回鹘盛为界，东、南与耶和写？为界，西与梁嵬名山为界。］[⑨]

　　此处"𗼨𘘨"出现在西夏番姓"𘏨𗐛"之后，成为人名的组成部分[⑩]，这里的"𗼨

① 史金波：《西夏境内民族考》，《庆祝王钟翰先生八十寿辰学术论文集》，沈阳：辽宁大学出版社，1993 年，第 407—417 页。
② 李并成、朱悦梅：《西夏与甘州回鹘》，李范文主编：《西夏研究》第三辑，北京：中国社会科学出版社，2006 年，第 278—282 页。
③ 杨富学：《回鹘文献与回鹘文化》，北京：民族出版社，2003 年。
④ 陈爱峰：《高昌回鹘与西夏佛教艺术关系考》，《吐鲁番学研究》2010 年第 2 期，第 50—58 页。
⑤ 佟建荣：《西夏姓氏考论》，宁夏大学 2011 年博士学位论文。
⑥ 史金波、白滨、黄振华：《文海研究》，北京：中国社会科学出版社，1983 年，第 446、590、461、599 页。
⑦ 杜建录、史金波：《西夏社会文书研究》，上海：上海古籍出版社，2010 年，第 121 页。
⑧ 原件出土于内蒙古自治区额济纳旗黑水城遗址，今藏俄罗斯科学院东方文献研究所手稿部，编号Инв.No.5010。参见 Е.И.Кычанов，Тангутский документ 1170г.о продаже земли，*Письменные памятника Востока，Ежгодник.1971*，М.，1974.cc.196-203；相关的研究参照黄振华：《西夏天盛二十二年卖地文契考释》，白滨：《西夏史论文集》，银川：宁夏人民出版社，1984 年，第 313—319 页；陈炳应：《西夏文物研究》，银川：宁夏人民出版社，1985 年，第 275—279 页；史金波：《西夏社会》，上海：上海人民出版社，2007 年，第 72—73 页；松泽博：《武威西夏博物馆藏亥母洞出土西夏文契约文书》，《东洋史苑》2010 年第 75 号，第 21—64 页；史金波：《黑水城出土西夏文卖地契研究》，《历史研究》2012 年第 2 期，第 46—47 页。
⑨ 史金波：《黑水城出土西夏文卖地契研究》，《历史研究》2012 年第 2 期，第 46—47 页。
⑩ 黄振华：《西夏文天盛二十二年卖地文契考释》，白滨：《西夏史论文集》，银川：宁夏人民出版社，1984 年，第 313 页。

�"可以理解为姓氏。西夏汉文本《杂字》的"番姓"中，有一姓是"回纥"。又《文海》载："夏：夏dframe夏xxquxxxxxxxxxxxxxxxxx。"（夷：九姓回鹘[1]、契丹等之谓。）[2]此处的回鹘是族称。所以，"frenchfrench"（回鹘）既是族称亦可作姓氏。

此外，西夏文"xxxx"读若 we¹vu¹，《西夏文〈杂字〉研究》译为"韦吴"，恰是"回纥"的音译。西夏韵书《文海》曰："xx：xxxxxxxxxxxxxxxxx，xxxx xxxxxxxxxxxxxxxx xxx。"（吴，吴者族姓"吴"之谓，又亦回鹘之本根生出处也。）[3]我们知道，"回纥"是"回鹘"在唐德宗以前的称号，两者一脉相承。[4]西夏文"回鹘"及"回纥"作为姓氏在西夏文辞书中出现，表明此时还有部分回鹘人已放弃原有姓氏而改用民族称呼。[5]无论如何，上述记载证明西夏境内回鹘人的存在，且有相当的数量。

与此相应，回鹘文字在西夏境内也得到了广泛的使用，而且得到了官方的认可与保护。西夏的国书为西夏文，系 1036 年野利仁荣遵元昊之命借鉴汉字而创建。其后，得到元昊不遗余力的推广。史载：

> 元昊既制蕃书，遵为国字，凡国中艺文诰牒，尽易蕃书。于是立蕃字、汉字二院[6]。汉习正、草；蕃兼篆、隶。其秩与唐、宋翰林等。汉字掌中国往来表奏，中书汉字，旁以蕃书并列；蕃字掌西番、回鹘、张掖、交河一切文字，并用新制国字，仍以各国蕃字副之。以国字在诸字之右，故蕃字院特重。[7]

这一记载说明，西夏国中除使用西夏文、汉文外，还使用"西番、回鹘、张掖、交

① 回纥对外亦称"九姓回纥"，此可汗即登里可汗"移地健"，又名牟羽可汗，"圣者"之意，立于乾元二年（759），至大历十四年（779）为其相顿莫贺所杀。据日人小野川秀美的《铁勒考》载，回纥在葛勒可汗在位期间已统一九姓铁勒；此后不复使用这一名称，而以"九姓回纥"代替之。据《新唐书·回鹘传》载，回纥使者并问（宁国）公主起居。回鹘也是由外九部组成的，故有回鹘九姓相之说。

② 史金波、白滨、黄振华：《文海研究》，北京：中国社会科学出版社，1983 年，第 42 页。

③ 史金波、白滨、黄振华：《文海研究》，北京：中国社会科学出版社，1983 年，第 407 页。

④ 关于回纥改名回鹘的时间：《新唐书·回鹘传》及《通鉴考异》列在贞元四年（788），并为冯家升主编的《维吾尔族史料简编》所采用；崔铉《续会要》与翦伯赞主编《中国史纲要》，列在贞元五年（789）；以上两种说法均认为回纥表请更名回鹘是在咸安公主出嫁回纥的当年或次年。按：《旧唐书·回纥传》列回纥更名回鹘的时间是在元和四年（809），发生在保义可汗在位期。十九世纪末在哈喇巴喇哈孙（回纥旧都城）发现的"九姓回鹘可汗碑"，经王国维等学者考证是保义可汗建立的，碑文中九姓回鹘可汗名称与《旧唐书》记载相符。又据《宋会要稿》载："元和中，改为回鹘。"保义可汗在位期与唐元和年间大体相等，因之回纥更名回鹘的时间应从《旧唐书·回纥传》的记载，即在元和四年（809）。回纥更名回鹘的意义，主要是反映了阿跌氏族取代药罗葛氏族，成为回鹘可汗所自出的统治氏族；而义取"回轻捷如鹘"是仅就汉字字面作解释。参见刘美崧：《回纥更名回鹘考》，《江西师院学报》1980 年第 1 期，第 77—81 页。

⑤ 佟建荣：《西夏姓氏考论》，宁夏大学 2011 年博士学位论文。

⑥ 这里的"蕃字院""汉字院"，据考应为"蕃学院""汉学院"之误。参见聂鸿音：《"蕃汉二字院"辨证》，《宁夏社会科学》1998 年第 6 期，第 68—70 页。

⑦ ［清］吴广成撰、龚世俊等校证：《西夏书事校证》卷一二，兰州：甘肃文化出版社，1995 年，第 146—147 页。

河一切文字"。西番即吐蕃文；而回鹘、张掖、交河所用文字，则应为回鹘文及其他行用于回鹘境内的文字，如摩尼文、福音体文等。①

二

西夏与回鹘关系密切，主要体现在文化交流与商业贸易两个方面。至于文化方面的交流，主要包括佛教文化、语言文化和世俗文化。

佛教文化方面，西夏立国前后，多次延请回鹘高僧译经和讲经说法。聂鸿音先生曾就西夏译《无垢净光总持》的一个抄本里存在西夏语不送气清声母字和汉语浊声母字对音的特殊现象，指出这恰好是回鹘文音译汉语的特点，佐证了传统史书所载的"回鹘僧译经"。西夏早期翻译佛经有回鹘僧人参与，《辽史》卷二二《道宗本纪》载：

> 夏国遣使进回鹘僧、金佛、梵觉经。②

其回鹘僧人的具体活动始见于西夏天授礼法延祚十年（1047），元昊建高台寺以为译场，存贮宋朝所赐大藏经。

> 于兴庆府东一十五里役民夫建高台寺及诸浮图，俱高数十丈，贮中国所赐《大藏经》，广延回鹘僧居之，演绎经文，易为蕃字。③

据上可知，元昊时，建高台寺广延回鹘僧人讲经。夏毅宗谅祚时期兴建承天寺，有这样的记载：

> 没藏氏好佛，因中国赐《大藏经》，役兵民数十万，相兴庆府西偏起大寺，贮经其中，赐额"承天"，延回鹘僧登座演经，没藏氏与谅祚时临听焉。④

西夏天佑民安六年（1095），崇宗乾顺向辽进贡贝多叶经，该经系回鹘僧所译。⑤由

---

① 杨富学：《回鹘文献与回鹘文化》，北京：民族出版社，2003年，第484页。

② ［元］脱脱等：《辽史》，北京：中华书局，1974年，第267页。中华书局点校本对"梵觉经"加书名号，这是不正确的，现存佛教经典中并没有这一书题，故改之。

③ ［清］吴广成撰、龚世俊等校正：《西夏书事校正》卷一八引《宋史·夏国传》，兰州：甘肃文化出版社，1995年，第212页。

④ ［清］吴广成撰、龚世俊等校正：《西夏书事校正》卷一九，兰州：甘肃文化出版社，1995年，第226页。

⑤ ［元］脱脱等：《辽史》，北京：中华书局，1974年，第308页。

于回鹘僧人精通佛典，当时西夏还将回鹘僧人赠给辽。①国家图书馆藏西夏文《过去庄严劫千佛名经》②卷末所附元朝皇庆元年（1312）刻印的发愿文，早在 1981 年，史金波先生就曾对西夏文《过去庄严劫千佛名经》的发愿文做过译释③，此后，聂鸿音先生也对其中的两个西夏年号做过考证④，孙伯君先生依据元刊《河西藏》的汉文和西夏文材料，对发愿文所载《河西藏》从编纂、刊行到施经的过程进行了全面的梳理和订正。

    （西夏文）

    ［又千七年，汉地熙宁年间，夏国风帝兴法建礼维新。戊寅年间，令国师白法信并后承道年臣智光等先后三十二人为头，译为番文。民安元年，五十三载之内，先后大小三乘半满教及忏传之外，为之三百六十二帙，八百十二部，三千五百七十九卷。后奉护城帝诏，与南北经重校，令盛国内。］⑤

此外，国家图书馆另藏的西夏文《现在贤劫千佛名经》前面有一幅木刻版译经图，在主译人上面用西夏文标出"都译勾管作者安全国师白智光"。据聂鸿音⑥和杨富学⑦两位先生先生研究，白法信、白智光两位译经大师可能是来自龟兹的回鹘高僧。西夏末期在校勘《密咒圆因往生集》时，亦有西域高僧参加。所以，回鹘僧人作为西夏传教译经的主体，其在西夏政府中的地位可能主要源于佛教在西夏社会中的地位。

语言文化方面，我们在敦煌出土的西夏文文献中可以看到西夏文献用回鹘文字母作

① 史金波：《西夏境内民族考》，《庆祝王鐘翰先生八十寿辰学术论文集》，沈阳：辽宁大学出版社，1993 年，第 415 页。

② 西夏文《过去庄严劫千佛名经》发愿文刊布于宁夏大学西夏学研究中心、国家图书馆、甘肃五凉古籍整理研究中心：《中国藏西夏文献》第六册，兰州：甘肃人民出版社、敦煌文艺出版社，2005 年，第 56—59 页；史金波《西夏文〈过去庄严劫千佛名经〉发愿文译证》（《世界宗教研究》1981 年第 1 期）中的译文在收入《史金波文集》时稍有改动，详见《史金波文集》，上海：上海辞书出版社，2005 年，第 325—326 页。聂鸿音：《西夏文〈过去庄严劫千佛名经〉发愿文中的两个年号》，《固原师专学报》（社会科学版）（社会科学版）2004 年第 5 期，第 11—12 页。以上译文摘引自孙伯君：《元刊〈河西藏〉考补》，《民族研究》2011 年第 2 期，第 56—63 页。

③ 史金波：《西夏文〈过去庄严劫千佛名经〉发愿文译证》，《世界宗教研究》1981 年第 1 期，第 64—76 页。

④ 聂鸿音：《西夏文〈过去庄严劫千佛名经〉发愿文中的两个年号》，《固原师专学报》（社会科学版）2004 年第 5 期，第 11—12 页。

⑤ 孙伯君：《西夏文〈大藏经〉"帙号"与勒尼语〈千字文〉》，《文献》2020 年第 5 期，第 74—85 页；孙伯君：《元刊〈河西藏〉考补》，《民族研究》2011 年第 2 期，第 56—63 页。

⑥ 聂鸿音：《贺兰山拜寺沟方塔所出〈吉祥遍至口和本续〉的译传者》，《宁夏社会科学》2004 年第 1 期，第 71—73 页。

⑦ 杨富学：《回鹘文献与回鹘文化》，北京：民族出版社，2003 年，第 480—483 页。

的注音①。西夏境内通行吐蕃、汉、番、回鹘等多种文字，回鹘人拥有文字的历史比西夏悠久，回鹘僧侣又曾荣膺"国师"之任，主持西夏的译经工作②，因而回鹘文出现在西夏文献中也在情理之中。

"遍遷"（回鹘）一词还见于日本龙谷大学收藏的吐鲁番所出"不明内容论典"残卷中，曰：

　　俐𦀖、遍遷𦀖、级𦀖、矮𦀖、𢾶𦀖、葀蘱𦀖、羸□𦀖𣥧𥻗𦀖祇㷀毪。
　　［梵语、回鹘语、番语、藏语、汉语、契丹语、女□语等中言语不同。］③

孙伯君先生依照《天盛改旧新定律令》的译法，补充了龙谷大学所藏"不明内容论典"残卷中"羸□𦀖"中间缺佚的一字为"𢾔"（直），意即"女直语"④。此处"遍遷𦀖"（回鹘语）是与番、羌、汉、契丹、女直语等对应的语言。

"遍遷"（回鹘）一词还见于西夏识字课本《新集碎金置掌文》中，西夏文原文见《俄藏黑水城文献》第10册，图13—5：

　　𢾶𢾔𤲗𣈋𡨲，葀蘱𣠅𥸥𣎳。
　　矮𥱰𡶳𥱤𥭬，𢾶𥸥𥱰𤡊𥰖。
　　遍遷𥹣𥱱𦀡，𢘉𣏷𣾍𦀿䏡。
　　［弥药勇健行，契丹步履缓。
　　羌多敬佛僧，汉皆爱俗文。
　　回鹘饮乳浆，山讹嗜茶饼。］⑤

第五句"回鹘饮乳浆"点明了回鹘人长于畜牧，喜欢饮乳食肉的特点。

世俗文化方面，回鹘的服饰与装束也传到了西夏，元人马祖常《河西歌》曰："贺兰山下河西地，女郎十八梳高髻。""高髻"为回鹘妇女的发式，反映出回鹘社会风俗对西夏社会生活的影响。1977年，在甘肃武威西郊林场发现的西夏墓葬中，出土了29

① 杨富学：《论回鹘文化对西夏的影响》，姜锡东、李华瑞主编：《宋史研究论丛》第五辑，保定：河北大学出版社，2003年，第279—294页。
② 史金波：《西夏佛教史略》，银川：宁夏人民出版社，1988年，第78—79页。
③ 西田龙雄：《西夏語と西夏文字》，西域文化研究会：《中央アジア古代語文献》，《西域文化研究》1961年第4号，第451页。
④ 孙伯君：《〈天盛律令〉中的"契丹"和"女直"》，《东北史地》2011年第2期，第67—69页。
⑤ 聂鸿音、史金波：《西夏文本〈碎金〉研究》，《宁夏大学学报》（社会科学版）1995年第2期，第8—15页。西夏文原文见俄罗斯科学院东方研究所圣彼得堡分所、中国社会科学院民族研究所、上海古籍出版社：《俄藏黑水城文献（西夏文俗文部分）》第十册，上海：上海古籍出版社，1999年，图13—5。

幅彩绘木版画，在编号为 4 的五侍女中前四人即梳高髻，颇类回鹘发式，最后一人披发，为吐蕃发式。①编号为 13、14 的武士，都头戴毡盔，盔顶结缨，但他们的面貌为汉人，是吸收了回鹘与吐蕃的装束。②另外，《宋史·夏国传》所载的西夏武官起云冠、束带、垂嗓理、佩解结锥，与莫高窟回鹘供养人的装束如出一辙。

俄藏黑水城文献《贤智集》卷首版画左上角题的四个大字是"鲜卑国师"，中部题的三个小字是"听法众"，整个场面虽不宏大，但作为背景的太湖石和贝多罗树已显出了皇室的豪华气派。从宝源的装束来看，他无疑是个汉传佛教的和尚，所以他的称号"显法国师"肯定是用以区别于"密法"，而他自然也主要从事与汉文佛经有关的翻译工作。而"听法众"则是回鹘人的形象。

三

西夏与回鹘关系密切还体现在商业贸易往来方面，西夏在连接回鹘与中原交通上有着举足轻重的作用。这一方面在西夏的原创法律文献中可以得到佐证。《天盛改旧新定律令》和《亥年新法》中，"𗧯𗾫"（回鹘）一词频繁出现。迄今所知共有八见，出现在《天盛改旧新定律令》第四卷"边地巡检门"，西夏文原文及其译文如下：

> 𗯨、𗿦𗫂𗏹𗗙𗩱𗸐𗗙𗏇𗆧𘜶，𗗙、𗧯𗾫、𗐽𗐽、𗗂𗗙𗈥𗓑𘓩𗼖𗪟，𘘣𗠝𗮬𗈥𗥬𗵉𗂧𗩉𗵉𗼛、𗵀𗵟𗗙、𘎟𗤓𗫂𗌺𗏉𗣊𗌟，𗪊𗗝𗯨，𘘣𗠝𗋽𗪟，𘈩𘏨、𗵷𗼖𗌟𗙹𘏨𗂅。𗬥𗫡𗘛𗯨，𗏇𘘙𘏨，𗪾𗗥𗲷𗥃𘗽𘘣𗠝𗩱𗪘，𗩱𗥃𘈩𗩱𗪘。

> [一与沿边异国除为差派外，藏、回鹘、鞑靼、女直相和倚持，我方大小检引导过防线迁家、养水草、射野兽来时，当回拒，勿通过防线，刺史、司人亦当检察。若不回拒，有住滞时，守更口者中检头监徒六个月，检人徒三个月。③]

据上可知，西夏边地巡检对过境的藏、回鹘、鞑靼和女真的货物进行检查。掌回鹘文字的官员在西夏《天盛改旧新定律令》卷五和卷十一中叫作"𗧯𗾫𘋩𗗙"（回鹘通译），《天盛改旧新定律令》第五卷"军持兵器供给门"曰：

---

① 陈炳应：《西夏文物研究》，银川：宁夏人民出版社，1985 年，第 197 页。

② 陈炳应：《西夏文物研究》，银川：宁夏人民出版社，1985 年，第 198 页。

③ 原汉译文见史金波、聂鸿音、白滨译注：《天盛改旧新定律令》，北京：法律出版社，2000 年，第 211 页；西夏文原文见俄罗斯科学院东方研究所圣彼得堡分所、中国社会科学院民族研究所、上海古籍出版社：《俄藏黑水城文献（西夏文世俗文部分）》第八册，上海：上海古籍出版社，1998 年，第 112 页。这里略有改动：其"藏"字，《天盛改旧新定律令》汉译文原作"西番"；其"检头监"，《天盛改旧新定律令》汉译文原译作"检主管"。

𗼨𗥹𗀉𗼨𗏿𗖰𗋽：……𗤋𗏁、𗄈𗏺、𗝣𗼨、𗵒𗵢𗰖𗀉……

［各个部类有战具者：……向导、渠主、商人、回鹘通译……①］

《天盛改旧新定律令》第十一卷"矫误门"曰：

𗳩𗫂𗏁𗄈𗼦𗉾𗦇𗏁𗈜𗄈𗳩𗍣，𗦻𗅉𗍼𗄈𗛟𗛟𗥹𗋽𗆼𗤋𗙴，𗗙𗵢𗥹𗋽，𗏁𗽲𗄈𗼨𗄾𗉑𗪜𗏁，𗆾𗋽、𗛟𗈜：𗆥𗆥、𗫂𗆥、𗖧𗉾、𗆯𗄻𗄉𗛟、𗊒𗥒𗤋𗀉𗖰、𗟚𗥹𗈜𗤋、𗝣𗭊、𗩺𗼣𗏿、𗤋𗏁、𗵒𗵢𗰖𗀉、𗝣𗼨、𗵒𗼨、𗥹𗋽、𗜓𗏿、𗡞𗭥、𗟚𗅉𗈜𗤋、𗏁𗴂、𗈜𗉑、𗥹𗑡𗼦、𗑡𗈜𗤋。

［一等任重职中以外任轻职一类，条下所有本人有意欲寻安乐，依前所示，往任重职类中转院时，判无期、长期徒刑：臣僚、下臣、及授、艺人儿童、前内侍、阁门、帐下内侍、医人、真独诱、向导、回鹘通译、卖者、卜算、官巫、案头、司吏、帐门末宿、御吏、内宿、官防守、外内侍。②］

《天盛改旧新定律令》第九卷"事过问典迟门"曰：

𗥴𗥹：𗥴𗠅𗤡𗅉，𗅉𗊸，𗚩𗽲，𗥴𗦻𗤻𗫽𗦶𗕥𗫽𗠏𗋽，𗥴𗸰𗥒𗥴𗠅𗑡𗋽……□□𗵒𗵢𗴂𗖰𗋽𗑡𗀉𗼨……𗥴𗁬、𗥴□、𗥴𗒹、𗥴𗷦𗥒𗮔𗥒𗵪……𗫂𗠅、𗆾𗥴，𗆼𗟲，𗥴𗭊𗶷𗕵𗙭𗬠𗋽，𗈼𗦶𗥴𗒟，𗥴𗠅𗋽𗆯，𗆥𗆥𗛟𗘾𗈜𗰖𗋽，𗫽𗼦𗥴𗆾，𗫂𗣈𗥹……𗦶𗄾𗼨□□𗼣，𗼣𗇋、𗖝𗄻、𗼣𗐯𗋽，𗤋𗼬𗖱𗀉𗪑𗆥，𗵒𗵢……𗫽𗼦𗥴𗆾𗑋𗋽，𗄈𗼬𗆯𗣉𗒄𗋽，𗥴𗅱𗻤𗾟𗂧、𗌚𗶷𗆯𗞭、𗼣𗇋、𗑡𗈜𗤤、𗵒𗈜、𗟚𗅉𗈜𗤋……𗚩𗄾。

［军案：军马始行，散逃，兵符，将佐大小检人家院牲畜，军争及军马解悟……回鹘□□投奔者……统军、军□、监军、习判遣……人马、甲胄，注册注销，军杂物□□接转，赏罚供给，领旗鼓号，罚马革官，远军未来，大小臣僚遣守护，诸人寻军，营垒……守护者□□堡城，城主、同判、城守遣，地边遣使人小监，羌、回鹘……诸人寻军立功，待命未来催促，军杂物库监、出纳遣转、防守，内外侍、帐门后宿、御史，帐门末宿……杂物。③］

在西夏境内，回鹘的人数不少，其地位似乎仅次于番（西夏）、汉、藏，还可以担

---

① 原汉译文同上，见第224页；西夏文同上，见第119—120页。

② 原汉译文同上，见第385页；西夏文同上，见第231页。这里的"回鹘通译"为笔者改译，《天盛改旧新定律令》汉译文原译作"译回鹘语"。

③ 原汉译文同上，见第318—319页；西夏文同上，见第187页。这里的译文略有改动：其"羌"，《天盛改旧新定律令》原译作"西番"；其"帐门后宿、御史，帐门末宿……杂物"，《天盛改旧新定律令》原译作"帐门后宿□内宿、神策，帐门后宿……杂物……"。

任官职。《天盛改旧新定律令》第十卷"司序行文门"曰：

𗣼、𗏵𗣔𗧓𗏹、𗖢、𗉞、𗢳𗢳𗤳𗣜𗧓𗋽、𗭼𗣈𗡞𗏵𗤑𗃬𗦺𗣔、𗉫𗫂𗏵𗡞𗭼𗲤𗱕𗏹𗋽。𗫨𗀔，𗫥𗑠𗳒，𗏵𗬫𗣔，𗤙𗏵𗡞𗤳𗴺𗣔𗧓𗪛𗤒。

　　[一任职人番、汉、藏、回鹘等共职时，位高低名事不同者，当依各自所定高低而坐。①]

《天盛改旧新定律令》第十卷"司序行文门"曰：

𗣼、𗿢𗣔𗤒𗣔、𗣔𗭼𗲤𗣜𗧓𗋽、𗫥𗑠𗳒𗣔𗋽、𗭼𗃬𗰷、𗬫𗟻𗣔𗧓𗲷、𗿢𗣔𗤳𗴺𗣉。𗳽𗣔𗭼𗲤𗣜𗤑𗣔𗋽𗤒𗴺𗪛𗤓𗣔𗪛𗤒𗣉、𗉫𗡞𗴺𗤳𗖢𗣔𗣜。𗤙𗣜𗷨𗡞𗤳𗢳𗷨、𗣜𗡞𗤳𗴺𗣉。𗣜𗷨𗡞𗄎𗳽、𗣐𗣔𗬟、𗆉𗤭𗀍𗀔𗣐𗣇。𗤔𗆉𗢳𗣇𗟻𗓴𗜓。𗫨𗣔𗣜𗖢、𗉞、𗢳𗢳𗧓𗣜𗧓𗥗𗣜𗣜𗋽，𗉫𗏵𗡞𗣔𗭼𗲤𗣜𗫨𗤃𗑠𗊱。

　　[一节亲主、番人等职相当、名事同者，于司坐次、列朝班等中，当以节亲主为大。二番人共职者列坐次及为手记时，当由官高大人为之。官相等而有文武官者，当以文官为大。有文武官同，则当视人况、年龄。若违律时罚马一。又番、汉、降汉、藏、回鹘共职者，官高低依番汉共职法实行。②]

《天盛改旧新定律令》第十二卷"内宫待命等头项门"曰：

𗣼、𗤵𗣕𗣗𗣔、𗬟𗣜𗭜，𗣜𗱄𗫡𗭼𗎯𗭜、𗖢𗟻𗣔、𗉞、𗢳𗢳𗾼𗱄𗣜𗧓𗺥𗣼、𗬫𗎮𗑠𗤀𗑠、𗤵𗬟𗣜𗿢𗣜𗣐𗰷𗁦𗤱、𗴮𗧞𗤮𗓴𗬟𗣜、𗣜𗣔、𗬟𗣜𗭜𗣜𗬫𗎮𗫥𗑠𗤀𗑠𗁦、𗬖𗤗𗳒𗣜𗤒𗣔𗯿𗑠𗱹𗅳𗎮𗣰𗯿，𗃬𗬟𗣜。

　　[一前述择人、守护者，所自投奔者、汉山主、羌、回鹘使军等甚伙，不须使守护于官家住处内宫，其代转处内宿、外护人可守护，择人、守护者应使住于官家不住之内宫、库藏及其他处，应守护。③]

此外，"𗢳𗢳"一词还出现在《亥年新法》卷七中，西夏文原文及其译文如下：

𗨁𗪺𗭜𗣜𗪺𗦠𗢳𗢳、𗬟𗬟、𗫦𗰞𗣔、𗁦𗪺𗣜𗷯𗫨𗄬𗣔𗑠𗲷，𗃬𗠞𗳒𗣜𗰳□，𗣼𗸯𗣇𗝠𗧓𗢺𗧓𗿢𗣜𗬦𗐯𗙴𗧓𗶫𗫥𗣜𗲥𗣜𗣔𗣉，𗫨𗴮，𗰞□……𗣣𗫨𗲥𗣜𗶫𗯂𗣇，𗢳𗢳、𗬟𗬟、𗫥𗑠……𗳽𗣜𗀉、𗤇𗫨𗨖𗣇𗁦𗫣𗫩𗺷𗳽𗣜𗀉……𗣉𗣜𗜓𗣜𗲤𗩴𗫩𗤒。

　　[一等所属臣民与回鹘、鞑靼、黔羊主、只鬼他族不同，己国所不□有，于天

---

① 原汉译文同上，见第 378 页；西夏文同上，见第 227—228 页。这里的"藏"为笔者改译，原译作"西番"。
② 原汉译文同上，见第 379 页；西夏文同上，见第 227—228 页。这里的"藏"为笔者改译，原译作"西番"。
③ 原汉译文同上，见第 429 页；西夏文同上，见第 261—262 页。

盛乙酉十七年正月一日之前入者，此外，有其□……以新入者等，回鹘、鞑靼、黔羊……二经略、京城罄及只觅东北二经略……逃避勿至而异。①]

由此我们可以联想到 2013 年 9 月 29 日河北省邯郸市大名县旧治乡陈庄村李爱鲁（1232—1287）墓志铭，载：

> 𘞇𗉝𗢼𗰗𗵆
> sew² lji² gia¹ bju² khwej²
> 小李钤部公
> 𗾔𗣼𗗾𘏨𗰜
> thjij¹ zji¹ xu¹ zji¹ · jamja¹
> 田氏夫人阿母②

该墓志铭介绍的小李钤部为西夏人，其祖先为沙陀贵族，因其唐朝时被赐姓李，但又为了区别西夏的国姓，称"小李"，又名益立山。1226 年任西夏沙州钤部时率部投降蒙古。此石刻确证"𗢼𗰗"，音译"钤部"来自党项语"统军"。

四

西夏是党项族建立的政权，其政治上层除却党项族外，还有汉、回鹘、吐蕃等其他民族，西夏境内的回鹘多居住在河西走廊一带。如上所知，西夏文献中的"𘟙𘟙"（回鹘）既是族称又是姓氏。回鹘对于佛教在西夏的传播也起了重要的作用，西夏前期多请回鹘僧人译经、讲经。在不少西夏文文献中，也把番、汉、西番（吐蕃）、回鹘并称。西夏政府机构中设有"回夷务"，在《天盛改旧新定律令》第十卷中有载，属中等司，三字皆为音译。此机构或为管理河西走廊回鹘地区某些民族或宗教事务的机构。

（原载《宁夏社会科学》2018 年第 1 期）

---

① 西夏文原文见俄罗斯科学院东方研究所圣彼得堡分所、中国社会科学院民族研究所、上海古籍出版社：《俄藏黑水城文献（西夏文俗文部分）》第九册，上海：上海古籍出版社，1999 年，第 240 页。这里的汉译文为笔者所译。
② 史金波：《河北邯郸大名出土小李钤部公墓志刍议》，《河北学刊》2014 年第 4 期，第 56—58 页。

西夏佛教之"系统性"初探[①]

[俄]索罗宁

摘　要： 本文试图重构"西夏汉传佛教系统"，认为西夏佛教基础是辽代"圆教"信仰。此信仰基础来自晚唐华严思想，可见西夏汉传佛教以"华严信仰"为主。西夏有两个佛教传统，即是"官方"佛教与"民间"佛教。前者最早传入西夏，思想基础为汉传佛教；藏传佛教传入时代较晚，最初流传在民间。在西夏"判教"体系中，语言标准需要由"官方/民间"的标准加以补充。"官方/民间"佛教成为西夏佛教之"大传统"。

关键词： 西夏佛教系统；汉传佛教；藏传佛教；圆教；辽代佛教；华严信仰

1930 年，石滨纯太郎（IshihamaJuntarō）与聂历山（Н.А.Невский）发表《西夏语译大藏经考》，提出西夏佛教"系统性"看法和假设。[②]后来为史金波教授承袭，成为《西夏佛教史略》一书研究的主线之一。[③]笔者认为西夏佛教"系统"与西夏佛教信仰特质，以及佛教传入西夏过程有密切关系。[④]西夏佛教体系中曾经存在两个主

---

① 本文的主要文献基础为黑水城出土的汉文文献，目前对于西夏文材料了解有限，因此本文的结论只可视为初步研究成果。

② 周一良的中文翻译收录在《国立北平图书馆馆刊》1930 年第 3 期。

③ 史金波：《西夏佛教史略》，银川：宁夏人民出版社，1988 年，第 64—66 页。

④ 在《西夏佛教史略》一书第 29—33 页中，史金波教授首次进行讨论，提出西夏佛教传播与西夏皇权转变有密切关系，佛教与皇帝信仰存在关系；另有西夏佛教与大藏经是西夏多民族社会产品等想法。不过，史教授在《西夏佛教史略》的基本概念则是西夏社会曾由儒教统治，佛教挑战儒家地位。此结论还需要进一步研究。参阅史金波：《西夏佛教史略》，银川：宁夏人民出版社，1988 年，第 223—224 页。

要脉络，即是所谓"汉传"和"藏传"佛教传统。近几年沈卫荣、陈庆英、聂鸿音等学者之突破性研究增加了学术界对西夏藏传密法不同传统之了解，而"汉传"佛教仍缺少系统性的阐述。本文试图提出关于西夏佛教"体系"和"汉传"佛教之地位的几个假设。

"汉传"佛教在西夏影响力之巨大。黑水城出土的西夏文、汉文经典从其版本结构来看皆属于"汉传"范围。大乘佛教主要经典的西夏译本皆是汉文经典之翻译，如《法华经》《维摩诘经》等经典在西夏之流行、黑水城出土经典刊本有"中国式"的"印施记""发愿文"等，西夏刻经之排版接近南北宋时代风格，这些彰显了西夏佛教与"汉传"佛教之关系。

一、西夏"官方佛教"与"民间佛教"

黑水城出土的西夏文、汉文佛教资料不仅代表西夏本土佛教特色，亦可视为研究10—12世纪华北地区佛教主要材料之一。黑水城曾经是西夏边境上的寨镇，出土文献不能全面反映西夏佛教的整体。另外，西夏文、汉文文书之断代和来源仍有疑问。由此观之，在黑水城文献的基础上重构西夏佛教的实际"系统"是一件极困难的事。但笔者相信，黑水城文献可以揭示西夏佛教"系统"的一些痕迹。

西夏佛教传播早已成为国家大事。据《大白高国新译三藏圣教序》记载，从"风帝"开始，西夏皇室特别重视翻译佛经工作。《大白高国新译三藏圣教序》有"同人异语，共地殊风……依□为治"记载，说明对西夏人而言，佛教被视为进入文明世界之路。①佛教是西夏人的世界观：据《圣立义海》（*Море значений, установленных святыми*）的记载，西夏存在"王法鏞䄏""佛法𗣼䄏""仙法𘟜䄏"之间的平衡系统。②《圣立义海》专门介绍佛教的章节虽然未存，其"序诗"中阐述显露西夏人世界观在许多方面有基于佛教的因素。现存的《圣立义海》的记载大部分属于汉藏共有的佛教基本思想。文

---

① 西夏文《大白高国新译三藏圣教序》曾被许多学者（包括西田龙雄、史金波等人）翻译，在此依从聂鸿音新译。参阅聂鸿音：《西夏佛经序跋译注》，上海：上海古籍出版社，2016年，第141页。

② Е. И. Кычанов, *Море значений, установленных святым*, СПб：Петербругское Востоковедение, 1997, c.296）有如下记载（略原文的释文）："𗣼䄏𗣼䄏，𗾠𗫨𘟜𗣼，𘈎𗣼𘟜𗫨，𘝠𗫨𗣽𘟜，鏞䄏𗫨𗣼，𘃡𗫨𘝠𘟜"。汉文构拟："受持佛法，悟善恶道；珍法仙道，择珍虚体；王法仪式，显明反孝"。此段落可以解释如下："有受持佛法之人，乃觉悟善恶之道；另有神仙之珍法（宝法），乃是培养珍虚之体；还有王法的仪式，属于说明违背孝顺之行为。"

中的记载可视为藏传佛教流传痕迹。[①]据《天盛改旧新定律令》记载，西夏存在"汉传""番羌（藏）传"佛教团体，各有由国家批准的经典体系。[②]"汉传"和"番传"经录有《仁王护国般若波罗蜜多经》《大方广佛华严经普贤行愿品》《佛说三十五佛名礼忏文》，属于西夏"官方佛教"体系。"番汉"经录雷同表示，两个佛教体系之间并无矛盾，实际上代表同一佛教传统。

从各种历史记载、黑水城出土的佛经题记、"发愿文"和"印施记"、西夏时期的法律大典记载等材料来判断，西夏曾存在负责传播显密两教如"功德司"的国家机关[③]；西夏"国师"职位列入西夏国家官阶表中，另有"帝师""禅师"等职位。[④]西夏存在控制管理佛教的"行政制度"早已周知。[⑤]迄今尚存的西夏皇帝及贵族与朝廷大臣［包括任得敬（？—1170）、贺宗寿（活跃在 13 世纪初）等人］参加并监督译经事业，皇室大量购买、翻译、印刷和流通佛经，并进行大规模寺院建设、颁送舍利等，说明佛教在西夏之传播属于皇室及官方活动，即西夏曾存在"官方"佛教制度。[⑥]黑水

[①] Е. И. Кычанов, *Море значений, установленных святыми*, СПб：Петербругское Востоковедение，1997，cc.99-100. 克恰诺夫发现《圣立义海》中的一些佛教概念，但其俄文翻译似乎未注意《圣立义海》佛教的特质。例如，《圣立义海》第 329 页第一行："𗴂𗣼𗠷𗵆𗄭𗡪𘝞𘐀（笔者疑"𘐀"字为"𗼾"之讹）𗾈，𗣼𘏲𗓱𘜶𗇃𗥰𗣼𗖻。"汉文构拟："前古异形本来共，后随色显种名"（即是："自古万物异形有共同本源，后来因其色相之不同，有各种名号以表明其特点。"此翻译同克恰诺夫俄译。笔者假设这句话的内涵接近万物"同出而异名"的说法）。第二行："𗤁𘏨𗣬𗤆𘜶𗤆（克恰诺夫读之为'疑'）𗧯，𗤁𗍫𗤋𗧯𗀋𗰗（中文构拟："世有容颜多亿尊，界凡有情无情盖"；其意有如下解释："世中有容貌的东西（即是"人"），在多亿万物之间最为尊重，并且有情和无情的众生同样皆由器世界所覆盖。"此说法似乎有佛道融合的汉传佛教特色，即是显露晚唐宋初的汉传佛教影响之痕迹。克恰诺夫认为"珍法仙道，择珍虚体"代表西夏道教。笔者认为此说法有其理由，不过注解 4 讨论的段落有西夏文的"𗣝𘉋"之词。此词除其汉文的"仙"之译外，另能代表藏文的"drang srong chen po，梵文 mahārṣi"的西夏文翻译。参见王静如：《佛母大孔雀明王经夏梵藏汉合璧校释》，《西夏研究》1932 年第 1 辑，第 183 页。因此《圣立义海》的上述段落也可以解释为藏传密法之痕迹。《圣立义海》编纂时期虽不明，但"天佑十三年为其刊印日期"，可以推论大概属于西夏仁宗时期。这时藏传佛教已深入西夏，因此文中有些藏传密法痕迹不足为奇。

[②] 史金波、聂鸿音、白滨译注：《天盛改旧新定律令》，北京：法律出版社，2000 年，第 404—405 页；崔红芬：《西夏文〈普贤行愿疏序〉考证》，中国社会科学院民族学与人类学研究所：《薪火相传——史金波先生 70 寿辰西夏学国际学术研讨会论文集》，北京：中国社会科学出版社，2012 年，第 401—418 页。

[③] 史金波：《西夏佛教史略》，银川：宁夏人民出版社，1988 年，第 150—153 页。据史金波对《天盛改旧新定律令》记载分析，在西夏行政体制中的"功德司"属于"第二品"，次于第一品的中书省和枢密。

[④] 西夏僧管制度的讨论见史金波：《西夏佛教史略》，银川：宁夏人民出版社，1988 年，第 143—147 页。Е. И. Кычанов，*Каталог тангутских буддийских памятников Института Востоковедения Российской Академии Наук*，Киото：Университет Киото，1999，сс.18-21. 按史金波的看法，西夏僧管职位称皆承袭汉传佛教制度，参阅史金波：《西夏佛教史略》，银川：宁夏人民出版社，1988 年，第 146 页。但是西夏僧伽制度不见与中原"僧录"或"僧统"相应的职位。在克恰诺夫《俄罗斯科学院所藏西夏文佛教文献目录》（京都：京都大学出版社，1999 年）一书第 686—689 页中有"僧管职位表"，但这一览表也不见这些职位。

[⑤] 西夏控管佛教的行政机关，僧团法制地位等问题早已为学术界比较热门问题。参阅史金波：《西夏佛教史略》，银川：宁夏人民出版社，1988 年，第 150—154 页等。

[⑥] 黑水城出土的西夏时期刊本经典与皇室关系问题早在 1984 年由孟列夫发现。Л. Н. Меньшиков，*Каталог китайской части фонда П. К. Козлова из Хара-Хото*，Москва：Наука，1984，сс.54-58. 方广锠在《宁夏西夏方塔出土汉文佛典叙录》一文中提出同样的看法（收录在其主编的《藏外佛教文献》第 7 册中）。

城出土的大量汉传经典以及国家或皇家举办法会的各种"仪轨法本"大部分属于此范围。①

在"官方"经典里，属于仁宗（1138—1193 在位）及罗氏太后（偶尔自称"清信罗氏太后"）施印的经典和"仪轨法本"占最大比例。据"发愿文"和"印施题记"，这些经典大量发布目的在于保证"国泰民安"的"护国"目的。黑水城出土的"法会法本"主要包括《佛说观弥勒菩萨上生兜率天经》《大方广佛华严经普贤行愿品》《能断金刚般若波罗蜜多经》及相关的"偈颂"（如 TK-16 等）、《佛说三十五佛名经》（如 TK-140）、《仁王护国般若波罗蜜多经》（如 TK-141）、《佛说圣佛母般若波罗蜜多心经》等，其中许多经本是为纪念仁宗皇帝在位 50 周年的 1189 年法会所准备的"法本"②。上述经典及其相关"偈颂"大部分出现在西夏《天盛改旧新定律令》指定的"汉之所诵经颂"的目录中，与"偈颂"一起代表西夏"官方"或皇室佛教体系。③西夏"仪轨法本"为法会使用，而非为单独流行的本子或西夏时期汉文"大藏经"部分内容。④其中《佛说观弥勒菩萨上生兜率天经》和《大方广佛华严经普贤行愿品》版本比较多，《华严经》其他章品也不少见，另出土西夏文、汉文的《华严金狮子章》《修华严奥旨妄尽还源观》，裴休《发菩提心论》西夏译本，圭峰宗密《注华严法界观门》西夏文、汉文本，《禅源诸诠集都序》西夏译本等，大部分为刊本。从而学者假设华北区域，包括辽与西夏国土的汉传佛教受中国华严宗［主要是清凉澄观（737—838）思想］影响。⑤

笔者认为，这个看法不代表西夏佛教的实际情况：西夏流行"华严思想"与各种"华严仪轨"，并不等于西夏流行过汉传佛教的华严宗。黑水城出土刊本经典反映"官方佛

---

① 黑水城出土的汉文刊本佛经主要属于"法本"题材（比如 TK-128，TK-323 TK-39《能断金刚般若波罗蜜多经》本保函"般若无尽藏真言""补缺真言"；TK-323 的《佛说无常经》除本经外，另包括"发菩提心要略""往生净土偈"；TK-25《佛说圣佛母般若波罗蜜多心经》本子另有"功德山陀罗尼"。《大方广佛华严经普贤行愿品》的法本保留了《大乘起信论》的一些资料。这些刊本结构清楚，为法会使用本，由皇家印刷流通。西夏印刷分布经典和各种法本原因不一，《西夏佛教史略》也有一些讨论，参阅史金波：《西夏佛教史略》，银川：宁夏人民出版社，1988 年，第39—43 页。

② Л. Н. Меньшиков, *Каталог китайской части фонда П. К. Козлова из Хара-Хото*, Москва：Наука，1984，cc.55-57。

③ 史金波、聂鸿音、白滨译注：《天盛改旧新定律令》，北京：法律出版社，2000 年，第404—405 页。

④ 史金波在不同处提到西夏时期出现全汉文大藏经的主张，李际宁在《关于"西夏刊汉文版大藏经"》一文中（杨增文、方广锠：《佛教与历史文化》，北京：宗教文化出版社，2001 年，第514—530 页）反对。李际宁认为，现存比较有系统性的并有西夏背景的汉文经典皆属于《杭州路余杭县白云宗南山大普宁寺大藏经》，并非为西夏时期的版本。

⑤ 在期刊中，笔者 2003 年提出西夏保留唐代佛教的遗产，主要内容是"华严禅"思想，参阅 K.J. Solonin, Hongzhou Buddhism in Xixia and the Heritage of Zongmi（780-841）：A Tangut Source, *Asia Major*, Vol.16, No.2, 2003, pp.57-103。此观点早在 1930 年由王静如提出华北佛教保留"唐风"的想法，参阅王静如：《河西字藏经雕版考》，《西夏研究》1932 年第 1 辑，第 1—14 页。对这个问题的比较仔细讨论见［日］竺沙雅章：《宋元佛教文化研究》，东京：汲古书院，2000 年，第147—150 页。

教"（Official Buddhism），许多手抄的各种"观法""禅定""要语""剂门""要顺"等属于藏传密法的著作，大体上属于"民间佛教信仰"（Popular Buddhism）。因此西夏佛教"系统性"特色之一在"官方"和"民间"信仰同时存在。这种分类不能包容黑水城的所有佛教文献，但是可以提供初步研究的范式。

西夏流行的"官方"与"民间"及"汉传"与"藏传"佛教的来源不同。"官方佛教"文献大部分属于西夏和华北流行的汉传佛教经典，而"民间佛教"多属于11—12世纪传入西夏的西藏新译（Gsarma）密法思想。无论"官方"或"民间"佛教，同时流行西夏、汉文版本的情况并不少见，说明以语言为标准的"西夏判教观"不能代表西夏佛教的实际情况。黑水城出土"显"与"密"和西夏文、汉文文献之间的"相对性"①，允许我们假设在西夏佛教信仰并不存在西夏、汉传、藏传佛教之矛盾或显密对立，它们属于"西夏佛教"大传统中的"官方"或"民间"方面。在西夏佛教"大传统"范围内曾存在一种汉藏交流：藏传文献的西夏译本采自汉传佛教的一些术语和名相②，一些弘扬藏传密法的高僧（如"兰山沙门德慧""玄密""玄照""慧宣"）被任命为西夏"帝师"或"国师"等职位③；一部分藏传密法"本续"之西夏译本又在印刷后流行较广。

西夏晚期藏传佛教不同的宗派和法门包括如"大手印"（Mahāmudrā, Phyagrgyachenpo）、"金刚亥母"（Vajravarahī, Rdo-rjephag-mo）、"大黑天"（Mahākala, Mgon-pochen-po）、"喜金刚"（Hevajra, Kyerdorje）、"上乐轮"（Cakrasamvara, Bdemchog）等密法以及各种仪轨、法事，"道果"（lam'bras）修行等系统。④据一些学者分析，在仁宗皇帝

① 此处"相应性"代表的是不同语言的文献（如西夏文或汉文），其内容属于同一个思想传统。汉传佛教类可以提出：圭峰宗密《中华心地禅门师资承袭图》有汉文、西夏文本；辽通理恒策著作有西夏文、汉文本；藏传类"金刚亥母"体系有西夏文、汉文本；"大手印"体系的西夏文资料的中文版在《大乘要道密集》中等。

② 在佛教术语范围内的汉藏交流程度不高，并且在佛教术语之使用还保留"一词二译"情况。参阅聂鸿音：《西夏佛教术语的来源》，《西夏文献论稿》，上海：上海古籍出版社，2012年，第253—255页。聂鸿音对西田龙雄的早期看法做了一些补充。但是有些比较明显的例子表示了汉藏术语交流，如西夏文的"幗媔"（符合中文"无念"），在西夏文的"大手印"文献中代表藏文的"yid la mi byed pa"（梵文 amanasikāra）。中文翻译是"不作意"而非"无念"。由此观之，可以假设西夏时期的"大手印"的译者因为特殊理由而选择了"无念"之译。

③ "玄密""玄照"两人与西夏藏传佛教有密切关系，参阅陈庆英：《西夏大乘玄密帝师的生平》，《西藏大学学报》（汉文版）2000年第3期，第5—13页。"兰山沙门德慧"的情况比较复杂，其人所翻译的和编辑的著作中有汉藏两传材料。德慧个人信仰应该是"大手印"法门，即是西夏晚期"大手印"文献之大量发布应该与德慧职位之逐渐提高有关系。详见崔红芬：《西夏僧人德慧考》，聂鸿音、孙伯君主编：《中国多文字时代的历史文献研究》，北京：社会科学文献出版社，2010年，第232—240页。德慧关于"大手印"著作的讨论见 K.J.Solonin, Mahāmudra texts in the Tangut Buddhism and the Doctrine of "No-thought"，沈卫荣主编：《西域历史语言研究集刊》第二辑，北京：科学出版社，2009年，第277—305页。目前唯一"大手印"思想的刊本为德慧所集《大印究竟要集》。上述资料之印刷及大量发布应该与德慧升为西夏的"国师"有关系。

④ 西夏晚期流行的"本续"目录可见索罗宁：《一行慧觉及其〈大方广佛华严经海印道场十重行愿常遍礼忏仪〉》，《台大佛学研究》2012年第23期，第1—75页。

时期藏传佛教文书量逐渐增加，藏传密法从西夏民间信仰中逐渐获得了统治地位并传入"官方佛教"的"护国"范围。①西夏末期和元代一部分汉文佛教文献证明，汉传与藏传佛教在西夏经过从"隔离"至"圆融"的进化过程，形成汉传佛教与藏传佛教混合发展的趋势。②可知西夏"官方佛教"中的藏传密法"护国"因素不断增加，影响了后来元代早期密教体系、寺院建设以及佛舍利在西夏国土之分布③、"大藏经"购买、举办全国性大法会等"护国"活动。由此观之，佛教传入西夏社会是通过"自上而下"的渠道。④西夏寺院覆盖全国领土⑤，符合透过寺院建设实现"国泰民安"的"护国"策略。⑥《圣立义海》记载："𗣼𗋽𗢳𘟗，𗩴𘀗𗣼𘟗"（汉文构拟："上求佛法，下安与民"）⑦，代表佛教在西夏的"护国"作用。《圣立义海》的"地理记载"保留西夏各地的山脉记载，证明西夏佛寺在西夏分布密度颇高。⑧即佛教传入西夏与吐蕃时期佛教传入西藏的情况

①　藏传密法进入"官方佛教"过程，有西夏高僧"玄密帝师""玄照国师""兰山沙门德慧"等人。他们都参加过 1189 年仁宗皇帝举办的大法会。另外，元代人藏的"元天竺俊辩大师唧［嘱］铭得哩（Jinamitra）［室］连得囉磨宁（Śilendrabodhi？）"翻译的《佛说大白伞盖总持陀罗尼经》亦为西夏时期藏传密法译文，其中多处讨论"护国"的内容。据孙伯君的分析，该经的汉文译本的底本应该是西夏文本，参见孙伯君：《真智译〈佛说大白伞盖总持陀罗尼经〉为西夏译本考》，《宁夏社会科学》2008 年第 7 期，第 96—101 页；Elliot Sperling，Rtsa-milo-tsa-ba Sangs-rgyas-grags-pa and the Tangut Background to Early Mongol-Tibetan Relations，In Per Kvaeme ed.，*Tibetan Studies：Proceedings of the 6th Seminar of the IATS*，Oslo：The Institute for Comparative Research in Human Culture，Vol.2，1994，pp.801-824. 此处作者提出西夏存在"大黑天"之皇室信仰。据黑水城出土文献，与大黑天相关材料不是特别多，可以说 Sperling 的判断基于其对 Rtsa-milo-tsa-ba 的藏文资料之了解。不过"大黑天"似乎为西夏晚期藏传秘法中之一，是否与西夏王朝有密切关系还待研究。

②　例如，美国学者邓如萍（Ruth Dunnell）就持有这种说法。Ruth Dunnell，Esoteric Buddhism under Xixia，In Ch.Orzech，Henrik H.Sorensen and Richard K.Payne，*Esoteric Buddhism and the Tantras in East Asia*，Leiden：Brill，2012；另见索罗宁：《一行慧觉及其〈大方广佛华严经海印道场十重行愿常遍礼忏仪〉》，《台大佛学研究》2012 年第 23 期，第 1—75 页。藏传密法传入西夏的讨论见沈卫荣：《重构十一——十四世纪世纪的西域佛教史——基于俄藏黑水城汉文佛教文书的探讨》，《历史研究》2006 年第 5 期，第 23—34 页。

③　西夏舍利供养主要用于"护国"，由皇帝亲自监督和进行。如《大夏国葬舍碣铭》等有记载，参见陈炳应：《西夏文物研究》，银川：宁夏人民出版社，1985 年，第 144—148 页。据陈氏分析，西夏供养舍利的具体方式接近唐代的相关仪式。西夏似乎存在皇帝巡国的仪式，与佛教活动和舍利分布有关。参见杨富学、陈爱峰：《西夏与周边关系研究》，兰州：甘肃民族出版社，2012 年，第 252—267 页关于西夏圣容寺的讨论。佛教在西夏建国思想中位置的讨论另见 Ruth Dunnell，*The Great State of White and High：Buddhism and State Formation in Eleventh-Century Century Xia*，Honolulu：University of Hawai'i Press，1995，pp.79-82.

④　在此笔者基于美国藏学家凯普斯坦（M.T.Kapstein）对佛教传入西藏过程之阐述。M.T.Kapstein，*The Tibetan of Buddhism*，New York：Oxford University Press，2000，pp.54-56；J.Dalton，*The Taming of the Demons：Violence and Liberation in Tibetan Buddhism*，London：Yale University Press，2011，pp.46-47.

⑤　史金波在《西夏佛教史略》提出西夏有四个寺院中心（兴庆府—贺兰山、甘州—凉州、敦煌—安西、黑水城），四者覆盖西夏全部领土。参阅史金波：《西夏佛教史略》，银川：宁夏人民出版社，1988 年，第 122—125 页。

⑥　《敕赐宝觉寺碑记》中的鬼咩思能得瑞应成立张掖卧佛寺的传说，亦可以解释为西夏时期的佛教与政治之间的关系，参见杨富学、陈爱峰：《西夏与周边关系研究》：兰州：甘肃民族出版社，2012 年，第 214—215 页；Ruth Dunnell，*The Great State of White and High：Buddhism and State Formation in Eleventh-Century Century Xia*，Honolulu：University of Hawai'i Press，1995，pp.79-81.

⑦　Е.И.Кычанов，*Море значений，установленных святыми*，СПб：Петербругское Востоковедение，1997，c.295.

⑧　Е.И.Кычанов，*Море значений，установленных святыми*，СПб：Петербругское Востоковедение，1997，cc.113-115.

相同，但其具体内容则为汉传佛教思想和仪轨。[①] 西夏境内早就有藏族人口和藏人佛教徒[②]，藏传密法深入西夏民间的过程大概晚于汉传"护国"仪式在西夏统治阶级中的传播。随着藏传佛教在西夏传播，"护国"思想和皇室信仰发生从"汉至藏"的转变。西夏"帝师"职位的记载最早出现在仁宗皇帝后期（大概在 12 世纪 50 年代）[③]，能反映西夏佛教的演变。

西夏佛教的"系统性"还有另一方面。黑水城出土文献，藏传佛教材料内容不限于"藏密"，汉传文书亦超过"汉显"的限制。从元代的西夏遗僧编辑的仪轨法本可见"汉显密"和"藏显密"之间的互动。[④] 西夏佛教应该据"汉/藏"、"显/密"、"官/民"几个范式判析，语言标准是"次要"的。

日前学术界认同西夏虽然流行汉传佛教，但其与南北宋时期的中原佛教有很多不同[⑤]，西夏汉传佛教的来源仍是一个问题。基于研究中原佛教历史与思想的"判教观"或"宗派观"不太适合西夏佛教的实际情况[⑥]，早在 1930 年王静如就提出西夏统治地区与整个华北地区的佛教存在"唐风"[⑦]。西夏流行西夏文、汉文的"华严信仰"著作即是属于"唐风"。黑水城出土的《华严经》版本及其他"华严信仰"文献是保留"唐风"的资料，包括发布的法本刊本。笔者认为，西夏的"官方"佛教与华北"华严信仰"为主的"唐风"，《大方广佛华严经普贤行愿品》起了关键作用。

西夏汉传佛教之来源，包括西夏"华严信仰"历史背景，学术界说法不一[⑧]，迄今

---

① 据笔者理解，西夏早期法会记载，1093 年《凉州重修护国寺感通塔碑铭》所反映的"佛事""说法""转大藏经""忏悔道场"属于汉传佛教的仪式。"帝师"封号讨论见史金波：《西夏佛教史略》，银川：宁夏人民出版社，1988 年，第 140—142 页。聂鸿音：《西夏帝师考辨》，《西夏文献论稿》，上海：上海古籍出版社，2012 年，第 240—252 页；崔红芬：《再论西夏帝师》，《中国藏学》2008 年第 1 期，第 210—214 页。西夏学界共同认同封"帝师"职位之僧侣皆属于藏传佛教不同宗派。不过部分学者怀疑西夏帝师制度存在与元代佛教有关系，并且提到"帝师"与儒家治国思想有关系，参见张羽新：《帝师考源》，《中国藏学》2004 年第 1 期，第 48—58 页。据笔者了解，此看法与西夏存在"佛法"与"王法"无矛盾。聂鸿音：《西夏帝师考辨》，《西夏文献论稿》，上海：上海古籍出版社，2012 年，第 249—250 页。

② 《重修护国寺感通塔碑》提到藏人及其信仰之记载。

③ 西夏"帝师"的分析见聂鸿音：《西夏帝师考辨》，《文史》2005 年第 3 期，第 205—217 页，本文参考聂鸿音：《西夏文献论稿》，上海：上海古籍出版社，2012 年，第 240—252 页。

④ 索罗宁：《一行慧觉及其〈大方广佛华严经海印道场十重行愿常遍礼忏仪〉》，《台大佛学研究》2012 年第 23 期，第 1—75 页；可知西夏"汉藏"交流虽然有限制，但可视为西夏佛教与敦煌佛教巨大差别之一：按道尔顿的分析，敦煌佛教界存在汉藏传统之间的隔离，且两者之间几乎没有任何交流。

⑤ 西夏佛教汉传佛教材料初步讨论见 K.J.Solonin, The Glimpses of Tangut Buddhism, *Cenral Asiatic Journal*, Vol.58, No.1, 2008，pp.64-127.

⑥ "宗派"是日本学僧凝然等人所提出的概念，反映日本封建社会制度特色，不适合中国佛教发展的实际情况。

⑦ 王静如：《河西字藏经雕版考》，《西夏研究》1932 年第 1 辑，第 1—14 页。

⑧ 如史金波在《西夏佛教史略》以及他处有所讨论，其主要的考虑在于党项族在河套时期之周边民族（如汉、契丹、吐蕃、回鹘等）早就有佛教信仰，因而西夏统治者受到影响，逐渐产生了佛教信仰，参阅史金波：《西夏佛教史略》，银川：宁夏人民出版社，1988 年，第 23—26 页。此说虽然有道理，但迄今极少有关于党项人早期接触佛教的历史材料。另一个假设则是党项领土在从于阗牛头山（Gostana）到五台山的朝山路线上，即是党项往河套迁移之后立刻了解佛教的机会。

缺乏可靠的历史记载。西夏人虽然最早接触汉传佛教，佛教传入西夏社会的过程似乎与吐蕃佛教发展情况比较相似。[①]目前可以假定，佛教在西夏的传播并非独立现象，属于创造西夏文字、世俗文学、儒家、兵家论著翻译，建立所谓"番学""汉学""太学"等规模较大的"创造西夏文化"事业的一部分。[②]这种政策可从《圣立义海》讨论"上品人"时提到"佛法""仙法""王法""法律""语言文字"等看出，皆为西夏社会制度的不同方面。[③]其中，"语言文字"与佛教存在特殊关系：西夏崇宗正德六年（1132）《同音》跋有"不知正字，印颂无所依"之记载。假设此句指的是语言学研究（特别是语音），应与佛教密印和诵经活动有关。[④]

吐蕃佛教的形象（包括佛教仪式、学问、教育、寺院制度等方面）早已对西夏统治者具有吸引力，被视为进入文明门径之一。与吐蕃不同之处在于西夏缺少与天竺直接沟通的管道[⑤]，所引进的佛教信仰大部分属于中原及辽代佛教。此外，回鹘僧侣在西夏人早期翻译经典的过程中起到了主要作用。[⑥]

按照邓如萍的分析，11世纪西夏佛教不仅为宗教信仰，其制度亦成为太后宗族掌握政权的主要工具之一，属于所谓的双重权威领域。这种可以显露西夏佛教的政治作用，把西夏佛教与辽代佛教连接起来。[⑦]另一个方面是佛教初传西藏时，与皇室或贵族葬礼及往生仪式有关。[⑧]黑水城出土佛经最多的是不同版本《摩诃般若波罗蜜多经》。这是西夏文献所藏之佛塔处常见的资料，至于塔中埋藏人的身份，学术界的看法不一，只能证明佛教与贵族葬礼有密切关系。

---

① 佛教信仰早已盛行在清塘地区的吐蕃部落，西藏东部也保留一些吐蕃帝国时期的佛教信仰。清塘佛教对西夏佛教的影响仍待研究。初步讨论可见在 Ruth Dunnell，*The Great State of White and High：Buddhism and State Formation in Eleventh-Century Century Xia*，Honolulu：University of Hawai'i Press，1995，pp.75-77；Tsutomu Iwasaki，The Tibetan Tribes of Ho-hsi and Buddhism during the Northern Sung Period，*Acta Asiatica*，No.64，1993，pp.17-37.

② 史金波在《西夏佛教史略》中讨论过佛教对西夏文化的影响，提出佛教传播需是创制西夏文字主要原因之一。笔者认为创造西夏文明的过程中文字发明、儒家、佛教传播等无先后，皆为统一过程，但有相互关系之不同侧面。史金波：《西夏佛教史略》，银川：宁夏人民出版社，1988年，第223页。

③ Е.И.Кычанов，*Море значений，установленных святыми*，СПб：Петербругское Востоковедение，1997，сс.123-126，сс.298-295.

④ 聂鸿音：《西夏刻字司和西夏官刻本》，《西夏文献论稿》，上海：上海古籍出版社，2012年，第125页。

⑤ 目前关于西夏与印度来往比较确定的记载限于《敕赐宝觉寺碑记》所说契丹国师至印度求法，另《大夏国葬舍利碣碑》有"东土名流，西田达士"记载，杨富学和陈爱峰认为"西田达士"代表印度人。

⑥ 11世纪的回鹘僧人大概只能翻译中文经典。此外，杨富学曾提出"弥勒信仰"在西夏的源流与回鹘佛教有关，笔者不完全认同。

⑦ 邓如萍认为佛教曾为西夏皇后家族巩固政权的工具，西夏皇家的"法王"和"轮王"大概也来自辽代的皇家制度。参阅 Ruth Dunnell，*The Great State of White and High：Buddhism and State Formation in Eleventh-Century Century Xia*，Honolulu：University of Hawai'i Press，1995，pp.46-48，pp.51-52.

⑧ Е. И. Кычанов，Каталог тангутских буддийских памятников Института Востоковедения Российской Академии Наук，Киото：Университет Киото，1999，сс.24-25.

西夏最早流行佛教"护国"信仰和相关的仪轨[1]，影响了西夏的佛教制度。《天盛改旧新定律令》中"番汉和尚不知切韵，不许为坐住"[2]记载，代表寺院主要活动是在法会上诵经念咒。

仪轨法事形式有"持续性"。《凉州重修护国寺感通塔碑铭》针对 1094 年法会记载包括编写相关"诵"（𗷅）、"大斋会"（𗊱𗊱𗂤）、"说法"（𗾖𗎺）、"忏悔道场"（𗴒𗶷𗰖𗗲）之安立、"藏经"（𗧃𗪴𗧃）之念诵、罪人之放生等活动。[3]在仁宗时期的《佛说观弥勒菩萨上生兜率天经》《阿弥陀经》《大方广佛华严经普贤行愿品》的"御制发愿文"里关于法会活动的西夏文、汉文记载与《凉州重修护国寺感通塔碑铭》之阐述大同小异，只是增加了"烧施结坛"（𗙴𗬼𗰖𗗲），这也许与藏传密法传入有关系。[4]

从上述引文可以推测，西夏存在"官方佛教信仰"或"皇室佛教信仰"，是西夏佛教中最早的主流，背景在于"汉传佛教"之"华严信仰"与西夏"文明选择"有关系。

二、西夏"华严信仰"、"弥勒信仰"与"官方佛教"之关系

"华严信仰"是西夏佛教中历史最久的传统，与西夏人的佛教观有密切关系。[5]《天盛改旧新定律令》记载，《普贤行愿品》为番汉佛教传统共有的经典。《凉州重修护国寺感通塔碑铭》另载如下：[6]

① 关于《凉州重修护国寺感通塔碑铭》，前人研究颇多，Ruth Dunnell, *The Great State of White and High：Buddhism and State Formation in Eleventh-Century Century Xia*, Honolulu：University of Hawai'i Press，1995，pp.120-132；［日］西田龙雄：《西夏语の研究》，京都：京都大学出版社，1964 年；史金波：《西夏佛教史略》，银川：宁夏人民出版社，1988 年，第 241—246 页。按笔者了解，收录于《西夏文物研究》之陈炳应中文翻译颇为可靠，参见陈炳应：《西夏文物研究》，银川：宁夏人民出版社，1988 年，第 110—113 页。

② 史金波、聂鸿音、白滨译注：《天盛改旧新定律令》，北京：法律出版社，2000 年，第 279 页；聂鸿音：《西夏刻字司和官刻本》，《西夏文献论稿》，上海：上海古籍出版社，2012 年，第 126 页。

③ ［日］西田龙雄：《西夏语の研究》第一册，东京：座右宝刊行会，1964 年，第 169 页。

④ 聂鸿音：《西夏文〈阿弥陀经发愿文〉考释》，《西夏文献论稿》，上海：上海古籍出版社，2012 年，第 236—239 页；聂鸿音：《乾祐二十年〈弥勒上生经御制发愿文〉的夏汉对勘研究》，《西夏文献论稿》，上海：上海古籍出版社，2012 年，第 231—235 页。"烧施（设）结坛"的仪轨在唐代密教也能见到，不一定代表藏传佛教传入之影响。

⑤ 孙伯君曾经提出西夏"华严信仰"的背景与"白云宗"思想在西夏之传播有关。笔者不同意。西夏确实有"白云宗"思想和"白云宗"文献之西夏译本；西夏遗僧李慧月在元代刊布一些后来人《杭州路余杭县白云宗南山普宁寺大藏经》的经典。但据笔者了解李慧月的活动只是表示西夏佛教的持续性而已。详细讨论见孙伯君：《元代白云宗译刊西夏文文献综考》，《文献》2011 年第 2 期，第 146—157 页；索罗宁《白云释子〈三观九门〉初探》，杜建录主编：《西夏学》第八辑，上海：上海古籍出版社，2011 年，第 9—22 页。

⑥ ［日］西田龙雄：《西夏语の研究》第一册，东京：座右宝刊行会，1964 年，第 161 页；史金波：《西夏佛教史略》，银川：宁夏人民出版社，1988 年，第 241 页。

𗼇𗴺𗹙𗥃𗆐𗄈𗰜𗤁𗇋𗆩，𗤋𗿒𗢲𗤴，𗼋𗒹𗊬𗊬，𗤢𗆩𗇋；𗫸𗰚𗫻𗆐𗰜𗤴𗄈𗰜𗤁𗇋𗆩，
𗊜𗴴𗏹𗍲，𗤈𗙬𗏱𗏱，𗤴𗴴𗇋𗆩。

［中文构拟］：坎（水）性虽上古不变，而风起摇动，波浪汤汤[1]，常不止；
真体虽本来不变，而随缘凝滞，恼祸沉沉，永不息。

从上述引文可见，西夏早期佛教中存在着基于"华严学"和《大乘起信论》"真如
随缘不变，不变随缘"思想，以及"水、风、波"之譬喻，反映了"华严信仰"对西夏
佛教之影响。

黑水城出土的西夏文《华严经》有7—8种不同版本（大部分为《八十华严》），据
克恰诺夫的判断，只有一本《四十华严》。大部分版本印刷时期不明，经文题记，偶尔
可见"仁孝皇帝"（1138—1193在位）和"秉常皇帝"（1061—1086在位）名号，或不
同尊称，说明《华严经》在西夏流行之久。[2]黑水城出土的西夏佛教典籍，1188—1193
年出版的材料占最大比例，许多材料都是西夏"仁宗皇帝"及罗氏太后举办几次全国性
法会所用。

黑水城出土有十一种单品《大方广佛华严经普贤行愿品》的西夏译本。[3]中国各地
和日本不同文库中，另藏元代发行《华严经》西夏译本。黑水城《大方广佛华严经普贤
行愿品》大部分有"大夏乾祐二十年岁次己酉三月十五日（4.02.1189）正宫皇后罗氏谨
施"的题记，此题记与《能断金刚般若波罗蜜多经》题记相同，皆为罗太后于1189年举
办法会时所发行之法本。《华严普贤行愿品》及其忏法仪轨在西夏早已流行：《天盛改
旧新定律令》卷十一提到准备在寺院居住者必须掌握《般若》（即《大般若波罗蜜多经》）、
《唯识》（指的是《瑜伽师地论》《成唯识论》等）、《中道》（即《中观论》《大智
度论》等）、《百法》（即《大乘阿毗达摩》）、《大方广佛华严经普贤行愿品》诸部

---

① "汤汤"依西田氏译。

② Е.И. Кычанов, *Каталог тангутских буддийских памятников Института Востоковедения Российской Академии Наук*, КИоТо：Yhи Bepcитet kиoto，1999，cc.84-90，cc.301-317。

③ 史金波多次讨论了《华严经》在西夏佛教中的地位和版本。参阅史金波：《西夏佛教史略》，银川：宁夏人民出版社，1988年，第87—88、102—103、156—157页。西田龙雄在《西夏文の华严经》第24—26页中有相关讨论。无论是克恰诺夫或史金波、西田龙雄对黑水城西夏现存文献数量及内容之判断，皆不过是假定：圣彼得堡西夏文献的总量为一万本左右，目前收录于目录中之材料不及一千本。西夏文《大方广佛华严经普贤行愿品》的介绍见 Е.И.Кычанов，*Каталог тангутских буддийских памятников Института Востоковедения Российской Академии Наук，Киото*：Университет Киото，1999，cc.92-96，cc.318-320。据初步了解，现存残片属于两个不同版本。西夏文《大方广佛华严经普贤行愿品》的专门研究参阅崔红芬：《西夏文〈普贤行愿品疏序〉考证》，中国社会科学院民族学与人类学研究所：《薪火相传——史金波先生70寿辰西夏学国际学术研讨会论文集》，北京：中国社会科学出版社，2012年，第401—418页。

之一，还应该熟悉相关的法事。①上述经典中，只有《大方广佛华严经入不思议解脱境界普贤行愿品》与"法事"有密切关系，普贤的仪轨体系在西夏早已流行。甚至可以说西夏的"华严信仰"主要基于"普贤信仰"。

《佛说观弥勒菩萨上生兜率天经》的法本也是专门为大法会印刷和公布的，经末有仁宗皇帝撰写的"印施记"，提到为举办七天七夜之宏大法会而大量施印经典。②对黑水城的西夏文、汉文献资料分析会让学者假定：西夏印汉文经典似乎缺少策略，也没有印汉文"大藏经"之目标。③《佛说观观弥勒菩萨上生兜率天经》在西夏佛教体系的作用很重要，为笔者所设想的西夏"皇室佛教信仰"的核心材料。据仁宗皇帝为《佛说观弥勒菩萨上生兜率天经》之"印施题记"（或"发愿文"）所载，此经为"义统玄机，道存至理"的最上乘法门，法会的主要目标为：

［前略］一祖四宗证内宫之宝位，崇考皇妣登兜率之莲台［后略］④

"弥勒内宫"信仰似乎为西夏皇室之特殊信仰。这是迄今笔者唯一了解的与"弥勒内宫"有关的黑水城汉文《赞佛称赞慈尊》法本。⑤据仁宗的"印施题记"载，法会为国家大事，与其祖先往生安乐有关系。此段话明显表示流通《佛说观弥勒菩萨上生兜率天经》为举办大法会的目标之一，目的在于保证仁宗崇考皇妣在兜率天往生，反映了西夏皇室与弥勒信仰存在着特殊关系。据聂鸿音分析，《佛说观弥勒菩萨上生兜率天经》的西夏文、汉文大同小异，此经在番汉信徒中分布较广。⑥

"弥勒信仰"在西夏的来源不明，《观弥勒菩萨上生兜率天经》并不在《天盛改旧新定律令》指定经典之中，而且在南北宋时代的汉传佛教主流中"弥勒信仰"也不流行。笔者假设西夏"弥勒信仰"为西夏皇室的独特信仰，地位接近吐蕃时期的"一切智毗卢

① 聂鸿音：《西夏刻字司和西夏官刊本》，《西夏文献论稿》，上海：上海古籍出版社，2012年，第126页。

② 参见史金波：《西夏佛教史略》，银川：宁夏人民出版社，1988年，第93—103页；原文见俄罗斯科学院东方研究所圣彼得堡分所、中国社会科学院民族研究所、上海古籍出版社：《俄藏黑水城文献（汉文部分）》第二册，上海：上海古籍出版社，1996年，第48页。

③ 此问题李际宁《关于西夏刊"汉文大藏经"》有所论及。李际宁所讨论的内容涉及元初西夏遗僧李慧月印经活动，对西夏盛兴时代之佛教研究有意义。西夏是否存在西夏文的"河西藏"问题颇为复杂，在此不讨论。

④ 俄罗斯科学院东方研究所圣彼得堡分所、中国社会科学院民族研究所、上海古籍出版社：《俄藏黑水城文献（汉文部分）》第三册，上海：上海古籍出版社，1998年，第315页。

⑤ 俄罗斯科学院东方研究所圣彼得堡分所、中国社会科学院民族研究所、上海古籍出版社：《俄藏黑水城文献（汉文部分）》第五册，上海：上海古籍出版社，1998年，第189—198页。

⑥ 聂鸿音：《乾祐二十年〈弥勒上生经御制发愿文〉的夏汉对勘研究》，《西夏文献论稿》，上海：上海古籍出版社，2012年，第231—235页。

遮那佛"信仰的地位。①

《大方广佛华严经普贤行愿品》部分版本也于 1189 年法会公布，似乎有弘扬华严信仰的目的。经末另附中文不同经录未收录的《华严感通灵应传记》，这是以贤首法藏（643—712）撰写《华严经传记》和惠英撰写《华严经感应传》为基础，与《华严经》信仰有关的神奇故事集。笔者认为虽然由汉传佛教材料记载而成，其编纂成书应该在西夏，并且与西夏佛教举办法会相应。《华严感通灵应传记》中有一段话（目前还不知道此文献是否有西夏文译本）：

> 法界圆宗，真如榜样。华严是一乘圆教，乃成佛之宗，得道之本。②

这段话表示西夏佛教对华严思想之重视，"法界""圆宗""一乘"等皆为华严思想中之核心概念。据此可以假定，西夏官方佛教中有"华严为圆宗"之概念，代表西夏流行过华严之基本思想。《大方广佛华严经普贤行愿品》与《观弥勒菩萨上生兜率天经》和《能断金刚般若波罗蜜多经》以及曾在《天盛改旧新定律令》提到的各种经典同步发行，成为西夏佛教中的"皇室信仰"的另一方面，"华严信仰"和"弥勒信仰"确实受到西夏官方的尊重和重视。

天庆三年（1196），西夏桓宗（1177—1206）为举办纪念仁宗皇帝法会，发布《大方广佛华严经普贤行愿品》西夏文、汉文本，"发愿文"有如下记载：

> 《大方广佛华严经普贤行愿品》者，圆宗至教，法界真诠，包括五乘，该罗九会。十种愿行摄难思之妙门，一轴灵文为无尽之教本，情含刹土，誓等虚空，示诸佛之真源，明如来之智印。身身同毗卢之果海，出世玄猷；心心住普贤之因门，利生要路。③

---

① 凯普斯坦讨论了"一切智毗卢遮那佛"的信仰之传播与吐蕃皇室信仰的密切关系，参阅 M.T.Kapstein, *The Tibetan Assimilation of Buddhism: Conversion, Contestation, and Memory*, New York: Oxford University Press, 2000, pp.63-64。后来道尔顿基于凯普斯坦的建议提出"一切智毗卢遮那佛"为"吐蕃的护国神"的想法，参阅 J.Dalton, *The Taming of the Demons: Violence and Liberation in Tibetan Buddhism*, London: Yale University Press, 2011, p.57。杨富学另提出西夏的弥勒信仰反映回鹘佛教对西夏影响之假设。参见杨富学、陈爱峰：《西夏与周边关系研究》，兰州：甘肃民族出版社，2012 年，第 154—196 页。此书似乎未见弥勒信仰之讨论，因为回鹘佛教文献中的《弥勒会见记》（Maitrisimit）颇为流行，则西夏的弥勒信仰也来自回鹘。笔者认为"弥勒信仰"在西夏与回鹘之间的信仰不同：西夏的"弥勒信仰"并非为"民间佛教"，其流行领域似乎限于国家举办的大法会，而民间信仰较少见其痕迹。

② 俄罗斯科学院东方研究所圣彼得堡分所、中国社会科学院民族研究所、上海古籍出版社：《俄藏黑水城文献（汉文部分）》第二册，上海：上海古籍出版社，1996 年，第 106 页。

③ 俄罗斯科学院东方研究所圣彼得堡分所、中国社会科学院民族研究所、上海古籍出版社：《俄藏黑水城文献（汉文部分）》第二册，上海：上海古籍出版社，1996 年，第 372 页；聂鸿音：《西夏文〈阿弥陀经发愿文〉考释》，《西夏文献论稿》，上海：上海古籍出版社，2012 年，第 238—239 页。

据"发愿文"内容，法会主要为"仁宗皇帝佛光照体，驾龙轩以游净方"①。"净方"为"不动如来清净国土"。《大方广佛华严经普贤行愿品》为"圆宗至教，法界真诠"，即是圆融一切法门至高无上之教义。可见西夏"华严信仰"的主要范式为普贤信仰，与晚唐清凉澄观的华严观相同。

黑水城出土文献中另有一本《大方广佛华严经普贤行愿品》（TK-142），收录清凉澄观撰写的《贞元新译华严经疏》之序文、《大方广佛华严经普贤行愿品》、《四分律七佛略说戒偈》（出自佛陀耶舍译《四分律》）、《大乘起信论》中"立义分"简略文。此本疑为私人刊布流通。"印施题记"中有"今安亮等恩斯威福，利彼存亡，届亡妣百日之辰，特命工印《普贤行愿品》经……"的记载。②"印施题记"另有段落曰：

> 欲期臣子之诚，无出佛乘之右。是故畅圆融宏略者，华严为冠；［趣秘］乐玄猷者，净土惟先。仗法界一真之妙宗，仰弥陀六八之弘愿。③

这段话彰明西夏与华北地区传统儒家孝亲观与汉传"华严"和"净土"信仰融合趋向之存在。西夏的阿弥陀信仰与皇室信仰的关系也相当密切。西夏文的《阿弥陀经发愿文》有如下记载：

> 以此善根，故皇先圣，上居最乐佛宫，当今皇帝永驻须弥圣境。皇后千秋，圣

---

① 俄罗斯科学院东方研究所圣彼得堡分所、中国社会科学院民族研究所、上海古籍出版社：《俄藏黑水城文献（汉文部分）》第二册，上海：上海古籍出版社，1996年，第372页。

② 此《普贤行愿品》之版本曾经被孟列夫在黑水城文书目录有所讨论。参阅Л. Н. Меньшиков：*Каталог китайской части фонда П. К. Козлова из Хара-Хото*，Москва：Наука，1984，cc.58-59，cc.174-176。孟列夫认定此本为金代版本，接近TK243（《哈拉浩特（黑城）出土汉文遗书叙录》107，《梵行品》）和TK-246（《哈拉浩特（黑城）出土汉文遗书叙录99，《普贤行愿品》）等版本。据经题木版画设计之比较，孟列夫提出三者皆为同一印刷产品的假设。假设这些金代版本基于南宋版本，两者皆为西夏后期刊印本子的底本。此三本资料属于不同系统：TK243与TK-142为般若三藏译《四十华严》版本，TK-246则为实叉难陀译《八十华严》体系，即是本子所反映的思想趋势不同，来源大概也不一致。孟列夫的断代基于TK-142"印施题记"中的"储协赞于千秋"的记载。"储协赞"为印经处的名称（或人名），"千秋"为地名（今河南省渑池县）。这一带西夏时期为金国统治，因此TK-142则为金代本子。《俄藏黑水城文献》接受了此种解释。笔者在此有小建议：其一，"印施题记"中的记载是"皇储协赞于千秋"，而非"储协赞于千秋"。"皇储协赞"的语句乃有意义：发愿者愿意"协助未来君主享受千秋之寿"与前文"伏愿帝统延昌，迈山呼之景算，正宫永福，享坤载之崇光，皇储协赞于千秋"一致。文中提到皇帝、正宫皇后与皇太子三人的长寿，因此"印施题记"记载与印经处或金代的地名应该无关。其二，"印施题记"记载："常命西番众持《宝偈集》……命惠照禅师奉西方无量寿广大中围……燃结灭恶趣坛，云云"，这是代表西夏佛教的特色。其中"中围""烧结坛"等说法明显属于西夏佛教语言专业词汇。因此笔者认为TK-142为西夏时期版本的可能性仍在。（此处感谢聂鸿音教授为笔者提出版本考证之必要性。）

③ 这段文字整理过的录文参见俄罗斯科学院东方研究所圣彼得堡分所、中国社会科学院民族研究所、上海古籍出版社：《俄藏黑水城文献（汉文部分）》第六册，上海：上海古籍出版社，1998年，第18页。

裔蕃茂，文臣武将，福禄咸集，法界含灵，往生净土。①

如上记载，说明"阿弥陀信仰"之重要性。

按照《大方广佛华严经普贤行愿品》（TK-142）"印施题记"之记载，"圆融"虽然是整体佛教之核心，但其之"宏略"即在于"法界一真妙宗"的《华严经》及华严宗思想。尽管佛教一切法门皆"趣密乐"，但其"玄猷"即在于净土及阿弥陀佛信仰中。因而佛教之"圆门"内涵在于"仗法界一真妙宗"（华严）与"仰弥陀六八之弘愿"（净土）之融合。这种思想与"护国"仪式有密切关系。《大方广佛华严经普贤行愿品》有表达这种意识形态的如下记载：

> 伏愿帝统延昌，迈山呼之景算，正宫永福，亨坤载之崇光，皇储协赞于千秋。

据此阐述可以初步推论，西夏及华北存在依于《华严经》之"法界妙宗"信仰，它必须与阿弥陀佛净土信仰结合圆融。迄今尚未发现《大乘起信论》西夏文或汉文全文，因此《大方广佛华严经普贤行愿品》中的"立义分"证明西夏佛教界对《大乘起信论》至少有基本了解。②

以上之分析仅是一个初步探讨。通过前面的分析，我们可以作出如下结论：西夏佛教中一定存在"华严学""华严信仰""华严感应瑞祥"之信仰，此信仰与"弥勒信仰"有所结合。现存黑水城的资料足以证明，西夏皇室和官方佛教中华严信仰地位较高，可以被视为"国家仪轨体系之主干"，是"皇室信仰"的一个侧面。在官方佛教范围内，华严中普贤及弥勒信仰与《般若波罗蜜多心经》，以及观音、阿弥陀佛净土等信仰并行，可以视为统一仪轨体系，皆为西夏"官方佛教"的基础。

三、华北"华严信仰"与"圆教"假设

2008 年，笔者在《西夏佛教一瞥》（The Glimpses of the Tangut Buddhism）一文中，初步分析了一批黑水城出土的夏汉佛教资料的佛教思想问题。此资料一部分是从辽传入西夏的文献。笔者另讨论黑水城出土的属于圭峰宗密的华严禅论述、南阳惠忠（？—755）语录的西夏译本③，辽代高僧圆通沋萨（1056？—1114）的禅学

---

① 聂鸿音：《西夏文〈阿弥陀佛经发愿文〉考释》，《西夏文献论稿》，上海：上海古籍出版社，2012 年，第 237 页。
② 黑水城出土 A-6 "杂抄本"，其中可见《起信论》最初几行字，不过此本子为小学生之"习字本"。
③ K.Solonin，The Chán Teaching of Nányáng Huìzhōng（ -775 ）in Tangut，Trans.Nathan Hilled.，*Medieval Tibeto-Burman Languages IV*，Leiden：Brill，2012.

著作《镜心录》①，辽代高僧通理恒策（1049—1099）所著《究竟一乘圆明心义》（《𗦫𗄊𗏆𗙅𗟲𗢷𗖒》），《无上圆宗性海解脱三制律》西夏文、汉文版本②，并所谓的"洪州文献"等著作③。黑水城出土的华严思想著作有圭峰宗密所著《大方广圆觉修多罗了义经略疏》④，《注华严法界观门》（据题记此本是在西夏"帝里"印刷的⑤），《禅源诸检集都序》、《中华心地禅门师资承袭图》西夏文、汉文不同版本，法藏著《修华严奥旨妄尽还源观》，广智本嵩"华严禅"著作。还有华严思想简略介绍（如《华严金狮子章》西夏文译本）等⑥）。禅宗文献主要包括如《灯要》（应该为《景德传灯录》译本、所谓的"洪州文献"等）、《达摩大师观心本母》西夏文译本等。⑦此外，西夏出现《大方广圆觉修多罗了义经》汉文本和西夏文译本及其相关的注解之刊本残片，说明此经在西夏有一定的流行。据笔者分析，此文献具有一种共同的核心思想，即是所谓的"真心"或"真性"思想。⑧据圆通沏萨在《显密圆通成佛心要集》和《镜心录》中的阐述，"真心"乃为"显密并行"的辽代华严学的主要概念之一，并为辽代佛教流行的"判教"体系的主干线。《天盛改旧新定律令》规定的经典皆有与"真心"或"真性"相同的思想。我们可以假设，西夏的"华严思想"主要基于辽代的华严观或"圆教"概念。

西夏与辽的华严学的教义内容可以假定为一种综合性的"圆教"，即"华严思想"在辽和西夏佛教体系并非一种宗派，而是统一融合佛教思想与修行法门之"圆融典范"，此特色符合华严思想基本宗趣，并且与清凉澄观、圭峰宗密时期"华严思想"发展趋势有所相

① F.Girard，Imer Hamar and R.Gimello，*Avatamsaka Buddhism in East Asia：Huayan，Kegon，Flower Ornament Buddhism，Origins and Adaptation of a Visual Culture*，Wiesbaden：Harrasowitz Verlag，2012，pp.137-187.

② 索罗宁：《禅宗在辽与西夏：以黑水城出土〈解行照心图〉和通理大师〈究竟一乘圆明心义〉为例》，怡学主编：《辽金佛教研究》，北京：金城出版社，2012 年。

③ 索罗宁：《禅宗在辽与西夏：以黑水城出土〈解行照心图〉和通理大师〈究竟一乘圆明心义〉为例》，怡学主编：《辽金佛教研究》，北京：金城出版社，2012 年；索罗宁：《西夏文"洪州"文献再考》，黄夏年主编：《中国禅学》第六卷，郑州：大象出版社，2012 年，第 534—562 页。

④ 黑水城汉文文献中有所谓"十子哥"（TK-303）残片，据宗舜考证是《大方广圆觉修多罗了义经略疏》不同段落。参阅宗舜：《〈俄藏黑水城文献〉汉文佛教文献拟题考辨》，《敦煌研究》2001 年第 1 期，第 87—88 页。

⑤ 既是汉文的《注法界观门》，刊布日期为天盛四年（1152），参见Л. Н. Меньшиков，*Каталог китайской части фонда П. К. Козлова из Хара-Хото*，Москва：Наука，1984，pp.270-272.

⑥ 在此不讨论《修华严奥旨妄尽还源观》的作者问题，不过《华严金狮子章》和《修华严奥旨妄尽还源观》西夏文译本的底本应该为北宋时期的晋水净源整理过的版本。

⑦ 黑水城出土禅宗文献概述和辽与西夏禅宗思想之关系问题讨论见索罗宁：《西夏文"洪州"文献再考》，黄夏年主编：《中国禅学》第六卷，郑州：大象出版社，2012 年，第 536—539 页。

⑧ 索罗宁：《西夏佛教的"真心"思想》，杜建录主编：《西夏学论集》，上海：上海古籍出版社，2011 年，第 391—402 页。据笔者所知，西夏文和汉文一部分手抄文献（类似"洪州文献"和"解行照心图"等）也属于这个思想脉络。索罗宁：《西夏文"洪州"文献再考》，黄夏年主编：《中国禅学》第六卷，郑州：大象出版社，2012 年，第 534—562 页；索罗宁：《辽与西夏之禅宗关系：以黑水城〈解行照心图〉为例》，黄夏年主编：《辽金元佛教研究》第一册，郑州：大象出版社，2012 年，第 72—85 页。

应。①该"圆教"所融合的内容包括晚唐至宋时期所有的"显密"修行法门（包括所谓的"陀罗尼法门""禅修""法界观""南北宗禅修""天台止观"②等，西夏晚期另收入部分藏传密法"四种本续"及其他密法之思想）。③关于"华严学"与"禅修"之关系问题，可以参考西夏文的《洪州宗趣开明要记》（𘕕𗦻𗼕𘂤𗟭𗡱）的记载：

　　𘃡：𗍳𗦺𗧇𘗾，《𘕕𘂤𘒣》𘗘𗤻𗩴𗦦𗣜𗤻𘉞？𗙏𗤻𘊟𗍳𗦺𘂫𗢤，𗧇𗤻𘊟《𘕕𘂤》𗷖𘈷𗷖𘕗。𗣜𗣁𘓐𗣓𘄄𗤻，𗷖𘈷𘛯𘗾，𗉫𗣓𘌽𘈷，𗍳𗦺𘕿𘔵𘉞。

　　（中文构拟）：问：别传宗趣，《华严经》摄乎不摄也？若摄则逆与别传，不摄则《华严》不得圆之名。答说：皆摄，即成圆名。未曾实说，直显别传。④

　　此处讨论的内容有限，仅涉及"禅修"的"别传"与"华严学"之关系。但文中的"圆融"趋势相当清楚，《华严经》摄受一切法门，但没有直接说明（"实说"）禅修，"别传"另需要以心传心的传承。

　　"圆教"概念源流可追溯至唐代华严四祖清凉澄观在《大方广佛华严经疏》和《大方广佛华严经随疏演义钞》中的"圆融"与"行布"之间的"对立"和"无碍"典范，以及"一顿成诸行"和"遍成诸行"之间的"一多"辩证法。⑤"圆教"思想在辽代佛教得以新发展："圆融行布不二"与"圆教""二乘""三乘"关系的讨论，见辽代悟理鲜演（1048—1118）的《华严经谈玄抉择》。⑥悟理鲜演针对清凉澄观看法，总结为"圆融行布"为"教相施设"名相与"理性德用"证道之融合无碍，成为"圆教"体系。该

---

① 华严思想的"圆融"特色之讨论可参见［日］荒木见悟：《佛教と儒教》，东京：研究出版社，1993 年；中文译本：［日］荒木见悟著、廖肇亨译注：《佛教与儒教》，台北：联经出版事业公司，2003 年，第 46—60 页。按荒木氏对于清凉澄观《大方广佛华严经疏》相关段落的分析，"圆融门"（"一一位满即至佛"）与"行布门"（"立位差别"，即是菩萨修行次第与不同法门）存在着不二关系。从而《华严经》为"圆教"即是包容一切法门，并为其之基础。

② 在此处可以发现，西夏佛教界对许多汉传佛教思想并无直接的了解，但依靠各种"圆教"著作对其之介绍。例如西夏对天台止观之认识限于圭峰宗密或道殷著作中对天台之说明。索罗宁：《白云释子〈三观九门〉初探》，杜建录主编：《西夏学》第八辑，上海：上海古籍出版社，2011 年，第 9—23 页。

③ 按笔者了解，早期的藏密法门就是通过西夏遗僧的华严思想著作传入汉传佛教。例如汉文的"空行母"（ḍākinī）非为藏文的"mkha''gro nm"的直接汉文翻译，而是通过西夏文"𗿒𘎪𗘅"的中文翻译。这个词最早出现在西夏遗僧翻译的密法资料中。"本续"这个词似乎亦非代表藏文的"rguyd"，而来自西夏文"𗧇𘃦"。据本人了解，所谓的"四种本续"的概念最早出现在西夏文献，例如在西夏文《𘟣𘎪𗼕𗧇𗟭》（中文构拟：《亥母耳传记》）中可见此语，后来才进入汉传佛教领域。

④ 索罗宁：《西夏文"洪州"文献再考》，黄夏年主编：《中国禅学》第六卷，郑州：大象出版社，2012 年，第 558、561 页。

⑤ 清凉澄观相关讨论可参阅《大方广佛华严经疏》卷一；另见荒木见悟相关讨论。清凉澄观即是在讨论菩萨修行次第的"彰地位"的章节中提到"圆融行布"之关系问题，因此该思想适合为"圆教"的基础。"一顿成诸行"和"遍成诸行"属于"说胜行"的章节中，即是与后来判教有关。

⑥ 悟理鲜演的相关讨论在《华严经谈玄抉择》卷六中。清凉澄观与悟理鲜演之想法需要更进一步研究，上述的看法仅为初步讨论。

思想在判教时最明显，纳入辽道宗时期流行的"显圆密圆并行"华严判教体系，主要由圆通洳萨和觉苑两位高僧在辽道宗支持之下所提倡。①黑水城文献证明"圆教"传入于西夏"官方佛教"领域中。

辽代讨论"圆教"问题另有《圆教四门问答》手抄本残片。此文献主要讨论的是"圆""同/通""别"的典范之间的关系。②文中的问答涉及天台和华严的判教体系，并且出现"独华严为收教耶"，原因是其内容最广大，如"大海有百川之水"。就辽代文献的内容而言，华严是"圆融具德"之宗。《圆教四门问答》充满了华严宗术语，但其基本利用"同、别、圆"典范。③

讨论辽与西夏佛教关系，应值得注意的是《释摩诃衍论》的不同版本（黑水城文献略称《龙论》，即辽代法悟所造《释摩诃衍论赞玄疏》的略本）④，所谓《龙论》（TK-74）实际上为辽代诠圆通法大师法悟（活跃在辽道宗时期）撰写的《释摩诃衍论赞玄疏》的略本。⑤笔者另发现译本《众生心法图》，是基于《释摩诃衍论赞玄疏》针对妄心真心的阐述。⑥《释摩诃衍论赞玄疏》确为辽代佛教大作，文中包括道宗皇帝之御序。

如上的想法允许我们假设：西夏汉传佛教接近辽佛教体系，西夏流行一些其他处未见的辽代佛教文献，来源一定是辽。这些材料大部分属于"华严信仰"，并与其他传统的"汉传"资料形成比较完整的体系。由此观之，西夏的汉传佛教模仿辽佛教体系。黑水城佛教文献显露西夏佛教体系之一部分：即是西夏曾经存在着自辽传入西夏的基于"华严学"的"圆教"体系。黑水城文献明显揭露该体系之"禅观"和部分"义学"特色。由此观之，华北地区佛教维持贤首"华严为圆教"之判教体系，并提出其与"陀

① 远藤纯一郎：《"显密圆通成佛心要集"に于ける显密观》，《莲花寺佛教研究所纪要》2010 年第 1 号，第 63—90 页。道殿和觉苑的判教观分析参阅吕建福《中国密教史》第三册。清凉澄观相关讨论和本人对辽代"圆教"之讨论可参阅《一行慧觉及其〈大方广佛华严经海印道场十重行愿常徧礼忏仪〉》等文章。

② 山西省文物局、中国历史博物馆主编：《应县木塔辽代秘藏》第二册，北京：文物出版社，1991 年，第 520—521 页。

③ 《圆教四门问答》实际上是清凉澄观《华严经行愿品疏》或《华严经疏》相关段落的总结。华严学利用"同别圆"之说法反映其与天台之互动。清凉澄观的圆教看法讨论见 Imre Hamar：《The Doctrines of Perfect Teaching in Ch'eng-kuan's Introduction to his Commentary on the Hua-yen-ching》，《佛学研究中心学报》1998 年第 3 期，第 331—349 页。

④ 黑水城出土的《龙论》之初步分析见宗舜：《〈俄藏黑水城文献〉汉文佛教文献拟题考辨》，《敦煌研究》2001 年第 1 期，第 82—92 页等。

⑤ 《卍续藏经》第 45 册，台北：新文丰出版公司，1993 年，第 772 页；仔细讨论见宗舜：《〈俄藏黑水城文献〉汉文佛教文献拟题考辨》，《敦煌研究》2001 年第 1 期，第 82—92 页；宗舜：《〈俄藏黑水城文献〉之汉文佛教文献续考》，《敦煌研究》2004 年第 5 期，第 90—93 页。

⑥ 俄罗斯科学院东方研究所圣彼得堡分所、中国社会科学院民族研究所、上海古籍出版社：《俄藏黑水城文献（汉文部分）》第六册，上海：上海古籍出版社，1998 年，第 131 页。

罗尼法门密圆"并行之说法。①考虑到现存的黑水城汉传"官方佛教"文献皆为显教著作，我们可以假设华北地区佛教界把"华严学"和"华严信仰"视为构造"圆教"的典范。

四、西夏"华严信仰"与华严宗

西夏佛教在元代继续发展。元代西夏遗僧撰写的仪轨法本皆以《华严经》思想为其基础。其中最有代表性著作是一行慧觉所写的《大方广佛华严经海印道场十重行愿常遍礼忏仪》（下文简称《华严忏仪》）。②此"华严法本"获得另一位元代西夏遗僧"杭州僧录管主八"之肯定，并收录于其所编纂的《大藏经》中。③一行慧觉在《华严忏仪》有一段直接讨论汉传"华严学"发展的文字（有可能此段不是他撰写）。《华严忏仪》卷四十二中有"东土扬华严诸师"的系谱如下：

（1）南无《大方广佛华严经》中第三祖造《法界观》帝心法顺法师。
（2）南无《大方广佛华严经》中第四祖造《十玄门》云华智俨法师。
（3）南无《大方广佛华严经》中第五祖造《探玄记》贤首法藏法师。
（4）南无大方广佛华严经中第六祖造《大疏钞》清凉澄观法师。
（5）南无《大方广佛华严经》中清凉门下得如来知见者三十八大师等千余法师④。
（6）南无《大方广佛华严经》中第七祖造《华严纶贯》、《注华严法界观门》圭峰宗密禅师。
（7）南无《大方广佛华严经》中造《观注记》者广智本嵩大师。

上述传承体系似乎是依据晋水净源的"七祖"说而编纂的（最初二祖是马鸣和龙树二菩萨）。不过《华严忏仪》阐述的历史观有一些特色。其一，文中有来自《妙觉塔记》的"三十八大师等千余法师"记载。此记载为女真遗僧龙川行育在元初所提出，《宋高僧传》等未见此记载，即中原佛教"三十八大师"说法大概代表保留在华北之唐代华严（辽、金、西夏）遗产。其二，系谱中列出的华严宗著作皆不见于黑水城出土文献。据此可推，《华严忏仪》之"东土华严系谱"实际上代表华北佛教界对华严宗的了解，与

① 《显密圆通成佛心要集》，［日］高楠顺次郎：《大正新修大藏经》第46册，东京：大正一切经刊行会，1934年，第994、999页。《显密圆通成佛心要集》判教见吕建福：《中国密教史》第三册，台北：空庭书苑，2011年，第96—102页。
② 先发现的《大方广佛华严经入不思议普贤解脱境界依普贤行愿略礼忏念诵仪》似乎也为一行慧觉著作。
③ 索罗宁：《一行慧觉及其〈大方广佛华严经海印道场十重行愿常遍礼忏仪〉》，《台大佛学研究》2012年第23期，第1—75页；释法显：《〈至元法宝勘同总录〉之探究》，台北：法光出版社，2005年，第401—402页。
④ "三十八大师等千余法师"的说法出自清凉澄观塔铭《妙觉塔记》，苍山普瑞也提到过。这个说法从元代开始流传于世，是否可以看成一行慧觉亲自编写华严传承体系之佐证，还需要研究。

中原佛教历史观有所不同。

另外一个特色是一行慧觉关于《本嵩》作者广智本嵩［活跃在宋神宗元丰六年（1083）—元祐戊辰（1088）左右］之记载。虽然在中原主流华严宗体系中未获得"祖"的尊号，但仍列在"东土祖师"之间。[①]按，广智本嵩主要集中活动在开封，其著作包括《华严法界观门通玄记》《华严七字经题法界观三十门颂》《纪纲经观节要》。此外，广智本嵩另有"显出禅门眼目"[②]，即他是一个有成就的禅僧。广智本嵩传记资料有限：目前唯存金哀宗正大元年（1224）比丘琼湛撰并集解的《华严七字经题法界观三十门颂》，文中介绍了广智本嵩的简略记载。李灿早已提出圣彼得堡藏西夏文的 Tang 395 第 242 页文献与广智本嵩撰写的《华严法界观门通玄记》有关系的假设。聂鸿音后来研究的确证明西夏文存在《注华严法界观门通玄记》的文献，即是广智本嵩著作之西夏文译本。[③]此处需要指出："东土扬华严诸师"系谱中的广智本嵩地位符合中原华严宗系谱中的晋水净源之位置。此外同卷可见"大夏国弘扬华严诸师"系谱如下：

（1）南无《大方广佛华严经》中讲经律论重译诸经，正趣净戒鲜卑真义国师。

（2）南无《大方广佛华严经》中传译经者救脱三藏鲁布智云国师。

（3）南无《大方广佛华严经》中令《观门》增盛者真国妙觉寂照帝师。

（4）南无《大方广佛华严经》中流传印造《大疏钞》者新圆真证帝师。

（5）南无《大方广佛华严经》中开演《疏钞》久远流传卧利华严国师。

（6）南无《大方广佛华严经》中传译开演自在旽哔海印国师。

（7）南无《大方广佛华严经》中开演流传智辩无碍颇尊者觉国师。

（8）南无《大方广佛华严经》中西域东土依大方广佛华严经十种法行劝赞随喜一切法师。

（9）南无《大方广佛华严经》中兰山云严慈恩寺流通忏法护国一行慧觉法师。

上述之西夏法师之"弘扬华严"活动，主要表现在提倡清凉澄观之《大方广佛华严经随疏演义钞》和杜顺之《华严法界观门》。"东土"系谱中虽然可见云华智俨《华严一乘十玄门》及贤首法藏之《大方广佛华严经探玄记》，但是西夏华严学之核心一定在

---

① 李灿：《元代西夏人的华严忏法——以〈华严经海印道场忏仪〉为中心》，北京大学 2010 年硕士学位论文。论文有讨论此事，颇为有研究价值。

② 《华严七字经题法界观三十门颂》，［日］高楠顺次郎：《大正新修大藏经》第 45 册，东京：大正一切经刊行会，1934 年，第 629、1885 页。

③ 此书史金波在《西夏佛教史略》第 157 页提到，但未讨论，聂鸿音的确证明西夏文本即是本嵩著作之译本，详见聂鸿音：《华严"三偈"考》，杜建录主编：《西夏学》第八辑，上海：上海古籍出版社，2011 年，第 1—4 页。

清凉澄观《大方广佛华严经随疏演义钞》、"十种法行"（即《大方广佛华严经普贤行愿品》之十种法门，此法门同样与清凉澄观思想关系密切）和"华严忏法"。此外，与"东土"系谱之圭峰宗密《华严纶贯》《注华严法界观门》及本嵩《观注记》并而谈之，我们可以了解西夏华严学之基本体系：除本经外，西夏华严学主要依靠清凉澄观《大方广佛华严经随疏演义钞》，并且重视"华严忏仪""普贤行愿品仪轨""法界观"思想。上段所提的"官方佛教"之法本同样属于此体系内。《华严忏仪》及其华严系谱反映了西夏与华北华严思想的转变：即从传统中原华严宗至以清凉澄观思想为主的辽代华严"圆教"模式。

如上结构符合目前学术界所了解的黑水城出土华严文献：圣彼得堡东方文献研究所藏卷子写本，文尾的西夏文题记提到文献的标题是《大方广佛华严经随疏演义钞》卷十三之西夏文译本。[①]文献内容初步分析显示，西夏文献不是清凉澄观的《大方广佛华严经随疏演义钞》之译本，而与清凉澄观的《华严经大疏》一样。[②]汉文文献中可见所谓 TK-186《澄观答顺宗》，即是记录清凉大师与唐顺宗讨论佛理之《华严心要法门》。[③]可以构想西夏华严思想特色如下："宗派"思想基础为《大方广佛华严经随疏演义钞》。"观门"为圭峰宗密所著《注华严法界观门》（存汉文本）、法藏撰写《修华严奥旨妄尽还源观》（晋水净源整理过的版本，存西夏文译本）。"仪轨"为一行慧觉《华严忏仪》、《圆融忏法》（存汉文本）、方塔出土的《圆觉道场礼忏》等。[④]我们可以假定西夏所流行的"华严信仰"虽然基于汉传华严宗，但两者之间有明显的差异：西夏华严学主要依据并非中国华严宗之整体思想，而是清凉澄观的晚期华严思想。

"华严信仰"的主要作用在于为综合性的"圆教"创造"圆融典范"。此"圆融典范"除了融合本来与华严思想有关的修行法门，也能够包容晚期传入西夏的藏传密法。西夏流行的官方佛教的基础在于《华严经》及其"支流"，即西夏"华严信仰"另包含了"仪轨"及"观法"，两者亦为西夏"官方佛教"的成分之一。

---

① 西夏文《𗹙𗣼𗷀𘕿𗫂𘗣𗘂𗣼𗄊𗾊𗃲𗖵𘎽𗄊𘃽》，中文《大方广佛华严经随疏演义钞》卷十三。不过这个似乎为辽代悟理鲜演的《华严经谈玄抉择》的残片，不属于清凉澄观的《大方广佛华严经随疏演义钞》。

② 同样的文字在辽代悟理鲜演（1048—1118）的《华严经谈玄抉择》也可得见。悟理鲜演把清凉澄观的一部分文字利用小字改写为文内的"注解"。西夏文本内可见同样的结构，足以证明西夏文献为《华严经探玄抉择》或类似辽代文献的译本。

③《卍续藏经》第 58 册，台北：新文丰出版公司，1993 年，第 1005 页。

④ 索罗宁：《一行慧觉及其〈大方广佛华严经海印道场十重行愿常遍礼忏仪〉》，《台大佛学研究》2012 年第 23 期，地 1—75 页。

五、西夏"华严学"与藏传密法结合

西夏的"圆教"是否包含藏传密法的问题还有待进一步研究。如元代的西夏遗僧一行慧觉之《大方广佛华严经海印道场十重行愿常遍礼忏仪》著作证明此可能性之存在。说明西夏曾流传的汉传"陀罗尼法门"与辽代"密宗"有密切的关系。①据现有文献的分析，西夏"圆教"比较偏于圆通沙萨的思想，与辽代佛教主流的主要差别在于目前尚未发现"大日如来"（Mahāvairocana）和"准提菩萨"崇拜。圆通沙萨著作在西夏颇为流行，足以证明其在西夏流行程度之高。考虑西夏佛教华严信仰之重要性，还是需要讨论其来源和特点。

《华严忏仪》并非"义学"著作，讨论佛教理论的段落虽然不多，但是文内之"补注"能彰明西夏华严学僧一行慧觉的一些思想。按笔者理解，在《华严忏仪》卷一"结广大不空摩尼印咒"章节的"补注"②，对一行慧觉的佛教观颇有代表性。据一行慧觉的说法，修行有"密咒助护难"和"观行成就"，只依靠"观行"不足以证悟，其理由如下：

> 此道场仪中，集咒印者即是密法中。末世时修行者不依密咒助护，难以观行成就也。夫供养有二门：一契本源自性供养，二借密法助缘供养。此中亦有二种：一"宝错"供养，二咒印供养，皆依密法。又前即观念性起供养，此即缘起新成供养，皆含摄故，成于缘性圆融供养之海。向下赞叹，敬礼念佛，旋绕诵经，并咒等无不如是。众等应知。③

此段话是说：一种供养是"契本源自性"，与华严学中之"性起"观相应，可以理解为一行慧觉在不同处提到的帝心杜顺的"华严法界观"。另一种供养是"密法助缘"。其有两面：一是内容不详的"宝错"；二为"咒印"（陀罗尼和大手印）。"密法助缘"就是"缘起新成"的修行功德。这个想法与华严宗常讨论的"本有（性起）修生（缘起）"的基本理论有关系。"性起"和"缘起"相互含摄和合，乃成"缘［起］性［起］圆融供养"。④显露一行慧觉对华严基本思想之了解。一行慧觉把"华严学"之典范融合了各

---

① 索罗宁：《一行慧觉及其〈大方广佛华严经海印道场十重行愿常遍礼忏仪〉》，《台大佛学研究》2012 年第 23 期，第 1—75 页。

② 《华严忏仪》结构比较复杂，明代整理者看法虽然为"一行禅师依经录，苍山普瑞补注"，笔者认为所谓"补注"的主要部分为一行慧觉本人撰写。详见索罗宁：《一行慧觉及其〈大方广佛华严经海印道场十重行愿常遍礼忏仪〉》，《台大佛学研究》2012 年第 23 期，第 1—75 页。

③ 《续藏经》第 74 册，台北：新文丰出版公司，1993 年，第 1470、140 页，又可见李灿论文的讨论。

④ 详见索罗宁《一行慧觉及其〈大方广佛华严经海印道场十重行愿常遍礼忏仪〉》一文内的讨论。

种不同修行法门，包括一部分汉藏密法。笔者把这个思想假定为"圆教"。

此材料从来未传入中原，因此其来源应该是辽。北宋时期《释摩诃衍论》在中原已经失传，辽反而尽量提倡此论，可以假定，黑水城发现的《释摩诃衍论》及相关的材料的来源即在辽而非在中原。因此，西夏官方的华严信仰起源应该在辽的佛教体系，而非在宋代的中原佛教。另外，佛教传入西夏的范式好像比较接近吐蕃时期印度和汉传佛教传入西藏。西夏晚期的佛教信仰与官方传统不一致：其主要内容为不同的藏传密法，即彰明西藏"密教复兴"和"新"（gsarma）翻译对西夏的影响。

六、小结

上述的原始文献基础和讨论的内容比较有限，只能为解释西夏佛教的某一些方面提供初步假设，无法总结所有的黑水城出土文献内容。[①]西夏佛教是一个有层次的结构，有"汉""藏""显""密"等分类。这些传统之间似乎无矛盾或对立，皆属于西夏佛教之"大传统"。由此观之，西夏"判教"中的语言标准是次要的。西夏佛教系统中有官方佛教和民间佛教两个方面，在不同时段融合"汉""藏""显""密"的方面。

在黑水城出土文献中，许多文献属于"华严信仰"，属于西夏的"官方佛教"，此信仰的主要典范与《大方广佛华严经普贤行愿品》有关系，源流可见在晚唐清凉澄观及辽代佛教中的"圆教"传统。西夏晚期文献（如《华严忏仪》）反映西夏佛教从"华严宗"至辽和华北"圆教"之转变，华严思想作为"圆融佛教"的主干，包容各种不同来源的学理和修行法门，其中也包括藏传密法。

虽然西夏文献迄今未见"圆教"两个字，但是笔者相信通过黑水城出土文献的内容分析足以肯定西夏佛教体系就在"圆教"。"华严信仰"和"圆教"为辽与西夏皇室所推动，并与"弥勒信仰"（以《佛说观弥勒菩萨上生兜率天经》为主的传统）相结合，可视为西夏以"国泰民安"为主的"护国"仪式的基础。西夏的"圆教"包容了西夏佛教中的许多法门，晚期的圆融性的"忏仪仪轨"除汉传佛教法门外，另收入藏传密法，可以假设西夏佛教内自汉传佛教至藏传佛教之"护国"思想的转移为西夏佛教主要转变之一。

"官方佛教"最早传入西夏的是"汉传"佛教信仰。西夏"官方佛教"的内容则为汉传佛教的"华严信仰"（或"普贤信仰"）与"阿弥陀信仰"，并以"从上往下"传

---

① 宗舜在研究黑水城出土文献时发现了几片晚期禅宗语录残片。此事与上述"华严禅"假设不太一致，需要更深入研究。

入西夏的范式与吐蕃时期的佛法传入西藏过程有类似之处。从义学内容来看，"华严信仰"思想基础为辽代"圆教"，可以推论，西夏的"汉传"佛教在很多方面实际上是"辽传"佛教，辽与西夏文化关系紧密。西夏的"官方佛教"保留了"教观"结合的传统佛教判教观，在黑水城汉传佛教文献中有许多属于华严"法界观门"材料或受到华严思想影响的禅籍材料（所谓的"华严禅"或广智本嵩撰写的《华严法界观门通玄记》）。西夏晚期，随着藏传密法大量传入，汉传佛教的西夏"官方佛教"开始瓦解，逐渐吸收一些藏传密法，此为西夏佛教的另一种转变。不过此问题还需要进一步研究。

（原载《世界宗教研究》2013 年第 4 期）

汉文史料中的西夏番姓考辨*

佟建荣

摘　要：学界依据各类汉文典籍资料，已辑出了部分西夏姓氏，并校勘出了文献传播过程中的同名异译、脱、衍、倒、讹等讹误。本文又发现了"部曲""冬至""令王""拽厥"等若干个姓氏。汉文典籍中的这些姓氏或由于句读错误，或由于记述内容过少，长期隐埋于史料当中。此次甄别，得力于近年来公布的出土西夏文献的支撑，故出土的西夏文献在西夏姓氏及其他名词术语方面的价值应当引起学界的注意。

关键词：汉文；西夏；番姓

西夏姓氏尤其是其中的党项番姓是西夏社会历史文化的重要组成部分，其意义早在清代已被学者注意。张澍、周春即分别著有《西夏姓氏录》和《西夏书·官氏考》。当代学者汤开建先生的《张澍〈西夏姓氏录〉订误》（《兰州大学学报》1982 年第 4 期）、《党项源流新证》（《宁夏社会科学》，1996 年第 1 期）、《五代宋辽时期党项部落的分布》（《西北民族研究》1993 年第 1 期）、《隋唐时期党项部落迁徙考》（《暨南学报》1994 年第 1 期）等文章将西夏姓氏研究大大向前推进了一步。受时代与资料所限，以往学界的辑录、订正主要依据各类汉文典籍资料的对比。通过对比，辑出了部分姓氏，校勘出了部分文献传播过程中的同名异译、脱、衍、倒、讹等讹误。如《西夏姓氏录》及《西夏书·官氏考》对"把里""杂辣""讹留""纽卧"等姓氏的辑录与考证，汤

---

* 基金项目：国家社会科学基金特别委托项目子课题"西夏姓名研究"（项目号：11@ZH001）阶段性成果。

文对《西夏姓氏录》中"嵬名"与"于弥""唐兀乌密氏"，"庞静"与"巴沁"，"页允"与"野遇"等同名异译的订正。但由于汉文典籍中的姓氏多由西夏语音译而来，据音给字，部分姓氏人名翻译出来后特征并不明显，相关记述又少，即使不同类史料放在一起仍无法肯定其为姓氏还是人名，亦或是官职、地名等其他名词术语。这也是至今仍有大量姓氏隐埋于史料中的主要原因。近年来相继公布的西夏文献为我们提供了新的方向。出土的西夏文献是西夏人自己撰写的辞书、社会文书、题记、碑刻等，其中保留了大量的西夏姓氏，这些姓氏记载明确，是我们甄别汉文典籍的重要佐证。最早注意到这批资料在校勘汉文史籍方面作用的是孙伯君女士。其在《西夏番姓译正》（《民族研究》2009 年第 5 期）一文中利用西夏汉文《杂字》中的番姓，指出汉文史料中的"来离"即姓氏"来里"、"连都"即姓氏"连奴"、"乞埋"即姓氏"吃乜"、"轻泥"即姓氏"轻宁"，另"野马""麻乜""讹哆"等亦为西夏姓氏。本文即拟从汉文典籍与出土的西夏史料两方面入手，对汉文史料中的西夏部分番姓做一些甄别工作。

一、部曲

《续资治通鉴长编》卷一八五仁宗嘉祐二年（1057）二月壬戌条载："讹庞之妹使其亲信部曲嘉伊克来视之，还白所耕皆汉土，乃召还讹庞，欲还所侵地。会嘉伊克作乱诛而国母死，讹庞益得自恣。"

标点本《续资治通鉴长编》将"嘉伊克"句读为人名，容易使人望文生义，将"部曲"当为"嘉伊克"之身份。"部曲"实则为姓氏。

此事件又见于《宋会要》兵二七之四一："讹庞之姊使其亲信部细皆移者来视之，还白所耕皆汉土，乃召还讹庞，欲还所侵地。会皆移作乱诛而国母死，讹庞益自得，正月领兵至境上，比及三月，稍益至数万人。"显然"部曲嘉伊克"即"部细皆移"。

《宋朝事实类苑》卷七五亦记有"部细皆移"，"始数岁，其母专制国事，兄子没藏猥庞为相，母私幸。胡人部细皆移恣横，大臣屡请诛之，母不听。嘉祐元年九月，部细皆移谋乱，杀国母，没藏猥庞引兵入宫诛之，其父与左厢军马副使就杀之。"

《续资治通鉴长编》中"会嘉伊克作乱诛而国母死"与《宋朝事实类苑》中"部细皆移谋乱，杀国母"而被诛，应是同一事件，故"部曲嘉伊克"即"部细皆移"。

查印影本《续资治通鉴长编》其写法亦为"部曲嘉伊克"，所以，标点本中"部曲"当为"部细"之形近讹，而"嘉伊克"则为"皆移"四库馆臣之改译，标点本回改不尽。

又，《续资治通鉴长编》卷一八四仁宗嘉祐元年（1056）十二月甲子条记有"补细吃多巳者"，"初，李守贵者尝为遇乞掌出纳，补细吃多巳者，尝侍曩霄及没藏氏于戒坛院，故出入没藏氏所无所间。没藏氏既通守贵，又通吃多巳。守贵愤怒，于是杀吃多巳及没藏氏"。

文中"补细吃多巳"在其后的注文中称："补细相公，即吃多巳也"，可知"补细"为姓氏。

《东都事略》卷一二八载："李守贵者，尝与遇乞掌出纳宝；保细吃多已者，尝侍曩霄及没藏氏于佛舍，故出入无所间；没藏尼既通守贵，又通吃多已，李守贵杀吃多已及没藏尼。"

显然"补细吃多巳"又作"保细吃多已"。"补细"，"保细"之同音异译，"巳"，"已"之形近字，黑水城出土刻本文献中"己""已"常被刻作"巳"，所以此处"巳"也可能是"已"的讹写。

"守贵愤怒，于是杀吃多巳及没藏氏"之事，与《续资治通鉴长编》卷一八五、《宋会要》所记故事虽略有差别，但都是国母及其亲信被杀一事。又，"补细"与"部细"音近，"吃多巳"若据《东都事略》纠正为"吃多已"的话，其音又与"皆移"近，因此"补细吃多巳""保细吃多已"应当即"部细皆移""部曲嘉伊克"。

所以，《续资治通鉴长编》卷一八五仁宗嘉祐二年（1057）二月壬戌中的"部曲"，当为"嘉伊克"之姓而非身份，为"部细"之形近讹误，其在其他文献中又用汉字"补细""保细"对译。

二、冬至

《续资治通鉴长编》卷三三九神宗元丰六年（1083）九月丁卯条记，鄜延路经略司奏："据顺宁寨言：'西界把口小首领冬至讹，指说环庆路兵入西界，杀两流人马。'"

《续资治通鉴长编》标点本将"冬至讹"句读为"冬至，讹"，"冬至"易被理解为"冬天到达"之意。

此条内容为元丰六年（1083）九月经略司上奏，所以，西界把口小首领到达之时应当在九月之前；再者，该条文后，又记鄜延路上言："兼八月后，本路累以巡防探事为名，遣兵出界，各有斩获，并夺到挈畜。"所言之事，正好与把口小首领"指说"的"环庆路兵入西界，杀人马之事"相符，所以，将该句理解为把口小首领"冬天到达"是错误的，"指说"显然有误，因为九月份记载的"指说八月份的事"，不可能是还未来临的冬天。

此句的正确句读应为"西界把口小首领冬至讹指说，环庆路兵入西界，杀两流人马"。

其中"冬至"为西夏番姓，"讹"为人名，"冬至讹"为把口小首领的姓名。另，西夏文献中有姓氏"冬至"对应的西夏文①，所以，标点本《续资治通鉴长编》句读讹误，这不但造成了史料理解上的困难，还将以节气命名的重要姓氏隐没于史料中。

三、令王

《宋史》卷一八《哲宗本纪》载："庚申，知府州折克行获夏国钤辖令王皆保。"此内容又见于《续资治通鉴长编》卷五〇七哲宗元符二年（1099）三月庚申及《宋会要》方域二一之一。其中，中华书局标点本《宋史》及《续资治通鉴长编》皆将"折克行"所获夏国钤辖句读为"王皆保"，其实为"令王皆保"，其中"令王"为姓，"皆保"为人名。

查有关西夏职官，只有"钤辖"而无"钤辖令"。西夏姓氏现虽未发现与"令王"直接对应的西夏姓氏，但却有多个以"令"开头的双音节姓氏。《凉州重修护国寺感通塔碑铭》（中 18·87②）汉文碑文中有姓氏"令介"，与西夏文碑铭中有对应的西夏文写法。被音译为"令"的那个西夏文，在西夏文《杂字·番姓名》又与其他字组成可以被译为"令汝""令特""令命""令玉""令狄"③的姓氏，"令王"与这些姓氏的构成形式一致，也应当是一个西夏姓氏，标点本《宋史》及《续资治通鉴长编》中句读错误。

四、令分

《宋史》卷四八六《夏国传》载："（谔）克米脂，降守将令分讹遇。"

此内容又见于《宋史》卷三三五《种世衡传》载："夏兵八万来援，谔御之无定川，伏兵发，断其首尾，大破之，降守将令介讹遇。"《宋史》卷三三四《高永能传》、《续资治通鉴长编》卷三一七神宗元丰四年（1081）十月丁巳也有此事件的记述，其中的米脂守将亦均记为"令介讹遇"。"令分讹遇""令介讹遇"同一人，"令介""令分"为形近讹误。查西夏史料，其中有姓氏"令介"，见上文"令王"条，故，《宋史》卷

---

① 佟建荣：《西夏番姓汉译再研究》，《民族研究》2013 年第 2 期，第 90—96 页。

② "中"指《中国藏西夏文献》，"18"指册数，"87"指页码。

③ 王静如、李范文：《西夏文〈杂字〉研究》，《西北民族研究》1997 年第 2 期，第 67—86 页。

四八六《夏国传》"令分"当为"令介"之讹。

五、母米

《续资治通鉴长编》卷一一五仁宗景祐元年（1034）七月丁卯条载："母米氏族人山喜，谋杀元昊，事觉，元昊杀其母。"中华书局标点本中将"母米氏"理解为"母"是"米氏"。仅从此一句看，中华书局点校本似不存在问题，元昊母"米氏"，山喜为"米氏族人"，故山喜谋杀元昊事败后，元昊杀母及山喜，元昊母及山喜皆为"米氏"。

《续资治通鉴长编》卷一一一仁宗明道元年（1032）十一月壬辰条载："夏王赵德明凡娶三姓，米母氏生元昊。"《续资治通鉴长编》卷一六二仁宗庆历八年（1048）正月辛未条记："曩霄凡七娶：一曰米母氏，舅女也。"据此，可知元昊母、妻皆出"米母氏"，而非"米氏"。

又《东都事略》卷一二七《夏国传》中有"母米氏族人山喜，谋杀元昊"及"元昊凡七娶：一曰母米氏"。显然此记载与《续资治通鉴长编》卷一一五记载一致，皆将元昊母、妻姓记为"母米氏"。但《续资治通鉴长编》又记"米母氏生元昊"，究竟为"米母"还是"母米"？

《宋史》卷四八五《夏国传上》记："德明娶三姓，卫慕氏生元昊。""（元昊）母曰惠慈敦爱皇后卫慕氏……母卫慕氏死，遣使来告哀，起复镇军大将军、左金吾卫上将军，员外置同正员。"

显然此处"卫慕"当为"米母"之形近"未母"的同音异译字。所以，《东都事略》中及《续资治通鉴长编》卷一一五"母米氏族人"当为"米母氏族人"之讹，"母米氏"为"米母氏"颠倒之讹。标点本《续资治通鉴长编》既存颠倒之讹，又有句读之误，"米母"为西夏姓氏。

六、拽臼

《宋史》卷七《真宗本纪》载："石、隰都巡检使言绥州东山蕃部军使拽臼等内属。"《宋史》卷四九一《党项传》及《续资治通鉴长编》卷五四真宗咸平六年（1003）三月壬辰条记载与其相同。

寥寥数字，无法判断"拽臼"为军使名或人名或姓氏。"拽"有母薛韵，"臼"有韵群母，与西夏文《杂字·番姓名》中第 207 个姓氏语音与"拽臼"相通①，故此当为一个姓氏，汉文中常有对少数民族人物只记姓或只记名的习惯。

七、拽厥（槐厥）

《续资治通鉴长编》卷三八二哲宗元祐元年（1086）七月壬戌条下注："元丰八年四月二十二日获夏人槐厥嵬名，皆已自待制迁龙图直矣。"标点本《续资治通鉴长编》只将"嵬名"释为人名，韩荫晟在《党项与西夏历史资料汇编》中将"槐厥"定为官职②，综考诸史，"槐厥"实则为西夏姓氏。

《续资治通鉴长编》卷三五六神宗元丰八年（1085）五月丙辰条载："环庆路经略司蕃部巡检贝威等领兵入西界，至贺罗原与贼战，有蕃弓箭手岁尾、昌移，获西界宥州正监军、伪驸马槐厥嵬名，其人乃任事酋首，乞优赏之。诏岁尾、昌移各转三资，赐绢五十匹。"《续资治通鉴长编》卷三五四神宗元丰八年（1085）四月甲申条环庆路经略司言："蕃官贝威等讨西贼，获宥州正监军伪驸马拽厥嵬名。诏具功状以闻，拽厥嵬名仍押赴阙。"条下注："元丰八年四月，夏人拽厥嵬名宿重兵于贺兰原，时出盗边，（赵）卨遣将李照用、蕃官归仁各领兵三千，左右分击……生擒嵬名，斩首领六，获战马七百，牛羊、老幼三万余。迁龙图直学士，朝奉大夫，复帅延安。"

"槐厥嵬名"即"拽厥嵬名"。从元丰八年（1085）及迁龙图直学士等信息来看，《续资治通鉴长编》卷三八二中的"槐厥嵬名"，即《续资治通鉴长编》卷三五四、卷三五六所记"槐厥嵬名"，其身份为"驸马"。既为西夏驸马，其"嵬名"当为妻姓，而其前面的"槐厥"当为本姓，而不会是其官职名，史金波先生亦依据出土文献中类似的双性联用，指出这种现象为联婚的产物③。"槐厥嵬名"还见于《宋史》卷三三二《赵卨传》，其内容同《续资治通鉴长编》卷三五四神宗元丰八年（1085）四月甲申条下注。

八、威名

《续资治通鉴长编》卷二三五熙宁五年（1072）七月乙未条下注文《司马光日记》

---

① 王静如、李范文：《西夏文〈杂字〉研究》，《西北民族研究》1997 年第 2 期，第 67—86 页。
② 韩荫晟：《党项与西夏历史资料汇编》中卷，银川：宁夏人民出版社，2000 年，第 4626 页。
③ 史金波：《西夏文化》，长春：吉林教育出版社，1986 年，第 12 页。

载：熙宁四年（1071）十月十三日，吴积曰："威名沙克弟亡在折继世所，继世以种谔夜引兵抵其居土窟中，使其弟叩门呼曰：'官军大集，兄速降，不则灭族。'沙克使内其手扪之，少一指，信之，遂率数千户二万余口降，已而见官军少，大悔之。"沙克今为供备使、高州刺史。

《宋史》卷三三五《种世衡传》云："夏将嵬名山部落在故绥州，其弟夷山先降，谔使人因夷山以诱之，赂以金盂，名山小吏李文喜受而许降，而名山未之知也。"夷山呼曰："兄已约降，何为如是？"

两处事件，皆为种谔以弟诱兄降，且"威名沙克"与"嵬名山"音近，当为同一人。查史料《续资治通鉴长编》标点本及影印本皆作"威名沙克"，当为清四库馆臣之改译，标点本回改未尽。"嵬名山"绥州将，归宋"赐姓名赵怀顺"[①]。其在标点本及影印本《续资治通鉴长编》中又皆被记为"威明善"[②]。"威明"和"威名"皆"嵬名"的清四库馆臣译法。"嵬名"西夏君王姓，宋明道元年（1032），元昊继位后，"自号嵬名吾祖"[③]，为俄Дх2822《杂字·番姓名》中的第一个姓氏，与其帝王之尊相符。《西夏史稿》中指出："嵬名"，《续资治通鉴长编》作"威明"；《元史》则作"於弥"、"乌密"、"吾密"等，都是帝王姓的音译。[④]此处需补充的是标点本《续资治通鉴长编》中既有"嵬名"，又有"威明"，还有"威名"，其中"威明"和"威名"皆为标点本回改不尽。

九、星多

《续资治通鉴长编》卷四〇七哲宗元祐二年（1087）十二月丁未条载："今夏国酋豪……许其管勾人马者，不过如威明特克济沙克星多贝中彻辰之类三数人而已。"标点本句读为"威明特克济、沙克星多、贝中彻辰之类三数人"。人名句读错误，误将姓氏当人名。"星多"与其后的"贝中"构成人名"星多贝中"，"星多"是姓氏。

"星多贝中"又见于影印本《续资治通鉴长编》卷四四七哲宗元祐五年（1090）八月庚申条及《续资治通鉴长编》卷五一六元符二年（1099）九月壬辰条。内容分别为："明年，星多贝中以兵袭泾原，杀掠弓箭手数千人而去。""夏国遣星多贝中、达克摩等三监军，率众助之，合十余万人。"同样的史料又分别见于《栾城后集》及《琬琰集》，

---

① ［元］脱脱等：《宋史》卷一四，北京：中华书局，1977 年，第 272 页。
② ［宋］李焘：《续资治通鉴长编》卷四七六，北京：中华书局，2004 年，第 11343 页。
③ ［元］脱脱等：《宋史》卷二四四，北京：中华书局，1977 年，第 13993 页。
④ 吴天墀：《西夏史稿》，北京：商务印书馆，2010 年，第 30 页。

只是"星多贝中"被记作"人多保忠"，标点本《续资治通鉴长编》中分别作"人多保忠"和"仁多保忠"，"人多"即"仁多"。标点本《续资治通鉴长编》卷三三一神宗元丰五年（1082）十一月乙巳条、卷三一九元丰四年十一月己丑条有"星多哩鼎"，两者为同一人。其中卷三一九元丰四年（1081）十一月己丑条载："军行至天都山下营，西贼借称南牟，内有七殿，其府库、馆舍皆已焚之。又至啰通州捕获间谍，审问得酋首威明、统军星多哩鼎人马辎重，与本司行营不远，寻勒将兵追袭，斩级千余，生擒百余人，掳牛羊孳畜万计。"又，《宋会要》兵一四之一九载："（元丰四年十一月）熙河路都大经制司言：军行至天都山下营，西贼借称南牟，内有七殿，其府库、馆舍皆已焚之。又至罗通川，追袭酋嵬名、统军人多唛丁，人马斩获千余，生擒百余人，掳牛羊孳畜万计。"两处内容事件完全一致，只是《宋会要》将"星多哩鼎"记为"人多唛丁"。标点本《续资治通鉴长编》卷四六七哲宗元祐六年（1091）十月甲戌条枢密院上言："夏国首领人多保忠，乃昔日唛丁之子，久据西南部落。"此"人多保忠""人多唛丁"即"星多保忠""星多贝中""星多唛丁"，"星多"即"人多"或"仁多"。

综上所考"星多贝中"当为清四库馆臣之改译，标点本《续资治通鉴长编》卷三三一神宗元丰五年（1082）十一月乙巳条、卷三一九元丰四年（1081）十一月己丑条、卷四〇七哲宗元祐二年（1087）十二月丁未条皆未回改为宋译法，且卷四〇七句读错误。

十、耀密

《续资治通鉴长编》卷二七三神宗熙宁九年（1076）二月癸丑条载："权知鄜州王文郁、通判麻元伯言，西界右厢把边头首耀密楚美以下三十余人乞纳土归顺。"《续资治通鉴长编》卷五〇六哲宗元符二年（1099）二月辛卯条载："枢密院言，河东经略司奏：'投来西界伪钤辖耀密漪等，虽无文凭，缘有旧管蕃官指证不虚'。诏河东经略司依伪钤辖例补官及支赐。"

两处史料中"耀密"当为西夏姓氏，为西夏文献中的"药乜"之异译。"药乜"俄Дx2822《杂字·番姓名》第3个姓氏（俄6·138）。《凉州重修护国寺感通塔碑铭》中亦载："庆寺监修都大勾当行宫三司正兼圣容寺感通塔两众提举律晶赐绯僧药乜永诠。"在塔碑铭文中"永诠"字号小一号，以示"药乜"为姓氏。

在《广韵》中"药"与"耀"皆以母字，音近。"乜"，《广韵》中释为"弥也切，上马明"，"密"美笔臻开三入质明，"乜""密"音近。另外，在宋代史料中"乜"与

"密"经常互为异译，如族名"乜臼"即译为"密觉"①，所以，"耀密"当即"药乜"，为西夏姓氏。

十一、穆纳

《续资治通鉴长编》卷四九一哲宗绍圣四年（1097）九月丙辰条载："熙河兰岷路经略司奏西界归附带牌天使穆纳僧格，法当补内殿崇班。诏穆纳僧格为系降敕榜后率先归顺首领，特与礼宾副使，充兰州部落子巡检，仍赐金带银器。"此处"穆纳"为一西夏姓氏，且为"谋宁"之改译。

"穆纳"，《续通志·氏族略》云："穆纳氏，夏武功大夫穆纳好德、御史大夫穆纳光祖。"《续通志·氏族略》中"穆纳好德"和"穆纳光祖"摘录于《金史》，《金史》卷六一《交聘表中》载："（世宗大定二十一年）正月戊申朔，夏遣武功大夫谋宁好德、宣德郎郝处俊贺正旦。"《金史》卷六二《交聘表下》载："泰和六年十二月乙丑，夏御史大夫谋宁光祖、翰林学士张公甫封册。"

显然"穆纳"为"谋宁"的清四库馆臣之改译，"穆纳僧格"在《续资治通鉴长编》影印本及标点本中记法一致，所以，其中的"穆纳"亦出自清四库馆臣之手，《续资治通鉴长编》标点本中未回改。

十二、麻女（麻也、麻七）

《续资治通鉴长编》卷三一六神宗元丰四年（1081）九月庚戌条记载："种谔攻围米脂寨……擒其将都按官麻女阣多革等七人。"《续资治通鉴长编》卷三一八神宗元丰四年（1081）十月丙寅条载："种谔言：'捕获西界伪枢密院都案官麻女吃多革，熟知兴、灵等州道路、粮窖处所，及十二监军司所管兵数。已补借职，军前驱使'。"

从时间逻辑及"种谔""都案官"等信息看，"麻女阣多革"即"麻女吃多革"。

麻也，《续资治通鉴长编》卷三一八神宗元丰四年（1081）十月丙子条又记，种谔言："蕃官三班差使麻也讹赏等，十月丙寅于西界德靖镇七里平山上，得西人谷窖大小百余所，约八万石，拨与转运司及河东转运司。"

---

① 佟建荣：《汉文史料中党项与西夏族名异译考》，杜建录主编：《西夏学》第六辑，上海：上海古籍出版社，2010年，第156—163页。

麻七，《续资治通鉴长编》卷三一九神宗元丰四年（1081）十一月甲申，种谔言："蕃官借职刘良保、麻七讹赏二人为军向导，自绥德城出横山至夏州，水草丰足，及差使高福进指发官私窖谷，军粮充备，已补右班殿直。"

同为种谔上言，"德靖镇"与"绥德城横山"在地理上亦相符，所以为军向异的"麻也讹赏"与"麻七讹赏"当为同一人，"麻也"与"麻七"同名异译。

再者，《续资治通鉴长编》卷三一八元丰四年（1081）十月丙子种谔言"麻也讹赏"于十月丙寅得"西人谷窖"及卷三一九元丰四年（1081）十一月甲申条"蕃官借职刘良保、麻七讹赏"为向导，指发西夏官私窑谷，又与卷三一八神宗元丰四年（1081）十月丙寅所记"麻女吃多革"在官职及事件上都相符，所以，"麻七讹赏"即"麻女吃多革"，其中的"麻女""麻七""麻也"字形相近。

"麻女""麻七""麻也"当皆为西夏姓氏"麻乜"之讹。"麻乜"，俄Дx2822《杂字·番姓名》中第38个姓氏（俄6·138）。

《榆林府志》卷四七《折武恭克行神道碑阴》载："麻乜族皇城使……。"姓氏出族名。

《续资治通鉴长编》卷五一〇哲宗元符二年（1099）五月乙卯条记，河东经略司言："靖化堡麻也族蕃官移舁元是衙头背鬼，投汉累为乡道，致获全胜。近随折可大讨荡，夺渡过河，率先立功，乞给与驿券。"

"麻也族"所在"靖化堡"府州堡寨，地理上与上"麻乜"相符，疑为同一部族，"麻也"为"麻乜"之误。

所以，与"麻也族"为"麻乜族"之误类似，疑"麻女""麻七""麻也"亦可能为姓氏"麻乜"之形近讹字。

十三、悟儿

《宋史》卷四四六《朱昭传》载："其酋悟儿思齐介胄来，以毡盾自蔽，邀昭计事。……思齐却盾而前，数宋朝失信。"

在人名"悟儿思齐"中，"思齐"有具体的含义，而"悟儿"则为不表达意义的音译字。这种构成，符合汉文翻译西夏人名时姓氏音译、人名意译的习惯[1]，前文的"人多保忠"与"谋宁好德"等就是此译法。另，西夏文《杂字·番姓名》中第54个姓氏被

---

[1] 史金波：《西夏文化》，长春：吉林教育出版社，1986年，第12页。

音译为"讹二"①。中古音中"悟"为疑母字，与"讹"同音，此"悟儿"亦当"讹二"，为一个西夏姓氏。

从以上考订我们可以看出汉文史料中西夏姓氏的甄别，既需要传统史料之间的仔细对比，又需要出土文献（包括汉文与西夏文两类）的支撑。如"冬至"如果没有西夏文《义同》中的姓氏与其对应，将其定为姓氏也是没有什么说服力的。同样，"耀密"和"悟儿"即使没有点校讹误，仅凭传统汉文典籍就将说成是西夏姓氏，也恐怕有失严谨。姓氏如此，汉文史料中的其他专有名词如职官、地名、动植物名也应该如此。所以，笔者在此希望学界在对汉文史料中有关名词术语作解释时，要充分认识到出土西夏文献的作用，毕竟西夏文献是西夏人自己的记录，很多的名词术语可能是汉文典籍的源出。

[原载《中央民族大学学报》（哲学社会科学版）2016 年第 4 期]

① 王静如、李范文：《西夏文〈杂字〉研究》，《西北民族研究》1997 年第 2 期，第 67—86 页。

西夏番姓汉译再研究*

佟建荣

摘　要： 西夏番姓资料尤其是近些年来面世的西夏文资料，对研究西夏社会历史有着重要的意义，但由于缺失汉文史料的校勘，不但译法混乱，且西夏文史料与汉文史料互不关联，使得这批珍贵的资料在实际研究中很难应用。本文利用史料考证及语音分析的方法，为31组西夏番姓做了夏汉勘同，密切了汉文史料与西夏文史料的联系，并用勘同结果规范统一了学界已有的各种译法。

关键词： 西夏；番姓；汉译

近些年来，随着《俄藏黑水城文献》《中国藏西夏文献》等大型西夏文献的相继出版，大量的西夏番姓资料得以面世。其中西夏文《杂字》中有专门的番姓部、《新集碎金置掌文》中含有番姓构成的对联，《义同》第六卷《尊敬篇》前部分即为番姓的汇集，《文海》《同音》中也存在大量被注以族姓的词条。另外，西夏文书、碑刻、印章、题记中也出现了相当数量的西夏人名。伴随着西夏文献的解读，这些姓氏也逐渐受到关注。专门的成果有史金波先生的《西夏官印姓氏考》。其他如《文海研究》《同音研究》也对涉及的姓氏进行了释读。但这些研究大都是就西夏文而释读西夏文，造成无统一标准，译法纷乱，更重要的是西夏文姓氏大多以词目形式出现，相关信息较少，如果不与汉文史料相对应，很难在西夏社会历史研究中得到应用。2009 年，孙伯君老师在《民族研究》

---

* 基金项目：国家社会科学基金特别委托项目子课题"西夏姓名研究"（项目编号：11@ZH001）阶段性成果。

发表《西夏番姓译正》一文，该文首次提出要解决西夏姓氏的夏汉关联问题，并对汉文《杂字·番姓名》中的44个番姓做了夏汉勘同，笔者拟在此基础上，做进一步的勘同工作，不当之处，敬请方家指正。

一、卫慕　𗾓𘃩

《宋史》卷四八五《夏国传上》载："德明娶三姓，卫慕氏生元昊。"按"卫慕"勘同西夏文"𗾓𘃩"wji-bu，见西夏文《杂字·番姓名》第69个姓氏（俄10·48）[①]，《新集碎金置掌文》（俄10·109）、《文海》（中7·122）、《义同》（俄10·75）中均收录。《西夏文〈杂字〉研究》[②]、《西夏文本〈碎金〉研究》[③]译为"卫慕"，是。《文海研究》[④]误译为"未谋"，当改译"卫慕"。

二、令介　𗥦𘜶

《宋史》卷三三五《种世衡传》载："降守将令介讹遇。"《凉州重修护国寺感通塔碑》（中18·87）汉文碑文有"塔寺小监崇圣寺僧正赐绯僧令介成庞"，西夏碑文（中18·93）作"𗥦𘜶𘝿𗾻"，则"令介"即西夏文"𗥦𘜶"lhjij-kiei，见西夏文《杂字·番姓名》第23个姓氏（俄10·48），《新集碎金置掌文》（俄10·109）中收录，《天庆寅年会款单》中有𗥦𘜶𗙴𘖑𘗽（中16·257）。《西夏文〈杂字〉研究》译为"呤介"，当改译"令介"，《西夏文本〈碎金〉研究》、《〈甘肃武威发现的西夏文考释〉质疑》[⑤]均译为"令介"，是。

[①] 文中括注一律采用"著作+卷（册）数+页码"的格式，不分卷者为"著作+页码"。其中，"俄"指《俄藏黑水城文献》，上海：上海古籍出版社，1996—2019年；"中"指《中国藏西夏文献》，兰州：甘肃人民出版社、敦煌文艺出版社，2005—2007年；"英"指《英藏黑水城文献》，上海：上海古籍出版社，2004—2005年；"斯"指《斯坦因第三次中亚考古所获汉文文献（非佛经部分）》，上海：上海辞书出版社，2005年；"КТБП"指Е. И. Кычанов，*Каталог тангутских буддийских памятников*，Киото：Университет Кито，1999；"同"指李范文：《同音研究》，银川：宁夏人民出版社，1986年。

[②] 王静如、李范文：《西夏文〈杂字〉研究》，《西北民族研究》1997第2期，第67—86页此出处同，不再出注。

[③] 聂鸿音、史金波：《西夏文本〈碎金〉研究》，《宁夏大学学报》（社会科学版）1995年第2期，第8—15页此出处同，不再出注。

[④] 史金波、白滨、黄振华：《文海研究》，北京：中国社会科学出版社，1983年，第398页，此出处同，不再出注。

[⑤] 史金波：《〈甘肃武威发现的西夏文考释〉质疑》，《考古》1974年第6期，第394—397页此出处同，不再出注。

三、冬至　𗣼𗀾

《续资治通鉴长编》卷三三九神宗元丰六年（1083）九月丁卯条记，鄜延路经略司奏："据顺宁寨言：西界把口小首领冬至讹，指说环庆路兵入西界，杀两流人马。"

《续资治通鉴长编》标点本将"冬至讹"名读为"冬至，讹"，"冬至"易被理解为"冬天到达"之意。

此条内容为元丰六年（1083）九月经略司上奏，所以，西界把口小首领到达之时应当在九月之前；再者，该条文后，又记鄜延路卜言，"兼八月后，本路累以巡防探事为名，遣兵出界"。所言之事，正好与"把口小首领""指说"的"环庆路兵入西界，杀人马之事"相符，所以，把口小首领"冬至"显然有误。

此句的正确名读应为"西界把口小首领冬至讹指说，环庆路兵入西界，杀两流人马"。

其中，"冬至"是西夏蕃姓，"讹"是人名。按，"冬至"勘同西夏文"𗣼𗀾"tũ-tśji，《同音》（俄 7·37）、《文海》（中 7·166）中收录，被释为汉语中"冬至"之借词，《义同》（俄 10·76）作姓氏收录。"𗣼𗀾"在语音、语义上都与汉文史料中的"冬至"相通。

四、宁浪　𗁬𗵉

《金石萃编》卷一四七《折克行神道碑》一上载："击宁浪□□□□□于吐浑河。"

按，"宁浪"勘同西夏文姓氏"𗁬𗵉"njij-low，见西夏文《杂字·番姓名》第 150 个姓氏（俄 10·49）；西夏文写本《经咒》〔N21.012［F028］〕中有𗁬𗵉𗩾𗢍𘕿（中 15·130）。《西夏文〈杂字〉研究》译为"宁浪"，是。

五、吃埕　𗹝𗅻

西夏汉文《杂字·番姓名》第 29 个姓氏（俄 6·138），按，其中"埕"即"泥"，"吃埕"勘同西夏文𗹝𗅻 khjij-dji，见于西夏文《杂字·番姓名》第 154 个姓氏（俄 10·49），《文海》中收录（中 7·143）。在中古西北方音中"吃"溪母，"泥"读如定母。《文海研究》中译为"契狁",当改译为"吃塸"。

"吃塸",《西夏番姓译正》将其勘同于觊愍。觊愍见于《义同》第6面第6行第11、12字,不见于其他文献。《义同》中姓氏编排并不严格,同一姓氏中的两个字经常分开而排,除非有其他资料验证,否则不能将排在一起的双字断定为一个姓氏,所以,"吃塸"与觊愍的对应关系,有待史料的进一步补充。

六、哆讹 絭愍

《天庆年间裴松寿处典麦契》中有"哆讹乙令文"(斯1·203)。《宋史》卷四八六《夏国传下》有"武臣哆讹等随之。"按"哆讹"勘同西夏文"絭愍"zjwį-˙o,见于西夏文《杂字·番姓名》第42个姓氏(俄10·48),《新集碎金置掌文》(俄10·110)中收录;《光定未年谷物借文书》中有絭愍嬲媡、絭愍核靝碗[1];《僧人名单》[M21·l51〔F1:W60/00601〕]中有絭愍□□(中17·251);Инв.No.2163号佛经中有絭愍煮媺(KTБП206);故宫藏明代西夏文经卷发愿文中4处絭愍,保定出土明代西夏文石幢有一处[2]。《西夏文〈杂字〉研究》《西夏文本〈碎金〉研究》《西夏文·谷物借贷文书私见——俄罗斯科学院东方学研究所列宁格勒分所藏 NO.954 再读》中均译为"哆讹",是。

七、讹留 愍菡

《金史》卷六一《交聘表中》中有"夏武功大夫讹留元智"。按"讹留"勘同西夏文"愍菡"˙o-ljiw,见于西夏文《杂字·番姓名》第58个姓氏(俄10·48);《天庆寅年会款单》中有愍菡斁弦髯(中16·257)。《西夏文〈杂字〉研究》、《西夏文化·西夏姓氏和亲属称谓》[3]和《〈甘肃武威发现的西夏文考释〉质疑》中均译为"讹六",当改译为"讹留"。

---

① 松泽博:《西夏文·谷物借贷文书私见(3)——俄罗斯科学院东方学研究所列宁格勒分所藏 No.954 再读》所附图版,《东洋史苑》1996 年第 46 号,第 5—24 页。

② 史金波、白滨:《明代西夏文经卷和石幢初探》,白滨:《西夏史论文集》,银川:宁夏人民出版社,1984 年,第 574—594 页。

③ 史金波:《西夏姓氏和亲属称谓》,《西夏文化》,上海:上海辞书出版社,2005 年,此出处下同,不再出注。

八、讹啰 𗈪𗸯

《宋史》卷四八六《夏国传下》载“（元祐元年六月）复遣讹啰聿来求所侵兰州、米脂等五寨。”按“讹啰”西夏文勘同“𗈪𗸯”ŋwə-rar。见西夏文《杂字·番姓名》第31个姓氏（俄10·48），榆林窟第29窟中有𗈪𗸯𘘚𗹨𗗙（中18·248）；《西夏陵园出土残碑译释拾补》中有𗈪𗸯[①]。𗈪𗸯，《西夏文〈杂字〉研究》《莫高窟榆林西夏文题记研究》中均译为“讹啰”，是。《西夏陵园出土残碑译释拾补》中译为“兀啰”[②]，当改译为“讹啰”。

九、讹静 𗼃𘟣

《西夏天庆年间裴松寿典麦契》（斯1·197）有“知见人讹静□□”。按，“讹静”勘同西夏文“𗼃𘟣”·o-tshjij，见于西夏文《杂字·番姓名》第59个姓氏（俄10·48），《义同》卷尾有𗼃𘟣𘂆𗡞𗪘（俄10·101）。“静”中古西北方音中鼻音韵尾-ŋ失落，读音𘟣。《西夏文〈杂字〉研究》及《西夏文化·西夏姓氏和亲属称谓》中均译为“讹七”，当改译为“讹静”。

十、讹藏 𗈪𗄴

《白毛凉子等物账》中有“讹藏嵬名”（英4·34）。《续资治通鉴长编》卷三五六元丰八年（1085）五月丙辰条有“西界宥州正监军、伪驸马椇厥嵬名”。即为驸马则“嵬名”妻姓，本姓为“椇厥”。“讹藏嵬名”格式同“椇厥嵬名”，本姓加妻姓，“讹藏”姓氏也。按，“讹藏”勘同西夏文“𗈪𗄴”ŋwə-dzow，见西夏文《杂字·番姓名》第3个姓氏（俄10·48）；活字版西夏文《德行集》卷尾校印款题中有𗈪𗄴𗑱𗥃（俄11·142）；西夏文《金光明最胜王经》跋中有𗈪𗄴𗗚𗤁（中4·86）。《西夏文〈杂字〉研究》译为“讹藏”，《西夏文德行集研究》译为“讹里”，《西夏文〈金光明最胜王经〉序跋考》译为“鱼各尼则”[③]，当统一改译为“讹藏”。

---

① 史金波：《西夏陵园出土残碑》，《西北民族研究》1986年第1期，第158—166页。
② 史金波：《西夏陵园出土残碑译释拾补》，《西北民族研究》1986年第1期，第158—166页。
③ 史金波：《西夏文〈金光明最胜王经〉序跋考》，《世界宗教研究》1983年第3期，第45—53页此出处下同，不再出注。

十一、没哆　𗂧𘛛

《宋史》卷四八五《夏国传上》载："（元昊）凡五娶……四曰妃没哆氏。"按"没哆"勘同西夏文"𗂧𘛛"mə-zji，见于西夏文《杂字·番姓名》第 128 个姓氏（俄 10·49）。《西夏文〈杂字〉研究》译为"莫哆"，当改译为"没哆"。

十二、没细　𗴂𗧾

《松漠记闻下》卷二一云："大使武功郎没细好德。"按"没细"勘同西夏文"𗴂𗧾"mə-sji。西夏文《天下共乐歌》有𗴂𗧾𗯨𗦳（俄 10·312）；《僧人名单》中有𗴂𗧾𗥃𘊷（中 17·251）；Инв.No.1428 佛经号𘊷𗦴𗮀𘄄𗄐𗴂𗧾𘛑𗙷（КТБП250）。《西夏文〈天下共乐歌〉〈劝世歌〉考释》中译为"没息"①，当改译"没细"。

十三、没啰　𗴂𗠟

《宋史》卷十六《神宗本纪》云："斩大首领没啰卧沙。"按"没啰"勘同西夏文"𗴂𗠟"mə-rar，西夏文《天盛二十二年卖地文契》（俄Инв.No.5010）中有𗴂𗠟𗧱𘃡、𗴂𗠟𗒅𘏐、𗴂𗠟𘋚𘅓②。𗴂𗠟，《西夏文〈天盛二十二年卖地文契〉考释》译为"没啰"③，是。

十四、没赏　𗪙𗫴

《西夏乾祐十四年安推官文书》中有人名"知见人没赏……"（俄 6·300）。按"没赏"勘同西夏文"𗪙𗫴"bə-śjo，见于西夏文《过去庄严劫千佛名经》发愿文中（中 6·59），《西夏文〈过去庄严劫千佛名经〉发愿文译证》译为"没尚"④，当改译"没赏"。

---

① 聂鸿音：《西夏文〈天下共乐歌〉〈劝世歌〉考释》，《宁夏社会科学》2000 年第 3 期，第 101—103 页。

② 黄振华：《西夏文〈天盛二十二年卖地文契〉考释》，白滨：《西夏史论文集》，银川：宁夏人民出版社，1984 年，第 313—319 页。

③ 黄振华：《西夏文〈天盛二十二年卖地文契〉考释》，白滨：《西夏史论文集》，银川：宁夏人民出版社，1984 年，第 313—319 页。

④ 史金波：《西夏文〈过去庄严劫千佛名经〉发愿文译证》，《世界宗教研究》1981 年第 1 期，第 64—76 页。

十五、卧　牋

《凉州重修护国寺感通塔碑》汉文碑铭中有"卧屈皆"（中18·87）。其中"屈皆"字体小一号，随于"卧"之后，该碑名的汉姓人名亦用此书写格式，如"刘屈栗崖"，其中后三字"屈栗崖"小写，置于"刘"之后，以标姓、名之别，据此推断，"卧"为姓，"屈皆"为名。《金史》卷六二《交聘表下》载："夏武节大夫卧德忠。"

按，"卧"勘同西夏文"牋"ow，《同音》（俄7·50）收录，且释为族姓；《凉州重修护国寺感通塔碑》（中18·92）西夏文碑铭中有牋繝繺，刻本《天盛改旧新定律令·颁律表》中有牋赺帗（俄8·47）。其中，《凉州重修护国寺感通塔碑》中牋繝繺与汉文碑铭"卧屈皆"对应，"卧"，"牋"之汉语对音。《同音研究》译为"拥"，当改译为"卧"[1]，《天盛改旧新定律令》译为"卧"[2]，是。

汉文史料中有多处以"卧"开头的人名，疑为"卧"姓人名。

《续资治通鉴长编》卷五一真宗咸平五年（1002）正月乙卯条载："李继迁部卧浪己"；《续资治通鉴长编》卷一三八仁宗庆历二年（1042）十二月乙丑条载："文贵复持刚浪凌及其弟旺令、嵬名嚷、卧誉净等书抵籍议和"；《续资治通鉴长编》卷一六二仁宗庆历八年（1048）正月辛未条载："卧香乞"；《续资治通鉴长编》卷三一六神宗元丰四年（1081）九月己酉条载："获夏国首领卧勃哆等"；《续资治通鉴长编》卷三五六神宗元丰八年（1085）五月戊申条载："西界钤辖卧瓦哆"。

十六、卧利　蕭帴、羚帴

西夏汉文《杂字·番姓名》中第58个姓氏（俄6·138）。《大方广佛华严经海印道场十重行愿常遍礼忏仪》卷42中有"开演疏钞，久远流传，卧利华严国师"[3]。按"卧利"蕭帴ŋjow-rjir，见于西夏文《杂字·番姓名》第240个姓氏（俄10·49），《新集碎金置掌文》（俄10·110）中收录。

---

① 李范文：《同音研究》，银川：宁夏人民出版社，1986年，此出处下同，不再出注。

② 史金波、聂鸿音、白滨译注：《天盛改旧新定律令》，北京：法律出版社，2000年，第108页，此出处下同，不再出注。

③ 白滨：《元代西夏一行慧觉法师辑汉文〈华严忏仪〉补释》，杜建录主编：《西夏学》第一辑，银川：宁夏人民出版社，2006年，第76—80页。

另，西夏文中还有𗼮𘜶·o-rjir，见于西夏文《杂字·番姓名》第 61 个姓氏（俄 10 ·48）；《西夏官印姓氏考》中有𗼮𘜶𘊰𘃡①，音亦通于"卧利"，《西夏番姓译正》中将"卧利"与𘜶𘜶对应，此处，暂存疑。

十七、卧没　𗼮𘞠

卧没，西夏汉文《杂字·番姓名》中第 37 个姓氏（俄 6·138），按"卧没"勘同西夏文"𗼮𘞠"·o-mə，刻本《天盛改旧新定律令·颁律表》中有𗼮𘞠（俄 8·48）。《天盛改旧新定律令》译为"讹名"，当改译为"卧没"。《西夏番姓译正》将"卧没"勘同于"𗼮𘞠"。

𗼮𘞠，西夏文《杂字·番姓名》第 63 个姓氏（俄 10·48）。其中的𘞠 mə，𘞠、𘞠相较，在中古西北方音中，𘞠音与"没"更接近，所以，"卧没"当勘同于𗼮𘞠。

十八、卧咩　𗼮𘜶

《有关黑水人的文书》中有人名"卧咩氏呱呱哥"（俄 4·388）。按"卧咩"勘同西夏文"𗼮𘜶"·o-mji，见于西夏文《杂字·番姓名》第 65 个姓氏（俄 10·48），《文海》（俄 7·129）、《同音》（俄 7·3）中均收录；《僧人名单》（中 17·251）中有𗼮𘜶□𘜶。《西夏文〈杂字〉研究》译为"讹喻"，《文海研究》译为"讹名"，《同音研究》译为"鸟名"，当统一改译为"卧咩"。

十九、妹轻　𘕿𘛵

西夏汉文《杂字·番姓名》中第 41 个姓氏（俄 6·138），按"妹轻"勘同西夏文"𘕿𘛵"me-khjij，见于西夏文《杂字·番姓名》第 153 个姓氏（俄 10·49），《新集碎金置掌文》（俄 10·110）、《义同》（俄 10·75）中收录。《西夏文〈杂字〉研究》中译"咩契"，《西夏文本〈碎金〉研究》译"格契"，当改译为"妹轻"。

《西夏番姓译正》将"妹轻"勘同于𘕿𘛵。其中𘛵 tshjij 齿头音，而汉字的"轻"属牙音溪母字，两者声韵不通，所以，此对应关系当误。

---

① 史金波：《西夏官印姓氏考》，《史金波文集》，上海：上海辞书出版社，2005 年，第 528 页。

二十、细赏　𗾪𗟨

《儒林公议》卷上元昊自卫队长中有"细赏者埋"①。按，"细赏"勘同西夏文"𗾪𗟨"sji-śjo，见于西夏文《杂字·番姓名》第 11 个姓氏（俄 10·48）。《西夏文〈杂字〉研究》译为"息尚"，当改译为"细赏"。

二十一、拽臼　𗼨𗶁

《宋史》卷七《真宗本纪》载："绥州东山蕃部军使拽臼等内属。"按，"拽臼"勘同于西夏文"𗼨𗶁"ji-khjiw，见于西夏文《杂字·番姓名》第 207 个姓氏（俄 10·49）。中古西北方音中入声韵尾-t 失落后，"拽"读音同𗼨近。《西夏文〈杂字〉研究》译为"夷丘"，当改译为"拽臼"。

二十二、迺税　𗼲𗟀

西夏汉文《杂字·番姓名》中第 50 个姓氏（俄 6·138），按，"迺税"勘同西夏文𗼲𗟀 nej-śjwi，见于西夏文《杂字·番姓名》第 171 个姓氏（俄 10·49）。《西夏文〈杂字〉研究》译为"乃施"，当改译为"迺税"。

《西夏番姓译正》将"迺税"勘同于𗋽𗣼。𗋽𗣼 dej-źjij，音亦同于"迺税"，考虑到《番汉合时掌中珠》中𗋽的注音汉字为"乃"，𗟀注音汉字的"水""瑞"等，故将𗼲𗟀勘同于"迺税"。

二十三、党移　𗿒𗆐

《宋史》卷三五〇《刘绍能传》载："（绍能）击破夏右枢密院党移赏粮数万众于顺宁。"《范太史集》卷四〇《检校司空左武卫上将军郭公墓志铭》中记："（熙宁二年）党移赏浪来交寨。"按，"党移"当为"党𗃛"之误，勘同西夏文"𗿒𗆐"tow-zjwɨ，见于西夏文《杂字·番姓名》第 38 个姓氏（俄 10·48），西夏官印中有𗿒𗆐𗖸𗥦

---

① ［宋］田况撰、张其凡点校：《儒林公议》卷上，北京：中华书局，1985 年，第 16 页。

翘①。中古西北方音中鼻音韵尾-ŋ失落后，"党"读音同翃近。翃，见翃翃，可注音为"哆"。《西夏文〈杂字〉研究》《西夏官印姓氏考》中译为"多哆"，当改译为"党移"。

二十四、豽嵬　骸緻

西夏汉文《杂字·番姓名》第 45 个姓氏（俄 6·138）。《金史》卷六二《交聘表下》载："夏武节大夫豽嵬英。"按"豽嵬"勘同于"骸緻"śiow-ŋwe，见于西夏文《杂字·番姓名》第 135 个姓氏（俄 10·49），西夏文《贤智集序》（俄Инв.No.2538）中有骸緻紪薮②。《西夏文〈杂字〉研究》译为"叔嵬"，《西夏文〈贤智集序〉考释》译为"成嵬"，当改译为"豽嵬"。

二十五、悟儿　玼甂

《宋史》卷四四六《朱昭传》载："其酋悟儿思齐介胄来，以毡盾自蔽，邀昭计事。……思齐却盾而前，数宋朝失信。"

按，"悟儿"勘同于西夏文"玼甂"·o-źji，见于西夏文《杂字·番姓名》第 54 个姓氏（俄 10·48），西夏文刻本《持金牌讹二三等发愿诵读功效文》中有玼甂觞（中 16·155）；西夏文《金光明最胜王经》跋中有玼甂黢緻紪茲（中 4·86）。《西夏文〈杂字〉研究》《西夏文化·西夏姓氏和亲属称谓》《西夏文〈金光明最胜王经〉序跋考》均将其译为"讹二"，当改译为"悟儿"。

二十六、谋宁　甂麦

《金史》卷六一《交聘表中》云："夏遣武功大夫谋宁好德。"《金史》卷六二《交聘表下》载："夏御史大夫谋宁光祖。"按"谋宁"勘同西夏文"甂麦"bə-njij，见于西夏文《杂字·番姓名》第 124 个姓氏（俄 10·49），《新集碎金置掌文》（俄 10·109）收录；西夏文《宿卫牌》背面刻有西夏党项人名甂麦□□帏（中 20·81）；《黑水守将

---

① 罗福颐等：《西夏官印汇考》，银川：宁夏人民出版社，1982 年，第 81 页。
② 聂鸿音：《西夏文〈贤智集序〉考释》所附图版，《固原师专学报》（社会科学版）2003 年第 5 期，第 46—48 页。

告近禀帖》中有𗼨𗿦𗿟𗿩①；《西夏文〈杂字〉研究》译为"泊宁"，《西夏文本〈碎金〉研究》中译"没年"，《中国藏西夏文献》将𗼨𗿦译为"波年"，《西夏文物研究》译为"婆年"，当统一改译为"谋宁"。

二十七、野利　𗼩𗿮

史料中有"野利氏"②、"野利仁荣"③、"野利旺荣"④、"野利遇乞"⑤、"野利刚浪㘝"⑥等诸多野利氏人名。按"野利"勘同于西夏文"𗼩𗿮"ji-rjir，见于西夏文《杂字·番姓名》（俄 10·49）第 139 个姓氏；Инв.No.1457 号佛经𗼩𗿮𗿳𗿴（КТБП216）、Инв.No.629 号佛经𗼩𗿮𗿳𗿵𗿴（КТБП217）、Инв.No.1754 号佛经𗼩𗿮𗿳𗿵（КТБП217、219）；西夏官印中有𗼩𗿮□□（中 20·54）；《宫廷诗集》中有𗼩𗿮𗿻𗿼（俄 10·312）；《西夏文〈杂字〉研究》译为"夷利"，当可改译为"野利"，《中国藏西夏文献》中译为"野利"，是。

李范文先生在《西夏陵墓出土残碑粹编》一文中考证一块残碑中的𗼩𗿮𗿽𗿾即为汉文史料中的"野利仁荣"⑦，考虑到𗼩字上部有残缺，且𗼩字未见于他处，此𗼩当即𗼩字损缺上部而成。

二十八、野货　𗽀𗽁、𗽀𗽂

野货，西夏汉文《杂字·番姓名》中第 10 个姓氏（俄 6·138），按"野货"勘同西夏文"𗽀𗽁"·ja-xwa、"𗽀𗽂"·ja-xwa。"野货"、𗽀𗽁《西夏番姓译正》已有论述。

《西夏文天盛二十二年卖地文契》（俄Инв.No.5010）有𗽀𗽂𗾀𗾁𗾂、𗽀𗽂𗾃𗾄𗾅、

① 克恰诺夫：《黑水城所出 1224 年的西夏文书》，杜建录主编：《西夏学》第八辑，上海：上海古籍出版社，2011 年，第 178—181 页。

② ［元］脱脱等：《宋史》卷四八五《夏国传上》，北京：中华书局，1977 年，第 13989 页。

③ ［元］脱脱等：《宋史》卷四八五《夏国传上》，北京：中华书局，1977 年，第 13994、13995 页；［元］脱脱等：《宋史》卷四八六《夏国传下》，北京：中华书局，1985 年，第 14025 页。

④ ［元］脱脱等：《宋史》卷三一一《庞籍传》，北京：中华书局，1977 年，第 10200 页；［元］脱脱等：卷四八五《夏国传上》，北京：中华书局，1977 年，第 13998 页。

⑤ ［元］脱脱等：《宋史》卷三三五《种世衡传》，北京：中华书局，1977 年，第 10743 页。

⑥ ［元］脱脱等：《宋史》卷三三五《种世衡传》，北京：中华书局，1977 年，第 10743 页。

⑦ 李范文：《西夏陵墓出土残碑粹编》，银川：宁夏人民出版社，1984 年，第 17 页。

𘞁𗂧𘃉、𘞁𗂧𗗙𗕿等①。《光定未年谷物借文书》（俄 No.954）中有𘞁𗂧𗗤𘜶𗝔②。𘞁𗕽、𘞁𗂧读音相同，字形相近，𘞁𗕽仅见于西夏文《杂字·番姓名》，而𘞁𗂧见于文书与题记当中，疑为同一姓在不同出处的异写。𘞁𗂧，《西夏文〈天盛二十二年卖地文契〉考释》、松泽博《西夏文·谷物借贷文书私见——俄罗斯科学院东方学研究所列宁格勒分所藏 No.954 再读》均译为"耶和"，当改译为"野货"。

二十九、野遇　𘞁𗂸

野遇，《金史》卷六一《交聘表中》载："夏武节大夫野遇思文。"按"野遇"勘同西夏文𘞁𗂸·ja-gju，Инв.No.2208 及 Инв.No.1465 号佛经中有𘞁𗂸𗿦𗜈（КТБП47、59）；Инв.No.7950 号佛经𘞁𗂸𗂸𗤉𘒁（КТБП66）。

三十、嵬啰　𗆐𗒀

嵬啰，《金史》卷六一《交聘表中》载："夏遣武功大夫嵬啰执信。"

按"嵬啰"勘同西夏文"𗆐𗒀"ŋwe-zjwi̥。Инв.No.1938 号佛经中有𗆐𗒀𘒅𗦲𗂸（КТБП239）；《乙亥年借麦契》有人名𗆐𗒀□（中 17·153）。"移"中古以母字，加"口"旁，比况西夏语声母 zi③，可以为𗒀注音，"嵬"与𗆐可对音④。

三十一、播盃　𗓦𗗙

莫高窟第 61 洞甬道南壁炽盛光佛像后（西北）比丘尼旁有题记："扫洒尼姑播盃氏愿月明"（中 18·207）。按"播盃"勘同西夏文"𗓦𗗙"ba-be，见于西夏文《杂字·番姓名》（俄 10·49）第 112 个姓氏，《新集碎金置掌文》（俄 10·110）、《同音》（俄 7·3）中均录。莫高窟第 61 窟中有𘝇𘝔𗫻𗤉𗍦𗓦𗗙𗵘𗫻𗤉𘝽（中 18·207）；西夏官印

---

① 黄振华：《西夏文〈天盛二十二年卖地文契〉考释》，白滨：《西夏史论文集》，银川：宁夏人民出版社，1984 年，第 313—319 页。

② 松泽博：《西夏文·谷物借贷文书私见（3）——俄罗斯科学院东方学研究所列宁格勒分所藏 No.954 再读》，《东洋史苑》1995 年第 46 号，第 5—24 页。

③ 孙伯君：《西夏番姓译正》，《民族研究》2009 年第 5 期，第 83—90 页。

④ 孙伯君：《西夏番姓译正》，《民族研究》2009 年第 5 期，第 83—90 页。

中有𗴿𗹦𗯨 𘟙𘒏 𗼨𗲲𗯴①；《天庆寅年会款单》中有𘟙𘒏 𗴺𗆟𗙴（中 16·257）；莫高窟第 61 洞甬道南壁炽盛光佛像后（西北）比丘尼旁的题记为夏汉合璧式，其中"𘟙𘒏"与"播盂"相互对应。《西夏文〈杂字〉研究》《西夏文本〈碎金〉研究》《〈甘肃武威发现的西夏文考释〉质疑》译为"播杯"，《同音研究》中译为"播盃"，《西夏官印姓氏考》译为"袜墨"，当统一译改为"播盂"。

至此，本文共考证了 31 个西夏文番姓的汉文译法，加上孙伯君老师已考证出的 44 个，连同见于其他研究中的嵬恶—𗴿𘝞、恶恶—𘝞𘝞、啰咩—𗖵𗙏②、西壁—𘒏𗥦③、鲁布—播盂④、韦移—𘐆𗙏、慕容—𘄴𘗉⑤等姓氏，现已确定夏汉对应关系的姓氏有 82 组，希望这些有助于解决姓氏翻译中西夏文、汉文文献互不相关联的问题，提升这部分资料在西夏社会历史研究中的价值。

（原载《民族研究》2013 年第 2 期）

---

① 罗福颐等：《西夏官印汇考》，银川：宁夏人民出版社，1982 年，第 97 页。

② 史金波：《西夏官印姓氏考》，《史金波文集》，上海：上海辞书出版社，2005 年，第 528 页。

③ 史金波：《西夏社会》，上海：上海人民出版社，2007 年，第 31 页。

④ 白滨：《元代西夏一行慧觉法师辑汉文〈华严忏仪〉补释》，杜建录主编：《西夏学》第一辑，银川：宁夏人民出版社，2006 年，第 76—80 页。

⑤ 佟建荣：《西夏蕃姓补正（一）》，杜建录主编：《西夏学》第五辑，上海：上海古籍出版社，2010 年，第 195—200 页。

西夏租役草考述*

潘 洁

摘 要：租役草是在两税法大背景下实行的赋役制度，以土地为依据，履亩计算，是西夏农户所要承担的基本赋役。租即地租，新发现的一段西夏文表明，京畿地区七个郡县视土地优劣分五等纳租，每亩田地上等纳租一斗、次等八升、中等六升、下等五升、末等三升，夏田始于七月初一，秋田自九月初一至十月末交纳完毕，与黑水城地区因土地、水利的差异而明显不同。役为夫役，每年春季征调，疏浚渠道，时间从五天至四十日不等，总计不得超过四十日，如急需条椽修渠，可以减役转而纳椽。税为税草，用于饲养官畜、兴修渠道、粮窖铺设，蒲苇、柳条、梦萝等每十五亩纳一束，束围四尺，麦草一顷五十亩一幅地交纳七束，粟草三十束，束围四尺五寸，其余种草一律每亩纳一束，束围五尺，按要求捆扎。

关键词：西夏；租役草；地租；夫役；税草

西夏的赋役在汉传典籍中少有记载而研究有限，直至黑水城文献的陆续公布才有所突破。《天盛改旧新定律令》是西夏仁宗时期颁布的一部国家法典，由西夏文写成，史金波、聂鸿音、白滨三位先生将其翻译成汉文[1]，为学界研究西夏赋役提供了重要的材料支撑。杜建录先生较早利用汉译本中相关资料从赋税和役制两个方面，对田赋、牲畜

* 基金项目：本文为国家社会科学基金重大招标项目"西夏通志"（项目编号：15ZDB031）阶段性研究成果之一。
[1] 史金波、聂鸿音、白滨译注：《天盛改旧新定律令》，北京：法律出版社，2000 年。

税、工商税、兵役、夫役、差役在内的西夏赋役展开系统研究，其论述在《西夏赋役制度》^①一文及专著《西夏经济史》^②中有所体现。近些年，史先生对西夏文草书租税文书进行了楷体转写、汉译，从中发现了黑水城地区农业租税的种类、税额等^③，为进一步研究西夏赋税打开了新的突破口。本文在前辈学者研究的基础上，再次整理《天盛改旧新定律令》，注意到征税的法律条文常常把"租役草"作为一个固定词组使用，除此之外还发现了一段被遗漏的西夏文，记载的是京畿地区七个郡县按照土地贫瘠程度分上、次、中、下、末五等纳租的租额及时间，以此为线索，结合租税文书，比照唐宋文献，旨在讨论租役草的内容及实质，以期对西夏赋役的研究起到补充作用。

租役草以往翻译成"租佣草"。租是地租，草为税草。役或者佣在账册和律令中指的是人夫。西夏文5067号文书载："一户三十八亩地，出佣工十五日。"^④对此《天盛改旧新定律令》有更为详细的叙述："畿内诸税户^⑤上，春开渠事大兴者，自一亩至十亩开五日，自十一亩至四十亩十五日，自四十一亩至七十五亩二十日，七十五亩以上至一百亩三十日，一百亩以上至一顷二十亩三十五日，一顷二十亩以上至一顷五十亩一整幅四十日。当依顷亩数计日，先完毕当先遣之。"^⑥这段记载是说每年春季，各税户都要依据土地顷亩出工，开挖河道、清理淤积，开渠的时间就是出人工的天数，是为服役。调用民力凿渠清淤在宋金等文献中多有记载，宋神宗熙宁四年（1071）差发人工数万在汴河上开凿新渠，曰："创开訾家口，日役夫四万，饶一月而成。才三月已浅淀，乃复开旧口，役万工，四日而水稍顺。"^⑦《金史·曹望之传》中记载疏浚运河缺万人，民夫因春耕，而遣其他人员充役，曰："顷之，运河堙塞……尚书省奏当用夫役数万人。上曰：'方春耕作，不可劳民，以宫籍监户及摘东宫、诸王人从充役，若不足即以五百里内军夫补之'。"^⑧这就说明，出人工服役为百姓所须承担的义务之一，西夏也是如此，春季开渠等为西夏的役。佣与役，二者都有出人夫的含义，但是"佣"有出钱雇佣之意，而文书和律令中反映的是基本义务，没有雇佣一说，在表示赋税时，多用"役"

① 杜建录：《西夏赋役制度》，《中国经济史研究》1998年第4期，第125—133页。

② 杜建录：《西夏经济史》，北京：中国社会科学出版社，2002年。

③ 史金波：《西夏农业租税考——西夏文农业租税文书译释》，《历史研究》2005年第1期，第107—118页；史金波：《西夏社会》，上海：上海人民出版社，2007年；杜建录、史金波：《西夏社会文书研究》，上海：上海古籍出版社，2010年。

④ 史金波：《西夏农业租税考——西夏文农业租税文书译释》，《历史研究》2005年第1期，第107—118页。

⑤ "税户"《天盛改旧新定律令》原作"租户"，详见潘洁：《西夏税户家主考》，《宁夏社会科学》2016年第3期，第215—219页。

⑥ 史金波、聂鸿音、白滨译注：《天盛改旧新定律令》，北京：法律出版社，2000年，第496—497页。

⑦ ［元］脱脱等：《宋史》卷九三，北京：中华书局，1977年，第2323页。

⑧ ［元］脱脱等：《金史》卷九二，北京：中华书局，1975年，第2036—2037页。

而非"佣"。敦煌文书《唐光化三年（900）前后神沙乡令狐贤威状（稿）》（P.3155背）中令狐贤威的祖地毗邻大河，年年被河水浸灌，仆射官阿郎免去地税，包括地子、布、草、役夫等，载："神沙乡百姓令狐贤威右贤威父祖地一十三亩，请在南沙上灌进渠，北临大河，年年被大河水漂，并入大河，寸畔不贱（见）。昨蒙仆射阿郎给免地税，伏乞与后给免所著地子、布、草、役夫等，伏请公凭裁下处分。"①这里的役夫就是服役的人夫。《西夏书事》中也有"役夫"一词，曰："遣贺承珍督役夫，北渡河城之，构门阙、宫殿及宗社、籍田，号为兴州，遂定都焉。"②另外，"佣"通"庸"，西夏"租役草"与唐代"租庸调"从名称到内容上看，都有一定的相似性，"租庸调"中的"庸"，为役的折纳，输庸代役是建立在生产力水平发达、物质资料丰富的基础之上，西夏生产力水平相对较低、物资匮乏，从目前所见文献来看，为直接出人工服役，所以解释为"役"更恰当。学界关于唐代租庸调的研究成果丰硕，但涉及西夏租役草的并不多，下面笔者就从地租、夫役、税草三个方面比照西夏租税文书中所载内容进行阐述，不妥之处，敬请方家指正。

一、地租

史先生通过对租税文书的译释，计算出了黑水城地区的固定地租，为每亩交纳粮食1.25升。③这个比例是否适用于全国？因为没有其他文献的佐证，而没有结论。笔者再次整理《天盛改旧新定律令》第15卷时发现，文献对京畿的地租有详细的规定，每亩纳租数与黑水城明显不同，而且条文还记载了交租的时间，增加部分与原有内容连到一起完整记录了催交租的过程，可惜的是，这段文字因为漏译、错置没有翻译出来，以往关于赋税的成果因参考汉译而没有涉及。④

《天盛改旧新定律令》第15卷的影印件在《俄藏黑水城文献》第八册公布，编号为俄Инв.No.1968084в，从39—1至39—39共39叶，每叶有左右两面。汉译本《天盛改旧新定律令》从"都磨勘司当引送，所属郡县管事□、司吏等当往磨勘"开始，对应的是影印件的39—2左面，也就是说汉译本缺少3面，即39—1的左右两面和39—2的右

① 陈国灿：《从敦煌吐鲁番文书看唐五代地子的演变》，《敦煌学史事新证》，兰州：甘肃教育出版社，2002年，第292—293页。
② ［清］吴广成撰、龚世俊等校证：《西夏书事校证》卷一〇，兰州：甘肃文化出版社，1995年，第120页。
③ 史金波：《西夏农业租税考——西夏文农业租税文书译释》，《历史研究》2005年第1期，第107—118页。
④ 潘洁：《〈天盛改旧新定律令·催缴租门〉一段西夏文缀合》，《宁夏社会科学》2012年第6期，第94—96页。

面。第 15 卷卷首出注："此卷首残三面，原文自第一条下半部始。目次据卷内各门题目补。"①

汉译本所缺的 39—1 左右两面，各 9 行，共 18 行，在《俄藏黑水城文献》有完整的一叶。②从内容上可以分为两个部分：第一部分是卷 15 的目次，占据了右面的 9 行和左面的 7 行，汉译为："天盛改旧新定律令共十二门，催纳租、取闲地、催租罪功、租地、春开渠事、养草监水、纳冬草条、渠水、桥道、地水杂事、请纳谷、未纳地租分八十七条"。目次汉译本中已经依据正文各门名称补充，但是与《俄藏黑水城文献》相比还是略有出入。第二部分为 39—1 最后两行，即该卷第一门"催纳租门"的正文，说的是交租的租额，汉译本中没有这两行西夏文的译文。

39—2 在《俄藏黑水城文献》中右面为空白，左面清晰完整，汉译本直接从左面开始翻译。《俄藏黑水城文献》和汉译本都缺少的 39—2 右面，其实仍然在《俄藏黑水城文献》的卷 15 中，只不过被错置在了"春开渠事门"，序号是 39—15。39—15 为完整的一叶，与 39—2 左面内容、版式完全一致，右面刚好能够补充所缺文字，共 9 行，107字。把 39—1 最后两行和 39—2 连在一起，汉译为："京师城所辖七个郡县，根据土地的贫瘠程度交纳地租，上等每亩纳租一斗，次等八升，中等六升，下等五升，末等三升等五等。各郡县所纳谷物如下，成熟时各郡县人当催促，夏苗自七月初一，秋苗自九月初一，至十月底交纳完毕，收取凭据，十一月初一当告都转运司，转运司人登记应纳未纳数，至十一月月末簿册、凭据"，接下来是已有译文："都磨勘司当引送，所属郡县管事□、司吏等当往磨勘。自腊月一日始至月末，一个月期间当磨勘完毕，所遗尾数当明之。正月一日转运司当引送，令催税所属郡县人，令至正月末毕其尾数。若其中有遗尾数者，二月一日当告中书，遣中书内能胜任之人，视地程远近，所催促多少，以为期限。"③

从这段新补充的文字可以看出，西夏将京师所辖七个郡县的土地分为五等，以此作为交纳地租的标准。对于新垦辟的土地，律令规定，开垦无人耕种的荒地或者生地，三年苗情稳定后，依据农作物的生长情况和相邻土地的租税，给土地定级，为五等之一，依等纳租，曰："诸人无力种租地而弃之，三年已过，无为租佣草者及有不属官私之生地等，诸人有日愿持而种之者，当告转运司，并当问邻界相接地之家主等，仔细推察审

<hr />

① 史金波、聂鸿音、白滨译注：《天盛改旧新定律令》，北京：法律出版社，2000 年，第 515 页。
② 俄罗斯科学院东方研究所圣彼得堡分所、中国社会科学院民族研究所、上海古籍出版社：《俄藏黑水城文献（西夏文俗文部分）》第八册，上海：上海古籍出版社，1998 年，第 300 页。
③ 史金波、聂鸿音、白滨译注：《天盛改旧新定律令》，北京：法律出版社，2000 年，第 489 页。

视，于弃地主人处明之，是实言则当予耕种谕文，著之簿册而当种之。三年已毕，当再遣人量之，当据苗情及相邻地之租法测度，一亩之地优劣依次应为五等租之高低何等，当为其一种，令依纳地租杂细次第法度纳租。"①依土地优劣划分地租等级的做法，合乎自然法则，顺应民情，受到唐宋两朝推崇。唐代宗大历四年（769）诏令，"其地，总分为两等。上等每亩税一斗，下等每亩税五升"②，770年，定京兆府百姓税，夏税上等田每亩税六升，下等田每亩税四升，秋税上等田每亩税五升，下等田每亩税三升。吐蕃占领瓜沙时期，也曾实行过类似的制度，P.T.1079号文书《比丘邦静根诉状》中记："尚来三摩赞、论野桑、尚来桑在瓜州行营军中议会，于齐比乌集会之故，头年之冬沙州以下、肃州以上，集中僧统所属农户，根据田地好坏，制定承担赋税标准。"③北宋的田赋征收，按土地优劣大致分为上中下三等，王安石变法时，改为按土地好坏分五等定税。《文献通考》卷四《历代田赋之制》中记方田之法："以东西南北各千步，当四十一顷六十六亩一百六十步为一方。岁以九月，县委令、佐分地计量，随陂原平泽而定其地，因赤淤黑垆而辩其色。方量毕，以地及色参定肥瘠而分五等，以定税则。至明年三月毕，揭以示民。一季无讼，即书户帖，连庄账付之，以为地符。"④南宋时期，绍兴三年（1133）十月七日，江南东西路宣谕刘大中言："欲将江东西路应干闲田，立三等课租，上等每亩令纳米一斗五升、中等一斗、下等七升。"⑤

《天盛改旧新定律令·催纳租门》规定京畿七郡县上等土地纳租一斗、次等八升、中等六升、下等五升、末等三升。京畿的七个郡县分别是灵武郡、保静县、华阳县、临河县、治源县、定远县和怀远县，其中"麦一种，灵武郡人当交纳。大麦一种，保静县人当交纳。黄麻、豌豆⑥二种，华阳县家主当分别交纳。秫一种，临河县人当交纳。粟一种，治源县人当交纳。糜一种，定远、怀远二县人当交纳"⑦。黑水城出土租税文书中每亩纳租1.25升，远远低于京畿的最末等，所交纳的粮食主要是大麦和小麦。租额的不同更多的是因为两个地区土地、水利等客观条件的差异。西夏人将全国土地分为山林、坡谷、沙窝、平原、河泽五种类型，并说明了每一种土地类型的农作物情况。第一，山

① 史金波、聂鸿音、白滨译注：《天盛改旧新定律令》，北京：法律出版社，2000年，第492页。
② ［宋］王钦若等：《册府元龟》卷四八七，北京：中华书局，1960年，第5532页。
③ 王尧、陈践译注：《敦煌吐蕃文献选》，成都：四川民族出版社，1983年，第46—47页。
④ ［宋］马端临著，上海师范大学古籍研究所、华东师范大学古籍研究所点校：《文献通考》卷四，北京：中华书局，2011年，第100—101页。
⑤ ［清］徐松：《宋会要辑稿》食货一之三六，北京：中华书局，1957年，第4819页。
⑥ "黄麻、豌豆"《天盛改旧新定律令》原作"麻褐、黄豆"，据俄藏图版改，详见潘洁：《黑水城文献中的豌豆小考》，杜建录主编：《西夏学》第八辑，上海：上海古籍出版社，2011年，第191—193页。
⑦ 史金波、聂鸿音、白滨译注：《天盛改旧新定律令》，北京：法律出版社，2000年，第489—490页。

林，土山种粮。待雨种稻，地多不旱，糜、粟、麻、荞相宜。第二，坡谷，向柔择种。坡谷地向柔，待雨宜种荞糜也。第三，沙窝，不种禾熟。沙窝种处不定，天赐草谷，草果不种自生。第四，平原，迎雨种地。平原地沃，降雨不违农时，粮果丰也。第五，河泽，不种生菜。草泽不种谷粮，夏菜自长，赈济民庶。[①]西夏学家们往往以农业区、半农半牧区、荒漠半荒漠区三大类概括西夏的土地环境。灵武郡、定远县、怀远县、临河县、保静县大致位于兴灵平原，以贺兰山作为屏障，有黄河水灌溉，是西夏境内最适宜进行农业生产的区域。宋臣吕大忠在宋哲宗元祐年间所上奏章中说西夏农业主要分布在黄河以南的膏腴之地，指的就是灵州一带，"夏国赖以为生者，河南膏腴之地，东则横山，西则天都、马衔山一带，其余多不堪耕牧"[②]。《宋文鉴》中说灵夏地区土地条件如内地，"胡地惟灵夏如内郡，他才可种荞豆，且多碛沙，五月见青，七月而霜，岁才一收尔"[③]。《续资治通鉴长编》中说："然地方千里，表里山河，水深土厚，草木茂盛，真牧放耕战之地。"[④]作为西夏的腹地，兴灵平原不仅自然环境适宜耕种，而且有多条渠道用于灌溉，秦家渠、汉源渠、艾山渠、七级渠、特进渠、唐徕渠等历朝历代修建的水利设施在西夏时期加以浚通，为农业生产提供了重要的保障。如此优越的生产环境奠定了京畿地区较高的农业产量，以土地贫瘠程度划分农业税等级的政策，必然使得京畿地区的租额高于其他产区。相比之下，黑水镇燕监军司为汉代居延海地区，地处偏远，周边都是沙漠，这一地区的生产和生活主要依赖发源于祁连山的黑河，在西夏国土中属荒漠半荒漠区，农业种植条件脆弱，相对于兴灵平原、河西走廊，无论是自然环境，还是水利设施都还存在一定的差距。《元史》中黑水城东北有黑河，西北濒临沙漠，"亦集乃路，在甘州北一千五百里，城东北有大泽，西北俱接沙碛"[⑤]，黑水城出土元代文书 M1·0083［F57：W6］《屯田栽树文书》中说："本处地土多系硝碱沙漠石川，不宜栽种"[⑥]，M1·0632［F116：W242］《麦足朵立只答站户案卷》中说："地土大半硝碱不堪耕种。"[⑦]

　　西夏在交租时间上实行的是两税，分夏秋两季征收赋税。新补充的西夏文中，京城七郡县交纳地租的时间为夏苗始于七月初一，秋苗自九月初一至十月末交纳完毕。交租

---

① ［俄］克恰诺夫、李范文、罗矛昆：《圣立义海研究》，银川：宁夏人民出版社，1995年，第57页。

② ［宋］李焘：《续资治通鉴长编》卷四六六"元祐六年九月壬辰"条，北京：中华书局，1992年，第11129页。

③ ［宋］吕祖谦编、齐治平点校：《宋文鉴》卷一一九，北京：中华书局，1992，第1661页。

④ ［宋］李焘：《续资治通鉴长编》卷四四"咸平二年六月戊午"条，北京：中华书局，1992年，第947页。

⑤ ［明］宋濂等：《元史》卷六〇，北京：中华书局，1976年，第1451页。

⑥ 塔拉、杜建录、高国祥主编：《中国藏黑水城汉文文献》第一册，北京：国家图书馆出版社，2008年，第123页。

⑦ 塔拉、杜建录、高国祥主编：《中国藏黑水城汉文文献》第四册，北京：国家图书馆出版社，2008年，第782页。

的时间主要取决于农作物收获的早晚以及路程的远近。《天圣令》载："诸租，准州上（土）牧（收）获早晚，斟量路程险易远近，次弟（第）分配。本州牧（收）获讫发遣，十一月起输，正月三十日纳毕。其输本州者，十一（二）月三十日纳毕。若无槁（粟）之乡输稻麦者，随熟即输，不拘此限。纳当州未入仓窖及外配未上道，有身死者，并却还。"①西夏京城七郡县受路程影响不大，主要在于粮食的收获时间，律令中规定交纳的农作物有麦、大麦、黄麻、豌豆、秋、粟、糜。糜八月成熟，大麦九月成熟。《圣立义海》"八月之名义"中载："八月时凉，糜熟，国人收割。""九月之名义"中又载："粳稻、大麦，春播灌水，九月收也。"②京师诸种粮食，随熟即输。

西夏分夏秋两季收税的制度源于唐代两税法，历经了五代时期的后唐至宋代，以及与宋同时期的辽、金等少数民族政权，只是夏秋两税的征收时间在各朝代不尽相同，夏税的起征时间多集中在五六月份，秋税在九十月份。唐实行两税法，将地租分夏秋两季征收，这是因为南北东西各地土壤、气候等条件各有不同，农作物的生长、收获期不统一，统一的征税时间并不符合实际情况。建中元年（780）二月，规定："其田亩之税，率以大历十四年垦数为准。征夏税无过六月，秋税无过十一月。"③为了适应中原、江淮等主要农业区的农作物收获期，制定了"征夏税无过六月，秋税无过十一月"的征税时间，一般说来，夏税包括大小麦和豆类，秋税包括稻米和其他秋作物。后唐时期，收税的期限因地而定，规定更为详尽，大致分黄河以南与淮水、汉水以北，黄河以北，河东三个区域。宋、辽、金的两税虽来源于唐，但在许多做法上则是承后周之制。宋代关于收税期限的记载，并不统一。宋太宗端拱元年（988）规定，旧来夏税开封府等七十州自五月十五日起纳至七月三十日毕；河北河东诸州五月十五起纳，八月五日毕；颍州等十三州及淮南、两浙、福建、广南、荆湖、川、峡等路五月一日起纳至七月十五日毕；秋税自九月一日起纳至十二月五日毕，"自今并可加一月限"，后来按照后周的制度，统一规定为夏税从六月一日起征，秋税从十月一日起征。辽的农业区与农牧相间地区的地租，是按照后唐的两税法进行征收的，《宣府镇志》曰："契丹统和十八年，诏北地节候颇晚，宜从后唐旧制，大小麦、豌豆，六月十日起征，至九月纳足，正税匹帛钱、鞋地榷曲钱等，六月二十日起征，十月纳足"④。金国也实行两税，以田亩为正税的依据和

① 天一阁博物馆、中国社会科学院历史研究所天圣令整理课题组：《天一阁藏明钞本天圣令校证：附唐令复原研究》下册，北京：中华书局，2006年，第269页。
② ［俄］克恰诺夫、李范文、罗矛昆：《圣立义海研究》，银川：宁夏人民出版社，1995年，第53页。
③ ［后晋］刘昫等：《旧唐书》卷四八，北京：中华书局，1995年，第2093页。
④ ［清］厉鹗：《辽史拾遗》卷一五，上海：商务印书馆，1936年，第328页。

标准，将田按土地肥瘠成色及水利等自然条件分为九等，两税的输纳期限分初、中、末三限，夏税以六月为初限，后改七月为初限，秋税从十月为初改为十一月为初，翌年正月为末。《金史》载："金制，官地输租，私田输税。租之制不传。大率分田之等为九而差次之，夏税亩取三合，秋税亩取五升，又纳秸一束，束十有五斤。夏税六月止八月，秋税十月止十二月，为初、中、末三限，州三百里外，纾其期一月。"[①]泰和五年（1205）……改秋税限十一月为初。中都、西京、北京、上京、辽东、临潢、陕西地寒，稼穑迟熟，夏税限以七月为初。

十月末至翌年的二月末，进行的是地租的催缴工作。律令中详细规定了西夏京畿地区每一个周期各个部门所要承担的主要任务及延误后的惩罚措施，详见表1。

表1　西夏京畿地区催缴租时间表

时间	负责机构	主要工作	惩罚
至十月末	所属郡县	征收地租，十一月初一当告都转运司	告交地租簿册、凭据迟缓，自一日至五日十三杖，五日以上至十日徒三个月，十日以上至二十日，徒六个月，二十日以上徒一年
十一月	都转运司	登记已纳、未纳地租数额，腊月初一引送都磨勘司	引送都磨勘司延误，大人、承旨、都案、案头、司吏等与上述罪状相同
十二月	都磨勘司	磨勘地租簿册、注明所遗尾数，正月初一引送都转运司	磨勘逾期，大人、承旨、都案、案头、局分等与上述罪状相同
翌年正月	都转运司	再催促郡县人毕其地租尾数，仍有遗留二月一日当告中书	期限内不毕，与上述罪状相同
翌年二月	中书	遣能胜任之人，视地程远近，所遗数额，重新判断期限，再行催促	

资料来源：史金波、聂鸿音、白滨：《天盛改旧新定律令》卷十五，北京：法律出版社，2000年

每个部门的工作周期从当月的初一开始至月末结束，共一整月的时间，下月伊始，另一个部门接手，进入下一步程序。催缴地租的机构有所属郡县、都转运司、都磨勘司和中书。所属郡县为国家在地方设置的基层管理机构，是征缴工作最直接的负责人。都转运司在征税的过程中起着至关重要的作用，除了统计纳租总额、登记应纳未纳数，还要催促剩余尾数，与郡县不同的是，都转运司不直接下到基层，而是指挥、催促郡县人。都磨勘司的职能是审核地租簿册，将官员催税数额的多少与政绩挂钩。中书是最上层的管理机构，只有在地租几经催促不果的情况下，中书才会派遣人员前去催促。针对催征的结果，西夏制定了详细的奖惩措施，把应纳地租数分为十分，对十分全不纳、九分纳一分不纳等十一种情况，详细做了奖惩规定："催促租之大人，于租户种种地租期限内已纳未纳几何，于全部分为十分，其中九分已纳一分未纳者勿治罪，八分纳二分未纳当徒

---

① ［元］脱脱等：《金史》卷四七，北京：中华书局，1975年，第1055页。

六个月，七分纳三分未纳徒一年，六分纳四分未纳徒二年，五分纳五分未纳徒三年，四分纳六分未纳徒四年，三分纳七分未纳徒五年，二分纳八分未纳徒六年，一分纳九分徒八年，十分全未纳徒十年。若十分全已纳，则当加一官，获赏银五两，杂锦上衣一件。"[1]既给催税官员增加了压力，又充分调动了他们工作的积极性，为地租征收工作的完成提供了制度上的保障。

二、夫役

《天盛改旧新定律令》中夫役的征调主要集中在兴修渠道。西夏的大部分地区属于干旱荒漠气候，决定了农业以灌溉为主，水利设施的好坏直接影响到农业生产的兴衰，渠道的兴修在整个西夏王朝显得尤为重要。京畿地区的农田水利事业是在疏浚历代已有渠道的基础上发展起来的，从秦汉屯边垦田为始，历朝历代在这一地区依黄河兴建渠道，最著名的当属汉延渠和唐徕渠，律令中称其为西夏官渠。河西一带继承了唐代敦煌以来修筑的百余条渠道，仅沙州敦煌就有阳开、北府、阴安、孟授、都乡、宜秋、神农、东方八条干渠，张掖县黑水流域有盈科渠、大满渠、小满渠、大官渠、永利渠和加官渠等，可灌溉农田46万亩。[2]此外，西夏还在继承前代留传下来旧的灌溉工程的同时，开凿了新的渠道，如"昊王渠"。历经疏浚、开凿，西夏形成了纵横交错、密如蛛网的农田水利系统，然而水利工程并非一劳永逸，风多沙厚的自然环境导致渠道极易淤塞，维护这一系统，使之长久的服务于农业生产，就成为了西夏王朝必须要解决的问题。

《天盛改旧新定律令》以国家法律的形式，制定了一系列农田水利开发的管理制度及惩罚措施，夫役在渠道的兴修和维护过程中起到了重要的作用。夫役中有"春夫"，每年春季开渠时都会征调，条文中将其范围限定为"畿内诸租户"[3]，也就是西夏京畿地区有田产的纳税农户，春季开渠并不是开凿新渠，而是在灌水前由官方组织差发税户服役开工的大型挖渠、清淤、修渠工程。《嘉靖宁夏新志》中也有春季疏浚渠道的记载，曰："每岁春三月，发军丁修治之，所费不赀。四月初，开水北流，其分灌之法，自下流而上，官为封禁"[4]。可见春季开渠在宁夏平原至少从西夏至明代长期存在，这与当地

---

① 史金波、聂鸿音、白滨译注：《天盛改旧新定律令》，北京：法律出版社，2000年，第493页。"杂锦上衣一件"原作"杂锦一匹"，据俄藏图版改。
② 杜建录：《西夏经济史》，北京：中国社会科学出版社，2002年，第126页。
③ 史金波、聂鸿音、白滨译注：《天盛改旧新定律令》，北京：法律出版社，2000年，第496页。
④ ［明］胡汝砺编、［明］管律重修、陈明猷校勘：《嘉靖宁夏新志》卷一，银川：宁夏人民出版社，1985年，第20页。

的气候密切相关。宁夏平原冬季寒冷，黄河结冰，进入枯水期，立春之后，气温逐渐升高，河水开始解凌，西夏的灌水期从春季开始到冬季结束。同时，《天盛改旧新定律令》中载："事始自夏季，至于冬结冰，当管，依时节当置灌水之人。"①为了保证春季用水的正常进行，在正式灌水之前，必须要做好渠道的清淤工作，以免堵塞渠道，耽误引水的正常进度。相比之下，《唐律疏议》所载差人夫修理堤防是在秋收后，其卷二七《杂律》曰："依营缮令：'近河及大水有堤防之处，刺史、县令以时检校。若须修理，每秋收讫，量功多少，差人夫修理。若暴水泛溢，损怀（坏）堤防，交为人患者，先即修营，不拘时限。'"②若有暴水泛滥，先即修营，不拘时限，《天盛改旧新定律令》中虽然没有明确的条文，但是从律令的表达上来看，情况相同。吐鲁番文书中也有每年定期差人夫修理堤堰的记载，时间在九月。吐鲁番出土《唐开元二十二年（734）西州高昌县申西州都督府牒为差人夫修堤堰事》载："新兴谷内堤堰一十六所，修塞料单功六百人。城南草泽堤堰及箭干渠，料用单功八百五十人。右得知水官杨嘉恽、巩虔纯等状称：前件堤堰每年差人夫修塞。今既时全，请准往例处分者。"③牒文的落款时间为"开元廿二年九月十三日"，这说的是高昌县每年定期差人夫修理新兴谷内的十六所和城南草泽堤堰，今时间已到，拟征发包括群牧、庄坞、邸店以及夷胡诸户前去修治。

西夏夫役的内容包括两部分：其一，开渠。开渠前役夫提前准备，"春挖渠事大兴时，笨工预先到来，来当令其受事，当计入日数中。其中已行头字，集日不计，三日以内事属者不派事人时，有官罚马一，庶人十三杖"④，笨工是从事体力劳动的役夫，须在春季正式开渠之前就位，以保证工期按时进行，春灌顺利开展。开挖渠道时要求役大分期出工，清理淤积，使渠道足够深宽，"春开渠发役夫中，当集唐徕、汉延等上二种役夫，分其劳务，好好令开，当修治为宽深。若不好好开，不为宽深时，有官罚马一，庶人十三杖"⑤，黄河水含沙量大，经过了上一季的灌溉，渠底沉积了厚厚的泥沙，导致河底升高、河道变窄，在疏浚时往往采用深挖、拓宽的方法。宋代谢德权主持清理汴河河道时，要求深挖河中泥沙，直至见到土为止，史载："须以沙尽至土为垠，弃沙隄外，遣三班使者分地以主其役。"⑥《乾隆宁夏府志》在记载唐渠、汉渠春浚时说，修渠时渠道下埋有底石，疏通以挖见此石为止，其中唐渠有三处，正闸下一，大渡口一、西门桥一。

---

① 史金波、聂鸿音、白滨译注：《天盛改旧新定律令》，北京：法律出版社，2000 年，第 494 页。

② ［唐］长孙无忌等撰、刘俊文点校：《唐律疏议》卷二七，北京：中华书局，1983 年，第 504—505 页。

③ 唐长孺主编：《吐鲁番出土文书》第四册，北京：文物出版社，1996 年，第 317 页。

④ 史金波、聂鸿音、白滨译注：《天盛改旧新定律令》，北京：法律出版社，2000 年，第 497 页。

⑤ 史金波、聂鸿音、白滨译注：《天盛改旧新定律令》，北京：法律出版社，2000 年，第 508 页。

⑥ ［元］脱脱等：《宋史》卷三〇九，北京：中华书局，1977 年，第 10166 页。

汉渠有五处，正闸下一、龙泉闸一、李俊闸一、王全闸一、板桥下一。"侍郎通智修渠，置石埋各段工次。上镌'准底'字。每岁春浚，以挑见此石为准。"①

其二，修治。渠破水断时役夫修缮，史载："渠口垫版、闸口等有不牢而需修治处，当依次由局分立即修治坚固。若粗心大意而不细察，有不牢而不告于局分，不为修治之事而渠破水断时，所损失官私家主房舍、地苗、粮食、寺庙、场路等及佣草、笨工等一并计价，罪依所定判断。"②渠头、渠主、渠水巡检等沿渠干检视渠口，若有不牢处未及时修治导致渠断水淹所造成的房屋、粮食等财物损失，以及修渠所用草束、人工按价定罪，说明一旦出现问题由役夫修渠。桥道为河渠的附属设施，按照所处的位置被分为几种类型，大致是沿官渠或者称为大渠的大桥和大道、大渠上的小桥、沿小渠的道路。大渠上的大桥、大道由官府出资，转运司负责，派遣役夫前去修缮，律令中规定为依官修治，"大渠中唐徕、汉延等上有各大道、大桥，有所修治时，当告转运司，遣人计量所需笨工多少，依官修治，监者、识信人中当遣十户人。若有应修造而不告时，有官罚马一，庶人十三杖"③。而大渠上的小桥和小渠道路有所损坏时，由转运司从税户家主中选出监管人员，依私修治。

《天盛改旧新定律令》规定，每年春季开渠，征调夫役的总天数不超过四十日。开渠前当告知中书，依所属渠道的相关事宜，在四十日内确定开渠的期限，所给期限内没有完成时，当告知局分处寻求谕文，若不寻谕文逾期，要受到三个月至二年有期徒刑的相应处罚。每户所担负的夫役天数是根据其土地占有数决定的，1—10 亩出工 5 日，11—40 亩出工 15 日，41—75 亩出工 20 日，75—100 亩出工 30 日，100—120 亩出工 35 日，120—150 亩出工 40 日。京畿地区诸渠有需条椽处，在春季开渠的百役夫中减一夫，转而纳细椽三百五十根，每根长七尺，如果数量还不够，统计后告知管事处，再次减役夫纳椽。《天盛改旧新定律令·渠水门》载："京师界沿诸渠干上△有处需椽，则春开渠事兴，于百夫事人做工中当减一夫，变而当纳细椽三百五十根，一根长七尺，当置渠干上。若未足，需多于彼，则计所需而告管事处，当减夫职而纳椽。若不告管事处而令减夫职而纳椽，且超派时，未受贿且纳入官仓，则当比做错罪减一等，自食之，则当与枉法贪赃罪相同。"④这条减役纳夫椽的记载与《天盛改旧新定律令》中的其他条文有所不同。通常，条椽作为赋税，随冬草一起交纳，这里所说的情况，属于临时事件，在春季开渠时，发现官库中的

① ［清］张金城修、［清］杨浣雨纂、陈明猷点校：《乾隆宁夏府志》，银川：宁夏人民出版社，1992 年，第 254 页。
② 史金波、聂鸿音、白滨译注：《天盛改旧新定律令》，北京：法律出版社，2000 年，第 499 页。
③ 史金波、聂鸿音、白滨译注：《天盛改旧新定律令》，北京：法律出版社，2000 年，第 504 页。
④ 史金波、聂鸿音、白滨译注：《天盛改旧新定律令》，北京：法律出版社，2000 年，第 503 页。

条椽不够，新一年的赋税征收还没开始，只能采取临时征调的办法，于百役夫中减一夫。

三、税草

税草始于唐太宗，《新唐书》载："贞观中，初税草以给诸闲，而驿马有牧田。"[①]至开元年间，已经成为一项重要的国家财政收入，《唐大诏令集》载："内庄宅使巡官及人户等，应欠大中十四年已前至咸通八年已前诸色钱六万二千三百八十贯三百文、斛一十万三千七十四石九斗、丝二十二万七千五百八两、麻二千四百七十斤、草二十六万五千八百五十五束，念其累岁不稔，人户贫穷，徒有鞭笞，终难征纳，并宜放免。"[②]

唐、宋、金、西夏的文献中基本上是计亩税草。唐长庆年间，元稹为同州刺史，地税在同州是每亩九升五合，草四分，而职田的地租亩收三斗，草三束。《当州京官及州县官职田公廨田并州使官田驿田等》载："臣当州百姓田地，每亩只税粟九升五合，草四分，地头榷酒钱共出二十一文已下。其诸色职田，每亩约税粟三斗、草三束、脚钱一百二十文"[③]。宋政和五年（1115）十一月，提举熙河兰湟路弓箭手何灌申言："汉人买田常多，比缘打量，其人亦不自安，首陈已及一千余顷。若招弓箭手，即可得五百人；若纳租税，每亩三斗五升、草二束，一岁间亦可得米三万五千石、草二十万束。"[④]金国规定，秋税除了粮食税外，还要纳"秸"，《金史》载："金制，官地输租，私田输税。租之制不传。大率分田之等为九而差次之，夏税亩取三合，秋税亩取五升，又纳秸一束，束十又五斤。"[⑤]"秸"即庄稼的秸秆，税额为每亩纳秸秆一束，每束15斤。西夏税草的征收以土地为依据，履亩计算。史先生所译租税文书中黑水城地区每亩税草一束，与《天盛改旧新定律令》规定有所区别，条文载："税户家主自己所属地上冬草、条椽等以外，一顷五十亩一幅地，麦草七束、粟草三十束，束围四尺五寸，束内以麦糠三斛入其中。""诸租户家主除冬草蓬子、夏蒡等以外，其余种种草一律一亩当纳五尺束一束，十五亩四尺背之蒲苇、柳条、梦萝等一律当纳一束。前述二种束围当为五寸束头，当自整绳中减之。"[⑥]麦草一顷五十亩纳七束，粟草三十束，束围四尺五寸；蒲苇、柳条、

---

① ［宋］欧阳修、宋祁：《新唐书》卷五一，北京：中华书局，1975 年，第 1343 页。
② ［宋］宋敏求：《唐大诏令集》卷七二《乾符二年南郊赦》，北京：商务印书馆，1959 年，第 401 页。
③ ［清］董诰等：《全唐文》卷六五一，北京：中华书局，1983 年，第 6619 页。
④ ［元］脱脱等：《宋史》卷一九○，北京：中华书局，1977 年，第 4723 页。
⑤ ［元］脱脱等：《金史》卷四七，北京：中华书局，1975 年，第 1055 页。
⑥ 史金波、聂鸿音、白滨译注：《天盛改旧新定律令》，北京：法律出版社，2000 年，第 490、503 页。"束"原作"捆"，"束围"原作"绳捆"。

梦萝等十五亩纳一束，束围四尺；其余各种草每亩纳一束，束围五尺。也就是每亩交纳麦草 0.05 束，粟草 0.2 束，蒲苇、柳条、梦萝约 0.07 束，其余草 1 束。

束的西夏文在类似的内容中常被译为"捆"，西夏人翻译的汉文典籍《类林》中以该西夏字来对应"束"，为"稿草一束"①。刘进宝先生在《唐五代"税草"所用计量单位考释》一文中详细考证了"束"。他说西北地区，在夏收时节，将小麦捆为一捆，每十捆，再拢为一拢，以八捆以金字塔形立起，两捆作为盖子盖在上面，这样既可以防雨，又可以防潮。待晒干农闲时，将其拉到场上碾草打粮。本句的"捆"，实际上就是"束"，因为这类量词原本都是动词的借用，现代汉语动词用的是"捆"，而不是"束"，所以量词当然也跟着用"捆"，而不用"束"②。围与束的西夏文在《同音》中搭配成一个词组③，《同音研究》汉译为"械索"④。上文"束围四尺五寸"和"前述二种束围当为五寸围头"，指的是捆绳的长度，原译文为"捆绳四尺五寸"和"前述二种捆绳当为五寸捆头"，其实就是束的周长"围"。"围"作为量词讲，是说两只胳膊合拢起来的长度，人们在捆麦、粟时，并不需要专门的绳子，而是用两手直接把麦或者粟的两头接在一起，起到绳子的作用，捆的过程会有一个两手合抱的动作，所以"围"这个动作逐渐发展成为了量词。

税草的束围须按照规定的标准捆扎，以方便计量，由专人定期检查，如有不合格，则相关司吏受罚，"五十日一番当计量，捆不如式，则几多不如式者由草库局分人偿之。未受贿则有官罚马一，庶人十三杖，受贿则以枉法贪赃罪判断。又夫事小监等敛草时，亦当验之，未足则当使未足数分明。库检校及局分人等有何虚枉处，偿草承罪法当与前所示相同"⑤。《唐令拾遗》中束围的大小为三尺，"诸象日给稿六围，马、驼、牛各一围，羊十一各一围（每围以三尺为限），蜀马与骡各八分其围，骡四分其围，乳驹乳犊五共一围，青刍倍之"⑥。阿斯塔那 506 号墓《唐上元二年（761）蒲昌县界长行小作县收支饲草数请处分状》中饲草分为上中下三等：上等每束三尺三围，中等每束三尺一围，下等每束二尺八围⑦。《天圣令》中大者径一尺四寸，小者径四寸，围是一束草的周长，而径是一束草的直径，"修营窖草，皆取干者，然后缚稿。大者径一尺四寸，小者径四寸。

① 史金波、黄振华、聂鸿音：《类林研究》，银川：宁夏人民出版社，1993 年，第 197 页。
② 刘进宝：《唐五代"税草"所用计量单位考释》，《中国史研究》2003 年第 1 期，第 75—80 页。
③ 俄罗斯科学院东方研究所圣彼得堡分所、中国社会科学院民族研究所、上海古籍出版社：《俄藏黑水城文献（西夏文俗文部分）》第七册，上海：上海古籍出版社，1997 年，第 21 页。
④ 李范文：《同音研究》，银川：宁夏人民出版社，1986 年，第 406 页。
⑤ 史金波、聂鸿音、白滨译注：《天盛改旧新定律令》，北京：法律出版社，2000 年，第 504 页。
⑥ ［日］仁井田陞著、栗劲等编译：《唐令拾遗》，长春：长春出版社，1989 年，第 626 页。
⑦ 国家文物局古文献研究室、新疆维吾尔自治区博物馆、武汉大学历史系：《吐鲁番出土文书》第十册，北京：文物出版社，1991 年，第 252—253 页。

其边远无槀（稿）之处，任取杂草堪久贮者充之。若随便出给，不入仓窖者，勿课仓窖调度"①。束围的大小因草的不同、用途不同而有所差异，这点无论在西夏还是唐都是相似的。唐令中的饲草以稿草为标准放支，阿斯塔纳出土文书中的饲草有粟草、准草等，《天圣令》中窖草用来防潮，铺在窖底，以大稆为层，小稆捵缝。西夏的蒲苇、柳条、梦萝、粟草、麦草等其余各种草捆扎好后，可用来供给官畜草料、维护桥道、铺垫窖底等。

作为官畜的饲料，英藏西夏 Or.12380—3179b（K.K）《汉文马匹草料账册》按马匹数量计日放支草料，有的马草料十分，有的草料五分。"□保梁通等下马一十二匹，内三匹草料十分，九匹各草料五分，从十二月四日至五日，计准二日食。糜子二斗，草二束，支……"②。官马的草料在律令中有明确规定，从每年正月一日起，都有专门负责的官员前去检查马的肥瘦，膘不足，出现膘弱未塌脊、羸弱塌脊等情况时要予以处罚，有减草料者，根据数量比偷盗法加一等，若未减，因检校失误导致马羸瘦，根据瘦弱的情况，从杖罪至一年劳役不等，"官牧场之马不好好养育而减食草者，计量之，比偷盗法加一等。未减食草，其时检校失误致马羸瘦者，当视肥马已瘦之数罚之，自杖罪至一年劳役，令依高低承罪"③。《天盛改旧新定律令》卷十五中所纳税草更多的用于渠道垫草和仓窖垫草。律令规定，唐徕、汉延、新渠等大渠上渠水巡检、渠主好好检察渠干、沿渠、梁土及垫草，不许人断抽，若因监察者疏于监察，用草赔偿，并好好修治，"其上渠水巡检、渠主等当检校，好好审视所属渠干、渠背、土闸、用草等，不许使诸人断抽之。若有断抽者时，当捕而告管事处，罪依律令判断"④。若遇涨水、下雨，而使渠道断破，以垫草堵之，没有准备官用垫草的，先在附近税户家主取私草处置，草主人有田地，当于下次纳冬草时减去，没有田地，按照草价，官方给钱，"沿诸渠涨水、下雨，不时断破而堵之时，附近未置官之备草，则当于附近家主中有私草处取而置之。当明其总数，草主人有田地则当计入冬草中，多于一年冬草则当依次计入冬草中。未有田地则依捆现卖法计价，官方予之。若私草已置而不计入冬草中，不予计价等，有官罚马一，庶人十三杖"⑤。作为窖底铺设，律令中载："地边、地中纳粮食者，监军司及诸司等局分处当计

① 天一阁博物馆、中国社会科学院历史研究所天圣令整理课题组：《天一阁藏明钞本天圣令校证：附唐令复原研究》下册，北京：中华书局，2006 年，第 282 页。

② 西北第二民族学院、上海古籍出版社、英国国家图书馆：《英藏黑水城文献》第四册，上海：上海古籍出版社，2005 年，第 34 页。

③ 史金波、聂鸿音、白滨译注：《天盛改旧新定律令》，北京：法律出版社，2000 年，第 580 页。

④ 史金波、聂鸿音、白滨译注：《天盛改旧新定律令》，北京：法律出版社，2000 年，第 501 页。

⑤ 史金波、聂鸿音、白滨译注：《天盛改旧新定律令》，北京：法律出版社，2000 年，第 507 页。

之。有木料处当为库房，务需置瓦，无木料处当于干地坚实处掘窖，以火烤之，使好好干。垫草、秸草、毡当为密厚，顶上当撒土三尺，不使官粮食损毁。"①于无木料、土地干燥、地质坚硬处挖掘地下粮窖，挖好后以火烤窖内，快速干燥，使之光滑，在窖底铺设密厚的垫草、秸草、毡，再将粮食入窖，封口后顶上撒土三尺，将窖内与外界完全隔绝，以粮食入库时的状态长期保存，即使是最难储存的小麦，入窖后二十年无一粒蛀者。

四、小结

西夏的租役草，租为地租，京畿地区 7 个郡县视土地优劣分五等纳租，每亩田地上等纳租 1 斗、次等 8 升、中等 6 升、下等 5 升、末等 3 升，黑水城地区每亩交纳 1.25 升，夏田始于 7 月 1 日，秋田自 9 月 1 日至 10 月末交纳完毕。役是夫役，土地亩数决定出工的天数，从 5 天至 40 天不等，总计不得超过 40 日，如急需条椽，可以减役夫转而纳椽。草为税草，征收的范围包括冬草、条椽、麦草、粟草等，其税额为每亩交纳蒲苇、柳条、梦萝等0.07 束，麦草 0.05 束，粟草 0.2 束，其余草种每亩 1 束。唐代前期的租庸调，正租是租税，计丁纳粟，规定课户每丁纳租 2 石。庸为役的折纳，丁男不服现役时，必须交纳丝麻织品作为代偿，凡丁岁役 2 旬，无事则收其庸，每日折绢 3 尺，布加 1/5，有事而加役者，15 天免调，30 天则租调俱免，正役和加役不得超过 50 天。调是征收丝麻织物的正式税目，随乡土所产交绫（或绢等）2 丈，如纳布为 2 丈 5 尺，输绫、绢者纳棉 3 两，输布者纳麻 3 斤。

租役草和租庸调相比既有相似点，但更多的是差异。首先，租役草是在均田制破坏后，实行两税法大环境下的赋役制度，计亩纳租，据地而征。租庸调是以均田制为核心，依人丁数量征税。西夏的租按土地亩数征收，唐代的租计丁征收；西夏的役由土地数决定夫役的天数，唐代的庸以丁为征收对象，故谓丁庸；西夏的税草履亩计算，唐代的调按户交纳，有课之户为课户，征调的基础还是丁。其次，庸与役折射出社会发展水平不同。庸是役的折纳，唐朝的庸政策比较宽松，若不愿承担规定的任务，可以用丝织品代偿，输庸代役是唐朝奉行轻徭薄赋的产物，这是基于人口数量多、生产发达、产品丰富的前提下，相比之下，西夏的人口稀少，生产不发达，产品少，所以西夏直接服役，唯有《天盛改旧新定律令·渠水门》中的"减役夫纳椽"在结果上与输庸代役相似，都是交纳物品代替夫役，但是其根本性质却相差甚远，"减役夫纳椽"仍然是西夏产品缺乏的

---

① 史金波、聂鸿音、白滨译注：《天盛改旧新定律令》，北京：法律出版社，2000 年，第 513 页，"垫草、秸草、毡"原作"垛囤、垫草"，据俄藏图版改。

一种体现。草和调，两者都是因需而征、因产而征。作为国家的赋税制度，早在唐前期文献中就已经有了对税草的记载，西夏的草是战争补给、畜养牲畜、保护渠道的重要来源，另外，西夏畜牧发达，有大量的官私草场，所以草不仅能够满足了国家的需要，而且很易于征收。唐朝文献规定"调随乡土所出"，其丝织业发展水平很高，无论是出口国外，还是国内贸易、百姓日常生活，丝织品的需求达到了前所未有的数量，同时唐朝时绢麻等作物的种植地区分布广泛，所以，唐朝的因产而征，在不同产区征收不同的织品。

唐代后期实行两税法，改变了以丁身为本的征税基础，取而代之的是以资产为宗，这里的资产包括土地，也包括其他动产，后来又进一步发展为以土地为准，这种转变，由唐至宋逐渐成熟。在归义军时期的文献中，地租、税草、夫役已经以土地为依据征税。文章的开头《唐光化三年（900）前后神沙乡令狐贤威状（稿）》中因土地被大河浸灌，免去地税，就包括了地租、布、草、役夫等。在这种大的社会发展趋势下，西夏顺应潮流，地租、夫役、税草的征收完全以土地为依据，这也是租役草的实质，4067 号文书载："一户梁吉祥有册上有十亩地，税一斗二升半。杂一斗，麦二升半，佣五日，草十捆。"[1]同时，在征税的过程中，以户为单位，迁溜为更大的基层管理组织。赋税文书中常有一迁溜多少户收税多少的记载，如 8372 号文书"迁溜吾移？宝共五十四户税三十六石六斗三升七合半"[2]。对应到国家法典中，租役草的征收基础是税户，为土地的实际持有者，租地人向所有者仅交纳租价，而不再负责地租、税草、夫役。随着社会的发展，税户家主就近结合成类似于唐代乡里制、宋代保甲制的农迁溜，每十户遣一小甲，五小甲遣一小监，二小监遣一农迁溜，负责辖区土地变更的督察、赋税的征收。登记有土地顷亩数的地册三年一更新，农迁溜、小监、小甲要做好基层土地的普查工作，及时将死亡、外逃、地头无人、土地买卖等情况记录，以此作为征收土地税的依据。西夏的赋役除了租役草，包括人口税、盐税、酒税、买卖税、苦役、劳役、兵役等，租役草是农户所要承担的最基本的税种，在西夏赋役中占有重要地位，文中对租役草的考述希望会对西夏社会经济的研究有所补益。

（原载《中国史研究》2018 年第 1 期）

---

① 史金波：《西夏农业租税考——西夏文农业租税文书译释》，《历史研究》2005 年第 1 期，第 107—118 页。
② 史金波：《西夏农业租税考——西夏文农业租税文书译释》，《历史研究》2005 年第 1 期，第 107—118 页。

从出土文书看黑水城渠道变迁

潘 洁

摘 要：黑水城历经朝代更迭，跨越西夏至元两个时期，出土文献中保留了大量有关渠道的记载，通过梳理和比较，发现其名称及功能的变迁。其一，由于战争的破坏、风沙的侵蚀、人员的流动与融合等原因，渠道从西夏至元有保留、有新建、也有消失。其二，西夏的渠与土地、灌溉相关，作用单一，元代的渠突破原有功能，形成了更加适应绿洲农业的渠社组织。

关键词：黑水城；渠道；西夏；元

黑水城地处黑河下游，濒临巴丹吉林沙漠和戈壁滩，是典型的沙漠绿洲城市，因干旱少雨，农业生产主要依赖水利灌溉。西夏时期，黑水城为边中监军司所在地，1286 年元朝在此设置亦集乃路，归属甘肃行省管辖，至明代城池荒废。直至 20 世纪初，随着黑水城文献的发现，西夏至元朝时期黑水城地区农业灌溉渠道的基本情况逐渐清晰起来。已有研究成果基本分为两个阶段，第一阶段是西夏时期，有关记载主要在社会文书和法律文献《天盛改旧新定律令》中。社会文书多为西夏文草书，史金波先生汉译的部分租地契约、买地契约和户籍账册中零星保留有以位置和族姓命名的渠道①；《天盛改旧新定律令》中关于渠道维护、修治的官方条文，有些针对西夏的京畿地区而制定，还有

---

① 史金波：《黑水城出土西夏文卖地契研究》，《历史研究》2012 年第 2 期，第 45—67 页。

一些没有特定区域的限制，杜建录等先生已从法律和历史的角度进行了深入的研究①。第二阶段是在元代，渠道的记载分布在户籍、诉讼等多种类型的文书中，李逸友、吴宏岐、王艳梅、徐悦等对亦集乃路的渠道名称、渠社制度等问题做过详细的分析②。可以说，两个领域的学者在现有基础上已充分利用黑水城文献，渠道及相关问题的研究已足够深入。但黑水城历经朝代更替，出土文献跨越西夏至元代两个时间段，不同时期必然会在黑水城留下历史的印记，本文在梳理两个时期出土文书所载渠道的基础上，探究从西夏至元代黑水城渠道在名称和功能上的继承和发展。

西夏时期的卖地契约中有自属渠尾左渠、普刀渠、灌渠、四井坡渠、自属酪布坡渠、官渠等③，租地契中有普渡寺属渠尾左渠④，户籍文书中有新渠、律移渠、习判渠、阳渠、刀砾渠、七户渠⑤。元代的户籍、诉讼等各类文书中记载的渠道主要集中在本渠、合即渠、额迷渠、吾即渠（吴即渠）、沙立渠（沙刺渠）、耳卜渠、玉朴渠，除此之外，还包括屯田渠、泉水渠、唐来渠、墙痕支小渠、小支水小渠、使水小渠等，其中《戴四哥等租田契》中戴四哥土地四至为："东至唐来为界，南至民户地为界，西至草地为界，北至本地为界，四至分明。"⑥《也火汝足立鬼地土案卷》中有"墙痕支小渠为界""下支水小渠"⑦，《土地案》中有"地东至使水小渠"⑧。将元代与西夏的渠名进行比较，并未发现同名渠道。难道是元代没有沿用西夏渠道吗？李逸友先生在黑水城考古时，提到在额济纳河下游邻近居延海的额尔古哈拉地方，曾发现过西夏时期的瓦砾和陶瓷片，应是从事农业生产的居民所遗存，因而在那一带地方便可能有西夏时期开凿的渠道。至

① 杜建录：《西夏农田水利的开发与管理》，《中国经济史研究》1996年第4期，第139—143页；聂鸿音：《西夏水利制度》，《民族研究》1998年第6期，第73—78页；杜建录：《西夏水利法初探》，《青海民族学院学报》（社会科学版）1999年第1期，第58—61页；葛金芳：《西夏水利役中"计田出丁"法的实施概况及相关问题》，《民族研究》2005年第3期，第85—93页；景永时：《西夏农田水利开发与管理制度考论》，《宁夏社会科学》2005年第6期，第93—95页；骆详译：《从〈天盛律令〉看西夏水利法与中原法的制度渊源关系——兼论西夏计田出役的制度渊源》，《中国农史》2015年第5期，第54—63页。

② 李逸友：《黑城出土文书（汉文文书卷）》，北京：科学出版社，1991年；吴宏岐：《〈黑城出土文书〉中所见元代亦集乃路的灌溉渠道及相关问题》，周伟洲主编：《西北民族论丛》第一辑，北京：中国社会科学出版社，2002年，第129—145页；王艳梅：《元代亦集乃路的渠社》，《今日湖北》（理论版）2007年第6期，第42—45页；徐悦：《从黑水城文书看元代亦集乃路的农业》，宁夏大学2008年硕士学位论文。

③ 史金波：《黑水城出土西夏文卖地契研究》，《历史研究》2012年第2期，第45—67页。

④ 史金波：《黑水城出土西夏文租地契研究》，四川大学历史文化学院：《吴天墀教授百年诞辰纪念文集（1913—2013）》，成都：四川人民出版社，2013年。

⑤ 史金波：《西夏户籍初探——4件西夏文草书户籍文书译释研究》，《民族研究》2004年第5期，第64—72页。

⑥ 塔拉、杜建录、高国祥主编：《中国藏黑水城汉文文献》第六册，北京：国家图书馆出版社，2008年，第1259页。

⑦ 塔拉、杜建录、高国祥主编：《中国藏黑水城汉文文献》第四册，北京：国家图书馆出版社，2008年，第823、853页。

⑧ 塔拉、杜建录、高国祥主编：《中国藏黑水城汉文文献》第四册，北京：国家图书馆出版社，2008年，第758页。

今在地表可看到的渠道痕迹，有可能是西夏时开凿，而元代继续使用并加修筑[1]。李先生在这里用到了两个"可能"，一个是推测西夏时期已经开凿有渠道，这个可能因《俄藏黑水城文献》的公布已经得到证实。李先生的考古报告出版于 1991 年，早于《俄藏黑水城文献》，大量西夏文书记录在黑水城地区的确有数量众多的灌渠。另一个是推测渠道开渠于西夏而沿用至元朝，这个可能将通过接下来的分析得到证实，尽管已有渠名不同，但从西夏至元经历了战争的损毁、风沙的侵蚀、人员的流动，黑水城的渠道有保留，有新建，也有消失。

吾即渠是西夏渠，沿用至元朝。作为亦集乃路重要的几条大渠之一，由于译写的不同，"吾即渠"有时也作"吴即渠"。在西夏文书中，吾即这两个字不仅是渠道名称，而且还经常出现在人名中，如"吾即朵立只"和"吾即沙真布"[2]。人名中的吾即是党项族姓，与西夏《新集碎金置掌文》中的党项姓氏"勿即"[3]音同，所以吾即渠是一条以党项族称命名的西夏渠道。这样的情况在西夏文书中已有先例，上文普刀渠、酩布渠即是如此。在最初命名渠道时，很可能有诸多吾即姓氏的农户聚居于此。发展到元朝，尽管渠名保留了下来，但是人员已然发生了变化，有的留下了，有的人搬走了，同时也有新人增加，如"吾即都的将驱口在吾即渠住（坐）"[4]，仍在吾即渠住（坐）；沙立渠人员名单中的"吾即习布"和"吾即立温布"[5]，或许为搬走的那部分。吾即渠的名称虽被继承，但沿渠人员经历了从西夏至元的变化，重新整合，渠名中有关族属的部分已逐渐消失淡化。

合即渠是元朝新建的渠道。元朝建立后，在黑水城大力发展农业，合即渠是在元史中明确记载有开凿时间的渠道。"二十二年，迁甘州新附军二百人，往屯亦集乃合即渠开种，为田九十一顷五十亩。"[6]"所部有田可以耕作，乞以新军二百人凿合即渠于亦集乃地，并以傍近民西僧余户助其力。"[7]至元二十二年（1285）由甘州新附军和西僧共同开凿，比亦集乃路总管府的设置时间还早一年。《也火汝足立嵬地土案卷》中有"石革立嵬元抛本渠下支水合即小渠麦子地""本渠下支水合即小渠地三段"[8]。从文书中

① 李逸友：《黑城出土文书（汉文文书卷）》，北京：科学出版社，1991 年，第 18 页。

② 塔拉、杜建录、高国祥主编：《中国藏黑水城汉文文献》第四册，北京：国家图书馆出版社，2008 年，752 页。

③ 聂鸿音、史金波：《西夏文本〈碎金〉研究》，《宁夏大学学报》（人文社会科学版）1995 年第 2 期，第 11 页。

④ 塔拉、杜建录、高国祥主编：《中国藏黑水城汉文文献》第四册，北京：国家图书馆出版社，2008 年，第 721 页。

⑤ 塔拉、杜建录、高国祥主编：《中国藏黑水城汉文文献》第一册，北京：国家图书馆出版社，2008 年，第 40 页。

⑥ ［明］宋濂等：《元史》卷一〇〇，北京：中华书局，1976 年，第 2569 页。

⑦ ［明］宋濂等：《元史》卷六〇，北京：中华书局，1976 年，第 1451 页。

⑧ 塔拉、杜建录、高国祥主编：《中国藏黑水城汉文文献》第四册，北京：国家图书馆出版社，2008 年，第 816、824 页。

可以看出，合即渠是从本渠引出的支渠。既然合即渠开凿于1285年，本渠的时间肯定要早于合即渠，很可能本渠在西夏时期已经存在。

有的毛细小渠消失。从已翻译的部分西夏文书可以看出，黑水城地区的渠道数量众多，一方面由于黑水城特殊的自然环境和地理位置，农业生产主要仰仗渠水灌溉；另一方面，西夏允许私开渠道。租地契中有普渡寺属渠尾左渠，卖地契约中有自属渠尾左渠、自属酩布坡渠等，均为寺院或个人开凿的渠道。《天盛改旧新定律令》规定有新开土地，允许自开渠道，"诸人有开新地，须于官私合适处开渠，则当告转运司，须区分其于官私熟地有碍无碍。有碍则不可开渠，无碍则开之。若不许，而令于有碍熟地处开渠，不于无碍处开渠，属者等一律有官罚马一，庶人十三杖"[1]。私渠需在官私无碍处挖掘，由转运司负责，西夏的转运司统辖地册、管理土地，对官地、私地及其各户的耕地情况比较熟悉，在开渠选址的过程中，由转运司核定该地是有碍还是无碍，在不影响他人的情况下，可以私开渠道，便于浇溉。这种私开的渠道，特别是个人开渠，通常直接流入耕地，官方称之为"细渠"，"税户家主沿诸供水细渠田地中灌水时，未毕，此方当好好监察，不许诸人地中放水。若违律无心失误致渠破培口断，舍院、田地中进水时，放水者有官罚马一，庶人十三杖。种时未过，则当偿牛工、种籽等而再种之。种时已过，则当以所损失苗、粮食、果木等计价则偿之。舍院进水损毁者，当计价而予之以半。若无主贫儿实无力偿还工价，则依作错法判断。若人死者，与遮障中向有人处射箭投掷等而致人死之罪相同"[2]。对细渠的规定跟农田浇溉有关，要求各灌水户在用水期间仔细监察，防止私渠断裂，水流淹及耕地、院舍。在西夏文书所载渠道中，细渠占相当比重，往往流程短，是西夏水利网的最末端，直抵田间地头，一旦土地抛荒或遇到其他问题，渠道荒废，经过风沙侵蚀，渠道将连同名称一同消失。

从西夏至元渠名变迁的原因有战争的损毁、人员的流动、风沙的侵蚀等。"帝以西夏纳仇人（亦）腊喝翔昆及不遣质子，自将伐之。二月，取黑水等城。夏，避暑于浑垂山。取甘、肃等州。"[3]1226年春，蒙古军队对西夏发动了第六次战争。蒙古大军首先攻占黑水城，并以此为据点进入河西走廊，渡河进入西夏腹地。次年六月，夏主李晛降，西夏灭亡。元朝大军攻占黑水城必然会引起人员流动，造成设施损毁。元朝占领黑水城后，一些西夏遗民继续和汉人、吐蕃人留在当地，黑水城文书反映了党项人在亦集乃路

① 史金波、聂鸿音、白滨译注：《天盛改旧新定律令》，北京：法律出版社，2000年，第502页。
② 史金波、聂鸿音、白滨译注：《天盛改旧新定律令》，北京：法律出版社，2000年，第506—507页。"税户家主"原译作"租户家主"。
③ ［明］宋濂等：《元史》卷一，北京：中华书局，1976年，第23页。

生活、生产的情况，如《唐兀的斤等户籍》载："母亲兀南赤，年七十岁，妻唐兀的斤，年二十岁，弟妇俺只，年二十岁，东关见住，起置：事产见住元坐地基修盖土房两间，孳畜无。"①同时，大量的蒙古人、回回人迁入，亦集乃路内有回回坟墓，《失林婚书案》中的原告阿兀，即为回回商人，丰富了当地的族属，还带来了居民分布上的变化。合即渠开凿的第二年八月，亦集乃路上书请求"疏浚管内河渠"②。说明风沙和淤积对黑水城的渠道影响很大，该地属于常年为西北风控制的内陆地带，农业耕地主要分布在沙漠、戈壁包围的绿洲区域，考古调查时发现，沿河两岸犹存渠道遗址，有许多渠道和村落已变成沙丘③。一些毛细小渠或因战争被毁，或因人员逃亡而荒废，不见于记载，也有像吾即渠这样的西夏渠道虽然保留至元朝，但经历长期变化，渠内人员重组。

　　从西夏至元代黑水城渠道变迁的另一个方面主要体现在渠道职能的变化上。在西夏，渠道的作用相对单一，出土文书中有关渠道的记载或作为方位，或表明给水情况，与土地、灌溉密切相关。在卖地契中，渠道出现在正文之首、中、尾，在首作为地标，表明所售土地的位置，有水源的土地产量可能更高，直接影响到交易价格，《天庆寅年正月二十四日邱娱犬卖地契》中有"立契者邱娱犬等将自属渠尾左渠接撒二十石种子熟生地一块及宅舍院四舍房等，全部自愿卖与普渡寺内粮食经手者梁那征茂及喇嘛等"④；在土地四至中，把渠道作为所卖土地的坐标，《天庆寅年正月二十九日梁老房西等卖地舍契》中有"东与梁吉祥成及官地接，南与恶恶显盛令地接，西与普刀渠上接，北与梁势乐娱地上接"⑤；在尾表明给水情况，土地税、用水权与土地一并转让，邱娱犬卖地契记："税五斗中麦一斗有日水"，梁老房西卖地契载："有税二石，其中有四斗麦日水。"⑥租地契，渠道在契首，与卖地契契首情况类似，表明土地的方位和水源，《寅年正月二十四日苏老房子包租地契》载："立契者苏老房子等今普渡寺渠尾左渠接熟生二十石撒处地一块，院宅院舍等全，一年包租。"⑦户籍账册，在登记该户家庭人口、财产情况时，渠道位于土地信息中，8203号文书"地：一块接新渠撒七石处，一块接律移渠撒六石处，一块接习判渠撒七石处，一块场口杂地撒七石处"，7893/9号文书一行

①　塔拉、杜建录、高国祥主编：《中国藏黑水城汉文文献》第一册，北京：国家图书馆出版社，2008年，第41页。
②　［明］宋濂等：《元史》卷一四，北京：中华书局，2011年，第300页。
③　李逸友：《黑城出土文书（汉文文书卷）》，北京：科学出版社，1991年，第19页。
④　史金波：《黑水城出土西夏文卖地契研究》，《历史研究》2012年第2期，第45—67页。
⑤　史金波：《黑水城出土西夏文卖地契研究》，《历史研究》2012年第2期，第45—67页。
⑥　史金波：《黑水城出土西夏文卖地契研究》，《历史研究》2012年第2期，第45—67页。
⑦　史金波：《黑水城出土西夏文租地契研究》，四川大学历史文化学院：《吴天墀教授百年诞辰纪念文集（1913—2013）》，成都：四川人民出版社，2013年，第89页。

监的土地、牲畜登记，其中"地四块：一块接道砺渠撒十五石处，与梁界乐（地）边接；一块接律移渠十石处，与移⒥讹小姐盛（地）边接；一块接七户渠撒七石处，与梁年尼有（地边接）"①。

而在各类元代文书中，除了土地四至中的渠，更多的突破了西夏时期的含义，这里的渠除了与浇溉、土地相关的渠，还是基层组织。如《唐兀人氏斗杀案》中"次男，唐兀人氏，在本渠种田住坐"，《债钱主逼取站户吾七玉至罗土地案》中"右玉至罗年三十岁，无病，系本路所管落卜克站户，见在沙立渠住坐"②，本渠和沙立渠为唐兀人、吾七玉至罗的常住地，渠道已然是登记户籍的重要坐标，与西夏不同的是，这里标记的是某人所属的基层组织，而不是土地的方位。M1·0013［F1：W51］《吴（吾）即渠与本渠户籍》中以渠为单位统计人口，载："吴即渠：大口肆百八十八口，小口一百廿口；本渠：大口……小口二百七十六口"③M1·0043［F16：W1］《管都火儿等纳粮文卷》中以渠为单位统计交纳税粮的数量，载："玉朴渠一户管都火儿粮一石五斗，小麦一石，大麦五斗；沙立渠一户台不花粮一十一石一斗，小麦七石四斗，大麦三石七斗；廿口：吾即渠一户任思你立布粮一石五斗，小麦一石，大麦五斗；耳卜渠一户任三保粮三斗，小麦二斗，大麦一斗。"④

在西夏，黑水城对辖内居民统计编户、征纳赋税都是以农迁溜为单位，Инв.No.6342—2 载："迁溜饶尚般百勾管七十九户及单身共二百二十人，大一百八十人，小四十人⑤"Инв.No.4991 载："迁溜梁肃寂勾管五十九户及三十九人单身男女大与小总计二百二十一人之□，税粮食五十六石四斗数。"⑥农迁溜是西夏针对农业人口设置的基层组织，文书中也作迁溜，《天盛改旧新定律令》规定西夏农户以地缘关系为纽带就近结合，十户为一小甲，二小甲为一小监，五小监为一迁溜，至《亥年新法》，由于十羊九牧，农业人口数量不足，迁溜减半，为五十户。

西夏灭亡后，黑水城由原来的镇燕监军司变为亦集乃路总管府，由原来的边防重镇变为内地城市，军事功能逐渐减弱，取而代之的是行政设置，亦集乃路成为纳怜道上重要的驿站，发挥着沟通中原与漠北草原的桥梁纽带作用。原有宜战宜耕具有乡里特色的迁溜制度已然不能适应亦集乃路的城市定位，元代普遍推行的村社制度成为管理基层农

① 史金波：《西夏户籍初探——4件西夏文草书户籍文书译释研究》，《民族研究》2004年第5期，第64—72页。
② 塔拉、杜建录、高国祥主编：《中国藏黑水城汉文文献》第四册，北京：国家图书馆出版社，2008年，第748页。
③ 塔拉、杜建录、高国祥主编：《中国藏黑水城汉文文献》第一册，北京：国家图书馆出版社，2008年，第50页。
④ 塔拉、杜建录、高国祥主编：《中国藏黑水城汉文文献》第一册，北京：国家图书馆出版社，2008年，第80页。
⑤ 杜建录、史金波：《西夏社会文书研究》，上海：上海古籍出版社，2010年，第83页。
⑥ 史金波：《西夏农业租税考——西夏文农业租税文书译释》，《历史研究》2005年第2期，第107—118页。

业人口的重要手段，渠社制度的推行是绿洲地区特有的农业组织形式，反映了水源在百姓生活中的重要地位，这是人们的自然选择，更是人类在特殊地理环境下对自然环境的被迫适应。在绿洲地区，农民为减少生活成本自然而然的选择靠近水源地居住、生产，《长安三年（703）三月括逃使牒并燉煌县牒》载："甘凉瓜肃所居停沙州逃户。牒奉处分，上件等州，以田水稍宽，百姓多悉居城，庄野少人执作。"①文书讲的是甘、凉、瓜、肃州所居之地可供灌溉之水源相对充足，故将沙州逃户安置于此务农，不仅在河西，毗邻水源而居是绿洲地区的共性。

元代的黑水城以渠道为名称划分村落，根据渠的大小、人口的多寡设立不同数量的社长进行管理，《社长与俵水名录》载："沙立渠社长式名：李嵬令普、沙的；俵水三名：李汝中普、刘嵬令普、何高住；本渠社长三名：撒的、许帖木、俺普，俵水三名：何逆你立嵬、樊答失帖木、□哈剌那孩。"②渠社作为最基层的组织，有劝课农桑、征调赋役、登记户籍、维护治安、协助灌溉等职能，直接接受亦集乃路最高行政设置总管府的领导，社长的选任以通晓农事者优先，社长下设俵水，负责分俵水利。这样的转变不仅在黑水城，敦煌地区的乡里制度发展至唐、五代后，在功能上已经远远不及唐朝前期，这是因为作为乡里制度最重要的基础和特征的地域性已经被打破，同一乡里的百姓不仅不在一起居住，其土地也四散于各处，敦煌当地百姓成立了各种名目的"社"，在某种程度上代替了原有应由乡里行使的职能。在农业生产领域中，最具代表性的是渠社。③

综上所述，虽然已有文书中没有同名渠道，但是经过分析，西夏至元，黑水城地区的渠道有保留，有新建，也有消失。在黑水城地区，西夏原有以地缘为特征的组织被打破，形成了元朝以渠道为中心的聚落，而这些渠道不是流入田间地头的细渠，而是稍大的支渠，甚至是干渠，可以供给更多的人维持生活、进行耕作，经过人员增减、变迁后重新组成的单位就以该条渠道的名称作为聚落的代称，记载在黑水城文献中。

（原载《西夏学》2017年第2期）

① 唐耕耦、陆宏基：《敦煌社会经济文献真迹释录》第二辑，北京：全国图书馆文献微缩复制中心，1990年，第326页。
② 塔拉、杜建录、高国祥主编：《中国藏黑水城汉文文献》第五册，北京：国家图书馆出版社，2008年，第986页。
③ 郝二旭：《唐五代敦煌农业专题研究——以敦煌写本文献为中心》，兰州大学2011年博士学位论文，第160页。

西夏典当借贷中的中间人职责述论*

于光建

摘　要： 从西夏法律《天盛改旧新定律令》以及出土的西夏汉文、西夏文契约来看，在典当、借贷、买卖等经济活动中必须有第三方中间人。他们在典当借贷等物权发生变化的交易中发挥着举足轻重的作用，不仅在典当借贷完成后抽利，而且还担负价格调节、明细借贷典当来源是否合法的责任，有时还担负起草书写契约，有时还进行中介代理、委托典当借贷等活动。

关键词： 西夏；典当；借贷；中间人；职责

买卖交易的中间人是牙人的称谓之一，又称为侩、牙侩、牙郎、掮客等。牙人起源较早，最早可追溯至西周时期商品交易中的"质人"。汉代时，称为"驵侩"。唐宋时期，随着商品经济的发展繁荣，买卖交易的中间人由秦汉时期的马市交易行业为主，逐渐向各个行业渗透，牙人数量急剧扩展壮大，出现了专门的中介机构，开始出现以"牙郎""牙人""牙保"等称呼这些买卖过程中的中介人，专门的中介机构也被叫作"牙行"。近代以后，开始出现"掮客"的称谓。[①]他们在交易过程中撮合交易，接受委托代为买卖、典当、借贷、签订契约等，以此从买卖双方、借典双方中收取一定的佣金作

---

* 基金项目：本文系宁夏大学人才引进科研启动基金资助项目（项目编号：BQD20144004）、国家社会科学基金青年项目"武威西夏墓出土木板画及木板题记整理研究"（项目编号：13CMZ013）阶段性成果。
① 陈明光，毛蕾：《驵侩、牙人、经纪、掮客：中国古代交易中介人主要称谓演变试说》，《中国社会经济史研究》1998年第4期，第5—12页。

为劳动报酬。唐宋时期，牙行、牙人甚至还受政府部门委托代收买卖交易税。有些牙人在签订买卖、借贷、典当契约中有时还承担信誉担保的作用。"中人现象是中国传统民事契约在其本身发展过程中逐渐成熟，被固定化与程序化的特殊现象，它构成中国传统民事契约的重要组成部分。"①

党项内迁后，其生产形态也由先前的"不知稼穑"的畜牧业生产，逐渐转变为以农业、畜牧业为主。特别是元昊立国后，西夏王朝吸收唐宋及其周边民族政权的先进文化，封建化程度进一步提高，社会经济形态也趋于多样化，手工业、商业等经济方式也逐步发展起来。与此同时，西夏境内典当借贷经济活动活跃起来。其中，也出现了促成商品买卖的中间人——牙人，甚至还出现了官营性质的牙行。如《太平治迹统类》卷十五记载："牙（衙）头吏史屈子者，狡猾，为众贷谅祚息钱，累岁不能偿。"②杜建录先生认为这里以国主谅祚名义经营的高利贷或许也属官贷性质。③毅宗谅祚的高利贷业务委托给牙（衙）头吏史屈子专门从事借贷典当，足见西夏的官营借贷典当已经发展到一定的程度。西夏帝王权贵等统治阶级从事借贷典当业务是通过专门的中介机构来营运，说明西夏的官营借贷业务中也有已经专门的官营中介机构——官牙行。

《天盛改旧新定律令》卷三记载，在涉及有关典当借贷等债务时，除债务人、债权人之外，还多次出现一个第三方——"𗗙𗾈𗧯𗜈𗮔"（"中间掮客"或"买卖中间人"）。通过对条文的梳理，西夏典贷中的"𗗙𗾈𗧯𗜈𗮔"，在买卖、典当及借贷中所起的作用，恰好就是唐宋时期买卖交易中的"牙人"的职责。"掮客"虽然也是其另一种称谓，但这是近代以后才出现的对交易中间人的贬义称呼。在《天盛改旧新定律令》债务条文中对"中间人"的称谓并非这一固定词组，是有多种表述形式。主要有"𗗙𗾈𗧯𗜈𗮔"（贩卖言为者）、"𗀔𗫂𗂧𗗙𗾈𗧯𗜈𗮔"（接状相卖中掮客）、"𗗙𗾈"（卖间掮客）、"𗴦𗫦𗺉"（识信人）、"𗭪𗑠"（中间人）、"𗗙𗾈𗬩"（中间知人）、"𗗙𗾈𗧯𗜈𗿟𗪺𗮔"（卖方传语、写文书者）等。《天盛改旧新定律令》对典当借贷等债务中的"中间人"一词的表述，之所以有多种形式，是基于"牙人"在不同的典贷活动中扮演的不同角色和所担负的多种职责。

目前学术界对西夏经济史的研究，主要是对商业、典当、借贷等经济活动研究取得了一定的成果，但对"中间人"这一问题，只有杜建录《西夏高利贷初探》④、《西夏

① 李祝环：《中国传统民事契约中的中人现象》，《法学研究》1997 年第 6 期，第 138—143 页。
② ［宋］彭百川：《太平治迹统类》卷十五《神宗经制西夏》，扬州：江苏广陵古籍刻印社，1981 年。
③ 杜建录：《西夏高利贷初探》，《民族研究》1999 年第 2 期，第 59—63 页。
④ 杜建录：《西夏高利贷初探》，《民族研究》1999 年第 2 期，第 59—63 页。

经济史》①，史金波《西夏社会》②、《西夏粮食借贷契约研究》③等文章和论著中论及了西夏借贷典当中的"牙人"或"中间人"问题。实际上，随着西夏社会生产力的发展，商品交换、商业贸易逐渐也兴盛起来，西夏法律对交易中必须有买卖中间人规定，使得中间人在交易中的作用日益重要。中间人从业范围涉及商品买卖、借贷、典当、租赁、人口买卖、劳动力雇佣、结婚嫁娶、物权转让等行业，发挥着十分重要的作用。在西夏的典当、借贷中，中间人有哪些具体的职责，肩负什么作用呢？本文试从西夏《天盛改旧新定律令》中有关典当借贷条文的规定，并结合出土的典当借贷契约，就西夏典当借贷经济活动中的中间人职责予以梳理论述。

一、见证交易

唐宋时期，商品经济的繁荣达到了新的历史高度，牙人在市场交易、借贷典当中所起的作用越来越重要。为了规范市场，政府甚至开始赋予了牙人登记交易，监督交易，征收买卖税、契税的职责。"市主人牙子各给印纸，人有买卖，随自署记，翌日合算之。有自贸易不用市牙子者，验其私簿，投状自自其由私薄投状。其有隐钱百，二千杖六十，告者赏钱十千。"④当然，这是基于牙人是买卖交易中不可或缺的第三方，他们基本掌握着市场交易的情况，政府为了征收买卖交易税、契税，所以这一特殊中间"商人"，被纳入到政府管理体系，赋予了上述诸多权力。

在商品交易、抵押典当、借贷过程中，牙人的一项重要职责就是负责验证、明晰交易物、抵押物的所有权。《天盛改旧新定律令》规定盗物是不能买卖、抵债、典当的。所以牙人的职责之一就是确定交易的物品、抵押的标的物是否为盗物，是不是出让方自属所有。

西夏时期，牙人同样在交易中发挥着举足轻重的作用，政府在律法中也规定了买卖、典当、借贷等物权转移交易中要有"买卖中间人"。特别是数量较大的货币借贷，土地、房屋、牲畜等价值较大的抵押典当必须要有熟悉抵押物情况的中间人。在签订交易凭证——契约时必须有中间人签字画押。如前所引，《天盛改旧新定律令》规定盗物，租

① 杜建录：《西夏经济史》，北京：中国社会科学出版社，2002 年。

② 史金波：《西夏社会》，上海：上海人民出版社，2007 年。

③ 史金波：《西夏粮食借贷契约研究》，中国社会科学院学术委员会：《中国社会科学院学术委员会集刊》第一辑（2004），北京：社会科学文献出版社，2005 年，第 186—204 页。

④ ［后晋］刘昫等：《旧唐书》卷一三五《卢杞传》，北京：中华书局，1975 年，第 3715—3716 页。

借物，良人的父母、妻眷、子女、兄弟、姐妹等亲属，武器装备，政府配发的官物等是不允许拿来买卖、抵押借贷、偿还所借债务的。为了杜绝上述严禁典卖的人、畜、物交易买卖、抵债，保障交易双方的合法物权，《天盛改旧新定律令》规定在买卖、典当以及抵押借贷经济活动中，首先必须要有"识信人"，由识信人做出交易物品是属于律法规定的能够交易买卖的合法物品的证明后，买卖、典当以及抵押借贷才有效，否则不允许进行交易，即使交易也是违法。如在上所梳理的"中间人"表述方式中，"识信人"就是其中的一种表达形式。其在典借中的"识信"职责，就是指在典当、借贷过程中，首先要对典当物的所有权是否合法做出辨别、鉴定，证明交易物的所有权和来源是合法的，是律法所允许买卖、抵债、典当的物品。《天盛改旧新定律令》对牙人的另一表述词汇"㿱觥"（知情）就说明了在买卖典当交易过程中，中间人负责了解抵押物的情况。

在出土的西夏文、汉文契约中，一般在契约开始就写有"立文状者自属土地、畜物"等文字，明确典贷、买卖物的实际所有者，这就是"中间人"在交易中的"识情"职责。牙人在西夏文契约中以"㿱敊"（知人）称谓，在西夏汉文契约中以"知人"或"知见人"出现在契约结尾，即该笔交易的"证明人"，见证交易是合法有效的。以后若发生纠纷和违约行为后，"契约"和"知人"成为官府评判的物证和人证。《俄藏黑水城文献》Инв.No.4696/17—33 号是一件借粮契约长卷，第 1 份契约中的知人梁老房宝，同时还是第 2、6、7、8、9、16、17、18、19、35 份等十多笔粮贷契约中的知见人。Инв.No.4696/17—33 号第 1 份契约中的另一知见人平尚山势在第 2、6、15 份粮贷契约中也是知见人。[①]说明西夏的借贷、典当买卖中确实有专门的职业化的"知见人"。他们是交易过程中的证明人，充当典当、借贷交易的中介者，最终促成典当、借贷活动的完成。尽管"中间人"不用担负债务人违约不还债时的连带偿还法律责任，但是《天盛改旧新定律令》规定如果"中间人"在交易中玩忽职守、欺诈隐瞒交易实情，没有履行好验证交易物是盗物等违禁买卖、典当、抵债的物品，一旦出现纠纷，也要承担一定的赔偿责任。

二、议定价格

中间人在买卖借贷中不仅介绍交易，而且还要评定价格。甚至有些官牙在交易后，还要协助政府收缴买卖税。在田宅买卖活动中的中介人为庄宅牙人，其主要职责是核实

---

① 史金波：《西夏粮食借贷契约研究》，中国社会科学院学术委员会：《中国社会科学院学术委员会集刊》第一辑（2004），北京：社会科学文献出版社，2005 年，第 186—204 页。

钱数，帮助官府完税，促成契约成立。例如，据宋人李元弼《作邑自箴》记载："应镇、者、庄宅牙人根括置籍，各给手把历，遇有典卖田产，即时抄上立契月日、钱数，逐旬具典卖数申县，乞催印契。"①再如，张传玺编著的《中国历代契约会编汇考》中收录的南宋项永和卖山地契中记载："三面评议价钱十八界官会五十贯文省，其钱当立契日一并交收足讫，并无分文少欠，别不立碎领。"②这里的"三面评议价钱"指的就是买卖双方和中间人。可见，中间人要参与交易物价格的议定。那么，在西夏典当借贷中，中间人是否也会参与典押物价格议定呢？《天盛改旧新定律令》卷三"当铺门"规定：

> 一诸人居舍、土地因钱典当时，分别以中间人双方各自地苗、房舍、谷宜利计算或不算，不有名规定，有文字，何时送钱时当还给。此外，其中钱上有利，房舍、地亩亦重令归为属有者谷宜，交利有名者，钱上利、房舍、地土上苗、果、谷宜等当各自重算，不允与本利钱相等以后再算利。若违律本利送，地上、房舍不归属者时，有官罚马一，庶人十三杖。③

从该条律法规定可知，在将房屋、土地等价值较大的不动产进行典押借贷货币时，抵押标的物房屋、土地的价值，甚至地上禾苗、果木的收入算不算价值，价值多少，以及抵押借贷利息的确定都是由中间牙人与典贷双方分别商议后，再签订契约文据。说明在西夏借典经济活动中牙人不仅要居中说合，还要负责抵押物价格的议定、利率的协商等。同时，在出土的西夏买卖契约中通常会有"𘜮𗊱……𗲲𗹰"，汉译"议定全价……"，这里对价格的"议定"除了买卖双方参与外，"中间人"也是重要的一方。在买卖双方提出各自的接受价格后，牙人再从中调解说合，达成一个买卖双方都能接受的中间价格后，再签订契约明确交易内容，"于买价、钱量及语情等当计量，自相等数至全部所定为多少，官私交取者当令明白，记于文书上"④。以后若有反悔，将由反悔一方按律法及契约上议定的违约金数额缴纳罚金，罚金通常是交易物价值的 1 倍。有些出土契约结尾签字处的"知人"后直接就有"言为"来修饰，有些知人是"知人言为者□□□"。如《俄藏黑水城文献》5010 号文书《天盛二十二年耶和寡妇卖地契约》契尾有 4 位知人，但该件契约的知人与其他契约的知人不一样，它是"𗋽𘓚𗹰𗗙𗖻𗥃𗏇𗵒𗤋□（押）"⑤，

① ［宋］李元弼等撰、闫建飞等点校：《宋代官箴书五种·作邑自箴》卷三，北京：中华书局，2019 年，第 20 页。
② 张传玺：《中国历代契约会编汇考》，北京：北京大学出版社，1995 年，第 539 页。
③ 史金波、聂鸿音、白滨译注：《天盛改旧新定律令》，北京：法律出版社，2000 年，第 187 页。
④ 史金波、聂鸿音、白滨译注：《天盛改旧新定律令》，北京：法律出版社，2000 年，第 189 页。
⑤ 史金波：《西夏文教程》，北京：社会科学文献出版社，2013 年，第 393 页。

汉译"知人言为者耶和铁茂□","言为者"就说明这位"知人"在卖地者耶和寡妇与买地者耶和米千之间说合商议价格。

三、书写契约

契约是见证当事双方交易及债务行为的凭据,也是维护双方权益的法律依据,所谓"口说无凭,立字为据"。唐宋律法都规定了契约在债权维护中的所起的法律证据作用。契约在调节民事关系、维护物权中的重要作用,催生了一批有文化的知识分子专门从事书写契约——书契人。如宋徽宗时"诸以田宅契投税者,即时当官注籍,给凭由付钱主,限三日勘会业主、邻人、牙保、写契人书字圆备无交加,以所典卖顷亩、田色、间架,勘验元业税租、免役钱,纽定应割税租分数,令均平取推,收状入案,当日于部内对注开收。"[①]

西夏《天盛改旧新定律令》也同样规定在官私借贷典当中必须要有文字规定——契约。强调契约在债权维护保障中的重要作用。《天盛改旧新定律令》卷三"催索债利门"规定:"诸人买卖及借债,以及其他类似与别人有各种事牵连时,各自自愿,可立文据,上有相关语,于买价、钱量及语情等当计量,自相等数至全部所定为多少,官私交取者当令明白,记于文书上。"[②]《天盛改旧新定律令》卷十一"出工典门"也规定:"诸人将使军、奴仆、田地、房舍等典当、出卖于他处时,当为契约。"[③]在达成交易意向后,签订契约成为关键的环节。契约由谁来起草书写呢?

据史金波先生整理研究,从黑水城出土的社会文书中,契约有100多号、500件,其中有具体年代的就有200多件。有的契约可能是债权人直接起草的,但有的契约还写有"书契者"的姓名,他们是专门书写契约的人——书手。如黑水城出土的西夏天庆年间裴松寿典麦系列汉文契约中在契约结尾签字画押处除了立文人、知见人之外,还有"书文契人□□""书契□□□"等字,如俄藏 TK.49P《西夏天庆年间裴松寿典麦契》(7—5),录文据杜建录、史金波《西夏社会文书研究》转录。[④]

　　（前缺）
　　（1）蒐名圣由蒐今□□□□

① ［清］徐松:《宋会要辑稿》食货六一之六二,北京:中华书局,1957年,第5904页。
② 史金波、聂鸿音、白滨译注:《天盛改旧新定律令》,北京:法律出版社,2000年,第189页。
③ 史金波、聂鸿音、白滨译注:《天盛改旧新定律令》,北京:法律出版社,2000年,第390页。
④ 杜建录、史金波:《西夏社会文书研究》,上海:上海古籍出版社,2010年,第195页。

（2）▭次男皆矗（押）

（3）知见人马能甩（押）

（4）书文契约张□□在

《斯坦因中亚考古所获汉文文献（非佛经部分）》第 1 册中收录有数件天庆年间裴松寿典麦契，契尾也书有"书契□□"文字。今据杜建录、史金波《西夏社会文书研究》①录文如下：

1. 英藏 Or.8212／727K.Ⅱ0253（a），西夏天庆年间裴松寿典麦契（15—7）

（前缺）

（1）▭一日立文人▭

（2）▭一条旧皮球一领于▭

（3）▭本利二石七斗其典▭

（4）▭日不见▭

（5）立文人▭

（6）▭屈（牙）

（7）书契▭

2. 英藏 Or.8212／727K.Ⅱ0253（a），西夏天庆年间裴松寿典麦契（15—8）

（前缺）

（1）▭一任出卖▭

（2）立文字人夜▭

（3）同典人夜▭

（4）同典人▭

（5）书契▭

3. 英藏 Or.8212／727K.Ⅱ0253（a），西夏天庆年间裴松寿典麦契（15—11）

（1）▭二日立文▭

（2）▭皮球二，旧▭

（3）▭典到大麦四石▭

（4）▭月一日将本利▭

（5）▭一任出卖，不词。

（6）▭立文字人▭

（7）▭书契▭

---

① 杜建录、史金波：《西夏社会文书研究》，上海：上海古籍出版社，2010 年，第 206—210 页。

由上所述，西夏在借典、买卖时也有专门负责起草书写契约的人。黑水城出土的西夏文契约文献中有许多是连在一起的契约长卷，长卷上有数十件契约且字体相同，而且连契约结尾立文人、同立文人、知人的姓名签字都是相同的笔迹，说明契约是由专人书写，借、典、卖者只是画押。正如史金波先生所言："应该是同一写者一人的手笔，看来契尾各种签字系由书手包办，或许当地能用西夏文书写自己名字的人是少数，多数借贷人和相借者自己只能画押。"①

除了专门有起草书写契约的人外，西夏买卖交易的中间人有时也代替书写契约，他们既是买卖中的证人（知人），又是契约书写者，在契约上的签字画押反映了牙人在买卖、借贷、典当等交易中肩负了双重身份。如在《俄藏敦煌文献》第十七册中有一件是西夏时期的还债契约——Дх19076R《西夏直多昌磨𗥃代还钱契》。②在该契约结尾立文人、同债人之后，是书契知见人王智多。③

在出土的西夏文契约结尾签字人画押中，也有中间人代写契约的现象。如在《俄藏黑水城文献》Инв.No.5124—2《天庆寅年正月二十四日邱娱犬卖地契》中结尾签字画押中"𗥃𗧓"有三位，其中一位是"𗥃𗧓𗥃𗧓𗥃𗧓𗥃"，汉语意思为"证写文书者翟宝胜"④，如《天盛改旧新定律令·当铺门》译释注释中考述"𗧓𗥃"（入植），即"规定""契约"的意思。所以这里的"𗥃𗧓𗥃𗧓𗥃𗧓𗥃"意义为"知写契约者翟宝胜"，"翟宝胜"即是见证卖地的证明人知人，同时也是这份卖地契约的书写者。他的作用与Дх19076R《西夏直多昌磨𗥃代还钱契》中的书契知见人王智多相同，"知"即"知人""证明人"；"契约写者"即这个证明人还是该件契约的书写者。《天盛改旧新定律令》卷三"催租罪功门"有一短语"𗥃𗧓𗥃𗧓𗥃𗧓𗥃"⑤，汉译"为卖方传语、写文书者"⑥，实际上根据文意，这里的"𗥃𗧓𗥃𗧓"是"买卖中间人"的一项职责作用，而其后的"𗥃𗧓𗥃𗧓"（文字写者）的意思是"写立契约者"。这一短语恰好就反映了在买卖土地时，有时候写立契约的人是买卖中间人。该固定词组意在强调了"中间人"在买卖交易中还有"写立契约"的作用。综上所述，无论是《天盛改旧新定律令》，还是出土的西夏汉

---

① 史金波：《西夏粮食借贷契约研究》，中国社会科学院学术委员会：《中国社会科学院学术委员会集刊》第一辑（2004），北京：社会科学文献出版社，2005年，第199页。

② 俄罗斯科学院东方研究所圣彼得堡分所、俄罗斯科学出版社东方文学部、上海古籍出版社：《俄藏敦煌文献》第十七册，上海：上海古籍出版社，2001年，第336页。

③ 杜建录、史金波：《西夏社会文书研究》，上海：上海古籍出版社，2010年，第216页。

④ 史金波：《黑水城出土西夏文卖地契研究》，《历史研究》2012年第2期，第45—67页。

⑤ 俄罗斯科学院东方研究所圣彼得堡分所、中国社会科学院民族研究所、上海古籍出版社：《俄藏黑水城文献（西夏文俗文部分）》第八册，上海：上海古籍出版社，1998年，第305页。

⑥ 史金波、聂鸿音、白滨译注：《天盛改旧新定律令》，北京：法律出版社，2000年，第495页。

文契约、西夏文契约都反映出在交易中，中间人有时还有承担书写契约的职责。

四、中介代理

中间人虽然只是通过说合、介绍促成交易后从中抽取一定的佣金，获取报酬的第三方。但是，这一群体也是特殊的"商人"，他们在市场交易中的角色，不仅仅是见证、商议说合、促成交易，有时候，有些"中间人"甚至直接接受交易物主人的委托，代理完成借贷、买卖、典当交易。西夏的借贷中就有这样一批做交易代理的"中间人"，他们不是借典物的实际所有者，但借贷要由他们经手。虽然传统的汉文资料、西夏法典《天盛改旧新定律令》中没有"买卖中间人"从事接受委托、代理交易的记载，但是，在出土的西夏粮食借贷契约中有一些行文较为特殊的契约。立契约者从某某处借贷大麦、小麦、谷物等粮食却要经过第三方，从第三方处拿取，但到期偿还时，本利却不是还给经手者，而是还给原物主。原物主被称呼为"本持者"，有些第三方前有"手人"一词，即"经手"之意。这些典借契约中要经手的第三方也有可能就是买卖中接受委托代理的另一种"牙人"。如武威亥母洞出土的《乾定申年典糜契约》，没水隐藏狗向讹国师借贷一石糜子，但要从"命屈般若铁"手中拿取。在亥母洞出土的《乾定酉年卖牛契约》中，买卖同样要经手"屈般若铁"[1]。再如，《俄藏黑水城文献》Инв.No.4696（17—33）是天庆年间的西夏文粮贷契约，根据史金波先生译文，这十几件契约都明确写道"自使军兀黑成处借贷"，但粮食的实际持有人却是梁善盛。Инв.No.6377（23—23）光定卯年（1219）三月梁十月狗借粮契约中记载："光定卯年二月六日文状为者梁十月狗，今于兀尚般若山自本持者老房势处借一石五斗麦。"[2]这里的兀尚般若山是粮食的实际所有人，而老房势是借贷粮食时的经手人。使军兀黑成和老房势作为借贷的中间人出现在诸多契约中，说明在买卖、借贷交易中，他们似乎是专门从事委托代理交易的中间人。

史金波先生对国家图书馆所藏社会文书残页进行了整理翻译和研究。这些文书大多是同一账簿中的残页，薄麻纸，草书，两面书写，有的残下部，有的残上部。其中在这些文书中发现了十数件粮贷账的文书残页。这些粮贷账内容涉及粮食所有者的姓名、粮食种类、本利数量，虽然内容是借贷内容，但又不是粮食借贷契约的格式，所记内容很

① 宁夏大学西夏学研究中心、国家图书馆、甘肃省古籍文献整理编译中心：《中国藏西夏文献》第十六册，兰州：甘肃人民出版社、敦煌文艺出版社，2005年，第387—388页。
② 史金波：《西夏经济文书研究》，北京：社会科学文献出版社，2017年，第211页。

像是流水账。现据史先生《国家图书馆藏西夏文社会文书残页考》①一文译文将较完整的九件粮贷账文书汉译文转录如下：

1.042 号（7.10X—8），残存 7 行

（1）寇名老房大麦本五石☐☐

（2）利二石☐☐

（3）麦本二石☐☐

（4）利一石☐☐

（5）刘山狗大麦本三石☐☐

（6）利一石

（7）麦☐☐

2.043 号（7.10X—8），残存 6 行

（1）利五斗

（2）麦本五斗☐☐

（3）利二斗五

（4）寇名氏双宝大麦本一石五☐☐

（5）麦本一石五斗

（6）利杂一石☐☐

3.045 号（7.10X—8），残存 2 行

（1）董正月狗麦本五斗☐☐

（2）利二斗五升

4.051 号（7.13X—2），残存 5 行

（1）刘阿车麦本七斗

（2）利三斗五升

（3）朱腊月乐麦本五斗

（4）利二斗五升

（5）噶尚讹赞麦五斗

5.061 号（7.13X—8），残存 7 行

（1）西禅定吉麦一斗

（2）利五升

（3）波年正月犬糜本一石五斗

① 史金波：《国家图书馆藏西夏文社会文书残页考》，《文献》2004 年第 2 期，第 138—151 页。

（4）利七斗五升

（5）麦本一石

（6）利五斗

6. 062号（7.13X—8B），残存7行

（1）赵阿富豌豆本五斗

（2）利二斗五升

（3）麦本五斗

（4）利二斗五升

（5）喻屈那征铁糜本一石

（6）利五斗

（7）麦本二石

7. 055号（7.13X—4），残存5行

（1）☐☐城☐☐

（2）☐☐大麦本一石五斗

（3）利七斗五升

（4）麦三石五斗

（5）荜豆一石一斗　荜豆一石四斗

8. 056号（7.13X—4B），残存6行

（1）☐☐大麦一石五斗　麦一石

（2）利七斗五升

（3）麦本一石　麦一石三斗

（4）利五斗

（5）大麦本二石　大麦二石二斗

（6）利☐☐

9. 039（7.10X—5），残存5行

（1）本☐☐本三百五十

（2）☐☐麦豆共五斗糜二斗麦借

（3）☐☐月一日十五捆草

（4）☐☐利有三斗☐大麦本借，四斗五☐☐☐

（5）☐☐钱☐一百五十

通过上述汉文译文，我们发现上述借贷文书格式一般是粮食主人姓名＋粮食种类＋原本数量＋利息数量。关于这些文书的性质，史金波先生认为："这是一种借贷粮食的

账目，它既不是借贷契约，也不是借贷契约的誊录账，而似乎是着重记录各放贷主及其放贷粮食的账目。可能是存粮的放贷主将粮食放到质贷铺之类的放贷场所，然后统一对外放贷。这类账目可能是经营放贷的质贷铺的底账。"①这些与粮食借贷契约迥异的粮贷账目应该是粮食所有者将多余的粮食寄存到从事借贷典当业务的中介机构，通过专业的借贷中介来从事放贷，这是中介机构接受粮食主人寄贷粮食种类、数量、利息之后所记的账目。粮食所有者给出自己粮食的利息后，由借贷中介再从事放贷。中介以粮食所有者给出的利息为基础，再加利放贷。在签订粮食借贷契约时，立文状者（借贷者）是与上述账目中的粮食所有者签订借贷契约，即上文所述借贷契约中的"粮食本持者"。契约中的"经手"应该就是账目持有者。由于国家图书馆所藏上述西夏文粮食借贷账目文书甚残，这里接受物主人委托从事经营代理放贷业务的中介，有可能是实力雄厚的"私人中介"，也有可能是官营背景的"官营中介"。

由上所述，将武威亥母洞出土的典糜、买牛契约、黑水城出土的粮食借贷契约中的"经手人"与国家图书馆所藏委托代理借贷账目结合起来，进一步说明西夏中间人的中介经营范围已经扩展到接受物主和债主委托，从事代理借贷、典当、买卖业务。可以说，西夏中间人在商品交易、买卖、放贷等行业的作用，与唐宋时期的牙人所涉及的业务、担负的职能、所起的作用并无二致。

综上所述，从《天盛改旧新定律令》对中间人行为的规制，以及出土的西夏汉文、西夏文契约来看，中间人在西夏的商品交易中确实是一个必不可少的群体。他们的活动不仅出现在政府职官体系中，而且在民间交易中渗透到百姓生活的方方面面，特别是畜物交易租借、债务借贷、土地房屋买卖租赁、奴婢买卖、劳动力雇佣、婚姻缔结。这从一个方面也证实西夏时期商品买卖交易的繁荣。中间人在一定程度上促进了商品交易，保证了各类交易的合法性，减少了交易中的纠纷，保证了交易双方的财产所有权及其他权益。同时，中间人的出现，对于家境贫困、生活困难的广大百姓来说，在很大程度上有中间人的保证和见证，使他们能够在青黄不接、生活困难的时候典借到维持生计的粮食、春种所需的种子、耕地的畜力，无地的农牧民也能在其介绍说合下，租赁到耕地等生产资料，在一定程度上中间人为广大的贫苦大众和小生产者提供了种种便利。当然，在这些借贷、租典中，存在着大量的高利贷剥削压迫，中间人在交易中的种种弊端和欺诈行为是不可避免的。他们不仅在典当借贷完成后抽利，而且还担负价格调节、明细借贷典当来源是否合法的责任，有时还担负起草书写契约，同时还要担负违法交易出现后

---

① 史金波：《国家图书馆藏西夏文社会文书残页考》，《文献》2004 年第 2 期，第 138—151 页。

的法律责任。西夏典贷中也出现了与唐宋社会一样的职业化中间人——牙人。西夏法律规定典当、借贷、买卖交易必须有中间人见证的立法，最主要的作用是起到了规范交易市场，有利于督促交易的合法性，以及保障交易双方的合法权益，其积极作用还是值得肯定的。

（原载《宁夏社会科学》2016 年第 4 期）

西夏典借制度的几个问题

——以Инв.No.5147西夏文典畜契为中心*

田晓霈

摘　要： 黑水城出土俄藏Инв.No.5147文书有一件以牲畜为质物的典畜粮贷契约。本文结合《天盛改旧新定律令》与唐代敦煌契对比分析，发现此契约对西夏典借制度有如下补充认识：首先，西夏继承了唐代的质押类型，但在收息方式上灵活多变，表现出"以典充息"和"典息两立"并存的特点。其次，在债权担保制度方面表现出"使军"担保的意义，其担保方式有财产担保和劳工担保两种形式。再次，在西夏民事契约关系中违约处罚的官方收缴机构为"罚赃库"。

关键词： 契约；西夏；借贷；典当；罚赃库

典当借贷是中国古代民间经济生活的重要内容，西夏时期基层社会的借贷业发达，出土文书中有大量借贷契约，既有无质物的信用借贷契约，也有包含质物的典当契约。大部分契约由西夏文草书书写，识读难度大，迄今得到译释研究的契约数量只占出土总量的一小部分，加之官方法典的记载又较为简略，以致学界对西夏典借制度的认识尚存空白。在文书释读方面，1980年，陈国灿先生的《西夏天庆间典当残契的复原》[①]复原了英藏"裴松寿典粮文契"；史金波先生在《西夏经济文书研究》[②]一书中对4件典畜

---

* 基金项目：本文系国家社会科学基金重大招标项目"西夏通志"（项目编号：15ZDB031）阶段性成果。
① 陈国灿：《西夏天庆间典当残契的复原》，《中国史研究》1980年第1期，第143—150页。
② 史金波：《西夏经济文书研究》，北京：社会科学文献出版社，2017年。

契约进行了考释研究；于光建在《〈天盛律令〉典当借贷条文整理研究》①一书对 4 件典畜契进行了释读。上述典当契约，在质押类型、收息方式、担保处罚等方面大体相同。俄藏 Инв.No.5147②文书中的典驼贷粮契约较目前已译释的典当契约表现出新特点，对补充西夏典当借贷制度乃至对我国中古时期的高利贷制度进行研究有重要意义。

俄藏 Инв.No.5147 号文书内容完整，格式规范，本文首次对该件契约进行译释，并结合《天盛改旧新定律令》与唐代敦煌契约进行对比分析，以求教方家。

一

俄藏 Инв.No.5147 号文书刊布于《俄藏黑水城文献》第 14 册第 22—25 页，文书断裂为 4 个部分，下分编号为 5147—1、5147—2、5147—3、5147—4，共含 10 件契约，按类型分为 4 件信用借贷契约、4 件典地契约、1 件典身契约和 1 件典畜契约，本文所考之典畜契约为 5147—1 中的第 2 件契约。这件典畜契约刊于《俄藏黑水城文献（西夏文俗文部分）》第 14 册第 22—23 页，由于刊印有误，第 22 页的图版只影印了原件少半部分，造成此契前半部分内容缺失。史金波先生在《西夏经济文书研究》中公布了此页的完整图版③，今采之，现据图 1 对文书进行楷书转写并译释如下：

录文：

𗾔𗬀𗒟𗎺𗤒𗥦𗣼𗣼�-𘍞④𗂧𗤋𗥃𗤩

𗤒𗦗𗴺𗐽𘃽𗉈𗄹𗟫𗗙𗤀𗤋𗟫𗩟

𘕜𗧓𘊝𗣼𗄹𗧓𗫔𗫻𗫷𗰹𗐱𗤋𗟲

𗥫𘊒𗬀𗤩𗤒𘍞𗁬𗧓𘒣𘉘𗅋𗾔

𗬀𗣼𗄹𗤒𗦗𗦛𗐱𘕜𗬀𘒏�½𘕜

𘕜𗬀𗦺𘊒�½𘊝𗤩𗤒𘅍𘉘𘅍½

𘒏𗒟𘉘𘊒𗬀𘕆𘅙𗫔𘃁𘄽𘊛

�𗖍𗤋�½𘇹𘉘𗣼𗟲

𗒟𗬀𗬀𗣼𘅍�einer𗂧（押）

① 于光建：《〈天盛律令〉典当借贷门整理研究》，上海：上海古籍出版社，2017 年。
② 俄罗斯科学院东方研究所圣彼得堡分所、中国社会科学院民族研究所、上海古籍出版社：《俄藏黑水城文献（西夏文俗文部分）》第十四册，上海：上海古籍出版社，2011 年，第 22—25 页。
③ 史金波：《西夏经济文书研究》，北京：社会科学文献出版社，2017 年，第 220 页。
④ 此处文书原文中写为"𗣼𗣼�einer𘍞"（阁讹月宝奴），"�einer𘍞"二字之间标注倒字符"∨"，当为笔误所致倒文，今于录文中改之。

𗼅𗼻𗫂𗧓𗎖𗫴𗥘𗦜
𗼅𗼻𗫂𗫢𗤺𗥘𗾷（押）
𗰦𗣗𗙬𗲮□（押）
𗰦𗣗𗦜𗤻𗣏𗒹（押）

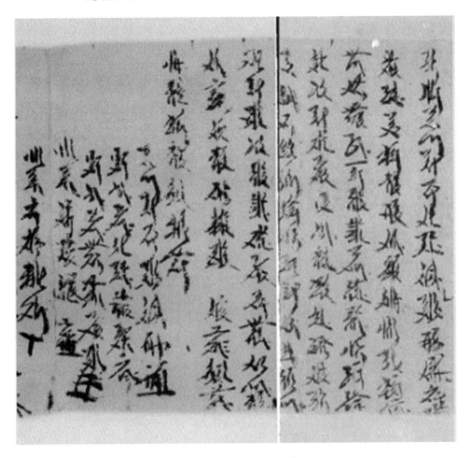

图 1　西夏文典畜契约①

译文：

同日，立契者阁讹宝月奴，今向梁犬
铁借得七石麦，本利共计十石五
斗。出典一头全齿黑公骆驼，现
已抵，犬铁持，期限年同

① 此件文书的前半部分图版由史金波先生提供，在此向史先生表示感谢。后半部分图版见俄罗斯科学院东方研究所圣彼得堡分所、中国社会科学院民族研究所、上海古籍出版社：《俄藏黑水城文献（西夏文俗文部分）》第十四册，上海：上海古籍出版社，2011 年，第 23 页。

七月一日当聚集粮食来还，若过期不

还时，以骆驼抵债，犬铁可持，不词。

若争讼反悔时依官法于罚赃库

中罚交三石麦，心服。

立契者宝月奴（押）

同立契阁讹般若梁

同立契使军铁宝（押）

知人小犬□（押）

知人梁增吉势（押）

这是一件较为完整的契约，有规范的立契时间、质物、典价、利息，以及偿还期限、违约处罚和契尾部分的担保人、见证人。前揭，该契约是俄Инв.No.5147文书内的第二件，其中首件契约注明时间为"𗼩𗰗𗗿𗦲𗏇𘋤𗝢 𗰱𗊱"（光定午年三月十六日），本契契首写为"𗝢𗊱"（同日），证明是同日书写。"光定"为夏神宗李遵顼的年号，"光定"年间只有一个午年，即光定壬午年（1222），为李遵顼在位的末年。契约中借贷者阁讹宝月奴向债权人梁犬铁借出7石麦，约定同年7月1日偿还本利10石5斗，此中总和利率为50%，借期4个月，平均月息12.5%，这是目前所见西夏契约中较为常见的利息水平。质物为"一头全齿黑公骆驼"，西夏采用类似中原地区以牙齿生长情况记录牲畜年龄的方法，"全齿"即表示已成年。

此契约中这头成年骆驼折抵了包括本利在内的十石五斗粮食的债务，体现出了骆驼在当时的典价。黑水城文书中反映牲畜价值的还有一些卖畜契约，择同类相较，可观摩不同时段内牲畜的价值变化。俄藏Инв.No.2996—1号贷粮典畜契是一件天盛未年的文书[①]，契约中债务人借出四石麦，本利六石，抵押一头二齿公骆驼[②]；俄藏Инв.No.5124—4（5）号卖畜契立于天庆甲寅年（1194），契中卖出一头二齿公骆驼，卖价二石大麦、一石糜，即三石杂粮，折合二石三斗三升麦子；俄藏Инв.No.2546—1号卖畜契立于天庆癸亥年（1203），契中卖出一头全齿母骆驼，卖价六石杂粮[③]，折合四石六斗五升麦子。本契约的立契时间最晚，写于光定壬午年（1222）。通过比较可以发现，西夏晚期天盛至光定年间牲畜价值有所起伏，其中天庆年间价值走低，之后继续攀升，至光定末期达

---

① 史金波先生在原文中已指出，西夏天盛年间有两个未年，天盛辛未三年（1151）和天盛癸未十五年（1163）。史金波：《西夏经济文书研究》，北京：社会科学文献出版社，2017年，第376页。

② 史金波：《西夏经济文书研究》，北京：社会科学文献出版社，2017年，第376—377页。

③ 史金波：《西夏经济文书研究》，北京：社会科学文献出版社，2017年，第294—297页。

到前所未有的高峰，侧面反映出西夏末期社会动荡，物价飙升的社会背景。

二

中古时期的动产质典按质物的转移与否分为"占有质"和"无占有质"两种情况。[1]前者在立契之时便将质物移交至债权人手中，债务人保留所有权，债权人获得对质物的"占有"即使用权；而后者质典其间并不转移质物，仍由债务人保管，待其违约不偿时债权人再依约索取。例如，在吐鲁番文书《唐总章三年（670）白怀洛举钱契》中，债务人以家中"口分葡萄用作钱质"，但约定待违期不还时再依约抵偿，所以抵押期间质物仍归债务人所有，债权人并不"占有"质物，即是"无占有质"类型。[2]这里的质物其所有权与使用权并不发生分离，实际上主要发挥了物权担保的作用。本件西夏契约中债务人"𗼩𗄭𘔼𗙫𗅫"（阁讹宝月奴）向债权人"𗂾𘂤𗡔"（梁犬铁）出典了一头全齿黑公骆驼，并且"�𗄭𗮃𗬓，𘂤𗡔𗱈𗤋"（现已抵，犬铁持），表明立契之时质物已经转移到债权人手中，在质典期间由其看管，是典型的"占有质"类型。在黑水城出土的契约中也有"无占有质"类型，如俄藏Инв.No.4079—6①典畜契中，质物为一头公骆驼，如果债务人不能在九月一日按期偿还，则"𘜶𗃬𗴟𗤦𘆼𘑘𘆄𗩈𗪅𗏹"（以先前所典骆驼过来抵债）[3]，说明在质物抵押期间并没有转移到债权人手中，仍由债务人保管，只有在其违期不偿时再索取典物抵债。

对于典当关系来说，质物的"占有"与"无占有"与利息的收取方式密切相关。在本件典畜契约中，债务人阁讹宝月奴将一头全齿的公骆驼抵押给债权人梁犬铁后，另须交付50%的利息，这种债权人既无偿占有质物，又额外收取利息的方式称为"典息两立"。这种方式在西夏契约中较为常见，适用于多种类型的典权交易，例如俄藏Инв.No.5147文书内还包含4件典地契约[4]，债权人同样是"梁犬铁"，在契约中写有"�𗄭𗮃𗬓，𘂤𗡔𗱈𗤋"（现已抵，犬铁持），证明在立契之时作为质物的土地已经转移至债权人手中，即"占有质"类型。《天盛改旧新定律令》规定："诸人居舍、土地因钱典当时……钱上有

---

① 罗彤华在《唐代民间借贷之研究》中提出"占有质"与"无占有质"的概念，用于区分唐代出土文献所见的两种抵押借贷类型。罗彤华：《唐代民间借贷之研究》，北京：北京大学出版社，2009年，第41页。

② 唐长孺主编：《吐鲁番出土文书》第三册，北京：文物出版社，1992年，第224页。

③ 俄罗斯科学院东方研究所圣彼得堡分所、中国社会科学院民族研究所、上海古籍出版社：《俄藏黑水城文献（西夏文俗文部分）》第十三册，上海：上海古籍出版社，2007年，第184页。

④ 俄罗斯科学院东方研究所圣彼得堡分所、中国社会科学院民族研究所、上海古籍出版社：《俄藏黑水城文献（西夏文俗文部分）》第十四册，上海：上海古籍出版社，2011年，第23—25页。

利、房舍、地土上苗、果、谷宜等当各自重算，不允与本利钱相等以后再算利。"①指出当以土地或房屋为质物借贷钱物时，可以将质物在典期内所产生的收益折算清楚后来交付利息。但这 4 件典地契中债权人不仅无偿占有了土地收益，同时也额外收取了 50% 的利息，也属"典息两立"的类型，债务人的负担比唐代要重。

但是西夏的一些典畜契约情况较为特殊，出现了没有利息的情况。例如，俄藏 Инв.No.4079—2 文书，债务人卜小狗势向梁势功宝借十六石粮食，契中写明"𗼲𗼲𗼲𗼲𗼲𗼲𗼲，𗼲□𗼲𗼲𗼲𗼲𗼲𗼲"（二全齿公母骆驼，一齿母骆驼已抵），表示债权人已占有质押物，但此契约中却没有任何利息信息，只规定九月一日偿还债务，否则以典物相抵。类似情况的还有俄藏 Инв.No.4079—4，债务人只移酉长借十五石粮食，抵押一全齿母骆驼、一二竖母骆驼、一调伏公骆驼，同样没有出现利息信息。②我们需要反思的是，这是否可以用来证明西夏存在无息借贷？如果不是无息借贷，没有出现利息的原因是什么？在第一个问题上，我们不得不谨慎思考，如果是一件无质物的信用借贷契约中没有利息，我们可以果断下论这是一件无息借贷契约，但正因为这两件契约中包含牲畜这种有劳动价值的质押物，情况须加以分辨。

事实上，在中古时期的典权交易中，还存在另外一种收息方式——"以典充息"，指债权人在出贷中不收取明确数额的利息，而是以质物的附加值来充抵，届期债务人只需要偿还所借本金便可。这种情况在敦煌契约中较为常见，例如敦煌出土《龙章祐兄弟质典土地契》中债务人龙章祐及其弟以家中二亩半的土地为质物，借出十五石粮食，后面写有"物无利头，地无雇价"，意为债权人不再单独收取利息，但同时土地质典期间的地上物产均归债权人所有，相当于以土地的收益充抵了利息；还有以人口为质进行借贷的情况，《乙未年敦煌赵僧子典儿契》载："今有腹生男苟子，只（质）典与亲家翁贤者李千定，断作典直价数麦二十硕，粟二十硕。自典以后，人无雇价，物无利。"③同样是不在契约中写明息额，却以质押人口的劳动来充抵利息。那么上述两件西夏典畜契约是否属于这种情况呢？本文认为是极有可能的，原因如下：

首先，从官方规定来看，牲畜可以以工价折抵债务。《天盛律令·催索债利门》规定："前述诸人无理所借债而取持时，房舍、地畴之谷宜、地苗、畜上工价等，本利债量□当减算。"④牲畜的劳动可以计工折酬，可以折抵包括利息在内的债务总和。在具体

① 史金波、聂鸿音、白滨译注：《天盛改旧新定律令》，北京：法律出版社，2000 年，第 187 页。
② 史金波：《西夏经济文书研究》，北京：社会科学文献出版社，2017 年，第 378—381 页。
③ 沙知：《敦煌契约文书辑校》，南京：江苏古籍出版社，1998 年，第 349 页。
④ 史金波、聂鸿音、白滨译注：《天盛改旧新定律令》，北京：法律出版社，2000 年，第 191 页。

的操作方法上，《天盛改旧新定·出典工门》规定："彼典押人属者，抽无主贫子而未能办时，彼典人因几缗押，一律自典押钱中每日一缗之中减除工价一钱。减算工价、典钱尽毕时，当依旧往还。若因畜、物、粮谷使典押，亦当量钱，依前述钱法实行。"①西夏与唐末敦煌契约相比，在这种以工折债的方式上更为量化具体。唐宋之所谓"人无雇价，物无利润（头）"即不发工酬，不收利息，不权衡"雇价"与"利润（头）"之间的比值，笼统地将二者一并冲抵，而西夏官方准确规定了被典人或牲畜每日的工价，抽取固定的比例用于抵债，债尽则返还。

　　其次，从出土文书来看，西夏民间社会也的确存在对牲畜劳动力的价值转化。黑水城还出土有 5 件雇畜契约，即用一定数量的粮食租雇牛、马、骆驼等大型牲畜，待至规定日期再将牲畜和应付粮食一并交还物主。②证明牲畜的劳动是可以折价支付的，对牲畜计工折酬的办法在民间社会已经得到了落实。既然牲畜的劳动也如同人一样是有偿劳动，那么前述两件典畜契约中之所以未注明利息数额，极有可能是采用了"以典充息"的方式，虽然没有直接收取"显性利息"，但债权人在典期内无偿享受了牲畜的用益物权，实际上是一种"隐性利息"，即以牲畜的劳动工价折抵利息，并非"无息借贷"。

　　西夏是农牧兼营的经济类型，畜牧业在经济构成中占有重要比重，特别是骆驼这种大型牲畜，是重要的生活物资和交通工具，能够为平民生活创造实际的价值。无论是议价雇畜，还是以畜抵息，反映出牲畜的劳动力已经完全是可以用于交换的劳动产品，并获得了充沛的市场环境和多样化的交易手段。

　　西夏契约的担保制度可以分为物权担保、人权担保和司法担保三个层面。物权担保即以财物作为债务保证，又可分为"质押担保"和"家资抵债"两种类型。前者即典当契约中以质物作为债务人违期不偿的保障。"家资抵债"在西夏契约中出现较少，在敦煌契约中最为常见，常在契约中写道，如违限未偿"一任掣夺家资杂物，用充麦直"。这种情况在西夏文典借契约中从未出现，只在一件西夏时期的汉文契约中有所体现：《天盛十五年王受贷钱契等》中有"如差少欠交，在行交还之时，将同取并正契、家资□□一任充值还数足，不词怨人，只此文契为凭"③；人权担保指契约中的第三方以个人能力为债权人提供保障。契约的第三方主要包括牙人、担保人、见证人。契约牙人负责拉

---

① 史金波、聂鸿音、白滨译注：《天盛改旧新定律令》，北京：法律出版社，2000 年，第 388 页。
② 史金波：《西夏经济文书研究》，北京：社会科学文献出版社，2017 年，第 362—367 页。
③ 俄罗斯科学院东方研究所圣彼得堡分所、中国社会科学院民族研究所、上海古籍出版社：《俄藏黑水城文献（汉文部分）》第六册，上海：上海古籍出版社，2000 年，第 321 页。

拢说合，促成交易，有时也担负着替双方评定货色和认定物价的责任；担保人是契约的连带责任人，一旦债务人违约不偿，保人代为偿还，因此担保人必须是有一定财产且具备偿还能力的人；见证人在契约中一般写为"知人""见知人""见人"等，作为见证契约有效的人物，必须是在当地有一定声望或家族辈分较高者担任；司法担保指西夏官方对民间借贷的程序和合法性有明文规定，违律则依法处罚。

在本件典畜契约中，分别体现了上述三种担保形式，特别是在人权担保方面，出现了"使军担保"的意义。契尾除了债权人的署押之外，有两名"𗼕𗟰𗆧"（同立契）即担保人；还有两名"𗡅𗱠"（知人），即见证人，其中第二位担保人是"𗼃𗰱𗇁𗥾"（使军铁宝）。俄藏Инв.No.5147文书中还含有几件无质物的信用借贷契约，这里的担保人"𗼃𗰱𗇁𗥾"（使军铁宝）正是该组文书中第4件信用借贷契约中的债务人①，他既替人作债权担保，又亲身举债。关于"使军"的社会身份，学界关注已久，史金波先生认为："西夏社会中的使军、奴仆是一个特殊的社会阶层。使军大约相当于唐宋时期的部曲。"②杜建录先生认为使军为依附于贵族地主的农奴，而非奴隶。③总之，使军在西夏社会属于"贱民"阶层，这样身份的人口在契约中为他人作债务担保，情况较为特殊，本文认为其担保形式有两种：

第一种是资产担保。这是普遍意义上的担保形式，这里之所以特别说明，是因为"使军"的社会身份和普通平民有别。《天盛改旧新定律令·催索债利门》规定："借债者不能还时，当催促同去借者。"④担保人肩负着代替债务人偿还债务的责任，必须是有一定资产具备偿还能力的人。"使军"身为依附于家主的贱民阶层，必须无期限服劳役⑤，与家主是主奴关系而并非雇佣关系，所以家主并不会给他支付固定的工酬，那么在契约中肩负担保责任的使军是否具备偿还资产，必须特别说明。《天盛改旧新定律令·谋逆门》规定，如果使军、奴仆涉嫌谋逆时，"其中使军、奴仆属畜、物、地、人所有多少，当付嘱头监"⑥。可见，使军、奴仆可以有属于自己的畜物和土地。《天盛改旧新定律令·盗赔偿返还门》规定："使军、奴仆对头监行窃，将畜物卖掉、使用、典当等时……价钱者，使军自己有畜物，能赔偿，则当回归还，不能则当罚使典当者，

① 俄罗斯科学院东方研究所圣彼得堡分所、中国社会科学院民族研究所、上海古籍出版社：《俄藏黑水城文献（西夏文俗文部分）》第十四册，上海：上海古籍出版社，2011年，第23页。
② 史金波：《黑水城出土西夏文卖人口契研究》，《中国社会科学院研究生院学报》2014年第4期，第126页。
③ 杜建录：《西夏阶级结构研究》，《固原师专学报》1998年第4期，第51—56页。
④ 史金波、聂鸿音、白滨译注：《天盛改旧新定律令》，北京：法律出版社，2000年，第189页。
⑤ 史金波、聂鸿音、白滨译注：《天盛改旧新定律令》，北京：法律出版社，2000年，第115页。
⑥ 史金波、聂鸿音、白滨译注：《天盛改旧新定律令》，北京：法律出版社，2000年，第113页。

若物现已无，不能偿还，则当与前述盗窃他人不能偿还，由买者等偿还法相同。"①虽然盗物交易为法律所不允，但交易过程并未因为使军的身份而受到影响，也即如果商品来源合法，那么使军的买卖、典当等交易并不被法律所禁止。《天盛改旧新定律令·军持兵器供给门》规定："一等使军所属之战具法中，其披、甲、马三种，畜当按等级搜寻，披、甲二种毋须注册，按牧农主法当著于列队溜上，有损失无力偿修则不偿，但官马应作记号，永久注册。"②说明使军随军征战时有能力自备披、甲、马等战具。从出土文献来看，西夏的"使军"在契约中以多种身份出现，既可作担保人，也可作债务人，除前述俄藏Инв.No.5147第4件中的债务人"𗘉𗥦𗷪𗣓"（使军铁宝）外，俄藏 Инв.No.4079—13 中，使军"𗼻𗿳𘓞"（贾思黑）也以债务人身份向他人借过粮食。③使军可以以个人身份进行借贷、背负债务，说明他具备为个人积累财富的权利和债务偿还能力。综上两点，西夏的"使军"虽然是不被家主支付工酬的依附人口，但社会允许其保留一定私有财产，并能够合法有效地参与经济生活，其财产来源有可能是长期劳动中的生产结余或家主赠给。总之，拥有独立财产的使军具备和平民一样进行债务担保的可能。

第二种是劳工担保。使军虽有私产，但毕竟是没有固定收入的依附人口，收入来源比普通人少并且资产保有量十分不稳定。《天盛改旧新定律令》中有"使军、奴仆者，当入牧农主中，无期服役。"④"诸人所属使军不问头监，不取契据，不许将子女、媳、姑、姐妹妇人等自行卖与他人。"⑤说明使军不具备完全的经济行为能力和法律人格，所以其资产担保存在一定风险。《天盛改旧新定律令》在债务偿还方面规定，如果债务人本身不能按期偿还，"则同去借者、执主者当负担。其人亦不能办，则取者到还债者处以工抵。同去借债者，执主者已食拿时，则当入出工抵债中"⑥，规定允许担保人在无力替债务人偿还债务时，以出工劳动的方式代为抵偿，而财产单薄的使军极有可能面临私产不足的风险。再看出土文献，在出土的西夏契约文书中，有极不多见的典身契约，例如英藏 Or.12380—0023 文书，债务人以一名使军、一只羊和一头二齿骆驼为质

---

① 史金波、聂鸿音、白滨译注：《天盛改旧新定律令》，北京：法律出版社，2000 年，第 174 页。

② 史金波、聂鸿音、白滨译注：《天盛改旧新定律令》，北京：法律出版社，2000 年，第 225—226 页。

③ 俄罗斯科学院东方研究所圣彼得堡分所、中国社会科学院民族研究所、上海古籍出版社：《俄藏黑水城文献（西夏文俗文部分）》第十三册，上海：上海古籍出版社，2007 年，第 186 页。

④ 史金波、聂鸿音、白滨译注：《天盛改旧新定律令》，北京：法律出版社，2000 年，第 115 页。

⑤ 史金波、聂鸿音、白滨译注：《天盛改旧新定律令》，北京：法律出版社，2000 年，第 417 页。

⑥ 史金波、聂鸿音、白滨译注：《天盛改旧新定律令》，北京：法律出版社，2000 年，第 191 页。

押物典借粮食①；再如俄藏Инв.No.5147文书内的第一件契约，债务人以一名二十岁的使军为抵押借出八石麦，可见西夏民间社会有使军典身抵债的做法。②所以，对于财产补偿能力十分薄弱的使军来说，一旦财力不足以赔偿债权人，很有可能会以典力出工的形式来补偿债权人的损失。

在西夏契约关系中，违约处罚方式主要有"役身折酬"、"违约倍偿"和"依官请罚"三种方式。"役身折酬"指债务人或其家属以劳动的方式抵偿债务。《天盛改旧新定律令》指出债务到期时"当催促借债者使还。借债者不能还时，当催促同去借者。同去借者亦不能还，则不允其二种人之妻子、媳、未嫁女等还债价，可令出力典债"③；"违约倍偿"指在债务人违限不还时，债务翻倍。这种情况的在契尾写有"𗏁𘝢𗼋𘝢𘉋"（一石二石还），如俄藏Инв.No.3763④、俄藏Инв.No.4079—17⑤、俄藏Инв.No.5949—20③⑥号等贷粮契均写有如此字样；"依官请罚"指债务人不能履行债务偿还或双方中有人食言毁约时，通过司法程序依法判决，对违约者罚以一定数额的粮食。如俄藏Инв.No.4079—24号文契中有"𗱕𗤁𘉋，𘏞𘃪𘌠𗤋𘝞𗗋𘊏𘍦𗼓"（言变时，依官罚交三十石杂麦）⑦。在众多借贷契中均写有"𘏞𘃪……𘍦𗼓"（依官罚）的字样。但此"官"具体为何官？出现经济纠纷时，当事人双方诉求的官府机构是什么？由于先前所见契约材料中均未详记，《天盛改旧新定律令》等官方典籍中亦未指说，此问始终悬而未决。但本件5147号典畜契为我们揭开谜底，本契中写道："𘓺𘊏𗱕𗤁𘉋，𘏞𘃺𘍦𘁅𘃪𘌠𗤋𘊏𘍦𗼓𘓩"（若挣讼反悔时，依官法罚赃库中罚交三石麦，心服）。可见西夏基层社会中有专门籍没违约赔款的司职机构——"罚赃库"。

《天盛改旧新定律令》对"罚赃库"的记述较为简略，只在《天盛改旧新定律令·库局分转派门》中提到："十二种一律二司吏：罚赃库，买酥库，草库，行宫库，买羊库，

---

① 西北第二民族学院、上海古籍出版社、英国国家图书馆：《英藏黑水城文献》第一册，上海：上海古籍出版社，2005年，第11页。
② 俄罗斯科学院东方研究所圣彼得堡分所、中国社会科学院民族研究所，上海古籍出版社：《俄藏黑水城文献（西夏文俗文部分）》第十四册，上海：上海古籍出版社，2011年，第22页。
③ 史金波，聂鸿音，白滨：《天盛改旧新定律令》，北京：法律出版社，2000年，第189页。
④ 俄罗斯科学院东方研究所圣彼得堡分所、中国社会科学院民族研究所、上海古籍出版社：《俄藏黑水城文献（西夏文俗文部分）》第十三册，上海：上海古籍出版社，2007年，第169页。
⑤ 俄罗斯科学院东方研究所圣彼得堡分所、中国社会科学院民族研究所、上海古籍出版社：《俄藏黑水城文献（西夏文俗文部分）》第十三册，上海：上海古籍出版社，2007年，第187页。
⑥ 俄罗斯科学院东方研究所圣彼得堡分所、中国社会科学院民族研究所、上海古籍出版社：《俄藏黑水城文献（西夏文俗文部分）》第十四册，上海：上海古籍出版社，2011年，第84页。
⑦ 俄罗斯科学院东方研究所圣彼得堡分所、中国社会科学院民族研究所、上海古籍出版社：《俄藏黑水城文献（西夏文俗文部分）》第十三册，上海：上海古籍出版社，2007年，第189页。

地租库，转卖库，蒲苇库，大都督府租院、踏曲库。富清县租院、踏曲库。"①指出包括罚赃库在内的十二种库须各选派两名司吏作为行政官，但对于各库的职能、性质未做说明。杜建录先生《西夏财政收入初探》中总结出西夏在收缴违法资产方面存在"罚、赎、赃、没"四种类型，其中"罚赃库"便负责收缴各级官员的赃款赃物。②综合出土文书与官方法典，本文对"罚赃库"的职能补充如下三点认识：第一，"罚赃库"不仅籍没官员赃款，也兼负民事经济职能。前揭，本件契约中出现"𗩼𗾗𗏁𗾫𗣼𗏇𗏠𗤒𗵊"（罚赃库中罚交三石麦），契约中的当事人均为身无官职的布衣平民，足见"罚赃库"的收缴对象并无官民之别，对辖区内的所有司法赔偿统一收缴。而且综合各类出土契约，多有"𗩼𗏇……𗵊"（依官罚）的字样，契中根据借贷、头卖基数的多少所罚交的财产数额也不等，有的是罚交粮食，也有罚交钱币，说明罚赃库执行了一定的判罚标准。第二，"罚赃库"兼具"收缴"与"分配"的双重职能。《天盛改旧新定律令·背叛门》提到，对于叛逃者，其资产三分之二交官，三分之一用于奖赏举报者，"若屋舍中男人多，畜物较少，举告者所取一分数不足，则在其所在处就近当用罚赃之官谷物中，分拨给足"③。如果叛逃者家中资产过少，先用其交官，而举报者的奖赏则在附近用罚赃所收集来的官属谷物分拨补齐。这反映出"罚赃库"既对违法财产罚没入官，又兼具分配赏金的功能，并且，"罚赃库"在基层社会分布较广，不难寻找。第三，"罚赃库"罚没入官的物品可以赎回。《天盛改旧新定律令·畜利限门》中有"诸人捡得畜，律令限期已过，应充公及有诸人罚赃畜，又无力偿官钱物而换算纳畜等，由所辖司引送，当接与头字而送群牧司，于官畜中注册，同时当有成色说辞，磨勘司亦当予证明，二司当取敛状，与文典相接"④。可见"罚赃库"中收缴的财产原则上罚款者可以用钱物赎回，如果过期无力偿纳则依法充公。

中国古代的契约制度至唐代已经发展有比较成熟的形制和规范，成为后代沿袭的范本。西夏时期的民间契约在基本程式、质押类型等方面继承了唐代敦煌契约的模式，但在收息方式、担保制度和违约处罚环节表现出了自身特点，特别是西夏"使军"担保的情况，西夏的"使军"地位近同"奴隶"，允许此类人作担保，前所未有。"罚赃库"的设置体现了官方意志向民间社会渗透的过程，也反映出基层社会对官方法制的依赖，彰显出西夏社会上层与基层的互动模式，是契约关系进步的表现。

---

① 史金波、聂鸿音、白滨译注：《天盛改旧新定律令》，北京：法律出版社，2000 年，第 532 页。
② 杜建录：《西夏财政收入初探》，《西北师大学报》（社会科学版）1999 年第 1 期，第 77 页。
③ 史金波、聂鸿音、白滨译注：《天盛改旧新定律令》，北京：法律出版社，2000 年，第 115—116 页。
④ 史金波、聂鸿音、白滨译注：《天盛改旧新定律令》，北京：法律出版社，2000 年，第 581 页。

三

综上所述，西夏民间的典当借贷与前代相比可总结为两个方面的特点：首先，程序更为规范，形式更加灵活。不仅在收息方式上表现出"以典充息"和"典息两立"并存的特征，而且在债务担保方面体现出财产和劳动力双重担保的情形，后者类似于典身偿债，在敦煌契约中没有出现过以奴仆身份充当担保人的情况，这是西夏契约表现出的鲜明特点。"使军""奴仆""官私人"等贱民阶层是西夏社会较为特殊的身份群体，"使军"既可以被其"头监"当做资产进行买卖或出典，又能在契约中作保、主动借贷，参与一些社会活动，这对了解其社会地位有一定启发。其次，官方的参与程度比前代明显加强。"官有政法，人从私契"是唐代民间社会约定俗成的契约习惯，常常被写入契约正文中，当时人们更倾向以私人约定来彰显契约的约束力和有效性，很少进入法律诉讼程序。例如，敦煌文书《张他没赞典驴便粟麦契》在违约处罚部分中写道："如若不者，其典物没，其麦粟请倍，仍任擎夺家资等物，用充麦粟直，恐后无凭，立契为验。"[①]相比之下，西夏以"罚赃库"为核心的基层惩处机构，既彰显了政府对民间典当的管控力度，也在一定程度上反映出民间对规范借贷的诉求，表现了官方对民间经济行为的有效介入。文书还反映出西夏末期牲畜价值上升的趋势。事实上，西夏还有其他类型的买卖契约，例如俄藏Инв.No.15949—29、4597 和 7903 为三件乾祐至皇建年间的买卖人口契约，与典卖牲畜契约不同的是，此三件契约反映出西夏晚期人口价格不断降低。[②]西夏末期，社会动荡，牲畜作为重要的生产生活资料，社会需求不断增加，故而价值飙升，反映出通货膨胀，物价飞涨的社会实况。与此同时，平民为了求生度日而出卖人口，所卖的人口多是地位近同奴隶的"使军"，"使军"能为买主贡献劳动能力但却不是必需品，社会需求不大，卖主为了换取钱粮不得不低价出售。

（原载《敦煌研究》2020 年第 2 期）

---

① 沙知：《敦煌契约文书辑校》，南京：江苏古籍出版社，1998 年，第 166 页。
② 史金波：《西夏经济文书研究》，北京：社会科学文献出版社，2017 年，第 328 页。

金夏交聘礼仪考述*

马旭俊

摘　要： 金与西夏的交聘礼仪经历了三个时期：金国建立初草创未就时期，金熙宗修正完善时期和金国末年"兄弟之国"时期。金夏交聘礼仪制度在金熙宗时期趋于完整的主要原因有三点：首先，金熙宗改变金太宗时期的灭宋政策，开始谋求与南宋议和，使金国统治由武力征服转向以文治国；其次，随着金与南宋和谈的进行，特别是金与南宋先后签订"天眷议和""皇统议和"之后，使金熙宗意识到，完善交聘礼仪制度是巩固以金国为中心宗主国地位的必要手段；再次，金熙宗改革包括金夏交聘礼仪制度在内的政治制度，模仿其他政权，特别是农耕定居的宋朝是其唯一且必然要选择的道路；最后，西夏为了在稳定且制度化的朝贡关系获得更多的物质利益，对金熙宗的改革是持欢迎态度的。同时，金夏仅仅是名义上变成"兄弟之国"，仍旧没有改变"君臣"之实。金国接待西夏使节的礼仪主要有接伴礼仪、送伴礼仪、馆伴礼仪、入见仪、曲宴仪、朝辞仪。大致而言，西夏使节的地位低于宋朝使节，与高丽使节相当。

关键词： 金国；西夏；交聘；礼仪

金与西夏作为两个少数民族政权，共同主导中国北方政局的时间长达百余年。他们之间的交往不仅是中国政治史上的重要一页，而且在中国民族关系史中极具特殊地位。金与西夏的交聘制度与礼仪，既表现出东亚封贡体系的统一性，又表现出与宋金交聘制

* 基金项目：本文为国家社会科学基金重大招标项目"西夏通志"（项目编号：15ZDB031）阶段性成果之一。

度些微差异，甚至不乏金、西夏两个政权的地方或民族特色。因此可以说，金与西夏的交聘礼仪与规范不但为双方的政治、经济与文化交流提供了制度性保障，还可以看作是12世纪中国北方政局的一个历史缩影。

一、金夏交聘礼仪的沿革

金国成立初期，交聘礼仪制度草创未就，"文物度数，曾不遑暇"①。1125年，宋与西夏使者前往金国奠慰并贺即位，"时蕃使馆见仪未有定制，使至逾月，殿中少监刘筈始详定焉"②。从如此仓促的行为中可以发现，当时双方交聘礼仪是很粗糙的。1134年，金国派遣的使节还没有正副之分，官职亦无三节之分，"枢密院言：'大金元帅府差到，奉使元不曾分使副，今来并作一等锡赐，其人从自入界，诸处并不曾到申分三节，并已依中节锡赐'"③。直到天眷三年（1140），金国派遣到西夏册封使中才出现了正式的官职名分："尚辇局使。"④关于金国开始完备遣使制度的具体时间，史籍没有确切说明，如果考虑"至熙宗颁新官制及换官格，除拜内外官，始定勋封食邑入衔，而后其制定"⑤，以及天眷元年（1138）金国遣宋使节中首次出现官职名分⑥，可能大致在1135—1138年。⑦由此可见，直到金熙宗继位后金国制度礼仪才走上了不断完善的道路。

具体到金国与西夏的交聘礼仪制度方面，金熙宗时期做了大量补充、修正和完善工作。如天会十三年（1135），"十二月癸亥，始定齐、高丽、夏朝贺、赐宴、朝辞仪"⑧；"熙宗时，夏使入见，改为大起居。定制以宋使列于三品班，高丽、夏列于五品班"⑨；皇统二年（1142），"凡入见则宋使先，礼毕夏使入，礼毕而高丽使入。其朝辞则夏使先，礼毕而高丽使入，礼毕而宋使入。夏、高丽朝辞之赐，则遣使就赐于会同馆。惟宋

① ［宋］洪皓撰、翟立伟标注：《松漠纪闻》，长春：吉林文史出版社，1986年，第44页。
② ［清］吴广成撰、龚世俊校证：《西夏书事校证》卷三三，兰州：甘肃文化出版社，1995年，第386页。
③ ［清］徐松：《宋会要辑稿》职官三六之四三，北京：中华书局，1957年，第3092—3093页。
④ ［清］吴广成撰、龚世俊校证：《西夏书事校证》卷三五，兰州：甘肃文化出版社，1995年，第407页载："金主遣尚辇局使完颜衷赍封册至，命仁孝为夏国王，加开府仪同三司、上柱国。"
⑤ ［元］脱脱等：《金史》卷五五《百官志》，北京：中华书局，1975年，第1216页。
⑥ ［元］脱脱等：《金史》卷六〇《交聘表上》，北京：中华书局，1975年，第1399页载："右司侍郎张通古等诏谕江南。"
⑦ 李辉《宋金交聘制度研究（1127—1234）》（复旦大学2005年博士学位论文）认为："绍兴议和后，宋金之间使节往来频繁，金聘使制度逐渐完备。"从金遣往宋朝使节中首次出现官职名称的时间（1138），以及天会十三年（1135）"十二月癸亥，始定齐、高丽、夏朝贺、赐宴、朝辞仪"（《金史·熙宗本纪》）的记载推测，金国开始完备遣使制度的时间应该在绍兴议和之前，而非之后。
⑧ ［元］脱脱等：《金史》卷四《熙宗本纪》，北京：中华书局，1975年，第70页。
⑨ ［元］脱脱等：《金史》卷三八《礼志》，北京：中华书局，1975年，第868页。

使之赐则庭授"①；皇统六年（1146），"诏外国使初见、朝辞则于左掖门出入，朝贺，赐宴则由应天门东偏门出入"②。这一点从金派遣西夏使节的活动中也有所体现。从金夏确立交聘关系的1124年到金熙宗继位的1135年，近十余年的时间里，金国不曾派遣一位使节到达西夏，"自乾顺与王阿海等争相见礼，金使未尝至夏"③，自1136年起，金国开始再次派遣使节到西夏，而且使节名目日渐丰富，如横赐使、告即位使、赐生日使等。

金国初期，金国统治者把主要精力都放到了对外战争上，无暇顾及自身的制度建设。以1124—1135年为例，金国虽然于1125年就俘获了辽天祚帝，消灭了辽，但很快又将刀锋转向了北宋④，先后两次向北宋发起进攻，并最终于1127年灭亡北宋。然而，金人攻伐的脚步并未就此停歇，他们继续向南宋发起多次进攻，并在此期间先后建立了伪楚、伪齐傀儡政权。这种战争局面一直持续到了金熙宗继位。

金夏交聘礼仪制度在金熙宗时期趋于完整，主要原因有以下三点：第一，金熙宗改变金太宗时期的灭宋政策，开始谋求与南宋议和，使金国统治由武力征服转向以文治国。即金国开始腾出手来进行政治、经济、思想文化等领域的内部改革，如把女真勃极烈制度改为汉人官制的三省六部制，改革地方官制、将猛安谋克纳入州县系统，颁行《皇统新制》、依法治国等。⑤其中，金国交聘礼仪制度的改革与完善，是金熙宗全面改革措施的一部分。因此，可以说，金宋走上和好的道路，进行内部整顿改革，是金夏交聘礼仪制度完善的最大外部条件。第二，随着金与南宋和谈的进行，特别是金与南宋先后签订"天眷议和"与"皇统议和"之后，金熙宗意识到，完善交聘礼仪制度是巩固以金国为中心宗主国地位的必要手段。单以"皇统议和"为例，根据赵永春先生的整理研究，双方和议的主要内容一共有六条，其中关于金宋交聘的相关内容就三条⑥，如南宋向金称臣，"世世子孙，谨守臣节"；南宋每年向金贡献银25万两，绢25万匹，于每年春季差人运送至泗州向金人交纳，称"岁贡"；双方皇帝的生辰与正旦，彼此都要遣使祝贺，"每年皇帝生辰并正旦，遣使称贺不绝"⑦。由此可见，金与南宋在"皇统议和"之

---

① ［元］脱脱等：《金史》卷三八《礼志》，北京：中华书局，1975年，第868页。
② ［元］脱脱等：《金史》卷三八《礼志》，北京：中华书局，1975年，第868页。
③ ［清］吴广成撰、龚世俊校证：《西夏书事校证》卷三六，兰州：甘肃文化出版社，1995年，第415页。
④ 赵永春认为：在与金人的交往过程中，"宋人软弱无能的本质暴露无遗，又做了一些有违宋金盟约的事，终于为金人攻宋找到了借口"。参见赵永春：《金宋关系史》，北京：人民出版社，2005年，第39页。
⑤ 赵永春：《论金熙宗的改革》，《社会科学辑刊》2004年第1期，第83—87页。
⑥ 赵永春：《金宋关系史》，北京：人民出版社，2005年，第191页。
⑦ ［元］脱脱等：《金史》卷七七《宗弼传》，北京：中华书局，1975年，第1755页。

后也确立了君臣交聘关系，金为君，南宋为臣。张博泉先生指出："礼的本质在别尊卑、贵贱、亲疏。"①显而易见，面对器物制度高度发达的农耕定居政权宋朝，金初实行的"本朝旧制"②有点不合时宜了。概言之，如何让包括西夏在内的蕃主国从心理上更能信服地接受金国的宗主国地位，让金国的宗主国地位在法理上具有更多合法性，是当时金熙宗亟须解决的政治课题。而交聘礼仪制度是金国宗主地位合法性来源、维护金国宗主国威严的外在表现，因此其全面改革完善势在必行。第三，金熙宗改革包括金夏交聘礼仪制度在内的政治制度，模仿其他政权，特别是农耕定居的宋朝是其唯一且必然要选择的模仿对象，"然大率皆循辽、宋之旧"③。而金熙宗的"汉化"是他能够胜任这项改革得天独厚的先天条件，即金熙宗高度具备学习、模仿宋朝制度文化的能力。史籍记载，金熙宗"自童稚时金人已寇中原，得燕人韩昉及中国儒士教之。其亶之学也，虽不能明经博古，而稍解赋诗翰（墨），雅歌儒服，烹茶焚香，奕棋战象，徒失女真之本态"。在当时守旧的女真人眼中，金熙宗"宛然一汉家少年子也"。而金熙宗视这些守旧女真人为"无知夷狄"④，他很尊崇儒家学说，"孔子虽无位，其道可尊，使万世景仰"，他还以儒家的"礼乐制度"为最高的政治理想，"太平之世，当尚文物，自古致治，皆由是也"⑤。甚至有学者指出，"（金）熙宗是以中原传统儒家思想作为自己的施政纲领。"⑥因此，金夏交聘礼仪制度在金熙宗时期趋于完善有其历史必然性。另外，虽说西夏在礼仪制度建设方面要比同一时期的金国成熟得多，但此时的西夏与宋朝在地理上彻底隔绝，从而导致无法自给自足的西夏在经济上对金国的依赖性空前增强。也就是说，稳定且制度化的朝贡关系可以让西夏获得更多的物质利益，毫无疑问，西夏统治者对金熙宗的改革是持欢迎态度的。

从 1213 年起，金夏交聘关系破裂。随后十余年双方中断聘使往来，侵掠不断，"及贞祐之初，小有侵掠，以至构难十年，两国俱敝"。直至 1224 年，"夏国遣使修好"，第二年，金夏和议定"以兄事金"，并确立"新定夏使仪注"⑦。自此，金夏由"君臣之国"变成了"兄弟之国"。不过，新制定的交聘礼仪制度只在正大三年（1226）使用

---

① 张博泉：《金代礼制初论》，《北方文物》1988 年第 4 期，第 57 页。

② ［元］脱脱等：《金史》卷三《太宗本纪》，北京：中华书局，1975 年，第 47 页。

③ ［元］脱脱等：《金史》卷五五《百官志》，北京：中华书局，1975 年，第 1216 页。

④ ［宋］徐梦莘：《三朝北盟会编》卷一六六引《金虏节要》，上海：上海古籍出版社，1987 年，第 1197 页。

⑤ ［元］脱脱等：《金史》卷四《熙宗本纪》，北京：中华书局，1975 年，第 77 页。

⑥ 杨军：《金熙宗心理变态原因初探》，吉林大学古籍研究所：《吉林大学古籍研究所建所二十周年纪念文集》，长春：吉林文史出版社，2003 年。

⑦ ［元］脱脱等：《金史》卷三八《礼志》，北京：中华书局，1975 年，第 870 页。

过一次，1227 年西夏亡国。

实际上，金夏仅仅是名义上变成"兄弟之国"，仍旧没有改变"君臣"之实，这一点在"新定夏使仪注"里体现的最为直接。如"新定夏使仪注"多个场合提到，西夏要向金国皇帝行"舞蹈礼"，"来使再拜，舞蹈，三拜，复位立"，"使副单跪，以酒果过其侧，拜、舞蹈如仪"，"再引至丹墀，舞蹈，五拜，不出班代奏'圣躬万福'"等等[1]。日本学者渡边信一郎认为，"舞蹈"是隋以来臣下对君主的臣服之礼，常见于朝会、觐见等仪式的开头和贺词交换之后的结束之时，以表示对皇恩浩荡的无限喜悦。渡边信一郎还推测其类似于日本《拾芥抄》"舞蹈事"条所云："再拜，置笏，立，左右左。居，左右左。取笏小拜，礼再拜。"[2]由此可见，"新定夏使仪注"并未改变金夏君臣之实，所谓"兄弟之国"仅是名义上的，"金朝十分注意保持夏使同金帝之间的空间距离，并通过仪式规格、跪礼、天使和赏赐频繁出现等方式，试图重申和展示夏金之间的君臣关系"[3]。尽管如此，"新定夏使仪注"为我们了解金夏交聘礼仪制度提供了难能可贵的第一手资料，"节文仪注属之"[4]，即对所行礼仪的总结成为仪注。因此，"新定夏使仪注"是对金夏交聘礼仪的总结、完善、补充和修正，绝对不是彻头彻尾地改成"新"的，这一点是值得我们注意的。

二、金与西夏交聘礼仪

金夏交聘礼仪，主要指金国接伴、送伴，以及金国皇帝接见西夏使节的礼仪。"礼的本质在别尊卑、贵贱、亲疏"[5]，因此，金夏交聘礼仪是以金国为中心的金与西夏宗藩关系的外在集中体现。金夏交聘的礼仪主要有接伴礼仪、送伴礼仪、馆伴礼、入见仪、曲宴仪、朝辞仪。

（一）金国接送伴西夏使节的礼仪

正式确定于金正大二年（1225）的《金史》卷三八《礼志》相对完整地记录了金国迎接送伴西夏使节的相关礼仪，又《杨瀛神道碑》记载，金明昌七年（1196）担任同知

① ［元］脱脱等：《金史》卷三八《礼志》，北京：中华书局，1975 年，第 870—878 页。
② 参见［日］沟口雄三、小岛毅著，孙歌等译：《中国的思维世界》，南京：江苏人民出版社，2006 年，第 397 页。
③ 王刚、李延睿：《夏金末年夏使入金贺正旦仪式考论——以〈金史〉"新定夏使仪"为中心》，《北方民族大学学报》（哲学社会科学版）2015 年第 4 期，第 119 页。
④ 张博泉：《金代礼制初论》，《北方文物》1988 年第 4 期，第 54 页。
⑤ 张博泉：《金代礼制初论》，《北方文物》1988 年第 4 期，第 57 页。

西京路辞赋贡举的杨瀛在主持完贡举考试之后，"既归复为夏国接送"①。由此可见，在《金史》卷三八《礼志》之前，金国就设有专门接伴西夏使节的工作人员，甚至金国还有接伴西夏使节的礼仪。如果考虑到金国在金熙宗时期，聘使制度礼仪趋于完善，天会十三年（1135）"始定齐、高丽、夏朝贺、赐宴、朝辞仪"②，那么金国执行迎送西夏使节的制度礼仪应该比 1196 年还要早很多。因此，《金史》卷三八《礼志》记载的金国接送伴西夏使节的礼仪应该是对此前相关礼仪的补充和修正。本文以《金史》卷三八《礼志》为蓝本，并参考同时期金宋相关交聘礼仪，对金迎送西夏使节的礼仪梳理如下：

1. 金国接伴西夏使节的礼仪

西夏使节进入金国境内之前，需将使节"三节人从"③名单、具体到达时间等信息报告给金国。金国则会派遣接待人员在边境迎接，"差接伴使与书表人迓于境"④。西夏使节到达金国边界后，先派人向金国接待人员通报使节姓名、职位等信息。金国接待人员确认后，则派人回复金国接待人员姓名、职位等信息。待西夏使节确认后，金国邀请西夏使节队伍过界。按照惯例，双方使节"三请"后上马，分别于两界心面对面驻马，双方派专人互相递交名帖，完成举鞭、作揖等礼节后，以次序进入金国境内。⑤西夏使节进入金国境内之后，首先要按照驿路里程规划在中途停留休息的地方，"则先具驿程腰宿之次"⑥。

金国还会在沿途重要的地方州府设宴款待外国使节。《金史》卷三八《礼志》中提到，西夏使节在到达京兆行省和河南行省时，要分别留宿一晚，并分别于第二天接受金国专门的设宴款待，谓之"来宴"⑦。金国中、前期是否设"来宴"款待西夏使节，会在中途哪个州府设宴款待等问题，史籍阙载。参照金宋交聘的史料来看，金国会在咸州（今辽宁省开原市东北）、黄龙府（今吉林省农安县）设宴款待宋使，海陵王迁都燕京

① 王新英：《金代石刻辑校》，长春：吉林人民出版社，2009 年，第 102 页。
② ［元］脱脱等：《金史》卷四《熙宗本纪》，北京：中华书局，1975 年，第 70 页。
③ ［元］脱脱等：《金史》卷三八《礼志》，北京：中华书局，1975 年，第 870 页载："夏国使、副及参议各一，谓之使。都管三。上节、中节各五，下节二十四，谓之三节人从。"
④ ［元］脱脱等：《金史》卷三八《礼志》，北京：中华书局，1975 年，第 870 页。
⑤ 这部分内容参照金宋使节见面礼仪而作。参见《三朝北盟会编》卷二〇引许亢宗《宣和乙巳奉使金国行程录》载："两界各有幕次，行人先令引接贵国信使、副门状过彼，彼亦令引接以接伴使、副门状回示，仍请过界。于例，三请方上马，各于两界心对立马，引接互呈门状，各举鞭虚揖如仪，以次行焉。"又据《金史》卷三八《礼志》云："接伴使初相见之仪亦然"，可知金国接伴使与西夏使节在边界相见，首先互换"名衔"，然后西夏使、副、都管"上中节人从"依次会见金国接伴使。由此可见，金夏使节边界相见礼仪与金宋大致相同。
⑥ ［元］脱脱等：《金史》卷三八《礼志》，北京：中华书局，1975 年，第 870 页。
⑦ ［元］脱脱等：《金史》卷三八《礼志》，北京：中华书局，1975 年，第 870 页。

后（今北京市），则改在开封、真定（今河北省正定县）赐宴宋使。想必金国款待西夏使节的情况也大致如此。款待西夏使节"来宴"的具体礼节，史籍阙载。现参照宋朝使节过金国咸州时，依照惯例要在第二日接受赐宴的相关记载，可窥其大概："赴州宅，就坐，乐作。酒九行，果子惟松子数颗。胡法饮酒，食肉不随下盏，俟酒毕，随粥饭一发致前，铺满几案。地少羊，惟猪、鹿、兔、雁、馒头、炊饼、白熟、胡饼之类。最重油煮面食，以蜜涂泮，名曰'茶食'，非厚意不设。以极肥猪肉或脂润切大片，一小盘虚装架起，间插青葱三数茎，名曰'肉盘子'，非大宴不设。"又，《北行日录》中对宋使在真定接受赐宴的礼仪记载更为详备："赐宴。既传衔，使副率三节人具衣冠，出接伴位前，对揖而出，就褥位，与接伴、天使对立，三节人立使副后。先引使副东北向，开敕两拜。……使副舞蹈五拜，又开敕两拜。……使副搢笏跪左膝，又手受赐五拜，舞蹈如仪，还立褥位，对展。赐揖接伴，退就幕次……三节人东北向，再拜呼躁。升厅占位东向，南上小立，候使副初盏罢，三节方坐。"可见，金国在沿途重要的地方州府款待外国使节的宴会上，也是有一套繁冗复杂的制度礼仪。

单从宴会菜品来看，招待宋朝使节的宴会具有浓郁的"女真风味"，尽管京兆行省与河南行省距离女真故地较远，但考虑到"虏人每赐行人宴，必以贵臣押伴"[1]，想必款待西夏使节"来宴"的菜品也大致如此。[2]当然，也不排除"来宴"中的菜品结合当地饮食习惯，因地因时制宜的可能。[3]同时，《金史》卷三八《礼志》提到，金国设"来宴"款待西夏使节时，"押宴"由负责招待的行省安排，并且有"借官"的现象，"凡行省来宴、回宴之押宴官，皆从行省定差，就借以文武高爵长官之职，以为转衔之光"[4]。由此推断，金国招待西夏使节的"来宴"规格应该略低于招待宋朝使节。

此外，西夏使节快要到达京城时，金国皇帝会派遣一名内侍迎候于京城近境的尉氏县（今河南省开封市西南）[5]，并赏赐礼物给使节队伍，"以油绢复韬三银盒，贮汤药二十六品"[6]。

---

① ［宋］徐梦莘：《三朝北盟会编》卷二〇引许亢宗《宣和乙巳奉使行程录》，上海：上海古籍出版社，1987年，第144页。

② 楼钥在《北行日录》记载宋朝使节在真定接受金国赐宴时，也提到了"松子糖粥、茶食、饼子、肉饼子、双下灌浆馒头"等食物。

③ "金朝进入中原后，在汉族封建文化的影响下，女真饮食文化确立了严格的尊卑礼仪，皇室贵族的饮食方式越来越繁（烦）琐，饮食内容更加丰富而精细"。参见程妮娜：《金源饮食文化述论》，《民间文化》2001年第2期，第40页。

④ ［元］脱脱等：《金史》卷三八《礼志》，北京：中华书局，1975年，第878页。

⑤ 金国首都先后为上京（今黑龙江省哈尔滨市阿城）、中都（今北京市）、汴京（今河南省开封市），金国皇帝派遣内侍在"尉氏县"迎候西夏使节应该是金国迁都开封以后的事。

⑥ ［元］脱脱等：《金史》卷三八《礼志》，北京：中华书局，1975年，第870页。

2. 金国送伴西夏使节的礼仪

西夏使节完成出使任务离开金国边境时，有边界辞行的礼仪，由送伴使负责，"凡使将至界……去则差送伴使，皆有副，皆差书表以从"。可见，金国送伴西夏使节和送伴宋朝使节一样，都有正、副送伴使。关于"送伴"礼仪，《金史》卷三八《礼志》的记载较为简略，"第九日，聚厅，送至恩华馆，更衣而行"①。现参照金国送宋朝使节至边界的情形，可窥其大概："至界有幕次，下马而望，我界旗帜、甲马、车舆、帟幕以待，人皆有喜色。少停乐作，酒三行，上马，复同送伴使副过我幕次。作乐，酒五行，上马，复送至两界中。彼此使副回马对立，马上一杯，换所执鞭以为异日之记。引接展辞状，举鞭揖则，各回马背马回顾，少顷进数步，踌躇为不忍别之状。如是者三，乃行。"②

此外，从"凡行省来宴、回宴之押宴官，皆从行省定差"③的记载来看，金国会在西夏使节归国途中再设宴款待，谓之"回宴"。

（二）金国馆伴西夏使节的礼仪

西夏使节进入京城后，金国会同馆"预先差遣馆伴使、副馆伴使二人，书表四人，牵拢官三十人"恭候迎接，然后与使节"三节人从"一起进入会同馆，谓之"聚厅"④。在会同馆内，金国有一套接待西夏使节的礼仪。《金史》卷三八《礼志》载：

> 先以馆伴使名衔付之，而使者亦以共衔呈，然后使、副、都管、上中节人从以次见馆伴使。……次以馆伴所书表见人使，馆伴所牵拢官与下节人互相参见，毕，乃请馆伴、接伴人，使、副，各公服齐出幕次，对行上厅栏子外，馆伴在北，对立。……是日，皇帝遣使抚问。天使至馆，转衔如馆伴初见之仪。馆伴与天使、来使副各公服，齐行至位，对立。……到馆之明日，遣使赐酒果，天使初至转衔后，望拜传宣皆如抚问之仪。使副单跪，以酒果过其侧，拜、舞蹈如仪。……来使副以书送土物于引进使，及交进物军员人等，阁门副及习仪承受人各赠土物。⑤

从这段史料可以看出，在正式觐见金国皇帝之前，金国馆伴使在会同馆接待西夏使

① 《金史》卷三八《礼志》，北京：中华书局，1975年，第878页。
② ［宋］徐梦莘：《三朝北盟会编》卷二〇引许亢宗《宣和乙巳奉使行程录》，上海：上海古籍出版社，1987年，第147页。
③ ［元］脱脱等：《金史》卷三八《礼志》，北京：中华书局，1975年，第878页。
④ ［元］脱脱等：《金史》卷三八《礼志》，北京：中华书局，1975年，第870页。
⑤ ［元］脱脱等：《金史》卷三八《礼志》，北京：中华书局，1975年，第870—872页。

节"三节人从"两天。第一天的主要活动有会同馆接待人员与西夏使节"三节人从"依次会面，馆伴使与接伴使完成交接仪式，金国皇帝派遣"天使"安抚慰问西夏使节等。第二天的主要活动有金国皇帝派遣"天使"赏赐酒和果品，金国阁门副使到会同馆指导西夏使节练习入见仪等。一般而言，馆伴使、"天使"、阁门副使与西夏使节会面之后，都会有宴请活动，但要比金国行省安排的"来宴"简单一些，"先汤，次酒三盏，置果殽。茶罢"，"汤酒殽茶并如前"。馆伴使和"天使"宴请西夏使节前的礼仪大致相当，"乃请馆伴、接伴人，使、副，各公服齐出幕次，对行上厅栏子外，馆伴在北，对立。先接伴揖，次来使副与馆伴互展状，揖，各传示，再揖"，"来使与天使各展状，相见揖，次馆伴揖。来使令人传示，请馆伴、天使与来使对行上厅，各赴椅子立，通揖"。同时，西夏使节会给"天使"、押送酒果的军人、阁门副使等赠送西夏土产品，"依例书送天使土物"，"赠天使土物皆如抚问使礼，押酒果军亦有土物之赠"，"阁门副及习仪承受人各赠土物"。最后，西夏使节还会为第三天觐见金国皇帝做些预备工作，比如练习入见仪；将入见皇帝的文榜交给阁门副使，以便交付给礼进司，"乃以入见榜子付阁门持去，以付礼进司"；把西夏土产品的清单交给引进使，将土产品交给进献礼物的军政人员，"来使副以书送土物于引进使，及交进物军员人等"。

总体而言，西夏使节与金国馆伴使、"天使"会面的礼仪，与边境接伴礼仪相当，"接伴使初相见之仪亦然"，"转衔如馆伴初见之仪"。即先交换"名衔"，并依次相见，"先以馆伴使名衔付之，而使者亦以其衔呈，然后使、副、都管、上中节人从以次见馆伴使"。值得注意的有两点：一是与馆伴使完成会面之后，职位等级相当的人员也要互相会面，"以馆伴所书表见人使，馆伴所牵拢官与下节人互相参见"。二是与"天使"会面的礼仪相较复杂一些。除了互换名衔外，西夏使节要遥望皇宫站立，并行鞠躬礼，"请来使副升拜褥望阙立，……来使副鞠躬"；天使说"皇帝有令"，西夏使节再鞠躬，"天使言'有敕'，乃再拜鞠躬"；天使传达金国皇帝的口谕后，西夏使节要行"舞蹈礼"，"天使口宣辞毕，复位。来使再拜，舞蹈，三拜，复位立"；西夏使节单跪接受金国皇帝的赐酒果之后，也要行"舞蹈礼"，"使副单跪，以酒果过其侧，拜、舞蹈如仪"；最后还要跪下进献感谢皇帝赏赐酒果的"谢表"，"跪进谢赐酒果表"。

（三）金国皇帝接见西夏使节的礼仪

1. 入见仪

金国对外国使节觐见皇帝制定了一套复杂的程序和礼仪规范。《金史·外国使入见仪》载：

> 皇帝即御座……次引高丽使左入，至丹墀北向略立，引使左上露阶，立定。揖横使鞠躬，正使少前拜跪，附奏毕，拜起，复位立。阁使宣问高丽王时并鞠躬，受敕旨毕，再揖横使鞠躬，正使少前拜跪，奏毕，拜起，复位，齐退却，引左下，至丹墀，面殿立定。礼物右入左出，尽，揖使傍折通班，毕，引至丹墀，通一十七拜，各祗候，平立，引左阶立。次引夏使见如上仪，引右阶立。……次引高丽、夏使并至丹墀。三使并鞠躬，有敕赐酒食，舞蹈，五拜，各祗候，引右出。次引宰执下殿，礼毕。①

从这段史料可以看出，外国使节觐见金国皇帝的次序是宋朝最先，其次高丽，最后是西夏，"先引宋使、副……次引高丽使左入……次引夏使"。这个觐见次序在金熙宗时期又做了调整，变成宋使最先，其次西夏，最后高丽，"凡入见则宋使先，礼毕夏使入，礼毕而高丽使入"。总体而言，西夏与高丽在金国的地位相当，"以宋使列于三品班，高丽、夏列于五品班"②。

显而易见，宋朝使节的地位要高于西夏、高丽使节，金国最重视的是与宋朝的关系。体现在入见礼仪上，宋朝使节在程序上相对复杂，规格相对较高。首先，在外国使节向金国皇帝附带奏告事宜之前③，宋朝使节要向金国皇帝呈递"国书"，"宋使、副，出笏，捧书左入，至丹墀北向立"，并单腿跪地把"国书"授予"阁门使"。"阁门使"在皇帝面前确认"国书"封印完整后，转身宣读宋朝"国书"，"阁使左上露阶，右入栏内，奏'封全'，转读毕"。这个环节，西夏与高丽均没有，西夏与高丽都是进殿完成相关礼仪后，直接"附奏"；其次，宋朝使节祝福感谢金国的礼仪要比西夏和高丽多，如宋朝使节向金国皇帝献完"礼物"之后，要恭祝金国皇帝"圣躬万福"，"再引至丹墀，舞蹈，五拜，不出班奏：'圣躬万福'，再拜"，要感谢面见皇帝，"揖使副鞠躬，使出班谢面天颜，复位，舞蹈，五拜"，还要感谢金国官员的迎接陪伴，以及赠送他们汤药等物品，"再揖副使鞠躬，使出班谢远差接伴、兼赐汤药诸物等，复位，舞蹈，五拜"；最后，在宋、西夏和高丽使节一起鞠躬，接受金国皇帝赐酒食之前④，宋朝使节要先单独谢恩，"次再引宋使副左入，至丹墀，谢恩，舞蹈，五拜"。

---

① ［元］脱脱等：《金史》卷三八《礼志》，北京：中华书局，1975年，第865—866页。
② ［元］脱脱等：《金史》卷三八《礼志》，北京：中华书局，1975年，第868页。
③ ［元］脱脱等：《金史》卷三八《礼志》，北京：中华书局，1975年，第865页载："引使、副左上露阶，齐揖入栏内，揖使副鞠躬，使少前拜跪，附奏毕。"
④ ［元］脱脱等：《金史》卷三八《礼志》，北京：中华书局，1975年，第866页载："三使并鞠躬，有敕赐酒食。"

《金史》卷三八《礼志·外国使入见仪》载："次引夏使见如上仪。"即西夏使节入见金国皇帝的礼仪与高丽使节相同，因此参照高丽使节的入见礼仪，梳理西夏使节觐见金国皇帝的大致程序如下：第一步，西夏使节"至丹墀北向略立"，然后觐见金国皇帝，"揖横使鞠躬，正使少前拜跪，附奏毕，拜起，复位立"。第二步，金国负责礼仪的阁门使宣问西夏皇帝，西夏使节接受金国皇帝的"敕旨"，再向金国皇帝行礼，"再揖横使鞠躬，正使少前拜跪，奏毕，拜起，复位，齐退却"。第三步，西夏使节向金国皇帝进献"礼物"，"礼物右入左出"，西夏使节再"通一十七拜"。第四步，与宋、高丽使节"并至丹墀"，"三使并鞠躬，有敕赐酒食，舞蹈，五拜"。其中第一和第二步骤中，横使行"鞠躬"礼，正使则要"少前拜跪"，并向金国皇帝奏告事宜。

2. 曲宴仪

曲宴，是古代宫廷赐宴的一种，参加的主要成员有宗室成员、外国使臣以及近密臣僚。[1]金代曲宴，"曲宴群臣、宋使。定文武五品以上侍坐员，遂为常制"[2]，金章宗时期设"花宴"款待外国使节，《金史》卷三八《礼志》载："上谕旨有司曰：'此闻宋国花宴，殿上不设肴馔，至其歇时乃备于廊下。今花宴上赐食甚为拘束，若依彼例可乎？且向者人使见辞，殿上亦尝有酒礼，今已移在馆宴矣'。有司奏曰：'曲宴之礼旧矣。彼方，酒一行、食一上必相须成礼。而国朝之例，酒既罢而食始进。至于花宴日，宋使至客省幕次有酒礼，而我使至其幕则有食而无酒，各因其旧，不必相同。古者宴礼设食以示慈惠，今遽更之，恐远人有疑，失朝廷宠待臣子之意。'乃命止如旧"[3]。可见，金代的曲宴或花宴主要是针对外国使节的，金国文武官员仅是以陪侍身份参与宴席活动。不仅如此，金国还为招待外国使节的曲宴制定了一套礼仪规范，谓之"曲宴礼"。

《金史·曲宴仪》载：

> 皇帝即御座……引臣僚并使客左入，傍折通班，至丹墀舞蹈，五拜，不出班奏："圣躬万福"，又再拜。出班谢宴，舞蹈，五拜，各上殿祗候。分引预宴官上殿，其余臣僚右出。……次引高丽、夏从人入，分引左右廊立。……候进酒官到位，当坐者再拜，坐，即行臣使酒。传宣，立饮毕……闻鼓笛时，揖臣使并人从立，口号绝，坐宴并侍立官并再拜，坐，次从人再拜，坐。食入，五盏，歌宴。教坊谢恩毕，揖臣使起，果床出。皇帝起入阁，臣使下殿归幕次。赐花，人从随出戴花毕，先引

① 张胜海：《帝子设宴纳宾贤，赏花钓鱼赋太平——中国古代曲宴初探》，《学术探索》2005年第3期，第131—135页。
② 〔元〕脱脱等：《金史》卷一四《宣宗本纪》，北京：中华书局，1975年，第306页。
③ 〔元〕脱脱等：《金史》卷三八《礼志》，北京：中华书局，1975年，第869页。

人从入，左右廊立，次引臣使入，左右上殿位立。皇帝出阁坐，果床入，坐立并再拜，坐，次从人再拜，坐。九盏，将曲终，揖从人至位再拜，引出。闻曲时，揖臣使起，再拜，下殿。果床出。至丹墀谢宴，舞蹈，五拜。分引出。①

从这段史料可以看出，西夏使节参加曲宴的进场礼仪比较复杂。西夏使节被分为"使客"和"从人"两批先后进入。"使客"即使者，根据"夏国使、副及参议各一，谓之使"②的记载，参见曲宴的"使客"应当有正使、副使和参议。"从人"，即"人从"，即使节的随行人员。

西夏使节参加曲宴的进场程序大致是：第一步，使者随金国臣僚一起进入，"引臣僚并使客左入"，然后不出班恭祝金国皇帝，"至丹墀舞蹈，五拜，不出班奏：'圣躬万福'，又再拜"，出班再感谢金国皇帝的宴请，"出班谢宴，舞蹈，五拜"。这一环节没有先后之分，应该是西夏与宋、高丽使节同时完成。第二步，"从人"以宋、高丽和西夏的顺序先后进入，不过宋朝使节"从人"要单独恭祝金国皇帝，并接受皇帝赐酒食，"次引宋使从人入，至丹墀再拜，不出班奏'圣躬万福'，又再拜。有敕赐酒食，又再拜"，而高丽和西夏使节"从人"没有这一环节，"次引高丽、夏从人入，分引左右廊立"。待西夏使节"从人"进场完毕后，宴会才正式开始，"果床入，进酒"。

在宴会举行过程中，一旦皇帝端起酒杯，外国使者要和金国臣僚一起向金国皇帝敬酒，接着"从人"敬酒，"皇帝举酒时，上下侍立官并再拜，接盏，毕。……即行臣使酒……次从人再拜"。这一环节没有国别先后顺序之分，西夏使节应该是和宋、高丽使节同时完成。当酒进行至四盏时，西夏使者及其"从人"要与金国臣僚、其他外国使节一起诵颂，"闻鼓笛时，揖臣使并人从立，口号绝"。进行至五盏时，进行"赐花"仪式，即给外国使者及其"从人"戴花，"赐花，人从随出戴花毕，先引人从入，左右廊立，次引臣使入，左右上殿位立"。酒进行至第九盏时，宴会即将结束，西夏使节和金国臣僚要向皇帝行礼，先是"从人"，"揖从人至位再拜，引出"，然后是使者和金国臣僚，"闻曲时，揖臣使起，再拜，下殿"，最后使者和金国臣僚一起感谢皇帝的宴请，"至丹墀谢宴，舞蹈，五拜"。

3. 朝辞仪

金国为外国使节制定的向皇帝辞行的礼仪，谓之"朝辞仪"。《金史·朝赐仪》载：

---

① ［元］脱脱等：《金史》卷三八《礼志》，北京：中华书局，1975 年，第 866—867 页。
② ［元］脱脱等：《金史》卷三八《礼志》，北京：中华书局，1975 年，第 870 页。

> 皇帝即御座……阁门使奏辞榜子。先引夏使左入，傍折通班毕，至丹墀再拜，不出班奏"圣躬万福"，又再拜。揖使副鞠躬，使出班，恋阙致词，复位，又再拜，喝"各好去"，引右出。次引高丽使，如上仪，亦引右出。次引宋使副左入，傍折通班毕，至丹墀，依上通六拜，各祗候，平立。阁使赐衣马，鞠躬，闻敕，再拜。赐衣马毕，平身，搢笏，单跪，受别录物过尽，出笏，拜起，谢恩，舞蹈，五拜。有敕赐酒食，舞蹈，五拜。引使副左上露阶，齐搢入栏内，揖鞠躬，大使少前拜跪受书，起复位。揖使副齐鞠躬，受传达毕，齐退，引左下至丹墀，鞠躬，喝"各好去"，引右出。次引宰执下殿，礼毕。①

从这段史料可以看出，外国使节朝辞金国皇帝的次序是西夏最先，其次是高丽，最后是宋朝，"先引夏使左入……次引高丽使……次引宋使副左入"。西夏使节朝辞金国皇帝的礼仪与高丽使节相当，"次引高丽使，如上仪"，西夏与高丽的朝辞之赐都在会同馆进行，"夏、高丽朝辞之赐，则遣使就赐于会同馆"。宋朝使节当庭接受宋朝赐予的礼物，"惟宋使之赐则庭授"②。可见，和"入见仪"一样，金国对宋朝的重视程度在西夏与高丽之上。

西夏使节朝辞金国皇帝的大致程序是：阁门使向金国皇帝呈送外国使节的告辞文榜之后，"阁门使奏辞榜子"，西夏使节进殿完成礼仪，恭祝金国皇帝，"先引夏使左入，傍折通班毕，至丹墀再拜，不出班奏'圣躬万福'，又再拜"，然后致词表达对金国的留恋之情，"使出班，恋阙致词，复位，又再拜"，最后金国皇帝称"各好去"，西夏使节"引右出"。

三、结语

金夏两国确立交聘关系的时候，西夏已经建国八十余年，与北宋的交聘活动也持续了几十年。也就是说，从礼仪制度的发展程度来讲，西夏要比刚刚兴起的金国成熟的多。然而，西夏并没有在金夏交聘礼仪制度的建设方面起到任何主导作用，金夏交聘礼仪的确立、完善及修正都是金国单方面主导完成的。究其根本原因，则是西夏的经济、军事实力决定了其在金国主导的东亚封贡体系中的藩属国地位，这一点即使在金夏末期约为"兄弟之国"的举动中也未曾有所改变。

---

① ［元］脱脱等：《金史》卷三八《礼志》，北京：中华书局，1975年，第867—868页。
② ［元］脱脱等：《金史》卷三八《礼志》，北京：中华书局，1975年，第868页。

金国通过接送伴、觐见朝辞等礼节与规格，不仅可以声张其作为宗主国地位合法性来源、维护宗主国的威严，而且可以通过等级阶序以"别尊卑、贵贱、亲疏"，确立与其他国家外交关系的机制与规格。总体而言，金国视西夏的地位低于宋朝，与高丽相当。

（原载《西夏学》2018 年第 1 期）

西夏时期横山地区若干问题探讨*

许伟伟

摘　要：横山羌，又称山讹，在西夏文文献中对应为“𗂧𗗙”，横山羌部落众多，叛服无常，南山党项是横山羌中最为活跃的一支。横山地区在宣和元年（1119）归宋之后，很快又成为西夏、金国争夺的边界地区，横山地区经历宋、西夏、金国分治的局面，直到金国再次平定陕西，开始金国、西夏的分界而治。金国在大定年间在陕西的设州置县，表明金国所辖横山地区正式纳入金国的疆域版图；金国后期，西夏持续侵边，横山地区为金国、西夏争夺区域，直至元灭金国、西夏，横山地区完整归入元朝疆域。

关键词：西夏；横山地区；横山羌；南山党项

* 基金项目：国家社科基金重大招标项目“西夏通志”（项目编号：15ZDB031）阶段性成果；宁夏高等学校一流学科建设民族学科资助项目（项目编号：NDMZX2017A02）。

西夏前期的横山地区是宋、西夏的边界地区，最初横山山界以北为西夏所有，以南为宋所有，宋朝的进筑之策，先后历宋神宗、哲宗、徽宗三朝，于宋徽宗宣和元年（1119）尽有横山之地。横山地区是西北历史地理研究中值得探讨的问题，已有相关研究主要有对于横山地区的历史沿革、宋夏战事、横山部族、蕃官制度等诸多方面的考证。[①]学界研究较多地集中在宋与西夏时期，注重宋与西夏之间的互动，以及对横山地区的经营。本文将在前人研究基础上，对横山羌的西夏文称号、南山党项，以及横山地区在 1119 年之后的归属等问题试做补充研究，以求教于方家。

一、横山地区的横山羌

横山地区的横山羌作为宋与西夏地缘关系中的重要因素，在目前已整理刊布的西夏文文献中有对应的西夏文称号。

按《天盛改旧新定律令》卷一二"内宫待命等头项门"中对来源于归降者的内宫当值者的安排如下：

> 一前述择人、守护者，所自归降者汉山主、羌、回鹘使军等甚多，不须使守护于官家住处内宫，其代转处内宿、护卫人可守护，择人、守护者应使住于官家不住之内宫、库藏及其他处，应守护。[②]

上述汉山主与羌、回鹘是指西夏之外归降的人，由此可见夏仁宗时期的周边关系。其中，羌具体指西夏邻国吐蕃，回鹘当指西夏西边的西州回鹘等回鹘政权，而汉山主在律令中并不多见，具体身份并不明确。按编号 Инв.No.5189 的西夏文诗歌抄本有"番回鹘，坐于筵上来侍奉，内心怀恶天鉴察；汉山主，舍弃告诫混一色，眼中有鬼灾祸至。"[③]聂鸿音先生据此考证认为，汉山主与羌、回鹘并列，当系族群名称。

---

① 日本学者前田正名首次从现代地理角度对横山地区广义和狭义解释，详见［日］前田正名：《陕西横山の历史地理学の研究》，日本：教育书籍社，1962 年，第 7—13 页；李蔚：《宋夏横山之争述论》，《民族研究》1987 年第 6 期，第 68—76 页；李华瑞：《论宋夏战争》，《河北学刊》1999 年第 2 期，第 103—107 页；汤开建：《五代党辽宋时期党项部落的分布》，《西北民族研究》1993 年第 1 期，第 104—128 页；汤开建：《五代辽宋时期党项部落的分布》，《党项西夏史探微》，北京：商务印书馆，2013 年，第 125 页；杜建录：《宋夏对峙与沿边蕃部》，《固原师专学报》1990 年第 3 期，第 65—72 页；杜建录：《西夏时期的横山地区》，《固原师专学报》1992 年第 3 期，第 49—54 页；安国楼：《论宋朝对西北地区民族的统治体制》，《民族研究》1996 年第 1 期，第 57—66 页；佟建荣：《宋夏缘边叛服蕃部考》，《固原师专学报》（社会科学版）2006 年第 2 期，第 47—51 页；佟建荣：《北宋西北蕃官略论》，《西北第二民族学院学报》（哲学社会科学版）2008 年第 4 期，第 44—50 页。
② 史金波、聂鸿音、白滨译注：《天盛改旧新定律令》，北京：法律出版社，2000 年，第 429 页。
③ 聂鸿音：《公元 1226：黑水城文献最晚的西夏纪年》，《宁夏社会科学》2012 年第 4 期，第 84 页。

同样在西夏文诗歌中，西夏晚期的周边民族分为"东主""西主""山主""草原主"，分指东边的宋朝、西边的吐蕃、南边的部族、北边的蒙古人。①西夏人指代比邻民族的四个词中，南方为"山主"。考虑到西夏四邻政权辽、宋、回鹘、吐蕃等都有专属的西夏文对应名称，作为西夏的邻边部族，《天盛改旧新定律令》中的来降人员中当有诗歌中的"山主"。这不得不让我们重新考虑西夏文的译释问题。

《天盛改旧新定律令》对来源于归降者中的"𗼩𗾔"与羌、回鹘并列，当分别指来降的汉山主、羌人、回鹘人。而在前揭编号Инв.No.5189的西夏文诗歌中"番回鹘"与"汉山主"相对仗，或可分解成番对汉，回鹘对山主。在西夏晚期的律书《亥年新法》中也同样出现了山主，是归降的"𗊴𗰔𗼩𗾔"（旧种山主）。②这样看来，西夏文表达"𗼩𗾔"（山主）是独立的称呼。

在《天盛改旧新定律令》中，夏仁宗天盛年间（1149—1169）的"山主"是西夏文译名，"山主"又是指西夏南边的相邻部族，而银、夏两州南界山区，即西夏东南边境的横山地区曾是宋与西夏的边界，夏仁宗时的横山地区大部分已为金国之地，故而才有律令中的来降"山主"一说。按西夏文《新集碎金置掌文》中提到"弥药勇健行，契丹步履缓。羌（蕃）多敬佛僧，汉皆爱俗文。回鹘饮乳浆，山讹（𗼩𗾔）嗜荞饼"，这是对西夏境内主要民族及其特点的简要描写。③聂鸿音先生译"𗼩𗾔"为山讹，的确山讹居横山一带，嗜食荞饼。而文中"𗼩𗾔"和"弥药"分列，又可表明"𗼩𗾔"是独立的部族。这进一步说明西夏文"𗼩𗾔"（山主）可能指代"山讹"，也即横山地区的"横山羌"。按《续资治通鉴长编》卷一二〇宋景祐四年（1037）癸未条记载：

　　而苦战倚山讹，山讹者，横山羌，夏兵柔脆，不及也。④

①　克平、龚煌城：《诸葛亮〈将苑〉的番文译本》，《宁夏社会科学》，2008年第6期，第130—134页。西夏文《夏圣根赞歌》中有𗾔𗊴𗼩𗳒𗹾�，𗊴𗳒�𗬑𗋽𗐯，𗼜𗾔𗊴�𗋽𗹬𗰗，𗊴�𗋽𗹬�𗰗。可译为"西主图谋攻吐蕃，谋攻吐蕃引兵归，东主亲往与汉敌，亲与汉敌满载还。"这里的东主、西主的所指是不是对西夏政权中的主要部族的简称？如果西夏是以方位词来划分境内不同的部族，克平所提及之"东主""西主""山主""草原主"就需要重新定义。参看许伟伟：《党项西夏的政治视野及其宫廷制度问题》，杜建录主编：《西夏学》第十四辑，兰州：甘肃文化出版社，2017年，第67—76页。
②　图版见俄罗斯科学院东方研究所圣彼得堡分所、中国社会科学院民族研究所、上海古籍出版社：《俄藏黑水城文献（西夏文世俗文部分）》第九册，上海：上海古籍出版社，1999年，第165页，编号Инв.No.2549《亥年新法》（甲种本）第3—2叶。
③　聂鸿音、史金波：《西夏文本〈碎金〉研究》，《宁夏大学学报》（社会科学版）1995年第2期，第10页。图版见第110页，编号Инв.No.741《新集碎金置掌文》（甲种本）第13—5片。
④　〔宋〕李焘：《续资治通鉴长编》卷一二〇"宋景祐四年癸未"条，北京：中华书局，1992年，第2845页；又见〔元〕脱脱等：《宋史》卷四八五《夏国传上》，北京：中华书局，1977年，第13995页载："而苦战倚山讹，山讹者，横山羌，平夏兵不及也。"

"山讹"又称"横山羌"，是党项羌的一部，人马劲悍，惯习战斗，每战必为前锋。又西夏诗歌中汉山主"眼中有鬼灾祸至"，与羌俗"笃信机鬼"①相符，种种表明"山主"当属横山羌无疑。

山讹，或者横山羌，作为横山山界部族或者首领的代称，还见于《金史》卷一三四《外国传上·西夏传》：

> 初，慕洧以环州降，及割陕西、河南与宋人，洧奔夏国，夏人以为山讹首领。及撒离喝再定陕西，洧思归，夏人知之，遂族洧，以表闻，诏书责让之。②

慕洧，即慕容洧，环州人，原为宋蕃将，金得陕西，慕容洧以环州降，为熙河经略使，金人割陕西地与伪齐，慕容洧投归西夏，西夏以之为山讹首领。及金再定陕西，慕容洧思归，西夏族之。③山界部族的叛服无常由此可见一斑。

综合以上考证可知，山讹的西夏文当是"𗼲𗛥"，是宋与西夏边境横山地区的横山羌，夏仁宗时期属于西夏南部邻境部族。

西夏境内的部落众多，按《资治通鉴》卷二四九载元朝胡三省对于唐代南山、平夏党项的考异：

> 党项居庆州者，号东山部；居夏州者，号平夏部；其窜居南山者，为南山党项。赵珣《聚米图经》：党项部落在银、夏以北，居川泽者，谓之平夏党项；在安、盐以南，居山谷者，谓之南山党项。④

早在唐代这里就分布有东山部、平夏部和南山党项。其中，南山党项主要在安、盐以南的横山地区活动。陕西靖边县出土的《唐故夏州节度衙厢马步兼四州蕃落都知兵马使张宁墓志》⑤记载了唐代"南山贼族"的南山党项，也是目前可见的相关南山部族的最早记载。⑥至唐末，唐廷对归降的南山党项异地安置，分散至平夏地区，杜维民认为仍有一批党项留在"南山"，在宋代仍活跃于历史舞台，或许是"横山羌"⑦。

---

① ［元］脱脱等：《宋史》，北京：中华书局，1977 年，第 14029 页。
② ［元］脱脱等：《金史》，北京：中华书局，1975 年，第 2868 页。
③ ［宋］徐梦莘：《三朝北盟会编》卷一五八，上海：上海古籍出版社，1987 年；［宋］徐梦莘：《三朝北盟会编》一九二，上海：上海古籍出版社，1987 年；［元］脱脱等：《宋史》卷四八六《夏国传下》，北京：中华书局，1977 年，第 14023 页。
④ ［宋］司马光编著、［元］胡三省音注：《资治通鉴》，北京：中华书局，2005 年，第 8045 页。
⑤ 康兰英主编：《榆林碑石》，西安：三秦出版社，2003 年，第 65 页。
⑥ 周峰：《张宁墓志所见唐朝与党项的战争》，杜建录主编：《西夏学》第九辑，上海：上海古籍出版社，2014 年，第 70—75 页。
⑦ 杜维民：《唐夏州张宁墓志考释》，《西夏研究》2014 年第 3 期，第 62—66 页。

按《太平寰宇记》卷三七、三八、三九记载，夏、绥、银、宥等州，或蕃汉相杂，或其民皆蕃族，尚气强悍、唯以鞍马骑射为事。①《武经总要前集》卷一八上陕西路"迄今蕃汉杂处"。②可见，横山地区的民众特色即便不全是蕃部，也是蕃汉杂处。又按《宋史》卷二六四《宋琪传》记载：

> 党项界东自河西银、夏，西至灵、盐，南距鄜、延，北连丰、会。厥土多荒隙，是前汉呼韩邪所处河南之地，幅员千里。从银、夏至青、白两池，地惟沙碛，俗谓平夏；拓拔，盖蕃姓也。自鄜、延以北，多土山柏林，谓之南山；野利，盖羌族之号也。③

据此，汤开建先生考证南山党项在鄜延以北、银夏以南的横山地区。④"野利，盖羌族之号"，那么南山部落也是羌族，当属横山羌。

横山羌勇悍善战，夏景宗李元昊曾靠这支军队屡败宋军，西夏"苦战倚山讹"⑤。横山地区在宋与西夏的博弈中占有重要的地位，宋人认识到横山地区的重要性，也了解横山羌对于西夏战斗力的影响。按《续资治通鉴长编》卷一四九仁宗庆历四年（1044）载，五月壬戌朔，枢密副使韩琦、参知政事范仲淹并对于崇政殿，上四策。

> 其三曰：元昊巢穴，实在河外，河外之兵，懦而罕战。惟横山一带蕃部，东至麟、府，西至原、渭，二千余里，人马精劲，惯习战斗之事，与汉界相附，每大举入寇，必为前锋。故西戎以山界蕃部为强兵，汉家以山界属户及弓箭手为善斗。以此观之，各以边人为强。……元昊若失横山之势，可谓断其右臂矣。矧汉、唐之旧疆，岂今日之生事？此攻策之得也。⑥

西夏所属的横山地区除户籍中的成年男子为兵外，每遇战斗，"老弱妇女举族而行"，妇女也往往作为杂役和正军辅卒共守城寨。因此，"其横山界蕃部点集最苦"⑦，加之宋朝边将的策反、招纳策略，所以其与西夏朝廷也会存在矛盾冲突。

公元1067年，夏毅宗李谅祚为了加强对横山羌的直接控制，以防横山羌叛附宋朝，尽发其族帐，徙之兴州。横山羌徙往兴州，无疑巩固了都城兴庆府的安全，也是为加强

---

① ［宋］乐史撰、王文楚等点校：《太平寰宇记》，北京：中华书局，2007 年，第 827 页。
② ［宋］曾公亮等撰、郑诚整理：《武经总要前集》下册，长沙：湖南科学技术出版社，2017 年，第 1060 页。
③ ［元］脱脱等：《宋史》，北京：中华书局，1977 年，第 9129 页。
④ 汤开建：《五代辽宋时期党项部落的分布》，《党项西夏史探微》，北京：商务印书馆，2013 年，第 125 页。
⑤ ［宋］李焘：《续资治通鉴长编》卷一二〇"仁宗景祐四年十二月癸未"条，北京：中华书局，1992 年，第 2845 页。
⑥ ［宋］李焘：《续资治通鉴长编》卷一四九"仁宗庆历四年载五月壬戌朔"条，北京：中华书局，1985 年，第 3600—3601 页。
⑦ ［宋］李焘：《续资治通鉴长编》卷一三九"仁宗庆历三年二月乙卯"条，北京：中华书局，1985 年，第 3349 页。

对横山地区部族的控制。但横山地区的控制效果如何呢？

> 初，夏谅祚迫迁横山种落于兴州，有莵名山者，因众不乐，以所统横山部族内附。①

又按《续资治通鉴长编》卷三一四元丰四年（1081）七月辛卯条载：

> 鄜延路已有旨，阴遣人招怀横山部落，缘环庆事体相同，又正当山界之中，族帐尤更繁伙，宜令李稷依鄜延路已得指挥施行。泾源准此。②

横山部落并非所有部族臣服于西夏，其中，莵名山，因众不乐，以所统横山部族内附于宋。"冬，种谔取绥州，因发兵夜掩莵名山帐，胁降之。"③再加之宋廷的招诱之策，一些部族借机率众归宋朝，成为宋朝边境的熟户。

> 大约党项、吐蕃风俗相类，其帐族有生户、熟户，接连汉界、入州城者谓之熟户，居深山僻远、横过寇略者谓之生户。④

西夏对宋朝也有防范，按《续资治通鉴长编》卷四八七绍圣四年（1097）载：

> 朝奉郎安师文言："近缘边修筑城寨，西贼举众入寇泾原，败衄而去。今困于点集，渐已穷蹙。窃闻诸路广行招纳，切中事机。向日归明朱智用，久已向汉，然为夏国各有把截卓望口铺，无缘遂达中土……"⑤

宋朝有意招诱西夏沿边番户，却由于西夏在与宋交界的重要地域设置有把守堵截了望的口铺，防守严密，而不能实现。

二、1119 年以后横山地区的归属

在宋朝的西北防御中，横山地区值得重视。横山地区是党项西夏政权最初的辖区，农牧业生产相对发达，盛产盐铁。正如宋将种谔所说："横山延裹千里，多马宜稼，人物

---

① ［宋］陈均编、许沛藻等点校：《皇朝编年纲目备要》卷一七，北京：中华书局，2006 年，第 404 页。
② ［宋］李焘：《续资治通鉴长编》卷三一四"神宗元丰四年七月辛卯"条，北京：中华书局，1992 年，第 7602 页。
③ ［元］脱脱等：《宋史》卷四八五《夏国传上》，北京：中华书局，1977 年，第 14002 页。
④ ［元］脱脱等：《宋史》卷二六四《宋琪传》，北京：中华书局，1977 年，第 9129 页。
⑤ ［宋］李焘：《续资治通鉴长编》卷四八七"哲宗绍圣四年甲子"条，北京：中华书局，1992 年，第 11570 页。

劲悍善战，且有盐铁之利，夏人恃以为生。"①横山地区，在地理位置上处于中原农耕民族与北方游牧民族的联结处，这里"多马宜稼"，盛产青白盐，既是中原通往西北的交通枢纽，又是少数民族同中原贸易的要道，党项羌人利用这种优越的地理环境，积极同沿边及中原进行贸易活动。同时，横山地区又是宋与西夏政治、军事斗争的前沿，西夏和北宋所有重大的政治交涉，都是通过横山北垂的青州牌告宋保安军的。②

横山山界地形险要，易守难攻，西夏统治者因山设险，修筑了一系列堡寨，使横山诸多部族把守，并侵扰宋地。在北宋后期的几十年间，宋廷对于西夏边界的横山地区都在议论应对之策。宋朝要制服西夏，必须先占据横山，所以宋廷主动采用进筑之策。宋神宗熙丰年间，大举兴师进筑，经哆兀、灵武、永乐三大战役，夺取了横山地区的一半。宋神宗死后，哲宗、徽宗二朝继续进筑。宋徽宗宣和元年（1119），总领六路边事童贯以种师道、刘仲武等为将，率鄜延、环庆之兵出萧关，"取永和寨、割沓寨、鸣沙会，大败夏人而还"③。至此，宋朝夺取了全部横山之地。横山羌的主体也就成为宋的属户，宋与西夏有关横山的争夺战落幕。

那么横山地区在宣和元年（1119）之后的情况如何呢？宋廷对横山地区实行部族体制的羁縻管理的蕃官机制④，然而横山羌叛服无常，加之宋金战争，金国灭北宋，横山地区很快又为金国所有。按谭其骧先生《中国历史地图集》所载金皇统二年（1142）的金国疆域图可知，此时，金尽有横山之地。⑤但是，在宋金战事中，西夏趁机也有对横山地区部落的招抚，甚至在金与西夏以横山沿线划分界线后，横山地区的归属也因为金与西夏关系的变化而存在着变动。要理清横山地区的归属问题，还是要参考金与西夏边界的变动。

学界对金与西夏边界的研究主要有刘菊湘《西夏疆域研究》一文探讨了夏金时期西夏疆域的变化⑥，杨蕤在《西夏地理研究》一书中探讨了西夏南缘的夏金边界⑦，依据相关研究可对横山地区做以下归纳：金天会五年（1127）灭宋后，自麟府路洛阳沟东距黄河西岸、西历暖泉堡，鄜延路米脂谷至累胜寨，环庆路威边寨过九星原至委布谷口，夏

① ［元］脱脱等：《宋史》卷三三五《种世衡传附子古传》，北京：中华书局，1977 年，第 10747 页。
② 杜建录：《西夏时期的横山地区》，《固原师专学报》1992 年第 3 期，第 49—54 页。
③ ［清］黄以周等辑注、顾吉辰点校：《资治通鉴长编拾补》卷三十九，北京：北京书局，2004 年，第 1132 页。
④ 安国楼：《论宋朝对西北地区民族的统治体制》，《民族研究》1996 年第 1 期，第 57—66 页。
⑤ 谭其骧主编：《中国历史地图集》第六册，北京：中国地图出版社，1982 年，第 42—43 页。
⑥ 刘菊湘：《西夏疆域研究》，漆侠、王天顺主编：《宋史研究论文集》，银川：宁夏人民出版社，1999 年，第 392—394 页。
⑦ 杨蕤：《西夏地理研究》，北京：人民出版社，2008 年，第 87—98 页。

金保持了宋夏时期各占横山一边的状态；夏仁宗天盛初（1149—1150），陕西北部的绥德等地、定远军已为西夏所有；金正隆四年（1159）金夏划定边界，金"夺其所与地"，也就是横山地区原属宋的部分地区，至1182年，金已先后建绥德等州加强边地防御西夏；夏金后期在横山地区争夺不断，横山地区的边界处在变动之中。

虽然横山山脉涉及北边的夏、银、宥、盐等州以及南边的府、延、环、庆、保安军等地区，但生息诸多人口部落的横山地区更像是南北两方政权的缓冲带，且在地理位置上更有利于西夏方面的攻守，所以，以下对于横山地区的考察重点将放在横山以南鄜延路、环庆路等地的变动上。

天会三年（1125），金许诺西夏陕西北部地域。天会五年（1127）四月乙酉，金克陕府。①西夏取西安州，破怀德军，从北宋手中夺回部分失地。金划定西夏与伪楚的分界线。

一方面西夏夺回了部分地区；另一方面金换鄜延一带给西夏，但还给西夏的区域并不持久。金夏划分界限时，"（金）复分陕西北鄙以易天德、云内，以河为界。……（金）睿宗既定陕西，元帅府不欲以陕西北鄙与夏国，诏曰：'卿等审处所宜从事'"②。陕西北鄙，当指府州、延州一带。按《宋史》卷三六七《郭浩传》载："时二敌交侵，鄜延之东皆金人，西北即夏境，其属朝廷者惟保安一军、德静一寨。"③此时，鄜延一带尚属西夏，但后续为金所有。按《金史》卷三《太宗本纪》记载：（天会七年）乙未，取濮州，绥德军降。金进一步占据了宋河南、陕西之地。天会九年（1131）十一月，金以陕西地赐伪齐。④

可以说，宋宣和元年（1119）以后，金南下陕西打破了宋一统横山地区的局面，横山地区直到1131年都处在西夏、宋、金三方分割的状态。当西夏与金关系缓和时，天会十年（1132），西夏向金请环、庆二州之时，宋退出了横山地区、甚至陕西地区。

按宋绍兴九年（1139）十月，环庆路统制慕（容）洧叛，降于夏国。《宋史》有两处都记载在建炎四年（1130）慕容洧归夏，有误，或因金以陕西地赐齐及慕容洧降金事而误。宋建炎四年（1130）十一月，"慕洧遂引金人围环州"⑤。又按《宋史》卷四五二《忠义传·牛皓传》载："绍兴五年，金右都监撒离曷与其熙河经略使慕洧欲犯秦川，

① ［元］脱脱等：《金史》卷三《太宗本纪》，北京：中华书局，1975年，第57页。
② ［元］脱脱等：《金史》卷一三四《外国传上·西夏传》，北京：中华书局，1975年，第2867—2868页。
③ ［元］脱脱等：《宋史》，北京：中华书局，1977年，第11441页。
④ ［元］脱脱等：《金史》卷三六七《郭浩传》，北京：中华书局，1975年，第59、63页。
⑤ ［元］脱脱等：《宋史》卷二六《高宗本纪三》，北京：中华书局，1977年，第483页。

宣抚副使吴玠遣诸校分道伺之。"①这一时期的慕容洧尚为金所用。而慕容洧之所以归西夏的一个重要原因是金将环庆路归还于宋，按《金史》卷七九《张中彦传》载：

> 朝廷以河南、陕西赐宋，中孚以官守随例当留关中。熙河经略使慕洧谋入夏，将窥关、陕，中彦与环庆赵彬会两路兵讨之，洧败入于夏。②

按《绥德贺氏墓志铭》金天眷元年（1138）"葬于定仙岭东南山"，即今绥德定仙墕。③墓志所体现金的职官、年号表明绥德在此之前已经得到金国的有效统治。可以说，横山地区正式进入西夏与金分而处之的时期。

值得关注的是金夏之间的榷场设置问题。按《金史》卷一三四《外国传上·夏国传》载，金天会十二年（1134）及天眷元年（1138），夏崇宗乾顺曾请金于陕西诸地置榷场通互市，金一直没有应允。而皇统元年（1141）在云中西北，尔后继续在陕西沿边诸州置场，共有东胜、净、环、庆、兰、绥德、保安等州及来远军。④当与撒离喝天眷三年（1140）再定陕西有关。撒离喝再定陕西，金又重新夺取陕西地区，这应该是皇统元年（1141）以来逐步向西夏在陕西等地设置榷场的前提。表明金国已经很好地控制了这些西夏觊觎的边境地区。

但这种榷场贸易并不持久。按《金史》卷二六《地理志下》记，皇统六年（1146），以德威城、西安州、定边军等沿边地赐夏国，从所请也。时间接近的，还有西夏《天盛改旧新定律令》卷一〇"司序行文门"所列西夏边地有绥州监军司、宥州城司，是夏仁宗天盛初年的情况。⑤那么，绥德所在的绥州等横山南部地区、陕西地区一度为西夏所有。按《金史》卷二六《地理志下》泾州条记载，正隆元年（1156），金命与西夏边界对立烽候，以防侵轶。⑥表明金所受西夏侵扰比较严重。从而有了金正隆四年（1159）的经画金夏边界事。

按《金史·萧恭传》载："正隆四年，（萧恭）迁光禄大夫，复为兵部尚书。是岁，经划夏国边界。"⑦这是金正隆四年（1159）的史料，有陕西吴起出土的金夏划界碑为证。截至 2019 年，已整理的金夏界碑有 3 块，都是正隆四年（1159）五月金国在金夏边境的

① ［元］脱脱等：《宋史》，北京：中华书局，1977 年，第 13299 页。

② ［元］脱脱等：《金史》，北京：中华书局，1975 年，第 1789 页。

③ 木塞：《绥德李夫人墓志与宋夏延安之战》，《考古与文物》1987 年第 4 期。

④ ［元］脱脱等：《金史》卷一三四《外国传上·西夏传》，北京：中华书局，1975 年，第 2870—2871 页；［元］脱脱等：《金史》卷五〇《食货志五》，北京：中华书局，1975 年，第 1114 页。

⑤ 史金波、白滨、聂鸿音译注：《天盛改旧新定律令》，北京：法律出版社，2000 年，第 369—370 页。

⑥ ［元］脱脱等：《金史》，北京：中华书局，1975 年，第 653 页。

⑦ ［元］脱脱等：《金史》卷八二，北京：中华书局，1975 年，第 1839 页。

横山地区所立划界碑。①西夏的反应如何？按《宋史·夏国传下》载，绍兴二十九年（1159），归宋官李宗闰上书言："夏国副使屈移，尝两使南朝，以为衣冠礼乐非他国比。怨金人叛盟，夺其所与地。此其情可见。壬子岁，粘罕尝聚兵云中以窥蜀，夏人谓将图己，举国屯境上以待其至。今诚遣辩士往说之，夏必不难出兵，庶足为吾声援，以图恢复。"可见，金与西夏也主要在原宋夏地区分界。这个时期才完全恢复到以横山山界为边界的状态。

如果金国立烽堠、划分边界，是为解决西夏在金边地的侵扰问题。②那么金与西夏沿边州的设置，尤其是绥德州的设置，同样是出于加强边地管理的目的。与之密切相关的是绥德榷场的再次开启。之所以说是再次开启是因为之前有开过榷场后又关闭的情况。与此类似的当还有保德州、保安州的设置。按《金史》卷二六《地理志下》记载，保德州、镇戎州、保安州、绥德州等本为军、城等军事设置，于大定二十二年（1182）为州。

> 保德州，下，刺史。本宋保德军，大定二十二年升为州，元光元年六月升为防御。
>
> 镇戎州，下，刺史。本镇戎军，大定二十二年为州，二十七年来属。户一万四百四十七。
>
> 保安州，下，刺史。宋保安军，大定二十二年升为州。户七千三百四十。县一、寨三、镇二、堡一、城一。
>
> 绥德州，下，刺史。唐绥州，宋绥德军，大定二十二年升为州。户一万二千七百二十。县一、寨十、城一、堡一、关一。③

又按《金史》卷五〇《食货志》载：

> （大定）十七年二月，上谓宰臣曰："宋人喜生事背盟，或与大石交通，恐枉害生灵，不可不备。其陕西沿边榷场可止留一处，余悉罢之。令所司严察奸细。"前此，以防奸细，罢西界兰州、保安、绥德三榷场。（大定）二十一年正月，夏国王李仁孝上表乞复置，以保安、兰州无所产，而且税少，惟于绥德为要地，可复设互市，命省臣议之。宰臣以陕西邻西夏，边民私越境盗窃，缘有榷场，故奸人得往来，拟东胜可依旧设，陕西者并罢之。上曰："东胜与陕西道路隔绝，贸易不通，

---

① 姬乃军：《陕西吴旗出土金与西夏划界碑》，《文物》1994 年第 9 期，第 92—93.页；图版见孙继民等：《考古发现西夏汉文非佛教文献整理与研究》，北京：社会科学文献出版社，2014 年，第 184—185、208—209 页。
② 陈玮：《金代汉文石刻所见金夏关系研究》，《北方文物》2014 年第 4 期，第 84 页。
③ ［元］脱脱等：《金史》卷二六《地理志下》，北京：中华书局，1975 年，第 633、646、648—649 页。

其令环州置一场。"寻于绥德州复置一场。①

上述置榷场事又见于《金史》卷八《世宗纪下》载："壬子，以夏国请，诏复绥德军榷场，仍许就馆市易。"②绥德是西夏与金贸易的通道，也是边境要地，置州当是为加强该地区的军政管理。

种种情况表明，金灭北宋，所夺得的宋夏边境地区，尤其是横山地区仍然处在夏金的争夺之中，可能一直到大定二十二年（1182）才得到有效的管理。大定年间，金国在陕西的设州置县，也表明金国所属的横山地区正式纳入金国的疆域版图。

虽然西夏与金两国之间常保持榷场贸易、使节交聘，但史料上仍可见西夏对金国陕西边境的攻掠与破坏。其中，《金史》较为集中地记载了西夏、金后期的战事。金明昌二年（1191），西夏连续向金鄜、坊、保安州及镇戎军发动进攻。至宁元年（1213）六月，夏人犯保安州，杀刺史，犯庆阳府，杀同知府事。崇庆二年（1213）既而闻边吏侵夏境，夏人乃攻环州，诏治边吏罪。崇庆三年（1214）十月，攻保安及延安，都统完颜国家奴破之。至宁三年（1215）十一月戊辰，"夏人犯绥德之克戎寨，官军败之，犯绥平，又败之"③。

金国后期，西夏不断寇边，横山地区始终处于战事之中。直至蒙古南下先后灭金、夏，横山地区完整归入元朝的疆域。至此，横山羌或山讹的称呼也便鲜少见载于史籍文献。

（原载《西夏学》第十八辑，甘肃文化出版社，2019 年）

---

① ［元］脱脱等：《金史》，北京：中华书局，1975 年，第 1114 页。

② ［元］脱脱等：《金史》，北京：中华书局，1975 年，第 179 页。

③ ［元］脱脱等：《金史》卷一四，北京：中华书局，1975 年，第 306 页；［元］脱脱等：《金史》卷一五，北京：中华书局，1975 年，第 314 页。

夏辽边界问题的再讨论

许伟伟　杨　浣

摘　要： 囿于传统史料的匮乏，目前学界有关夏辽边界问题的讨论，仍然只是处于勾勒轮廓的阶段。在这一基础之上，依据近年来河套地区若干城址考古报告和西夏法典《天盛改旧新定律令》的若干条文，我们对辽夏之间的边界划分和西夏对辽国的边防措置有了一些细节性的认识。概括而言，西夏初期与辽通使时期，夏辽东段边界在金肃、河清、唐龙镇以西至浊轮川区域。夏辽北段边界有三角川、威塞州等具体地名及阻卜、党项等若干部族。西夏的防辽体系，是以监军司为核心的，由北院、北边中司等监军司和边地司等军事机构构成。

关键词： 西夏；辽；边界；边防

西夏与辽之间，边界划分的记载零星见于《续资治通鉴长编》和《宋史》等史籍文献。囿于史料的阙失，学界对于夏辽具体的边界问题较少涉及，主要围绕《宋史·夏国传》《辽史·地理志》《西夏纪事本末》卷首所附《西夏地形图》的研究[1]，以及俄国列宁图书馆藏《西夏地图册》手稿[2]、谭其骧先生主编的《中国历史地图集》对西夏与

---

① 黄盛璋、汪前进：《最早一幅西夏地图——〈西夏地形图〉新探》，《自然科学史研究》1992年第2期，第177—187页。

② 克恰诺夫：《汉文西夏唐古特地图册手稿》，《西北历史资料》1980年第1期，第30—39页；李之勤：《关于苏联列宁图书馆藏〈西夏地图册〉手稿的作者和〈西夏地形图〉的绘制年代问题》，《东北亚研究——西北史地研究》，郑州：中州古籍出版社，1994年，第488—496页。

辽在河套地区的分界提出一个大致的轮廓。①此外，杨蕤先生《西夏地理研究》一书专设一节探讨夏辽疆界问题，考证"（辽）正西与昊贼以黄河为界"，认为夏辽东段疆界存在一些反复的过程，而夏辽北段边界很难确定下来。②目前，学界有关夏辽边界问题的讨论，仍然只是处于勾勒轮廓的阶段。随着考古发掘的新发现和西夏法典《天盛改旧新定律令》相关研究的深入，有必要对夏辽的边界问题进行再探讨，明晰一些细节问题。以下旨在就辽夏边界的分段、地名和边界上部族分布等一些具体情况进行探讨，确定特定时期的夏辽边界状况及边地的归属问题，并进一步探讨夏辽的边防措置。

一、西夏的边界

西夏前身本为唐末夏州藩镇，最初仅辖夏、绥、银、宥、静五州之地。五代至宋初，为中原政权羁縻之地，与契丹并无外交层面的边界问题。自李继迁叛宋自立以后，经过李德明、元昊营建，党项西夏势力开始北控大漠，东至黄河，南接萧关，西达瓜沙，由此与涉足这些地区的契丹发生边界摩擦和军事冲突。

1. 夏辽东段边界

《契丹国志》载："正西与昊贼以黄河为界。"③按重熙十二年（1043）辽征伐西夏置金肃州、清河军，此后长期据有金肃州、清河军所在的故胜州（唐代胜州）黄河以西区域，则大致是在李元昊立国后的 1038 年至 1043 年这段时期西夏与辽东段以黄河为界。

重熙十八年（1049），辽破唐隆镇后，已经据有黄河以西故胜州的大部分地域。唐龙镇，旧隶府州折氏。陈桥兵变以后，唐龙镇当随折氏并归于宋。太平兴国元年（976），宋太宗攻伐北汉前夕，曾命大将袁继忠"又巡遏边部于唐龙镇"④。太平兴国四年（979），唐龙镇自府州来隶麟州新秦县。⑤天圣元年（1023）以后，《续资治通鉴长编》卷一〇一天圣元年（1023）十二月辛酉条载：诏麟府路军马司，凡唐龙镇所报公事，具为处置

① 刘菊湘：《西夏疆域研究》，漆侠、王天顺主编：《宋史研究论文集》，银川：宁夏人民出版社，1999 年，第 381—397 页；王天顺：《西夏地理研究》，兰州：甘肃文化出版社，2002 年；王天顺：《河套史》，北京：人民出版社，2006 年；鲁人勇：《西夏的疆域和边界》，《宁夏大学学报》（人文社会科学版）2003 年第 1 期，第 38—41 页；杨蕤：《历史上的夏辽疆界考》，《内蒙古社会科学》（汉文版）2003 年第 6 期，第 28—31 页。
② 杨蕤：《西夏地理研究》，北京：人民出版社，2008 年，第 70—83 页。
③ ［宋］叶隆礼撰，贾敬颜、林荣贵点校：《契丹国志》，北京：中华书局，2014 年，第 239 页。
④ ［元］脱脱等：《宋史》卷二五九《袁继忠传》，北京：中华书局，1977 年，第 9004 页。
⑤ ［清］徐松：《宋会要辑稿》方域一二之一四，北京：中华书局，1957 年，第 7520 页。

之。"凡唐龙镇所报公事"，全由麟府路军马司处理。

唐龙镇地处宋、辽、西夏接壤之地，"西北蕃部互市良马之所"①。地界南北，交通便宜，为宋、辽、西夏争夺的要地，《续资治通鉴长编》卷一五二庆历四年（1044）十月壬子条载：

> 据麟府路兵马都监张岊状，西界唐龙镇嘉舒、克顺等七族去汉界不远，可因西北交争之际，量援以兵马，而预为招纳之。兼体问得七族蕃部旧属府州，比因边臣不能存恤，逃入西界，在今府州东北缘黄河西住坐，其地面与火山军界对岸。②

唐隆藩屏夏州，为西夏东北重镇。又《西夏书事》卷一五载："唐隆为西蕃大部，与麟、府仅隔一河。"③《续资治通鉴长编》卷一五二庆历四年（1044）十月壬子条又说：

> 昨西贼大掠麟府界，人户悉居于彼，遂分为十四族，近有内附首领香布言："契丹领兵在宁仁静寇镇，待河冻即过唐龙镇劫之。"④

可知西夏唐龙镇与北宋麟府州、辽宁仁静寇镇相邻。

辽重熙十九年（1050），夏乞唐龙镇。重熙二十年（1051），西夏又一度遣使请求归还唐龙镇。辽于唐龙镇不置建成，在黄河东岸设宁边州领之。

辽夏争唐龙镇的过程只是这段时期辽与西夏争夺相邻疆土的一个范例。按《续资治通鉴长编》卷五一载：

> （辽重熙十九年）丁亥，夏将攻辽金肃城。
> （三月）辽殿前都检点萧迪里特与夏人战于三角川，败之。
> （五月）晬巳，辽萧蒲努等入夏境，不见敌，纵掠而还。
> （九月）壬寅，夏侵辽边界，漆水郡王耶律达和克遣六院军将谐里击败之。

数度争夺之后，夏人不得志于辽，始议通使。"西夏归辽，开直路以趋上京"⑤，西夏修通辽的直道，这应该是辽与西夏交通的主道。

从辽夏之间的战事来看，辽据有金肃州、河清军、唐龙镇地域的局面可能一直持续到金灭辽时，西夏趁机收复失地，获得河西八馆之地。

---

① ［宋］曾公亮等撰、郑诚整理：《武经总要前集》卷一七，长沙：湖南科学技术出版社，2017 年，第 1057 页。
② ［宋］李焘：《续资治通鉴长编》卷一五二 "庆历四年十月壬子" 条，北京：中华书局，1985 年，第 3709 页。
③ ［清］吴广成撰、龚世俊等校正：《西夏书事校证》，兰州：甘肃文化出版社，1995 年，第 178 页。
④ ［宋］李焘：《续资治通鉴长编》卷一五二 "庆历四年十月壬子" 条，北京：中华书局，1985 年，第 3709 页。
⑤ ［元］脱脱等：《辽史·地理志》卷四一，北京：中华书局，1974 年，第 515 页。

西夏李德明时期曾于石州的浊轮谷筑堡建榷场，浊轮寨又与唐龙镇相邻。《武经总要》卷一七"西蕃地里废垒丰州"条下记载：

> 浊轮寨，控合河路。至道中，以重兵戍守，置浊轮寨，部署蕃户三族一千五百帐，徙于岚石州，给田居之。今陷于贼。①

按《中华人民共和国地图集》第35图山西省图，浊轮寨合河路略当于今陕西省神木市西南窟野河下游之贺家川。②尚在府州西南，与唐龙镇大致方位相去甚远，则此浊轮部署当指废丰州西北浊轮川一带（陕西省神木市西北）为妥。

也就是说至辽夏通使时期，夏辽东段边界由以黄河为界，向西推进到金肃州、河清军、唐龙镇以西至浊轮川区域。

2. 夏辽北段边界

西夏北边的边界一直以来由于史料阙失，边界的划分只有一个大致的轮廓。但仍有几点值得讨论：一是辽夏边界的几个具体的地名；二是西夏北边的部族分布情况。

牟那山（今乌拉山），又为午腊蒻山、卧啰山等，是西夏防辽的天然屏障，《宋史》卷486《夏国传》载："自河北至午腊蒻山七万人，以备契丹。"

三角川。《辽史》卷一一四《萧迭里得传》载：

> （重熙）十九年，夏人来侵金肃军，上遣迭里得率轻兵督战，至河南三角川，斩候者八人，擒观察使，以功命知汉人行宫都部署事，出为西南面招讨使。

又《续资治通鉴长编》卷三七九哲宗元祐元年（1086）载太原府吕惠卿入西界三角川。"夏四月太原兵入左厢，聚星泊、三角川诸寨皆不守。"③可知三角川位于黄河南岸，与辽威塞堡隔河相望，曾为西夏边地堡寨，是辽宋两国进入西夏的突破口。

辽威塞州。《续资治通鉴长编》卷一五一载：

> 契丹恐其侵轶，于是压元昊境筑威塞州以备之。而呆儿族累杀威塞役兵，契丹又疑元昊使来，遂举兵西伐……

威塞州，即前揭威塞堡，与三角川隔河相对，是辽攻西夏的前沿阵地。《辽史》未载威塞州，应相当于河北云内州之威塞军，从属西南面招讨司。

① ［宋］曾公亮等撰、郑诚整理：《武经总要前集》卷一七，长沙：湖南科学技术出版社，2017年，第1057页。
② 《中华人民共和国地图集（乙种本）》，北京：地图出版社，1957年。
③ ［清］吴广成撰、龚世俊等校正：《西夏书事校证》，兰州：甘肃文化出版社，1995年，第310页。

牟那山、三角川与威塞堡等是西夏与辽前沿阵线的据点，自然也是判定两地边界划分的重要根据。此外，辽与西夏边境地区部族众多，他们的政治背向也实际影响着两国边界的具体走向。

> （大中祥符五年）夏五月，党项曷党等部来投，不纳。东山党项诸部皆顺契丹，因困征发，悉遁黄河北依模赧山以居。唯曷党、乌迷两部尚居故地，遣使约归夏州，德明不敢纳。①
>
> （庆历四年）是岁，辽夹山部落呆儿族八百户归元昊，兴宗责还，元昊不遣。②

西夏北边与辽接壤处的河套地区为辽与西夏所分据，在黄河以北，阴山以南，以昆都仑河为界。③河套区域的民族状况具有一定的复杂性，党项与吐蕃、回鹘、契丹等民族交错杂居，诸多民族又有大小众多的部族散布于各处，单就党项族而言，就有山南党项、河濡党项、山后党项、藏才族、庄浪族、呆儿族、山西五族等诸多部族④。

西夏与辽边地部族杂处、叛服无常。即便如此，在西夏漫长的北境线上，仍存在边界之分。按《天盛改旧新定律令》卷四载：

> 一与沿边异国除为差派外，西番、回鹘、鞑靼、女直相和倚持，我方大小检引导过防线迁家、养水草、射野兽来时，当回拒，勿通过防线，刺史、司人亦当检察。⑤

前揭律令于西夏中期天盛年间（1149—1169）颁布，所反映的已是西夏与金国时期的边防规定，但辽与西夏时期也应大致如此，不然就不存在部族的叛服问题了。辽国西边有生吐蕃国、党项、突厥、熟吐浑、阻卜九族等。其中阻卜是辽的属国。《辽史》卷七〇《属国表》载："臣服诸国，人民皆入版籍，贡赋悉输帑。"辽与西夏边地之间散布的诸多部族迁徙不定，他们的势力范围，归属他们所诚服的政权。

此外，侵地问题作为判定边界的因素之一也值得一提。西夏与辽在战事中侵夺的土地，既存在反复的争夺，还存在一个为双方政权所承认的归属问题。按《契丹国志》卷一〇载：

> 今大辽以帝妹嫁夏国主，请还所侵之地。

---

① ［清］吴广成撰、龚世俊等校正：《西夏书事校证》，兰州：甘肃文化出版社，1995 年，第 112 页。
② ［元］脱脱等：《宋史》卷四八五《夏国传》，北京：中华书局，1975 年，第 13999 页。
③ 王天顺：《西夏与周边各族地缘关系述论》，《宁夏大学学报》（人文社会科学版）2003 年第 1 期，第 28—34 页。
④ 汤开建：《契丹境内党项部落的分布》，《宁夏社会科学》1990 年第 2 期，第 73—80 页。
⑤ 史金波、聂鸿音、白滨译注：《天盛改旧新定律令》，北京：法律出版社，2000 年，第 211 页。

此事是在 1031 年左右，辽兴宗将族妹兴平公主嫁与李元昊。此时也正是西夏向外扩张之时，侵地问题较多。侵地多在边界之处，前揭西夏三角川，辽虽反复攻取，但更多的只是掳掠行为，一旦辽军撤退，西夏与辽之间的这一地段仍是以北段黄河与午腊蒻山为界。前揭唐龙镇就在宋、辽、西夏交界之处，辽夺唐龙镇后，西夏多次乞讨，辽设宁边州领之，唐龙镇就正式归属辽。所以侵地对边界的划分、重新认定有一定的影响。

当然，侵地在政权双方疆界划定的情况下，大多是为被侵方政权所否认的，也就是说，在归属上是悬而未决的，不是最后议定归还原主，就是看双方僵持的结果，哪一方作出妥协，这在宋、辽、西夏、金之间都存在着侵地的最终归属问题的争议。

由此，西夏与辽势力所及的疆域都是我们考虑的界限划分区域，此外还应考虑当时双方政权对一些边界的认定，西夏、辽、宋三个政权交界处的划定等存在一个为各个政权确认的固有边界。

但是，从西夏与辽之间的战事看，对疆土的侵夺之外，辽对西夏更多的是劫掠人口和财物。这既是因为实力受限，也是游牧民族的特性使然。即便辽在河南设置了金肃州、河清军，也是为设防西夏侵扰的军事防御措施，也是为抢占这个自古以来的交通要道，保障商旅通道的畅通[1]。如重熙十三年（1044），辽为了禁止吐谷浑把马卖给西夏，"沿边筑障塞以防之"[2]。

二、西夏与辽之间的边防措置

西夏与辽边界问题，不可忽略的是双方军事防御系统的设置。据《契丹国志》载：

> 云中路控制夏国。
> 置西南都招讨府、西京兵马都部署司、金肃、清河军、五花城、南北大王府、乙室王府、山金司。[3]

辽在西夏初期于沿边多筑城戍堡垒、封锁疆界以隔断河北一些民族与西夏的往来，后又在河南建金肃、河清二城，遣兵戍守，且设有河西节度使以及西南面行军都统所等机构治理与西夏、宋接壤的沿边地区。

① 参看杨蕤：《西夏地理研究》，北京：人民出版社，2008 年，第 73 页。杨蕤先生认为辽夺西夏地置金肃、河清两军，除了军事上的目的，还有在繁荣商路上控制贸易的意图。
② ［元］脱脱等：《辽史·西夏外纪》卷一一五，北京：中华书局，1974 年，第 1526 页。
③ ［宋］叶隆礼撰，贾敬颜、林荣贵点校：《契丹国志》，北京：中华书局，2014 年，第 235 页。

西夏对辽的防御方面，从《宋史·夏国传》记载西夏的军事布防来看，"自河北至午腊蒻山七万人，以备契丹"。午腊蒻山以西、以北的河北地区是辽云内州、天德军所在地。

西夏与辽对峙时期，阻卜袭贺兰山，辽三路大军过河直入西夏四百里不见人烟，种种迹象似乎表明，西夏对辽的军事布防极少。

关于西夏北部边界的边防问题，值得注意的是该区域在唐代以来的军事建置和当今考古发掘的相关报告。河套地区在汉代以来就有经营，至唐代更有安北都护府和丰州都督府的设置，又是唐代夏州通西域的要道。按《新唐书》卷四三下《地理志七》载：

> 夏州北渡乌水，经贺麟泽、拔利干泽，过沙，次内横刬、沃野泊、长泽、白城，百二十里至可朱浑水源。又经故阳城泽、横刬北门、突纪利泊、石子岭，百余里至阿颏泉。又经大非苦盐池，六十六里至贺兰驿。又经库也干泊、弥鹅泊、榆禄浑泊，百余里至地颏泽。又经步拙泉故城，八十八里渡乌那水，经胡洛盐池、纥伏干泉，四十八里度库结沙，一曰普纳沙，二十八里过横水，五十九里至十贲故城，又十里至宁远镇。又涉屯根水，五十里至安乐戍，戍在河西壖，其东壖有古大同城。①

从夏州到丰州、从丰州通西域都有一些军事建置，这些镇戍虽然在唐代时就有治地的迁移或镇戍的置废等变动，但是，丰州作为位于唐代关内道的边州，其军事防御的地位不言而喻，且作为游牧民族进入内地的通道必然是要大力经营的。五代更替，丰州虽归属于不同的政权，但是其地理上的交通要道的地位仍是不可替代的，所以至西夏与辽政权共存时期都应有经营和设防。

据《蒙古国南戈壁省西夏长城与汉受降城有关问题的再探讨》②一文可知，13世纪初，西夏为了防御蒙古人进攻，在北线设置了屏障，其中关口位于黑水城北、兀剌海西，正好在已加固的北线区域内，也就是说西夏在北部边境的戈壁沙漠地区也有军事上的设防。今内蒙古临河县的高油坊古城，内蒙古包头往西的宿亥古城、朗山口古城、西勃图古城等，也可见西夏遗迹。③这是西夏在北部边地的布防。

从西夏的军事机构方面来看，西夏地方军事机构以监军司为核心。监军司由东西南

---

① ［宋］欧阳修、宋祁：《新唐书》卷四三下《地理志七》，北京：中华书局，1975年，第1147—1148页。

② A.A.科瓦列夫、Д.额尔德涅巴特尔：《蒙古国南戈壁省西夏长城与汉受降城有关问题的再探讨》，《内蒙古文物考古》2008年第2期，第101—110页。

③ 陆思贤、郑隆：《内蒙古临河县高油房出土的西夏金器》，《文物》1987年第11期，第65—68页；杜玉冰：《西夏北部边防与古城》，《首届西夏学国际学术会议论文集》，银川：宁夏人民出版社，1989年，第374—380页。

北院、南北地中司和散布于京畿至边地的监军司构成，有等级高下之分。边地的诸多堡寨构成边地司同监军司一起接受西夏中央军事机构枢密院的调遣。

西夏《天盛改旧新定律令》卷10"司序行文门"具体记载了西夏天盛年间的监军司的名称、数量及结构等，其中监军司共有17个，分别为东院、石州、年斜、韦州、南地中、南院、西寿、卓啰、西院、肃州、瓜州、沙州、黑水、北地中、官黑山、啰庞岭、北院。此外，据《天盛改旧新定律令》卷一七等所载零星史料载，又可见监军司还负责管理放牧，治理归附或降服的部族。

又《天盛改旧新定律令》卷10"司序行文门"记载西夏有东院、南院、西院、北院之分。院的设置，在西夏前期就有。据1094年的《凉州重修护国寺感通塔碑铭》可知，西夏文铭文中有"南院"，对应的汉文铭文是"右厢"①，南院即是当时的都城兴庆府西南的西凉府凉州。北院应在兴庆府之北，北院是治理西夏北边的核心地区，也是防范辽的核心机构。据《天盛改旧新定律令》卷一七载：

> 八司一律自派日至来到京师之日二十日，京师所辖司磨勘七十日，都磨勘司六十日：西院、啰庞岭、官黑山、北院、卓啰、南院、年斜、石州。
>
> 七司一律自派日至来到京师之日十五日，所辖司内磨勘八十日，都磨勘司五十五日：北地中、东院、西寿、韦州、南地中、鸣沙、五原郡。②

王天顺先生考证北院治中府州黑山威福军③，而这里官黑山就是黑山威福监军司④，北院与官黑山到京师距离相当，可能就设在黑山地区。而北地中监军司到京师距离相对较近，只需十五日。北地中司可能是白马强镇军司，其地在今内蒙古吉兰泰一带⑤，也应是连接北边边防的重要监军司。

西夏监军司在地理分布上环绕西夏都城兴庆府呈辐射状，就防范辽的监军司而言，从地理位置来看，主要就是黑水、黑山、白马三个监军司。考《天盛改旧新定律令·司序行文门》地名位次，存在一定的方位次序。啰庞岭、官黑山在黑水和北院之间的西夏

① 史金波：《西夏佛教史略》，宁夏：宁夏人民出版社，1988年，第253页。
② 史金波、聂鸿音、白滨译注：《天盛改旧新定律令》，北京：法律出版社，2000年，第544—545页。
③ 王天顺：《西夏地理研究》，兰州：甘肃文化出版社，2002年，第113—114页。
④ 周清澍：《内蒙古历史地理》，呼和浩特：内蒙古大学出版社，1994年，第129页，文中认为黑山威福军在河套北部，故址在狼山口附近。聂鸿音：《黑山威福军司补正》，《宁夏师范学院学报》（社会科学版）2008年第4期，第67—69页。文中指出［卧］黑山，即《宋史·夏国传》中的"午腊蒻"和《元史》中的"兀剌海"，治所应该位于黄河河套以北的阴山山脉附近。
⑤ 杨蕤：《西夏地理研究》，北京：人民出版社，2008年，第155页。

西北地区，核对王天顺先生考证的情况来看[1]，似与白马强镇左厢神勇相对，且啰庞岭是《天盛改旧新定律令》中，唯一不设地方经略司的监军司，则啰庞岭在地理位置上必然邻近兴庆府，这也是推测啰庞岭为贺兰山地区监军司的理由。年斜与石州在西夏北院和东院之间，如在夏辽时期存在，则都是针对麟府地区设置的边地监军司。又孙伯君先生从语音角度结合《天盛改旧新定律令》等相关史料考证"年斜"监军司为宁西监军司，推测在麟州一带，屈野河西的宁西峰的范围大致相合。[2]又按《续资治通鉴长编》宋神宗元丰四年（1081）七月壬辰条宋神宗批示："麟府路最当契丹夏人交通孔道。"前揭西夏唐龙镇本为藩屏夏州的东北重镇，但为辽所有，夏辽边界变动，则与其相邻地区的年斜和石州监军司兼有防范辽宋两国的双重任务。

从《西夏地形图》所载图例来看，西夏在北部的黑水、白马、黑山监军司有东西通道相连。既北拒阻卜，东北拒辽天德军，从而与北院和左厢监军司共同对付辽。

西夏堡寨在唐代以后丰州与黄河的险要地理位置上依旧应有设置，当属边地城司。

西夏的监军司有高下等级之分，当是由于其战略地位的轻重所决定的，其他的边地司，主要构成是州县和堡寨，它们与监军司共同构成西夏的边防体系。而西夏防范辽的体系即是以北院为首，由北边中、黑山、黑水等监军司及边地司构成。

西夏有系统的军事防御体系，在军事上重视战略与兵法，从出土的西夏文献中可以看出西夏注重学习兵法典籍[3]，且有骁勇善战的横山羌。但是西夏存在一个最根本的问题，就是兵力不足。首先，西夏的总人口数量有限，据学界考证西夏总人口在150万左右[4]，则兵力最多50万人。其次，西夏兵力分散于各部族。《西夏书事》卷二九夏天祐民安二年（1091）载："塔坦闻乙逋兵入河东，率所部袭贺兰山，入啰博监军司所，劫杀人户千余，掠牛羊、孳畜万计。乙逋回兵援之，至达结啰，塔坦兵已退。"西夏每遇战事，东边有事，则自西至东点集，西边有事，则自东而西点集，"梁乙逋点集境内几五十日，至是月，集兵十五万"[5]，西夏此时兵力还是相当有限的，所以当兵力集中于河东，则西夏都城兵力薄弱，无法抵御突然的外来入侵者。故而辽塔坦部可以轻易袭贺

---

① 王天顺：《西夏地理研究》，兰州：甘肃文化出版社，2002 年，第 128—135 页。

② 孙伯君：《西夏宁西监军司考》，薛正昌主编：《西夏历史与文化——第三届国际西夏学研讨会论文集》，兰州：甘肃人民出版社，2010 年，第 213—217 页。

③ 聂鸿音：《西夏译〈孙子传〉考释》，中国民族古文字研究会：《中国民族古文字研究》第三辑，天津：天津古籍出版社，1991 年，第 267—278 页；克平、龚煌城：《诸葛亮〈将苑〉的番文译本》，《宁夏社会科学》2008 年第 6 期，第 130—134 页。

④ 杜建录：《论西夏的人口》，《宁夏大学学报》（人文社会科学版）2003 年第 1 期，第 35—37 页。

⑤ ［清］吴广成撰、龚世俊等校正：《西夏书事校证》，兰州：甘肃文化出版社，1995 年，第 332 页。

兰山后面娄博贝监军司界①，既可见西夏在军事调遣上的灵活，亦可见西夏防守的不足。

宋仁宗庆历四年（1044）宋将范仲淹论辽备战事，称："况元昊界无城可攻。"②也就是说，辽与西夏相邻地域，即西夏的北疆和东北边界只有若干堡寨占据绿洲或军事要地，并无功能健全的城池可守，辽数度深入西夏腹地，但都是掳掠而回也应有此方面的原因。

总体来看，西夏对辽，既有贸易和朝贡的专道，也有以监军司为核心对辽的边防部署和防御。

（原载《西夏研究》2013 年第 1 期）

---

① ［宋］李焘：《续资治通鉴长编》卷四七一"哲宗元祐七年三月丙戌"条，北京：中华书局，1993 年，第 11238 页载：首领庆鼎察香道："'有塔坦国人马于八月内出来，打劫了西界贺兰山后面娄博贝监军司住坐人口孳畜。'已具状闻奏讫。续据西界投来蕃部苏尼通说称："塔坦国人马入西界右厢，打劫了人口孳畜，不知数目。'本司未敢全信。今又据捉到西界首领伊特香通说："于去年闰月内，梁乙逋统领人马赴麟府路作过去来，至当月尽间到达尔结罗，有带银牌天使报梁乙逋来称，塔坦国人马入西界娄博贝，打劫了人户一千余户，牛羊孳畜不知数目，其带牌天使当时却回去。'"该卷所载塔坦入侵贺兰山事，有庆鼎察香、苏尼通、伊特香通三种表述，可知娄博贝监军司属西夏右厢路。
② ［宋］李焘：《续资治通鉴长编》卷一五〇"仁宗庆历四年壬子"条，北京：中华书局，1985 年，第 3636 页。

西夏时期浑脱考述*

尤 桦

摘 要：浑脱这一穿梭于历史和现实之间的工具，蕴含着鲜明的区域特色，承载着悠久的历史文化，西夏时期浑脱得以广泛运用。本文钩沉史料，从西夏时期浑脱在民用、军事、游牧等诸多方面的运用进行了阐述，并对其独特的文化进行探析，浑脱在西夏得以全面发展不仅仅与西夏的生态环境和生产力发展水平相关，更与西夏社会生活中游牧民族的"迁徙"特性和文化融合有着密切的关系。

关键词：西夏；浑脱；皮囊

作为我国西部独具民族特点和地域特色的交通工具与生活用具，浑脱历来受到文人墨客与专家学者的关注，明代文学家李开先在《塞上曲》中曾赞誉"不用轻帆并短棹，浑脱飞渡只须臾"。现代围绕浑脱的考证和研究成果为数不少，如韩宁《〈浑脱舞〉考》、光远《释"浑脱"》、肖川《黄河"浑脱"今何在》、常清民《黄河古筏风俗考》等文章，上述论文主要从语言、民俗、艺术、旅游开发等角度对浑脱进行详细的论证，然囿于史料的缺乏，学界对于浑脱在西夏时期的运用情况及其文化内涵虽有论及，尚无系统论述。

---

* 基金项目：本文系国家社会科学基金青年项目"西夏边防制度研究"（项目编号：2014CZS029）、国家社会科学基金重大招标项目"西夏通志"（项目编号：15ZDB031）子课题"西夏军事志"、宁夏高等学校一流学科建设民族学科资助项目（项目编号：NXYLXK2017A02）阶段性成果。

一

浑脱，各类文献中有"浑筒""浑裩""浮囊""皮囊""熟囊""革囊"等名称，顾名思义，就是将整张动物皮囫囵剥下后制成革囊或皮袋等工具。目前学界对于浑脱的语源尚无定论，可以肯定的是应依据其独特的取皮方法而得名。[1]北魏贾思勰在《齐民要术》卷九《炙法第八十》捣炙法中最早记录了"浑脱"一词："既熟，浑脱，去两头，六寸断之。"[2]鲁人勇先生在《宁夏交通史话》中非常详细地以羊皮浑脱为例对近现代浑脱的制作方法进行了介绍[3]，对于古代浑脱的解释和制作方法史料记载相对缺乏，笔者在西夏文文献中发现了一些材料。西夏文辞书《文海·杂类》对"𗹿"（皮囊、浑脱）一词进行了解释："𗹿，𗦫𗤻𗼃𘈈，𗹿𘂯𗦫𗱤𘕿𘝢𘄒𗎫𗟻𗹿𗸐𘓄。"意思就是"皮囊（浑脱），皮全集右，此者皮不割全剥落则谓皮囊（浑脱）"[4]，有趣的是，西夏文献不单单对浑脱的意思进行了形象的解释，而且该句中"皮全集右"就是指西夏文"浑脱"的字形构造是由"𗦫（皮）"的全部加上"𘈈（敛、集）"的右边部分组合而成，也使我们领略了西夏文字的独特魅力。西夏文《文海》的记载是目前发现最早少数民族语言解释浑脱的文献，这段材料亦可与明代叶子奇在《草木子》中的描述相互印证："北人杀小牛，自脊上开一孔，遂旋取去内头骨肉，外皮皆完，揉软用以盛乳酪酒湩，谓之'浑脱'。"[5]

浑脱是由何人所创，又是何时开始使用，文献尚无明确记载，但是可以确定的是，在西夏建立政权之前，浑脱在西部地区已经有非常悠久的历史，但是发展缓慢。早在永平八年（65 年）东汉与匈奴争斗中，马革作船渡河就已经在朔方地区被匈奴使用，《后汉书》卷八九《南匈奴列传》载："其年秋，北虏果遣二千骑候望朔方，作马革船，欲度迎南部畔者，以汉有备，乃引去。"[6]《旧唐书》卷一九七《西南蛮传》载："东女国，西羌之别种……俗以女为王。东与茂州、党项接，东南与雅州接，界隔罗女蛮及白狼夷。其境东西九日行，南北二十日行。有大小八十余城。其王所居名康延川，中有弱水南流，

① 对于"浑脱"一词语源，国内外学者各持己见，部分专家认为是外来词，部分专家认为是汉语词。张永言先生曾在《"浑脱"语源补证》中对美国蒙古学家赛瑞斯先生的观点进行了进一步补充，他认为："这样看来，说'浑脱'是一个理据明白的纯粹的汉语词而不是译音的外来语，应当是可信的。"参见张永言：《语文学论集》，北京：语文出版社，1992年，第228—232页。
② ［北魏］贾思勰撰，李立雄、蔡梦麒点校：《齐民要术》卷九《炙法第八十》，北京：团结出版社，1996年，第898页。
③ 鲁人勇主编：《宁夏交通史话》，银川：宁夏人民出版社，2013年，第194页。
④ 史金波、白滨、黄振华：《文海研究》，北京：中国社会科学出版社，1983年，第333、546页。
⑤ ［明］叶子奇：《草木子》，北京：中华书局，1959年，第85页。
⑥ ［南朝·宋］范晔：《后汉书》卷八九《南匈奴列传》，北京：中华书局，1965年，第2949页。

用牛皮为船以渡。"①与东女国接壤的党项族，或因地缘优势和生活习俗相近，较早的掌握了制造和使用浑脱的技术，并随着党项族从青藏高原迁徙至黄土高原和鄂尔多斯草原，该技术更广泛地运用于西北地区。《宋史》卷四九〇《高昌传》载："初自夏州历玉亭镇……次历茅女啰子族，族临黄河，以羊皮为囊，吹气实之浮于水。"②这是宋雍熙元年（984）四月，王延德等人出使高昌途经西夏看到当地居民使用羊皮浑脱渡河的情景。积极吸收和沿袭早期游牧民族对浑脱的制作方法，是西夏文明兼容并蓄方面的一个特点，党项族在继承的基础上又进行了一些改革和创新，如在使用材料的选择方面从早期游牧民族使用的马革、牛皮，变更为便于饲养、数量众多、成本低廉、体积适中的羊皮，并使羊皮浑脱成为后世黄河两岸的主流选材，到了现代羊皮筏子几乎成为浑脱的代名词。

二

任何一种工具的产生、发展到形成一种体系，都离不开自然生态环境，人们通常发现，在不同地域、环境中生活的各个民族，对统一问题有着完全不同的表达、解释和解决方法，使人们能深刻地感知到"生活与生态"的紧密关系。如裴盛基先生从民族植物学视角研究发现，原住民知识体现了一定地域内不同文化的民族群体对他们所处自然环境的深刻认知，是经过世世代代实践检验的知识和技能，具有时空和人与自然、环境相互作用的特征。③当中原王朝文人用一种新奇的笔触记录着浑脱的存在时，西夏人却视其为生活中非常自然、重要的一种工具和文化。究其原因，主要有以下几个方面。

如果从党项族由青藏高原迁徙至黄土高原地区建立党项政权开始算起，一直到西夏王朝覆灭，党项族先后经营西北长达400多年，尽管西夏只偏居西北一隅，疆域范围"东尽黄河，西至玉门，南接萧关，北控大漠"，占地两万余里。然西夏境内地形地貌复杂多样，东部、南部是黄土高原；北部是鄂尔多斯草原和阿拉善草原，以沙漠、戈壁、草原为主，间有毛乌素沙漠、腾格里沙漠、巴丹吉林沙漠；西部是青藏高原北缘。在这广袤的土地上，河流众多，黄河流贯西夏地区，其流向很有特点，从青藏高原经兰州，向北流过灵州、中兴府，形成河套地区，复东流，然后几乎沿宋夏边界转向南流，形成一个"几"字弯形。黄河中上游的一些支流也在西夏境内，如湟水、洮河、清水河、窟野

---

① ［后晋］刘昫等：《旧唐书》卷一九七《西南蛮传》，北京：中华书局，1975年，第5277页。
② ［元］脱脱等：《宋史》卷四九〇《高昌传》，北京：中华书局，1977年，第14110页。
③ 裴盛基、淮虎银：《民族植物学》，上海：上海科学技术出版社，2007年，第218页。

河、无定河等。[①]除了秦州（今甘肃天水）西北、陇州（六盘山）、祁连山、贺兰山麓一带有较多的树木外，西夏境内很少有森林。

因此，沿河两岸的西夏居民要想和中原地区的人民一样造船渡河似乎颇有难度，且不论西夏是否掌握一定的造船技术和西夏国力能否支持修造大批船只，单论寻找修凿小舟的普通木材都颇为不易，故就地取材使用浑脱作为渡河工具，是党项族对自然环境世代实践选择的结果。在宋夏战争时期，宋将种谔上书奏请朝廷计划安排修筑渡桥、木筏的木料，令转运司调发车辆运入西夏境内。宋神宗诏曰："今谔计置材木万数不少，如何令转运司应副步乘？纵使可以应副，亦先自困。令种谔如将及河造筏，贼界屋并可毁拆，或斩林木相兼用之。如更不足，以至枪排皆可济渡。"[②]

当然，浑脱还是党项族重要的生活用具和容器，用于盛放生活物品，尤其是对液体的盛放更为适宜。浑脱对于游牧民族来说，有着天然的优势：第一，浑脱取材容易，种类多样。西夏境内非常适宜放牧，草场旷阔，畜牧繁多，其主要生产、生活来源就依赖于他们所畜养的牛、羊、马等畜牧。在故宫博物院藏《敦煌己巳年酒户樊定延酒破历》文书中有"十七日支酿鞯牛皮酒一石斗……酿马皮酒一角……酿野狐皮酒一角。"[③]在敦煌研究院藏的另一件酒账文书中也有相似的记载："四月廿四日酿皮酒四斗五升，六月三日酿羊皮酒一斗五升。六月十四日酿牛皮酒一斗，酿羔子酒一瓮一角。六月廿一日酿狢子皮酒二斗。"[④]这两件珍贵的酒账文书所记录的马皮酒、羊皮酒、牛皮酒、羔子酒[⑤]、野狐皮酒、狢子皮酒等都指用这些动物的皮制作而成的酿酒容器，可见古代人类不仅使用自己饲养的牲畜，还会用各种野兽皮制作浑脱。在《西夏谚语》中有"已高贵者，豹皮安袋虎皮衣，已贫贱者，牛皮口袋牛皮囊"之说[⑥]，这就意味着西夏时期浑脱使用非常普通，经济条件贫困的家庭普遍使用牛皮囊。

第二，浑脱结实耐用，便于移动。游牧民族逐水草而居，居无定所，为了便于放牧、迁徙，他们的许多生活用具通常不会选择沉重、易碎、巨大的器械。西夏故地出土了一些盛水的容器，如制作精美的西夏褐釉瓷扁壶，好水川战场遗址出土的四系灰陶瓷背壶

① 史金波：《西夏社会》，上海：上海人民出版社，2007年，第23页。
② ［宋］李焘：《续资治通鉴长编》卷三一六"神宗元丰四年己亥"条，北京：中华书局，1990年，第7643页。
③ 施安昌：《故宫藏敦煌己巳年樊定延酒破历初探》，《故宫博物院院刊》2000年第3期，第71页。
④ 王进玉：《敦煌古代酒账与西北少数民族浑脱酒》，《阳关》1995年第5期，第41页。
⑤ 宁夏古灵州出产贡酒羊羔酒，该酒是以羊羔肉、枸杞、长红枣等为原料精酿而成。在《本草纲目》中亦有记载，雍正皇帝曾御批："在宁夏灵州出的一羊羔酒，当年进过，有二十年宁夏不进了，朕甚爱饮，寻些来，不必多进，不足时再发旨意，不要过百瓶，密谕。"该酒现在尚有传人。参见陶雨芳主编：《宁夏非物质文化遗产名录》，银川：宁夏人民出版社，2012年，第145页。
⑥ 陈炳应：《西夏谚语》，太原：山西人民出版社，1993年，第20页。

等①，这些都是少数人才能享有的物品，而浑脱作为生活工具，有结实耐用、携带方便的特点，盛放物品时在迁徙中不易磕碰破碎，不用时可以轻易收拾起来不占空间。尤其是在放牧时，可以用浑脱作为随身水瓶，盛放水、酒，即不影响骑射放牧，又方便使用。在敦煌莫高窟第 55 窟 "救鱼" 壁画中就反映《金光明经》长者流水救鱼的一段故事，壁画主要介绍了驮水和倒水的两个连续场面，画中描绘了流水在一次出游中，见路旁水池之水快要干枯，鱼将要被太阳晒死，他设法牵来大象并用皮囊驮着水，然后倾倒于池中，使鱼免去死亡的故事。②我们可以清晰的看到大象身上驮着浑脱盛水，然后两人抱着浑脱倒水的情景，该壁画可以说是当时生活的真实反映，是古代浑脱式样的客观记录，是我们研究古代浑脱弥足珍贵的第一手素材。

第三，浑脱制作简单，方法独特。浑脱的制作是一门独特的民族工艺，因用途和选材的不同略有差异，然制作工序基本相同，通常要制作一张完整的浑脱，就得从动物的头部、后腿交裆处等某一部位开始，在不划破动物躯干原皮的前提下，将骨肉和皮一点一点剥离开来，这种技巧完全区别于平时的屠宰方法。当取皮结束后，熟皮是制作浑脱过程中最为关键的一个环节，熟制工艺的好坏决定了浑脱的质量和使用年限。我国古代制作浑脱完全是在自然条件下进行，通过高温发酵和曝晒的方法达到除毛和熟制的效果。已经去过毛的原皮，如不及时处理，非常容易腐烂，要进一步熟制。西夏文《文海》中有 "𗫩" 一词，西夏文解释为 "𗫩𘟣𘊴𗏁𘜶𗙏𗥃𗖵𗰖"，意思就是 "此者揉也，使为团揉皮也"③。我们可以推测西夏时期浑脱的制作工序中，有 "熟" 制皮子的工序。杜建录先生在《西夏经济史》中介绍了西夏硝熟原皮的方法："西夏的裘皮制品有皮衣、皮帽、皮褥等，其制作工艺是先熟皮，即将生板皮置入缸或其他器具中，灌上硝水，每日上下翻动，以使硝水浸泡均匀，大约 20 天左右，生皮乃硝熟。所谓'老大羊皮，硝熟为裘'。"④浑脱经过熟制，最后进行灌油加工，使其美观、实用，达到光亮可鉴、结实耐用和防水、防虫、防霉的效果。

尽管随着生产力水平的不断提高，许多党项人民走向了安居乐业的定居生活，但是游牧民族的 "迁徙" 特性在许多地方都得到了延续。浑脱就是其保留游牧习性的一个缩影，其富有浓郁的草原游牧文化气息，生动展示了党项族作为游牧民族的生产生活习俗、审美意识和文化特性。诚如西夏开国皇帝李元昊所说："衣皮毛，事畜牧，蕃性所便。

① 苏正喜、摆小龙：《西吉宋夏堡寨调查与研究》，银川：宁夏人民出版社，2015 年，第 67、136 页。
② 敦煌文物研究所编辑委员会：《敦煌壁画·宋》，北京：中国古典艺术出版社，1958 年，第 8 页。
③ 史金波、白滨、黄振华：《文海研究》，北京：中国社会科学出版社，1984 年，第 257、492 页。
④ 杜建录：《西夏经济史》，北京：中国社会科学出版社，2002 年，第 188 页。

英雄之生，当王霸耳，何锦绮为？"①党项族有着兼容并蓄的胸怀，在文明互鉴的道路上，为中华文明多元一体格局形成呈现出独特的魅力。浑脱在后世也得到了延续，元代张昱《辇下曲》写道："相官马渖盛浑脱，骑士题封抱送来。传与内厨供上用，有时直到御前开。"诗中记录的正是元代宫廷中使用浑脱盛放马奶酒的情形，可以想象即使在元代的宫廷生活中，制作精美的浑脱皮囊仍然发挥着蓬勃的生命力。

三

如果说将浑脱更广泛地运用于人民生产、生活是西夏一项重要贡献的话，那么使浑脱从民用全面走向军用就是浑脱发展史上具有划时代意义的历史时期。浑脱运用于军事，在历史典籍中有着较多记载，然西夏将浑脱列入正军部队中许多兵种常备的制式装备之一，并且历史性的第一次将浑脱写进国家法律就更加难能可贵了，在西夏国家综合法典《天盛改旧新定律令》和《亥年新法》中都有关于浑脱的法律条文。

浑脱作为西夏时期正军部队常备的制式装备之一，在《宋史》和《辽史》等史料中得到印证。《宋史·夏国传》载："凡正军给长生马、驼各一。团练使以上，帐一、弓一、箭五百、马一、橐驼五，旗、鼓、枪、剑、棍棓、抄袋、披毡、浑脱、背索、锹钁、斤斧、箭牌、铁爪篱各一。"②《辽史·西夏外纪》中亦有相关记载："团练使上，帐、弓、矢各一，马五百匹，橐驼一，旗鼓五，枪、剑、棍棓、抄袋、雨毡、浑脱、锹、钁、箭牌、铁笊篱各一。"③经过简单比对，我们能发现《宋史》和《辽史》中关于西夏武器装备的记载并不完全相同，但是"浑脱"均列其中，因此可以确定西夏时期浑脱作为常备装备的在西夏军队中广泛存在。在西夏文综合法典《天盛改旧新定律令》卷五"军持兵器供给门"中有一些涉及浑脱的法律规定，现将其摘录如下：

　　牧主
　　正军有：官马、弓一张、箭六十枝、箭袋、枪一枝、剑一柄、囊一④、弦一根、长矛杖一枝、拨子手扣全。
　　农主

① ［元］脱脱等：《宋史》，中华书局，1974 年，第 13993 页。
② ［元］脱脱等：《宋史》，北京：中华书局，1977 年，第 14028 页。
③ ［元］脱脱等：《辽史》，北京：中华书局，1974 年，第 1524 页。
④ 史金波、聂鸿音、白滨等先生在翻译汉译本《天盛改旧新定律令》时将"㿻"翻译为"囊"，根据其他西夏文献考释，该词可译为"囊"，亦可译为"浑脱"，笔者认为应译为"浑脱"。

正军有：官马、剑一柄、弓一张、箭三十枝、枪一枝、囊一、拨子手扣、弦一根、长矛杖一枝。

一等诸臣僚属：

正军：官马、披、甲、弓一张、枪一枝、剑一柄、拨子手扣、宽五寸革一。

一等帐门后宿属：

正军有：官马、披、甲、弓一张、箭百枝、箭袋、银剑一柄、圆头木櫓一、拨子手扣全、五寸叉一柄、囊一、弦一根、凿斧头二、长矛杖一枝。

一等内宿后卫等属：

正军：官马、披、甲、弓一张，箭百枝、箭袋、枪一枝、剑一柄、圆头木櫓一、长矛杖一枝、拨子手扣全、五寸叉一柄、弦一根、囊一、凿斧头二、铁笊篱一。

一等神策内外侍等属：

正军有：官马、披、甲、弓一张、箭五十枝、箭袋、枪一枝、剑一柄、圆头木櫓一、拨子手扣、宽五寸革一、弦一根、囊一、凿斧头一、长矛杖一枝。

正辅主：弓一张、箭三十枝、有后甄木櫓一、拨子手扣、长矛杖一枝。

负担有：长矛杖一枝。①

西夏法典《天盛改旧新定律令》中规定了西夏牧主、农主、帐门后宿、内宿后卫、神策内外侍等所属正军都要装备浑脱，其他首领和诸臣僚属所属的正军，以及所有部队中的辅主和负担均不配备浑脱，这也使得浑脱成为区别西夏军队阶层、兵种的一个标志。对于辅主和负担来说，他们身份卑微，经济拮据，无力承担配备浑脱的费用，负担手中只有长矛杖作为战斗武器。作为一种辅助性装备，浑脱在战争中的作用远远无法和常规武器相比，在《天盛改旧新定律令》卷五"季校门"中将其列为杂物类，在平时的武器装备检查中，如有缺少、不合格的情况通常会被笼统惩罚。如西夏律法规定："正军属：披、甲、马三种有一种不备，十三杖……箭袋、弓、箭、枪、剑五种有一二种缺短，八杖，三种不备，十杖。……弓、弦、皮囊、铁笊篱、砍斧等有一二种不备，则笞十，在其数以上不备，一律笞二十。"②

西夏在军队中大规模配备浑脱作为辅助性装备，不仅体现了党项族"忠实为先，战斗为务"的蓄俗，也符合西夏全民皆兵的部落兵制和朴素的军事理论思想，就地取材利用廉价武器，以及改造农业、手工业工具而成为武器装备，充分印证了《六韬》卷三《龙韬·农器》中的军事思想："太公曰：战攻守御之具尽在于人事。耒耜者，其行马蒺藜也；

① 史金波、聂鸿音、白滨译注：《天盛改旧新定律令》，北京：法律出版社，2000年，第225—228页。
② 史金波、聂鸿音、白滨译注：《天盛改旧新定律令》，北京：法律出版社，2000年，第231页。

马牛车舆者，其营垒蔽橹也；锄耰之具，其矛戟也；蓑薛簦笠者，其甲胄干楯也；镬、锸、斧、锯、杵、臼，其攻城器也。"①就是这些普通的武器装备，配以灵活多变的游击战术，使西夏在与宋、辽、金等长期对峙和战斗中屡次出奇制胜。

浑脱的主要功能就是用于渡水。《武经总要》记载："浮囊者，以浑脱羊皮吹气令满系紧，其空束于腋下，人浮以渡。"②西夏经常将浑脱运用于战争，主要运用其灵活多变的战术，可以利用浮囊进行单兵作战，又可以将若干浑脱连接在一起作成筏子，承载更多的兵卒和辎重渡河作战。

浑脱是单兵游渡或小股部队战场偷袭、骚扰军队的便利工具。西夏时期曾派遣士兵浮到宋朝边境进行骚扰，据熙河兰岷路经略司言："兰州沿边安抚司申，有西界水贼数十人浮渡过河，射伤伏路人，寻斗敌，生擒九人。"③《元史》载："战滁州，彦晖率浮浑脱者十人，夜渡池水，入栏马墙，杀守军三铺，焚其东南角排寨木帘，大军继之，比明拔其城。"④此役中，军队派遣小股部队抱着浑脱偷偷渡水，成功地潜入敌营，为大军进攻扫清屏障，达到出奇制胜的效果。

将若干浑脱绑在木架子上，可以制作成囊船，俗称"羊皮筏子""排子""革船"。关于革船较早的文献记载当见于《水经注·叶榆水篇》云："汉建武二十三年，王遣兵来，乘革船南下，攻汉鹿茤民……于是天大震雷，疾雨，南风漂起，水为逆流，波涌二百余里，革船沈没，溺死数千人。"⑤革船有吃水较浅、不容易搁浅、机动性高、进攻迅捷的特点，但也有不稳定、安全性能低的缺陷。宋朝金人再犯京师，钦宗割两河以纾祸，同知枢密院事聂昌出河东，为金人所劫，以便宜割河西三州隶西夏。……遂率兵复取三州，夏人所置守长皆出降，徽言慰遣之。又并取岚、石等州，教戈舡卒乘羊皮浑脱乱流以掩敌。⑥

用浑脱搭建浮桥，成为中国桥梁发展史和军事战争史上又一道亮丽的风景线。宋夏时期，宋神宗对宋将种谔上书乞计置济渡桥筏椽木一事诏曰："凡出兵深入贼境，其济渡

① 参见徐玉清、王国民注译：《六韬》，郑州：中州古籍出版社，2008 年，第 114 页注：西夏文译本《六韬》于 1909 年在内蒙古自治区额济纳旗黑水城遗址出土，现藏于俄罗斯科学院东方研究所圣彼得堡分所。译本翻译可参考贾常业发表于《西夏研究》（2011 年第 2 期）的《西夏文译本〈六韬〉解读》一文。

② ［宋］曾公亮：《武经总要前集》，《中国兵书集成》编委会：《中国兵书集成》第三册，北京、沈阳：解放军出版社、辽沈书社，1988 年，第 503 页。

③ ［宋］李焘：《续资治通鉴长编》，北京：中华书局，1990 年，第 11091 页。

④ ［明］宋濂等：《元史》，北京：中华书局，1976 年，第 3899 页。

⑤ ［北魏］郦道元著、陈桥驿校证：《水经注校证》，北京：中华书局，2007 年，第 858 页。

⑥ ［元］脱脱等：《宋史》，北京：中华书局，1977 年，第 13191 页。

之备，军中自有过索、浑脱之类，未闻千里运木随军。"①实际上，宋朝军队中也备有过索、浑脱之类的装备用于渡河，对此《武经总要》中有明确图录记载。用浑脱搭建浮桥，据《竹书纪年》记载，周穆王三十七年（前965），"伐楚，大起九师，东至于九江，架鼋鼍以为梁"。多年以来人们一直是用神话来解释"鼋鼍"，据我国桥梁史学家唐寰澄考证："浑脱一似鼋鼍，并且谐音。可以说《竹书纪年》是浑脱浮桥的最早记录。"②即使到了清康熙年间用浑脱制作浮桥仍然在一些地区使用，清代清浦人杜昌丁因受命由滇入藏，见到"桥阔六尺余，长五十余尺，以牛皮缝浑脱数十只，竹索数十条贯之，浮水面，施板于上，行则水势激荡，掀播不宁。盖江在大雪山之阴，雨则水涨，晴则雪消，故江流奔注无息时，舟筏不能存，桥成则断"③。

浑脱在战争中发挥作用的另一个重要方面是消防灭火。上文提到，西夏法典《天盛改旧新定律令》规定了在牧主、农主等有对外作战职责的正军中配备浑脱，也在帐门后宿、内宿后卫、神策内外侍等戍守京畿宫城的禁卫正军中也配备浑脱，一方面用于防止皇宫、城市内失火随时使用，在每个城门口置放两具。另一方面在城寨保卫战中更要使用，要及时扑灭敌人进攻时因使用火器造成的灾害，将损失降到最低点。《武经总要》中记载宋代"水囊"和"水袋"的式样和用法，将其列为城防的重要工具之列。"水袋以马牛杂畜皮浑脱为袋，贮水三四石，以大竹一丈去节，缚于袋口。若火焚楼棚，则以壮士三五人持袋口向火，蹙水注入之，每门置两具。水囊以猪牛胞盛水，敌若积薪城下顺风发火，则以囊掷火中。古军法作油囊亦便。"④水袋体积较大，储水量达到三四石，可做储水水箱使用。水囊是用猪、牛膀胱制成，一旦发生火情，可以将水囊投掷到着火地点，当水囊被烧穿时，囊中的水就会流出，达到灭火的效果。当然古代还发明了油布缝制而成的油囊、长竹竿制成的麻搭、唧筒等消防器械。

水囊体积比较小，但使用原理同浑脱一样，在特殊情况下亦可发挥浑脱的功效。《坚瓠集》记载："靖难兵至淮，无舟可渡。有兵人于囊中取干猪脬十余，纳气其中，环系腰间，泅水而渡，夺南舟以济北军。《挑灯集异》载：汶上人用油涂牛皮作囊，纳身其中，只露眼鼻，虽深亦不溺。登涯，则解如蝉蜕，衣履不沾，卷囊而去。"⑤

在进攻战中，浑脱亦能发挥作用，《旧唐书》卷一三四《浑瑊传》载："十五日，贼

---

① ［宋］李焘：《续资治通鉴长编》，北京：中华书局，1990年，第7643页。

② 唐寰澄：《中国科学技术史·桥梁卷》，北京：科学出版社，2000年，第589—590页。

③ ［清］杜昌丁：《小方壶斋舆地丛抄·藏行纪程》第三帙第一册，兰州：兰州古籍书店，1990年。

④ ［宋］曾公亮：《武经总要前集》，《中国兵书集成》编委会编：《中国兵书集成》第三册，北京、沈阳：解放军出版社、辽沈书社，1988年，第570页。

⑤ ［清］褚人获辑撰、李梦生校点：《坚瓠集·戊集》，上海：上海古籍出版社，2012年，第359页。

造云桥成，阔数十丈，以巨轮为脚，推之使前，施湿毡生牛革，多悬水囊以为障，直指城东北隅，两旁构木为庐，冒以牛革，回还相属，负土运薪于其下，以填壕堑，矢石不能伤。城中汹惧，相顾失色。"①攻城战中湿毡、生牛革主要用于防止箭矢、滚木、礌石等武器攻击，但是不耐火器攻击，因此在云桥上多悬置水囊，即可以抵挡一部分攻击，破裂后又可以灭火，进一步达到保护的效果。金代刘祁在《归潜志》中载："北兵攻城益急，炮飞如雨，用人浑脱，或半磨，或半碓，莫能当。"②

　　浑脱作为辅助性装备，虽然有渡河的功能，一般也只是起到小规模或零星人员渡河作战的作用，我们目前尚未发现有关西夏军队通过使用浑脱大规模渡河的史料记载，西夏发动大型战争通常是在冬季，等到黄河结冰以后进行。浑脱在西夏军事战争方面还有另一个重要作用，党项族有善于骑射的特性和"其人能耐寒暑饥渴"的坚韧品质，在地形地貌复杂多样、沙漠戈壁纵横的环境中，西夏多次利用地理环境的特殊性，坚壁清野，长途奔袭，四处游击，取得了很多战役的胜利，这也有良马和浑脱的辅助作用。

四

　　第一，浑脱是游牧民族传统文化与生存环境相结合的产物，在游牧民族的生产和生活中发挥着重要的作用。由于浑脱呈现出不一样的民族文化，不仅充分地体现出西夏社会生活中还保留着随畜牧而迁徙的"行国"特征，还增添了中华民族丰富多彩的多元文化。

　　第二，西夏在继承前人发明创造的基础上，不断创新，全面推广，在后世的文献记载中，浑脱的出现更加频繁，使用领域更加广阔，用途更加广泛，据清朝湘潭县人张九钺在《陶园诗文集·洛中集》中有"羊报行"，其序云："羊报者，黄河报汛水卒也。……例用羊报先传警汛。其法以大羊空其腹，密缝之，漫以荥油，令水不透。选卒勇壮者，缚羊背，食不饥丸，腰系水签数十，至河南境，缘溜掷之，顺流如飞，瞬息千里。汛警时，河卒操急舟于大溜俟之，拾签知水尺寸，得豫备抢护。……按，此即元世祖革囊遗法。"③直到现在那些漂浮在黄河上舒缓的羊皮筏子和悠扬的花儿，才逐渐失去了往昔的踪影，但是依然是西部景区民俗旅游的重要项目。

①　［后晋］刘昫等：《旧唐书》卷一三四《浑瑊传》，北京：中华书局，1975 年，第 3706 页。
②　［金］刘祁撰、崔文印点校：《归潜志》，北京：中华书局，1983 年，第 123 页。
③　［清］张九钺撰、雷磊点校：《陶园诗文集》，长沙：岳麓书社，2013 年，第 524 页。

第三，战争实践对武器发展具有推动作用，浑脱在西夏部队大规模的使用和配备，反过来会刺激和提高其制作工艺、生产技术和民用的推广。同时，浑脱的装备则成为西夏灵活多变战术发展变化的因素之一。正如《军事辩证法教程》一书指出的："决定作战方法的因素是多方面的，其中武器装备是生产水平、经济条件和科学发展水平的集中体现，它直接决定作战方法"。[1]

（原载《宁夏师范学院学报》2019年2期）

---

[1] 林伯野主编：《军事辩证法教程》，北京：解放军出版社，1985年，第226页。

西夏棍棒类兵器及其相关问题考论*

尤 桦

摘 要： 作为古代使用最早的砸击型兵器，棍棒的使用源远流长，取材容易，制作方便，形式多样，虽然其杀伤力相对较弱，但是在中国古代兵器历史长河中一直扮演着特殊的作用，是中国古代冷兵器的重要组成部分。本文结合文献典籍、文物考古、壁画艺术等资料，对西夏兵器中的棍棒及其相关问题进行研究，分别考释了西夏棍棒的配备及其在《天盛改旧新定律令》中的规定，论述了铁链枷从守城战具走向战场的转变，分析了西夏骨朵在仪卫制度和佛教画中的使用及其文化蕴涵等。

关键词： 西夏；棍棒；骨朵；铁链枷

古代兵器种类繁多，样式繁杂，棍棒类兵器因其无刃，通常归于砸击型兵器，而棍棒的形制也变化多样，诚如《武经总要》所载："取坚重木为之，长四五尺，异名有四：曰棒、曰檛、曰杆、曰杆，有以铁裹其上者，人谓河藜棒。近边臣施棒首、施锐刃，下作倒双钩，谓之钩棒。无刃而钩者，亦曰铁抓。植钉于上如狼牙者，曰狼牙棒。本末均大者为杵，长细而坚重者为杆，亦有施刃镈者，大抵皆棒之一种。"[1]目前学界对于西夏武器装备的研究，主要关注武器装备的生产、配备、检查等管理制度研究，以及神臂

---

* 基金项目：国家社会科学基金青年项目"西夏边防制度研究"（项目编号：2014CZS029）、国家社会科学基金重大招标项目"西夏通志"（项目编号：15ZDB031）子课题"西夏军事志"。

① ［宋］曾公亮：《武经总要前集·器图》，《中国兵书集成》编委会：《中国兵书集成》第三册，北京、沈阳：解放军出版社、辽沈书社，1988年，第687页。

弓、夏国剑、旋风炮等代表性兵器，对于棍棒等兵器的考证尚缺乏研究。①西夏棍棒的配备在史料中有着明确的记载："团练使以上，帐一、弓一、箭五百、马一、橐驼五，旗、鼓、枪、剑、棍棓、秒袋、披毡、浑脱、背索、锹钁、斤斧、箭牌、铁爪篱各一。"②那么西夏棍棒有哪些种类、形制、功能，以及反映的社会问题等，笔者在下文中分类讨论。

一、棍棒

西夏兵器名目繁多，按用途西夏兵器可分为进攻性兵器、指挥用具、防守器械和军马用具等。其中格斗类兵器占多数，如刀、枪、剑、棍、叉、斧、钩、锤等。③这些兵器中的棍棒也是西夏的制式兵器，这一点在史料中有所记载，如《辽史》卷一一五《西夏外纪》："团练使上，帐、弓、矢各一，马五百匹，橐驼一，旗鼓五，枪、剑、棍棓、秒袋、雨毡、浑脱、锹、钁、箭牌、铁笊篱各一。"④

值得注意的是，在《宋史》和《辽史》中均有关于西夏棍棒类兵器的记载，但是在西夏法典《天盛改旧新定律令·军持兵器供给门》中我们并没有发现任何关于棍棒类兵器的相关规定。那么，造成两种文献记载差异的原因，是因为西夏中后期军队不再配备棍棒，还是因为其中一种文献记载出现了偏差？为了考证这个问题，笔者通过仔细核对《天盛改旧新定律令·军持兵器供给门》西夏文文献图版，发现西夏文《天盛改旧新定律令》中记载了"𘗁𘐿𗙵"这一种兵器，在汉文译本中被翻译为"长矛杖"，经过考释，该词应译为"长槌杖"似乎更为准确，也与汉文典籍中的"棍棒""棍棓"相互吻合。

从西夏文文字翻译来看，西夏文《天盛改旧新定律令·军持兵器供给门》中的西夏文"𘗁𘐿𗙵"，翻译为"长槌杖"是否准确？通过考证，我们在用西夏文翻译的汉语典籍《六韬》中找到一段材料，西夏人用"𘐿𘗁"来对译"天槌"⑤，即"𘐿"与"槌"形成对译关系，那么将"𘗁𘐿𗙵"翻译为"槌杖长"应该是可以的。而"天槌"又为何

① 主要有杜建录：《西夏军队的武器装备及其管理制度》，《河北大学学报》（哲学社会科学版）1998 年第 3 期，第 31—36 页；陈广恩：《西夏兵器及其在中国兵器史上的地位》，《宁夏社会科学》2002 年第 1 期，第 85—90 页；李进兴：《两件西夏兵器考略》，《西夏研究》2010 年第 1 期，第 125—127 页；姜歆：《论西夏将兵的装备》，《西夏研究》2016 年第 4 期，第 64—72 页；彭向前、王巍：《神臂弓创制人考》，《宁夏师范学院学报》（社会科学版）2013 年第 1 期，第 100—101、122 页；拓万亮：《西夏特色兵器的研究》，西北师范大学 2011 年硕士学位论文等。
② ［元］脱脱等：《宋史》卷四八六《夏国传》，北京：中华书局，2004 年，第 14028 页。
③ 陈广恩：《关于西夏兵器的几个问题》，《青海民族学院学报》（社会科学版）2001 年第 3 期，第 39 页。
④ ［元］脱脱等：《辽史》卷一一五《西夏外纪》，北京：中华书局，1974 年，第 1524 页。
⑤ 贾常业：《西夏文译本〈六韬〉解读》，《西夏研究》2011 年第 2 期，第 58—80 页。

物？《六韬》记载："方首铁棓维盼，重十二斤，柄长五尺以上，千二百枚，一名天棓"①，由此可知，所谓的"天棓"乃为铁首木柄砸击性武器，应属于棍棒兵器的一种形制。如果将"𘟪𗇃𗵘"译为"长矛杖"，矛就属于有刃的刺击型兵器，按照西夏辞书《文海》对于"刃"解释："𗅋𘂤𘕿𗵘𗀚𗼃𗰖𗟻𗥃𗱕𘏞𗓁𗅋𗥃𘌽𘟪"即"此者刀剑枪旌等齿有尖可锯穿则刃名是。"②可见，"𘟪"并不在西夏带刃兵器之列，所以将"𘟪𗇃𗵘"翻译为"长矛杖"是不准确的。

如《天盛改旧新定律令》中规定的牧主等正军配备的武器装备有"官马、弓一张、箭六十枚、箭袋、枪一枝、剑一柄、囊一、弦一根、长矛杖一枝、拨子手扣全"③。我们不难发现，将"枪"和"矛"同时规定为牧主正军配备的武器，是否值得推敲？纵观中国古代兵器发展史，唐代以后矛逐渐为枪所代替，枪和矛也基本上是被混称为枪矛，而不加以严格区分。那么西夏将两种区别不大，形制、功能十分相似的兵器同时配备，在一定程度上存在重复和浪费资源之嫌，又与西夏"忠实为先，战斗为务"的务实做法相违背。除此之外，查阅宋夏文献，都将枪和棍棒这两种不同类属兵器并列记载的史料。《天盛改旧新定律令·内宫待命等头项门》记载："内宫中除因公奉旨带刀、剑、弓箭、枪、铁杖种种武器以外，不许诸人随意带武器来内宫。倘若违律时，有恶心于官者当入谋逆中。"④宋朝陕西经略安抚使韩琦曾言："缘边部署、钤辖下指挥使臣，每御敌，皆临时分领兵马，而不经训练服习，将未知士之勇怯，士未知将之威惠，以是数至败衄。"因此，他上奏朝廷"分路于屯驻驻泊并本土厢禁军内，选马上使镬刀、枪槊、铁鞭、铁简、棍棒勇力过人者为平羌指挥"⑤。

无论社会发展到何种程度，封建等级制度始终是西夏社会普遍存在的现象，西夏的武器装备也有着明显的等级区分。根据《天盛改旧新定律令·军持兵器供给门》的规定，西夏的枪、剑等金属兵器主要在牧主、农主、诸臣僚、帐门后宿、内宿后卫、神策内外侍等各类属的正军才配备，而正辅主与负担皆无资格配备。如西夏牧主正辅军和负担的装备分别为"正辅主：弓一张、箭二十枝、长矛杖一枝、拨子手扣全。负担：弓一张、箭二十枝、长矛杖一枝、拨子手扣全。"⑥也就是说，"矛"作为一种带金属兵器，一般不应在正辅主与负担中配备，而如果是"长槌杖"这类棍棒，则较为合理。因为棍棒类

---

① 曹胜高、安娜译注：《六韬》，北京：中华书局，2007年，第134页。
② 史金波、白滨、黄振华：《文海研究》，北京：中国社会科学出版社，1983年，第439页。
③ 史金波、聂鸿音、白滨译注：《天盛改旧新定律令》，北京：法律出版社，2000年，第225页。
④ 史金波、聂鸿音、白滨译注：《天盛改旧新定律令》，北京：法律出版社，2000年，第423页。
⑤ ［宋］李焘：《续资治通鉴长编》卷一二八"仁宗康定元年八月癸巳"条，北京：中华书局，2004年，第3033页。
⑥ 史金波、聂鸿音、白滨译注：《天盛改旧新定律令》，北京：法律出版社，2000年，第225页。

兵器，材质简单，制作容易，如宋元祐八年（1093）十一月十一日，苏轼知定州时的《乞增修弓箭社条约》载："逐社各人，置弓一张、箭三十只、刀一口。内单丁及贫不及办者，许置枪及杆棒一条。内一件不足者，罚钱五百。弓箭不堪施放，器械虽有而不精，并罚钱二百。若全然不置者，即申送所属，乞行堪断。"①很显然宋代弓箭社要求配备的武器，棍棒被列入家贫不及办者之列，可见棍棒并非武器中的首选，只是在条件不允许的情况下退而求其次，成为一种无奈的兵器补充。同样，西夏军抄组织中的辅主、负担，也通常是一些家庭经济状况不好的士兵组成，使用棍棒既符合其身份，又符合其经济条件。

在西夏故地榆林窟第29窟南壁门东侧上层绘有一幅《西夏男供养人侍从像》（图1），在第三个男供养人身后有三名男侍从，"穿窄袖短胯衫，裤腿束在行膝（绑腿）中，秃发；左一侧身者穿长袖上衣，着小口窄裤，头扎巾，肩负长竿"②。该侍从所持的长竿应该就是棍棒类兵器，按照棍棒与侍从的身高比例来看，棒长约2米。作为西夏供养人的侍从，也是有一定身份之人，然其所持武器也只是一根棍棒，可见西夏的棍棒配备比例非常高，这也正好与《天盛改旧新定律令》中规定的正军、辅主、负担皆配备长槌杖相对应。

图1　榆林窟第29窟男供养人

① ［宋］苏轼著、李之亮笺注：《苏轼文集编年笺注》，成都：巴蜀书社，2011年，第467页。
② 汤晓芳：《西夏艺术》，银川：宁夏人民出版社，2003年，第16页。

当然，除了经济等社会因素外，棍棒作为砸击型兵器还是有一定的战斗特性。因其无刃，伤害性较小，所以，自古以来棍棒都是部队训练的首选兵器。俞大猷就认为："用棍如读《四书》，钩、刀、枪、钯，如各习一经。《四书》既明，《六经》之理亦明矣。若能棍，则各利器之法，从此得矣。"①宋朝著作郎、通判睦州张方平在宋夏缘边地区招募的弓手教阅训练时就曾提及棍棒："自教阅时量借甲弩器械，教习披带，教罢便仰管辖官员收纳入库；其弓箭刀锯及木枪杆棒之类，即许自置，以备本乡村教习者。夫奋梃揭竿，犹足以资啸聚之势，况人知斗战，家有利兵，不可启也。"②

也有一些特殊情况，在敌人盔甲十分坚固、射之不入、戳之不伤的情况下，使用棍棒重击，则不管甲胄之坚皆靡，均取得很好的效果。宋金战争中，宋人称金军"兜鍪极坚，止露两目，所以枪箭不能入。契丹昔用棍棒击其头项面，多有坠马，请仿而行之，欲令骑兵半持棍棒。"③京东西路提点刑狱公事程昌弼言："州郡闻军器乏少，请各以坚韧之木，广置棍棒，盖铁骑箭凿不能犯，惟棍棒可以御，且不日可办。"④在战斗中使用棍棒，不仅可以伤敌，还可以收到不因斩首邀功，加快战斗进程和尽量俘虏敌人的效果。

二、铁链夹棒

铁链夹棒，又名"连挺""连枷""连耞"，初为农具，后发展为击打兵器。《释名》曰："枷，加也。加杖于柄头，以挞穗而出其谷也。"⑤该器具是以革条编索或铁链连接两节坚木棒而成，手持的一节木棒较长，另一节木棒相对较短，这样长短相差以免在劳动和攻击的时候伤到自己的手或身体。

铁链夹从古代一直沿用至今，主要为农具，用于槌打粮食使其脱粒。在嘉峪关的魏晋时期五号墓中保留了一幅打连枷墓砖画，该砖画长为36.5厘米，宽17.5厘米，画中描绘了一名男子正手持连枷，在打谷场槌打粮食的场面（图2）⑥。党项族为游牧民族，建国后占据河西、河套等农耕地区，也吸收了当地的先进文化，并将其运用于军事方面。

① 李良根：《剑经注解》，南昌：江西科学技术出版社，2002年，第1页。
② 〔宋〕李焘：《续资治通鉴长编》卷一三一"仁宗庆历元年二月戊戌"条，北京：中华书局，2004年，第3106页。
③ 〔宋〕徐梦莘：《三朝北盟会编》卷三十，上海：上海古籍出版社，1987年，第221—222页。
④ 〔宋〕李心传编撰、胡坤点校：《建炎以来系年要录》卷一五，北京：中华书局，2013年，第374—375页。
⑤ 〔汉〕刘熙：《释名》卷七《释用器》，北京：中华书局，2016年，第95页。
⑥ 胡之主编：《甘肃嘉峪关魏晋五号墓彩绘砖》，重庆：重庆出版社，2002年，第12页。

图 2　嘉峪关魏晋五号墓打连枷

铁连枷早在春秋时期就已经被运用于军事上，《墨子》卷十四《备城门》云："城上二步一渠，渠立程丈三尺，冠长十丈，辟长六尺。二步一苔，广九尺，袤十二尺。二步置连梃、长斧、长椎各一物。"① 连枷主要是作为守城御敌的常用器械，用来遥击匿藏于墙壁之外的入侵者。《国语》卷六《齐语》记录了管仲对齐桓公所说的话："令夫农，群萃而州处，察其四时，权节其用，耒、耜、枷、芟。"三国时期韦昭的《注》中解："枷，拂也，所以击草。"后颜师古《注》解："拂音佛，所以治禾者也，今谓之连架。"即使在杜佑《通典》卷一五二《兵五·守拒法》中也记载："连枷，如打禾连枷状，打女墙外上城敌人。"也就是说从春秋至唐朝，连枷虽然一直被用于军事，但仅限于城防守御之中。

到了宋代，连枷完成了一次华丽的变身，成为一种走俏的武器，不但仍旧用之于守城，而且变成了一种非常重要的马上兵器。铁链枷用于战场之上，主要是为了冲击敌阵，击破兵甲、盾牌等，当敌人使用盾牌的时候，进攻的士兵就可以击打到盾牌后面隐藏的敌人。《宋史·兵志》载："庆历元年，知并州杨偕遣阳曲县主簿杨拯献《龙虎八阵图》及所制神盾、劈阵刀、手刀、铁连槌、铁简，且言《龙虎八阵图》有奇有正，有进有止，远则射，近则击以刀盾。"② 宋将狄青可谓使用铁连枷的代表人物，宋代《曾巩集》记载："（狄）青已纵蕃落马二千出贼后。至是，前后合击。贼之标牌军为马军所冲突，皆不能驻。军士又纵马上铁连枷击之，遂皆披靡，相枕藉。"③

那么是什么原因使连枷从城防辅助装备转变为战场兵器，更成铁连枷亦用于战阵防

① ［清］孙诒让撰、孙启治点校：《墨子间诂》卷十四《备城门》，北京：中华书局，2001 年，第 513—514 页。

② ［元］脱脱等：《宋史》卷一九七《兵志十一》，北京：中华书局，2004 年，第 4911 页。

③ ［宋］曾巩撰，陈杏珍、晁继周点校：《曾巩集》卷五二《杂识二首》，北京：国际文化出版公司，1977 年，第 720—721 页。

守一方。宋代曾公亮在《武经总要前集·器图》中说："铁链夹棒（图3）。本出西戎，马上用之，以敌汉之步兵。其状如农家打麦之枷，以铁饰之，利用自上击下"①，文中记载的所谓"西戎"，应指长期与北宋对抗的西夏，充分利用战马奔驰的冲击力，发挥精良的骑术，以重器打击身着优质甲胄的宋军，特别是"自上击下"来攻击步兵头部，是少数民族作战的技术优势。②也就是说真正将铁链枷从城防用具推广至战场的应该是西夏，西夏对于使用铁连枷的使用，在《天盛改旧新定律令》中亦有记载："战具：弓箭、枪剑、刀、铁连枷、马鞍、装箭袋、金、银、种种铁柄、披、甲、编连碎段"③，西夏将铁连枷列入战具中，将之与弓箭等列为一个等级，也反映出西夏对于该种兵器的重视，可惜没有文物考古资料，我们无法窥其形制和原貌。

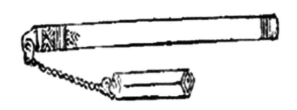

图3　《武经总要前集》中的铁链夹棒

韩琦建议在教阅中提高连枷的命中率："马枪止试左右盘弄，而不较所刺中否，皆非实艺。……凡马上使枪，左右十刺，得五中木人为及等。马上铁鞭、铁简、棍子、双剑、大斧、连枷之类，并是一法，每两条共重十斤为及等，但取左右实打有力者为中。"④

三、骨朵

骨朵，亦名"骨朵子""胍肫""金瓜"，以铜铁或硬木制为蒜头或蒺藜状，贯于棍棒首端，考古界对早期这种带有装柄圆孔，套接在柄把顶端而成的复合器具，称为棍

① ［宋］曾公亮：《武经总要前集》卷十二《守城》，《中国兵书集成》编委会：《中国兵书集成》第三册，北京、沈阳：解放军出版社、辽沈书社，1988年，第684页。
② 马明达：《说剑丛稿》增订本，北京：中华书局，2007年，第173页。
③ 史金波、聂鸿音、白滨译注：《天盛改旧新定律令》，北京：法律出版社，2000年，第284页。
④ ［宋］李焘：《续资治通鉴长编》卷一三二"仁宗庆历元年五月丙寅"条，北京：中华书局，2004年，第3152—3153页。

棒头，有圆球形、多芒星形、多瘤形等多种式样。①文献对于骨朵一词来源记载颇多，《东京梦华录》中"骨朵子"条记载："俗以挝为骨朵者，古无稽据。国朝既名卫士执挝扈从者为骨朵子班，遂不可考，予按字书。笃挝皆音竹瓜反，通作笃。笃又音徒果反，笃之变为骨朵。正如而已为尔，之乎为诸之类也。然则谓挝为骨朵，虽不雅驯，其来久也。"②

宋代《武经总要前集》中对骨朵（图4）种类、形制、用途等有详细记载："蒺藜、蒜头、骨朵二色，以铁若木为大首。迹其意，本为胍肫，胍肫大腹也，谓其形如胍而大。后人语讹，以胍为骨，以肫为朵。其首形制不常，或为蒺藜，或如羔首，俗亦随宜呼之。短柄铁链皆骨朵类特形制小异尔。"③

图4　《武经总要前集》中的骨朵

（1）骨朵作为一种常规作战兵器，在宋、辽、金代墓葬中出土了很多文物和壁画，辽代将其列入常规性兵器。《辽史·兵卫志》记载："每正军一名……弓四、箭四百、长短枪、骨朵、斧钺、小旗"④等，将骨朵明确规定为战斗装备之一。陈永志先生在《骨朵形制及相关诸问题》一文中认为西夏党项民丁的备品中也有骨朵，如"凡民十五为丁……旗鼓五、枪、剑、棍棓、抄袋、雨毡、浑脱、铁镢、箭牌、铁笊篱各一"。但是

① 田广林、刘安然、周海军：《关于那斯台遗址出土棍棒头性质的再讨论》，《辽宁师范大学学报》（社会科学版）2017年第3期，第123页。

② ［宋］孟元老撰、邓之诚注：《东京梦华录注》卷六，北京：中华书局，2010年，第169页。

③ ［宋］曾公亮：《武经总要前集》卷十三《器图》，《中国兵书集成》编委会：《中国兵书集成》第三册，北京、沈阳：解放军出版社、辽沈书社，1988年，第684页。

④ ［宋］脱脱等：《辽史》卷三四《兵卫志》，北京：中华书局，1974年，第397页。

陈先生在注释中认为"'浑脱'一词应为'骨朵'之译音"①，此推断是错误的，浑脱另为其他物品。

　　根据相关研究，"赤峰境内出土的带有八角星纹基因的小河沿文化棍棒头，也应具有太阳崇拜的文化内涵。结合那斯台遗址出土的棍棒头都普遍制作精致的特点，愈觉李水城先生直接认定其为权杖头的合理性"②，可见棍棒用于权杖起源非常早。到了唐宋以后，骨朵逐渐用于仪仗，为了更加壮观、威严，通常在骨朵上面涂以金银色，所以称为"金瓜""立瓜""卧瓜"。西夏的骨朵在形制、功能方面承袭唐宋之制，将骨朵用于仪卫制度中，在敦煌莫高窟第409窟西夏壁画《西夏皇帝供养像》中，皇帝身后有八个侍从，身材与皇帝相比皆比例缩小，分别为皇帝张伞盖、执扇、捧弓箭、举宝剑、执金瓜、背盾牌，着圆领窄袖袍，腰束带，有护髀（图5）。③此外，在俄罗斯艾尔米塔什博物馆中藏着一幅黑水城出土的《西夏皇帝和众侍从图》，该画的线描图我们可以清晰地看到，西夏皇帝后面站着一位身穿鱼鳞甲、外穿布袍的侍从，他的手中就持有一柄短骨朵（图6）。④

图5　西夏皇帝供养像

① 陈永志：《骨朵形制及相关诸问题》，《内蒙古文物考古》1992年第1—2期，第55—61页。
② 田广林、刘安然、周海军：《关于那斯台遗址出土棍棒头性质的再讨论》，《辽宁师范大学学报》（社会科学版）2017年第3期，第127页。
③ 汤晓芳：《西夏艺术》，银川：宁夏人民出版社，2003年，第8页。
④ 俄罗斯国立艾尔米塔什博物馆、西北民族大学、上海古籍出版社：《俄藏黑水城艺术品（一）》，上海：上海古籍出版社，2008年，第17页。

图 6　西夏皇帝和众侍从图（局部）

辽、金时期在壁画中描绘骨朵的更是屡见不鲜。如赤峰市敖汉旗辽代 3 号墓墓门两侧，各画有一契丹门吏，"均半侧身相对而立，其服饰、所执兵器均相同。门吏髡发，只留鬓上两绺发结成辫从耳后下飘。身着蓝色圆领窄袖长袍，黄色中单，腰系黄色带，足蹬黑靴。……双手执瓜状骨朵，柄上有竹节式纹饰。腰佩长刀，刀有黑色鞘，鞘上画勾云状纹饰，刀有栏，柄端呈三瓣花形，并系一绳套"①。在库伦辽代二号墓壁画中有几名侍卫手中都持有骨朵，"驭者之前画两个年长卫士。须发式样相同。耳前垂发，鬓角蓄发处剥成圆形。……两人左手各执骨朵，右手平置胸前。相对而立，屈指作手势，互相交谈"②，有趣的是左边的一位侍者将骨朵挂于腋窝下面，身体向右微微倾斜做休息状，表情十分轻松。这为我们研究古代兵器提供了一份生动鲜活的画面（图 7）。

图 7　库伦辽代壁画二号墓侍卫图（局部）

---

① 张文静：《赤峰市敖汉旗羊山辽墓壁画研究》，中央民族大学 2011 年硕士学位论文，第 28—29 页。
② 王健群、陈相伟：《库伦辽代壁画墓》，北京：文物出版社，1989 年，第 43 页。

2010 年在宜阳县韩城镇仁厚村北发现一座宋代壁画墓。该墓坐北向南，为竖穴土洞墓，墓室顶部和四壁满绘壁画，其中墓门东侧绘一门吏，保存基本完好，该门吏高 0.68 米，头戴黑色直脚幞头，身着圆领红色袍服，腰围白色抱肚，其形象栩栩如生，虽着文官袍服却仍显威风凛凛。该门吏所持兵器颇有来历，名曰骨朵。①

（2）1993 年，考古学家在宁夏海原县西夏遗址临羌寨出土了一批西夏文物，这些文物以兵器为主，有剑、流星锤、铜锤、铁箭头、鎏金帽、标枪头、弩机等。其中有一件造型独特的兵器，通长 44.4 厘米，锤头为八瓣橘仁状，铜质；中间的锤杆为铁质，锈腐较重，握柄处有一系穗或系带的圆眼。在握柄下部有八棱形铁饰；在握柄的上部有类似于虎头兽形的装饰，铜质，兽面上鬃髦甚多，兽面突出，纹理也比较繁杂，这件兵器被命名为尚方令锤（图 8）。②

对于该件文物除了文物考古部门的介绍和新闻媒体的宣传报道以外，目前学界仅有部分文章引用③，笔者认为该件兵器虽能说明持有者有着特殊的身份和地位，然无法证明其准确身份，难以支撑"西夏皇帝授权大臣传达皇命、行使兵权、调动军队、便宜行事的凭证"④，似乎应将其定名为西夏铜骨朵或者西夏铜锤。与之相似的文物如辽代在哈尔滨新香坊金墓出土的一件银骨朵（图 9），其"外似权杖，杖头为陀螺形，空心，以两个半圆形银片相铆焊，接缝处有 8 个铆钉，脱落 3 个。杖柄以银片铆焊，有 61 个铆钉，底端的柲以铁皮包住，锥形，似铁矛的矛尖，通长 132 厘米"⑤。这件文物定名为银杖、银骨朵，代表着一种权力的象征，也显示了墓主人身份的特殊性。如《金史·仪卫志上·常朝仪卫条》载："左右卫将军、宿直将军，展紫，金束带，各执玉、水晶及金饰骨朵。"

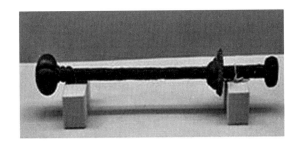

图 8　海原出土的尚方令锤

① 洛阳古代艺术博物馆、河南古代壁画馆：《河南古代壁画馆壁画品鉴》，郑州：中州古籍出版社，2014 年，第 101 页。
② 李进兴主编：《西夏天都海原文史》，内部资料，1995 年，第 8 页。
③ 姜歆：《论西夏将兵的装备》，《西夏研究》2016 年第 4 期，第 65 页。
④ 李进兴主编：《西夏天都海原文史》，内部资料，1995 年，第 8 页。
⑤ 黑龙江省博物馆：《哈尔滨新香坊墓地出土的金代文物》，《北方文物》2007 年第 3 期，第 51 页。

图9　哈尔滨新香坊金墓出土银骨朵

（3）西夏笃信佛教，骨朵作为仪卫武器，不仅在世俗生活中出现，在佛教绘画中也有所描绘，这是以往骨朵研究中非常少见的情况。在俄罗斯保存的西夏绢本彩绘《骑白马的多闻天王》（图10）一图中，在多闻天王前面开道的两名小侍卫，头戴黑色幞头，身着绿色铠甲，外披红色长袍，下身穿白色长裤，足登黑色长靴，二人做奔跑状，长袍随之飘起，突显出侍者轻盈的动作。二人肩上各扛有一长骨朵，骨朵杆部为赤色，骨朵头呈金黄色，形制非常清晰。①

图10　黑水城出土骑白马的多闻天王图（局部）

此外，《契丹国志》卷二记载了应天皇后和辽太宗在梦幻之中见神人执骨朵的事，可以看出骨朵在契丹贵族生活中的地位。"契丹主德光尝昼寝，梦一神人，花冠，美姿容，

---

① 俄罗斯国立艾米尔塔什博物馆、西北民族大学、上海古籍出版社：《俄藏黑水城艺术品（一）》，上海：上海古籍出版社，2008年，第60页。

辒辌甚盛，忽自天而下，衣白衣，佩金带，执鎗鏃，有异兽十二随其后，内一黑色兔入德光怀而失之"①。

当然，骨朵除了当作战争兵器和仪仗用武器之外，辽代还将其用于杖击类刑具。西夏将刑杖分为大杖和小杖，西夏法典《天盛改旧新定律令》规定："木枷大杖等上当置有官字烙印。杖以柏、柳、桑木为之，长三尺一寸。头宽一寸九分，头厚薄八分，杆粗细皆为八分，自杖腰至头表面应置筋皮若干，一共实为十两，当写新年日。"②

（原载《西夏学》2019 年第 1 期）

---

① ［宋］叶隆礼撰，贾敬颜、林荣贵点校：《契丹国志》卷二《太宗嗣圣皇帝上》，北京：中华书局，2014 年，第 21 页。
② 史金波、聂鸿音、白滨译注：《天盛改旧新定律令》，北京：法律出版社，2000 年，第 324 页。

克 夷 门 考*

杨　浣　段玉泉

摘　要：克夷门为成吉思汗征夏战役中的战略要地，然而其地望问题长期以来悬而未决。主要原因有二：一是史料有误；二是训音有误。若以读音及史迹求之，"克夷"应是唐代或唐之前读若汉文"乞银"的北族词语译为蒙古语之后，又译回汉语的不同译写或重译之讹，意思是"青白相杂"。因此，《元史》卷一《太祖本纪》所载西夏"克夷（门）"所在，即《西夏地形图》中的"克危山"，也就是唐《元和郡县图志》中的"乞伏山"。其地略当明初宁夏镇远关以北的"石嘴山"，即今宁夏石嘴山市惠农区黄河大桥西岸的贺兰山尾端。这些地名与省嵬山一样，都是不同时期、不同部族对贺兰山北端抵河之处的不同称呼，为一山而有数名的情况。

关键词：西夏；成吉思汗；克夷门；石嘴山

一

根据《元史》卷一《太祖本纪》的记载，成吉思汗对西夏的第一次亲征发生在元太祖四年（1209）。当时的情形是：

> 四年己巳春……帝入河西。夏主李安全遣其世子率师来战，败之，获其副元帅

* 基金项目：国家社会科学基金重大招标项目"西夏通志"（项目编号：15ZDB031）；教育部人文社会科学重点研究基地项目"西夏地理图志"（项目编号：13JJD770027）；宁夏高等学校一流学科建设民族学科资助项目（项目编号：NXYLXK2017A02）。

高令公。克兀刺海城，俘其太傅西壁氏。进至克夷门，复败夏师，获其将嵬名令公。
薄中兴府，引河水灌之。堤决，水外溃，遂撤围还。遣太傅讹答入中兴，招谕夏主，
夏主纳女请和。①

从"夏主纳女请和"可以看出，发生在兀刺海与克夷门的两次激战对于整个战局所
起的决定性影响。然而，关于这两处战略要地的确切位置，目前学术界还存在着争议。分
歧较少的是兀刺海问题。自鲍桐先生《兀刺海城地望和成吉思汗征西夏军事地理析》②一
文发表以来，位于今内蒙古乌拉特中旗阴山北支的新忽热乡古城即西夏兀刺海城及黑山
威福监军司驻所的观点逐渐成为研究者的共识。克夷门问题众说纷纭，先后有"狼山高
阙说"③、"贺兰山三关口说"④、"贺兰山大水口说"⑤、"石嘴山市石嘴山区东北说"⑥、
"乌海市乌达说"⑦等多种见解。然而，这些立论所依之史料，除了《元史》卷一《太
祖本纪》所载之外，皆出自清代吴广成所著《西夏书事》中的一段文字：

> 克夷为中兴府外卫，两山对峙，中通一径，悬绝不可登。襄霄时，尝设右厢朝
> 顺监军司兵七万守之。安全闻蒙古兵深入，遣嵬名令公复率兵五万以拒。蒙古兵至，
> 嵬名令公自山坂驰下，击败之。相持两月，备渐弛，蒙古主设伏以待，遣游兵诱之
> 入伏获之，遂破克夷。⑧

其中指克夷门"尝设右厢朝顺监军司"，早已被学界证实是一个史实性的错误。事
实上，这个监军司，前期位于西夏南部的天都山，即今之宁夏海原县境，后期则在西凉
府，即今之甘肃省武威市境。⑨吴氏又指克夷门形势为"两山对峙，中通一径，悬绝不
可登"。这一描述几乎是迄今为止所有研究者的立论基石。但是，它与实际的情形恐怕

① ［明］宋濂等：《元史》卷一《太祖本纪》，北京：中华书局，1976 年，第 14 页。参看［明］宋濂等：《元史》卷六
　 ○《地理志三》，北京：中华书局，1976 年，第 1452 页载："兀刺海路，太祖四年，由黑水城北兀刺海西关入河西，
　 获西夏将高令公，克兀刺海城。"
② 鲍桐：《兀刺海城地望和成吉思汗征西夏军事地理析》，《宁夏社会科学》1994 年第 6 期，第 63—69 页。
③ 岑仲勉：《元初西北五城之地理的考古》，《中外史地考证》下册，北京：中华书局，1962 年，第 536 页。
④ 吴天墀：《西夏史稿》，成都：四川人民出版社，1980 年，第 131 页。
⑤ 中国历史地图集编辑组：《中国历史地图集》第六册，北京：中华地图学社，1975 年，图版 36—37；许成、汪一鸣：
　 《西夏京畿的皇家林苑——贺兰山》，《宁夏社会科学》1986 年第 3 期，第 80—85 页。
⑥ 王颋：《兀刺海方位探索》，复旦大学中国历史地理研究所：《历史地理研究》第一辑，上海：复旦大学出版社，1986
　 年，第 137 页。
⑦ 谭其骧主编：《中国历史地图集》第六册，北京：中国地图出版社，1982 年，图版 36—37；刘利华：《克夷门考》，
　 《西夏研究》2014 年第 1 期，第 17—20 页。
⑧ ［清］吴广成撰、龚世俊等校证：《西夏书事校证》卷四○，兰州：甘肃文化出版社，1995 年，第 468 页。
⑨ 汤开建：《西夏监军司驻所辨析》，中国地理学会历史地理专业委员会《历史地理》编辑委员会：《历史地理》第六辑，
　 上海：上海人民出版社，1988 年，第 137—146 页；鲁人勇：《西夏监军司考》，《宁夏社会科学》2001 年第 1 期，第
　 84—87 页；刘华、杨孝峰：《西夏天都监军司所遗址及神勇军考》，《宁夏社会科学》2001 年第 2 期，第 89—91 页。

存在着很大的距离，元人耶律铸的诗《克夷门》曰："蚁扰蜂喧笈骑过，鼓鼙争自落长河。人人斗说空鞍马，不似今番数最多。"①从诗句描写的"谈笑风生的骑兵似蚁扰蜂喧般经过，此起彼伏的战鼓荡漾在长河之上"这一景象来看，克夷门不像"两山对峙中的险峻峡谷"，而是一个濒临长河、利于奔驰的平坦地带。再从《元史》卷一《太祖本纪》所载从兀剌海城"进至克夷门，复败夏师，获其将嵬名令公"的情况来看，克夷门还应该是一个重兵屯集的战略要地。

耶律铸是元初名臣耶律楚材之子。这首《克夷门》出自他的诗文汇编《双溪醉隐集》。清代《四库全书总目提要》曾对该书有过评价，认为："（耶律）铸早从征伐，足迹涉历多西北极远之区，故所述塞外地理典故往往详核。"②这一论断绝非虚语。据《元史》卷一四六《耶律铸传》载：

> （耶律）铸字成仲，幼聪敏，善属文，尤工骑射。……戊午，宪宗征蜀，诏铸领侍卫骁果以从，屡出奇计，攻下城邑，赐以尚方金锁甲及内厩骢马。乙未，宪宗崩，阿里不哥叛，铸弃妻子，挺身自朔方来归，世祖嘉其忠，即日召见，赏赐优厚。中统二年，拜中书左丞相。是年冬，诏将兵备御北边，后征兵扈从，败阿里不哥于上都之北。至元元年，加光禄大夫。③

除了从征西北的经历之外，耶律铸"所述塞外地理典故往往详核"，还拜其父耶律楚材广博的西北闻见所赐。耶律楚材有记载西域及中亚风俗的《西游录》传世，曾亲历蒙古征讨西夏之役。史载：

> 丙戌冬，从下灵武，诸将争取子女金帛，楚材独收遗书及大黄药材。既而士卒病疫，得大黄辄愈。④

《克夷门》系《双溪醉隐集》卷二中的"后凯歌词九首"之一。据耶律铸的前言可知，这些诗歌专为记述"至元丙子冬，西北藩王弄边，明年春诏大将征之"及"召发诸军有事于朔方也"⑤而创作的。这一背景相当于前揭《元史》卷一四六《耶律铸传》中所说的："乙未，宪宗崩，阿里不哥叛，铸弃妻子，挺身自朔方来归，世祖嘉其忠，即日

① ［元］耶律铸：《双溪醉隐集》卷二，《景印文渊阁四库全书》第1199册，台北：商务印书馆，1986年，第387页。
② ［清］永瑢等：《四库全书总目》，北京：中华书局，1965年，第1431页。
③ ［明］宋濂等：《元史》卷一四六《耶律铸传》，北京：中华书局，1976年，第3464—3465页。
④ ［明］宋濂等：《元史》卷一四六《耶律楚材传》，北京：中华书局，1976年，第3456页。
⑤ ［元］耶律铸：《双溪醉隐集》卷二，《景印文渊阁四库全书》第1199册，台北：商务印书馆，1986年，第387页。

召见，赏赐优厚。"①

"后凯歌词九首"题目皆以地名而起。它们依次是《战卢朐》《区脱》《克夷门》《高阙》《战焉支》《涿邪山》《金满城》《金水道》《京华》。从单独成篇的情况来看，克夷门与高阙显然为互不相属的两处地方。《高阙》全诗如下："骈驰追锐翼摧锋，枭獍窠巢一夜空。光射铁衣寒透彻，冷风如箭月如弓。"②诗下小注云：

> 我军掩遗敌于高阙塞境。《史记》赵武灵王筑长城自代傍阴山下至高阙，青将六将军军出朔方高阙；《汉书》卫青、李息出云中至高阙；《后汉（书）》祭肜出高阙塞，吴棠出朔方高阙，则其地也。《通典》高阙唐属九原郡九原县，西北到受降城八十里。《唐书》今之西城即汉之高阙塞也。北去碛石三百里，追锐、摧锋皆军名也。③

历史上的高阙，以秦始皇"因河为塞"为界，当有阴山高阙与狼山高阙之别。前为阴山高阙，位于今狼山口以东、狼山山脉中段的石兰计山口④；后为阳山高阙，位于今阴山山脉西段之狼山—乌拉后山山系北坡。⑤北魏郦道元《水经注》中有一段关于高阙的著名描述：

> （河水）东经高阙南。《史记》：赵武灵王既袭胡服，自代并阴山下，至高阙为塞。山下有长城。长城之际，连山刺天，其山中断，两岸双阙，善能云举，望若阙焉。即状表目，故有高阙之名也。自阙北出荒中，阙口有城，跨山结局，谓之高阙戍。自古迄今，常置重捍，以防塞道。⑥

因为高阙"连山刺天，其山中断，两岸双阙，峨然云举，望若阙焉"与《西夏书事》中克夷门"两山对峙，中通一径，悬绝不可登"的景象有异曲同工之妙，所以岑仲勉先生就把克夷门的地望大致比定在高阙所在的阴山北支⑦。然而，吴天墀先生"觉得这种论断的理由是薄弱的，因为把'斡罗海城'与'克夷门'两个要塞都放置在同一地区，与《元史·太祖本纪》记载的情况显然不合。《元史·太祖本纪》说'夏主立安全遣其

① ［明］宋濂等：《元史》卷一四六《耶律铸传》，北京：中华书局，1976年，第3465页。
② ［元］耶律铸：《双溪醉隐集》卷二，《景印文渊阁四库全书》第1199册，台北：商务印书馆，1986年，第388页。
③ ［元］耶律铸：《双溪醉隐集》卷二，《景印文渊阁四库全书》第1199册，台北：商务印书馆，1986年，第388页。
④ 唐晓峰：《内蒙古西北部秦汉长城调查记》，《文物》1977年第5期，第18页。
⑤ 辛德勇：《阴山高阙与阳山高阙辨析——并论秦始皇万里长城西段走向以及长城之起源诸问题》，《文史》2005年第3辑，第5—64页。
⑥ ［北魏］郦道元著、陈桥驿校证：《水经注校证》卷三《河水》，北京：中华书局，2007年，第75—76页。
⑦ 岑仲勉：《元初西北五城之地理的考古》，《中外史地考证》下册，北京：中华书局，1962年，第536页。

世子率师来战，败之，获其副元帅高令公。克兀剌海城，俘其太傅西壁氏。进至克夷门，复败夏师，获其将嵬名令公。薄中兴府'，由兀喇海城到克夷门，用了'进至'二字，不但不应在同一个山隘，而且两地应有相当远的距离。"[1]

二

蒙古军远征西夏都城中兴府，大的路线有两条：一条由甘肃居延海东进，谓之西线；另一条自河套狼山南下，谓之东线。然而，纵观成吉思汗历次入侵，多半以东线为轴心而发起。其原因何在呢？岑仲勉先生说：

使蒙兵果从肃、甘诸州而来，未薄夏王城已前，固应有所残毁，今顾无之。惟一逾狼山山脉，则宁夏已犹户庭，其道甚捷，夏非劲敌，太祖善用兵者，宁取迂曲之长道耶。[2]

成吉思汗三次东线进兵西夏，差不多每次都是以兀剌海为首战之地。因此，位于今内蒙古乌拉特中旗的西夏黑山威福监军司驻地兀剌海可以看作是蒙古入侵西夏的起点，这里"地处狼山之北，控扼从大漠南进巴彦淖尔平原的重要通道。攻克此城，就等于拿下了从狼山进入巴彦淖尔平原的要枢。进入巴彦淖尔平原，就可以长驱直入银川平原。"[3]从兀剌海至克夷门（所在地中兴府，即今宁夏回族自治区银川市），有两条道可行：一是沿狼山北的草原道路西行，再折而西南行；二是沿狼山南麓西南行。两条道均在今磴口县哈腾套海苏木西端会合，西行至贺兰山西麓南下，这两条道都是清代从武威至包头驼路的东段。[4]

换言之，自磴口以降，经乌海至石嘴山的黄河沿线是其南下攻打西夏中兴府的必经之路。这里既是河套地区"西套"（即银川平原）与"后套"（即巴彦淖尔平原）的衔接地带，也是南北走向的贺兰山山脉与东西走向的狼山山脉的交会地区。因此，作为军事要塞的克夷门所在地应当不出这一范围。历史上，这一带的贺兰山被称之为"乞伏山"。唐代李吉甫所撰《元和郡县图志》卷四有一段著名的记载：

① 吴天墀：《西夏史稿》，成都：四川人民出版社，1980 年，第 131 页。
② 岑仲勉：《元初西北五城之地理的考古》，《中外史地考证》，北京：中华书局，1962 年，537 页。
③ 刘利华：《克夷门考》，《西夏研究》2014 年第 1 期，第 17—20 页。
④ 鲍桐：《兀剌海城地望和成吉思汗征西夏军事地理析》，《宁夏社会科学》1994 年第 6 期，第 63—69 页；李万禄：《瀚海长途——包武路》，阿拉善盟公路交通史编写委员会：《阿拉善盟公路交通史资料选编》第 2 辑，内部资料，1986 年，第 47—68 页。

贺兰山，在（保静）县西九十三里。山有树木青白，望如驳马，北人呼驳为贺兰。其山与河东望云山形势相接，迤逦向北经灵武县，又西北经保静西，又北经怀远县西，又北经定远城西，又东北抵河，其抵河之处亦名乞伏山，在黄河西，从首至尾，有像月形，南北约长五百余里，真边城之巨防。山之东、河之西，有平田数千顷，可引水灌溉，如尽收地利，足以赡给军储也。①

据此，王颋曾做了一个颇有见地的猜测：

检视《西夏纪事本末》卷首附录自《范文正公集》之《西夏形势图》（笔者注：当作《西夏地形图》），"定州"东北、亦今黄河、贺兰山相衔接处有"克危山"。"克危"、"乞伏"（kitpuk）、"克夷"，当是一名异写。②

过去学界以为"克危"只独见于《西夏地形图》③，但是其实在嘉靖三十四年（1555）刊行的《广舆图》中也有此山的踪迹。在该书卷二《朔漠图》④中，克危山被绘制于"宁罗（山）"东南、"龟头（山）"东。据宋《广韵》，"危，鱼为切""夷，以脂切"，前者为疑母支韵止摄合口三等平声字，后者为以母脂韵止摄开口三等平声字。在《番汉合时掌中珠》中，出现过同一西夏字分别与疑母字及以母字对音的情况。例如：

𗁬——蜺（疑霁开四去）《番汉合时掌中珠》092
𗁬——黄（以脂开三平）《番汉合时掌中珠》153
𗁬——原（疑元合三上）《番汉合时掌中珠》121
𗁬——沿（以仙合三平）《番汉合时掌中珠》121

前一西夏字分别与疑母的"蜺"字及以母的"黄"字对音，后一西夏字分别与疑母的"原"字及以母的"沿"字对音。这说明在宋代西北方音中，有些疑母字可能与以母字读音相同。因此，疑母止摄的"危"在宋代西北方音中或许已读成了以母止摄"夷"。如此，"克危"或即"克夷"。

然而，这两个词还不是这座山名最早的汉字记写。在此之前，至少还有"乞夷"和"吃移"的写法。"乞夷"来自据元代地图资料绘编的朝鲜1402年《混一疆理历代都城之图》。在这幅地图中，"宁夏府"东北方向标注有 乞夷 和 门山 ，乞夷之"乞"

---

① ［唐］李吉甫撰、贺次君点校：《元和郡县图志》，北京：中华书局，1983年，第95页。
② 王颋：《城觅一路——兀刺海方位与蒙古经略西夏诸役》，《西域南海史地研究》，上海：上海古籍出版社，2005年，第193页。
③ 黄盛璋、汪前进：《最早一幅西夏地图——〈西夏地形图〉新探》，《自然科学史研究》1992年第2期，第177—187页。
④ ［明］罗洪先：《广舆图》，明嘉靖四十年（1561）胡松增刊本，第94页。

属溪母曾摄，"克夷"之"克"属溪母臻摄。这两字声母相同，韵母微殊，则音感相谐。"吃移"见之于俄藏黑水城文献ДX.02822西夏汉文本《杂字》中的"地分部"①，"吃"通"吃"字，属见母臻摄。"唐五代西北方音中存在部分溪母字与见母字读音混同现象，可能是当地方言南北杂糅造成的。从语音方面讲，溪母与见母都是舌根闭塞清音，只有是否送气的差别，语音跨度不大，将送气音读作不送气音是没有障碍的。"②所以，"吃移"之"吃"与"克夷"之"克"谐音，移同夷，所以两词音亦相近。

从时代顺序看，西夏人的"吃移"之称早于元代文献的"克夷"，以往研究中把"克夷"当作汉文短语，望文生义地理解为"战胜夷（敌）人之门"③显然是错误的。吃移或者说乞夷，这个词会让人想到《元和郡县图志》记载的一个北族之语"乞银"。该书卷四"银州"条下载："周武帝保定二年，分置银州，因谷为名。旧有人牧骢马于此谷，虏语骢马为乞银。"④

乞银之银，与乞夷之夷一样，也属疑母臻摄字，两词银近。这个北周以来的虏语，很可能是鲜卑语词汇，被唐代初叶迁到银州的党项人吸收后，变成了一个地地道道的西夏语词汇。北宋中期诗人文同写过五言绝句《骢马》，其中有两句为："鬐鬣拥如云，西人号乞银。"翻译过来就是，骢马鬃毛如云彩，西人唤它做乞银。鬐鬣本指鱼、龙的脊鳍，这里指骢马的鬃毛，西人在宋代所指就是党项西夏人。"虏语骢马为乞银"，那么什么是"骢马"呢？许慎《说文解字》曰："骢，察也。从耳忽声，仓红切。"⑤清段玉裁《说文解字注》进一步解释说："骢，青白杂毛也。白毛与青毛相间，则为浅青，俗所谓葱白色。《诗》曰：有玱葱衡。《释器》曰：青谓之葱。从马悤声。千公切，九部。"⑥所以骢马指的是青白杂毛之马。顾名思义，乞银谷以及乞银山当指青白杂色之谷山。这样颜色的山在国史记载中非常少，最有名的莫过于贺兰山。《元和郡县图志》说："（贺兰）山有树木青白，望如驳马，北人呼驳为贺兰。"《太平御览》亦载：

> 《泾阳图经》曰：贺兰山，在县西九十三里，山上多有白草，遥望青白如驳，

① 俄罗斯科学院东方研究所圣彼得堡分所、中国社会科学院民族研究所、上海古籍出版社：《俄藏黑水城文献（汉文部分）》第六册，上海：上海古籍出版社，1996年，第146页。

② 史淑琴、杨富学：《溪母字与见母字读音混同现象考析——以敦煌汉藏对音资料为例》，《青海民族研究》2012年第4期，第149—153页。

③ 刘利华：《克夷门考》，《西夏研究》2014年第1期，第17—20页。

④ ［唐］李吉甫撰、贺次君点校：《元和郡县图志》，北京：中华书局，1983年，第104页。

⑤ ［汉］许慎：《说文解字》，北京：中华书局，1963年，第250页。

⑥ ［汉］许慎撰、［清］段玉裁注：《说文解字注》，上海：上海古籍出版社，1981年，第462页上。

北人呼驳马为贺兰，鲜卑等类多依山谷为氏族。今贺兰姓者，皆因此山名。[①]

根据李吉甫的记载，这条山脉的具体走向是：

> 其山与河东望云山形势相接，迤逦向北经灵武县，又西北经保静西，又北经怀
> 远县西，又北经定远城西，又东北抵河，其抵河之处亦名乞伏山，在黄河西。从首
> 至尾，有像月形，南北约长五百余里，真边城之巨防。[②]

乞伏山在贺兰山的北端末尾处，位于今银川市，也就是元明以来宁夏府的东北方向，
恰与前面提到的朝鲜《混一疆理历代都城之图》中的乞银山大体一致。色彩相仿，地理
相近，意义相若，所以乞银即贺兰，贺兰即乞伏，乞银即乞伏。

三

关于"乞伏"这个词语的来历，姚薇元先生在其《北朝胡姓考》有过考证：

> 灵州保静县有乞伏山在黄河西。保静既今甘肃银川市（笔者按：今宁夏银川市），
> 当西秦之北。疑乞伏氏原居乞伏山，因山为部，后以部为氏也。魏有并州刺史乞佛
> 成龙，金城伯乞伏凤，泾州刺史乞伏悦，第一领民酋长乞伏周、乞伏纂，叛胡乞扶
> 莫于，乞步落，齐州长史乞伏锐，齐有骠骑将军乞伏保达，皆此族人。[③]

可知，"乞伏"原为鲜卑一部族名，"疑乞伏氏原居乞伏山，因山为部，后以部为氏
也。"虽然学界迄今尚不清楚该词的原形和意义，但是比克夷门更加确定的是，它绝不
是汉字"乞"和"伏"字面意思的叠加。

严耕望先生《唐代交通图考》曾将乞伏山比定为今宁夏石嘴山市惠农区西北的贺兰
山尾段，即"石嘴山"：

> 贺兰山在北尾间抵于定远县北之黄河岸，曰乞伏山。道沿大河西岸行，必经此
> 山无疑。检《（清）一统志》宁夏府卷山川目，今平罗县北山名甚多。有黑山，在
> 平罗西北，贺兰山尾，形如虎据；石嘴山，山石突出如嘴，在平罗北四十里；老虎
> 山在平罗东北百八十里，黄河岸上。此外尚有四山皆在平罗北。而石嘴山、老虎山

---

① ［宋］李昉等：《太平御览》卷四四《地部九》，北京：中华书局，1960 年，第 210 页。
② ［唐］李吉甫撰、贺次君点校：《元和郡县图志》，北京：中华书局，1983 年，第 95 页。
③ 姚薇元：《北朝胡姓考》，北京：中华书局，1962 年，第 108 页。

最有可能。又检《西北丛编》卷四，"石嘴山为阿拉善蒙古与宁夏属平罗县交界之处。河东一带，时见烽墩，大山脉自西南趋东北，有一山顶平如棹，土人称为棹子山。贺兰山在西面，距大道百余里，将近石嘴子时，地均高原，高原尽，即有石山脉一道横亘东西。（其地）黄河纵贯南北，大山回抱东西，形式一束，诚要隘也。"又云此地久为汉蒙贸易点，交通四达。观此形势正当为乞伏山，此北未见其地也。①

"石嘴山"又作"石嘴子山"，以其"山石突出如嘴"而得名，明清以来史志记其地理方位皆为"（宁夏卫）城东北二百里"②。其地位于今石嘴山市惠农区东北黄河大桥以北 1.5 千米处的黄河西岸，长约 1 千米，河东即为内蒙古乌海市境的卓子山余脉。这里的贺兰山余脉在河水长期冲刷下，形成山石重叠、犬牙交错的河岸高地，"突出如嘴"，是为"石嘴山"，当地建有石嘴子公园作为纪念。乾隆朝翰林储大文曾在《贺兰山口记》中描述过这一地带的形势：

> 贺兰势极，迤西北至红口儿，循山而东，又循山北接黄河；石嘴以东，（长城）迤平罗城北九十里之镇远关，为河山之交。……平罗西八十五里之黑山，为贺兰山尾，形如虎踞，扼隘饮河，而山前又有黑水以限之。③

文中提到的镇远关为明初所建，其地略当今石嘴山市惠农区西南明代旧北边墙黄河西岸段即"红果子长城"附近。④《嘉靖宁夏新志》说："镇远关，在平虏城北八十里，实为宁夏北境极边之要地。……关之东为黄河，关之西贺兰山尽头，山水相交，最为要地，以故设关防守，诚振古之见也。"⑤所谓的"关之西贺兰山尽头"，指的就是镇远关西面的石嘴山。这一带"山水相交"，地处扼守宁夏的北大门，正与前揭唐李吉甫《元和郡县图志》所载"（贺兰山）又东北抵河，其抵河之处，亦名乞伏山"，《西夏地形图》中"克危山"，元代耶律铸诗《克夷门》"蚁扰蜂喧笑骑过，鼓儆争自落长河"中描述颇为一致。1986 年，王颋先生在《兀剌海方位探索》一文中关于克夷门位置的猜测无疑是对的。又，明清史志多言西夏省嵬山及城西南距宁夏镇城 140 里可能有误，实际

---

① 严耕望：《唐代交通图考》第一卷《京都关内区》，上海：上海古籍出版社，2007 年，第 213 页。

② 胡玉冰、曹阳校注：《弘治宁夏新志》，北京：中国社会科学出版社，2015 年，第 3 页；参看《嘉靖宁夏新志》、《万历朔方志》等。

③ ［清］储大文：《贺兰山口记》，［清］王锡祺：《小方壶斋舆地丛钞》第六帙，兰州：兰州古籍书店，1990 年；牛达生、许成：《贺兰山文物古迹考察与研究》，银川：宁夏人民出版社，1988 年，第 14 页。

④ 牛达生、许成：《贺兰山文物古迹考察与研究》，银川：宁夏人民出版社，1988 年，第 74 页；国家文物局主编：《中国文物地图集·宁夏回族自治区分册》，北京：文物出版社，2010 年，第 280 页。

⑤ ［明］胡汝砺编、［明］管律重修、陈明猷校勘：《嘉靖宁夏新志》卷一，银川：宁夏人民出版社，1982 年，第 15、91 页。

上省嵬山地近镇远关，距宁夏镇城 240 里左右，其地略当今石嘴山市平罗县至惠农区境贺兰山，余脉则是东跨黄河至内蒙古磴口县的卓子山（阿尔布坦山）。或可泛指今宁夏石嘴山市境与内蒙古乌海市境交界地方的贺兰山—卓子山山地，也就是《水经注》中所载赫赫有名的石崖山或画石山。[①]一言以概之，乞伏山、克危山、省嵬山、贺兰山等都是不同时期、不同部族对贺兰山北端抵河之处的称呼而已，为一大山而有数段之名也。

［原载《北方民族大学学报》（哲学社会科学版）2019 年第 5 期］

---

① 杨浣、付强强：《省嵬城与省嵬山》，《宁夏社会科学》2019 年第 2 期，第 176—184 页。

"碧珊珠"考[*]

王培培

摘　要：西夏语汉语双解辞书《番汉合时掌中珠》收有"碧珊珠"一词，具体所指迄今众说纷纭。本文通过梳理史籍中对于"碧珊"的记载，结合历史学者和地质学者的相关研究成果，指出"碧珊""碧瑱""甸子""碧甸子"等均指同一物品。另外，通过西夏、宋、元文献的记载，指出西夏"碧珊珠"很可能指绿松石，有自产和外来两个来源，并且西夏对其的喜爱与藏族崇尚绿松石饰品有密不可分的关系。

关键词：西夏；碧钿；绿松石

《俄藏黑水城文献》中收录有汉文"碧珊"和西夏文"𗧘𘄴"一词[①]。西夏语汉语双解辞书《番汉合时掌中珠》收有"碧珊珠"一词，与"金银""铜鍮""锡铁""珊瑚""琥珀"一同归在《地用下》的"宝物"类[②]。"碧珊珠"的具体所指迄今众说纷纭，本文尝试考证其名义和来源，以期为历史研究提供基础资料。

---

[*] 基金项目：宁夏高等学校一流学科建设民族学科资助项目（项目编号：NXYLXK2017A02）；国家社会科学基金重大招标项目"西夏通志"（项目编号：15ZDB031）；宁夏高校项目"西夏谚语研究"（项目编号：NGY2016036）。

[①] 俄罗斯科学院东方研究所圣彼得堡分所、中国社会科学院民族研究所、上海古籍出版社：《俄藏黑水城文献（汉文部分）》第六册，上海：上海古籍出版社，1999 年，第 139 页。俄罗斯科学院东方研究所圣彼得堡分所、中国社会科学院民族研究所、上海古籍出版社：《俄藏黑水城文献（西夏文世俗部分）》第十册，上海：上海古籍出版社，1999 年，第 45 页。

[②] ［西夏］骨勒茂才著，黄振华、聂鸿音、史金波整理：《番汉合时掌中珠》，银川：宁夏人民出版社，1989 年，第 26 页。

一、"碧珊珠"释名

"碧珊珠"里的"珊"字罕见，最早收录这个字的汉语字典是明代的《篇海类编》①，注文只说"音田又音佃"而无释义。今考《广韵》中同时具备这两个读音的有"钿"字——平声先韵徒年切注"金花，又音佃"，去声霰韵堂练切注"宝钿，以宝饰器，又音田"。由此可以想到"珊"实际上是"钿"字的异写，书字人临时改"金"旁为"玉"旁，应该是要强调那是"玉花"或者"以玉饰器"。"钿"经常用来做饰物，例如白居易名作《琵琶行》里有"钿头银篦击节碎，血色罗裙翻酒污"的诗句，其中的"钿头银篦"就是指两端镶嵌有金花的银质梳子。

"钿"字与"碧"连用时还可以写作同音字"靛"、"瑱"或"佃"，"碧钿"也可称"碧佃子"或"碧澱子"。如《元史》卷九四《食货志·岁课》云：

> 碧佃子在和林者，至元十年，命乌马尔采之。在会川者，二十一年，输一千余块。②

此前历史学者和地质学者的研究认为"碧钿子"可能是绿松石，或者孔雀石，也可能是硅孔雀石等。

历史学者试图据古代文献所载的出产地找到答案。劳费尔认为碧佃、碧瑱与佃子都指绿松石③。他的观点遭到了地质学者的反对，章鸿钊《石雅》即认为元明文献所记载的"碧钿"之类的石头应该是孔雀石④。另据《读史方舆纪要》卷五十六载：

> 天柱山，州西五十里。悬崖壁立，秀出群领，下有碧钿、青碌诸洞二十余处，唐宋俱采取入贡，明始停闭。⑤

夏湘蓉根据上述碧钿和青绿共生的情况，认为元明两代所谓碧佃并非佃子⑥，这是因为绿松石（佃子）一般不与孔雀石（青绿，亦称"石绿"）共生，而"硅孔雀石"则常与孔雀石共生。既然已知与"碧钿"共生的是孔雀石，那么"碧钿"或"碧佃子"很

---

① 原题"明宋濂撰，屠隆订正"，《四库全书总目提要》考定为书商托名的伪作，内容质量很差，但成书于明代当无疑义。
② ［明］宋濂等：《元史》，北京：中华书局，1976 年，第 2381—2382 页。
③ ［美］劳费尔著、林筠因译：《中国伊朗编》，北京：商务印书馆，1964 年，第 349 页。
④ 章鸿钊：《石雅》卷二，天津：百花文艺出版社，2010 年，第 54—74 页。
⑤ ［清］顾祖禹撰，贺次君、施和金点校：《读史方舆纪要》卷五十六，北京：中华书局，2005 年，第 2709 页。
⑥ 夏湘蓉、李仲均、王根无：《中国古代矿业开发史》，北京：地质出版社，1980 年，第 439—440 页。

有可能是指“硅孔雀石”。郝用威通过化学分析断定古滇国出土的确实为绿松石，而不是孔雀石，并指出云南安宁禄脿对门山就存在绿松石矿藏①。李晓春参考了历史学和地质学双方的研究成果，也认为元代的甸子即绿松石，只不过河西甸子并不是产自河西，而是通过河西之地（西夏故地）运输而得名②。

历史学者和地质学者对碧钿珠定名的分歧起因于各自的研究方法不同，前者基于文献记载，主要考虑其出产地和运输地，后者则基于化学成分认定，主要考虑宝石所含的成分。事实上古代文献中对于碧钿的记载都不甚翔实，别说化学成分，就是出产地和宝石形状、特点都鲜有描述。最细致的莫过于陶宗仪《南村辍耕录》所载：

> 甸子：
> 你舍卜的，即回回甸子，文理细。
> 乞里马泥，即河西甸子，文理粗。
> 荆州石，即襄阳甸子，色变。③

这里仅描述了甸子的分类、文理、产地及颜色。实际上，宋元时期的人们并没有过多的化学知识和地质知识去区分宝石的具体分类，而仅仅是从外部特征来判定宝石的类别。这也是“绿松石”之名迟至清代文献中才得以出现的原因。所以，仅凭历史文献材料，或者地质考察单方面的考证都不足以确证，只能得到疑似的结论。以下我们将通过文献整理，结合最新的资料进行综合判断，还西夏“碧珊珠”一个最为接近的真实面貌。

二、西夏碧珊珠的来源

西夏文韵书《文海》“[illegible]”字条说：

> [illegible]，[illegible]，[illegible]。
> ［金围水右，碧珊者碧珊珠也，颜色为青也。］④

可见，西夏文“[illegible]”特用来指代青色的碧珊，这类似南宋文献《百宝总珍集》里记载的“靛石”和“马价珠”：

---

① 郝用威：《诠释元代甸子、突厥玉、碧瑱子》，《中国地质学会地质学史专业委员会第23届学术年会论文集》，2011年，第274—276页。

② 陈晓春：《宋元明时期波斯绿松石入华考》，《北京大学学报》（哲学社会科学版）2016年第1期，第141—148页。

③ ［元］陶宗仪：《南村辍耕录》，北京：中华书局，1959年，第85页。

④ 史金波、白滨、黄振华：《文海研究》，银川：宁夏人民出版社，1983年，第140页。

靛石：

靛石马价皆相类，颜色黑绿不直（值）钱。

青得美者颇人爱，碾成事件钱做看。

此石颜色好者，颇与马价相类。亦有深黑、绿色者，亦有绿得美者，不甚直
（值）钱。

马价珠：

炉甘色美过如翠，若无油烟转更佳。

夹石粉白老青色，此物本事不足夸。

青珠儿炉甘色者地道，珠儿指面火、肉验高者妙。亦有转身青者，多做管
索用。颜色好者直（值）钱，着主快。亦有当三折二钱大者，价例不可一例看成。土番
（吐蕃）国并回鹘珠儿颜色不好，多是好靛石，相似北珠儿，多是西夏贩来，川
人多有。①

南宋靛石和马价珠均呈青色，品质有好坏之分，颜色好的价格高昂，颜色暗沉的价
格低廉。靛石多为绿色，还有青色、黑绿等色之分，青色受人追捧。马价珠有青色、翠
绿等色之分，无杂质的珠儿为好。吐蕃和回鹘均有产，但颜色不佳。途经西夏运至宋朝。
从外形描述看，两者与碧钿珠颇有相合之处。特别是马价珠，不仅颜色与碧钿吻合，从
吐蕃、回鹘经西夏到宋朝的运输通道也符合陶宗仪所记河西甸子之说。关于河西甸子的
定名有两种观点。任经午从考古资料推断绿松石即河西甸子②，而陈晓春则认为河西甸
子中的河西并不指出产地，而是指经西夏故地运往内地的绿松石③。南宋记载的马价珠
和河西甸子的运送通道极为相似，可能与西夏的碧钿珠同出一类。

《番汉合时掌中珠》记载的名物不限于西夏特产，也可能是外来物品，但为西夏日
常所见。元代社会文书中有一段话，似可证明西夏故地出产"碧钿珠"：

皇帝圣旨里，敦武校尉、亦集乃总管府判官乞里马沙今年二月内差令捏合伯等
前去达达地面行营盘处做买卖，至兀不剌唐兀地面，见有古迹碧钿洞一处，于彼就
采到山洞面，浮有日照描拓大小不等，一里贵夯照得前项物……④

"唐兀"在元代特指西夏，"唐兀地面"即西夏故地。这则材料说明元代人在西夏境

① ［宋］佚名等著，李音翰、朱学博整理校点：《百宝总珍集（外四种）》，上海：上海书店出版社，2015年，第34—
35、39页。
② 任经午：《河西甸子与哈密绿松石》，《地球》1985年第1期，第30页。
③ 陈晓春：《宋元明时期波斯绿松石入华考》，《北京大学学报》（哲学社会科学版）2016年第1期，第141—148页。
④ 塔拉、杜建录、高国祥主编：《中国藏黑水城汉文文献》第五册，北京：国家图书馆出版社，2008年，第1077页。

内发现有碧钿矿洞，并且找到了古时遗留的一些物品。不难猜测，西夏地界有可能出产碧钿，只是由于产量和品质等原因，矿洞废弃不用。

由此可见，西夏碧钿珠可能会有两个来源：其一，来自西域，经丝绸之路的商队带到西夏。学者考证西夏时期并没有阻断丝绸之路贸易，而是在各个时期对商业贸易采取了不同的政策①，西域的多种物产也需要经过西夏远销宋地②。其二，西夏地界自产碧钿，只是因为成色不好而不受关注。

三、西夏碧珊珠的文化符号

20 世纪初，科兹洛夫考古队在我国黑水城地区发掘出了大量古代文献和文物。早些年出版的《丝路上消失的王国》一书刊印了当时发现的西夏、元代的佛教文物。其中收有 12—14 世纪的一串项链，编者附注："此项链是由玻璃珠、珊瑚和宝石做成的。中间是有黑白条纹的石头护身符，用以招福趋邪。此类护身符在西藏极受真爱、敬重。"③项链由彩珠串成，其中有青色和碧色的珠子，可能就是碧钿珠。

另外，20 世纪 70 年代宁夏西夏王陵六号陵出土了一个饰品，《西夏文物》称其为"嵌松石银菊花饰"，描述如下：

> 银质。长 4 厘米，宽 2.8 厘米，重 2.7 克。椭圆形。表面鎏金，中间花蕊处镶嵌有绿松石。周围为连珠及卷草纹，边饰菊花瓣纹，一瓣残失。残损。1972—1975 年宁夏回族自治区银川市西夏陵区 6 号陵出土。1975 年入藏宁夏博物馆。1996 年被定为一级文物。④

这是目前所见西夏时期为数不多的宝石饰品，如果确为绿松石，则说明绿松石应用于西夏人的装饰中，成为深受西夏皇室欢迎的饰品之一。这和西夏的邻居吐蕃的习俗很接近。西藏有个古老的传说，藏王不许任何一个臣民把绿松石丢进河里，因为那样做，

---

① 彭向前：《西夏王朝对丝绸之路的经营》，《宁夏大学学报》（人文社会科学版）2006 年第 2 期，第 8—12 页。
② 《松漠纪闻》载："（回鹘）土多瑟瑟珠玉；帛有兜罗锦、毛毼狨、锦注丝、熟绫、斜褐。药有腽肭脐、碙砂。香有乳香、安息。笃耨、善造宾铁刀剑、乌金银器，多为商贾于燕。载以橐驼过夏地，夏人率十而指一，必得其最上品者，贾人苦之。后以物美恶杂贮毛连中，然所征亦不赀。其来浸熟，始厚贿税吏，密识其中下品者，俾指之。"［宋］洪皓撰、翟理伟标注：《松漠纪闻》，长春：吉林文史出版社，1986 年，第 15 页。
③ Mikhail Piotrovsky, *Lost Empire of the Silk Road : Buddhist Art from Khara Khoto（X-XIIIth century）*, Electa : Thyssen-Bornemisza Foundation, 1993, p.253.
④ 李进增主编：《西夏文物·宁夏编六》，北京、天津：中华书局、天津古籍出版社，2016 年，第 2435 页。宁夏文物考古研究所，银川西夏陵管理处：《西夏六号陵》，北京：科学出版社，2013 年，第 385—386 页。

灵魂可能就会离开他的身体导致死亡①。《西藏通史》记载：自古以来，绿松石是藏族男女都喜欢的饰品，佩戴项饰和耳饰是英雄的装束，把绿松石串作头饰佩戴是妇女的装饰②。在西藏，绿松石不仅是珍贵的装饰，还有一个特殊的作用，就是镶嵌在护身符上用于宗教庇护。吐蕃时期就有了一种名叫"嘎乌"的护身佛盒③，藏文作"ᠨᠵ"（ga'u），是镶嵌有绿松石的金属盒子，用于消灾辟邪。

《番汉合时掌中珠》以"碧珊珠"对译"薐弦"，后者音"枯溺"（khu¹nji¹），其中"弦"nji¹在西夏文献中常见，这里对应汉语的"珠"，则"薐"khu¹必是对应"碧珊"。"薐"khu¹在西夏文献中多用作译音字，可以用来对音"梏""孔""空"等，如：

梏竹　薐䂂（《类林研究》④卷四）；

孔雀　薐䂆（《类林研究》⑤卷五）；

司空　䂖薐〔《新集慈孝传》⑥下（18—17左6）〕。

或许可以把西夏的"薐"khu¹（碧钿）看成藏文的 ga'u（卡乌）的音转，加之绿松石经常和卡乌相关联，所以西夏人似乎是把碧钿珠直接译做了"卡乌珠"。当然，这个设想还需要资料继续进行验证。

（原载《宁夏社会科学》2018年第1期）

① 闫脑吾：《藏族护身符研究》，中央民族大学2010年硕士学位论文。

② 恰白·次旦平措、诺章·吴坚、平措次仁著，陈庆英等译：《西藏通史——松石宝串》，拉萨：西藏古籍出版社，1996年，第51页。

③ 潘慧敏：《关于西藏嘎乌起源相关问题的研究》，浙江大学2014年硕士学位论文。

④ 史金波、黄振华、聂鸿音：《类林研究》，银川：宁夏人民出版社，1993年，第102页。

⑤ 史金波、黄振华、聂鸿音：《类林研究》，银川：宁夏人民出版社，1993年，第111页。

⑥ 聂鸿音：《西夏文〈新集慈孝传〉研究》，银川：宁夏人民出版社，2009年，第101页。

西夏文献中的人名[*]

王培培

摘　要： 西夏文献中的人名分别来自党项语、汉语、藏语和梵语，翻译时有音译和意译两种方式可供选择。此前学界认为西夏人对人名翻译方式的选择依据的是原语的种类，本文通过对现存西夏文献的整理和对勘，发现其选择的依据首先是所译文献的种类。在非佛教文献中，人名的译法可以用来判断人物的族属。

关键词： 西夏；人名；宗族

20 世纪的重大考古发现之一——黑水城文献和文物的出土，成就了西夏学的产生和发展。目前已经公布了大量的西夏文世俗作品和宗教作品，其中既有西夏人的创作，也有西夏人的译作。似乎西夏人非常喜欢翻译文献作品，并且在翻译不同语言的作品时有不同的原则和方法。目前所见的作品表明西夏人在翻译不同民族的人名时采用了不同的方法，其间的基本规律此前已有学者关注过。到目前为止，人们已知的规律如下：

（1）党项人名——"音译姓+意译名"。目前所见文献中，仅有一个夏汉双语对应出现的党项人名，《番汉合时掌中珠序》的作者，西夏文作"𘓺𗗘𘃸𘞠"（kwə¹ le² rjir² phu²），相应的汉文作"骨勒茂才"[①]，其中姓"骨勒"音译，名"茂才"意译。此后，学界在翻译党项人名时，均采用了音译姓和意译名结合的方法进行翻译。如敦煌莫高窟第 61

---

* 基金项目：国家社会科学基金重大招标项目"西夏通志"（项目编号：15ZDB031）；国家社会科学基金项目"夏译汉籍中的古代汉语对音研究"（项目编号：11CMZ105）。
① 文中的标音均采自《夏汉字典》中龚煌城的拟音。

窟榜题的西夏文"𘜁𗣼𘄊𗏓"（ŋwe² mji¹ sjij² ŋjow²），相应的汉文作"嵬名智海"，其中姓"嵬名"音译，名"智海"意译。[①]《达摩大师观心论发愿文》西夏文"𗼨𘑨𗤷𗾒（ljwij¹ bju¹ nwə wejr¹）"，汉文作"令部慧茂"，"令部"音译党项姓氏，"慧茂"意译名。[②]

（2）藏语人名——意译。例如，藏文 Klu'I rgyalmtshan（龙之幢），西夏文意译作"𘙰𘆑"（·we¹ dźjow¹，龙幢）；藏文 Chos-kyiseng-ge（法之狮子），西夏文意译作"𘈩𗙺𗊕"（tsjir¹ ka² tśjij²，法狮子）；藏文 Dpal-brtsegs（白则），西夏文意译作"𗼻𗼻"（gju² tśiow¹，吉积）；藏文 Blo-ldanshes-rab（具慧），西夏文意译作"𗟨𗟨𗤷𘄄"（phji¹ lhew² sjij² dźjij²，有智有慧）。[③]

（3）梵语人名——音译。例如，Ānandakirti 西夏译作"𗗙𗤺𘝞𗅲𘈈𗁤𗟵"（gjĩ¹ ·azjiw¹ dja¹ kji¹ lji̠¹ tji²）和汉文的"遏啊难捺吃哩底"，Jayānanda 西夏译作"𗴿𗲠𗤺𘝞𗅲"（dzja¹ ·ja² ·anja² dja¹），和汉文的"拶也阿难捺"。[④]

（4）汉语人名——音译。[⑤]例如，"董仲舒"西夏音译作"𗬼𘒧𗕾"（tũ¹ tśhjow¹ śie¹），"诸葛亮"西夏音译作"𗧓𘕘𗰖"（tśju¹ kja¹ ljow²），"王羲之"西夏文音译作"𘙰𘅦𗉶"（·ion¹ xi¹ tsə²），"司马相如"西夏文音译作"𗏁𗊟𗤋𘉑"（sə¹ biaa² sjo²źju²），"息夫人"西夏音译作"𗎩𗣼𗴴"（si²xu¹ zen¹），"文才"西夏文音译作"𗣼𗔞"（wen¹ tshej¹），"关龙逢"西夏文音译作"𗣓𗵽𗔓"（kwan¹ lion¹ xjow²）。[⑥]

以上研究成果给人们一个印象，即西夏人在翻译人名时选择音译还是意译的依据是原语的种类。然而本文打算指出的是，上列第四条规律并不能解释西夏人对汉语人名的不同处理方式，比如下面这几个例子：

𘜶𗗟𘜄𗪪𗫂𗴎𗫨𗅲𘉑𗤋𘓄（tha¹ lə）𘄄𗟠𗧁𘏞：中国三藏法师佛陀耶舍［竺］佛念与共一译。

𗦀𗤙𗤋𘍋𗦖𗤍𘉑𗣼�">𘏞𘝞𘜄𗪪𗓁𘃵𘉑𘘤𗤷𘑨𘜄（mji¹ ŋa¹）𗤷𘙲𗦀𘏞：特进试鸿胪卿大兴善寺三藏沙门大广智不空奉诏译。

𘍋𗗟𘉑𘓄𘜄𗪪𗗟𘜄𘝞（na¹ ljij²）𘏞：汉本大唐三藏法师玄奘一译。

𘍋𗗟𘉑𘓄𘜄𗪪𗗟𘜄𗲠𗰖（·wo² sej¹）𘏞：汉本大唐三藏法师义净一译。

① 史金波、白滨：《莫高窟榆林窟西夏文题记研究》，《考古学报》1982年第3期，第367—385页。
② 聂鸿音：《西夏佛经序跋译著》，上海：上海古籍出版社，2016年。
③ 聂鸿音：《吐蕃经师的西夏译名考》，《清华大学学报》（哲学社会科学版）2002年第1期，第64—66页。
④ 段玉泉：《西夏〈功德宝集偈〉跨语言对勘研究》，上海：上海古籍出版社，2014年，第56页。
⑤ 这里说的"汉语人名"包括其他民族的人取的汉式名字。
⑥ 史金波、黄振华、聂鸿音：《类林研究》，银川：宁夏人民出版社，1993年，第144、106、208、120、61、47页。

𘋪𗑗𗣼𗌜𗣀𗾈𗧰𘜼𗄑𗔀𗴓𗗧𘘣（·jwɨr² lji²）：天台智者大师说吴山沙门澄彧注。①

尽管历史上的竺佛念和不空并非汉人，但他们在佛经里的题名使用了标准的汉式。在这里值得注意的是，西夏人并没有像翻译其他汉文典籍那样音译这几个汉式人名，而是意外地采用了意译。这告诉了我们一个事实：西夏人对汉语人名的译法首先取决于文献的种类——非佛教文献采用音译，佛教文献采用意译。党项人的这种习惯可能来自他们对自己姓名的理解。众所周知，党项姓只是一个家族的符号，而名则是有词汇实义的，这导致他们希望尽可能地意译人名。藏族的人名和僧人的法名都不包含"姓"，而且名的意义也相对简明，所以采用意译就很自然。与此相对，梵语和汉语人名的意义相对复杂，即使勉强翻出也让党项人难以理解，所以采用音译就不失为最方便的方法。

在与佛教有关的文献中，根据译法可以大致分辨人物的族属。例如《达摩大师观心论发愿文》的尾题：

𗸲𗣼𗌜𘄴𘋝𗇋𗱠𗤶𘘦𗣄𗳱（ljwɨj¹ bju¹ nwə wejr¹）。𗤋𘕘𗡞𗉛𗌜𗉻𘓨𘟣𗄑𘘒（kiej¹ sã¹ ka¹）。

发愿者坐谛和尚令部慧茂。刻印版者前宫侍斡三哥。②

"令部慧茂"音译加意译，"斡三哥"全部音译，则前者是党项人而后者是汉人。《佛说圣曜母陀罗尼经发愿文》：𗉛𗸲𗣼𗌜𘋦𘋝𗄑𗌜𗳱𗃾𘟣𗄑𘓍，𘚼𗌜𘝯𘐒𘄄𗋽𘟣。

发愿刊印者出家尼僧讹布氏慧度，书者笔受李阿善。③

𘄄𗋽𘜹𘝯（·o¹ bu² zjɨr¹ gju¹）是党项人，𘄄𘗊𘙺（lji²·a śja²）是汉人。

在西夏文献中，表意的字和常用来表音的字可以比较清楚地区分开，据此可以判断名字全部为音译字的是汉人。例如，《重修护国寺感通塔碑铭》里的"𘔤𗾈𘃡" phie¹ tśji² sjwa¹（白智宣）、"𘔤𘕤𗴭" phie¹·a śiã¹（白阿山）、"𗡞𘟣𗾈" tśjow¹ tśjij² śjow¹（张政思）、"𘒬𗾈𘗊" tśhjwi¹ tśji² xiəj²（解智行）、"𘄄𘋸𗄷" zjĩ¹ gjụ² tsjɨ¹（任遇子）、"𘘒𗾈𗄑" tśji²

---

① Е. И.Кычанов，*Каталог тангутских буддийских памятников*，Киото：Университет Киото，1999，c.45，c.289，c.448，c.447，c.464.

② 孙伯君：《俄藏西夏文〈达摩大师观心论〉考释》，中国社会科学院民族学与人类学研究所：《薪火相传——史金波先生 70 寿辰西夏学国际学术研讨会论文集》，北京：中国社会科学出版社，2012 年，第 266—303 页。

③ 俄罗斯科学院东方文献研究所藏本 Инв. No. 705。

（左支信）①，而名用意译字的是党项人，例如：

《同义序》：𗾷𗏁𗰖 ljow¹·jir²po¹（梁习宝），𗾷𗯨𗢳 ljow¹tśhja²·jur¹（梁德养）②

《贤智集序》：𗋽𗏇𘈷·jow¹zjir¹·wạ²（杨慧广）③

西夏《大诗》：𗹦𗏇𗣼（刘法雨）④

在所有的人名中，不好理解的是西夏贤觉帝师的名字——西夏文写作"𗿒𗼑𗰜𗪺"（pu¹rar¹bụ²dźju¹），相应的汉文是"波罗显胜"⑤，前两个字音译，后两个字意译。从元代的情况类推，西夏的帝师应该是藏族人，然而这个名字却令人费解，至少是迄今谁也无法将其还原成藏文。"姓"用音译而名用意译，这是否表明贤觉帝师取了个党项式的名字？或者他根本就是党项人？

（原载《宁夏社会科学》2017 年第 2 期）

---

① 宁夏大学西夏学研究中心、国家图书馆、甘肃省古籍文献整理编译中心：《中国藏西夏文献》第二十册，兰州：甘肃人民出版社、敦煌文艺出版社，2007 年。

② 李范文：《同音研究》，银川：宁夏人民出版社，1986 年。

③ 聂鸿音：《西夏文〈贤智集序〉考释》，《固原师专学报》2003 年第 5 期，第 46—48 页。

④ 俄罗斯科学院东方研究所圣彼得堡分所、中国社会科学院民族研究所、上海古籍出版社：《俄藏黑水城文献（西夏文俗文部分）》第十册，上海：上海古籍出版社，1999 年，第 271 页。

⑤ 段玉泉：《西夏〈功德宝集偈〉跨语言对勘研究》，上海：上海古籍出版社，2014 年，第 56 页。

西夏的信牌制度

张笑峰

摘　要： 西夏的信牌不仅有存世的"敕燃马牌"铜牌，还有文献记载中的"金牌""金牌白""银牌""木符"。通过考察西夏文文献中对于西夏信牌的记载及实物，不仅为我们了解西夏信牌的形制和种类提供依据，还可以揭示西夏的信牌派遣制度。

关键词： 西夏；信牌；敕燃马牌

西夏的信牌对应西夏文"𘕣"，《文海》释为"𗗙𗗙𗗙𗗙，𘕣𘕣𗗙𗗙𗗙𗗙，𗗙𗗙𗗙𗗙𗗙𗗙𗗗，𗗙𗗙𘕣𗗙"，即"此者官语执者，诸人所信名显用，迅速紧急之燃马上用，故名信牌也"[①]。《类林》"𗗙𗗙𗗙𗗙𗗙𗗙𗗙，𗗙𗗙𗗙𗗙𗗙𘕣𗗙𗗙𗗙"，对应汉文本"晋帝造凌云阁，令韦诞书扁名"[②]，"𘕣"（信牌）作传令使用。西夏陵残碑 M2X：296 第二行"𘕣𗗙𗗙"、M2X：150 第二行"𘕣"，"𘕣"即汉文碑 M8CHB：321 "持送国信"中"国信"[③]。在《天盛改旧新定律令·持符铁箭显贵言等失门》四十七条律文中，三十九条涉及信牌，这些法律规定为研究西夏的信牌制度提供了第一手文献依据。传世的两枚西夏信牌均为圆形铜质套合式，便于合符验证。合盖上刻西夏文楷书"𗗙𗗙𗗙𗗙"（敕燃马牌），符嵌上均刻有西夏文篆书"𗗙"（敕），为研究西夏的信牌提供了重要的实物依据。

---

① 史金波、白滨、黄振华：《文海研究》，北京：中国社会科学出版社，1983 年，第 416 页。

② 史金波、黄振华、聂鸿音：《类林研究》，银川：宁夏人民出版社，1993 年，第 206 页。

③ 李范文：《西夏陵墓出土残碑粹编》，北京：文物出版社，1984 年。

目前学界基于《天盛改旧新定律令·持符铁箭显贵言等失门》中信牌有关规定对西夏信牌制度进行研究的论文有六篇①。这些研究均是在西夏符牌等文物考古资料的基础上，或是结合《天盛改旧新定律令》中相关规定，对西夏的符牌、交通、信牌制度等进行研究，取得了一定的成果。但是，其中也存在不足之处。如未厘清西夏刀牌、信牌、兵符三者之间的区别与联系。虽然《天盛改旧新定律令》中部分西夏的刀牌、兵符、信牌的条文有互通之处，但是除了形制上的区别外，三者在功用上亦有明显的差异。如"执符出使"条，"执鍮符而折之，曰'我带银符'语及所领符不带腰上而置家中等，一律徒三年"中"鍮符"和"银符"均为信牌，《西夏驿路与驿传制度》一文中则作兵符进行讨论②。本文拟在前贤基础上围绕西夏信牌的形制与种类、信牌派遣制度两个方面进行讨论。

一、信牌的形制与种类

存世的西夏的信牌中有"敕燃马牌"两枚，一枚藏于国家博物馆，《中国藏西夏文献》第二十册编号 B52·001，"铜质，圆形，直径 15 厘米，带穿 18.2 厘米，由上下两块套合组成。上块正面刻双线四联忍冬花纹饰，上端有一镀金西夏文'敕'字，下块正面刻双线西夏文楷书'敕燃马牌'4 字"③。另一枚藏于西安市文物局，《中国藏西夏文献》第二十册编号 S72·001，基本特点与国家博物馆所藏相同，直径 14.7 厘米，略有不同。两枚"敕燃马牌"的"上部有半圆形符嵌，符顶有方形穿口，上片圆牌可嵌入下片符嵌"④。

在西夏文抄本《宫廷诗歌》中收有《敕牌赞歌》（𘜶𗇐𗙏𗱕）一首，诗歌中涉及西夏敕牌的形制、作用、地位等内容。该诗歌收于《俄藏黑水城文献》第十册《宫廷诗集》29—16 右、29—17 左两面⑤，现据梁松涛汉译转录如下：

① 杜建录：《试论西夏的牌符》，漆侠、王天顺主编：《宋史研究论文集》，银川：宁夏人民出版社，1999 年，第 372—380 页；尚世东：《西夏文书档案驿传制度述略》，《档案学研究》2001 年第 5 期，第 18—22 页；尚世东：《西夏公文驿传探微》，《历史档案》2001 年第 4 期，第 80—84 页；苏冠文：《西夏信息传递述论》，《宁夏社会科学》2006 年第 2 期，第 106—108 页；陈旭：《西夏驿路与驿传制度》，《北方民族大学学报》（哲学社会科学版）2010 年第 1 期，第 77—82 页；孙广文：《西夏驿传研究》，宁夏大学 2009 年硕士学位论文。
② 陈旭：《西夏驿路与驿传制度》，《北方民族大学学报》（哲学社会科学版）2010 年第 1 期，第 81 页。
③ 宁夏大学西夏学研究中心、国家图书馆、甘肃省古籍文献整理编译中心：《中国藏西夏文献》第二十册，兰州：甘肃人民出版社、敦煌文艺出版社，2007 年，第 73 页。
④ 宁夏大学西夏学研究中心、国家图书馆、甘肃省古籍文献整理编译中心：《中国藏西夏文献》第二十册，兰州：甘肃人民出版社、敦煌文艺出版社，2007 年，第 9 页。
⑤ 俄罗斯科学院东方研究所圣彼得堡分所、中国社会科学院民族研究所、上海古籍出版社：《俄藏黑水城文献（西夏文俗文部分）》第十册，上海：上海古籍出版社，1999 年，第 298—299 页。

俄藏Инв.No.121V《敕牌赞歌》：

皇宫圣物金牌白
前面不知何不现
此刻一知不一般
形状方圆日月合
日月相合千□敬
性气急速风云助
风云带领万国敬
吾辈此刻汝威仪
不是雕鹫胜似雕鹫飞而高
不是豹虎犹如豹虎显耀行
己国臣，天高曲步以敬迎
他类主，地厚轻踏以礼举
诸事毋庸多言俱令满足
带领我与带领他不类同
己国他国皆所巡
敬畏之中乃久行
汝此刻
莫言我之无生命
"敕"字之内生情义
汝亦端庄所有进皇宫
我一显现如见圣君面
天佑圣力命全城
如此快乐已相知①

这首诗歌第一句即"𗰖𗏹𗡞𗾛𗱸𗱸𗱸"（皇宫圣物金牌白），与结尾"𗱸𗱸𗱸𗱸②𗰖𗱸𗏹𗱸𗱸"（我一显现如见圣君面）呼应，突出其重要地位。根据诗歌中"金牌白""方圆日月合""急速""敕字"等信息，可知该敕牌即"敕燃马牌"，材质应为金镀银。其形状"方圆"，即牌为圆形，穿为方形。

"圆形方穿"的符牌在史籍文献中并不多见。据王易《重编燕北录》所载，辽代"银

---

① 梁松涛：《西夏文〈敕牌赞歌〉考释》，《宁夏社会科学》2008 年第 3 期，第 90—93 页。
② "𗱸𗱸"，意思为"停留"，梁松涛：《西夏文〈敕牌赞歌〉考释》，《宁夏社会科学》2008 年第 3 期录为"𗱸𗱸"。

牌有三道，上是番书'朕'字，用金镀银成，见在内侍左丞宣宋璘处收掌，用黑漆匣盛，每日于戎主前呈封一遍，或有紧急事宜用此，牌带在项上走马，于南北大王处抽发兵马，余事即不用也"①。据《重编燕北录》附图可知，该辽代银牌为圆形，但其穿为圆环状，并非方形。据《册府元龟》载，吐蕃官员章饰为"方圆三寸"牌状，"章饰有五等：一谓瑟瑟，二谓金，三谓金饰银上，四谓银，五谓熟铜，各以方圆三寸，褐上装之，安膊前，以别贵贱"②。可知，吐蕃官员章饰的形状为"方圆"，与西夏"敕燃马牌"的形制有相通之处。

　　唐、宋、辽、金也有"敕走马牌"，其材质中除金镀银外，多为金、银牌，但其形制均为长牌式。唐、宋"敕走马银牌"形制相似，尺寸略有差异。据《宋史·舆服志》载："唐有银牌，发驿遣使，则门下省给之。其制，阔一寸半，长五寸，面刻隶字曰'敕走马银牌'，凡五字，首为窍，贯以韦带。其后罢之。宋初，令枢密院给券，谓之'头子'。太宗太平兴国三年，李飞雄诈乘驿谋乱，伏诛。诏罢枢密院券，乘驿者复制银牌，阔二寸半，长六寸。易以八分书，上钑二飞凤，下钑二麒麟，两边年月，贯以红丝绦。端拱中，以使臣护边兵多遗失，又罢银牌，复给枢密院券"③。辽代"敕走马牌"为长牌式，材质则有金镀银、银、木等，王易《重编燕北录》载："长牌七十二道，上是番书'敕走马'字，用金镀银成，见在南内司收掌。每遇下五京诸处取索物色及进南朝野味、鹿茸、果子用。此牌信带在腰间左边走马。木刻子牌约有一十二道，上是番书'急'字，左面刻作七刻，取其本国已历之世也，右面刻作一刻，旁是番书'永'字，其字只是用金镀银叶陷成，长一尺二寸，已来每遇往女真、达靼国取要物色、抽发兵马用此，牌信带在腰间左边走马，其二国验识为信"④。《辽史·仪卫志》亦载："银牌二百面，长尺，刻以国字，文曰'宜速'，又曰'敕走马牌'。"⑤金代"准敕急递"或"急速走递"牌上有阿骨打花押，如"主"字，材质有金、银、木等，范大成《揽辔录》载："虏法，出使者必带牌，有金、银、木之别。上有女真书'准敕急递'字及阿骨打花押。"⑥周辉《北辕录》载："至泗州津亭。使、副拜望如仪，接伴戎服陪立，各带银牌，牌样如方響，上有蕃书'急速走递'四字，上有御押，其状如主字。虏法，出使皆带牌，有金、

①　［宋］王易：《重编燕北录》，［明］陶宗仪等：《说郛三种》卷三八，上海：上海古籍出版社，1988年，第646页。
②　［宋］王钦若等编纂、周勋初等校订：《册府元龟》，南京：凤凰出版社，2006年，第11136页。
③　［元］脱脱等：《宋史》，北京：中华书局，1977年，第3594—3595页。
④　［宋］王易：《重编燕北录》，［明］陶宗仪等：《说郛三种》卷三八，上海：上海古籍出版社，1988年，第646页。
⑤　［元］脱脱等：《辽史》，北京：中华书局，1974年，第915页。
⑥　［宋］范大成：《揽辔录》，［明］陶宗仪等：《说郛三种》卷四一，上海：上海古籍出版社，1988年，第680页。

银、木之别。"①承德出土金代金、银牌，德惠出土银牌均长约 21 厘米，宽约 6 厘米，其刻字内容与以上两条记载可相互印证②。

西夏的金、银信牌虽没有实物出土，但是根据传世典籍和出土文献的记载，其使用贯穿了整个西夏。《宋史·夏国传》载，元昊"发兵以银牌召部长面受约束"③。成书于夏仁宗天盛年间的《天盛改旧新定律令》对银牌也有记载，据《天盛改旧新定律令·执符铁箭显贵言等失门》载："其中执鍮符而折之，曰'我带银符'语及所领符不带腰上而置家中等，一律徒三年。"④其中，鍮符（𗢳𗧾）、银符（𗩾𗧾）均指信牌。足见西夏"敕燃马牌"规定与辽代一样，须佩腰间走马。中国藏 G11·049［B125：22］西夏佛名诵读功效文末尾所刻"𗵽𗋽𗼋�522𗧾𗑇𘊐𗵽𗣫"（发愿施者持金牌讹二山）⑤中，讹二山所持即金牌。俄藏Инв.No.315 西夏南边榷场使文书⑥中安排官所持即银牌。关于西夏金、银牌的记载又见于夏献宗乾定元年（1224）⑦、乾定二年（1225）⑧的两件西夏文文书中，现据聂鸿音先生汉译转录如下：

俄藏Инв.No.2736《乾定申年黑水城守将告牒》载：

黑水守城管勾执银牌都尚内宫走马没年仁勇禀：

兹仁勇曩者历经科举学途，远方鸣沙家主人也。先后任大小官职，历宦尚那皆、监军司、肃州、黑水四司，自子年始，至今九载。与七十七岁老母同居共财，今母实年老病重，与妻眷儿女一并留居家舍，其后不相见面，各自分离，故反复申请续转，乞遣至老母住处附近。昔时在学院与先至者都使人彼此心存芥蒂，故未得升迁，而出任远方不同司院多年。其时以来，无从申诉。当今明君即宝位，天下实未安定，情急无所遣用，故仁勇执银牌为黑水守城管勾。今国本既正，上圣威德及诸大人父母之功所致也。微臣等皆脱死难，自当铭记恩德。仁勇自来黑水行守城职事时始，夙夜匪懈，奉职衙门。守城军粮、兵器及炮大小五十六座、司更大鼓四面、铠甲等

① ［宋］周辉：《北辕录》，朱易安等主编：《全宋笔记》第五编九，郑州：大象出版社，2012 年，第 192 页。

② 刘宁：《对几面金代牌子的认识》，《辽海文物学刊》1995 年第 1 期，第 229—235 页。

③ ［元］脱脱等：《宋史》，北京：中华书局，1977 年，第 13995 页。

④ 史金波、聂鸿音、白滨译注：《天盛改旧新定律令》，北京：法律出版社，2000 年，第 471 页。

⑤ 宁夏大学西夏学研究中心、国家图书馆、甘肃省古籍文献整理编译中心：《中国藏西夏文献》第十六册，兰州：甘肃人民出版社、敦煌文艺出版社，2006 年，第 155 页。

⑥ 俄罗斯科学院东方研究所圣彼得堡分所、中国社会科学院民族研究所、上海古籍出版社：《俄藏黑水城文献（汉文部分）》第六册，上海：上海古籍出版社，2000 年，第 281 页。

⑦ 俄罗斯科学院东方研究所圣彼得堡分所、中国社会科学院民族研究所、上海古籍出版社：《俄藏黑水城文献（西夏文俗文部分）》第十三册，上海：上海古籍出版社，2007 年，第 103 页。

⑧ 俄罗斯科学院东方研究所圣彼得堡分所、中国社会科学院民族研究所、上海古籍出版社：《俄藏黑水城文献（西夏文俗文部分）》第十四册，上海：上海古籍出版社，2011 年，第 256 页。

应用诸色原未足，所不全者，多多准备，已特为之配全。又自黑水至肃州边界瞭望传信烽堠十九座，亦监造完毕。仁勇转运远方不同司院之鸣沙家主蓄粮，脚力贫瘠，惟恃禄食一缗，而黑水之官钱谷物来源匮乏，分之执法人众，则一月之份尚不得二斛。如此境况无有变更，当今食粮断绝，恐赢瘦而死。敝人仁勇蒙恩归宁母子，守城职事空额乞遣行将哆讹张力铁补之，依先后律条，于本地副将及监军司大人中遣一胜任者与共职，将仁勇遣为老母附近司中，任意管勾大小职事。可否，一并乞宰相大人父母慈鉴。

> 乾定申年七月，仁勇①

俄藏Инв.No.8185《乾定酉年黑水副统告牒》载：

> 黑水副将都尚苏哆浮屠铁禀：
> 兹本月十一日，接肃州执金牌边事管勾大人谕文，谓接伊朱房安县状，传西院监军司语：执金牌出使敌国大人启程，随从执银牌及下属使人计议，引一千人畜经伊朱来黑水入籍，令准备粮草。接谕文时，浮屠铁亲自火速先行启程前来，领取官职及附属耕地，守城管勾大人许之。其人距边界附近一日路程，当夕发而朝至。投诚者来谓，盖不迟于耕种时节出行入籍，恐内郊职事生住滞有碍，故准备接纳之法：一面以小城边检校城守鬼哆奴山行文，往沿途一驿驿准备接待，不为住滞，一面先差通判耶和双山及晓事者执状文启程，至执金牌大人附近，其时浮屠铁亦火速前往。可否，一并告乞执金牌大人计议并赐谕文。

> 乾定酉年二月，浮屠铁②

第一件文书为黑水守城管勾没年仁勇的禀帖，内容即通过对在任时修缮守城设施等工作的总结，恳请宰相大人将其调至家乡沙州附近工作，并对哆讹张力铁进行举荐。文书中没年仁勇的官职即"𗗙𘄡𗴧𘓺𗼻𗢸𗬨𘙇𗟻𗣼𘝯𗗙𗿳𗰗𘉜"（黑水守城管勾执银牌都尚内宫走马）。仁勇作为黑水守城管勾所持为银牌（𗟻𗣼）。第二件文书为黑水副将苏哆浮屠铁的禀文，文书内容是关于一批居民和所属牲畜来黑水城入籍的安排，这批居民和牲畜是之前外交使团出使敌国招诱而来的。浮屠铁首先是派遣边检校鬼哆奴山前去通知沿途驿站负责接待，紧接着又派遣通判耶和双山等持文书前往恭候，自己也前去迎接。文书的目的就是请示肃州执金牌边事管勾大人批准。

这两件文书除了提供了西夏末期调任官员、招诱边民的信息外，也涉及了西夏金、

---

① 聂鸿音：《西夏文献论稿》，上海：上海古籍出版社，2012年，第119页。
② 聂鸿音：《西夏文献论稿》，上海：上海古籍出版社，2012年，第121页。

银牌的使用问题。首先，两件文书为西夏金、银牌的存在提供了确凿的证据。文书中执金牌（𗦲𗧓）者共有两位，一位是肃州边事管勾大人，另一位是出使敌国大人。执银牌（𗦮𗧓）者一为黑水守城管勾，二为出使敌国大人的随从。其次，印证了管勾一职有大小之别。肃州边事管勾大人执金牌，而黑水守城管勾则执银牌，同为管勾亦有"边事"和"守城"之别，故《乾定申年黑水城守将告牒》中有"任意管勾大小职事"之语。最后，金、银牌使用范围广泛。两件文书中边事管勾、守城管勾分别持金、银牌，出使敌国大人执金牌、随从执银牌，说明了西夏的金、银信牌不仅在国内使用，出使邻国亦可使用，正如《敕牌赞歌》中所言"已国他国皆所巡"。

此外，西夏还有木制符契。宋神宗熙宁二年（1069），陕西宣抚使韩绛派遣将士出麟府与西夏作战，"破贼马户川，斩馘数千，或绣旗、木符、领卢印"①。宋朝也有传信木牌，"合用坚木朱漆为之，长六寸，阔三寸，腹背刻字而中分之，字云某路传信牌。却置池槽，牙缝相合。又凿二窍，置笔墨，上帖纸，书所传达事。用印印号上，以皮系往来军吏之项。临阵传言，应有取索，并以此牌为言，写其上。如已晓会施行讫，复书牌上遣回"②。

可见西夏的信牌除了现存的铜质符牌外，还有金、金镀银、银、木质，其中"金镀银"与吐蕃官员章饰"金饰银上"材质相似。一方面，西夏信牌继承了唐宋信牌制度的特点，两者刻字内容"敕燃马牌"与"敕走马牌"表达意思一致。另一方面，其"方圆"形制与唐宋辽金"敕走马牌"的长牌式则有所不同，与吐蕃官员"方圆"章饰则有所类似。

二、信牌派遣制度

所谓信牌派遣，即发驿遣使，以通天下之信。结合《天盛律令·持符铁箭显贵言等失门》可知西夏信牌派遣制度至少包括了派执信牌的特定情况、执信牌者范围、执信牌捕畜还畜、执信牌稽程、信牌毁失、信牌合验等内容。

首先，信牌派遣是在紧急的情况或者特定环境下发生的。据《天盛律令·执符铁箭显贵言等失门》记载，如果发生以下八种情况：一、敌人大军已动，我方情势危急，力不堪任而求取援兵；二、引导敌人族类投降，须兵迁往迎接；三、他国使节来投诚；四、

---

① ［宋］杜大珪：《名臣碑传琬琰集》，《景印文渊阁四库全书》第450册，台北：商务印书馆，1986年，第85页。
② ［元］脱脱等：《宋史》，北京：中华书局，1977年，第3595页。

十恶中谋逆、失孝德礼、背叛；五、敌军于我方境内种地、放牧、居住；六、边城溜不聚集；七、唐徕、汉延等大渠渠坏，遣草工、笨工等前去修理；八、颁行圣旨等，则依法派遣执符。遇"事大小有急者"①，当派遣神策使军、强坐骑。

如果不应派执符，却私自派遣执符，派执符的大人正、副、边检校、习判、承旨、城主、通判、城守、城内行主等一律徒五年，局分都案、案头、司吏所受处罚比之减一等。又京师、边境诸司不应派执符，而密奏以派执符，当比局分都案、案头、司吏处罚减两等。另外，如果奏报的为同一件事，正副统、州府使、刺史、监军司等当合派执符者，倘若不总合一齐派遣，则有官罚马一，庶人杖十三。

其次，执信牌者范围较广，上至节亲、宰相，下至童子等均可执信牌。"节亲、宰相、大小臣僚、待命者及童子、其他诸人等，不执符、铁箭不许捕坐骑。倘若违律捕坐骑时，多少一律当绞杀"②。但是，信牌往往由派遣者中职位高者执，"边中、京师诸处派人，二三共职执敕符者，事非急，能顾及，则勿皆执符，最大一人当执之"③。

统军及其下属军首领也是重要的执信牌者。《天盛改旧新定律令·执符铁箭显贵言等失门》载，除统军以外，诸执符不许饮酒，"若违律饮酒时，已生住滞者罪状分明以外，未出住滞则因饮酒，有官罚马一，庶人十三杖"。又《天盛改旧新定律令·发兵集校门》载："正副将佐、大小军首领等，在军头持牌散军之语未至，此处外逃者八年"④。《贞观玉镜将》第一篇前两条的名略分别为"𘝧𗑱𗟲�𗲰𘓺𗣼𗣼"、"𗤋𗫷𗊱𗟈𗲰𘝨𗣼"⑤，内容即"将职共派敕牌，行文书""将军依法执印、信牌"⑥。

虽然执信牌者范围广泛，但是其所执信牌则有所区别，往往金、银、铜不等。前引两件黑水城文书中"肃州边事管勾大人"所执为金牌，而"黑水守城管勾"则执银牌。宋哲宗绍圣四年（1097），"熙河兰岷路经略司奏西界归附带牌天使穆纳僧格，法当补内殿崇班"⑦。《松漠纪闻》载："大辽盛时，银牌天使至女真，每夕必欲荐枕者。其国旧轮中下户作止宿处，以未出适女待之。"⑧《大金国志》亦载："每遇迎送南使，则给

① 史金波、聂鸿音、白滨译注：《天盛改旧新定律令》，北京：法律出版社，2000年，第472页。
② 史金波、聂鸿音、白滨译注：《天盛改旧新定律令》，北京：法律出版社，2000年，第473页。
③ 史金波、聂鸿音、白滨译注：《天盛改旧新定律令》，北京：法律出版社，2000年，第467页。
④ 史金波、聂鸿音、白滨译注：《天盛改旧新定律令》，北京：法律出版社，2000年，第246页。
⑤ 又译为《贞观玉镜统》。俄罗斯科学院东方研究所圣彼得堡分所、中国社会科学院民族研究所、上海古籍出版社：《俄藏黑水城文献（西夏文俗文部分）》第九册，上海：上海古籍出版社，1999年，第345页。
⑥ 陈炳应《贞观玉镜将研究》（银川：宁夏人民出版社，1995年）第66页分别译作"共命将职，有诏旨，行文书"和"统印信、主法律者"。
⑦ ［宋］李焘：《续资治通鉴长编》，北京：中华书局，1993年，第11650页。
⑧ ［宋］洪皓撰、翟立伟标注：《松漠纪闻》，长春：吉林文史出版社，1986年，第23页。

银牌人，主干者各悬一枚于腰间，名曰'银牌天使'。"①可见西夏同辽、金一样，执信牌者有"天使"之称呼。

再次，执符者具有捕乘坐骑的权力，但其捕畜、还畜必须严格按照捕畜头子②等具体规定，不得肆意捕畜、杀畜、纵放畜。诸人与执符相遇，若不予执符人骑乘并殴打执符者，则当绞杀。若诸人不予骑乘人而逃、予之骑乘而打执符人、未打执符人且不予骑乘，则徒十二年。而且，执符局分人所派童子、马夫等前去要骑乘，也必须无条件提供，"其处不予骑乘而打之者，徒四年。予之骑乘而打之及未打而不予骑乘而逃等，一律二年"。不仅如此，就连因官事出使的执文书者，"途中与执符相遇而捕骑时"③，执文书者也当予之骑。足见，执符者在捕乘坐骑上有着重要的权力。

执符者所持捕畜头子往往与信牌一同颁给，而且"不许不令执符而行捕坐骑头子"④，违律行捕坐骑头子，行者徒一年。如果因私事行捕畜头子，则与因私擅自遣执符处罚相同。执符者必须严格按照捕畜头子上规定的捕骑数进行捕畜，超捕畜者，按照一日一畜计算，超一至九畜，其徒刑分别为一至十二年，十畜则无期，十一畜以上则绞杀。超引随从，则按照一人一日一畜计算，依超捕罪状法判断。同时，准许一起诸人告举。执符超捕、超引惩处、举赏如表1所示：

表1　西夏超捕畜头处罚表

日期	一日	二日	三日	四日	五日	六日	七日	八日	九日	十日	十一日及以上
判罚	徒一年	徒二年	徒三年	徒四年	徒五年	徒六年	徒八年	徒十年	徒十二年	无期徒刑	绞刑
举赏	十缗	二十缗	三十缗	四十缗	五十缗	六十缗	七十缗	七十缗	九十缗	九十缗	一百缗

西夏对超捕骑乘的处罚与《唐律疏议》和《宋刑统》中对"增乘驿马者"的处罚类似，即"一匹徒一年，一匹加一等"⑤。但唐宋时期对于乘驿马赍私物的规定较之西夏严密，"诸乘驿马赍私物，一斤杖六十，十斤加一等，罪止徒一年"⑥。西夏执符者赍私物，不论多少，一律"徒六个月，举赏五缗钱"⑦。

除了对执符者的捕骑数有严格的限制外，《天盛改旧新定律令》对于捕畜的种类也

---

① ［金］宇文懋昭撰、崔文印校证：《大金国志校证》，北京：中华书局，1986年，第562页。
② 西夏文对应"芹技"，《天盛改旧新定律令》汉译本均作"头字"，现据《番汉合时掌中珠》"瓸飙禣𣨼"（出与头子）译作"头子"。下同。
③ 史金波、聂鸿音、白滨译注：《天盛改旧新定律令》，北京：法律出版社，2000年，第474页。
④ 史金波、聂鸿音、白滨译注：《天盛改旧新定律令》，北京：法律出版社，2000年，第473页。
⑤ ［唐］长孙无忌等撰、刘俊文点校：《唐律疏议》，北京：中华书局，1983年，第210页。
⑥ 薛梅卿点校：《宋刑统》，北京：法律出版社，1999年，第190页。
⑦ 史金波、聂鸿音、白滨译注：《天盛改旧新定律令》，北京：法律出版社，2000年，第470页。

有严格的规定。捕骑乘，当于诸家民所属私畜或者国家牧场所属牲畜中选用，但不许差用官马。如果附近无私畜及牧场畜，或者私畜等不堪骑用，则允许捕骑官马。倘若附近有"堪骑之他畜"不用，而用官马时，则徒二年。对于押送囚犯的执符人，"当令捕牛、驴，予之头子，勿捕骆驼、马。捕骆驼、马时，庶人十三杖，有官罚马一"[①]。

执符者派遣中，坐骑被杀，或是途中受伤，返回后死去，则执符者不必偿还。若坐骑为官畜，则当注销。若坐骑直接在途中病患羸弱死去，知其所在，允许不偿畜，"边近则以畜尸，边远则以肉皮，依当地现卖法当卖之"[②]，所得卖畜钱还给畜主人。当然还有两种情况，执符者必须赔偿畜主人。一是执符途中坐骑走失，或是因为坐骑不行道而杀之时，当偿。二是执符者因私出行致坐骑被杀，执符者当偿畜。

还畜者在执符返回后负责还畜事宜。诸院执符派遣中，童子、局分人、还畜者等不准纵放畜，若纵放，当计量，以贪赃枉法罪处罚。还畜者与执符同在，而畜亡逸、失盗，则还畜者当偿其畜。若畜主人已见到其畜，而畜亡失，则畜主人与还畜者共同偿畜。

然后，执符者接受派遣后，必须立即动身，不得误期。若派遣信牌有时间限制，当由派遣者计量路程远近，并根据路程来确定期限。如果派遣者不计量路程远近而限期过短，以致误期，执符者当重新计量路程、期限，若执符误，则定其误期之罪，若派遣者计量有误，则执符无罪。

信牌中有一种是火急符，当发生敌寇入侵，我方发兵马以及十恶中谋逆、失孝德礼、背叛等情况时，派火急符。执火急符者，往往昼夜兼程。有误期者，按其所误时辰施以杖刑，误期超十一时按一日计，误一日至四日，分别徒一至十年，误五日以上者，当绞杀。执火急符误期惩处如表2所示：

表2　西夏执火急符误期惩处表

误期	一至三时	四至六时	七至十时	十一时以上	二日	三日	四日	五日及以上
判罚	八杖	十杖	十三杖	徒一年	徒三年	徒五年	徒十年	绞刑

当发生十恶中恶毒、为不道、大不恭、不孝顺、不睦、失义、内乱七类，地边、畿内有事告奏，发笨工，催促种种摊派物[③]等情况时，依法派信牌。误期者，误一日至三日，徒三个月；误四至七日，徒六个月；以此类推，误三十七至三十九日，徒十二年。

① 史金波、聂鸿音、白滨译注：《天盛改旧新定律令》，北京：法律出版社，2000年，第473页。
② 史金波、聂鸿音、白滨译注：《天盛改旧新定律令》，北京：法律出版社，2000年，第468页。
③ "发笨工，催促种种摊派物"，《天盛改旧新定律令》第468页作"安排发笨工，催促种种物"。

若四十日以上的话，无期徒刑。若其中有受贿者，当按照贪赃枉法罪从重处罚。执信牌误期惩处如表3所示：

表3　西夏执信牌误期惩处表

误期	一至三日	四至七日	八至十日	十一至十三日	十四至十七日	十八至二十一日	二十二至二十五日	二十六至二十八日	二十九至三十一日	三十二至三十六日	三十七至三十九日	四十日及以上
判罚	徒三个月	徒六个月	徒一年	徒二年	徒三年	徒四年	徒五年	徒六年	徒七年	徒十年	徒十二年	无期徒刑

唐宋法律中类似规定则有"诸驿使稽程者，一日杖八十，二日加一等，罪止徒二年。若军务要速，加三等；有所废阙者，违一日，加役流"[①]。其中军务要速者类似于西夏执火急符者。

执符者若途中"染疾病，骑马坠伤"，于期限未到来者，则勿以误期论。执符人已领信牌，"无谕文不许擅自在家中"[②]，若违律，在家中日期当按照发笨工、催促种种摊派物执符者延误日期惩罚。

最后，执信牌者需将信牌佩戴在腰上，且不得折损、遗失信牌。诸人执符出使，不许将符藏在怀中，若符面上纸因此揉皱，则有官罚马一，庶人杖十三，若继而折叠，则徒一年。执符者需将所领符带在腰上，若置在家中，则与折损鍮符等罪相同，徒三年。执符人因为大意从骑乘上摔下，导致符、铁箭折断损坏，或者留书子、锁舌、捕畜头子等丢失，则有官罚马一，庶人杖十三。执符者派遣中无理与他人打斗，符、铁箭折损，则执符者与相殴打之人一律徒二年。执符强征诸家主中他人妻，其丈夫不告而擅自捕打执符而失符，打者徒三年，若仅争斗殴打，伤符则徒二年，未伤徒一年。若执符及他人受贿而伤符，一律徒五年。

执符出使之时如果大意丢失信牌，则判处绞杀之刑。未经宣判而又找到了之前丢掉的信牌，则判罚徒五年。宣判过后才寻得丢掉的信牌，则判罚徒六年。如果统军、监军司、边检校等丢失信牌，则判处绞杀。因遗失信牌以致指挥失误者，徒一年。可见，西夏在出使、统军、监军司等一些重要职事派遣中，如若丢失信牌，对执符者的惩处是比较重的。

总之，西夏的信牌不仅有"敕燃马牌"存世，还有法典、宫廷诗歌、社会文书提供佐证，其形制特点上既有对唐宋的借鉴，也受到了吐蕃等少数民族的影响。从《天盛改旧新定律令》律文中可以看出，西夏信牌派遣制度包括了派执信牌的特定情况、执信牌

---

① ［唐］长孙无忌等撰、刘俊文点校：《唐律疏议》，北京：中华书局，1983年，第208页。
② 史金波、聂鸿音、白滨译注：《天盛改旧新定律令》，北京：法律出版社，2000年，第471页。

者范围、执信牌捕畜还畜、执信牌稽程、信牌毁失、信牌合验等内容。其中部分条文如超捕骑乘的处罚，与《唐律疏议》和《宋刑统》中对"增乘驿马者"的处罚类似，这也表明了西夏在制定信牌相关法律制度时借鉴了中原王朝的有关规定。

（原载《西夏研究》2020 年第 4 期）

西夏的兵符制度

张笑峰

摘 要：西夏的兵符除了传世文献中的起兵符契、起兵木契，还有《天盛改旧新定律令》《贞观玉镜将》中记载的发兵谕文和符节。本文通过考察西夏文文献中对于西夏兵符的记载，不仅对我们了解西夏兵符的种类提供依据，而且对我们研究西夏兵符的管理及派遣制度也有所裨益。

关键词：西夏；兵符；发兵谕文；符节

兵符，起军旅、易守长之用。西夏法典《天盛改旧新定律令》中与兵符相关的律文共有十三条，其中《天盛改旧新定律令·持符铁箭显贵言等失门》十二条，《天盛改旧新定律令·事过问典迟门》一条。西夏军事法典《贞观玉镜将》中也有三条规定与之相关。以上十六条律文内容主要是对西夏发兵谕文和符节的派遣、合符以及兵符丢失处罚等规定。相比而言，汉文史料中关于西夏兵符的记载则略显简略。宋朝起兵符信亦有两种：一为传信朱漆木牌，"给应军中往来之处，每传达号令、关报会合及发兵三百人以下即用"；二为铜兵符，"给诸路总管主将，每发兵三百人或全指挥以上即用"①。西夏则未发现有如此根据发兵人数区别兵符的记载。目前学界对西夏的发兵谕文和符节少有研究，本文主要围绕《天盛改旧新定律令》《贞观玉镜将》中兵符条文展开，对西夏兵符的种类、兵符管理及派遣制度进行讨论。

---

① ［元］脱脱等：《宋史》，北京：中华书局，1977 年，第 3595 页。

一、西夏兵符的种类

汉文史料里记载有西夏起兵符契、起兵木契，据《续资治通鉴长编》卷三二七载，宋神宗元丰五年（1082），环庆经略司言："斩西贼统军嵬名妹精嵬、副统军讹勃遇，得铜印、起兵符契、兵马军书，并获蕃丁头凡三十八级。"[①]《宋会要辑稿》卷九三〇载，宋哲宗绍圣三年（1096），鄜延路经略使吕惠卿言："自六月以后五十日间，第一至第七将前后十四次俘斩甚众，并获副军大小首领、副钤辖及得夏国起兵木契、铜记、旗鼓。"[②]除此之外，其他佐证材料较少。西夏文文献记载则相对较多，其中西夏兵符共有两种。

其一，发兵谕文，西夏文为"𗈁𗥤𗲠𗲥"，字面意思"发兵言节"，《天盛改旧新定律令》汉译本作"发兵谕文"。其中，"𗲠𗲥"，字面意思"言节"，意"谕文"。𗲠，意"言""学"，夏译《孟子》"𗲠𗴮"即"辞曰"[③]。《类林》"𗤁𗍫𗒛𗏆𗤓𗤋𗲠𗼒𗴝"对应汉文本"此人者益州学士是谓"[④]。西夏文《孝经传序》"𗧽𗤁𗕣𗊢𗤋𗲠"即"资政殿大学士"[⑤]。𗲥，意"节"，《番汉合时掌中珠》"𗊲𗲥"作"八节"、"𗬺𗲥"作"骨节"[⑥]。俄藏Инв.No.8185《乾定酉年黑水副统告牒》中，"𗥯𗣼𗴴𗦻𘂝𗁦𗲠𗼨𗴝𗤋𗲠𗲥𗾔𗰗"即"接肃州执金牌边事管勾大人谕文"、"𘃸𗧅𗴴𗦻𗴬𗏵𗮔𗣼𗗙𗲠𗲥𗧂"即"一并告乞执金牌大人计议并赐谕文"[⑦]。

谕文"𗲠𗲥"一词又见于《贞观玉镜将》，陈炳应先生译作"令节"，作为发兵的指令。其中，《贞观玉镜将》第二篇第十三条："𗧙𗆟𗥤𗴴𗦟𗦡𗥤𗄭𗉃𗲠，𘂝𗥤𗴬𗲥𗲠𗾔𗤋，𗫺𗣼𗩱𗝡𗝆，𗴷𗁦𗜀𗈁𗥤，𗲠𗲥𗉅𗦡𘌘，𘃸𗧅𗴭𗥤𗾔𗤋𘂝𗣼𗥤𗝆"，即"副将军分管兵马头项，不求得正将军令节，不许擅自行动，若与敌军遇，来不及求令节，则行动之后应该报告。"[⑧]《贞观玉镜将》第四篇第十五条："𗧙𗴭𗧅𗥤𘐨𗿷𗲠𗥤，𗹢𗥤𗴬𗲥𗥤𗉅𗥤，𗫺𗲠𗲥𗾔𗤋，𘑔𘑔𗫺𗥦𗝡𗝆"，即"行将说要挫敌军锋，需先向将军说，乃战，若不求得令节，各自行动者，不允许"[⑨]。可见，一般情况下，副将、行将

---

① ［宋］李焘：《续资治通鉴长编》卷三二七"神宗元丰五年六月辛亥"条，北京：中华书局，1990年，第7865页。

② ［清］徐松：《宋会要辑稿》兵一四之二〇，北京：中华书局，1957年，第6903页。

③ 彭向前：《西夏文〈孟子〉整理研究》，上海：上海古籍出版社，2012年，第126页。

④ 史金波、黄振华、聂鸿音：《类林研究》，银川：宁夏人民出版社，1993年，第106页。

⑤ 聂鸿音：《西夏文献论稿》，上海：上海古籍出版社，2012年，第23—24页。

⑥ 俄罗斯科学院东方研究所圣彼得堡分所、中国社会科学院民族研究所、上海古籍出版社：《俄藏黑水城文献（西夏文俗文部分）》第十册，上海：上海古籍出版社，1999年，第24、10页。

⑦ 俄罗斯科学院东方研究所圣彼得堡分所、中国社会科学院民族研究所、上海古籍出版社：《俄藏黑水城文献（西夏文俗文部分）》第十四册，上海：上海古籍出版社，2011年，第256页。

⑧ 陈炳应：《贞观玉镜将研究》，银川：宁县人民出版社，1995年，第78页。

⑨ 陈炳应：《贞观玉镜将研究》，银川：宁夏人民出版社，1995年，第102页。

（《天盛改旧新定律令》汉译本作“行监”）领兵作战都需提前奏告将军，得到“令节”方可作战。

另外，在《贞观玉镜将》中还有“[illegible]”（将令）、“[illegible]”（令节）、“[illegible]”（新令）等词，亦与发兵相关。《贞观玉镜将》第三篇第三十二条载：“[illegible]□□，[illegible]□□[illegible]，[illegible]□□，[illegible]”，即“原有将令、指挥之令节及立功之赏赐、罪伤之判决等一切有没有……已阙，新令出者，按律指挥、赏赐，承担多少？亦由将军计量施行”[①]。

其二，符节，西夏文为“[illegible]”，字面意思是“显合”，《天盛改旧新定律令》汉译本作“兵符”。[illegible]，意“明”“显”“别”“匾”“牌”。《番汉合时掌中珠》“[illegible]”作“知证分白”[②]，夏译《孟子》“[illegible]”即“皆所以明人伦也”、“[illegible]”即“夫妇有别”、“[illegible]”即“不直则道不显”[③]。《类林》载：“[illegible]，[illegible]，[illegible]，[illegible]”对应汉文本“晋帝造凌云阁，令韦诞书写匾名，而匠人误先钉其牌悬于楼上，韦诞乃出木梯上另写匾文”[④]。[illegible]，意“和”与“合”。《番汉合时掌中珠》“[illegible]”作“六亲和合”[⑤]。

符节“[illegible]”一词又见于西夏译本《类林》卷三《列直篇·苏武》。现参照《俄藏黑水城文献》图版录文如下：

> [illegible]，[illegible]。[illegible]，[illegible]，[illegible]，[illegible]，[illegible]：“[illegible]，[illegible]”，[illegible]。[illegible]，[illegible]。[illegible]。[illegible]，[illegible]。[illegible]，[illegible]，[illegible]。[illegible]，[illegible]。[illegible]，[illegible]，[illegible]，[illegible]。[illegible]，[illegible]，[illegible]，[illegible]

① 陈炳应：《贞观玉镜将研究》，银川：宁夏人民出版社，1995年，第94页。

② 俄罗斯科学院东方研究所圣彼得堡分所、中国社会科学院民族研究所、上海古籍出版社：《俄藏黑水城文献（西夏文俗文部分）》第十册，上海：上海古籍出版社，1999年，第34页。

③ 彭向前：《西夏文〈孟子〉整理研究》，上海：上海古籍出版社，2012年，第151、159、163—164页。

④ 史金波、黄振华、聂鸿音：《类林研究》，银川：宁夏人民出版社，1993年，第206页。

⑤ 俄罗斯科学院东方研究所圣彼得堡分所、中国社会科学院民族研究所、上海古籍出版社：《俄藏黑水城文献（西夏文俗文部分）》第十册，上海：上海古籍出版社，1999年，第29页。

𘚷𗰖，𗤻𘃡𘊝𗦻𗵈𗭑𘋩𗪓𘊝𗰣𗤨𗺓，𗒓𗰣𘃀𘈘𘚷𗵈𗫨𗋽𘛨𘘣𗧶𗺸，𘚷𗵈𗵂𗶿𘙒𘝭𗴢𗴁𗺓。𘈘𘚷𘊀𘋓𗴺𗶐𗕑𘊝𘘒𘈘𘚷，𘃢𘈘𘚷𘉐𗫨𗵈𘚰𗒓𗷤𘝀𘚯，𘚷𗵈𘞹𘃎𘚷𗵈。𗄉𗠱𗶐，𘚷𘞁𗫬𘍙，𘘒𗔨𗔺𘚽𘟡�𗪓。𘊝𘊝𗲪𗞥𗶐𗞉，𘘢�𗥩𗄉𘔀𘚷𗵈𗕣𗤊𗭓𘃡𗄥𗩪𗆝。𘚷𗵈𗫨𗫨𗲼𗤨𗔭𗫔𗰣𗺓，𘒚𗪩𘝹𘙊𘘢𗩪𗺓，𗆀𗲼𘌐𘝯𘗇𗮾𘈘𗬓，𘉂𗷣𗒑𘃚𗭑。𘘒𘚷�𗄉𘍙。𗭾𘏲𘘒𘚷�𗵈𗴁𘈦。①

其中，"�_𗮝"出现了三次，均对应汉文本中"节"。"𘚷𗵈𘊝������"对应汉文本"汉武帝时令持节出使北方匈奴"、"𘚷����𗄉�而"对应汉文本"苏武持节而牧羊"、"𗄉���，���，���𘘢��"对应汉文本"得还，至汉国，犹持原汉节烂"②。

节，外观类似竹节，编毛而成。唐张守节注《史记》卷六曰："旌节者，编毛为之，以象竹节，汉书云'苏武执节在匈奴牧羊，节毛尽落'是也。"③颜师古注《汉书》卷七曰："持节而为使。"节不但用于出使，亦用于发兵。汉武帝征和二年七月，"太子与皇后谋斩充，以节发兵与丞相刘屈氂大战长安，死者数万人"④。唐宋时仍置有旌节，但其形制已发生了变化。唐天宝年间，节度使凡受命即得旌节以专制军事，宋代任命节度使也授以旌节，"旌用涂金铜螭头，髹杠，绸以红缯，画白虎，顶设髹木盘，周用涂金饰。节亦用髹杠，饰以金涂铜叶，上设髹圆盘三层，以红绿装钉为旒，并绸以紫绫复囊，又加碧油绢袋"⑤。

西夏符节的形制与上述旌节有所不同。西夏边中各行监、盈能均领有符牌（�_），新任命的行监、盈能也领有一种符牌（�_），而且该符牌须随身佩戴，"应戴牌而不戴时，徒一年"⑥。行监、盈能所持符牌（�_），若安定时丢失，则按照第十二卷待命者丢失记名刀牌法判断。内宫待命者所持刀牌（��_）亦为符牌（�_）的一种，其形状有长方铲形、长方形、圆形。并且，正如金代徐州行枢密院参议官全周言："今之金银牌，即古符节也。"⑦所以，西夏符节（�_�）的体积不大，便于随身佩戴。

① 俄罗斯科学院东方研究所圣彼得堡分所、中国社会科学院民族研究所、上海古籍出版社：《俄藏黑水城文献（西夏文俗文部分）》第十一册，上海：上海古籍出版社，1999 年，第 227—228 页。
② 史金波、黄振华、聂鸿音：《类林研究》，银川：宁夏人民出版社，1993 年，第 44—45 页。
③ ［汉］司马迁：《史记》，北京：中华书局，1959 年，第 238 页。
④ ［汉］班固：《汉书》，北京：中华书局，1962 年，第 208—209 页。
⑤ ［元］脱脱等：《宋史》，北京：中华书局，1977 年，第 3514 页。
⑥ 史金波、聂鸿音、白滨译注：《天盛改旧新定律令》，北京：法律出版社，2000 年，第 476 页。
⑦ ［元］脱脱等：《金史》，北京：中华书局，1975 年，第 2444 页。

二、西夏兵符的管理及派遣

西夏的中书、枢密、经略等司和地方军政官员均有颁发谕文的权力，然职责范围有所不同。据《天盛改旧新定律令》载，京师各司所问习事中，获死刑、无期之人若有曲枉，当枷而问之，并奏报到中书、枢密职管处，寻谕文。边中监军司府、军、郡、县所问习事中，若有同样的情况，当报到经略职管处，以待谕文。边中、京师畿内等诸司对于派遣苦役等差事，当事先告知中书、枢密，"中书、枢密大人当量之"，中书、枢密当出谕文对指派之处等进行指示。倘若"诸司局分大小人不寻中书、枢密谕文，擅自遣有事处"时，则有官罚马一，庶人杖十三。谕文的颁发机构较多，其功能更是多样，有收租、摊派杂事以及作入内宫凭证等。若无官方谕文，"不许擅自于租户家主（税户家主）收取钱物、花红、麻皮等种种及摊派杂事"。诸有军职者"为丧葬、生育设筵及为祭神、嫁女、分家、修造房舍时，若遣人赴远地承办事务时"[1]，若确实需要属下军卒协助，当告奏职管处求谕文，违律则有官罚马一，庶人十三杖。诸人无谕文，不许入内宫、帐下，"其中父、兄弟、母、姨、姑、姐妹、其余亲戚等有所转告，及依时节等应来时，当奏经局分处，然后当由局分人引导往帐下，转告毕时，与引导同时退出"，若应奏报局分处而不奏报，及应来人不待谕文而随意进入等，一律徒二年。非内宫当值人员等，"无谕文不许随意于夜间闭门后住宿内宫中"，若违律，当比内宫人阑入之罪加一等。

西夏兵符的管理和信牌的管理是有所区别的。《天盛改旧新定律令·事过问典迟门》为审判、案件分类方面的规定，其中明确记载西夏的符节（𤚽𦧅）属于军案，而与信牌有关的"𦊟𪏨𪘏𢓜"（刻字待牌）则属于官案。

> 军案：军马始行，散逃，兵符，将佐大小检人家院牲畜，军争及军马解悟……回鹘□□投奔者……统军、军□、监军、习判遣……人马、甲胄，注册注销，军杂物□□接转，赏罚供给，领旗鼓号，罚马革官，远军未来，大小臣僚遣守护，诸人寻军，营垒……守护者□□堡城，城主、同判、城守遣，地边遣使人小监，西番、回鹘……诸人寻军立功，特命未来催促，军杂物库监、出纳遣转、防守，内外侍、帐门后宿□内宿、神策，帐门后宿……杂物……
>
> 官案：诸寺庙塔、阁门、臣僚、下臣、僧人、道士、案头、司吏、刻字、待牌、住续、印、大典、僧人坐、祭地神、案头司吏□别、皆子离、□印，遣居京都案、

---

① 史金波、聂鸿音、白滨译注：《天盛改旧新定律令》，北京：法律出版社，2000年，第254页。

案头。①

西夏兵符的派遣主要有以下五个特点：

（1）兵符派遣的特定情况有两种：一为边境敌军集结、入侵；二为界内有叛逃者。《执符铁箭显贵言等失门》第四十四条律文规定："边上敌人不安定，界内有叛逃者，应立即急速发兵，求取兵符"。第四十六条规定与之相似，"地边敌人不安定、敌军来及有叛逃者等"②，应发兵马。另外，发兵不能以叛逃者的言论作为依据，"若有本人叛逃及他人叛逃者互相有谋，派人入敌，与敌方亲戚人彼此回应，予之逃营事等，有如此用意之言，勿发兵，利③当得"。此间若有受贿怀有作恶之心者，当以谋逆罪论处。如果奏报京师迟误，或者不奏报京师、不等待兵符，刺史、监军司等依先前各自谋划发兵，若生停滞，则按照失兵符罪判断，停滞未生则徒二年。

（2）执兵符者共有两类：一为监军司"官大者"；二为各行监、溜、盈能。诸监军司所属印、信牌、兵符等均有记录，由"监军司大人中之官大者"执掌。边中各行监、盈能行，"当置一种牌"④，行时当执。据汉译本漏译的第四十七条记载："𗹐𗁾𗼲𘟠𗣙𗼲𗌱𗼘𗭴𗐱，𗵑𗟻𗹙𗜓，𗟻𗣠𗶷𗩱、𗌱、𘊄𗼸、𘝞𗵑𗟒𗁾𘉋𘉋𗉛𗆟𗦎𗴍𘉝，𗥃𗺓𗘂𗴽𗤁𗀾𗰖𘟀"⑤，即"诸行监、溜、盈能发兵符一种，以旧换新，府、军、郡县、监军司等自己地境内寻觅，有无当明之"。可知，"行监、溜、盈能"所领兵符并非由京师直接管理，而是由所在府、军、郡县、监军司等管理。

（3）执兵符者在发兵和安定两种情况下丢失符牌，其判罚区别较大。诸执符派遣中丢失发兵兵符时，"应发之兵无迟缓，如期来到，则失牌者徒三年。若应发之兵集日未到来，则失牌者绞杀"。如果行监、盈能执兵符者在本局分有所发兵时丢失兵符，其处罚与诸执符派遣中丢失发兵兵符相同。安定之时，诸人盗发兵兵符，"无另所生疑怨则徒四年"。诸人执信牌、发兵兵符遇敌人盗诈军、失火、水漂等情况，"执者因大意，徒一年"。各行监、盈能所持兵符若安定时丢失，则按照待命者失记名刀牌法判断，"失一种徒三个月，失二种徒六个月，失三种徒一年，期满当依旧任职。其中火烧、水淹、为盗贼所夺属实，则罪勿治，记名人当偿。为他人强行夺取时，取者之罪与前述自丢失罪相当。

① 史金波、聂鸿音、白滨译注：《天盛改旧新定律令》，北京：法律出版社，2000年，第318—319页。
② 史金波、聂鸿音、白滨译注：《天盛改旧新定律令》，北京：法律出版社，2000年，第477页。
③ 西夏文"𘉋"，意思为"颁"，史金波、聂鸿音、白滨《天盛改旧新定律令》第476页未译。
④ 史金波、聂鸿音、白滨译注：《天盛改旧新定律令》，北京：法律出版社，2000年，第476页。
⑤ 俄罗斯科学院东方研究所圣彼得堡分所、中国社会科学院民族研究所、上海古籍出版社：《俄藏黑水城文献（西夏文俗文部分）》第八册，上海：上海古籍出版社，1998年，第296页。

若毁伤则有官罚马一，庶人十三杖"①。可见，诸监军司所属发兵兵符等与行监、溜、盈能所持兵符地位不同。

（4）兵符派遣严格执行合符制度。诸监军司"所属印、符牌、兵符等当记之，当置监军司大人中之官大者处。送发兵谕文时当于本司局分大小刺史等众面前开而合符"。取牌时，符稍有不合，"变处当由刺史、监军同官共为手记而行"②，若京师局分人派发致误，则徒一年。监军司官员知符不合而不报，亦徒一年。若边上不安定、界内有叛逃者，奏请京师派遣兵符，符不合，来者"当枷而问之"。如果符不合，监军司诸人未将来者逮捕拷问，则徒三年。唐代铜鱼符勘合制度即"畿内则左三右一，畿外则左五右一，左者进内，右者在外，用始第一，周而复始"③，金代金银牌勘合有参差者，"左符以次出，周而复始"④。可见，符牌勘验的程序往往大同小异。

（5）发兵谕文是符节的重要补充。发兵谕文常与符节一起颁发。若符节不合，"来者当枷而问之"，是真符则当遣京师，如果并非急速发兵，则告奏京师寻谕文，"符皆不合，寻谕文，延误者，暂勿发兵，当速奏报而寻谕文，其中不误"⑤。符不合则需要奏告京师寻求谕文，京师即刻校正改派，校改之后，若仍不按照谕文执行，"边上应取而使不取者"，徒二年。

总之，不管是西夏的发兵谕文，还是符节，在管理和派遣上都有严格的规定。其中不仅有兵符管理机构的区别，还包含了对兵符派遣的时机、执兵符者的类别、丢失兵符的处罚、合符制度以及发兵谕文与符节的关系。《天盛改旧新定律令》和《贞观玉镜将》对于西夏兵符规定的详细程度丝毫不逊色于中原王朝的法典，这与西夏以武立国的统治思想是分不开的。

（原载《西夏研究》2019 年第 4 期）

---

① 史金波、聂鸿音、白滨译注：《天盛改旧新定律令》，北京：法律出版社，2000 年，第 429—430 页。

② 史金波、聂鸿音、白滨译注：《天盛改旧新定律令》，北京：法律出版社，2000 年，第 476 页。

③ ［宋］欧阳修、宋祁：《新唐书》，北京：中华书局，1975 年，第 525 页。

④ ［元］脱脱等：《金史》，北京：中华书局，1975 年，第 1336 页。

⑤ 史金波、聂鸿音、白滨译注：《天盛改旧新定律令》，北京：法律出版社，2000 年，第 476 页。

"左厢"、"右厢"与经略司——再探西夏"边中"的高级政区*

高　仁

摘　要： 左右厢与经略司先后为西夏"边中"地区的高级政区。左右厢系继承北方游牧民族"两翼制度"而创，大体以首都兴庆府为中轴线，分东西两部统领除京畿以外区域的所有兵马，"左厢"统东部，"右厢"统西部。其中，左厢约统军队十五万，为对宋、辽作战的主力部队。两厢的建制于崇宗亲政之后被废，而以东、西经略司替换之，由单纯的统兵体制演变为军政合一性质的地方行政体制。不过两厢所奠定的居中控制、两翼拱卫的政治地理格局被经略司继承而沿用至西夏灭亡。从左右厢到经略司，是西夏上层接受并极力推行的专制主义制度与西夏旧有的部落体制相冲突并融合的结果。经略司最终设立，不仅从制度上根绝了大族"酋豪"掌控军队的可能性，还较为彻底的将诸多的部落纳入专制主义的国家体制之内，为随后仁宗朝的"盛世"奠定基础。

关键词： 左厢；右厢；经略司；政区；专制主义

西夏是一个以党项族为主体，杂糅汉、吐蕃、回鹘等民族建立的多民族政权。其疆域辽阔，"东尽黄河，西界玉门，南接萧关，北控大漠"。而其在立国的 190 多年，之所

---

* 基金项目：2017 年国家社会科学基金青年项目"西夏制度源流考论"（项目编号：17CZS016）；2017 年中国博士后科学基金资助项目"西夏政区地理研究"（项目编号：2017M623281）。

以能够基本上保持疆域领土的完整及内部各民族的团结统一，则很大程度上得益于建立了一套较为成熟的政区制度及地方行政体系。

西夏大体按照距首都兴庆府的里程，将领土分为京畿、地中、地边，其中地中、地边合称为"边中"，即中央政府的非直辖区域。[①]一般认为，西夏对"边中"地区的管辖系以经略司为核心，其作为中央政府的派出机构，综领军民，并统辖着"边中"的诸多基层单位——监军司、府、军、州、郡、县等。[②]

这种以经略司为核心的地方军政体系的观点是经过学界十余年讨论形成的，应该较为客观。不过，若是细心地对史料加以梳理的话，就会发现，西夏重要的高级地方军政管理机构，"比中书、枢密低一品，然大于诸司"的经略司，并不是自西夏建国就存在。相反，直到夏仁宗天盛年间所颁布的律令中才最早出现，即使往前推，也绝不会早于夏崇宗的正德年间（1127—1134）[③]，而此时距西夏建国已有90余年。也就是说，大约在西夏政权存在一半左右的时间里，经略司体系是根本不存在的。

事实上，西夏史研究本身所依据的史料就存在着诸多的"缺环"。以宋代文献为主的传世文献虽然记载了诸多的重大政治事件及地理信息，但缺乏对典章制度的详细描述；而大宗的出土文献包含诸多的法律文献及一手的公文资料，与前者的情况正好相反。但不幸的是，两者并未形成良好的互补，因为前者在宋室南迁后，西夏就已淡出其视野，极少再有相关的记载；后者则多为夏仁宗及之后的资料。而更加不幸的是，在这两个时期之间，被认为是西夏制度剧烈变革的时代——夏崇宗的末期至夏仁宗初期，又成为两种史料皆鲜有涉及的文献空白期。

可是，目前学界认可的以经略司为核心的地方军政体系，恰恰就是研究者主要以西夏中后期的出土文献为基础所构建的，不仅没有考虑西夏前期会存在与后期不同的制度，甚至不乏以西夏前期的史实来印证后期制度的做法。

其实，虽然西夏前期史料很少记载典章制度，但大量翻阅史书之后，还是能够发现，西夏在建国前，元昊在夏、银、绥、宥、静、灵、盐、会、胜、甘、凉、瓜、沙、肃州"置十二监军司，委豪右分统其众"[④]之后，另一建制也在史书中悄然出现，即"左厢"

---

① 潘洁：《〈天盛律令〉中的地边、地中、边中》，杜建录、波波娃主编：《〈天盛律令〉研究》，上海：上海古籍出版社，2014年，第446页。

② 杨蕤：《西夏地理研究》，北京：人民出版社，2008年，第147—153页；李昌宪：《西夏的疆域和政区》，中国地理学会历史地理专业委员会《历史地理》编辑委员会：《历史地理》第十九辑，上海：上海人民出版社，2003年，第101页。

③ 详见后文。

④ ［元］脱脱等：《宋史》卷四八五《夏国上》，北京：中华书局，1977年，第13994页。

与"右厢"。

学界有个别学者确实关注到了左右厢的建制①，甚至还注意到了经略司对它们的承袭关系。但是，这些简单的概述并没能够清晰的还原左右厢作为西夏地方高级政区的具体形态；也没有解释由左右厢到经略司，西夏的地方行政体系究竟发生了什么实质性的变化，前者又对后者产生了什么样的影响；更没有分析这背后的政治、历史原因。本文即在综合梳理各类汉文、西夏文文献的基础上，对西夏左右厢及经略司再度展开研究，试图解决以上提出的问题。

一、左厢、右厢及其基本形态

关于西夏"左厢"与"右厢"的建制，不见于以西夏中后期为主的各类出土文献，仅见于传世文献中既稀少又零散的记载，即主要为《宋史》《辽史》《金史》中的《夏国传》《西夏纪》和宋代文献中若干旁及的史料。

"左右厢"是在元昊于宋景祐二年（1035）设十二监军司后，在史书中悄然出现。其初置时仅"左厢宥州路五万人，以备鄜、延、麟、府；右厢甘州路三万人，以备西蕃、回纥"②。但随后不久就趋于成熟，"分国中兵马为左右厢"③，且十二监军司皆置于其下，所谓："有左右厢十二监军司：曰左厢神勇、曰石州祥祐、曰宥州嘉宁、曰韦州静塞、曰西寿保泰、曰卓啰和南、曰右厢朝顺、曰甘州甘肃、曰瓜州西平、曰黑水镇燕、曰白马强镇、曰黑山威福。诸军兵总计五十余万。"④

就传世文献对左右厢的书写来看，最为突出它们的军事性，左厢与右厢作为最高级的统兵单位，分两翼统领着全国具有边防军性质的监军司兵马。两厢的长官，自元昊时期开始，几乎皆为朝中最为显赫的要员。如宝元元年（1038），也就是西夏确立边防体制后的两年，身为"元昊从父"，又"有勇略，国人向之"⑤，时称为"令公"⑥且为"枢密"⑦的嵬名

① 翟丽萍：《西夏职官制度研究——以〈天盛革故鼎新律令〉卷十为中心》，陕西师范大学 2013 年博士学位论文，第 204 页。
② 转引自翟丽萍：《西夏职官制度研究——以〈天盛革故鼎新律令〉卷十为中心》，陕西师范大学 2013 年博士学位论文，第 205 页。
③ 李裕民校注：《司马光日记校注》，北京：中国社会科学出版社，1994 年，第 43 页。
④ ［元］脱脱等：《宋史》卷四八六《夏国传下》，北京：中华书局，1977 年，第 14029 页。
⑤ ［宋］李焘：《续资治通鉴长编》卷一二二"仁宗宝元元年九月庚子"条，北京：中华书局，1985 年，第 2880 页。
⑥ "令公"即为中书令的尊称，参见翟丽萍：《西夏官僚机构及其职掌与属官论考》，宁夏大学 2010 年硕士学位论文，第 7 页。
⑦ ［宋］司马光撰、邓广铭等点校：《涑水纪闻》卷一二，北京：中华书局，1989 年，第 220 页。

山遇即已"与弟惟永分掌左右厢兵"①。嵬名山遇后投宋被遣返，为元昊所杀。②到了庆历年间，西夏建国，野利氏兄弟又分掌左右厢，所谓"赵元昊娶于野利氏……以野利氏兄弟旺荣为谟宁令，号拽利王，刚朗凌（遇乞）为宁令，号天都王，分典左右厢兵，贵宠用事"③。野利兄弟被杀之后，现在已无从考证是谁继续分掌左右两厢。但在西夏的对外战争中，左厢军与右厢军一直作为西夏边防军的主力，较多的在史书中出现④。到了西夏中期，"梁氏与人多二族分据东西厢兵马，势力相敌"⑤。梁氏所掌当系左厢，小梁太后时身为国母而秉政，为当时西夏实际上的最高统治者；而右厢人多保忠继其父人多唛丁之职⑥为"夏国右厢统军"⑦，系"久据西南部落，素为桀黠"⑧的地方酋豪，保忠之叔父人多楚清还位据"御史中丞"，"官在宰相、枢密之下"⑨。

而比起统兵，它们作为军事管制型的政区，作用更为突出。其对于十二监军司，不仅统其军，亦统其地。如史书中就有"左厢地"⑩与"右厢之地"⑪的概念，分别指左厢与右厢所统监军司的辖区，也就是他们各自驻防的区域。

先看左厢。《宋史》里提及的"左厢神勇"监军司，也常常是传世文献中狭义的"左厢""左厢""神勇"是该监军司先后使用过的名称⑫，经过前人的考证，其位于明堂川弥陀洞⑬，其与宋朝"接麟府沿边地分"⑭。宋朝自麟府出兵，常常就行经这一地区，如元丰八年（1085）四月，"折克行、訾虎以蕃、汉步骑二万二千出左厢，至聚星泊、满朗、嘉伊、革罗朗、三角等处"⑮；再如，元丰五年（1082）四月，张世矩亦自麟府出

① ［宋］李焘：《续资治通鉴长编》卷一二二"仁宗宝元元年九月庚子"条，北京：中华书局，1985年，第2880页。
② ［宋］李焘：《续资治通鉴长编》卷一二二"仁宗宝元元年九月庚子"条，北京：中华书局，1985年，第2880页。
③ ［宋］司马光撰、邓广铭等点校：《涑水纪闻》卷一一，北京：中华书局，1989年，第206页。
④ 详见后文。
⑤ ［宋］李焘：《续资治通鉴长编》卷四〇四"哲宗元祐二年八月戊申"条，北京：中华书局，1992年，第9852页。
⑥ ［宋］李焘：《续资治通鉴长编》卷五〇三"哲宗元符元年十月丙戌"条，北京：中华书局，1993年，第19977页载："父唛丁死，侄保宗代为统军"。
⑦ ［宋］李复：《潏水集》卷三《又上章丞相书》。按：一些学者多取《宋史·夏国传》记载，以仁多保忠为"夏国卓罗右厢监军"，但该职系崇宁三年（1104）时保忠的职位，此时的保忠应当已经被削过一次兵权，故不取。
⑧ ［宋］李焘：《续资治通鉴长编》卷四六七"哲宗元祐六年十月甲戌"条，北京：中华书局，1993年，第11153页。
⑨ ［宋］李焘：《续资治通鉴长编》卷五〇三"哲宗元符元年十月丙戌"条，北京：中华书局，1993年，第11977页。
⑩ ［宋］李焘：《续资治通鉴长编》卷三二九"神宗元丰五年八月辛未"条，北京：中华书局，1990年，第7923页。
⑪ ［宋］李焘：《续资治通鉴长编》卷四六〇"哲宗元祐六年六月丙午"条，北京：中华书局，1993年，第10997页。
⑫ 该年"夏国改……左厢监军司为神勇军"，［宋］李焘：《续资治通鉴长编》卷一九六"仁宗嘉祐七年六月癸未"条，北京：中华书局，1985年，第4762页。
⑬ 汤开建《西夏监军司驻所辨析》，《党项西夏史探微》，北京：商务印书馆，2013年，第337页。
⑭ ［宋］郑刚中：《西征道里记》，顾宏义、李文：《宋代日记丛编》，上海：上海书店出版社，2013年，第654页。
⑮ ［宋］李焘：《续资治通鉴长编》卷三五四"神宗元丰八年四月庚辰"条，北京：中华书局，1990年，第8478页。

兵，"讨除左厢屯聚贼马"①。史料中明确说明，出了宋朝的麟府以后，就到了西夏的"左厢"。

广义上的"左厢"当然并不仅限于"左厢神勇"监军司的辖境。比如石、宥、韦等州在其以西，但从诸多史料看，这里仍然属于左厢。如前引文献即提及"左厢宥州路五万人"。②而在绍圣四年（1097），"保安军顺宁寨蕃官巡检、供备库副使刘延庆，遣使均凌凌诈投西界，招诱到左厢，密约归汉"③。与保安军顺宁寨相对的，就是西夏的洪州、宥州一带。此外，绍圣四年（1097），吕惠卿还曾在奏言中提及西夏"只会合侧近左厢石、宥、韦州防拓人马三五万人"④，从中得知，不仅宥州以东的石州，就连宥州以西的韦州也属于左厢的地界。

《儒林公议》中称西夏"其厢左距契丹"⑤，而《宋史》恰恰就记载西夏"河北至腊午葫山"置有七万人，防备契丹。西夏天授礼法延祚六年（1043），辽、西夏因边界夹山部叛逃而产生了争端，据范仲淹称："今边上探报，皆称契丹大发兵马，讨伐呆儿族并夹山部落，及称亦与元昊兵马相杀，又报元昊亦已点集左厢军马，既是二国举动，必有大事。"⑥虽然这次事件并没有引起两国的军事冲突，但此奏透露，元昊在应对契丹时，所依赖的仍然是左厢军。也就是说"午腊葫山"及所屯驻的七万大军，亦皆属于左厢。这七万大军虽主要防备契丹，但也常常用于宋夏战争，亦如范仲淹所言："元昊诸厢之兵，多在河外，频来应敌，疲于奔命。"⑦

接着看右厢。《宋史》中所提及的"右厢朝顺"监军司，汤开建先生做过考证，认为其初置时位于天都山，后在宋朝的军事压力之下又迁至凉州⑧，理据充足，当无误。文献中也明确记载着"野利遇乞统天都右厢⑨"⑩，且号为"天都王"⑪。不过天都以东也就似乎到了西夏左右厢的分界之处，如庆历二年（1042），范恪曾奏："近刺知天都

① ［宋］李焘：《续资治通鉴长编》卷三二五"神宗元丰五年四月己卯"条，北京：中华书局，1990年，第7831页。
② ［宋］李焘：《续资治通鉴长编》卷一二〇"仁宗景祐四年十二月癸未"条，北京：中华书局，1985年，第2845页。
③ ［宋］李焘：《续资治通鉴长编》卷四八七"哲宗绍圣四年五月甲子"条，北京：中华书局，1993年，第11570页。
④ ［宋］李焘：《续资治通鉴长编》卷四九二"哲宗绍圣四年十月丙戌"条，北京：中华书局，1993年，第11681页。
⑤ ［宋］田况撰、张其凡点校：《儒林公议》卷上，北京：中华书局，2017年，第15页。
⑥ ［宋］李焘：《续资治通鉴长编》卷一五〇"仁宗庆历四年六月壬子"条，北京：中华书局，1985年，第3636页。
⑦ ［宋］李焘：《续资治通鉴长编》卷一三九"仁宗庆历三年二月乙卯"条，北京：中华书局，1985年，第3352页。
⑧ 汤开建：《西夏监军司驻所辨析》，《党项西夏史探微》，北京：商务印书馆，2013年，第345页。
⑨ 此处的"右厢"同样指狭义的右厢，即右厢监军司的辖地。
⑩ ［宋］魏泰撰、李裕民点校：《东轩笔录》，北京：中华书局，1983年，第94页。
⑪ ［宋］司马光撰、邓广铭等点校：《涑水纪闻》卷一一，北京：中华书局，1989年，第206页载："号拽利王，刚朗凌为宁令，号天都王，分典左右厢兵。"但野利旺荣与刚朗凌实同一人，当有误，当为野利旺荣和野利遇乞。

左右厢点兵，然未知寇出何路。"①可见天都山之地可以点集两厢的兵马。

天都山以西，会州一带也属于右厢，在宋朝开拓熙河之后，与会州接境的熙河兰湟等地的宋军即常与西夏的右厢军交战，如元符元年（1098），"贼（西夏）攻平夏甚急，熙河奏已遣王愍往右厢牵制"②；元符二年（1099），"王舜臣统兵自金城关出，讨击右厢"③；政和五年（1115），"（刘）法与夏人右厢军战于古骨龙，大败之"④。会州还是河西走廊与天都山的衔接地段，"正扼其右厢兵马道路及天都浅井之类"，因此宋军占领会州后，"使贼不得点集，而制其死命"⑤。同样，绍圣四年（1097），宋将钟传在兰州一带修金城关，亦使"夏国右厢兵马不复集矣"⑥。

再往西，甘、凉所处的河西走廊是"右厢地"重要辖区，如"右厢甘州路三万人，以备西蕃、回纥"⑦，"夏国右厢甘、凉一带"⑧。特别值得一提的是，凉州有着重要的战略地位，西夏"自奄有西凉，开右厢之地，其势加大。"⑨因此，在西夏中期，迫于北宋的军事压力，右厢监军司也由天都山迁往凉州⑩。

元祐七年（1092），"有塔坦国人马于八月内出来，打劫了西界贺兰山后面娄博贝监军司⑪界住坐人口孳畜"，但是"据西界投来蕃部苏尼通说称：'塔坦国人马入西界右厢，打劫了人口孳畜，不知数目。'"⑫可见，位于今内蒙古阿拉善左旗巴彦诺日公苏木的娄博贝（白马强镇）监军司亦属于右厢。文献中虽然没有提及黑水镇燕军司，但其在娄博贝监军司以西，从地缘上判断，其亦当属于右厢无疑。

综上来看，作为军事管制型的政区，西夏的左厢、右厢其实是与方位有关，大体上以首都兴庆府为中轴线，将京畿以外的区域按东西划分为了左右两部分，以东为左厢，由左厢军驻守；以西为右厢，由右厢军驻守。

通过文献的记载，还可以考证出两厢的统兵情况。《宋史》卷四八五《夏国传上》中记载了元昊时期西夏在全国的军力布防：

①　[宋]李焘：《续资治通鉴长编》卷一三五"仁宗庆历二年二月丙申"条，北京：中华书局，1985年，第3240页。
②　[宋]李焘：《续资治通鉴长编》卷五〇三"哲宗元符元年十月壬辰"条，北京：中华书局，1993年，第11980页。
③　[宋]李焘：《续资治通鉴长编》卷四九四"哲宗元符元年二月戊申"条，北京：中华书局，1993年，第11757页。
④　[元]脱脱等：《宋史》卷四八六《夏国传下》，北京：中华书局，1977年，第14020页。
⑤　[宋]陈均编、许沛藻等点校：《皇朝编年纲目备要》卷二五，北京：中华书局，2006年，第628页。
⑥　[宋]李焘：《续资治通鉴长编》卷四八五"哲宗绍圣四年四月甲午"条，北京：中华书局，1993年，第11527页。
⑦　[元]脱脱等：《宋史》卷四八五《夏国传上》，北京：中华书局，1977年，第13995页。
⑧　[宋]李焘：《续资治通鉴长编》卷五一四"哲宗元符二年八月己卯"条，北京：中华书局，1993年，第12212页。
⑨　[宋]李焘：《续资治通鉴长编》卷四六〇"哲宗元祐六年六月丙午"条，北京：中华书局，1993年，第10997页。
⑩　汤开建：《西夏监军司驻所辨析》，《党项西夏史探微》，北京：商务印书馆，2013年，第345页。
⑪　娄博贝监军司，即白马强镇监军司。
⑫　[宋]李焘：《续资治通鉴长编》卷四七一"哲宗元祐七年三月丙戌"条，北京：中华书局，1993年，第11238页。

自河北至午腊蒻山七万人，以备契丹；河南洪州、白豹、安盐州、罗落、天都、惟精山等五万人，以备环、庆、镇戎、原州；左厢宥州路五万人，以备鄜、延、麟、府；右厢甘州路三万人，以备西蕃、回纥；贺兰驻兵五万、灵州五万人、兴州兴庆府七万人为镇守，总五十余万。①

根据前考左、右厢的辖区，午腊蒻山 7 万人、宥州路 5 万人属于左厢；甘州路 3 万人属于右厢；而"洪州、白豹、安盐州、罗落、天都、惟精山"，地跨左右两厢，姑且可以按照左厢 3 万、右厢 2 万来计算。根据这一数值，粗略估计，西夏左厢军大体在 15 万左右，而右厢军当在 5 万左右。

据文献反映，元昊侵宋时，兵力常为十余万，如"元昊自将精兵十万，营于川口"②，"贼众十余万，平与石元孙兵不满三万"③，"元昊众十万，分二道……入攻渭州"④。多时可达 15 万，如"曩霄有兵十五万八千五百人"⑤，"曩宵之兵逾十五万"⑥。汤开建先生曾指出，这十余万人并不是如宋人文集中所描述为西夏的全部兵马，而是元昊用于侵宋的军队数量。⑦汤先生的观点十分正确，然而，西夏侵宋的全部军队数量恰好与左厢军的数量相吻合。这应当并不仅仅是巧合，而事实情况应当就是，西夏左厢的 15 万军队就是用来应对宋辽两国的。

我们知道，西夏除了两厢军，还在京畿地区保留了不少由皇帝直接控制的军队，"贺兰驻兵五万、灵州五万人、兴州兴庆府七万人为镇守"⑧，共十七万。"常选部下骁勇自卫，分为十队，队各有长：一妹勒，二浪讹遇移，三细赏香埋，四里里奴，五杂熟屈得鸡，六隈才浪罗，七细母屈勿，八咩讹移岩名，九细母嵬名，十没罗埋布。每出入，前后环拥，设备甚严。"⑨

这样，由皇帝直接掌控的京畿军队与分列于京畿东西两侧由中央要员所直接指挥的两厢军队，则自然而然的形成了"居中控制"和"两翼拱卫"的战略格局。史书中亦云："每有事于西，则自东点集而西；于东，则自西点集而东；中路则东西皆集。"清楚

① ［元］脱脱等：《宋史》卷四八五《夏国传上》，北京：中华书局，1977 年，第 13994—13995 页，《续资治通鉴长篇》与《宋史》在监军司的数量及总兵力方面记载有所出入，但对各地军力的记载则别无二致。
② ［元］脱脱等：《宋史》卷四八五《夏国传上》，北京：中华书局，1977 年，第 13997 页。
③ ［宋］田况撰、张其凡点校：《儒林公议》卷上，北京：中华书局，2017 年，第 9 页。
④ ［元］脱脱等：《宋史》卷三二六《景泰传》，北京：中华书局，1977 年，第 10517 页。
⑤ ［宋］王称撰、孙言诚、崔国光点校：《东都事略》卷一二七《外国》，济南：齐鲁书社，2000 年，第 1104 页。
⑥ ［宋］曾巩撰、王瑞来校证：《隆平集校证》卷二〇《夷狄》，北京：中华书局，2012 年，第 603 页。
⑦ 汤开建：《关于西夏军事制度研究中的几个问题》，《党项西夏史探微》，北京：商务印书馆，2013 年，第 249—255 页。
⑧ ［元］脱脱等：《宋史》卷四八六《夏国传下》，北京：中华书局，1977 年，第 13995 页。
⑨ ［宋］田况撰、张其凡点校：《儒林公议》卷上，北京：中华书局，2017 年，第 15 页。

明晰的道明了三路军团互为犄角，彼此应援的态势。只不过，西夏针对宋、辽的东翼较重，而针对回鹘、吐蕃的西翼较轻罢了。这种三路应援的特点常常可以在对外战争中体现出来。比如，元丰四年（1081），"王中正出塞，克行先拔宥州，每出必胜，夏人畏之，益左厢兵，专以当折氏"①。其左厢的兵力由何处所"益"？很可能就是由右厢或京畿增援而来。

二、从左右厢到经略司

大约在夏崇宗亲政以后，时为右厢统帅的仁多保忠被削夺兵权，先是由"夏国右厢统军"②降为"卓啰右厢监军"，后又在崇宁三年（1104）"不能复领军政"③。这一事件应当是左右厢建制的最后一次"亮相"，自此以后，传世典籍中再无"左厢"和"右厢"的记载。

不过，熟悉西夏文献的学者都知道，在这一时期西夏在传世典籍的视野中逐渐退出，在史籍中"消失"的西夏名词并不仅仅是"左厢"与"右厢"。但这些消失的名词后来又多次出现，主要是在西夏中后期的出土文献中，如《天盛改旧新定律令》和《亥年新法》等法律文献以及社会文书等。可是左右厢却是个例外，仅在汉文《杂字》中出现"左厢"④字样，其他再无记载。可以推测，至少到了《天盛改旧新定律令》成书时的仁宗天盛年间，其建制就已经被取消了。《杂字·地分部》中的"左厢"最多也只能说明它们已演化成为一个地理概念，仍留在西夏人的思维中而已。

到了夏仁宗时代，西夏的行政区域较之前做了较大的调整，不仅将全国疆域划分为京师、地中和地边（即"边中"）⑤，原先的监军司亦增置、改置，或变换名称，数量为十七个⑥，兹不赘述。而此时的监军司亦不再分属两厢，而是由一个在西夏前期史料

---

① ［元］脱脱等：《宋史》卷二五三《折克行传》，北京：中华书局，1977年，第8866页。

② ［宋］李复：《潏水集》卷三《又上章丞相书》，《景印文渊阁四库全书·集部》第1121册，台北：商务印书馆，1986年，第23页。

③ ［元］脱脱等：《宋史》卷四八六《夏国传下》，北京：中华书局，1977年，第14019页。

④ 俄罗斯科学院东方文献研究所、中国社科院民族学与人类学研究所、上海古籍出版社：《俄藏黑水城文献（汉文部分）》第六册，上海：上海古籍出版社，2000年，第146页。

⑤ 京师指首都兴庆府及临近的二县、五州辖地，地边指边界区域，地中指介于二者之间的区域，边中是地中和地边的统称，指京师以外的所有区域。参见潘洁：《〈天盛律令〉中的地边、地中、边中》，杜建录、波波娃主编：《〈天盛律令〉研究》，上海：上海古籍出版社，2014年，第446页。

⑥ 张多勇：《西夏监军司的研究现状和尚待解决的问题》，《西夏研究》2015年第3期，第16页。

中从来没有出现过的机构来管理①，这就是为众多学者所熟悉的"经略司"。

正如诸多学者的研究，经略司系承袭宋代西北"掌一路兵民"②的"经略安抚使"而来，但地位更高，职权更广，"比中书、枢密低一品，然大于诸司"③，并且持有规格仅次于上等司"中书""枢密"，"银重二十五两"④大小"二寸三分"的大印，对"边中地区"所有机构总持管理，发挥着中央与地方相联系的作用。⑤

经略司的设置应当是彻底取代了两厢，不仅此后再也见不到左右厢的设置，并且从《天盛改旧新定律令》等法律文献中也可以看到经略司代替两厢管辖十六个监军司的兵马。⑥如边中诸军职官员任免亦"当报边中一种所属监军司，经经略使处，依次变转。"⑦而已任职的"边中正副统、刺史、监军、习判及任其余大小职位等完限期时，至二十日以内者，所属经略应酌计宽限期。"⑧监军司更换武器装备时，"每年正月五日以内，当告经略使处，经略使当一并总计而变"⑨。士兵所配给的"官马、坚甲、杂物、武器季校"等，则"当行文经略司所属者，当由经略大人按其处司所属次序，派遣堪胜任人使为季校队将"⑩；各地"巡检勾管者捕何盗诈、遣送何司、是何局分等，一个月一番，属经略当报于经略"⑪。

不过，若对以上法律文献中的材料仔细观察的话，则会发现，经略司对监军司官员的任免考核，以及对军人检校的细致程度，都是左右厢所不具备的。事实上，从诸多方面资料来看，经略司相比较于左右厢，职权的范围在很大程度上得到了扩张。

经略司不仅管理具有军政合一性质的"监军司"，还将诸多府、军、郡、县等功能

① 翟丽萍女士最早注意到左右厢与经略司的传承关系，参阅翟丽萍：《西夏职官制度研究——以〈天盛革故鼎新律令〉卷十为中心》，陕西师范大学 2013 年博士学位论文，第 205 页。

② ［宋］马端临著，上海师范大学古籍研究所、华东师范大学古籍研究所点校：《文献通考》卷六二《职官考十六·经略使》，北京：中华书局，2011 年，第 1862 页。

③ 史金波、聂鸿音、白滨译注：《天盛改旧新定律令》，北京：法律出版社，2000 年，第 364 页。

④ 史金波、聂鸿音、白滨译注：《天盛改旧新定律令》，北京：法律出版社，2000 年，第 358 页。

⑤ 刘双怡：《西夏地方行政区划若干问题初探》，姜锡东主编：《宋史研究论丛》第十六辑，保定：河北大学出版社，2015 年，第 495—514 页；翟丽萍：《西夏职官制度研究——以〈天盛革故鼎新律令〉卷十为中心》，陕西师范大学 2013 年博士学位论文。

⑥ 西夏中后期边中监军司共十七个，但啰庞岭监军司不属于经略司管。参见史金波、聂鸿音、白滨译注：《天盛改旧新定律令》，北京：法律出版社，2000 年，第 547 页。

⑦ 史金波、聂鸿音、白滨译注：《天盛改旧新定律令》，北京：法律出版社，2000 年，第 356 页。

⑧ 史金波、聂鸿音、白滨译注：《天盛改旧新定律令》，北京：法律出版社，2000 年，第 352 页。

⑨ 史金波、聂鸿音、白滨译注：《天盛改旧新定律令》，北京：法律出版社，2000 年，第 220 页。

⑩ 史金波、聂鸿音、白滨译注：《天盛改旧新定律令》，北京：法律出版社，2000 年，第 231 页。

⑪ 史金波、聂鸿音、白滨译注：《天盛改旧新定律令》，北京：法律出版社，2000 年，第 460 页。

性城寨性质的行政单位①纳入其管辖；不仅管理军政，还综领民政。如在经济方面，边中诸司的官畜、谷、物的借领、供给、交还、偿还、催促损失以磨勘，皆"当经经略使处依次转告"②；在司法方面，诸司"应获死、无期之人"，"劳役、革职、军、黜官、罚马"等，刑审之后，"报经略职管司等，当待谕文"③，"经略人亦再查其有无失误"④。边中"刺史""审视推察""枉法、稽缓、受贿、徇情"等情况，亦须"一个月一番报于经略"⑤。

不过，相比两厢，经略司在若干权力上也有所收缩，其中最为明显的就是统兵之权。虽然前述法律条文中体现出经略司有诸多管理军政与民政的权限，但其对于军政的管理，无非是军职官员的任命、士兵装备的检校、军籍的管理等。事实上，出土文献中看不到经略司统兵的记载，传世文献中也同样没有。而能看到的统以重兵之人如任得敬⑥、嵬名令公⑦、阿沙敢不⑧等，要么是重要的皇亲，要么是朝中处于权力核心的要员，根本没有见过有经略职位的人。相反，西夏前期左右厢的长官几乎都有统兵之权，甚至还是战场上的将领，如前文提及的嵬名山遇、野利氏兄弟、仁多保忠和御驾亲征的小梁太后等。

至此我们判断，随着西夏的左右厢为经略司所取代，西夏的高级政区由一个单纯的统兵体制演化成为了一个综领军民的地方行政体制。其发挥着承接中央与地方权力的作用，成为西夏中后期政区制度中重要的一级。

不过，虽然可以说经略司是对左右厢体制的重大革新，但若对诸多的历史线索加以梳理，又不难发现，前者在一些方面仍难以摆脱后者对其造成的深刻影响。其

---

① 李昌宪：《西夏疆域与政区考述》，中国地理学会历史地理专业委员会《历史地理》编辑委员会：《历史地理》第十九辑，上海：上海人民出版社，2003年，第101—102页。

② 史金波、聂鸿音、白滨译注：《天盛改旧新定律令》，北京：法律出版社，2000年，第530页。

③ 史金波、聂鸿音、白滨译注：《天盛改旧新定律令》，北京：法律出版社，2000年，第317页。

④ 史金波、聂鸿音、白滨译注：《天盛改旧新定律令》，北京：法律出版社，2000年，第323页。

⑤ 史金波、聂鸿音、白滨译注：《天盛改旧新定律令》，北京：法律出版社，2000年，第336页。

⑥ 史料记载任得敬于西夏天盛二年（1150）担任中书令，天盛八年（1156）进位相国，天盛十二年（1160）被封为楚王。参见［元］脱脱等：《宋史》卷四八六《夏国传下》，北京：中华书局，1977年，第14026页；又据史金波先生研究，俄藏TK124《金刚般若波罗蜜经》经末的发愿文所记的"太师上公总领军国重事秦晋国王"，即为任得敬。参阅史金波：《西夏"秦晋国王"考论》，《宁夏社会科学》1987年第3期，第72—76页。

⑦ 前文提"令公"即"中书令"。嵬名令公在史籍中更多的是以军事将领的身份出现，《元史》中记载："四年己巳春，畏吾儿国来归。帝入河西。夏主李安全遣其世子率师来战，败之，获其副元帅高令公。克兀剌海城，俘其太傅西壁氏。进至克夷门，复败夏师，获其将嵬名令公。"［明］宋濂等：《元史》卷一《太祖本纪》，北京：中华书局，1976年，第14页。

⑧ 史书中虽没有明确记载阿沙敢不的职位，但从其常在皇帝的左右，并且从其能够擅自顶撞蒙古大汗的行为来看，应当是西夏权力核心的人物，参见余大钧译注：《蒙古秘史》第265节，石家庄：河北人民出版社，2001年，第460页。

中最为明显的现象，就是类同于"左厢"与"右厢"，经略司亦分为"东南经略使"与"西北经略使"，这在《天盛改旧新定律令》中写得非常清楚①。而西夏末期光定癸未年（1223）所颁布的《亥年新法》亦有一残页，残存的文字可译为"二经略京畿及……东二经略……"②，这就印证了西夏有两个经略司。西夏的这两个经略司亦在其他文献中出现，亦作东经略司与西经略司，如《金史·交聘表》中有"东经略使苏执礼"③；《天盛律令·颁律表》中有"东经略使"名为"赵□"④。而在甘肃武威市西郊林场所发现的西夏墓葬中，1号墓题记存"故亡考西路经略司兼安排官□两处都案刘仲达"；2号墓题记存"西经略司都案刘德仁"，时间是桓宗"天庆七年"⑤。

武威出土带有"西经略司"字样的题记，还透露了一个更为重要的信息。今天的武威市也就是当时的凉州，而凉州恰好就是西夏前期右厢监军司从天都山撤出并迁入之地。也就是说，右厢统帅曾坐镇指挥之处，就成了后来西经略司衙门的所在。

可见，从左右厢到经略司，虽然西夏的高级政区从单纯的统兵体制变成了综领军民的地方军政体制，但"左厢"与"右厢"的政区制度却奠定了西夏左、中、右的政治地理格局。即使在其建制取消以后，这种格局依然被经略司体制继承了下来，成为贯穿西夏一朝政治地理的基本形态。

三、建制更替背后的政治意义

从左右厢到经略司，西夏的政区制度为何会发生如此剧烈的变革？其背后究竟是什么因素促成了这一变革？解答这一问题并不是容易的事，西夏史料中存在的诸多"缺环"和西夏中期文献的"空档"无疑给研究造成了极大的困难。不过，若将所有史料加以融汇贯通，置于西夏史的大背景下考察，这一问题也并非无迹可寻。

西夏"分国中兵马为左右厢"⑥，并非继承唐宋之制。相反，在北方游牧民族中，

---

① 史金波、聂鸿音、白滨译注：《天盛改旧新定律令》，北京：法律出版社，2000年，第220页。
② 《亥年新法（丙种本）》，俄罗斯科学院东方研究所圣彼得堡分所、中国社会科学院民族研究所、上海古籍出版社：《俄藏黑水城文献（西夏文俗文部分）》第九册，上海：上海古籍出版社，1999年，第265页。
③ ［元］脱脱等：《金史》卷六一《交聘表中》，北京：中华书局，1975年，第1437页。
④ 史金波、聂鸿音、白滨译注：《天盛改旧新定律令·颁律表》，北京：法律出版社，2000年，第108页
⑤ 宁夏大学西夏学研究中心、国家图书馆、甘肃省古籍文献整理编译中心：《中国藏西夏文献》第十八册，兰州：甘肃人民出版社、敦煌文艺出版社，2005年，第263页。
⑥ 汤开建先生曾认为西夏的左右厢是承自唐宋禁军中"左厢"与"右厢"的编制（汤开建：《党项西夏史探微》，北京：商务印书馆，2013年，第248页），但事实上，两者除名称相同，在内容上并没有共同之处。

自匈奴开始就一直沿用着一套"两翼制度"，形式与西夏的左右厢基本类同，也是地分左、中、右三部，"单于"或"大汗"居中坐镇，左右长官侧翼拱卫，"左""右"与空间相联系，东路为左、西路为右。①这一以"隐蔽"的形式得以传承的制度②，应该就是在西夏消灭了"游龙钵为左厢副使，崔悉波为右厢副使③"的六谷部吐蕃之后，就此传承了下来。

事实上，虽然一般认为，西夏是一个具有多元经济结构的政权，但其"衣皮毛，事畜牧"④，"以羊马为国"⑤，游牧经济占据主导地位。⑥并且西夏以监军司为主导的边防军事体制，就是在游牧经济基础上建立起来具有"军政合一"性质的部落兵制，兼具部族性与地域性⑦。而这些现状与匈奴、鲜卑、蒙古等诸多采取"两翼制度"的北方游牧民族是完全一致的。并且可以肯定，这些因素就是西夏得以承袭并沿用这一制度最根本的基础。

不过，对于如何组织这些结为部落且善于游走的部众，西夏与诸多的北方草原游牧民族采取了不同的方式。后者自匈奴开始，即对部众采用十进制的原则进行改造，即所有的部民统一在十户、百户、千户及万户的统一领导下，纳入阶序化的有效管理。如以蒙古为例，这一措施取代了游牧原生部落组织的血缘外壳，其瓦解了氏族贵族借由实现其对其部众领属权的社会组织形式，而使所有的蒙古部众皆沦为成吉思汗黄金家族的领属民。⑧而在此基础上，又实行了与"家产制"相辅相成的领户分封，"国家被看作是整个汗的财产，分藩而治；大的藩国复分为许多小的采地"⑨。而其两翼制度也是在此基础上展开，左右两翼的区域皆为诸王将的世袭封地。

而西夏却与它们完全不同，在吸纳诸多"散漫山川"⑩、"种落不相统一"⑪、"大者数千家，小者百十家"⑫的游牧部族进入国家体制时，仍保留着部落组织的原始面貌。

① 肖爱民：《中国古代北方游牧民族两翼制度研究》，北京：人民出版社，2007年，第213页。
② 贾敬颜：《记游牧民族的文化传承》，《中央民族学院学报》（哲学社会科学版）1990年第1期，第55—58页。
③ ［宋］李焘：《续资治通鉴长编》卷四九"真宗咸平四年十月己未"条，北京：中华书局，1979年，第1079页。
④ ［宋］李焘：《续资治通鉴长编》卷一一〇"仁宗明道元年十一月壬辰"条，北京：中华书局，1985年，第2594页。
⑤ ［宋］苏轼撰、王松龄点校：《东坡志林》卷三，北京：中华书局，1981年，第70页。
⑥ 参见拙文：《西夏游牧经济的几个问题》，杜建录主编：《西夏学》第十四辑，兰州：甘肃文化出版社，2017年，第79—81页。
⑦ 陈炳应：《贞观玉镜将研究》，银川：宁夏人民出版社，1995年，第8页。
⑧ 姚大力：《草原蒙古国的千户百户制度》，《蒙元制度与政治文化》，北京：北京大学出版社，2011年，第37页。
⑨ ［俄］巴托尔德著，张锡彤、张广达译：《蒙古入侵时期的突厥斯坦》，上海：上海古籍出版社，2007年，第269页。
⑩ ［宋］李焘：《续资治通鉴长编》卷三五"太宗淳化五年正月甲寅"条，北京：中华书局，1979年，第768页。
⑪ ［宋］李焘：《续资治通鉴长编》卷一三二"仁宗庆历元年五月己亥"条，北京：中华书局，1985年，第3144页。
⑫ ［元］脱脱等：《宋史》卷四九二《吐蕃传》，北京：中华书局，1977年，第14151页。

不仅其军队的基本编制"溜"，系首领"各将种落之兵"①，其监军司也是"委毫右分统其众"。甚至于氏族贵族仍然保留着对部众较强力的统属权，所谓"少长服习，盖如臂之使指，既成行列，举手掩口，然后敢食，虑酋长遥见，疑其语言，其整肃如此"②。

西夏也从来没有实行过分封，虽然说元昊将两厢长官委以大族首领，并有诸如"野利王"和"天都王"之封号，这些封号虽然有着深厚的草原分封制色彩，但这不过是表面现象。事实证明，"野利王"和"天都王"既没有能够世代的传下去，也有没有任何人能够合理合法的将左右厢的视为自己的私属领地，更未见过如"百户""千户""万户"之类的领户分封。

为了统属部众，西夏事实上采取了与北方游牧民族完全不同的做法，那就是在借鉴唐宋制度强化专制主义制度的同时，想方设法的将诸多游牧的部落纳入到阶序化、专业化、体制化的国家机器当中。比如在左右厢中，将"监军司"这样一个有着规范化名称的机构作为其下辖的单位，而不是千户、万户之类，并给它明确的划定辖区。"监军司"虽然系"委毫右分统其众"，但这些大族"酋豪"们也都被授予了"统军""监军"等职衔。甚至部落的大小"首领"们也被授予印信③，成为西夏军队基层编制中的一级职位，与末驱、舍临、盈能等逐级排列④。从各种史料来看，西夏左右厢中的体制化与阶序化有不断加强的趋势。比如两厢的长官，元昊时任命的两厢长官为"野利王""天都王"，而至西夏中期时已为"夏国右厢统军"这种国家正式任命的官职所取代。

事实上，西夏立国所秉承的唐宋之法，本身就与承自草原且与宗族、地域紧密联系的两翼制度存在严重的冲突。而当西夏不断在强化专制主义中央集权之时，也就注定了左右厢制度最终走向消亡的命运。最终，经略司这样一个有品级、有印信、有繁杂的上下级组织关系，有健全的军政管理职能的机构取代了它，并成为了西夏"边中"地区的高级政区。

那么，左右厢的建制与西夏专制主义制度的冲突究竟体现在何处？前述西夏政权不仅完整吸纳了诸多游牧部落，而且基本保留了氏族贵族对部众的统属权。这些氏族贵族，也就是史书中的"酋豪"，则成为西夏政权统属部众、对外征战所倚重的政治势力，其中的大族"酋豪"尤其是如此，如西夏前期非常活跃的野利氏、没藏氏、梁氏、人多氏

---

① ［宋］李焘：《续资治通鉴长编》卷一三二"庆历元年五月甲戌"条，北京：中华书局，1985 年，第 3136 页。

② ［宋］李焘：《续资治通鉴长编》卷一三二"庆历元年五月甲戌"条，北京：中华书局，1985 年，第 3136 页。

③ 杨蕤：《西夏地理研究》，北京：人民出版社，2008 年，第 161—163 页。

④ 西夏基层军职的排列从小到大依次为：舍监、末驱、首领（大、小）、盈能、头监。史金波、聂鸿音、白滨译注：《天盛改旧新定律令》，北京：法律出版社，2000 年，第 194 页。

等。但同时，大族"酋豪"们又往往依靠背后的部族力量，常常威胁皇权，强烈地动摇着自元昊始仿照中原汉制所建立的专制主义制度。其中最为极端的例子就是西夏中前期的母后专政。出身大族的女性通过与皇室的联姻取得政治地位，又借助本族的势力参与政治，扶立子嗣而取得"国母"的身份而凌驾于皇权之上，成为西夏的实际统治者。①兹不赘述。

而其中，左右厢就是氏族贵族与皇权激烈交锋的一个重要场所。由于氏族贵族特殊的政治背景，不仅监军司"委毫右分统其众"，两厢长官的任命也不能不考虑嵬名氏兄弟、野利氏兄弟等大族的首领，而不是张元、吴昊等虽有较高功绩却无部族背景的汉人。氏族贵族掌握重兵，其权势亦在特别时期得以膨胀，如屡次出现的母后专政时期，皇权受到极大的压制，诸多氏族贵族的势力也趁机抬头。在崇宗初期，小梁太后掌权之时，出现了"梁氏与人多二族分据东西厢兵马"的局面。把持左厢的"梁氏"集团，"一门二后"，权势熏天，其依靠着左厢兵马，多次对宋朝发动侵扰及侵略。②而把持右厢的仁多氏，则系"久据西南部落，素为桀黠"③的地方酋豪。在小梁太后当政时，人多保忠为右厢统帅，职衔系"夏国右厢统军"④，而这一职衔并非任命，而系继承其父人多唛丁而来，足见仁多氏把持右厢之久。

不过，为强化皇权，西夏历任的皇帝一边在利用氏族贵族来掌控部众的同时，也想方设法压制他们的权力，比如前述元昊先后诛杀身为两厢长官的嵬名山遇、野利旺荣、野利遇乞等。崇宗乾顺的行动也非常成功，不仅借辽国之手，除掉了长期把持朝政的母后梁氏，亲政后又先是诛除梁氏党羽，随之又削夺了仁多保忠的兵权，从而结束了"梁氏与人多二族分据东西厢兵马"的局面。虽然说这些行动往往是充满"血腥"的人伦惨案，但确实取得了较好的效果，加强了皇帝对左右厢军队的控制。

不过，最终解决氏族贵族"尾大不掉"这一问题，还是设置了经略司以取代两厢，不仅将其统兵之权剥夺，还赋予了其作为国家正式机构所应具备的条件，如有品级、有印信、有完善的组织机构⑤、有完备的职能等。如果仔细观察的话，还会发现经略司的长官也被换成了汉人，如前文提到的东经略使"苏执礼""赵口"。这说明，随着左右

① 吴天墀：《西夏史稿》，桂林：广西师范大学出版社，2006 年，第 65 页。
② 吴天墀：《西夏史稿》，桂林：广西师范大学出版社，2006 年，第 43 页。
③ ［宋］李焘：《续资治通鉴长编》卷四六七"哲宗元祐六年十月甲戌"条，北京：中华书局，1993 年，第 11153 页。
④ ［宋］李复：《潏水集》卷三《又上章丞相书》，《景印文渊阁四库全书·集部》第 1121 册，台北：商务印书馆，1986 年，第 23 页。
⑤ 经略司不仅设有经略使、经略副使，还有经义、案头、司吏等吏员，还设有"六库"，翟丽萍：《西夏官僚机构及其职掌与属官考论》，宁夏大学 2010 年硕士学位论文，第 207 页。

厢被经略司取代，氏族贵族分统全国兵马的时代也结束了，而监军司所管领的诸多部族被彻底的纳入专制主义的国家体制之中，而"酋豪"们的统兵之权也被压制到仅限于监军司一级了。

事实上，虽然建制变革之际的史料缺乏，但依据现有史实还可做进一步推测。前述左右厢的建制于宋崇宁三年（1104）在史书中最后一次出现，而经略司则在仁宗天盛年间的《天盛改旧新定律令》中首次出现。那么，很有可能是崇宗在诛梁氏、夺人多氏兵权，清算了左厢与右厢氏族贵族的势力之后，随之撤左右厢而置经略司，并派遣汉人充当长官。这完全符合历史的逻辑。这一推测如果属实，那么这绝对可以算得上是西夏中期的一个重大事件，其彻底解决了氏族贵族统兵之权过大的问题。不过分的说，这应当是崇宗乾顺留给仁宗仁孝的一个重要政治遗产，是仁宗朝出现"鼎盛"的一个重要条件。不过可惜的是，历史文献的空档使这一时期政治变革的具体历史过程成为西夏历史上又一难以探知的秘密。

四、余论

在西夏政治制度史的研究中，学者们常习惯性地主要使用《天盛改旧新定律令》中的记载。虽然《天盛改旧新定律令》本身内容丰富，编入了大量皇帝的"敕文"[1]，有较强的现实性，价值很高，但若将其中关于典章制度的诸多法规作为西夏一朝的"标杆"，显然是不合适的。《天盛改旧新定律令》能够反映的顶多是天盛年间前后的现状，更不用说法律与现实制度的操作之间还存在着一定程度的"脱节"。事实上，虽然西夏史的文献"缺环"较多，但西夏制度在各类史籍中仍留下了不少蛛丝马迹，它们给予了我们诸多重要的提示，以探讨西夏制度如何在与各种因素的相互作用后，而发生继承、发展、演变的历史过程。

本文即利用数量和质量皆有限的汉文、西夏文文献，在现有研究的基础上对西夏的地方高级政区再次做了讨论。研究并没有推翻学界已达成的"经略司"体制的共识，但毫无疑问对其进行了较大程度的丰富。通过研究，我们至少对西夏的地方政区制度产生了以下三个方面新的认识：第一，经略司作为西夏"边中"地区的高级政区，并非贯穿西夏一朝的始终，而其之前至少90余年的时间里，左右厢在代替着它的位置。第二，经

---

[1] 李华瑞：《〈天盛律令〉修撰新探——〈天盛律令〉与〈庆元条法事类〉比较研究之一》，杜建录主编：《西夏学》第九辑，上海：上海古籍出版社，2014年，第32页。

略司对于左右厢有因有革，虽由单纯的统兵体制转变为综领军民的地方行政体制，但左右厢所奠定的两翼拱卫京师的政治地理格局却被一直继承了下来。第三，西夏的经略司并不是照搬宋朝的制度而来，相反其是一个西夏上层在受到宋代政治文化影响后极力推行的专制主义制度与西夏旧有的部落体制相冲突并融合的产物。

（原载《中国历史地理论丛》2019 年第 2 辑）

西夏游牧经济的几个问题*

高　仁

摘　要： 西夏的游牧经济与匈奴、鲜卑、吐蕃、回鹘等一脉相承，是中国古代少数民族畜牧经济发展史上重要的一环。牧民们常结为部落组织，住在"帐""包"等便携式的居室，携牲畜移动，或追逐水草，或躲避灾害，过着非定居的生活。西夏游牧民的季节迁移模式类同于今黄河上游的藏民，秋季进行分工，一部分人留在秋场为牲畜抢膘，一部分人返回冬场打草，在十月（农历）进入冬场后，将牲畜聚集，设"冬栏"喂食以渡过冬荒，在二月出冬场，七八月游至最远。同诸多政权常通过划定游牧区域的方法来管理游牧民一样，西夏也为部族划定"地界"，并为了适应脆弱多变的自然生态，西夏划分"地界"既细致，又灵活性，且有临时划界的机制。

关键词： 西夏；畜牧；游牧

游牧经济约于公元前 8 世纪左右产生，是人类利用农业资源匮乏之边缘环境（通常处于干旱和半干旱区），利用食草动物的食性来牧养牲畜的一种经济模式①。应该说，游牧是一种粗放型的经济，土地利用的效率很低，因此自中华人民共和国成立以来，游牧经济即渐渐趋于消亡，当下中国境内更是很难再找到游牧经济的存在。然而在古代历史中，其影响却不容低估，其不仅为广大干旱、半干旱地区所普遍采用，诸多的少数民

---

* 基金项目：本文为国家社会科学基金重大招标项目"西夏通志"（项目编号：15ZDB031）阶段性成果。

① Anatoly M.Khazanov，*Madison，Nomads and the Outside World*，Trans.Julia Crookenden，Wisconsin：The University of Wisconsin Press，1994，p.71.

族还以此为基础建立了强大的政权，与以农耕为主的中原王朝分庭抗礼。

西夏是以党项人为主体，包括汉、羌、吐蕃等在内的多民族政权，对 11 到 13 世纪的中国历史进程产生了重大影响。虽然其在建国后，努力发展多元的经济结构，但以游牧为主的畜牧经济始终在国民经济中占据着极为重要的地位。

"游牧"一词虽然在西夏史的研究中经常出现，但关于其经营与管理的具体状况，则研究有限，仅吾师杜建录先生《西夏经济史》[1]、杨蕤《西夏地理研究》[2]，冈崎精郎、青山《唐古特的游牧与农耕——以西夏崩溃时期的问题为起点》[3]等著作或文章略有讨论。杜师认为西夏游牧经济较为普遍，在鄂尔多斯、阿拉善、瓜、沙、祁连山、焉支山等地皆广泛存在；冈崎精郎更指出，西夏总体的发展趋势是由游牧转为农耕、由迁移转为定居；而杨蕤先生观点相反，认为西夏部族迁移过短，且有明显的地域性，因而西夏的畜牧不属于"游牧"的范畴。前人研究对西夏的游牧经济有了初步的涉及，但讨论并不充分，且在观点上存在着较大分歧。

目前研究存在不足，除了众所周知"材料稀少"的原因外，就是前人在研究中，并没有认识到游牧经济的具体形态。而事实上，"游牧学"是人类学中一个重要的研究方向，其自 20 世纪 50 年代就在国内外展开，时至今日，已形成较为成熟的体系，有着较多的研究成果。而本文中，笔者对现有汉文、西夏文史料进行再次整理、校译，力图丰富基本的史料，在此基础上，结合人类学有关游牧人群经济形态、生活方式、组织形式的理论和调查案例，充分借鉴前人研究成果，对西夏的游牧经济做更进一步的探讨。

一、文献中所见西夏的"游牧"

西夏是否广泛存在着游牧？这需要从"游牧"本身所具有的特点来看。据苏联学者哈扎诺夫总结，游牧经济具有诸多的特点，如季节性迁徙、产品结构单一、无圈牧养、非商品化等[4]，今世学者亦有所补充，如"各有分地"的区域性、开放性、非自足性等[5]。然而，区别于其他方式的畜牧，游牧最为本质的特点就是"移动"，它"使得游

① 杜建录：《西夏经济史》，北京：中国社会科学出版社，2002 年，第 107 页。

② 杨蕤：《西夏地理研究》，北京：人民出版社，2008 年。

③ 冈崎精郎：《唐古特的游牧与农耕——以西夏崩溃时期的问题为起点》，《民族译丛》1981 年第 1 期，第 51—56 页。

④ Anatoly M.Khazanov，*Madison，Nomads and the Outside World*，Trans.Julia Crookenden，Wisconsin：The University of Wisconsin Press，1994，P.2.

⑤ 贺卫光：《中国古代游牧民族经济社会文化研究》，兰州：甘肃人民出版社，2001 年，第 122—132 页。

牧与其他各种人类经济模式中的牲畜饲养有本质上的不同"。游牧人群在牧养牲畜时之所以发生移动，不仅是为了让牲畜在各种季节皆能得到适宜的环境资源（主要是水草）与外在资源（如贸易和掠夺），也是逃避各种风险的手段。①而通过其基本特征，从文献中看，西夏境内的确普遍存在着游牧部落。

西夏的畜牧对自然水草有着较强的依赖性，如庆历六年（1046），在元昊数次请求下，宋朝在保安、镇戎二军置榷场，然而，元昊"继言驱马羊至，无放牧之地，为徙保安军榷场于顺宁寨"②。西夏的官畜管理亦系如此，在唐宋的律法中，常常会有为牲畜给料的规定，如"诸系饲，给豆、盐、药者……牛（一头），日给大豆五升，月给盐四两、药一唉"③。而在西夏法典《天盛改旧新定律令》中就见不到此类条文，这也从侧面有所印证。事实上，依赖自然水草放牧，必须适时转移牲畜，以满足它们对草、水的需求，这是游牧之所以发生迁移最基本的动因。④

文献中也有所反映，西夏境内的广大牧民的确普遍处于"逐水草"的移动状态。如成书于西夏中后期仁宗执政时期的辞书《文海》，就对"牧"字有所解释，其意即为"管理牲畜，寻找水草"⑤。再如，辽开泰二年（1013），"党项诸部叛者皆遁黄河北模柩山，其不叛者曷党、乌迷两部因据其地，今复西迁"，并且"诘之则曰逐水草"⑥，"逐水草"虽然是其托辞，但其也来自现实的情况。

躲避灾害与风险是游牧移动的又一个重要动因。当然，除了自然灾害以外，还有诸多来自社会方面的风险。如元祐七年（1092）二月，"折可适统兵八千九百余人入生界，讨荡韦州监军司贼众"⑦，此次兴师动众但收获不大，虽然"烧荡了族帐千余帐"，但估计也不过是些空帐，"斩首止于七十级，而生获正副首领二人、马一百匹、骆驼三十头、牛羊约三十馀头口"。之所以会如此，正如折可适自己所陈述"其余贼马耕牧人口已知觉遁走"⑧，"军回仅二百余里，如行无人之境，蕃众无人敢近官军"⑨。由此可见，西夏的游牧部落，在躲避战争之时，其具有非常灵活的移动性。折可适出兵至"生界"，又烧

① 王明珂：《游牧者的抉择：面对汉帝国的北亚游牧部族》，桂林：广西师范大学出版社，2008年，第20页。
② ［元］脱脱等：《宋史》卷一八六《食货下八》，北京：中华书局，1977年，第4563页。
③ 天一阁博物馆、中国社会科学院历史研究所天圣令整理课题组：《天一阁藏明钞本天圣令校证：附唐令复原研究》卷二四《厩牧令》，北京：中华书局，2006年，第290页。
④ 韩茂莉：《历史时期草原民族游牧方式初探》，《中国经济史研究》2003年第4期，第93页。
⑤ 史金波、白滨、黄振华：《文海研究》，北京：中国社会科学出版社，1984年，第552页。
⑥ ［元］脱脱等：《辽史》卷一五《圣宗本纪六》，北京：中华书局，1974年，第173页。
⑦ ［宋］李焘：《续资治通鉴长编》卷四七〇"哲宗元祐七年二月庚辰"条，北京：中华书局，1993年，第11228页。
⑧ ［宋］李焘：《续资治通鉴长编》卷四七一"哲宗元祐七年三月甲午"条，北京：中华书局，1993年，第11244页。
⑨ ［宋］李焘：《续资治通鉴长编》卷四七一"哲宗元祐七年三月甲午"条，北京：中华书局，1993年，第11245页。

荡了诸多的族帐，所俘又皆为牲畜，其虽言"耕牧人口"，应当主要还是部落牧民。

　　西夏的牧人畜牧时，常常会因为迁徙移动而冲入各种权力界限内，有时还会引发冲突。一种情况是牧人闯进官牧地之中，《天盛改旧新定律令》对此种情况有所规定："若天旱□，官牧场中诸家主之寻牧草者来时，一年以内当安家，不许耕种。逾一年不去，则当告于局分而驱逐之。"①另一种情况就是在西夏的国界上与其他国家发生纠纷，据《续资治通鉴长编》载，皇祐五年（1053）七月，"蔺毡世居古渭州，密迩夏境。夏人牧牛羊于境上，蔺毡掠取之，夏人怒，欲攻之，蔺毡惧力不敌，因献其地，冀得戍兵以敌夏人"②。而在北宋崇宁四年（1105），陶节夫占领延安，执行蔡京倒行逆施的做法，不仅"夏人欲款塞，拒弗纳"，还将"放牧者执杀之"③，最终酿成激烈的冲突。我们在此不讨论此事件的性质，但陶节夫之所以能够四处执杀牧人，想必牧人定然是在非定居的状态下，于非固定的场所内游荡放牧了④。

　　在西夏，不仅广大的部族迁徙游牧，西夏的官畜也常常是移动牧养的。《天盛改旧新定律令》对于官牧地有这样的保护规定："一诸牧场之官畜所至住处，昔未纳地册，官私交恶，此时官私地界当分离，当明其界划。官地之监卓⑤者当与掌地记名，年年录于畜册之末，应纳地册，不许官私地相混。"⑥这一条文所反映的，并不是前人所认为，西夏的牧场有明确的界划，因而不属于游牧⑦，相反，"至"字显示出官畜也同样是移动牧养。也正因为如此，官畜每至一新的"住处"，才会和这里原有的牧民发生牧地的纠纷，并且是在"官私交恶"的情况下，才会有"明其界划"的问题。

　　另外，西夏的牧场也不是一成不变的，在《天盛改旧新定律令》畜牧卷中有"派牧监纳册"一门，该门的内容已全部佚失，但其中存有一条目名称，汉译本中译为"牧场注销过群牧司"⑧。虽然该条的内容佚失非常可惜，但通过条目名称，其应当是关于注销牧场需要在群牧司履行相关手续的内容。这一条目显然向我们透露，西夏的牧地并不像唐宋的"监"一样，而是可以根据时宜废置的。

① 史金波、聂鸿音、白滨译注：《天盛改旧新定律令》，北京：法律出版社，2000年，第598页。
② ［宋］李焘：《续资治通鉴长编》卷一七五"仁宗皇祐五年闰七月己丑"条，北京：中华书局，1985年，第4225页。
③ ［元］脱脱等：《宋史》卷三四八《陶节夫传》，北京：中华书局，1977年，第11039页。
④ 游牧经常迁移，从空间上来说，牧民是处于非绝对固定的场所，但其游牧又有相对固定的范围，这将在下文讨论。
⑤ 史金波、聂鸿音、白滨译注：《天盛改旧新定律令》，北京：法律出版社，2000年，第598页译为"标志"，现据原文改为"草"，参见俄罗斯科学院东方研究所圣彼得堡分所、中国社会科学院民族研究所、上海古籍出版社：《俄藏黑水城文献（西夏文俗文部分）》第十册，上海：上海古籍出版社，1999年，第365页。
⑥ 史金波、聂鸿音、白滨译注：《天盛改旧新定律令》，北京：法律出版社，2000年，第598页。
⑦ "界划"、"各有分地"等并不能够否定游牧经济形态，详见后文。
⑧ 史金波、聂鸿音、白滨译注：《天盛改旧新定律令》，北京：法律出版社，2000年，第573页。

西夏牧民经常迁徙的生活状态在史书中还留下了一个重要痕迹，那就是他们普遍的部落组织，以及在部落中普遍使用"帐"或者"包"的居住形式。

部落制与乡里制是西夏境内并存的两个重要的基层组织，分别对应着畜牧人口与农耕人口。西夏境内存在很多的部落，据史籍记载，他们"散漫山川"[①]、"种落不相统一"[②]，与"党项、吐蕃风俗相类"，为"入州城者"或"居深山僻远"[③]的生户、熟户。西夏政府通过向部落首领发放铜印，以示认可其地位，让他们来笼络部落民众。今天出土的西夏首领印很多，几乎分布在西夏的全境。[④]据笔者整理，传世史籍中所有出现的党项、西夏部落大约有 740 余个，几乎凡是史料涉及的地方都有部族存在。并且史料中所出现的部落，只是西夏境内实际部落数量中很少的一部分。可以想见，部落组织在西夏境内存在之广泛。

部落是一种社会阶序化、权力集中化程度较低的政治组织。部落制在早期是适应于原始社会渔猎、采集的生产方式。[⑤]公元前 1000 年左右，专业化的游牧行为产生，而游牧民族也基本都会无一例外的选择部落的组织形式，与此同时，其与游牧经济还存在着强烈的共生性，一旦游牧人群定居，则部落组织也随即瓦解了。事实上，部落就是一种适应于非定居、流动性的形态，而以血缘为纽带，集生产、军事于一体的组织。[⑥]西夏境内广泛存在着"部落"，正说明诸多的牧民处于一种非定居的生活状态。

同样，为适应于迁徙流动，部落中普遍使用"帐"或者"包"为其住宅。而所谓的帐，就是《隋书》卷 83《党项传》里提到的"织牦牛尾及羖羊毛以为屋"[⑦]。这种帐是西夏境内的部族极为常用的一种住宅。西夏境内及周边的部族多如牛毛，而宋军在突入西夏境内常常袭击的目标就是族帐，史书中某将"烧荡族帐"几千几百的记载随处可见，几乎有部族，就会有族帐。而"包"则见于《蒙古秘史》中，阿沙敢不向蒙古宣称："我们贺兰山营地有撒帐房和骆驼的驮包"[⑧]，其中所谓的"撒帐房"和"驮包"，应当就是类似于蒙古包一样的帐房。事实上，无论是帐还是包，其居住的舒适程度远远不能够和定居的房屋相比，但其拆装方便，便于移动。因此，这种形式的居室为经常迁徙的游

① ［宋］李焘：《续资治通鉴长编》卷三五"太宗淳化五年正月甲寅"条，北京：中华书局，1979 年，第 768 页。

② ［宋］李焘：《续资治通鉴长编》卷一三二"仁宗庆历元年五月己亥"条，北京：中华书局，1985 年，第 3144 页。

③ ［元］脱脱等：《宋史》卷二六四《宋琪传》，北京：中华书局，1977 年，第 9129 页。

④ 杨蕤：《西夏地理研究》，北京：人民出版社，2008 年，第 167—168 页。

⑤ 安俭：《中国游牧民族部落制度研究》，兰州：甘肃人民出版社，2005 年，第 65 页。

⑥ 贺卫光：《中国古代游牧民族经济社会文化研究》，兰州：甘肃人民出版社，2001 年，第 140 页。

⑦ ［唐］魏征等：《隋书》卷八三《党项传》，北京：中华书局，1973 年，第 1845 页。

⑧ 余大钧译注：《蒙古秘史》，石家庄：河北人民出版社，2001 年，第 460 页。

牧人群普遍接受，并几乎成为了他们的象征符号。这种居室在西夏普遍出现，体现了牧民普遍非定居的生活状态。而相比较之下，被纳入宋境以内的部族，经过宋朝的改造，"各家须有窖藏斛斗及木棚屋舍，何由拆移般运？"①显然他们放弃了游牧而转向农耕，渐渐处于定居的生活状态。

据研究，牧民们使用的"帐"和"包"是有相当大区别的。今天藏民的帐篷，组织粗陋，架设简单，质量甚轻，容积亦小，仅用数头牛或马，即可携带家用移牧；而蒙古包则不然，组织精致，架设繁杂，质量甚重，容积亦大，移动须用数量可观的骆驼或牛马，不如前者灵便。而这两种形态的住宅与他们各自游牧迁移的特点相一致，前者每次迁移的距离短，但频率很高；而后者正好相反，距离长，频率低。②西夏境内广泛存在的，以"牦牛尾及羖羳毛"所为的"帐"，显然类同于前者。事实上，西夏境内的区域大体上属于干旱地区，生态脆弱，水草较为分散，并且多为崎岖的山地③，小规模的部落组织与频繁的迁移应当就是西夏境内游牧民众的普遍特点，这是在特定历史条件、自然环境中形成的。

事实上，西夏所占领的广大疆域中，绝大多数地区都是自古以来游牧民族活动的场所。比如河西走廊，在汉代时，就是月氏、乌孙、匈奴等游牧民族繁衍生息之地，后来匈奴击走大月氏，乌孙又西迁，这里成为了匈奴浑邪王和休屠王的驻牧地。匈奴在汉军的军事打击下退出了河西走廊，此后羌人、鲜卑先后皆在河西盘踞过一段时期。在西夏入主这里以前，这里还有吐蕃潘罗支、甘州回鹘，也都是游牧民族所建立的政权。西夏灭亡后，虽然河西走廊经过元、明、清三代的经营，游牧经济的比重越来越小，农耕的规模却越来越大，但是，许多在当地的居民仍保留着游牧的生产方式。比如裕固族，明代时迁入河西走廊，就一直从事着游牧，直到中华人民共和国成立前，大部分人口都还一直维持着四季迁转，携带帐篷，随畜群流动的生活状态，并广泛存在着部落组织④。再如黄土高原——黄河上游地区，这里虽然属于农牧经营的过渡地带，一直是农牧混合经营的经济模式，但历史上也不乏游牧民族在此地活动，如秦汉时期的羌族、氐族，魏晋隋唐的吐蕃、吐谷浑等，元代时，不少蒙古族也至此游牧。⑤

① ［宋］李焘：《续资治通鉴长编》卷四三四"哲宗元祐四年冬十月乙卯"条，北京：中华书局，1992年，第10467页。
② 韩茂莉：《历史时期草原民族游牧方式初探》，《中国经济史研究》2003年第4期，第96页。
③ 杨蕤：《西夏地理研究》，北京：人民出版社，2008年，第167—168页。
④ 《裕固族简史》编写组：《裕固族简史》修订本，北京：民族出版社，2008年，第60页。
⑤ 贺卫光：《中国古代游牧民族经济社会文化研究》，兰州：甘肃人民出版社，2001年，第31—55页。

二、西夏"游牧"的季节移动模式

游牧人群的迁移通常有一定的规律。据研究，不同的游牧群体常常会因气候、地形、植被、畜产、水源、农区、市镇、社会结构、国家权力及人力配置等诸多内外因素的影响而形成不同的迁移模式。[①]但毫无疑问，四季更替引起的气候变化对游牧人群影响面最广、程度最大。世界上任何游牧的人群，都躲不开四季的变化，并随着四季交替进行周期性的循环移动。西夏的游牧民同样也不会例外。

季节性的迁移是因为过寒的温度难以生长牧草并对牲畜和牧人造成伤害，而过热的气候又影响牲畜的生长、繁殖。一年四季中，冬天寒冷而夏天炎热，而相应地，北方寒冷而南方暑热（北半球），低处湿热而高处凉爽。在不同的季节中，放牧人会为牲畜寻找牧草与温度最适宜的地区来畜牧，也就是史书中提到的"夏迁凉土，冬逐暖处"[②]。通常来说，游牧人群要么在寒冷的冬季时向南迁移，要么寻找低谷的背风地带以避开冬荒；相应地，在炎热的夏季，要么向北方移动，要么迁移到山坡。由此诸多的游牧人群形成了最基本的移动规律。[③]

通过文献中的一些描述，我们可以看到西夏牧民在一年四季如何迁徙移动的。《天盛律令·校畜磨勘门》的一段内容提供了一条重要的线索，内容如下：

> 一校畜者往时，令牧场牲畜一并聚集，不许与冬栏分离，当往官畜所在处检校。[④]

这是一条官牧场检校官畜的规定，但它所包含的信息却无疑是解决问题的关键。条文中提到的校畜，它是由群牧司等机构派遣人员"往至"各地的牧场中检校，这在《天盛改旧新定律令》中被称为"大验"，政府规定其开始的时间在每年的十月一日。那么，在西夏历法中，十月是一年的什么时节？西夏曾使用过多部历法，既使用过宋朝的《仪天历》和《崇天历》，又"自为历日，行于国中"[⑤]。但在与《天盛改旧新定律令》同一时期的百科全书作品《圣立义海》中对十月有着这样的描述："十月属亥，五行属水，牧白鹤季，北方寒降。……地始冻，结冰凌。……天降霜，使蒲草尽枯死……夜长昼短。"[⑥]而在天盛之后的乾祐年间刊刻出版的民间诗《月月乐诗》中又这样描述："粮

① 王明珂：《游牧者的抉择：面对汉帝国的北亚游牧部族》，桂林：广西师范大学出版社，2008年，第21页。
② ［北齐］魏收：《魏书》卷一〇二《西域传》，北京：中华书局，1974年，第2279页。
③ 王明珂：《游牧者的抉择：面对汉帝国的北亚游牧部族》，桂林：广西师范大学出版社，2008年，第21页。
④ 转引自史金波、聂鸿音、白滨译注：《天盛改旧新定律令》，北京：法律出版社，2000年，第585页。
⑤ 史金波：《西夏社会》，上海：上海人民出版社，2007年，第477页。
⑥ ［俄］克恰诺夫、李范文、罗矛昆：《圣立义海研究》，银川：宁夏人民出版社，1995年，第53—54页。

食满仓。人们在一年的操劳后开始休息。……黑风骤起，鹿儿狂鸣。风儿摔打着草丛，野山羊隐没入林中。"①《圣立义海》将十月归为"牧白鹤季"，十一月为"冬季中月"，腊月为"冬季尾月"，这样看西夏的十月也就是初冬，与农历的时令并没有差太多，十月一日，也就是自晚秋至初冬之际。

从条文中看，入冬以后，西夏牧场中的牲畜处于"一并聚集"的状态。事实上，在游牧人群中，冬季是一个很少移动的季节。冬季气温低、植被少，牧民通常都会考虑避免冬季给牲畜带来的损害。即使是亚欧草原上南北长距迁移的民族，在冬季南迁后，也常常会找一个山谷或者是山南坡避风的地方安置。②而汉代的西羌则通常从山上下来后，直接在河谷、山谷地带过冬。③西夏境内虽然包含着诸多的地理单元，其游牧生产可能也不尽相同，但在冬季，牧民会将所有的牲畜聚集一处以避寒，这是毫无疑问的，也因此会有《天盛改旧新定律令》中"一并聚集"的状态。除了《天盛改旧新定律令》以外，在传世史料中也有体现，如李宪在元丰四年（1081）攻占兰州之后，十月又"引兵至汝遮谷"，其所见"贼众数万，牛羊驼畜充满川谷"④，可见牧民也是在十月将牲畜聚集在地势较低的平地或山谷。这时候再也不会是前述"官畜所至住处"⑤与牧民、农民争地的场景了。

也正因为如此，西夏政府一年一度的"大验"定在了初冬的十月一日，就是按照游牧的时节规律而安排的。首先，因为只有在冬季，所有的牧民、牲畜才会聚集一处，西夏"使校验者往牲畜处验畜"，显然操作起来会比较方便。其次，初冬的牲畜经秋牧场回来，正值膘肥体壮之时，反而经历一冬，会有相当数量的牲畜死亡，因此，无论是交纳畜产，还是赔偿，初冬皆是最佳时间。最后，冬季往往是牧人最为清闲的时候，这时候检验牲畜并不会延误生产。无独有偶，汉代的匈奴恰恰也有九月"大会"的习俗，史载，九月"秋，马肥，大会蹛林，课校人畜计"⑥，其内容也同样是校畜。匈奴的"大会"比西夏略早数日，大体处于晚秋之际，可能系因为在点集之后，就要开始劫掠或者进犯了。⑦事实上，匈奴与西夏在检验时间上的一致，恰恰就是游牧生产方式共有的时

① ［俄］克恰诺夫、李范文、罗矛昆：《圣立义海研究》，银川：宁夏人民出版社，1995 年，第 18 页。
② Sechin Jagchid and Paul Hyer, Joseph Fletcher, *Mongolia's Coulture and Society*, Boulder, Colorado: Westview Press, 1979, p.26.
③ 王明珂：《游牧者的抉择：面对汉帝国的北亚游牧部族》，桂林：广西师范大学出版社，2008 年，第 170 页。
④ ［宋］李焘：《续资治通鉴长编》卷三一七"神宗元丰四年十月丁巳"条，北京：中华书局，1990 年，第 7666 页。
⑤ 史金波、聂鸿音、白滨译注：《天盛改旧新定律令》，北京：法律出版社，2000 年，第 598 页。
⑥ ［汉］班固：《汉书》卷九四《匈奴传上》，北京：中华书局，1962 年，第 3752 页。
⑦ 王明珂：《游牧者的抉择：面对汉帝国的北亚游牧部族》，桂林：广西师范大学出版社，2008 年，第 124 页。

令所决定的，而并不是巧合。相比之下，唐代"群牧使以诸监之籍合为一，以仲秋上于（太仆）寺"①，在八月就已经检验完毕了，这与二者相差就比较大了。

过冬不仅是严寒的问题，同时也还要应对草料稀少的问题。许多游牧的人群为了应对这一问题，会选择在秋季依靠茂盛的草地及大范围的移动为牲畜"抢膘"，而入冬以后就屯聚，仅在冬场附近寻找一些残存的枯草来为牲畜补充营养。这种作法非常原始，但在世界各地的游牧人群中，还是非常普遍的。②不过，西夏牧民过冬的方式较为特别，从前引的条文来看，西夏牧场在冬季会设有"冬栏"。"冬栏"说明，除了秋季"抢膘"以外，西夏牧民还采用类似于圈养的方式，通过喂食来为牲畜补充营养，以熬过寒冷的冬季。当然，"冬"字也说明，这种做法只是在冬季严寒时期所特有的，其他季节并不如此。

可是，牧民喂食"冬栏"牲畜的草料从何而来？从《天盛改旧新定律令》中看，西夏政府每年都会向农户征收粟草、麦草以及糠麸③，但这些草料政府并不会将它们补充给牧民，即使是对领取过官畜的"官牧人"也是如此，因为如果有的话，《天盛改旧新定律令》的条文中肯定会有牧民领草的规定，但目前并没有见到。相反，《天盛改旧新定律令》中倒是常常有群牧司、马院等喂食持有牲畜草料的规定，这样看，从民间征收的草料更有可能是补贴给了它们。事实上，历史上西北地区普遍采用"积茭之法"处理、储存牧草④，而《西夏谚语》中又有"牧人睡，草堆摧"⑤这样的训言，这反映了西夏的牧民秋季需要储草来备冬这一现实。

秋天储草对于牲畜过冬固然非常重要，但是秋天也正值草熟之际，是外出放牧的大好时间。所有的游牧人群都不会放过这个让牲畜上膘的机会，西夏也不例外，如宋将刘昌祚在元丰七年（1084）与西夏交战中就曾担心言："戎骑乘秋健集之时，加之边吏伺候灭裂，万一逢贼，误国不细。"⑥然而，秋季储草一般来说是收集冬场附近的牧草加以处理并储存，而"抢膘"则需要带着畜群到远处追逐茂盛的水草，那么牧民是如何两者兼顾的呢？

20世纪上半叶，青海东南部即黄河上游之地（这里也是党项民族的发源地）生活的藏民，他们所经营的模式就是一个给我们解释西夏打草、放牧两不误的很好的案例。据

---

① ［宋］欧阳修、宋祁：《新唐书》卷四八《百官志三》，北京：中华书局，1975年，第1255页。

② 王明珂：《游牧者的抉择：面对汉帝国的北亚游牧部族》，桂林：广西师范大学出版社，2008年，第21—25页。

③ 史金波、聂鸿音、白滨译注：《天盛改旧新定律令》，北京：法律出版社，2000年，第490页。

④ 董立顺、侯甫坚：《水草与民族：环境史视野下的西夏畜牧业》，《宁夏社会科学》2013年第2期，第93页。

⑤ 陈炳应：《西夏谚语》，太原：山西人民出版社，1993年，第21页。

⑥ ［宋］李焘：《续资治通鉴长编》卷三四八"神宗元丰七年八月壬辰"条，北京：中华书局，1990年，第8351页。

研究，这里的牧民入秋之际，从距离冬场最远的夏场迁至秋场，开始进行秋季的放牧。而此时一个牧团的成员会发生分工，少部分人留在秋场中为牲畜抢膘，而多数人则回到冬场，收集场中的牧草并处理、晾晒，也就是所谓的"打草"。显然，此时牧团因为人员分流会人手短缺，所以秋季对于牧民来说非常繁忙，打草常常会从清晨持续到半夜，并且常常会从冬牧场周围的村落中雇佣牧助以补充人力。[①]而在西夏，牧民很有可能就是采取这样的运作模式以达到抢膘、储草两不误的目的。不过，这种操作模式有一个先决条件，就是牧民需要有一个固定的冬牧场，而事实上，在官牧场中，"各处牧场中大小牧监中当派头监"，这些由牧群司派遣的头监就是一地牧场的中心，其坐镇的地方极有可能就是冬场所在地。另外，这种模式多发生在山地，因为垂直移动的牧民秋场与冬场平面上的距离不会过长。不过，青藏高原因为海拔的缘故，在冬场停留的时间很长，大约从阳历的 11 月入冬场，至翌年 5 月才出冬场，约半年的时间要在冬场中屯聚，因此其秋务之繁忙可想而知。但西夏所占有的疆域海拔并没有那么高，出冬场也较早，秋务可能并不会像藏民那样繁忙，但无论如何，"牧人睡，草堆摧"这样的格言显然也在提醒着牧人在秋天储草之时，不可以懒惰。

冬季结束后，牧民一般会离开冬场，开始一年的游牧生活。从西夏的《月月乐诗》中看，牧民们从一月份开始，就开始做好了出冬场的准备，所谓"聪明的人早就准备好喂养牦牛和羊只的青稞嫩叶，绵母羊咩咩叫着，小羊羔大声喊着，他们成双成对，月儿挂在蔚蓝色的路边，正要出发踏上自己那遥远而永恒的路程，旅人在大步迈进，他的衣服已无御寒之物（没有了皮衬板）…"。而"二月里……旅人走着，穿着轻便的靴鞋与衣衫……"[②]。看来，到了二月，牧民一般就会走出冬场。这在《天盛改旧新定律令》的条文中也有所反映，如《天盛改旧新定律令·校畜磨勘门》规定："一在黑水地方内一班牧者，因地程遥远，依本《律令》时日，校畜者当由监军、习判中一人前往校验，完毕时，令执典册、牧据种种及一局分言本送上，二月一日以内当来到京师。"[③]群牧司下所管的诸牧场在十月一日开始由三司主持"大验"，大概很早就可以结束，而黑水监军司因地方遥远，自行检验，可能会有所延迟，法典规定在"二月一日"以前，应当就是怕监军司耽误了牧民出冬场而影响生产。事实上，西夏牧民出冬场的时间和中国境内其他游牧民族颇为一致，如蒙古草原上的牧民通常就是在阳历的 3 月走出冬场，开始

① Robert B. Ekvall, *Fields on the Hoof: Nexus of Tibetan Nomadic Pastoralism*, New Yokr: Holt, Rinehart and Winston, 1968, pp.33-35.

② ［俄］克恰诺夫、李范文、罗矛昆：《圣立义海研究》，银川：宁夏人民出版社，1995 年，第 14 页。

③ 史金波、聂鸿音、白滨译注：《天盛改旧新定律令》，北京：法律出版社，2000 年，第 588 页。

一年的迁徙生活。①

春季，初出冬场的牲畜往往比较虚弱，且山上的草木还没有长起来，牧民通常会在离冬场不太远的低地放牧，而随着牲畜体力的恢复，草木越来越茂盛，牧民则越走越远，迁徙也越来越频繁，而最远的移动大体就是在盛夏入秋之时。此前提到过的"夏人牧牛羊于境上"，宋朝的蕃官蔺毡"掠取之"而引发了边境冲突②，事实上，这一事件就是发生在宋历的七月，即盛夏入秋之际。

入秋之后，牧团又开始了分工，一部分人为牲畜抢膘，而另一部分人至冬场打草，开始了新的一个周期的循环。大体来说，以上就是党项、西夏部族在一年内的不同季节游牧的移动模式。

三、西夏游牧"地界"的划分

从文献中来看，那些散处西北的生户、熟户，一般来说有一个固定的居地，比如，"渭北党项拓跋公政等一十三府连状称：'管渭北押下帐幕收放，经今十五余年，在盐州界'"③。再如，"环州定边寨、镇戎军乾兴寨相望八十余里，二寨之间有葫芦泉，今属贼界，为义渠、朝那二郡之交，其南有明珠、灭藏之族"。④再如，"庆州之西七十里即马岭寨，北十余里即背汉蕃部杀牛族，有强壮人马二千余，皆负险而居"⑤。

不仅如此，西夏政府还对牧民的畜牧区域进行了划定，并不允许随意越界，如《天盛改旧新定律令》规定："边境地迁家，牲畜主当在各自所定地界中牧耕、住家，不许超过……不允迁家牲畜主越地界之外牧耕、住家"⑥。再如，"诸牧场之官畜所至住处，昔未纳地册，官私交恶，此时官私地界当分离，当明其界划。"⑦。

有部分学者认为，党项、西夏的部族迁移范围很小，有固定的牧区，因此它们不属于游牧民族。⑧

然而，这一观点与诸多史实相违背。事实上，划定牧区并不是定居人口的特长，反

① Herbert Harold Vreeland，*Mongol Community and Kinship Structure*，New Haven：Human Relations Area Files Press，1962，pp.34-44.

② ［宋］李焘：《续资治通鉴长编》卷一七五"仁宗皇祐五年七月己丑"条，北京：中华书局，1975 年，第 4225 页。

③ ［宋］王钦若等：《册府元龟》卷九七七《外臣部·降附》，南京：凤凰出版社，2006 年，第 11313 页。

④ ［宋］李焘：《续资治通鉴长编》卷一三五"仁宗庆历二年"条，北京：中华书局，1985 年，第 3217 页。

⑤ ［宋］李焘：《续资治通鉴长编》卷一三二"仁宗庆历元年"条，北京：中华书局，1985 年，第 3142 页。

⑥ 史金波、聂鸿音、白滨译注：《天盛改旧新定律令》，北京：法律出版社，2000 年，第 210—211 页。

⑦ 史金波、聂鸿音、白滨译注：《天盛改旧新定律令》，北京：法律出版社，2000 年，第 598 页。

⑧ 杨蕤：《西夏地理研究》，北京：人民出版社，2008 年，第 371—174 页。

而是游牧民族、政权惯行的做法。①比如，史载匈奴"逐水草迁徙，毋城郭常处耕田之业，然亦各有分地"②，而突厥"移徙无常，而各有分地"③。这些"各有分地"的记载可能过于语焉不详，而十三世纪出使蒙古的约翰·普兰诺·加宾尼的描述十分详细清楚了，其称："除了他（指大汗）指定的地方以外，没有一个人胆敢驻扎在任何别的地方。只有他才能指定首领们应该驻扎在什么地方，而首领们则规定千夫长的地方，千夫长规定百夫长的地方，百夫长规定十夫长的地方。"④可见其地界划分之细致、严密和执行之严格。而清朝在治理蒙古地区时，亦对牧区有严格的规定："越自己所分地界肆行游牧者，王罚马百匹；札萨克贝勒、贝子、公七十匹；台吉五十匹。庶人犯者，本身及家产均罚取，赏给见证人。"⑤可见上至王公贝勒，下至庶民，都有其各自划定的游牧区域。此外，据调查，近代以来处于游牧状态的哈萨克族以及前文提到的裕固族，每个氏族部落也都有自己春夏秋冬牧场，别的氏族不得随意侵占。⑥

而相比较而言，中原农耕地区对于牧地的立法与此差别就比较大了，如宋代《庆元条法事类》中规定："诸官牧草地，放私畜产践食者，一，笞四十，二，加一等；猪、羊五，笞四十，五，加一等，并罪止杖六十。"⑦而《天圣令》中则规定："诸牧地，常以正月以后，（从）一面以次渐烧，至草生始遍。其乡土异宜及比境草短不须烧处，不用此令。"⑧反而多是牧地牧草的保护、肥力的保养等规定，完全不见关于牧地边界划分的规定。

事实上，认为游牧人群应当是游走无定、随心所欲的四处游荡，不会有一个固定的区域来放牧，这其实是长久以来人们对游牧经济认识上的一个严重的误区。然而诚如上一节所释，游牧人群的移动是有规则的，他们其实大体是在春、夏、秋、冬四季的牧场上循环移动，四处牧地循环利用。甚至于在季节迁移中，许多牧民每年游牧的路线都不会轻易改变。那么，如果一个区域内，能够有满足一年四季的牧草，四季皆有适宜的自然条件（比如谷地、山坡、河流或水井），一个游牧的人群就能够在这个区域内完成一

① 额灯套格套：《游牧社会形态论》，沈阳：辽宁民族出版社，2013年，第112页。
② 〔汉〕《史记》卷一一〇《匈奴列传》，北京：中华书局，1959年，第2879页。
③ 〔唐〕李延寿：《北史》卷九九《突厥传》，北京：中华书局，1974年，第3288页。
④ 〔英〕道林编、吕浦译：《出使蒙古记》，北京：中国社会科学出版社，1983年，第26页。
⑤ 〔清〕会典馆编、赵云田点校：《钦定大清会典事例 理藩院》，北京：中国藏学出版社，2006年，第237—238页。
⑥ 杜荣坤：《论哈萨克族游牧宗法封建制》，《中央民族学院学报》（哲学社会科学版）1989年第1期，第3页；范玉梅：《裕固族》，北京：民族出版社，1986年，第13页。
⑦ 〔宋〕谢深甫纂、戴建国点校：《庆元条法事类》卷七九，哈尔滨：黑龙江人民出版社，2002年，第872页。
⑧ 天一阁博物馆、中国社会科学院历史研究所天圣令整理课题组：《天一阁藏明钞本天圣令校证：附唐令复原研究》卷二四《厩牧令》，北京：中华书局，2006年，第291页。

年四季的迁移。并且通常根据畜群的规模，牧民"逐水草"在百里或数百里的范围内就可以完成。①

不仅如此，游牧社会中也同样存在着土地的所有权，只不过，一块牧地的所有权常常不属于个人，而属于整个部落，由部落的首领分配、管理牧地。并且游牧民众的对牧地的所有权往往更多的是使用权之循环，而不仅仅是居住权。②

关于游牧的区域性，早有学者做过精辟的总结：

> 游牧生活不是无序的行为，牧民不但保持像中原农民春种秋收，日出而作，日落而息的周期性生活节律，而且也有着与农民耕地相似的往复游牧的草场。各有分地虽没有像耕地那样明确的所属关系，但无论是习惯上形成的，还是以制度性的形式确定下来的，每一个部落都有一片相对固定的草场，牧民四季营地的安置与逐水草的游牧生活基本在这片草场范围之内……各有分地是草原牧民的空间占有形式。数千年来，正由于草原上存在各有分地的规则，草原才保持着以和平为主的历史进程。③

也正是基于这一点，统治阶级为游牧民族划分地界，一则可以解决因为游牧而产生的牧地冲突；二则可以对他们实施有效的管辖。既不会影响牧民的生产，也不会使其丧失游牧的特征。相反，这其实体现的是国家对于畜牧经济、游牧人口的管理。

那么，西夏政府如何为游牧人群划分地界？从之前的条文来看，在西夏的边地中，牲畜主如果越界而最终造成了严重后果，"迁溜、检校、边管依前述法判断"④，可见，诸多的"牲畜主"其实是隶属于"军溜"，为"边检校、检主"等管制，所以他们才负有连带的责任。这样看，西夏一个军溜通常就会被划入一个固定的区域。军溜的源起系于"西贼首领，各将种落之兵，谓之'一溜'"⑤，一个军溜大体就是被纳入国家军事体制之下的部落。而西夏以部落为单位划分草场的做法，这与前文提及的蒙古大汗指定首领的牧地，裕固族、哈萨克族诸部落各有牧地，并没有什么不同。

西夏除了为各个部落划定固定畜牧区域，也常常会临时划界，如前文所述："诸牧场之官畜所至住处，昔未纳地册，官私交恶，此时官私地界当分离，当明其界划……不

① 韩茂莉：《历史时期草原民族游牧方式初探》，《中国经济史研究》2003 年第 4 期，第 97 页。
② ［美］拉铁摩尔著、唐晓峰译：《中国的亚洲内陆边疆》，南京：江苏人民出版社，2008 年，第 47 页。
③ 额灯套格套：《游牧社会形态论》，沈阳：辽宁民族出版社，2013 年，第 117 页。
④ 史金波、聂鸿音、白滨译注：《天盛改旧新定律令》，北京：法律出版社，2000 年，第 210 页。
⑤ ［宋］李焘：《续资治通鉴长编》卷一三二"庆历元年五月甲戌"条，北京：中华书局，1985 年，第 3136 页。

许官私地相混"①这显然就是一种处理官、私畜游牧地界纠纷时临时处措的一种机制。从中可以看出，西夏政府划定地界十分灵活、有效。事实上，前文提及，西夏境内生态脆弱，水草较为分散而多变，部落组织规模较小，迁移的频率较高，这种临时划界的机制，可能就是为应对这种客观情况而产生的。

此外，关于游牧的地界，还有一点特别值得一提。前述一个游牧群体可以在一个区域内完成一年四季的循环迁移，这是在一般的情况下。但游牧仍有诸多的不确定因素，如牧草长得不好，再如遇到雪、旱灾害等，牧民就无法再继续这种模式了，很多时候就必须要离开所划定的区域才能够生存。前述清朝虽然严格限制牧民越界的行为，但若"蒙古扎萨克、王、贝勒、贝子、公、台吉等"，因"本旗地方无草，欲移住相近旗分及卡伦内者，于七月内来请"②，也是予以通融的。

也正因为如此，西夏虽在前述的边地中，严格禁止牧民越界，以防"敌人入寇者来，（牧民和牲畜）入他人之手者"③，但是，在广大的内地牧场中，遇到自然灾害，也同样有着应对的机制。如《天盛改旧新定律令》中有一规定，能够充分反映这一问题，非常珍贵，内容如下：

> 诸牧场所属官地方内之原家主家中另外有私地者，不许于官地内安家，皆当弃之。地方无有，及若所得甚小④，而草木不生，或未有净水，无供给处，又原家实旧者，可于安家处安家。彼牧场其他诸家主等，不许于牧官畜处于水境过处垦耕，原有已耕地旧田地当耕，当依边等法入交纳散黍中。彼地方内之牧人、杂家主等于妨害官畜处新耕时，大小牧监不告于局分，不令耕旧田地，牧主、牧人等叨扰时，一律有官罚马一，庶人十三杖。若天旱□，官牧场中诸家主之寻牧草者来时，一年以内可安家，不许耕种。逾一年不去，则当告于局分而驱逐之。一年以内驱逐，及逾一年而不驱之时，有官罚马一，庶人十三杖。⑤

以上译文系笔者对照西夏文原始图版，参考汉译本的译文重新翻译的，纠正了其中若干词句，但该条文仍艰涩难懂，须加以解释。大体说来，从"原家主""彼牧场""彼地方"等词来看，这一条文应当是牧场每至一处之后，与原来在此地生产、居住的居民

---

① 史金波、聂鸿音、白滨译注：《天盛改旧新定律令》，北京：法律出版社，2000 年，第 598 页。

② ［清］会典馆编、赵云田点校：《钦定大清会典事例 理藩院》，北京：中国藏学出版社，2006 年，第 238 页。

③ 史金波、聂鸿音、白滨译注：《天盛改旧新定律令》，北京：法律出版社，2000 年，第 210 页。

④ 史金波、聂鸿音、白滨译注：《天盛改旧新定律令》，北京：法律出版社，2000 年，第 598 页译为"及若虽有"，现据原文改。

⑤ 史金波、聂鸿音、白滨译注：《天盛改旧新定律令》，北京：法律出版社，2000 年，第 598 页。

产生土地使用权的纠纷后，用以协调矛盾的规则。条文中提到了以下几类人：一是牧场中官地内的"原家主"，显然指的就是牧场迁来以前，在此地耕作的居民，若他们还有其他私地，那么其在已被圈为官地中的土地就当无偿放弃。而如果他们在官地外"地方无有"或太小，或者条件很恶劣，"草木不生""未有净水"等，那么其可以在官地内安家并生产。二是"其他诸家主"，也就是虽然在牧场之中，但其地并未圈为官地，他们只要不在官地内新开垦土地，不妨害官畜的牧养并缴纳赋税，则任其自便。三是因灾害游牧至官地的牧民，可以收留一年，一年以后必须迁走。

从这一条文中，可以清楚的看到，牧场中有明确的"官地"与"私地"的地界划分，《天盛改旧新定律令》也很明显在极力保护官畜对官地的使用权限，但对待侵犯官地者并不是无条件的驱逐，而是有条件的收容、适当的调和以及妥善的安置。尤其是对因遇到旱灾的牧民予以一年的安置，可以很大程度上减少畜牧因自然灾害而受到的损失。除了牧地以外，其他畜牧资源也是一样的，如"官地方水源泉有诸人凿井者，则于不妨害官畜处可凿井"，但"若于妨害处凿井及于不妨害处凿井而牧人护之等，一律有官罚马一，庶人十三杖"[1]。看来，官方并没有垄断官地的水源，只要不防害官畜的生产，官地内也是允许其他人凿井使用的。事实上，西夏这一政策上的松动并不是因为其管理上有所疏漏，反而这种富于弹性的牧地使用规则能够更好地适应游牧经济中诸多不确定因素。

综上来看，西夏与唐宋制定保护牧草的规定不同，而是对牧地边界及权限不断进行"三令五申"，这体现了国家通过划定区域界限来管理游牧民众，这是管理游牧人群时常见的做法。西夏为各个游牧的部落划分牧场，并有为牧地纠纷临时划界的机制，但在牧场之中，官私地界并非不容任何程度的动摇，而是对"侵犯"官地者在一定程度上、一定条件下予以容忍和资源共享。这种做法非常适用于游牧多变的环境，能够兼顾到所有方面的利益，这体现出西夏对游牧人群管理较为成熟的一面。

四、尾论

总体来看，游牧经济是西夏畜牧业最主要的经济模式，牧民们常结为部落组织，住在"帐""包"等便携式的居室，携牲畜移动，或追逐水草，或躲避灾害，过着非定居的生活。西夏游牧民众的季节迁移模式类同于今黄河上游的藏民，秋季进行分工，一部

---

[1] 史金波、聂鸿音、白滨译注：《天盛改旧新定律令》，北京：法律出版社，2000 年，第 598—599 页。

分人留在秋场为牲畜抢膘，一部分人返回冬场打草，在十月（农历）进入冬场后，将牲畜聚集，设"冬栏"喂食以渡过冬荒，在翌年二月出冬场，七八月游至最远。同诸多政权常通过划定游牧区域的方法来管理游牧民一样，西夏也为部落划定"地界"，并为了适应脆弱多变的自然生态，西夏划分"地界"即细致，又灵活性，且有临时划界的机制。

事实上，西夏系由有着深厚游牧传统的党项民族所建立，游牧不仅是西夏畜牧业最主要的生产方式，还对西夏的政治制度、社会组织、战争方式都产生了深刻的影响。甚至可以说，西夏的游牧经济在历史上与前后互相承接、无法割断，而西夏的游牧经济也是中国古代西北地区畜牧经济发展历史中的一个重要链条。

（原载《西夏学》第十四辑，上海古籍出版社，2017 年）

《增订〈元代西夏人物表〉》补校

邓文韬

摘　要：西夏遗民在元代被称为唐兀人或河西人，是元代重要的色目民族。前贤为解决元明清史籍中与西夏遗民史料较为分散的问题，先后作出辑录，但难免仍有缺漏。笔者再次发现了近 30 名学界之前未加关注的元代唐兀人物，故在此将其补入本人所列的表格中，即《增订〈元代西夏人物表〉再补录》，使得本表所收录的西夏遗民人物达 110 余名。并在补录完成后对《增订〈元代西夏人物表〉》中原有的内容作了若干余条校勘，使得《增订〈元代西夏人物表〉》的内容更加精准。

关键词：西夏遗民；蒙元；人物表；唐兀；河西人

为了解决元代西夏遗民史料较为分散的问题，1986 年汤开建先生在《甘肃民族研究》期刊上发表《元代西夏人物表》，详尽考证了 370 名元代西夏人物。2003 年，他又对成果作出了一定修改和增补，发表《增订〈元代西夏人物表〉》于《暨南史学》第 2 辑，将西夏遗民人物增录至 400 余名。近年来，针对西夏遗民的研究成果层出不穷，不少碑传、方志和佛教文献中的材料被学界发现，使得目前能见到的西夏遗民人物比昔时又有增多。2013 年底，在由商务印书馆再版的《党项西夏史探微》一书中，汤先生对《增订〈元代西夏人物表〉》再次进行了增补，这次收录近 500 人。

笔者在日常学习和撰写学位论文时，也在传统史籍、方志、碑刻材料中又发现不少《增订〈元代西夏人物表〉》未能收录的西夏遗民，故在 2015 年出版的《西夏学》第十一辑上发表《增订〈元代西夏人物表〉补录》一文，将原表未收西夏遗民一并按《增订〈元代西夏人物表〉》的格式进行整理，新增近 80 余人。于两年后的学习中，笔者再次发现了近 30 名学界之前未加关注的元代唐兀人物，故在此将其补入本人所列的表 1 中，即《增订〈元代西夏人物表〉再补录》，使得表 1 所收录的西夏遗民人物达 110 余名。

一、《增订〈元代西夏人物表〉再补录》（表 1）

表 1　《增订〈元代西夏人物表〉再补录》表

姓名、字、号	族称、居地、世次	职官、爵位、谥号	主要事迹	史料来源
阿里鲜	河西人	通事	相传译成吉思汗与丘处机问对，出任宣差护送丘处机东归	《长春真人西游记》卷下
恤可	西夏人		元太宗用恤可计，自河中由河清县白坡渡河，攻郑州	《资治通鉴续编》卷 21
八哈都儿	唐兀惕人	太宗窝阔台位下的异密	率领一支军队作为"探马"，防守贵由征服的浑汗地区	《史集》第二卷
长寿景仁	西夏人	湖广行省理问所知事	事亲孝，为母求医于曾彦鲁	《夷白斋稿》卷 18
王相嘉世礼	西夏人	至正二十二年（1362）任江浙行省通事	随同陈基吊宋徐绩墓	《夷白斋稿》卷 22
迁嘉纳	西夏人	平江路长洲县丞	不急以屋民，不缓以败事，不嫚以长傲，不阿以取辱	《夷白斋稿·外集》
吉泰，字佑之	西夏之俊	从仕宪府	从虞集学《易》	《道园类稿》卷 31
邹密①筠	西夏人	至正十六年（1356）为常熟守将杨椿参军谋事		《牧斋初学集》卷 22
邹密执理	河西人	隐居贺兰山，至正初为集贤待制，除行枢密院金书	有诗四首赠见心禅师	《澹游集》卷上
邾经，字仲宜，号观梦道士、西清居士	西夏人，籍陇右，居扬州路泰州，徙杭州路仁和县，明初徙滇	乡贡进士，至正十五年（1355）任平江学录，不就张士诚辟举，洪武四年（1371）任江浙考试官	跋《录鬼簿》，序《青楼集》，有杂居《鸳鸯家》《三塔记》《鬼推门》3 种，作《观梦》《玩斋稿》等集	《录鬼簿》续编、《梧溪集》卷 5、《明诗纪事》甲卷二十
朱晫，字启文	邾经之子	入明先后为中书宣使、工部奏差	文学过人，克继其父，亦善乐府隐语	《录鬼簿》续编、《宋学士文集》卷 38
昔宝赤	唐兀人	以近侍出监潞城，至正十六年（1356）监武强县	有嘉政于民	康熙《武强县志》卷 8
普颜不花②	唐兀氏		至正二十年（1360）国子贡试中正榜	《至正庚子国学贡试题名记》
海达儿③，字道原	唐兀氏		至正二十六年（1366）国子贡试中正榜	《至正丙午国子监公试题名记》

---

① "邹密"即"嵬名"，西夏皇族姓氏。
② 萧启庆：《元代进士辑考》附录，台北："中央研究院"历史语言研究所，2012 年，第 456 页。
③ 萧启庆：《元代进士辑考》附录，台北："中央研究院"历史语言研究所，2012 年，第 460 页。

续表

姓名、字、号	族称、居地、世次	职官、爵位、谥号	主要事迹	史料来源
添喜，字彦嘉	唐兀氏		至正二十六年（1366）国子贡试中正榜	《至正丙午国子监公试题名记》
宋嘉闾	唐兀氏		至正二十六年（1366）国子贡试中正榜	《至正丙午国子监公试题名记》
唐兀那怀	唐兀氏	至正四年（1344）任溧阳同知州事		《静斋至正直记》卷1
明安答儿	唐兀氏	天历二年（1329）至至顺二年（1331）任松江知府		正德《松江府志》卷36
崔嘉纳，字泰举	居延①人，后徙大同	至正元年（1341）任萧山县达鲁花赤	均税赋，平政治，鼎新县廨，役不病民	嘉靖《萧山县志》卷5
爱鲁②	唐兀氏	元统二年（1334）任监利县达鲁花赤	文学、政事，二美兼具	同治《监利县志》卷11
孔吉祥	河西唐兀氏，冒姓孔氏，侨居天台	为僧纲		民国《台州府志》卷23
唐兀火鲁火孙	唐兀氏	至正八年（1348）任水达达路脱脱禾孙	讨平诈称大金子孙起义的锁火奴	《元史》卷41
卜颜	河西人	至大元年（1308）以进义副尉任龙泉县达鲁花赤	赋役均，词讼简，问荒田，崇学校，民称之；诗书从政，岂弟近民，著有《龙泉集》	嘉靖《江西通志卷》卷25、康熙《吉安府重修龙泉县志》卷6
朵儿赤	河西人，世侍濮州	至元二十二年（1285）以宣武将军任横州总管府达鲁花赤	守土有修学功	嘉靖《南宁府志》卷6
朵儿赤	河西人	大德六年（1302）任龙泉县达鲁花赤		康熙《吉安府龙泉县重修县志》卷6
朵而只	西夏人	至元年间任襄陵县达鲁花赤	有德政，民为之立去思碑	康熙《平阳府志》卷20
阿都赤，字孝卿	西夏人	至正三年（1343）以嘉议大夫由礼部出任温州路总管	政务长厚	弘治《温州府志》卷19
脱因，字宗善	河西人	至元六年（1340）任泾县达鲁花赤	有古人风，整修明伦堂	嘉庆《泾县志》卷7、31
阔阔出	河西人	湘乡县达鲁花赤		康熙《长沙府志·职官志》
嵬宰文兴，字光祖	唐兀儿人	至正九年（1349）由监察御史迁江东道肃政廉访司金事		嘉庆《宁国府志》卷2
山东，字子春，号元斋	河西人	出自世阀以冑学进身，元统元年（1333）任德清县达鲁花赤	崇学校、尚节义，修饰坛壝、廨舍；又特作预备仓及为祠以祀乡贤，整修桥梁，民为之立去思碑	同治《湖州府志》卷53、康熙《德清县志》卷5
马彻里	西夏人	大德间为萧县达鲁花赤	备御水灾，开南伏道口，北铁窗孔，而城赖以全	嘉靖《徐州志》卷11、《天下郡国利病书·淮徐》
马元，字仲彬	唐古氏	至元四年（1338）任都水监	治会通河，改建东大闸	《漕运通志》卷10

① 居延即亦集乃路，故西夏黑山威福军司。
② 非昔里钤部子爱鲁。

续表

姓名、字、号	族称、居地、世次	职官、爵位、谥号	主要事迹	史料来源
吴允诚，本名把都帖木儿	本河西大族①，居亦集乃	本仕北元为平章政事，永乐时降明，升都督同知，转都指挥，以功封恭顺伯	率百骑深入卜哈思地生获寇首哈剌乞台；从驾北征至宣冥河，败阿鲁台之党；征石灰秃，擒阔台赤还；寻追叛贼奥利花剌乞八等，斩获之口居多，又扈从出塞败"胡寇"于红崖	《陇右金石录》卷9、《明太宗实录》卷44
居里直	唐兀人	初承父荫迁平定州同知，至正间监管州	以干济称，善政，民为立去思碑	成化《山西通志》卷8
买驴	唐兀人	延祐二年（1315）以承直郎任广西岭南道肃政廉访司佥事		嘉靖《广西通志》卷5
别台	唐兀人	元统二年（1334）以中顺大夫任广西岭南道肃政廉访司佥事		嘉靖《广西通志》卷5
亦怜真，字显卿	唐兀氏	至元九年（1272）为旌德县达鲁花赤兼劝农使	廉明有干略，崇学育贤，劝民务本业，善教惠民，卓然有绩；率兵围剿红巾军于小领山寨	嘉庆《旌德县志》卷6
赵伯不花	西夏郡人	至正十二年（1352）以奉议大夫任吴江知州	重修州儒学	弘治《吴江志》卷14、《吴都文萃续集》卷6
脱脱	宁夏人	至正四年（1344）任江西湖东道肃政廉访副使	修江西宪司新门	《道园类稿》卷15
神保生	宁夏人		治书室于家庭之内，题斋名"求放心"	《畏斋集》卷6
普颜不华，字从升	贺兰人	至正六年（1346）任海北广东道肃政廉访译掾	来潮州宣谕作新风宪圣旨	《永乐大典》卷7239
高智	河西人	先后任江南行台侍御史、御史中丞		万历《杭州府志》卷9
伯家奴	唐兀氏奴伦之父	某达鲁花赤	嫁女中书省参知政事伯都	《金华黄先生文集》卷43
月禄	唐兀人，福寿之父	追封岭北行省丞相、冀国公		《毅斋集》卷8
高野仙	月禄之子，福寿之弟	元末福建行省平章兼江南行台御史中丞	与福建闽海道廉访副使蒙古人铁木为婚姻，令子高景初娶铁木女原氏	《毅斋集》卷8
高景初	高野仙子	元亡隐居不仕，其子高应于明永乐间任兵部主事		《毅斋集》卷8
萧伯颜	朔方人	登泰定元年（1324）甲子科进士第，授安州同知，转威州同知	以兴学化民为急，重修威州庙学	嘉靖《广平府志》卷9、民国《威县志》卷18
伯耀德	西夏进士	至元时任忠州达鲁花赤	修文庙、置学田，课上育民，教化聿新	道光《忠州直隶州志》卷7
也速迭儿	河西人	仕元至廉访使		弘治《宁夏新志》卷1
冯达兰帖木	先为河西人，居灵州	仕元至国公，降明官至都指挥		弘治《宁夏新志》卷8
襄加歹	河西人	大德三年（1299）任龙泉县达鲁花赤		康熙《吉安府龙泉县重修县志》卷6

---

① 《明史》谓其蒙古人，据《吴恭顺伯碑》可知其为河西人。

续表

姓名、字、号	族称、居地、世次	职官、爵位、谥号	主要事迹	史料来源
察罕不花	河西人	延祐元年（1314）任永丰县达鲁花赤	重修县儒学	同治《永丰县志》卷10
也先帖陆①尔	西夏人	至正四年（1344）任广东道宣慰司都元帅府奏差	与经历罗理公等视察包拯祠	崇祯《肇庆府志》卷29
普颜	陇右人	至正四年（1344）任广东道宣慰司都元帅府知印	与经历罗理公等视察包拯祠	崇祯《肇庆府志》卷29
哈刺	西夏人	至正二年（1342）为江西湖广道肃政廉访使		康熙《东乡县志》卷7
金刚奴	河西宁夏人	延祐二年（1315）以敦武校尉任常宁州达鲁花赤	捐己粟百石重修廉政桥	嘉庆《湖南通志》卷25
张恒	河西人，后迁河南		从同知制诰国史院编修官吴澄学经，后教授余阙	《大元敕赐故翰林学士资善大夫知制同修国史赠江西等处行中书省左丞上护军追封临川郡公谥文正吴公墓志铭》②、《元史·余阙传》
驴儿	唐兀氏，居德州	至正年间为泉州市舶司提举		《福建市舶司人物志》
石贤，字安卿	西夏人，籍巩昌	至正十九年（1359）任昆山州同知	捐俸倡修平江路昆山州三皇庙	《吴都文萃续集》卷17
阿刺威	河西人	大德初授武德将军富州达鲁花赤	筑堤三百丈，又修境内壤堤六十四处，甃石御冲水，复故道	万历《新修南昌府志》卷15
唐兀不花		礼店东寨千户	北元宣光元年（1371），随礼店千户所正千户孙仲谅入明朝贡马	《明太祖实录》卷69
唐兀不花	居和林	北元丞相	与胡惟庸结交	《国史考邑》卷2
庄家	唐兀不花子		送胡惟庸使者封绩至哈刺章处，告知其发兵骚扰明朝边境	《国史考邑》卷2
孛兰奚	河西右族	德清县达鲁花赤	新作德清县学祭器	《金华黄先生文集》卷10
樊理俞询	河西人	本白衣，受府辟出任统军经历于安福州	燮理廉而文，工水墨，慷慨自负，惜武略非所长，作《孤隼叹》	《石初集》卷2
唐括子宽，又作唐括仲宽	唐括氏	照磨	与诗人张以宁合《次韵唐括仲宽照磨雪中》，《洗衣曲同唐括子宽赋》等作品	《翠屏集》卷1
唐括子举	唐括氏，家辽东	上怀恩州达鲁花赤	好学自修，安于先训；程钜夫为之作《跋唐括子举遗安堂记后》；以姚燧为兄	《雪楼集》卷24、《牧庵集》卷8
唐括师皋	子举之子		好学有誉，孝其亲，信于友，一如其父	《雪楼集》卷24、《牧庵集》卷8
唐兀进义	唐兀氏	皇庆元年（1312）任澄城县达鲁花赤	出资助修县学讲堂	咸丰《澄城县志》卷21
河西善	河西氏	元太宗五年（1233）为宣差	为通圆懿公禅师俗家门人	《故大行禅师通圆懿公功德碑》③

① 按：原文即此，应为也先帖睦尔。

② ［元］揭傒斯著、李梦生点校：《揭傒斯全集》辑遗《大元敕赐故翰林学士资善大夫知制同修国史赠江西等处行中书省左丞上护军追封临川郡公谥文正吴公神道碑》，上海：上海古籍出版社，2012年，第538页。

③ 该碑图版与录文，参见齐心主编：《元代北京史迹图志》，北京：北京燕山出版社，2009年，第115—121页。

续表

姓名、字、号	族称、居地、世次	职官、爵位、谥号	主要事迹	史料来源
唐兀潞州	唐兀氏	至正八年（1348）为燕南河北道廉访司书吏	与廉访佥事久童，书吏赵从义，奏差吕正卿等同观大伾山弥勒佛像	《元至正童敬之题记》[1]
阿沙[2]	灵武唐吾氏	至元二十九年（1292）以威武将军监泉州路	捐俸买田五十余亩，入大开元万寿禅寺，以供佛赡僧	《闽中金石略》卷12、万历《泉州府志》卷9
忽纳台	唐吾氏	至元二十九年（1292）任行中书省理问官		《闽中金石略》卷12
式笃儿，赐名卢英	河西人	原为齐国大长公主忽都鲁揭里迷失怯怜口，随之出嫁高丽；赐名，授中郎将、将军	多次代表高丽王廷出使元朝，性温厚聪敏，颇知书	《高丽史》卷124
李托铁穆尔	居大名，李朵儿赤从子	致和元年（1328）为御位下必阇赤	与集贤待制周仁荣，钦奉圣旨，致祭于南镇之祠，勒石纪事	《两浙金石志》卷16
㢟兰蹊，取汉姓兰，字庭芳	西夏人	湖广行省正郎	以通才历华贵	《至正集》卷65
张西源	宁夏人	元统三年（1335）为庆元路郡守	以教养缮修为急务，助庆元路儒学涂田	《两浙金石志》卷16
亦吉儿赤	河西人		为克烈人称海所举荐，其子为名臣	《圭塘小稿》卷10
张子敬	居河西		沉厚默靖，莫敢自暇。内外交养，在己治人	《清容居士集》卷44
杨定省，字九思	西夏人	明初任广西都尉经历，怀集县知县	题诗于岳忠武王庙；于怀集县恪遵新式，建造公廨及官吏私第	《藏园群书经眼录》卷4、《安雅堂集》卷13、《永乐大典》卷2341、《清江诗集》卷6
遏老丁	河西人	至顺二年（1331）为肃政廉访使掾	学力而文工，常策名天府	《知非堂稿》卷10
哈剌达失，字君宝	陇右人	由脱脱举荐，历任中书直省舍人、客省副使、利用监丞、客省使、经正少监	沉毅负才气，能骑射，善调弓。从脱脱征张士诚，劝其不受朝廷夺军之诏，在脱脱坚持去官后自刎	《哈剌达失传》[3]
也伯先，字伯高	唐兀氏，寓居怀宁县		曾中举人	《直隶安庆郡志》卷10
张羿	河西人	泰定四年（1327）为吉安路吏	倡修南湖桥	光绪《吉安府志》卷4
丁公	西夏人		西夏之彦，有知人之明	《送黄克明之歙任序》[4]
徐鹏，字程远	凉州人，居商丘		博学能闻，兼工绘事，性好芍药	《绘事备考》卷7
安侯	陇右人	曾任职于滕州	于城南修葺静乐园	《滕县志》卷12
宁猪狗	山丹人[5]	未见宦迹	事母甚孝，乡间称之	《元史》卷197
小李大	小李氏	居河南新安县铁门镇赵村		《重兴新安洞真观碑》
文舜卿	唐兀氏	中书省委官获鹿县驿		《元重修鹿泉神应庙碑》[6]

---

[1] 该摩崖图版与录文，参见浚县文物旅游局：《天书地字·大伾文化（二）》，北京：文物出版社，2006年，第13页。

[2] 非肃州路达鲁花赤阿沙。

[3] 李修生主编：《全元文》第五十七册，南京：凤凰出版社，2004年，第893—894页。

[4] 李修生主编：《全元文》第五十二册，南京：凤凰出版社，2004年，第205—206页。

[5] 按嘉靖《陕西通志》载其为"山丹卫人"，核《元史·地理志》，山丹在元朝为州，隶甘肃行省，为西夏故地。

[6] 孙继民、宋坤：《元代西夏遗民踪迹的新发现——元〈重修鹿泉神应庙碑〉考释》，《宁夏社会科学》2011年第2期，第99—104页。

续表

姓名、字、号	族称、居地、世次	职官、爵位、谥号	主要事迹	史料来源
薛阇干	河西人	领兵为宣慰	其吏诣廉访司，告其三十六事，而薛阇干率军人禽问者辱之；被崔彧揭发，从行台选御史往按问，夺其职	《元史·崔彧传》
即力嵬尼		唐兀卫百户	克落军人口粮，将所带银牌典当钱钞，为人告发断罪	《元典章·礼部卷二·军官解典牌面》
任速	河西人氏	大德三年（1299）任襄阳路房州僧官	在房州普济寺安下赍夯环刀一口、弓箭一把、红油枪一条，为人告发	《元典章·兵部卷二·拘收·扛禁僧人弓箭》
喜饶益希	西夏禅师		为《红史》作者公哥朵儿只叙西夏国王属火命，成吉思汗属水命，阔端为西夏杰廊王转世等事	《红史·西夏简述》
沙罗巴，又译沙喇卜、锡喇卜、胜吉祥，汉名佛智	积宁氏；秦州人；祖名相嘉屹罗，父名沙罗观，世代译经	诏赐大辩广智法师。后来又赐法性三藏宏教佛智大师之号；元贞元年（1295）任江浙等处释教总统；寻授福建等处释教总统；至大时拜光禄大夫、司徒	少时从上师著栗夫学习藏语和佛法；总丱之岁，依帝师发思巴剃染为僧，学诸部灌顶之法。河西之人尊其道而不敢名，止称其氏，至呼其子弟皆曰"此积宁法师家"；任职江南时注意整饬僧纪，缓和僧俗矛盾，提议精简僧官，译《佛顶大白伞盖陀罗尼经》《佛说坏相金刚陀罗尼经》《佛说文殊菩萨最胜真实名义经》《药师琉璃光王七佛本愿功德经念诵仪轨供养法》《药师琉璃光王七佛本愿功德经念诵仪轨》等五部八卷	《佛祖通载》卷22、《秋涧集》卷22、《雪楼集》卷29
高沙剌巴	河西僧		建言于朝，请追封帝师八思巴	《佛祖通载》卷22
多罗只	河西僧		至正间募缘庄严，建寺居石佛山，改名智国院	《西湖游览志》卷12
李慧月，法号光明禅师	陇西人	曾任福建路僧权，嘉兴府录首；至元二十八年（1291）自称终南山万寿禅寺主持	七岁遭掳，九岁出家。后云游塞北、江南。至元二十七年（1290）印施十二部大藏经	《西夏遗民李慧月的法宝姻缘》①
惠澄	西夏僧		延祐年间与释法桢奉诏于易州兴国寺译出《菩提行释论》二十七卷，由惠澄译语，法桢自笔受缀文	《补续高僧传》卷1
龙泉禅师	党②人，俗姓李氏		世役边塞，祖居宦门，幼习儒学，长充武战，后出家遂礼安塞县柏家崖韦公山主为师	《重修大普济禅寺记》③
敏公讲主	西夏僧，居凉州		元初至江南求赎《大藏经》	《敏公讲主江南求法功德碑》④

---

① 李际宁：《佛经版本》，南京：江苏古籍出版社，2002年，第141—147页。
② 此处原文应脱一"项"字。
③ 李福顺：《子长县新发现的元代佛教史料》，《文博》1988年第1期，第87—90页。
④ 高辉、于光建：《元〈敏公讲主江南求法功德碑〉考释》，《西夏研究》2012年第3期，第18—22页。

续表

姓名、字、号	族称、居地、世次	职官、爵位、谥号	主要事迹	史料来源
都罗慧性①	党项人		发愿施印西夏文《大方广佛华严经》	西夏文《大方广佛华严经》②
姓名不详	唐兀地区来自哈剌塔什的一个穆斯林		献给成吉思汗一车粮食，希望获允返回他的故国，合罕给他一车八里失，给他自由	《世界征服者史》上册
彭瑞	河西人③	延祐年间任武昌路同知，升汉中府知府		同治《重修上高县志》卷6
也先帖木	兀氏④	至正十年（1350）为副崇教	题名于飞来峰龙泓洞	《续修云林寺志》卷7
邪卜不花⑤	邪卜氏	奉政大夫，大都督漕运副使	取唐兀人刘完泽之女	《道园类稿》卷42
兀南卜	疑兀南氏	至顺三年（1332）崞县达鲁花赤		《续修崞县志》卷4《职官志》
观音保，后改名李观	河西寿州人⑥	仕元为云南行省右丞，洪武初降明，授金齿军民指挥使司佥事	讨金齿诸部有功	《（景泰）云南图经志书》卷6、《明史·土司传》
拓跋旭嗷	拓跋氏⑦	至治二年（1322）任滕县同知	正书《滕县学田碑记》	万历《兖州府志》卷51、《山左金石志》卷23
错监臧	西僧⑧	元贞二年（1296）授资善大夫昭文馆功德使司学士	奉旨建圣安寺于钱塘县州桥之东	成化《杭州府志》卷47
耳力嵬⑨		至正八年（1348）任御史台管勾		民国《重修广元县志稿》

注：从彭瑞到耳力嵬八人存疑待考

表1判断其是否为西夏遗民之标准主要有三个。第一是史籍中明确记载其为唐兀人

---

① "都罗"为党项姓氏。

② 史金波：《西夏佛教史略》，银川：宁夏人民出版社，1988年，第209页。

③ 按同卷有"任清则，河西六口人"，可知"河西六口"或为该地某地名，"河西人"既有可能是按地名称呼，也有可能是按族籍称呼，待考。

④ "兀氏"，疑为"唐兀氏"脱第一字。

⑤ 邪卜，为西夏党项人姓氏，《元史》中有也蒲甘卜、昂吉儿、昂阿秃和余阙之妻耶卜氏。

⑥ 核《元史·地理志》无寿州一地，存疑待考。

⑦ 按拓跋氏本为鲜卑族姓，北魏孝文帝太和改易拓跋为元氏。时游牧于青海的吐谷浑鲜卑或党项人未经改姓，仍姓拓跋。西夏皇族姓氏亦为拓跋，后元昊开国，摒弃李、赵赐姓，径改"嵬名"。元朝时期故西夏皇族一部分沿用嵬名氏（或音转为邬密），如察罕、卜颜帖木儿；一些使用李姓，如李恒、李桢；一些恢复拓跋旧姓，如李恒之孙拓跋乃善。另《按扎儿传》在《元史》卷一二二，属蒙古色目人之传记，同卷有唐兀人昔里钤部传记，并不在汉人、南人专属的一四六到一八八卷中，与西夏人属色目人不属汉人类似。综上，故元朝时期凡姓拓跋氏者，也有可能是西夏人，列此待考。

⑧ "西僧"为元代对信仰藏传佛教僧人之统称，在元代历史舞台上有不少信仰藏传佛教的西夏僧人（如杨琏真伽）被称为"河西僧"或"西僧"，但也未能排除其为吐蕃僧人之可能，故列入存疑。

⑨ "耳力嵬"似为党项人名，黑水城出土M1·0065［F111：W72］内有"吾即耳立嵬，羊一百六十口"等字，M1·0637［84H·F116：W366/1538］内有"石革阿立嵬"一名，学界推测两人皆为党项人（潘洁：《黑水城出土元代赋税文书研究》，杜建录主编：《西夏学》第四辑，银川：宁夏人民出版社，2009年，第121页；张重艳：《也火汝足立嵬地土案文卷初探》，杜建录主编：《西夏学》第六辑，上海：上海古籍出版社，2010年，第96页；佟建荣：《〈中国藏黑水城汉文文献〉中的西夏姓氏考证》，《宁夏社会科学》2010年第5期，第87页）立于肃南的《元重修文殊寺碑》中有僧官"耳力嵬黎忍普"一名，日本学者松井太认为亦属西夏遗民（松井太著，杨富学、刘锦译：《敦煌出土察合台汗国蒙古文令旨》，达力扎布主编：《中国边疆民族研究》第四辑，北京：中央民族大学出版社，2011年，第281页）。

（又作唐兀惕）、河西人、西夏人者。第二是使用"唐兀"（又作"唐吾""唐括"）、"嵬名"（部分史籍作"邬密"）、"都罗"、"夜蒲"、"嵬宰"等西夏党项姓氏者。第三，针对一些族属不明，从姓名上也无法分辨的人物，其祖籍为西夏故地（如宁夏、灵州、亦集乃、陇右）也同样存在是西夏遗民的可能性，故仍录于表 1 中俟考。后两种标准较易理解，故不再赘述。

此外，为了使《增订〈元代西夏人物表〉》的内容更加精准，笔者还在补录完成后对《增订〈元代西夏人物表〉》中原有的内容做了若干余条校勘，列于表 1 之后。

二、《增订〈元代西夏人物表〉》考订

（1）第 488 页①"哈斯乎"与汤开建表中第 500 页"黑厮"为同一人物。万历《保定府志》卷三〇载："黑斯公，本唐兀氏，以小字黑斯行，故名。至元四年，以内史府咨议出任保定路总管"②，与汤开建表中哈斯乎于"至元四年任保定路总管"一致，故"哈斯乎"与"黑厮"应为同一人。

（2）第 489 页"高纳麟"之字有误。《增订〈元代西夏人物表〉》谓纳麟字文灿，或依据《元诗选癸集》所收《题第一山答余廷心》下所注"纳璘，字文灿"。对此，杨镰先生早有驳斥，谓"第一山即在盱眙县境，特别是陈奎《第一山唱和诗序》已经明言，作诗者为'监邑高昌纳公'，而纳璘不花文灿于后至元任盱眙县达鲁花赤。高纳麟是河西人，纳璘不花是北庭人，北庭为高昌人的郡望。以上情况均与高纳麟不合。《元诗选癸集》断为高纳麟作必误"③。笔者据史料推测，高纳麟应字"道隐"：张士诚于至正十六年（1356）二月朔陷平江，西台御史王伯颜不花被软禁，"明年八月，防者稍懈，始得脱。南台御史大夫道隐公嘉其大节，特书'忠贞'二字以旌之"④，按《元史·纳麟传》载："十六年九月，诏以江南行台移置绍兴，复以纳麟为御史大夫，仍太尉。明年，移治绍兴。十八年，赴召，由海道入朝……。"由此可见，于至正十七年（1357）王伯颜不花脱困后特书"忠贞"二字以嘉奖之的南台御史大夫"道隐公"正是纳麟。此外，

---

① 按：本节校勘页码以刊登于汤氏《党项西夏史探微》，北京：商务印书馆，2013 年，第 481—510 页的《增订〈元代西夏人物表〉》为准。
② ［明］冯惟敏纂修、王国桢续修、王政熙续纂：《（万历）保定府志》卷三〇《宦绩志》，北京：书目文献出版社，1992 年，第 585 页。
③ 杨镰：《元代文学编年史》，太原：山西教育出版社，2005 年，第 398 页。
④ 蒋易：《前监察御史王君彦芳忠贞诗序》，转引自李修生主编：《全元文》第四十八册，南京：凤凰出版社，2004 年，第 119 页。

贡师泰还曾于《鸣凤亭记》提及"平章道隐公"，周伯琦《通犀饮卮诗》提及"御史大夫道隐相国"，与至正初高纳麟先后在河南江北行省、江浙行省和中书省任职平章政事的仕履亦能够对应。故纳麟应字"道隐"而非"文璨"。

（3）第489页"木速忽里"，籍贯夏州有误。《增订〈元代西夏人物表〉》按《西夏书事》记其籍贯为夏州。元朝撤夏州，其旧地属延安路而非宁夏路，《元史》记其为宁夏人而非延安人，则《西夏书事》误，应改为"宁夏人"。

（4）第489页"木速忽勒"，居地开封有误。按虎益墓志记其"过汴，慨息曰：'吾祖世官西河之墟，吾考寓坟东海之滨，是邦去洛而迩，亦地之中，于是为家，可以西望吾祖，东望吾考'。"①故虎氏自此始定居于汴，虎益之父木速忽勒则居于"东海之滨"的般阳路淄川县。

（5）第490页"亦怜真班"，姓氏茓名有误。《增订〈元代西夏人物表〉》谓此其为"唐兀茓名氏"，理由为亦怜真班至正六（1346）年任御史大夫。《青阳先生文集》卷四《送归彦温赴河西廉使序》提到："今皇帝用茓名公为御史大夫"，查《元史·归彦温传》核知归彦温任河西肃政廉访使，事在至正九年（1349），而非至正六年（1346）。又《元史·哈麻传》云："九年，太平为左丞相，韩嘉纳为御史大夫"，此韩嘉纳又见于《元史·立智理威传》，该传提到立智理威有子二人"次韩嘉纳，御史大夫"，故此"茓名公"乃察罕（《元史·察罕传》记其为"唐兀乌密氏"）从孙立智理威之子韩嘉纳，非亦怜真班。亦邻真班家族的姓氏在现有文献中还不得而知。

（6）第491页"斡玉伦徒"，仕履有误。斡玉伦徒未曾在御史台或殿中司就职侍御史，仅曾为殿中司知班。

（7）第491页"斡朵忽都"，族属有误，不应列入。光绪《高唐州志》卷七《武德将军斡朵忽都政绩碑》谓斡朵忽都为"驸马武毅王后，袭爵武德将军，高唐州达鲁花赤兼诸军奥鲁劝农事"，阎复撰《驸马高唐王忠献碑》（载苏天爵编：《元文类》卷二十三）云："大德九年秋七月诏谥故驸马高唐王阔里吉思为高唐忠献王……祖驸马孛要合为高唐武毅王"，可知"驸马高唐武毅王"为元世祖孙女婿，汪古名将阔里吉思之祖父，则斡朵忽都与阔里吉思当有血亲关系，应为汪古人。

（8）第491页"斡赤"，族属未详，不应列入。汤开建表注13以斡氏为西夏大姓，而收录于此。而斡赤并不姓"斡"名"赤"，按至大元年（1308）曲阜《加封孔子圣

---

① ［元］姚燧著、查洪德编校：《姚燧集·牧庵集》卷十四《徽州路总管府达噜噶齐兼管内劝农事虎公神道碑》，北京：人民文学出版社，2011年，第211—212页。

旨碑》载："六月初八日，香山司徒、斡赤大学士、赵大学士、王大学士、安大学士
奏……"①，如按汤先生理解将"斡"视为姓氏，那么在此碑中，斡赤自然应如后文的
赵大学士、王大学士、安大学士一般被称为"斡大学士"，可见"斡赤"是蒙古名而非
汉式姓名。"斡赤斤是称号，又有斡惕赤斤、窝嗔、斡辰、斡陈等异写，其中öt是突厥语
借词，译言'灶火'、'炉灶'；chigin 源于突厥语词汇 tigin，译言'（可汗）子弟'。
是则斡赤斤一词意谓'守灶火之子'。按蒙古旧俗，子女成人后各携一份家产分户另立，
惟幼子留在父母身边，将来由他继承家业。故多称守产幼子为斡赤斤"②。仅凭这一蒙
古名还无法确定此人的族属。

（9）第 491 页"唐兀海平"，即汤开建表中第 492 页"唐兀海牙"之讹，按《元史·朵
罗台传》载，元世祖时大同路总管当为"唐兀海牙"。

（10）第 492 页"师孛罗登"条，姓名有误。原始文献为"孛罗，登泰定元年进士
第"，"登"为动词，即登科、登第，而非名号。

（11）第 492 页"买术"，族属有误，不应列入。买术，在其他史籍中又作买述丁，
字永锡。此人并非西夏遗民或唐兀氏，理由如下：第一，按朱德润《买公世德碑》："皇
元混一区宇，际天所覆，罔不臣服，于阗尤先效顺。时则有若不花剌氏，以佃巧手艺入
附……今资善大夫中政院使买述丁之曾祖父洪公寔在焉"③。第二，在汤开建表中所标
注的原始史料出处《东维子集》卷二三《重建海道都漕运万户府碑》中的铭文部分有"将
军来自西于阗"一句。第三，陈基《光福观音显应记》称呼此人为"西域买术丁"④。第
四，至正《金陵新志》所载江南行台监察御史题名记中有"买住丁⑤，阿噜灭氏，朝请，泰
定四年上"的记载⑥，"阿噜灭氏"即阿儿浑人（或称之为阿鲁浑、阿儿温、阿剌温、阿鲁忽
等，为 Arghun 之对音），泛指今"中亚七河（Semirechye）流域至楚河（Chu）流域，即……
一部地区及该地区的突厥部族"⑦。种种迹象表明，买术应为来自中亚不花剌一带的阿
儿浑人，而非唐兀人，不应被收入此表。

① 孟继新主编：《孔府孔庙碑文楹联集萃》上册，北京：中国社会出版社，2011 年，第 184 页。
② 陈德芝主编：《中国通史》第八卷下，上海：上海人民出版社，2004 年，第 37 页。
③ ［元］朱德润：《存复斋文集》卷一《资善大夫中政院使买公世德之碑铭》，《续修四库全书》编纂委员会：《续修四
　库全书》第 1324 册，上海：上海古籍出版社，2002 年，第 268 页。
④ ［元］陈基著，丘居里、李黎校点：《陈基集·夷白斋稿》卷二七《光福观音显应记》，长春：吉林文史出版社，2009
　年，第 238 页。
⑤ 清文渊阁四库全书本作"拜珠尔丹"，系根据至正本"买住丁"所改，详见该卷之校勘记。
⑥ ［元］张铉纂修、王会豪等点校：《至正金陵新志》卷六下《官守志二·题名》，成都：四川大学出版社，2009 年，第
　1025、1091 页。
⑦ 杨志玖：《元代的阿儿浑人》，《南开史学》1983 年第 1 期，第 1—9 页。

（12）第493页"谢兰"，姓名有误。核对《元史·谢仲温传》，谢兰之子应名"孛完"，非"李完"。

（13）第495页"王义"条，族属有误，不应列入。汤开建表中谓王义为唐兀氏，核雍正《陕西通志》卷十五谓咸宁县署于"元泰定至正间县尹唐兀王义相继增修"，乾隆《西安府志》卷九谓"元泰定至正间县尹唐兀王义修"，可见乾隆《西安府志》明显脱漏"相继"二字，应按雍正旧志理解，断句为"元泰定、至正间，县尹唐兀、王义相继增修"，则唐兀与王义当是两人，分别在泰定和至正时任县尹，相继修葺咸宁县公署，而非某名叫"唐兀王义"的县尹于泰定到至正间增修。唐兀在这里并不是族名，而是人名，王义也未必是西夏遗民。

（14）第497页"杨双泉"，与汤开建表中第497页"杨文殊奴"为同一人。按《书大灵岩寺碑阴记》谓："宪副父御史中丞、夏国襄愍杨公，一心王室，勋载史册，□如□星，天之报施其子……摭其□而书之。公西夏世家，名文书讷，字国贤，双泉自号。"[①]可见，"杨文殊奴"为按姓名称呼，"杨双泉"为按姓号称呼，两者当为同一人物。

（15）第497页"张讷"，与汤开建表中第488页之"讷怀"为同一人，不应令作一人[②]。

（16）第498页"大慈都"：族属唐兀氏有误。汤开建表中"大慈都"条史源为《蒙兀儿史记》卷八，即"行詹事丞大慈都加平章军国重事"一句"大慈都"一词下加"唐兀氏"注释。核《元史》《新元史》《元史类编》《元史新编》同句下均无此注释，不知《蒙儿儿史记》作者屠寄以何为据？同时，《蒙兀儿史记》卷一五四《色目氏族上》列大乘都家族，"亦畏兀贵族"[③]，此表将大慈都列为大乘都之子、大理都之弟，可谓与卷八前文自相矛盾。按程钜夫《秦国先墓碑》，大慈都之先世为"别石拔里人也"[④]，应为畏兀儿人。

（17）第499页"永年"，核查永年之仕宦经历与事迹，与第508页"福寿"相同，当为福寿之另一种称呼，不应另作一人。

（18）第500页"沙览答里"，居地大同有误。核查汤开建表中所开列史源，未见沙览答里有定居大同之记载，仅见《元史》卷四七《顺帝本纪》载至正二十七年（1367）

① 《书大灵岩寺碑阴记》，杜建录：《党项西夏碑石整理研究》，上海：上海古籍出版社，2015年，第255页。
② 邓文韬：《元代西夏遗民讷怀事迹补考》，《西夏研究》2013年第3期，第55—58页。
③ 屠寄：《蒙兀儿史记》卷一五四《色目氏族上》，北京：中国书店，1984年，第1034页。
④ ［元］程钜夫著、张文淑校点：《程钜夫集》卷八《秦国先墓碑》，长春：吉林文史出版社，2009年，第90页。

九月"沙蓝答里以中书左丞相分省大同"①，可见大同是沙蓝答里的任官之所，而非居地。

（19）第501页"桑节"，与汤开建表中第494页之"星吉"为同音异名，不应另作一人。

（20）第502页"明安帖木儿"，与同页另一"明安帖木儿"除就职地分赞皇县与庄浪州之别，就职时间（均为1345年）与在官政绩完全相同。按隆庆《赵州志》卷四《祠祀》宁晋县五龙庙条下记有监县明安帖木儿拜谒事迹，故明安帖木儿应在赞皇县就职。清人编修《五凉全志》时误将其附会为庄浪州同知。

（21）第503页"札忽儿歹"，与汤开建表中第505页"札忽儿歹"条重。

（22）第503页"久住"，当拆分作两人。汤开建表中载久住之仕履为"先任处州龙泉县主簿，至大四年任镇江路判官"。按至顺《镇江志》载镇江路总管府有判官名"久住，河西人"，至大四年（1311）上；而《龙泉县重修城隍庙记》"至正十年夏五月，主簿唐兀公乃慨然为久远之谋……公名九住，字伸义，唐兀其氏也"，且不说两人姓名写法不同，唐兀九住出任龙泉县主簿约在至正十年（1350）前后，据至大四年（1311）已近四十年之久，而路总管府判官为正六品官员，县主簿仅为正九品官员。实在难以想象此人的品级会在四十年后不升反降，由路判官降为县主簿，故应作为毫无关系的两人。

（23）第504页"顺昌"，姓宇氏，据嘉庆《长山县志》补②。

（24）第505页"道童"，仕履江西行省平章有误。汤开建表以《元史·亦怜真班传》有江西行省平章道童，故在此道童的仕履中加入了江西行省平章。然而钱大昕概已指出："至正中名道童而见于史者两人：一为高昌人，号石岩，由平江路总管累迁江西行省左丞相，谥忠烈，在列传一百四十四卷；一为唐兀人，字德章，自号贺兰逸人，至正十年为江东廉访使"③，索之《元史·道童传》可知与亦怜真班同时任职于江西行省的是高昌人道童，而非唐兀人道童。

（25）第508页"买诺"，与汤开建表中第485页"买讷"为同一人物。汤开建表中所注出处《荆湖北道宣慰使司杞梓堂题名记》曰："讷之考亦只儿嵬，大德间常假相衔为使，位终丞辖"④，与《元史·立智理威传》中"大德三年，以参知政事为湖南宣

① ［明］宋濂等：《元史》卷四七《顺帝本纪》，北京：中华书局，1976年，第981页。
② ［清］倪企望修、钟廷瑛纂：《长山县志》卷五《秩官》，南京：凤凰出版社，2004年，第329页。
③ ［清］钱大昕：《十驾斋养新录》卷九《道童》，上海：上海书店出版社，1983年，第216页。
④ ［元］宋褧：《燕石集》卷一二《荆湖北道宣慰使司杞梓堂题名记》，北京图书馆古籍出版编辑组：《北京图书馆古籍珍本丛刊》第92册，北京：书目文献出版社，1992年，第206页。

慰使，继改荆湖"①的描述相符，故"亦只儿嵬"即立智理威，"买诺"即《元史·立智理威传》所载其长子买讷之同音异写，不应另作一人。

（26）第509页"唐兀带""唐兀歹"，以上两处均作人名，非氏族名，故不能确定属唐兀人，不应列入。

（27）第509页"常公"，姓名可补。按嘉靖《赣州府志》元会昌州达鲁花赤条目下有"常金刚奴，方壶，至正二十一年任"②。可见，此人应名常金刚奴，方壶为字或号。

（28）第509页"杨□正"，与汤开建表中第497页"杨衍饬"为同一人。按汤开建表中出处核对原始文献，得其姓名为"杨宏正"，按唐桂芳自叙："某庚辰秋来南台，当时群御史中惟复礼董御史、公平李御史、弘正杨御史、德昭曹御史、光复王御史、元用潘御史最为知己"③，唐氏为元末明初时人，"庚辰秋"应指至元六年（1340），可知这位"弘正杨御史"，应于此前后在任。核至正《金陵新志》所见江南行台御史年表，只有杨教化之子衍饬为"至元六年"上任的杨姓御史，故"杨弘正"或为杨衍饬之汉名。

（29）第510页"胆巴"，族属有误。胆巴国师为西番突甘斯旦麻人，非唐兀氏。

（原载《西夏学》第十一辑，上海古籍出版社，2015年）

---

① ［明］宋濂等：《元史》一二〇《立智理威传》，北京：中华书局，1976年，第2959页。

② ［明］康河修、董天锡纂：《赣州府志》卷七《秩官》，上海：上海古籍书店，1962年，第32页。

③ ［明］程敏政：《唐氏三先生集·白云文稿》卷二〇《上御史书》，北京图书馆古籍出版编辑组：《北京图书馆古籍珍本丛刊》第115册，北京：书目文献出版社，1990年，第686页。

唐末至宋初夏州定难军节度使府幕职的兼官与带职*

邓文韬

摘　要：定难军使府僚属的兼官与带职，是唐末至宋初职事官与部分幕职阶官化的重要表现，主要有使府幕职内部兼官和带职京衔两种。在定难军使府内部，判官兼任掌书记和衙推兼任属州长史较常见；武职兼官以押衙为主，其兼掌范畴较为广泛，武职兼官的阶官化特征较文职发达。自节度使以下，夏州幕职加带的京衔有检校官、试官、宪衔三种，具体带职基本与《三朝志》所见宋初规定的阶品相符；在奏赐绯鱼袋与检校官的初授、迁转方面，中央对定难军文职幕僚和李氏家族均有额外优待。西夏职官制度中存在的寄禄官与职事官、差遣官之分，一定程度上应承袭自定难军幕职官制。

关键词：定难军；兼官；京衔；检校官

唐中和元年（881）建立的党项定难军政权是西夏王国的前身，定难军政权的职官问题既是西夏职官制度研究的范畴，更是唐末至宋初西北藩镇职官研究的微观个例，一定程度上可反映唐宋之间职官制度的变革。中华人民共和国成立以来，陕西省榆林市境内以及内蒙古自治区乌审旗境内出土了一批唐末至宋初定难军人物的墓志铭。《榆林碑石》①以及《中国藏西夏文献》第十八册②先后公布了这批墓志的图版与录文，为研究定

---

* 基金项目：本文系国家社会科学基金特别委托项目"西夏文献文物研究"（项目编号：11@ZH001）阶段性成果。

① 康兰英主编：《榆林碑石》，西安：三秦出版社，2003年，图版第75—83页、录文第242—254页。

② 宁夏大学西夏学研究中心、国家图书馆、甘肃省古籍文献整理编译中心：《中国藏西夏文献》第十八册，兰州：敦煌文艺出版社、甘肃人民出版社，2005年，第19—82页。

难军提供了丰富的资料。目前学界的研究多侧重在对单篇或多篇墓志进行考释①，以全局视野将所有定难军墓志纳入综合研究的成果相对不足，其中涉及职官者仅有翟丽萍的《夏州节度使文武僚属考》。翟文归纳了墓志中出现的所有夏州节度使僚属职官名，并指出夏州节度使僚属的来源为自行招辟，有家族世袭性质，族属蕃汉结合②。该文对探讨定难军职官问题有开拓性的价值，但对定难军幕职人员的兼官与带职却未见讨论。

本文引用学界已有的定义，节度使府官僚的兼官"指兼带地方藩镇使职或州县官"，带职"指兼带中央京官的宪衔、检校衔、散官"③。笔者拟对这两种情况略作探研，如有错误，还请方家指正。

一、夏州定难军节度使府幕职的内部兼官

定难军的文武僚佐，据翟丽萍归纳，文职有副使、同节度副使、行军司马、判官、掌书记、支使、推官、巡官、馆驿巡官、衙推、奏记、参谋、孔目官、要籍、随军、随使、随身、傔人与别奏等，武职有都知兵马使、左右厢等兵马使、副兵马使、散都头、都虞候、虞候、都押衙、押衙、都教练使、教练使、十将、军使等④。在这些种类繁多的幕职中，出现了使府内部兼官现象的有判官、衙推、押衙、散兵马使与散都头等几种。其中的判官与衙推属于文职幕僚，押衙、散兵马使与散都头属武职幕僚。

判官"分判仓、兵、骑、胄四曹事，副使及行军司马通署"⑤，负责为幕主处理日常政务。世代在定难军担任幕职的荥阳毛氏家族曾涌现出毛崇厚与毛汶两位文学之士，

① 2006 年以前的研究史，可参看史金波等：《中国藏西夏文献综述》，杜建录主编：《西夏学》第二辑，银川：宁夏人民出版社，2007 年，第 68 页注释 2，以下仅开列 2006 年以后的研究成果。牛达生：《拓拔思恭卒年考——唐代〈白敬立墓志铭〉考释之一》，聂鸿音、孙伯君：《中国多文字时代的历史文献研究》，北京：社会科学文献出版社，2010 年，第 427—435 页；牛达生：《夏州政权建立者拓拔思恭的新资料——唐代〈白敬立墓志铭〉考释之二》，《兰州学刊》2009 年第 1 期，第 1—5 页。陈玮：《后周绥州刺史李彝谨墓志铭考释》，杜建录主编：《西夏学》第五辑，上海：上海古籍出版社，2010 年，第 234—240 页；陈玮：《后晋定难军摄节度判官兼掌书记毛汶墓志铭考释》，杜建录主编：《西夏学》第八辑，上海：上海古籍出版社，2011 年，第 207—211 页；陈玮：《后晋夏银绥宥等州观察支使何德璘墓志铭考释》，《中国国家博物馆馆刊》2013 年第 3 期，第 68—74 页；陈玮：《北宋定难军节度观察留后李继筠墓志研究》，《西夏研究》2014 年第 4 期，第 58—63 页；杜建录、邓文韬、王富春：《后唐定难军节度押衙白全周墓志考释》，《宁夏社会科学》2015 年第 2 期，第 129—134 页。

② 翟丽萍：《夏州节度使文武僚属考——以出土碑石文献为中心》，杜建录主编：《西夏学》第十一辑，上海：上海古籍出版社，2015 年，第 144—150 页。

③ 冯培红：《晚唐五代藩镇幕职的兼官现象与阶官化述论——以敦煌资料、石刻碑志为中心（上）》，《敦煌学研究》2006 年第 2 期，第 1 页。

④ 翟丽萍：《夏州节度使文武僚属考——以出土碑石文献为中心》，杜建录主编：《西夏学》第十一辑，上海：上海古籍出版社，2015 年，第 144—150 页。

⑤ ［唐］杜佑撰、王文锦等点校：《通典》卷三二《职官十四》，北京：中华书局，1988 年，第 895 页。

他们先后以判官兼任掌书记①。韩愈谓："元戎整齐三军之士，统理所部之畎，以镇守邦国，赞天子施教化，而又外与宾客四邻交；其朝觐聘问慰荐祭祀祈祝之文，与所部之政，三军之号令升黜，凡文辞之事，皆出书记。"②可见幕职掌书记的主要职掌为撰写辞章。

或许因工作具有一定相似性，以判官兼任掌书记在唐代并不罕见。就全国范围来看，唐代宗永泰（765—766）时人胡詹，为"幽州节度判官兼掌书记"③；唐宪宗时李逢吉为东川节度使，辟长安县尉孙成为"陇右节度判官兼掌书记"④；又据李商隐《樊南乙集》自述，大中五年（851）七月，柳仲郢任东川节度使，以李商隐为掌书记，后得吴郡张黯代，改判上军，大中六年（852）张黯调往京师，于是李商隐复以判官摄掌书记⑤；敦煌文书所见归义军文士张球（又作张景球）作《张延绶别传》时，也曾自署为"河西节度判官权掌书记"⑥。

与李商隐等人在任上"不暇笔砚"，"自桂林至是，所为已五六百篇"⑦类似，毛汶祖孙"虽训练之机繁，兼掌檄之无旷。匡持太府，数十载之笔阵文锋；翊辅王门，几千般之干天颂阙"⑧，应当也尽心尽职地完成了判官与掌书记的两种使命，李仁福妻浕氏的墓志铭便是毛汶的精妙之作。

五代时南阳何氏家族有多位成员出任定难军使府的各类衙推，涉及兼官者有何德璘以节度衙推兼银州长史，何绍文以观察押推兼绥州长史，何德遇以观察押推兼绥州长史，何公（姓名不详）以府衙推守绥州长史、又以摄授节度衙推守银州长史、仍摄夏州长史。可见何氏家族多以衙推兼任定难军下辖诸州长史。

以衙推兼任他职之事例，史籍罕见。要解答衙推之兼官究竟是实职还是虚衔，就必

① 《大晋故定难军摄节度判官兼掌书记朝议郎检校尚书水部员外郎兼侍御史柱国赐绯鱼袋荥阳毛公墓志铭并序》（以下简称《毛汶墓志铭》），宁夏大学西夏学研究中心、国家图书馆、甘肃省古籍文献整理编译中心：《中国藏西夏文献》第十八册，兰州：敦煌文艺出版社、甘肃人民出版社，2005 年，第 34—36 页。

② ［唐］韩愈著、阎琦校注：《韩昌黎文集注释》卷二《徐泗豪三州节度掌书记厅石记》，西安：三秦出版社，2004 年，第 130 页。

③ 周绍良主编：《全唐文新编》卷四〇九《大唐故高士荥阳郑府君之碣》，长春：吉林文史出版社，2000 年，第 4821 页。

④ 周绍良主编：《唐代墓志汇编》贞元 026《唐故中大夫守桂州刺史兼御史中丞充桂州本管都防御经略招讨观察处置等使上柱国乐安县开国男赐紫金鱼袋孙（成）府君墓志铭》，上海：上海古籍出版社，1992 年，第 1856 页。

⑤ ［唐］李商隐著，王步高、刘林整理：《李商隐全集》文之卷七《樊南乙集序》，珠海：珠海出版社，2011 年，第 1021 页。

⑥ 郑炳林：《论晚唐敦煌文士张球即张景球》，中华书局编辑部：《文史》第四十三辑，北京：中华书局，1997 年，第 112—113 页。

⑦ ［唐］李商隐著，王步高、刘林整理：《李商隐全集》文之卷七《樊南乙集序》，珠海：珠海出版社，2011 年，第 1021 页。

⑧ 《毛汶墓志铭》，宁夏大学西夏学研究中心、国家图书馆、甘肃省古籍文献整理编译中心：《中国藏西夏文献》十八册，兰州：敦煌文艺出版社、甘肃人民出版社，2005 年，第 34—36 页。

须先了解唐、五代时期衙推的执掌。《新唐书》《旧唐书》《通典》虽对此语焉不详，但在其他史籍中，衙推经常与医人联系起来。如郑注以药术游长安权豪之门，后襄阳节度使李愬征聘之，得其药力，署为节度衙推①；后唐庄宗刘皇后之父以医卜为业，被称为"刘衙推"②；波斯人穆昭嗣幼好药术，拜谒高僧释怀浚，怀浚"乃画一道士乘云把胡卢，书云：'指挥使高褋衙推'。穆生后以医药有效，南平王高从诲与巾裹，摄府衙推"③。至南宋时，陆游谓"北方人市医皆称衙推"④，或许正因为在幕府中常年执掌医药等事务，衙推到了宋元时期便逐渐在北方成为医生的代名词了⑤。

何氏家族世代习医，于是"以医见重"，得以跻身幕职，自衙推起家，继而被任命为州官。《何德璘墓志铭》称墓主"博赡三医，恭勤两政"，《何公墓志铭》称墓主"守属郡之官资，佐雄蕃之德教。言惟正直，道屏奸邪"，"内则以妙散神丸，供应上命；外则以文才武略，开拓边封"⑥，可见两人无论是行医问药的衙推本职，还是其所兼任的州长史，都是实职。

定难军武职幕僚的兼官，属押衙最为常见。早在党项拓跋氏尚未世袭夏州时，以押衙兼充他职就已然在夏州节度使府中出现了：咸通十一年（870），陈审即以"节度押衙充监军衙马步都知兵马使"⑦；自迁署节度押衙以来，"曹公"先后转任前使院将兵马使孔目官、兼都勾覆，魏平、丰、储等镇营田兵马使，石堡镇遏兵马使兼宁朔县令，洪门四镇都知兵马使，然而使职无论如何迁转，"依前押衙"是一直不变的⑧。

五代至宋初，定难军节度使以押衙兼知他官又有所发展。笔者在定难军墓志中共发现了9例，现按年代顺序整理如表1所示：

表 1　定难军墓志所见押衙兼充他职表

人物	兼官	年代	出处
刘宗周	定难军节度押衙知进奏（官）	未详，当早于刘敬瑭	《刘敬瑭墓志铭》
刘彦颙	节度押衙充器仗军使	晋天福八年（943）	《刘敬瑭墓志铭》

① ［后晋］刘昫等：《旧唐书》卷一六九《郑注传》，北京：中华书局，1975 年，第 4399 页。
② ［宋］薛居正等：《旧五代史》卷四九《庄宗神闵敬皇后刘氏传》，北京：中华书局，1974 年，第 674 页。
③ ［宋］孙光宪撰、贾二强点校：《北梦琐言》，北京：中华书局，2002 年，第 383 页。
④ ［宋］陆游撰，李剑雄、刘德权点校：《老学庵笔记》卷二，北京：中华书局，1979 年，第 25 页。
⑤ 元代以"牙推"代指医生例，见顾学颉：《元剧（曲）辞语诠释举例——以"摇装"、"云阳"、"半鉴"、"衙推"、"瓦不剌海"等为例》，《社会科学战线》1978 年第 2 期，第 308 页。
⑥ 《宋摄夏州观察支使何公墓志铭》，宁夏大学西夏学研究中心、国家图书馆、甘肃省古籍文献整理编译中心：《中国藏西夏文献》第十八册，兰州：敦煌文艺出版社、甘肃人民出版社，2005 年，第 63 页。
⑦ 《陈审墓志铭并盖》，录文见康兰英主编：《榆林碑石》，西安：三秦出版社，2003 年，第 240 页。
⑧ 《曹公墓志铭并盖》，录文见康兰英主编：《榆林碑石》，西安：三秦出版社，2003 年，第 241 页。

人物	兼官	年代	出处
牛渥	押衙兼观察孔目官	晋天福八年（943）	《刘敬瑭墓志铭》
杨从溥	押衙充随使孔目官	后汉乾祐三年（950）	《里氏墓志铭》
李光琇	节度押衙充绥州衙内指挥使	后汉乾祐三年（950）	《里氏墓志铭》
李光义	节度押衙充马军第二都军使	后汉乾祐三年（950）	《里氏墓志铭》
李光璘	守职押衙充元从都军使	后周广顺二年（952）	《李彝谨墓志铭》
郑继隆	定难军押衙兼观察押司官	北宋太平兴国四年（979）	《李光睿墓志铭》
张□□	押衙兼书状官	北宋太平兴国五年（980）	《李光遂墓志铭》

表 1 中所见的定难军押衙，既有出任马军都军使或衙内指挥使等武职，又有兼任书状或孔目这种职级较低的文官，其职掌涵盖领兵、进奏、案牍、书状、军器等方面；显然，这里的押衙已经不能算是一个有实际执掌的幕职了，他们充任的军官、孔目官、押司官、书状官才是实职。张国刚先生指出唐代后期"押衙用作带职、兼官十分普遍"，"押衙作为内外军将的兼职十分普遍，这时的押衙实际上已经阶官化了"[①]，荣新江先生也据敦煌文献推测："唐末五代的归义军节度押衙大多是阶官化以后表示身份的头衔，只有其兼知官才是实职。"[②]陕北与内蒙古乌审旗出土的墓志，亦能反映节度押衙在唐末至宋初的定难军政权中出现了阶官化。

除押衙以外，具备阶官性质的定难军幕职还有散兵马使与散都头，分别由刘敬瑭的祖父与长子担任[③]。散兵马使在产生之初就是一种不具备统兵权，而仅有荣誉性的虚衔。李愬讨蔡州，淮西将李祐降，李愬署为散兵马使，胡三省注云："散员兵马使，未得统兵"[④]；天宝以后，吐蕃陷安西四镇，道路隔绝，不少西域人滞留长安，不愿回归，于是李泌以其"分隶神策两军，王子、使者为散兵马使或押牙"[⑤]，这些王子和使者们自然不可能都在神策军领兵；又《魏涿墓志》云墓主年廿八时"迁散兵马使添衔"，可谓是明确的指出了"散兵马使"仅为一种"添衔"[⑥]。《刘敬瑭墓志》谓刘彦能"历职散兵马使"，实际上省略了他的实职。

① 张国刚：《唐代藩镇军将职级考略》，《学术月刊》1989 年第 5 期，第 75 页。
② 荣新江：《唐五代归义军武职军将考》，中国唐史学会：《中国唐史学会论文集》，西安：三秦出版社，1993 年，第 80 页。
③ 刘敬瑭祖父士清，皇任定难军散都头、充魏平镇遏使；子彦能，历职至散兵马使。
④ ［宋］司马光编著、［元］胡三省音注：《资治通鉴》卷二四〇"唐宪宗元和十二年五月丁丑"条，北京：中华书局，1956 年，第 7735 页。
⑤ ［宋］司马光编著、［元］胡三省音注：《资治通鉴》卷二三二"唐德宗贞元三年七月甲子"条，北京：中华书局，1956 年，第 7493 页。
⑥ 周绍良主编：《唐代墓志汇编》咸通 067《唐故留守兵马使魏（涿）公墓志铭》，上海：上海古籍出版社，1992 年，第 2430 页。

散都头在唐末至宋初有两种不同的含义，一者为宋代殿前马军班名，其源流可追溯至后周世宗"选武艺超绝者，署为殿前诸班。因是有散员、散指挥使、内殿直、散都头、铁骑、控鹤之号"①。另一者为阶官化的藩镇幕职都头，都头本为统兵官之泛称，所谓"唐之中世，以诸军总帅为都头。至其后也，一部之军谓之一都，其部帅呼为都头"②。至唐末，"都头一词基本上有了较为固定的职权，不再像以往那样仅仅是对领军统帅的称呼，慢慢地成为一个固定的官职名词"③；以归义军为代表的晚唐藩镇中，都头"又作为节度使的亲信，被派去大量兼知他官"④，作为幕职的散都头出现，或与此有关。后晋天福六年（941）立石于青州的陀罗尼经幢残石署名处有"□□□□使功臣散都头史重贵"⑤，可能即指史重贵以散都头充"□□□□使"；后周时有刘仁罕，以"枭群寇之首"功为西京留守向拱提拔，"补汜水镇将，俄为散都头"⑥。两人皆有本职，所带有的"散都头"衔属于荣誉性的加官，《刘敬瑭墓志》所见刘士清以散都头充魏平镇遏使，当与以上两例性质相同。

对比定难军文武幕职在使府内部的兼官可以发现，两例文职幕僚的兼官都具有稳定的对应关系和家族传承性，兼职者基本同时掌握着两种实职；而武职押衙、散兵马使、散都头兼官则杂泛无章，毫无对应关系可循。实际上他们的本职其实已经不重要了，只有书写于"知"、"充"或"兼"之后的兼官才是他们担任的实际职务。冯培红先生曾指出："至于藩镇文职幕僚，也存在着一些兼官现象，但其阶官化特征远不如武职军将那么发达"⑦，这个结论对定难军显然也是适用的。

二、夏州定难军节度使府幕职兼带京衔

关于唐代藩镇幕职人员带"京衔"的含义、区别、产生根源和作用，笔者暂无超越前

① ［宋］薛居正等：《旧五代史》卷一一四《周世宗纪一》，北京：中华书局，1976年，第1522页。
② ［宋］司马光编著、［元］胡三省音注：《资治通鉴》卷二五四"唐僖宗中和元年七月庚申"条胡注，北京：中华书局，1956年，第8254页。
③ 郑炳林、冯培红：《晚唐五代宋初归义军政权中都头一职考辨》，郑炳林主编：《敦煌归义军史专题研究》，兰州：兰州大学出版社，1997年，第72页。
④ 冯培红：《敦煌归义军职官制度——唐五代藩镇官制个案研究》，兰州大学2004年博士学位论文，第187页。
⑤ ［清］毕沅：《山左金石志》卷一四《陈渥书陀罗尼经幢》，中国东方文化研究会历史文化分会：《历代碑志丛书》第十五册，南京：江苏古籍出版社，1998年影印版，第74页上。
⑥ ［元］脱脱等：《宋史》卷二七五《刘谦传》，北京：中华书局，1977年，第9382页。
⑦ 冯培红：《晚唐五代藩镇幕职的兼官现象与阶官化述论——以敦煌资料、石刻碑志为中心（下）》，《敦煌学研究》2007年第1期，第49页。

贤研究成果的看法①，故而不再赘述，仅拟就定难军节度使府幕职所带京衔略做探讨。

就定难军而言，碑志所见幕职人员的京衔大致有三类，分别为检校官、试官、兼衔。这三种京衔在唐五代较为常见，学界已有相关界定："检校衔属中高层，通常只授予中、高层使府人员"，"和京城中高层职事官连用"；反之"试衔如授给文职僚佐，通常和京城低层职事联用，授给刚入仕或只任过两三任官的基层使府文职"；兼衔"通常只跟京城的御史台官衔连用"②。一般情况下，检校官与试官可分别与宪衔同时授予，如白敬立去世时其所带京衔有"检校尚书左仆射"和"兼御史大夫"两种，其次子保勋京衔为"检校国子祭酒兼御史大夫"③等，但检校官与试官两者不能同时授予。

以下重点讨论检校官与试官两种京衔，为便于研究，现将墓志所见定难军幕职人物及其带京城检校官、试官事例整理如表2所示④：

表2 定难军墓志所见幕职带京城检校官、试官表

	品级	官名	定难军人物及其幕职
三师	正一品	检校太傅	李彝超（定难军节度使）、李光睿（定难军节度使）
	正一品	检校太保	刘敬瑭（节度副使）、李重遂（银州防御度支营田等使）、李仁宝（绥州刺史）、李彝谨（使持节绥州诸军事）、李光睿（定难军节度）、李继筠（定难军节度观察留后）
三公	正一品	检校太尉	李彝殷（定难军节度使）
	正一品	检校司空	李彝谨（管内蕃汉都指挥使）
	正一品	检校司徒	刘敬瑭（马步军都知兵马使）、李彝谨（绥州刺史）、李继筠（定难军节度观察留后）
尚书省	从二品	检校尚书左仆射	白敬立（鄜州招葺使、延州防御使）、李彝氲（随使马步军都教练使）
	从二品	检校尚书右仆射	李彝温（随使左都押衙）、李光睿（夏州管内蕃部越名都指挥使、行军司马）
	正三品	检校礼部尚书	李光遂（管内蕃部都指挥使）
	正三品	检校工部尚书	李思澄（定难军左都押衙）、李继筠（衙内都指挥使）、李光遂（管内蕃部都指挥使）
	正三品	检校吏部尚书	白忠信（绥州刺史）
	正三品	检校户部尚书	牛渥（押衙兼观察孔目官）
	从五品上	检校库部郎中	李潜（节度判官）
	从六品上	检校水部员外郎	毛汶（摄节度判官兼掌书记）
门下省	从三品	检校左散骑常侍	白敬忠（都兼营田使、洛盘镇遏使）、毛崇厚（定难军节度观察判官兼掌书记）、李继筠（衙内都指挥使）

---

① 此问题的学术史以冯培红先生梳理得最为完整，可参看冯培红：《论唐五代藩镇幕职的带职现象——以检校、兼、试官为中心》，高田时雄主编：《唐代宗教文化与制度》，京都：京都大学人文科学研究所，2007年，第135—143页。
② 赖瑞和：《论唐代的检校官制》，《汉学研究》2006年第1期，第185页。
③ 《唐延州安塞军防御使白敬立墓志铭》，宁夏大学西夏学研究中心、国家图书馆、甘肃省古籍文献整理编译中心：《中国藏西夏文献》第十八册，兰州：甘肃人民出版社、敦煌文艺出版社，2005年，第26页。
④ 表中信息均出自陕北与内蒙古乌审旗出土的定难军墓志，具体出处见第一页注释1、2，不再赘述。墓志中年代早于定难军成立或由他处调入夏州之前的人物暂不录。

	品级	官名	定难军人物及其幕职
中书省	从三品	检校右散骑常侍	白忠礼、刘宗周（定难军节度押衙知进奏）、李光琇（守职节度押衙充绥州衙内指挥使）、李光义（节度押衙充马军第二都军使）
国子监	从三品	检校国子祭酒	白保勋（节度押衙）、白全周（兵马使、节度押衙）、李光琏（守职绥州左都押衙）
秘书省	正九品上	试秘书省校书郎	王卿（银州营田判官）
大理寺	从八品下	试大理评事	张少卿（绥州军事判官）、毛汶（节度判官兼掌书记）、何德璘（观察支使）、何德遇、郭峭（节度判官）
	正八品①	试大理司直	何德遇（夏银绥宥等州观察支使）、何公（摄授节度衙推、当道观察支使）、郭贻（夏州观察判官）
太常寺	正八品上	试太常寺协律郎	何子岩（节度随军、摄夏州医博士）、何公（节度要藉）
	正九品上	试太常寺奉礼郎	何子岩（守夏州医博士）

由表 2 可见，定难军幕职带"从六品上"阶及以上京衔者称为"检校"某官，带八品与九品官阶则称为"试"某官。检校官中几乎全为清望官或清官，尤其以带尚书省职衔居多，据不完全统计，共 12 人次；试官以带大理寺职衔居多，共 8 人次。

《宋史·职官志八》引《三朝志》记宋代检校官共十九阶，分别为"太师、太尉、太傅、太保、司徒、司空、左仆射、右仆射、吏部尚书、兵部尚书、户部尚书、刑部尚书、礼部尚书、工部尚书、左散骑常侍、右散骑常侍、太子宾客、国子祭酒、水部员外郎"②。对比定难军墓志所见之检校官，唯《白敬立墓志铭》的作者、节度判官李潜所带的"检校尚书库部郎中"不在宋朝制定的检校官体系中，但李潜活动年代尚在唐末，据北宋开国年代久远。

至于试官，《三朝志》有"大理司直，大理评事，秘书省校书郎，正字，寺、监主簿，助教"③六阶，夏州何氏家族有两位家族成员的试官为太常寺属官，虽不在北宋官方规定范围内，但两人年代稍晚者亦在后唐清泰二年（935）。自后晋至宋太平兴国五年（980），定难军幕职的检校官与试官皆不出于《三朝志》所载的十九阶和六阶④。可见藩镇幕职所带检校官与试官早在五代中期就已经开始逐渐规范化了，北宋建国后只不过是因循五代旧例将其正式纳入国家制度而已。

然而，定难军幕职的京衔也有两处明显不符合中央制定的规章。一是与检校官相涉的章服制度。自开元九年（721）以后，"恩制赐赏绯紫，例兼鱼袋，谓之章服"⑤，按

---

① 大理司直在《旧唐书·职官志》列为从六品上阶，《宋史·职官志八》列为正八品。概因由唐至宋，大理司直的官品发生了变动。其余定难军幕职带京城试官，均不超过正八品上，六品以上几乎均称"检校"，故在表 2 中按宋制拟为八品。

② ［元］脱脱等：《宋史》卷一六八《职官志八》，北京：中华书局，1977 年，第 4063 页。

③ ［元］脱脱等：《宋史》卷一六八《职官志八》，北京：中华书局，1977 年，第 4064 页。

④ 同时，定难军幕职所带的宪衔亦不出宋制"御史大夫、侍御史、殿中侍御史、监察御史"四阶。

⑤ ［后晋］刘昫等：《旧唐书》卷四五《舆服志》，北京：中华书局，1975 年，第 1954 页。

唐大中三年（849）五月朝廷颁布《赐绯赐紫事例奏》载：

> 准令，入仕，十六考职事官，散官皆至五品，始许著绯。三十考职事官四品，散官三品，然后许衣紫。除台省清要，牧守常典，自今己后，请约官品为例。判官（已）上检校五品者，虽欠阶考，量许奏绯。副使、行军（司马），俱官至侍御史已上者，纵阶考未至，亦许奏绯。如已检校四品官兼中丞，先赐绯，经三周年已上者，兼许奏紫。其有职事尤异关钱谷者，须指事上言，监察已下，量与减年限，进改殿中已上，然后可许赐章服。公事寻常者，不在奏限。①

这段记载表明中央政府将节镇僚佐的奏赐章服与其所带京城官衔建立了联系，但定难军似乎并未遵循此制。以赐绯为例，表 3 为定难军四位获赐绯鱼袋幕职人员的完整官衔：

表 3　定难军幕职赐绯者官衔表

人物	幕职	检校官或试官	散官	宪衔	出处
何德遇	夏银绥宥等州观察支使	试大理评事（从八品下）、试大理司直（正八品）	将仕郎（从九品下）	无	《何公墓志铭》
毛汶	摄节度判官兼掌书记	检校尚书水部员外郎（从六品上）	朝议郎（正六品上）	侍御史（六品）	《毛汶墓志铭》
郭峭	节度判官	试大理评事（从八品下）	朝议郎（正六品上）	无	《李彝谨墓志铭》
郭贻	观察判官	试大理司直（正八品）	承奉郎（从八品上）	监察御史（八品）	《李光睿墓志铭》

按大中三年（849）诏，以上四人无一人之京衔达到奏绯标准（检校官五品）。即便我们按照宋制，以散官及年劳作为奏赐标准，"文武三品已上服紫，五品已上服绯，九品已上服绿"②，"著绿二十周年赐绯鱼袋"③，他们也同样没有资格奏赐绯鱼袋。故在实际操作层面上，定难军奏赐章服的标准可能稍低于中央颁布的制度。

二是李氏家族成员检校官的授予与迁转。从表 2 中可得见，除了曾担任节度副使的刘敬璘，世袭夏州节度使的李氏家族几乎垄断了检校三师三公的官衔，仅有唐朝用以追赠拓跋思恭的太师未见有授检校，这种现象与该家族初授检校官品较高的原因是分不开的。就出土墓志所见，李光睿初授检校尚书右仆射，李光遂初授检校工部尚书，李继筠初授左散骑常侍，三人初授检校官均为从三品以上的高官，很轻易便能迁转至检校三公三师。北宋时期，一般情况下只有"宗室初除使相加尚书左仆射"④，李光睿初授检校

① ［宋］王溥：《唐会要》卷三一《舆服上·内外官章服》，上海：上海古籍出版社，2006 年，第 667—668 页。
② ［元］脱脱等：《宋史》卷一六九《职官志九》，北京：中华书局，1977 年，第 4051 页。
③ ［元］脱脱等：《宋史》卷一七〇《职官志十》，北京：中华书局，1977 年，第 4075 页。
④ ［元］脱脱等：《宋史》卷一六八《职官志八》，北京：中华书局，1977 年，第 4063 页。

官便几乎与赵宋皇族待遇相当。而李重遂（银州防御度支营田等使）、李仁宝（绥州刺史）、李彝谨（使持节绥州诸军事）、李继筠（定难军节度观察留后）等人所带检校官均止于太保，亦高于北宋中央禁军"四厢都指挥使止于司徒"[1]的待遇。

从以上两处我们可以得知，五代至北宋早期的中央政府对定难军多有额外优待。这种优待固然是历代中央政府增强定难军向心力的重要手段，正如吴天墀先生所说，因为夏州政权有一定独立性，"中央政权便用加官晋爵的办法，来维持联系，求其不致公开决裂"[2]。然而，这种优待也表明党项夏州政权仍然在一定程度上游离于中央政府拟定的各种制度之外，明显与北宋初年厉行专制主义中央集权的时代背景相悖，为宋太宗借李继捧入朝之机裁撤定难军埋下了伏笔。

三、余论

综上所论，定难军属官的兼官与带职，除使府内部两例文职僚佐兼官能够同时掌握两种实职，其他兼官带职者大多只拥有一种实职，其余的幕职和京衔或用以表示荣誉，或是用以作为官资、寄禄、章服的标准，实际上已经阶官化了。

元昊称帝建国后，西夏不再仅以隶属于中央政权的藩镇自居，而是在国内独自建立起了一套完整的职官体系，原属定难军节度使府的幕职遂在此后罕见于史籍。然而，西夏仍然在近两百年的历史中留下了许多涉及一人兼、权、判多种职官的事例，如武威西郊林场出土的木缘塔题中刘仲达的官衔为"西路经略司兼安排官□两处都案"[3]；元初唐兀人小李钤部之显祖为"中书省官兼判枢密院事"[4]；黑水城出土的阙场文书中有"确场使兼拘确西凉府签判"[5]；在《天盛改旧新定律令》卷首"颁律表"中，有数十人至少带三种以上官衔[6]，这些官衔分属于不同的官署，甚至分属于不同的城市，几乎不可能同时由一人掌握。以此推测，西夏职官也应有寄禄官与职事官、差遣官之分。

---

① ［元］脱脱等：《宋史》卷一六八《职官志八》，北京：中华书局，1977年，第4063页。
② 吴天墀：《西夏史稿》，成都：四川人民出版社，1980年，第17页。
③ 《西夏六面木缘塔题记》，宁夏大学西夏学研究中心、国家图书馆、甘肃省古籍文献整理编译中心：《中国藏西夏文献》第十八册，兰州：甘肃人民出版社、敦煌文艺出版社，2005年，第264页。
④ ［元］王恽：《秋涧先生大全集》卷五一《大元故大名路宣差李公神道碑铭并序》，新文丰出版公司编辑部：《元人文集珍本丛刊》第二册，台北：新文丰出版公司，1985年，第113页下。
⑤ 录文见杜建录、史金波：《西夏社会文书研究》，上海：上海古籍出版社，2010年，第233页。
⑥ 史金波、聂鸿音、白滨译注：《天盛改旧新定律令》，北京：法律出版社，2000年，第107—108页。

将这种现象的原因追溯为西夏立官制之初即"仿照北宋官制"①固然是说得通的，但同时也不能否认唐末至宋初定难军使府幕职兼官、带职现象所反映部分职事官与幕职的阶官化，对西夏的职官制度也有极为重要的影响。

（原载《西夏学》2016 年第 4 期）

---

① 陈振主编：《中国通史》第七卷《中古时代·五代辽宋夏金时期（上）》，上海：上海人民出版社，2004 年，第850 页。

第二编 西夏艺术研究

西夏佛经版画中的建筑图像及特点

陈育宁　汤晓芳

摘　要： 西夏文献中刊刻了一些佛经版画，这些版画中的说法图和经变图除了以佛、菩萨等佛教人物形象外，还绘制了许多世俗人物和物象，其中包含了许多佛教建筑和世俗建筑。对版画中建筑图像的释读和参照西夏考古出土的建筑构件进行研究，对于进一步揭示西夏社会生活、佛教对西夏文化艺术的影响、各民族之间的文化交流有十分重要的作用。本文引证 1146—1195 年皇家刊刻佛经版本中的插图，这是上流社会对建筑的描绘，更具有社会物质和文化发展标志的典型性。

关键词： 西夏；佛经版画；建筑图像

20 世纪 90 年代中期以后，我国相继编纂出版了《俄藏黑水城文献》（上海古籍出版社 1996—2019 年，目前出版 30 册）、《中国藏西夏文献》（甘肃人民出版社、敦煌文艺出版社 2005—2007 年出版，20 卷 20 册）、《中国藏黑水城汉文文献》（国家图书馆出版社 2008 年出版，10 册）、《英藏黑水城文献》（上海古籍出版社 2005 年出版）、《法藏敦煌西夏文献》（上海古籍出版社 2007 年出版）。在公布的西夏文献中，许多是佛经印本，刊刻了一些佛经版画。这些版画对宣扬、传播佛教理义和诵读经咒偈文起到了看图识经的作用。版画中的说法图和经变图除了以佛、菩萨等佛教人物形象外，还绘制了许多世俗人物和物象，其中示图了许多佛教建筑和世俗建筑。建筑是社会物质和文化水平、审美意识的综合载体。对版画中建筑图像的释读和参照西夏考古出土的建筑构件进行研究，对于进一步揭示西夏社会生活、佛教对西夏文化艺术的影响、各民族之间的文化交流有十分重要的作用。本文引证 1146—1195 年皇家刊刻佛经版本中的插图，这是上流社会对建筑的描绘，更具有社会物质和文化发展标志的典型性。

一、西夏文献中佛经版画的建筑图像

西夏是一个信仰佛教的国家，刊刻了许多汉文和西夏文佛经，许多佛经首页插有佛说法、经变版画，在经变及一些佛教因缘故事图中绘制了建筑图像。其中较好的有以下几种：

俄藏《妙法莲华经》卷一至卷七绘有变相图（图1）①。俄藏编号 TK1、3、4、9、10、11、15 为汉文七卷本《妙法莲华经》木刻本，经折装，折面宽 8.5 厘米，高 18.5 厘米，各卷首有经变版画一幅，为净土变相。画和文字之间刻版本卷、第及刻印地点、日期和刻工姓名。此版本为西夏"上殿宗室御史台正直本"，刻工为"善惠、王善圆、贺善海、郭狗埋"，刻印日期："大夏国人庆三年岁丙寅五月……"（即 1146 年 6 月 11 日—7 月 10 日）。卷首版画由两部分组成，右侧是释迦牟尼佛说法，左侧是经文变相，宣传大乘佛教三乘归一，即"声闻"（听佛说法）、"缘觉"（自我修行）、"菩萨"（利己利他普度众生）。全经共二十八品，叙述释迦牟尼在耆阇崛山（汉文经典称灵鹫山）与舍利弗、须菩提、摩柯迦叶等尊者说法，各卷经文内容不同，通过大量形象的比喻故事画面，如"闻法布施""持戒忍辱""忍心善软""供养舍利""造塔画像""写经念诵"等，叙述消灾免难，能进入极乐世界。尤其是《观世音普门品》的插图，菩萨乘云下降人世间救难，一幅幅都是世俗生活的描绘。刻画表现的是人间生活，有人居环境和人居建筑的图象绘出。

卷一包括《弘传序》《序号第一》《方便品第二》，有版画四折面，画面宽三十四厘米，高十五厘米，画刻人物六十余身，右三折是佛说法，佛说法的环境是西方净土世界：佛、菩萨、天人、护法置于一建筑高平台（图2），这个高平台的台面由左右大、小两个台面组成，左面的台面较小，亦称月台，中间有五级台阶，阶梯两侧有垂带，四周有砖面散水。月台面上跪着尊者和天人；右面的台面较大，台面上有坐于莲花座上的佛和两胁侍菩萨，天人护法站立，还有一童子。台面呈白色，说明是夯土结构；佛前有

---

① 陈育宁、汤晓芳：《西夏艺术史》，上海：上海三联书店，2010 年，第 145—147 页。

图 1　俄藏《妙法莲华经》卷一插图

一长条供桌，四周帷幔。第三折上方绘一受病痛折魔者睡在床上，下跪两人求佛解脱痛苦；第四折有造塔供养，绘莲叶台上有一攒尖顶舍利塔（图 3），从塔顶盖面绘四脊来看，估计该塔为八角塔。图和经文的中缝刻有"奉天显道耀武宣文神谋睿智制义去邪睦懿恭皇帝"，即仁宗仁孝（1139—1193 在位）。卷二经首版画第二折面有四合院的第一进院落、门楼、起脊院墙和侧屋，侧屋顶起脊并有盖瓦、瓦当、望兽（图 4），院门外站二人，一人着袍为主人，另一短衣人为侍者，主人请"三乘"入院门。卷三首面版画的第二折左上方绘有城墙阙和城前的护城壕（图 5），城门前有桥，左下方绘一矮院墙内有一座呈折角的民房，起脊瓦顶，无正脊及脊饰，屋内摆设条桌，屋外有栅栏，似为瓦肆铺面（图 6），处于市口。

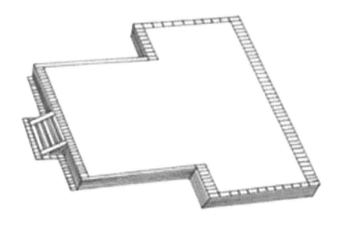

图 2　五阶级高台基

图 3　攒尖顶舍利塔

图 4　一进院落

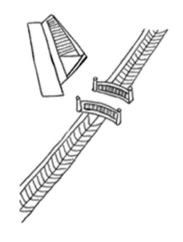

图 5　护城壕、桥

图 6　瓦肆建筑

卷四第二折右上角绘一攒尖顶亭式建筑，左上角绘祥云中的佛宫一角，宫中有佛下凡人间说法。右上角有一攒尖顶阁，屋坡四面（图 7）。

图 7　攒尖顶亭阁

卷六第二折右上角祥云中有一平顶建筑，屋面夯土平顶，出四檐，檐上盖瓦，为佛殿（图 8）。左下角一人供拜攒尖舍利塔。

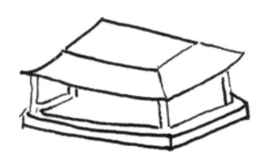

图 8　盝顶建筑

中国藏西夏文《妙法莲华经》卷二经变图①，木刻本，页面高 33.1 厘米、宽 10.6 厘米，卷首有四折页插图。在第三、四折页有多种建筑描绘：第三折页有一高等级建筑，从有图案的御路踏道分析，这是一个三开间殿式建筑，屋顶饰有鸱吻；第四折页有一官第，三开间官式建筑。

以上仁宗时期刻印的汉文《妙法莲华经》变相图和中国藏西夏文《妙法莲华经》变相图中出现的建筑有高台基、四合院建筑、瓦肆建筑、城墙、护城壕与桥、亭阁、中原起脊式佛殿、藏地平顶式佛殿、亭式舍利塔、覆钵式舍利塔。

俄藏编号 TK90《妙法莲华经观世音菩萨普门品第二十五》变相图，是 1189 年罗皇后庆贺仁宗皇帝即位五十周年所散施的，封皮有书写流利的两行西夏文。在第四折页下部榜题"还著于本人"的出图中描绘一高级别民居，高台基并筑有踏道台阶，立柱下有柱础石，两柱之间有坊木，说明西夏时期殿式建筑出现了坊的结构（图 9）。

图 9　柱、坊、础石结构

俄藏《大方广佛华严经入不思议解脱境界普贤行愿品》（图 10）木刻本、经折装，折面宽 9 厘米，高 21 厘米，第 1—6 折面有幅面高 15.5 厘米、宽 55 厘米的变相图②。

① 陈育宁、汤晓芳：《西夏艺术史》，上海：上海三联书店，2010 年，第 149 页。
② 陈育宁、汤晓芳：《西夏艺术史》，上海：上海三联书店，2010 年，第 150 页。

图 10　俄藏《大方广佛华严经入不思议解脱境界普贤行愿品》

　　第五折面榜题"五随喜功德"有补题"随喜及涅槃\分布舍利根"绘出一金刚座覆钵形舍利塔（图 11），从上到下绘有日月、塔刹、刹基、粗大相轮、相轮基座（基座上有仰覆莲）、覆钵、金刚座。第六折页的"十普皆回向"补题"极重苦果\我皆代受"绘有一座燃烧的城，有门钉的城门紧闭（图 12）。此经有题记："刻印的此经称作《大方广花（华）严经普贤行愿品》，它帮助人们像毗卢一样登上脱离尘世的道路，像普贤一样找到主要的道路，摆脱苦孽，免除恶根。因此，皇太后罗氏在仁宗皇帝（1139—1193年）逝世三周年之际，为了他（仁宗）及早升天，为了'萝图'、'宝历'（祖先？）、军政官吏、皇室人员（玉叶金枝），兆民百姓幸福，祝愿他们得到尧时的荣誉、舜时的安乐，特命：各寺庙焚香三千三百五十遍；设斋会十八次，起读大藏经三百二十八部，其中主要的经二百四十七套，其他经八十一部，各种小经……。"[①]根据发愿文题记，此经刻印于仁宗皇帝三周年忌辰——天庆乙卯二年九月二十日（1195 年 10 月 8 日）。

图 11　粗大相轮覆钵塔

---

① ［俄］孟列夫著、王克孝译：《黑城出土汉文遗书叙录》，银川：宁夏人民出版社，1994 年，第 128—129 页。

图 12 有门钉的城门

　　为了纪念仁宗皇帝逝世三周年，各寺庙刊印了不同版本的华严经，俄藏此经的一残页描绘佛宫建筑为一大型歇山顶建筑，佛殿前有勾栏，立柱上斗拱有两出跳，屋面琉璃筒瓦、瓦当等建筑构件一一描绘仔细清晰①。

　　俄藏编号 TK8、12、13《佛说转女身经》②（图 13），木刻本、经折装，折面宽 10厘米、高 21.5 厘米，卷首有《佛说转女身经》变相图，尾题称罗太后为纪念去世的仁宗皇帝特施印经三万卷，施印日期"天庆乙卯二年九月二十日\皇太后罗氏发愿谨施"（1196年 10 月 24 日），画面出现妇女生产，生活实景及各式宫殿、民舍、庙宇建筑。第五折页有攒尖顶亭阁，第六折页有佛殿、民居，在榜题"怀子在身/口［受］苦痛"边绘有一妇女在起脊的高台基官第建筑内产子，在榜题"女人为他所使捣/药舂米熬苦磨"边绘有一妇女在无脊的简易磨房内推磨（图 14）。

图 13 俄藏《佛说转女身经》

---

① 陈育宁、汤晓芳：《西夏艺术史》，上海：上海三联书店，2010 年，第 151 页。
② 陈育宁、汤晓芳：《西夏艺术史》，上海：上海三联书店，2010 年，第 152 页。

图 14　磨房

俄藏编号 TK58《观弥勒菩萨上生兜率天经》，木刻本，经折装。该经是乾祐二十年（1189）仁宗继位五十周年发愿散施的，有仁宗皇帝发愿文："朕（即仁宗）谨于乾祐己酉二十年九月十五日……就大度民寺作求生兜率内宫弥勒广大法会……散施番、汉《观弥勒菩萨上生兜率天经》一十万卷……奉天显道耀武宣文神谋睿智制义去/邪惇睦懿恭皇帝谨施。"①经首变相图（图 15）有八折面，画幅宽 87.5 厘米、高 23.5 厘米。第 1—2 折面绘有弥勒在宫内说法图；第 3—6 折面描绘弥勒净土盛会，其中宫城建筑规模宏大。宫门四扇，宫墙起脊覆瓦有立柱；九开间大殿，殿面用条瓦覆盖，飞檐上翘，檐下斗拱层层，殿前有九根金柱，为皇宫级别的殿宇建筑。殿后有回廊，台阶和桥通向殿前平台，平台下有水池（图 16）；第八折面绘有六幅德行图，榜题"香花供养""深入正受""修诸功德""读诵经典""盛仪不缺""扫塔涂地"。图中绘出种种德行，德行图中有庙宇、高台基的房子、修行冢（图 17）；左下方是两人躬腰扫塔涂地，有金刚座覆钵形舍利塔（图 18）建筑，覆钵内有三个摩尼宝珠供养。

① ［俄］孟列夫著、王克孝译：《黑城出土汉文遗书叙录》，银川：宁夏人民出版社，1994 年，第 133—134 页。

图 15　俄藏《观弥勒上生兜率天经》

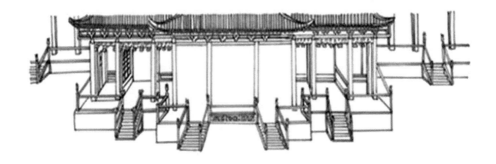

图 16　九开间佛殿

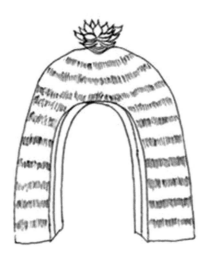

图 17　修行冢

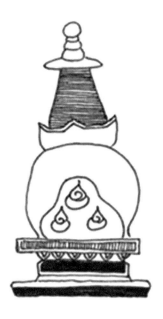

图 18　覆钵塔内供养摩尼宝珠

中国藏西夏文《金光明最胜王经》（图 19、图 20），有西夏文题款："兰山石台严云谷慈恩众宫一行沙门慧觉集""奉白高大夏国仁尊圣德珠城皇帝敕重校"，此经为惠宗秉常时期译，仁宗时期校，神宗时期重译并疏义，在西夏流布时间较长。圣德珠城皇帝为仁宗皇帝仁孝。

图 19　《金光明最胜王经》卷五

图 20　《金光明最胜王经》卷十

此版画绘于仁宗皇帝重校以后刊刻的佛经插图（1193 年前），计有四种经变图，画刻建筑较细腻：卷一第四折面右上方有窣堵波式塔。卷五的建筑画面表现丰富：有三开间佛殿，有门楼、围墙；有起脊小阁，一围墙内有四阶梯高台基起脊建筑，正脊两端设吻兽，脊中有一对站立鸟，屋面上有两只展翅飞翔的鸟（图 21），台基地面有散水方砖，台基帮壁绘花纹，台基四周有勾栏，栏板绘莲花图案。

图 21　高台基建筑正脊饰鸟

卷十第二折页上方有一舍利塔，绘有塔刹、相轮、覆钵、塔座；第一折面右上角绘有一座城的一角。折角城墙开有两城门，城门上有门钉，城墙上有雉堞（具有高昌坞壁和波斯城堡风格）（图22），城内绘一起脊、飞檐式建筑，殿内绘一床，床上卧一佛。该经由唐义净从梵文译出十卷，西夏文《金光明最胜王经》从汉文转译。

图22　城墙雉堞

西夏文佛经《慈悲道场忏罪法》经首的梁皇宝忏图版画描绘梁武帝为雍州刺史时，夫人郗氏性酷妒，化为巨蟒入后宫的故事。版本有两种，画面绘有宫内建筑及其装饰。

中国国家图书馆藏西夏文《慈悲道场忏罪法》的版画（图23）占四折页，右两折页佛说法，左两折页为宫殿内梁武帝与高僧对话。宫殿地面铺花砖（图24），建有一个高出地面五个阶梯的"地平"，台阶两侧的垂带呈白色；地平靠墙绘有立柱，立柱顶为梁坊，坊下绘幔帐；地平前有勾栏，两端立望柱，柱头绘出莲花，几何图案菱形的栏板内绘一莲花，（南朝）梁武帝坐在靠背的龙椅上与高僧对话（图25）。

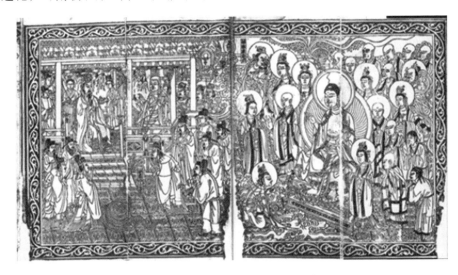

图23　中国藏《慈悲道场忏罪法》

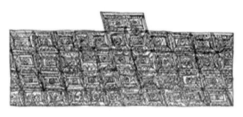

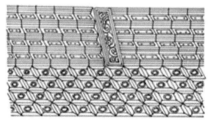

图 24　宫殿地面和地平台阶花砖

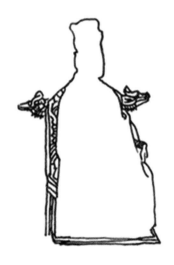

图 25　西夏文佛经中的梁武帝龙椅

　　俄藏《慈悲道场忏罪法》的版画描绘宫内建筑画面与中国藏基本相同，更突出额坊上的斗拱和地平、栏板、垂带彩绘，彩绘图案是缠枝卷草，更带有西方特点，与西夏陵出土墓碑残片的卷草图案相似。

　　西夏文佛经《现在贤劫千佛名经》卷首的《西夏译经图》（图 26）展示了译经殿室内建筑，主译人国师白智光高高在上坐在如意宝座上，其前放有译经桌和供桌，供桌上有莲花座上的"经卷"，经卷前有"五供养"。惠宗秉常皇帝和皇太后坐第一排，前有勾栏，说明译经殿内建有"地平"，高出大殿地面。勾栏的装饰讲究，有莲花柱头的望柱，还绘有卷草纹的栏板，地栿、华板、蜀柱、辱杖等，勾栏结构绘制十分细腻，增加了译经殿的神圣和华丽（图 27）。

图 26　《现在贤劫千佛名经》卷首《西夏译经图》

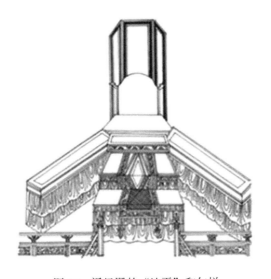

图 27　译经殿的"地平"和勾栏

二、西夏文献中佛经版画的建筑特点

（一）传承中原的建筑伦理和布局

（1）建筑形式多样。有佛宫、高台基、阶级、勾栏、望柱、须弥座、廊庑、回廊、庙宇、城墙（土木夯筑城墙、砖砌雉堞城墙）、瓦肆、民舍、桥、佛塔（楼阁式塔、窣堵波舍利塔）。其中起脊佛宫、大型庙宇为三开间或五开间，最大的九开间，长方形土木结构，屋顶有庑顶、歇山顶、重楼（二重楼、三重楼），顶脊的装饰有正脊鸱吻和垂脊神兽、戗脊兽。民舍虽起脊，但无正脊饰。建筑的开间、装饰等传承中原建筑的等级制。西夏《天盛改旧新定律令》规定："佛殿、寺庙之建筑材料可与皇宫建筑材料之质地、颜色、规格相同"，"任何一座官民宅第不准装饰莲花瓣图案……凡旧有琉璃瓦之房盖均应除掉。"佛殿、寺庙的建筑属于官式建筑，开间多，装饰繁复。民舍等属杂式建筑开间小，装饰简单，如德行图中出现的民舍建筑，其围墙土建或用竹篱笆围合，磨房两坡无脊，民居瓦肆的折角建筑没有高大的正脊和造型优美的脊饰，反映了非官式建筑的等级较低。

（2）佛宫建筑布局为四合多进多院式，大型佛宫为封闭庭院式，或一进二进合院式，小型佛宫是以佛殿为中心的封闭合院，属宫殿式庭院。四周用墙围合，宫门、佛宫等主要建筑分布在以佛殿（位置靠后或居中）为中心的中轴线上，次要建筑呈对称分布（侧殿、亭阁、曲桥等），有的围墙用廊庑替代。这种宫殿型多院式殿阁组群，呈现宏伟、庄严的气势，具有强烈的建筑艺术表现力。尤其是正脊的鸱尾和垂脊神兽，角梁抬高殿翼起翘，屋面勾头滴水形成弧形檐口，使庞大的建筑显得轻巧。佛宫的形象在现实生活中也是帝王宫殿的描绘，帝王举行重大朝政典礼及祭祀活动的殿堂，也是多院多进制，各级官吏行使统治权力的厅堂建筑也是多院制的。

（二）西夏建筑艺术受到佛教和西方艺术影响，后期尤其受到藏传佛教密宗建筑影响

（1）佛塔建筑出现两种形式：如佛塔供养，绘有两种形制，一是亭阁式；二是窣堵波式。窣堵波舍利塔由印度传入，半圆形实心覆钵，周围有栏杆平座供瞻仰，正中立一石竿，竿上串联三层伞盖（即相轮）。西夏窣堵波塔突出粗、高相轮，呈圆锥台体，而覆钵较矮小，与印度佛舍利塔桑齐大塔半圆形大覆钵建筑略有不同，这是早期藏传佛教密宗覆钵塔的形制。此形制佛塔造型，在西夏之前的敦煌壁画中不曾出现过。图像出现在西夏佛经版画中有两种可能：一是西夏时期的西方僧人（天竺、回鹘）从印度、西域

通过丝绸之路进一步传入藏传佛教密宗而发展起来的建筑；二是藏传佛教僧人从古格王朝引入的建筑，在 10 世纪古格王朝的壁画中此种塔的图像频频出现。[1]

（2）建筑装饰受到藏传佛教密宗艺术和西方建筑装饰艺术的影响。佛、菩萨金刚座的纹饰多种多样，反映了绘画及雕刻艺术在建筑体的发展运用，金刚座繁密的花纹，尤其是仰覆莲纹、几何纹、缠枝卷草纹等受到印度等艺术的影响。窣堵波式舍利塔塔刹下对称的缯带装饰直接受到古格王朝艺术的影响（图 28）。

图 28　金刚座仰覆莲纹

（3）室内家具多种多样，有高僧坐的如意头高背椅，有皇帝坐的龙头高背椅；有佛供桌、高僧供桌；有佛涅槃床、一般高僧坐床等。家具的装饰图案也受到西域和藏传佛教的影响，如佛供桌案下的帷幔装饰和高僧踏凳上的几何图案（图 29）。

---

[1] 孙振华：《西藏古格壁画》，合肥：安徽美术出版社，1989 年。

图 29　高僧坐椅和桌几、踏凳

（原载《西夏学》第十辑，上海古籍出版社，2013 年）

西夏官式建筑再探

陈育宁　　汤晓芳

摘　要： 官式建筑包括宫殿、祭坛、王陵、王府、庙宇、寺观、衙署、官第等。本文依据文献记载（汉文文献、西夏文文献）、西夏石窟壁画中的宫殿、寺观界画资料和西夏考古出土的建筑构件等，考证了西夏不同官式建筑的结构、布局、装饰；通过与唐、宋、辽、金留存的殿宇建筑进行比较，阐释了西夏官式建筑的主要艺术特征：建筑结构传承中原传统文化，装饰艺术具有地域文化特色，部分建筑突出本民族文化特征。

关键词： 西夏；官式建筑；艺术特征

史籍记载西夏"民居皆立屋，有官爵者，始得以覆瓦"①；"俗皆土屋，惟有命者得以瓦覆之"②。说明西夏的建筑尊卑有序，有严格的等级制度。官式建筑（亦称官工建筑）是代表西夏建筑水平的上位建筑，包括宫殿、庙宇（太庙）、祭坛、王陵、苑囿、王府、寺观、衙署、官第等。

---

① 赵铁寒主编：《宋史资料萃编》第一辑《隆平集·夏国赵保吉传》，台北：文海出版社，1967年。
② ［元］脱脱等：《宋史》卷四八六《夏国传》，北京：中华书局，1977年，第14029页。

一、宫殿建筑

（一）文献记载

西夏宫殿建筑在 13 世纪的蒙夏战争中已被彻底摧毁，汉文文献记载一般比较宏观抽象。1021 年，李德明欲立国而于怀远建都城时，即"号令部属，宫室旌旗，一拟王者。每朝廷使至，则撤宫殿题榜，置于庑下，使辖始出钱馆，已更赭袍，鸣鞘鼓吹导还，殊无畏避"①。题榜是古代帝王在朝廷外立的榜木（明清演变为华表），是皇帝的礼制性建筑，李德明在怀远建宫室时立榜木的行为有"僭帝"行为。此前在 1010 年李德明受封契丹夏国王时（在今陕西省榆林市横山区），"役民夫数万于鳌子山，大起宫室，绵亘二十余里，颇极壮丽"②。《西夏书事》卷十八又载，李元昊称帝后多次建离宫，天授礼法延祚十年（1047），"大役丁夫数万，于山（贺兰山）之东营离宫数十里，台阁高十余丈"。在明清编撰的地方志中关于建筑的叙述也寥寥数语，看不清建筑的具体形制。如明代初期朱元璋第十六子庆靖王朱栴藩镇宁夏时只能看到一些遗迹，在明代《宁夏志·古迹》中有简单描述："元昊宫室在西古城内"，"李王避暑宫，在贺兰山拜寺口南山之巅极高处。宫墙尚存，构木为台，年深崩摧。洪武间，朽木中铁钉长一二尺者往往有之，人时有拾得者"；在寺观篇中又载"承天寺，在西古城内"③。明代胡汝砺撰弘治《宁夏新志》又转写。嘉靖《宁夏新志》卷二载："……避暑宫，贺兰山拜寺口南山之巅，伪夏元昊建此避暑，遗址尚存。人于朽木中尝有拾铁钉长一二尺者。"④清张金城修乾隆《宁夏府志》载："元昊故宫，在贺兰山之东，有遗迹。又振武门内，有元昊避暑宫，明洪武初遗址尚存，后改为清宁观。广武西大佛寺口，迹有元昊避暑宫。"⑤

在西夏文献《文海》《杂字》《番汉合时掌中珠》《圣立义海》《天盛改旧新定律令》等文献中用夏汉文对照记录了有关官式建筑的词汇，具体情况见表 1。

表 1　西夏文建筑及家具类词语一览表

西夏字	汉译词	文献出处	西夏字	汉译词	文献出处
蘮藗	檐栿	珠 222	蕧藞	凿锯	珠 225

① ［宋］田况撰、张其凡点校：《儒林公议》卷上，北京：中华书局，2017 年，第 14 页。
② ［清］吴广成撰、龚世俊等校证：《西夏书事校证》卷九，兰州：甘肃文化出版社，1995 年，第 109 页。
③ ［明］朱栴撰修、吴忠礼笺证：《宁夏志笺证》，银川：宁夏人民出版社，1996 年，第 106 页。
④ ［明］胡汝砺编、［明］管律重修、陈明猷校勘：《嘉靖宁夏新志》卷三，银川：宁夏人民出版社，1982 年，第 174 页。
⑤ ［清］张金城修、［清］杨浣雨纂、陈明猷点校：《乾隆宁夏府志》，银川：宁夏人民出版社，1992 年，第 116 页。

续表

西夏字	汉译词	文献出处	西夏字	汉译词	文献出处
[illegible]	重栿	珠 221	[illegible]	锯割	杂字乙 15B5
[illegible]	平五栿	珠 221	[illegible]	削剥	杂字乙 15B5
[illegible]	枙栿	珠 222	[illegible]	斤斧	珠 225
[illegible]	栜棚堂	珠 221	[illegible]	木槛	珠 226
[illegible]	厨庖	珠 221	[illegible]	朱	珠 226
[illegible]	回廊	珠 221	[illegible]	赤沙	珠 226
[illegible]	椽榫	珠 222	[illegible]	白土	珠 231
[illegible]	檩	珠 222	[illegible]	作物	珠 231
[illegible]	栏枙	珠 222	[illegible]	做造	珠 231
[illegible]	柱脚	珠 223	[illegible]	帐毡	珠 231
[illegible]	提木	珠 223	[illegible]	毛棚	珠 231
[illegible]	石顶	珠 223	[illegible]	门帘	珠 232
[illegible]	科拱	珠 223	[illegible]	天窗	珠 232
[illegible]	墙围	珠 223	[illegible]	沙窗	珠 232
[illegible]	泥舍	珠 224	[illegible]	桌子	珠 241
[illegible]	舍屋	珠 216	[illegible]	柜子	珠 241
[illegible]	楼阁	珠 216	[illegible]	匣子	珠 242
[illegible]	帐库	珠 216	[illegible]	交床	珠 242
[illegible]	和泥	珠 224	[illegible]	椅子	珠 242
[illegible]	运土	珠 224	[illegible]	矮床	珠 242
[illegible]	木植	珠 224	[illegible]	塌床	珠 242
[illegible]	木匠	珠 224	[illegible]	枕毡	珠 243
[illegible]	泥匠	珠 225	[illegible]	褥子	珠 243
[illegible]	体工	珠 225	[illegible]	茁	珠 243
[illegible]	漆	海杂 2B61	[illegible]	遮拦床	杂字乙 15B8
[illegible]	琉璃	海杂 3A12	[illegible]	彩沿床	杂字乙 15B8
[illegible]	瓦	海 76A21	[illegible]	坐床	杂字乙 15B7
[illegible]	墼（砖坯）	海 75A12	[illegible]	室	圣立义海
[illegible]	砖坯	杂字乙 15B6	[illegible]	寺庙	圣立义海
[illegible]	涂泥	杂字乙 15B7	[illegible]	房室	圣立义海
[illegible]	屋室	杂字乙 15B2	[illegible]	宫室	圣立义海
[illegible]	墙壁	杂字乙 15B2	[illegible]	陛阶	圣立义海
[illegible]	宫室	杂字乙 15B2	[illegible]	皇城	圣立义海
[illegible]	测写	杂字乙 15B2	[illegible]	佛殿	圣立义海
[illegible]	榫索	杂字乙 15B6	[illegible]	白帐	律令卷七
[illegible]	门扣	杂字乙 15B6	[illegible]	头盖	律令卷七
[illegible]	地墓	律令卷三	[illegible]	青帐	律令卷七
[illegible]	陵	律令卷三	[illegible]	神庙	律令卷七

西夏字	汉译词	文献出处	西夏字	汉译词	文献出处
𗹬𗥑	丘坟	律令卷三	𗰖𗢳	当铺	律令卷三
𗅲	坛	律令卷三	𗦇	台	律令卷三

注：表中"珠"为《番汉合时掌中珠》，"海"为《文海宝韵》，"海杂"为《文海宝韵杂类》，"杂字"为西夏文《杂字》，"律令"为《天盛改旧新定律令》

在表1西夏文建筑词汇中，有关官式建筑的名词不少。除神庙、佛殿、皇城、寺庙、坛、陵、宫室等是整座官式建筑外，其中𗫸𗥑（陛阶）、𗰖𗢳（斗拱）、𗅲𗀀（栏枙）、𗥑𗥑（琉璃）、𗦇（朱）等是宫殿建筑构件和材料的专用名词。

𗫸𗥑，陛阶。陛阶是皇室宫殿建筑的专用名词。陛即宫殿的台阶，或是室外通向高台基台面的踏步，或是室内通向皇帝宝座较高"地平"的台阶。陛阶包括踏跺级数、陛石雕饰、望柱雕饰等。宋代喻皓在《木经》中写道："阶级有峻、平、慢三等，宫中则以御辇为法"，宋《营造法式》规定："造踏道之制……每阶高一尺作二踏；每踏厚五寸，广一尺。"陛阶的营造都有具体规定。宫中的台阶还应有垂带踏跺的垂带石，是设在踏跺石两端的斜置石块，西夏文佛经版画梁皇宝忏图宫殿内通向皇帝宝座"地平"的台阶两边有纹饰的垂带石。因此，西夏文"𗫸𗥑"是专指皇帝御殿建筑构件的名称。据《西夏三号陵——地面遗迹发掘报告》，献殿南北有"斜坡墁（慢）道"，"用黄土夯筑成，外表包砌的青砖均无遗存，仅在南面墁（慢）道东侧，发现三块凌乱的大型方砖，这些砖应铺在墁（慢）道两侧，作为副子"，副子就是垂带石。因此，西夏陵献殿的斜坡慢道也是陛阶的一种方式。

𗰖𗢳，斗拱。斗拱是中国宫殿式建筑最具特色的建筑部件，在某种程度上是中国古典宫殿建筑的象征。斗拱是靠榫卯将一组小木构件相互叠压组合形成的。横向和纵向的水平构件称"拱"，位于拱之间负责承托连接各层拱的方形构件称"斗"。斗拱一组（一斗三升），层层向外悬跳，使外檐向外距离增大，檐下回廊宽敞。斗拱的功能向外跳出较多的屋檐，向内承托天花板，是宫殿建筑最重要的组成部分。唐宋建筑的横梁和纵向的柱头坊穿插交织，组成井字形复合梁，保持屋顶柱网的稳定。𗅲𗀀（栏枙）卯在檐柱内，承托斗拱，从宋朝开始，柱头之间使用额坊（栏枙），使斗拱变得轻巧，结构作用变小，装饰作用突现。

𗅲𗀀，石顶。即柱顶石，属于台基的建筑构件，台基的高低是建筑等级的标志。台基以高为贵。台基的高低影响柱顶石的大小高低。现存张掖大佛寺是西夏宫殿建筑唯一留存，檐柱下的柱顶石大部分埋在台基内（图1）。

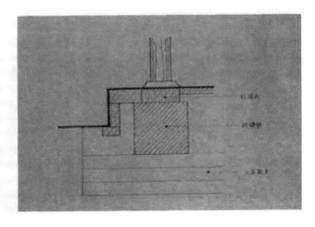

图 1　张掖大佛寺檐柱斗拱及顶石剖面图

䴏䴒，琉璃。即屋顶琉璃瓦，是官式建筑中宫殿建筑屋顶瓦作的脊、庇覆盖标志性构件，琉璃瓦自北魏宫殿建筑始用，发展到唐宋时期仍然是高级别建筑才能使用的专用构件。宋代和元代文献记载北宋建筑的界画中宫殿的屋顶大量使用绿琉璃，金代壁画中的宫殿屋面有绿、蓝、金色，出土的西夏时期琉璃大多是绿色，还有少量褐、白陶釉饰件（《西夏艺术·建筑装饰》）。西夏《天盛改旧新定律令》规定佛殿、寺庙之建筑材料可与皇宫之建筑材料之质地、颜色、规格等相同，其他官民不许装饰莲花图案，禁止使用大朱、大青、大绿……若违律……应处罚，有官者罚一马，庶民杖十三，现存西夏时期的绿琉璃建筑件遗存只出土于寺庙或王陵遗址，说明绿色琉璃瓦的使用范围与西夏《天盛改旧新定律令》相关条文相吻合。

䴗，硃（朱红色）。木构架建筑易腐朽，用漆涂之可得到保护。《天盛改旧新定律令》规定大朱色是皇宫建筑中所用的朱砂色，在《西夏陵三号陵——地面遗迹发掘报告》中，在献殿和陵台的周围地面都有赭红色墙皮发现，赭红是红色的一种。因此，西夏文建筑词汇中的朱色是皇家用的颜色，被编入《番汉合时掌中珠》双语词典，给予特别强调，以免臣民触犯律令而受到处罚。

除西夏文献保留的西夏文建筑词汇外，现存武威博物馆的《凉州重修护国寺感通塔碑铭》详细描述了塔的结构："妙塔七节七等觉，严陵四面四河治。木干覆瓦如飞鸟，金头玉柱安稳稳，七珍庄严如晃耀，诸色妆饰殊调和。绕觉金光亮闪闪，壁画菩萨活生生。一院殿堂呈青雾，七级宝塔惜铁人。细线垂幡花簇簇，吉祥香炉明晃晃。法物种种俱放置，供具一一全已足。"[①]说明了塔的结构是木结构，顶覆瓦，出檐起翘；塔基平

---

① 参见史金波：《西夏佛教史略》附录一《重修护国寺感通塔碑西夏文碑铭译文》，银川：宁夏人民出版社，1988 年，第248 页。

台上有玉柱（石栏柱），柱头用金装饰，塔壁有彩绘菩萨。护国寺是以塔为中心的一个殿堂建筑院落。西夏文建筑词汇和西夏文献对建筑的描绘在建筑结构上比较详细。

西夏文词汇中还有回廊、楼阁、台等建筑名称，属于杂式建筑。以上汉文、西夏文的记载初步勾勒了西夏殿堂式建筑的基本特点：主要建筑为木构架的大屋顶殿堂建筑，次要建筑有亭台、楼阁、回廊、勾栏等，若干单体建筑围合成一个封闭的庭院。主要建筑"殿"分布在中轴线上，其他建筑呈对称布局于周围。这种形制，在近三十年来对西夏建筑的考古调查中进一步得到了验证。如张掖大佛寺（西夏时称卧佛寺）是西夏时期的建筑①，明、清有过多次修缮，但基本结构和组群布局还是承袭西夏时期的形制，主要建筑山门、大佛殿处于中轴线上，大佛殿台基一米多高，斗拱双抄双昂，斗拱下额坊有龙、虎、狮、象等神兽装饰，有宋代遗风，石台基壁神兽上额卷起，与西夏陵出土石神兽相似（图2）。大殿四周有回廊，是典型的唐宋宫殿建筑形制。西夏宫殿建筑寺庙佛殿、皇家离宫的遗址在宁夏有许多分布，尤其在贺兰山的一些沟内，不仅有台基，还有西夏时期的建筑构件瓦、瓦当、瓦勾头等残件遗留。在贺兰山滚钟口青羊溜山巅有20多处建筑台地，每个院落有200多平方米，沿贺兰山透延10余里有建筑遗址数十处。②出土的兽面纹瓦当、滴水等建筑构件，尤其是屋顶脊兽的艺术形象与敦煌莫高窟、榆林窟、文殊山万佛洞、东千佛洞留存的西夏壁画的建筑构件艺术形象基本相同。壁画中的佛宫建筑是世俗宫殿建筑的具象描绘，西夏时期的大型宫殿界画，是重要的图像资料。

图2　张掖大佛寺台基石兽

① 据明代《敕赐宝觉碑记》，卧佛寺始建于西夏永安元年（1098），元代意大利旅行家马可波罗和明初沙哈鲁王使臣都有游记文字记载。卧佛寺殿面阔九间，进深七间，重檐歇山顶，是仅存的西夏时期寺庙。
② 参见牛达生、许成：《贺兰山文物古迹考察与研究》，银川：宁夏人民出版社，1988年。

（二）图像描绘

西夏时期的许多壁画都是在前朝无主窟改造中重新妆銮描绘的，其中可能有仿制，但在一定程度上反映了其对传统建筑形制的继承和发展。西夏建筑的图像资料在敦煌莫高窟、安西榆林窟、武威天梯山石窟、安西东千佛洞、酒泉文殊山石窟的壁画中多有描绘。[①]现列举几幅代表作，可见西夏宫殿建筑之一斑。

1. 莫高窟第 400 窟药师经变中的宫殿建筑

敦煌莫高窟第 400 窟主室北壁《药师经变》（图 3），依据《药师如来本愿功德经》描绘东方净琉璃世界教主大医王佛发誓满足众生一切愿望，拔除众生一切痛苦，举行法会的场景。法会场地在东方琉璃世界的一个以佛殿为中心的四合院内，有正殿、左右配殿、回廊、角楼，莲池上搭建了平座、栏杆，人物有秩序地坐在用栏杆围起的基台方阵内。画面反映了现实生活中的宫殿院落建筑。药师佛的大殿是三层楼阁，两侧的配殿是两层楼阁，四周回廊组成封闭的围墙，并连接侧楼，回廊向院内开放，扩大了院落的空间，回廊内侧有栏杆，木质构件殿柱、勾栏、窗棂用深色表示，说明是木质用漆着色。建筑群的中心是佛殿，建筑形制是以佛殿为中心的封闭院落。

图 3　莫高窟第 400 窟药师经变中佛殿平座

① 1964 年 9—10 月份，以敦煌文物研究所常书鸿、中国科学院民族研究所王静如、北京大学历史系宿白教授为首，由史金波、白滨、陈炳应、李承仙、刘玉权、万庚育等组成了敦煌西夏资料工作组，根据西夏文题记、纪年等从原来宋窟中分出 88 个洞窟为西夏创建和重修，以后又在东千佛洞、文殊山石窟又确定西夏时期的壁画。

2. 文殊山万佛洞弥勒兜率天宫建筑

文殊山万佛洞西夏时期绘制的界画弥勒兜率天宫建筑是多进庭院式建筑群（图4），是根据《佛说观弥勒上生兜率天经》所描绘的兜率天宫而绘出。"……以天福力，造作宫殿……宝宫有七重垣……重垣七宝所成"，所说七重垣，至少是四进院落。布局为正面有三个高耸的宫城门楼，城楼三开间，上覆蓝色琉璃瓦顶，正脊是龙头鱼尾的鸱吻（形制与西夏王陵出土相同），宫墙把整个建筑分为内外城。内城的主要建筑是弥勒所处的大殿，大殿五开间，正脊鸱吻高大，龙首形的兽嘴咬正脊，显得很神圣；殿前月台高台基有栏杆相围，殿左右两边各有台阶、回廊。台阶连着七宝莲池，池上有桥，池边有围栏，围栏的最高处是望柱，望柱上有小神兽。回廊连着重檐楼阁，两层楼阁式水榭建在水池中，楼阁门大开，花窗棂。楼阁的单体建筑复杂而秀美，鸱吻鱼尾高翘，屋顶小兽排列有序，七宝池中水波粼粼，池边栏柱栏板彩绘。这是一个以大殿为中心，大殿、桥、城门连成中轴线，中轴线上是主要建筑——大殿、宫城门，附属的侧楼、亭、台、水榭、曲栏、石桥等建筑呈现左右对称布局，居次要地位。纵深方向用宫墙分隔布置了两个庭院，组成了有层次、有深度的空间，回廊、台阶等小建筑兼起联系和隔断的作用。尤其是屋脊蹲兽构件的出现是宋《营造法式》对官式建筑中宫殿饯脊程式的规定，唐以前只见正脊饰鸱尾（月牙形），不见饯脊饰。不仅西夏壁画的界画中频频出现饯脊饰，在西夏大型经变版画中也有饯脊饰展示，如俄藏《大方广佛华严经变相》是罗王后为西夏仁宗皇帝逝世三周年散施的佛经版画，画面所展示的佛宫屋顶建筑布列了许多神兽（图5）。

图4　文殊山万佛洞西夏壁画弥勒兜率天宫建筑群

图 5　俄藏《大方广佛华严经》变相图宫殿建筑

3. 东千佛洞第 7 窟东方药师变相图宫殿建筑①

图 6 位于东千佛洞第 7 窟前室，描绘东方药师佛世界的法会场面。法会在一个全封闭的宫殿式建筑天宫里进行，前有高耸的重檐山门，后有重檐歇山顶大殿，以山门和佛殿为中轴线。佛殿的两侧有攒尖顶楼阁建筑钟楼和经楼，钟楼居中挂大钟，经楼内有藏经柜，院中有左、右配殿为重檐歇山顶建筑。殿前院是一个有栏杆的平台，前有勾栏，两边有桥，桥下是七宝莲池，池边有通透的游廊，廊内有行走的赴会弟子、菩萨。建筑群中的单体殿堂是楼阁式重檐歇山顶建筑，正脊两端鸱吻相对，居中有宝瓶。重檐屋面两角翘起，屋顶覆筒瓦，回廊的廊顶也覆瓦为廊庑。建筑群单体建筑体量不大，但屋面檐角上翘，曲线柔美，具有宋代建筑的风格。

---

① 此为张宝玺手绘图。

图 6　东千佛洞第 7 窟东方药师佛经变图宫殿建筑线描图

4. 榆林窟第 3 窟《观无量寿经变》建筑

榆林窟第 3 窟南壁《观无量寿经变》（图 7）是一幅十分精美的界画佳作，有多进制院落。后院正中须弥座台基上建重檐歇山顶大殿，绿色琉璃瓦盖顶，正脊饰与唐代月牙形不同，是鸱尾形制，面阔三间，殿左右接后廊庑，殿前有七宝莲池，池中左右对称各建有两层楼阁式重檐歇山顶水榭。前院正中也是重檐歇山顶大殿，前后周围有七宝水池，池中有化生童子等，还有盛开的莲花，气象万千。前院歌舞，后院佛说法，描绘了极乐世界西方净土有金碧辉煌的楼台殿阁，妙婉多姿的伎乐天、庄严的佛、雍容华贵的菩萨，展示了诸天神活动的热闹场面。画面中的建筑也是西夏宫廷建筑和生活的再现。

图 7　榆林窟第 3 窟观无量寿经变建筑

在榆林窟第 3 窟的《普贤变》和《文殊变》人物画的背景中也有许多建筑。西壁南侧《普贤变》的背景是南国峨眉山风光：远处山峦险峻，山间寺院楼阁矗立，殿脊鸱尾和两角飞檐高低错落，水榭平台雕栏曲折，还有民间简朴清净的竹篱茅舍，山间有繁茂的草木和飞泻的瀑布，表现了峨眉山的佛殿等建筑处于气候湿润、温暖的自然生态环境之中。西壁北侧《文殊变》中绘有五台山的佛寺建筑，五台山山峰之间的平地有十余座佛殿建筑，有一大门半开，板门上饰有一排排门钉，殿宇斗拱出挑，屋檐起翘，重檐歇山顶，脊饰两端置鸱吻，戗脊有神兽；画面上部正中的一座重檐歇山顶殿宇建在一个高台基上，台基的四周有白色的石栏杆，整座建筑挺拔而雄伟。

5. 俄藏西夏文佛经《慈悲道场忏罪法》的版画梁皇宝忏图描绘的宫殿内部结构

俄藏西夏文佛经《慈悲道场忏罪法》插有一幅梁皇宝忏图，这幅版画描绘了皇宫大殿建筑殿内的结构和装饰（图 8）。画面的上部有排列整齐的椽，椽下绘斗拱（斗拱用于殿内，也称内槽铺作），斗拱下绘有额枋（阑额），枋与梁柱卯接，额枋与立柱相接，说明额枋起承重作用，内檐斗拱更多地显示装饰和建筑等级作用，与唐代斗拱起结构作用略有不同。屋顶木构架中阑额的广泛运用是宋式建筑的一个特征。柱外是苑囿，有假山、水、花草；柱内是殿堂，殿堂内用较低的勾栏把大殿相隔为两个单元，皇帝和高僧所处单元地平较高，官员所处地面较低，高低不同的殿堂地面用御路陛阶连接，踏跺五台阶，阶面用方圆结合的花砖墁齐。在地面花砖的用法上，皇帝所处的单元与官员所处单元的墁砖花纹也是不一样的，符合皇帝、帝师至高无上的精神需要和建筑等级的礼仪需要。勾栏内的栏板绘有图案，说明室内栏杆是木质构造的，可以用油漆施彩，栏板绘荔枝忍冬纹，与西夏陵出土的石刻忍冬纹相同。大殿的特征是一个内部空间和外部空间复合的庞杂系统：殿外有苑囿；殿内分前后殿，用栏杆和御路陛阶隔断下部，上部透空，使内外殿流通交融，起到隔而不断、扩大空间的作用，地面墁砖的不同花饰也起到区分礼仪等级的作用；皇帝垂足而坐，说明室内家具有高足椅。

图 8　俄藏西夏文《慈悲道场忏罪法》梁皇宝忏图宫殿内部结构

（三）考古出土建筑构件

近年来，在宁夏、甘肃武威有宫殿或厅堂建筑构件出土，尤其以西夏陵园出土的最为丰富。西夏陵是重要的西夏皇家建筑遗址。1972 年以来，考古人员对陵区先后进行了 4 次考古调查，并发掘帝陵 1 座，陪葬墓 4 座，清理碑亭 15 座。1986 年又系统清理陵区北部陵邑遗址。通过多年辛勤的工作，西夏陵园发现了一批珍贵的西夏宫殿建筑文物，这些文物集中反映了西夏建筑的结构、艺术风格和技术水平。西夏陵园出土最多的是建筑材料和装饰件，除一般砖瓦外，又以陶质琉璃制品占一定比例。其中屋面建筑雕塑堪称西夏建筑遗存的珍品（图 9），代表构件有以下八类：

甘肃武威出土瓷屋脊装饰　　　　宁夏博物馆藏莲花蹲狮柱头

仰莲石柱础　　　　西夏陵 6 号陵出土卷唇石螭首

图 9　屋面脊兽及其他构建

（1）琉璃鸱吻。6号陵出土，为屋正脊兽，表面饰琉璃釉，高152厘米、宽92厘米，其形如龙头、鱼身、鱼尾之动物，张口弯尾，鼓眼前视，眉目突起，鼻孔贯通向两侧张开，口大张，唇上翘，舌顶上颚，牙齿清晰。口角旁饰圆形鳞片，腹饰排列整齐的圆形鳞片，脊、尾以线条勾出，背鳍饰凸短线纹，尾鳍双叉呈人字形，饰排列整齐的凸弧线纹，神态凶猛，形状威武。除口、唇、眼外饰绿琉璃，头部红绿相间，色彩鲜艳夺目。在陵区的3号陵还有灰陶鸱吻出土。

（2）琉璃立鸽。陵北遗址出土，为殿宇脊之瑞禽。长24厘米、高34厘米、宽15厘米。鸽作凝神端正状，引颈挺胸，神态自若。头顶上有一乳突状小冠，双翼贴于身侧，尾扁平而略长。颈后有一圆孔，腹部伸出一空心柱，柱心柄与脊瓦相连。鸽体饰绿琉璃釉，色彩纯正光亮；鸽身雕刻工整，造型凝重古朴。

（3）琉璃摩羯。陵北遗址出土，为殿宇之脊兽。长42厘米、高36厘米、宽15厘米。兽首鱼身，吻部曲卷上翘略呈三角形，躯干弯上翘，通体雕刻鱼鳞纹，两侧剔出羽翼，背部有乳突状鱼鳍。尾部往下渐细，尾鳍分作两支，整体作昂首翘尾而欲腾跃出水状。鱼腹部伸出一空心柱，柱柄与脊瓦相连，通体饰绿釉，莹润光洁。

（4）琉璃四足兽。陵北遗址出土，亦为殿宇之脊兽。长42厘米、高24厘米、宽118厘米。兽头昂起，口方鼻短，眉骨隆起，怒目前视，鼻上有一"山"字形乳突，脖颈上有一圈鬃毛。躯身圆柱形，前肢伸出，后爪腾起，形似猛虎扑食。爪掌作圆形并分出四趾，四趾以圆线圈之，弧线纹雕出关节和肢肉，火焰状小尾贴于臀部，通体饰绿釉。

（5）琉璃海狮。西夏陵区3号陵出土，高33厘米、长43厘米。狮首，顶部分叉单犄角，大眼小耳，昂首张嘴，头顶部鬃毛后拢，身背起棱脊如鱼鳍，高尾后翘、四肢前扑后蹬、腹下接筒瓦座，作奔跑腾空状。

（6）琉璃套兽。西夏陵区3号陵出土，长36厘米、高36厘米、角宽26厘米，整体呈龙首型。大嘴满张，上腭上翘，以弧状横纹饰腭板，上下颌内各有一对尖牙，舌尖翘，上唇两侧有一对獠牙贴靠在鼻两边，绳纹眉，眉后竖小耳，椭圆形眼球大而前突，头顶留孔插长角。角、牙、眼、腭、舌不饰釉，整体色彩红绿相间。

（7）迦陵频伽。西夏陵3号陵出土。质地有琉璃和灰陶两种，人首鸟身，头戴花冠（五角花冠，四角叶纹花冠），双手合十，腿呈跪姿，置于云纹座上。

（8）其他构件。一是琉璃兽面纹接筒瓦当。西夏陵区6号陵出土，通长35.5厘米。质地坚硬，胎色红褐，瓦当与筒瓦相连，筒瓦完整，素面，断面半圆形，末端有子口长

1.8 厘米。

二是兽面纹瓦当。灰陶质，西夏陵区 3 号陵出土，直径 13.8 厘米。兽面纹，鬃毛竖立如火焰纹，额心刻"王"字阳文。

三是宝相花瓦当。灰陶质，西夏陵区 3 号陵出土，直径 11.8 厘米。

四是琉璃石榴花纹方砖。西夏陵区 6 号陵献殿出土，边长 34 厘米。中间饰石榴花，四周卷草纹。

五是宝珠。陵北遗址出土，上大下小，平顶微鼓，近似球形，平脚，内空壁薄，内壁泥条盘筑及轮制痕迹明显，通体饰绿釉，高 37 厘米，直径 8.8—16 厘米。

六是莲花柱础。木柱基础外装饰构件，陵北遗址出土，直径 59 厘米、厚 15 厘米。灰砂雕饰，圆形覆盆式，外饰覆莲纹，莲瓣肥厚，线条粗壮。

七是人像石碑座。在西夏帝陵的 3 号陵、6 号陵、8 号陵均有出土。3 号陵东碑亭出土石碑座通高 60 厘米、长 62 厘米，宽 61 厘米。人像呈曲膝跪坐状，瞪目，咬牙，锁眉，嘴角两侧自下各斜出一獠牙。头肩平齐，高颧塌鼻，颏紧贴胸部，全身裸露，两乳下垂，肚皮松圆，臂粗壮，或双手上托，或双手扶膝，呈负重状。手腕有圆环饰，双膝曲跪，背部平直。臀坐于腿跟，赤足，脚跟亦有圆环饰，头顶台面平整，下部有矮底座。石碑座人像造型粗犷有力，用红砂岩雕凿而成。其中有一方刻有"志文支座"。

八是石栏柱。西夏陵区 6 号陵出土。灰白色砂石质，圆角长方体，出土时已残，残长 1.23 米、宽 0.33 米，为三面浮雕，横截面略呈圆形，图案为二龙戏珠。龙身蜿蜒，一条由下而上，一条由上而下，在正面中部龙头相对，中间有一火焰纹宝珠，龙口大张，眼圆睁，体形修长，腹、肢有排列紧密的圆形鳞甲片，四肢三爪，肢爪外伸，劲健有力，脊鳍毛飘动。尾、体侧饰卷云纹，龙作乘云腾跃舞爪奋力抢珠状，生动逼真，雕刻精细。

九是石螭首。西夏陵区 6 号陵出土。通长 62 厘米，头宽 22 厘米，头高 22.5 厘米，榫长 27.5 厘米，榫宽 12.6 厘米，榫高 21 厘米。螭首上唇卷曲向上呈卷云纹，口内衔珠，眉弓突出，双眼圆睁，颈部有一圈鬃毛，榫呈楔形。

以上出土的建筑构件，用于屋面装饰较多，有鸱吻、套兽、立鸽、摩羯、四足兽、海狮、迦陵频伽，还有兽面筒瓦、兽面瓦当、宝相花瓦当等；用于台基和地面装饰的有方砖、石螭首、石狮、石栏柱、石柱头；用于屋身立柱装饰的有石雕莲花柱础等。这些构件大都属于宋《营造法式》①中记载的中国传统木构架建筑体系中官式高等级殿堂建筑的构件，这表明作为党项族为主体的西夏王朝，其王陵殿堂建筑的形制与装饰，基本上继承了中国官式建筑的传统。北宋著名匠师喻皓在所著的《木经》中按建筑房屋的水平层划分为："凡屋有三分，自梁以上为上分，地以上为中分，阶为下分。"②"上分"就是屋顶，"中分"就是屋身，"下分"就是台基。官式建筑的屋顶、屋身、台基是高度程式化的，体现其建筑的等级和规格。从西夏王陵出土的建筑构件看，基本体现了官式建筑中高级庑顶和歇山顶殿堂建筑的部件形制。

1. "下分"台基装饰构件

台基在建筑上是重要的等级标志。《礼记·礼器》记："天子之屋九尺，诸侯七尺，大夫五尺，士三尺"，对不同等级的台基高度做了明确规定，民间建筑不允许超过官式建筑的规定。西夏陵区 3 号陵东碑亭台基呈方形，底边长 21.5 米，夯筑土台，台顶每边长 16 米，台基高 2.25 米，台基四周以粗绳纹方砖磨砖对缝包砌，有五级层层收分的台阶，南侧正中有南北长 12 米、东西宽 8.2 米的慢道，用莲花纹方砖铺砌。东碑亭台基由方形台明五级台阶踏跺组成。西夏陵 3 号陵献殿是八边形台基，高 1.1 米到 1.2 米，台基面上有排列呈方形的柱洞 12 个，每面 4 个，柱洞直径 50—55 厘米，形成面阔三间、进深三间的方形殿顶构架。方形柱洞外围组成圆形的柱洞 18 个，第 1 节 18 号柱洞下有柱础石，并有石雕残块散落。献殿台基由八边形台明、台阶、踏跺组成。西夏遗址中的台基有长方形、方形、八边形。

西夏陵出土的属于台基的建筑构件有两个：

（1）砖。砖是包砌台基的材料，主要用于夯土台基帮壁栏土、台明墁地和铺设踏道踏跺台阶。从质地分有灰砖和琉璃砖；从形状分有条砖、梯形砖、大方砖；从装饰分有素面砖和花纹砖，花纹砖有绳纹、手掌纹及莲花、忍冬、水草等图案。6 号陵献殿遗址出土的琉璃石榴花蔓草卷叶纹方砖、3 号陵东碑亭遗址出土的莲花纹方砖，别具特色③。宫殿用花砖铺地可能始于唐代。西夏王陵有黄绿相间的琉璃花砖出土，在建筑遗址中实

① 王安石变法时期，主张改革的宋神宗要求编制诸如建筑、军事之类的规范系统，李诫（1060—1110）奉旨编修《营造法式》。李诫曾主持宋廷宫殿监工六七年，总结出许营造的法则。《营造法式》全书三十四卷，详细记述了官式建筑的设计、施工、用料、劳动定额等，对宫室建筑的形体、构件及细部装饰处理都做了严密规定，是北宋时期由官方所颁布的一部关于古代建筑科学技术设计施工与宫室伦理规范的法规性文书。编纂于元符元年（1098），刊行于崇宁二年（1103）。
② 《木经》原书已佚，本条转引自［宋］沈括撰、金良年点校：《梦溪笔谈》卷一八《技艺》，北京：中华书局，2015 年，第 169 页。
③ 汤晓芳主编：《西夏艺术》，银川：宁夏人民出版社，2003 年，第 111 页。

属少见。莲花为佛教推崇的西方净土之圣花，西夏王陵出土的方砖中莲花图案种类繁多。这种以莲花、石榴花为装饰图案的琉璃砖应是用于铺设御路的，符合《天盛改旧新定律令》的规定，充分体现了严格的封建等级。在西夏时期所绘的文殊山万佛洞《宫阙图》壁画中，通向大殿的御路台阶绘有图案花纹①。明清以后御路多为石道并刻有龙云图案。西夏用莲花图案的琉璃砖铺设御路，为御路台阶装饰的演进提供了不可多得的实物资料。

（2）栏杆部件。用以围护和美化基座台明（或月台）、门座的建筑构件。西夏陵出土有雕龙石栏柱，柱头刻一幼狮，为台基栏杆石望柱构件；卷唇石螭首②，为栏杆地栿部位向外伸出的兽首装饰。螭为一海兽，乃水中精灵，可避水灾；石柱头上刻一蹲狮，狮子形象作为建筑装饰的神兽，是随佛教的东进而传入，成了威势的象征。在西夏壁画《宫阙图》中见到的栏杆转角处的望柱是白色的，表明是石质的，而寻杖、盆唇、勾片、地栿等则涂为其他颜色，很可能是木质的，表明栏杆为木石结构。敦煌盛唐壁画中的望柱、栏板等为彩色木质，到了明清时期的台基曲栏已大都改为石质。西夏时期台基曲栏的木石结构可能是传统栏杆建筑从木质向石质演进中的一种过渡。

2. "上分"屋顶装饰构件

屋顶是建筑最触目的部分，其形制、用材成为区分等级的最显著标志，官式建筑可以用神兽来装饰屋脊和飞檐翼角，使用琉璃瓦及琉璃脊饰是官式建筑中宫殿建筑的专权（包括佛殿）。西夏陵出土的屋面琉璃建筑构件，也成为判断西夏宫殿建筑形制等级的标志。

脊、庇是屋顶的两大要素，庇是覆盖主体，由瓦垄组成，檐口端头用瓦当、滴水，其形状花纹也体现等级。战国时已大量使用青瓦覆盖官式建筑的屋顶，5世纪中叶北魏平城宫殿开始使用琉璃瓦。目前能见到的唐代琉璃建筑构件只有绿色，而西夏王陵所见琉璃建筑构件的色彩品种多，有白、褐、绿、黄及黄绿相间，说明烧制琉璃件的过程中运用了多种金属发色剂，窑制技术有相当程度的提高。瓦、瓦当、滴水。也可以成为屋面和屋檐的装饰构件。西夏圆形琉璃瓦当的特点是宽缘，边饰一周联珠纹，内饰兽面纹和花卉纹。滴水呈三角形，也是兽面纹和花卉纹。两汉建筑中已普遍使用瓦当，有圆瓦当和半瓦当，饰有兽纹，突出刻画神兽的完整形体。西夏瓦当的神兽纹则突出面部刻画，其形象为龇牙咧嘴、两腮鼓起、双目圆睁的神兽兽头，有的卷毛似狮，有的眉心有"王"字似虎，这类形象似受外来艺术的影响。北魏佛教兴盛，建筑构件已出现形

① 汤晓芳主编：《西夏艺术》，银川：宁夏人民出版社，2003年，第27页。
② 汤晓芳主编：《西夏艺术》，银川：宁夏人民出版社，2003年，第81页，西夏陵区6号陵出土卷唇石螭首。

似狮的兽面图案①。唐代受佛教文化影响，瓦当多用莲花图案。西夏瓦当滴水的花卉饰纹也大多是莲花。显然西夏瓦当的兽面纹饰及莲花纹饰也是继承了北魏—唐代脉络的建筑艺术风格。

脊饰装饰构件。是屋顶两庑交接处正脊、垂脊、戗脊遮盖钉铆的装饰构件，也是建筑级别名分的重要标志物。

（1）鸱吻。西夏王陵出土的有琉璃和灰陶两种，其形为龙头鱼尾的神兽。龙头上腭翘起，阔嘴大眼，背饰鱼鳞，腮饰蕉叶纹。蕉叶纹图案也是随佛教东进而传入，而西夏则是较早将这种图案运用于建筑装饰之中。1972年6号陵出土的绿釉鸱吻和2001年3号陵出土的灰陶鸱吻比现存河北蓟县独乐寺辽代山门鸱吻（辽统和二年，984年）与陕西唐代昭陵献殿遗址鸱吻（高150厘米、宽100厘米、厚76厘米）都要高大②。在传统的官式建筑中，鸱吻安装在殿堂正脊的两端。汉以前宫殿正脊两端高高翘起的是凤鸟羽翼形状，后演变为鱼尾状，又称鸱尾。在南北朝至隋唐的石窟雕塑和壁画中，所见鸱尾的造型为月牙形，可能受印度一种称为"摩羯"鱼形象的影响。到了唐代称为鸱吻，仅在宫殿建筑中被使用，其造型已过渡到龙头鱼尾、张口吞脊状，但京师以外仍沿用月牙形鸱尾。至宋代，鸱吻为龙口吞脊的形式固定了下来。西夏王陵出土的鸱吻，与同一时期在河北蓟县独乐寺辽代山门鸱吻、山西大同华严寺金代薄伽教藏殿鸱吻都属于龙头鱼尾、张口吞脊同一类型的不同形式，西夏突出龙头，占总高度一半，鱼尾鳍分叉；辽、金龙头占总高度三分之一，突出龙尾，呈S状。

（2）迦陵频伽。在西夏王陵出土的屋脊建筑饰件中，迦陵频伽造型具有极高的艺术价值。迦陵频伽为梵语，称佛国天堂能发出美妙声音的妙音鸟。西夏王陵出土的迦陵频伽有绿琉璃和灰陶两种，其造型为人首鸟身，背插双翅和尾翅，腿粗壮，三指爪。一种头戴五角花冠，顶束三分式发髻，宝缯垂于肩前，脸型方正，颈戴双环镶花项圈，双手合十于胸前；另一种头戴四叶冠，冠边饰以串珠，发髻高耸，细眉垂脸，脸型圆浑，无颈饰，腕戴镯，胸垂乳。据《营造法式》瓦作制度规定，迦陵频伽应列于屋垂脊、戗脊神兽之首。2003年在对3号陵进行保护性清理中，发现了相当数量的迦陵频伽脊饰构件，被认为是西夏建筑中有高超水平的标志性建筑艺术品。

（3）摩羯。也称兽头鱼，是在佛教艺术中描绘的一种昼夜不眠的鱼，是庑顶侧脊或歇山顶戗脊构件饰物，西夏陵出土摩羯鱼饰绿琉璃，有两种艺术造型，一种形状为鱼头

① ［瑞典］斯文·赫定著、大陆桥翻译社译：《亚洲腹地旅行记》，呼和浩特：远方出版社，2003年，第102页。
② 梁思成：《图像中国建筑史》，北京：中国建筑工业出版社，1991年，第55、59页。

鱼身；另一种为形似龙的兽头鱼身，上腭翘起，背有双翅，腹部空心柱形连盖脊瓦。

（4）海狮。头部如狮，上腭短平，张口露齿，背部鱼鳍纹，四蹄做奔跑状，头尾造型有两种，一种长尾有角，另一种短尾无角。[①]

（5）四足兽。头部高昂，上腭上翘，后腿腾起，做怒吼状。

（6）立鸽。引颈挺胸，凝神端立，长尾扁平，两翅平收。

（7）套兽。有灰陶和绿琉璃两种。套兽虽具龙的形状，但又与中国古代传统的龙造型略有不同，其上腭宽，向上卷为涡纹，有一个卷起的鼻子，似像非像，有兽角。

宋代《营造法式》中规定的殿阁合脊筒瓦有九种走兽造型[②]，西夏陵出土的屋脊饰物现有七种，且艺术造型比较特殊，两翼有翅，作展翅飞翔状。套兽头部造型似龙头，是传说中龙生九子中的一子，称"嘲风"，性好险，置于屋垂脊端头。

以上七种都属于宋《营造法式》中的瓦作，是屋脊装饰瓦件，鸱吻置于正脊，为屋顶最高位置的构件，带长角的套兽置于垂脊端头，其余都是戗脊神兽，根据明清两代骑凤仙人置于戗脊端头的做法，在西夏陵的屋面戗脊神兽中不排除迦陵频伽在神兽的列队中起领队的作用。据《西夏三号陵——地面遗迹发掘报告》所提供的出土构件尺寸，鸱吻最高为150厘米，其余高度均在30—40厘米，详见表2。

表2　西夏陵出土屋面装饰神兽代表件尺寸（单位：厘米）

名称	通高	宽（长）	翼展	屋面装饰方位	出土地点
绿琉璃鸱吻	152	92		正脊	6号陵
灰陶鸱吻	148	92		正脊	3号陵
绿琉璃鸽	34	24		侧脊、戗脊、杂式建筑	陵北遗址
绿琉璃摩羯	30.5	41.5	17.2	侧脊、戗脊、杂式建筑	陵北遗址
绿琉璃四足兽	24	18		侧脊、戗脊、杂式建筑	陵北遗址
绿琉璃海狮	36	43.5		侧脊、戗脊、杂式建筑	3号陵
四角迦陵频伽	40	7—12（体宽）	27		3号陵
花冠迦陵频伽	30		35		3号陵
绿琉璃双角套兽	36	36		正脊、侧脊、杂式建筑	3号陵

从表2中可见除鸱吻置于正脊高端，其余都布列于正脊以下的垂脊和戗脊。由于西夏壁画中的建筑绘画画面较小，破坏严重，画匠用点表示脊饰。宋代宫殿建筑的脊饰，

①　狮子古时称狻猊。短尾无角为狮子；长尾有角应为獬豸，是传说中的神兽，能辨曲直，见人争斗，即以角触不直。
②　即行龙、飞凤、引狮、天马、海马、飞鱼、牙鱼、狻猊、獬豸。

在宋、元画家的界画中都有详细的描绘。如宋徽宗赵佶《瑞鹤图》中的斗拱显示双抄双昂形制（图10），元代画家王振鹏用画表现《东京梦华录》载宋徽宗崇宁年间（1102—1106）三月三开放金明池赛龙舟一事。卷末主殿宝津楼重檐歇山顶，把精致复杂的梁柱斗拱表现出来，其屋顶神兽布列是北宋建筑装饰的类型。可作为西夏宫殿建筑屋顶装饰的一个间接参考资料（图11）。

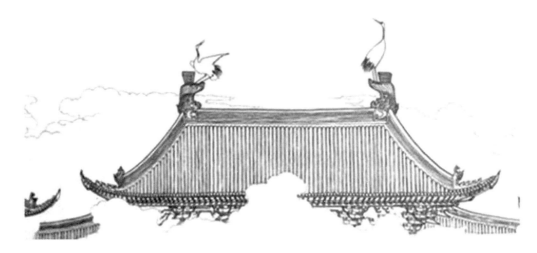

图10　宋代赵佶《瑞鹤图》中宋代斗拱

图11　元代王振鹏《龙池竞渡图》中宋代建筑

3. "中分"屋身装饰构件

西夏陵出土的屋身建筑遗存很少，这是因为木构架容易被毁灭①，但个别陶质和石

---

① 在清理西夏三号陵地面遗迹时发现，献殿柱洞有被火烧过的碳化木柱。宁夏文物考古研究所、银川西夏陵区管理处编著：《西夏三号陵——地面遗迹发掘报告》，北京：科学出版社，2007年，第270—272页。

质的殿体建筑装饰仍有出土。其中有石刻莲花柱础，中为圆形柱孔，孔径 16 厘米，周边雕刻覆莲花瓣，这种风格样式的柱础，其艺术形象最早出现在南北朝时期的云冈石窟；还有琉璃束腰仰覆莲座、灰陶束腰仰覆莲座，中间均为圆形柱孔，这种镶砌于柱底部的装饰构件与渤海国东京城（今黑龙江省宁安附近）宫殿镶砌于柱础上的绿琉璃构件相类似。

在屋身构件中，最具特征的当数人像石碑座（又称人像支座），在西夏陵的多座碑亭内共出土 14 件。人像碑座质地为红砂岩，底部平整，三面为减地浮雕力士像，双目圆睁，高颧塌鼻，阔嘴厚唇，獠牙外龇，袒胸露乳，双手扶膝，似人非人。这种造型的碑刻支座与传统的碑座造型赑屃（大石龟）截然不同，是西夏标志性建筑构件之一。

从以上文献资料、图像资料及考古调查所得实物资料，可以大致得出西夏宫殿建筑的主要特点：

（1）建筑个体为木构架系统。台基埋石础或用碎石和夯土做成磉墩，上有顶石，顶石上立柱，柱上架梁，用横向的枋联接柱的上端，枋上架檩，檩上排椽，柱上和内外檐的枋上安装斗拱，支撑梁、枋头及出檐。据壁画和版画所描绘的宫殿建筑用斗拱、梁、柱、枋穿插交接，组合成柱网，保持屋顶稳定。殿顶屋面凹曲，屋角上翘的屋顶表现式样丰富，有庑顶、歇山、攒尖、重檐等，殿的平面大多为简单的方形、矩形，形体并不高大，室内空间灵活分隔，做到隔而不断，殿式建筑最大五开间，一般为三开间，最高的二层楼阁。也有八角、圆形等建筑。

（2）若干建筑组群用墙隔为内、外院封闭形制。天梯山壁画中的弥勒宫城墙用砖包砌，有内、外多进院落，反映西夏皇城的内廷外朝的内、外院落形制。根据西夏三号陵考古报告，西夏王陵的城墙由月城和陵城两部分组成，用夯土墙分隔，墙基用青砖包砌四周台壁。陵城南门台基有 3 个连弧形砖包砌墩体，门道建在台基之上，外观是门道屋形式。根据发掘出 7 个磉墩分布关系，复原出门道屋 24 个柱位网点，构成门道屋面阔五间进深两间的布局（图 12、图 13）。南门出土建筑遗物有砖、板瓦、筒瓦、瓦当、滴水、嫔伽、套兽、海狮、摩羯、束腰仰覆莲座、宝瓶碎片等。这些建筑装饰构件，不仅反映王陵门道屋歇山顶五开间的建制，也可以推测皇城宫门的建筑形制，至少是五开间歇山顶建筑形式。西夏三号陵遗迹发掘报告所显示的建筑结构和装饰，与西夏《天盛改旧新定律令》规定的礼制相同。

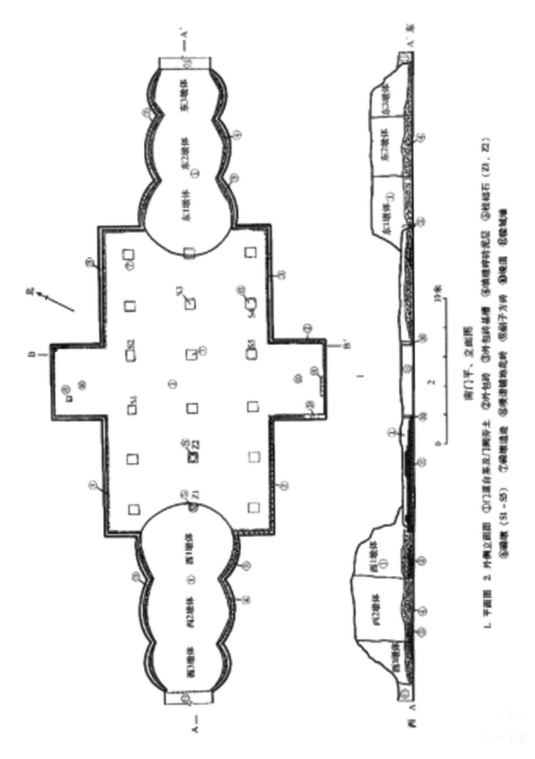

图 12　西夏三号陵南门墩体遗址平立面图（上）

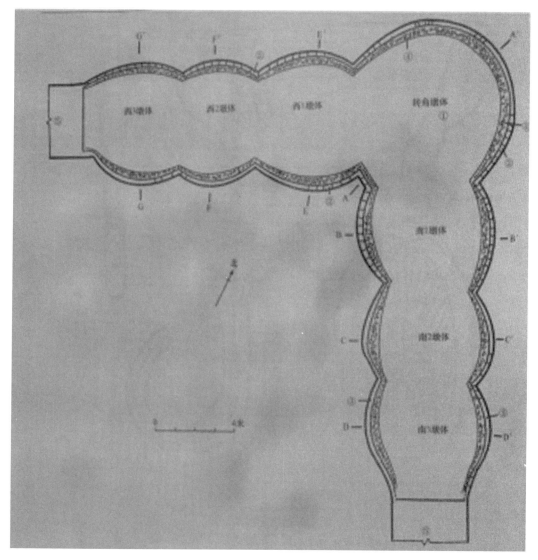

图 13　西夏三号陵东北角阙墩体平面图（下）

注：图 13 中①是墩体夯土、②是墩体外包砖、③是包砖基槽、④是填缝碎砖泥层、⑤是陵城墙

（3）从壁画描绘的单体建筑来看，各式殿宇、楼阁、亭榭等组群用均衡对称方式布局，纵轴为主，横轴为辅，用回廊、桥等连接成一个封闭的院落，院内有花草、树木和水系，兼有观景作用。

（4）装饰与结构的统一。如脊兽鸱吻、神兽等部位是盖住屋脊收束部位露于脊面的铁钉构件，可以防水、防腐，既有保护构件作用，又有艺术处理效果。

二、西夏宫殿建筑与唐、宋、辽、金比较

（一）与唐代建筑比较

根据考古调查，唐代留存的建筑有 4 座，都在山西，分别是山西五台山南禅寺大殿、佛光寺东大殿、平顺天台庵大殿、芮城五龙庙。五龙庙和天台庵经过历代重修和改造，已丧失唐代建筑的许多特点，而南禅寺大殿和佛光寺东大殿是唐代中、下等建筑可参看的范本。^①

（1）南禅寺。它位于五台县李家庄，正殿建于唐建中三年（782）^②。大殿面阔三间，进深三间，通面阔 11.62 米、进深 9.67 米，略近于正方形，屋顶单檐歇山式，檐柱十二根，斗拱较大，出两跳，檐柱四角略为斫去，呈四方形，出檐平直缓和。是国内现存最早的一座木构建筑（图 14）。

图 14　唐代南禅寺大殿

（2）佛光寺。它位于五台县，东大殿建于唐大中十一年（857）^③，大殿面阔七间，进深四间，呈长方形。屋顶庑顶式，四周回廊较矮，柱头和斗拱向内跳出四层，使中心大厅宽敞，向外跳出三层，转角跳出四层，使檐口高出柱顶很多，挑檐深度约为檐口距地高度的一半，外檐下为回廊。高举而深邃的屋檐、粗壮的柱列，舒展而平缓的屋顶，

---

① 傅熹年：《傅熹年建筑史论文集》，北京：文物出版社，1998 年，第 234—244 页。

② 大佛殿西侧四椽栿下墨笔题写着"因旧名岢大唐建中三年岁次壬戌月居戊申丙寅朔庚午日癸未时重修殿法显等谨志"，可知大殿最迟建于唐建中三年（782）。

③ 殿的四椽明栿下有题名"佛殿主上都送供女弟子宁公遇"和"敕河东节度观察处置等使检校工部尚书兼御史大夫郑"，殿前廊大中十一年（857）经幢有宁公遇名；《旧唐书·宣宗纪》载河东观察使为郑涓，任职到唐大中十一年（857）十二月为人所代。证明了所建年代是唐大中十一年（857）。

外观舒展而雄放。佛光寺东大殿七间，规模较大，等级较高，结构精严，保存完好，是体现唐代宫殿建筑的较好范本（图 15）。

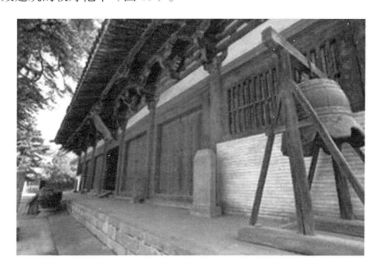

图 15　唐代佛光寺

唐代南禅寺、佛光寺东大殿建筑特征是屋顶坡度平缓，装饰简洁，斗拱硕大，出檐深远，檐口曲线柔和，造型厚敦粗矮，雄浑古朴。与敦煌现存唐代窟檐建筑相似，也与唐代壁画中的建筑画面突出斗拱（见敦煌第 148 窟《东方药师经变》、第 172 窟《观无量寿经变》、第 217 窟《观无量寿经变》中的大型建筑群绘画建筑）特征类同，殿顶只饰鸱尾，无其他神兽。屋顶装饰的这种形制，与唐代营缮令规定"宫殿皆四阿，施鸱尾"的律令相吻合。而西夏壁画中的建筑特征斗拱较小，屋顶歇山式较多，人字披上端角度较小，顶脊较高，两端施龙头鱼尾型鸱吻，垂脊较长，下端有神兽，戗脊较短且向上翘，立若干神兽，整个屋顶坡度较大，造型轻巧而多变。西夏陵出土的脊饰除鸱吻较大，高 150 厘米，其余神兽高度一般在 30—40 厘米，使屋面形成的天际线呈高低参差曲线，灵动而有生机。显而易见，西夏的建筑比唐代体量小，屋面上翘，外观轻巧而秀气。

（二）与辽、宋、金建筑比较

据考古调查，宋以前的古建筑有四十余座，大多位于今山西、河北。这些遗存与西夏建筑十分相似。辽（916—1125）的建筑传承唐，早期建筑与唐建筑无殊，如河北蓟县独乐寺，其山门鸱吻与西夏出土鸱吻同属一个类型。宋（960—1279）分北宋、南宋，北宋与辽、西夏对峙于河北、山西、陕西一线，迁都汴梁后，通过运河得到江南经济支持，经济发展，社会风气重视享受，因此建筑向较为精炼、细致、装饰富丽方向发展。金

（1115—1234）灭北宋，承北宋，强调建筑装饰；并规定皇宫用白色台阶，黄琉璃瓦，红墙；王府、庙宇屋顶用绿琉璃瓦，这个传统影响到元代。

辽代建筑蓟县独乐寺创建于辽统和二年（984），寺内现存两座辽代建筑，一是山门，建在低矮的台基上，庑殿顶，面阔三间，中间为门道；进深两间，室内正中一排柱子，将殿内分成南北相等的两部分。正脊是鸱吻，侧脊下部有神兽装饰。二是观音阁，面阔五间，进深四间，外观两层的重檐歇山顶楼阁式建筑，斗拱硕大，出檐深远，雄奇挺拔。屋身"明二层暗二层"，下层包括柱子和斗拱、屋檐；中层为平坐回廊；上层是柱子、斗拱。平坐层和上层的柱子分别叉在下面一层的斗拱上，古代称"叉柱造"，形成上下贯通的"空井"，使16米高的十一面观音主像穿过空井直抵上层屋架下的藻井；阁内有三层回廊，站在回廊可以从不同角度观像，使人感觉观音像有三层楼高，增加了观音的高大威武。观音殿是独乐寺主体建筑。独乐寺山门及观音殿正脊鸱吻龙头鱼尾的形制同西夏王陵出土鸱吻，只是龙头和鱼尾尺寸比例略有差异（图16）。

图 16　辽代独乐寺山门

宋代建筑山西太原西南郊晋祠圣母殿建于北宋天圣年间（1023—1031）[1]，面阔五间，进深四间，重檐歇山屋顶。大殿四周有一圈回廊，《营造法式》称"副阶周匝"，大殿前檐廊柱缠绕盘龙，称"盘龙柱"。后人在修缮晋祠时发现了圣母像座的背面有一篇墨笔题记："元祐二年九月十日献上圣母，太原府人左府金龙社人吕吉等，今日赛晋祠济圣母殿前缴柱金龙条……"今观察八根檐柱上当中两条较粗，应是建殿时原有的，

---

① 汾东王庙记碑文引旧志说殿建于天圣年间（1023—1031）。

其他六条即墨书所言为元祐二年（1087）添作的。晋祠圣母殿正前方有一方形水池，上架存一座木梁石柱十字形桥梁，梁柱和桥梁交接处有斗拱，此十字形桥即为"鱼沼飞梁"。晋祠圣母殿重檐歇山屋顶及"鱼沼飞梁"石桥建筑与西夏时期的敦煌、榆林窟、文殊山万佛洞、东千佛洞所绘经变画中出现的七宝莲池中的曲尺栏杆的形制相仿（图17）。西夏石窟中的壁画建筑无论主要建筑还是次要建筑曲栏莲池其形制同宋朝。

图17　宋代晋祠圣母殿

金代建筑晋祠献殿建于金大定八年（1168），面阔三开间，进深两间，单檐歇山屋顶，前后有栅栏门，四面透空安栅栏。在晋祠的建筑群中，外立面特殊，透空可以看见祭祀圣母的贡品，是金代建筑在宋代建筑基础之上的一种变化。今山西繁峙县严山寺南殿仍保留有金代壁画（图18），它是金大定七年（1167）御前承应画匠王逵的作品。壁画中的宫殿建筑体形式特别丰富，有宫城、阙、朵楼、宫城门、重檐歇山屋顶宫殿、挟楼、单檐歇山顶朵殿、角楼、重檐十字脊方亭、水榭、庙宇、香阁、木塔；单体建筑之间用廊连接，廊的形式也多样，有行廊、斜廊、回廊、廊庑；建筑构件有码头临水兽头、鸱吻、石拱桥、勾阑、望柱、地栿、石阶条石等，各建筑由廊庑相连接，组成了一个体量庞大、体形复杂的建筑群。在西壁壁画的上方有施主及画家王逵题名，承应人即宫廷下级官吏或服役人可能见过金宫殿建筑，如此复杂的建筑群，是金国皇宫建筑的形象描绘。其建筑形制同宋朝，与北宋赵佶《瑞鹤图》及元代王振鹏《龙池竞渡图》的北宋宫殿建筑相同。说明金入主中原后，接受了北宋文化。在建筑工艺和艺术方面，由于大量掳掠汉族工匠，画面中的建筑是对北宋文化的继承和发展。

图 18　金代繁峙县严山寺壁画

金代宫殿建筑中无论单体建筑还是组群布局，与西夏大型壁画中建筑界画形制相同，在使用琉璃建筑构件的屋脊兽、瓦当、瓦勾头等纹饰也基本相仿，只是色彩略有不同。金代宫殿的主要建筑屋面配黄琉璃，其他配殿及侧屋配蓝、绿琉璃瓦，琉璃的色彩也有严格的等级制，黄色（代表金色）是皇帝宫殿的级别，次蓝再次绿，这个传统一直影响到明、清。西夏宫殿尾顶大多绿色，这与其对辽、宋、金称臣不无关系，990 年契丹封李继迁为夏国王，1010 年契丹封李德明为夏国王，1044 年宋封元昊为西夏王，1068 年辽再封秉常为夏国王，1194 年金封纯祐为夏国王，1206 年金封安全为夏国王，1212 年金封遵顼为夏国王。西夏在与辽、宋、金的关系中一直是称臣属国关系，在辽、宋、金看来，西夏的称帝还不过是"僭帝"，这个非"正统"的思想也影响到元朝，蒙古灭西夏后没有为其写正史。由于"西夏王"的属国地位也迫使其在宫殿建筑瓦作构件中大量使用绿琉璃。

通过以上西夏建筑与唐、宋、辽、金的比较，西夏宫殿建筑在结构上还是承接唐制，说明汉唐以来，中国建筑文化的成熟和形制的程式化定型；在装饰艺术上受辽、宋、金影响，色彩有地域特色。

三、西夏衙署官第建筑

中国的建筑规格是分等级的，每一个朝代都把建筑规格等级的划分作为建立尊卑贵贱封建秩序的必要措施，并且用典章制度明确规定下来。唐代以后把建筑等级制度通过营缮法令和建筑法式相辅实施，对不同等级官署、宅第的规模和形制做了具体规定。西夏立国之后仍然延续这个等级制度，并用法律的手段加以控制。西夏《天盛改旧新定律令》规定："禁止诸官和百姓拥有蔚蓝色和白色宅第。其中某些房舍可用蓝色顶盖、白色底基。若违律，房舍只用蔚蓝和白色中一种者，应获罪：有官品者罚一马，庶民杖十三。""禁止任何人建房用金饰。违律用金者……应当除掉。""除寺庙、天坛，神庙、皇宫之外，任何一座官民宅第不准（装饰）莲花瓣图案，亦禁止用红、蓝、绿等色琉璃瓦作房盖。凡旧有（琉璃瓦）之房盖，均应除掉。若违律，不论官民，对其房舍新装成或旧有未除掉之琉璃瓦顶盖，则对罪犯罚金五缗，以奖赏举发者。所存装饰应当除掉。"[①]

西夏统治者不准官第衙署使用琉璃瓦的等级规定是有其历史渊源的。自唐以后党项拓跋部归附中原王朝，公元881年拓跋思恭入居夏州，唐宋期间世袭节度使，治夏州，其衙署和官邸都是按中原王朝法律规定的程式而建。按唐律规定，于州城之内筑衙城一重，为节度使之治所，其前为节堂以安置所赐之旌节。因节度使兼观察使、本州刺史，故有节度厅、观察厅、刺史厅分别治事。衙城之后为节度使之私第，号为使宅，总称使府或都府、会府。至1003年李继迁迁居西平府，拓跋部首领世居夏州约120余年，夏州的衙署、官第官式建筑是中原传统建筑，而且已有相当规模。夏州衙城是在公元5世纪大夏都城统万城的基础上建立的。公元5世纪十六国时期，赫连勃勃所建大夏国都统万

---

① ［苏］Е.И.克恰诺夫俄译、李仲三汉译：《西夏法典——天盛年改旧定新律令（第1—7章）》，银川：宁夏人民出版社，1988年，第201—203页。

城，即夏州前身，就已经奠定了按中原传统筑城建殿的基础，这对以后党项拓跋部的营造活动产生了深刻影响。据《晋书》记载，赫连勃勃于413年令叱干阿利率十万人采用"蒸土筑城"法建统万城，418年建成，其城"高隅隐日，崇墉际云……华林灵沼，崇台秘室，通房连阁，驰道苑园……营离宫于露寝之南，起别殿于永安之北。高构千寻，崇基万仞。玄栋镂槛，若腾虹之扬眉；飞檐舒号，凉殿峥嵘，似翔鹏之矫翼。……名其南门曰朝宋门，东门曰招魏门，西门曰服凉门，北门曰平朔门"①。这座大夏都城豪华壮丽。隋大业末年梁师都据此称帝，国号梁。唐代为夏州，置都督府。至宋代夏州一直为中原王朝所控制并建有节度使衙城，史书记载宋代党项羌定难军节度使衙城在夏州。

据近年来对统万城的考古发掘，该城有外廓城和东西两内城遗址，西城有一个四周有围墙的官式建筑群遗址，由门厅、前后殿组成，殿台基高1.2米。周围出土了砖、瓦、滴水等建筑构件，其绿琉璃色泽、兽面纹瓦当、莲花方砖等，与西夏陵出土建筑构件形制相同，具有唐宋建筑构件特征②（图19）。因此，西城高台基建筑遗址不排除为定难军节度使党项首领世居之衙城。至宋淳化五年（994），宋太宗为铲除党项拓跋部长期盘踞的基地，以"夏州深在沙漠，本奸雄窃据之地"为由，下诏"隳其城"③。此后因党项势力壮大，四周出击举反，宋太宗不得不于至道三年（997）又授李继迁银、绥、宥、静五州之地，任命其为夏州刺史。李继迁在夏州的营造活动，也是遵照"君子将营宫室，宗庙为先，厩库为次，居室为后"④的传统原则，首先修复先人的寝庙。契丹统和二十八年（1010）夏，契丹封李德明为夏国王，李德明也是按"礼同亲王"的伦理等级建造宫室，李德明"役民夫数万于鳌子山，大起宫室，绵亘二十余里，颇极壮丽"⑤。李德明"由夏州如鳌子山，大辇方舆、卤簿仪卫，一如中国帝制。"⑥1020年，李德明欲立国而于怀远建都城时，即"号令部署，宫室旌旗，一拟王者。每朝廷使至，则撤宫殿题榜，置于庑下，使辖始出钱馆，已更赭袍，鸣鞭鼓吹道还，殊无畏避"⑦。李德明所建的宫室是"藩王"级别的府第厅堂建筑。衙署的建筑是属于礼制性建筑，其形制也是"前朝后寝"的格局，至少有二进院，一进入门，门内有院，院北有堂（或称中堂），是审理案件的地方，诸如状告审判等，俗称"过堂"，即在堂内处理民事纠纷。中堂两

① ［唐］房玄龄等：《晋书》卷一三〇《赫连勃勃载记》，北京：中华书局，1974年，第3211—3213页。
② 戴应新：《大夏统万城考古记》，《故宫学术季刊》1999年第2期。
③ 刘琳等校点：《宋会要辑稿》方域八，上海：上海古籍出版社，2014年，第9444页。
④ ［清］孙希旦撰，沈啸寰、王星贤点校：《礼记集解》卷五《曲礼下》，北京：中华书局，1989年，第116页。
⑤ ［清］吴广成撰、龚世俊等校证：《西夏书事校证》卷九，兰州：甘肃文化出版社，1995年，第109页。
⑥ ［清］吴广成撰、龚世俊等校证：《西夏书事校证》卷九，兰州：甘肃文化出版社，1995年，第112页。
⑦ ［宋］田况撰、张其凡点校：《儒林公议》卷上，北京：中华书局，2017年，第14页。

侧有东西厢，是衙役办公地点。二进入后院，后院北有寝卧屋，两厢有库房、侍佣居住室。以大门、中堂、寝屋为中轴线。关于官第不同名分的官阶，其居所的名称是不同的，据《宋史·舆服志》云："私居执政亲王曰府，余官曰宅，庶民曰家"，西夏受宋制影响，在城市里坊的布局上，府第建于大道两侧，即"门面大道者曰第"，舍在里中者皆不称第，也就是说高官大吏的宅第都面临大道，即唐朝诗人白居易在"殇宅"中所陈述的"谁家起甲第，朱门大道边"。唐代《营缮令》规定：三品以上堂舍不得过五间九架，厅厦两头，门屋不得过三间五架；四五品堂舍不得过五间七架，门屋不得过三间两架；六七品以下堂舍不得过三间五架，门屋不得过一间两架。因此绝大多数四合院的正房只有三开间。在西夏王陵的考古调查中，陵区北端有建筑遗址，有专家称其为守陵亲王居住的陵邑。根据夯土台基、屋基判断，遗址是一个建筑组群，包括围墙、院落、殿堂等建筑布局，呈长方形，为一组三进院落建筑组群，以后大殿、中心大殿为中轴线，有挟屋、厢房、过道、行廊、踏步等分布，中心大殿的建筑材料中琉璃及瓷质材料占有相当比重，可复原的脊兽有绿琉璃立鸽、四足兽、龙首鱼、宝瓶等，在挟屋和厢房周围有陶质建筑材料。[1] 北端建筑遗址有相当数量瓷器出土，器物从北宋至金代，有西夏灵武窑和耀州窑器形和饰纹，说明此遗址在北宋时建成，并沿用至金代。从琉璃建筑构件推测西夏王陵北端遗址建筑为负责祭祀的皇族"亲王"级别府第，一般官员的宅第是不允许使用琉璃件的（图20）。

图 19　夏州城遗址出土兽面纹瓦当

---

[1] 宁夏文物考古研究所：《西夏陵园北端建筑遗址发掘简报》，《文物》1988 年第 9 期，第 57—66、77 页。

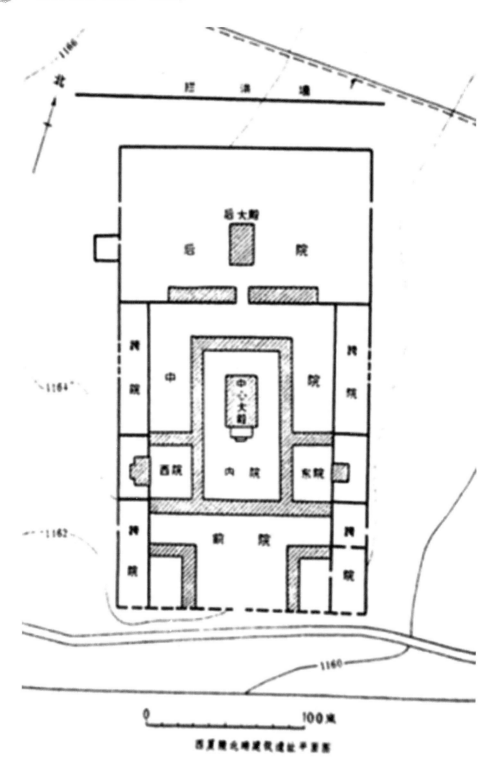

图 20　西夏王陵北端遗址平面图

四、西夏官式建筑的艺术特征

（一）建筑结构传承中原建筑文化

西夏官式建筑结构受中原传统建筑的影响，单体建筑的基本特征是高台基、木构架、大屋顶；屋顶采用较大的出檐，屋面微微向上反曲，屋角如飞翼上翘，屋顶的式样有庑顶、歇山顶、攒尖顶、盝顶等。建筑的基本布局是主要建筑布置在中轴线、次要建筑布置在两厢，组成一个个庭院。建筑类型丰富，有殿、堂、廊、亭、水榭、桥、构栏、石柱、园林等，组成一个个完整、严密的建筑艺术群体。西夏的官式建筑无论其形制及其所反映的伦理，都与中原王朝是一脉相承的。

（二）装饰艺术具有地域文化特征

西夏建筑的装饰艺术有地域文化特征。由于西夏地处东西交通丝绸之路的要冲，东西文化的交流在建筑装饰艺术中有突出表现，在屋顶的装饰上表现出中西文化交流的影响，尤其受到佛教文化的影响。从出土的大量装饰件如鸱吻，各种类似龙形象的垂兽、套兽、摩羯（鱼）、立鸽、海狮、四足兽等可以看出，西夏陵出土的脊饰构件与宋代脊饰的造型与题材不尽相同，其特征是更加突出了塑造佛教神灵的艺术形象。为超度祖先极早往生佛教极乐世界，在陵殿建筑构件的装饰中增加了佛教神灵形象，在屋顶脊饰神兽造型的处理上大都安装了翅膀，将宋朝的蹲兽（或走兽）改为飞翔的神兽，连生活在茫茫大海里的摩羯鱼、海狮等都长上了翅膀。目前我们能见到的帝王陵园建筑装饰构件中长翅的神兽造型最早的是南京附近新合乡方长家库的石辟邪（南朝）和江苏丹阳永安陵的石麒麟（南朝），还有陕西乾陵石翼马，这些神兽的两翼是在兽身的两侧用浮雕的手法刻出的。而西夏陵屋顶神兽的翅膀是立体的，插在神兽背部，这种艺术造型起源于希腊，是西方天使形象的表现手法，影响到犍陀罗艺术，又随佛教的东进影响到中国的传统艺术，在敦煌壁画和佛教绢画中出现了带翅膀的人头共命鸟、飞翔的天马等。西夏在建筑饰件上给神兽插上翅膀，则是西夏建筑艺术的一个创造和亮点。特别是具有高超造型艺术水平的迦陵频伽作为建筑饰件，把佛教中崇尚的西方极乐世界神灵与王陵的建筑装饰结合起来，既表明西夏推崇佛教，继承发展佛教文化，又体现了王陵的神圣崇高和庄严，构成了西夏建筑装饰的突出特点。

值得注意的还有西夏陵出土的屋面装饰件中的龙的形象。龙作为神兽的标记，很早就出现在装饰艺术中，早期的形象较简单，似蛇形，以后演变中增加了多种动物的部分，

"角似鹿，头似驼，眼似虾，项似蛇，腹似蜃，鳞似鲤，爪似鹰，掌似虎，耳似牛"。至宋代，其艺术造型更复杂，将各种猛兽的部件组合起来，被推崇为象征皇帝的真龙天子形象，沿袭至明清。但西夏陵出土的屋顶神兽龙的塑造与宋、明、清的形象略有不同，其上腭宽，上唇上翘，有的卷曲为涡纹似象鼻，这个造型是西夏受唐朝壁画佛教艺术中龙的形象的影响。敦煌藏经洞有一幅唐代绢画《九龙灌顶》①，描述摩耶夫人在无忧树下生下悉达太子，九龙吐水为太子沐浴。九个龙头的造型与西夏陵出土的建筑构件龙的造型相同，上唇长而卷起。它们都是佛经中所述天龙八部中龙神的形象。西夏官式建筑突出佛国龙的形象，一方面是因为西夏信奉佛教，吸收佛教文化，祈求佛的保佑；另一方面是政治需要，以真龙天子自居，冀希维护长久的统治。

（三）部分建筑突出本民族文化

西夏建筑装饰文化在吸收中原传统和接受佛教文化影响的同时，也力求突出本民族的文化特征。西夏陵建筑如角台、阙台、碑亭、神道、神墙等基本布局沿袭了唐宋形制，但八角塔形陵台却与唐宋方形形制截然不同。古代早期帝陵地宫之上为"方上"，即黄土夯筑成方形高大的陵台，如秦始皇陵为方截锥体形，汉代帝陵为覆斗式正方平台陵。这种被称为"方上"的陵制一直沿袭到北宋，北宋八陵的陵台平面均为方形。西夏王陵地宫规模小，形制为中室和东、西耳室。地面陵台不在地宫之上，而在地宫之北十余米处，不具封土作用，为纪念性陵塔，与佛塔的纪念性质相仿。这种陵台形制是借佛塔的外形和内涵，树西夏帝王之威严。陵台形制一改传统的方形为八角塔形，其平面形状如同八叶莲台，向上层层收分。"八"在佛教中是一个神圣的数字，如八重天、八梵音，整体形状既不同藏传佛教密宗的覆钵式佛塔，也不同汉地楼阁式佛塔，是西夏在官式建筑中对陵台建筑艺术的一种独创。现在陵台遗址虽然只留一土丘，但据考古调查和专家考证，陵台周围许多残留的琉璃瓦片、砖块等遗物表明，陵台原为密檐式七层实心塔建筑。西夏陵将陵台建成塔形，在中国传统的陵园建筑中是独一无二的，也可视为崇尚佛教的党项人在其帝王陵园建筑中突出本民族特征的一个标志性建筑。

西夏陵碑亭出土的人像碑座，是又一个具有鲜明本民族特征的标志性建筑装饰构件。截至目前，西夏陵区共出土 14 件，质地为红砂岩，方形，其浮雕的艺术形象为裸体跪坐人像，双眉粗壮，高颧塌鼻，獠牙外露，双乳下垂，双臂扶膝或上举，呈负重状，手腕、足颈戴钏、镯。这种人像碑座与传统的赑屃（龙生九子中六子霸下，似龟有齿）碑

---

① 敦煌研究院：《敦煌艺术精华》，香港：香港广汇贸易有限公司，1996 年，第 97 页。

座造型完全不同，已不再是龙的子孙，而塑造了含有本民族母神崇拜意识和佛教中护法力士崇拜意识相结合的新的人物造型。西夏有颂祖先的诗歌："母亲阿妈起（族）源，银白肚子金乳房，取姓嵬名俊裔传。"人像支座的垂乳、垂肚的形象与其粗犷、夸张、简略的线条，突出地反映了党项民族所崇尚的母神人物刻画的美学特征，也反映出以党项人为主体的西夏所特有的审美观和艺术表现力。

西夏陵官式建筑中的塔形陵台和粗犷的人像支座，不仅成为西夏建筑艺术民族性的一个标志，也展示了党项民族质朴的文化性格和雄健的民族精神。

（原载《西夏学》第七辑，上海古籍出版社，2011 年）

西夏艺术研究及特征再认识

陈育宁　汤晓芳

摘　要： 本文回顾了西夏艺术发现与研究的过程，重点梳理归纳了西夏艺术的主要特征：认为西夏艺术继承和发展汉族传统文化艺术，大量吸收藏传佛教艺术，学习吸纳北方民族的优秀文化，努力使西夏的艺术特色突现出来。

关键词： 西夏；艺术；特征

一、西夏艺术的发现与研究

对西夏艺术的研究，主要是针对西夏遗存艺术品实物的研究。一部分西夏艺术品在20世纪初被西方探险家从黑水城掘获而流失海外，国内遗存的西夏艺术品大多是20世纪60年代后出土的新发现。

1908、1909年俄罗斯探险家科兹洛夫在西夏黑水城（今内蒙古额济纳旗）废墟的古塔中发现了大量的西夏文献和文物，种类繁多，其中有200多件绘画作品（不包括经文插页画），20件木版印刷品，170余件木雕、泥塑、铜和镀金铸像、丝麻织品、钱币及纸钞等。这一批珍贵的艺术品与8000多个编号的西夏文献于1910年首次在俄国皇家地理学会展出，辉煌的西夏艺术，引起了巨大轰动。黑水城遗物的文书部分由圣彼得堡东方学研究所收藏（图1），绘画等艺术类文物由艾尔米塔什博物馆收藏（图2）。1914年英国人斯坦因也到黑水城发掘，得到了不少西夏遗物，藏于大英博物馆。

图 1　科兹洛夫带到俄国的黑水城文献

图 2　俄罗斯艾尔米塔什博物馆

　　黑水城出土文物的面世，开始了世界对西夏艺术的研究。俄罗斯学者首先凭借占有黑水城西夏艺术品的优势，在 20 世纪初就有研究论文发表。西欧学者较早目睹了黑水城的西夏艺术品，也展开了研究。其中比较有影响的有 1914 年俄罗斯科学院院士 С·Ф 奥登堡在《俄国民族学资料》第 2 卷上刊布的《黑水城佛教造像学资料：藏传风格图像学》，主要将藏传佛教的绘画作品从黑水城绘画作品中分出，并进行了佛像身份的辨别和风格流派的分析。1947 年苏联科学院副博士 С.М.柯切托娃在《艾尔米塔什博物馆东方学部学刊》第 4 期发表了《黑水城艺术中的天界神灵》，研究了黑水城绘画作品中具有汉族风格的作品。1975 年海瑟的《早期汉藏艺术》对西夏刊经版画与 10—11 世纪东印度青铜像之间的造型关系进行了研究。1984 年巴勒在《西藏绘画》中论述了黑水城唐卡绘画风格与早期噶当派之间的关系。1991 年由莱因和瑟曼编辑的《智慧与慈悲》将黑水城西夏唐卡与印度雕塑风格进行了比较研究。在俄罗斯艾尔米塔什博物馆馆长米开罗·比奥特洛夫斯基编辑的《丝路上消失的王国：西夏黑水城的佛教艺术》一书中（1993 年冬宫博物馆出版英文版，1996 年台北出版中文版），艾尔米塔什博物馆东方部萨玛秀克博士撰写的论文《西夏王国的艺术：历史与风格的阐释》，对黑水城出土的唐卡进行了年代及绘画母题、技法、构图、色调等艺术成就的分析，比较全面地研究了西夏佛教与吐蕃佛教的关系。

国内对西夏艺术的研究是随着对西夏石窟的调查开始的，始于 1964 年，在常书鸿、王静如教授的主持下，以宿白教授为顾问，由史金波、白滨、陈炳应、刘玉权等对敦煌莫高窟、安西榆林窟的西夏洞窟进行了系统考察，从艺术的角度对壁画布局、佛、菩萨、天人等人物造型，藻井，花边装饰图案等进行列表排比，通过对比研究，提炼特征，结合西夏文、汉文题记年款，认定西夏洞窟有 80 多个。因种种原因，他们的研究成果到 20 世纪 80 年代才陆续发表。1980 年《兰州大学学报》发表白滨、史金波的《莫高窟榆林窟西夏资料概述》，同年《文物》发表王静如的《敦煌莫高窟和安西榆林窟中的西夏壁画》。1982 年甘肃人民出版社出版的《敦煌研究文集》中收录刘玉权、万庚育的研究论文《敦煌莫高窟、安西榆林窟西夏洞窟分期》。

20 世纪 70 年代以后，国内西夏考古逐步开展和深入，先后出土了数千件珍贵的西夏艺术品。在此之前，1958—1966 年内蒙古临河高油房出土了西夏时期的若干件金饰品。1972—1989 年甘肃省发掘了几座西夏墓葬，清理出数十件版画；1972—2000 年对西夏陵四次清理发掘，出土了数百件宫殿建筑和随葬明器等艺术品；1984—1987 年对宁夏灵武窑的发掘出土了近 3000 件西夏瓷器及残片；1986—1991 年宁夏对西夏佛塔进行全面清理维修时，出土了许多珍贵的绢画、唐卡、泥塑、木雕；1996—2000 年出版的《俄藏黑水城文献》1—6 册，刊布了俄藏汉文佛经版画；2005—2007 年出版的《中国藏西夏文献》20 册，其中将散藏在国家图书馆及内蒙古、宁夏、甘肃、陕西等地西夏时期刊印的佛经中的 50 余幅版画集中刊出。经过半个世纪西夏学界的努力，取得了一批西夏艺术研究的成果。

1985 年，宁夏人民出版社出版了陈炳应的《西夏文物研究》，其中重点对甘肃留存的石窟壁画、碑刻、墓葬出土的木版画、金银器、瓷器等进行了较为系统的研究。1988 年，文物出版社出版史金波、白滨、吴峰云编著的《西夏文物》，以图录的形式介绍了西夏的建筑、绘画、金石、陶器等，其中收录了刘玉权《略论西夏壁画艺术》、吴峰云《西夏陵园建筑的特点》等有关西夏艺术的论文。1988 年，宁夏人民出版社出版的史金波的专著《西夏佛教史略》中专题论述了西夏的佛教艺术，并把国外对黑水城西夏艺术的研究情况介绍给国人。雷润泽、于存海、何继英对宁夏贺兰县宏佛塔出土的唐卡、绢画、彩塑及拜寺口双塔出土的唐卡、彩绘绢画、彩绘影塑和一百零八塔出土的彩绘绢画和彩绘泥塑等，进行了资料整理和初步研究，其成果发表在 1995 年文物出版社出版的《西夏佛塔》一书中，其中宿白先生的《西夏佛塔的类型》一文，把西夏地区 12—14 世纪的佛塔遗存，分为七个类型进行了深入探讨。1995 年，许成、杜玉冰在《西夏陵》一书中，从考古发掘的角度对西夏陵出土的文物进行了系统整理，初步描述了西夏陵的建筑艺术。2001 年，韩小忙、孙昌盛、陈悦新的《西夏美术史》，将 20 世纪 80 年代以后国内出土的文物和国外刊布的黑水城艺术品从考古学角度进行了整理描述，从美术学角度进行了分类。2002 年，谢继胜在《西夏藏传绘画》一书中对西夏黑水城唐卡的佛教绘画与卫藏绘画的形制、起源、图像内容、艺术风格等进行了较为系统的研究，揭示了西夏唐卡艺术与 10—13 世纪早期卫藏—波罗艺术相互交融的内在关系，并指出西夏唐卡中的数幅双身像作品是现今国内外所见到的最早的此类作品。2003 年，汤晓芳、陈育宁、王月星编著的《西夏艺术》，把国内从 20 世纪 60 年代以来考古发现的分散在各地考古机构、博物馆和个人手中的西夏艺术品，通过征集图录，按艺术门类分类，逐一对作品的母题、技法及文化内涵解析叙述，进行系统研究，初步揭示了西夏艺术的基本特征。2010 年，陈育宁、汤晓芳合著的《西夏艺术史》，综合国内外资料，构建了"迄今最完整、内容最丰富的西夏艺术体系"（史金波《西夏艺术史·序》）。

涉及西夏艺术的研究，还见于相关著作的某些章节，如史金波《西夏佛教史略》第八章"西夏的佛教艺术"；史金波《西夏文化》第四章有关西夏绘画、书法的内容；白滨《党项史研究》第二章关于出土党项碑刻、器物的叙述；谢继胜在《西夏藏传绘画》中关于西夏唐卡的研究；胡庆同、安忠义在《佛教艺术》中对西夏壁画佛教造像的研究；杨重琦在《陇上珍藏》中对西夏艺术宝藏的介绍等。这些成果为深入研究西夏艺术打下了基础。

由于科兹洛夫掘走西夏黑水城藏品在先，且辞书、字典等文献较多，俄罗斯对破解西夏字和西夏文献研究处于领先和权威作用，而他们对艺术品的研究集中在宗教绘画，把中原汉地和藏传佛教绘画属于不同传统加以区别开来，虽起步较早，但涉及艺术研究的面较窄，且长时间没有再深入扩大。国内的西夏艺术研究起步较晚，20世纪80年代以后由于大量不同类型的艺术器型出现，扩大了西夏艺术研究的视野和成果，以陈炳应的《西夏文物研究》和史金波在《西夏佛教史略》中的西夏艺术研究为代表的国内研究成果，无论是艺术研究的范围，还是学术成果的质量已超过国外。

二、对西夏艺术特征的认识

国内对西夏艺术的研究虽起步较晚，但凭着近几十年西夏考古发现及出土文物的大量出现，对西夏艺术所涉及各个类别的研究已逐步展开。在此基础上，我们大约用了近10年的时间，在广泛收集整理国内外资料的同时，对西夏艺术品按艺术门类分为绘画、雕塑、建筑、工艺美术、书法碑刻雕版、音乐舞蹈六大部分，对每类艺术品的代表作品从内容、技法、艺术特征、文化渊源等方面由表及里地进行具体分析，在此基础上综合梳理西夏艺术的文化价值、基本特征及演进轨迹，从而为构建西夏艺术的研究体系做出新的探索。在这一过程中，我们对西夏艺术的主要特征形成了如下认识：

（一）继承和发展汉族传统文化艺术

西夏建国前，党项羌曾经历过两次历史大迁徙，第一次是唐朝初年被吐蕃所逼，由松潘草原向东北迁徙，散居于庆州（今甘肃庆阳）一带；安史之乱之后又北迁至银、绥、盐、宥一带（今内蒙古鄂尔多斯南，陕西榆林的神木、靖边、米脂、绥德及延安富县一带）。这两次大迁徙，最直接的作用是使党项羌与汉人杂居，广泛地接触汉族的先进文化，为西夏艺术风格的形成打下了基础。五代战乱后，党项占有河西之地，西起敦煌，东到黄河河套两岸，控扼了河西走廊。河西走廊是丝绸之路的繁荣地段，各民族聚居，中西文化在此交融、结合，曾经有过隋唐石窟艺术的顶峰时期。河西走廊的佛教艺术又一次为党项政权注入了大量新鲜的因素，对西夏艺术的发展产生了巨大影响。西夏对石窟艺术的继承及大力推崇，在隋唐以后到五代石窟艺术走下坡路的情况下，又创造了一个新的发展时期。西夏崇尚佛教的一个重要标志就是大兴石窟寺艺术，对以前的旧窟重新整修彩绘，又开凿了许多新窟。在敦煌莫高窟（图3）就有西夏洞窟77个（大部分利用前代洞窟重绘），安西榆林窟有西夏洞窟11个，在东千佛洞、天梯山石窟、文殊山石窟和贺兰山山嘴沟石窟、内蒙古阿尔寨石窟，都有西夏的洞窟。其中榆林窟的绘画艺术最精彩，其表现题材与唐代迥然不同，一改唐代以佛为中心的母题，着重表现菩萨，艺术手法也有新的创造，如榆林窟第 3 窟《文殊变》《普贤变》和第 2 窟《水月观音》的背景是山水画，占整个画面的三分之一，有天界、山川、楼阁、庙宇，将宋代的山水画艺术引入佛教绘画。在画面布局上，主要人物占居空间大，人物面相丰润圆满，天衣帛带飘扬，着色淡雅，动感十足，具有唐以后文人画的艺术风格。文殊山《宫阙图》是一幅弥勒上生经变画（图 4），图中以线描绘制建筑界面，把复杂的大殿、庭院描绘得层次分明，建筑内人物以"疏体"线条造型为主，粗放地描绘了动态的人物形象，忽略面部、头饰等细部，突出衣带的飘举，其衣纹、头饰轮廓完全是宋装，线条精致流畅，绘画的技法是晋唐人物画传统的线描、皴擦、晕染手法。莫高窟中西夏窟的龙凤藻井是对汉族龙凤艺术的发展。版刻佛经插图的人物线条受宋代白描人物画的影响。彩绘泥塑供养人的服饰也完全是宋代仕女官宦装，人物造型已经世俗化。宫阙院落体现中国宫殿传统建筑艺术的特点，建筑构件品种繁多，各种大小尺寸、形状各异的屋脊兽、套兽是中国传统木构建筑庑顶和歇山顶屋面装饰构件的再现，也是宋代《营造法式》所总结的殿堂式建筑营造技术和装饰手法的具体体现，与西夏法律制度中对建筑伦理的规定相吻合。建筑装饰艺术构件色彩绚丽，在传承唐代建筑追求雄伟壮丽的风格中又增加了精巧秀美的气息，具有宋朝建筑艺术的风格。西夏的书法篆刻艺术更是汉字书法的继承和发展，其所创文字仿汉字之形，无论西夏文和汉文碑刻，书法方峻遒劲、力求方整之美；佛经的书写严谨规矩，承袭唐楷，具雄强浑厚的风格；版刻西夏文佛经的文字，横细竖粗，笔画灵秀，受到宋代版刻的影响。

图 3　敦煌莫高窟

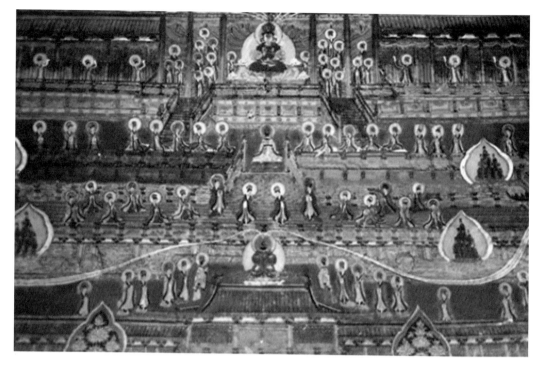

图 4　文殊山方佛洞《宫阙图》

（二）大量吸收藏传佛教艺术

　　安史之乱后，河西走廊为吐蕃之地。吐蕃的佛教艺术受到由中原传入的唐代艺术和由东印度传入的波罗王朝艺术风格的影响。11 世纪前后，藏传佛教艺术通过丝绸之路、河西走廊传入西夏。12 世纪西夏乾顺与青唐联姻，更打通了西夏与吐蕃腹地的联系。因此仁孝时期藏传佛教各派高僧纷纷北上，仁孝的上师有噶玛噶举派高僧。与仁宗一起用梵、藏、汉文详勘《圣胜慧到彼岸功德宝集偈》的帝师波罗显胜可能是藏族高僧。自仁孝以后，西夏皇室一直尊奉藏族高僧，高僧们在传教的同时也带来了密宗仪轨画像粉本。反映藏传佛教密宗仪轨的绘画等艺术作品在西夏各地广泛传播。榆林窟第 29 窟、内蒙古阿尔寨石窟、贺兰山山嘴沟石窟均有按藏传佛教密宗仪轨绘制的护法金刚、双身佛像等宗教人物图像。莫高窟第 326 窟金刚杵藻井，井心石绿色圆形内有赭红色垂直相交金刚杵图案，冷暖色彩对比强烈。在黑水城遗址、宁夏宏佛塔、拜寺口双塔和青铜峡一百零八塔均出土有藏传佛教唐卡。唐卡画面人物布局主尊居中，四周胁侍、护法、天人等人物呈棋格式分布，有严密的仪轨，以表示对佛国世界的神秘思考。在黑水城遗址还出土有藏传佛教本尊神修行仪轨曼荼罗木版画，以鲜艳的色彩及具有印度风格的佛教人物形象描绘出神圣的佛教世界。西夏佛塔遗址中出土的"擦擦"的人物造型，以多头多臂菩萨和神态诡异的本尊神、护法为主，大大丰富了西夏藏传佛教造像艺术的题材内容和表现手法。在建筑艺术中，青铜峡一百零八塔单体塔都是藏传覆钵式喇嘛塔，使佛塔建筑艺术在唐代以后以楼阁式为主的建筑又增添了新的形制。

（三）学习吸纳北方民族的优秀文化

近年来宁夏、陕北地区隋唐五代考古和武威、银川西夏考古的发掘报告和研究成果等许多资料表明，西夏艺术受到多民族文化影响，尤其是北方多民族文化的影响是非常明显、非常突出的。可以说，西夏艺术中令人耳目一新的诸多创造，也是西夏境内多民族文化融合的结果。

在建筑艺术中，西夏皇室陵园塔式陵墓建筑，是中原积土为陵的传统建筑与佛教灵塔纪念性建筑完美结合的一个新的建筑形制，具有西夏党项民族特色的标志性陵园建筑艺术。陵塔的筑土方法继承了在西夏故地夏州延续下来的十六国时期匈奴赫连勃勃夯土筑城建造统万城的技术。在乐舞艺术中，敦煌窟的西夏壁画和榆林窟的壁画中出现二胡的图像，在此前壁画及其他资料中是不存在的，这是西夏境内的"胡人"对民族器乐的改造、创新与广泛运用。西夏碑刻中的边缘缠枝卷草纹及西夏瓷器中的缠枝西番莲纹受到中亚突厥、粟特文化的影响。西夏扁壶的造型是传承北方游牧民族的日用器形，壶壁装饰实相牡丹纹受到中原汉族影响。西夏壁画中的秃发人物形象受辽代契丹人髡发的影响。西夏妇女的冠饰更多地受到回鹘、吐谷浑等北方民族妇女头饰的影响。

出现各族文化杂糅的原因是多方面的，其中党项族与北方各族长期的杂居相处和融合是极重要的因素。据陕西榆林出土的唐代《拓跋守寂墓志》《白敬立墓志》和内蒙古乌审旗出土的后周《李彝谨墓志》石刻文字分析，建立西夏国的党项族拓跋部其血统中有鲜卑、汉等民族成分，拓跋守寂远祖系隋代吐谷浑拓跋木弥。在统一党项各部时又有鲜卑部落党项折氏的加入。守寂母王氏，恩泰妻，从姓氏看似为汉族。党项望族拓跋思恭率蕃汉军合击黄巢起义"立功"，唐僖宗命其为夏州节度使，夏州军为定难军，以夏州为治所，辖区为银、夏、绥、静。党项各部内迁散居的地区还包括盐、灵等州，属唐朝所置"六胡州"区域，是安置粟特人、铁勒、突厥降户之地，也是党项、吐谷浑、室韦等北方民族杂居的地区，吐蕃、回鹘等族也因战争而长期在此驻防。在这样一个各族长期杂居相处的环境中，党项拓跋氏在走向强大的过程中，中亚粟特人、漠北回鹘人、河西陇右的吐蕃人、阴山以南的契丹人、青海地区的吐谷浑人等，有的融合在党项人中，有的与党项人杂居，北方各族的文化对党项族产生了多方面深刻的影响。

西夏统治期间，虽与辽、宋、金发生多次战争，但其境内未发生过其他民族的起义，对外战争掩盖和缓和了国内的民族矛盾，加之西夏统治者来自北方游牧民族，又能实施对各民族较为宽松的政策，因此给了境内各民族文化艺术得以保留和发展的空间。在佛教艺术的绘画、雕塑及其他艺术品遗存中，既有中原风格的作品，也有回鹘及藏传佛教艺术风格的创作。佛画人物的服饰中各民族着装都有。在西夏境内，各民族有条件发展各自的传统文化艺术。天盛年间颁布的律令，对封建等级做了严格规定，但对各民族文化艺术的发展没有限制。这样的社会环境，是西夏能够留下了一批优秀的艺术品，创造了具有多民族文化特色的西夏艺术的一个重要原因。

（四）努力使本民族的艺术特色突现出来

党项人虽然从草原地区进入农耕区，由游牧文化转向逐步定居的农耕文化，并且积极吸收汉族及北方各族文化，但作为党项人的母体文化仍然是其艺术特征的基本内核。我们从国内遗存的西夏艺术品中能够明显地看到其民族的艺术风格顽强地表现出来。其民族原有的艺术特征与其他民族的艺术风格的结合，形成了具有时代特征和民族特征的西夏艺术。榆林窟第29窟《西夏男供养人》和《女供养人》的人物服饰及随行侍从的秃发形象，武威刘德仁夫妇随葬木板画的一组人物《有须男子像》、《无须男子像》、《四男一女图》、《五女侍》（图5）、《五男侍》（图6）、《驭马图》，莫高窟的《童子飞天》等形象是人物画中的党项族写实题材，描绘了西夏上层人物的富裕生活，尤其是服饰、冠戴、发式等人物外表，展现了西夏的民俗风貌，为研究西夏社会提供了真实而珍贵的图像资料。在西夏雕刻中也努力创造具有本民族特色的艺术品，西夏陵出土的人像碑座、裸体跪坐、人面獠牙，艺术造型夸张与写实结合，质朴而具有魅力；马、牛、狗、驼等动物艺术形象的创造，生动传神，与中原帝陵神道动物形象的呆板形成反差，突出表现了与本民族生产生活有关的艺术形象。西夏陵建筑中的八角塔形陵台和各式迦陵频伽（妙音鸟）是西夏建筑装饰艺术的创造。

图 5 甘肃武威西夏墓出土《五女侍》

图 6 甘肃武威西夏墓出土《五男侍》

　　在石窟壁画的绘画艺术中，西夏艺术家运用中国传统的人物画技法，在东千佛洞第2窟绘制了《唐僧取经图》（图7），为中国文学名著《西游记》创造了最早的人物艺术形象。尤其是孙悟空猴头人身的特殊佛教人物造型，是根据广泛流传在西藏的神话故事而创作的。据五世达赖喇嘛著述的《西藏王臣记》，佛教传入西藏之初的一个民间传说记载，猴曾是"观自在的悲力加持化作一头变种的猴"，与罗刹女相配逐渐繁衍了藏地部族，猴的地位与观世音相同。这一神话传说随党项人的两次东迁从西部草原带到了黄河沿岸。猴头人身的人物形象有着观自在的大慈大悲的神力。神性化的猴子形象不仅有壁画图像资料，在俄罗斯艾尔米塔什博物馆还陈列了黑水城出土的两具猴神泥塑。猴头人身的佛教人物艺术形象，为明代文学巨著《西游记》中孙悟空艺术形象塑造了最初的雏形。这是西夏艺术家了不起的创造，是西夏艺术民族特色的表现。

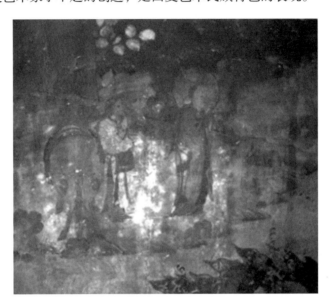

图 7　东千佛洞第 2 窟唐僧取经图

党项族之所以在较短的历史时期创造了独特的灿烂文化艺术，开放和兼容是一个主要原因，西夏艺术发展的轨迹是一个不断吸收各民族艺术成分的过程。西夏艺术从内容到形式的多样性，折射出了丰富多彩、众多民族艺术个性的融合，从而凝聚成西夏艺术的结晶，也成为中华艺术宝库的重要组成部分。

（原载《西夏研究》2011 年第 1 期，略有修改）

自成体系的西夏陵屋顶装饰构件

牛达生

摘 要：我国传统木构建筑，屋顶装饰非常重要。重要建筑物的屋顶，多由屋面、正脊、垂脊和戗脊等组成。装饰部件，除瓦当、滴水外，主要是各式兽件。在现存唐宋时期建筑中，其各式兽件多为后代补配，失去原制。而在西夏陵，则出土了西夏时期完整的脊兽、套兽、垂兽和蹲兽，成龙配套，未缺一种。西夏陵出土的屋顶装饰构件，特别是套兽、垂兽、蹲兽，从未见于他处，与中原传统屋顶构件完全不同，以致定名都十分困难。本文依据实物的造型特点，探讨这些构件的名称、它们与佛教的关系，以及所体现的丰富的西夏文化内涵，从而证明它是有别于中原的另成体系的屋顶装饰系统。

关键词：西夏建筑；屋顶构件；鸱吻；迦陵频伽；摩羯；吼狮；金翅鸟

西夏陵是埋葬西夏历代帝王的地方，位于银川西郊贺兰山山脚下。这里背山望水（黄河），地势开阔，在约 50 平方千米的贺兰山洪积扇地带，从南向北坐落着 9 座皇帝陵园和 250 多座达官贵人的陪葬墓。此外，还有佛寺、砖瓦窑、石灰窑等遗址多处。1972 年以来，已发掘帝陵 1 座，陪葬墓 4 座，清理寺庙、碑亭和砖瓦窑遗址多处；21 世纪初，又清理了 3 号陵和 6 号陵地面建筑遗迹，出土了大量文物，逐渐揭开了西夏陵神秘的面纱，使我们对西夏文化有了更多的认识。我们深切地感到，西夏陵具有独特的人文景观和丰富的文化内涵，是研究西夏陵寝制度、西夏建筑和西夏文化的宝地。理所当然，它早已成为全国重点文物保护单位和全国重点风景名胜，也是国家文物局公布的中国 20 世纪百项考古重大发现之一。①更令人惊喜的是，2011 年 11 月，西夏陵申报世界文化遗产暨国家考古遗址公园项目正式启动，笔者有幸参加了这一活动。在热烈而隆重的启动仪式上，时任自治区主席的王正伟和时任国家文物局局长的单霁翔为启动仪式揭幕，并发表了热情洋溢的讲话，国家考古遗址公园建设指日可待。②

西夏陵出土文物很多，其中石质的就有雕龙栏柱、莲花柱础、石螭首、力士碑座、经幢、石马、石狗及石刻人像残件等；砖瓦建筑材料更是多如牛毛，莲花纹砖、瓦当、滴水等品种繁多，纹饰精美，别有天地。限于篇幅，本文着重介绍几件与建筑有关又有时代特点的屋顶装饰构件。

我国传统木构建筑，屋顶装饰非常重要，无论建筑大小、等级高低，其屋顶都是要搞得好看一些。重要建筑物的屋顶，由屋面、正脊、垂脊和戗脊等组成。装饰部件，除瓦当、滴水外，主要是各式兽件，大体说来不外乎脊兽（正脊两端）、垂兽（垂脊最下端）、套兽（檐角仔角梁上）和蹲兽（清称走兽、跑兽，装在垂脊和戗脊前端）。物以稀为贵，在现存唐、宋、辽、金等建筑中，其脊兽、垂兽、套兽和蹲兽等构件，多为后代补配，已失去原制。③而在西夏陵，则出土了西夏时期完整的脊兽、套兽、垂兽和蹲兽，成龙配套，未缺一种。我国传统建筑材料，以满足建筑功能的要求为主，同时也有一定的装饰作用。西夏陵的这些装饰构件，其质地有灰陶、红陶所制的，更有很漂亮的釉陶（也即琉璃），有蓝色、黄色，但多为绿色，真是五彩缤纷，十分难得。而这些装饰构件，特别是垂兽、套兽和蹲兽，从未见于其他地方，与中原传统屋顶构件完全不同，导致定名都十分困难。本文依据实物的造型特点，探讨这些构件的名称，探讨它们与佛教的关系，以及所体现的丰富的西夏文化内涵，从而证明它是独特的、有别于中原且另成体系的屋顶装饰系统。

一、脊兽—鸱吻

（一）概述

鸱尾、鸱吻，是置于屋顶正脊两端的装饰构件，用以封护屋面两坡，也起装饰美化

---

① 《"中国 20 世纪 100 项考古大发现"评选结果》，《中国文物报》2001 年 4 月 4 日，第 7 版。
② 《西夏陵申报世界文化遗产暨国家考古遗址公园》，《宁夏日报》2011 年 11 月 23 日。
③ 即使是被梁思成先生称为"极可罕贵之物"的辽代独乐寺山门鸱吻，梁先生仍然提出是不是"辽之原物"的问题，他的答案是："即使非原物，亦必明代仿原物所作。"《梁思成文集（一）》，北京：中国建筑工业出版社，1982 年，第 68 页。

作用。这里顺便谈谈作为屋脊最主要的装饰构件的鸱尾和鸱吻的演变历程。

屋顶的装饰构件，首先出现在屋脊上。从现有资料看，最早的作品出现在汉代。在汉代的画像砖上，可以看到在屋顶正中装有凤凰构件；在汉代的陶楼上可以看到屋脊两端翘起的装缀。大约到了东汉末年，一种新的形态开始产生——鸱尾。"鸱"是什么东西？就是天上飞翔的鹞鹰，也即猫头鹰之属。宋《营造法式》转引《汉纪》[①]说，海中有一种称为"鱼虬"的鱼，其"尾似鸱，激浪即降雨，遂作其象于屋，以厌火祥"[②]，于是鸱尾便成了除灾防火的象征。

最早的鸱，其状似鱼尾，有尾无头，故称鸱尾。发展到后来，"鸱"上生出了头，便成了有头有尾的形象，尾似鱼，而头似龙了，于是多了一个名字，称为"鸱吻"。"鸱吻"是从鱼形向龙形的过渡形态。到了明清时期，"鸱"的形状变成龙的形象，又称"龙吻""大吻"了。《易·乾》曰："云从龙，风从虎"，疏："龙是水畜，云是水气"。但无论如何演变，其除灾防火的象征意义一直未变。

历代鸱尾、鸱吻形象的资料，在考古中多有发现（明器、画像石、画像砖、墓葬壁画等），而敦煌壁画保留得更为完整、系统。这里，本文以敦煌壁画为主，参以其他考古资料，略谈其演变过程。

（二）鸱尾

据研究，鸱尾一词最早见于《晋书》卷一〇《安帝纪》，东晋安帝义熙六年（410）六月"景[③]寅，震太庙鸱尾"。《北史》卷六〇《宇文恺传》载，隋文帝时（581—604），任营东都（洛阳）副监的宇文恺，在谈及宗庙建筑时说："自晋以前，未有鸱尾。"从考古资料看，四川羊子山东汉墓门阙画像砖上已见端倪，其门阙屋脊的两端呈倒八字形翘起，尾端外指（图1）[④]。云南昭通东晋孝武帝太元年间（376—396）大墓，其墓壁画所绘"龙楼"，脊的两端看得更为清晰，仍是外翘的倒八字形，其尾尚未向内（屋脊）弯曲，应是鸱尾的雏形（图2）。[⑤]这些资料说明，东汉、晋代是鸱尾演变的初创阶段。

---

① 《汉纪》，东汉荀悦所撰，成书于汉献帝建安五年（200）。
② 梁思成：《营造法式注释》卷上，北京：中国建筑工业出版社，1983年，第36页。
③ "景寅"，疑有误。经查陈垣《二十史朔闰表》，公元410年6月9日为"庚寅"。
④ 李全庆、刘建业：《中国古建筑琉璃技术》，北京：中国建筑工业出版社，1987年，第37页。
⑤ 云南省文物工作队：《云南省昭通后海子东晋壁画墓清理简报》，《文物》1963年第12期，第1—5页。

图 1　四川羊子山东汉墓门阙画像砖　　图 2　云南昭通东晋孝武帝时期大墓壁画 "龙楼"

敦煌壁画中鸱尾的形象，在敦煌最早的北凉石窟中就已出现。敦煌第 275 窟北凉壁画中的鸱尾，与上述尾端外指不同，而是曲背内翻，尾端内指，略呈半月形（图 3）。这是我们能看到的最早的鸱尾形象。敦煌北魏第 254 窟、第 257 窟，北周第 296 窟，甚至晚唐第 85 窟，都可看到它的形象。[①]在墓葬考古中也有发现，山西大同北魏太延元年（435）墓壁画，图中庑殿顶堂屋，鸱尾上翘（图 4）。[②]鸱尾是鸱吻的前身，这种饰件一直被沿用了五百余年，两晋南北朝直到晚唐都在普遍使用。

图 3　敦煌壁画中鸱尾　　　　　图 4　山西大同北魏太延元年（435）墓壁画

另一种形式的鸱尾，也始于北魏。麦积山第 140 窟北魏壁画鸱尾（图 5），云冈石窟第 9 窟北魏所雕鸱尾，两者大同小异，其特点是有了背鳍，鳍与鸱之间有一线，背鳍一直延至尾尖。这是最早的、也是比较成熟的鸱尾图像。隋唐时期，鸱尾的形象更为完

① 敦煌文物研究所：《中国石窟·敦煌莫高窟》第一卷，北京：文物出版社，2011 年。
② 徐光冀主编：《中国出土壁画全集》第二卷《山西》，北京：科学出版社，2012 年，第 19 页。

善。据考古发现，隋炀帝大业四年（608）李小孩石棺上和河南博物馆隋代陶屋上都有鸱尾，它们和莫高窟初唐第431窟的鸱尾（图6）大体相类似，曲背，尾尖内指，整体比例肥壮；而敦煌第220窟初唐壁画、敦煌第172窟盛唐壁画和大雁塔门楣刻石上的鸱尾，外轮廓较为高耸，身内有圆珠数枚，整体形象更美。1974年，考古发掘出土的陕西唐昭陵献殿鸱尾，是目前发现最早的实物例证。质地灰陶，面施黑釉，上下两拼，整体造型上薄下厚，高1.5米、长1.0米、宽0.65米，其高宽比例10∶7.4。[1]1985年，韩国清州兴德寺遗址出土鸱尾一件，造型精美，与昭陵出土的形制大体相同（图7），出土文物还有唐大中三年（849）铭文板瓦。[2]

图5　麦积山第140窟北魏壁画鸱尾　　　　　图6　莫高窟初唐第431窟的鸱尾

（三）鸱吻

　　"鸱吻"一词最早出现在初唐至盛唐。据载，唐高宗咸亨四年（673）八月"己酉，大风毁太庙鸱吻"[3]。唐玄宗开元十四年（726），"六月戊午，大风，拔木发屋，毁端门鸱吻，都城门等及寺观鸱吻落者殆半"[4]。鸱吻的形象资料，最早见于四川乐山凌云寺摩崖中唐石刻，但形象简率，敦煌壁画，则多有鸱吻形象。如榆林窟五代第19窟壁画（图8）、莫高窟宋初第61窟壁画。这是鸱的最新形式，最大的变化是"鸱"身长出了头，成了有头有尾的鸱吻。

①　刘向阳：《唐代帝王陵墓》，西安：三秦出版社，2003年，第21页。
②　[韩]清州古印刷博物馆编：《清州古印刷博物馆》简介，2002年。
③　[后晋]刘昫等：《旧唐书》卷五《高宗纪》，北京：中华书局，1975年，第98页。
④　[后晋]刘昫等：《旧唐书》卷八《玄宗纪》，北京：中华书局，1975年，第190页。

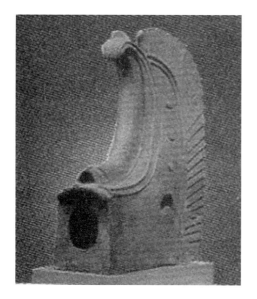

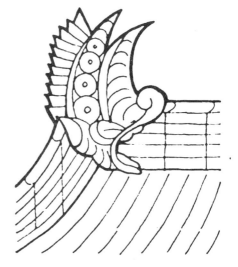

图 7 昭陵出土的鸱尾   图 8 榆林窟五代第 19 窟壁画鸱吻

逮及辽金，鸱吻的实物仍有保存至今者。辽代的鸱吻，在大同华严寺和蓟县独乐寺山门（图 9）可以看到；金代的，在大同华严寺薄伽教殿和朔县崇福寺弥陀殿（图 10）可以看到。辽金鸱吻形制不完全相同：辽代的鸱吻，虽然已有了龙头，但曲背状态一如鸱尾；而金代的鸱吻，多了背兽，已变成盘曲上弯的龙形，是"龙吻"的最早形式。在巩义宋陵考古调查中，曾发现鸱尾，可惜只有残块，很难窥其全貌。[1]

图 9 蓟县独乐寺山门鸱吻   图 10 崇福寺弥陀殿鸱吻

---

[1] 河南省文物考古研究所：《北宋皇陵》，郑州：中州古籍出版社，1997 年，图版六〇。

数百年间，鸱尾、鸱吻的形象，发生了不少变化，除上述这些基本形象外，还有不少其他的形象，可以说每一件建筑物上鸱的头尾都不相同，可谓千姿百态，体现了华夏文化丰富多彩，此处不再赘述。

（四）西夏鸱吻

西夏鸱吻，1972—1975 年，出土于 6 号陵西碑亭、南门，有绿色釉陶和灰陶两种。绿色釉陶者复原一件，高达 152 厘米、宽 60 厘米、厚 30 厘米，比昭陵出土的略大。这件鸱吻，上下两拼，形体高大，鸱口大张，獠牙外露，周身鳞片，尾出两鳍，形象写实，威猛生动（图 11）；青灰色者形状相同，器形较小，高 91 厘米、宽 58 厘米、厚 20 厘米。[1]比辽金鸱吻毫不逊色，是古代建筑物不可多得的精美之作。

图 11　西夏鸱吻

3 号陵比 6 号陵出土的更多，是 2000 年、2001 年清理地面遗迹时发现的。已修复的计有 5 件，出土于东门、西门和北门的废墟中，多为灰陶制品。[2]其中西门的一件，通高 150 厘米、宽 95 厘米、厚 13—34 厘米（图 12）[3]。北门的一件，通高 148 厘米、宽

① 宁夏回族自治区博物馆：《西夏八号陵发掘简报》，《文物》1978 年第 8 期，第 60—68 页。
② 统计数字见宁夏文物考古研究所、银川西夏陵管理处：《西夏三号陵——地面遗迹发掘报告》，北京：科学出版社，2007 年，第 346—347 页。
③ 宁夏文物考古研究所、银川西夏陵管理处：《西夏三号陵——地面遗迹发掘报告》，北京：科学出版社，2007 年，第 153 页。

92 厘米、厚 17—25 厘米。[1]综合考虑，其形象与 6 号陵鸱身高挺者相比，显得更为粗壮。另外，3 号陵鸱吻大小尺度有明显差异，其厚薄差异尤大，说明其烧制过程有欠严谨。此外，南门鸱吻残片过于破碎，无法复原，但其残片全为绿色釉陶[2]，这就突显了作为正门的南门的重要地位。

图 12　西夏 3 号陵西门鸱吻

这些鸱吻，对研究西夏乃至我国古代建筑都有重要意义。6 号陵鸱吻，已被定为国宝级文物，并被国家博物馆收藏。抗战时期，梁思成先生考察河北蓟县辽代独乐寺，称山门上"其最可注意者，则脊上两鸱尾，极可罕贵之物也"[3]。如果梁先生在天之灵能看西夏鸱吻，又会给予怎样的评价和赞誉！

二、套兽—龙首套兽

套兽，是安装在屋顶檐角仔角梁上的装饰构件，既有保护木质角梁的功能，使其免

---

① 宁夏文物考古研究所、银川西夏陵管理处：《西夏三号陵——地面遗迹发掘报告》，北京：科学出版社，2007 年，第 173 页。

② 宁夏文物考古研究所、银川西夏陵管理处：《西夏三号陵——地面遗迹发掘报告》，北京：科学出版社，2007 年，第 103 页。

③ 《梁思成文集（一）》，北京：中国建筑工业出版社，1982 年，第 67 页。

受风雨侵蚀，也有装饰美化作用。据研究，"唐宋的垂脊、戗脊端无兽头和走兽，多以短柱上的宝珠作结，也有以花蕾或脊勾头下的面砖及其他形式作结的"①。由此可知，西夏陵出土的套兽，是我国古代建筑中所见最早的实物，具有重要研究价值。

西夏陵套兽，最早出土于西夏6号陵，当时不知其用途，命名为"兽头脊饰"。此后，3号陵又多有出土，正式称其为套兽，又按其"套筒部位形状与下颌出须与否"，分别称为直筒方颈、敞筒方颈等四类。②又有按有无龙角或龙角之多寡，分为无角套兽、双角套兽、四角套兽等。③笔者认为，其形式无论如何变化，但其基本形态为龙，故本文分为无角龙首套兽和有角龙首套兽两大类。

（1）无角龙首套兽。只见一式，出土于6号陵。整体略呈长方形，额头平直，鼻头如蒜，上颌翘起，犬牙外露，下唇不显。其形象比清代套兽（图13）更为复杂美观。④颈部兼作方形套口，以便与仔角梁头套合。其中绿釉一件，长46厘米、高20.5厘米、宽19厘米（图14）。⑤此式套兽，在贺兰山拜寺口双塔西塔之塔檐上也发现一件，大小、釉色、形制全同，为确定双塔为西夏原建提供了重要依据。⑥

图13　清代套兽

图14　无角龙首套兽

（2）有角龙首套兽。分为双角和四角（前二角为仔角）两式，出土于3号陵，仅修复者就有98件之多，门址、角楼、献殿、陵台均有出土，大小、形态略有参差。与上式相比，最显著特点是龙头硕大，口大张呈三角形；额顶出双叉长角，高扬龙首上方；颈

① 萧默：《敦煌建筑研究》，北京：机械工业出版社，2003年，第244页。有人认为，成都五代后蜀孟知祥"和陵"墓门刻石，已是一个完整的兽头，也即套兽。经查，"和陵"墓门为石刻的牌楼式建筑，正脊两端为鸱吻，其垂脊前端雕有类似勾头的兽头，不是单独的套兽构件。

② 宁夏文物考古研究所、银川西夏陵管理处：《西夏三号陵——地面遗迹发掘报告》，北京：科学出版社，2007年，第316、317页。

③ 汤晓芳主编：《西夏艺术》，银川：宁夏人民出版社，2003年，第118—121页。

④ 李全庆、刘建业：《中国建筑琉璃技术》，北京：中国建筑工业出版社，1987年，第45、46页。

⑤ 宁夏回族自治区博物馆：《西夏八号陵发掘简报》，《文物》1978年第8期，第60—68页。

⑥ 牛达生：《宁夏贺兰山拜寺口西夏古塔》，《考古与文物》1986年第1期，第61—65页。

部兼作方形套口，以便与仔角梁头套合。四角绿釉一件，陵台出土，通长 52 厘米、高 37 厘米、筒经 18×18 厘米（图 15）[①]；双角红陶一件，月城出土，通长 41 厘米、高 37 厘米、筒经 17×14 厘米（图 16）。[②]

图 15　有角龙首套兽　　　　　　　　图 16　双角红陶

三、垂兽—伽陵频伽

　　垂兽，是安装在屋顶垂脊或戗脊最前端的装饰构件。西夏陵的垂兽只有伽陵频伽一种。如前述"唐宋的垂脊、戗脊端无兽头和走兽"。由是，伽陵频伽是 21 世纪初在西夏陵发现的最新的建筑材料。

　　据研究，迦陵频伽为梵语音译，又译为"嫔伽"，源于印度，意译为"美声鸟""好声鸟""妙音鸟"，是印度的乐神。《慧林音义》云："此鸟本出雪山（即喜马拉雅山），在壳中即能鸣，发声微妙，胜于余鸟。"佛经中称它昼夜六时，常作天乐，声音极美。人们听到这种声音，便会自然产生念佛、念法、念僧之心。它还以美妙的声音和优美的舞姿来供养和愉悦于诸佛。榆林窟第 25 窟唐代壁画的迦陵频伽，人首人身，头梳高髻，鸟尾凤脚，挺身而立，双翼舒展，曲臂抚琴奏乐，与净土灵鸟白鹤奏鸣应和，生动地表现了天国愉佛的情景（图 17）。

[①] 宁夏文物考古研究所、银川西夏陵管理处：《银川三号陵——地面遗迹发掘报告》，北京：科学出版社，2007 年，第 289 页。有人认为现存最早的垂兽，是渤海（713—926）上京遗址出土的垂兽。经查，该件是脊兽鸱尾，而非垂兽。

[②] 宁夏文物考古研究所、银川西夏陵管理处：《银川三号陵——地面遗迹发掘报告》，北京：科学出版社，2007 年，第 86、87 页。

图 17　迦陵频伽

　　作为建筑材料的西夏迦陵频伽，其形象与壁画所绘迦陵频伽有明显差异。虽然也是人首人身，其形态也是双翼舒展，似欲翩翩起舞，但最大不同是：她头戴花冠（高髻不显），双手合十（不是抚琴），腹下器座两侧浮雕鸟爪（不是立姿）等。迦陵频伽形象不失其美，它与座器融为一体，更体现了它的创造性和实用性。据报道，迦陵频伽构件实物，在北京房山金陵、河北磁县观台镇窑址也有出土，其造型与西夏陵略有差异。河南巩义宋陵多处出土迦陵频伽残头像，但无一能拼对复原者，无法窥见其全貌。①

　　西夏迦陵频伽，多为方形器座，可砌在相关部位。3 号陵出土迦陵频伽，已修复者达 76 件之多，月城、神城四门、城角角楼皆有出土，而以陵台、南门最多。按其冠式不同，分为五角花冠迦陵频伽、四角叶纹花冠迦陵频伽两式。

　　五角花冠迦陵频伽。头带五角花冠，冠饰花草纹，双手合十置于胸前。细述之，发际中分，抹额分两边向上卷曲，三分式高髻立于冠后；面形长圆，两腮饱满，眼帘低垂，眉心印白毫；宝缯垂肩，肩饰兽毛飘带，颈佩卷草纹项圈；双翼呈扇形，安装在两肋预留孔内；其后为蕉叶纹长尾，装插在器座上，向上扬起。西南角楼出土的一件，红陶质，通高 38.4 厘米、翼展 31.5 厘米、体宽 11.5 厘米（图 18）。②

---

① 河南省文物考古研究所：《北宋皇陵》，郑州：中州古籍出版社，1997 年，图版六五、七五、八〇、八七。
② 宁夏文物考古研究所、银川西夏陵管理处：《西夏三号陵——地面遗迹发掘报告》，北京：科学出版社，2007 年，第212 页。

图 18　五角花冠迦陵频伽

四角叶纹花冠迦陵频伽。与五角迦陵频伽不同。花冠为四角，而非五角；花冠较高，高髻不显；脸形浑圆，而非长圆；袒胸，双乳丰腴；身体略向前倾，两肋双翼呈长翎状等。月城出土的一件，灰陶质，通高45厘米、翼展42厘米、体宽10—16厘米（图19）。①

图 19　四角叶纹花冠迦陵频伽

---

① 宁夏文物考古研究所、银川西夏陵管理处：《西夏三号陵——地面遗迹发掘报告》，北京：科学出版社，2007年，第88页。

清代宫殿屋角上的仙人，是砌在檐角尽端的构件，所联结的盖脊瓦为勾头，作用就是将檐角完全封闭起来。其后依次为龙、凤等蹲兽，是屋顶最重要的装饰构件。我们发现西夏迦陵频伽器座多为方形，厚壁空心，正面为两朵对称的卷云纹，两侧为鸟形腿爪，底部和后面开口（图20），表明其一定是安装于垂脊或戗脊最前端的，其后也应为其他蹲兽，其地位与清式仙人相当。迦陵频伽在西夏殿堂屋顶构件中占有重要地位。

图20　西夏迦陵频伽器座

四、蹲兽—摩羯、吼狮、金翅鸟

蹲兽，明清时期称为走兽、跑兽，是置于垂脊和戗脊上的装饰构件。我国传统的蹲兽依次为龙、凤、狮子、天马、海马、麒麟、押鱼、獬豸、斗牛等，还有仙人、行什。按建筑的等级，有多有少，在各地的古代建筑、特别是北京故宫，就可清楚地看到。这些走兽与盖脊瓦烧在一起，以便安装在相应部位。蹲兽，是宋代建筑物上出现的新生事物（唐代建筑上没有蹲兽），在敦煌壁画、山水绘画上都可看到，但画面上是粗线条的轮廓，很难看清楚具体为何兽。宋《营造法式》规定，在殿阁厅堂等建筑上所用"套兽径一尺二寸，嫔伽高一尺六寸，蹲兽八枚，各一尺"，但迄今未见发现实物的报道。据研究，宋代蹲兽"除嫔伽一枚以外，蹲兽多为一至四枚。式样及排列次序都无定则"[1]。因

---

① 祁英涛：《怎样鉴定古建筑》，北京：文物出版社，1981年，第50页。此说与萧默说法不同，根据宋《营造法式》，宋代是有蹲兽的。萧默的说法，似可理解为敦煌壁画中未发现唐宋"兽头和走兽"。

此，西夏陵出土的几种蹲兽，不能不引起人们的关注和重视。但让人惊奇的是，它与明清建筑物上的完全不同，难以比照，定名也十分困难。

但任何事物都有发展变化，也有沿袭和继承。想来宋朝蹲兽的品种不会超过明清，蹲兽的形制也不会有大的变化。果真如此，就更显现出西夏蹲兽不同寻常的价值。近几年来，几件蹲兽的定名问题不时萦绕脑际，后来突发奇想，觉得它与中原地区的蹲兽不是同一系统，而是佛教思想的产物。前面已经谈到的垂兽迦陵频伽，在敦煌石窟的壁画中就有，是西方极乐世界之神。另外的几件，按佛经中的名称应是摩羯、吼狮、金翅鸟。这几件蹲兽腹下都有圆形柱柄，下接盖脊瓦，以便砌在垂脊或戗脊相应部位。

（一）摩羯

1986 年，摩羯在北部佛寺遗址第一次出土，只有一件，当时称为"龙首鱼"[1]。此后，在 3 号陵建筑遗迹中又出土多件，定名为"摩羯"，应该说是正确的。[2]

摩羯是什么东西？据说是印度神话中的水怪，身体极大，它能吞陷一切。《法苑珠林》卷十曰："摩羯大鱼，身长或三百由旬，四百由旬，乃至极大者，长七百由旬。故《阿含经》云：眼如日月，鼻如泰山。"由旬是古代印度长度单位，一由旬或言 30 里，或言 40 里，可知其大无比，威力无穷。摩羯形象，在考古中多有发现，有的是器物上的纹饰，如江苏丹徒出土的鎏金银盘；有的是器物，如内蒙古出土的辽三彩摩羯壶；在我国绘制的黄道十二宫中也有摩羯宫，但更多的是生活器皿摩羯灯。据研究，在"印度和中亚的摩羯鱼本无翅膀，唐代的作品起初也没有；中晚唐时，在金银器上锤鍱出的摩羯鱼被添上了翅膀。……辽、宋文物中的摩羯鱼也是这样"[3]。

西夏陵出土的摩羯形象，不是摩羯灯，而是屋顶上的建筑材料——蹲兽，这大概是第一次以摩羯为形象的建筑材料。但是佛寺遗址出土的和 3 号陵出土的，在形象上有较大差异。前者的形象是兽首鱼身，略呈半月形，引颈翘首，头无角，长鼻上卷，颈部有鬃毛，遍体饰鳞纹，两侧出羽翼，背部有山形鳍，尾鳍分为两支。整体形象，似在水中奔腾搏击，欲有所图。通体施绿釉，通长 42 厘米、高 36 厘米、宽 15 厘米。腹部下有柱形柄与盖脊瓦相接，瓦长 24 厘米、高 10 厘米、宽 15 厘米（图 21）。[4]

① 宁夏文物考古研究所：《银川西夏陵区北端建筑遗址发掘简报》，《文物》1988 年第 9 期，第 57—77 页。
② 宁夏文物考古研究所、银川西夏陵管理处：《西夏三号陵——地面遗迹发掘报告》，北京：科学出版社，2007 年，第 320 页。
③ 孙机、杨泓：《文物丛谈·摩羯灯》，北京：文物出版社，1991 年，第 162、163 页。
④ 宁夏文物考古研究所：《银川西夏陵区北端建筑遗址发掘简报》，《文物》1988 年第 9 期，第 57—77 页。

图 21　蹲兽

　　而 3 号陵出土的，不仅有兽首鱼身摩羯，还出土了摩羯新品种——鱼首鱼身摩羯。仅在南门和献殿两处出土，皆施绿釉，已复原者计有 13 件，兽首鱼身者 10 件，其中南门 8 件，献殿 2 件；鱼首鱼身者仅 3 件，南门 1 件，献殿 2 件。看来西夏陵摩羯，仅在南门和献殿上使用。兽首鱼身摩羯与佛寺出土者形象差异较大，最突出的是佛寺者无角，3 号陵者额顶出一叉式独角；佛寺者背部是山形鱼鳍，而 3 号陵者是插在背鳍两侧条形孔中的扇形羽翼。其中出土于南门 1 件，通长 41.3 厘米、高 31 厘米、翼展 19.8 厘米（图 22）。[①]

图 22　鱼首鱼身摩羯

　　鱼首鱼身摩羯，就 3 号陵出土者而言，其形象与兽首鱼身有相同之处，也是遍体麟纹，尾鳍双出，装有叉式独角和扇形羽翼。不同之处主要是头形类鱼，张口衔珠，鱼身平直。其

① 宁夏文物考古研究所、银川西夏陵区管理处：《西夏三号陵——地面遗迹发掘报告》，北京：科学出版社，2007 年，第 112 页。

中献殿2件，1件釉色暗绿、光润，通长33.2厘米、宽9厘米、厚7厘米（图23）；另1件脊瓦刹去四角，色泽青绿，通长38厘米、高20.5厘米、宽15.5厘米（图24）。[①]

图23　鱼首鱼身摩羯（一）　　　　图24　鱼首鱼身摩羯（二）

（二）吼狮

1986年，首次出土于北部佛寺遗址，完整的只有1件，当时被称为"四角兽"。此后，3号陵出土更多，定名为"海狮"。但其定名尚需商榷，笔者认为定名为"吼狮"或许更为确当。

北部佛寺遗址出土者，其形体，方口短鼻，头部高昂。眉骨隆起，鼻上有一山形乳突，颈部有一圈鬃毛，躯干呈圆柱形，其尾隐而不显，前肢腾越，后肢伸展，似猛虎扑食之状，通长42厘米、宽18厘米、高24厘米（图25）。[②]

图25　北部佛寺遗址吼狮

3号陵出土者，皆为釉陶，而无不施釉者。据统计，已修复的有12件，其中南门9

---

① 宁夏文物考古研究所、银川西夏陵区管理处：《西夏三号陵——地面遗迹发掘报告》，北京：科学出版社，2007年，第277、278页。
② 宁夏文物考古研究所：《银川西夏陵区北端建筑遗址发掘简报》，《文物》1988年第9期，第57—77页。

件，献殿 3 件。可分为两式，以南门出土者为例，一式无犄角，其形体与佛寺者相比，主要是后尾高扬，更显威武。其中 1 件，釉墨绿色，通长 39 厘米、高 30 厘米、宽 14 厘米（图 26）。从俯视图上，我们可以看到其伸展的力度（图 27）。一式有分叉单犄角，形体与上述大体相同，釉墨绿色，首尾通长 44 厘米、高 30 厘米（图 28）。[①]

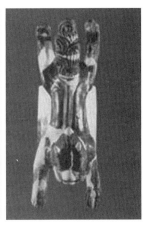

图 26　釉陶（一）　　　　　　　　图 27　釉陶（二）

图 28　釉陶（三）

以上诸式最大的共同点、也是最大特点：头大脸阔，项饰鬃毛，躯体呈圆柱形。其形象更像陆地上驰骋的雄狮，而非海中游弋的海狮。

此物定名为吼狮而不称海狮者，理由有二：

其一，从形象上看，狮子属哺乳纲，猫科。雄性体魄雄健，头大脸阔，颈饰鬃毛，

---

① 宁夏文物考古研究所、银川西夏陵区管理处：《西夏三号陵——地面遗迹发掘报告》，北京：科学出版社，2007 年，第 115、119 页。

四肢有力，便于腾越奔跑。雌性体形较小，头颈无鬃毛。从上述描述看，其躯体呈圆柱形，能四肢腾越，并有雄性特征的鬃毛，正是陆地上奔腾的雄狮。而海狮，属哺乳纲，海狗科，因其颈部有长毛似狮，故名。但其前肢、后肢皆呈鳍状，更适宜在海中游弋，而不是陆上奔跑。

其二，称其为吼狮，在佛经也找到了依据。佛教认为狮子是灵兽，对狮子形象推崇备至。狮子是佛教的护法神之一，《佛说太子瑞应本起经》载："佛初生时，有五百狮子从雪山来，待列门侧。"《楞严经》云："我于佛前，助佛转轮，成阿罗汉。"这些都宣示了佛的威严。狮子还是佛的化身，《大智度论》卷八云："又如狮子，四足兽中，独步无畏，能伏一切，佛也如是。于九十六种外道之中，一切降伏，故名人中狮子。"佛典将释迦牟尼佛说法称为"狮子吼"，其声音震动世界，犹如狮子作吼，群兽慑服。《过去现在因果经》卷一载："太子生时，一手指天，一手指地，作狮子吼曰：'天上地下，唯我独尊。'"

（三）金翅鸟

数量极少，未见 3 号陵出土，只在北部佛寺遗址出土 1 件，通体施绿釉，身长 35 厘米、高 34 厘米、宽 15 厘米；下连脊瓦，长 24 厘米、高 15 厘米、宽 10 厘米（图 29）。凝神端立，引颈挺胸，双翼贴于两侧，双腿直立，神态祥和，看起来与普通鸽子（图 30）无异，没有肢体上的夸张，就将其定名为"立鸽"①。但这一定名也是值得商榷的。

图 29　金翅鸟

---

① 宁夏文物考古研究所：《西夏陵园北端建筑遗址发掘简报》，《文物》1988 年第 9 期，第 57—77 页。

图 30　鸽子

　　笔者长期以来不得其解。这难道是一只普通的鸽子吗？它的具体含义是什么？近来忽有所悟，我觉得它就是佛经中所说的"金翅鸟"，又称"妙翅鸟"或"顶瘿鸟"^①，梵名"迦楼罗"。"顶瘿"的称呼给了我很大启发。"顶瘿"者何也，冠似瘤也。这时我才发现，此鸽与一般鸽子不大相同，普通鸽子无论是白鸽还是灰鸽，其头部光洁，都为羽毛，并无突起的瘤子。而此鸽最大的不同就是其顶冠有高大突出的瘤子。这就是定其为"金翅鸟"最主要的依据。

　　"金翅鸟"是什么？据研究，它是古印度神话中大神毗湿奴的坐骑，众鸟之王。其形象为半人半鸟，生有鹰首、利爪和喙，身躯和四肢则与人无异，但其威力巨大，是大乘佛教中的八部护法之一。（姚秦）凉州沙门竺佛念译《菩萨处胎经》卷七称："此鸟首尾相去八千由旬，高下也尔，身量极大，居四天下大树上，两翅相距三百三十六万里。"（东晋）天竺三藏佛陀跋罗译《观佛三昧海经》卷一云：此鸟"日游四海，以龙为食"。一日之间可食一龙王及五百小蛇。《大智度论》卷二十七说：金翅鸟王若发现"诸龙命应尽者，以翅搏海，令水两辟，取而食之"。

　　摩羯、吼狮，都是佛教中威力无比的神物，如果这只是普通的鸽子，就难以让人理解了。如今知道这不是普通的鸽子，也是威力无比的神物。^②这些蹲兽，成龙配套，水、陆、空全有，都应是护法大神，也就合理了。这不只是为西夏陵寝制度、西夏文化研究发掘出新的资料，也为西夏佞佛增添了新的资料。

————————

① 吴汝钧：《佛教大辞典》，台北：商务印书馆，1992 年，第 360 页"迦楼罗"条。
② 人们也许会问，只具顶瘿特点的金翅鸟，与半人半鸟的金翅鸟的形象相去甚远，这又如何解释？这或许就是西夏人的创意。就如同摩羯和吼狮一样，尽管在佛经中都是威力无比的神物，但其形象都是比较写实的，都是祥和与善良的。当然，这一问题还有探讨的空间，期望更有说服力的解释。

另外，还有龙头形脊饰，6号陵出土，有灰陶、绿釉陶两种，形制全同，大小略异。龙头略呈三角形，张口露牙，上腭、下腭呈90°，长舌卷曲成S形，双目圆睁，形态威猛。绿釉者长60厘米、高88厘米、厚7—24厘米（图31）。[①]此脊饰与何物对接，装于何处，尚待研究。

图31　龙头形脊饰

西夏的蹲兽，与内地的相比，有明显的不同。在形态上，一为立式，一为横式；一为静态，一为动态。这是不是两种民族性格差异的体现呢?更为重要的是内容的不同：在内地，把龙、凤等动物形象置于殿脊上，用来象征封建帝王的圣德和尊贵地位，象征主持公道和剪除邪恶，象征消灾灭祸和逢凶化吉。而在西夏，则是通过这些与佛教有关的形象，宣扬佛法无边，可镇诸恶，降福人间。在西夏陵，与佛教有关的建筑与文物不少。诸如塔式陵台是佛塔，北部遗址是佛寺，还有石刻经幢等，至于莲座、莲花纹砖更多。从某种意义上说，西夏是以佛立国，这是否寄托着以佛的威力来护祐西夏的长治久安呢!

我们注意到，在屋顶构件中，脊兽如同其建筑是大屋顶、木结构一样，应是中原模式；而套兽、垂兽、蹲兽，则为西夏所独有。而在我国屋顶建筑构件中，西夏以前没有，西夏以后元明清也未见，说明这一模式，未对后世产生影响。因而可以说，在中国建筑史上，这是独一无二、空前绝后的西夏模式，具有重要的研究价值。

[①] 宁夏回族自治区博物馆：《西夏八号陵发掘简报》，《文物》1978年第8期，第60—68页。

通过以上考述，尽管我们看到西夏陵屋顶装饰构件，的确是与中原不完全相同的另一体系，具有浓郁的民族特色，但从宏观上看，西夏陵采用的仍是传统的木结构、大屋顶建筑。如果加以复原的话，其景观也是红墙碧瓦，雕梁画栋，与中原帝王陵园并无不同之处，反映了中原文化对西夏文化的深刻影响。

（原载《西夏学》第十辑，上海古籍出版社，2013 年）

三幅西夏文佛经扉画题记释析

胡进杉

摘　要： 西夏是个崇佛的王朝，为了弘传教法，翻译了卷帙庞大的佛典，其中部分佛典的经首冠有扉画，它的作用除了庄严佛经，以表示刻写者或施印者的虔敬之心，也是借着扉画的图示，让信众能很快的了知本经的内容。这些扉画有的只是纯粹的图案，有的则在图案的周围附有汉文或西夏文的题记，标示该图案的意涵。本文挑选《观弥勒菩萨上生兜率天经》《佛母大孔雀明王经》《妙法莲华经》三部佛典，针对其扉画的西夏文题记予以翻译解释，并探讨其与本经经文内容之关系。

关键词： 扉画；题记

图画，除了观赏的作用外，另一个大的功能，与文字一样，是传播知识和表达思想的载体，有时它比文字来的更直接、更有效。中国人是个爱书的民族，向来重视图画的作用，并且把它用在书籍中，古人著书立说，往往附有图画，所谓"左图右书"或"左图右史"，"文不足以图补之，图不足以文叙之"，借着图文并茂相辅相成，以尽传达之效。

佛教来自印度，传到中国后，经历朝公私僧俗的努力，翻译了卷帙庞大的佛典，为了弘传的方便，或是信徒个人积德累功的信仰，往往在佛经中绘有许多图画，一来庄严佛典，表示刻写者或施刻者的虔敬之心；一来借着图画，让信众能很快的了知本经的内容。这些图画依其在经文的位置，可分为经卷首端的扉画，正文中的经中插图和经卷末尾的拖尾画，三者中以扉画最多，也最重要。

西夏（1038—1227）是党项族所建立的王朝，版图包括今宁夏、甘肃、青海北部、陕西西北部和内蒙古西部，先后与辽（916—1125）、北宋（960—1127），金（1115—1234）、南宋（1127—1279）对峙鼎立，虽地处中国西陲，然控丝绸之路要道，得中西文化交流荟萃之便，中原进步的印刷术早为西夏人所采用，从今日留存的大量雕版和活字版西夏文献，可见当时西夏出版事业之发达。此外西夏王室笃信佛教，每次法会刻施经卷，动辄数万至一二十万卷，其刻印佛经数量之多，实令人惊叹，而元代为了安抚河西地区的西夏遗民，也继续刊刻了不少西夏文的佛典，因此今日中外留存的西夏文刻本也以佛典占多数，这些印本中有相当一部分冠有精美的扉画，这些扉画有些只是纯粹的图画，有些附有汉文或西夏文的题记，本文选择三幅附有西夏文题记的扉画，配合经文予以解释分析。

一、观弥勒菩萨上生兜率天经扉画

《观弥勒菩萨上生兜率天经》西夏文本经题作《�abc𗫕𗫉𗪮①𗫦𗫍𗫮𗫚𗫘𗫜》，1909年出土于内蒙古额济纳旗黑水城遗址，现藏俄罗斯科学院东方文献研究所，俄藏编号Инв.No.78+2315，刻本，经折装，22厘米×10.5厘米，版框高16厘米，卷首扉画8折（图1），保存完好。本经是西夏惠宗秉常时期（1068—1086）根据刘宋居士沮渠京声之汉译本再译成西夏文，仁宗仁孝时期（1140—1193）又加以校译②，并于乾祐二十年（1189）九月十五日之求生兜率内宫大法会上散施汉文和西夏文两种语本十万卷③。

图1　《观弥勒菩萨上生兜率天经》卷首扉画

① "兜率"为梵文 tuṣita 之汉语音译，其意为"知足"，此经西夏文采用意译，翻作"𗫉𗪮"。
② 孙伯君：《西夏文献丛考》，上海：上海古籍出版社，2015 年，第 183—184 页。
③ 汉文本图版俄罗斯科学院东方研究所圣彼得堡分所、中国社会科学院民族研究所、上海古籍出版社：《俄藏黑水城文献》第二册，上海：上海古籍出版社，1996 年，第 307—315 页；西夏文本图版见俄罗斯科学院东方文献研究所、中国社会科学院民族学与人类学研究所、上海古籍出版社：《俄藏黑水城文献（西夏文佛教部分）》第二十四册，上海：上海古籍出版社，2015 年，第 81—84 页；两者皆有构图相同之扉画与汉、夏不同文字之题记。

本经略称《弥勒上生经》，与《弥勒下生经》同为弥勒信仰的重要经典，叙述弥勒菩萨命终往生兜率天、在兜率净土说法的情景、兜率天宫的殊胜，以及讲述修行十善道，称念弥勒名号以往生兜率天的方法，夏仁宗于施经发愿文中赞叹本经"义统玄机，道存至理，乃启优婆离之发问，以彰阿逸多之前因，具阐上生之善缘，广说兜率之胜境，十方天众愿生此中，若习十善而持八斋，及守五戒而修六事，命终如壮士伸臂，随愿力往升彼天宝莲中，弥勒来接，未举头顷即闻法音，令发无上不退坚固之心，得超九十亿劫生死之罪，闻名号则不堕黑暗边地之聚，若归依，则必预成道授记之中"①。

扉画为上下文武边框，全图以金刚杵界栏分成三段，第一段有二折，题记二则，第二段五折，题记十五则，其中夏𦂅𣲗（八部众）、㑆蘞𣲗（声闻众）两则题记重出，第三段一折，题记六则，由右至左由上至下分述如下：

（一）第一段（图 2）

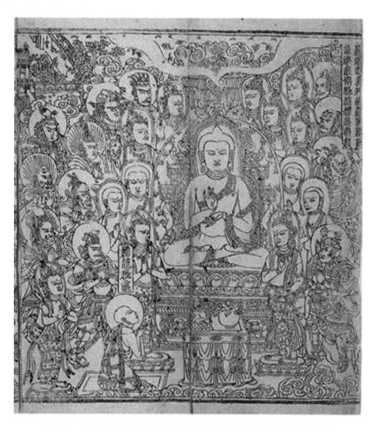

图 2　《观弥勒菩萨上生兜率天经》卷首扉画右半部分图

---

① 俄罗斯科学院东方研究所圣彼得堡分所、中国社会科学院民族研究所、上海古籍出版社：《俄藏黑水城文献（汉文部分）》第二册，上海：上海古籍出版社，1996 年，第 315 页。

（1）薾燚敟菀絴韴甀搬躧�endä①帰绖薮豬鞣緵搰蕏蕏莍（释迦牟尼佛于给孤独园中为弥勒菩萨授记处）。本段图绘本经序分的内容，首先标明佛讲经的地点，与会的大众，说经的因缘与请经的弟子。图中释迦牟尼佛结跏趺坐于师子座，双手结说法印，面貌安详，放金色光遍照舍卫国。四周围绕着来听法的会众，有着僧衣的比丘阿若憍陈如、摩诃迦叶、大目犍连、舍利弗和比丘尼摩诃波阇波提等，跋陀婆罗、文殊师利法王子等诸菩萨也来会，个个头戴五佛冠，上身裸露，下穿羊肠裤裙，以项链、耳环、臂钏、手镯、足钏严饰，以及王者装扮及穿戎装的天众、龙众、夜叉、阿修罗、乾达婆等天龙八部②。

（2）貜諪缼蒤（波离发问）。佛见大众会集，即演说百亿陀罗尼门，时弥勒菩萨在会中闻佛所说，应时得证此诸陀罗尼门，遂从座起，整理衣服合掌立于佛前，按弥勒菩萨为八大菩萨之一，其形象特征为手持两枝龙华树茎，上绕至肩，右置宝瓶，左置金轮，图中有三尊菩萨立于佛前，皆无持物，最有可能者为左下端边角的那尊，因有正在起立的动式。

弥勒之前为优波离比丘，即图中穿僧衣袒右肩，胡跪佛前合掌作请问状，优波离认为弥勒（即阿逸多）具凡夫身，不修禅定，不断烦恼，何能蒙佛授记而成佛，乃请问佛，弥勒彼命终当生何处，何时成佛③？

（二）第二段（图3）

图3　《观弥勒菩萨上生兜率天经》卷首扉画中间部分图

---

① 全称为"龍躕菀核韴甀搬躧薽薽"（祇树给孤独园）。
② ［日］大藏经刊行会：《大正新修大藏经》第十四册，台北：新文丰出版公司，1983年，第418页。
③ ［日］大藏经刊行会：《大正新修大藏经》第十四册，台北：新文丰出版公司，1983年，第418页。

本段图绘本经之正宗分，叙说弥勒菩萨之相好庄严，与兜率天宫之殊胜。正中一折最上方弥勒菩萨双手作说法印，结跏趺坐于兜率天宫之善法堂，身后有椭圆形之头光与身光，顶上左右各流出四道白光。佛说：弥勒家住波罗捺国劫波利村，十二年后的二月十五日，回到本家，结跏趺坐入灭，立即化生于兜率陀天七宝台内摩尼殿上师子床座，于莲华上结加趺坐，身如阎浮檀金色，长十六由旬，三十二相、八十种好皆悉具足，顶上肉髻发绀琉璃色，释迦毗楞伽摩尼、百千万亿甄叔迦宝以严天冠，眉间有白毫相光，昼夜六时常说不退转地法轮之行，度诸天子①。其下有题记：

（1）𗙢𗣼𗗙𗉔𗰏𗣼𘕘𘝶𗤎𗗙𘝾𗤁𘆟𘝶𗄈𗰜𗣝𘌋𗵐𗁾𗅢𘞽（牢度大神以额宝珠中所化四十九重宫殿供养弥勒处）。善法堂是弥勒在兜率天宫的居处，此堂乃大神牢度跋提听闻佛说弥勒菩萨将化生于兜率天宫后，发愿从其额上之宝珠，变现出四十九重微妙宝宫以供养弥勒。善法堂有众摩尼宝所合成之栏楯，诸栏楯间自然化生亿万天子、天女，天子个个手持发光之七宝莲华，光中乐器自然发声，诸天女闻声，亦执众乐器，竞起歌舞②。图中题记正下方，善法堂阶下有一人合十，即牢度跋提大神，其左边有七位天女，右边九位天女，正席地演奏各种乐器，又各有一天女，婆娑起舞；弥勒左右之善法堂回廊间，有王者、仕女驻足徘徊，代表自然化生之亿万天子、天女。

（2）𘝵𘈷𗡝（八部众）和𗭢𘈷𗡝（声闻众）。"声闻众"指比丘、比丘尼、优婆塞、优婆夷，而天众、龙众、夜叉、乾达婆、阿修罗、迦楼罗、紧那罗、摩睺罗伽是为"八部众"，图中善法堂阶下左右两侧，着僧衣合掌盘坐者为"声闻众"，靠界栏戴天冠及怒发上扬者是"八部众"。经文说上述大众，若有得闻弥勒菩萨名者，闻已能欢喜恭敬礼拜，彼等命终，如弹指顷即得往生兜率天，听弥勒菩萨说法③。

（3）𗤁𘝾𗌰𘈷𗣼𗤎𗛝𘏨（五百亿天子奉施宝冠）。兜率天上的五百亿天子，得知弥勒菩萨将往生兜率天，乃个个长跪发弘誓愿，愿将头上之栴檀摩尼宝冠化作宝宫供养弥勒菩萨，宝宫有七重垣墙，高六十二由旬，厚十四由旬，宫内有七宝行树、宝莲华等④。图中八部众之下右界栏旁，画五人代表五百亿天子，双手捧宝冠长跪作供养，其下方有挂满璎珞重檐复阁之巍峨高墙即宝冠所变现的保宫宫墙。

（4）𗁥𗁾𘝩𗣼𗬫𘕳（南方增长天王）。

---

① ［日］大藏经刊行会：《大正新修大藏经》第十四册，台北：新文丰出版公司，1983 年，第 419—420 页。
② ［日］大藏经刊行会：《大正新修大藏经》第十四册，台北：新文丰出版公司，1983 年，第 419—421 页。
③ ［日］大藏经刊行会：《大正新修大藏经》第十四册，台北：新文丰出版公司，1983 年，第 420 页。
④ ［日］大藏经刊行会：《大正新修大藏经》第十四册，台北：新文丰出版公司，1983 年，第 418—419 页。

（5）[illegible]（东方持国天王）。

（6）[illegible]（西方广目天王）。

（7）[illegible]（北方多闻天王）。兜率天宫垣墙外，左右由下端各涌出一道祥云，云端各立二人，右方依次为四大天王中之增长、持国天王，左方为广目、多闻天王，持国、多闻二天王双手合十，增长、广目天王则双手捧宝珠乘云来供养弥勒菩萨，经文虽未提到四大王名号，但彼等亦属“八部众”，扉画作者遂于此特别绘出。

（8）[illegible]（声闻众）：说明见前。

（9）[illegible]（八部众）：说明见前。

（10）[illegible]（花德大神）。

（11）[illegible]（香音大神）。

（12）[illegible]（喜乐大神）。

（13）[illegible]（正音大神）。

（14）[illegible]（宝幢大神）。

刻于本图最左侧，位于“八部众”之下，五人均武将装扮，长跪面向弥勒菩萨。经文说兜率天宫有五大神：第一大神名宝幢，能身雨宝珠散宫墙内，一一宝珠化无量乐器，悬处空中不鼓自鸣；第二大神名花德，能身雨众花，化作花盖、幢幡；第三大神名香音，身毛孔中出旃檀香，化作香云围绕兜率天宫；第四大神名喜乐，雨如意珠，诸宝珠能演说无量法；第五大神名正音声，其毛孔能出众水，水上有花，花上化现天女，诸天女各出绝妙音声[①]，此即图中宫墙内外平台、空中所点缀的各式香花、珍宝。

（三）第三段（图 4）

本段图式再平分为六小格，每格一题记，乃描绘经文“佛灭度后我诸弟子，若有精勤修诸功德，威仪不缺，扫塔涂地，以众名香妙花供养，行众三昧深入正受，读诵经典，如是等人应当至心，虽不断结如得六通，应当系念念佛形像称弥勒名。如是等辈若一念顷受八戒斋，修诸净业发弘誓愿，命终之后譬如壮士屈申臂顷，即得往生兜率陀天，于莲华上结跏趺坐”[②]之内容，“若有精勤修诸功德，威仪不缺，扫塔涂地，以众名香妙花供养，行众三昧深入正受，读诵经典”一段，西夏本作“[illegible]

① ［日］大藏经刊行会：《大正新修大藏经》第十四册，台北：新文丰出版公司，1983 年，第 419 页。

② 俄罗斯科学院东方研究所圣彼得堡分所、中国社会科学院民族研究所、上海古籍出版社：《俄藏黑水城文献（汉文部分）》第二册，上海：上海古籍出版社，1996 年，第 312 页。

𘟥𘟎𗣘𗌞𗥃𗤳𗼃𗭠𗩾𗾞𗪛𘃽𗌞𘄯𗹬𗪺𗃳𗹦"①（若以精勤修诸功德，戒行具足，扫拭佛塔，香花供养，行众三昧深入禅定，读诵经典。）虽译文稍异，但内容相同。

图 4　《观弥勒菩萨上生兜率天经》卷首扉画左半部分图

　　（1）𗥃𗤳𗼃𗭠（香花供养）。右上一格，画佛跏趺坐于高堂莲台，堂下一对夫妇双手捧香花前来供养。

　　（2）𗼃𗌞𘄯𗹬（深入正受）。右中一格，空地上一茅庵，四周树木扶疏，一居士正

① 俄罗斯科学院东方文献研究所、中国社会科学院民族学与人类学研究所、上海古籍出版社：《俄藏黑水城文献（西夏文佛教部分）》第二十四册，上海：上海古籍出版社，2015 年，第 83 页。

盘腿静坐庵中，表深入禅定，庵前一童子握杖正欲驱赶二犬，免其惊扰主人禅定。

（3）𗧤𗤭𗡸𗡞（修诸功德）。右下一格，绘一佛殿，有一画师坐凳上塑造彩绘佛像，左下一学徒正为其调制颜料。

（4）𗥦𗣼𗣼𗧘（读诵经典）。左上一格，画屋前树下，一居士坐桌案后，双手展经诵读，案前一童子奉茶前来。

（5）𗥩𗡘𗡜𗧾（具足威仪①）。左中一格，画一殿宇，一佛坐高台，右手施无畏印，双足踩莲，阶下有二人，一人合十向佛问讯，一人则跪拜顶礼。

（6）𗧵𗤀𗤕𗧾（扫拭塔寺②）。左下一格，画一佛寺，阶前树下一大塔，有二人正清扫擦拭塔座。

二、佛母大孔雀明王经扉画

西夏文《佛母大孔雀明王经》，卷首冠扉画四折，每折高宽为 26×12 厘米，图版（图5）见《丝路上消失的王国——西夏黑水城的佛教艺术》269页，原件现藏圣彼得堡俄罗斯科学院，编号 TANG61，InventoryNo.1，因本经经题后有仁宗尊号"𗼖𗰗𗼕𗰭𗥤𗾈𗾖𗼅𗹙𗿷𗊱𗏹𗣼𗊱𗏹𗪙𗼶𗏹𗵆𗊱𗥤𗿷（奉天显道耀武宣文神谋睿智制义去邪惇睦懿恭皇帝御校）"的款题，应刻于西夏仁宗朝（1140—1193）③。原扉画部分图像、题记剥泐残损，乃参考俄藏编号 Инв.No.6263《佛说佛母出生三法藏般若波罗蜜多经》卷九之扉画（图6）④。西夏文此经译自藏文，经题《𗿂𗰗𗤀 𗤻𗣼𗤛𗤭𗥦�》（明咒王母大孔雀经）直译藏文 "རིག་སྔགས་ཀྱི་རྒྱལ་མོ་རྨ་བྱ་ཆེན་མོ།"⑤。藏译本不分卷，夏译本厘为上下两卷，其内容略同于不空的汉译本《佛母大孔雀明王经》，叙述佛住祇树给孤独园，比丘莎底为大黑蛇所螫，毒气遍身，闷绝于地，阿难见之，速往佛所，请求救护，佛遂教阿难诵"佛母大孔雀明王咒"救之，并宣说此咒能远离一切灾难恐怖，获平安喜乐等功德。

---

① 汉文本之题记作"威仪不缺"。
② 汉文本之题记作"扫塔涂地"。
③ ［俄］米哈依·彼奥特洛夫斯基著、许洋主译：《丝路上消失的王国——西夏黑水城的佛教艺术》，台北："国立历史博物馆"，1996年，第269页。
④ 俄罗斯科学院东方文献研究所、中国社会科学院民族学与人类学研究所、上海古籍出版社：《俄藏黑水城文献（西夏文佛教部分）》第二十四册，上海：上海古籍出版社，2015年，图版八，此画应为《佛母大孔雀明王尼经》之扉画，误植于《佛说佛母出生三法藏般若波罗蜜多经》卷九，拟另文论述。
⑤ 王静如：《西夏研究》第一辑，北平：中央研究院历史语言研究所，1932年，第181—189页。

图5　西夏文《佛母大孔雀明王经》卷首冠扉画

图6　《佛说佛母出生三法藏般若波罗蜜多经》卷九扉画

　　扉画的构图为双主尊对坐式，即本经说法的主尊佛，与经文的主角大孔雀佛母，并列扉画的左右，其他人物，依内容需要，配置于两者的周围，虽然画面有两个中心，但彼此仍互相呼应，整个画面保持一体。本图右二折画说法者释迦牟尼，跏趺坐于莲台，正在说法，座下有十僧人围绕听法，左二折画孔雀佛母，亦跏趺坐于莲台，台下八人跪于四周，合十听法。此二十身人物，除一身之题记，因装裱被裁切外，其余十九身均附长方形题记一则，拟分左右二半部分述如下：

（一）右半部（图7）

图7 《佛说佛母出生三法藏般若波罗蜜多经》卷九扉画右半部分图

（1）𗼃𗾟𗾔𗏴𘝦𗥽𘇠𗥰𘂤𗗙𗪺𘏨𘎪𗡘𘝵（释迦牟尼佛于祇陀树林园中说孔雀经处）。

（2）𗁬𘉒𗡜𗏴𘝵（阿难问言处）。本经上卷尚未刊行，其下卷藏中国国家博物馆，不全，卷末约残三十面，已公布①，故扉画之解说依据藏译本②。第一，此两题记描述本经之序分，题记一说明本经讲主为释迦牟尼佛，藏文原本只作 བཅོམ་ལྡན་འདས（出有坏、薄伽梵、世尊），乃诸佛之通称，此处将释迦牟尼佛之个别名号点出，释迦牟尼在西夏文一般译作𗼃𗾟𗾔𗏴，这里作𗼃𗾟𘇠𗏴，第三字前者𗾔音mo，后者𘇠音mju，𗼃𗾟𗾔𗏴应出自汉文的音译释迦牟尼，而𗼃𗾟𘇠𗏴则直接源于梵语Śākyamuni。第二，讲经地点是舍卫国（མཉན་ཡོད）的祇树给孤独园（རྒྱལ་བུ་རྒྱལ་བྱེད་ཀྱི་ཚལ་མགོན་མེད་ཟས་སྦྱིན་གྱི་ཀུན་དགའ་ར་བ），𗏨𘙤𘇠𘇩（祇陀

① 参见杜建录：《西夏学》第三辑，银川：宁夏人民出版社，2008年，第81页；王静如：《西夏研究》第一辑，北平：中央研究院历史语言研究所，1932年，第190—231页；宁夏大学西夏学研究中心、中国国家图书馆、甘肃五凉古籍整理研究中心：《中国藏西夏文献》第六册，兰州：甘肃人民出版社、敦煌文艺出版社，2005年，第212—242页。
② ［美］巴博主编：《西藏大藏经》第十八册，台北：南天书局，1991年，第199、172、207、231页，此书乃印度堪布悉蓝陀菩提（སི་ལེན་དྲ་བོ་དྷི）、阇那悉第（ཛྙཱ་ན་སིདྡྷི）、释迦般跋（ཤཱཀྱ་འོད）及主校译师僧人益希德（ཡེ་ཤེས་སྡེ）所翻译校订。

树林）对译藏文 ᠁（祇陀太子树林），᠁意译为"极喜宫"，即直译藏文 ᠁（林园）。第三，讲题为佛母大孔雀明王法门。题记二说明本经的请主是佛之弟子阿难，阿难是阿难陀（Ānanda）的略称，᠁乃梵文音译，而非译自藏文的 ᠁（庆喜）；另外是讲经的缘起，即有一刚出家之年轻比丘莎底（᠁），为建僧众澡堂而劈材，适一黑色大毒蛇钻出木材裂缝，螫咬莎底右脚拇指，莎底毒发，全身麻痹不支倒地，口吐白沫双眼翻白，时阿难见其痛苦万端，乃急禀世尊求救，世尊告阿难，若人为天龙诸鬼神所侵害，或罹诸毒及疾疫，佛母孔雀明王皆能摄受救护令其安乐，遂教其结界读诵佛母孔雀明王咒以救莎底①。

图 7 中释尊着僧衣，偏袒右肩，跏趺坐莲华高台，后有圆形头光与四轮背光，右手作说法印，而双手合十，长跪垫上面向佛陀作禀告者是阿难。

高台下尚有僧人九名，面朝左，双手合十，跏趺坐于垫上，现由阿难起顺时针方向，说明如下：

（3）᠁（具寿舍利子）。

（4）᠁（具寿憍陈如）。

（5）᠁（具寿迦旃延）。

（6）᠁（具寿须菩提）。

（7）᠁（具寿罗睺罗）。

（8）᠁（具寿目犍连）。

（9）᠁（具寿大迦叶）。

（10）缺。

（11）᠁（具寿富楼那）。

题记 3 至 11 为标志该人物之名号，"具寿"直译藏文"᠁"，又可译为"长老、大德"，是对持戒僧众以及菩萨、阿罗汉的尊称，也是佛家师长呼弟子时的敬称。题记 4 憍陈如是佛在鹿野苑最初度化的五比丘之首，其余包括题记二阿难，被誉为佛之"十大弟子"，即释迦牟尼最得意的十位门徒。阿难为佛之堂弟，随侍佛侧二十五年，多闻不忘，有"多闻第一"之称；舍利子（Śāriputra）又译作舍利弗，智慧猛利，能解诸疑，有"智慧第一"之称；迦旃延（Kātyāyana）能分别深义，敷演教法，有"论议第一"之称；须菩提（Subhūti）喜好空定，能分别空义，有"解空第一"之称；罗睺罗（Rāhula）是释尊之子，能不毁禁戒，诵读不懈，有"密行第一"之称；目犍连（Mahākāśyapa）能

---

① ［美］巴博主编：《西藏大藏经》第十八册，台北：南天书局，1991 年，第 199、174、200、176 页。

神足轻举飞行十方，有"神通第一"之称；大迦叶又译作摩诃迦叶（Mahākāśyapa），能堪苦行，有"头陀第一"之称；富楼那（Pūrṇa）善于弘法，有"说法第一"之称，而题记未明的一尊，是"天眼第一"的阿那律（Aniruddha），还是"持戒第一"的优波离（Upāli）①，抑或其他弟子，不得而知。经文中除阿难外②，并未记载上述弟子名号，想必是经文末尾说，阿难依世尊之教，念诵佛母大孔雀明王咒，消除莎底身上蛇毒，令其痊愈获得安稳，佛遂勉阿难亦教比丘、比丘尼、优婆塞、优婆夷等四众弟子信解奉行此法门③，扉画作者乃图绘此诸上首比丘以代表四众弟子。

（二）左半部（图8）

图8　《佛说佛母出生三法藏般若波罗蜜多经》卷九扉画左半部分图

（1）𗙫𗣼𗣼𗣼𗣼（大孔雀佛母）。直译作"天母"，对译藏文的𗤋𗤋𗤋，一般汉译作

---

① 蓝吉富：《中华佛教百科全书》第二册，台北：中华佛教百科文献基金会，1994年，第327页。
② 阿难藏文作"𗤋𗤋𗤋𗤋𗤋"，义译为"庆喜"。
③ ［美］巴博主编著：《西藏大藏经》第十八册，台北：南天书局，1991年，第207、230、231页。

"佛母"。大孔雀佛母为藏传佛教五部陀罗尼佛母之一，梵名 Rājamahāmayūrī，藏名 རྒྱལ་མོ་རྨ་བྱ་ཆེན་མོ，三面八臂，后有圆形头光与三轮背光，左第一手托嘎巴拉碗，碗中一化佛，第二手执旗，第三手托十字金刚杵，第四手持三支孔雀羽翎；右第一手施与愿印，第二手持剑，第三手托法轮，第四手持净瓶，面向佛陀，双足亦结跏趺坐于莲台，唯其在画面的位置稍低于释迦牟尼佛，以分别两者之尊卑。自其正下方顺时针方向有人物八身，长跪合掌围绕左右，介绍如次：

（2）𗧓𗢞𘔞𗾟（持国天王）。

（3）𗾪𗴮𘔞𗾟（增长天王）。

（4）𘝞𗦲𘔆（摩睺罗）。

（5）𘟣𗎦𘔆（阿修罗）。

（6）𗴮𘜫𘔆（迦楼罗）。

（7）𗹙𘈜𘔆（紧那罗）。

（8）𗶷𗤙𘔞𗾟（广目天王）。

（9）𗴟𗥫𗩾𘟣𘔞𗾟（多闻天王）。

题记 2 至 9 诸尊属于"天龙八部众"，"天"指梵天、帝释天、四大天王等天神，"龙"指八大龙王等水族之主，其余六部即夜叉、乾达婆、阿修罗、迦楼罗、紧那罗、摩睺罗伽，此八部众皆系佛眷属，受佛威德所化而护持佛法，因此在大乘经典中，彼等也往往是佛陀说法时的会众[1]。此中持国天王（ཡུལ་འཁོར་སྲུང་）、增长天王（འཕགས་སྐྱེས་པོ་）、广目天王（མིག་མི་བཟང་）、多闻天王（རྣམ་ཐོས་ཀྱི་བུ་）合称四大天王，分居须弥山腰东、南、西、北四方，率部守护国土，护持佛法。佛告阿难此四大天王亦随喜宣说佛母大孔雀明王咒，且彼等守护世间着有名称，其军众具威德，能降服诸外怨，他敌不能侵，亦以佛母大孔雀明王咒摄受、救护众生，令其无刀械、罪罚之灾，常获安乐寿命百年，因此修此法门者亦当忆持四大天王名号[2]。

𘝞𗦲𘔆（摩睺罗）是𘝞𗦲𘔆𗾪（摩睺罗伽）的略称，为梵文 mahoroga 之音译，本经藏本义译作"ལྟོ་འཕྱེ་ཆེན་པོ"（大腹行），西夏本译自藏本，略作"𗴮𗴮"（大腹）；𘟣𗎦𘔆（阿修罗）为梵文 asura 之音译，藏本意译作"ལྷ་མ་ཡིན"（非天），西夏本亦作"𗙫𘉨"（非天）；𗴮𘜫𘔆（迦楼罗）为梵文 garuḍa 之音译，藏本意译作"ནམ་མཁའ་ལྡིང་"（金翅鸟），西夏本亦作"𗼑𗥃𘝗"（金翅鸟）；𗹙𘈜𘔆（紧那罗），为梵文 kiṃnara 之音译，藏本

---

[1] 蓝吉富主编：《中华佛教百科全书》第三册，台北：中华佛教百科文献基金会，1994 年，第 1263—1264 页。
[2] ［美］巴博主编著：《西藏大藏经》第十八册，台北：南天书局，1991 年，第 201、189 页。

义译作" མི་འམ་ཅི"（人非人），夏本亦作"𘚱𗉘𘚱"（人非人），可见此四尊之名号，经文是依藏文本意译，扉画题记则是用音译。经文中佛说持诵佛母大孔雀明王咒之行者，亦当忆持此天龙八部名号，彼等将救护之，令其长寿百岁[1]。

另外，题记4至7与图像有所误植，按阿修罗是三头，迦楼罗人面鸟嘴，紧那罗头上有角[2]，故细察画中形象，题记4应为𗄃𘐓𘔵（阿修罗），题记5应为𗄃𗙟𘔵（摩睺罗），题记6应为𗍳𘐟𘔵（紧那罗），题记7应为𘚳𘒿𘔵（迦楼罗）。

三、妙法莲华经卷二扉画

《妙法莲华经》，简称《法华经》《莲经》《莲花经》，弘始八年（406）鸠摩罗什所译。内容说明一切众生皆有佛性，但因各人根器不同，释尊为了方便说教，分别宣讲声闻、独觉、菩萨三乘，而唯有真实佛乘，方可成佛，是大乘佛教很重要的一部经典，素有"经中之王"之称。全经共八卷，此为其中之第二卷，内容包括《譬喻品》《信解品》两品，《譬喻品》讲述"法华七喻"的首喻"火宅喻"，《信解品》则说第二喻"穷子喻"，佛于本卷中以此二喻令诸弟子深入了悟一乘佛教之义理[3]。

国家图书馆所藏编号B11.055（1.17）之西夏文《妙法莲华经》译自汉文本，经题为《𘚷𘄒𗙭𗗼𗩾𘔵》，现存第二卷，刻本，经折装，高33.1厘米、宽10.6厘米，上下双栏，栏高18.6厘米，扉画四折（图9），后有龙纹赞牌三折（图10），依次为"𘊏𗦻𘖾𗹙𘎮𘄓（当今皇帝御印）""𗪙𘖴𘐎𘎬𗕎𗕩𗴒𗹻𗧊𘙰𗈀𘏨𘎮𘄓（仪天兴圣慈仁昭懿寿元皇太后御印）""𗴿𗰖𘏨𘎮𘄓（正宫皇后御印）"[4]。按仪天兴圣慈仁昭懿寿元皇太后，姓弘吉剌氏，名答己，是元武宗和元仁宗的母亲，武宗至大元年（1308）向其上尊号"仪天兴圣慈仁昭懿寿元皇太后"，后仁宗即位，又于延祐二年（1315）再上尊号"仪天兴圣慈仁昭懿寿元全德泰宁福庆皇太后"[5]，可知此经是印于1308—1315年。

---

① ［美］巴博主编著：《西藏大藏经》第十八册，台北：南天书局，1991年，第206、223、224页。

② 杨辉麟：《西藏的神灵》，西宁：青海人民出版社，2008年，第229—230页。

③ 《法华经》以"火宅喻""穷子喻""药草喻""化城喻""衣珠喻""髻珠喻""医子喻"七种譬喻，来眼说一乘佛教之义理，谓之"法华七喻"。

④ 宁夏大学西夏学研究中心、中国国家图书馆、甘肃五凉古籍整理研究中心：《中国藏西夏文献》第六册，兰州：甘肃人民出版社、敦煌文艺出版社，2005年，第132—135页。其注录之标题作《添品妙法莲华经》，按《妙法莲华经》八卷为姚秦鸠摩罗什所译，而《添品妙法莲华经》七卷，乃隋阇那崛和达摩笈多所译，此处正文经题作"𘚷𘄒𗙭𗗼𗩾𘔵"（《妙法莲华经》），译者款也作"𘓓𗆐𘃡𘚛𘃳𘐔𘄡𘔵𗗔𗄭𘟣𘀗"（姚秦三藏法师鸠摩罗什汉译），因此注录标题应为《妙法莲华经》，而非《添品妙法莲华经》。

⑤ ［明］宋濂等：《元史》卷一一六，北京：中华书局，1976年，第2907页。

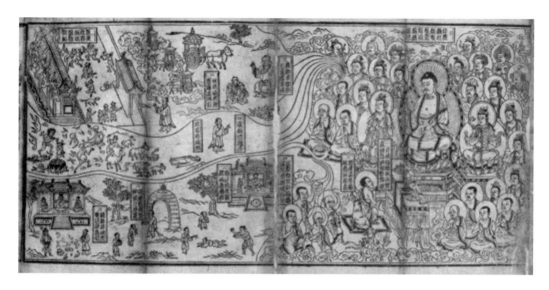

图 9　西夏文《妙法莲华经》卷二扉画

图 10　西夏文《妙法莲华经》卷二龙纹赞牌

扉画可略分为右二折之说法图与左二折之经变图，经变图以横曲线为界，再分为上、中、下三区块，题记共计十一则，每则首端附汉文数字，其内容如下：

（一）说法图（图11），题记四则

图11　右二折之说法图

　　（1）𗪫𘉞𗣼𗫡𗰕𗋕𗉺𗤋𗈶𗗟𘊐𗂧𗣼𗝠𘟣𗏹（一、先益身子故，已闻此入妙，方授记心中）。舍利弗（Śāriputra）又译作舍利子，意译也作"身子"。此题记描述舍利弗蒙佛授记成佛事，佛前一僧袒右肩胡跪垫上，双手合十，举头瞻仰佛颜，听佛说法，此即舍利弗，彼过去曾于二万亿佛所追随释尊学法，此生又为其大弟子，是佛的长子，在声闻众中，佛说为智慧第一[①]，本品内容主要是为声闻众而设，因此先饶益度化他，从其请而演说《妙法莲华经》，令其先听闻而悟解一佛乘之妙法，再为授记，谓彼将于未来

① ［日］大藏经刊行会：《大正新修大藏经》第九册，台北：新文丰出版公司，1983年，第6页。

世成佛①，使舍利弗牢记于心中，亦鼓励其他声闻弟子信解一乘佛法。

（2）𗋡𗣼𗄻𘃡𗡪𘇂𗰤𗣫𗥑𘄴𗔺（二、又因未入者，请教再激促）。此题记描述舍利弗既得佛授记，认为尚有一千二百余位小乘行者，耽于小乘佛法，自谓已离我见及有无见而得涅盘，于今日所说大乘之一乘佛法，之前从未闻佛演说，心中甚感疑惑，故为消除彼等疑惑，及导其驱入大乘，舍利弗遂祈请世尊说教，再次激励彼等了解一佛乘之理②。

（3）𘝞𗸍𘕿𗤒𗾔𗣫𗣫𘒷𗡷𗩻𗩾𘜶𘚢𗳦𗿖（三、佛以火宅喻令各各深悟，此中四事）。此题记描述佛应允舍利弗之请，乃谓舍利弗，往昔诸佛世尊皆以种种因缘、譬喻言辞方便说法，来化导大众，我今也当用"火宅喻"之譬喻，阐明一乘佛法之义，让诸智者因譬喻而得信解③。图中主尊释迦牟尼佛身着僧祇衣，左手结禅定印，右手作说法印，跏趺坐莲台上，后有大小圆形头光与身光，文殊菩萨持经卷坐于佛右莲台，普贤菩萨持如意坐于左侧。三尊前后复有人物二十四身周匝围绕，皆双手合十，或坐或立，其中着僧衣者乃阿若憍陈如、阿难等比丘众与摩诃波阇波提、耶输陀罗诸比丘尼；菩萨装者为观世音菩萨、得大势菩萨、常精进菩萨等众菩萨；其余为王者打扮之帝释天、梵天诸天子，与武将装扮之龙王、紧那罗王等天龙八部众，此构图乃沿袭卷一序分佛在王舍城耆阇崛山中演说《妙法莲华经》之法会场景④。

"此中四事"即用四题记来说明"火宅喻"，内容详下经变图"火宅喻"。

（4）𗼷𗿖𗤒𗣫𗥑𘒷𗩻𗳦𘙰𘏲𗾔𘍦𘏲𗵆𗣫（四、四大弟子悟，此中俱如穷子悔，又三）。四大弟子指须菩提、摩诃迦旃延、摩诃迦叶、摩诃目犍连四位声闻弟子，即图中所绘的四位僧人合掌胡跪于舍利弗之后，口中各画一线条，汇成一区块，绘"穷子喻"之内容。

彼四人因听闻《妙法莲华经》而解悟，共同忏悔过去只耽于念空、无相、无作的小乘出三界证涅盘之法，而不喜乐世尊所教授的游戏神通、净佛国土、成就众生之大乘菩萨之法，犹如下文要说的穷子不接受其父给予的万贯家产，而操除粪的工作，因此要说穷子譬喻，让未信者能明了一乘佛法之义⑤。

于经变图中又分三题记解说"穷子喻"。

---

① ［日］大藏经刊行会：《大正新修大藏经》第九册，台北：新文丰出版公司，1983 年，第 10—11 页。

② ［日］大藏经刊行会：《大正新修大藏经》第九册，台北：新文丰出版公司，1983 年，第 12 页。

③ ［日］大藏经刊行会：《大正新修大藏经》第九册，台北：新文丰出版公司，1983 年，第 12 页。

④ ［日］大藏经刊行会：《大正新修大藏经》第九册，台北：新文丰出版公司，1983 年，第 1—2 页。

⑤ ［日］大藏经刊行会：《大正新修大藏经》第九册，台北：新文丰出版公司，1983 年，第 16 页。

（二）经变图（图12）

图12　左二折之经变图

1. 火宅喻（图13），题记四则：

图13　经变图火宅喻

（1）𗏵𗆧𘝙𗽏𗗆𗜺𗙴𗜺𗉅𗂧（一、系执三界事，后种种苦难）。经变图上区块最左侧画一大宅邸，唯有一门，一日火起，焚烧屋舍，梁倾柱裂，墙壁崩倒，院内鸟兽为火所困，四处奔窜，亦有诸鬼魅惶怖号叫，而内有三小儿犹耽于嬉戏不知恐惧，墙外绘一长者，乃三儿之父，正挥手劝诸子快逃离火宅，彼等却不肯离去。此图喻义，长者表佛，三儿表众生，火宅表三界，盖三界之众生为生老病死、忧悲苦恼之所烧煮，亦以贪着追求五欲财利故，现生受种种苦；死后堕三恶道受地狱、畜生、饿鬼之苦；若生天上，及在人间，贫穷困苦、爱别离苦、怨憎会苦，如是等种种诸苦。但众生虽没在其中，欢喜游戏，不觉不知、不惊不怖，亦不生厌，不听佛教导去追求解脱[1]。

（2）𘝙𗼃𗢸𗆧𘕰𗏵𘂀𘎦𗢭𗙴（二、于彼出权便，依爱说三乘）。其父为救诸子，乃设权便告诸子彼等平日所爱之羊车、鹿车、牛车，正在屋外，可速取之，三子闻言遂争相夺门而出，而免罹火难。长者即赐三子各一豪华大车。此即上图之右，屋外空地停有羊、鹿、牛所拉之三辆车，其中羊车表声闻乘，鹿车为辟支佛乘，牛车是菩萨乘，即佛依众生之根器，暂且以声闻乘、辟支佛乘、菩萨乘教导众生脱离三界[2]。

（3）𘝐𗵘𘗐𗆐𗜺𗵿𘊝𗏵𗼋𗆒（三、最后立处，如实得一乘）。三车后画一大牛车，三小孩跪地合十，长者坐椅上，举右手正说教，故事是说长者依三子之喜好，用羊车等三车将三子救出火宅，而最后赐给每人一大白牛所拉之七宝大车，如同佛依众生的根器意乐，先诱之以三乘之车使之出离，待其出离后，再告以最殊胜的唯一佛乘，使其解脱成佛[3]。

（4）𗰖𘕰𘝙𘗐𘓪𗯶𗕿𘕰𘄴𘝙𗙈（四、若疑此事者，果报复如是）。佛接着告诫弟子，若人不信或毁谤《妙法莲华经》，死后当入阿鼻地狱，历时一劫，地狱出已，又堕饿鬼、畜生道，如生作骆驼、驴等，身常负重为人杖捶，或作蟒蛇，宛转腹行，为诸小虫日夜唼食，受诸痛苦等果报[4]。扉画中段区块有一站立男子，表怀疑及毁谤者，其旁一人平躺地上，表此人命终，画之最左端，有刀山、油锅，一鬼卒正剪割一鬼之舌，此乃描述地狱之苦。其右有二鬼，大腹细喉，口出火焰，此乃画饿鬼道之苦，盖彼道众生腹大如山，常怀饥渴，却口如针孔，难以吞咽，甚或食物一入口，即化成火焰，无法饮食。其右刻骆驼、驴、羊、蟒蛇诸动物，一人于后，正扬鞭捶打驱赶，此是畜生道之苦。

---

① ［日］大藏经刊行会：《大正新修大藏经》第九册，台北：新文丰出版公司，1983 年，第 12 页。
② ［日］大藏经刊行会：《大正新修大藏经》第九册，台北：新文丰出版公司，1983 年，第 12—17 页。
③ ［日］大藏经刊行会：《大正新修大藏经》第九册，台北：新文丰出版公司，1983 年，第 12—13 页。
④ ［日］大藏经刊行会：《大正新修大藏经》第九册，台北：新文丰出版公司，1983 年，第 15—16 页。

2. 穷子喻（图14）和三则题记

图14 经变图穷子喻

（1）禺肠絆胒蔽薤毲龇嫱傚謡（一、正佛知见，不堪济，密，闷绝）。有一大富长者唯有子，五十年前离散而今年岁渐长又复穷困，四方求食，某日来至父所，其父遥见识知其子，心大欢喜，欲将万贯家产交付给他，然穷子不识其父，见长者坐高堂，童仆侍立拥护，有大势力，以为王者，穷子心怀恐惧，正欲逃离，遂暗中派人追之，其子惊怖，恐被囚执杖打，乃急急逃走，昏厥倒地①。此即图中最下区块右侧画一华屋，席地而坐于高堂上者为大富长者，僮仆手执白拂分立左右，堂下树旁画一人偷窥，即穷子，再其下一人扑地，乃穷子惧被执，昏厥倒地，旁有二人，一持鞭一双手作捉执状，即富人所派之人。

此段喻义为如来要以正佛知见之宝贵大法济拔弟子，然只乐于小乘法之行人于此一佛乘大法，因根器意乐短浅，不堪领受，听后反而怀疑惊怖，就像大富长者派人叫回其独子来继承巨额的家产，但独子惯于穷困卑微，以为将被抓执扑打，遂逃跑昏厥于地。

（2）戮毹�絭救餕粥毲幻救謡（二、教以小权法，断恼成小圣）。世尊知小乘行人一时无法教以大乘之法，遂用权便先授予声闻和缘觉小乘佛法，令其断烦恼，证得阿罗汉或辟支佛小圣之果位。就如同大富长者知其子穷困潦倒意志下劣，一时难以相认，过富家的生活，乃权令使者释放，恣其所之。穷子遂速往贫里，以求衣食，尔后其父为诱引其子，乃密遣二使者往雇穷子来舍除粪，穷子应允，接着长者再借机会与他亲近，渐

① ［日］大藏经刊行会：《大正新修大藏经》第九册，台北：新文丰出版公司，1983年，第16—17页

得其子信赖，久之家中金银什物，恣其所取①。即图 14 之左画一茅舍表贫里穷子之居处，穷子正立于门外，有二人作揖与其交谈，表其父派来邀其至大富长者家帮佣除粪之差使。

（3）𗡮𗴺𗵒𗥃𗹝𗈪𗏹𗰗𗧃𗣼（三、最后授无尽妙藏佛知见）。图 14 左半部分，大富长者坐高堂上，臣僚、士绅分作左右，穷子拱手立堂下，其前种种宝物堆积满地，旁一卫士右手持钺，左手指点宝物交与穷子。此乃画经文：某日富人自知时日将近，乃集众亲族、士绅作证，与子相认，并将所有家产尽予其子。其喻义富人代表佛，穷子指众生，穷子离家流转四方，指众生轮回三界，父初欲与其相认继承家业，表示教以唯一之真实佛乘，穷子意志低劣不敢领受，父乃设方便雇之除粪，并与相操作，得其信任，指佛对根器下劣一时无法接受菩萨大乘的众生，乃权巧方便开演声闻、缘觉小乘，待其渐入佛道，最后机缘成熟，遂将具正佛知见无尽妙藏之一佛乘开示给众生。

总之，佛经扉画并非纯艺术，乃为解说、铺陈佛经内容而制作，刻画之主题是佛经中之人物，包括佛、菩萨、天龙八部、比丘及世俗信众等，描绘的情节为彼等于经文中所扮演的角色与所叙述之情节，由于版面的大小、构图的繁简，故所描述的内容亦有详略之分，可分为三类：（1）单纯以经文内容之主尊为主题。（2）描绘经文序分之法会场景，即说法者、请法者、听法的会众。（3）除法会场景外，又包括经文正宗分内容的所谓经变相。其中以第三类最详尽，第二类最普遍，但常常不同经典的说法图都大同小异，毫无特色，第一类最少、最简略。上述三幅扉画皆属第三类，既有刻画经文序分之说法图，亦有铺陈正宗分的经变图。

此外，佛经插画不论扉画、经中插图，抑或拖尾画，于画中人物图像或局部场景之旁侧，有些会附加文字说明之题记，这些题记虽有详略，但都能使读者于观览扉画时，更了解作者的旨趣，进而通晓经文之内涵，尤其像《观弥勒菩萨上生兜率天经》及《佛母大孔雀明王经》扉画中的许多人物，其旁侧若无名号题记，则很难断定其身份与角色。另从扉画的整个构图来分析，题记的标志，即可将画中不同场景作局部的区隔，引导观者更加专注于其所要表现的内容。

西夏立国虽不长，但处中国刻版印刷的黄金时代，努力学习中原先进的技术，不但刊刻了卷帙庞大的汉文和西夏文佛经，也制作了许多精美的扉画，这些遗存无疑是中国、东亚乃至世界印刷史上最珍贵的资料。

（原载《西夏学》2018 年第 2 期）

---

① ［日］大藏经刊行会：《大正新修大藏经》第九册，台北：新文丰出版公司，1983 年，第 17—29 页。

敦煌西夏石窟中的花鸟图像研究*

王胜泽

摘　要：本文梳理了敦煌西夏石窟花鸟图像，分析了花鸟图像的表现方法和功能作用，并以蜀葵为个案，考察了它作为西夏花鸟图像的独特样式及其内涵。结合黑水城出土"禽鸟花卉"图，可以判断出西夏时期花鸟画已独立成科。西夏人向往自然，熟悉身边的花鸟草虫，在极力学习宋、辽等绘画的过程中，进行了一些富有民族特色的创造，构建着自己的花鸟世界。

关键词：敦煌；西夏石窟；花鸟图像

敦煌北朝石窟的花鸟图像主要出现在装饰图案中，初期更多表现为西域样式，北魏时受到中原汉地艺术的影响，形成了优美的西域风貌和淳朴的汉画风韵。它们主要分布在平棋、人字披、龛楣、藻井、佛背光以及其他边饰中，多由忍冬、莲荷、龙、凤等花鸟元素组成。[①]隋朝初期花鸟图像基本延续北朝样式，仍以装饰图案的形式表现，但出现了一些明显的正、侧、背、俯、仰等变化。唐代壁画中的花卉图像明显增多，主要用于装饰点缀，此外还用来交代画面空间，表现更大的自然环境。人物头饰和衣服上也大量使用了花卉作为装饰，甚至有些地方运用了真实的鲜花。[②]

---

* 基金项目：教育部哲学社会科学重大委托项目"西夏多元文化及其历史地位研究"（项目编号：16JZDW020）、国家社会科学基金重大招标项目"敦煌西夏石窟研究"（项目编号：16ZDA116）。

① 关友惠：《敦煌石窟全集·图案卷》上册，北京：商务印书馆，2003 年，第 56 页。
② 高美庆：《敦煌唐代花卉画初探》，《敦煌研究》1988 年第 2 期，第 105 页。

西夏统治敦煌地区将近两个世纪，在此期间，妆銮、开凿的洞窟达百余窟。在这些佛教题材的石窟绘画中，更多是以人物形象来表现宗教仪理，山水、花鸟图像主要作为场景的配饰出现。从这些配景图饰中能窥见这一时期花鸟图像的发展变化。本文旨在探讨宋、辽、金等花鸟画对西夏石窟同类题材绘画的影响，以及花鸟图像在佛教艺术中发挥的功能作用，最后试图勾勒出一个西夏人的花鸟画世界。

一、8—11世纪历史变革背景下的敦煌西夏石窟花鸟图像

（一）8—11世纪历史变革背景下的花鸟画

8—11世纪中国历史经历了划时代的变革，学界称为"唐宋变革"[1]，花鸟题材绘画在变革中呈现出巨大的发展，从画风表现、运用情况和画科成立都有了新的成就。[2]关于"花鸟"一词，最早见于唐代文献，张彦远在《历代名画记》中收录了诸多花鸟画家。自五代以后，一度鼎盛的人物画已出现衰颓而山水花鸟乃欣欣向荣，达于隆盛之运，花鸟画发展的势头已经可以与山水画和人物画鼎足而立。[3]刘道醇著有《宋朝名画评》和《五代名画补遗》，全书分人物、山水林木、畜兽、花竹翎毛、鬼神、屋木六门；《五代名画补遗》录画家二十三人，分人物、山水、走兽、花竹翎毛、屋木、塑作、雕木七门。宋代郭若虚于《图画见闻志》中指出："若论山水林石，花竹禽鱼，则古不及近"[4]，这一论断充分说明在宋代中期花鸟画已经取得了不容小觑的地位。成书于12世纪初期的《宣和画谱》所录"花鸟"一门即有2700多轴，超越其他各门类，居于首位，这是花鸟画科出现的最有力的佐证。该书花鸟叙论中说："五行之精，粹于天地之间，阴阳一嘘而敷荣，一吸而揫敛，则葩华秀茂，见于百卉众木者，不可胜记。"[5]宋人把花鸟看作天地精华之显现，故两宋时期花鸟画盛极一时。

自20世纪中叶以来，对早期绘画花鸟题材的研究，因受惠于大量考古资料发掘出土，成果斐然。[6]尤其是墓室壁画中花鸟题材绘画研究蓬勃发展，学者们整合现存画史文献

① 柳立言：《何谓"唐宋变革"？》，《中华文史论丛》2006年第1期，第125—171页；张广达：《内藤湖南的唐宋变革说及其影响》，荣新江主编：《唐研究》第十一期，北京：北京大学出版社，2005年，第5—56页。
② 陈韵如：《8至11世纪的花鸟画之变》，颜娟英、石守谦主编：《艺术史中的汉晋与唐宋之变》，北京：北京大学出版社，2016年，第325—366页。
③ 俞剑华：《中国绘画史》，南京：东南大学出版社，2009年，第95页。
④ 米田水译注：《图画见闻志·画继》卷一，长沙：湖南美术出版社，2000年，第50页。
⑤ 王群栗点校：《宣和画谱》卷一五，杭州：浙江人民美术出版社，2012年，第161页。
⑥ 金维诺：《早期花鸟画的发展》，《美术研究》1983年第1期，第52—57页。

与出土资料，梳理花鸟画史，对花鸟母题（即植物鸟禽等题材）的研究倍加关注。杰西卡·罗森从花鸟画的内容意义着手，关注器物纹饰的发展，提出的"关联宇宙观"试图将早期中国的礼器、墓葬、山水、花鸟等传统，统合于哲学观念的角度中加以考察。[①]小川裕充结合其对庆陵辽墓壁画研究，指出唐代薛稷六鹤样式与四季时序的可能关联，将花鸟画表现纳入时间、空间配置体系中考虑，进而讨论唐宋花鸟画面构成的系谱变化。[②]梁庄爱伦运用考古资料进一步补充了晚唐、宋、辽代花鸟题材的发展，指出9世纪起花鸟题材之所以常见于墓葬壁画，在于其蕴藏着对家族繁盛的祈愿，借着花鸟草虫等题材的象征、谐音，融入对子孙安寿、富贵利禄的期待。[③]学者们先后从不同角度思索花鸟题材与其意义问题，呈现出花鸟画史的讨论已从形式表现加入内容意义的转变。

（二）敦煌西夏石窟花鸟画题材及类型

墓葬中花鸟画的发展是石窟壁画花鸟图像发展的镜像。敦煌莫高窟中花鸟图像，起于佛教传入敦煌之时，前秦建元二年（366）莫高窟开凿，花鸟伴随着佛教艺术出现于石窟壁画中。在8—11世纪历史变革的背景下，西夏石窟中的花鸟图像表现如何？

西夏石窟中的花鸟沿袭了唐、五代、宋传统佛教表现题材，又受宋院体画与文人花鸟画的影响，在题材和类型方面有了更大的拓展，经梳理发现花卉主要有莲花、忍冬花、蜀葵、芭蕉、竹子、牡丹、菊花、萱草等，禽鸟主要有仙鹤、鸭子、鹦鹉、鸽子、孔雀、凤凰等。这些花鸟图像主要作为人物画的点缀，但也有独立成幅的例子，既表现出自然写实主义的手法，同时又有水墨的样式。

西夏石窟对传统花卉题材的表现有增无减，尤其是佛教中常见的圣物莲花，基本上每窟中都有描绘。西夏诗歌中也有多处关于莲花的诗句，《护国寺歌》第18句"院内相合聚集莲花池"，第27句"九天下，梵王圣君持莲花"等。西夏的皇家园林内也多种植莲花，以营造皇宫神圣的气氛。[④]西夏石窟中出现了整壁的坐佛、坐菩萨，一株莲枝分散连接了好多枝蔓，在莲朵上坐着佛或菩萨。

竹子独立成画大致始于晚唐，但以勾勒设色居多，而真正在画竹理论与技法上取得重大突破与深远影响的是被称为"湖州竹派"的创始人文同。"朝与竹乎为游，暮与竹乎

① ［英］杰西卡·罗森著，邓菲、黄洋、吴晓筠等译：《作为艺术、装饰与图案之源的宇宙观体系》，《祖先与永恒——杰西卡·罗森中国考古艺术文集》，北京：生活·读书·新知三联书店，2011年，第331—333页。
② 小川裕充：《中国花鸟画の时空——花鸟画から花卉杂画へ》，户田祯佑等：《花鸟画の世界》第十卷《中国の花鸟画と日本》，东京：学习研究社，1983年，第92—107页。
③ Ellen Johnston Laing, Auspicious Motifs in Ninth-to Thirteeth-Century Chinese Tombs, *Ars Orientalis*, Vol.33, 2003, pp.32-75.
④ 梁松涛：《西夏文〈宫廷诗集〉整理与研究》，上海：上海古籍出版社，2018年，第23页。

为朋，饮食乎竹间，偃息乎竹阴"[①]，强调对自然之竹观察的重要性，其弟子苏轼继承并发扬了这种观察的态度与方法，"身与竹化"中物我融合为一的境界又与佛家之"禅定"和道家之"忘我"相统一。从技法而言，文同"善画墨竹"，其"墨戏"之笔是对前期勾勒设色之竹画法的一种突破，苏轼所写的枯木、怪石、墨竹，均为逸笔草草、不求形似的文人画之墨戏，亦是文同所授。竹子也是西夏非常流行的花卉题材，主要作为配景出现在水月观音中，彰显出较强的文人思想。西夏石窟绘画中的竹子，从技法而言，勾勒设色，如榆林第 2 窟和第 3 窟的竹子，用墨线勾勒，中间再以石绿填色，显得较为工整细致。而肃北五个庙第 1 窟、东千佛洞第 2 窟的竹子，与前者不同，与文同、苏轼等所画的"墨竹"更为接近，未勾勒直接描绘，只是未用墨而是用石绿等颜色描绘。可见，这些秀劲俊俏的竹竿，丰茂潇洒的竹叶，亦是形式多样。

榆林窟第 29 窟水月观音中有不少牡丹（图 1），与现实中的牡丹非常接近，绿叶红花，描绘得非常精致，叶子的浓淡变化营造着更加真实的空间感。黑水城出土卷轴画《水月观音》（X.2439）湖石背后一株牡丹呼之欲出，有盛开的红花和白花，还有即将盛开的花蕾、叶子之间有前后关系，每片叶子有向背以及端末的变化（图 2）。

图 1　榆林窟第 29 窟水月观音中牡丹　　　　图 2　黑水城出土水月观音中牡丹

石窟中的萱草，作为点缀出现，写意味道较浓，对渲染环境气氛起到了很好的作用。

---

① ［宋］苏辙：《栾城集》卷一七，陈高华编：《宋辽金画家史料》，北京：文物出版社，1984 年，第 370 页。

还有芭蕉和其他诸多无名花草，在西夏石窟绘画中大量出现，共同营造了真实的环境空间。蜀葵将作为个案在下文详细论述。

（三）敦煌西夏石窟花鸟图像的表现

（1）自然写实主义手法。通过对莫高窟花鸟题材资料的考察，我们注意到，关于莲花化生、花供养、天女散花等样式，在莫高窟一直被使用，西夏时期亦是如此。花鸟图像的装饰形式也在延续着前期。但在五代、宋、西夏时期更加发展了自然写实主义手法，描绘更加趋向真实。榆林窟第3窟文殊变下方的荷花，采用了工笔勾线填色敷彩的方式，荷叶筋脉清晰，变化丰富，荷花卷舒有度，清新自然。这一绘画手法，更注重描绘细节，完全是一种演进的新样，显然受中原工笔花鸟画的影响。莫高窟第65窟龛内的荷花有荷叶、荷花与花蕾，是植物自然生长过程的真实再现，同时，花茎上的小毛刺也被描绘得十分逼真，诸如此类的写实，营造了一个真实的场景空间，强调了西夏时期敦煌壁画中的花鸟图像进入了一个新阶段，即细部描绘更加细腻。

（2）整壁花卉装饰。花鸟图像在壁画中出现了整壁装饰的样式，这是西夏石窟绘画中花鸟图像的一大特点。莫高窟第164、169、330窟正壁龛外南北两侧的壁面，第97、140、324、325（图3）、328窟，西壁龛内南、北、西三面均整壁绘有花卉，构图样式排列整齐，中心对称，少有留白，显得有些呆板，但装饰性强。这种样式在辽墓室绘画中出现很多，内蒙古赤峰市巴林左旗前进村的辽墓中的《童仆屏风图》中，画面中绘有三扇屏风，屏风上绘有湖石、梅、竹和双鹤，主体花卉布满画面空间，且呈对称样式。至于这种构图形式在西夏石窟中出现的原因，可能受到周边民族艺术形式的影响，更深层次的原因，还有待于进一步探讨。

图3　莫高窟第325窟西壁龛内三面整壁花卉装饰

（3）折枝花的表现。折枝花在西夏石窟壁画中有较多描绘，这可能与宋代院体画的影响有很大关系。宋代院体画花鸟画主要有"纵横穿插式"、"计白当黑式"和"折枝式"三种构图样式。唐人施肩吾《观叶生画花》描写有"心窍玲珑貌亦奇，荣枯只在手中移。今朝故向霜天里，点破繁花四五枝。"其中的"四五枝"，即是"折枝式"的构图方式。这种"折枝式"主要因"折枝花"而来，撷取花卉最具特别的局部入画，以达到以少胜多、小中见大的效果。榆林窟第29窟南北两壁面最上端，绘有折枝花数枝；东千佛洞第5窟岩山上部所绘花卉，就是"折枝花"样式（图4），水月观音身旁的净瓶里，也插有一枝花叶俱全、显得极为淡雅的白色牡丹；莫高窟第138窟供养菩萨的身后，也绘有折枝花，虽然它们都是卷枝，稍显图案样式，但花、叶形态有别，我们可以很清楚地分辨出它们的品种，有荷花、菊花和牡丹。

图4　东千佛洞第5窟岩山上部花卉装饰

（4）文人气息的彰显。西夏石窟绘画受文人画影响比较明显，尤其是花鸟图像，如湖石与竹子、芙蓉、芭蕉等组合配置，还有野逸的萱草等。唐代王维被尊奉为"文人画"鼻祖，他以诗入画，所画山水用"破墨"而使得墨色浓浓相互渗透掩映。辽代"湖州竹派"虞仲文的墨竹师法北宋文同，认为画竹得先胸有成竹，首创浓墨为面、淡墨为背的竹叶画法，《绘事备考》中就有他的《墨竹图》，也就是说水墨写意的花鸟在这一时期开始被重视。在西夏石窟绘画中，有不少的花鸟图像，采用类似于文人画的一些技法，把画家所追崇的文人风骨表现得淋漓尽致。榆林窟第2窟两幅水月观音中湖石翠竹表达了一种文人逸趣。

（四）敦煌西夏石窟中花鸟图像的功能分析

1. 花鸟图像与佛教仪轨

莲花是佛国世界里最主要的花卉，在佛经中被誉为七宝之一，因其自然物理特性而被誉为圣洁之花，最早期的佛教经典《起世经》记载："彼诸山中，有种种河。百道流散，平顺向下，渐渐要行，不缓不急，无有波浪。其岸不深，平浅易涉。其水清澄，众华覆上，水流遍满。"[①]文献所见山间的河流上，覆满莲花。据佛经记载，释迦牟尼佛出生后，就可以下地走路，向东南西北各走七步，步步生莲花，一手指天，一手指地高喊："天上地下，唯我独尊。"因此，莲花与佛结缘，成为佛教象征之花。莲花在佛教中，尤其为净土宗、禅宗所看重，净土宗常常被称莲教、莲宗，释伽拈花，伽叶微笑，在禅宗起源的传说里，它常常为菩萨的手持之物，或佛、菩萨的宝座。莲花作为佛国净土的象征，在佛教艺术中随处可见。西夏石窟壁画中的莲花，也是画工极力表现的艺术形式。

西夏时期的"阿弥陀经变"数量较多，莲花也是最主要的表现内容。莫高窟第164、165、224、400等窟都有莲花的绘制，榆林窟第29窟主室西壁北侧画有阿弥陀经变一铺，画面的下部殿堂前的庭院，有一方形的七宝池，池中莲花盛开，两个化生童子站在莲花中，池内莲花较为写实。莲花还大量作为供养花出现。

2. 真实空间的营造

西夏石窟绘画中的花鸟元素，除了佛教仪轨的绘制需求以外，还有一些是为满足真实空间的营造所用，即"造景"。

"造景"[②]一词来源于陈韵如先生的《8至11世纪的花鸟画之变》一文，是其关注花鸟画所运用的语法，是其思索花鸟画的构成模式所选用的一个角度。笔者以为，敦煌壁画的发展正好契合了这一论述。在考察中，我们时刻注意分析花鸟画的技法，注意花卉、禽鸟等的母题形象变化，注意它们如何成为花鸟画的一个单元，又考虑这些单元之间如何产生联系。尤其是敦煌壁画发展到晚期，世俗化倾向更加突出，"去瑞物"[③]性更加明显，而把人物与花卉等放在一起描绘的花园景致有所凸显，随物造景，情景交融。

"造景"在敦煌壁画中可谓应用广泛，在北朝的本生故事中，几何形的小山、线形的动物、寥寥数笔的花树都营造的是一个真实的场景，其后在唐代兴起的"十六观"中，造景表现更加突出，一个个观想的场景中，就是一个小的世界。莫高窟第45窟北壁的"十六观""未生怨"，每一幅小的画面中有树、花草，最后下品下生观，出现了往生七宝池莲花，描绘人物无论人物衣冠，还是花树场景，都是当时现实生活的写照。五代时期

① ［日］大藏经刊行会：《大正新修大藏经》第一册，台北：新文丰出版公司，1983年，第314页。
② 陈韵如：《8至11世纪的花鸟画之变》，颜娟英、石守谦主编：《艺术史中的汉晋与唐宋之变》，北京：北京大学出版社，2016年，第333页。
③ 陈韵如：《8至11世纪的花鸟画之变》，颜娟英、石守谦主编：《艺术史中的汉晋与唐宋之变》，北京：北京大学出版社，2016年，第343页。

莫高窟第 61 窟西壁绘制的五台山图，是文殊菩萨的道场，在这巨幅全景式史迹画中，山峦起伏，五台并峙，图中有高山、流水、寺院建筑、菩萨、高僧、商贾等，还有无数的花草树木，禽鸟飞过高山，笔者粗略估算，不下于二十余种。这幅画中，花草没有明显的象征意义，更多是为点缀画面，达到构建真实场景的效果。

西夏时期榆林窟第 2 窟西壁南北两侧各绘有一幅水月观音，观音身后岩石间生出修竹，前方有牡丹与杨柳枝，近处水中莲花盛开，岸边兰草点缀。画中竹子枝叶多向翻转，荷花采用不同的角度和形态，十分讲究细节（图 5、图 6）。北侧一幅中两只鹦鹉，一前一后，一只正面向前，一只倾斜回头，其姿态的转折角度与外貌的描绘，值得关注。尤其是它们的位置被安排在画面中心靠左的地方，营造出一个轻松自在、自由祥和的景象。西夏的水月观音图像较多，榆林窟第 29 窟、东千佛洞第 2 窟、黑水城出土的几幅都有同类的景象描绘。陈韵如研究表明，花卉鸟禽等各种母题配置画面之中，构成内在合理整体的空间，这种场景也许构成一个画面整体，也许构成了一个野外景致的一角，但对于考察花鸟画的发展与表现而言，植物花卉、禽鸟蜂蝶都构成了重要的构筑关系要件，她把此一随着物类特性而营造景象的过程，认为是"随物造景"这一阶段的目标企图。[①]西夏石窟绘画中的竹子、牡丹和萱草等花卉图像，营造了一个世俗的生活世界。

图 5　榆林窟第 2 窟西壁南水月观音

① 陈韵如：《8 至 11 世纪的花鸟画之变》，颜娟英、石守谦主编：《艺术史中的汉晋与唐宋之变》，北京：北京大学出版社，2016 年，第 334 页。

图 6　榆林窟第 2 窟西壁北侧水月观音

3. 花卉作为区隔

　　花卉与人物并存的图绘表现在敦煌石窟中出现较早，南北朝时期就有持花菩萨、持花供养人等绘画形式，这是花鸟题材伴随着人物描绘而出现的。陈韵如认为这些花卉与人物并存的表现手法，区别于六朝以来"树下人物"传统。[①]这种手持花卉的供养人形象在长期发展中，随佛教的东传而影响了中原地区。而另一种将花卉植物绘于人物之间进行区隔的图绘表现，我们称之为"花卉人物"[②]。敦煌莫高窟初唐第 332 窟东壁南北两侧下端，各绘三位僧人，中间就以花卉作为区隔，花卉在此显然成为了独立母题而存在。莫高窟第 328、16 窟甬道内（图 7），真人大的菩萨之间绘盘旋而上的莲花，莲花与菩萨一样高大，菩萨间形成了一个一个区段，人物之间没有互动。

---

① 陈韵如：《8 至 11 世纪的花鸟画之变》，颜娟英、石守谦主编：《艺术史中的汉晋与唐宋之变》，北京：北京大学出版社，2016 年，第 335 页。
② 陈韵如：《8 至 11 世纪的花鸟画之变》，颜娟英、石守谦主编：《艺术史中的汉晋与唐宋之变》，北京：北京大学出版社，2016 年，第 336 页。

图 7　莫高窟第 16 窟甬道北壁供养菩萨

除了以上三个方面，五代、宋、西夏时期就出现许多花卉植物作为人物的陪衬，而不再是作为区隔的独立母题。例如，莫高窟西夏重绘洞窟第 97、140、169、223、246、324、328 等窟，在佛、菩萨、罗汉等的壁面上画了大量蜀葵，这些蜀葵没有画于人物的两侧，而是作为背景出现，我们剥离前面的佛像，展现在眼前的是一幅较为完整的蜀葵图，它是独立在人物之外，没有受限于人物的活动。这类人物与花卉并存的场景，是西夏花鸟画独立成画的重要表现。另外肃北五个庙第 3 窟药师净土变的局部有一处放飞的场景，画面上抓鸟与放飞显示了人与鸟虫之间的关系，这个趣味别致的景象呈现了禽鸟从笼子里抓出来到放飞的时空顺序，成为花鸟独立发展脉动中的一个节点。

二、蜀葵作为敦煌西夏石窟花卉新样

在考察西夏石窟绘画的过程中，笔者发现，蜀葵作为一种重要的花卉，大量出现在了西夏石窟中，形成了独特的西夏样式。

（一）宋夏时期的蜀葵图像

蜀葵属多年生草本植物，历代花卉典籍中均有记述，亦有"一丈红""戎葵""胡葵"等名称，最早出自辞书《尔雅》，注释为"菺，戎葵"。宋人罗愿《尔雅翼》记："凡草木从戎者，本皆自远国来。"①又云："荆葵，一名戎葵，一名芘芣，似木槿而光色夺目，有红，有紫，有青，有白，有黄。茎叶不殊，但花色有异耳，一曰蜀葵。"②蜀葵别名"胡葵"，具有极强的地域色彩，《本草纲目》与《广群芳谱》中均有提及，《宣和画谱》和《宋画全集》花鸟画记载植物出现频率前40名中，蜀葵位居第21名。③

在《花经》中，蜀葵称不上是国色天香，只在"九品一命"之列，而它的茎秆挺拔，叶绿花艳，形态很是优美。蜀葵虽位居"九品之列"，但仍然赢得许多画家的青睐。20世纪90年代初，北京市八里庄发现了唐开成三年（838）幽州节度判官兼殿中侍御史王公淑的墓葬，墓室北壁通壁绘《牡丹芦雁图》（在棺床所贴靠的墙壁上），中央绘繁茂硕大的九朵牡丹花，共分为上、中、下三层，并呈左右对称的分布样式。牡丹花右上角绘有两只蝴蝶，翩跹起舞。画面左上角残，东侧牡丹花下部可辨认出有半株秋葵。虽然是折枝处理，但可以窥见葵类植物在唐代已被描绘。《铁围山丛谈》有记，五代南唐画家徐熙绘《碧槛蜀葵图》，宋代被王晋卿收藏。宋代李嵩、鲁忠贵、李迪、毛益等均有蜀葵画作留存至今。李嵩《夏花篮图》中的蜀葵被画于画面中间的位置，可见它被画家视为夏季之主花。毛益《蜀葵戏猫图》中蜀葵、游戏的猫、蝴蝶共置一图。波士顿美术馆藏旧题周文矩《端午戏婴图》是一面团扇，画面中布满蜀葵、菖蒲和萱草，画中一男孩与两只小猫嬉戏，打着小鼓。南宋皇室的"御书葵榴画扇"是端午节赏赐给宫廷内眷、宰执、亲王的团扇，存世的南宋"蜀葵图"团扇有多件，台北故宫博物院、上海博物馆各藏有一件的《蜀葵图》，技艺精湛，北京的故宫博物院亦藏有一幅，名为《夏卉骈芳图》。南宋许迪《葵花狮猫图》绘一狮子猫神采奕奕蹲立于地，左侧绘湖石，几枝蜀葵斜逸而出，花朵盛放，生机勃发，画面右侧杨后楷书题名"葵花狮猫"，方濬颐在裱边题诗："芘芣（即蜀葵）花正浓，狸奴此嬉戏。号曰玉狻猊，临清产尤异。"④表1中这几幅画面中的蜀葵，均为工笔设色。

① ［宋］罗原撰、［元］洪焱祖音释：《景印文渊阁四库全书》第222册，台北：商务印书馆，1986年，第324页。
② ［宋］罗原撰、［元］洪焱祖音释：《景印文渊阁四库全书》第222册，台北：商务印书馆，1986年，第324页。
③ 左丽笋：《宋人花鸟画中的植物图像辨识》，淮北师范大学2016年硕士学位论文，第31页。
④ 详见重庆中国三峡博物馆藏南宋许迪《葵花狮猫图》裱边。

表 1　五代宋蜀葵绘画作品统计表

序号	作品名	作者	时代	收藏地（出处）
1	《蜀葵子母鸡图》	梅行思	五代	《宣和画谱》卷 15 记载
2	《碧槛蜀葵图》	徐熙	五代	《铁围山丛谈》记载
3	《蜀葵鸠子图》	徐崇嗣	五代	《宣和画谱》卷 17 记载
4	《端午戏婴图》	周文矩	北宋	波士顿美术馆藏
5	《秋葵山石》册页	李迪	北宋	台北故宫博物院藏
6	《萱草蜀葵》	赵昌	北宋	《宣和画谱》卷 18 记载
7	《戎葵鹡燕图》	赵仲全	北宋	《宣和画谱》卷 16 记载
8	《蜀葵戏猫图》又名《蜀葵游猫图》	毛益	南宋	日本私人收藏
9	《葵花狮猫图》	许迪	南宋	重庆中国三峡博物馆藏
10	《丛花蛱蝶图》	李从训	南宋	重庆中国三峡博物馆藏
11	《秋葵犬蝶图》	佚名	南宋	辽宁博物馆藏
12	《蜀葵图》	佚名	南宋	台北故宫博物院藏
13	《蜀葵图》	佚名	南宋	上海博物馆藏
14	《蜀葵引蝶图》	鲁忠贵	南宋	台北故宫博物院藏
15	《夏卉骈芳图》	佚名	南宋	故宫博物院藏

明代之后，画家们更热衷于表现蜀葵题材，戴进、文嘉、恽寿平、蒋廷锡、李鱓、奚冈、马荃等人都画有蜀葵作品。清代画家王武曾画多幅《忠孝图》，画面的主角是蜀葵和萱草，他的一幅《忠孝图》有题词："古人合写萱葵为忠孝图，漫仿其意，工拙所不计也。"近现代绘画大师吴昌硕、沙馥、程瑶笙、齐白石、陈半丁、黄宾虹、徐悲鸿、陈师曾等都创作了蜀葵作品。

从统计的图像资料来看，五代、宋画中有诸多蜀葵图像，尤其是在南宋绘画中，蜀葵还是很流行的一种花卉品类。这些为我们探讨西夏石窟绘画中的蜀葵提供了非常有价值的图像资料。当然需要说明的一点是，蜀葵、秋葵、戎葵等作为绘画母题，在寓意上都有相似的意义。

（二）蜀葵作为西夏石窟绘画的独特样式

敦煌唐代石窟绘画中出现了蜀葵，一般是一个折枝或者一株。到了西夏时期，其构成样式与前期有了很大的不同，尤其是满壁平行式排列，表 2 中这一图式的变化，很值得我们去探讨。

表 2　莫高窟蜀葵图像分布统计表

窟号	位置	图像
莫高窟第 97 窟	西壁龛内西、南、北三壁	
莫高窟第 140 窟	西壁龛内西、南、北三壁	
莫高窟第 164 窟	西壁龛外南、北两侧	
莫高窟第 169 窟	西壁龛外南、北两侧	

窟号	位置	图像
莫高窟第 223 窟	主室甬道上方	
莫高窟第 246 窟	西壁龛内南、北两壁	
莫高窟第 324 窟	西壁龛内西、南、北三壁	
莫高窟第 325 窟	西壁龛内西、南、北三壁	
莫高窟第 328 窟	西壁龛内南、北两侧	

窟号	位置	图像
莫高窟第 330 窟	西壁龛外南、北两侧	

表 2 所示，莫高窟第 169 窟与第 330 窟内的蜀葵绘于一界格内，界格只占据了整壁的一部分，每一株蜀葵平行排列，没有前后及穿插关系，亦没有留白，画面构图密密匝匝，极具装饰感，笔法上既有勾勒也有没骨。第 97、140、324、325 窟中的蜀葵均绘于龛内整壁，而非在较小的界格，大部分壁面内的蜀葵排列呈平面式表现，较为平均，但第 325 窟龛内正壁的蜀葵表现较为独特，在繁花盛开的蜀葵花丛中，每株蜀葵前后错落，有近大远小的变化，打破了平均式排列的平面感。蜀葵叶子的颜色也有浓淡变化，前面的较浓，后面的浅淡，富于空间感，构成了生机勃勃的蜀葵花丛，既是忠实于自然的表现，同时也见出了画家高超的技艺。

（三）敦煌西夏石窟中蜀葵的意义探讨

在中国传统文化中，蜀葵的象征内涵或意义主要可归为以下几类：一是驱邪。蜀葵常被称作"五色蜀葵"，而"五色"象征阴阳调和。端午时节，浙江一带每家都有插蜀葵花、菖蒲、栀子花、石榴等进行供养的习俗："钱塘有百万人家，一家买一百钱花，便可见也。酒果、香烛、纸马、粽子、水团，莫计其数，只供养得一早，便为粪草。虽小家无花瓶着，用小坛也插一瓶花供养，盖乡土风俗如此。寻常无花供养，却不相笑；惟重午不可无花供养。端午日仍前供养。"[1]因此，蜀葵在某种意义上是用于辟邪去病的花草。二是表"忠心"。清人陈淏子《花镜》云："蜀葵，阳草也。"[2]可见蜀葵有"向阳"之特点。明代张瀚《松窗梦语》云："蜀葵花草干高挺，而花舒向日，有赤茎、白茎，有深红、有浅红，紫者深如墨，白者微蜜色，而丹心则一，故恒比于忠赤。"[3]三是"淡"。在道家思想影响下，南宋文士也普遍崇尚"淡"的趣味，并将其与休闲娱乐

① ［宋］孟元老等：《东京梦华录·都城纪胜·西湖老人繁胜录·梦粱录·武林旧事》，北京：中国商业出版社，1982 年。
② ［清］陈淏子辑、伊钦恒校注：《花镜》修订本，北京：农业出版社，1962 年，第 334 页。
③ ［明］张瀚撰、盛冬铃点校：《松窗梦语》，北京：中华书局，1985 年，第 102 页。

等问题相联系。文人又将蜀葵与道家思想结合在一起。文献《祭天神》载："岁时杂记京师人自五月初一日，家家以团粽、蜀葵、桃柳枝、杏子、林禽、奈子，焚香或作香印。祭天者以五百古词、云角黍，厅前祭天神，妆成异果。"①亦与道家思想有关。

由上可见，在中国传统文化中，蜀葵被赋予"辟邪""忠心""玄淡"等内涵，是与儒家和道家思想紧密相连。蜀葵图像与佛教思想也有一定的关系，唐代《华严经疏》云：

> 明传通感应者，自晋译微言，则双童现瑞；唐翻至教，则甘露呈祥。冥卫昭然，亲纤御笔。论成西域则地震光流，志彻清凉则感通玄悟。其书写则经辉五色，楮香四达，冬葵发艳，瑞鸟衔华。读诵则眇然履空，焕若临镜。每含舍利，适会神僧。涌地现金色之身，升天止修罗之阵。观行则无生入证，偈赞排空。海神听而时雨滂沱，天童迎而大水弥漫。讲说则华梵通韵，人天共遵，洪水断流，神光入宇。良以一文之妙摄义无遗，故一偈之功能破地狱；盥掌之水尚拯生灵，故读诵思修功齐种智。宿生何幸，感遇斯文。其事迹昭彰，备于《传记》。②

唐代《清凉山大华严寺沙门》（清凉澄观述）中有记述：

> 冬葵发艳者。即邓元爽。华阴人。证圣年中。爽有亲故暴死。经七日却苏。说冥中欲追爽。爽甚危惧蒙彼使命令写华严。写竟。爽母坟侧先种蜀葵。至冬已悴。一朝华发灿然荣茂。乡闾异之。乃为闻奏。则天皇帝为立孝门。③

从上述文献可以看出，蜀葵可能与华严思想有关。

《华严经》中华严的梵语 qandavyaha 中的 ganda 译为杂华，vyuha 译为严饰，杂华严，即以杂华意味庄严。杂华意味着所有的花，包含了所有无名的花。"华严"表示一种比喻，《华严经》亦被称为《杂华经》，主要讲佛是超越时间和空间的，是用杂华（所有的花）来装饰的无限大的佛。华严世界的教主是毗卢遮那佛，本义为光明普照，所以毗卢遮那如来又称大日如来，与其二胁待菩萨普贤、文殊共称为"华严三圣"。人可以通过逐步的修行达到最高果位——佛的境界，而《华严经》正是讲述信众通过修行终成正果成佛的路线图。《华严经》在展示修行过程中遇到的各种精神上的苦难之外，更展

---

① ［宋］陈元靓：《岁时广记》卷二一，上海：商务印书馆，1939 年，第 233 页。
② 《大方广佛华严经疏》卷三，［日］大藏经刊行会：《大正新修大藏经》第三十五册，台北：新文丰出版公司，1983 年，第 524 页上。
③ 《大方广佛华严经随疏演义钞》卷一五，［日］大藏经刊行会：《大藏经》第三十六册，台北：新文丰出版公司，1983 年，第 114 页下。

示了其中的快乐。它是对佛教的宣扬，更是一种美的熏陶，并凝聚成一种审美观念，产生深远影响。①

通过诸多史料可知，华严宗在西夏广为流传，华严思想在西夏盛行。存世的汉文和西夏文版本的《大方广佛华严经》就有很多版本，最早的汉刻本刊于大安十年（1083）②，黑水城文献中的法藏述《修华严奥旨妄尽还源观》、圭峰宗密的《中华心地传禅门师资承袭图》《禅源诸诠集都序》、晋水净源的《金狮子章云间类解》、清凉澄观《大方广佛华严经随疏演义钞》等也是西夏流行的重要华严经典。

《华严经》主张用杂华（所有的花）来装饰的无限大的佛，蜀葵作为杂华之一种，大片绘制于佛的周围，用来装饰无限大的佛。莫高窟第330窟龛外左右两壁塑有普贤和文殊（清塑。但从石窟形制来看，文殊普贤所在位置早期就有设计，可能是后人根据佛经重修），应与龛内主尊构成"三圣"，普贤、文殊身后、侧面以及下部墙壁上的界格内绘满盛开的蜀葵，明显与华严思想有关。第169窟与第330窟的图像组合相似，应也有类似的营造思想。第97、140、324窟和第325窟的图像配置也极为相似：正壁开龛，龛内主尊结跏趺坐（第324窟的被毁，但从残留的头光和背光判断，应也是结跏趺坐。第325窟无），周围有二弟子和二天王，龛内正、左、右三壁满壁绘有茂盛的蜀葵，龛外左右两壁绘菩萨。通过释读以蜀葵装饰的这些西夏石窟图像，可判断其与华严思想有关。

宋人尤袤在《全唐诗话》中记载："李真画四面花鸟，边鸾画药师，菩萨顶上茂葵尤佳。"③这很容易与莫高窟第223窟窟门上方的菩萨联系起来，排列左右对称整齐的蜀葵，构成了独特的一种装饰。不论文献记载，还是存世的图像再现，都告知我们，蜀葵在佛教艺术中存在的事实。西夏石窟中的蜀葵，更多与华严思想有关。西夏人将自己非常熟悉的蜀葵置于"杂华"之列，赋予其意义，正如宋人之于世俗绘画中的蜀葵。此外，独将蜀葵用作装饰，可能还与中国儒家思想中的忠孝有关，体现了佛教的中国化思想。

三、从黑水城出土《禽鸟花卉》看敦煌西夏石窟花鸟

黑水城出土文献资料中有一幅绢画《禽鸟花卉》（图8），这是目前所见唯一一幅

---

① 陈望衡：《〈华严经〉对中华审美意识建构的意义》，《西北师大学报》（社会科学版）2016年第3期，第37页。
② 史金波：《西夏佛教史略》，银川：宁夏人民出版社，1988年，第156页。
③ ［宋］尤袤：《全唐诗话》卷四，北京：中华书局，1985年，第88页。

西夏花鸟画，笔者对该画有专门研究。①《禽鸟花卉》与西夏石窟花鸟图像在题材、表现手法上具有相似性，且两地都出现了完整的花鸟画样式。

图 8　《禽鸟花卉》

　　敦煌石窟绘画中作为主题图像的配景有诸多花鸟图像，西夏时期也是如此，它们并不是完整的花鸟作品，而是掺杂在佛教故事、经变画等中，对画面起到装饰或点缀的作用，营造氛围，烘托环境。但是从莫高窟西夏石窟第 324、325 等窟中整壁的花卉表现可以看出，它们已经超越了"花鸟图像"的范畴，而成为独立的花鸟画样式。至此，莫高窟从北凉到西夏，历经九朝，在西夏时期出现了完整的花鸟画，意义非凡。众所周知，唐宋以来花鸟独立成科，形成了独立的花鸟画科，这一历史性的发展，对石窟艺术也产生了不小的影响，例如折枝花出现与增多、花鸟表现的精细化等，最终出现了整壁花卉的描绘，出现了完整的花鸟画。这种情况和辽代墓中的花卉表现非常相似，是这一时期花鸟发展的时代共性。在西夏的西北边陲，黑水城与敦煌两地都出现的独立花鸟画，说明西夏人对花鸟画的喜好与重视，即使因历史原因保存下来的非常少，但我们还是能够体会到西夏人的花鸟情怀。

　　从黑水城出土《禽鸟花卉》和敦煌西夏石窟绘画、卷轴画中的花鸟图像来看，西夏

---

① 王胜泽：《俄藏黑水城出土〈禽鸟花卉〉解读》，《西夏学》2018 年第 1 期，第 149—154 页。

人也向往自然，熟悉身边的花鸟草虫，在极力学习宋、辽等绘画的过程中，掌握了花鸟绘画的一些技法，也同样有通过花鸟绘画的描述来歌颂王朝，表达画家美好愿望的倾向。鲁多娃在其研究中直接指出，《水月观音菩萨》（X.2439）中观音像四周的石头画成了石青色，牡丹花画成了粉色和红色，这和观音的衣服和发式一样，都直接仿自南宋中原画师的作品。①鲁多娃对此画的评论只是冰山一角，也可以看作是西夏绘画与宋代绘画关系的一种影射，西夏人在学习他人的基础上进行了一些富有民族特色的创造。虽然没有更多的文献资料去充分证明西夏花鸟的本来面貌，但是通过《禽鸟花卉》的出土与敦煌西夏石窟绘画中整壁花卉表现，甚至其他石窟中对花鸟元素点滴的记录，以及辽、金等花鸟画的成就，可以断定西夏时期花鸟画作为独立画科是存在的。西夏人用其智慧和善于学习的精神，构建着自己的花鸟画世界。

（原载《敦煌学辑刊》2019 年第 2 期）

---

① 景永时：《西夏语言与绘画研究论集》，银川：宁夏人民出版社，2008 年，第 267 页。

从"莲花化生"到"连生贵子"
——论西夏"婴戏莲印花绢"童子纹样的文化内涵*

魏亚丽

摘　要：西夏婴戏莲印花绢是西夏乃至宋元时期婴戏纹样的典型代表，承载着丰富的文化内涵。它既是佛教思想"莲花化生"的体现，也是儒家思想"连生贵子"的象征，表现了人们祈求子嗣繁衍、渴望子孙昌盛的社会文化心理，寄予着他们对美好生活的期盼。西夏婴戏莲印花绢亦具象着西夏对中原文化的承袭及其与中原文化交往、交流、交融的史实，凸显了中华文化多元一体的特征。同时，流行于西夏各类载体上的婴戏图更多的注入了党项民族服饰元素和文化内涵，展现了西夏社会风俗生活的风貌。

关键词：西夏；婴戏图；莲花化生；连生贵子

婴戏图是中国传统纹样的代表，蕴含着吉祥美好的寓意，象征着人们多子多孙的期盼。其纹样定型于隋唐而成熟、繁荣于两宋。婴戏图原由佛教文化衍生而来，至两宋到明清时期，此纹样已完全世俗化、生活化，被广泛应用在衣服、帷幔、被面等纺织品及其他载体上，成为喜闻乐见的传统纹样之一。

1986年，"西夏婴戏莲印花绢"出土于宁夏贺兰县拜寺口双塔。质料薄而柔软，印

---

* 基金项目：本文系文化部文化艺术科学研究项目"西夏服饰纹样研究"（项目编号：15DG57）阶段性成果。教育部哲学社会科学研究重大委托项目"西夏多元文化及其历史地位研究"（项目编号：16JZDW020）子课题"多元文化视角 西夏服饰研究"阶段性成果。

童子戏花图案，纹饰精美，色彩明丽，是反映公元 11—13 世纪中国古代纺织品的重要实物资料，亦是西夏乃至宋元时期婴戏纹样的典型代表，具有极高的史料价值。许多学者从西夏纺织、考古、艺术、文化等领域入手，对该印花绢均有不同角度的关注。学界就此印花绢进行研究的专题性论文有《西夏丝绸“婴戏莲印花绢”纹样探析》[①]和《神秘西夏古国的“婴戏莲印花绢”》[②]，文章关注到了印花绢的美学特征、图案意蕴和生产技术，但对其图案元素的深层内涵尚未展开全面阐述。此外，《西夏图像中的童子形象》[③]和《西夏佛教艺术中的童子形象》[④]对西夏的童子形象进行了全面梳理，为本文的研究提供了可资参考的重要价值。本文欲在学界已有研究的基础上，试以印花绢的“婴戏莲”图案元素为着眼点，探寻此纹样的思想流变及蕴含的文化内涵。

一、“莲花化生”的佛教思想

西夏婴戏莲印花绢图案（图1、图2），以开光纹与联珠纹为装饰构架，以具有生命内涵的童子和花卉为主旨纹样。在联珠纹和开光纹内均饰对开莲花，花团锦簇；外饰童子两手分别执莲花和藤枝。足蹬莲花，嬉戏于花丛之中。这种以童子与莲花为主题元素的组合方式，通常表现的都是佛教题材的化生童子形象。

图 1　西夏婴戏莲印花绢线描图（1）

---

① 王胜泽：《西夏丝绸“婴戏莲印花绢”纹样探析》，《民族艺林》2014 第 3 期，第 76—79 页。
② 何新宇、董宏征：《神秘西夏古国的“婴戏莲印花绢”》，《东方收藏》2010 年第 6 期，第 24—25 页。
③ 吴珺：《西夏图像中的童子形象》，《西夏研究》2016 年第 1 期，第 42—48 页。
④ 王胜泽：《西夏佛教艺术中的童子形象》，《敦煌学辑刊》2018 年第 4 期，第 123—131 页。

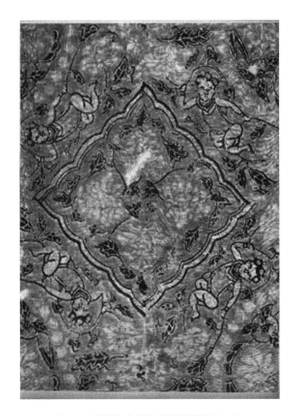

图2　西夏婴戏莲印花绢线描图（2）

　　据说，佛即是由一朵逐渐绽放的莲花化生而来的。《祖堂集》描述释迦降生时写道："佛初生时，放大光明，照十方界，地涌金莲，自然捧足。"①学界历来认为从莲花中露出人形的图像为"莲花化生"像，这类图像从十六国至宋代曾广泛流行于佛教艺术中。从十六国至宋，莲花化生像的演变大致可分为三个阶段。

　　第一阶段，十六国至北魏时期。这一时期是化生像的盛行期，无论数量还是种类都是整个佛教发展进程中最多的。日本学者吉村怜最早对莲花化生形象进行了研究，并将之命名为"天人诞生图"②。作者以南北朝石窟寺壁画为中心，举证了大量从莲花中出现佛、菩萨、飞天、童子等诸天人上半身的莲花化生图像。这一时期的天人诞生像，均从莲花中露出头部或半身，如云冈石窟的莲花化生诸像（图3）。莲形有简单椭圆形莲、浑圆三瓣形莲与卷草纹莲。③如莫高窟北魏第251窟窟顶前部人字披东西披，画化生莲花。莲花作一椭圆形，化生从莲上探出上半身，作合掌状。

① 张美兰：《祖堂集校注》，北京：商务印书馆，2009年，第20页。
② ［日］吉村怜著，卞立强、赵琼译：《天人诞生图研究——东亚佛教美术史论文集》，北京：中国文联出版社，2002年，第16页。
③ 高金玉：《中国古代莲花化生图像的发展与演变》，《中国美术研究》2017年第4期，第21—29页。

图 3　云冈石窟的莲花化生像

第二阶段，西魏至隋。这一时期天人诞生图仍为主流，但是数量有所减少。化生童子以裸露全身的姿态出现，化生童子没有头光，化生像所出花形仅为莲花，且以透明莲形式出现。如河南安阳小南海石窟中窟西壁和莫高窟第 322 窟北壁莲花净池内（图 4）裸体化生童子就出现在透明莲花内。从动作来看，童子或双手合十，或凝神沉思，表现为恭敬供养听法状。①

图 4　莫高窟第 322 窟北壁莲花净池内"化生"

① 高金玉：《中国古代"莲华化生"形象与世俗化观念的变迁》，《美术观察》2018 年第 10 期，第 120—123 页。

第三阶段，唐至宋。这一时期仅有菩萨和童子化身像，以童子身形最多。童子再无恭敬之态，举止随意烂漫，衣着装扮充满世俗色彩。如初唐莫高窟第 220 窟《无量寿经变》（图 5）中的化生童子，有的站在莲花之中极目张望；有的双手扶地双腿上举拿大顶；有的跏趺而坐净心冥想；还有两个穿红上衣、绿短裤的童子，站在同伴的肩上，遥遥相对。童子们身着世俗服装，举止充满世俗生活气息。①

图 5　初唐莫高窟第 220 窟《无量寿经变》图中化生童子

总的来说，十六国至南北朝时期以"天人诞生图"形象为主，化生形式多样，充满神性色彩，唐以后以化生童子为主，世俗色彩渐浓。随着阿弥陀佛信仰的盛行，净土往生的意义开始淡化，转变为现世的宜子延嗣、安顺吉祥。

西夏举国崇信佛教，统治者通过输入佛典、延揽高僧、广建寺院、讲经说法等多方措施，确立了佛教在整个国家的地位。西夏民众普遍信仰净土，除了诵读、供养净土佛经和陀罗尼外，在洞窟中还保留大量净土变，并出土各类描绘净土的绘画及阿弥陀佛像。②

① 高金玉：《中国古代莲花化生图像的发展与演变》，《中国美术研究》2017 年第 4 期，第 21—29 页。
② 崔红芬：《文化融合与延续：11—13 世纪藏传佛教在西夏的传播与发展》，北京：民族出版社，2014 年，第 205 页。

　　黑水城遗址出土的西夏卷轴画中有不少反映化生主题的阿弥陀佛来迎图。这些来迎图构图简洁、形式固定，表达的是生前行善的信众通过化生转世到达西方极乐净土世界的过程。画面中信众以两种身份出现，画面偏下角乃生前的信众，在偏上位置的往生之际，信众已化生为童子，立于莲花之中，正在去往阿弥陀佛前来接迎的西方净土世界。童子大多手执莲花供养，也有双手合十做虔诚状。①如图6表现的就是来迎图中的化生主题，童子剃发，只留前额一小撮稀疏的头发，发式即党项族特有的"秃（髡）发"。童子裸身，披青、绿丝带，项系红色丝带，脚穿白色短靴。另有几幅来迎图中也表现了相同的内容，画面风格相近，童子造型相似，尤为鲜明的是体现出童子的党项民族发式和服装特征，世俗生活色彩浓厚。榆林窟第3窟壁画中童子脚踩莲花，两只手臂缠有丝带，双手捧着莲花，脖颈带有项圈，耳宽唇厚鼻方，具有鲜明的党项族秃发特征。童子双目炯炯有神，似在注视着手中的莲花，又似屈身向尊者供奉手中的莲花，显出极其恭敬虔诚的样子（图7）。

图6　黑水城出土阿弥陀佛来迎中的化生童子

---

① 王胜泽：《西夏佛教艺术中的童子形象》，《敦煌学辑刊》2018年第4期，第123—131页。

图 7　榆林窟第 3 窟西侧北壁文殊变壁画中的化生童子

　　由此观之，出现在西夏艺术品中的化生像表现为：（1）只见童子化身像，不见佛、菩萨、地天、飞天等诸天人化身像。（2）童子身下莲花均为盛开莲。（3）不见透明莲。（4）童子不再露头或者身子半遮半掩。（5）童子或立或坐或跪于莲花上，以完整的身形出现。（6）童子裹肚兜或丝带。总之，西夏艺术品中的化生童子已完全蜕变成为世俗生活中的孩童形象，与上述莲花化生形象演变的第三期（唐至宋）的造型相吻合。不过，有一点值得注意，西夏图像中的化生童子大多手捧莲花，成为一个鲜明特色，这是唐宋化生童子像鲜见的。

二、“连生贵子”的儒家思想

　　莲花化生形象的演变导致了民众世俗化情怀的变迁。当阿弥陀佛净土教具有的社会性渗透到了世俗社会中，为宣教而绘制的佛教图像带有世俗色彩才会更加亲民。因为《佛说无量清净平等觉经》中提到，信众在西方净土佛国莲花化生后，还要“自然长大”。所以，化生像以童子的形象出现，应该与现实生活中新生命“出生→成长”的自然规律有关。佛教信仰与民俗文化开始悄然相融。

《岁时纪事》记载："七夕俗以蜡做婴儿形，浮水中为戏，为妇人宜子之祥，谓之'化生'。"[1]显然，化生童子已和中国传统的"宜男"和"宜子"观念巧妙地结合在一起了。两宋时广为流行的婴戏莲纹即源于佛教的"化生童子"。世俗化了的"化生童子"像孩童多与莲花、莲蓬（或兼有荷花、荷叶）、花生（俗称"长生果"）、桂圆（谐音"贵子）等组成图案。"莲"与"连"谐音，寓意"连生贵子"。莲花有生命的母胎之意，化生本身又有"无所托依，借业力而出现者"之意。《杂宝藏经》讲："开而看之，见千叶莲花，一叶有一小儿，取之养育。"[2]《泊宅编》说："李氏尝梦上帝诏与语，指殿前莲花三叶赐之，曰：'与汝三子。'已而果然。"[3]两则故事均指出莲花中能幻化出童子，且数量很多，这符合民众多子多福的理念。因此，当儿童、莲花与新生命诞生主题相融合时，就很容易使民众将之与"祈子延嗣"联系在一起。

求子习俗在我国源远流长，儒家思想中"孝"首先意味着生育繁衍，《孟子·离娄上》说："不孝有三，无后为大。"[4]《孝经》曰："夫孝，德之本也，教之所由生也。"[5]西夏文化的一个主要特点，就是吸收了儒家文化作为其治国之本。西夏早在太祖李继迁时已经"曲延儒士，渐行中国之风。"[6]元昊"自制蕃书……教国人纪事用蕃书，而译《孝经》、《尔雅》、《四言杂字》为蕃语。"[7]西夏中后期更是极力推崇儒家文化，尊孔子为"文宣帝"，"建国学，选名儒之主"[8]。大量儒家经典被译成西夏文，其中出土于内蒙古黑水城遗址的西夏文《孟子》卷八《离娄下》讲的正是子孙繁衍的孝道观，可见西夏人也有多子多福的观念。一方面，他们期望子嗣繁衍，平安康乐，家族兴旺。西夏文"𗅲𘜼"为"生育"二字，第一字"生"意，是由"有"和"人"组成的会意字。《西夏谚语》说："能养育则百子当变化，能步行则千年当出行。"[9]讲生儿育女的重要性，认为生子为人生大事，且"产后心喜，洗浴喂乳，日夜照管，如爱自身，求子之安，强弱自承"。体现了西夏人"求子祈福"的心理和对婴幼儿的喜爱、佑

---

① 四库全书存目丛书编纂委员会：《四库全书存目丛书·集部》第289册，济南：齐鲁书社，1997年，第293页。

② ［北魏］吉迦夜、昙曜译：《杂宝藏经》卷一《鹿女夫人缘》，［日］大藏经刊行会：《大正新修大藏经》第四卷，台北：新文丰出版公司，1983年，第453页。

③ ［宋］方勺撰，许沛藻、杨立扬点校：《泊宅编》，北京：中华书局，1983年，第34页。

④ 杨伯峻：《孟子译注》，北京：中华书局，1962年，第182页。

⑤ 赵缺：《孝经正译》，长沙：岳麓书社，2014年，第3页。

⑥ ［宋］李焘：《续资治通鉴长编》卷五〇"真宗咸平四年丁卯"条，北京：中华书局，1979年，第1099—1100页。

⑦ ［元］脱脱等：《宋史》，北京：中华书局，1977年，第13995页。

⑧ ［元］脱脱等：《宋史》，北京：中华书局，1977年，第14025页。

⑨ 转引自史金波：《西夏风俗》，上海：上海文艺出版社，2017年，第140页。

护。另一方面，他们很重视新生命未来的前途和教育，西夏文《杂字》有"父母智慧，选择师父，令习各业，因有福智。"①《西夏谚语》说："善养畜，入富名，善养子，众称贵。"②

随着民间祈子、育婴风俗的兴盛，"（莲）连生贵子"和"（枣）早生贵子"等图案被赋予了更多的象征意义，借此表达人们得到百子千孙的愿望。婴戏图遂成为宋元时期的纹饰潮流。流行于西夏的婴戏图，不管是从莲花中化生的童子，还是世俗社会礼佛供养的童子，抑或是瓷器、塑像、纺织品上嬉闹的童子，他们都真实地再现了生命本真形象。

由前述分析可以看出，西夏婴戏莲印花绢的装饰纹样与辽代婴戏莲纹刺绣枕顶（图8）、宋代童子戏莲抹胸刺绣③和耀州窑四童攀莲图瓷器（图9）等有一些共同特征：（1）童子、莲花已与菱形、圆形或开光纹等其他几何纹样相组合，作为适合纹样而存在。（2）画面图案元素丰富，构图形式不拘一格。不同之处体现在，西夏婴戏莲印花绢上的纹样组成元素较宋辽几例更为繁复多样，以开光纹、联珠纹两种几何图案分割画面，将其与莲花、枝蔓、掌状叶等多种植物图案和童子形象巧妙结合，构成四方连续纹样，内容虽繁杂，却又不失协调统一。

图8　童子戏莲刺绣线描图（辽）

① 史金波：《西夏风俗》，上海：上海文艺出版社，2017年，第147页。
② 陈炳应：《西夏谚语》，太原：山西人民出版社，1993年，第24页。
③ 高阳：《中国传统织物装饰》，天津：百花文艺出版社，2011年，第231页。

图 9　四童攀莲图瓷器（宋）

　　黑水城出土的童子戏莲西夏缂丝，童子身穿蓝色肚兜，颈部有项圈，下体赤裸，脚穿黑色鞋履，透出几分童趣。灵武窑出土的西夏残瓷片刻绘童子与牡丹纹、卷草纹相结合。童子身着"桃形"图案的肚兜，翘首顾盼，其身姿、发型、面相与两宋时期孩童相似。

　　此外，河北隆化鸽子洞出土元代湖色绫地彩绣婴戏莲纹样（图 10），童子立于莲叶上，托举莲花花头，显然有着"（莲）连生贵子"的象征意义，虽然同是童子与莲花的简单组合，但已完全不同于早期化生童子双手合十、恭敬供养听法的形象和意义。

图 10　湖色绫地彩绣婴戏莲（元）

　　总的来看，宋辽夏金元时期，"化生"已超越了现实存在，由早期期望来世净土重生转变成了表孝心、求子嗣的祈愿，已然世俗化、本土化了。这一时期童子戏莲纹样共同点在于童子已由莲花中脱颖而出，或环绕于莲花与枝蔓间，或侧卧于莲叶之上，或手持莲花曼舞，且童子多与几何形图案相结合的方式出现，画面内容丰富，设计感强，已不同于佛教初期化生童子敬奉供养的拘泥形式，而是增添了更多趣味性、灵动感和本土化气息。至明清时，婴戏图更是形式多样，被广泛应用于衣服、帷幔、家具、瓷器等各类载体上，成为喜闻乐见的传统纹样之一。童子以单独纹样、适合纹样、二方连续、四方连续等多种构图形式展现了钓鱼、骑竹马、放风筝、攀树折花等丰富的生活风俗场景。

西夏婴戏图是流行于宋元时期大文化背景中的传统纹样，其象征、隐喻手法的应用使文化的承载力也更加丰富深刻。佛教艺术中的童子形象体现了佛教净土思想。"莲花化生""化生童子"是从往生到化生的生命传承，被赋予了"祈子""育婴"的含义。世俗社会的童子形象表达了儒家孝文化影响下"连生贵子""子嗣繁衍""学而优则仕"等思想。此外，囿于古代生产力和医疗卫生条件，加之西夏时期社会动荡、战乱频仍、人口锐减，而婴戏图契合了人们追求人丁兴旺、万物人为贵的思想和祈愿多子多福、安康平顺的愿望。因此，孩童的天真无邪、惹人怜爱的天性使其成为人们钟爱的题材。童子纹样正是以童子独一无二的亲和感和充满童趣的天真性，与动植物纹样组合在一起，你中有我，我中有你，体现了人与自然和谐共存的天人合一精神。①

三、西夏婴戏图的民族文化内涵

婴戏图是流行于宋元时代大文化背景中的典型纹样，西夏婴戏图内容丰富却又独具民族特色。从图像来看，西夏婴戏纹中的童子造型呈现出两大鲜明特征：其一，头梳"冲天槌"，裸体或围肚兜，这与两宋时期的童子形象相同，前文已有所讨论。其二，发式大多为秃发，挽有双发髻或多髻，垂有小辫，这是党项族特有的发式。

西夏艺术品中童子的发式、服装均表现出了鲜明的党项族人物造型特征。在黑水城出土的卷轴画中，无论是赤脚童子，还是着衣小孩，都能够明显地从发式、服饰中辨析出西夏的民族特征，接近于党项族"秃（髡）发"习俗。②如图11《普贤菩萨和供养人》中的供养童子形象所示。《摩利支天》中有一幼童，童子着对襟红底白花小衫，下着白底黑花裤，秃发，脑门后有一细长小辫，一手向前抬起，一手抱身，头稍偏回转，天真可爱（图12）。《普贤菩萨》中的童子顶秃发，留三撮梳成小揪，上衣背心，下着齐膝中裤，赤脚扭动，飘带绕身。榆林窟第3窟文殊变中童子秃发，耳宽唇厚鼻方，具有党项族人物形象特征；第29窟童子剃发、穿窄袖服装（图13）；现藏于宁夏博物馆和武威博物馆的西夏秃发瓷塑童子等，都体现了党项民族秃（髡）发的特征。正如陈育

---

① 楼丽娟等：《中国古代丝织品上的童子纹样探析》，《丝绸》2015年第5期，第66—70页。
② 王胜泽：《西夏佛教艺术中的童子形象》，《敦煌学辑刊》2018年第4期，第123—131页。

宁、汤晓芳两位学者在《西夏艺术史》中所说："西夏壁画巧妙地塑造倒立伎姿势散花的人物形象，把党项儿童的形象也搬上了壁画的装饰中，这种源自世俗生活的表现手法，更贴近社会……也突出了民族特点。"[1]

　　尽管党项族由游牧文化逐步转向定居的农耕文化，由"衣皮毛"逐渐转向"衣锦绮"，但在其积极吸收汉族等各族文化的同时，作为党项族的母体文化仍然是其基本内核。[2]元昊继位后，为突出党项民族特点，改大汉衣冠，下令秃发，"先自秃其发，然后下令国中，使属蕃遵此，三日不从，许众共杀之。于是民争秃其发，耳垂重环以异之"[3]。"婴戏图"是通过对儿童生活场景的描写，来展现社会风俗面貌的一类题材，融入了丰富的历史文化信息。西夏婴戏图更多的注入了党项族文化元素，反映了西夏的地域特色、时代特色和民族特色。因此，西夏婴戏图作为宋元时代大文化背景中的传统纹样，又具有着与众不同的文化内涵。至此，源于十六国时期的化生像，经历了漫长的历史演变之后，其融宗教化、生活化、民族化为一体的丰富内涵，在西夏婴戏图中得到了完美的诠释。

图 11　黑水城出土《普贤菩萨和供养人》中的供养童子

---

① 陈育宁、汤晓芳：《西夏艺术史》，上海：上海三联书店，2010 年，第 68 页。
② 陈育宁、汤晓芳：《西夏艺术史》，上海：上海三联书店，2010 年，第 367 页。
③ ［清］吴广成撰、龚世俊等校证：《西夏书事校证》，兰州：甘肃文化出版社，1995 年，第 132 页。

图 12　黑水城出土摩利支天供养童子

图 13　榆林窟第 29 窟供养童

四、结语

文化作为一个符号学概念，"它集中于'表现的象征主义'方面：像绘画、诗歌、小说或由祈祷、礼拜和仪式所表现的宗教含义，这些都试图以想象形式去开挖并表达人类生存的意义"①。宁夏回族自治区博物馆藏的"婴戏莲印花绢"是西夏乃至宋元时期

---

① [美] 丹尼尔·贝尔著，赵一凡、蒲隆、任晓晋译：《资本主义文化矛盾》，北京：生活·读书·新知三联书店，1989年，第58页。

婴戏纹样的典型代表，承载着丰富的文化内涵。西夏婴戏莲印花绢图案纹样既是佛教思想"莲花化生"的体现，也是儒家文化"连生贵子"的象征，表现了人们祈求子嗣繁衍、渴望子孙昌盛的社会文化心理，寄予着他们对美好生活的期盼。宋、夏之际，各民族之间文化的交往、交流、交融更为频繁，政权的割据并未阻挡彼此之间的经济文化交流，反而在保持各自独特的文化符号的同时，融汇着各民族文化的精华，形成独特的、全新的文化符号，西夏婴戏莲印花绢即为这种社会现实的体现。西夏婴戏莲印花绢既反映了西夏对中原装饰文化的继承与发展，也体现了宋元时期中国各族民俗文化之间的交流与融合，凸显了中华文化多元一体的特点。同时，流行于西夏各类载体上的婴戏图更多的注入了党项民族的发式和服饰元素，再现了西夏社会生活的风貌。

（原载《装饰》2019 年第 8 期）

西夏音乐文化述略*

杨满忠

摘　要： 本文主要通过对党项、西夏音乐文化的发展历程、内容、流传几个方面的梳理，简要分析论述了党项、西夏音乐文化产生的社会基础及其发展情况。本文指出党项、西夏音乐文化经历了青藏高原、陕北高原、宁夏平原三个大的历史发展时期，到西夏中后期达到成熟。党项、西夏音乐文化是中国音乐文化发展史上的特殊阶段，具有一定的历史地位。同时，党项、西夏音乐文化是随着党项民族生活环境的变迁而变化的，是党项民族特色音乐文化与唐宋中原封建音乐文化，以及西北、东北多元民族音乐文化的融合中发展成熟起来的，对元代音乐文化的发展产生过重要影响。党项、西夏音乐文化的发展历程，是党项民族从北周、隋、唐到宋、辽、金、元历史发展的见证，是研究西夏社会文化的重要方面，对西夏学的研究发展有着重要的意义。

关键词： 党项；西夏；音乐；文化

建立西夏王国的党项人，曾是青藏高原质直雄俊、崇巫尚鬼、英勇善战的优秀民族。那高高的雪山、蓝天、白云，辽阔的绿地、草原、马群，以及神圣的祭祀、巫鬼的崇拜、尚武的精神、火热的恋情，铸就了党项游牧民族音乐文化的独特风格，展现着党项人原始游牧生活的精神特点。

归附隋、唐后，党项民族受到大唐乐风的不断熏陶发生了一定的变化，逐步完成了

---

* 基金项目：2013 年国家哲学社会科学基金资助项目（项目编号：13BMZ015）。

党项原始音乐文化与大唐音乐文化的初步结合。入宋以后，党项、西夏音乐文化又经历了三次大变：赵德明时期"律度声音，遵依宋制"；李元昊时期的"革五为一"，独尊党项；仁孝中兴的兼收并举，修定"新律"，逐步完成了党项、西夏音乐文化的自觉发展与历史成熟，呈现出以"清厉顿挫"为典型的多元文化特点。从此，成熟的党项、西夏音乐文化，不但体现着西夏礼仪文化的社会功能，成为当时中国大西北乐舞文化的主流，还成为元朝三大宫廷音乐之一，对元代音乐文化产生过重要的影响。

由于党项族，是一个既独立又开放的草原民族与农业文明的自然结合体。因此，其成熟的音乐文化体系，不但承袭了党项族的传统音乐文化，吸收了唐、宋的宫廷音乐文化、民间音乐文化，同时还融合了契丹、回鹘、吐蕃、吐谷浑、女真等音乐文化元素，从而使其音乐文化，成为大西北民族音乐以及唐宋音乐发展的融合体，受到西夏国民的喜爱，并发挥着重要的"文德教化"的社会作用，在中国音乐文化发展史上具有一定的历史地位。

元灭西夏后，在西夏旧臣高智耀的建议下，西夏宫廷音乐被元朝采用，河西乐成为元朝宫廷的三大音乐体系之一。随着元朝的灭亡，河西乐文化系统逐渐失传。因此，目前我们除了知道历史文献记载的五代党项"连袂歌呼，道其土风"，西夏元昊"革乐之五音为一音"，仁孝修订西夏《鼎新律》，沈括《梦溪笔谈》所载的西夏乐曲，《大明律》保存的西夏乐曲《也葛倘兀》，元朝宫廷音乐保存的《十六天魔舞》，以及其他相关文献的零星记载。

到底西夏音乐文化是个什么样子？它是如何发展起来的？它有哪些具体内容？西夏仁孝修订的《新律》都记载了什么？西夏壁画等乐舞人形象与西夏音乐有何关系？为什么西夏音乐呈现"清厉顿挫"的特点？现在全国各地的民族音乐，是否仍然存有西夏音乐文化的影子？这些都是需要我们进行全面而深入的调查、研究的重要问题？否则，如果我们只停留在"只见其形，不见其声"的党项音乐物象研究上，都是没有意义的。

西夏音乐文化，是党项民族精神性格的反映，是党项民族心声与灵魂再现的一种艺术表现形式，她是党项民族在特定的自然环境、历史环境与社会生活实践的长期积淀中不断发展形成的。《乐记》认为：音由人心生，是人心感物动而形于声，声相应而生变，变而成方谓之音。乐者，"比音而乐之，及干戚羽旄，谓之乐"。一个民族的音乐可以潜移默化的形成积极健康的特定音乐文化范式，又可以通过这个特定的音乐文化范式来熏陶教化后人。古人把这种用音乐教育子民的方式叫作"音乐教化"，简称"乐教"，并与礼仪教化结合起来，叫作"礼教"，简称"礼乐教化"。西周王朝是将礼乐教化自然结合起来的典范。同时，西周王朝又将"礼""乐""政""刑"四种方式结合起来，作为治理国家的四大相辅相成的文德教化体系，他们"礼以道其志，乐以和其声，政以一其行，刑以防其奸。礼乐刑政，其极一也，所以同民心而出治道也"。从此，中国历代王朝都把礼乐教化作为治理国家的一种重要制度延续下来。同时，用礼乐文化的盛衰来衡量一个国家民族的盛衰。大凡国家繁荣昌盛时，就出现礼乐和谐的太平盛世，而当国家逐渐走向衰败时，就出现礼崩乐坏的乱世现象。因此，古人有知乐者知其政，知乐者知其民，知乐者知其国之谓。

西夏音乐文化，既是与党项社会生活紧密联系在一起的，也是与西夏王朝的礼乐文化制度紧密联系在一起的。如果从这个角度上讲，那么，党项西夏的音乐文化是怎样的呢？它是如何发展起来的呢？

严格地说，所谓的西夏音乐文化，主要是指西夏建国前的党项民族音乐文化及其初步的融合，而西夏音乐文化则主要是西夏建国后党项音乐文化与其民族音乐文化的自然融合的成熟体。由于元灭西夏、明灭元朝，使西夏的音乐文化典籍丧失殆尽，元朝宫廷沿用的西夏河西乐也逐渐失传，从而使我们对西夏王朝自修的乐典《新律》及其音乐发展具体情况不得而知。现在，我们只能从《周书》《隋书》《旧唐书》《新唐书》《五代史》《宋史》《辽史》《金史》等其他零星史料中搜求梳理，得出一个大概的发展轮廓。

一、党项、西夏音乐的发展历程

党项、西夏音乐文化源远流长，经历了青藏高原的隋唐党项族原始音乐文化期、陕北黄土高原的唐宋音乐文化融合期、宁夏平原的西夏音乐文化发展成熟三个大的时期。从北周党项族到西夏亡国的 600 余年间，党项民族完成了从原始游牧音乐文化向中原封建音乐文化的历史转变。同时，党项西夏音乐文化的产生与发展，是与党项民族的传统文化与社会生存环境的变化而变化的。西夏仁孝时期音乐大典《新律》的编定，标志着西夏音乐文化体系的自然成熟，而西夏音乐文化的失传与消亡，也是党项族逐渐失去民族特色文化而走向与华夏民族融合统一的历史必然。

（一）青藏高原原始游牧期

党项族是自从北周灭宕昌、邓至后，逃亡迁徙到党项地区的羌、鲜卑等民族不断融合发展起来的一个区域性的民族，故《旧唐书·党项羌传》谓："汉西羌之别种也。"
北周、隋、唐时期，党项民族栖息在甘、青、川、藏毗连地区青藏高原一带，其中心在
黄河河曲析支一带，其游牧范围达三千里，"东至临洮、西平，西接叶护（今新疆且末
一带）、南杂春桑、迷桑（今四川阿坝西北一带），北连吐谷浑（阿尼玛卿山以北）"。
其部落大者万余骑，小者数千余骑，有细封氏、费听氏、往利氏、颇超氏、野辞氏、房
当氏、米擒氏、拓跋氏八部，其中拓跋氏最强，且是鲜卑羌化的重要一支。

　　这时的党项族过着随季节变化、"逐水草而居"的自然部落式游牧生活。他们"居
毡帐""服裘褐""披毡饰""尚武斗""喜复仇"，又崇巫尚鬼、淫秽蒸报。同时，
他们"无徭役""无法令""无文字""侯草木以记岁时、三年以聚会，杀牛羊以祭天"。
因此，这一时期的党项音乐歌舞文化，是反映其"英勇雄武""崇巫尚鬼""聚会祭天"
"浪山亲情"的原始游牧生活为主要内容的。其特点是"击缶踏节""连袂而歌""抑
扬顿挫""尽情而舞"。虽然，其音乐歌舞的具体内容不得而知，但其所用的音乐器材
简单、质朴，有"琵琶、横吹、击缶为节"。缶是古代一种盛水、盛酒的陶器，周朝时
发展为青铜缶，秦朝时以青铜缶为击器（图1）。一般缶中装有酒，每当有重要的"聚
会""祭天"等大型活动时，党项人就喝着"缶"中的酒，弹起琵琶，吹起羌笛，击缶
为节，载歌载舞，饮酒作乐而通宵达旦。现在西部的藏羌"锅庄""浪山会"等民族歌
舞等都有党项族乐舞文化的历史影子。

图1　战国青铜缶

（二）黄土高原唐、宋融合期

　　隋唐初始，党项陆续归附，尤其是唐太宗李世民时，赐封党项大首领细封步赖、拓

跋赤辞为轨州刺史、西戎州都督时，唐代音乐就逐渐在党项上层开始流传。唐高宗、武则天时，党项不堪吐蕃胁迫而请求迁徙，唐王准许党项拓跋氏、野辞氏、往利氏、把利氏、颇超氏等部落，东迁至今甘肃庆阳、陕北横山、宁夏灵武一带。由此，从青藏高原游牧地区迁徙到陕北黄土高原、宁夏平原的半农、半牧地区的党项民族，逐渐与陕北无定河流域、宁夏平原黄河农业文明产生了自然交流，并促使了党项民族传统音乐文化与陕北黄土高原、宁夏平原地方音乐文化的自然融合。同时，由于诸多党项大首领如静边州大首领左羽林大将军拓跋朝光、思乐州刺史拓跋乞梅、拓跋守寂等，都是朝廷大将军、刺史级的官员。因此，他们不但享受朝廷的俸禄，还享受相应的"礼乐文化"待遇，从而加速了党项民族音乐文化与唐代上层音乐的初步交流。唐代边塞诗人李益，所写的《塞下曲》"蕃州部落能结束，朝暮驰猎黄河曲。燕歌未断塞鸿飞，牧马群嘶边草绿"就是这方面社会生活的反映。

值得强调的是唐"黄巢起义"时，自称"宥州刺史"的党项大首领拓跋思恭，助唐平乱有功，唐僖宗不但赐拓跋思恭为李氏皇姓、夏国公，擢银、夏、绥、宥、静五州定难军节度使外，还特赐拓跋思恭一套大唐鼓吹乐队。鼓吹共有三驾，"大驾用 1530 人，法驾用 781 人，小驾用 816 人"，共 3127 人。器乐有"金钲、节鼓、掆鼓、大鼓、小鼓、铙鼓、羽葆鼓、中鸣、大横吹、小横吹、觱篥、桃皮、筚、笛等"，这对党项音乐歌舞文化的发展产生了极其重要的影响。

鼓乐也叫鼓吹，是集击打与吹、拉、弹、唱一起的大型合奏乐曲，始于周秦，盛于汉唐，李世民时的秦王破阵乐非常有名。原始的党项人原来没有鼓，只用缶来击节歌舞，自从有了大唐鼓乐后，十分喜爱。因此，每逢聚会、庆典时，党项民族就敲锣打鼓，载歌载舞，欢乐至极。这种鼓乐之风，直至西夏建国、元朝统一，明清至今，都被直接或间接的继承下来，现今陕北的大型鼓乐、安塞腰鼓、陕北秧歌、信天游等，都有党项西夏鼓乐文化的因素。

五代时期，钟情于大唐鼓乐文化的党项人，经历了逐鹿中原的长期战乱，但受大唐文明熏陶的党项王权及其领地仍然保持完整，其音乐歌舞也继续保持着健康发展的进程。据《新五代史·党项传》载，后唐明宗李嗣源十分喜欢党项马，经常设宴招待党项卖马人。一次，党项人到后唐贸易马匹，明宗十分高兴，"为御殿见之，劳以酒实，既醉，连袂歌呼，道其土风以为乐"。由于明宗李嗣源是沙陀族李克用的养子，也是具有阳刚之气的游牧民族。因此，能在宫廷宴会上允许党项人醉酒歌舞是十分罕见的。其中党项民族的"连袂歌呼，道其土风以为乐"，正好说明了党项民族"击节而舞"、连袂歌呼、热烈奔放、抑扬顿挫、阳刚舒美的音乐文化特点。

北宋初，随着宋太宗羁縻政策的失误，加之辽国的支持，党项民族再次崛起，拥有夏、灵诸州政权，并成为与宋、辽三足鼎立的地方势力。赵德明时期，由于党项弱小，因此其对内采取"稳定发展"，对外采取"连辽和宋"的治国方略，在联辽的基础上与北宋保持着良好的关系，故被宋赐为赵姓，因此，"其礼文仪节，律度声音，无不遵依宋制"。

（三）宁夏平原西夏鼎盛期

党项西夏音乐文化在宁夏平原的发展鼎盛期可分为三个阶段：一是李元昊时党项民族音乐文化独立期；二是谅祚至乾顺时蕃、汉礼乐文化摩擦期；三是仁孝时期《新律》音乐文化发展成熟期。

（1）李元昊时的音乐文化独立期。李元昊建国初期，为了制定符合党项民族与国家发展的礼乐制度，遵循简洁、省力原则，提出了"王者制礼作乐，道在宜民。蕃俗以忠实为先，战斗为务"的重要观点。他认为唐宋繁缛礼乐文化不足效法，于是"更定礼乐"，尽去"唐宋之缛节繁音"，"裁礼九拜为三拜，革乐之五音为一音"，颁令国中执行。这是李元昊对赵德明时期遵从宋朝礼乐文化制度的一次重大改革，奠定了党项蕃乐文化的国家礼制，对增强党项民族的凝聚力及西夏的建国发展产生了极其重要的影响。同时，李元昊本人十分精通音乐，常在身边带有鼓励士气的《野战歌》以及兵书《太乙金鉴诀》，带头推行党项的蕃乐礼仪文化，从而使其制定的党项蕃乐礼仪持续了近百年。

但是客观地说，李元昊的"革乐"，只是改革了国家层面的"音乐礼仪制度"，但对老百姓的民间音乐影响并不十分大，李元昊后期的《十不如歌》，说明党项音乐文化有广泛的社会群众基础。李元昊去世后，由于皇帝年幼，外戚专权，所以出现了长达60余年激烈的外戚与皇权的蕃汉礼仪斗争。这种一会儿蕃礼、一会儿汉礼的矛盾斗争，直接影响了西夏音乐文化的健康发展。

（2）谅祚至乾顺时的"蕃、汉礼乐"摩擦期。李谅祚年幼时，没藏氏家族专权，延续了李元昊制定的蕃乐之礼，谅祚年长诛杀没藏讹庞后，与宋通好，请求经书，并采用"汉礼"。谅祚死后，8岁的秉常继位，是为惠宗，但是其母大梁太后专权，又恢复"蕃礼"，并将自己的侄女小梁氏嫁给自己的儿子秉常。后随着秉常年长主政，十分倾向"汉礼"，为了恢复"汉礼"音乐，他不但"招诱汉界娼妇、乐人"到西夏，还派心腹李清通宋和好。这时，"垂帘听政"的大梁太后闻之大怒，擒杀李清，并将秉常囚禁于"木珊行宫"，继续实行"蕃礼"。后秉常忧郁而死，子乾顺继位，是为崇宗。

大梁太后死后，乾顺之母小梁太后又开始专权，并且飞扬跋扈、过犹不及，被金国派使者毒死。从此，随着乾顺的逐渐强势，才结束了西夏外戚专权的历史局面。乾顺在恢复"汉礼""汉乐""建国学""养贤务"的同时，也十分喜爱音乐文化，注重乐教、诗教、礼教。他曾作《灵芝歌》与大臣相唱和，并"勒石志瑞"，立于学馆，其中有"俟时效祉，择地腾芳"和"德施率土，赍及多方"之句。其宗室子弟仁忠、仁礼"俱通蕃汉文字，有才思，善歌咏"。

乾顺是西夏时期结束皇权与外戚专权、蕃汉礼仪之争的关键人物，其将所建的"国学"放在与"蕃学"同等的地位，培养了一大批蕃汉兼通的人才，这对进一步促使西夏音乐文化与宋、金音乐文化的交流融合奠定了重要的基础。同时，乾顺在位50余年，是国家长期和平稳定发展的重要转折时期，此时，宋夏、宋金的关系相对较好，这为宋夏、宋金音乐文化的和平交流与进一步发展提供了条件。

这里值得指出的是，谅祚乾顺时期，不但西夏人喜欢宋朝的音乐文化，宋朝人也喜欢西夏的音乐文化，一些西夏人能直接唱汉语歌曲。北宋沈括在鄜、延为边帅时，曾作"凯歌"数十首，让士兵传习歌唱，其中有"天威卷地过黄河，万里羌人尽汉歌"之句。同时，党项羌人也对北宋著名文学家柳永的词家喻户晓，人人皆爱，"凡有井水处，即能歌柳词"。更为有意思的是，北宋皇帝不但喜爱"西夏剑"，也十分喜爱西夏的音乐文化。北宋元丰六年（1083），宋夏边境米脂寨"四十二名党项乐人"归降宋朝，宋神宗闻之，立即召见他们，并让他们在"奏乐于崇政殿"①。

（3）李仁孝时西夏音乐文化成熟期。建立西夏王国的党项民族，原是一个开放性的草原游牧民族，也是一个善歌善舞的优秀民族，他们在青藏高原时，除了本民族党项羌歌外，还受"吐谷浑""吐蕃"以及关中汉地音乐的影响。归附隋朝、大唐后，又受隋、唐音乐文化的影响。迁入陕北黄土高原、宁夏平原后，又受当地音乐文化的影响。值得一提的是，北宋时，李继迁、赵德明、李元昊与辽国通好，均取辽国公主为妻，因此契丹音乐也自然传入西夏。同时，李元昊攻下河西走廊后，曾将甘州回纥高僧迁到西夏高台寺翻译佛经，还把拜谒宋朝的西域"善称和尚"留在西夏传教。加之，西夏统治河西走廊时，汉唐以来以武威为中心形成的西凉乐，以敦煌为中心形成的佛乐，以及东传的西域乐，都对西夏音乐文化的发展产生了重大影响。乾顺时，金灭辽国，乾顺又与金国通好，女真音乐文化也随之传入西夏。

---

① 刘琳等点校：《宋会要辑稿》职官二二，上海：上海古籍出版社，2014年，第3631页。

因此，可以说，西夏音乐文化发展到李仁孝时，逐渐走向成熟，这个成熟的标志是《新律》的修订完成与应用。西夏人庆五年（1148），仁孝命乐官李元儒采用中原乐书，参照西夏制度，修定乐律。李元儒受命，组织专人历经三年始成，被仁孝赐名为《新律》，又名《鼎新律》，意为"革故鼎新"的西夏礼乐大全。由于《鼎新律》修订十分成功，李仁孝十分高兴，提升了李元儒等人的官职。

　　仁孝这次成功的音乐改革与集大成，与其说是仁孝与李元儒的功劳，倒不如说是西夏音乐文化历史发展的必然，是西夏社会走向文明成熟的表现。是李仁孝时期，兼收并蓄，吸收中原音乐文化成分，以及西北、东北民族音乐文化元素，从而形成了以党项民族音乐文化与中原音乐文化为主体，以吐蕃、吐谷浑、契丹、回纥、女真等民族音乐为辅的音乐文化体系。这个体系的形成，是西夏音乐文化发展到了历史的最高峰。虽然，西夏在仁孝后逐渐走向衰亡，但其成熟的音乐文化体系被传承下来，成为大元王朝宫廷的三大音乐文化体系之一，成为中国音乐文化史的重要组成部分，对中国古代音乐文化的创造与发展作出一定的贡献。

二、党项、西夏音乐文化内容

　　由于元灭西夏导致西夏的国家音乐文化典籍失传，近百年来，随着西夏字的破译，西夏文献典籍文物的不断问世，以及党项西夏乐舞研究的逐步深入，使我们对西夏音乐文化的具体内容有了一些零星的认识。

　　（一）组织机构

　　党项民族是一个英勇善战、能歌善舞的民族，民族传统音乐形成的心理精神积淀是长期的。后来深受中原王朝宫廷礼乐文化的影响，因此，他们也仿照宋辽，建立自己专门管理音乐文化的机构——"蕃汉乐人院"。"蕃汉乐人院"属于行政机构五类的"末等司"，管理着西夏蕃乐和汉乐两种音乐文化体系，其中汉人乐人院的设立，正好说明西夏对中原王朝音乐文化的吸收与发展。

　　（二）主要乐器

　　其乐器经历了一个从简单到复杂的历史发展过程。在青藏高原原始游牧期时，党项族只有"琵琶"、"横吹"与"缶"。到唐朝后期时，有了大唐所赠的鼓吹器乐金钲、节鼓、搁鼓、大鼓、小鼓、铙鼓、羽葆鼓，中鸣、大横吹、小横吹、觱篥、桃皮、筚、笛。到西夏仁孝中兴期时，乐器种类就更多、更齐全。据骨勒茂才编写的《番汉合时掌中珠》所载，有三弦、六弦、琵琶、琴、筝、箜篌、管、笛、箫、笙、筚篥、七星、大鼓、丈鼓、拍板等，尤其是管、弦乐器比唐时又增加了许多。在这些乐器中，党项横吹（羌笛）极具特色。由于横吹易作、易学，应用方便，普及率高，很受党项人喜爱。因此，党项族在聚会、庆典或闲暇时均可吹奏欢乐。这在唐宋诗词中表现尤为突出，如刘禹锡的《杨柳枝词》云：塞北梅花羌笛吹，淮南桂树小山词。"

（三）具体内容

随着元朝的灭亡，河西乐也逐渐失传，现在只能从其他零星资料中加以梳理。参照孙星群等先生的研究成果，我们将党项西夏音乐文化的具体内容分为以下几个方面：

（1）战阵音乐。主要有李元昊的《野战歌》。这是一首以贯彻李元昊"忠实为务、战斗为先"音乐原则的战阵军歌。此军歌是以鼓吹方式来演奏，昂扬雄壮，坚定不移，用于激励军队战斗士气。古代战阵时"擂鼓则进""鸣金则退"，故李元昊的《野战歌》，当是继承大唐鼓吹秦王破阵乐的特点创制而来，对西夏士兵战斗力的凝聚起到了极其重要的作用。后李元昊的《野战歌》，作为西夏军队一种礼制被传承下来，直到成吉思汗的西夏养子察罕时仍在使用。据《元史·察罕传》载："太祖命察罕伐金时，帝命鼓行前面"，《雪楼集》也云："（党项羌）衽金革而不厌，劲气犹生，闻鼓鼙而兴思，遗忠可录。"

（2）礼仪音乐。主要有朝贺音乐祝寿乐、欢庆乐、丧葬乐等。一是正朔朝贺音乐，杂用唐宋典式。元旦时行"大朝会礼，群臣上寿，设宫县（悬）万舞"。五一、冬至时"受朝贺于殿，群臣上寿，始用'教坊乐'、'雅乐登歌二舞'"。

二是祝寿音乐。据《东都史略》卷一二七云：宋庆历四年（1044年）初，"曩霄（元昊）奉卮酒为寿，大合乐"。《青阳先生文集》卷四亦云：党项羌有"献寿拜舞，上下之情怡然相欢"。

三是欢庆乐舞。欢庆节日，鼙鼓雷鸣，高歌狂舞，阵阵不息。《公祠记》载：忽必烈灭南宋后，西夏境内"鼙鼓之声未绝于城邑"。

四是丧葬之乐。赵德明之母罔氏薨时，"德明以乐迎之枢前"。元时沙州党项，枢行火葬时"鸣一切乐器"。值得一提的是，党项在安葬殉情男女青年时，在女栅云尸之下，"击鼓饮酒，尽日而散"。

（3）娱乐音乐。五代后梁明宗时，党项商人到京都卖马，明宗"劳以酒食"赐食于禁廷，党项商人开怀畅饮，"既醉，连袂歌呼，道其土风以为乐"。

（4）哀怨音乐。李元昊经常出兵打仗，耗资陨人，国人不堪其苦，唱《十不如》歌以讽之（《宋史·夏国传》）。

（5）颂祖歌。有黑水城出土文献《夏圣根赞歌》，叙述拓跋族源的由来及其发展历史。

（6）时令歌。有黑水城出土文献《月月乐诗》，叙述日月时令、物候情况以及西夏社会的时令生活。

（7）宗教音乐。主要是佛乐，有《西凉乐》中的《万世丰》《永世乐》，以及《于阗佛曲》《也葛倘兀》《十六天魔舞》等。

（四）音乐特点

《番汉合时掌中珠》云："取乐饮酒""教动乐""乐人打诨"，西夏《杂字》曰："乐人歌舞""鸣笛击鼓"，《金史·外国传·西夏》载："五代之际，朝兴夕替，制度礼乐，荡为灰烬。唐节度使有鼓吹，故夏国声乐清历顿挫，犹有鼓吹之遗音焉。"综合来看，西夏音乐文化的特点是集群体性、娱乐性、教育性、鼓舞性于一体，清厉顿挫是其音乐基调的主要特点。

三、党项西夏音乐的流传

西夏灭亡后，由于党项旧臣高智曜的推荐，西夏宫廷音乐被元朝采用，不但使西夏宫廷音乐得以保存，而且对元代音乐文化发展影响很大。据史书记载，元世祖至元三十年（1293）以后，元朝每年在大明殿启建白伞盖佛事时，就用西夏音乐（河西乐），演奏者、歌舞者达三百二十四人。西夏女乐艺人也常在元代宫廷中表演西夏乐舞。傅乐淑（《元宫词百章笺注》）有诗云："河西女子年十八，宽着长衫左掩衣。前向拢头高一尺，入宫先被众人讥"。

西夏音乐文化大约到明代逐渐消亡，现只有《也葛倘兀》（图2）、《十六天魔舞》流传下来，现简述如下：

《也葛倘兀》是蒙语"大夏"的意思，是元太祖初年"征用西夏旧乐而来"。明徐一夔等编撰《明集礼》卷五三《俗乐·元乐曲》记为《也可唐兀》，是现存的律吕名称与对应的工尺谱，无歌词。"也歌"也作"也客""伊克""一克"等，是"大"的意思；"倘兀"，又作"唐兀""唐兀歹""唐古特""唐古惕"，是"夏"的意思。①

图 2   乌兰杰《元达达曲名考》中的《也葛倘兀》曲谱

王福利还认为西夏的《也葛倘兀》与西域的《摩诃兜勒》有重要的渊源关系。《摩诃兜勒》是西汉张骞出使西域时所得，乐人李延年受此启发更为二十八解，对后世影响极大。因此，西夏的《也葛倘兀》与西域的《摩诃兜勒》是不同历史渊源关系的曲子。②明代音律家朱载堉说："张博望入西域，始传《摩诃兜勒》曲，自汉以来唯鼓吹部用之，不入雅乐。……古无横笛，盖胡乐欤？"③

另，朱权《太和正音谱》载有关汉卿《唐兀歹》一曲，其词为："（不付能）求和得绣帏里眠痛惜轻怜（不觉得）纱窗外月儿转（畅好是）疾明也么天。"《九宫大成南北词宫谱》卷六六"双角只曲"中有《唐古歹》谱。④

《十六天魔舞》，本是佛教供奉之舞，因由 16 名舞女表演，故曰《十六天魔舞》。

---

① 王福利：《陶宗仪〈南村辍耕录〉所收元达达曲名考》，《语言科学》2003 年第 2 期，第 73—88 页。
② 王福利：《陶宗仪〈南村辍耕录〉所收元达达曲名考》，《语言科学》2003 年第 2 期，第 73—88 页。
③ ［明］朱载堉撰、冯文慈点注：《律吕精义·内篇》卷 8，北京：人民音乐出版社，2006 年，第 640 页。
④ 王福利：《陶宗仪〈南村辍耕录〉所收元达达曲名考》，《语言科学》2003 年第 2 期，第 73—88 页。

《十六天魔舞》原出西域、传之西夏，到元代后期时，其内容从原先的佛教供奉舞蹈，变为专供帝王享乐的世俗舞蹈。据《元史·顺帝本纪》载，在十六天魔舞中，伴奏者为11名宫女，所用乐器有龙笛、小鼓、琵琶、笙、胡琴、拍板等。元张昱《辇下曲》云："西方舞女即天人，玉手昙花满把青。舞唱天魔供奉曲，君王常在月宫听"。元人朱有燉《元宫词》云："背翻莲掌舞天魔，二八娇娃赛月娥。本是河西参佛曲，把来宫苑席前歌。"现鄂尔多斯成吉思汗陵发掘排演十六天魔舞，就有《西夏十六天魔舞》的影子。

在元代的蒙古踏歌中，也有党项、西夏音乐、舞蹈的影子。诗人杨载《塞上曲》中记述的顿踏舞，场面十分热烈，有党项、西夏"顿足迭踏、联袂而歌"的形式。其踏歌表演形式一般是由一人领舞，众人围成圆圈，牵手顿足，相和而歌。基本的动作是踏足、摆手以及摇晃身体等。杨载《踏顿舞》诗云："张坐逐平地，击火烧乌羊。湩酪过醇酎，摇艳盈杯筋。既醉歌呜呜，顿踏如惊狂。月从天外来，耿耿流素光。"明诗也有"色目男儿作汉歌，十六天魔舞袖长"的描述。其实，蒙古踏歌与西夏的"联袂而歌"的"顿足踏歌"有一定的渊源关系。

这里需要特别指出的是，现今内蒙古鄂尔多斯流传的"顶碗舞""筷子舞"，成吉思汗陵祭祀成吉思汗的"十二圣乐"，以及鄂尔多斯鄂托克旗的蒙古姓唐兀人"黄衣号手"后裔等，都与西夏的宫廷音乐与西夏"号手"乐队有关。现今云南丽江流传最古老的"纳西古乐"，其基调清厉顿挫、内容多元，杂有唐宋西域之乐，当是元代三色细乐之一河西乐的遗存，是西夏宫廷音乐历经元明清三代流传下来稀世珍宝，极具综合比较研究的重要价值。

综上所述，党项西夏音乐文化，历经数百年的发展，尤其是从青藏高原的原始音乐，到陕北黄土高原接受唐宋音乐文化的融合发展，再到西夏建国后的多元综合发展与成熟，是西夏的音乐文化达到了一个较高的水平，为西夏故地的音乐文化教育发展作出了巨大贡献，也为大元王朝音乐文化的发展起到了重要的促进作用。党项、西夏音乐文化是中国音乐文化发展的重要组成部分，具有一定的历史地位，这应当给予充分的肯定。但由于西夏、音乐文献资料的相对缺乏，使西夏音乐文化的深入研究存在很大的局限性，同时我们对党项、西夏音乐文化遗存的调查、发掘研究还很不够，希望引起西夏学界的关注与重视。

（原载《西夏学》第十三辑，上海古籍出版社，2016年）

第三编 西夏语言文字研究

汉语西北方言泥来混读的早期资料

聂鸿音

摘　要：本文举出西夏文献中汉语泥（n-）、来（l-）混读的例子，证明西北方言中这两个声类的合口洪音混读至迟在 12 世纪末就已经出现，而细音的混读则可能是一种相对晚起的现象。

关键词：西北方言；西夏；泥母；来母

许多地区的汉语方言都有泥（n-）、来（l-）混读现象，但混读的条件和实际的读音各不相同。现代兰州话一般把这两个声母同读为 l-，此外也有人同读为 n-，甚至还有人很不稳定地兼读 n- 和 l-[①]。本文准备分析西夏文献中两个 n-、l- 混读的例子，希望能够有助于这种现象的历史考察。

西夏人骨勒茂才在 1190 年以西北方言编纂了一本汉语和西夏语的对译字书《番汉合时掌中珠》，里面出现了这样两组对音：

　　（1）农器：𗙼𗢛；笼床：𗙼𗢵。[②]
　　（2）糯米：𗰖𗜓；罗云：𗰖𗫭。[③]

例（1）中"农"和"笼"的西夏字对音同用"𗙼"，例（2）中"糯"和"罗"的

---

① 高葆泰：《兰州方言音系》，兰州：甘肃人民出版社，1985 年，第 5 页。
② 李范文：《宋代西北方音》，北京：中国社会科学出版社，1994 年，第 426、420 页。
③ 李范文：《宋代西北方音》，北京：中国社会科学出版社，1994 年，第 404、393 页。

西夏字对音同用"麤"。在西夏韵书《文海宝韵》中，"麨"在上声第1韵（相配的是平声第1韵），"麤"在平声第49韵①，由于同韵中既有泥纽也有来纽②，所以上面的译例不可能是临时的"借音替代"。由此可以看出，泥母的"农"和"糯"在当时汉语西北方言里分别读同来母的"笼"和"罗"。

1181年刊印的西夏译本《类林》也反映了同样的情况，足见《番汉合时掌中珠》的译例并非偶然：

（3）弘农：薜麨；鲁国：麨隤。③

在已知的西夏文献中，中古泥来二母的细音字绝不混读，所以，尽管目前能找到的混读仅此两例，我们仍然大致可以想定，12世纪下半叶汉语西北方言里的泥来混读当以洪音为限。

按声类编排的西夏字书《同音》把"麨"和"麤"都列在"来日音"类④，说明这两个西夏字的声母是l-而不是n-，由此不难准确地判断西北方言泥来混读现象的本质是把中古泥母合口洪音字读成了l-。与此相对，现代主流兰州话的泥来二母字不论洪细一律读l-，如果把兰州话视为12世纪西北方言的后代，那么本文提供的例子或许可以引导我们把其中的细音读法假定为相对晚起的情况。

附带说，敦煌方言的面貌与此大不相同。在藏经洞所出的汉字注音本《开蒙要训》里也可以见到泥来混读的现象，如"溺"注音为"历"，"籠"注音为"农"⑤，另外，法国国家图书馆所藏P.3861号佛经写卷中的咒语也把梵文音节na/音译为"拦"或"梨难"⑥，这似乎表明当地方言是把泥来二母混读成了n-，且并不限于洪音字。敦煌与兰州虽然同为西夏故地，而且文献的时代恰好在西夏之前，但通过本文提供的例子可以估计，12世纪下半叶汉语西北方言中的泥来混读现象也许不是敦煌方言的直接发展。

（原载《方言》2011年第1期）

---

① 俄罗斯科学院东方研究所圣彼得堡分所、中国社会科学院民族研究所、上海古籍出版社：《俄藏黑水城文献（西夏文世俗部分）》第七册，上海：上海古籍出版社，1997年，第206、194页。

② M. B.Софронов, *Грамматика тангутского языка*, II 6, Москва: Наука, 1968, c.33.

③ 史金波、黄振华、聂鸿音：《类林研究》，银川：宁夏人民出版社，1993年，第83、40页。

④ 李范文：《同音研究》，银川：宁夏人民出版社，1986年，第750、748页。

⑤ 罗常培：《唐五代西北方音》，北平：中央研究院历史语言研究所，1933年，第79页。

⑥ 孙伯君：《法藏敦煌P.3861号文献的梵汉对音研究》，《语言研究》2008年第4期，第21页。

西夏语的名物化后缀 sji² 和 lew²

聂鸿音

摘　要： 西夏语的 sji² 和 lew² 此前只被视为动词的体后缀。本文据西夏译本《注华严法界观门通玄记》指出它们除此之外还可以是一对功能互补的动词名物化后缀，分别表示主动态和被动态。

关键词： 西夏语；名物化后缀；主动态；被动态

本文讨论西夏语的"𘋠"sji² 和"𗀔"lew² 两个后缀。在西夏研究的早期阶段，学者按照中国传统习惯笼统地称之为"助词"，并致力于寻找它们与汉语助词间的对应关系。例如，释"𘋠"sji² 为"所"，释"𗀔"lew² 为"可"或"所"，等等①。20 世纪 60 年代以后，学界的注意力开始从机械的对译转向语法功能的描述，目前已倾向于认定它们是西夏语动词的"体后缀"，其中"𘋠"sji² 表示完成②，"𗀔"lew² 表示或然③，这些结论已经被广泛地应用于西夏文献的解读。然而，人们似乎很少关注到这两个后缀的名物化功能，而且始终是在孤立地分析它们的用法而忽略了其间的内在关联。事实上就西夏语的名物化构词法而言，它们恰好形成了一对功能互补的后缀。

在此前刊布的西夏文献中，本文讨论的这两个后缀从来没有同时出现过，这在很大程度上影响了人们的观察。现在我们之所以打算重提旧事，是因为偶然见到了一份具有决定性意

---

① М. В.Софронов，*Грамматика тангутского языка* I，Москва：Наука，1968，c.36.

② К. Б.Кепинг，*Тангутский язык，морфология*，Москва：Наука，1985，cc.171-173.

③ М. В.Софронов，*Грамматика тангутского языка* I，Москва：Наука，1968，cc.215-216.

义的资料——西夏译本《注华严法界观门通玄记》，这部书为我们提供了"𗈤"sji² 和"𗁬"lew² 并列出现的大量例证。《注华严法界观门通玄记》是对唐代佛教大师圭峰宗密名著《注华严法界观门》的讲疏，原件 1909 年出土于内蒙古额济纳旗的黑水城遗址，今藏俄罗斯科学院东方文献研究所，编号 Инв.No.942①。西夏人翻译所据的汉文底本已经亡佚，所幸圭峰宗密的《注华严法界观门》完好地保存到了今天。②借助《注华严法界观门》的汉文本，我们可以对书中反复使用的"法界观"术语做出有把握的解读。下面选取其中的两段：

"𗣼 𗼃 𗢾 𗢷 𘟪 𗤁 𘄒 𗤜" 𗈪 𗢾，𗣼 𘈑 𗢷 𘟪 𗥃 𘈑 𗐀 𗤜 𗀔、𗈤 𗈤、𗤜 𗈤、
"八九者六七△摄融"谓者③，八门六七二门中遍者、含能、容能、
谓"八九融摄六七"者，八门融摄六七二门中能遍、能含、能容、

𗅲 𗀔 𘈧 𗿛 𗤁 𗤜 𗀔，𗼃 𘈑 𗢷 𘟪 𗥃 𘈑 𗐀 𗤜 𘅂、𗅲 𘈧、𗤜 𘈧、𗈤 𘅂 𘈑 𗿛 𗤁 𗤜 𗀔。
入者主法△摄融，九门六七二门中容所、入所、遍所、含所伴法△摄融。
能入之主法，九门融摄六七二门中所容、所入、所遍、所含之伴法。

𘈧 𗢳 𗤜 𘅂 𗢾，𘃡 𗀔 𗢾 𘄒 𘟪 𘄵。
主伴时同故，周融碍无成也。
主伴同时，故成周融无碍也。

𘋥 𗢾 𗢷 𘅂 𗈤 𗈤 𗢾，𗥃 𗥃 𗈤 𗢾；𗴢 𗈤 𗁬 𗢾，𘈑 𘅂 𘃪 𗢾。
三第句一含能为，一切含故；多含所为，前一随故。
第三句一为能含，含一切故；多为所含，随前一故。

"𘄳 𗢷 𗤄 𗀔 𗈤 𗤜" 𗈪 𗢾，𗥃 𗥃 𗥃 𗈤 𗈤 𗢾，𘈧 𗤜 𘅂 𘈑；𘈑 𗥃 𗥃 𗤜 𗀔 𗢾，
"末句自互含遍"谓者，上一切含能为，又遍所是；下一切遍者为，
谓"末句互为含遍"者，上一切为能含，又是所遍；下一切为能遍，

𘈧 𗈤 𗁬 𘈑。𗴢 𗢾 𗤜 𘅂 𗥃 𗚉，𗈤 𗁬 𗥃 𗚉 𘈑 𗀥。
又含所是。此者遍所多有，含所多有故也。
又是所含。此多有所遍，多有所含故也。

<hr />

① З.И.Горбачева, Е.И.Кычанов, *Тангутские рукописи и ксилографы*, Москва：Издательство восточной литературы，1963，c.122.［日］西田龙雄：《西夏文华严经》第三册，京都：京都大学文学部，1977 年，第 48 页。

② 与存世西夏本相应的汉文本见［日］大藏经刊行会：《大正新修大藏经》第四十五册，台北：新文丰出版公司，1983 年，第 689—692 页。

③ "对译"部分的"△"号用来指代传统意义上的"助词"，这里指的是西夏语的宾格标记"𗥃"（传统译"之"）。下仿此。

两段引文在同一语境下出现了两对词缀："彦"mjijr² 和"叕"tji² 为一对，附在动词"瀿"nj²（遍）和"諮"·o²（入）后面；"蔬"sji² 和"縅"lew² 为一对，附在动词"瓾"·wio¹（含）和"綴"jiw¹（容）后面。此前西夏学界已经正确地看出第一对词缀表现为主动和被动的对立，类似于汉语的名物化后缀"者"和"所"[1]——"瀿彦"nj²mjijr² 用来译汉语的"能遍"，意思是"遍者，能涵盖其他事物的"；"瀿叕"nj²tji² 用来译汉语的"所遍"，意思是"可被其他事物涵盖的"。不难想到，第二对后缀之间也应该存在与第一对类似的关联。

在上引《注华严法界观门通玄记》的术语中，"蔬"sji²、"縅"lew² 分别与"能"、"所"对应——"瓾蔬"·wio¹sji² 对应"能含"，"綴蔬"jiw¹sji² 对应"能容"，"瓾縅"·wio¹lew² 对应"所含"，"綴縅"jiw¹lew² 对应"所容"，显然也是分别表示主动和被动。另外，"瓾蔬"（能含）、"綴蔬"（能容）、"瓾縅"（所含）、"綴縅"（所容）可以用作动词"羕"dju¹（有）的宾语，表明它们是名词性的成分。从这一认识出发，我们可以借助汉语把"蔬"sji² 理解为"能……的"，把"縅"lew² 理解为"可被……的"。例如，"瓾蔬"（能含）就是"能包容其他事物的"，"瓾縅"（所含）就是"可被其他事物包容的"。这样我们就可以在"名物化后缀"的基点上对"蔬"sji²、"縅"lew² 结构做出进一步的、相对简单的理解。

李范文[2]归纳了"蔬"sji² 的四种用法，前三种分别表示"工具""原因""工具或手段"，后一种直接译为"用"。这四种用法都不妨借助"能……的"这一格式来统一说明：

　　羧蔬=捕具（工具）。按："捕+蔬"即"能捕捉［鸟兽］的"。
　　祾蔬=鼓槌（工具）。按："击+蔬"即"能敲击的"。
　　朧蔬=败因（原因）。按："败+蔬"即"能［导致］失败的"。
　　翂惢祾蔬=严身之具（工具或手段）。按："身庄严+蔬"即"能装饰身体的"。
　　羲纞羲蘱祾縊赋羼蘱靯叆慘蔬祾=炉者，火炉鏊也，为烤花饼、干饼等用也。按："縊赋羼蘱靯叆慘蔬"（花饼干饼等烤为+蔬）即"能烤花饼、干饼的"。
　　蘱纞羲蘱祾羼赋靯慘蔬痳劧=鏊者，火炉鏊也，制干饼等用之谓。按："羼赋靯慘蔬"（干饼等制+蔬）即"能制做干饼的"。

① М. В.Софронов, *Грамматика тангутского языка* I, Москва：Наука，1968，c.36.
② 李范文：《夏汉字典》，北京：中国社会科学出版社，1997 年，第 725 页。

李范文①把"𗣼"lew²的用法解释为"作为词缀，常加在动词之后，构成派生词；也可加在名词之后"。②所举的例子大多应该视为名物化后缀，可以借助"可（被）……的"这一格式来说明：

𗣼𗣼𗣼𗣼𗣼𗣼𗣼=麻者麻草，可做布也。按："𗣼𗣼𗣼"（布做+𗣼）即"可被［用来］做布的"。

𗣼𗣼𗣼𗣼……𗣼𗣼𗣼𗣼=光者光艳也……显明能见也。按："𗣼𗣼𗣼𗣼"（显明见+𗣼）即"清晰可见"、"可被清晰看到的"。

𗣼𗣼𗣼𗣼=堪为叹誉。按："𗣼𗣼𗣼"（叹誉+𗣼）即"可被赞叹称誉的"。

𗣼𗣼𗣼𗣼=四无所畏。按："𗣼𗣼"（恐+𗣼）即"可被恐吓的"。

𗣼𗣼=柴樵。按："烧+𗣼"即"可被［用来］烧的"。

𗣼𗣼𗣼𗣼=奴婢仆使。按："𗣼𗣼"（使+𗣼）即"可被使役的"。

"𘄢"sji²和"𗣼"lew²作为名物化后缀，它们与此前学界认识的动词体后缀"𘄢"sji²和"𗣼"lew²尽管表面形式完全一样，但是却具有不同的语法功能和意义。如上面例子所表明的，带名物化后缀"𘄢"sji²和"𗣼"lew²的动词不用作谓语③，而与此相对的是，带体后缀"𘄢"sji²和"𗣼"lew²的动词则只用作谓语。例如：

𗣼𗣼𗣼𗣼𗣼𗣼𗣼𘄢=病入骨髓④。按："入"字西夏文译作谓语结构"𗣼𗣼𘄢"（趋向前缀+入+𘄢），即"已经进到里面了"。

𗣼𗣼𗣼𗣼𗣼𗣼𗣼𗣼𘄢=汝侍婆母，且受其命⑤。按："受"字西夏文译作谓语结构"𗣼𗣼𗣼𘄢"（趋向前缀+受+第二人称后缀+𘄢），即"你已经接受过来了"。

𗣼𗣼𗣼𗣼𗣼𗣼𗣼=应求信解佛所说义⑥。按："求"字西夏文译作"𗣼𗣼"（求+𗣼），即"应当追求"

𗣼𗣼𗣼𗣼𗣼𗣼𗣼𗣼𗣼𗣼=汝等不应分别一切受想灭定⑦。按："不应分别"西夏文译作"𗣼𗣼𗣼𗣼"（不+分别+𗣼），即"不应当区分"。

---

① 李范文：《夏汉字典》，北京：中国社会科学出版社，1997年，第398页。

② 事实上把"𗣼"加在名词后面的仅有一例，原出《番汉合时掌中珠》第24页："𗣼𗣼=衣服"，这个结构不合西夏语法惯例。我猜想西夏名词"𗣼"（衣）或许是动词"𗣼"（穿）的形化，如果真是这样，那么"𗣼𗣼"就正好解作"可以穿的"。

③ 例如，𗣼𗣼𗣼𗣼𗣼𗣼𘄢𗣼=菩萨有四法得大智慧，"𗣼𗣼𘄢𘄢"（大智慧+得+𘄢）作"𗣼"（法）的定语；𗣼𗣼𗣼𗣼𗣼𗣼=于空法有所见得，"𘄢𗣼𗣼"（得见+𗣼）作"𗣼"的宾语。详见韩潇锐：《西夏文〈大宝积经—迦叶品〉研究》，中国社会科学院研究生院2012年硕士学位论文。

④ 史金波、黄振华、聂鸿音：《类林研究》，银川：宁夏人民出版社，1993年，第125页。

⑤ 聂鸿音：《西夏文〈新集慈孝传〉研究》，银川：宁夏人民出版社，2009年，第163页。

⑥ 韩潇锐：《西夏文〈大宝积经—迦叶品〉研究》，中国社会科学院研究生院2012年硕士学位论文。

⑦ 韩潇锐：《西夏文〈大宝积经—迦叶品〉研究》，中国社会科学院研究生院2012年硕士学位论文。

参照能否在句中充当谓语这一标准，可以很方便地把名物化后缀"𗣼"sji^2、"𗂧"lew^{2}和体后缀"𗣼"sji^2、"𗂧"lew^{2}区分开来。

（原载《语言研究》2013 年第 2 期）

西夏语专有名词的类别标记

聂鸿音

摘　要： 西夏语的 mjij²、lji²io¹ 和·jwir² 此前一直被视为普通名词，本文指出它们附在专有名词后面时只用作类别的标记，而没有具体的词汇意义。这三个类别标记分别用来提示人名，地名和著作名，它们不是党项语言里原有的成分，而是西夏建国后应翻译文学的需要而产生的，其用法在整个西夏时期都没能以书面语言规则的形式固定下来。

关键词： 西夏语；专有名词；类别标记

在西夏文—汉文对译字书《番汉合时掌中珠》中，"𱋣" mjij²、"𱈷" lji²、"𱊒" io¹、"𱈬"·jwir² 仅作为名词出现，分别与汉语的"名""地""院""文"形成对译关系：

　　𱋣=名：𱋣𱋣𱋣𱋣=争名趋利①
　　𱈷=地：𱈷𱈷𱈷𱈷=更卖田地②
　　𱊒=院：𱊒𱊒𱊒𱊒=工院马院③
　　𱈬=文：𱈬𱈬𱈬𱈬=蒐寻文字④

迄今的研究著作据此把所有文献中的这四个字不分出现条件地一律译作"名""地

---

① ［日］西田龙雄：《西夏语の研究》第一册，东京：座右宝刊行会，1964年，第221页。
② ［日］西田龙雄：《西夏语の研究》第一册，东京：座右宝刊行会，1964年，第212页。
③ ［日］西田龙雄：《西夏语の研究》第一册，东京：座右宝刊行会，1964年，第214页。
④ ［日］西田龙雄：《西夏语の研究》第一册，东京：座右宝刊行会，1964年，第213页。

（方）""院""文"之类普通名词。可是我们看到，它们一旦出现在专有名词后面，就不再带有具体的词汇意义，人们在相应的文献里也总是找不到与它们对当的词语。事实上，在这种情况下的西夏字"𗼅"mjij²、"𗆧𗾊"lji²io¹、"𗊱"jwir²只用作类别的标记，其中第一个用来提示人名，第二个用来提示地名，第三个用来提示著作名。这三个从实词虚化而来的专有名词类别标记在解读西夏文献时一律不必译出。例如"𗼅"mjij²①：

（1）𗼮𗊱𗼅𗰖②

swẽ¹ tsə¹ mjij² la¹
孙子△传=《孙子传》

西夏译者在"孙子"后面附加了"𗼅"mjij²，其目的在于提示前面的音译词是人名。如果把这个类别标记勉强译作"名"，反而与《史记》原文不符。

"𗆧𗾊"lji²io¹用来标记地名。如果有两个地名一起出现，就只附加在其中一个的后面：

（2）𗷫𗆧𗧽𗼅𗴮𗫡𗷟𗆧𗁦𗴴𗥃𗆧𗾊𗥃𗀉③

xiwa¹ tha² niow¹ mjij² ɣjwã¹ xiwã¹ ji² phej² lhjij⁰ tshew¹ khjwã¹ lji² io¹ dzjwo² ŋwu²
华佗又名元化谓沛国谯郡△△人是=华佗字元化，沛国谯郡人也。

（3）𗰖𗹙𗆷𗧽𗆧𗾊𗴮𗆧𗰖④

ljiw¹ wjij² na¹ jow¹ lji² io¹ we² dzju² wji¹
刘颖南阳△△城主为=刘颖为南阳太守。

西夏译者在"谯郡"和"南阳"后面附加了类别标记"𗆧𗾊"lji²io¹，其目的在于提示前面的词是地名。如果把这个标记勉强译作"地方"，如"沛国谯郡地方"之类，反而与汉文原本的表述不符。

"𗼅"mjij²和"𗆧𗾊"lji²io¹只见于中原典籍的西夏译本，而且只用来标记汉语的人名和地名，在其他文献里也从不用来标记党项语、藏语或者梵语的人名和地名，说明这两个类别标记不是党项语言中原有的，而是在西夏建国之后应翻译中原典籍的需要而产生的。可想而知，佛教著作中的音译人名和地名一般是多音节词，不会与党项语产生混

---

① 在下面的对译中，西夏语专有名词的类别后缀一律用"△"号标识。
② 孙颖新：《西夏译本〈孙子传〉考补》，杜建录主编：《西夏学》第六辑，上海：上海古籍出版社，2010年，第70—74页。
③ 史金波、黄振华、聂鸿音：《类林研究》，银川：宁夏人民出版社，1993年，第128页。
④ 史金波、黄振华、聂鸿音：《类林研究》，银川：宁夏人民出版社，1993年，第92页。

淯，自然不需要特别的提示，而中原的人名和地名则有时需要加上类别标记以免造成党项人的理解偏差。另外，我们还看到有在音译词前面加提示语"𘝞𘞦"lji²mjij²（地名）的例子，这种情况尽管极其罕见，但毕竟表明西夏语类别标记的使用方式到12世纪还没有定型：

（4）𘟙𘝞𘞦𘛛𘝨𘝻𘞵𘞸①

pjl¹ lji² mjij² ·a⁰ wjij² tśhja¹ wji² dju⁰

膑地名阿鄄于［趋向前缀］生＝［孙］膑生阿鄄之间

按照《类林》的惯例，这句话应该说成"𘟙𘛛𘝻𘝞𘞽𘞵𘞸"（膑生阿鄄之间）。

与此相对的是，西夏语里另有一个类别标记"𘞽"iọ¹。这个标记从来不用于提示汉语音译的地名，而且所指范围比汉语的"郡"与"县"要大：

（5）𘞚𘜶𘞦𘞽𘞽②

phiow¹ bjij² lhjij⁰ ljij² iọ¹

白高国大△＝大白高国（西夏国）

（6）𘝀𘟬𘝟𘞺𘞽𘞚𘜶𘞦𘞸𘜨𘞻𘝭𘜪𘛩𘝸（《祭地祇大神文》）③

zjɨr¹ śja² phu² mja¹ iọ¹ phiow¹ bjij² lhjij⁰ ljij² ŋwər¹ ljwu² lhɛ⁰ le² ɣu¹ kjiw¹

南赡部洲△白高国大天庆庚寅元年＝南赡部洲大白高国天庆庚寅元年

"𘞽"iọ¹的这种用法得到了西夏规范字典《文海》的认定：

（7）𘞽𘜧𘞦𘞽𘞓𘜶𘞽𘞓𘜙𘞓𘜤𘞓𘞽𘜩𘜫𘜧④

iọ¹ tja¹ lhjij⁰ iọ¹ lji¹ mja¹ iọ¹ lji¹ ror² ljɨ¹ khwa¹ lji¹ iọ¹ ·u² ·jij¹ ji²

饲者国△也洲△也围也园也圈中之谓＝饲者，国也，洲也，⑤围也，园也，圈中之谓。

从《文海》的解说中可以看出，"𘞽"iọ¹是西夏语言里固有的类别标记，且不限于

---

① 孙颖新：《西夏译本〈孙子传〉考补》，杜建录主编：《西夏学》第六辑，上海：上海古籍出版社，2010年，第70—74页。
② 原译"白上的大国土"，是将类别标记"𘞽"iọ¹视为普通名词，参见［日］西田龙雄：《西夏语の研究》第一册，东京：座右宝刊行会，1964年，第161页。
③ 俄罗斯科学院东方文献研究所黑水城特藏Инв.No.7560，拟题。
④ 史金波、白滨、黄振华：《文海研究》，北京：中国社会科学出版社，1983年，第282页。
⑤ 国也洲也，史金波等译作"国土也，河洲也"，是将类别标记"𘞽"iọ¹视为普通名词。参见史金波、白滨、黄振华：《文海研究》，北京：中国社会科学出版社，1983年，第511页。

提示专有名词，这说明西夏语的“[illegible]”ljɨ^{2}io̜^{1}和“[illegible]”io̜^{1}尽管只有一字之差，但前者却不像是从后者演化来的。

“[illegible]”·jwɨr^{2}用来标记著作名，前面的专有名词可以是一本书，可以是书里的一篇，也可以是独立的文章。例如：

（8）[illegible]①

miej^{2} tsə^{1} ·jwɨr^{2} tśhjiw^{1} tsew^{2}
孟子△六第=《孟子》卷六

（9）[illegible]②

śji^{1} xã^{2} śjij^{1} tũ^{1} xjow^{2} śio^{2} ·jwɨr^{2}
前汉朝东方朔△=《前汉书·东方朔传》

（10）[illegible]③

ljow^{1} tśjiw^{1} mjịjr^{2} dźjij^{2} bə^{2} du^{2} ·jij^{1} mjịj^{2} ·jwɨr^{2}
凉州感通浮图之记△=《凉州感通塔记》

西夏人在这里使用类别标记“[illegible]”·jwɨr^{2}的目的在于提示前面的词是书名或者篇章名。如果把这个标记勉强译作“文”，如“孟子文”之类④，则反而与汉文原题不符。

与“[illegible]”mjịj^{2}和“[illegible]”ljɨ^{2}io̜^{1}相比，“[illegible]”·jwɨr^{2}的应用范围要广一些。它作为书题的附加成分既可用于上述中原典籍的西夏译本，又可用于藏传佛典的西夏译本如“[illegible]”（大手印引定略）⑤，还可用于西夏人自撰的世俗著作如“[illegible]”（《新集置掌碎金》）⑥等。

现代藏缅语族的一些语言也有名词的类别标记，但不限于标记专有名词，而且各语言的类别标记间并没有表现出明确的同源关系。事实上在其他民族文字的书题里有时也能见到提示书名的词语，其中著名的有梵文的nāma和藏文的zhes-bya-ba，这两个词大致相当于汉语的“名曰”，然而这并不意味着西夏的著作名标记“[illegible]”·jwɨr^{2}是在梵文或

① В. С.Колоколов，Е.И.Кычанов，*Китайская классика в тангутском переводе*（*Лунь Юй，Мэн Цзы，Сяо Цзин*），Москва：Наука，1966，с.111.

② 史金波、黄振华、聂鸿音：《类林研究》，银川：宁夏人民出版社，1993年，第75页。

③ ［日］西田龙雄：《西夏语の研究》第一册，东京：座右宝刊行会，1964年，第161页。

④ З.И.Горбачева，Е.И.Кычанов，*Тангутские рукописи и ксилографы*，Москва：Издательство восточной литературы，1963，с.34.

⑤ ［日］西田龙雄：《西夏文华严经》第三册，京都：京都大学文学部，1977年，第21页。

⑥ 前人对以上两个书名的解读都有“文”字，是将类别标记“[illegible]”·jwɨr^{2}视为普通名词。З.И.Горбачева，Е.И. Кычанов，*Тангутские рукописи и ксилографы*，Москва：Издательство восточной литературы，1963，с.55.

者藏文的启发下付诸使用的。以唐宋时期流传极广的《华严经》为例，其梵文经题作 Buddha-avataṃsaka-nāmamahāvaipūlya-sūtra，藏文经题作 Sangs-rgyasphal-po-chezhes-bya-bashin-tu-rgyas-pachen-po'imdo，字面意思都是"名曰佛华严的大方广经"。《华严经》现有西夏译本存世，而西夏人只把这个经题译作"𘚺𗗚𗣼𗴿𗕿𗵁𗡅𗰺"[①]，直译是"大方广佛华严契经"，其中并没有与梵文 nāma 和藏文 zhes-bya-ba 相当的词出现。

以上事实说明西夏语的专有名词类别标记是书面语言中一种后起的现象，其产生背景是 1036 年西夏文字创制之后逐渐引发的翻译外民族典籍的浪潮。可以设想，"𗣼"mjij²、"𗴿𗕿"lji²iọ¹、"𗵁":jwir² 三个类别标记最初应该仅作为注释性文字来使用，其作用有些像近代出版物中的专名号和书名号，后来随着使用机会的增加才正式进入了西夏的书面语言。由于使用专有名词的类别标记毕竟是少数文人的习惯，最终也没有能够以语言规则的形式固定下来，所以这些标记不但没有进入党项人的口语，而且在书面语言中也不是绝对必需的。就这一点来说，这些类别标记与屈折语的后缀有本质的不同。

（原载《语言科学》2013 年第 2 期）

---

① ［日］西田龙雄：《西夏文华严经》第三册，京都：京都大学文学部，1977 年，第 22 页。

12世纪河西方音中的党项式汉语成分

孙伯君

摘　要:《番汉合时掌中珠》等西夏文献所记录的12世纪河西方音是"党项式汉语",属于汉语西北方音的民族变体。母语为非汉语的民族说汉语时,常受本族语的影响,他们口中的汉语会发生音素的替代、增加、失落等现象,这种汉语的变读形式与语音的历时演化无关,不能作为真正的方言语音变化形式纳入汉语的历时演化序列。利用番汉对音资料研究古代汉语时,只有仔细分析汉语与这些民族语声韵特点的差异,剥离其中的变读成分,才能更好地还原古代汉语的语音形式。

关键词:12世纪河西方音;党项式汉语;唐五代西北方音;汉语的民族变体

一

众所周知,研究唐五代汉语西北方音一般依赖几种材料:《切韵》、日译汉音、不空学派的密咒对音、越南译音和敦煌藏汉对译写卷①,此外还有在西域发现的粟特文、于阗文、回鹘文等汉字音译资料。利用这些材料时学者们似乎感到,即使是同一时期的材料,其中表现的西北方音特点并不统一,如宕、梗、曾、通摄字在《千字文》的藏文注音与在《阿弥陀经》《金刚经》《大乘中宗见解》中颇为不同。第一,宕摄字在《千字文》跟模韵对转,而在《阿弥陀经》跟《金刚经》里读 aŋ,《大乘中宗见解》除齿音的摩擦音外

---

① 〔法〕马伯乐著,聂鸿音译:《唐代长安方言考》,北京:中华书局,2005年,第3—15页。

均转 oŋ。第二，梗摄字在《千字文》跟齐韵对转，偶有保持-ŋ收声的也跟曾摄没有分别，在其他三种藏音里不但-ŋ收声没有消失，而且梗、曾两摄有分成 eŋ、iŋ 的趋势[①]。对于宕摄-ŋ韵尾在《千字文》与《大乘中宗见解》等藏汉对音中所显示的这些不同面貌，罗常培归结为方音的不同，他认为："-ŋ收声的消变始终就是方音的歧义"[②]。显然，即使是同时代、同地域的语料，在共同的语音特征之外，仍然会呈现"方音的歧义"。

与之相应，12 世纪河西方音主要依据黑水城发现的《番汉合时掌中珠》中的记音材料和西夏新译佛经陀罗尼的梵汉对音资料，此外还有藏文佛经残片中的汉字记音等。这些资料所反映的语音情况与唐五代西北方音多有不同，其中有些现象是用语音演化规律无法顺利解释的，如敦煌本藏汉对音《千字文》等显示疑母字多用藏文'g-注音，如"银"的藏文注音作'gin，"言"的藏文注音作'gen 等，而没出现用藏文 g- 来为影母、喻三、喻四注音的例子[③]。西夏文资料则不然，《番汉合时掌中珠》中属于疑母的西夏字，其注音汉字里边混进了"喝""乙""遏"三个影母字；牙音西夏字的汉字对音既有疑母合口三等的"鱼""愚""御"，也有影母合口三等的"于"和喻母合口三等的"雨"。对于这种现象，龚煌城解释说：

> 从整体来观察《掌中珠》的汉语方言，影母字的喉塞音已经消失，而疑母字合口一等也丢了声母（参看下文 3.2c）。混乱之发生，可能是由于这些丢掉其原来声母的字，在实际发音的时候，产生了一个非音位性的［ŋ-］或［ɣ-］音，因而被用于注西夏语有音位性的/ŋ-/、/ɣ/，甚至/g-/音（即：以 ɣ 注 g 音）。[④]

历史语言学告诉我们，音节中某一种音素从有到无，归因于语音的自然演化是容易解释的，而如果是从无到有，即在音节中"衍生"某个音素，必然存在其他客观的诱因。

基于唐宋时期各种民族文字记载的西北方音所呈现的纷繁现象，高田时雄曾指出这一时期的西北方音中存在着各种"变体"[⑤]，但并未详加说明这些变体的具体成因。不难看到，上述用以研究唐宋西北方音的资料，除了《切韵》和不空密咒的梵汉对音

---

① 罗常培：《唐五代西北方音》，北平：中央研究院历史语言研究所，1933 年，第 30—31 页。

② 罗常培：《唐五代西北方音》，北平：中央研究院历史语言研究所，1933 年，第 40 页。

③ 罗常培：《唐五代西北方音》，北平：中央研究院历史语言研究所，1933 年，第 24—25 页。

④ 龚煌城：《十二世纪末汉语的西北方音（声母部分）》，《西夏语言文字研究论集》，北京：民族出版社，2005 年，第 503 页。

⑤ Takata Tokio，Phonological Variation among Ancient North-Western Dialects in Chinese，In Irina Popova and Liu Yi，*Dunhuang Studies：Prospects and Problems for the Coming Second Century of Reserch*，t.Petersburg：Slavia，2012，pp.249-250。此文中文版见高田时雄著、史淑琴译：《古代西北方言的下位变体》，《敦煌研究》2013 年第 2 期，第 100—102 页。

外，其他都是母语为非汉语的民族所记录的汉语，受本族语声韵特点的影响，汉语有而民族语没有的音节在他们口中会产生变化，这样，民族文字文献所记录的汉语就会或多或少地被打上民族"印记"。利用这些材料获得的语音系统，只能称之为汉语西北方音的民族变体。这种民族变体不是像汉语方言那样起源于历史演化，而是其他民族对汉语方言共时的模仿。在模仿当中，如果遇到两种语言均有的音素则可以正确发出，如果民族语中缺乏汉语中的某些音素或者音节，则一定会借用其母语中固有的音素或音节来予以表现，就如同外国人初学汉语时，总是会发生增音、减音或替代的变读。利用民族语料研究汉语方言时，应当仔细地分析汉语与这些民族语声韵特点的差异，把握汉语在这些民族口语中的声韵变读规律，剥离其变读成分，才能获知真正的汉语方音。

当然，随着民族的融合，汉语的民族变体也会以汉语方言的形式沉积下来，呈现与周围其他汉语方言不同的语音特征，如宁夏中卫话存在"文"与"卫"不分的现象，应该是西夏党项式汉语的遗存。在分析所涉方言的这些特征时，也应该避免把民族变体的声韵变读看作汉语的历时演变。

二

目前藏于俄罗斯科学院东方文献研究所的大量西夏文献，包括骨勒茂才于 1190 年编写的《番汉合时掌中珠》，都是 1908、1909 年于内蒙古额济纳旗的黑水城遗址获得的。随着《番汉合时掌中珠》的刊布①，聂历山②、王静如、桥本万太郎③即根据其中的标音汉字，并参考西夏字的藏文注音，对汉语河西方音中汉字的音值和声韵规律进行了拟定和分析。此后，龚煌城④、李范文⑤更是用音韵学方法对《番汉合时掌中珠》中的两类字，即为西夏字标音的汉字和为汉字译音的西夏字进行了系统分析，且取得了有价值的研究成果。此外，我们还在夏译佛经中发现了大段的陀罗尼梵汉对音资料，通过与梵文进行

① 王静如：《西夏文汉藏译音释略》，《中央研究院历史语言所集刊》1930 年第二本第二分。
② 聂历山：《西藏文字对照西夏文字抄览》，孙伯君编：《国外早期西夏学论集（二）》，北京：民族出版社，2005 年，第 1—98 页。
③ 桥本万太郎：《掌中珠のタングート・汉对音研究の方法》，《中国语学》1961 年第 109 号，第 113—116 页；桥本万太郎：《文海の韵の音韵组织について》，《东方学》1965 年第 30 号，第 1—42 页。
④ 龚煌城：《汉藏语研究论文集》，北京：北京大学出版社，2004 年；龚煌城：《西夏语言文字研究论集》，北京：民族出版社，2005 年。
⑤ 李范文：《宋代西北方音》，北京：中国社会科学出版社，1994 年。

对比，发现其中对音汉字所反映的河西方音的语音规律与《番汉合时掌中珠》惊人地一致。这些对音资料有些比《番汉合时掌中珠》的成书时间略早一些，有些时代相当，均在 12 世纪前后。借助西夏遗存的这两项译音资料，学界已经对这一时期西夏地区流行的汉语河西方音的特征有了颇为清楚的了解。与唐五代西北方音和宋代汉语北方方言相比，12 世纪河西方音的较为明显的特征可概括如下：

（1）中古全浊声母变为送气清音。

（2）中古明、泥、疑等鼻音声母字，阴声韵、入声韵和失落韵尾-ŋ的阳声韵读作 mb-、nd-、ŋg-，而保存-n尾的臻、山等摄的阳声韵读作 m-、n-、ŋ-。

（3）部分影母字"遏""谒""噁""乙"等读如梵文和藏文 g-。

（4）宕摄、梗摄、曾摄和部分通摄字失落鼻音韵尾-ŋ，其中宕摄与果摄合流，梗摄与止、蟹摄合流，部分通摄字与果、遇摄合流。

（5）端组遇摄一等字不读作 tu、thu、nu，很可能读作 to、tho、no。

（6）入声韵失落塞音韵尾并入阴声韵。①

其中大量宕摄、梗摄、曾摄、通摄字失落鼻音韵尾-ŋ是最为突出的语音现象，如《番汉合时掌中珠》中宕摄的"黄""刚""姜"与果摄的"哥""果""个"为同一个西夏字标音；梗摄的"庚""更""耕""粳"与蟹摄的"皆""芥""界"为同一个西夏字标音②；在梵汉对音中，果、宕等摄字与梵文 o/u 对音，如 lo 对"逻"、mo/mu 对"麽"、bo 对"磨"、phu 对"婆"、co 对"左"、ko 对"光"、śo/śu 对"商"、tu 对"当"等；梗摄字与梵文元音 i/e 对音，如 te 对"丁"、te/ti 对"矴"、me 对"铭"、de/dhe/dhi 对"宁"、he 对"形"、ve 对"永"等。③上述对应关系显示在党项人的口语中，汉语的宕摄与果摄、梗摄与蟹摄没有分别，为阴声韵，其中宕摄、梗摄均失落了鼻音韵尾-ŋ。

关于通摄字，龚煌城曾注意到通摄阳声韵与宕、梗两摄的读音有所不同，《番汉合时掌中珠》的"通""同""铜""动""桶""统"和"葱"等字分别用二合西夏字"𗫂 thu¹ 𗪟 mẽ²"和"𗭪 tshji¹ 𗴛 swẽ¹"注音，显示这些字有鼻化元音。④而通过

① 龚煌城：《西夏语言文字研究论集》，北京：民族出版社，2005 年；孙伯君：《西夏新译佛经陀罗尼的对音研究》，北京：中国社会科学出版社，2010 年；孙伯君：《12 世纪河西方音的通摄阳声韵》，《中国语文》2012 年第 2 期，第 170—176 页。

② 李范文：《宋代西北方音》，北京：中国社会科学出版社，1994 年，第 245—246 页。

③ 孙伯君：《西夏译经的梵汉对音与汉语西北方音》，《语言研究》2007 年第 1 期，第 12—19 页。

④ 龚煌城：《十二世纪末汉语的西北方音（韵尾问题）》，《西夏语言文字研究论集》，北京：民族出版社，2005 年，第 559—561 页。

综合《番汉合时掌中珠》和梵汉对音资料，孙伯君曾做出如下补充：通摄只有端组、精组和影组字仍然保留了鼻化的迹象，其他声类的通摄字都已经与果、遇摄混并，换句话说，12 世纪河西方音中的大部分通摄字与宕、梗两摄一样，也失落了鼻音韵尾-ŋ，变读为-o。①

此外，《番汉合时掌中珠》中使用了"登""崩""能"三个曾摄字，其中"能"在西夏的梵汉对音中经常与梵文 d-或 da 对音，如智广辑《密咒圆因往生集》（1200）的"观自在菩萨六字大明心咒"中梵文 padme 对音汉字作"钵嘚铭二合"，宝源译《圣观自在大悲心总持功能依经录》（1149）中梵文 chedaṇa，对音汉字作"齐嘚捺"，显示曾摄字"能"的韵尾-ŋ 也失落了。②

龚煌城在比较了《千字文》与西夏文献所反映的鼻音韵尾-ŋ 的变化情况之后，曾经有以下结论：

> 本文利用《番汉合时掌中珠》（1190）的汉夏对音资料，研究十二世纪末汉语西北方音的韵尾问题，所得的结果显示中古音入声韵尾-p，-t，-k 此时已完全消失，鼻音韵尾-m，-n，-ŋ 也在引起其前面的元音鼻化后消失，宕、梗、江三摄的鼻化元音随后也失去其鼻化成分，成为普通元音。
>
> 十二世纪末西北方音这一演变，在汉语西北方言音韵发展的历史中，占据一个非常重要的地位，整个演变的过程可以重建如下：在中唐首先发生变化的是-ŋ 韵尾，特别是在梗、宕二摄中先开始，这一发展随后扩及全部-ŋ 韵尾音节及-m，-n 韵尾，-m，-n 韵尾的消失，与-p，-t，-k 韵尾的消失，在五代十世纪末开其端，一路发展的结果，到了十二世纪末都已达到完成的阶段，只留下鼻化元音，成为其历史来源的痕迹。③

显然，上述论述是把不同时期各种民族文字资料所呈现的阳声韵与阴声韵汉字混用的现象作为一种历史演化结果来加以分析的，即由唐五代时期引起前面的元音鼻化，到 12 世纪河西方音时失去鼻化成分。坦白地说，如果"鼻音韵尾使前面的元音变成鼻化元音"还可以用语音演化来解释的话，那么"鼻化元音随之失去鼻化成分"则很难简单地用语音失落来分析，至少鼻化成分失落的原因需要进一步阐释。

---

① 孙伯君：《12 世纪河西方音的通摄阳声韵》，《中国语文》2012 年第 2 期，第 170—176 页。
② 孙伯君：《西夏新译佛经陀罗尼的对音研究》，北京：中国社会科学出版社，2010 年，第 48、32 页。
③ 龚煌城：《十二世纪末汉语的西北方音（韵尾问题）》，《西夏语言文字研究论集》，北京：民族出版社，2005 年，第 567 页。

三

现代汉语中部分影母字、疑母字、喻三、喻四都变成了零声母，而在《番汉合时掌中珠》的对音中，用于为汉语部分疑母、影母、喻三、喻四注音的西夏字往往属于牙音和喉音。龚煌城曾对这种现象做了比较详细的归纳，其规律可以概括如下：①

微（mj>w），喻三合口（jm>w），喻四合口（jiw>w），影合口一等（·w>w）及疑合口一等（ŋw>w）合成一类*w-。

喻三开口，喻四开口，影开口三四等合成一类（*j-）。

疑合口三等，影合口三等与部分喻三、喻四之合口合成一类（*jw-）。

影开口一等——零声母。影母开口一等字，在本文中尚未论及。其情形也是喉塞音消失，代之而起的是非音位性的Y-音。

此外，在归纳西夏新译佛经陀罗尼梵汉对音和夏译藏文佛典经师名字的对音时，我们注意到部分疑母字、影母字、喻三、喻四字的特别读法：

1. 疑母字与梵文或藏文 g-/k-对音

（1）疑母字"宜""唔""屹"等对应的梵文辅音往往是 g-，如梵文 yogeśvara 译作"养宜说啰"，其中"宜"对 ge；梵文 guru 译作"唔噜"，其中"唔"对 gu；梵文 namaskṛtvā译作"捺麻厮屹呤（三合）胆"，其中"屹"对 k-。②

（2）梵文 ratnaguṇa 译作"啰捺（人）蛾能"，其中"蛾"对 gu。③

2. 影母开口一等、三等字与梵文或藏文 g-对音

（1）西夏新译密咒中的梵文 ga 往往用汉字"遏"对音，如梵文 bhagavate 译作"末遏斡帝"，影母字"遏"对 ga。④此外，西夏译经师名字的梵文ānandakīrti 译作"遏啊难捺吃哩底"，似乎汉字"遏"与梵文 a 对音，但在另外一份西夏文文献《圣胜慧到彼岸功德宝集偈》中，此人名字却被译作"𗾲𗿎𘉋𗖰𗤶𘊪"⑤，西夏字"𗾲"属于牙音，《番汉合时掌中珠》中用于为疑母字"验"注音，且为之注音的汉字还有疑母字"银"

① 龚煌城：《十二世纪末汉语的西北方音（声母部分）》，《西夏语言文字研究论集》，北京：民族出版社，2005 年，第512—517 页，本文在引用时省略了例证。

② 孙伯君：《西夏新译佛经陀罗尼的对音研究》，北京：中国社会科学出版社，2010 年，第 96—97 页。

③ 段玉泉：《〈圣胜慧到彼岸功德宝集偈〉的夏汉藏文本跨语言对勘研究》，内部资料，2012 年，第 27 页。

④ 孙伯君：《西夏新译佛经陀罗尼的对音研究》，北京：中国社会科学出版社，2010 年，第 38 页。

⑤ 段玉泉：《〈圣胜慧到彼岸功德宝集偈〉的夏汉藏文本跨语言对勘研究》，内部资料，2012 年，第 29 页。

"彦""砚""言"等，龚煌城曾拟为 gên¹。显然，汉字"遏"的声母是 g-。[①]

（2）捺乙钟，藏文作 Nagchung，其中"乙"对-g。[②]

3. 喻三馀母字与藏文 g-对音

"乌延"，又作"乌儿坚二合"，藏文作 U-rgyan，"延"与藏文 gyan 对音。[③]

上述例证可以归纳为表 1。

表 1　疑母、影母、喻母字梵—汉、藏—汉对音字例

对音汉字	梵文	藏文	例证
宜（疑母，支开三平止）	ge		yogeśvara "养宜说啰"
唔（疑母，暮合一去遇）	gu		guru "唔噜"
屹（疑母，迄开三入臻）	k-		namaskṛtvā "捺麻厮屹呤（三合）胆"
屹（疑母，迄开三入臻）		g-	bsodnamesgrags "萨南屹啰"
蛾（疑母，歌开一平果）	gu		ratnaguṇa "啰捺（入）蛾能"
遏（影母，曷开一入山）	ga		bhagavate "末遏斡帝"
乙（影母，质开三入臻）		-g	Nagchung "捺乙钟"
延（馀母，仙开三平山）		gyan	U-rgyan "乌延"

梵汉对音资料还显示，并非所有的影母字和喻三馀母字都读如 g-，一部分字仍读为零声母，如：

（1）"乌"（影模合一平遇）与梵文-u 对音，西夏新译《胜相顶尊总持功能依经录》梵文经题"乌实祢舍"音译梵文 Uṣṇīṣa。"英"（影庚开三平梗）与梵文 ye 对音，如梵文 vairocaniye 译作"喻哴捹祢英"。

（2）"衍"（馀狝开三上山）对 yan，如梵文 samāśvāsayantu 译作"萨麻引说引萨衍丁六"。"瑜"（馀虞合三平遇）对 yu，如梵文 ayur 译作"啊瑜哩二合"。"嗌"（馀清开三平梗）对 e，如梵文 ehyehi 译作"嗌形分"。"养"（馀养开三上宕）对 yo，如梵文 yogeśvara 译作"养鸡说啰"。

（3）"永"（云梗合三上梗）与梵文 ve 对音，如梵文 sambhave 译作"三末永"。

河西方音中疑母字读 g-是唐五代西北方音的延续，敦煌的藏汉对音《千字文》等显

[①] 龚煌城：《十二世纪末汉语的西北方音（声母部分）》，《西夏语言文字研究论集》，北京：民族出版社，2005 年，第 394 页。

[②] Nag chung，藏传佛教史上一般称其为"帕当巴桑杰"（Dam pa sangs rgyas，？—1117），梵文名字为 kamalaśīla，藏文 Nag chung 义为"小黑"，黑水城出土汉文本《四字空行母记文》（TK.329）音译作"捺乙钟"。

[③] 乌延国，又作"乌儿坚（二合）"，见于《大乘要道密集》所收《成就八十五师祷祝》等，历史上曾是密宗许多教法的发源地，位于今印度西北以及阿富汗一带，参考陈庆英：《西夏及元代藏传佛教经典的汉译本——简论〈大乘要道密集〉（〈萨迦道果新编〉）》，《西藏大学学报》2000 年第 2 期，第 1—9 页。

示，疑母字多用藏文 g-注音，如"银"《千字文》藏文注音作'gin，"言"作'gen 等，而部分影母、喻三、喻四字"衍生"的声母 g-，则只能归结为汉语在党项人口语中的变读。

四

西夏新译佛经陀罗尼的梵汉对音中，与梵文 tu、du、nu 对音使用了几个"切身"字①，夏译佛经陀罗尼中的几组"切身"字例②，见表 2。

表 2　梵文与"切身"汉字对音字例

梵文	对音汉字	对音举例
tu	𗼖	bhavatu 末斡𗼖
	𗾝（切身）	śituru 西𗾝（切身）噜
	𗂳（切身）	hetu 形𗂳（切身）
	𗂳（舌齿）	hetu 形（引）𗂳（舌齿）
du	𗾝（切身）	duni𗾝（切身）你
	𗼖（舌上）	duṣṭanaṃ𗼖（舌上）室达捺（能）
	𗼖	durlaṅghite𗼖（吟）辢（上腭）屹矴
nu	𗹾（切身）、𗹿（切身）	manu 麻𗹾（切身）；anurakto 啊𗹿（切身）啰屹（二合）多

与梵文 tu、du 对音用"切身"字"𗼖""𗾝""𗂳"，与 nu 对音用切身字"𗹾"和"𗹿"，反映了梵文的这些音节在 12 世纪汉语河西方音中是不存在的。而考察唐宋时期中原佛经的梵汉对音可知，与梵文 tu 对音常用"睹"等端组遇摄一等字，如在宋代法天译《佛说一切如来乌瑟腻沙最胜总持经》中，梵文 bhavatu 的对音是"婆嚩睹"③，说明唐宋时期真正的西北方音端组遇摄一等字仍读 tu 等。此前孙伯君曾通过综合《番汉合时掌中珠》中经常用《文海》第一韵字"𣩠""𣩸"为端组遇摄一等字注音，《文海》第一韵西夏字的注音汉字往往混用通摄阳声韵、果摄、宕摄字，而夏译佛经中宕、果两摄字往往与梵文-o 对音的情况，建议把端组遇摄一等字的韵母拟定为*-o。④而如果端组遇摄一等字不读

---

① 佛典密咒的对音中，经师们遇到用汉字无法准确对译的梵语音节，经常会找两个当用汉字拼合成一字，左字表声，右字表韵。由于这些汉字为生造字，且其读音是自身两个构件的反切，所以人们一般把这些字称为"切身"字。

② 孙伯君：《12 世纪河西方音的通摄阳声韵》，《中国语文》2012 年第 2 期，第 170—176 页。

③ "尊胜陀罗尼"的梵汉对音，秉承的是唐不空等长安音的对音传统，据《佛祖统纪》卷四三记载："河中府沙门法进，请三藏法天译经于蒲津，（蒲州河中府）守臣表进，上览之大说，召入京师始兴译事。"蒲津，在现在的西安附近。［日］高楠顺次郎：《大正新修大藏经》卷 19，东京：大正一切经刊行会，1934 年，第 408 页。

④ 孙伯君：《12 世纪河西方音的摄阳声韵》，《中国语文》2012 年第 2 期，第 170—176 页。

*-u，那么与之相应，即可以认定西夏语里只有 to、do、no，而没有 tu、du、nu 等音节。

五

黑水城出土西夏文献的梵汉、夏汉、藏汉等对音资料中反映的 12 世纪河西方音的上述特点，特别是宕、梗、曾、通摄字失落鼻音韵尾、部分影母、喻三、喻四等零声母字前面"衍生"辅音 g-、没有 tu、thu 和 nu 等现象，如果与唐五代时期的语音特点相对比，其变化是无法用历时演变规律来解释的，我们只能把它们归为党项式汉语的范畴。所谓党项式汉语，即 12 世纪党项人所说的汉语西北方言，这种方言是母语为非汉语的党项人这一特定族群所说的，与当时汉族人所说的西北方言有所不同，因此应该称之为汉语西北方言的民族变体。

我们知道，任何人在学习和翻译外语时如果遇到母语里没有的音素或者音节，往往很难读准，常见的语音变读方式有三种，即替代、增音和失落。

替代，是用母语固有的音素或者音节替代对象语言中的音素或音节，如古代蒙古语中没有 [f]、[z] 等声母，汉语"夫人"在元代读作 wošin，汉字写作"兀真""旭真"[1]，满语承自蒙古语，汉字记作"福晋"；蒙古语中舌尖前部位只有擦音 s-，元代《张应瑞先茔碑》《竹温台神道碑》《忻都神道碑》等在为精系汉字标音时，往往只用擦音 s，如"藏"sink，"匠"sank，"紫""资""集"si，"赠"sink，"左"soo，"总"sonk；"参"sam，"钱"san，"齐"si，"秦"sin，"青、清"sink，"全"soin 等[2]。女真语也如此，《女真译语》为精母汉字标音常用心母字，如"总兵"在《女真译语·人物门》对音为"素温必因"；女真文 ㇀，既用于表示汉语精母字"子"（瓦子）、从母字"皂"的声母，又可用于为"都司"的"司"标音[3]。古代女真语没有 -ŋ 韵尾，就用 -n 替代，如汉语"堂"读作"塔安"、"厅"读作"替因"、"侍郎"读作"侍剌安"、"都统"读作"都塔安"、"总兵"读作"素温必因"[4]。12 世纪河西方音中端母遇摄一等字读作 to、no，也是因

① 乌兰：《〈元朝秘史〉"兀真"考释》，齐木德道尔吉主编：《蒙古史研究》第七辑，呼和浩特：内蒙古大学出版社，2003 年，第 198—201 页。

② 亦邻真：《〈元朝秘史〉及其复原》，《亦邻真蒙古学文集》，呼和浩特：内蒙古人民出版社，2001 年，第 713—746 页。

③ 金启孮：《女真文辞典》，北京：文物出版社，1984 年，第 166 页。

④ 罗福成（类次）：《女真译语》，旅顺：大库旧档整理处，1933 年，第 7、10 页。据余靖《武溪集·契丹官仪》记载："其东北则有挞领相公，掌黑水等边事。"原注："胡人呼'挞'字如'吞'字，入声，'领'音近'廪'。"又据《辽史·国语解》"挞领"作"挞林"，并释曰："挞林，官名。后二室韦部改为仆射，又名司空。"可知，契丹人也是"领"、"林"和"廪"不分。

为党项语中没有 tu、nu 这样的音节而发生的替代现象。

增音，是在对象语言的音节中增加元音或辅音。由于母语中有些音素很少出现在词首，或者很少零声母音节，故在记录对象语言时就在其词首辅音前增加元音，或在零声母音节前增加辅音，如阿尔泰语系中舌尖颤音 r- 很少出现在词首，故遇到对象语言舌尖颤音出现在词首时，人们往往不自觉地在舌尖颤音之前增加元音，汉语中的"俄罗斯"，来自蒙古语对 Россия 的读法，"俄"为增音。12 世纪河西方音部分影母、喻三、喻四等零声母字"衍生"辅音 g-，也属于一种增音现象。

失落，是减去对象语言中某些母语中没有的音素或音节，如现代彝语、纳西语等藏缅语族语言没有鼻音韵尾，这些民族的人在学习汉语的过程中，往往很难读准 an、en、in 和 ang、eng、ing、ong 等带有鼻音韵尾的汉字，其中 an、en、in 或读作 ai、ei、i，或读作 a、e、i；ang、eng、ing、ong 则读如 a、e、i、o（u）等，造成"谈""台"不分，"长""查"不分，"平""啤"不分，"欧""翁"不分，"孔""苦"不分等现象，究其原因都是由于母语中没有鼻韵尾 -n、-ŋ 等造成的鼻音韵尾的失落。

有时，语音失落的同时还会发生音素的替代，如日语中也没有 -ŋ 韵尾，宕、通、江、梗、曾摄汉字往往读成复元音韵母，其中宕、通、江、曾摄汉字的韵尾 -ŋ 失落后，用元音 -u 来替代，唯有梗摄字变成复元音 ei，如"当"的韵母为 au、"工"的韵母为 ou、"江"的韵母为 au、"恒"的韵母为 ou，而"丁"的韵母为 ei、"永"的韵母为 ei[①]。粟特文文献中汉语梗摄字鼻音韵尾 -ŋ 失落后也读作复元音，如"庚"读作 kêy，"丁"读作 tîy，"丙"读作 pîy。回鹘文文献中 -ŋ 的读法则呈现另外一种形态，有些失落，有些没失落，如《玄奘传》中宕摄字"汤、唐"对音为 to，"藏、奘"为 tso，"光"为 qo；梗摄字"明"对音为 mi，"敬"为 ki，"丁"为 ti，"经"为 ki[②]，但也有曾摄"升"读作 sing，"僧"读作 song，"乘"读作 sing，"统"读作 tung；宕摄字"仓"读作 tsang 的现象[③]。原因是回鹘语中虽有鼻音韵尾 -ŋ，但 -ŋ 韵尾音节并没有汉语那么丰富。12 世纪河西方音中鼻音韵尾 -ŋ 的变读与日语类似，梗摄字读作蟹摄，是失落了韵尾 -ŋ 后读成复元音 *ei；宕摄字失落 -ŋ 后读作果摄，是用元音 -u 替代了韵尾 -ŋ。

需要指出的是，首先，语音替代并不是任意的，聂鸿音曾把对音中常见的辅音替代现象分成三个等级：

---

① 刘富华：《从鼻音 n、ng 与拨音ん的关系看汉语对日语的影响》，《东北师大学报》（哲学社会科学版）1982 年第 2 期，第 30—37 页。

② 聂鸿音：《回鹘文〈玄奘传〉中的汉字古音》，《民族语文》1998 第 6 期，第 62—70 页。

③ ［法］马伯乐著、聂鸿音译：《唐代长安方言考》，北京：中华书局，2005 年，第 62—63 页。

第一级的标准是发音部位，这一级最为严格，不到万不得已的时候，古人绝不轻易用发音部位不同的语音来互相替代。第二级的标准是发音方法，古人可以用发音方法不同的语音来互相替代，但前提是发音部位必须相同。第三级的标准是清浊和送气，这一级最不严格，但如上所述，在一种具体的语言中，清浊与送气这两个因素并不是并列的，究竟哪个重要些，还要参照该语言的音韵系统才能决定。①

其次，判定一种语音变化是方言的历史演化还是在民族变体中的变读，其主要途径有两个：一是对比汉语和民族语的语音系统的差异；二是分析语音变化是否符合语音演化规律。

再次，我们在进行语音历史演化分析时，不能把母语为非汉语的民族所说的汉语作为真正的汉语方言形式不加分析地纳入汉语的历史演化序列。

此前，学界把西夏材料所见 12 世纪河西方音或统称作"宋代西北方音"②，或称作"十二世纪末汉语西北方音"③，并且把其中的语音特征放在与唐五代西北方音的演化序列中加以解释，忽略了这种方音属于汉语西北方音的民族变体，有些特征实为"党项式汉语"的性质。事实上，在利用番汉对音资料研究古代汉语方言时，必须首先厘清汉语在民族变体中发生的替代、增音、失落等与历史演化无关的变读形式，只有这样，才能更好地还原古代汉语的语音特征。

（原载《中国语文》2016 年第 1 期）

① 聂鸿音：《番汉对音简论》，《固原师专学报》1992 年第 2 期，第 70—75 页。
② 李范文：《宋代西北方音》，北京：中国社会科学出版社，1994 年。
③ 龚煌城：《十二世纪末汉语的西北方音（声母部分）》，《西夏语言文字研究论集》，北京：民族出版社，2005 年，第 418 页。

西夏文《大藏经》"帙号"与勒尼语《千字文》*

孙伯君

摘　要： 存世西夏文佛经也像汉文"大藏经"一样，在卷首标有《千字文》帙号，内容主题是对祖先开疆拓土、所建功业的颂赞。颇有意思的是，这些《千字文》帙号用字似乎并不是记录存世西夏文献所常见的"黑头"所说的党项语，而是用西夏历史上"赤面"曾使用的"勒尼语"词语创作的。此前，关于西夏时期是否编定了完整的西夏文《大藏经》问题，学界向有争议。而透过黑水城出土很多佛经都带有帙号这一事实，以及梳理与桓宗母亲罗太后相关的佛经发愿文，可以发现西夏汉文佛经的翻译从景宗元昊开始，在崇宗天祐民安元年（1090）完成主体之后，历经仁宗（1139—1193 在位）、桓宗（1193—1206 在位）两朝的补译和校正，到桓宗末年（1206）前后在罗太后的主持下，整部西夏文《大藏经》得以编订完成。

关键词： 西夏文；《大藏经》；帙号；勒尼语；西夏学

一

中原统一编集的汉文"大藏经"在每十卷经书的题目下面都标有一个"帙号"，这些帙号往往来自《千字文》，如玄奘《大般若波罗蜜多经》600 卷，共有 60 帙，帙号作："天地玄黄，宇宙洪荒。日月盈昃，辰宿列张。寒来暑往，秋收冬藏。闰馀成岁，律

---

* 基金项目：国家社会科学科学基金重大招标项目"西夏文学文献的汇集、整理与研究"（项目编号：17ZDA264）阶段性成果。

吕调阳。云腾致雨，露结为霜。金生丽水，玉出昆冈。剑号巨阙，珠称夜光。果珍李奈。"

　　与中原做法一样，编入《大藏经》的西夏佛经卷首经题下一般也有帙号，有的使用某一部佛经的西夏文译名，有的则使用西夏人自己编的《千字文》。如俄藏黑水城出土八十卷西夏文《大方广佛华严经》刻本有两套，分别使用了八个不同的帙号[1]：

　　第一套：𘜶𗑊𘝚𗄊𘝚𗄽𗫂𗰖。
　　　　　[大方广佛华严契经]
　　第二套：𗫂𗱗𘐆𘝞，𘘦𘝞𗭴𘐊。
　　　　　[华日降耀，生尾江山]

　　第一套八个帙号显然是《大方广佛华严经》的西夏文译名；第二套八个字不知所出，但显然不是汉文《千字文》的翻译。灵武出土的元代所刊八十卷西夏文《大方广佛华严经》所用帙号与俄藏本第二套稍有不同，但显然属于同一类型[2]：

　　𗱗𗰖𘐆𘐊，𘘦𘝞𗭴𘐆。
　　［悟钱降铁，生尾江山]

　　现存的有些西夏文佛经帙号也有与《大方广佛华严经》第一套类型相同的，如《金光明最胜王经》，所用十个帙号是："𘋥𗬩𗏹𘖑𗷫𘣽 𗫂𗰖�8𘝞"（金光明最胜王经契疏传）；《佛说佛母出生三法藏般若波罗蜜多经》每五卷一个帙号，作"𗄊𗄽𘖑𘜶𗰖"（母佛觉宝藏）[3]。

　　而存世黑水城出土西夏文佛经所用帙号大多与《大方广佛华严经》第二套类型相同，如《大宝积经》一二〇卷的帙号是[4]：

　　𘘥𗫂𘖑𗰖，𘝚𗶷𘝞𗺉，𗰖𗄽𘝚𘈈。
　　[忍敏水石，神本时起，动仁去言。]

　　俄藏《大般若波罗蜜多经》写本前四五〇卷的帙号是下面 45 个字[5]：

① Е.И.Кычанов, *Каталог тангутских буддийских памятников*, Киото：Университет Киото, 1999, c.690.
② 宁夏大学西夏学研究中心、国家图书馆和甘肃五凉古籍整理研究中心：《中国藏西夏文献》第6—10册，兰州：甘肃人民出版社、敦煌文艺出版社，2005—2007年。
③ Е.И.Кычанов, *Каталог тангутских буддийских памятников*, Киото：Университет Киото, 1999, c.691.
④ 张映晖：《西夏文〈大宝积经〉"密迹金刚力士会第三之二"整理与研究》，中国社会科学院研究生院 2019 年博士学位论文，第17—24页。
⑤ Е.И.Кычанов, *Каталог тангутских буддийских памятников*, Киото：Университет Киото, 1999, cc. 690-691. Yulia Mylnikova、彭向前：《西夏文〈大般若波罗蜜多经〉函号补释》，杜建录主编：《西夏学》第十辑，上海：上海古籍出版社，2013 年，第90—93页。

[illegible]，[illegible]。[illegible]，[illegible]。[illegible]，[illegible]。[illegible]，[illegible]。[illegible]，[illegible]。[illegible]，[illegible]……。

［乾坤不散，空广最胜。地幽神首，圣宫聚集。霄壤本源，鸟产卵蛋。感通已就，指许未全。日月星无，暗昧斑见。四围和合，云……。］

《大般涅槃经》全四十卷，每十卷用一个帙号，也与《大方广佛华严经》第二套类型相同：

[illegible] sjwij¹ [illegible] ·jar̲² [illegible] ·we¹ [illegible] lju̲²。

［晴日晨眠①。］

除了上述大部头的佛经有成套的帙号外，俄藏黑水城文献中单本佛经还出现了许多帙号，详见表1②：

表1　俄藏黑水城文献中单本佛经帙号

佛经名称和卷次	俄藏编号	帙号	施印时间
《佛说长阿含经》卷十二	Инв.No.150	“[illegible] tśhjo¹”（有）	桓宗皇太后罗氏施印
《佛说宝雨经》卷十	Инв.No.87	“[illegible] dzjij¹”（卜）	桓宗皇太后罗氏施印
《文殊师利咒藏中校量数珠功德经》和《百千印陀罗尼经》	Инв.No.6064	“[illegible] rjij²”（谋）	
《七佛八菩萨所说大陀罗尼神咒经》	Инв.No.69	“[illegible] khjwi¹”（魁）	
《七佛所说神咒经》卷四	Инв.No.2243	“[illegible] khjwi¹”（魁）	兰山智昭国师沙门德慧奉敕译
《瑜伽师地论》卷五十九	Инв.No.5133	“[illegible] ·we¹”（禽）	
《瑜伽师地论》卷八十八	Инв.No.901	“[illegible] njijr¹”（土）	
《大庄严论》卷一	Инв.No.91	“[illegible] kie¹”（戒）	
《佛说瞻婆比丘经》	Инв.No.42	“[illegible] lji”（西）	
《佛说斋经》	Инв.No.4446	“[illegible] phu̲²”（茂）	
《佛本行集经》卷第二十六	Инв.No.718	“[illegible] tsha²”（智）	
《根本说一切有部目得迦》卷十	Инв.No.357	“[illegible] wer¹”（威）	
《说一切有部阿毗达磨顺正理论》卷十	Инв.No.717	“[illegible] ɣjiw²”（玉）	
《根本说一切有部百一羯磨》卷四	Инв.No.358	“[illegible] gjij²”（野）	
《十二缘生祥瑞经》	Инв.No.7166	“[illegible] ɣię²”（声）	
《佛说诸佛经》	Инв.No.359	“[illegible] ·jij¹”（之）	
《妙法圣念处经》	Инв.No.5068	“[illegible] njwi²”（能）	

① 据克恰诺夫《西夏佛典目录》，《大般涅槃经》不同的抄本很多，共计一百五十余个编号，各个编号所用帙号有时也不甚统一，如“[illegible] lju̲²”字在Инв.No.6331的卷三十一中写作通假字“[illegible] lju̲²”。

② 俄罗斯科学院东方文献研究所、中国社会科学院民族学与人类学研究所、上海古籍出版社：《俄藏黑水城文献（西夏文佛教部分）》第二十四册，上海：上海古籍出版社，2015年。

国图藏灵武出土元代编印的《河西藏》也有帙号，但因其除了《大方广佛华严经》相对完整外，多数只存零篇，帙号也无法连贯起来。如《悲华经》卷九有帙号"𗹝 tśjij¹"（岁），《说一切有部阿毗达磨顺正理论》卷五有帙号"𗧇 ɣjiw²"（玉），《经律异相》卷十五帙号"𗏁·wji¹"（为），《过去庄严劫千佛名经》有帙号"土"（𗃀 njijr¹），《金刚萨埵说频那夜迦天成就仪轨经》卷二有帙号"𗫨 kjur²"（志），《不空绢索神变真言经》卷十八有帙号"𗕑 dźjə²"（轮）①。国家图书馆藏西夏文《现在贤劫千佛名经》卷上的裱褙衬纸中也有三种佛经保留了帙号，《菩萨地持经》卷九有西夏文帙号"𗙴 mə²"（种），《大智度论》卷四有帙号"𗵽 pha¹"（别），《大方广佛华严经》卷七一有帙号"𗁮 njij²"（山）等②。

　　此外，瑞典藏元刊《河西藏》现存 6 部佛经，其中《佛说月光菩萨经》卷首存有"大白高国新译三藏圣教序"，该经与《佛说了义般若波罗蜜多经》《圣无能胜金刚火陀罗尼经》《毗俱胝菩萨一百八名经》《佛说菩萨修行经》共用帙号"𗢳 low²"（初），《大方等无想经》卷六帙号是"𗤋 mej¹"（没，族姓）③。

　　从《说一切有部阿毗达磨顺正理论》所用帙号"𗧇 ɣjiw²"（玉）和《大方广佛华严经》所用帙号"𗁮 njij²"（山），以及元刊《过去庄严劫千佛名经》与黑水城出土《瑜伽师地论》卷八十八帙号"𗃀 njijr¹"（土）相同来看，元代《河西藏》的帙号与西夏时期所用帙号一脉相承。

二

　　上述帙号最为完整的是《大般若波罗蜜多经》，与汉文《千字文》对照，西夏文《千字文》也是从开天辟地说起，很像是仿汉文《千字文》而创作的。捷连提耶夫—卡坦斯基认为它表述了西夏人对宇宙起源的传说，其中的"圣宫聚集"像是印度神话中关于须弥山的传说，而"鸟产卵蛋"的传说接近于中国神话的盘古时期④；Yulia Mylnikova 和彭向前则进一步认为这些帙号构成了一篇西夏人原创的卵生神话故事，反映了党项羌族的宇

① 孙伯君：《元代〈河西藏〉编刊资料补正》，《中华文化论坛》2019 年第 5 期，第 55—80 页。
② 三种佛经分别刊布于宁夏大学西夏学研究中心、国家图书馆、甘肃五凉古籍整理研究中心：《中国藏西夏文献》第六册，兰州：甘肃人民出版社、敦煌文艺出版社，2005 年，第 282—284、285—288、294—316 页。
③ ［日］西田龙雄：《西夏文华严经》第二册，京都：京都大学文学部，1976 年，第 3—12 页。
④ ［俄］捷连提耶夫—卡坦斯基著，王克孝、景永时译：《西夏书籍业》，银川：宁夏人民出版社，2000 年，第 40—41 页。

宙观[1]。综合来看，我们认为西夏文《千字文》的主题是对祖先开疆拓土、建功立业的颂赞。

令人感兴趣的是，这些帙号所用西夏字颇为特别，似乎并不是记录存世西夏文献所常见的"黑头"（"〇〇" $\gamma u^1 \cdot nja^1$）所说的"番语"（$mji^2 \cdot \eta wu^1$），即我们熟知的党项语，而是历史上"赤面"（〇〇）曾使用的语言。关于这种语言，聂鸿音先生曾根据与之对应的民族称谓"〇〇"（$ljwij^1 \cdot dźji$），称其为"勒尼语"，并根据这一称谓与勒尼语"〇〇"（$ljwij^1 \cdot dźji^2$，赤面）音近，认为"勒尼"隐含的意义是"赤面"[2]。党项语与勒尼语的区别是西田龙雄首先注意到的，他通过比较研究指出，党项语词通用于各种类型的文献，其形式与彝语支语言类似，而勒尼语则大多与彝语支语言不同[3]。现存西夏文献中用"勒尼语"写成的大多是文学作品，目前仅见于《大诗》《月月乐诗》《格言诗》《圣立义海》等少数著作中的部分段落或句子。表2是参考西田龙雄和聂鸿音先生的研究，根据《月月乐诗》的记载摘录的两种语言的对应词语。

表2 《月月乐诗》中记载的党项语与勒尼语对应的汉义

汉义	党项语	勒尼语	汉义	党项语	勒尼语
日	〇 nji^2	〇 $tji\dot{i}j^1$	指（展）	〇 $\cdot ji\dot{i}r^2$	〇 $śjwa^1$
月	〇 $lhji^2$	〇 ka^1	面	〇 $njijr^2$	〇 $lhjwij^1$
岁	〇 $kjiw^1$	〇 $tśjij^1$	赤	〇 $njij^1$	〇 $śjwi^2$
水	〇 $zji\dot{i}r^2$	〇 $njo\underline{r}^1$	白	〇 $phiow^1$	〇 lew^2
地	〇 $lji\dot{i}^2$	〇 $tser$	黑	〇 nja^1	〇 mur^1
国	〇 $lhjij$	〇 low^2	光	〇 be^2	〇 $lji\dot{i}j^2$
四	〇 $lji\dot{i}r^1$	〇 $kwej^1$	安	〇 $dzji\dot{i}j^1$	〇 $dzji\dot{i}^2$
宴	〇 $dźji^1$	〇 $phju^1$	马	〇 $gjij^1$	〇 dzu^2
目	〇 mej^1	〇 kar^1	鞍	〇 $\cdot ji^2$	〇 $tjij^2$
头	〇 γu^1	〇 $lju\underline{}^2$	降生	〇〇 $nja^1 bie^2$	〇〇 $mə^2 we^1$

《月月乐诗》里以"黑头"与"赤面"对仗形式记录的番语和勒尼语对照的句子：

〇〇〇〇〇〇〇〇〇〇〇〇〇〇〇：〇〇〇〇〇〇〇〇〇〇〇〇〇〇〇〇。

［新年之月黑头赤面岁始安乐国开宴：正月里黑头赤面岁始安乐国开宴。］

① Yulia Mylnikova、彭向前：《西夏文〈大般若波罗蜜多经〉函号补释》，杜建录主编：《西夏学》第十辑，上海：上海古籍出版社，2013年，第90—93页。
② 聂鸿音：《一文双语：西夏文字的性质》，《宁夏社会科学》2019年第5期，第170—175页。
③ 西田龙雄：《西夏语〈月々乐诗〉的研究》，《京都大学文学部研究纪要》第25集，1986年，第1—116页。

西夏乾祐十九年（1188）刊行的鲜卑宝源《贤智集》中第一篇"劝亲修善辩"，是用四、六骈文写成的，文章开头部分述及西夏几位先祖的创业之功，其中四字句部分采用的是勒尼语，曰：

𗼩𗟚𗣼𗾔，𗣼𗏁𗦲𗓽𗪌𗓽。𗫂𗣼𗟛𗫼，𗤢𗧾𗃀𗓽𗉞𗧾。𗾔𗿒𗫻𗤭，𗃀𗦳𗧾𗵃𗉞𗦬。𗥊𗢳𗘂𗓽，𗟚𗈝𗒑𗾔𗈪𗦱。𗗟𗌰𗤭𗓽，𗟚𗉞𗫼𗱽𗿒𗯨。𗥊𗌰𗘂𗯤，𗯨𗫂𗾔𗙏𗦬𗱲。𗗇𗦳𗧤𗌰，𗉯𗦱𗯨𗵃𗢳𗘤。𗦬𗯤𗯨𗫼，𗿒𗦱𗦬𗵃𗾔𗫼。𗓽𗽳𗥊𗳒，𗣼𗈝𗣼𗣼𗃀𗃀。𗼩𗤭𗾔𗤭，𗒑𗽳𗘂𗾔�。𗢳𗦲𗥊𗘤，𗍺𗘂𗱲𗥊𗾔�。

［天降明君，诞时喷发火焰；国王圣主，生而满室雷霆。婴儿有齿，闻者自然惊奇；始文本武，已方臣民宾伏。神谋睿智，开拓国土家邦；单骑率军，庶民遍满天下。无奈将亡，未知求生何处；寿终至死，今时岂在宫中？风帝即位，四海战战兢兢。番地无边，八山巍巍荡荡。剑刃以磨，地上疆界已正；玉毫而长，人中番文写成。］①

《圣立义海》卷二"山之名义"有以下四字成语，所用字大部分也应该是勒尼语：

𗱽𗼩𗓽𗾔，𗬗𗖖𗝠𗬺。𗓽𗝠𗣼𗵃，𗣼𗤭𗧾𗱽。𗟚𗘂𗥊𗘤，𗥊𗿒𗧾𗣼。𗱽𗣼𗵃𗱲，𗒑𗱽𗌰𗗟。𗼩𗻏𗍺𗟚，𗣼𗖖𗑱𗾔。𗱽𗫻𗓽𗾔，𗃀𗦳𗽳𗤭。𗫻𗣼𗩱𗓽，𗃀𗣼𗣼𗤭。𗗇𗧤𗧤𗦱，�203𗤭𗦱。𗿒𗢳𗱽𗫼，𗱽𗙏𗱲𗦬。𗅲𗣼�203𗦱，𗅲𗫻𗱽𗅲。𗗜𗤭𗱲𗅀。𗣼𗦱𗱲𗝠。𗅲𗱽𗱲𗅲，𗅀𗞾𗝠𗅀。

［山根地立，上端云合。花草色着，远眺彼下。野兽坚依，诸鸟宿栖。珍宝本源，永流不竭。天柱地镇，弥顶圣山。山本上立，南界八山。本西东末，河白根本。峻岭险峰，八界金峰。夏国山美，山体二种。冬夏雪降，贺兰山尊。五台净宫，圣峰常时。兰山中泽，祁鸟云旋。］②

西夏文佛经款题中经常出现的惠宗秉常母亲（即当时摄政的梁太后）和秉常的尊号，其中用到"𗓽"（dźji）和"𗏁"（low²）等，也是用勒尼语命名的：

𗲷𗏁𗢳𗓽𗓽𗦱𗟛𗖖𗵃𗓽𗌰𗱽𗌰𗫼𗱲𗓽𗯨𗺓𗒑𗦱𗞾𗅀𗫻，𗬗𗓽𗏁𗣼𗥊𗅀𗯨𗒑𗘤𗌰𗣼�2𗅀�。

［天生圆能禄番圣祐式法慈睦正国皇太后梁氏御译；就德主国广智增福民正久安大明皇帝苋名御译。］③

① 孙伯君：《西夏俗文学"辩"初探》，《西夏研究》2010 年第 4 期，第 3—9 页。
② ［俄］克恰诺夫、李范文、罗矛昆：《圣立义海研究》，银川：宁夏人民出版社，1995 年，第 58—59 页。
③ 孙伯君：《〈佛说阿弥陀经〉的西夏译本》，《西夏研究》2011 年 1 期，第 23—32 页。

此外，瑞典藏元刊《河西藏》中的《佛说月光菩萨经》卷首存有"大白高国新译三藏圣教序"，述及西夏文《大藏经》翻译的过程和缘起时有这样一段话：

> □𗾟𗾟𗾟，𗾟𗾟𗾟𗾟；𗾟𗾟𗾟𗾟，𗾟〔𗾟〕□□。□□𗾟𗾟𗾟𗾟，𗾟𗾟𗾟𗾟𗾟𗾟𗾟。𗾟𗾟𗾟𗾟𗾟，𗾟𗾟𗾟𗾟𗾟𗾟，𗾟𗾟〔𗾟〕□□□，𗾟𗾟𗾟𗾟𗾟𗾟。𗾟𗾟𗾟𗾟𗾟𗾟𗾟，𗾟□□□𗾟𗾟𗾟。𗾟𗾟𗾟𗾟𗾟，𗾟𗾟𗾟𗾟，〔𗾟𗾟〕□□，□〔□□□〕。𗾟𗾟𗾟𗾟𗾟𗾟𗾟，𗾟𗾟𗾟𗾟𗾟𗾟𗾟，𗾟𗾟𗾟𗾟，𗾟𗾟𗾟𗾟。

> 〔□界缘至，合辩前文，夏国禄大，后经□□。□□无能比拟，理弘万事包容。诸佛之密心藏，如来之法性海，于部善□□□，依业小大区分。慧日行天明三界，慈航□□度四生。朕内念慈心，外观悲虑，□□国安，□□□□。曩者风帝发起译经，后先白子经本不丰，未成御事，功德不具。〕①

西田龙雄注意到其中"夏国"和"白子"，西夏文作"𗾟𗾟"和"𗾟𗾟"②，用的也是勒尼语。

以上情况让我们想到，尽管勒尼语在西夏已经不为大众所使用，但仍处于较为尊贵的地位，一般在皇帝的尊号和对皇帝的颂歌中使用。

上述帙号所用字"𗾟 lju²"（头）、"𗾟 tśjij¹"（岁）、"𗾟 njoɾ¹"（水）、"𗾟 śjwa¹"（指）和"𗾟 njij²"（山）等正好属于《月月乐诗》中与党项语相对的勒尼语。由此，我们可以推测西夏佛经中所用帙号是西夏人选用勒尼语词语创作的《千字文》，主题是对祖先开疆拓土、所建功业的颂赞。

三

此前，关于西夏时期是否编定了完整的西夏文《大藏经》问题，学界向有争议。写于元皇庆元年（1312）的西夏文《过去庄严劫千佛名经》卷尾发愿文明确记述了西夏时期佛经翻译的数量、组织过程和校经情况。译经始于西夏开国的戊寅年间（1038），到天祐民安元年（1090），经景宗元昊（1032—1048在位）、毅宗谅祚（1048—1067在位）、惠宗秉常（1067—1086在位）、崇宗乾顺（1086—1139在位）四朝皇帝，历53年，共翻译佛经362帙、812部、3579卷。后来，护城帝仁宗时期（1140—1193在位）又命与

---

① 〔日〕西田龙雄：《西夏文华严经》第二册，京都：京都大学文学部，1976年，第3—12页。
② "𗾟𗾟"为勒尼语"白天子"之义，即"大白高国天子"的省称。参考孙伯君：《西夏皇帝又称"白天子"考》，《宁夏社会科学》2020年第2期，第180—181页。

南北经重校：

> 汉地熙宁年间，夏国风帝①兴法建礼维新。戊寅年间，令国师白法信并后承道年臣智光等先后三十二人为头，译为番文。民安元年，五十三载之内，先后大小三乘半满教及忏传②之外，为之三百六十二帙，八百一十二部，三千五百七十九卷。后奉护城帝诏，与南北经重校，令盛国内。③

西夏仁宗皇帝校经和译经的情况还可以从存世文本的对比中加以了解，西田龙雄最早在梳理西夏文《大方广佛华严经》《妙法莲华经》诸多译本后，发现两部佛经均有初译本和校译本的区别，并通过对勘，注意到校译本的校订重点在音译用字上面④。目前所知，仁宗时期的新译本既包括汉文本，也包括西夏文本。现存注明年代最早的新译汉文本是天盛元年（1149）施印的《圣观自在大悲心总持功能依经录》和《胜相顶尊总持功能依经录》合刊本，署"诠教法师番汉三学院兼偏袒提点嚷卧耶沙门鲜卑宝源奉敕译"。此外存有夏、汉两种文本对照的还有《持诵圣佛母般若多心经要门》（1167）、《佛说圣大乘三归依经》（1184）、《圣大乘胜意菩萨经》（1184）、《观弥勒菩萨上生兜率天经》（1189）等⑤。

从《过去庄严劫千佛名经》发愿文还可知道，尽管西夏从建国开始即组织翻译汉文佛经，但一直到西夏仁宗时期，并没有完成整部汉文《大藏经》的翻译，其中佛经中的"忏传"，或"经解、注疏"等并未翻译，基于这种情况，仁宗才开始进行补译和校译工作。俄藏西夏天庆元年（1194）太后罗氏印施西夏文《仁王护国般若波罗蜜多经》Инв.No.83卷尾校译跋，详述了仁宗皇后、桓宗母亲罗太后发愿组织翻译"注疏"类经

---

① 风帝，当是"风角城皇帝"的简称，指创制西夏文的西夏开国皇帝景宗元昊。西夏陵出土残碑中曾出现"𗧓𗣼"（风角），西夏文《妙法莲花经·序》云："其后，风角城皇帝，使用本国语言，起行蕃礼，制造文字，翻译经典，武英特出，功业殊妙，为民造福，莫可比拟。"据此，李范文先生曾断定"风角城皇帝"是指景宗元昊（李范文：《西夏陵墓出土残碑粹编》，北京：文物出版社，1984年，第12—13页）。按，西藏用"me"（火）、"bden bral"（离谛，罗刹之异名）、"dbang ldan"（有主，即大自在天）、"rlung"（风）分别代指东南、西南、东北、西北四隅，西夏文《菩提心及常作法事》（Инв.No.6510）分别直译作"𗧓"（火）、"𗣼𗣼"（离谛）、"𗧓𗣼"（有主）、"𗧓"（风），西夏国正处西北，故自称"风隅"，即"风角"。

② 忏传，西夏文作"𗣼𗣼"（tśhjwā¹-tśhjow¹），史金波先生曾译作"传中"，此处译作"忏传"，指忏法和后人为佛经所做注释。

③ 西夏文《过去庄严劫千佛名经》发愿文，中国国家图书馆藏本影印件见宁夏大学西夏研究中心、国家图书馆、甘肃省古籍文献整理编译中心：《中国藏西夏文文献》第六册，兰州：甘肃人民出版社、敦煌文艺出版社，2005年，第56—59页。译文参考史金波：《西夏文〈过去庄严劫千佛名经〉发愿文译证》，《世界宗教研究》1981年第1期，第64—76页；史金波：《史金波文集》，上海：上海辞书出版社，2005年，第312—331页。略有改动。

④ 西田龙雄：《西夏语研究と法华经（Ⅰ）》，《东洋学术研究》2004年第1号，第208—236页；西田龙雄：《西夏语研究と法华经（Ⅱ）》，《东洋学术研究》2004年第2号，第192—216页。

⑤ 孙伯君：《西夏仁宗皇帝的校经实践》，《宁夏社会科学》2013年第4期，第89—98页。

典和重新校经的情况，曰：

> 此前传行之经，其间微有参差讹误衍脱，故天庆甲寅元年皇太后发愿，恭请演义法师并提点智能，共番汉学人等，与汉本注疏并南北经重行校正，镂版散施诸人。后人得见此经，莫生疑惑，当依此而行。[1]

西安市文物局藏西夏光定四年（1214）神宗遵顼《金光明最胜王经发愿文》的叙述，也可补充说明仁宗之后译经和校经的情况：

> 今朕位居九五，密事纷繁，如临深渊，如履薄冰。夜以继日，思柔远能迩之规；废寝忘餐，观国泰民安之事。尽己所能，治道纤毫毕至；顺应于物，佛力遍覆要津。是以见此经玄妙功德，虽发诚信大愿，而旧译经文或悖于圣情，或昧于语义，亦未译经解、注疏，故开译场，延请番汉法师、国师、禅师、译主，再合旧经，新译疏义，与汉本细细校雠，刊印传行，以求万世长存。[2]

可知当时曾基于前代“旧译经文或悖于圣情，或昧于语义”，且“未译经解、注疏”等情况，开设译场，延请番汉法师、国师、禅师、译主等一起，“再和旧经”，并“新译疏义”，与汉本细细校雠，刊印传行。

期间所开译场的组织架构在西夏光定六年（1216）刊定的《胜慧到彼岸要门慎教现前疏钞庄严论明偈》（Инв.No.5130）卷尾跋语中记载颇详，曰：

> 西天大巧健钵弥怛毗陀迦啰波啰讹译传，与比丘吉积执梵本勘定羌译，复大钵弥怛吉祥果名无死与兀路赞讹谋多智众师执梵本再勘正译。五明现生寺院讲经律论辩番羌语比丘李慧明、五台山知解三藏国师沙门杨智幢新译番文，出家功德司正禅师沙门宠智满证义，出家功德司正副使沙门没藏法净缀文，出家功德司承旨沙门尹智有执羌本校。御前校疏钞都大勾当中兴府签判华阳县司检校罔仁持，御前疏钞印活字都大勾当出家功德司承旨尹智有，御前疏钞印活字都大勾当工院正罔忠敬。
>
> 光定丙子六年六月　　日。[3]

跋语中出现了“新译番文”“证义”“缀文”“执羌本校”“御前校疏钞都大勾当”

---

① 译文参考聂鸿音：《〈仁王经〉的西夏译本》，《民族研究》2010 年第 3 期，第 44—49 页。
② 译文参考聂鸿音：《西夏佛经序跋译注》，上海：上海古籍出版社，2016 年，第 150 页，略有改动。
③ 聂鸿音：《俄藏 5130 号西夏文佛经题记研究》，《中国藏学》2002 年第 1 期，第 50—54 页，略有改动。

"御前疏钞印活字都大勾当"等职衔，说明当时这些经典是在皇家组织的一个真正的译场内进行翻译和校理的。

在校勘和补译佛经的过程中，仁宗皇后、桓宗母亲罗太后起到了至关重要的作用。史载，罗太后于仁宗天盛十九年（1167）被立为皇后，上尊号为"章献钦慈皇后"，并曾于 1206 年废桓宗立襄宗为皇帝①。现存桓宗时期的施经发愿文和题记大多是由罗太后具名的。此外，我们还见到了罗太后施经戳记。目前所知，带有罗太后施经戳记的佛经有两部：一是黑水城出土西夏文刻本《佛说长阿含经》卷十二，经题下有帙号"有"（𗷦 tśhjo¹）字，经折装，上下双栏，影件见《俄藏黑水城文献》第 24 册②；一是黑水城出土西夏文写本《佛说宝雨经》卷十，经题下有帙号"卜"（𗂸 dzjɨj¹）字，经折装，上下双栏，影件见《俄藏黑水城文献》第一册，彩版五三③。施经戳记的西夏文可译作："大白高国清信弟子皇太后罗氏新增写番大藏经一整藏，舍于天下庆报伽蓝寺经藏中，当为永远诵读供养。"

此外，天庆二年（1195）的汉文本《转女身经》也是罗太后具名敬施的，发愿文曰："今皇太后罗氏，自惟生居末世，去圣时遥，宿植良因，幸逢真教。每思仁宗之厚德，仰凭法力以荐资。"④类似的发愿文还出现于汉文本《金刚般若波罗蜜经》（TK14），署"大夏乾祐二十年岁次己酉三月十五日，正宫皇后罗氏谨施"⑤。天庆三年（1196）汉文本《大方广佛华严经普贤行愿品》卷尾跋语："今皇太后罗氏，悯先帝之遐升，祈觉皇而冥荐。谨于大祥之辰，所作福善，暨三年之中，通兴种种利益，俱列于后。"⑥

罗太后施经戳记明确说"新增写番大藏经一整藏"，而且带有施经戳记的这两部佛经以及黑水城出土很多佛经都带有帙号，说明经过仁宗和桓宗两朝，在罗太后的主持下，到 13 世纪初整部西夏文《大藏经》终于得以编订完成。

瑞典民族博物馆收藏的元刊西夏文《大白高国新译三藏圣教序》残本，原为夏桓宗

---

① ［元］脱脱等：《宋史》卷四八六《夏国传下》，北京：中华书局，1977 年，第 14026 页。
② 俄罗斯科学院东方文献研究所、中国社会科学院民族学与人类学研究所、上海古籍出版社：《俄藏黑水城文献（西夏文佛教部分）》第二十四册，上海：上海古籍出版社，2015 年，第 179 页。
③ 俄罗斯科学院东方研究所圣彼得堡分所、中国社会科学院民族研究所、上海古籍出版社：《俄藏黑水城文献（汉文部分）》第一册，上海：上海古籍出版社，1996 年，第 154 页。
④ 俄罗斯科学院东方研究所圣彼得堡分所、中国社会科学院民族研究所、上海古籍出版社：《俄藏黑水城文献（汉文部分）》第一册，上海：上海古籍出版社，1996 年，第 224 页。
⑤ 俄罗斯科学院东方研究所圣彼得堡分所、中国社会科学院民族研究所、上海古籍出版社：《俄藏黑水城文献（汉文部分）》第一册，上海：上海古籍出版社，1996 年，彩页图版 23。
⑥ 俄罗斯科学院东方研究所圣彼得堡分所、中国社会科学院民族研究所、上海古籍出版社：《俄藏黑水城文献（汉文部分）》第二册，上海：上海古籍出版社，1996 年，第 372—373 页。

皇帝御制①，其中也谈及当时组织译经的情况，曰：

> 曩者风帝发起译经，后白子经本不丰，未成御事，功德不具。人□□□，不修净道，爱欲常为十恶，三解脱门□□。□源流水，世俗取用所需；善语如金，众生□□教导。居生死海，不欲出离，□爱欲□，□觉□□。治国因乎圣法，制人依于戒律，□□六波罗蜜，因发弘深大愿。同人异语，共地殊风，字□□□，依□为治。故教养民庶，御译真经，后附讲疏，缀连珍宝。②

同时，这一序言题目为《大白高国新译三藏圣教序》，说明西夏文《大藏经》最终是在桓宗时期编定完成的。襄宗应天四年（1209）施经发愿文（Инв.No.5423）还谈及"开读经文：番、西番、汉大藏经一百八藏，诸大部帙经并零杂经共二万五十六部。"也可以从侧面证明当时编订西夏文《大藏经》的工作已经完成。

由此，透过黑水城出土很多佛经都带有帙号这一情况，以及梳理与桓宗母亲罗太后相关的佛经发愿文，结合《过去庄严劫千佛名经》卷尾发愿文所述西夏早期译经的历史，可以发现，西夏汉文佛经的翻译从景宗元昊开始，在崇宗天祐民安元年（1090）完成主体之后，历经仁宗、桓宗两朝的补译和校正，到桓宗末年（1206）前后在罗太后的主持下终于编订完成了整部西夏文《大藏经》。

值得说明的是，完成西夏文《大藏经》之后，单本的佛经，尤其是藏文佛经的翻译和校正工作并没有停止。上述光定四年（1214）刊印的西夏文《金光明最胜王经》卷尾施经发愿文，叙述了神宗（1211—1223在位）时期校经和刊印疏钞的情况即说明了这一点。同时，目前见到的译自藏文的西夏文佛经大多没有帙号，也多为西夏中晚期所翻译，说明西夏文《大藏经》可能只入藏了译自汉文的佛经和疏钞。

西夏文《过去庄严劫千佛名经》卷尾发愿文还记载了西夏被蒙古所灭，"大夏成池，诸藏潮毁"，西夏后裔在元代重新编订《河西藏》的过程。其中最重要的校经国师是一行慧觉（活跃于1270—1313），他从至元七年（1270）开始"校有译无"，到1290年校理完毕，经历了二十余年的时间。同时，我们在黑水城文献中还看到白云宗祖师清觉所撰《正行集》的西夏文译本，该汉文本是元代才刊入《普宁藏》的，可推知该本的翻译时间必定是在元代，可见，元代编订《河西藏》时还新译了一些西夏时期没有翻译的

---

① К.Б. Кепинг，Тангутские ксилографы в Стокгольме，Б. Александров сост.，*Ксения Кепинг：Последние статьи и документы*，Санкт-Петербург：Омега，2003，c. 61.
② 聂鸿音：《西夏佛经序跋译注》，上海：上海古籍出版社，2016年，第141页。

经典①。元代《河西藏》是在白云宗的组织下于 1293 年开始刊雕的, 成宗大德六年（1302）完成。而关于所刊《河西藏》的卷数, 大德十年（1306）元刊《碛砂藏》本践字函《大宗地玄文本论》卷三管主八发愿文记载为 3620 余卷, 并曾刊印 100 余藏, 广施于宁夏、永昌等路寺院②。可惜的是, 无论是西夏时期还是元代刊行的几百部西夏文《大藏经》没有一部完整地保留到现在。

（原载《文献》2020 年第 5 期）

---

① 孙伯君:《西夏文〈正行集〉考释》,《宁夏社会科学》2011 年第 1 期, 第 87—94 页。
② 李富华、何梅:《汉文佛教大藏经研究》, 北京: 宗教文化出版社, 2003 年, 第 291—292 页。

说说西夏韵图《五音切韵》的韵等问题*

张竹梅

摘　要： 西夏语韵图《五音切韵》按韵制表，平声上声合韵，一韵一图，计一〇五图。各图韵字于五音声母之下分别填入一二三四各栏，与汉语等韵图相类。舌齿音韵字独列于四栏韵字之下，韵母代表字则列于韵图底端。通检一〇五图各韵字或同小韵译音汉字之韵等，第一栏译音汉字为一等韵西夏韵字的占比最大，第二栏次之，第三栏又次之，第四栏仅个别而已，且与各栏位相匹配的各等西夏语韵字基本上未过半数，甚至占比过小。通过译音汉字韵等分析，大致可以确认西夏语韵分三等。但同时也折射出《五音切韵》韵图之西夏语韵字并非按栏分等，此其与汉语韵图之本质差别。

关键词： 五音切韵；西夏语；韵图；韵等；译音汉字

韵图分等在汉语音韵为常态，一如《韵镜》《七音略》，每韵四格栏，自上而下依次排列一等韵字、二等韵字、三等韵字、四等韵字。通常情况下习者可据格栏而断，一目了然。西夏文献《五音切韵》仿汉语等韵图而制，设为一百零五韵。一韵一图，即一〇五图。每图一页，左右五列，上下九栏，与汉语等韵图自有不同。但其韵字分布倒与《韵镜》《七音略》有些不谋而合、殊途同归之象。《五音切韵》研究者虽不甚多，但涉及问题倒也广泛。唯此"等第"问题似未闻有言。笔者不揣冒昧，试析一二。

《五音切韵》多至一〇五图，各图的韵字、格栏多少不尽相同。少则一栏，多则四

＊基金项目：国家社会科学基金特别委托项目"西夏文献文物研究"子课题"五音切韵研究"（项目编号：11@ZH001）

栏；每图页面少至两字，多至十七字。①

（1）韵字仅有一栏的。韵图4、45、48、54、69、74、76、81、83、88、89、91、95、97、101、102，计16图。

（2）韵字栏仅有1个韵字的。韵图6、39（仅牙音第1栏韵字和平声韵代表字）、49、60（仅喉音第1栏韵字和上声韵代表字）、78、86（仅唇音第1栏韵字和平声韵代表字）、94、98（仅唇音第1栏韵字和上声韵代表字）、99（仅唇音第1栏韵字和上声韵代表字），计9图。

（3）声母栏无韵字其下有韵字的。7、12、13、14、16、19、21、22、23、27、28、32、33、34、38、40、41、42、43、47、52、55、59、61、62、63、64、65、67、68、70、72、73、75、77、79、80、82、84、85、87、90、92、100，计44图。

（4）第1栏及其以下各栏或多或少皆有韵字的。1、2、3、5、8、9、10、11、15、17、18、20、24、25、26、29、30、31、35、36、37、44、46、50、51、53、56、57、58、66、71、93、96、104，计34图。

（韵图103、105阙）

"韵字仅有一栏的"，一般是韵图的第1栏有1—5个韵字不等；"仅有1个韵字的"，仅限于韵字第1、2、3、4栏（舌齿音和韵母代表字不包括在内）。实则仅有1个韵字的一般居于韵图第1栏，而隶属五音中哪一类则各图不定；"字母栏无韵字其下有韵字的"，是指韵图某声类的第1栏无韵字，第2栏或者第3、4栏则可能有韵字。"第1栏及其以下各栏或多或少皆有韵字的"，是指凡韵图某声类下第2、3、4栏有韵字的，第1栏一定有韵字。相比较而言，第四类则是韵图最常态化的表现形式，但是它的占比却不及第三类。

按理各韵图等第应该一目了然，居于第几栏即为第几等，但是实际上却并非如此，因而仅就西夏文字本身而言则很难判断其究竟为何等。为了说明这一点，我们仍旧通过各韵图之韵字的汉字音来"曲线"查检考证。以汉语借词（"X"）为首选，其次汉语译音字（［X］），再次反切下字（［X］）。若以上皆无，则阙如。偶或参酌《夏汉字典》②音注。西夏字则以（【X】）标记。

《五音切韵》一百零五韵图各韵字之汉字音韵等如表1至表105所示：

---

① 韵图七十二，17个韵字。
② 李范文：《夏汉字典》，北京：中国社会科学出版社，1997年。

表1　韵图一：平·1—上·1①

声类	栏	汉语译音字及音韵地位
唇音	1	都，端模合一平遇/博，帮铎开一入宕
舌音	1	都，端模合一平遇
	2	都，端模合一平遇
牙音	1	孤，见模合一平遇
齿音	1	布，帮暮合一去遇/博，帮铎开一入宕
	3	（未识字）②
喉音	1	布，帮暮合一去遇?博，帮铎开一入宕

平声韵母【𗙊】重唇音并母，其反切下字【𗂤】汉语译音字［土］。土，透姥合一上遇。

上声韵母【𗙊】重唇音并母。此字未识，亦未见汉语译音字。

韵图一第1、2栏皆一等汉字音。

表2　韵图二：平·2—上·2

声类	栏	汉语译音字及音韵地位
唇音	1	子，精止开三上止
	3	（未识字）
舌音		
牙音		
齿音	1	朱，章虞合三平遇
喉音	1	药，余药开三入宕
	2	易，余昔开三入梗

平声韵母【𗼖】正齿音书母，汉语译音字［叔］［蜀］也。叔，书屋合三入通。

上声韵母【𗼖】正齿音声母，未见汉语译音字。

韵图二第1、2栏皆三等汉字音。

表3　韵图三：平·3—上·3

声类	栏	汉语译音字及音韵地位
唇音		
舌音	1	居，见鱼开三平遇
牙音	1	举，见语开三上遇
齿音	1	苴，精鱼开三平遇。
	2	足，精烛合三入通。
喉音	1	药，余药开三入宕/扈，匣姥合一上遇

---

① 韵图一，指第一图；平·1，指平声第一韵；上·1，指上声第一韵，余类推。
② 未识字，一般指《五音切韵》作者自造的"新字"或"拼合字"，这些字皆不见于西夏文献。

平声韵母【𗂪】齿头音心母，其反切下字【𗟃】汉语译音字［余］。余，以鱼开三平遇。

上声韵母【𗂭】齿头音心母，未见汉语译音字。

韵图三第1、2栏皆三等汉字音。

表4　韵图四：平·4—上·4

声类	栏	汉语译音字及音韵地位
唇音		
舌音		
牙音	1	吴，疑模合一平遇
齿音		
喉音	1	胡，匣模合一平遇

平声韵母【𗂐】重唇音明母，其反切下字【𘚢】汉语借词"谷"也，汉语译音字［姑］也。姑，见模合一平遇。

上声韵母【𗂑】重唇音明母，汉语译音字［牟］［母］［无］［蒙］也。母，明厚开一上流；无，明虞合三平遇。

韵图四第1栏一等汉字音。

表5　韵图五：平·5—上·5

声类	栏	汉语译音字及音韵地位
唇音	1	卢，来模合一平遇
舌音	1	卢，来模合一平遇
	2	（未识字）
牙音	1	卢，来模合一平遇
齿音		
喉音		

平声韵母【𗂢】舌头音定母，其反切下字【𗂨】汉语译音字［卢］。卢，来模合一平遇。

上声韵母【𗂣】舌头音定母，汉语借词"努"也。努，泥姥合一上遇。

韵图五第1栏一等汉字音。

表 6　韵图六：平·6

声类	栏	汉语译音字及音韵地位
唇音		
舌音		
牙音	1	（未识字）
齿音		
喉音		

平声韵母【𗁨】牙音溪母，未见汉语译音字。

韵图六为独韵，平声韵母未见汉字音。

表 7　韵图七：平·7—上·6

声类	栏	汉语译音字及音韵地位
唇音	1	殊，禅虞合三平遇
舌音		
牙音	2	余，余虞开三平遇
齿音	1	朱，章虞合三平遇
喉音	2	余，余虞开三平遇

平声韵母【𘈈】重唇音并母，汉语译音字［谋］［暮］也。谋，明尤开三平流；暮，明暮合一去遇。

上声韵母【𘈮】重唇音并母，汉语译音字［暮］也。暮，明暮合一去遇。

韵图七第 1、2 栏皆三等汉字音，而韵母则为合口一等汉字音。

表 8　韵图八：平·8—上·7

声类	栏	汉语译音字及音韵地位
唇音	1	北，帮德开一入曾
	2	勿，明物合三入臻
舌音	1	得，端德开一入曾
	2	堆，端灰合一平蟹
牙音		
齿音	1	则，精德开一入曾
	3	（未识字）
喉音		

平声韵母【𗩴】齿头音心母，未见汉语译音字。

上声韵母【𗨁】齿头音心母。此字未识别，未见汉语译音字。

韵图八第 1 栏一等汉字音，第 2 栏一、三等汉字音。

表9 韵图九：平·9—上·8

声类	栏	汉语译音字及音韵地位
唇音	1	柏，帮陌开二入梗
	2	伯，帮陌开二入梗（丁种本）
舌音		
牙音	1	系，匣霁开四去蟹
	2	执，章缉开三入深
齿音	1	舒，书鱼开三平遇
	2	执，章缉开三入深
喉音	1	隔，见麦开二入梗
	3	率，山质合三入臻

平声韵母【𗟲】牙音见母。

上声韵母【𗣩】牙音见母。

韵图九第1栏二、三、四等汉字音，第2栏二、三等汉字音，第3栏三等汉字音。

表10 韵图十：平·10—上·9

声类	栏	汉语译音字及音韵地位
唇音	1	为，云支合三平止
舌音		
牙音	1	夷，余脂开三平止
齿音	1	枝，章支开三平止
	2	（未识字）
	3	追，知脂合三平止
喉音	1	伊，影脂开三平止

平声韵母【𗦲】正齿音章母，汉语借词"枝"也。枝，章支开三平止。

上声韵母【𗨰】正齿音章母，汉语译音字［制］［支］［智］［胝］也。制，章祭开三去蟹。

韵图十第1、3栏皆三等汉字音。

表11 韵图十一：平·11—上·10

声类	栏	汉语译音字及音韵地位
唇音	1	壁，帮昔开三入梗
舌音	1	伊，影脂开三平止
	3	西，心齐开四平蟹
牙音	1	击，见锡开四入梗/急，见缉开三入深（丁种本）
	2	隋，邪支合三平止
齿音	1	济，精济开四去蟹/迹，精昔开三入梗
	2	隋，邪支合三平止
	3	积，精昔开三入梗
喉音	1	伊，影脂开三平止

平声韵母【𘊋】齿头音清母，其反切下字【𘊋】汉语译音字［奇］［起］［祇］［忌］
也。奇，羣支开三平止；忌，羣至开三去止。

上声韵母【𘊋】齿头音清母，未见汉语译音字。

韵图十一第 1、2、3 栏皆三等汉字音。

表 12　韵图十二：平·12—上·11

声类	栏	汉语译音字及音韵地位
唇音	2	为，云支合三平止
舌音	2	对，端队合一去蟹
牙音		
齿音	1	为，云支合三平止
喉音		

平声韵母【𘊋】重唇音并母，未见汉语译音字。

上声韵母【𘊋】重唇音并母，未见汉语译音字。

韵图十二第 1 栏为三等汉字音，第 2 栏一、三等汉字音各一个。

表 13　韵图十三：平·13

声类	栏	汉语译音字及音韵地位
唇音	1	（未识字）
舌音		
牙音	2	背，帮队合一去蟹
齿音		
喉音		

平声韵母【𘊋】正齿音书母，未见汉语译音字。

韵图十三为独韵，第 2 栏一等汉字音。

表 14　韵图十四：平·14—上·12

声类	栏	汉语译音字及音韵地位
唇音	1	牲，山庚开二平梗
舌音		
牙音	3	泥，泥齐开四平蟹
	4	（未识字）
齿音	1	牲，山庚开二平梗
	2	奢，书麻开三平假
喉音		

平声韵母【𗟲】正齿音章母，此字与正齿音第 1 栏同字。牲，山庚开二平梗。

上声韵母【𗞂】正齿音章母，汉语借词"指"也。指，章旨开三上止。

韵图十三第 1 栏二等汉字音，第 2 栏三等汉字音，第 3 栏四等汉字音。但这二、三、四等韵字依次居于第 1、2、3 栏，韵等与格栏并不匹配。

表 15　韵图十五：平・15—上・13

声类	栏	汉语译音字及音韵地位
唇音	1	崩，帮登开一平曾
	2	闻，明文合三平臻
舌音	1	灯，端登开一平曾
	2	孙，心魂合一平臻
牙音	1	根，见痕开一平臻/梗，见梗开二上梗
	3	渗，生沁开三去深
齿音	1	曾，精登开一平曾
喉音	1	根，见痕开一平臻/梗，见梗开二上梗
	2	孙，心魂合一平臻

平声韵母【𗣀】齿头音心母，汉语借词"曾"也。曾，精登开一平曾。

上声韵母【𗣭】齿头音心母，汉语译音字［星］［醒］也。星，心青开四平梗。

韵图十五第 1 栏一等汉字音，第 2 栏一、三等汉字音，第 3 栏三等汉字音。

表 16　韵图十六：平・16

声类	栏	汉语译音字及音韵地位
唇音	1	冰，帮蒸开三平曾/毕，帮质开三入臻
舌音		
牙音	1	金，见侵开三平深
	2	君，见文合三平臻/究，见宥开三去流
齿音	1	真，庄真开三平臻/正，章劲开三去梗
	3	津，精真开三平臻/增，精登开一平曾
	4	浚，心稕合三去臻/遵，精魂合一平臻
喉音	2	允，余准合三上臻
	3	因，影真开三平臻

平声韵母【𗠣】正齿音章母，汉语译音字［真］［镇］［正］也。真，庄真开三平臻；正，章劲开三去梗。

韵图十六为独韵，第 1、2、3、4 栏皆三等汉字音。

表 17　韵图十七：平·17—上·14

声类	栏	汉语译音字及音韵地位
唇音	1	波，帮戈合一平果
	2	跋，并末合一入山/哇，影麻合二平假
舌音	1	姐，端曷开一入山
	2	怛，端曷开一入山
	3	（未识字）
牙音	1	罃，影琰开三上咸
	2	匣，匣狎开二入咸
齿音	1	老，来晧开一上效
	2	匝，精合开一入咸
喉音	1	罃，影琰开三上咸
	2	杂，从合开一入咸/札，庄黠开二入山

平声韵母【绂】喉音晓母，汉语借词"哈"族姓也，汉语译音字［合］［褐］［阖］［皓］也。合，匣合开一入咸。

上声韵母【绢】喉音晓母，汉语借词"昊"族姓也，汉语译音字［贺］［皓］也。贺，匣个开一去果；晧，皓，匣晧开一上效。

韵图十七第 1 栏一、三等汉字音，第 2 栏一、二等汉字音。

表 18　韵图十八：平·18—上·15

声类	栏	汉语译音字及音韵地位
唇音	1	沙，山麻开二平假
舌音		
牙音	1	瓜，见麻合二平假
	2	花，晓麻合二平假
齿音	1	咤，知祃开二去假
	2	札，庄黠开二入山
喉音		

平声韵母【死】正齿音生母，汉语借词"沙"也，汉语译音字［衫］［产］［洒］也。沙，山麻开二平假；衫，山咸开二平咸。

上声韵母【縰】正齿音书母，上声 15 韵，汉语译音字［莎］也。莎，心戈合一平果。

韵图十八第 1、2 栏皆二等汉字音。

表 19　韵图十九：平 · 19—上 · 16

声类	栏	汉语译音字及音韵地位
唇音	1	袜，明月合三入山
舌音		
牙音	2	绥，心脂合三平止
齿音	1	折，章薛开三入山
	3	绥，心脂合三平止
喉音	1	罨，影琰开三上咸

平声韵母【[illegible]】正齿音书母，其反切下字【[illegible]】之反切下字【[illegible]】汉语译音字［折］也。折，章薛开三入山。

上声韵母【[illegible]】正齿音书母，汉语译音字［设］［陕］［单］也。设，书薛开三入山；陕，书琰开三上咸。

韵图十九第 1、2、3 栏皆三等汉字音。

表 20　韵图二十：平 · 20—上 · 17

声类	栏	汉语译音字及音韵地位
唇音	1	板，帮潸开二行山
舌音	1	怛，端曷开一入山
牙音	1	吉，见质开三入臻/坚，见先开四平山
齿音	1	匝，精合开一入咸
	2	（未识字）
	3	（未识字）
喉音	1	也，余马开三上假/阴，影真开三平臻

平声韵母【[illegible]】齿头音心母，汉语译音字［萨］［飒］［散］［三］［苏］［僧］［所］也。飒，心合开一入咸；三，心谈开一平咸；苏，心模合一平遇。

上声韵母【[illegible]】齿头音心母，汉语译音字［泄］［先］［仙］也。泄，心薛开三入山；先，心先开四平山。

韵图二十第 1 栏一、二、三等汉字音皆有。

表 21　韵图二十一：平 · 21—上 · 18

声类	栏	汉语译音字及音韵地位
唇音		
舌音	3	黑，晓德开一入曾
	4	（未识字）
牙音	1	藁，见晧开一上效
齿音	1	昭，章宵开三平效
	2	（未识字）
喉音	3	黑，晓德开一入曾

平声韵母【禠】喉音影母，其反切下字【祧】汉语译音字［嘿］也。黑，晓德开一入曾。

上声韵母【綹】喉音影母，汉语译音字［瑶］［陶］也。瑶，余宵开三平效；陶，定豪开一平效。

韵图二十一第1栏一、三等汉字音，第3栏一等汉字音。

表22　韵图二十二：平·22—上·19

声类	栏	汉语译音字及音韵地位
唇音	1	阌，影模合一平遇/嚣，晓宵开三平效/舁，疑号开一平去效
舌音		
牙音	2	聒，见末合一入山
齿音	1	胡，匣模合一平遇
喉音		

平声韵母【觓】牙音羣母，平声22韵。

上声韵母【鼇】牙音羣母，未见汉语译音字。

韵图二十二第1、2栏皆一等汉字音。

表23　韵图二十三：上·20

声类	栏	汉语译音字及音韵地位
唇音		
舌音	2	打，端梗开二上梗
牙音	3	甲，见狎开二入咸
齿音	1	诈，庄祃开二去假
	4	（未识字）
喉音		

平声韵母【毚】正齿音章母，此字未识，亦未见汉语译音字。

韵图二十三为独韵，第1、2、3栏皆二等汉字音。

表24　韵图二十四：平·23—上·21

声类	栏	汉语译音字及音韵地位
唇音		
舌音		
牙音	1	（未识字）
	2	（未识字）
齿音		
喉音		

平声韵母【燊】重唇音明母，汉语译音字［麻］也。麻，明麻开二平假。

上声韵母【靴】重唇音明母，未见汉语译音字。

韵图二十四韵母为二等汉字音。

表 25　韵图二十五：平·24—上·22

声类	栏	汉语译音字及音韵地位
唇音	1	担，端谈开一平咸
	2	乱，来换合一去山
舌音	1	担，端谈开一平咸
	2	短，端缓合一上山
牙音	1	杆，见寒开一平山
	2	钻，精换合一去山
齿音	1	赞，精翰开一去山
	2	钻，精换合一去山
喉音	1	鞍，影寒开一平山

平声韵母【犙】喉音晓母，汉语译音字［汉］［邯］［韩］也。邯，匣谈开一平咸。

上声韵母【甗】喉音晓母，汉语借词"汉"也。汉，晓翰开一去山。

韵图二十五第 1、2 栏皆一等汉字音。

表 26　韵图二十六：平·25—上·23

声类	栏	汉语译音字及音韵地位
唇音	1	板，帮潸开二上山
	2	万，明愿合三去山/宪，晓愿开三去山
舌音		
牙音	1	简，见产开二上山
	2	关，见删合二平山
齿音		
喉音	1	闲，见山开二平山

平声韵母【龘】喉音匣母，汉语借词"闲"也。闲，见山开二平山。

上声韵母【繍】喉音匣母，未见汉语译音字。

韵图二十六第 1 栏二等汉字音，第 2 栏二、三等汉字音。

表27　韵图二十七：平·26—上·24

声类	栏	汉语译音字及音韵地位
唇音		
舌音		
牙音	1	坚，见先开四平山/健，群愿开三去山/跟，见痕开一平臻
	2	卷，见狝合三上山
齿音	2	转，知狝合三上山
	4	（未识字）
喉音	3	闫，影盐开三平咸/烟，影先开四平山

平声韵母韵母栏【𦧲】喉音影母，汉语译音字［闫］族姓也、［淹］［延］［焉］［燕］［盐］［演］［烟］也。闫，淹，影盐开三平咸/烟，影先开四平山。

上声韵母【𦩒】喉音影母，汉语借词"烟、延、燕"也。烟，影先开四平山；延，余仙开三平山。

韵图二十七第1、2、3栏皆三等汉字音。

表28　韵图二十八：平·27—上·25

声类	栏	汉语译音字及音韵地位
唇音	1	不，并厚开一上流/本，帮混合一上臻
	2	勒合，来德开（合）一入曾
舌音	1	得，端德开一入曾
	3	底，端荠开四上蟹
牙音	1	乞，溪迄开三入臻
	2	鹘，匣没合一入臻
齿音		
喉音	2	恶，影铎开一入宕/影暮合一去遇

平声韵母【𨫝】喉音晓母，平声27韵，汉语译音字［霍］。霍，晓铎合一入宕。

上声韵母【𦩘】喉音晓母，未见汉语译音字。

韵图二十八第1栏一、三等汉字音，第2栏一等汉字音，第3栏四等汉字音。

表29　韵图二十九：平·28—上·26

声类	栏	汉语译音字及音韵地位
唇音	1	荷，匣歌开一平果
舌音		
牙音	1	荷，匣歌开一平果/季，见至合三去止
	2	侍，禅志开三去止
齿音	1	荷，匣歌开一平果
	3	（未识字）
喉音	1	荷，匣歌开一平果/季，见至合三去止

平声韵母【𭀀】牙音见母，未见汉语译音字。

上声韵母【𧡊】牙音见母，未见汉语译音字。

韵图二十九第1栏皆一等汉字音，第2栏三等汉字音。

表30 韵图三十：平·29—上·27

声类	栏	汉语译音字及音韵地位
唇音	1	勿，明物合三入臻
舌音		
牙音		
齿音	1	勒，来德开一入曾
	2	（未识字）
喉音	1	乙，影质开三入臻

平声韵母【𣵀】正齿音书母，平声29韵汉语借词"拭"也。拭，书职开三入曾。

上声韵母【𧩶】正齿音书母，未见汉语译音字。

韵图三十第1栏一、三等汉字音。

表31 韵图三十一：平·30—上·28

声类	栏	汉语译音字及音韵地位
唇音	1	悉，匣齐开四平蟹
舌音	1	得，端德开一入曾
	2	谷，见屋合一入通
牙音	1	子，精止开三上止
	2	醉，精至合三去止/鸪，见模合一平遇
齿音	1	悉，匣齐开四平蟹
	2	谁，禅脂合三平止/醉，精至合三去止
	3	恤，心术合三入臻/淬，精队合一去蟹
喉音	1	夷，余脂开三平止

平声韵母【𧓟】齿头音心母，汉语译音字［悉］也。悉，匣齐开四平蟹。

上声韵母【𧪊】齿头音心母，上声28韵，汉语译音［西］［昔］［辛］［惺］［窒］［赛］［寻］也。西，心齐开四平蟹；辛，心真开三平臻。

韵图三十一第1栏一、三、四等汉字音，第2、3栏三等汉字音。

表32　韵图三十二：平·31

声类	栏	汉语译音字及音韵地位
唇音	1	（未识字）
	2	屋，影屋合一入通
舌音		
牙音	2	突，定没合一入臻
齿音		
喉音		

平声韵母【纼】舌头音定母，汉语译音字［能重］也。能，泥咍开一平蟹。

韵图三十二为独韵，第2栏一等汉字音。

表33　韵图三十三：平·32—上·29

声类	栏	汉语译音字及音韵地位
唇音		
舌音	3	贼，从德开一入曾/疾，从质开三入臻/士，崇止开三上止
牙音	4	儿，日支开三平止
齿音	1	轸，章轸开三上臻
	2	适，书昔开三入梗
	4	适，书昔开三入梗
喉音	2	月，疑月合三入山

平声韵母【缀】舌头音定母，其反切下字【缏】之反切下字【绞】汉语译音字［士］
［疾］［贼］也。士，崇止开三上止；疾，从质开三入臻；贼，从德开一入曾。

上声韵母【殿】舌头音定母，未见汉语译音字。

韵图三十三第1、2、3、4、5栏皆三等汉字音。

表34　韵图三十四：平·33—上·30

声类	栏	汉语译音字及音韵地位
唇音	1	梅，明灰合一平蟹
	2	戴，端戴开一去蟹
舌音	1	戴，端戴开一去蟹
	2	雷，来灰合一平蟹
	3	（未识字）
牙音	2	会，匣泰合一去蟹
齿音	1	灾，精咍开一平蟹
喉音	2	会，匣泰合一去蟹

平声韵母【𗋽】喉音晓母，汉语借词"海"也。海，晓海开一上蟹。

上声韵母【𗟍】喉音晓母，未见汉语译音字。

韵图三十四第1、2栏皆一等汉字音。

表35　韵图三十五：平·34—上·31

声类	栏	汉语译音字及音韵地位
唇音	1	彼，帮止开三上止
舌音		
牙音	1	械，匣怪开二去蟹
	3	褢，匣皆合二平蟹
齿音	1	争，庄耕开二平梗
	2	衰，山脂合三平止/摘，知麦开二入梗
喉音	1	界，见怪开二去蟹/更，见庚开二平梗
	3	褢，匣皆合二平蟹

平声韵母【𗟏】牙音见母，其反切下字【𦾔】之反切下字【𗟊】轻唇音微母，平声17韵，未见汉语译音字。

上声韵母【𗟆】牙音见母，未见汉语译音字。

韵图三十五除唇音外，第1、2、3栏基本上皆二等汉字音。

表36　韵图三十六：平·35—上·32

声类	栏	汉语译音字及音韵地位
唇音	1	并，帮劲开三去梗
舌音		
牙音		
齿音	1	征，章清开三平梗
	2	（未识字）
	3	（未识字）
喉音		

平声韵母【𗟎】正齿音昌母，未见汉语译音字。

上声韵母【𗟈】正齿音昌母，汉语借词"执、持、拿"也，汉语译音字［郑］［程］也。郑，澄劲开三去梗；程，澄清开三平梗。

韵图三十六第1栏三等汉字音。

表 37　韵图三十七：平·36—上·33

声类	栏	汉语译音字及音韵地位
唇音	1	奔，帮魂合一平臻
舌音	1	帝，端霁开四去蟹/顶，端迥开四上梗
	3	丁合，丁，端青开（合）四平梗
	4	（未识字）
牙音	1	茎，匣耕开二平梗
	2	岁，心祭合三去蟹
齿音	1	精，精清开三平梗
	3	顷，溪静合三上梗
喉音	1	盈，余清开三平梗

平声韵母【𗙐】齿头音清母，未见汉语译音字。

上声韵母【𗙐】齿头音清母，其反切下字【𗙐】喉音影母，上声 33 韵，羊也，汉语译音字［野］也。野，余马开三上假。

韵图三十七第 1 栏一、二、三、四等汉字音皆有，第 2、3 栏皆三等汉字音。

表 38　韵图三十八：平·37—上·34

声类	栏	汉语译音字及音韵地位
唇音		
舌音	1	（未识字）
牙音		
齿音	2	（未识字）
喉音		

平声韵母【𗙐】舌头音定母，汉语译音字［尼台］也。台，定咍开一平蟹。

上声韵母【𗙐】舌头音定母，未见汉语译音字。

韵图三十八韵母为一、三等汉字音。

表 39　韵图三十九：平·38

声类	栏	汉语译音字及音韵地位
唇音		
舌音		
牙音	1	皆，见皆开二平蟹
齿音		
喉音		

平声韵母【𗏵】牙音见母，其反切下字【𗪶】汉语译音字［夷皆］。皆，见皆开二平蟹。

韵图三十九为独韵。第 1 栏二等汉字音。

表 40　韵图四十：平·39—上·35

声类	栏	汉语译音字及音韵地位
唇音		
舌音		
牙音		
齿音	1	（未识字）
	2	耶，余麻开三平假
喉音	2	耶，余麻开三平假

平声韵母【𗏼】齿头音心母，其反切下字【𗘂】之反切下字【𗔣】汉语译音字［耶］。耶，余麻开三平假。

上声韵母【𗤻】齿头音心母，汉语译音字［星］也。星，心青开四平梗。[①]其反切下字【𗘂】与平声韵母反切下字同。耶，余麻开三平假

韵图四十第 2 栏三等汉字音。

表 41　韵图四十一：平·40

声类	栏	汉语译音字及音韵地位
唇音	2	歪，晓佳合二平蟹
舌音		
牙音		
齿音	1	栽，精咍开一平蟹
喉音		

平声韵母【𗦲】齿头音精母，汉语译音字［栽］也。栽，精咍开一平蟹。平声韵母与齿音第 1 栏韵字同。

韵图四十一为独韵，第 1 栏一等汉字音，第 2 栏二等汉字音。

表 42　韵图四十二：平·41—上·36

声类	栏	汉语译音字及音韵地位
唇音	1	彬，帮真开三平臻
舌音		
牙音	2	虢，见陌合二入梗

---

① 另一汉字音［斜］邪麻开三平假。

声类	栏	汉语译音字及音韵地位
齿音	1	生，山庚开二平梗
	2	横，匣庚合二平梗
	3	（未识字）
喉音	2	横，匣庚合二平梗

平声韵母【𗾱】正齿音书母，汉语借词"生、产"也。生，山庚开二平梗；产，山产开二上山。

上声韵母【𗾳】正齿音书母，汉语译音字［琛］，族姓也。琛，彻清开三平深。

韵图四十二第1栏二、三等汉字音，第2栏二等汉字音。

表43　韵图四十三：平·42—上·37

声类	栏	汉语译音字及音韵地位
唇音	3	钉，端青开四平梗
舌音	3	丁，端青开四平梗
牙音	3	钉，端青开四平梗
齿音	1	正，章劲开三去梗
	2	（未识字）
	3	钉，端青开四平梗
	4	（未识字）
喉音	1	赢，余清开三平梗/颜，疑删开二平山
	2	盈，余清开三平梗
	3	钉，端青开四平梗

平声韵母【𗾷】正齿音书母，汉语借词"成"也，汉语译音字［舍］［城］也。舍，书马开三上假；城，禅清开三平梗。

上声韵母【𗾹】正齿音书母，上声37韵，汉语借词"圣"，睿也。圣，书劲开三去梗。

韵图四十三第1、2栏皆三等汉字音，第3栏四等汉字音。

表44　韵图四十四：平·43—上·38

声类	栏	汉语译音字及音韵地位
唇音		
舌音	1	捣，端皓开一上效
	2	多，端歌开一平果
牙音	1	壕，匣豪开一平效
齿音	1	酒，精有开三上流
喉音	1	沤，影侯开一去流/嚎，匣豪开一平效

平声韵母【緝】喉音晓母，汉语译音字［厚］草名也，［侯］［喉］［后］也。厚，匣厚开一是流。

上声韵母【絶】喉音晓母，上声 38 韵，汉语译音字［篌］［黑］［侯］，族姓也。侯，匣侯开一平流。

韵图四十四第 1 栏一、三等汉字音，第 2 栏一等汉字音。

表 45　韵图四十五：平·44—上·39

声类	栏	汉语译音字及音韵地位
唇音		
舌音		
牙音	1	隔，见麦开二入梗
齿音	1	式，书职开三入曾
喉音	1	格，见陌开二入梗

平声韵母【墅】牙音见母，汉语译音字［隔］也。隔，见麦开二入梗。

上声韵母【殘】牙音见母，汉语译音字［更］也。更，见庚开二平梗。

韵图四十五第 1 栏二、三等汉字音。

表 46　韵图四十六：平·45—上·40

声类	栏	汉语译音字及音韵地位
唇音	1	表，帮小开三上效
舌音		
牙音	1	苟，见厚开一上流
齿音	1	州，章尤开三平流
	2	酌，章药开三入宕
喉音	1	娛，疑虞合三平遇
	2	屋，影屋合一入通
	3	州，章尤开三平流

平声韵母【彲】喉音影母，汉语借词"油"也，汉语译音字［由］也。油，余尤开三平流。

上声韵母【絖】喉音影母，其反切下字【颕】汉语译音字［乙］也。乙，影质开三入臻。

韵图四十六第 1、2 栏一、三等汉字音，第 3 栏三等汉字音。

表 47　韵图四十七：平·46

声类	栏	汉语译音字及音韵地位
唇音		
舌音		
牙音		
齿音	2	（未识字）
喉音	1	柔，日尤开三平流

平声韵母【𦀙】喉音匣母，其反切下字【𥁞】汉语译音字［柔］。柔，日尤开三平流。此韵字即本韵图喉音第 1 栏韵字。

韵图四十七为独韵，第 1 栏三等汉字音。

表 48　韵图四十八：上·41

声类	栏	汉语译音字及音韵地位
唇音		
舌音	1	忒，透德开一入曾
牙音		
齿音	1	足，精烛合三入通
喉音		

上声韵母【𥁞】齿头音心母，未见汉语译音字。

韵图四十八为独韵，第 1 栏一、三等汉字音。

表 49　韵图四十九：平·47

声类	栏	汉语译音字及音韵地位
唇音		
舌音		
牙音		
齿音		
喉音	1	束，书烛合三入通/优，影尤开三平流

平声韵母【𦀙】喉音影母，未见汉语译音字。

韵图四十九为独韵，第 1 栏三等汉字音。

表 50　韵图五十：平·48

声类	栏	汉语译音字及音韵地位
唇音		
舌音		
牙音		

声类	栏	汉语译音字及音韵地位
齿音	1	长，知阳开三平宕
	2	（未识字）
喉音		

平声韵母【𦤙】正齿音书母，汉语译音字［常］也。常，禅阳开三平宕。

韵图五十为独韵，第 1 栏三等汉字音。

表 51　韵图五十一：平·49—上·42

声类	栏	汉语译音字及音韵地位
唇音	1	保，帮晧开一上效/波，帮戈合一平果
舌音	1	罗，来歌开一平果
	3	（未识字）
牙音	1	果，见果合一上果/光，见唐合一平宕
	2	果，见果合一上果
齿音		
喉音	1	保，帮晧开一上效/波，帮戈合一平果

平声韵母【編】舌头音透母，未见汉语译音字。

上声韵母【𧀨】舌头音透母，其反切下字【𥱤】汉语译音字［冒］也。冒，明号开一去效。

韵图五十一第 1、2 栏皆一等汉字音。

表 52　韵图五十二：平·50—上·43

声类	栏	汉语译音字及音韵地位
唇音	1	爆，帮效开二去效
舌音		
牙音	1	苞，帮肴开二平效
齿音	2	（未识字）
喉音		

平声韵母【𤲞】牙音见母，其反切下字【𧂽】即本韵图唇音第 1 栏韵字。爆，帮效开二去效；苞，帮肴开二平效。

上声韵母【𦤗】牙音见母，汉语借词"教""叫"也，汉语译音字［角］也。教，见效开二去效；叫，见啸开四去效；角，见觉开二入江。

韵图五十二第 1 栏二等汉字音。

表 53　韵图五十三：平·51—上·44

声类	栏	汉语译音字及音韵地位
唇音	1	舅，群有开三上流
	3	躁，从晧开一上效
舌音		
牙音	1	舅，群有开三上流
齿音	1	尚，禅漾开三去宕
	2	（未识字）
	3	躁，从晧开一上效
	4	将，精阳开三平宕
喉音	1	右，云宥开三去流

平声韵母【𦥑】齿头音心母，其反切下字【𣥸】汉语借词"躁"也。躁，从晧开一上效。此反切下字即本韵图齿音第 3 栏韵字。

上声韵母【𣥸】齿头音心母，汉语译音字［诵］［襄］［臣］［像］也。诵，邪用合三去通；襄，心阳开三平宕；臣，禅真开三平臻。

韵图五十三第 1、4 栏皆三等汉字音，第 3 栏一等汉字音。

表 54　韵图五十四：平·52—上·45

声类	栏	汉语译音字及音韵地位
唇音	1	保，帮晧开一上效
舌音	1	刀，端豪开一平效
牙音	1	果，见果合一上果
齿音		
喉音		

平声韵母【𦆄】舌头音透母，未见汉语音字。

上声韵母【毻】舌头音透母，未见汉语译音字。

韵图五十四第 1 栏一等汉字音。

表 55　韵图五十五：平·53—上·46

声类	栏	汉语译音字及音韵地位
唇音	1	咬，疑巧开二上效
舌音	2	多，端歌开一平果
牙音	3	少，书小开三上效/交，见肴开二平效
齿音		
喉音		

平声韵母【[illegible]】正齿音书母，其反切下字【[illegible]】汉语借词“咬”也。咬，疑巧开二上效。

上声韵母【[illegible]】（声母不详）。

韵图五十五第1、3栏皆二等汉字音，第2栏一等汉字音。

表56　韵图五十六：平·54—上·47

声类	栏	汉语译音字及音韵地位
唇音	1	帮，帮江开二平江
	2	旺，云漾合三去宕
舌音	1	党，端荡开一上宕
牙音	1	讹，疑戈合一平果
	2	龙，来东合一平通
齿音	1	羡，邪线开三去山/葬，精宕开一去宕
喉音	1	讹，疑戈合一平果
	2	旺，云漾合三去宕

平声韵母【[illegible]】喉音晓母，汉语译音字［黄］［璜］［皇］［和］也。黄，匣唐合一平宕。

上声韵母【[illegible]】喉音晓母，未见汉语译音字。

韵图五十六第1栏一、二、三等汉字音，第2栏一、三等汉字音。

表57　韵图五十七：平·55—上·48

声类	栏	汉语译音字及音韵地位
唇音	1	强，群阳开三平宕
舌音		
牙音	1	强，群阳开三平宕
齿音	1	卓，知觉开二入江/庄，庄阳开三平宕
喉音	1	降，匣江开二平江
	2	汪，影唐合一去宕

平声韵母【[illegible]】牙音见母，汉语借词“强（犟）”也。强，群阳开三平宕。此韵字即本韵图牙音第1栏韵字。

上声韵母【[illegible]】牙音见母，未见汉语译音字。

韵图五十七第1栏二、三等汉字音，第2栏一等汉字音。

表58　韵图五十八：平·55—上·48

声类	栏	汉语译音字及音韵地位
唇音		
舌音		

声类	栏	汉语译音字及音韵地位
牙音	1	章，章阳开三平宕/张，知阳开三平宕
齿音	1	张，知阳开三平宕
	2	（未识字）
喉音	1	章，章阳开三平宕/张，知阳开三平宕
	3	杨，余阳开三平宕/融，余东合三平通
	4	雍，影钟合三平通

平声韵母【𫟎】喉音影母，汉语译音字［杨］族姓也，［王］［容］［融］［羊］［阳］［鸯］也。杨，余阳开三平宕/王，云阳合三平宕/融，余东合三平通。此韵字即本韵图喉音第 3 栏之韵字。

上声韵母【𫟎】喉音影母，未见汉语译音字。

韵图五十八第 1、2、3、4 栏皆三等汉字音。

表 59　韵图五十九：平·57

声类	栏	汉语译音字及音韵地位
唇音		
舌音	2	（未识字）
牙音		
齿音	1	竹，知屋合三入通/勺，禅药开三入宕
喉音	1	药合，余药开（合）三入宕

平声韵母【𫟎】喉音影母，汉语译音字［药合］也。药合，余药开（合）三入宕。

韵图五十九为独韵，第 1 栏三等汉字音。

表 60　韵图六十：上·50

声类	栏	汉语译音字及音韵地位
唇音		
舌音		
牙音		
齿音		
喉音	1	药，余药开（合）三入宕

上声韵母【𫟎】正齿音章母，未见汉语译音字。

韵图六十第 1 栏三等汉字音。

表 61　韵图六十一：平·58—上·51

声类	栏	汉语译音字及音韵地位
唇音	1	帮模合一平遇
舌音	1	都，端模合一平遇
	3	落，来铎开一入宕
牙音	1	郭，见铎合一入宕
	2	古，见姥合一上遇
齿音	3	促，精烛合三入通
	4	足，精烛合三入通
喉音	1	悉，匣齐开四平蟹
	2	恶，影暮合一去遇/戌，心术合三入臻

平声韵母【𦜉】舌头音定母，其反切下字【𦜉】汉语译音字［吴］也。吴，疑模合一平遇。

上声韵母【𦜉】舌头音定母，未见汉语译音字。

韵图六十一第 1、3 栏皆一、三等汉字音，第 2 栏一等汉字音，第 4 栏三等汉字音。

表 62　韵图六十二：平·59—上·52

声类	栏	汉语译音字及音韵地位
唇音	1	无，明虞合三平遇
	2	足，精烛合三入通
舌音	2	堵，端姥合一上遇
牙音	1	菊，见屋合三入通
齿音	1	菊，见屋合三入通
	2	足，精烛合三入通
	3	（未识字）
	4	朱，章虞合三平遇
喉音		

平声韵母【𦜉】正齿音章母，此韵字即本韵图齿音第 1 栏之韵字。其反切下字【𦜉】汉语译音字［菊］［鞠］。菊、鞠，见屋合三入通。

上声韵母【𦜉】正齿音章母，未见汉语译音字。

韵图六十二除舌音第 2 栏韵字外[①]，第 1、2、4 栏皆三等汉字音。

---

① 赌，《夏汉字典》音。

表 63　韵图六十三：平·60—上·53

声类	栏	汉语译音字及音韵地位
唇音	3	鳖，帮薛开三入山
舌音		
牙音	1	皆，见皆开二平蟹
	2	皆，见皆开二平蟹
齿音	1	裁，从咍开一平蟹
	2	冷，来梗开二上梗
喉音	1	耿，见耿开二上梗
	3	胁，晓叶开三入咸

平声韵母【𗥰】牙音见母，汉语译音字［灾］［宰］也。灾，精咍开一平蟹；宰，精海开一上蟹。此韵字即本韵图牙音第 2 栏韵字。

上声韵母【𗣼】牙音见母，汉语借词"界"也。界，见怪开二去蟹。①

韵图六十三第 1 栏一、二等汉字音皆有，第 2 栏二等汉字音，第 3 栏三等汉字音。

表 64　韵图六十四：平·61—上·54

声类	栏	汉语译音字及音韵地位
唇音	1	兵，帮庚开三平梗/翁，影东合一平通
	2	兵，帮庚开三平梗/经，见青开四平梗
	3	（未识字）
	4	列，来薛开三入山
舌音	2	杰，群薛开三入山
牙音	2	迎，疑庚开三平梗
齿音	1	铃，来青开四平梗/真，庄真开三平臻
喉音		

平声韵母【𗸍】正齿音章母，未见汉语译音字。此韵字即本韵图齿音第 1 栏韵字。

上声韵母【𗾱】正齿音章母，汉语译音字［稚］也。稚，澄至开三去止。

韵图六十四第 1、2、4 栏皆三等汉字音。

表 65　韵图六十五：平·62—上·55

声类	栏	汉语译音字及其音韵地位
唇音	1	兵，帮庚开三平梗
舌音	1	兵，帮庚开三平梗
	3	丁，端青开四平梗/领，来静开三上梗
牙音	2	泅，晓职合三入曾/兄，晓庚合三平梗

---

① 韵图六十三可能是最接近格栏与韵等相匹配的了，而且见母可能是个喉塞音。

续表

声类	栏	汉语译音字及其音韵地位
齿音	3	蛙，影麻合二平假/袜，明月合三入山
	4	（未识字）
喉音		

平声韵母【藙】舌头音端母，其反切下字【嶽】汉语译音字［兵］也。兵，帮庚开三平梗。此韵字即本韵图舌音第1栏韵字。

上声韵母【愗】舌头音端母，汉语译音字［顶］也。顶，端迥开四上梗。

韵图六十五第1、2、3栏皆三等汉字音。

表66　韵图六十六：平·63—上·56

声类	栏	汉语译音字及音韵地位
唇音	1	捋，精末合一入山
	2	拉，来合开一入咸/斡，影末合一入山
舌音	1	腊，来盍开一入咸
牙音	1	捋，精末合一入山
	2	刮，见辖合二入山
齿音		
喉音	1	罨，影琰开三上咸/监，见衔开二平咸

平声韵母【絥】喉音匣母，汉语译音字［罨］。罨，影琰开三上咸。其反切下字【燕】汉语借词"监"也。监，见衔开二平咸。此韵字即本韵图喉音第1栏韵字。

上声韵母【詨】喉音匣母，汉语译音字［罨］［合］也。罨，影琰开三上咸；合，见合开一入咸。

韵图六十六第1栏一、三等汉字音，第2栏一、二等汉字音。

表67　韵图六十七：平·64—上·57

声类	栏	汉语译音字及音韵地位
唇音	1	怀，匣皆合二平蟹
	2	巴，帮麻开二平假
舌音	2	答，端合开一入咸
牙音	2	辣，来曷开一入山
	3	（一）3
	4	贾，见马开二上假
齿音	1	（未识字）
喉音		

平声韵母【𘝂】舌头音端母，汉语借词"答"也。答，端合开一入咸。此韵图舌音第 2 栏韵字。

上声韵母【𗁅】舌头音端母，未见汉语译音字。

韵图六十七第 1、4 栏二等汉字音，第 2 栏一、二等汉字音。

表 68　韵图六十八：平·65—上·58

声类	栏	汉语译音字及音韵地位
唇音	2	嵬，疑灰合一平蟹
舌音	1	得，端德开一入曾
	2	勒合，来德开（合）一入曾
牙音		
齿音		
喉音		

平声韵母【𗧘】重唇音并母，其反切下字【𗁬】汉语译音字［渎］也。渎，定屋合一入通。

上声韵母【𗦬】重唇音并母，未见汉语译音字。

韵图六十八第 1、2 栏皆一等汉字音。

表 69　韵图六十九：平·66—上·59

声类	栏	汉语译音字及音韵地位
唇音	1	百，帮陌开二入梗
舌音		
牙音	1	皆，见皆开二平蟹
齿音		
喉音	1	皆，见皆开二平蟹

平声韵母【𘎪】喉音匣母，其反切下字【𗼃】汉语译音字［皆］也。皆，见皆开二平蟹。此反切下字即本韵图牙音第 1 栏韵字。

上声韵母【𗠣】喉音匣母，汉语译音字［夷隔］也。隔，见麦开二入梗。

韵图六十九第 1 栏二等汉字音。

表 70　韵图七十：平·67—上·60

声类	栏	汉语译音字及音韵地位
唇音	1	使，山止开三上止/瑟，山栉开三入臻
	2	使，山止开三上止/瑟，山栉开三入臻
舌音	2	史，山止开三上止/世，书祭开三去蟹
	4	（未识字）

声类	栏	汉语译音字及音韵地位
牙音	3	皆，见皆开二平蟹
齿音	1	史，山止开三上止/世，书祭开三去蟹
喉音	1	知，知支开三平止

平声韵母【𗏱】重唇音并母，汉语借词"壁、碑"也。壁，帮昔开三去梗；碑，帮支开三平止。

上声韵母【𗙺】重唇音并母，汉语借词"力"也。力，来职开三入曾。

韵图七十第1、2、3栏皆三等汉字音。

表71 韵图七十一：平·68

声类	栏	汉语译音字及音韵地位
唇音	1	得，端德开一入曾
	2	沃，影沃合一入通
舌音	1	勒，来德开一入曾
	2	都，端模合一平遇
牙音	1	合，匣合开一入咸/格，见陌开二入梗
	2	骨，见末合一入臻/橘，见术合三入臻
齿音	1	则，精德开一入曾
	2	都，端模合一平遇
喉音	1	颉，匣屑开四入山

平声韵母【𗏱】喉音匣母，此韵字即本韵图喉音第1栏韵字。颉，匣屑开四入山。

韵图七十一为独韵，除喉音外，第1、2栏为一等汉字音。

表72 韵图七十二：平·69—上·61

声类	栏	汉语译音字及音韵地位
唇音	1	乙，影质开三入臻
	2	得，端德开一入曾
舌音	2	得，端德开一入曾
	3	底，端荠开四上蟹
牙音	2	得，端德开一入曾
	3	格，见陌开二入梗
齿音	1	乙，影质开三入臻
	4	栗，来质开三入臻/桎，章质开三入臻
喉音	1	乙，影质开三入臻
	3	格，见陌开二入梗

平声韵母【𗹙】舌头音端母，汉语译音字［得］也。得，端德开一入曾。此韵字即本韵图舌音第2栏韵字。

上声韵母【𗹚】舌头音端母，未见汉语译音字。

韵图七十二第1栏三等汉字音，第2栏一等汉字音，第3栏实则三等汉字音。第4栏三等汉字音。

表 73　韵图七十三：平·70—上·62

声类	栏	汉语译音字及音韵地位
唇音	3	勃，并没合一入臻
舌音	1	郎，来唐开一平宕
牙音		
齿音		
喉音	1	欧，影侯开一平流
	2	浪，来宕开一去宕

平声韵母【𗹛】喉音影母，未见汉语译音字。

上声韵母【𗹜】喉音影母，未见汉语译音字。

韵图七十三第1、2栏皆一等汉字音。

表 74　韵图七十四：平·71—上·63

声类	栏	汉语译音字及音韵地位
唇音	1	老，来晧开一上效；波，帮戈合一平果
舌音	1	党，端荡开一上宕
牙音	1	歌，见歌开一平果
齿音		
喉音	1	讹，疑戈合一平果

平声韵母【𗹝】舌头音端母，此韵字即本韵图舌音第1栏之韵字。党，端荡开一上宕。

上声韵母【𗹞】舌头音端母，未见汉语译音字。

韵图七十四第1栏一等汉字音。

表 75　韵图七十五：平·72—上·64

声类	栏	汉语译音字及音韵地位
唇音	1	亡，明阳合三平宕
	2	蒙，明东合一平通（丁种本）
舌音	2	相，心阳开三平宕
牙音	1	相，心阳开三平宕

声类	栏	汉语译音字及音韵地位
齿音	1	张，知阳开三平宕
	2	相，心阳开三平宕
喉音		

平声韵母【𗎺】舌头音端母，其反切下字【𗰔】之反切下字【𗴥】汉语译音字［相］也。相，心阳开三平宕。

上声韵母【𗧾】舌头音端母，汉语译音字［多］也。多，端歌开一平果。

韵图七十五除唇音第2栏外，第1、2栏为三等汉字音。

表 76　韵图七十六：上·65

声类	栏	汉语译音字及音韵地位
唇音	1	博，帮铎开一入宕
舌音		
牙音		
齿音		
喉音	1	韦，云微合三平止

上声韵母【𗪟】喉音影母，未见汉语译音字。

韵图七十六为独韵，第1栏一、三等汉字音各一个。

表 77　韵图七十七：平·73—上·66

声类	栏	汉语译音字及音韵地位
唇音	1	嵬，疑灰合一平蟹
舌音		
牙音	2	贵，见未合三去止[①]
齿音		
喉音	2	嵬，疑灰合一平蟹

平声韵母【𗊱】轻唇音微母，汉语译音字［嵬］也。嵬，疑灰合一平蟹。

上声韵母【𗄷】轻唇音微母，未见汉语译音字。

韵图七十七第1栏一等汉字音，第2栏一、三等汉字音。

---

① 贵、嵬同为《中原音韵·齐微》韵字。贵，齐微韵去声、合口洪音；嵬，齐微韵平声阳、合口洪音。

表 78　韵图七十八：上·67

声类	栏	汉语译音字及音韵地位
唇音		
舌音		
牙音		
齿音		
喉音	1	樾，云月合三入山

上声韵母【𦥑】喉音影母，未见汉语译音字。

韵图七十八为独韵，第 1 栏三等汉字音。

表 79　韵图七十九：平·74—上·68

声类	栏	汉语译音字及音韵地位
唇音	2	米，明荠开四上蟹
舌音		
牙音		
齿音		
喉音	1	名，明清开三平梗

平声韵母【𦥑】喉音影母，未见汉语译音字，其反切下字【𦥑】之反切下字【𦥑】互用。

上声韵母【𦥑】喉音影母，未见汉语译音字。

韵图七十九第 1 栏三等汉字音，第 2 栏四等汉字音。

表 80　韵图八十：平·75—上·69

声类	栏	汉语译音字及音韵地位
唇音		
舌音	3	（未识字）
牙音	1	祖，精姥合一上遇
齿音	1	祖，精姥合一上遇
喉音	1	斡，影末合一入山
	2	目，明屋合三入通①

平声韵母【𦥑】重唇音明母，其反切下字【𦥑】汉语译音字［濡］［茹］［汝］族姓也。濡，日虞合三平遇；茹，日鱼开三平遇；汝，日语开三上遇。

上声韵母【𦥑】重唇音明母，汉语译音字［莽］也。莽，明宕开一上宕。

---

① 目，《中原音韵》鱼模韵入作去声，合口洪音。

韵图八十第 1 栏皆一等汉字音，第 2 栏三等汉字音。

表 81　韵图八十一：平·76—上·70

声类	栏	汉语译音字及音韵地位
唇音	1	余，余鱼开三平遇
舌音		
牙音		
齿音		
喉音	1	六，来屋合三入通

平声韵母【𗤨】喉音影母，汉语译音字［余］也。余，余鱼开三平遇。此韵字与牙音第 1 栏韵字之联系反切下字同字。

上声韵母【𗤨】喉音影母，未见汉语译音字。

韵图八十一第 1 栏三等汉字音。

表 82　韵图八十二：平·77—上·71

声类	栏	汉语译音字及音韵地位
唇音	2	则，精德开一入曾
舌音		
牙音		
齿音	1	则，精德开一入曾
喉音		

平声韵母【𗤨】重唇音并母，其反切下字【𗤨】汉语译音字［呤］也。冷，来梗开二上梗。

上声韵母【𗤨】重唇音并母，未见汉语译音字。

韵图八十二第 1、2 栏皆一等汉字音。

表 83　韵图八十三韵：平·78

声类	栏	汉语译音字及音韵地位
唇音	1	格，见陌开二入梗
舌音		
牙音	1	格，见陌开二入梗
齿音	1	者，章马开三上假
喉音	1	格，见陌开二入梗

平声韵母【𗤨】喉音匣母，汉语译音字［夷隔］也。隔，见麦开二入梗。

韵图八十三为独韵，第 1 栏为二、三等汉字音。

表 84　韵图八十四：平·79—上·72

声类	栏	汉语译音字及音韵地位
唇音	3	葛，见曷开一入山
舌音		
牙音	1	衣，影微开三平止
	3	葛，见曷开一入山
齿音	1	衣，影微开三平止
	2	衣，影微开三平止
喉音	2	衣，影微开三平止

平声韵母【祂】喉音影母，汉语译音字［衣］也。衣，影微开三平止。

上声韵母【繩】喉音影母，汉语译音字［易］也。易，余寘开三去止。

韵图八十四第1、2栏皆三等汉字音，第3栏一等汉字音。

表 85　韵图八十五：平·80—上·73

声类	栏	汉语译音字及音韵地位
唇音	1	（未识字）
	2	娃，影麻合二平假/婆，并戈合一平果
	3	拔，并黠合二入山/巴，并麻开二平假
舌音	1	罨，影琰开三上咸
牙音	1	戛，见黠开二入山
	2	戛，见黠开二入山
	4	拔，并黠合二入山戛/见黠开二入山
齿音	2	帀，精合一入咸
	3	拔，并黠合二入山/
喉音	1	罨，影琰开三上咸
	2	斡，影末合一入山/帀，精合一入咸

平声韵母【舵】喉音匣母，汉语译音字［罨］也。罨，影琰开三上咸。

上声韵母【彝】喉音匣母，未见汉语译音字。

韵图八十五第1栏二、三等（实则三等）汉字音，第2栏一、二等汉字音，第3、4栏二等汉字音。

表 86　韵图八十六：平·81

声类	栏	汉语译音字及音韵地位
唇音	1	（未识字）
舌音		
牙音		
齿音		
喉音		

平声韵母【𫜦】正齿音书母，未见汉语译音字。

韵图八十六为独韵，仅有平声韵母，为二等汉字音。

变87　韵图八十七：平·82—上·74

声类	栏	汉语译音字及音韵地位
唇音	1	（未识字）
	3	抛，胖肴开二平效/𫚭，影末合一入山
	4	巴，帮麻开二平假
舌音	2	答，端合开一入咸
	4	包，帮肴开二平效/刀，端豪开一平效
牙音		
齿音	3	（未识字）
	4	早，精晧开一上效
喉音	1	恰，溪恰开二入咸/牙疑麻开二平假
	4	早，精晧开一上效；亚，影祃开二去假

平声韵母【𫜦】喉音影母，未见汉语译音字。

上声韵母【𫜦】喉音（影母），上声74韵。未见汉语译音字。

韵图八十七第1、3栏二等汉字音，第2栏一等汉字音，第4栏二、三等汉字音。

表88　韵图八十八：平·83

声类	栏	汉语译音字及音韵地位
唇音		
舌音	1	刀，端豪开一平效
牙音	1	刀，端豪开一平效
齿音		
喉音		

平声韵母【𫜦】齿头音心母，未见汉语译音字。其反切下字【𫜦】与被切字互用

韵图八十八为独韵，第1栏一等汉字音。

表89　韵图八十九：上·75

声类	栏	汉语译音字及音韵地位
唇音		
舌音		
牙音	1	割，见曷开一入山
齿音	1	剂，从霁开四去蟹
喉音	1	哟，影药开三入宕

上声韵母【鼺】喉音影母，未见汉语译音字。

韵图八十九为独韵，第1栏分别为一、三、四等汉字音。

表90　韵图九十：平·84—上·76

声类	栏	汉语译音字及音韵地位
唇音	1	冷，来梗开二上梗
	2	博，帮铎开一入宕/斡，影末合一入山
舌音	1	俗，邪烛合三入通
	2	物，明物合三入臻
牙音	2	各，见铎开一入宕
齿音		
喉音	2	鹤，匣铎开一入宕

平声韵母【祳】喉音晓母，汉语借词"哼"也。哼，晓庚开二平梗。

上声韵母【䴗】喉音晓母，汉语借词"哼"也。哼，晓庚开二平梗。

韵图九十第1栏二、三等汉字音，第2栏一、三等汉字音。韵母二等汉字音。①

表91　韵图九十一：平·85

声类	栏	汉语译音字及音韵地位
唇音		
舌音		
牙音	1	葛，见曷开一入山
齿音	1	参，清覃开一平咸/战，章腺开三去山
喉音	1	葛，见曷开一入山/活，匣末合一入山

平声韵母【觳】牙音见母，汉语译音字［葛］也。葛，见曷开一入山。

韵图九十一为独韵，第1栏一等汉字音。

表92　韵图九十二：平·86—上·77

声类	栏	汉语译音字及音韵地位
唇音	1	实，船质开三入臻/什，禅缉开三入深
舌音	3	斯，心支开三平止/得，端德开一入曾
牙音	1	实，船质开三入臻/什，禅缉开三入深
齿音	1	实，船质开三入臻/什，禅缉开三入深
	2	者，章马开三上假
	4	塞，心德开一入曾

---

① 韵图九十唇音、舌音第1、2栏皆应二等汉字音，因为他们拥有共同的反切下字或系联反切下字。

声类	栏	汉语译音字及音韵地位
喉音	1	制，章祭开三去蟹/夷，余脂开三平止
	2	者，章马开三上假
	3	兮，匣齐开四平蟹

平声韵母【𗥻】喉音匣母，其反切下字【𗥻】即本韵图牙音第 1 栏之韵字。实，船质开三入臻；什，禅缉开三入深；室，书质开三入臻。

上声韵母【𗥻】喉音影母，汉语译音字［乙］也。乙，影质开三入臻。

韵图九十二第 1、2、3 栏及韵母皆三等汉字音，第 4 栏一等汉字音。

表 93　韵图九十三：平·87—上·78

声类	栏	汉语译音字及音韵地位
唇音		
舌音	1	节，精屑开四入山/则，精德开一入曾
	2	（未识字）
牙音		
齿音	1	节，精屑开四入山/则，精德开一入曾
喉音		

平声韵母【𗥻】牙音疑母，其反切下字【𗥻】之反切下字【𗥻】汉语借词"节"也，汉语译音字［则］也。节，精屑开四入山；则，精德开一入曾。此韵字与本韵图舌音第 1 栏韵字之系联之反切下字同。

上声韵母【𗥻】牙音见母，汉语译音字［宜则］也。则，精德开一入曾。

韵图九十三第 1 栏一等字音。

表 94　韵图九十四：平·88—上·79

声类	栏	汉语译音字及音韵地位
唇音		
舌音		
牙音	1	勾，见侯开一平流
齿音		
喉音		

平声韵母【𗥻】牙音见母。此韵字即本韵图牙音第 1 栏之韵字。勾，见侯开一平流。

上声韵母【𗥻】牙音羣母，未见汉语译音字。

韵图九十四第 1 栏一等汉字音。

表95　韵图九十五：平·89—上·80

声类	栏	汉语译音字及音韵地位
唇音	1	讹，疑戈合一平果
舌音		
牙音	1	光，见唐合一平宕
齿音		
喉音	1	讹，疑戈合一平果

平声韵母【龤】喉音匣母，其反切下字【虼】汉语译音字［讹］。讹，疑戈合一平果。

上声韵母【龤】喉音匣母，未见汉语译音字。

韵图九十五第1栏一等汉字音。

表96　韵图九十六：平·90—上·81

声类	栏	汉语译音字及音韵地位
唇音	1	昴，明巧开二上效/邈，明觉开二入江
	3	（—）[①]
舌音		
牙音		
齿音	1	壮，装漾开三去宕
喉音		

平声韵母【龤】重唇音明母，昴，明巧开二上效；邈，明觉开二入江。

上声韵母【龤】重唇音明母。

韵图九十六第1栏一、三等汉字音。

表97　韵图九十七：平·91—上·82

声类	栏	汉语译音字及音韵地位
唇音		
舌音		
牙音	1	高，见豪开一平效
齿音	1	左，精哿开一上果
喉音	1	高，见豪开一平效

平声韵母【龤】牙音见母，汉语译音字［高］族姓也。高，见豪开一平效。

上声韵母【龤】牙音见母，未见汉语译音字。

---

① 此字资料不详。

韵图九十七第 1 栏一等汉字音。

表 98　韵图九十八：上·83

声类	栏	汉语译音字及音韵地位
唇音	1	包，帮肴开二平效
舌音		
牙音		
齿音		
喉音		

上声韵母【𗤒】舌头音泥母，未见汉语译音字。

韵图九十八为独韵，第 1 栏二等汉字音。

表 99　韵图九十九：上·84

声类	栏	汉语译音字及音韵地位
唇音	1	（未识字）
	2	（未识字）
舌音		
牙音		
齿音		
喉音		

上声韵母【𗦲】舌头音定母，未见汉语译音字。

韵图九十九为独韵，上声韵母三等汉字音。

表 100　韵图一〇〇：平·92—上·85

声类	栏	汉语译音字及音韵地位
唇音	3	彼，帮止开三上止/吕，来语开三上遇 累，来队合一去蟹
舌音		
牙音	1	乞，溪迄开三入臻
	3	鹘，匣没合一入臻
齿音	1	勒，来德开一入曾
	2	则，精德开一入曾
喉音	3	骨，见没合一入臻

平声韵母【𗰖】正齿音章母，其反切下字【𗤻】汉语译音字［勒］也。勒，来德开一入曾。此韵字即本韵图齿音第 1 栏之韵字

上声韵母【𗸕】正齿音章母，未见汉语译音字。

韵图一〇〇第1、3栏一、三等汉字音，第2栏一等汉字音。

表101　韵图一〇一：平·93—上·86

声类	栏	汉语译音字及音韵地位
唇音		
舌音		
牙音	1	精，精清开三平梗
齿音	1	精，精清开三平梗
喉音		

平声韵母【𗏴】齿头音精母。此韵字即本韵图齿音第1栏之韵字。精，精清开三平梗。

上声韵母【𗏴】齿头音精母，汉语译音字［精］也。精，精清开三平梗。

韵图一〇二第1栏三等汉字音。

表102　韵图一〇二：平·94

声类	栏	汉语译音字及音韵地位
唇音		
舌音		
牙音	1	果，见果合一上果
齿音		
喉音	1	鲁，来姥合一上遇/佑，云宥开三去流

平声韵母【𗏴】喉音影母，未见汉语译音字其反切下字【𗏴】与被切字互用。

韵图一〇二为独韵，第1栏一等汉字音。

表103　韵图一〇三：（据补）

声类	栏	汉语译音字及音韵地位
唇音		
舌音	1	娘，泥阳开三平宕
	3	羌，溪阳开三平宕
牙音		
齿音		
喉音		

平声韵母【𗏴】舌上音娘母，汉语译音字［娘］也。娘，泥阳开三平宕。此韵字与舌音第1栏韵字同。

韵图一〇三为独韵，第1、3栏皆三等汉字音。

表 104　韵图一〇四：平·96

声类	栏	汉语译音字及音韵地位
唇音		
舌音	1	冬，端冬合一平通/东，端东合一平通
牙音		
齿音	1	宗，精冬合一平通/骏，精稕合三去臻
喉音	2	红，匣东合一平通

韵图一〇四为独韵，第 1、2 栏皆一等汉字音。韵母阙。

表 105　韵图一〇五：（据补）

声类	栏	汉语译音字及音韵地位
唇音		
舌音		
牙音		
齿音	1	说，书薛合三入山
喉音	1	越，云月合三入山

平声韵母【薤】喉音喻母，其反切下字【扼】汉语译音字［说］也。说，书薛合三入山。此反切下字即正齿音第 1 栏韵字。

韵图一〇五为独韵，第 1 栏三等汉字音。

据统计《五音切韵》第 1 栏计 271 韵字、105 图，其中汉字音为一等韵的计 109 韵字，二等韵的计 38 韵字，三等韵的计 105 韵字，四等韵的计 8 韵字，无法辨识的 11 韵字（图 103、105 据补）。第 2 栏计 140 韵字、78 图，其中汉字音为二等韵的计 18 个韵字，三等韵的计 47 韵字，四等韵的计 2 韵字，一等韵的计 57 韵字，无法辨识的 16 韵字。第 3 栏计 68 韵字 47 图，其中汉字音为三等韵的计 23 韵字，四等韵的计 10 韵字，一等韵的计 10 韵字，二等韵的计 9 韵字，无法辨识的 16 韵字。第 4 栏计 23 韵字 19 图，其中汉字音为四等韵的 0 韵字，三等韵的计 8 韵字，二等韵的计 4 韵字，一等韵的计 3 韵字，无法辨识的 8 韵字。如表 106 所示：

表 106　《五音切韵》中汉字音的韵等分布表

	韵字总数	一等汉字音	二等汉字音	三等汉字音	四等汉字音	无法辨识
第 1 栏	271	109	38	105	8	11
第 2 栏	140	57	18	47	2	16
第 3 栏	68	10	9	23	10	16
第 4 栏	23	3	4	8	0	8

这种汉字音的韵等分布基本可以证明《五音切韵》并非如汉语韵图如《韵镜》《七音略》之类的：第 1 横栏放置一等韵字，第 2 横栏放置二等韵字，第 3 横栏放置三等韵字，第四横栏放置四等韵字。

除此而外，《五音切韵》中有若干韵图 1、2、3、4 栏汉字音全部为某韵等的现象。例如：

韵图三 1—2—3 栏韵字、韵图七 1—2 栏韵字、韵图十六 1—2—3—4 栏韵字、韵图十九 1—2—3 栏汉字、韵图三十三 1—2—3—4 蓝汉字、韵图一〇三（据补）1—3 韵字皆为三等汉字音。

韵图二十二 1—2 栏韵字、韵图二十五 1—2 栏韵字、韵图六十八 1—2 栏韵字、韵图七十三 1—2—3 栏韵字、韵图七十七 1—2 栏韵字、韵图八十二 1—2 栏韵字、韵图一〇四 1—2 栏韵字皆一等汉字音。

韵图十八 1—2 栏皆二等汉字音。

计 14 图。还有一些准全韵等现象：

韵图十 1—3 栏韵字三等汉字音（第 2 栏韵字无考），韵图十一 1—2—3—4 栏韵字三等汉字音（第 4 栏三等、四等汉字音各 1），韵图十二 1—2 栏三等汉字音（第 2 栏三等、一等汉字音各 1），韵图二十七 1—2—3 栏皆三等汉字音（第 4 栏韵字无考），韵图五十八 1—3—4 栏皆三等汉字音（第 2 栏韵字无考），韵图六十四 1—2—4 栏韵字皆三等汉字音（第 3 栏韵字无考），韵图六十五 1—2—3 栏韵字皆三等汉字音（第 4 栏韵字无考）。

韵图一 1—2 栏韵字一等汉字音（第 3 栏韵字无考），韵图三十四 1—2 皆一等汉字音（第 3 栏韵字无考），韵图五十一 1—2 栏皆一等汉字音（第 3 栏韵字无考）。

韵图二十三 1—2—3—4 栏二等汉字音（第 4 栏韵字无考），韵图三十五 1—2—3 栏二等汉字音（第 1 栏二等汉字音韵字 3、三等汉字音韵字 1）。

计 12 图。合计 26 图。

就韵图汉字音的分布而言，《五音切韵》第 1 栏韵字一等汉字音与三等汉字音基本各占二分之一。第 4 栏有韵字的韵图极少——19 图，韵字亦极少——23 个，且无四等汉字音，而以三等汉字音为主，可见汉字三、四等韵字已然合并。第 2 栏二等汉字音韵字的契合度亦过于小，但总计 28 韵图、147 韵字的比例却很可观。

至此，我们基本可以认定《五音切韵》"西夏语韵分三等""以韵分图"[①]大致不

① 龚煌城：《西夏语言文字研究论文集》，北京：民族出版社，2005 年，第 135 页。

错，但"按栏布等"却值得商榷。相较而言，汉语等韵图如《韵镜》《七音略》之类的则是"以摄分图，以等入栏"。而是否"以等入栏"正是西夏语韵图与汉语韵图的本质差异？

（原载《西夏学》2019 年第 2 期）

西夏语中的选择连词 mo²

段玉泉

摘　要： 西夏语中的"𗥝"mo² 此前只被看成语气助词，最新解读的语料显示它还可以作为连词使用，表示选择关系。西夏语的"𗥝"mo² 与传统藏文文法的 gam、ngam、dam 等分合词颇为相似，既可以作语气助词、又可以作为连词使用。但也与藏文分合词稍有差别：一是未出现于并列关系之中；二是在连接多重选择项时仅出现在最前两项之间。

关键词： 西夏语；藏语分合词；选择连词；语气助词

西夏语中的"𗥝"mo² 此前只被看成语气助词，大致相当于汉语的句末语气词"乎"。随着西夏语文献解读的深入，特别是一批同期、同题、同源关系的夏、汉、藏文本的发现，以及相应跨语言对勘研究的展开，学界先前的认识可能需要做些补充。

西夏语辞书《文海宝韵》缺少"𗥝"mo² 的资料，但《同音》将其解释为"𗏁𘂂"（语助），表明这是一个虚词。在《俄藏黑水城文献》收录的《同音》丁种本背面，有西夏人对正面文中的西夏字逐一做了简要的注释，"𗥝"mo² 的注释是"𘝵𘊧𘝵"（为不为）三个西夏字[①]。按照注释的字面意思，这里表达的似乎是一种选择关系——"做还是不做"，而与句末语气助词无关。这一注释虽为学界所注意，但相关的解释、翻译仍然为"乎"。

[①] 韩小忙：《〈同音背隐音义〉整理与研究》，北京：中国社会科学出版社，2011 年，第 79 页。

在一组由西夏僧人周慧海从藏文翻译过来的西夏文献中，出现了一批可与《同音》丁种本背注解释相吻合的语料。由于同期、同题、同源藏文本以及同从藏文翻译过来的鲜卑宝源汉文本的同时发现，"𗗼"mo² 的用法逐渐明朗。它通常用来对译传统藏文文法中的分合词（有些语法著作中也称为离合词），宝源汉译本多以"或"呈现。传统藏文文法的分合词共有十一个变体：gam、ngam、dam、nam、bam、mam、'am、ram、lam、sam、tam，它们随前面相邻之词的后加字而发生变化。藏文分合词在句子中既可以作连词使用，也可以作语气助词使用。作连词使用既可以表示并列关系，也可以表示选择关系[1]。西夏语"𗗼"mo² 作语气助词使用为学界所熟知，这里主要关注它作连词使用的情况。本文所用的例证多来自周慧海译《圣观自在大悲心总持功能依经录》和《圣胜慧到彼岸功德宝集偈》[2]。前者及其相应的汉、藏文皆从黑水城出土；后者西夏文本亦从黑水城出土，汉藏合璧本则保存在北京房山云居寺。为方便讨论，文中亦选用其他一些语料。所有例证按照西夏文、对译、汉文的顺序依次排列，译自藏文且可以核出藏文原文的、将对应藏文转写一并附录在汉文之后，"𗗼"mo² 在对译中皆以"△"标示。下面先分析一些例子。

（1）𗗼𗥦𗥃𗂧𗧘𗦻𗱠𗥃𗱠𗿦，𗾜𗱩𗗼� 𗷉𗖵𗰗，𗏹𗗷𗧷……

若此大悲心总持诵持者，流水△大海中入，沐浴为……

若有诵持大悲咒者，若入流水或大海中而沐浴者，……

galtethugsrjechenpo'igzungs'di'doncingyongssu'dzinpadedagchuklungdamrgyamtshorzhugstekhrusbyaspalas// （《圣观自在大悲心总持功能依经录》）

句中"𗾜𗱩𗗼�𗷉"（流水△大海）对译藏文 chuklungdamrgyamtshor（流水或大海），其中"𗗼"mo² 对译藏文 dam。dam 在藏文本中表示选择关系，宝源汉译本以"或"对译。故西夏文"𗗼"mo² 在此也应该是表示选择关系。

（2）𗰖𗥦𗏵𗙴𗤄𗗼𗹲𗤻𗤙𗢵𗰕。

巧健世间住△忧愁度一说。

知者住世或趣圆寂皆同等。

mkhaspa'jigrtengnassammyangan'daskyangrung// （《圣胜慧到彼岸功德宝集偈》（12/04/1））

---

[1] 格桑居冕：《实用藏文文法》，成都：四川民族出版社，1987 年，第 200—208 页。
[2] 段玉泉：《语言背后的文化流传：一组西夏藏传佛教文献解读》，兰州大学 2009 年博士学位论文。

这个句子的意思是说，智者住于世间或者归于圆寂没有差别。"𗅲𗗙𗆐"（住世间）与"𗺋𗥤𗗙"（趣圆寂）表选择关系，用"𗤁"mo²连接，对译藏文分合词 sam。宝源汉译本亦以"或"对译。

（3）录文：𗏁𗦩𗧀𗤁𗄝𗼅𗆐𗥤𗫠𗮑𗫂𗎫。

对译：三时劫△彼比多过供养为。

汉译：每于三时供养一劫或多劫。

藏译：byugpasdusgsumbskalpa'amdebaslhagmchodla// [《圣胜慧到彼岸功德宝集偈》（03/03/4）]

此句西夏文"𗧀𗤁𗄝𗼅𗆐𗥤"对译藏文 bskalpa'amdebaslhag，藏文字面意思是"劫或比彼（劫）多"，宝源翻译为"一劫或多劫"。西夏文则将藏文逐字对译过来，其中的"多劫"也如藏文用比格方式表达为"𗄝𗼅𗆐𗥤"（比彼多过），同"𗧀"（劫）构成选择关系，连接词为"𗤁"mo²，对译藏文分合词'am。

（4）𗤷𗸕𗾸𗗉𗳸𗵈𗐯𗧑𗤁，𗫔𗬐𗚉 𗫥𗦲𗒀𗖻𗧀𗆐，𗪺𗴮𗏁𗏹𗆐𗦣𗘰𗫐𗖕𗌭，𗄝𗫧𗑠𗘰𗾈𗜓𗁟𗄻𗅆。

若人争斗怨主以绕△，群贼凶险财劫为时如，一心大悲总持咒诵故，彼等害心起时退转也。

若逢军阵冤敌逵，诸恶群贼欲劫财，一心若诵大悲咒，彼等咸舍恼害心。

gangzhigg.yulspraddgrayisbskorba'am/chomrkunmarungsnorni'phrogpa'itshe//rtseg cigthugsrjechenpo'igzungsbzlasna/dedagbrtse (24: 6) semsskyesnasldogpar'gyur// (《圣观自在大悲心总持功能依经录》)

这里"𗤁"mo²位于首句之末，但并非句末语气助词，而是连接两个小句，即"𗤷𗸕𗾸𗗉𗳸𗵈𗐯𗧑"（逢军阵冤敌逵）及"𗫔𗬐𗚉 𗫥𗦲𗒀𗖻𗧀𗆐"（诸恶群贼欲劫财）。整个句子的意思是说，如果遇到军阵冤敌缠绕或者遭遇诸恶群贼劫财，就应专心诵持大悲咒。"𗤁"mo²对应藏文分合词'am，'am 在此表选择关系连接了 g.yulspraddgrayisbskorba 与 chomrkunmarungsnorni'phrogpa。宝源汉译本虽然没有将'am 译出，但汉译本中选择关系还是非常明显。

上述几个句子中，西夏语"𗤁"mo²分别与藏语中的分合词 dam，sam 及 'am 对译，均表示选择关系。"𗤁"mo²表选择关系往往还和"𗤂"或者"𗤂𗥃"连用。例如：

（5）𗎩𗋒𗥃𗹏𗴄𗪺𗏹𗤁𗤂𗫂𗏹𗆐，𗘰𗎨𗥏𗤊𗱆𗧀𗥤𗒀𗗟𗹏𗏹𗊢。

然后又总持一遍△△七遍诵，则百千万亿劫流转罪悉皆除灭。

然后应诵总持一遍或七遍者，即能超灭百千亿劫生死重罪。

denasgzungslangciggamlanbdungyibardubtonna/bskalba'bumphragbrgyastongsnyed
du'khorbar'gyurba'ikhanamathoba'ilcibarnamsbsalcing'byangbar'gyurlagsso//（同上）

本例中，西夏文"㽷妍瓃𪃾蕤妍"对译藏文 langciggamlanbdun，宝源汉译为"一遍或七遍"。其中"瓃𪃾"对译藏文分合词 gam。考"𪃾"一词，通常对译汉文"若"，表假设关系。然而在语言中，很多选择是未定的，在选择的同时往往也带有一些假设，所以西夏文献中的"𪃾"有时候也可以对译汉语"或"。例如《过去庄严劫》132①："𪃾㣤㢱㣲繍，𪃾㣲㢱㣤繍"（或侵公益私，或侵私益公），即以"𪃾"对译汉文"或"。所以"瓃𪃾"也可以看成是同义连用。

"瓃"mo² 与"𪃾㣴"（或又）连用，在目前所见材料中应该是顺应了藏文的变化。例如：

（6）𪃻繖綋瓃𪃾㣴蕤𪃾㢱㽷彩。

何聚落△△△旷空住一言。

若住聚落无间住于寂静处。

Gangzhiggrongdam'ontedgonpargnaskyangrung//

（《圣胜慧到彼岸功德宝集偈》（21/08/1））

（7）㣭瓃𪃾㣴諿㷍㢱辑沭㽷㣴。

骂△△△恒常拷打亦复然。

如彼奴仆虽被终身而打骂。

Spyobabyassam'ontertagtubrdegskyangrung//

（《圣胜慧到彼岸功德宝集偈》（29/12/1））

上述三个例子中，西夏文中都出现了"瓃"mo² 与"𪃾㣴"（或又）的连用。第一句意思是说，住于聚落和住于旷野没有差别。"繖綋"（聚落）与"蕤𪃾"（旷野）为选择关系，用"瓃𪃾㣴"连接，对译藏文的 grongdam'ontedgonpa。第二句"㣭"（骂）与"諿㷍㢱辑"（恒常拷打）为选择关系，亦用"瓃𪃾㣴"连接，对译藏文 spyobabyassam'ontertagtubrdegs。藏文中与西夏文"瓃𪃾㣴"对应的分别是 dam'onte 与

① 李范文：《夏汉字典》，北京：中国社会科学出版社，1997年，第787页。

sam'onte，它们都是在分合词之后加上'onte。"𗆉"mo² 对译 dam 与 sam，"𗊱𗗛"（或又）应该就是对译'onte。"𗊱𗗛"（或又）的加入应该是顺应了藏文的变化。

除暂未发现并列关系的用例外，"𗆉"mo² 与藏文分合词如此吻合，会不会是为专门翻译藏文所设而非西夏语言自身的语言现象呢？这就需要看看它在其他语言材料中是否也存在着同样的用法。事实上，这样的用法在其他语言材料中也内不难发现。例如：

（8）𗫂𗥃𗣼𗕦𗆉𗭁𗐲𗆙，𗷅𗷒𗥤𗡝𗲲，𗡞𗤛𗧾𗣀𗎫𗦻𗤋𗟳。
吾彼方死△生未知，惟一老母在，全无其他侍者兄弟。
我生死未可知，幸有老母，无他兄弟备养。[1]
（9）𗾧𗓽，𗩯𗠝𗖻𗭼，𗩯𗭁𗆜𗰜𗆉，𗡞𗴱𗆜𗰜𗆙？
滕者，田畴窄小，君子遣将△，野人遣将焉？
夫滕，壤地褊小，将为君子焉，将为野人焉？[2]

前一句中"𗕦𗆉𗭁"（死△生）作"𗐲𗆙"（未知）的宾语，意思是不知道是生还是死。学界虽然仍将其对译为"死乎生"，但已经敏锐感觉到这里的"𗕦𗆉𗭁"等于说"是生还是死"[3]。第二句中"𗆉"mo² 与汉文中语气词"焉"相对自然毫无问题，但细核整个句子"将为君子焉，将为野人焉"，这里的选择意味甚足，所以有学者提出这里的"……𗆉……𗆙"为选择疑问句式[4]。如此看来，这里的"𗆉"mo² 不单是句末语气助词，它也包含了选择的成分。

藏文分合词有分离、和合两种形式。例如，lamgtsornamgsumni/nges'byungngam/byangchubkyisemssam/yangdagpa'iltaba'o/（三主要道者，是出离心、菩提心、正见。）此即是由总到分的关系。西夏语中"𗆉"mo² 也有类似情况。试看《夏汉字典》中一例句：

（10）𗊱𗦻𗦻𗢆𗜓，𗐭𗦻𗜓𗬐𗜓𗆉，𗡞𗜓𗬐𗜓𗆙。
若因缘于生，则已生因生△，未生因生也。
从因缘生者，则已生故生之，未生故生也。[5]

《夏汉字典》将"𗆉"mo² 当成助词"之"处理。核其原文，这一句子出自《金光明最胜王经》，《大正藏》汉文作"若从因缘生者，为已生故生，为未生故生。"并未

① 聂鸿音：《西夏文〈新集慈孝传〉研究》，银川：宁夏人民出版社，2009 年，第 107 页。
② 彭向前：《西夏文〈孟子〉整理研究》，上海：上海古籍出版社，2012 年，第 84 页。
③ 聂鸿音：《西夏文〈新集慈孝传〉研究》，银川：宁夏人民出版社，2009 年，第 107 页。
④ 彭向前：《西夏文〈孟子〉整理研究》，上海：上海古籍出版社，2012 年，第 84 页。
⑤ 李范文：《夏汉字典》，北京：中国社会科学出版社，1997 年，第 126 页。

出现"之"。从汉文不难看出，这句意思是"从因缘生者"分两种情况，为"已生故生"和"未生故生"。这即是从总到分，分的部分可以看成是并列关系，也可以看成是选择关系。西夏文句中连接两者的即是"𘎤"mo²，这正具备了藏文分合词"分"的功能。西夏语中类似的情况很多，并大致形成了相对固定句式，像本句中"……𘎤……𗟻"或者"……（𗿢）……𘎤……𗀉"。这实际上是在"……𗟻"或者"……（𗿢）……𗀉"等判断句式中，于判断项内加入了选择的成分，"𘎤"mo²正是连接选择项的一个关联词。

"𘎤"mo²同样也有从分到总的情况。前述句（10）"𗿢𗟻𘎤𗟻𗲠𘕕𗗚𗢶𘄡𗰖"（入流水或大海而沐浴者）中，"沐浴"分两种情况"入流水"和"入大海"。文中先言"入流水"和"入大海"，后言"沐浴"，则是从分到总。这里连接"入流水"和"入大海"两者的亦是"𘎤"mo²，它在句中则具有了藏文分合词"合"的功能。

目前所见"𘎤"mo²充当连词的例子除（10）似可看作并列关系外，都表示选择关系。事实上，句（10）选择的意思亦浓，看成选择关系也未尝不可。联系《同音》丁种本背注"𗟻𗩄𗟻"（为不为），西夏语"𘎤"mo²充当连词应该是或者主要表示选择关系，这是其与藏文分合词之间的一个显著不同。

西夏语"𘎤"mo²与藏文分合词比较还有另外一个很大的不同。藏文在遇见多重选择的成分时，每个成分之间都用分合词连接起来，西夏语则不同，它只出现在前两个选择成分之间，后面不再重复出现。例如：

（11）𗰖𗵒《𘕿𗨫𗼃𗼃𗀉𘈩𘓸𗝘𘃼𗞞𗢶𗟻𘄡𗻎𗰖𗢶𗗚𗓦𗰖𗝒𘓾》，𗢦𗾟𘎤𗆻𗺉、𗷒𗾟𗟨𗮔，𗈁𘎤𘂠𗞞𗝠，𗝧𗵒𗒻𗗚，𘄡……

又若《如来一切之顶髻于出盖白母余能者无有回遮明咒大荫王总持》，桦皮△白㲲、树皮上书，身△颈于置，受持诵读，则命……

又若以此《如来一切之顶髻中出白伞盖母余无能敌者回遮明咒大荫王总持》，书于桦皮、白㲲或树皮上，置于身或挂于颈上，受持诵读，则……①

（12）𗪘𗵒𗉅𗰖𗴻𗔸𗗚𗗈，𗱩𗰖𗻎𗵒𗤒𗗚𗾟，𗆸𗐬𗣣𗐬𘎤𗝠𗔈、𗿢𗦻、𗃖𗔣、𗼃𘎪、𗴟𗬩、𗼿𘐑𗣣𗑠，𘄡……

恭敬广大供养作时，彼幢总持与一同，诸城门上△法堂、家宅、村邑、聚落、墓地、山中置，则……

恭敬作广大供养，与彼幢总持一同置于诸城门或法堂、家宅、村邑、聚落、墓

---

① 段玉泉：《武威亥母洞遗址出土的两件西夏文献考释》，杜建录主编：《西夏学》第八辑，上海：上海古籍出版社，2011年，第129页。

地或山中，则……①

前一句"□□"（桦皮）、"□□"（白毡）及"□□"（树皮）构成选择关系，西夏文只在"□□"（桦皮）、"□□"（白毡）间加入表选择关系的"□"mo²。后一句共有六个选择项，西夏文表达只在"□□"（城门）与"□□"（法堂）之间加入表选择关系的"□"mo²。这与汉文颇为相似，只是汉文中的这个连词出现于最后两个连接项之间。

明确了"□"mo²可以用作连词表示选择关系，再去核查先前的西夏语文献解读成果，涉及"□"mo²的很多语料可能需要修正。以《夏汉字典》为例，其中收录的五个例子中有三个例子②需要重新解释。前述句（10）即为其一，已作解释，再看另外两例。其一例来自《金光明最胜王经》卷十，原汉文本作"王子今何在，今者为存亡？"西夏文译为"□□□□□，□□□□□？"（王子今何在，此刻有△无），这里的"□"mo²不应作助词对待，而是连接"□"（有）和"□"（无），对应汉文的"存亡"。另一例来自《金光明最胜王经》卷八，原汉文本作"（若有男人女人）……于有舍利尊像之前，或有舍利制底之所。"《夏汉字典》只截取其中与"于有舍利像之前"相应的一段西夏文，实则应和后面一句连接在一起读，完整的西夏文是"□□□□□□□□□□□□"（彼舍利有尊像前△舍利有制底宫于）。句中"□□□□□"与"□□□□□□"一同充当介词"□"（于）的宾语，二者用"□"mo²连接，表示选择关系，而不是作为句末语气助词。

概言之，西夏语"□"mo²与藏文中的分合词颇为相似，它除了可以作为句末语气助词使用，还可以作连词使用，表选择关系。它与藏文分合词也稍有区别，即藏文的分合词当连词使用时，可以表示并列关系或者选择关系，在西夏语语料中目前所见多表示选择关系；藏文于多项选择之间往往会逐一使用分合词连接，而西夏语仅在前两项选择之间出现"□"mo²。在有些情况下，"□"mo²似乎还同时具有了疑问和选择的因素。

（原载《语言研究》2015年第1期）

---

① 段玉泉：《武威亥母洞遗址出土的两件西夏文献考释》，杜建录主编：《西夏学》第八辑，上海：上海古籍出版社，2011年，第129页。

② 李范文：《夏汉字典》，北京：中国社会科学出版社，1997年，第126页。

第四编

西夏文献研究

黑水城出土西夏文卖地契研究

史金波

摘　要： 已公布的 1 件黑水城出土西夏文土地买卖契约及本文公布新发现的 11 件西夏文草书土地买卖契约，为了解西夏黑水城地区的土地买卖及相关情况提供了宝贵资料。西夏晚期，该地区相当部分农民生活困苦，不得不出卖土地换取口粮，从而导致寺庙和地主兼并土地的现象。契约提供了关于农户的耕地数量、耕地和院落、土地四至的信息。从一些有连带关系的土地买卖契约，还可大致勾画出部分土地和灌渠的分布情况。而契约中有些农户分散居住在各自耕地上的特点，则反映出党项民族游牧习俗的影响和当地耕地较多的地方特色。契约中关于渠道、给水等内容反映了当地农业依靠灌溉的特点，补充了西夏法典《天盛改旧新定律令》有关水利管理的规定。这些契约继承了中国传统契约的形式，并形成自己的风格，是唐宋契约和元代契约的一种中间过渡形式。

关键词： 西夏；黑水城；土地买卖；契约

元朝只修撰了《宋史》《辽史》《金史》，未修西夏史，致使有关西夏的汉文史料贫乏。特别是有关西夏社会经济层面的资料未能通过《食货志》等形式系统地保存下来，这方面的资料基本是空白，导致后世治史者对西夏土地状况及其买卖几乎一无所知。

　　1909 年，俄国探险队在中国的黑水城遗址（今属内蒙古自治区额济纳旗）发现了大批珍贵历史资料，载运至圣彼得堡，其中主要是西夏时期的文献。1972 年，苏联西夏学专家克恰诺夫从大批黑水城文献中找到一件行书体西夏文天盛庚寅二十二年（1170）土地买卖契约，并做了译释、研究。[①]这是第一次刊布西夏社会文书，对研究西夏土地买卖乃至土地状况具有重要意义。这件完整的卖地契包含立契时间、立契人、卖地数量及附带院舍、卖主、价格（以牲畜抵价）、保证语、违约处罚、土地四至，最后有卖者、担保人和知证人的签字画押。这件契约过去作为唯一的一件土地买卖实物资料，引起了中外西夏研究者的重视，又因其为识别有一定难度的行书，致使一些专家不断进行译释和研究。[②]

　　在中、俄共同出版《俄藏黑水城文献》的过程中，我们在俄国圣彼得堡东方学研究所整理西夏文献时，于1997 年、2000 年发现了一大批西夏文社会文书，计有 1000 余号、1500 余件，其中仅契约就有 100 余号、500 多件，关于耕地买卖的契约有 11 件。连同原来发表的 1 件，共有 12 件。这些七八百年前的文书，保存了西夏时期黑水城地区土地买卖的原始资料。[③]宋、辽、金有关土地买卖的契约保存至今的仅有屈指可数的几件，且多不完整，而西夏一国却保存着这么多的土地买卖契约，且多首尾完具，是研究西夏经济的第一手资料。中国早期契约数量有限，"属于西汉至元代的较少，件件俱是珍品"[④]。多件西夏文土地买卖契约，内容丰富，信息量大，是研究西夏黑水城地区土地买卖十分重要的资料，弥足珍贵。然而这些文书多是西夏文草书。笔画清晰的西夏文楷书解读尚有相当难度，要释读人写人异的草书就更加困难。笔者试对这批新发现的文书做初步译释和研究，期望有助于西夏土地买卖的深入研究。

---

① 原件出土于内蒙古自治区额济纳旗黑水城遗址，今藏俄罗斯科学院东方文献研究所手稿部。参见 Е. И. Кьчанов，Тангуский документ 1170г. о продаже земли，*Письменные памятника Востока，Ежгодник. 1971*，М.，1974，cc.196-203.

② 参见黄振华：《西夏天盛二十二年卖地文契考释》，白滨：《西夏史论文集》，银川：宁夏人民出版社，1984 年，第 313—319 页；陈炳应：《西夏文物研究》，银川：宁夏人民出版社，1985 年，第 275—279 页；史金波：《西夏社会》，上海：上海人民出版社，2007 年，第 72—73 页；松沢博：《武威西夏博物館蔵亥母洞出土西夏文契約文書》，《東洋史苑》2010 年第 75 号，第 21—64 页。

③ 黑水城出土的西夏文文献皆形成于西夏各地区，其来源不止黑水城一地，如由西夏刻字司刻印的书籍应是来自西夏首都中兴府（今宁夏回族自治区银川市）。但写本社会文书，如契约、账目、告牒、军抄文书、书信等，不属流通文献，凡记有具体地点的文书，多出自黑水城及附近地区，如告牒类文书俄Инв.No.2736 乾定申年黑水城守将告牒、俄Инв. No. 2775—6 黑水副统告牒、俄Инв. No. 2851-26 黑水副统告牒等，军抄类文书，如俄Инв. No. 7916 等多件文书，皆记为"黑水属"这批出土于黑水城的土地买卖契约也应属于本地文书。

④ 张传玺主编：《中国历代契约汇编考释》，北京：北京大学出版社，1995 年，第 9 页。

一、新发现的西夏文土地买卖契约

出土于黑水城的西夏文土地买卖契约有的为单张，也有系多件契约连在一起。前述天盛二十二年（1170）卖地契（Инв.No.5010）即为单张契约。①其他新发现的单张契约有西夏天庆三年（1196）六月十六日梁善因熊鸣卖地房契（Инв.No.4199）、天庆五年（1198）正月五日麻则老父子卖地契（Инв.No.4193）、天庆七年（1200）小石通判卖地房契（Инв.No.4194）。②另新发现有一契约长卷（Инв.No.5124），是西夏天庆元年（1194）正月末至二月初的 23 件契约，有卖地契、租地契、卖畜契、雇畜契以及贷粮契，其中卖地契 8 件。③以上共见土地买卖契约 12 件，除原已公布的一件是行书体西夏文外，其余皆是更难以识别的西夏文草书。兹按契约时间顺序将这 12 件契约意译如下：④

1. 天盛二十二年（1170）寡妇耶和氏宝引等卖地契（Инв. No. 5010）

天盛庚寅二十二年⑤，立契者寡妇耶和氏宝引等，今将自属撒二石种子地一块⑥，连同院落三间草房、二株树等一并自愿卖与耶和米千，议定全价二足齿骆驼、一二齿⑦、一老牛，共四头。⑧此后其地上⑨诸人不得有争讼⑩，若有争讼者时，宝引等管。⑪若有反悔时⑫，不仅⑬依《律令》⑭承罪，还依官⑮罚交三十石麦，情状⑯依

---

① 写本，麻纸，西夏文行书 19 行，高 22.5 厘米，宽 49.6 厘米。

② 分别为：写本，草书，麻纸，高 23.5 厘米，宽 45 厘米；写本，草书，麻纸，高 23.2 厘米，宽 43.1 厘米；写本，麻纸草书，高 22.9 厘米，宽 57.1 厘米。参见俄罗斯科学院东方研究所圣彼得堡分所、中国社会科学院民族研究所、上海古籍出版社：《俄藏黑水城文献（西夏文佛教部分）》第十三册，上海：上海古籍出版社，2007 年，第 199、194 页。

③ 此契约长卷为多纸横向黏接而成，因年代久远，有的黏接处分开，共拍摄成 18 拍照片。经按契约时间和内容整理，实际为 3 段。整理时调整了各拍顺序，第 1 段：2、3 拍；第 2 段（前残）1、6 左、7、8、9、10、11 左拍；第 3 段：4、5、6 右、11 右、12、15、13、14、16、17、18 拍。高 20.5 厘米，宽分别为 55 厘米、175 厘米、260 厘米。

④ 译文中"□"表示缺字、字迹不清或不识，□内有字为补字。

⑤ "天盛"为西夏仁宗年号，共 21 年（1149—1169）。天盛二十二年（1170），改元乾祐。是年八月西夏仁宗诛杀权臣任得敬，或于是时改元。若此则此契约或在当年八月之前。

⑥ "石"字前原文为两竖点。"石"前一字似应为数字，两竖点可能为"二"。"撒二石"，即"撒二石种子"意。"撒二石种子熟生地"与后面的"二十二亩"，也大体相合。

⑦ 西夏文对译为"二有"（表竖直之"有"），可能指长出二颗牙齿的牲畜，表明牲畜的年龄。

⑧ 全价为四头大牲畜。

⑨ 西夏文对译为"其地上"，意为"对此地"。下同。

⑩ 西夏文对译为"口缚"，意为"争议""诉讼"。

⑪ 西夏文音［管］，为汉语借词。这里是"管""负责"之意。

⑫ 西夏文对译为"语变"，意为"反悔"。

⑬ 西夏文对译为"不纯"，置于两分句之间，意为"不仅"。

⑭ "律令"应指西夏法典《天盛改旧新定律令》等。

⑮ 西夏文对译为"官依"，意为"按官府规定"。

⑯ 西夏文对译为"语体"，意为"情由""情状"。

文据①实行。界司堂下有二十二亩。

北与耶和回鹘盛为界，东、南与耶和写？为界，西与梁篾名山为界

立契者耶和氏宝引（画指）

同立契②子没啰哥张（画指）

同立契没啰口鞭（画指）

证人说合者③耶和铁□（押）

梁犬千（押）耶和舅盛（押）

没啰树铁（押）

税已交（押）

八□（押）④

2. 天庆寅年正月二十四日邱娱犬卖地契（Инв. No. 5124—2）

天庆甲⑤寅年正月二十四日，立契者邱娱犬等将自属渠尾左渠接撒二十石种子熟生地一块，及宅舍院全四舍房等，全部自愿卖与普渡寺⑥内粮食经手者梁那征茂及喇嘛等，卖价杂粮⑦十五石、麦十五石，价、地两无悬欠。⑧若其地有官私二种转贷⑨及诸人共抄子弟等争讼者时，娱犬等管，那征茂等不管，不仅以原取地价数一石付二石，服，且反悔者按《律令》承责，依官罚交二两金，本心服。四至界已明

东接小狗黑及苏□汗黑地　南接吴老房子地

西接篾名有宝地　北接梁势？地

税五斗中麦一斗有日水

全部情状依文书所载实行

立契者邱娱犬（押）

同立契者子奴黑（押）

同卖者⑩子犬红（押）

---

① 西夏文对译为"入柄"，意为"文据""契约"。

② 西夏文对译为"状接相"，即"相接状"，实指与卖者同来卖地，意为"同立契"。

③ 西夏文对译为"语为者"，可能是为买卖双方说合者。他在立契约时又为知证人。

④ "税已交"和"八□"皆为草书大字。

⑤ 此字残，与下字"寅"为天庆年号干支。西夏天庆寅年有二，为甲寅元年（1194）、丙寅十三年（1206）。此处残字所余部分是西夏文"甲"字的一部分，而不是"壬"的一部分。因此可以认定此件为甲寅年。

⑥ 西夏文对译为"普渡众宫寺"，"众宫"指寺庙。

⑦ 西夏对译为"杂"，指除小麦以外的杂粮。

⑧ 西夏文对译为"价地差异已连为"，指地和价已对应，并无参差。依汉文契约相应内容译为"价、地两无悬欠"。

⑨ 西夏文对译为"官私二种转贷"。西夏的典当有官、私二种。此契约签署达成买卖后，不能再行官、私二种转贷。

⑩ 西夏文对译为"卖相"，也即"相卖"，意为"同卖"。

证人多移众水□吉（押）

证写文书①者翟宝胜（押）

证人恧恧显啰岁（押）

3. 天庆寅年正月二十九日梁老房酉等卖地舍契（Инв.No.5124—1）

天庆寅年正月二十九日②立契人梁老房酉等，将自属渠尾左渠灌撒十五石③种子地，及院舍并树石墓□等，一并卖与普渡寺④内粮食经手者梁喇嘛等，议定⑤价六石麦及十石杂粮，价、地两无悬欠。⑥若其地有官私二种转贷，及诸同抄⑦子弟争讼时，老房酉管，喇嘛不管。不仅要依原何价数一石付二石，还要依官府规定罚交三两金，本心服。

四至⑧界所已明确

东与梁吉样成及官地接　　南与恧恧显盛令地接

西与普刀渠上接　北与梁势乐娱地上接

有税二石，其中有四斗麦日水

情状按文据所列实行

立契者梁老房酉（押）

同立契弟老房宝（画指）

同立契弟五部宝（画指）

同证人子征吴酉（画指）

证人平尚讹山（画指）

证人恧恧现处宝（画指）

证人恧恧显盛令（画指）

4. 天庆寅年正月二十九日恧恧显令盛卖地契（Инв.No.5124—7、8）

天庆寅年正月二十九日文状为者恧恧显令盛等，将自属渠尾左渠灌撒八石种子地一块，及二间房、活树五棵等，自愿卖与普渡寺中粮食经手者梁那征茂及梁喇嘛

---

① 西夏文对译为"入柄书"，"入柄"为"文书"意。"入柄书"，意为"写文书"。此人书写文书并为知证人。

② 原文遗"日"字。

③ 原文遗"石"字。

④ 西夏文对译为"普渡众宫寺"，"众宫"指寺庙。

⑤ 句末的西夏文对译为"已说"，即双方已议定。

⑥ 西夏文对译为"价地差异已连为"，指地和价已对应，并无参差。依汉文契约相应内容译为"价、地两无悬欠"。

⑦ 西夏文对译为"抄共"，即"同抄"意。西夏基层军事组织和行政社会组织往往合而为一。西夏以"抄"为基层军事单位，同抄人不仅在军事上有密切关系，在平时社会经济生活中也密不可分。

⑧ 西夏文对译为"四合"，即"四至"意。

等，议定价四石麦及六石杂粮，价、地两无悬欠。若其地有官私二种转贷，及诸人同抄子弟争议时，显令盛管，那征茂等不管，不仅依原何价所取数一石还二石。何人反悔变更时，不仅依《律令》承罪，还依官府规定罚交一两金，本心服。

四至界处已令明

东与官地为界　南与梁势乐酉地为界

西与梁老房酉为界　北与小老房酉地为界

有税五斗，其中一斗麦　细水

立契者㤰㤰显令盛（押）

同立契弟小老房子（画指）

同立契妻子计盂氏子答盛（画指）

证人平尚讹山（押）

证人梁枝绕犬

5.（天庆）寅年二月一日梁势乐酉卖地契（Инв.No.5124—9、10）

寅年二月一日立状者梁势乐酉，今向普渡寺属寺粮食经手者梁那征茂及梁喇嘛等将撒十石种子生熟地一块，有房舍、墙等，自愿出卖，议定价二石麦、二石糜、四石谷。价、地两无悬欠。若其地上有官私二种转贷时，梁势乐酉管，梁那征茂等不管，不仅需依原有价数一石还二石，谁改口变更，不仅依《律令》承罪，还由官府罚一两金，本心服。

四至界处已明契约①

东与㟴移江为界　南与梁宝盛及官地为界

西与梁宝盛地为界　北与㤰㤰吉讹地为界

有税五斗，其中一斗麦细水

立契者梁势乐酉（押）

同立契妻子㤰㤰氏犬母宝（画指）

同立契子寿长盛（押）

同立契子势乐宝（押）

证人平尚讹山（画指）

证人梁老房酉（画指）

---

① 前两字似多余。可能原想在此写契尾的责任人，但写完两字后发现尚未写四至及税粮，于是先写四至。

6. 天庆寅年二月一日庆现罗成卖地契（Инв.No.5124—4、图1）

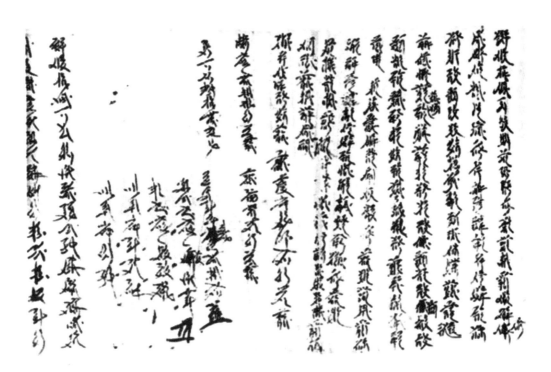

图1　天庆寅年二月一日庆现罗成卖地契

寅年二月一日立契者庆现罗成，向普渡寺属寺粮食经手者梁那征茂及梁喇嘛等全部卖掉撒十石种子熟生地一块，及大小房舍、牛具、石色门、五栀分、树园等，议价十石麦、十石杂粮、十石糜、价、地等两无悬欠。若彼及其余诸人、官私同抄子弟有争讼者时，由现罗成管，那征茂及喇嘛等不管。谁人欲改变时，不仅按官府规定，罚交三两金，服，还按情节依文据施行。

四面界已令明

东界梁老房酉地　南界梁老房有地

西界恶恶现罗宝地　北界翟师狗地

有税一石粮①，二斗麦

立契者庆现罗成（押）

同立契者恶恶兰往金（押）

同卖恶恶花美犬（画指）

证人梁酉犬白（画指）

---

① 西夏文原意为"谷"，这里泛指"粮"。

证人梁善盛（画指）

7. （天庆）寅年二月二日梁势乐娱卖地契（Инв.No.5124—5、6、1）

寅年二月二日立契者梁势乐娱等，今自愿向普渡寺属寺中粮食经手者梁那征茂及梁喇嘛等将撒五石种子地一块出卖，价议定四石麦及九石杂粮，价、地两无悬欠。若官私两处有转贷时，由势乐娱管，那征茂及喇嘛等不管。谁人违约不仅按律承罪，还依官府罚交一两金，本心服。　　四至界处已明：

东与恶恶吉样讹地交界　　南与梁老房酉地交界

西与灌渠为界　　北与瞿师犬地交界

有税七斗，其中一斗四升麦细水

立契者梁势乐娱（押）

同立契梁势乐茂（押）

同立契每乃宣主（押）

同立契梁老房虎（画指）

证人陈盐双（画指）

证人平尚讹山（画指）

8. （天庆）寅年二月二日每乃宣主卖地契（Инв.No.5124—12、13）

寅年二月二日立契约者每乃宣主等，今向普渡寺属寺中粮食经手者梁那征茂及梁喇嘛等自愿出卖撒五石种子地一块，议定价六石杂粮及一石麦，价地等两无悬欠。若其地上有官私二种转贷时，由宣主等管，梁那征茂等不管。若何方违约时，不仅依《律令》承罪，还应罚交一两金，本心服。四至界已明

东与官地为界南　与官地为界

西与灌渠为界　　北与鲁□□麻铁地为界

有税五斗，其中一斗麦　细水

立契者每乃宣主（押）

同立契弟势乐铁（押）

同立契妻子蒇浞氏□□（画指）

证人梁势乐娱（押）

证人恶恶显令盛（画指）

9. 天庆寅年二月六日平尚岁岁有卖地契（Инв.No.5124—16、图2）

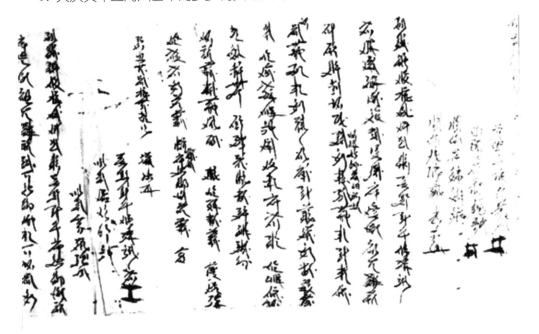

图2　天庆寅年二月六日平尚岁岁有卖地契

　　天庆寅年二月六日，立契者平尚岁岁有向普渡寺粮食经手者梁喇嘛、那征茂等将撒三石种子生熟地一块及四间老房等出卖，价五石杂粮已付，价、地两无悬欠。若其地上任何人，官、私同抄子弟有争议者时，依官法罚交五石麦，心服。按情节依文据所载实行。

　　四至界已明　东与官渠为界　　南与息尚

　　氏恶有地接　西北等与梁驴子母接　北①

　　有税八斗杂粮、二斗麦　　水细半

　　立契者平尚岁岁有（押）

　　证人息尚老房子（画指）

　　证人邱犬羌乐（画指）

10. 天庆丙辰年（1196）六月十六日梁善因熊鸣②卖地房契（Инв.No.4199）

　　天庆丙辰年六月十六日，立契者梁③善因熊鸣等，今将地四井坡渠灌撒十石种

---

① 此字未写完，可能是衍字。

② 以上4字为人名，字迹难识，暂译为此。

③ 此契约下部残，有些行缺1字，可据西夏契约程式和上下文补，如梁、地、铁。

子熟生地七十亩自愿卖与梁守护铁，价五石杂粮，自各□□买，其地上租佣草①等三种，守护铁承担以外，先□其地上诸抄共子弟余诸人力争有诉讼者时，□依原地官私转系□因转贷及？谁□□等时，不仅依官罚交十石杂粮，还以先所取价数，亦一石还二石，本心服。依情状按文书所载实行。四至界已明，□□□有：

东与平尚母秋地□□为界

南与曹铁□为界

西与嵬名盛有娱为界

……②

11. 天庆五年（1198）正月五日麻则老父子卖地房契（Инв.No.4193、图3）

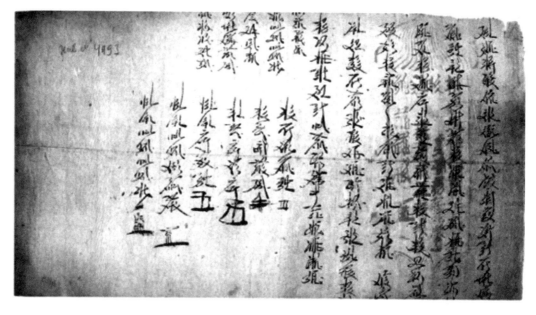

图3　天庆五年（1198）正月五日麻则老父子卖地房契

天庆戊午五年正月五日，立契者麻祖老父子等，今将自属酪布坡渠灌渠二十三亩③及院落一并卖与梁守护铁，价八石杂粮，地、价两无悬欠。此后其地有官私人诉讼者及何人反悔时，不仅按已取价数一石还二石④，还据情状按文书所载实行。

（上部）

---

① "租佣草"是西夏按土地收缴的赋税，《天盛改旧新定律令》有详细规定，参见史金波：《西夏农业租税考——西夏文农业租税文书译释》，《历史研究》2005年第1期，第107—118页。

② 此契约尾部残，缺土地四至中的北至以及立契者和其他当事人的签名画押。

③ 此字西夏文为"顷"字。西夏文顷、亩字形相近，在草书中更可能相混。根据契约中土地价格的比例，此字为"亩"的可能性较大。

④ 原文遗"石"字。

四至界明

东□□□□宝

南渠坡上

西麻则显令

北浑? 犬黑

（下部）

卖者老父子（押）

同卖弟显令（押）

同卖梁税梁（押）

同卖梁真盛（押）

证人□□波法铁（押）

证人□□□□宝（押）

12. 天庆庚申年（1200）小石通判卖地房契（Инв.No.4194、图4）

图 4   天庆庚申年（1200）小石通判卖地房契

天庆庚申年二月二十二日立契者小石通判，今将自属地四井坡渠灌浑女木成边上撒一百石种子熟生地一块，院舍等全，自愿卖与梁守护铁，议定价二百石杂粮，价、地等两无悬欠，此后其地上诸人子弟有任何官私转贷、乱争诉讼者时，按原已给价一石偿还二石，返还四百石，若有人反悔时，依官罚三两金，本心服。四至界已明：

东与不变桔□数求学□□上界南与官渠为界

西北与与律移般若善原有盛有等地为界

（上部）

先有地一

块是七十五亩

（下部）

立契者小石通判（押）

同立契卖者梁千父内凉（押）

同立契卖者梁犬羊舅（押）

同立契卖者梁麻则盛（押）

证人梁虎孵子（押）

证人曹庵斡宝（押）证人移𠲿讹花□势（押）

证人陈犬羊双（押）

由以上 12 件契约可知，西夏文土地买卖契约继承了中原王朝的形制，包含了传统契约的各种要素。分析这些契约，可以对西夏土地买卖乃至西夏社会有更深入的了解。

二、土地买卖的基本情况和土地买卖者的身份

（一）土地买卖的时间和原因

黑水城位于巴丹吉林沙漠的北端，内陆河黑水下游北岸。西夏时期因得益于黑水灌溉之利，农业兴盛。这批土地买卖契约反映了当地土地买卖状况。

12 件契约中最早的 1 件是西夏天盛二十二年（1170），其次是 5124 号契约长卷中的 8 件，皆为天庆元年（1194），其余 3 件分别为天庆三年（1196）、天庆五年（1198）和天庆七年（1200）。

西夏立国凡 190 年（1038—1227），这些土地买卖契约时间皆在西夏晚期，时间跨度 31 年。除 1 件属于仁宗时期，其余 11 件皆在桓宗前期的 7 年时间，最后一件距西夏灭亡仅有 28 年，显然反映的是西夏晚期黑水城地区土地买卖和当地社会生活状况。

这些卖地契约都未记卖主卖地的原因，但通过卖地时间可以分析卖地原因。长卷中的 8 个卖地契有具体时间，都在正月、二月；4 件单页卖地契第 1 件只有年份，未记月、日具体时间，这在契约中很少见；另 3 件有具体时间，其中 2 件分别为正月、二月，1 件是六月。在有具体日期的 11 件契约中，10 件都发生在正月、二月，正是农村青黄不接的时期。这些卖地契约反映出一部分生活困难、缺乏口粮度日的贫民只能靠出卖土地

换取口粮。土地是农民赖以生存的基本生产资料，除非万不得已不会轻易出卖。

发生在六月的卖地契约，土地主人是小石通判。他出卖土地很多，达撒 100 石种子的地，合千亩左右（约合 250 宋亩）。此人有"通判"的官衔，原占有土地很多，可能不是一般农民，而是地主。根据他出卖土地的时间、数量，推断他出卖土地的原因不像其他卖地者那样是为生计所迫，而可能另有缘由。

目前所能见到的黑水城土地买卖契约应该仅是此类契约的一小部分，即便是比较集中的契约长卷，也仅是一个寺庙存留的天庆元年（1194）正月二十四日至二月二十日不到一个月的契约。在这样小的范围、这样短的时间内有这样多的卖地者，可以推想当地农民生活严重贫困的状况。黑水城地区耕地较多，又有黑水灌溉之利，粮食生产有一定保障。而这些卖地契显示出当地在一二月份便有不少农户乏粮。也可能在前一年有特殊的天灾等异常情况发生，使粮食减产，从而导致农民秋收后不到半年便断粮，不得已卖地换粮。黑水城出土的西夏文贷粮契也多在西夏天庆、光定年间，其中土地买卖契约集中的天庆元年（1194）借贷契约也很集中[1]，这从另一侧面增加了当地贫困农民乏粮的证据。然而，由于西夏王朝未入正史，对西夏自然灾害的记载非常缺乏，特别是有关西夏黑水城地区自然灾害情况几乎从未有记录。

（二）卖地者和卖地数量

早期的党项族专营畜牧业，不习农业，因而缺乏粮食。当党项族逐步建成比较强大而地域稳定的政权时，如在夏州政权或西夏建国前，一批原来从事畜牧业的党项族人，在宜于耕作的地区逐步转而从事农业。这对一个民族来说，是历史性的转变，这种转变造就了一批党项族农民。黑水城出土的土地买卖契约应是这批农民的后代所立。卖地者及证人都是当地农民，从他们的姓名看多数是蕃族（即党项族），如耶和、没啰、恶恶、讹劳、平尚、每乃、藐泥、息尚、麻祖等；但也有汉族，如契约中的邱、曹、陈等姓。梁姓本为汉姓，但西夏第二、三代皇后为梁氏，先后掌政 30 多年，大兴蕃礼，应为蕃族，因此黑水城农民中的梁姓是汉族还是蕃族有待考察。党项族农民的祖先由牧转农时，多是占有土地的自耕农。他们依靠西夏政府得到土地，自种自收，只给国家缴税。而从这些卖地契可以见到，至西夏末期，他们后代当中的很多人由于生活所迫，口粮不济，不得不出卖祖先经营的土地。

① 史金波：《西夏粮食借贷契约研究》，中国社会科学院学术委员会：《中国社会科学院学术委员会集刊》第一辑（2004），
北京：社会科学文献出版社，2005 年，第 186—204 页。

　　契约长卷中8件卖地契中卖地者姓名和卖地数量为：（1）邱娱犬卖撒20石种子的地及宅舍。（2）梁老房酉卖撒15石种子的地及房屋。（3）恶恶显令盛卖撒8石种子的地以及房、树。（4）梁势乐酉卖撒10石种子的地及房舍。（5）庆现罗成卖撒10石种子的地及房屋和农具、树园等。（6）梁势乐娱卖撒5石种子的地。（7）每乃宣主卖撒5石种子的地。（8）平尚岁岁有卖撒3石种子的地及房舍。其他4件契约中的卖主和卖地数量为：（1）寡妇耶和氏宝引卖撒2石种子的地连同院落3间草房、2株树。（2）梁善因熊鸣卖四井坡渠灌撒10石种子的70亩地。（3）麻则老父子卖23亩地及院落。（4）小石通判卖撒100石种子的地。卖土地者都是耕地所有者，一般是农户的户主，多为男性，仅有1例女性为寡妇耶和氏宝引，她也是户主。

　　从契约看，各家卖地数量不等，多不直接写顷、亩数，而是写撒多少石（种子）的地。据现有文书，西夏计量耕地面积，除用顷、亩外，还有一种土地计量法，就是依据撒种子的数量。黑水城出土的纳粮文书记录家庭耕地数量时即以撒多少石（斛）种子计算。[①]笔者曾在论证重量标准的基础上，推算出撒1斛（石）种子的地约合10西夏亩（2.4宋亩）左右耕地。[②]耶和氏宝引卖撒2石种子的地，契约后记为22亩，撒1石种子的地比10亩略多；梁善因熊鸣卖地记撒10石种子的70亩地，比撒1石种子的地10亩为少。看来这种统计地亩的数量仅是一个约数，也证明原来对撒1石种子为10亩左右的推算大体正确。

　　在契约长卷中的8个卖地契中所卖土地的数量分别为撒20石、15石、8石、10石、10石、5石、5石、3石种子的地，也即分别约为200、150、80、100、100、50、50、30西夏亩左右，合7.5宋亩到50宋亩不等。这表明西夏农业家庭耕地面积较大。黑水城地区地处西北，地旷人稀，耕地较多是正常现象。在几件单页契约中卖地数量差距较大，耶和氏宝引卖22亩地，小石通判卖100石撒处地，合千亩（250宋亩）左右。

　　（三）买地者和买地数量

　　在契约长卷8件卖地契中，买地者皆为普渡寺粮食经手者梁那征茂和梁喇嘛。普渡寺西夏文为𗏁𗙂𗾗𗏇（普渡众宫）或𗏁𗙂𗾗𗏇𗩇（普渡众宫寺）。粮食经手者西夏文为𗂢𗟻𗤁𗥻（谷手有者），"手有"在西夏法典《天盛改旧新定律令》中多次出现，有"拿

---

① 俄罗斯科学院东方文献研究所藏黑水城出土文献Инв.No.8203、7893。
② 参见史金波：《西夏度量衡刍议》，《固原师专学报》（社会科学版）2002年第2期，第9—12页。

取"意，此处转为"经手"意。可见两人同为寺庙以粮食买土地的经手者。梁那征茂和梁喇嘛可能都是寺庙中的僧人。"喇嘛"一词是藏传佛教中对学佛法人的称呼，本为藏传佛教中长老、上座、高僧之称号，但后来对一般僧侣亦称喇嘛。西夏藏传佛教兴盛，黑水城地区的普渡寺可能是藏传佛教寺庙，这一黑水城寺庙未见于汉文文献。当时具体管理粮食和土地买卖的僧人称为喇嘛，或许西夏时期喇嘛已经成为普通僧人的称呼。

契约长卷表明西夏后期黑水城地区普渡寺在天庆元年（1194）春不到一个月的时间中就买进了760亩土地，约合190宋亩。

4件单页文书中第1件是寡妇耶和氏宝引将22亩土地卖给党项人耶和米千，其余3件都是将土地卖给梁守护铁，分别为撒10石种子的70亩、23亩和撒100石种子的地，约合1000亩左右。这是一笔大的土地交易。前面已经提及卖主小石通判不是普通农民，而可能是地主。买主梁守护铁在5年中先后购进这么多耕地，更是显示其财力充裕，是存粮大户。黑水城有一件军溜告牒文书，有"守护铁"之名，为军溜首领，或与上述契约卖地者为同一人。①

（四）土地兼并和贫富分化的加剧

西夏农、牧业并重。耕地，特别是所谓"膏腴之地"，关系到西夏国库的丰盈、军队的供给、社会的安定。黑水城一带虽地处边远，干旱少雨，但因有祁连山雪水融化汇成黑水流经此处，可灌溉田地，这里仍然是西夏重要的农业地区。

西夏境内可耕土地相对较少，因此西夏政府对土地格外重视，对境内土地管理在借鉴中原地区土地管理经验的基础上，也形成了一套严格的制度。西夏《天盛改旧新定律令》规定农户耕地要进行详细登记注册。②

西夏土地可自由买卖。西夏《天盛改旧新定律令》第16卷中有关于土地买卖的规定，虽因此卷完全缺失，无法见到西夏土地买卖的具体条文，但在其他章节如第15卷中有关于买地注册、买地丈量等，仍可看到西夏法律对土地买卖的相关规定。如：

> 诸人互相买租地时，卖者地名中注销，买者曰"我求自己名下注册"，则当告转运司注册，买者当依租佣草法为之。倘若卖处地中注销，买者自地中不注册时，租佣草计价，以偷盗法判断。③

---

① 俄罗斯科学院东方文献研究所藏黑水城出土文献，Инв. No. 5949—2。
② 史金波、聂鸿音、白滨译注：《天盛改旧新定律令》，北京：法律出版社，2000年，第514页。
③ 史金波、聂鸿音、白滨译注：《天盛改旧新定律令》，北京：法律出版社，2000年，第509页。

西夏土地买卖要买者注册，卖者注销，若买者不注册而瞒交赋役租佣草，以偷盗法判罪，可见管理之严格。

卖地的农民一旦失去土地，便失去了赖以生存的基础。上述卖地者一种可能是有多块土地，卖掉一块，还有其他耕地可以耕种，但耕地毕竟减少了，对生活有影响；另一种是卖掉土地后成为无地农户，再租种土地耕种。契约长卷中就有卖掉土地的农民再从买主手中租种土地的契约，有的租种的土地就是别人刚刚卖掉的土地。如梁老房酉卖掉了自己撒 15 石种子的地，当天便从普渡寺租种了撒 8 石种子的地，新租的地可能是恧恧显令盛当日卖给普渡寺的；而梁老房酉卖掉的地也于同日被梁老房成从普渡寺承租。

将耕地卖掉又不得不租种土地的农户由自耕农变为佃农，他们在卖地、租地过程中受到两次盘剥。卖地时因缺粮处于不利地位，一般会受到买主的压价；而租地时地主人又会抬高租价。通过卖地和租地契约可知，有的不到两年的租地租金，比这块耕地的卖价还要高。[①]

上述契约长卷表明，黑水城地区的普渡寺在西夏末期趁冬春青黄不接之时，大量兼并土地。契约长卷系残卷，原卷还有多少土地买卖契约不得而知。普渡寺除天庆元年（1194）外，其他年份购进多少土地也属未知。但可以推想，上述普渡寺买进的土地应该仅是西夏后期该寺购进土地的一部分，寺庙收买土地由来已久。敦煌石室发现的文书中不少是寺庙买入土地的文书。另 3 件契约中土地都是卖给梁守护铁，数量也很大。说明当时已形成寺庙和地主的土地兼并，而且兼并的速度很快。兼并土地越来越多的寺庙和地主，依仗土地资本的优势，使不少自耕农破产变成佃农，对佃农进行更残酷的盘剥，造成贫富距离拉大。佃农要向地主缴纳沉重的地租，贫困程度加剧，社会地位下降，社会稳定程度减弱。

党项族是西夏军队的主力。当西夏末期蒙古军攻打西夏时，虽有一些激烈战斗，但总的看西夏强烈抵抗的军人不多。西夏晚期社会不稳定，人民对政府的向心力减弱，当然不会为之卖力作战。

三、农户的耕地和灌溉

（一）农户占有的耕地数量

西夏农户占有土地的数量，没有可以查找的历史资料。这些卖地契尽管提供了出卖

---

① 关于租地契约将另文研究。

土地的大约数量，但他们所卖土地是不是全部土地尚需进一步考证。

　　从农户纳税情况可以了解西夏耕地的占有状况。分析黑水城出土的一件户耕地租粮账（Инв.No.1755—4），可知当地的耕地税率，即每亩地交纳税杂粮 1 升，缴纳小麦四分之一升。[1]黑水城出土文书中迁溜租粮计账与户租粮账（Инв. No. 4808），记载了农户缴纳耕地税大麦（杂粮）和小麦的数量，由此可推知各农户占有土地状况：

　　　　一户缴纳大麦一石一斗五升，麦二斗八升七合半，推算耕地为 115 亩，

　　　　一户缴纳大麦四斗三升、麦一斗七合半，推算耕地为 43 亩，

　　　　一户缴纳大麦六斗七升、麦一斗六升七合半，推算耕地 67 亩，

　　　　一户缴纳大麦一石五斗、麦三斗七升半，推算耕地 150 亩，

　　　　一户缴纳大麦七斗五升、麦一斗八升七合半，推算耕地 75 亩。

　　同一税帐的第四段记载粮食品种与此稍有不同，前 5 户的纳粮及占用土地状况如下：

　　　　一户缴纳杂二斗、麦五升，推算耕地为 20 亩，

　　　　一户缴纳杂一斗、麦二升半，推算耕地为 10 亩，

　　　　一户缴纳杂一石五斗、麦三斗七升半，推算耕地为 150 亩，

　　　　一户缴纳杂七斗、麦一斗七升半，推算耕地为 70 亩，

　　　　一户缴纳杂六斗、麦一斗五升二合，推算耕地为 60 亩（此户缴麦多计 2 合）。

　　在 1755—4 号纳粮文书残页中，不仅记录了纳税数额，还直接记录了每户的耕地数量：

　　　　一户有土地 150 亩，缴纳杂一石五斗、麦三斗七升半，

　　　　一户有土地 10 亩，税三斗七升半，杂四斗，麦七升半，

　　　　一户有土地 30 亩，税三斗七两半，杂三斗，麦七升半，

　　　　一户有土地 150 亩，税一石八斗七升半，杂一石五斗、麦三斗七升半，

　　　　一户有土地 70 亩，税八斗七升半，杂七斗、麦一斗七升半，

　　　　一户有土地 139 亩，税一石七斗三升七合半……[2]

　　以上农户占有土地数额多则 100 多亩，最多为 150 亩，少则几十亩，最少为 10 亩。

① 史金波：《西夏农业租税考——西夏文农业租税文书译释》，《历史研究》2005 年第 1 期，第 107—118 页。原文见俄罗斯科学院东方研究所圣彼得堡分所、中国社会科学院民族研究所、上海古籍出版社：《俄藏黑水城文献（西夏文世俗部分）》第十三册，上海：上海古籍出版社，2007 年，第 293 页。

② 俄罗斯科学院东方研究所圣彼得堡分所、中国社会科学院民族研究所、上海古籍出版社：《俄藏黑水城文献（西夏文世俗部分）》第十二册，上海：上海古籍出版社，2007 年，第 306 页。

对比卖地契所卖 200、150、80、100、100、50、50、30 亩，与上述占有土地数大体相当，推知卖出的土地可能是这些农民土地的全部。4 件单页卖地契分别是寡妇耶和氏宝引 22 亩、麻则老父子 23 亩、小石通判撒 100 石种子的地（合约千亩）、梁善因熊鸣撒十石种子的地（记为 70 亩）。看来除小石通判外，西夏时期黑水城一带的农民有几十亩至百亩土地者占多数。

西夏黑水城地区也有土地较多的农户，他们不只有一块耕地。在黑水城出土的一件户籍（Инв. No. 8203）上便有这户占有 4 块土地的记录：一块接新渠撒 7 石种子的地、一块接律移渠撒 6 石种子的地、一块接习判渠撒 7 石种子的地、一块场口杂地撒 7 石种子的地，按撒一石种子地为 10 亩计算，此户有地 280 亩。另一件户籍手实（Инв. No. 7893—9）也记载了该户的 4 块土地：一块接阳渠撒 20 石种子的地，与耶和心喜盛（地）边接；一块接道砾渠撒 15 石种子的地，与梁界乐（地）边接；一块接律移渠撒 10 石种子的地，与移吢讹小姐盛（地）边接；一块接七户渠撒 7 石种子的地，与梁年尼有（地）边接，折合共 570 亩地。[①]第 1 户 6 口人，家中还有不少牲畜；第 2 户是官吏，有 18 口人，家中也有不少牲畜。他们不是普通的农户，而是占有耕地较多的地主。

（二）耕地和院落

在这些卖地契中有一种现象值得注意，即多数出卖的土地带有房屋院落等。如耶和氏宝引卖地连同院落 3 间草房、2 株树，邱娱犬卖地连同宅舍院，梁老房西卖地连同院舍并树，恶恶显令盛卖地连同 2 间房、活树 5 棵，梁势乐西卖地连同房舍、墙等，庆现罗成连同大小房屋、树园等，平尚岁岁有卖地连同 4 间老房，麻祖老父子卖地连同院落，小石通判卖地连同院舍。12 件契约中有 9 件将土地连同房屋一同出卖。另外 3 件中有 2 件出卖土地数量很少，梁势乐娱和每乃宣主皆出卖撒 5 石种子的地，还有一件是出卖 70 亩地。

西夏黑水城地区的耕地中多数有农民的住房，使人联想到黑水城地区农民居住格局不同于传统的农村社区。中原地区的农村是农民聚居在一个村落，耕地分处村落四周；而黑水城地区农户的住房可能是星罗棋布地分散在各自的耕地上。这一特殊现象，对进一步深刻认识西夏黑水城地区的农业社区和农业管理很有助益。

西夏黑水城地区何以会出现农户将住房分别建在自己耕地中的现象呢？

西夏党项族原是单纯的游牧民族，逐水草而居，放牧牲畜需要大片牧地，常以一

---

① 史金波：《西夏户籍初探——4 件西夏文草书户籍文书译释研究》，《民族研究》2004 年第 5 期，第 64—72 页。

家一户为单位设帐篷居住。西夏黑水城地区的农户特别是党项族农户，尽管已改营农业，但仍然延续了分散居住的习俗；此外，他们虽以农业为主业，但仍是农牧业兼营，每户都有多少不等的牲畜，如前述一件户籍（Инв.No.8203）记载，此户有 3 峰骆驼、10 条牛、80 只羊，另一户（Инв.No.7893—9）有 3 匹马、32 峰骆驼。卖地契中耶和氏宝引卖掉土地换来的是牲畜，也说明了当地农牧业的关系。分散居住适合兼营畜牧业的产业结构。西夏黑水城地区农户耕地相对较多，居住在自己的耕地上也便于耕作管理。

卖地契中耕地连带房屋院落一并出售，一方面厘清了原土地所有者和这块土地的关系；另一方面也便于新的土地所有者全权处置管理，包括出租土地时连同住房一并出租。

（三）耕地的四至

所见西夏土地买卖契约中皆在契约正文后标明土地四至，以明确土地的方位和范围，其用语一般为"四至界已明"，后记载具体耕地东、南、西、北四至，有的记相邻某人耕地，有的记旁边的某水渠。如寡妇耶和氏宝引卖地契记："北与耶和回鹘盛为界，东、南与耶和写？为界，西与梁嵬名山为界。"

特别引人注意的是，在契约长卷中的 8 件土地买卖契中，竟有几件地界相连，可以大致看到几个地块的方位与灌渠的位置。图 5 是根据相关的 5 件契约绘制的大致土地方位图：

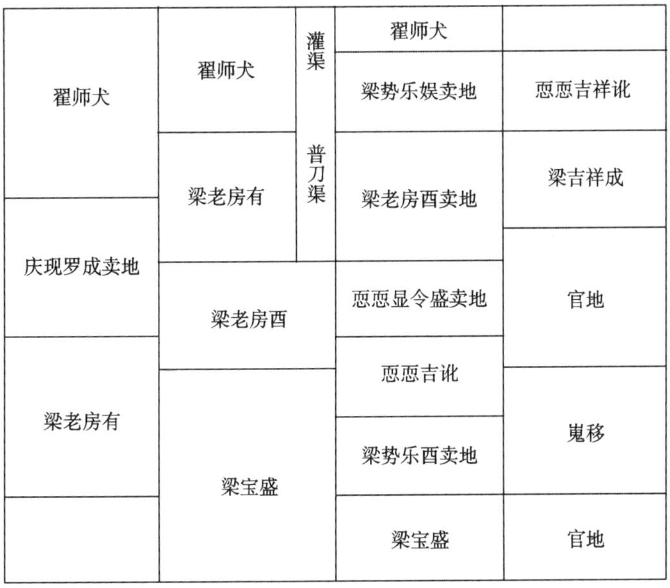

翟师犬	翟师犬	灌渠	翟师犬	
			梁势乐娱卖地	恶恶吉祥讹
	梁老房有	普刀渠	梁老房酉卖地	梁吉祥成
庆现罗成卖地	梁老房酉		恶恶显令盛卖地	官地
			恶恶吉讹	
梁老房有			梁势乐酉卖地	嵬移
	梁宝盛			
			梁宝盛	官地

图 5 西夏土地买卖方位图

图 5 只是示意图，当时的耕地不大可能这样方正、整齐。除农户的个人土地外，还有官地。从其他契约的四至看还有寺地。

古代土地买卖契约存世的非常稀见，能根据多块相互连接的土地买卖契约将土地系连成片，将私地、官地、灌渠等展示出来，更凸显了这些契约珍贵的史料价值。

（四）灌渠和给水

在卖地契中，特别是在契约的四至中，涉及一些当地灌渠的名称。这为研究当时的水利设施提供了具体资料。契约中记载的水渠名称有渠尾左灌渠、普刀渠、灌渠、官渠、四井坡灌渠、酩布坡渠灌、南渠等。通过这些渠名可以发现当地水渠体系比较复杂，有官渠，也有以族姓命名的渠道，如普刀、酩布皆是党项族姓，这些以族姓命名的渠道是否不同于官渠而属于家族所有尚待考证。有的以方位称呼，如南渠。渠尾左灌渠、四井坡灌渠具有什么含义都有待考察。黑水城出土的户籍手实中也有水渠名称，如新渠、律移渠、习判渠、阳渠、道砾渠等。[①]

在契约长卷中的 8 件卖地契中，有 7 件于契约后部记载土地税数额一行字的下方，写有 2 或 3 个西夏字，似与上下文并不搭界，易被忽略。如邱娌犬、梁老房酉卖地契中记"日水"2 字，恶恶显令盛、梁势乐酉、梁势乐娌、每乃宣主卖地契皆记"细水"2字，平尚岁岁有卖地契记"细水半"3 字，可译为"半细水"。这些应是记录此块地的灌溉给水状况。结合各契约卖地数额看给水状况颇有意义：邱娌犬卖撒 20 石种子的地、梁老房酉卖撒 15 石种子的地，用"日水"；恶恶显令盛卖撒 8 石种子的地、梁势乐酉卖撒 10 石种子的地、梁势乐娌卖撒 5 石种子的地、每乃宣主卖撒 15 石种子的地，用"细水"；平尚岁岁有卖撒 5 石种子的地，用"半细水"。从上述数字可以发现一个规律：土地数量大，约撒 10 石种子以上的地给"日水"；土地数量中等，撒 5 石至 10 石种子之间的地给"细水"；土地数量小，约撒 5 石种子以下的地给"半细水"。这些卖地契约中关于给水的简短记载，证明这些土地都是用水浇灌，并且可以推定黑水城当地依据耕地数量的多寡给水。

《天盛改旧新定律令》卷一五中"春开渠事门""养草监水门""渠水门""地水杂罪门"都有关于渠水灌溉的条款，其中"养草监水门"中的 5 条全部遗失。[②]现在所能见到的条款多是关于灌溉管理，未见上述依据土地数量分类放水的规定，也未见"日

① 史金波：《西夏户籍初探——4 件西夏文草书户籍文书译释研究》，《民族研究》2004 年第 5 期，第 64—72 页。
② 史金波、聂鸿音、白滨译注：《天盛改旧新定律令》，北京：法律出版社，2000 年，第 598 页。

水"、"细水"、"半细水"等术语。这种给水的管理方法和特殊术语在这些卖地契约中是首次见到。

（五）官地、私地和熟地、生地

西夏的土地分官地和私地。所谓官地当指皇室、农田司所领属的土地，有牧场和农田两种。官地农田由农户耕种，收获后交租粮；私地是在私人名下占有的土地，可以自己经营，也可以出卖或出租，自己经营者要向国家缴纳耕地税，租地者要向地主人缴纳地租，农业税由地主人向国家缴纳。《天盛改旧新定律令》多次提及"官私地"，并强调"官私地界当分离"，"不许官私地相混"，不能互相调换。①

在上述卖地契中也反映出当地存在官地和私地。卖地契中往往载明，若其地"有官、私二种转贷"时，由卖主负责，买主不负责任。这是为防止卖地者将不属于自己的或转租来的官地和私地出卖，而引起争讼。此外在契约的四至中也直书"官地"，如梁老房酉所卖地东与梁吉祥成及官地接，恶恶显令盛所卖地东与官地为界，梁势乐酉所卖地南与梁宝盛及官地为界，每乃宣主所卖地东与官地为界、南与官地为界。

卖地契所卖耕地应皆是私地，原来的地主人是卖主，出卖后地主人分别是耶和米千（1块）、普渡寺（8块）、梁守护铁（3块），新的私地主人要负责向政府缴纳农业税。

西夏有所谓"熟地"和"生地"之别。熟地指早已开垦耕种的地，《天盛改旧新定律令》还特别提出新开渠时不要妨碍熟地。②生地指未开垦的生荒闲地，不属官地，也不属私地。西夏政府鼓励开垦生地，三年内免税。③宋朝则以熟地和草地相区分，《续资治通鉴长编》载："宥牒：去城十里作熟地，外十里两不耕，作草地。"④当时宥州为宋、夏边界之地。

黑水城出土 12 件卖地契中，有 6 件在所卖耕地数量前冠写"熟生"二字，西夏文辤紒音"叔生"，显然为译音字。党项族过去不从事农业，当然无"熟地""生地"的概念，只是当他们中的一部分人进入农业社会后，才从汉语中借用"熟""生"二字来表示耕地。这些地明确记有缴纳农业税的数量，显然不是未开垦的生地，也不是刚刚开垦不久、尚未纳农业税的地。将所卖地记为"熟生"地有可能是这些地已开垦 3 年以上、

① 史金波、聂鸿音、白滨译注：《天盛改旧新定律令》，北京：法律出版社，2000 年，第 496—509 页。
② 史金波、聂鸿音、白滨译注：《天盛改旧新定律令》，北京：法律出版社，2000 年，第 502 页。
③ 史金波、聂鸿音、白滨译注：《天盛改旧新定律令》，北京：法律出版社，2000 年，第 492 页。
④ ［宋］李焘：《续资治通鉴长编》卷四三六"哲宗元祐四年十二月甲子"条，北京：中华书局，2004 年，第 10546 页。

已经纳税，但产量又不太高的次等地；也有可能是买家对耕地质量一种惯用的褒贬术语，并不一定专指耕地质量。

四、耕地价格和耕地税

在私有制社会中，耕地价格是物价中最重要的一种，涉及社会的方方面面。耕地税是西夏的主要税收，涉及国家的收入和农民的负担。然而在汉文史料中，没有见到有关西夏耕地价格和耕地税的任何记载，因此西夏土地买卖中所反映的耕地价格和耕地税对研究西夏社会具有重要意义。

（一）契约中的耕地价格

从西夏卖地契看这些交易都不是货币交换，而是以物买地，其中除一件（寡妇耶和氏宝引卖地契）以牲畜换土地外，其余皆以粮食买地。卖地契上有所卖土地的数量和卖出的粮价，按理计算出每亩的售价并非难事。但由于所卖地多带有不等的房屋、树木乃至农具等财物，所以计算起来比较复杂，加之土地质量优劣不一，灌溉取水等条件的差异，更增加了价格的复杂性。影响计算土地价格的另一个重要因素是所售土地数量多以撒种子数量计量，地亩数弹性很大，并不十分准确。

以下以所卖没有附带财物的土地作为对象，来分析土地价格。

契约长卷中8个卖地契有2件只有耕地、没有其他附带财物，可以作为分析地价的基础。寅年二月二日梁势乐娱卖地契卖地撒5石种子的地（约50亩），售价4石麦及9石杂；寅年二月二日每乃宣主卖地契卖撒5石种子的地（约50亩），售价6石杂及1石麦。过去笔者依据黑水城所出西夏文卖粮账残页推算出当地每斗小麦价为200—250钱，每斗糜（杂粮）价为150—200钱①，也即杂粮价格相当于小麦价格的75%—80%。如果第一件将4石麦合成杂粮为5石多，售价共合14石多杂粮，每亩售价2.8斗杂粮。第二件将1石麦合成杂粮为1石3斗左右，售价共合7石3斗左右杂粮，每亩售价1.46斗杂粮。两块土地每亩售价一为2.8斗杂粮，一为1.46斗杂粮，面积相同的地，售价差距比较大，接近50%。再看两块地的位置，梁势乐娱地东与恶恶吉讹地交界，南与梁老房西地交界，西与灌渠为界，北与翟师犬地交界；每乃宣主地东与官地为界，南与官地

---

① 参见史金波：《西夏的物价、买卖税和货币借贷》，朱瑞熙等：《宋史研究论文集》，上海：上海人民出版社，2008年，第440—458页。

为界，西与灌渠为界，北与鲁□□麻铁地为界。两地西部皆与灌区相邻，只是价格便宜者东与南部与官地为界。

4 件单页卖地契约中有 2 件未写任何附带财物：天庆三年（1196）梁善因熊鸣卖地房契，卖 70 亩地，价五石杂粮，每亩售价仅有 0.7 斗，价格最低；西夏天庆七年（1200）小石通判卖地房契，卖地 100 石撒处地，合 1000 亩左右，价 200 石杂粮，每亩价 2 斗杂粮。

契约长卷中另有 4 件卖地契皆有房院等附带财物。因这些附带财物的附加值难以确定，耕地价格也很难推算。若都不计算附属财物，大体价格为：天庆寅年正月二十四日邱娱犬卖地契，卖撒 20 石种子的地及宅舍院全四舍房等，价杂 15 石、麦 15 石，共合杂粮 34 石左右，不算房院等每亩 1.7 斗左右；天庆寅年正月二十九日梁老房酉等卖地契，卖撒 15 石种子的地及房屋并树石墓等，价 6 石麦及 10 石杂，共合杂粮 18 石左右，不算房院等每亩 1.2 斗左右；天庆寅年正月二十九日恶恶显令盛卖地契，卖撒 8 石种子的地及二架房、活树五棵，价 4 石麦及 6 石，共合杂粮 11 石左右，不算房院等每亩 1.37 斗左右；寅年二月一日梁势乐酉卖地契，卖撒 10 石种子的地和房舍墙等，价 2 石麦 2 石糜 4 石谷，共合杂粮 8.6 石左右，不算房院等每亩 0.86 斗左右。另有一件附带财产比较多，总体价格较高：天庆寅年二月一日庆现罗成卖地契卖撒十石种子的地及大小房屋、牛具、石笆门、五椸分、树园等，价 15 石麦、10 石杂、10 石糜，约合杂粮 40 石。若按每亩 2.5 斗杂粮计算，也只有 25 石的价，看来除土地外其余财产，也即人工增值占相当比重。

天盛二十二年（1170）寡妇耶和氏宝引卖地契与其他以粮食购买土地的契约不同，是以牲畜交换土地，因此不知土地的粮食价格。笔者曾依据《天盛改旧新定律令》和黑水城出土的卖畜契约考证过西夏牲畜的价格，知 1 峰骆驼大约价 6 石杂粮，1 头牛大约价 4 石杂粮。[1] 耶和氏宝引氏卖地价为 2 足齿骆驼、1 二齿、1 老牛。2 骆驼价约 12 石杂粮，若把二齿理解为牛，则 2 牛价约为 8 石杂粮，4 牲畜共价 20 石杂粮。根据黑水城出土其他卖地契可知，一般对违约反悔处罚数额是成交数额的两倍。此契约对违约罚交 30 石麦，其成交价折合成粮价似应为 15 石麦，可折合 20 石左右杂粮。两者正可互相印证。所卖地 22 亩及房屋、树木等附加财产，除附加财产外，每亩土地近 1 石杂粮。也许土地附带财产价值较高，也可能 20 多年前的天盛年间土地价格较高。另一件单页天庆五年（1198）麻则老父子卖地房契，卖 23 亩地及院落，价 8 石杂粮，若仅按耕地计算，每亩

---

① 史金波：《西夏的物价、买卖税和货币借贷》，朱瑞熙等：《宋史研究论文集》，上海：上海人民出版社，2008 年，第 440—458 页。

地价接近 3.5 斗，价格偏高。同样，其中院落也占了相当的价钱。

通过上述分析可知，西夏后期黑水城地区土地价格低廉，一般在每亩 2 斗杂粮上下。上述契约多是卖主缺乏口粮时急于卖地，买主自然会借机压价，卖主在价格方面处于劣势。

（二）契约中的耕地税

西夏耕地所有者要依法缴税。契约长卷中 8 件卖地契都在契约后面附记了应缴耕地税的数量。契约中记载纳税时往往用"有税×斗，其中麦×斗×升"的形式。西夏文中动词置于宾语之后，"有"在最后。西夏文中存在动词"有"有类别范畴，即表示不同类型的"有"用不同的动词，如表示珍贵存在、内部存在、附带存在、并列存在、归属存在、竖直存在、固定存在要用不同的"有"①。契约中表示耕地税的"有"用了表示固定存在的"有"，意味着这块土地的耕地税是固定的，属国家规定，不因物主的改变而变化。8 件契约中税额如下：邱娱犬卖地有税 5 斗，其中 1 斗麦，4 斗杂粮；梁老房西卖地有税 2 石，其中有 4 斗麦；恶恶显令盛卖地有税 5 斗，其中 1 斗麦；梁势乐西卖地有税 5 斗，其中 1 斗麦；庆现罗成卖地有税 1 石粮，2 斗麦；梁势乐娱卖地有税 7 斗，其中 1 斗 4 升麦；每乃宣主有税 5 斗，其中 1 斗麦；平尚岁岁有有税 8 斗杂粮、2 斗麦。

除契约长卷以外的 4 件契约皆未见记纳税数量。但其中天庆三年（1196）六月十六日卖地契中有"其地上租佣草等三种由守护铁承担"，明确表示土地买卖成交后，国家应征收的租税、劳力和草都由土地的新主人负担。

西夏《天盛改旧新定律令》有不少关于农业租税的内容，第 15 卷集中了农业租税条款，各门的标题有"催缴租门""催租罪功门"等。其中规定："诸租户家主当指挥，使各自所属种种租，于地册上登录顷亩、升斗、草之数。转运司人当予属者凭据，家主当视其上依数纳之。"②所谓"税户家主"就是有耕地的纳税农户。农民要纳多种租税，应登录于册，按数缴纳。纳税迟缓要受法律制裁，同门规定："租户家主有种种地租佣草，催促中不速纳而住滞时，当捕种地者及门下人，依高低断以杖罪，当令其速纳。"③

---

① 史金波：《西夏语的存在动词》，《语言研究》1984 年第 1 期，第 215—228 页。

② 史金波、聂鸿音、白滨译注：《天盛改旧新定律令》，北京：法律出版社，2000 年，第 508 页。书中将国家收取的耕地税译为"租"，而不同于农户转包土地所收的"租"（西夏文原意为"地毛"）。《天盛改旧新定律令》所谓"租户"即缴纳土地税的农民，而不同于包租他人土地佃户。

③ 史金波、聂鸿音、白滨译注：《天盛改旧新定律令》，北京：法律出版社，2000 年，第 508 页。

官府之所以做这样细致的规定，主要是为了保证国家税收。土地无论是买卖还是包租，都不能影响国家的农业税收。上述多数卖地契中的一项重要内容便是明确记录这块土地应缴纳的国家农业税的数量，包括总量和其中细粮的数量。黑水城普渡寺土地买卖契约都记明缴纳农业税的数量，表明在土地过户的同时，纳税的义务人也随之转移，并明确所应缴纳耕地税的数目。

《天盛改旧新定律令》又有如下规定：

> 僧人、道士、诸大小臣僚等，因公索求农田司所属耕地及寺院中地、节亲主所属地等，诸人买时，自买日始一年之内当告转运司，于地册上注册，依法为租佣草事。①

这一条款可以理解为，僧人、道士、诸大小臣僚等，因公索求农田司所属耕地及寺院中地、节亲主所属地是不缴纳土地租税的，但其他人买后，要注册，要按规定依法承担租、佣、草，也要向国家缴纳租税。

西夏在一些地方，特别是边远地区设置地方转运司，以农田、修渠、收租、转运粮食为要务。黑水城是设置地方转运司的地区之一。②

西夏法典中未见规定农民要缴纳多少税，但据黑水城出土的多种纳税粮账中的农户地亩数和纳粮数，可以推算出其税率，即每亩地交纳税杂粮 0.1 斗，即 1 升，缴纳小麦 0.025 斗，即四分之一升。③可见西夏有以耕地多少缴纳农业税的制度，是一种固定税制。以耕地面积课税是中国历史上一种重要税法，西夏继承了这种税制。黑水城出土的契约显示出西夏耕地主人缴纳耕地税的真实情况。

（三）契约与赋税文书中的地税差异

由契约长卷中 8 件卖地契不仅可知各买卖土地的缴税数量，由于从其他黑水城出土的纳税粮账中已知耕地纳税的税率，因此还可以从卖地契中的纳税数量进一步探讨土地的数量。邱娱犬卖地契中载明耕地税 5 斗粮，依据前述耕地和纳税的比例应是 50 亩耕地的税，但契约记载是撒 20 石种子的地，合 200 亩左右耕地，两相比较，出入较大。梁老房西等卖地舍契中载明耕地税为 2 石，应是 200 亩耕地的税，契约记载是撒 15 石种子的地，合 150 亩左右，两者虽较接近，也有一定出入。恶恶显令盛卖地契记载耕地税 5 斗，

① 史金波、聂鸿音、白滨译注：《天盛改旧新定律令》，北京：法律出版社，2000 年，第 496 页。
② 史金波、聂鸿音、白滨译注：《天盛改旧新定律令》，北京：法律出版社，2000 年，第 368—375 页。
③ 史金波：《西夏农业租税考——西夏文农业租税文书译释》，《历史研究》2005 年第 1 期，第 107—118 页。

应是 50 亩地的税，契约记有撒 8 石种子的地，合 80 亩地左右，也有出入。梁势乐西卖地契记载耕地税为 5 斗，应是 50 亩地的税，契约记撒 10 石种子的地，合 100 亩左右，相差一倍。庆现罗成卖地契记载耕地税为 1 石谷，应是 100 亩地的税，契约记撒 10 石种子的地，合 100 亩地，正与纳税量相合。梁势乐娱卖地契记载耕地税为 7 斗，应是 70 亩地的税，契约记为撒 5 石种子的地，合 50 亩地，有一定出入。每乃宣主卖地契记载耕地税为 5 斗，应是 50 亩地的税，契约记为撒 5 石种子的地，合 50 亩地左右，也正与纳税量相合。平尚岁岁有卖地契记载耕地税有 8 斗杂粮、2 斗麦，共为 1 石粮，应是 100 亩耕地的税，但契约仅记撒 3 石种子的地，合 30 亩地左右，出入很大。

以上 8 件契约中记载的土地数量与纳税量折合的土地数量相符合的只有两件，其余皆有出入，有的差距很大。之所以出现这种现象，可能是西夏黑水城地区耕地较多，不一定都有精准的丈量，土地数量往往以撒多少石种子来统计，实际上是一种大约估算。8 件契约中以撒种数计量土地时，最小单位是石，没有斗，即以 10 亩左右为单位，也证明这种统计方法是一种粗略估量。黑水城地区即便在户籍手实中对各农户耕地数量的登录也用撒多少石种子来统计。如前述黑水城出土的一件户籍记一户的耕地共有 4 块地，皆以撒多少种子来表示面积。这种统计并不准确，也不能作为缴纳耕地税的依据。然而，土地生熟质量不一，灌溉情况不等，可能使撒种量与收获量比例形成差距，纳税量不是与撒种量挂钩，而是以收获量为准。考察《天盛改旧新定律令》的有关条文，也许有助于对此的理解：

> 诸人无力种租地而弃之，三年已过，无为租佣草者，及有不属官私之生地等，诸人有曰愿持而种之者，当告转运司，并当问邻界相接地之家主等，仔细推察审视，于弃地主人处明之，是实言则当予耕种谕文，著之簿册而当种之。三年已毕，当再遣人量之，当据苗情及相邻地之租法测度，一亩之地优劣依次应为五等租之高低何等，当为其一种，令依纳地租杂细次第法纳租。①

原来西夏的土地纳税不仅依据土地的数量，还要根据土地的优劣确定租税的高低，分成五等。因此可以设想，或许黑水城地区的耕地，依据上述原则，有的耕地面积虽大，但因其并非上乘好地，纳税会比较少。这就不难理解以耕地税来计算土地数量会产生出入。

从黑水城出土的纳粮税账中也能看到耕地与纳税完全符合的情况，如Инв.No.1178

---

① 史金波、聂鸿音、白滨译注：《天盛改旧新定律令》，北京：法律出版社，2000 年，第 492 页。

文书有一顷五十亩耕地,纳税一石八斗七升半,其中杂一石五斗、麦三斗七升半;一顷四十三亩耕地,纳税一石七斗八升七合半。[①]可能这些土地同处于一种等次。西夏黑水城出土的纳粮账计算,耕地税杂粮和小麦的比例为4∶1,卖地契中的耕地税杂粮和小麦的比例正与此相合。

五、契约的保证

(一)违约处罚,契约的法律效力

买卖契约是交易双方当事人都认可、必须执行的共同约定,具有法律效力。土地买卖属重要交易行为,因此契约中为防止违约的规定比借贷、租赁更为细致、严格,对违约行为处罚更为具体、严厉。所见黑水城出土土地买卖契约中无一例外地都有对违约处罚的规定。这些规定写在双方议定价格之后。

最早的一件天盛二十二年(1170)寡妇耶和氏宝引卖地契中规定:"此后其地上诸人不得有争讼,若有争讼者时,宝引等管。若有反悔时,不仅依《律令》承罪,还依官罚交三十石麦,情状依文据实行。"规定首先强调有口角争讼时的责任,责任方是卖者耶和宝引;又明确若反悔不仅承担法律责任,还要罚交30石麦。

长卷契约卖地契对处罚的规定更为细致,如天庆寅年正月二十四日邱娱犬卖地契在议定价格后规定:"价、地两无悬欠,若其地有官、私二种转贷及诸人共抄子弟等争讼者时,娱犬等管,那征茂等不管,不仅以原取地价数一石付二石,服,且反悔者按律令承责,依官罚交二两金,本心服。"在议定价格后双方再次确认所付价钱和所卖土地并无差误,接着强调出现其他人争讼时的责任方,明确若有争讼,是卖主的责任,与买主无关。并且具体指出争讼出现的主要方面,即"官、私二种转贷"和"诸人共抄子弟等争讼者"。前者表明土地不属于卖主自己,而是从官地或私人租贷而来,这种土地本不能出卖。后者强调卖主同宗近亲的同抄子弟往往因共有财产而在土地等方面容易发生纠葛,出现争讼。出现上述情况当然是卖主的责任。处罚方法首先要按地价加倍罚赔。多数契约的末尾写上"本心服",表示立契约的卖主对契约内容的认可,对违约处罚心服的承诺。这是买主依仗掌握卖主急需粮食的困境和法律保护而规定的。对连口粮都难以为继的贫困卖主来说,这种处罚是难以承担的。其目的显然是要杜绝土地买卖中的纠纷。

---

① 史金波:《西夏农业租税考——西夏文农业租税文书译释》,《历史研究》2005年第1期,第107—118页。

此后是对"反悔"的处罚，从字面上看应是指买卖双方。但因这种交易地价被压得很低，吃亏、后悔的往往是卖方，因此这种处罚也可看成是对卖方的约束。这种对毁约的罚金不是以粮食计算，也不是以普通货币计算，而是以更为昂贵的黄金计算。

各卖地契对违约的处罚规定与上述契约大同小异，有的只有对出现争讼者及反悔者的加倍处罚而无对反悔者的罚金。在契约长卷中的 8 件土地买卖契中，有 7 件有罚金，仅有 1 件无罚金，其土地价格最少，仅为 5 石杂粮。罚金多少与成交量的多寡有关，但并不是严格按比例实行。如庆现罗成地售价较高，价 15 石麦、10 石杂、10 石糜，若违约罚 3 两金；邱娱犬卖地价 15 石杂、15 石麦，罚 2 两金；梁势乐西卖地售价较少，为 2 石麦、2 石糜、4 石谷，罚 1 两金；每乃宜主卖地契售价更少，为 6 石杂、1 石麦，罚 1 两金。但梁老房酉等卖地舍契，售价并不算高，为 6 石麦、10 石杂，而罚金却高达3 两金。

在单页契约中小石通判卖地房售价高达 200 石杂，罚 3 两金，或许罚金最高为 3 两金。单页契约中梁善因熊鸣卖地房价 5 石杂，罚金不是黄金，而是罚交 10 石杂粮。据前罚金情况可知，罚 1 两金时售价为七八石粮食，而处罚是加倍的，因此或可推算出一两黄金约值 15 石粮以上，30 石粮以下。买卖毁约时罚以黄金，不自西夏始，敦煌所出买卖契约中就有罚没黄金的记录。西夏契约中惩罚反悔措施未见杖刑等对人身进行肉体的惩罚。

（二）签署和画押

为确保契约真实、可靠，在契约中签字画押是必要的程序，标志着契约的正式确立和法律效力的形成，是履行契约的保证。没有签字画押的契约视为无效。西夏契约和中国其他各朝契约一样，一般在契尾靠下方签字、画押，多数为每人占一行，个别契约中证人有两人占一行者。所见土地买卖契约后部第一个签字画押的是卖主，其次签字画押的是同卖连带责任人，然后是证人。连带责任人和证人可以多到两人或两人以上。每个契约的署名文字，无论是卖主还是责任人、证人，都与契约正文的文字同为一个人的笔迹，多数都是书法流利的草书，有的甚至堪称草书的精品。看来这些人名的签署并非当事人自己所写，而是由书写契约的写字人捉刀代笔。在邱娱犬卖地契中尾部的签署人中有𗣼𗧾𘕿𗯨𗰇𗏴𗄈𘘦𘝶，译为"知写文书者翟宝胜"。"知"字表明此人是该文书的证人之一；同时还写明他的另一种身份，即"写文书者"，即为立契约人代笔者。这是契约长卷的第一份契约，长卷契约皆为连写，各契约笔迹基本相同，看来长卷契约皆出自翟宝胜之手。此长卷契约都是普渡寺买地、租地等事，而寺庙因有诵经、写经等功课，有熟悉西夏文字的僧人，翟宝胜很可能就是普渡寺的一名僧人，"宝胜"也像僧人的名字。

契约的形成是在当事人都在场的情况下，即卖者、买者以及同卖者、证人面对面的场合下进行的。纵观这些契约，大体上是所卖地多，同卖者和证人要多些；相反，所卖地少，同卖者和证人也较少。买卖土地的数量决定了契约的手续繁简，知见人的多寡。如小石通判卖地契卖地最多，为撒100石种子的地，签署画押的除卖地者外，还有同卖者3人、证人4人，多达8人。平尚岁岁有卖地最少，为撒3石种子的地，签署画押的有卖地者，没有同卖者，有证人2人，仅有3人。

西夏的契约绝大多数属于单契形式。单契不是立契双方各持一份的合同契约，而是契约双方只有一份契约。契约文字的口吻是卖主或借贷者（即请求方）。执契约者为买入者或债权人，买主或债主（即被请求方）不在契约上签字画押。这类契约除使用于绝卖关系外，还用于抵押、典当、租赁、借贷等活动。这种契约突出了买入者或债权人经济优势体现出的权利优势，成为权利的一方；也反映了出卖者或债务人因经济劣势导致的权利劣势，成为尽义务的一方。这种契约为片面义务制契约。

单契意味着不合券，为保证契约的真实、可靠，立契人必须署名、画押。这种契约看似是合同契约，其实是沿用了旧时合同契约的程式套语，契后实际署名的，只有原业主一方，此外便是与原业主有关的连带责任人等。

在西夏文契约中卖主签署的形式一般开始为𗗙𗅲𗴚𗴥，对译为"文状为者"，"文状"即"契约"，"为"，动词，"做""制""立"意，翻译为"立契者"。有的直接写"𗗙𗴥"，译为"卖者"。后面写立契者的具体人名，如耶和氏宝引卖地契署名"立契人寡妇耶和氏宝引"，麻则老父子卖地房契署名"卖者麻祖老父子"。姓名为全名，不似契约正文中叙及责任方时，卖主可以只写名字而略去姓氏。

连带责任人签署的文字形式为"𗴚𗴛𗴥"，对译为"状接相"，翻译为"同立契人"。有的写成𗴚𗴛𗗙𗴥，对译为"状接卖相"，译为"同立契卖者"。也有的直接写"𗗙𗴥"，对译为"卖相"，即"相卖"意，译为"同卖者"。在梁老房酉等卖地舍契中，在立契者、同立契者之后还列有𗥃𗴛𗴥，译为"同知人"或"同证人"，为立契者的儿子。连带责任人往往是卖主家人中的重要成员，如儿子、妻子、兄弟等，这是为了确认出卖土地不仅是卖主个人行为，而是与家庭重要成员共同所为。这种添加连带责任人的方式，增加了契约的约束力和证明价值，从而使之变得更加有效。敦煌石室发现的买卖契约中早有这样的先例。①

如所卖土地出现争议，同立契人负有连带责任，假若卖主死亡、逃亡，连带责任人要承担契约的主要责任。在 12 件卖地契中，1 件缺契约末尾部分，其余 11 件中 10 件有两名或两名以上同立契人，没有同立契人的是卖地最少的平尚岁岁有卖撒 3 石种子地的契约。对同立契人有时要标识出与立契者的关系，如耶和氏宝引的第一同立契人为"子没啰哥张"，没啰哥张是耶和氏宝引的儿子，"没啰"是党项族姓，可知耶和氏宝引死去的丈夫姓没啰，党项人。第二个同立契人为"没啰口鞭"，似为没啰哥张的叔伯或兄弟，为同宗至亲。又如麻祖老父子同卖者为"弟显令"，即麻祖老父子的弟弟麻祖显令，因其弟与其同姓，故姓氏省略。第二个同卖者为"梁税梁"，未注明其与卖主的关系，此人并不与卖主同姓，也许是姻亲。其他如立契者邱娱犬的同卖者为子黑奴、红犬；梁老房酉的同立契人为弟老房宝、弟五部宝；立契者恶恶显令盛的同立契人为弟小老房子、妻子讹劳氏子答盛；立契者梁势乐酉的同立契人为妻子恶恶氏犬母宝、子寿长盛、子势乐宝。

证人的签署形式为"𗁲𗗙"，对译为"知人"，译为"证人"。或简写成一个字"𗁲"（知），也译成"证人"。在契末签署部分还发现立契者和同立契人首字平行，而证人往往高出一字或半字。这大约是为了区分两者性质不同，立契者和同立契人对契约负有实质性责任，而证人只是知情者、见证者，如出现问题并不负有实质性责任。证人都在两人以上，有的多达 4 人。有时一个证人可在不同的契约中多次担任证人。如平尚讹山在梁老房酉、恶恶显令盛、梁势乐酉、梁势乐娱卖地契中均为证人，还 3 次任租地契约的证人，又在梁公铁粮贷契中担任证人。②有时契约当事人卖主也可在其他契约中做证人，如梁老房酉是卖地者，但他在梁势乐酉卖地契中以证人身份签署画押。

署名和画押是相互连带的。西夏契约的画押在他人代为签署姓名的下方。画押也称花押，是契约中特有的一项重要内容，通过画押表明契约相关人员的郑重承诺。西夏无论是买卖、租赁、借贷契约都有画押。从上述土地买卖契约可以看到，画押者首先是出卖土地者，其次是连带责任者，然后是证人。画押是画写简单的符号代表自身，藉以表示信用。因上述契约后的署名皆为他人代笔，当事人的画押便成为表示信用的唯一凭据。

---

① 谢和耐：《敦煌买卖与专卖制度》，《通报》1957 年第 4—5 期；郑炳林主编：《法国敦煌学精粹》第一册，兰州：甘肃人民出版社，2011 年，第 3—68 页。

② 史金波：《西夏粮食借贷契约研究》，中国社会科学院学术委员会：《中国社会科学院学术委员会集刊》第一辑（2004），北京：社会科学文献出版社，2005 年，第 201—202 页。

画押分符号和画指两种。西夏契约中两种画押并存。符号画押是当事人在自己的名字下画上代表自己的特有符号，写画时尽量保持同一形状。不同人有不同的画押符号。如平尚讹山的画押为　　。

画指也叫作画指模，就是在契约中自己的名下或名旁比对手指，在指尖和两节指节位置画上横线，以为标记，表示契约由自己签署。传统画指一般取男左女右，以画中、食指指节为最多，画两节或三节。西夏土地买卖契约也是如此，画指多为三节四画。

西夏卖地契中的画指与符号画押并用，有时在同一卖地契中包含了两种画押方式。最早的一件卖地契约天盛二十二年（1170）卖地契中卖地者和同卖者3人为画指，证人为符号画押。而在后来的卖地契中卖地者皆不用画指，画指这种画押形式只出现在同卖者或证人之下，而多以证人为主，这大约是当时已经认为画指不如符号画押更具有凭信力。如长卷中梁老房酉卖地契中只有卖地者为符号画押，其余同立契人、证人6人皆为画指；梁势乐娱卖地契同立契梁老房虎、证人陈盐双、证人平尚讹山用画指；每乃宣主卖地契后三人同立契妻子貌泥氏□□、证人梁势乐娱、证人恶恶显令盛用画指；恶恶显令盛卖地契中同卖者弟小老房子、同卖者妻子讹劳氏子答盛用画指；恶恶显令盛在梁老房酉卖地契中作为证人时用画指，但在他自己的卖地契中却用了符号画押。

也有个别的没有画押，如恶恶显令盛卖地契中最后一个证人梁枝绕犬即没有画押，可能是漏掉了。

西夏也有押印。押印是刻于印章上、代表当事人的小符号。如在西夏文骑账（Инв.No.2157—4）、户纳粮账中（Инв.No.5522—3）都出现了押印。这种押印避免了临时手写符号的随意性，能以更准确、一致的符号表示信誉。

黑水城出土的汉文社会文书有不少是属于元代。有的元代契约中除符号画押外，还出现了黑墨押印，可见当时"签押"和"印押"同时并用。西夏时期尚在使用的画指已见不到。①

（三）白契和红契

从前述《天盛改旧新定律令》规定可知，西夏政府对土地买卖的政策是不干预土地买卖，只要买卖双方认可，即可成交，政府只是从中收取买卖税。在天盛二十二年（1170）卖地契中，甚至还要在契约的尾部记载"税已交"，并在其下有画押，可能是收税者

---

① 塔拉、杜建录、高国祥主编：《中国藏黑水城汉文文献》第六册，北京：国家图书馆出版社，2008 年，第 1237—1263 页。

所画。

中国传统契约中有所谓白契和红契。白契是一般契约，契约上未加盖官府朱印；红契是契约上由政府有关部门认可、并压盖朱印的契约。西夏也有白契和红契之分，上述单页契约中有3件加盖朱印，应是红契。

西夏文契约上加盖的朱印并非当地政府的印章，而是当地买卖税院的收税印章。这种印章形制较大，呈长方形，下托仰莲花，上覆倒荷叶，高23.2厘米，宽73厘米，在一般的契约纸上，几乎与纸等高。印上部有自右而左横写的西夏文𗲾𗣼𗼭𗪊4字，译为"买卖税院"；其下有4竖行文字，前3行小字多漫漶不清，第4行3字形体较大，第一字是注音字，音"居"或"脚"，第二字意"巧、善"，音"考"，第三字也做译音字，音"官"，常作"灌""罐""灌"解，现尚难解此3字的确切含义。下有画押符号。第二行下也有画押符号。这方买卖税院的印，在契约上押印后使契约成为红契，一方面表示有司认可，另一方面证明已经缴纳买卖税。

这种买卖税印不仅用于土地买卖契约，其他文书使用同类印，如一件买卖税账（Инв.No.6377—13）、一件光定酉年卖畜契（Инв.No.7630—2）都押有买卖税院的印。

一般来说，无官印的白契为不合法契约，意味着逃税。上述土地买卖契约中普渡寺的所有契约，签字、画押一应俱全，应是正式契约，但都没有买卖税院的印章，看来属于白契之类。然而契约中对违约行为的处罚，明确指出不仅依《律令》承罪，还要由官府罚金，因此这种契约还不能说是与政府法律无关的纯个人行为。可以说这种买卖契约既符合当时的习惯法，又与政府的法典相协调。

红契的一项职责是收税，防止偷漏税，后世为防止经手契约的官僚胥吏中饱私囊，规定缴纳契税的收据要粘连在契约之后，产生了"契尾"。特别是土地买卖关系中契尾十分普遍。西夏时期包括土地买卖在内的契约尚未出现契尾。

六、结语

（1）新发现的西夏黑水城出土土地买卖契约，不仅为西夏社会经济研究提供了真实而具体的资料，也为中国契约学增添了新的重要资料。过去发表的1件契约和这次新公布的11件契约，每一件都是难得的珍贵史料，将这些契约综合起来分析，更能凸显时代价值。

（2）这些契约反映了西夏晚期黑水城地区的土地买卖和当地社会生活状况。从这些契约可以看到，西夏晚期黑水城地区，相当一部分农民生活困苦，一二月即乏粮，难以度日，不得不出卖土地换取口粮，并导致寺庙和地主兼并土地的现象。中国历史上这种现象往往出现在王朝没落时期，西夏也不例外。

（3）通过对契约以及相关资料的分析，可以了解到西夏黑水城地区官地和私地、农民土地占有、土地管理、土地买卖以及土地价格等重要的社会经济状况，对西夏社会经济有了更深刻的理解。特别一些土地有连带关系的契约，还可据以大致勾画出部分土地和灌渠的分布情况，十分难得。

（4）很多契约记载黑水城地区的耕地中有农民的住房，反映出黑水城农业区有农户分散居住在各自耕地上的特点。这种居住格局可能既有原党项民族游牧习俗的影响，也有黑水城地区耕地较多的地方特色。

（5）黑水城地区历来极度干旱缺雨，黑水及其渠道的灌溉是当地农业的命脉。土地买卖契约中有关渠道、给水等方面的记录反映了当地农业的这一特点，与西夏法典《天盛改旧新定律令》相互补充印证，丰富了对当时水利及其管理的认识。

（6）契约第一次揭示出西夏的耕地价格，对西夏经济研究具有重要意义。契约中有关耕地税的资料反映了西夏政府对农业税收的重视，一方面以具体实例验证了西夏耕地税的税率；另一方面也透视出西夏缴纳耕地税的复杂情况，补充了《天盛改旧新定律令》在税收方面的缺漏。

（7）契约反映出原从事游牧的一部分党项族向汉族等民族学习，已开始经营农业。表明中国历史上各民族之间在产业结构上的影响和互动，体现出各民族之间相互借鉴、吸收和融合，形成中华民族大家庭内互学互补、血肉相连的社会经济结构。

（8）西夏土地买卖契约继承了中国传统契约的形式，同时也形成了自己的风格。契约首记形成时间，不直接写出卖土地原因，严格违约惩罚措施，记载纳税额度，明确土地四至，保留两种形式的画押，红契、白契并存。有些形式是唐宋契约和元代契约的一种中间形式。

附识：本文曾征求北京大学张传玺教授、宁夏大学杜建录教授的意见，他们都提出了重要的建设性意见；另匿名外审专家也提出了修改意见，在此一并致谢。

（原载《历史研究》2012 年第 2 期）

黑水城出土西夏文卖人口契研究

史金波

摘　要： 新发现的黑水城遗址所出 3 件西夏文卖人口契是中世纪稀见的人口买卖契约原本。本文做了初步翻译，为中国历史上的人口买卖提供了新的资料。对这些契约的形制和内容进行分析，论述了立契时间、立契者、买人口者、卖出人口的数量及价钱、契约保证和违约处罚、签字画押等。并联系西夏法典中关于买卖人口的规定对西夏契约中人口价格、买卖人口的来源，特别是其中所反映的西夏社会中残酷的剥削、压迫的社会现象做了剖析。

关键词： 西夏；黑水城；人口买卖；契约

一百多年前，在黑水城（今属内蒙古额济纳旗）发现了大量文献，现皆存于俄罗斯科学院东方文献研究所（圣彼得堡），其中以西夏文文献最多。十多年前我们在圣彼得堡整理这些文献时，发现了一大批具有重要学术价值的社会文书，其中包含大量西夏文契约。在契约中有 3 件西夏文卖人口契。在存世的历代社会文书中，卖人口契十分罕见。新发现的西夏卖人口契反映出西夏社会中存在的一种特殊的社会现象——人口买卖，这对研究西夏社会性质和社会生活具有十分重要的学术价值。

西夏文卖人口契迄今尚未做过翻译和研究。本文试做初步译释和探讨，敬请方家指正。

一、卖人口契的录文和译文

3 件卖人口契分别为Инв. No. 5949—29、4597 和 7903，因皆为西夏文草书，以下先将西夏文草书移录为西夏文楷书，再以汉文逐字对译，最后做出全文意译。[①]

1. Инв.No.5949—29 乾祐甲辰二十七年卖使军奴仆契[②]

录文：

[illegible]
[illegible][③][illegible]
[illegible][④][illegible]□[illegible]
[illegible]
[illegible][⑤][illegible][⑥][illegible]
[illegible]□[illegible]□□[illegible]□□[⑦]
[illegible]□[illegible]
[illegible]
[illegible]
[illegible][⑧][illegible]
[illegible]□[illegible]
[illegible]
[illegible]□[illegible]□□[illegible]
[illegible][⑨][illegible]
[illegible]（押）

---

① 俄罗斯科学院东方研究所圣彼得堡分所、中国社会科学院民族研究所、上海古籍出版社：《俄藏黑水城文献（西夏文世俗部分）》第十四册，上海：上海古籍出版社，2011 年，第 91 页。此契为写本，麻纸，高 20.3，宽 55.2 厘米。西夏文草书 20 行。

② 录文和译文中“□”表示缺字、字迹不清或不识，□内有字为补字，△表示虚词，斜体字表示尚待斟酌。

③ [illegible]译为“讹□移”，党项族姓氏。

④ [illegible]六个西夏字译为“使军奴仆军□”，前两字“使军”意，中间二字“奴仆”意，最后二字中第一字“军”意，第二音［讹］，两字组成一词，与使军、奴仆并列。

⑤ [illegible]译为“领顷”，党项族姓氏。

⑥ [illegible]译为“麻勒”，党项族姓氏。

⑦ 此行多字不清、不识。

⑧ [illegible]直译为“口缚”，“争议”“诉讼”意。

⑨ 此处似缺[illegible]（十）字。

𗤆𗫡𗉺𗰤𗢭𗗙𗬥（押）

𗤆𗫡𗉺𗰤𗧤□𗐩（押）

𗿢𘟙𗩱𗰷𗄈𗰜（押）

𗿢𘟙𗩱𗰷𗠋𗬍（押）

𗿢𘟙𘊛𗹙𗄈（押）

对译：

乾祐甲辰二十七年三月二十四日文
状为者讹□移吉祥宝乐意依今自属
使军奴仆军讹等六人□奴讹□移法
宝△△卖为价四百五十贯铁钱△说
其吉祥宝原先自领项主麻勒那征酉与
的无后后衣服手告入□仅□□入□□
常□□人自△四百五十贯铁钱持正军
手择法宝行为△看始为价人等□日先△
传转其使军奴仆数上官私诸人抄
共子弟等口缚者有时吉祥宝管法宝不
管语变时△属军监司判断□中五百
贯钱罚交不仅罪亦律令依心服
男成讹年六十甦□犬三十九□□二十八
女犬妇盛五十七犬妇宝三十五增犬二
十三
文状为者吉祥宝（押）
状接相子吉祥大（押）
状接相子□□盛（押）
知人每淫慧聪（押）
知人每淫乐军（押）
知人梁晓慧（押）

意译：

乾祐甲辰二十七年三月二十四日，立
契者讹□移吉祥宝，今自愿将自属

使军、奴仆、军讹六人，卖与讹□移法

宝，价四百五十贯铁钱已说定。

其吉祥宝与原先自领顷主麻勒那征酉

无中□衣服手入告□仅□入□

常□□人自四百五十贯铁钱持，正军

手择法宝被检视。价、人等即日先已

互转。其各使军、奴仆若有官私诸人同抄

子弟等争讼者时，吉祥宝管，法宝不

管。反悔时，所属监军司判断，不仅罚交

五百贯钱，其罪还按《律令》判，心服。

男：成讹，年六十；鬼□犬，三十九；□□，二

十八

女：犬母盛，五十七；犬妇宝，三十五；增

犬二十三

立契者吉祥宝（押）

同立契子吉祥大（押）

同立契子□□盛（押）

证人每埕慧聪（押）

证人每埕乐军（押）

证人梁晓慧（押）

2. Инв.No.4597 天庆未年卖使军契①

录文：

𗰔𗴂𗃛𗵽𗹦𗵆𗗆𗾔𗅆𗋽𗵽𗰖

𗰝𗄊𘐁𗾔𗿟𘝵𘈩𗿒𘜶𗨁𗴂𗰔

𗐐𗵽𗌋𗉆𗀔𗿟𘆊𗤁𗵕𗑌𗓉𗱕

𗤱�022𗘂𗾔𘀚𗾔𘈩𗵽𘉞𘒣𗴿𘀯𗤱

𘗠𗐐𗰁𗰁𘃵𗇋𗾔𗯱𗑅𗄊　𘃏𘉎𘜵②

𗐐𘘢𗸁𗾔𘇂𗤱𗐐𗊋𗹦𘕘𘐁𗾔

_____

① 俄罗斯科学院东方研究所圣彼得堡分所、中国社会科学院民族研究所、上海古籍出版社：《俄藏黑水城文献（西夏文世俗部分）》第十三册，上海：上海古籍出版社，2007年，第223页。此契麻纸，高20.4厘米，宽57.8厘米。西夏文草书19行，字迹浅淡模糊，背面写有佛经，两面文字相互叠加干扰，更加不易识读。

② 此字残，仅存上部，推测为𘜵（诸）。

𗾍𗾍𗾍𗾍𗾍𗾍𗾍𗾍𗾍　𗾍𗾍𗾍
𗾍𗾍𗾍𗾍𗾍𗾍①𗾍𗾍𗾍②𗾍

𗾍𗾍𗾍

𗾍𗾍𗾍𗾍𗾍𗾍𗾍（押）

𗾍𗾍𗾍𗾍𗾍□□

𗾍𗾍𗾍③𗾍𗾍𗾍（押）

𗾍𗾍𗾍□□𗾍（押）

𗾍𗾍𗾍𗾍□□（押）

𗾍𗾍𗾍𗾍𗾍𗾍（押）

𗾍𗾍𗾍𗾍𗾍𗾍𗾍

𗾍𗾍□□□𗾍□④

对译：

天庆未年三月二十四日文状为者

鬼移软成有今自属使军五月犬

等二老幼全状语乐移㪟讹金刚（王）

盛△△卖为价五十石杂△付人

谷等差异△连为其人上官私诸

等抄共子弟余口缚者有时软成

有管当口悔语变者有时官依三

十石杂交罚心口服语体入柄依

承施行

文状为者鬼移软成有（押）

状接相鬼移软□□

状接相鬼移有子盛（押）

知人药乜□□乐（押）

知人牛离□□（押）

---

① 𗾍𗾍𗾍，对译为"心口服"，即"心服"意。

② 前二字不清，推测为𗾍𗾍，对译为"入柄"，"文书"意。

③ 此处似遗一字𗾍，音［移］。

④ 契末有两行西夏文字，与另面文字透墨重叠不清。

意译：

天庆未年三月二十四日，立契者

觅移软成有，今自属使军五月犬

等二老幼，按文书语，自愿卖与移_合讹金

刚盛，价五十石杂粮已付，人、

谷并无参差，若其人有官私诸

同抄子弟等他人争讼者时，软成

有当管，有出言反悔时，按官法依罚交

三十石杂粮，心服，依情状按文书

施行。

立契者觅移软成有（押）

同立契觅移软□□

同立契觅移有子盛（押）

证人药乜□□乐（押）

证人牛离□□（押）

文书写者瞿宝胜（押）

同立契觅移女易养（押）

证人□□□水□（押）

3. Инв.No.7903 皇建午年苏□□卖使军契①

录文：

天庆未年三月二十四日，立契者（西夏文草书）

① 俄罗斯科学院东方研究所圣彼得堡分所、中国社会科学院民族研究所、上海古籍出版社：《俄藏黑水城文献（西夏文世俗部分）》第十四册，上海：上海古籍出版社，2011年，第221—222页。此契写本，麻纸，残。高18厘米，宽44.8厘米，西夏文草书16行。背面有文字浸透，模糊不清。有涂改。

② 移皅（全部），此二字为旁加小字。

③ 皅敝薀庸形，前二字为党项族姓，意［讹七］；三四字音［乙宁］，意"金刚王"或"金刚"，第五字音"酉"或"由"。

𗥼□𗣼𗥦𗣔𗤶𗣺𗤶𗥑𗤴𗤴

𗧁𗤜　𗧕𗤅𗥻𗣺𗤶𗤵𗤴𗤥

𗧤𗤕𗤰𗤣𗤰𗣫𗥹𗥉𗤝𗤾𗤕𗥃𗣸

　　　　𗣜𗥲𗤴𗣷𗤨（押）

　　　　　𗥳𗥊𗤰𗣬𗤜𗤭𗤾

　　　　𗥼𗥉𗥉𗤝𗣷（押）

　　　　𗥼□□□𗣬𗥼□□（押）

契尾签署上部有小字汉文 3 行，较大字汉文 1 行：

苏足□私人一户

四人□转乙宁由

价钱一百贯

杨贺好□□□□

对译：

　　皇建午年二月三日日文状为者

　　地勿苏足□□今自属使军

　　择嫁显乐乐□□□外地美

　　子九月乐正月成等都全四□人共

　　抄讹七金刚（王）酉△△卖为价

　　一百贯钱△说实人及官

　　私口缚者有及心悔语变等

　　△□取价一贯二贯数付为

　　不仅官依五十贯钱罚交

　　本心服语体入柄上有依实行

　　　　　文状为者苏□□（押）

　　　　　状接相妻子俯好

　　　　知人柄写者□□□□（押）

　　　　知□□鬼名□（押）

意译：

　　皇建午年二月三日，立契者

　　地勿苏足□□，今将自属使军

择价显乐乐□外地美、

子九月乐、正月成等共四人卖

与同抄讹七金刚酉，价

一百贯钱已议定。若各人有官

私争讼者，或有反悔者等时，

依卖价不仅一贯付二贯，

还依官法罚交五十贯钱，

本心服，依情状按文书施行。

　　　　立契者苏□□（押）

　　　　同立契妻子俯好

　　　证人、写文书者□□□□（押）

　　　证人□□蔑名□（押）

二、卖人口契的形制和内容

西夏文卖人口契具有西夏契约的一般形制。每契首列立契时间，然后记立契者姓名，接着写买人口者的姓名、被卖人口及数量、契价与交割、亲邻权的处理、对法律责任，最后是双方当事人与中保人署名画押。

1. 立契时间

三件卖地契第一件Инв.No.5949—29，时间为乾祐二十七年三月二十四日。此契约时间记载有误。西夏乾祐仅24年，无27年。乾祐甲辰为乾祐十五年（1184）。若顺延三年至所谓的"乾祐二十七年"，则为天庆三年（1196）。第二件Инв. No.4597，时间为天庆未年三月二十四日，时为天庆六年（1199）。第三件Инв. No. 7903，时间为皇建午年二月三日，时为皇建元年（1210）。三件契约皆为西夏晚期，最晚的距西夏灭亡17年。

三件契约皆在春天二三月间，与绝大多数贷粮契、卖地契一样，多在春季青黄不接之时。

2. 立契者

在西夏文契约中卖主签署的形式一般开始为𗏴𗗔𗦣𗣼，对译为"文状为者"，翻译为"立契者"。在立契时间后为立契者的姓名，三件卖人口契的主人分别是讹□移吉祥宝、嵬移软成有、苏足？。其中两人为党项姓，一人苏姓。

3. 买人口者

3 件契约中的买主分别为讹移法宝、移合讹金刚盛、讹七金刚酉。讹移为党项姓，名字"法宝"似为僧人法号。移合讹金刚盛、讹七金刚酉，二人名字中的"金刚"带有明显的佛教色彩，二西夏字音〔乙宁〕。第 3 件契约的汉文中将"金刚酉"音译为〔乙宁由〕。

4. 卖出人口、数量及价钱

卖人口契的标的很特殊，不是一般的物，而是人。契约中记述所卖人，因契约文字不清，加之草书的难识，有的名字不清。从已能识别的名字看，被卖者的名字有五月犬、成讹、嵬？犬、犬母盛、九月乐、正月成等，并无他们的姓氏。被卖者的人数和价钱为：第一件契约卖 6 人，价 450 贯铁钱；第二件契约卖 2 人，价 50 石杂粮；第三件契约卖 4 人，价 100 贯钱。

5. 契约保证和违约处罚

契约规定了若出现争讼时责任由出卖人口方负责，并规定若反悔时，第一件罚交 500 贯钱，还要按《天盛改旧新定律令》判罪；第二件罚交 30 石杂粮，还要依情状承责；第三件按价钱计罚，每一贯罚两贯，还要依官罚交 50 贯钱。契约的末尾写上"心服"，表示立契约的卖主对契约内容的认可，对违约处罚心服的承诺。

6. 签字画押

最后是立契者、同立契者和证人的签名和画押。卖人口契也同其他契约一样，在契尾靠下方签字、画押，每人占一行。第一个签字画押的是孩㕟移㐌（文状为者）即立契者，也即卖人口者。其次签字画押的是连带责任人，签署的文字形式为㕟㕙㐌，对译为"状接相"，翻译为"同立契人"。然后是证人，西夏文为㔫㘴（知人），或简写为㔫，译为"证人"。

卖人口契和卖地契一样在契约中属于重要的契约，为绝卖契的一种，同卖者和证人较多。特别是第一件同卖者 2 人，证人 3 人；第二件同卖者 3 人，证人 3 人。第三件人员较少，同卖者 1 人，证人 2 人。

因上述契约后的署名皆为书写人代笔，当事人的画押便成为表示信用的唯一凭据。署名和画押是相互连带的，通过画押表明契约相关人员的郑重承诺。黑水城出土的西夏文契约中的画押有两种，一种是符号画押；另一种是画指。符号画押多使用在立契者和同立契者名下，而画指一般使用于证人名下，符号画押显得更郑重些。这 3 件卖人口契作为重要契约，画押全部使用较为正规的符号画押，第二、三件契约中的各有一同立契者未画押。

第二、三件契尾中还有书写文书（契约）者的签名和画押，这在一般契约中是很少见的。第三件契约的书写者还兼证人。

三、西夏人口买卖探析

一般来说，历史上的人口买卖主要发生在有人身占有的奴隶社会。在奴隶社会中奴隶主占有奴隶的人身、实行超经济奴役，奴隶无人身自由，是奴隶主的私人财产，因此奴隶主可以买卖奴隶。在中国封建社会中，占有少量耕地的大量自耕农、半自耕农与地主的人身依附关系较弱。所以一般是法律禁止人口买卖。然而封建社会是阶级社会，存在着严格的等级，买卖人口作为一种特殊的社会现象，也长期存在。

人口买卖的前提是卖人口者对被卖者的人身具有所有权。在封建社会中往往存在着一些无人身自由的人，如部曲、奴婢等。他们往往成为买卖的对象。此外，在乱世时期，社会混乱，民不聊生，生活在底层社会的人基本生活得不到保障时，也会发生人口买卖现象。有的人或卖自身，或卖妻子儿女，以达到自救或救亲人的目的。唐、宋时期，禁止以暴力手段、欺诈方法买卖人口，如《唐律》《宋刑统》都规定了不许"略卖良贱"①，但不禁限和卖人口，即便是违反法律的略卖人口也不断发生。②

1. 西夏法典关于买卖人口的规定

西夏法典《天盛改旧新定律令》明令禁止对亲属的买卖，因为亲属往往成为可以支配的人，有可能出现买卖行为。《天盛改旧新定律令》严格规定对买卖亲属的处罚。如规定：

> 一节下人卖节上中祖父、祖母、父、母等者，造意以剑斩，从犯无期徒刑。③

又规定了对卖其他亲属的处罚：

---

① ［唐］长孙无忌等撰、刘俊文点校：《唐律疏议》，北京：法律出版社，1999 年，第 399—406 页；薛梅卿点校：《宋刑统》，北京：法律出版社，1998 年，第 356—362 页。
② 余贵林：《宋代买卖妇女现象初探》，《中国史研究》2000 年第 3 期，第 102—112 页。
③ 史金波、聂鸿音、白滨译注：《天盛改旧新定律令》，北京：法律出版社，2000 年，第 128 页。西夏亲属中的"节"，约相当于"辈分"，以自身为分界，自身的诸上辈皆为"节上"，自身的诸下辈皆为"节下"。

一节下人略卖其节上人中亲祖父母、父母者，其罪状另明以外，略卖丧服以内节上亲者，一律造意当绞杀，从犯徒十二年。

一节上亲略卖节下亲时：

一等略卖当服丧三个月者，造意徒十二年，从犯徒十年。

一等略卖当服丧五个月者，造意徒十年，从犯徒八年。

一等略卖当服丧九个月者，造意徒八年，从犯徒六年。

一等略卖当服丧一年者，造意徒六年，从犯徒五年。

一等略卖当服丧三年者，造意徒五年，从犯徒四年。

一前述节上人略卖节下亲者，若所卖者乐从，则略卖人比前罪依次当各减一等。

一诸人略卖自妻子者，若妻子不乐从则徒六年，乐从则徒五年。其妻及父、兄弟及其他人举告，则妇人当往所愿处，举告赏依举告杂罪赏法得之。若妻丈夫悔而告者，则当释罪，妻及价钱当互还。①

然而，从《天盛改旧新定律令》的一些条款看，在西夏可以进行人口买卖，但买卖对象为使军、奴仆。

一诸人将使军、奴仆、田地、房舍等典当、出卖于他处时，当为契约。②

西夏社会中的使军、奴仆是一个特殊的社会阶层。使军大约相当于唐宋时期的部曲。使军、奴仆来源有犯罪被发配到边远地区的人，有战俘或通过战争掠夺来的人员。《天盛改旧新定律令》中规定：

我方人将敌人强力捕获已为使军、奴仆，后彼之节亲亲戚向番国投诚，与强力被捕人确为同亲，可自愿团聚……③

使军还可能包括破产的农奴。《天盛改旧新定律令》多次出现使军、奴仆，特别是使军出现更多。使军、奴仆的主人，在《天盛改旧新定律令》中一般称为𗗙𗋕，可译为“头监”，也可译为“主人”。使军没有人身自由，社会地位低下，他们不仅自身属于主人，连自己的家属也要由主人决定。《天盛改旧新定律令》规定：

一诸人所属使军不问头监，不取契据，不许将子女、媳、姑、姐妹妇人等自行卖与他人。若违律卖时，当比偷盗钱财罪减一等。买者知则科以从犯法，不知罪勿

① 史金波、聂鸿音、白滨译注：《天盛改旧新定律令》，北京：法律出版社，2000 年，第 258 页。
② 史金波、聂鸿音、白滨译注：《天盛改旧新定律令》，北京：法律出版社，2000 年，第 390 页。
③ 史金波、聂鸿音、白滨译注：《天盛改旧新定律令》，北京：法律出版社，2000 年，第 273—274 页。“番国”指西夏。

治。若卖者未提卖语，买者造意曰买之，增价而买之，则判断与卖者同，其中已卖妇人所生之子女当一律还属者。前所予钱价，卖者能自予则当自予，不能则当罚买者。为买卖中介者，知则徒六个月，不知罪勿治。

一使军未问所属头监，不取契据，不许送女、姐妹、姑等与诸人为婚，违律为婚时徒四年，妇人所生之子女当一律还属者。前已予价，为婚之使军能自予则当自予，不能则当罚主人。

一前述往使军已问所属头监，乐意给予契据，则允许将子女、媳、姑、姐妹妇人等卖与他人，及与诸人为婚。①

可见，在西夏使军得不到主人的文字许可，不许将自己的子女、媳、姑、姐妹妇人等自行卖与他人，也不许使女、姐妹、姑等与他人结婚。相反，如果得到主人的许可，使军可以将自己的子女、媳、姑、姐妹妇人等自行出卖或为婚。看来西夏不仅主人可以出卖使军，使军若得到主人的文字许可，也可以出卖自家的妇女。

上述西夏三件卖人口契中的标的都是使军或奴仆。在第三件契约的契尾部分还用汉字着重记录了标的即出卖人口的情况：其中记"私人一户四人"，"价钱一百贯"。契约中所记出卖的"使军"，在汉文中用"私人"表述。在《天盛改旧新定律令》中一些条款中有关于"私人"的规定。如：

大小官员诸人等不允在官人中索要私人，及求有重罪已释死罪，应送边城入农牧主中之人为私人。②

所谓"官人"即属于官家无人身自由的人，类似官奴；而"私人"应是属于私家没有人身自由的人，类似私家的奴隶。上述条款规定官员既不允许借重权势将"官人"索要为自己的私奴，也不可以将犯有重罪、但已免死罪，并已发配到边远地区给农牧主做私人的人，索要为自己的私人。此外还有一些关于官、私人逃跑的规定。③可见私人是地位很低、没有人身自由的人，等同于使军、奴仆。奴仆即奴婢，也是没有人身自由的人。

2. 卖人口契中的人口价格分析

第一件卖使军、奴仆共6人，契末还记明性别、人名和年龄，其中男3人，女3人，从性别和年龄看似乎也是一家人。第二件卖使军2人，未记性别、年龄。第三件卖使军

① 史金波、聂鸿音、白滨译注：《天盛改旧新定律令》，北京：法律出版社，2000年，第417页。
② 史金波、聂鸿音、白滨译注：《天盛改旧新定律令》，北京：法律出版社，2000年，第254页。
③ 史金波、聂鸿音、白滨译注：《天盛改旧新定律令》，北京：法律出版社，2000年，第275—281页。

4人，汉文明确记为"私人一户四人"。也许西夏的人口买卖多以使军、奴仆户为单位。

人口买卖目的是使之创造尽可能多的劳动价值，一般老弱价低，青壮年价高，有生育能力的女性因可以生产新的劳动力而价格更高。第一件卖人口契共6人，价450贯铁钱。平均每人售价75贯铁钱。其中青壮年4人，约计每人的价格在80贯铁钱左右。第二件出卖2人，价50石杂粮。过去笔者依据黑水城所出西夏文卖粮帐残叶推算出当地每斗糜（杂粮）价为150—200钱。①50石杂粮约合75贯至100贯之间，每人的价格为35至50贯之间。第三件卖4人，价100贯钱。平均每人售价25贯。

这三件契约皆发现于黑水城地区，应是反映了黑水城一带的人口买卖情况。但可以看到三件卖人口契中所显示的人口价格差距较大。看一看三个契约的时间也许对解释这一差距有所帮助。

第一件契约时间记载有误，但无论按乾祐十五年（1184）还是按"乾祐二十七年"顺延至天庆三年（1196），在三件文书中都是最早的。第二件契约天庆六年（1199）距乾祐甲辰年已过了15年。第二件契约为皇建元年（1210）距第二件契约又过了11年，已至西夏末期，具体情况参见表1。

表1　西夏末期人口买卖情况

编号	立契时间	卖出人口	价钱	平均价格
Инв.No.15949—29	乾祐甲辰二十七年	6人	450贯铁钱	75贯
Инв.No.4597	天庆六年（1199年）	2人	50石杂粮	35至50贯
Инв.No.7903	皇建元年（1210年）	4人	100贯钱	25贯

从表1可以清楚地看到，时间越晚，人口价格越低。一般来说，社会越是安定，劳动力价格越高；反之，社会越动乱，劳动力价格越低。乾祐年间是西夏仁宗时期，社会经济、文化处于发展时期，社会相对稳定。仁宗去世之后，桓宗即位，西夏开始走下坡路，但尚可勉强支撑。最后的22年间，先后4位皇帝登基，内忧外患加剧，社会动荡不安，人们生活更加困苦。在这种情势下，人口价格肯定会大幅度下滑。这就造成上述契约反映的随着时间的推移，人口价格越来越低的现象。

还有一个问题需要考虑的是，第一件契约明确记载是450贯"铁钱"。因为无论是在中原王朝还是在西夏，铁钱的价值要比铜钱的价值低。

西夏因缺铜，金国又实行铜禁，不得不使用宋朝钱币。其实宋朝早就实行铜铁钱并

---

① 史金波：《西夏的物价、买卖税和货币借贷》，朱瑞熙等：《宋史研究论文集》，上海：上海人民出版社，2008年，第440—458页。

用。宋朝为防止铜钱大量流入西夏，便制作铁钱，在临近西夏的陕西、河东铜铁钱兼用区使用。而西夏人便利用宋朝两种钱币通用的机会，大肆以铁钱兑换铜钱。宋哲宗时期就感到问题有些严重：

> 陕府系铜铁钱交界之处，西人之来，必须换易铜钱，方能东去。即今民间以铁钱千七百，始能换铜钱一千，遂致铁钱愈轻，铜钱愈重，百物随贵，为害最深。①

所谓"西人"即西夏人。西夏人兑换钱币，使铁钱贬值，影响到宋朝的物价。宋朝为此采取了具体措施，兑钱时以西夏人所纳税钱为限，十分许兑换二分，每名不得超过五千；另在陕州并碛石镇两驿站兑换铜钱者，每铁钱一千换铜钱八百。

西夏使用铜铁钱还有地区的不同。《天盛改旧新定律令》规定：

> 诸人不允将南院黑铁钱运来京师，及京师铜钱运往南院等，若违律时，多寡一律徒二年，举告赏当按杂罪举告得赏。②

据凉州重修护国寺感通塔碑铭知，西夏文铭文中的"南院"即汉文铭文的"右厢"③。所谓"南院"应指凉州一带。实际上西夏铁钱的使用范围很宽，"南院等"大约包括了西夏北部、西北部地区，黑水城地区也应是使用铁钱的范围。三件契约中只有一件契约明确指出买人价钱为铁钱，第三件契约未明确指出价钱所说的钱是铁钱还是铜钱。根据上述规定来看，很有可能也是使用铁钱。即便不是铁钱，按铁钱折合铜钱的80%算，第一件契约的人口平均价也是最高的。

历史上买卖人口的现象并不鲜见，但保存至今的卖人口原始契约却如凤毛麟角，十分稀见。敦煌文书中也有三件卖人口契，都属于10世纪。分别是丙子年（916）阿吴卖儿契，卖一7岁儿子，价30石；贞明九年（923）曹留住卖人契卖10岁子，价生绢？匹半；宋淳化二年（991）卖妮子契卖一28岁妮子，价生熟绢5匹（生绢3匹，熟绢2匹）。④可以将这三件契约与西夏黑水城卖人口契做些简单的比较。黑水城出土三件卖人口契中第一件平均每人价格约75贯，黑水城地区的杂粮每斗价格约在150—200钱，折合粮食约为37石至50石；第二件以粮支付，平均每人价格25石；第二件每人平均13至17石粮。敦煌

---

① ［宋］李焘：《续资治通鉴长编》卷四五七"哲宗元祐六年（1091年）四月甲午"条，北京：中华书局，2004年，第10937—10938页。

② 史金波、聂鸿音、白滨译注：《天盛改旧新定律令》，北京：法律出版社，2000年，第287页。

③ 史金波：《西夏佛教史略》，银川：宁夏人民出版社，1988年，第249、253页。

④ 唐耕耦、陆宏基：《敦煌社会经济文献真迹释录（二）》，北京：全国图书馆文献缩微复制中心，1990年，第47—49页。

第一件卖一人价 30 石。第二件契约卖价不完整，难以比较。第三件卖一 28 岁妮子，价生熟绢 5 匹（生绢 3 匹，熟绢 2 匹），若按西夏物价比较，当时每匹绢价推算约在 16—21 贯钱，再折合成粮食每匹绢 8 至 10 石左右，若是 5 匹绢（忽略生熟绢区别），就是 40 至 50 石左右。尽管时间相差两三个世纪，每个被卖人口的具体情况又有差别，但若以实物粮食对比被卖人口的价格大抵相差不远。

3. 买卖人口所反映的西夏社会问题

西夏三件珍贵卖人口契，具体地显示出西夏人口买卖这一典型的社会现实，突出地反映了西夏晚期社会经济和生活状况，揭露出西夏阶级社会残酷压迫、剥削的面貌。

西夏自建国前已经进入封建社会，以西夏皇室为核心的地主、牧主阶级构成了西夏社会的权力中心，西夏社会的普通农民和牧民，以及手工业工匠，构成社会人口的大多数，但社会中还保留着带有奴隶性质的使军和奴仆。这些人受着超经济的压迫，不但要从事最繁重的劳动，还失掉了人身自由和起码的人的尊严，可以被当做物品一样买卖。这样一种残酷的不合理的社会现象，竟然被载之西夏国家法典，成为合理合法的行为。

早期的党项族社会保留着更多的奴隶制。当时奴隶来源有多种：一俘掠奴隶；二买卖奴隶；三债务奴隶；四犯罪奴隶。[①]如《宋史》记载："庚寅，禁陕西缘边诸州阑出生口。……秋七月己亥，诏陕西缘边诸州，饥民鬻男女入近界部落者官赎之。"[②]

在已发现的西夏社会文书中，有 500 件契约，其中绝大多数为粮食借贷契约，属于买卖的契约较少，比如土地买卖契约目前仅发现 12 件[③]，但却发现了 3 件卖人口契。这可能说明西夏的人口买卖并非个别现象。

黑水城出土的这三件卖人口契，属于 12、13 世纪，填补了这一时期的人口买卖契约的空白。契约以西夏文草书书写，更具特色。在同时代的宋、辽、夏、金四个王朝中，独西夏未入"正史"，历史资料十分稀缺。在不多的有关西夏的汉文史料中也多是关于朝代更迭、军事攻防以及与周边各朝的关系，关于西夏社会经济的记载十分缺乏。这三件卖人口契增添了关于西夏社会经济的重要原始资料，显得更为可贵。

（原载《中国社会科学院研究生院学报》2014 年第 4 期）

---

① 吴天墀：《西夏史稿》，北京：商务印书馆，2010 年，第 136—137 页。

② ［元］脱脱等：《宋史》卷五《太宗纪》，北京：中华书局，1977 年，第 87、88 页。

③ 史金波：《黑水城出土西夏文卖地契研究》，《历史研究》2012 年第 2 期，第 45—67 页。

西夏光定十二年正月李春狗等扑买饼房契考释

杜建录

摘　要： 出土的隋唐宋辽夏金元时期租赁文契绝大部分是租田契，租赁房屋的文契不仅数量少，而且均为残件。西夏光定十二年（1222）正月李春狗等扑买饼房契，是目前所见这一时期最完整租赁店铺文契，本文在前人研究的基础上对文契的来源和内容做详细的考证和进一步的研究。

关键词： 西夏；李春狗；扑买；契约

西夏光定十二年（1222）正月李春狗等扑买饼房契，俄罗斯科学院东方文献研究所藏，俄藏编号ДХ18993，没有定名。中俄两国联合整理出版《俄藏敦煌文献》时，将该文书收在俄藏敦煌文献，图版见《俄藏敦煌文献》第十七册①。光定十二年（1222）是夏神宗李遵顼年号，距西夏灭亡只有五年时间。乜小红、陈国灿先生考证，该文契"不大可能是敦煌地区书写的文书"，而是黑水城文书，因为迄今为止在敦煌出土的文书中，尚未发现写于西夏末年的文书，这是第一。第二，文书中的"立文字人"及"同立文字人"的称谓与写法，多见于西夏至元朝的契约文书，而不见于敦煌。第三，文契中的"不词"一语，不见于敦煌文书，而是黑水城文书所具有的特色。第四，文契中的"烧饼房"也不见于敦煌文书②。

---

① 俄罗斯科学院东方研究所圣彼得堡分所、俄罗斯科学出版社东方文学部、上海古籍出版社：《俄藏敦煌文献》第十七册，上海：上海古籍出版社，2001年。
② 乜小红、陈国灿：《黑水城所出西夏至元的几件契约研究》，宁夏文物考古研究所：《丝绸之路上的考古、宗教与历史》，北京：文物出版社，2011年，第303—311页。

这些认识很有见的，笔者完全赞同，受此启发，以为除上述依据外，还有一个重要的依据，就是与"光定十二年李春狗等扑买饼房契"编入敦煌文献的还有许多其他黑水城文献，如，编号ДX18992的"亦集乃路总管府文书"[1]，编号ДX18996的"亦集乃路不颜帖木合同婚书"，编号ДX19022的"元至正廿三年支付卖硫磺钱收据"，编号ДX19043的"西夏乾祐廿四年文书"，编号ДX19070的"至元年间和籴马料文书"，编号ДX19072R的"至正三年请支孤老口粮呈状"，编号ДX19073的"元泰定二年文书"，编号ДX19087的"西夏文记数文书"[2]，等等，这些文书和"光定十二年李春狗等扑买饼房契"编号相连，一同误入敦煌文献，也自然一同来自黑水城。乜文考释的重点是辨析文契的来源，对文契内容考证比较简略，故笔者撰文做进一步的研究。

出土的隋唐宋辽夏金元时期租赁文契绝大部分是租田契，租赁房屋的文契不仅数量少，而且均为残件[3]。西夏光定十二年（1222）正月李春狗等扑买饼房契（图1），是目前所见这一时期最完整租赁店铺文契，为了便于讨论，兹释文如下：

图1　光定十二年正月李春狗等扑买饼房契

光定十二年正月廿一日立文字人李春狗、刘

番家等，今于王元受处扑到面北烧饼房

---

① 亦集乃路是元灭西夏后在黑水地区设立的机构。

② 俄罗斯科学院东方研究所圣彼得堡分所、俄罗斯科学出版社东方文学部、上海古籍出版社：《俄藏敦煌文献》第十七册，上海：上海古籍出版社，2001年，第309—342页；文献名为笔者所拟。

③ 张传玺主编：《中国历代契约会编考释》，北京：北京大学出版社，1995年，第274、303、304页。

舍一位，里九五行动用等全，下项内

炉鏊一富，重四十斤，无底。大小铮二口，重廿五斤。

铁匙一张，糊饼划一张，大小槛二个，大小

岸三面，升房斗二面，大小口袋二个，里九

小麦本七石五斗。　　　　　　每月行价赁杂

一石五斗，恒月系送纳。每月不送纳，每一石倍

罚一石与元受用。扑限至五十日，如限满日，其

五行动用，小麦七石五斗，回与王元受。如限日不

回还之时，其五行动用、小麦本每一石倍罚

一石；五行动用每一件倍罚一件与元受用。如本

人不回与不辨之时，一面契内有名人当管

填还数足，不词。只此文契为凭。

立文字人李春狗［押］

同立文字人李来狗

同立文字人郝老生［押］

立文字人刘番家［押］

同立文字人王号义［押］

同立文字人李喜狗

知见人王三宝

知见人郝黑见

　　"扑"或"扑买"是我国古代一种承包经营方式，唐代后期开始出现[1]，北宋时得到普遍推广，不仅在经济发达的东南实行，而且扩大到西北沿边。真宗大中祥符五年（1012）六月，"泾原路都钤辖曹玮言，沿边诸寨许令人户买扑酒店，直于寨外边上开沽，恐隐藏奸恶，乞行停废。从之"[2]。仁宗天圣年间（1023—1031），扑买（承包）期限由一年延长至三年[3]。扑买方式也日渐完备，采取类似竞标的实封投状法，其步骤如下：官府提前半年"于要闹处出榜，限两个月召人承买"[4]；申请承买人户写具扑买状，交专门机构"收接封掌"；"限满，据所投状开验，著价最高者方得承买。如著价

① 李华瑞：《宋代酒的生产和征榷》，保定：河北大学出版社，1995年，第191页。
② ［清］徐松：《宋会要辑稿》食货二〇之五，北京：中华书局，1957年。
③ ［清］徐松：《宋会要辑稿》食货二〇之七，北京：中华书局，1957年。
④ ［宋］李焘：《续资治通鉴长编》卷二一七"神宗熙宁三年十一月甲午"条，北京：中华书局，1986年，第5275页。

同，并与先下状人"①；"如后下状人添起价数，即取问先下状人，如不愿添钱，即给与后人。不以人数，依此取问"②。随后张榜公示③，晓谕百姓。至此，报价最高者获得承包权。如果扑买承包人经营不善，场坊破败，则"出卖抵产以偿官钱；或抵产价高出卖不行，则强责四邻承买；或四邻贫乏承买不尽，则摊及飞邻、望邻之家，抑令承买；或本户抵产罄尽，尚欠官钱，则勒保人代纳。"④

除酒坊外，宋朝在其他专卖行业也推行过扑买制度⑤。这里需要指出的是宋代扑买是政府经济行为，而西夏光定十二年（1222）正月李春狗等于王元受处"扑到面北烧饼房"则是民间经济行为。虽然李春狗的"扑"，只是王元受将"烧饼房"包给出价较高的李春狗，和宋政府的竞标扑卖有较大的区别，但李春狗"扑到面北烧饼房"一事，在西夏乃至中国经济发展史上是有意义的，我们从中看出这一时期我国西北民族地区社会生活与经济关系的一些变化。

烧饼、糊饼是西夏流行的两种食品，《番汉合时掌中珠》记载西夏面食有油饼、胡饼、蒸饼、干饼、烧饼、花饼、油球、角子、馒头等⑥。其中烧饼，西夏文二字，第一字音"北"，"烧"意；第二字音"遏"，"饼"意，当指用炉鏊烤制的饼类食品。糊饼，西夏文二字，第一字音"宜则"，与"烤"音同，并用"烤"字的一部分构成，有"烧烤"之意；第二字音"遏"，"饼"意。我国古代将撒上芝麻的烤饼叫胡饼或麻饼，西夏的胡饼应属此类，它可以用铛（锅）烙制，也可以用鏊烤制⑦。

连同"烧饼房"一同出租的有炉鏊一富、大小铛二口、铁匙一张、糊饼划一张、大小槛二个、大小岸三面、升房斗二面、大小口袋二个、小麦本七石五斗。

鏊有两种，一是烙饼用的平底锅，曰饼鏊。《正字通·金部》云："鏊，今烙饼平锅，曰饼鏊，亦曰烙锅。"宋大中祥符三年（1010），西平王赵德明"大起宫室于鏊子

① ［宋］李焘：《续资治通鉴长编》卷二二○"神宗熙宁四年二月丁巳"条，北京：中华书局，1986年，第5336页。
② ［宋］李焘：《续资治通鉴长编》卷二一七"神宗熙宁三年十一月甲午"条，北京：中华书局，1986年，第5275页。
③ ［宋］李焘：《续资治通鉴长编》卷二二三"神宗熙宁三年十一月乙丑"条，北京：中华书局，1986年，第5429页。
④ ［宋］吕陶：《净德集》卷二《奏乞放坊场欠钱状》，《景印文渊阁四库全书》第1098册，台北：商务印书馆，1986年，第20页。
⑤ ［宋］欧阳修：《河东奉使奏草》卷上《论矾务利害状》（《欧阳修全集》卷一一五，北京：中华书局，2001年，第1746页）载：欧阳修相度河东矾务利害时提出："依已前体例，指挥在京榷货务及本州折博务，出榜告示，招召诸色客旅，投状在京，入纳见钱"。
⑥ 俄罗斯科学院东方研究所圣彼得堡分所、中国社会科学院民族研究所、上海古籍出版社：《俄藏黑水城文献（西夏文世俗部分）》第十册，上海：上海古籍出版社，1999年，第35页。
⑦ 《资治通鉴》卷二一八"唐肃宗至德元年"条胡三省注云："胡饼，今之蒸饼，高似孙曰：'胡饼，言以胡麻著之也。'崔鸿《前赵录》：'石虎讳胡，改胡饼曰麻饼。'《缃素杂记》曰：'有鬻胡饼者不晓名之所谓，易其名曰炉饼。以为胡人所啖，故曰胡饼也。'"按胡三省所考胡饼制做方式有"蒸"和"炉烤"两种，西夏胡饼用铛（锅）烙制，可见，胡饼的含义较广。

山"①。鏊子山，就是说山顶凹下去像个锅底，而不是像桶状的炉鏊。另一是烤饼的器具，就是本文契所说的炉鏊，桶状，无底，烧烤时下部生火加温，面饼贴在上部四周。

铮，本指古乐器，形园如铜锣，引申为形状似铮的器具。烧饼房里的铮当然不是铜锣，而是形如铜锣的平底锅，糊饼就是用铮烙制的。

铁匙，即铁勺，用来舀水或舀面粉。

糊饼划，"划"通"铲"，烙糊饼用。

槛，柜也，盛物或盛水的器具，木制，西夏汉文《杂字》直接作"木槛"②。《农桑通诀》曰：江北陆地种草，"用之铡切，以泔糟等水，浸于大槛中，令酸黄。或拌麸糠杂饲之，特为省力"③。烧饼房内应有盛水的缸和发面的盆，大小两个木槛当是用来盛水和发面的。

案，即案板，用来揉擀面团。

口袋，用毛线编织或用布帛缝制，用来盛装粮食或米面。

升房斗，升、斗均为量器，十升为一斗。此器是在斗内又设一升量物空间，故称升房斗。

文契规定一间设施齐备的烧饼房，外加小麦本七石五斗，每月"赁杂一石五斗"④，月利率20%。为了进一步说明问题，我们有必要考察一下西夏粮食借贷利率。西夏粮食借贷一般是青黄不接的三四月贷出，收获后的七八月偿还，利息有三利、四利、五利（即半变）、六利、七利、八利，以及"倍称之息"，即30%到100%的利息，如天庆六年（1199）四月借贷穈子，八月一日偿还，每斗加七利，借一斗还一斗七升。四个月70%的利息，月利率17.5%；天庆十一年五月借贷小麦，八月一日偿还，每斗加四利，借一斗还一斗四升。三个月40%的利息，月利率13.3%。光定十二年（1222）正月李春狗等赁租饼房与粮食本，月利率20%，高于天庆年间粮食借贷利率，究其原因，一方面是租赁细粮而以杂粮计算租金，中间有粗细粮差价问题；另一方面除粮食本金外还有店面和用具的租金。如果考虑店面和用具等因素，西夏从天庆年间（1194—1205）到光定年间（1211—1222），黑水地区的借贷利率与物价大致保持平稳的发展水平。

文契末尾有两个立文字人画押，第一个是李春狗，第二个是刘番家，这在西夏契约

① ［宋］脱脱等：《宋史》卷四八五《夏国传上》，北京：中华书局，1977年，第13990页。

② 史金波：《西夏汉文本〈杂字〉初探》，白滨等：《中国民族史研究（二）》，北京：中央民族大学出版社，1989年，第182页。

③ ［明］徐光启撰、石声汉校注：《农政全书》卷四一引《农桑通诀》，上海：上海古籍出版社，1979年。

④ "杂"是指大麦、荞麦之类的杂粮，相对小麦而言，它的市场价格低于小麦。

文书中少见，他们理应是夫妻关系。我国古代已婚妇女一般没有名字，而是随夫姓称刘家的、李家的，"刘番家"似乎是一个妇女的名字。"番"在西夏读弪，是党项人的自称①，或许是党项风俗"刘番家"没有随夫姓。不过，这仅仅是推测而已，进一步认识还需新资料的发现和研究。

同立文字人李来狗、李喜狗，是立文字人李春狗的家门。给孩子起猪狗之类的贱名好养，是地处偏远的西夏人的习俗，如"西夏乾定申年典糜契"立文人是没水何狗狗，知见人李膻使狗②。西夏乾祐年间材料文书中的纳材人孙猪狗、白伴狗、李猪儿，ИHB.No.7465V 文书中的赵猪狗，等等。

（原载《吴天墀教授百年诞辰纪念文集（1913—2013）》，四川人民出版社，2013年）

---

① 党项人自称"番"或弥药、弥人。番，西夏文音"弥"。《文海》"番"释："此者党项也，弪药也，番人之谓。"（史金波、白滨、黄振华：《文海研究》，北京：中国社会科学出版社，1983年，第543页）。歌颂党项羌祖先的《夏圣根赞歌》开头几句是"黔首石城漠水畔，红脸祖坟白河上，高弥药国在彼方。"（陈炳应：《西夏文物研究》，银川：宁夏人民出版社，1985年，第346页）。西夏文类书《圣立义海》第四卷"山之名义"释文曰："番国三大山，冬夏降雪，日照不化，永积，贺兰山、积雪山、胭脂山。"无论"高弥药国"还是"番国"，都是以党项族称来命名，它和辽称"契丹国"一样，反映出党项（弥约、番）在西夏的主体和统治地位。
② 孙寿岭：《西夏乾定申年典糜契约》，《中国文物报》1993年第5期。

黑水城契约：我国古代契约的重要组成

杜建录

摘　要：学界对我国古代契约的研究重点集中在居延汉代契约、新疆魏唐契约、敦煌唐宋契约以及包括徽州文书为代表的明清到民国契约，对辽宋夏金元契约关注较少。本文指出黑水城出土的夏、元契约在对前代的继承和发展的同时，自身也在发展变化中，即元代契约的内容、格式和西夏多有不同。

关键词：黑水城；契约；文书；西夏

我国契约源远流长，从进入阶级社会之初到民国时期，约有 4000 多年的历史，其间产生的契约不计其数，绝大部分毁于社会动荡、人口迁徙和自然灾害。有专家曾估计，保留下来的只有 10 万件左右，但从近年对徽州文书、清水江文书、宁波文书、福建文书以及太行山文书的发现整理情况来看，远远不止这个数字。这些契约文书以明清和民国居多，元代以前较少。长期以来，学界研究的重点集中在居延汉代契约、新疆魏唐契约、敦煌唐宋契约以及包括徽州文书为代表的明清到民国契约，对辽宋夏金元契约关注较少。

20 世纪初，我国内蒙古额济纳旗黑水古城出土的黑水城文献约有 1 万多个编号，有的编号是 1 件，有的编号是多件乃至 10 多件，包括西夏文、汉文以及其他民族文字文献，主要收藏在俄、中、英等国。这些文献除大量佛经外，还有相当数量的社会文书，已发现的俄藏西夏文社会文书就有 1500 件之多，其中契约多达 500 余件，包括卖地、租地、卖畜、雇畜、贷粮、贷钱、借物、典工、卖人口等。俄藏黑水城汉文契约比较重要的有

《西夏光定十二年李春狗等扑买饼房契》《西夏天庆年间裴松寿处典麦契》《西夏天盛十五年王受贷钱契》等。英国收藏的黑水城汉文契约以《西夏天庆年裴松寿典当文契》最为著名。

中国藏黑水城文书主要是1983年至1984年黑水城考古发掘中出土，其中契约全部是元代文书，最早为元成宗大德二年（1298），最晚至北元昭宗宣光元年（1371），前后跨度达73年之久。有借粮契、借钱契、租赁契、雇佣契、买卖契、合伙契、揽脚契、婚书、收付契等，总共67件，其中借贷契约46件（借粮契的20件，借钱契6件，借物契2件和残屑18件）。

黑水城出土的夏、元契约在对前代的继承和发展的同时，自身也在发展变化中，即元代契约的内容、格式和西夏多有不同。

（1）种类有所不同。借贷契（贷粮、贷物、贷钱）、买卖契（卖地、卖畜、卖人口）、租赁契（租地、租房）两个朝代均有，雇身契、合伙契、揽脚契、合同婚书、收付契只在元代契约文书中出现。同是租赁契，夏、元两代也有很大区别，西夏租田地契量非常大，元代只有一件，西夏的租赁饼房契是有"竞标"的扑买，而元代的租房契只是一般意义上的出租，这反映了西夏和同时期宋朝一样，封建租佃制发展起来；而蒙古族入主北方后，推行农奴制和屯田制，限制了封建租佃制的发展。合伙契和揽脚契是黑水城元代契约的特色，西夏黑水地区有"脚户"和"脚家"存在，他们在"揽脚"过程中是否签订契约，有待资料的进一步发掘。

（2）年款位置与纪年方式有所变化。黑水城出土的西夏契约与敦煌吐鲁番所出唐宋契约、元代高昌等地所出回鹘文契约类似，均将订立时间放在契约的开头；与之相反，徽州文契自南宋以后就将立契时间书写于契约尾部。到了元代，亦集乃路契约开始将立契时间置于契约尾部，改变了西夏时期黑水地区将立契时间放在开头的格式。

至于纪年，西夏契约有三种方式：一种是西夏汉文契约中常见的年号纪年，即"年号+年代"，如英藏和俄藏裴松寿处典麦契中的"天庆十一年"年款，李春狗扑买饼房契中的"光定十二年"年款，这或许和两件契约的收纳人裴松寿和王元受均为汉人有关；另一种是西夏文契约中普遍使用的年号纪年与干支纪年并用，即"年号+干支（天干、地支）+年代"，如"天盛癸未十五年"，这是正规的纪年法，有时也省作"年号+干支（天干、地支）"，如"乾祐壬辰年"；另有年号纪年与属相纪年并用，即"年号+属相"，如"天庆虎年""光定兔年"。公元五到九世纪的敦煌吐鲁番出土契约，唐朝统治时期用年号纪年，吐蕃统治时期则采用属相纪年。党项人吐蕃有着密切的文化联系，用属相纪年也许受吐蕃影响。《宋史·吐蕃传》记载刘涣出使吐蕃，唃厮啰"道旧事则数十二辰属，曰兔年如此，马年如此"。不过，西夏文契约在使用属相纪年时，通常在与年号纪年并用，形成"年号+属相"，使契约的签订年代更加精确。进入元朝后，这种纪年方式被沿用了下来。

（3）契内人物称谓和专有名词趋于统一。敦煌吐鲁番出土的唐、五代时期契约内相关人物的称谓名目繁多，以借贷契约中债务人称谓为例，即有负钱人、贷麦、贷练、贷钱、贷物、货绢人、举人、举钱、举练、举麦人、取钱、取麦、取褐人、便人、便豆、便麦、便粟、便种子豆麦、便麦粟人、便麦僧、欠物人、还绢人等23种之多。西夏时期的契约中，相关人物称谓的种类相比起唐、五代时期有所减少，如"立契约者""还谷者""借者"等，到元代，亦集乃路粮食借贷契约债务人的称谓大部分是"立借麦文字人"。

从西夏到元朝，契约内的专有名词同样也随着称谓的规范而逐渐统一。仍以借贷契约中的粮食称谓为例，西夏文契约中所借粮食主要是麦和杂，麦即细粮小麦，杂指大麦、糜、谷等杂粮。也许是为了防止在借出和还贷时因粮食种类记载不清而引起不必要的麻烦，元代亦集乃路契约中不再使用"杂"的概念，无论小麦、大麦、糜子还是加工成的米，都在契纸上写得一清二楚。

（4）增加契约关系发生的缘由。唐、五代时期的敦煌契约经常会写明其缘由，如"欠少匹帛""缺钱支纳""无粮用"等。西夏时期的契约一般不书写契约关系发生的缘由，贷粮食当然是缺少粮食，书写借贷理由似乎成为程序性的赘语。而元代亦集乃路契约多有契约关系发生原因的陈述，诸如"要麦使用""短少种子""缺少口粮""要钱使用"，等等。显然，黑水城元代契约在发生缘由方面，更接近唐、五代时期的敦煌契约。

（5）详细代保人的职责。在借贷和租赁契约中，为保证物主能够收回本利，需要在契约中写明借债人和承租人需要按时归还，如逾期不还，一般会有惩罚措施。西夏契约一般只写明借债人逾期不还债时，"一石罚二石"，没有同借者的连带责任，只有《光定十二年李春狗等扑买饼房契》提到"如本人不迥与不办之时，一面契内有名人当管填还数足，不词"，算是目前所见强调同立契人的连带责任的文契。黑水城元代契约继承了唐宋以来"如负债者逃，保人代偿"的原则，写入债务人无力偿还，则由保人代偿的文字，"如本人见在不办，闪趑失走，一面同取代保人替还，无词"。

（6）契文其他内容书写趋于谨慎仔细。黑水城元代契约对关键要素的表述更为谨慎仔细。西夏借贷、租赁、买卖契约中凡涉及粮食交易一般不描述量器形制，元代借贷契约则在粮食数量前写上大斗、市斗、官斗等量器，以防止粮食借还时因斗的大小不一而引发争执。同时，为便于日后追究或诉讼，元代契约一般都要写明当事人的住址，如"亦集乃路耳卜渠住人""亦集乃东关住人""沙立渠住人""亦集乃路在城住人""亦集乃路正街住坐"，等等。

（7）契约尾部署名也有变化。元代契约尾部多为立约一方与官牙人、知见人等第三方署名，另一方通常不署名。敦煌吐鲁番出土南北朝隋唐契约中，部分契约还存在着立约双方均署名的现象，这显然是继承了先秦以来传统的"合同"立契形式。但由于契约多是由债主、雇主收管，用来约束对方，所以钱粮借贷契约的债主、雇用契约的雇主、买卖契约的买主、回聘婚书中的男方人物、收付契的原借人本无必要署名。元代亦集乃路订约双方均署名的只有合伙契一种，反映古老的"合同"立契形式，最终服务于契约的现实作用，而逐渐消亡。

（8）契约尾部画押的演化。西夏契约中画押分为画指和符号两种，符号画押是指当事人在自己的名字下画上代表自己的特有符号，画指是在契约中自己的名下或名旁比对手指，在指尖和两节指关节上画上横线。到了元朝，符号画押仍然广泛使用，而很少见到画指。

（原载《光明日报》2016 年 9 月 8 日，第 16 版）

西夏文《孝经传》草书初探

彭向前

摘　要：由于西夏文草书辨识困难，俄藏Инв.No.2627《孝经传》迄今尚未获全文解读。本文首次对该书中的西夏文草书结字做了分析，探讨了西夏文草书中的"同符异用""一字多写""形似字"等问题。纠正了格林斯蒂德西夏文楷书转写中的部分错误，并对相关例句做了试译。文后附草书符号（左偏）100种。文章对复原久已亡佚的吕惠卿《孝经传》，对促进西夏文草书研究具有重要意义。

关键词：西夏文；草书；符号；《孝经传》

一、引言

《宋史·艺文志》著录"吕惠卿《孝经传》一卷"①，但原书早已亡佚。值得庆幸的是，该书的西夏文译本却意外地保存在俄藏黑水城文献中。夏译《孝经传》乃科兹洛夫20世纪初在黑水城遗址掘获的众多西夏文献之一，现藏俄罗斯科学院东方文献研究所，编号Инв.No.2627。初次著录见戈尔巴乔娃和克恰诺夫发表的《西夏文写本和刊本》，书中称："写本，斜体字，间有草书，蝴蝶装，页面24×14.7厘米，文面19×12.5厘米，7行，行20字，注解行19字。无页码，77面。保存良好（写本经过修复），文中有多处曾用红墨校改。公元1095年（据序言判断）。此为汉文《孝经》的译文，有吕惠卿所

---

① ［元］脱脱等：《宋史》卷二二〇《艺文志一》，北京：中华书局，1977年，第5066页。

写前言和注释。18 章末尾以外都保存完整，未注明译者。"①今案：57 和 58 面之间上下文内容不相连属，缺两面。原件照片初揭于科罗科洛夫、克恰诺夫所著《夏译汉文经典》一书②，后再次收入《俄藏黑水城文献》第 11 册③。

　　最早开展西夏文草书《孝经传》研究工作的是聂历山，他于 1936 年率先从《孝经传》的卷首序言中辨认出书题、注释者和注释时间。④并摹录了《五刑章》中的一段，后由石滨纯太郎在日本发表。⑤聂历山对《孝经传》经文部分的西夏文草书解读成果，有些被收入他的西夏文字典，于 1960 年由戈尔巴乔娃整理面世。⑥1966 年，科罗科洛夫、克恰诺夫在《夏译汉文经典》一书附有 5 页半《西夏文草书偏旁简表》，并摹录了《卿大夫章》中的一段。⑦由于没有汉文原本可资参照，俄国学者的研究工作仅限于《孝经传》经文部分，对西夏译的吕惠卿传文部分并未涉及。直到 1972 年，格林斯蒂德在其专著《西夏文字的分析》一书中，开始对西夏文草书《孝经传》全文做了楷书转写⑧，此书被学界公认为 20 世纪西夏草书解读的最大突破。遗憾的是，格林斯蒂德并未打算用汉文翻译乃至复原《孝经传》正文（包括经文部分和吕惠卿传文部分），仅在该书末尾提供了吕惠卿序言的汉字对译和英文意译。由于西夏文草书辨识极其困难，之后数十年间此项工作再未能取得大的进展，仅有少数学者对《孝经传序》或正文部分做过一些尝试性的解读。1985 年，陈炳应先生在格林斯蒂德楷书转写的基础上对吕惠卿《孝经传序》的全文和《开宗明义章》的前半做了汉译。⑨进入 21 世纪后，胡若飞先生对《孝经传序》和全书经文部分做了译考。⑩但由于误以为西夏文草书《孝经传》是个节译本，他对全书经文部分的译考并不完整。聂鸿音先生除纠正了前人对《孝经传序》的误译外，还选取了全书 18 章中的 5 章进行了试译，是以往尝试解读西夏文草书《孝经传》用力最多

① 戈尔巴乔娃、克恰诺夫：《西夏文写本和刊本》，中国社会科学院民族研究所历史研究室资料组编译：《民族史译文集》第三集，1978 年，第 17 页。

② В. С. Колоколов, Е. И. Кычанов, *Китайская классика в тангутском переводе（Лунь Юй，Мэн Цзы，Сяо Цзин）*，Москва：Наука，1966.

③ 俄罗斯科学院东方研究所圣彼得堡分所、中国社会科学院民族研究所、上海古籍出版社：《俄藏黑水城文献（西夏文世俗部分）》第十一册，上海：上海古籍出版社，1999 年，第 2—46 页。

④ Н. А. Невский, Тангутская письменность и ее фонды, *Труды Института Востоковедения* 17, 1936.

⑤ 石滨纯太郎：《西夏语译吕惠卿孝经传》，《文化》第 20 卷，1956 年。

⑥ Н. А. Невский, *Тангутская филология*, Москва：Издательство восточной литературы，1960.

⑦ В. С. Колоколов, Е. И. Кычанов, *Китайская классика в тангутском переводе（Лунь Юй，Мэн Цзы，Сяо Цзин）*，Москва：Наука，1966，сс.128-135.

⑧ Eric Grinstead, *Analysis of the Tangut Script*, Lund：Studentlitteratur，1972，pp.277-376.

⑨ 陈炳应：《西夏文物研究》，银川：宁夏人民出版社，1985 年，第 386—391 页。

⑩ 胡若飞：《俄藏西夏文草书〈孝经传〉序及篇目译考》，《宁夏社会科学》2005 年第 5 期，第 95—980 页；胡若飞：《俄藏西夏文草书〈孝经传〉正文译考》，《宁夏大学学报》2006 年第 5 期，第 14—17 页。

者。①总之，西夏文《孝经传》迄今尚是一部未获全文解读的西夏文草书文献。

毋庸讳言，已有的研究成果存在着很大程度的不足和缺陷。格林斯蒂德对西夏文草书的转写，实际上都是通过拆分西夏构字部件而机械地比对出来的，此后并没有结合西夏正体字、西夏文上下文或到汉文史籍里去查找相关词语出处而对其结论加以验证，这在很大程度上影响了其楷书转写的准确性，每页都有数量不等的错误，有时不过百余字的一页，错误竟不下 20 处。而目前对西夏文草书《孝经传》的解读，基本上都是在格林斯蒂德楷书转写的基础上进行的，这样就把格林斯蒂德的错误继承下来，从而不可避免地将这种错误带到自己的研究中去。但无论如何，上述研究成果为后之学者全文解读西夏文草书《孝经传》打下了坚实的基础。

草书字迹凌乱，较之于照片，西夏文原件上的笔锋走势更易于辨别。2013 年 6 月，我应И.Ф.Попова教授之邀，赴俄罗斯科学院东方文献研究所做访问学者。借此机会，依据原件，开始着手研究西夏文草书。西夏文《孝经传》草书规范，字数集中，有直接或间接的汉文资料可资参照，有利于总结西夏草书书写规律，是研究西夏文草书的首选。笔者首先全面搜集整理该书中的西夏文草体字形，然后排比考校，鉴别异同，仔细推敲，反复琢磨，最终摸索出一套行之有效的草书识别办法。

二、《孝经传》草书结字分析

提起人写人异、云龙变换的西夏文草书，学者生畏，观者皱眉。实际上与汉字草书一样，西夏文草书也是一种符号系统，一种与正体字有"血缘关系"的符号系统。换言之，草书在写法上可以认为是正体字的变格，是为求得快捷由正体字一步一步简省而来的。在这种简省的过程中对每个字的点、划作出重新安排与搭配，通常称之为草书"结字"。西夏文《孝经传》草书结字大致有以下几种。

（1）省略。省略是草书书写使用最广泛的一种方法，分省笔和省部件两种。省笔就是省掉字中的若干笔划。如"𗧘"（得）写作▨，左偏旁由 4 笔省为 3 笔。"𗫡"（下）写作▨，左偏旁由 4 笔省为 3 笔，"𗗟"（夫）写作▨，左偏旁由 6 笔省为 3 笔，"𗰚"（庆）写作▨，右偏旁由 4 笔省为 2 笔，等等。

省部件是在字形不相混的基础上省去部分结构部件，只存字形大概，以求得书写的更快。如"𗤁"（此）写作▨，"𗟭"（我）写作▨，"𘝞"（谓）写作▨，"𗷀"

---

① 聂鸿音：《吕注〈孝经〉考》，《中华文史论丛》2007 年第 2 期，第 285—306 页。

（生）写作▮，这些字的左偏旁经过简省，各自成为一种全新的符号。少数字的部件省得太厉害，如果没有佐证资料就难以令人相信，如"薿"（依）字写作▮。

（2）点划替代。点划替代就是用一点或某种形体为符号，代表复杂的结构。如"羆"（其）字写作▮，"犮"（人）字写作▮，"㹷"（和）字写作▮，左偏旁都是用短竖来替代的。"毚"（类）字写作▮，左上角是用一点来替代的。

（3）错位挪让。草书在书写的过程中，可以根据各种具体的书写环境，使偏旁或草字的局部错位。特别是和正体的具体位置相比较时，其错位、挪让的程度就会显得格外明显。如"叢"（侍）字写作▮，"慨"（复）字写作▮，"㴱"（则）字写作▮，等等。

（4）改变笔画形态。草书为了简捷而改变笔画形态，或变竖为点，或变撇捺为横，或长或短，或伸或缩，变化多端。如"廗"（王）字写作▮，左边的一大撇就变成了横笔，如"朕"（天）字写作▮，左边的一撇变成了点，等等。

（5）改变笔顺。草书有时为方便连接而采取改变笔顺的写法，如"繡"（下）字写作▮，"轅"（敬）字写作▮，"燉"（后）字写作▮，"薀"（顺）字写作▮，等等。

在通过上述几种"结字"方法把正体字变成草书后，西夏草书字形也就成为一种特殊的书写符号了。

三、"同符异用"现象

草书是有规律可循的，而在能够体现草书的系统性和规律性的诸多因素中，草书符号无疑是最主要的部分。这些符号笔画简单、书写流畅、造型优美，是在书写实践中经过反复总结、归纳而形成的。草书为了加快书写的速度，运用了省略、替代等原则，导致很多在正体中界线分明的偏旁合而为一。也就是说，在草字中，并非只是一种符号对应一种偏旁部首，而常常是一种符号代表两种以上的偏旁部首，这就是所谓的"同符异用"现象。"同符异用"大大增加了草书的识别难度，需要我们广泛搜集、仔细考求、区分类聚，是草书研究中的重点之所在。以下就西夏文草书中的"同符异用"现象，按照草书符号所在的位置，分为左偏、右偏、字冠三个方面，选择部分有代表性的草书符号，以表格的形式分别列举于下，具体情况见表1、表2、表3。

表1 同符异用（左偏）

草书	楷书	字义
	叕	处
	豿	化
	繳	故
	蕛	季
	燚	广

表2 同符异用（右偏）

草书	楷书	字义
	惰	非
	叕	不
	叕	盛
	精	子
	虓	事

表3 同符异用（字冠）

草书	楷书	字义
	霰	侍
	蕥	有
	蘕	乐
	蒝	返

　　笔者打算把西夏文《孝经传》中的草书符号全部归纳出来，以西夏正体字偏旁部首为序，编制"西夏文《孝经传》草书索引"。在此基础上，逐步扩大范围，最终编制一部《西夏文草书字典》，以满足学界的急需，推动西夏学研究。

四、"一字多写"现象

草书在衍变过程中，由于所经过的途径并不完全相同，或按照省减的方法发展而来，或按照替代的方法发展而来，或由于书写者改变笔顺等等，一些字常常出现两种或两种以上的书写方法。

如"𗄊"（日）字写作█，又写作█。该字的左偏旁写法不同，前者是省笔所致，后者则属点划替代。"𗅲"（事）字写作█，又写作█。该字的右偏旁写法不同，前者是省笔所致，后者则属点划替代。

一个西夏字"𗄊"（实）字，就有6种写法，详见表4。

表4　一字多写（以次为例）

草书	楷书	字义
𖢼	𗄊	实
𖢼	𗄊	实
𖢼	𗄊	实
𖢼	𗄊	实
𖢼	𗄊	实
𖢼	𗄊	实

顺便指出，有些字的构件相同，但因其所在位置不同而草书写法也不同。如"𗦳"（化）字写作█，"𗮼"（各）字写作█，前者的左偏和后者的右偏不同，但在正体字中它们的写法是一样的。即便在同一个字中也是如此，如"𗀀"（分）字写作█，趋向动词前缀之一的"𗀀"字写作█，左右反而变得完全不同了。

五、草书中的形似字

草书通过种种手段，使字的结体发生了根本变化。而随着笔画的减少，不可避免地出现大量的形似字，彼此之间差别极其细微，这时一点一画就越发显得重要，详见表5。

真可谓"差之毫厘，失之千里"。

表5　一组形近易混的西夏文草字

字义	楷书	草书	草书	楷书	字义
和					稷
不					要
行					谓
处					君
善					时
者					位
下					季
兄					至
各					家
及					于
姓					横
乐					希
孝					亲
及					论
辱					人
为					也

　　对西夏文草书中形似字的考辨，任重而道远。或以义辨形，或以音辨形，需要多种治学手段并用。随着资料和经验的积累，可以模仿汉字草书的研究方法，编写一部《西夏文草书辨似大字典》，此举将有助于大大提高西夏草书的辨识率。

六、释读举例

纠正格林斯蒂德西夏文楷书转写中的错误，包括误识和应释而未能辨识的草书，并对西夏文草书《孝经传》作全文解读，意在复原这部 900 年以前的古书。简单举几个例子（西夏文虚字用△表示。括号中的数字表示例句所在页数、行数和字数，如 030116，表示第 3 页第 1 行第 16 个字）：

（1）西夏文草书吕惠卿《孝经传序》中，有下面一段文字：

录文：

羱 纛 核 綤 羑 厡 骸，纏 惝 馓 肜 薾 勝，疏 菽 忱 澂 鋒，纊 席 葒 祕 骏 瀔 蒴，禗 蚍 殺 孩 陵？
（030116—030307）

对译：

若学者幼时过习长复常言变数违而不论则先王之治尽式成法知处何有？

由于格林斯蒂德把 羑（时）误识为 席（王），把 厡（过）误识为 蒴（计谋），而 纛（大、长）字未识，以往在此基础上所做的翻译自然难免有牵强之处，颇令人费解，或译为："若学者小王（？）（不）诵习，复常违其言而不论，则先王之治将尽，法岂可知乎。"[1]或译为："若学者为诸侯密议不以信言，则先王之治岂可成法乎？"[2]在对这段草书文字作出正确的楷书转写后，新译文如下：

若学者于幼时学，长复常变言，违而不论，则先王之治尽矣，法岂可知乎？

（2）西夏文《孝经传》"广要道章第十二"注文中，有下面一段文字：

录文：

愧 席 耗 绸 蒴，羪 繆 敊 忱 瓺 酸 骫 瓻 荄 簸 纒，轋 席 揚 绸 菽 骏 祕 骏。（570112—570214）

对译：

礼之物为式其义陈不穷也亦△要也者敬之一言以竟使也。

其中的 瓺（穷）字格林斯蒂德未识，把 羪（要）字误识为 羪（恭）。受此误导，这

---

① 陈炳应：《西夏文物研究》，银川：宁夏人民出版社，1985 年，第 391 页。
② 胡若飞：《俄藏西夏文草书〈孝经传序〉及篇目译考》，《宁夏社会科学》2005 年第 5 期，第 95—98 页。

句话很难理解。实际上，这段文字的意思是：

> 礼之为物，其陈义不穷而要之者，一言以蔽之曰敬。

（3）西夏文《孝经传》"圣治章第九"经文中，有下面一句话：

录文：

> 𗗊𗤎𗍳𘜶𗟨𗣼 𗳛𗤻𗥑𗱚𗷢𗱈𗰔。（390313—390408）

对译：

> 昔周公郊祀时后稷之天与△配。

汉文原文为"昔者周公郊祀后稷以配天"。后稷是周王朝的始祖，西夏文音译为𗳛𗤻，其中𗤻字，格林斯蒂德误识为𗴪。"稷"在中古的音韵地位为：子力切，开口三等入声职韵精母。拟音为 tsǐək。①作为入声字，在宋代西北方音中，其-k 韵尾脱落。西夏字𗤻的拟音为 tsji，而𗴪字的拟音则为 ŋwej。显然，格林斯蒂德这里的楷书转写是错误的，正确的西夏字为𗤻（tsji）。

（4）西夏文《孝经传序》中有这么一句话：

录文：

> 𗝵𗮔：𘘥𗤢𗦻𗤀𗦒𘊻𗾫𗾔𗿟，𘝞𗽙𗱈𗹙𘓐𗡀。

对译：

> 心惟今真皇帝始志继事述神考之功光能。

这句话中，格林斯蒂德"𘘥"（今）字未识，"𗤢"（真）字未识，"𗦻"（述）字未识，"𘊻"（事）字误识为"𗾫"（莫），"𗽙"（考）字未识。句子中的"𘝞𗽙"（神考）一词，格林斯蒂德虽然正确指出第一字"𘝞"是译音字，译的是汉语的 shen 或 sheng，但他没有认出第二个字"𗽙"（考），不知道当以"神考"二字对译，指宋神宗赵顼。后来的研究者囿于格林斯蒂德的楷书转写，译文皆与事实不符。新译文如下：

---

① 郭锡良：《汉字古音手册》，北京：北京大学出版社，1986 年，第 71 页。

心惟：今皇帝始继志述事，能光神考之功。

"继志述事"即出于《礼记·中庸》孔子曰："武王、周公，其达孝矣乎。夫孝者，善继人之志，善述人之事者也。"这里指宋哲宗亲政后，决意以绍述为国是。在这种背景下，《孝经》在当时作为政治工具而为变法派所倚重，确如《宋史·张庭坚传》所言："世之论孝，必曰绍复神考，然后谓孝。"①吕惠卿此时为《孝经》作注，显然意在为变法张目，即为宋哲宗继承宋神宗所实行新法的提供理论支持。这一点可以在《孝经传序》中得到印证，只是以往受西夏文草书识别水平所限，未能在这篇序言中发掘出相关信息。此外，本文还将《孝经传》中的草书符号大致罗列一下，详见附表1。

附表1 《孝经传》草书符号一百种（左偏）

出处	草书	楷书	字义
240510		毵	于
680211		毵	于
310206		瓶	民
280112		姚	观
270506		姚	观
210212		緂	诗
250320		撇	外
210110		巍	此
230504		叕	莫
280414		死	各
260712		移	则
200607		狨	也
220502		靓	异

---

① ［元］脱脱等：《宋史》卷三四六《张庭坚传》，北京：中华书局，1977年，第10981页。

出处	草书	楷书	字义
210203		繍	有
240516		縱	故
230501		烒	于
340714		绳	百
270518		媏	时
280410		妭	盛
240301		觚	庶
210304		胤	盖
530210		絣	罪
350210		耗	居
250218		敊	门
200712		雏	满
230309		魁	行
710321		挽	如
210302		努	谓
270309		燚	△
230212		瓶	行
310204		彭	师
200514		羏	择
350709		绳	百
310710		豞	化
310508		燚	博
260117		縱	故

出处	草书	楷书	字义
250410		鏽	则
360615		鷁	官
260304		翚	大
320110		燚	齐
230409		瓋	顺
300603		骹	教
360217		犕	敢
710215		憝	依
240503		歔	也
660704		歔	也
590711		歔	也
210117		鷂	宗
220619		穉	义
240101		橵	尔
270406		觟	尼
220519		彌	之
230601		撥	恶
280515		麳	经
340501		鷯	子
230615		稜	失
200513		祊	言
200610		祊	言

续表

出处	草书	楷书	字义
220401		骸	传
240603		缎	曾
230505		骰	及
370115		骹	卑
650615		骹	寡
310601		骹	遗
210201		骹	而
270513		蒲	本
320314		毡	同
370304		骹	及
270112		骰	教
370421		䴕	享
210721		绛	则
250219		豝	宜
330205		祧	合
210405		恍	如
230114		骸	未
210114		骏	职
220208		骰	祀
250513		骉	全
300106		骹	老
300419		禰	政

出处	草书	楷书	字义
560602		甤	治
360313		㸯	伯
290319		散	三
220516		㺲	者
280518		繆	义
250115		朘	天
340601		輤	公
280614		燉	常
240115		燉	后
340117		櫩	尔
370116		隦	国
290715		燄	京
260707		䄈	地
270509		耧	物
300506		祸	政
210503		餕	章
650707		狮	子
340317		㣲	乎
570605		毉	悦
270120		蚝	严

后记：2013 年 10 月作于圣彼得堡俄罗斯科学院东方学研究所。在此向我的访问学者导师波波娃（ПоповаИ.Ф.）教授深致谢意，还要感谢АмалияСтаниславовна、Алла、Анна女士，衷心感谢他们在查阅西夏文献时为我提供的支持和帮助。

（原载《宁夏社会科学》2014 年第 2 期）

"夏译汉籍"的文献学价值*

彭向前

摘　要："夏译汉籍"特指用西夏文翻译的汉文世俗典籍。它们除了在西夏文译释研究方面有着不可替代的重要价值外，还具有很高的文献学价值：（1）从中可以反映出未经宋人编辑的汉文古本原貌，为我们探索唐宋时期今本的形成过程提供新的线索和启发。（2）可以作为校勘之资，用以订正汉文今本的讹脱。

关键词：夏译汉籍；西夏文；版本；校勘

　　用西夏文翻译的汉文典籍，简称"夏译汉籍"，是西夏文献的重要组成部分。"夏译汉籍"有广义和狭义之分。我们平常所说的"夏译汉籍"，往往是就狭义而言的，仅指世俗文献，包括译自汉文的儒家经典《论语全解》《孟子》《孟子传》《孝经传》，兵书《三家注孙子》《六韬》《黄石公三略》《将苑》，史书《十二国》《类林》《贞观政要》，童蒙读本《经史杂抄》，以及西夏人依据汉文典籍编译而成的《新集慈孝传》《德行集》等。广义上的"夏译汉籍"还应该包括宗教文献，主要指大量译自汉文的佛经。本文的探讨仅限于世俗文献，即狭义上的"夏译汉籍"。

　　近年来，国内外对西夏文文献的研究多集中在此类夏译汉籍上，学者们选择夏译汉籍作为突破口，是因为在返译的过程中有原文可资参照，从而使得研究工作有据可依。

---

* 基金项目：本文系 2014 年教育部人文社会科学重点研究基地项目"西夏文献提要"（项目编号：14JJD77002）成果之一。

西夏文字的译释目前尚处在解读阶段，普遍存在着各译者之间相互不同及同译者前后不同的问题。而有着坚实基础的汉文译本无疑有利于总结西夏语中复杂的语言现象，对西夏文汉译的规范化将起进一步的推动作用。可以这样说，夏译汉籍在西夏语文的译释研究方面有着不可替代的重要价值，如果说流传至今的一批西夏辞书是打开西夏文字大门的钥匙，那么夏译汉籍则是打开西夏语法大门的钥匙。实际上，夏译汉籍具有多方面的学术价值，除了在西夏语文的译释研究方面有重要价值外，还具有很高的文献学价值。

一、夏译汉籍的版本价值

距今几近千年的夏译汉籍，有刻本、有写本，多系对宋代乃至唐末、五代书籍的传抄，具有重要的版本价值。或底本早已亡佚，或为流传至今的那些古籍的祖本，从中可以反映出未经宋人编辑的汉文古本原貌，从而为我们探索唐宋时期今本的形成过程提供新的线索和启发①。

（1）西夏文《三家注孙子》是一个新的版本系统。中国著名军事著作《孙子兵法》西夏文译本，为曹操（155—200）、李筌（8世纪）和杜牧（803—852）三家注本，乃俄人科兹洛夫于1907—1908在内蒙古额济纳旗黑水城遗址所获，现藏俄罗斯科学院东方文献研究所，原件照片由上海古籍出版社整理刊布②。该书从来未见著录，汉文底本久已亡佚，与现存宋本有很大的不同：经文或注文位置不同有12处，经文或注文内容有别有30处，夏译本经文或注文有28处缺漏，夏译本注文辑佚13条。以经文的重大差异为例：

一是夏译《三家注孙子》第七《军争》"𗦟𗟵𗥔𗎘𗴚，𗟵𗏹𗥔𗡝𗈧"，即"先得利则利，争利为危"，异于《十一家注》③"军争为利，军争为危"、《魏武帝注》④"军争为利，众争为危"。案：《十一家注》贾林曰："我军先至，得其便利之地，则为利。彼敌先据其地，我三军之众，驰往争之，则敌佚我劳，危之道也。"黄振华先生认为贾注当就经文而言，则必是所据《孙子》与传世本异，而与西夏本《孙子》所见同⑤。

---

① 邵鸿、张海涛：《西夏文〈六韬〉译本的文献价值》，《文献》2015年第6期，第32—38页。
② 俄罗斯科学院东方研究所圣彼得堡分所、中国社会科学院民族研究所、上海古籍出版社：《俄藏黑水城文献》第十一册，上海：上海古籍出版社，1999年，第156—182页。
③ ［春秋］孙武撰、［三国］曹操等注、郭化若译：《宋本十一家注孙子（附孙子今译）》，上海：上海古籍出版社，1978年。
④ ［三国］曹操撰、［清］孙星衍校辑：《魏武帝注孙子》，清嘉庆五年（1800）影印宋刻本。
⑤ 黄振华：《西夏文孙子兵法三家注管窥——孙子研究札记之一》，宁夏文物管理委员会、宁夏文化厅文化处：《西夏文史论丛（一）》，银川：宁夏人民出版社，1992年，第113—122页。

二是夏译《三家注孙子》第七《军争》"𗴁𗥃𘓺𗹭𗉘𗅆𗲠𘌶𗾟"（故甲着裾卷利争疾驰），即"是故卷甲而趋利"，异于《十一家注》"是故卷甲而趋"。然《通典》卷一五四引"趋"下有"利"字，正与西夏本同。

三是夏译《三家注孙子》第七《军争》"𗴁𗈅𗄛𗰔"（雷电如动），即"动如雷电"，异于《十一家注》"动如雷震"，合于《通典》卷一六二、《太平御览》卷三一三所引"动如雷霆"。"霆、电"实同一词，后来岐为二义，其声曰霆，其光曰电。

四是夏译《孙子》第九《行军》"𗉘𘕰𗤁𗰔，𗾟𗾟𗳘；𗇃、𘓺𗈅𘟪𗐻𘝯，𗉛"，即"杀马食肉，军粮无；瓴、贮不取，穷"。《十一家注》作"粟马肉食，军无悬瓴，不返其舍者，穷寇也"，句下有异文"一云：杀马肉食者，军无粮也；军无悬瓴，不返其舍者，穷寇也"。《魏武帝注》相应的经文作"杀马肉食者，军无粮也；悬瓴不返其舍者，穷寇也"。夏译文合于《魏武帝注》。

五是夏译《孙子》第十《地形》"𘗽𗧓𘜶𗤁，𗠁𗸐𗿒𘝵"，即"险难能知，远近能测"。《十一家注》作"料敌制胜，计险厄远近，上将之道也"，其中"计险厄远近"，《通典》《太平御览》引作"计险易远近"。夏译文合于《十一家注》。

夏译本诸多差异，特别是经文的重大差异，绝非一般文字讹误所可解释，只能表明其所据文本与我们已知的各本所据本不同。即夏译底本是一个我们今天不知道的"三家注本"。以往认为，《孙子》版本虽然繁复，但追本溯源，不外乎三大系统：竹简本、武经本和十一家注本。西夏文《三家注孙子》，是一个新的版本系统，可以与竹简本、武经本和十一家注本相提并论，号称"四大系统"。

顺便指出，西夏文《三家注孙子》第九《行军》末尾"《孙子兵法三注》中卷终"，下系注文"𘔊𗴭𘓺𗥃𗤁𗄠𗙏𗵒。𘞍𗥃𗏁𗣼𘓺𗙏𗵒𘓺𘝵"，即"大二千一百四十八。注一万五千八百四十四"。《十一家注》无这方面的统计。这里的经文、注文字数是针对中卷而言的。中卷包括《势篇》《虚实篇》《军争篇》《九变篇》《行军篇》5篇。《孙子兵法》因版本不同而字数有异，共有6000字左右。夏译本所载中卷经文共有2148字，为版本考证提供了一条重要线索。

（2）西夏文刻本《六韬》残本，与宋代形成的今本《六韬》多有差异。在分卷上，西夏文《六韬》为上中下三卷本，而北宋校定后的今本《六韬》，无论是《宋史·艺文志》著录的《六韬》、《朱服校定六韬》，还是传世的宋刻《七书》本、金刻《施氏七书讲义》本《六韬》，全为六卷。在篇目上，夏译《六韬》完整保留了《文韬》《虎韬》的篇目，宋刻《七书》本共12篇，与今本完全相同；夏译本则为14篇，较之今本顺序相同，但多出两篇，即在"军略"后多出"一战"，"略地"后多出"攻城"①。文字上的差异有些明显不是翻译所致，而与所据底本有关。邵鸿先生认为，夏译本的存在表明：宋元丰年间《武经七书》颁布后，虽然具有正统和支配地位，但并没有立即完全取代其他版本，直到南宋时期还有一些与官本不尽相同的《六韬》流传于世。夏译本即为其中之一，但它不是宋明以来主要《六韬》版本的祖本并且较早亡佚。同时意味着元丰时期的官方定本《六韬》，有可能是在包括夏译底本在内的多个版本基础上整理校定的，其改变程度可能没有过去认为的那么大②。

（3）西夏文草书《孝经传》。《宋史·艺文志》著录"吕惠卿《孝经传》一卷"③，但原书早已亡佚。吕惠卿系宋朝著名政治家，曾积极参加变法运动。王安石变法运动失败后，被保守派视作奸佞小人，事迹入《宋史·奸臣传》。其著述受此连累而遭禁，有些甚至没能流传于后世。值得庆幸的是，《孝经传》的西夏文译本，却意外地保存在俄藏黑水城文献中，且全书除第 18 章末尾以外，都保存完整。复原这本书，最大的难度在于对草书的破译。格林斯蒂德在其专著《西夏文字的分析》一书中，对西夏文草书《孝经传》全文做了楷书转写④，他的转写，实际上都是通过拆分西夏构字部件而机械地比对出来的，此后并没有结合西夏正体字、西夏文上下文或到汉文史籍里去查找相关词语出处而对其结论加以验证，这在很大程度上影响了其楷书转写的准确性⑤。

该书具有重要的文献学价值，可据以反映北宋新经学派的风格。如西夏文《孝经传》"感应章第十六"传文中写道："𗣼𗊪𗤋𗫨𗡞，𗱲𗫨𗡞𗤋，𗫂𗥃𗣼𗾈𗑱，𗫂𗈪𗥤𗏝。𗈪𗣼𗧹𗾈，𗤀𗱲𗥃𗈁，𗧹𗤹𗫨𗨳𗫨，𗫂𗈪𗥤𗏝。"经考察，该句出自《礼记》，意思是"天有四时，春秋冬夏，日月星辰，无非教也。地载神气，风霆流形，庶物露生，无非教也"，但与《礼记》所载"天有四时，春秋冬夏，风雨霜露，无非教也。地载神气，神气风霆，风霆流形，庶物露生，无非教也"略有不同：一是原文的"风雨霜露"，被代之以"日月星辰"；二是原文"地载神气"下，多出"神气风霆"四字。有可能是吕惠卿当年为《孝经》作注时揆诸情理而做了改编，反映出北宋新经学派的大胆"疑经"精神。再如吕惠卿当年为《孝经》作注，在大量征引儒家文献的同时，还利用了道教的文献，西夏文《孝经传》"三才章第七"经文"其教不肃而成，其政不严而治"，下系传文"𗈪𗹔

① 聂鸿音：《〈六韬〉的西夏文译本》，《传统与现代化》1996 年第 5 期，第 57—60 页。
② 邵鸿、张海涛：《西夏文〈六韬〉译本的文献价值》，《文献》2015 第 6 期，第 32—38 页。
③ 〔元〕脱脱等：《宋史》卷二二〇，北京：中华书局，1977 年，第 5066 页。
④ Eric Grinstead, *Analysis of the Tangut Script*, Lund：Studentlitteratur, 1972, pp.277-376.
⑤ 彭向前：《西夏文〈孝经传〉草书初探》，《宁夏社会科学》2014 年第 4 期，第 94—99 页。

𘝾：𗣼𗙏𘝁𗙆，𘕕𗙏𘐥𗙆𘄄"，意思是"老子曰：有者为利，无者为用"，出自《道德经·虚中章》。从这里可以窥出北宋新经学派的"三教合一"思想。只有纠正格林斯蒂德西夏文楷书转写中的错误，包括误识和应释而未能辨识的草书，才有可能对西夏文草书《孝经传》作全文解读，以期最终复原这部 900 年以前的古书。

（4）西夏译本《将苑》，是该书目前已知的最早版本，汉文存世本最早的则为明刻本。《将苑》在宋朝始见于著录，明朝又称为《新书》。清张澍《诸葛忠武侯文集》所辑《将苑》"机形篇"开头"夫以愚克智，逆也"，夏译本则作"𗏁𗣼𗣱𘕿𗙏𘝁，𘟪𘕿"，字面义为"愚以智服令者命是"，即"夫以愚克智，命也"，合于文渊阁四库全书本《说郛》所收《新书》。一字之差，反映出中国古代军事学中兵阴阳家的衰落和唯物主义传统的最终确立[1]。正是受军事思想领域这种变化的影响，唐宋时期中国古代的兵书及其注本逐步完成了向传世今本的演变。

二、夏译汉籍的校勘价值

众所周知，校书必广搜异本，尤其必须广搜古本。考证虽然可以发现某书中的讹误不通之处，但往往因为缺乏直接证据而不能显为刊正。只有根据古本善本，才能更加准确地判断错误并加以改正。

（1）今本《孙子》第十一《九地》"死焉不得，士人尽力"，此处经文不大好理解，争议较多。宋代就有人不赞成点断，"诸家断为二句者，非武之本意也"[2]，今人多主张点断为"死，焉不得士人尽力"[3]。亦有人认为"死"字衍[4]，或认为"士"乃"夫"之讹[5]，皆无实据。夏译《三家注孙子》译作"□□□𘕿，𘃎𗰖𘜶𘞄（□□□尽，死命不惜）"，表明今本此二句互倒。这为我们诠释这句经文提供了一个新的角度，联系上下文来看："投之无所往，死且不北。士人尽力，死焉不得？"意思是："把部队投入无路可走的境地，死也不会败退。士兵竭尽全力，以死相拼，怎么会不取得胜利？"文通字顺。

（2）《孙子》第七《军争》"故夜战多火鼓"句下，《十一家注》杜牧注"富哉问

---

① 耿雪敏：《先秦兵阴阳家研究》，南开大学 2014 年博士学位论文，第 192—197 页。
② ［宋］郑友贤：《孙子遗说》，上海：商务印书馆，1937 年。
③ 杨炳安：《〈孙子〉会笺》，郑州：中州古籍出版社，1986 年，第 161 页。
④ ［明］赵本学：《孙子书校解引类》，台北：中华书局，1970 年。
⑤ ［清］黄巩：《孙子集注》，清光绪三十年（1904）刊本。

乎"，中华本改"富"为"当"，二字繁体形近易误。杨丙安先生认为，所提问题比较复杂，需用很多言词才能回答明白，可以说"富哉问乎"。若改作"当哉问乎"，亦似未安，盖答问可言"当"否，提问言"当"则所未闻①。此句夏译《三家注孙子》作"𗷟𗫂𗰖𘃎"，即汝问是，意思是"你问得对"，表明原文确为"当哉问乎"。

（3）《孙子》第《军争》"不动如山"句下之李注，夏译《三家注孙子》作"𗵆𗫂𗓁（军营设）"，即军队安营。《十一家注》原本作"驻车"，《十一家注孙子校理》改为"军"字②。夏译本可证。

（4）《孙子》第十《地形》"厚而不能使"句下，《十一家注》杜牧注"禁令刑罚，所以威必"，夏译《三家注孙子》作"𗓉𗥃𗙏𗫣，𘆄𗭴𗋽𗵅"，即"戒令赏罚，心之可怖"。《十一家注》原本误"心"为"必"，夏译本可证。

（5）《孙子》第十一《九地》"故兵之情，围则御"句下，《十一家注》杜牧注"言兵在围地，始乃人人有御敌持胜之心。相御持也，穷则同心守御"。夏译文无"相御持也，穷则同心守御"二句。杨丙安先生指出，此二句与《通典》卷一五九杜佑注文同，疑其为佑注而误入于此③，夏译文可证。

（6）西夏文刻本《文韬·文师》载："义之所在，天下归之。"《七书》本、《施氏》本、《武经七书直解》本"归"均作"赴"。邵鸿先生认为：此文前后谈及"仁之所在""德之所在""道之所在"，其后均为"天下归之"，唯"义之所在"下接"天下赴之"，故以"归"为是。银雀山西汉竹简本、《群书治要》卷三一及《太平御览》卷四二一引文均作"归"，西夏本正作"归"④。

关于夏译汉籍的校勘价值，笔者此前曾经写过《夏译汉籍校勘价值举隅》一文⑤，上举6例则是新近发现的。

以上就夏译汉籍的文献学价值，分别做了简要地举例论证，限于篇幅，只能点到为止，以足以说明问题为度。夏译汉籍目前均已获得公布和解读，只是已有成果多注重利用语言学的研究方法，构拟西夏语音，分析西夏字义以及对夏译文标点断句等，并没有

---

① ［春秋］孙武撰、［三国］曹操等注、郭化若译：《宋本十一家注孙子（附孙子今译）》，上海：上海古籍出版社，1978年。

② ［春秋］孙武撰、［三国］曹操等注、郭化若译：《宋本十一家注孙子（附孙子今译）》，上海：上海古籍出版社，1978年。

③ ［春秋］孙武撰、［三国］曹操等注、郭化若译：《宋本十一家注孙子（附孙子今译）》，上海：上海古籍出版社，1978年。

④ 邵鸿、张海涛：《西夏文〈六韬〉译本的文献价值》，《文献》2015第6期，第32—38页。

⑤ 彭向前：《夏译汉籍校勘价值举隅》，《宁夏师范学院学报》（社会科学版）2009年第4期，第92—95页。

顾及版本校勘，特别考虑提供给研究汉文典籍的人阅读。此外，目前解读西夏文献可资凭借的工具更加完备，译释工作可以做得更加细致深入。在此背景下，希望学界能够充分重视夏译汉籍这个宝库，利用夏译汉籍的互勘、互证功用，通过比较进行别错纠谬，以提高西夏文文献的释读水平，并促进汉文传统典籍研究。

（原载《西夏研究》2017 年第 1 期）

西夏文译本《六韬》解读

贾常业

摘　要： 西夏文译本《六韬》有别于存世的汉本，是中华优秀历史遗产的重要组成部分。夏译本《六韬》不仅在卷目体例上与存世的汉本不同，而且在内容上增加了不见于存世汉本的"一战"与"攻城"篇，即使在与汉文本相同的篇名中，其实际内容也有差异，所以，夏译本《六韬》这份文献显得尤为珍贵。鉴于此，本文试图对其进行全文点校、解读，旨在反映夏译本《六韬》及汉籍古本的概貌。同时，研究、解读夏译本《六韬》有着重要的学术意义和文献价值。

关键词： 西夏文译本；六韬；解读

一、引言

西夏文译本（以下简称"夏译本"）《六韬》于 1909 年在今内蒙古自治区额济纳旗黑水城遗址出土，今藏俄罗斯科学院东方研究所圣彼得堡分所。依据 З.И.戈尔芭乔娃、Е.И.克恰诺夫《西夏文写本和刻本》提供的资料①，夏译本《六韬》为刊本、"蝴蝶装"。第一册编号为"俄Инв.No.139141"，《六韬》卷上（《俄藏黑水城文献》第 11 册第 190 页至 195 页上），每叶单面 23 厘米×16 厘米，文面为 18.5 厘米×13.2 厘米，每叶（AB 面）14 行、每行刻满为 16 字（原文第 6 叶 B 面第 1 行为 17 字）。第二册编号为"俄

---

① ［苏］З.И.戈尔芭乔娃、Е.И.克恰诺夫：《西夏文写本和刻本》，莫斯科：苏联东方文献出版社，1963 年。

Инв.No.142768769770"，《六韬》卷中（《俄藏黑水城文献》第11册第195页下至200页），每叶单面21厘米×17厘米，文面18.4厘米×13.7厘米，每叶（AB两面）14行、每行刻满为15字（原文第24叶B面第7行为14字）。第一册与第二册的尺寸不同，可能是夏译本《六韬》的两个版本，事实上第二册中只有原文第22叶、23叶、24叶3个叶面每行刻满为15字，其余每行刻满为16字（同第一册）。第一册与第二册的页码均用汉字"一、二……三十三……"刻印，正文间有飞鸟及菱形花式图案装饰。该文献1999年由上海古籍出版社影印出版①。

夏译本《六韬》为夏乾祐年间刻字司所印②。这一时期刊印的还有《论语全解》《类林》等汉文夏译本。因为《六韬》《论语全解》《类林》在版口上有相同之处，如"𗋒𗈪西定""𗏹𗣼永州"等字样，其中《类林》卷四结尾有"𗒘𗏇𗐫𗆟𗝽𗟲𗐭𗟲𗤦乾祐辛丑十二年六月二十日"和"�293𗣼𗤦刻字司印"字样③，夏译本《六韬》的翻译、刻印大致在这个年代。

夏译本《六韬》在体例上不同宋本，分卷上、中、下，卷上版口中缝刻有"𗒘𗨞𗇁六韬上"，卷中刻有"𗒘𗨞𗲲六韬中"，卷下应为"𗒘𗨞𗲷六韬下"。夏译本《六韬》"文韬第一""武韬第二"为卷上，"龙韬第三""虎韬第四"为卷中，"豹韬第五、犬韬第六"为卷下。卷上"𗄇𗨞𗆟𗇁文韬第一"所列篇目同存世的汉文本，其内容完整的篇目有"文师""盈虚""大礼""明传""六守""守土"。不完整的篇目有"国务"，缺前半部分（第6叶A面），"守国"，缺后半部分（第12叶A面）。全部佚缺的篇目有"上贤""举贤""赏罚""兵道"。卷上"武韬第二"全部缺失。卷中"龙韬第三"中只存留了"兵征"后半部分（第20叶B面）和"农器"全部。卷中"𗨁𗨞𗲫𗒘虎韬第四"所列篇目有"军用""三阵""疾战""必出""军略""一战""临境""动静""金鼓""绝道""略地""攻城""火战""垒虚"。与汉文存世本不同的是在"军略"之后增加"𗐫𗜓一战"篇、在"略地"之后增加"𗭪𗰗攻城"篇，显然夏译本《六韬》是依据宋元丰之前的某个汉文古本或中古本作为底本的，其内容比今本丰富得多。卷中"𗨁𗨞𗲫𗒘虎韬第四"佚缺严重，保留下的文献仅有"军用"大部（缺二行文字，位于第27叶B面）、"一战"全部、"临境"前半部分（后半部分佚缺，应在第34

① 俄罗斯科学院东方研究所圣彼得堡分所、中国社会科学院民族研究所、上海古籍出版社：《俄藏黑水城文献（西夏文世俗部分）》第十一册，上海：上海古籍出版社，1999年，第190—200页。

② 俄罗斯科学院东方研究所圣彼得堡分所、中国社会科学院民族研究所、上海古籍出版社：《俄藏黑水城文献（西夏文世俗部分）》第十一册内容提要，上海：上海古籍出版社，1999年。

③ 俄罗斯科学院东方研究所圣彼得堡分所、中国社会科学院民族研究所、上海古籍出版社：《俄藏黑水城文献（西夏文世俗部分）》第十一册，上海：上海古籍出版社，1999年，第258页。

叶），其余各篇均已佚失。但在夏译本遗存的最后半叶（由于页码缺损，编者和出版者将其编排在最后），从内容看，似乎是"攻城"篇的片断。卷下"豹韬第五"和"犬韬第六"的内容全部佚失，无从考证。

尽管西夏文译本《六韬》残缺不全，但在遗存的文献中确实为我们了解汉文古本《六韬》的概貌提供了一份难得的宝贵资料。西夏文《六韬》的译者不详，但译者的番汉语水平较高，翻译精准，用词恰当，是西夏文翻译汉文献中的上乘之作。因此，夏译本《六韬》所反映的内容不仅是增加了"一战"与"攻城"篇与汉文存世本不同，而且在与汉文本相同的篇名中，其实际内容也有差异，故研读夏译本《六韬》有着重要的文献价值和学术意义。同时，对西夏文译本《六韬》的解读，有助于对西夏文字音义的理解，特别是对西夏文字的本义与引申义的关系和语法研究也有重要的参考价值①。

有关夏译本《六韬》的解读，苏联西夏学专家聂历山在他的《西夏语词典》手稿中，为解读西夏文字引用了部分《六韬》的词句②。国内专家学者聂鸿音③、宋璐璐④等对其进行了介绍和专题研究，特别对《六韬·虎韬》中"一战"篇和似乎是"攻城"片断文献的研究，为西夏文《六韬》的全文解读提供了宝贵的经验和资料。夏译本《六韬》全文至今未见解读，本文试图对其全文进行点校和解读，以反映夏译本《六韬》及汉籍古本的概貌。

对夏译本《六韬》的解读，一是搞清楚出现的异讹字的含义与本字的关系（有7个番文字书未见）。二是对译，对译是掌握夏译本原义第一手资料的重要环节，目的是便于读者了解西夏文用字词性、语法表达以及与汉语对应的关系，对个别译音字在原文中做了注音。对译中依据西夏语的语法，对原文作符合语法的断句和标点。三是意译，在对译的基础上，依据汉本（本文采用的汉本是1935年上海涵芬楼《续古逸丛书》影印宋刊《武经七书》本）对勘意译。在意译中唯汉本又不唯汉本，即在总体上遵循汉本，毕竟《六韬》是西夏人依据某个汉本而翻译的。个别不同于汉本之处，不唯汉本，保留原译文，同样是因为夏译本《六韬》的底本是某个汉文古本，并不是西夏人自己的作品，如《六韬·虎韬》"一战"篇等，不见于今存本，就原原本本地按夏译本意译，这样就

---

① 本文系国家社科基金西部项目"西夏文字形音义考证与研究"前期成果中有关"字义考证"的文选部分，在《六韬》解读中，直译部分实际上就是对西夏文字音义的实例考证，有关西夏文字的本义、引申义及部分语法等，在"校注"中加以说明。

② ［苏］聂历山：《西夏语文学》，李范文主编：《西夏研究》第六辑，北京：中国社会科学出版社，2007年。

③ 聂鸿音：《〈六韬〉的西夏文译本》，《传统文化与现代化》1996年第5期，第57—60页。

④ 宋璐璐：《西夏译本中的两篇〈六韬〉佚文》，《宁夏社会科学》2004年第1期，第79—80页。

可窥见《六韬》古本的部分概貌。四是校注，针对原文需要说明的意义和部分不同于汉本之处，在校注中加以说明，校注置于每一篇目的最后。为便于解读，段落按文王、武王与太公的对话自然分段，在每一篇的正文中按"原文""对译""意译"的顺序编排，正文最后附"校注"。

二、𗼧𗟲𗟛𘀂《六韬》卷上

（一）𗸕𗟲𗨁𗼧文韬第一

𗸕𗔀文师	𗴺𗕾盈虚	𗟬𗟏国务
𘊢𘊪大礼	𗑗𗧾明传	𗼧𗕾六守
𗉫𗍫守土	𗟬𗍫守国	𗴴𗵀上贤
𗴶𗵀举贤	𗴻𗴽赏罚	𘊖𗊱兵道

（二）𗸕𗔀**文师**

原文　𗾪𗟲 Zhōu wén（tśjiw¹ wẽ¹）𗉫𗋥𗈪𘀊𗥤①，𗆧𗟲𗊱 Biān（pjɨj¹）𗈁𗴺𗸕𗉘𗆧②，"𘊿𗟛𗨁𗟬 Wèi yáng（we²·jow¹）𗉮𗈩𗈪𘀊𗵀③，𗀕𗥤𗼧𗠱𘊖𗉘𗈩。𘊖𗥤𗆧𗏁𗤶𗏁④，𗤶𗏁𗤶𗏁，𗸕𗆧𗉘𗉫⑤。𗽊𗧾𗠪𗴺𘊬𗗙𗵀⑥，𘊗𗏒𗈩𗖖，𗧧𗉫𗙼𘀊𗉘⑦。"

对译　周文王兽畋往欲，卜史编遣卜而寻令："今日渭阳地方畋往汝，则物大有得汝也。其物龙非彲非，虎非罴非，大臣有得。天所馈是汝之师为，若祐助时，二王及汝也。"

意译　周文王将田，令寻史官编遣（布）卜（曰）："今日田于渭阳，将得大焉。其物非龙非彲，非虎非罴，兆得公侯。天遗汝师，以之佐昌，施（汝）及二王也。"

原文　𗾪𗉫𗔀："𗼧𗊱𗟛𗉘𗠱"？

---

① 𗾪𗾪𗉫 周文王，姓姬名昌，商末周部族的领袖。他广招天下贤士，励精图治，为周王朝建立奠定了基础。其子武王得天下后，追尊为周文王。𗈪田：通"畋"，打猎。𗥤欲：将。

② 汉本为"史编布卜曰"，夏译本为"令寻史官编遣卜"。𗆧𗟲史编：史官名，"𗆧𗟲史"为其官职，𗟲在《番汉合时掌中珠》中为"中书"之"书"，"𗴺编"为其名。悟胖布卜：占筮占卜。

③ 𗨁𗟬渭阳：渭水北岸。古人以水北为阳，水南为阴。𗵀：第二人称后缀语助，有"汝"之义。

④ 𗏁彲：通"螭"，传说中的一种无角龙。汉本无"其物"二字。

⑤ 𗸕𗆧大臣（相）：此处为公侯，指有高等爵位、有大才之人。

⑥ 𗠪𗧾：馈遗，赠与，同西夏文本义。

⑦ 𗧧𗉫𗙼𘀊施及二王：给你及二王，夏译本似乎指对你（周文王）及以后的两个王。汉本为三王，指周文王以后的三个王——武王、成王、康王。

对译　文王曰："兆相此是乎"？

意译　文王曰："兆致是乎"？

原文　𗗟𗾺："𗗟 Biān（pjɨj¹）𘃡𗤓𗗅𘋉𗭴𘃡𗏁 chón（tśhjiw²），𘐆𘕕 Xià Yǔ（xia¹ gjuu¹）𗤓𘝿𗵘𗓁𘏨①，𘀌𗫴 Gāo yáo（kew¹·jiw¹）𘊝②𘐆，𗗅𘝿𗖨𗏁𗍫𗝢𗏁。"③

对译　边曰："边之宗祖卜史名畴，夏禹王占所寻令，皋陶得用，其兆此相似也谓。"

意译　史边曰："边之太祖史畴，为夏禹王占，得皋陶，兆比于此。"

原文　𘓉𗾺 𗤁𘕿𗝢𗖥𘜶𗫼𘓄，𘟣𗃣𗵘𗦺𗝢𗓁𗼓𗰜 Wèi yáng（we²·jow¹）𗀪𘟙𘓉𘓈，𗦰𗟨𘜴𗗴 tài gōng（thej¹ kow¹）④𗒹𗸕𗆈𘜼𗆻𗈪𗗅𗫴𗓁𗖩。

对译　文王立便三日斋为时，车上马乘兽畎以渭阳地方到往，尔时太公自茅舍旁边钓垂鱼捕见。

意译　文王乃斋三日，乘田车，驾田马，田于渭阳，卒见太公，坐茅以渔。

原文　𘓉𗾺 𗗴𗤁𗾺："𘒀𗫴𗵺𗖈𗏁⑤？"

对译　文王恭问曰："（汝）鱼捕爱乎谓？"

意译　文王恭问曰："子乐渔耶？"

原文　𗗴𘜴𗾺："𘏞𗆈𘐆𗓁𘋉𘕿𘝿𗖈�̇，𗓁𗦛𘏨𗓈𗕘𘋊𘏨。𘃢𗤓𗫴𗓁，𘟣 𗗅𘝿𗭴𗀪𘊝，𗸕𘏨𗠣𘐣𘜶。"

对译　太公曰："臣闻君子志者乐欢算，小人禄位乐是使。今吾鱼捕，亦其似一门（一样）爱，则乐非使乎。"

意译　太公曰："臣闻君子乐得其志，小人乐得其事。今吾渔，甚有似也，殆非乐之也。"

原文　𗗴𗤁𗾺："𗩻𗫵𗵺𗲠？"

对译　文王曰："何云似也？"

意译　文王曰："何谓其有似也？"

原文　𗗴𘜴𗾺："𘜴𗕯𗵘𘐆𗵺𘜶：𘏨𗭴𗵺，𗒺𗭴𗵺，𗤁𗭴𗵺⑥。𗖩𘜴𗕯𘝿𗵘𘋞𗗅𘟣𗯿，

---

① 汉本未见"𘐆夏"。

② 𘀌𗫴皋陶：传说中东夷领袖，偃姓，先后辅佐舜和禹。禹继位后按禅让制荐皋陶为他的继承人。

③ 𗵘𗝢相似，同汉文"比"。

④ 𗗴𘜴太公：指姜子牙，名尚，又号曰"太公望"。

⑤ 汉本作"文王劳而问之曰：子乐渔乎？"夏译本为"𘓉𗾺 𗗴𗤁𗾺𗵺𗵘𗫴𗵺𗖈𗏁文王恭问曰：子乐渔耶（敢问您喜欢钓鱼吗）？"

⑥ 𗵺权：从西夏文的字义上理解应为"权衡"之义，汉本今人注解为"权谋、权术"，与夏译本不同。

□□□□①，□□□□□。"

对译 太公曰："钓垂三种权有：禄等权，死等权，官等权。其钓垂者乐当得求，情处深远，测则广大也。"

意译 太公曰："钓有三权：禄等以权，死等以权，官等以权。夫钓以求得也，其情深，可以观大矣。"

原文 □□□："□□②□□□□□□。"

对译 文王曰："其事闻欲尊老所讲。"

意译 文王曰："愿闻其情。"

原文 □□□："□□□□□③，□□□□□□④；□□□□□□，□□□□□□，□□□□⑤□□⑥；□□□□□□□，□□□□□⑦。□□□□□，□□□□□□⑧；□□□□□⑨，□□□□□□。□□□□□□，□□□⑩□？"

对译 太公曰："源深而水流大，水流大而鱼生；根深而木长，木长而果结，此者所必情也；君子情同而亲合，亲合而言生。言语问答者，情之饰也，言正情忠，则事之极为。今臣言正讲述，君其恶汝？"

意译 太公曰："源深而水流，水流而鱼生之；根深而木长，木长而实生之，此乃必有情也（这是自然的道理）；君子情同而亲合，亲合而事生之。言语对应者，情之饰也，言至情者，事之极也。今臣言至情不讳，君其恶之乎？"

原文 □□□："□□□□□□□，□□□□□，□□□□□？"

对译 文王曰："惟仁者谏言受能，心正事不恶，何云使说汝？"

意译 文王曰："唯仁者能受谏，不恶至情，何为其然？"

原文 □□□："□□□□⑪，□□□□□；□□□□□□⑫，□□□□□；□□

---

① □□□□□其情深：指道理深刻或意义深远。

② □西夏文本义为"事"，此处"情"指事情、情况。

③ □：语助，本义为"则、故"，该段文章中为"而"。

④ 夏译本此处无"情也"二字。

⑤ □□□□ 此乃必有：汉本无此句。

⑥ "□□"本义为性情、性格，此处引申为情理、道理之义。

⑦ 夏译本此处无"情也"二字。

⑧ □情：指心情、情感。□□饰：粉饰，指外表的装饰。

⑨ □正：通"至"。至情：最忠实的情感。

⑩ □厌恶：通"恶"。

⑪ □缕：本义为线，此处指鱼线。

⑫ □□□调：西夏文表述为"不粗不细"，应为"适中"之义。香：西夏文用"□好"，□有香的含义，见《同音》甲种本35B28、乙种本35A52在兵香字下注吵钦，义为香味。

670

〇〇①，〇〇〇〇〇。〇〇〇〇，〇〇〇〇；〇〇〇〇，〇〇〇〇〇〇。〇〇〇〇〇，〇〇〇；〇〇〇〇，〇〇〇〇；〇〇〇〇，〇〇〇〇②；〇〇〇〇〇，〇〇〇〇〇。〇〇！〇〇〇〇③，〇〇〇〇〇〇；〇〇〇〇④，〇〇〇〇〇〇。〇〇〇〇，〇〇〇〇⑤。〇〇〇〇，〇〇，〇〇〇。"⑥

对译 太公曰："缗微饵明，则鱼小吞食；缗不细粗饵好，则中鱼吞食；缗隆饵丰，则鱼大吞食。若饵吞时，缗愿处牵；人禄食受，又君乐心服其顺。饵以鱼捕故，鱼之杀；禄以人取，人心正竭；家以国取，国得处有；国以天下取，亦天下得处有。呜呼！曼曼绵绵，禄者必定终散；嘿嘿昧昧，光者必定远照。圣人德渊，自独见也。圣人虑远，次其，立敛有。"

意译 太公曰："缗微饵明，小鱼食之；缗调饵香，中鱼食之；缗隆饵丰，大鱼食之。夫鱼食其饵，乃牵于缗；人食其禄，乃服于君。故以饵取鱼，鱼可杀；以禄取人，人可竭；以家取国，国可拔；以国取天下，天下可毕。呜呼！曼曼绵绵，其聚必散；嘿嘿昧昧，其光必远。圣人之德，诱乎独见。圣人之虑，各归其次，而树敛焉。"

原文 〇〇〇："〇〇〇〇〇〇〇〇〇？"

对译 文王曰："何云立敛天下顺归也？"

意译 文王曰："树敛何若而天下归之？"

原文 〇〇〇："〇〇〇〇〇〇〇〇〇，〇〇〇〇〇〇。〇〇〇〇〇，〇〇〇〇〇〇〇；〇〇〇〇〇〇⑦，〇〇〇〇〇〇。〇〇〇〇，〇〇〇〇，〇〇〇〇，〇〇〇。〇〇，〇〇〇〇〇〇。〇〇〇〇，〇〇〇〇⑧，〇〇〇〇⑨，〇〇〇〇〇〇⑩，〇〇。〇〇〇〇，〇〇〇〇。〇〇〇〇〇〇，〇〇〇〇，〇〇〇。〇〇〇〇，〇〇〇〇。〇〇〇〇〇〇，〇〇〇〇，〇〇〇〇，〇〇。〇〇〇，〇〇〇〇〇〇。"

对译 太公曰："天下者一人之天下非，天下之天下也。天下同利共，则已定天下

---

① 〇隆、〇丰：表示粗大。
② 〇〇〇〇 国可拔："〇拔"与下一句"〇毕"意为取得，西夏文"〇〇处有（有处）"二字合用义为"可"。
③ 〇〇〇〇曼曼绵绵：长久、延续不绝。
④ 〇〇〇〇嘿嘿昧昧：嘿嘿，同"默默"，通"黑"；昧昧，指隐晦不明。
⑤ 夏译本在此段文字中不见"微哉""乐哉"二词。
⑥ 〇树：建立、确立；〇敛：收聚、收取。
⑦ 〇〇擅：专擅、独自享用。西夏文用"〇〇独自"译"擅"比较恰当。
⑧ 〇减：通"解"。
⑨ 〇本义为罪，此处为"患"。
⑩ 〇渡：通"济"。

得也；自独天下利持，则将定天下失。天之时有，地上财生，人与共用，则仁也。仁上，则天下顺归。人之死免，人之难减，人之罪救，人之急渡此者，德也。德岂有处，天下顺归。人与忧共乐共，苦共乐共，则义也。义何有处，天下顺归。若人死恶生爱，德贵得行，利丰能者，道也。若道有，则天下顺归谓。”

意译 太公曰：“天下非一人之天下，乃天下之天下也。同天下之利者，则得天下；擅天下之利者，则失天下。天时有，地有财，能与人共之者，仁也。仁之所在，天下归之。免人之死，解人之难，救人之患，济人之急者，德也。德之所在，天下归之。与人同忧同乐，同好同恶者，义也。义之所在，天下归之。凡人恶死而乐生，好德而归得，能生利者，道也。道之所在，则天下归之。”

原文 [illegible]：“[illegible]！”[illegible]，[illegible]，[illegible][1]。

对译 文王再拜以曰：“说是也，天旨不受何敢谓！”共车上坐归宫内人，德师为令，勤以境中安泰随问。

意译 文王再拜曰：“允哉，敢不受天之诏命乎！”乃载与俱归，立为师，以勤问境中吉安。

（三）[illegible]盈虚

原文 [illegible]：“[illegible][2]，[illegible]，[illegible]，[illegible][3]？[illegible][4]？[illegible]？”

对译 文王太公之问曰：“天下和合，一盈一虚，一治一乱，其事何云？君贤昏不德等因乎？又天时等变化自然也？”

意译 文王问太公曰：“天下熙熙，一盈一虚，一治一乱，其情何也？其君贤不肖不等乎？其天时变化自然乎？”

原文 [illegible]：“[illegible]，[illegible][5][illegible]；[illegible]，[illegible][6]。[illegible]，[illegible]。”[7]

---

① “[illegible]以勤问境中吉安”，在“乃载与俱归，立为师”之后，汉本无。

② [illegible]熙熙：西夏文为“和合”，孔德骐先生在《六韬浅说》（北京：解放军出版社，1987 年，第 40 页）中译为“兴盛、安乐”，其义接近夏译本，其他今释本多为“纷扰杂乱”，有待商榷。

③ 汉本为“所以然者，何也？”夏译本为“[illegible]其情何也？”

④ [illegible]不肖：不像样。

⑤ 汉本为“危”，夏译本为“[illegible]虚弱”之义。

⑥ 汉本为“治”，夏译本为“[illegible]安乐”之义。

⑦ [illegible]在：在于，本义为有，为存在动词，表示附带的存在。

对译　太公曰："君昏，则国弱民乱；君贤，则国安民乐。福祸君于在，天时于不在。"

意译　太公曰："君不肖，则国危而民乱；君贤圣，则国安而民治。福祸在君，不在天时。"

原文　𗥃𗙼𗰛："𗥃𗙼𗰛𗰛𗰛𗰛𗰛？"

对译　文王曰："先祖贤君孰是所说？"

意译　文王曰："古之贤君可得闻乎？"

原文　𗥃𗙼𗰛："𗥃𗙼 Yáo（·jiw¹）𗰛𗰛𗰛𗰛𗰛𗰛，𗰛𗰛𗰛𗰛𗰛𗰛𗰛。"①

对译　太公曰："昔尧王天下恤治时，世人其之贤君也谓。"

意译　太公曰："昔者尧之王天下，上世所谓贤君也。"

原文　𗥃𗙼𗰛："𗰛𗰛𗰛𗰛𗰛𗰛？"

对译　文王曰："尔时治其何云？"

意译　文王曰："其治如何？"

原文　𗥃𗙼𗰛：　"𗥃 Yáo（·jiw¹）𗰛𗰛𗰛𗰛𗰛𗰛，𗰛𗰛𗰛𗰛𗰛𗰛𗰛，𗰛𗰛𗰛②𗰛𗰛𗰛𗰛，𗰛𗰛𗰛𗰛𗰛𗰛，𗰛𗰛𗰛𗰛𗰛𗰛，𗰛𗰛𗰛𗰛𗰛𗰛③，𗰛𗰛𗰛𗰛𗰛𗰛④，𗰛𗰛𗰛𗰛𗰛𗰛⑤，𗰛𗰛𗰛𗰛𗰛𗰛。𗰛𗰛𗰛𗰛𗰛𗰛，𗰛𗰛𗰛𗰛𗰛𗰛⑥，𗰛𗰛，𗰛𗰛𗰛𗰛⑦，𗰛𗰛𗰛𗰛，𗰛𗰛𗰛𗰛𗰛𗰛𗰛⑧。𗰛𗰛𗰛𗰛，𗰛𗰛𗰛𗰛，𗰛𗰛𗰛𗰛𗰛𗰛⑨。𗰛𗰛𗰛𗰛𗰛𗰛𗰛𗰛𗰛⑩，𗰛𗰛𗰛𗰛⑪；𗰛𗰛𗰛𗰛𗰛𗰛𗰛𗰛，𗰛𗰛𗰛𗰛⑫。𗰛𗰛𗰛𗰛𗰛𗰛，𗰛𗰛⑬；𗰛𗰛𗰛

---

① 𗰛𗰛𗰛𗰛𗰛𗰛𗰛，𗰛𗰛𗰛𗰛𗰛𗰛𗰛昔者尧之王天下，上世所谓贤君也：王天下，指治理、统治天下；𗰛，本义为智，夏译本《六韬》中为贤。

② 𗰛𗰛文绮：指华丽的绫罗等丝织品。

③ 𗰛𗰛淫泆：番文为女色，引申为"淫泆"，泆指"放纵"。𗰛听：西夏文本义为"著、中"，此处引申为"听"。

④ 𗰛𗰛宫殿：包含"宫殿"与"屋室"。𗰛壁：通"垣"，指墙壁、城墙。𗰛为廊，见《番汉合时掌中珠》221。𗰛垩：可供粉刷用的白土，此处指粉刷。

⑤ 𗰛𗰛𗰛𗰛𗰛𗰛𗰛茅椽椽楹不斫："斫"，西夏文为雕刻，此句义为"不作雕梁画栋"。

⑥ 𗰛𗰛𗰛𗰛𗰛𗰛，𗰛𗰛𗰛𗰛𗰛𗰛鹿裘御寒，布衣避暑，夏译本有"𗰛𗰛热时"二字，热与寒相对，即寒暑相对，西夏文"𗰛𗰛热时"指暑。汉本为"鹿裘御寒，布衣掩形"。

⑦ 𗰛𗰛，𗰛𗰛𗰛𗰛粝粱之饭，藜藿之羹救饥，西夏文𗰛𗰛杂食（杂粮或粗粮），可以理解为"粝粱之饭"，但无语助修饰之词。𗰛菜：指藜藿（野菜）。"𗰛𗰛救饥"二字不见于汉本。

⑧ 夏译本"𗰛𗰛𗰛𗰛，𗰛𗰛𗰛𗰛𗰛𗰛𗰛𗰛𗰛不生妄事，不失民庶农（耕）桑（织）之时"，与汉本"不以役作之故，害民耕绩之时"不同。

⑨ 夏译本"𗰛𗰛𗰛𗰛，𗰛𗰛𗰛𗰛，𗰛𗰛𗰛𗰛𗰛𗰛削心约志，不好修造，求得民之安泰"，不同于汉本"削心约志，从事乎无为"。

⑩ 𗰛之：格助词，本段落为"者"。

⑪ 𗰛𗰛𗰛𗰛尊其位：晋升爵位。

⑫ 𗰛𗰛大赠，义为"厚"。

⑬ 𗰛𗰛爱敬之，西夏语的语法中一般都省略代词"之"。

〔西夏文〕①〔西夏文〕②。〔西夏文〕③，〔西夏文〕，〔西夏文〕④，〔西夏文〕。〔西夏文〕，〔西夏文〕；〔西夏文〕，〔西夏文〕。〔西夏文〕，〔西夏文〕。〔西夏文〕，〔西夏文〕⑫。〔西夏文〕⑥，〔西夏文〕，〔西夏文〕。"⑦

对译 太公曰："尧王天下治作时，金银玉珠以不装饰，锦绣绫罗以衣不著，奇异珍宝不视，殊妙宝器不好，女色乐音不听，宫殿垣廊不垩，枓栱柱脚不斫，殿前茅茨不耨。寒御鹿皮裘著，暑时布以衣为，杂食，羹菜饥救，妄事不生，民庶牧耕时与不失使。心削志约，匠造不好，民庶之安得愿。官吏德忠法礼奉之，官位升为；俭朴清静民爱者之，禄食大与。孝顺慈心有之，爱敬；桑农上心诚之，腹心置为以奇力放使。仁德选择，门上显有为，正忠心，以邪伪之法度禁。自憎所人，功所做时将必赏赐；自爱所人，罪所犯时将必罚判。天下鳏寡孤独之养育，祸亡乐意人之救助。自遣奉所甚薄，赋役敛然不重。人民富使饥寒色无因此，万民君之日月如戴，亲近父母如过使。"

意译 太公曰："帝尧王天下之时，金银珠玉不装饰，锦绣文绮不衣，奇怪珍异不视，玩好之器不宝，淫泆之乐不听，宫垣屋室不垩，薨桷椽楹不斫，茅茨遍庭不剪。鹿裘御寒，布衣避暑，粝粱之饭，藜藿之羹救饥，不生妄事，不失民庶农（耕）桑（织）之时。削心约志，不好修造，求得民之安泰。吏忠正奉法者，尊其位；廉洁爱人者，厚其禄。民有孝慈者，爱敬之；尽力农桑者，慰勉之。旌别淑德，表其门闾，平心正节，以法度禁邪伪。所憎者，有功必赏；所爱者，有罪必罚。存养天下鳏寡孤独，赈赡祸亡之家。其自奉也甚薄，其赋役也甚寡。故万民富乐而无饥寒之色，百姓戴其君如日月，亲其君如父母。"

原文 〔西夏文〕："〔西夏文〕！〔西夏文〕。"⑧

对译 文王曰："此所如！则德贤君真是也。"

意译 文王曰："大哉！真乃贤君之德也。"

---

① 尽力：番语表述为"〔西夏文〕上心诚"（对译），义为专心做或诚心做，即为"尽力"。
② 慰勉之：西夏文为"〔西夏文〕"，大致意思是"以特殊力量使其放心做"。
③ 〔西夏文〕仁：通"淑"，指善良、美好。〔西夏文〕旌别：西夏文用"选择"二字，义为甄别、甄审、甄选。
④ 〔西夏文〕平心正节：番文〔西夏文〕德，有平、正之义。〔西夏文〕忠，引申为节。
⑤ 甚寡：番语用"〔西夏文〕不重"表述。
⑥ 〔西夏文〕因此："故"。
⑦ "〔西夏文〕亲其君如父母"，也可译为"亲其君超过父母"。
⑧ 汉本为"贤君之德也"，夏译本为"真乃贤君之德也"。

（四）□□国务

原文　〔□□□□□□□：" ……？ "〕

对译　〔文王太公之问曰：" ……？ "〕

意译　〔文王问太公曰：" ……？ "〕

原文　〔□□□："……□□□□，□①〕□□②；□□□□□□□③，□□□；□□④□□□□□，□□□。□□□□□□□□□⑤，□□□；□□□□，□□⑥□；□□□□□□，□□□；□□□□，□□□□；□□□□□□□⑦□□□□□□，□□□；□□□□□□□，□□□。□□□□□，□□□⑧□□□□□□，□□□□□□□□。□□□，□□□⑨；□□□，□□□⑩；□□□□□□□，□□□□□□□□，□□□□□□□□□□□。"〕

对译　〔太公曰："……赋税甚薄，则〕与之；宫室台榭大不做，则乐之；事执清静不苛扰，则喜之。民庶活业做相失使，则害之；农时失使，则坏之；罪无罚置为，则杀之；赋敛重，则夺为之；宫室台榭多造令则民疲惫，苦为之；事执污浊苛扰，则怒之。因此国善者，民庶驭时父母子爱，及兄大弟小爱如。饥寒见，时忧虑；劳苦见，时心悲；赏罚自上愿行，赋敛己物拔如思，则此者民爱顺道是也。"〕

意译　〔太公曰："……赋税甚薄，则〕与之；俭宫室台榭，则乐之；吏清不苛扰，则喜之。民失其务，则害之；农失其时，则败之；无罪而罚，则杀之；重赋敛，则夺之；多营宫室台榭以疲民力，则苦之；吏浊苛扰，则怒之。故善为国者，驭民如父母之爱子，如兄之爱弟。见其饥寒，则为之忧；见其劳苦，则为之悲；赏罚如加于身，赋敛如取己物，此爱民之道也。"〕

（五）□□大礼

原文　□□□□□□□："□□□□□□□？"

---

① 本篇"则"以上原文佚缺。

② □是、也：语助，本篇为"之"。

③ □□不做：此处为"俭"。

④ □□执事：指"吏"，下同。

⑤ 汉本为"民失其务"，番文"□□□□□□□□□"中"□□活业"指从事工农业生产中的农活、活儿和职业，"务"同西夏语"活业"，参见《番汉合时掌中珠》215："□□□□或做活业"。

⑥ □坏：此处为"败"。

⑦ □营：指营造。

⑧ □驭：驾驭，治理。

⑨ 汉本为"则为之忧"。西夏文以"□□□时忧虑"表示"则为之忧"。

⑩ 汉本为"则为之悲"。西夏文以"□□□时心悲"表示"则为之悲"。

对译 文王太公之问曰："君臣礼者何云？"

意译 文王问太公曰："君臣之礼如何？"

原文 𗼨𗥃𗏹："𗫸𗰜𗭴𗭴①，𗄈𗰜𗭴𗭴②；𗭴𗲩③𗭴𗰿，𗰿𗲩𗷣𗰿。𗫸𗰜𗈾④𗱕⑤，𗄈𗰜𗈾𗱕；𗱕𗲩𗰜𗰿⑥，𗰜𗲩𗰷𗰜。𗰷𗰜𗰷𗰷，𗈾𗄈𗰜𗭴𗫡。"

对译 太公曰："上为惟照，下为惟沉；照时远无，沉时隐无。上为则到，下为则定；到者天也，定者地为。或天或地，则故大礼成。"

意译 太公曰："为上惟临，为下惟沉；临而无远，沉而无隐。为上惟周，为下惟定；周则天也，定则地也。或天或地，大礼乃成。"

原文 𗫡𗏹𗥃："𗭜𗰜𗭴𗭴𗫡？"

对译 文王曰："主位何云持？"

意译 文王曰："主位如何？"

原文 𗼨𗥃𗏹："𗰜𗲩𗰜𗰜，𗟍𗲪𗄈𗭴，𗷣𗲎𗭴𗫩，𗹭𗲩𗁦𗰜𗫡，𗲩𗰷𗲩⑦𗥃𗥃。"

对译 太公曰："安乐安定，柔节先定；他与不争，削（平）能自谦志，持正事为也。"

意译 太公曰："安徐而静，柔节先定；善与而不争，虚心平志，待物以正。"

原文 𗫡𗏹𗥃："𗭜𗰜𗭴𗭴𗫡？"

对译 文王曰："主听其何云？"

意译 文王曰："主听如何？"

原文 𗼨𗥃𗏹："𗻡𗲩⑧𗰿，𗱕⑨𗲩𗰜；𗰿⑩𗈾𗫩𗰜，𗰜𗈾𗲎𗫒。𗨁𗲩𗰷𗲩⑪，𗵱𗫩𗰜𗰷；𗰷𗲩𗹭𗲩⑫，𗲩𗵱𗲩𗰿⑬。𗲱𗨁𗫸𗱕⑭，𗄈𗰷𗫸𗫸。"

对译 太公曰："妄勿许，谏勿拒；许则守失，拒则塞闭。山高仰，时第极不有；

---

① 𗭴𗲩：引申为"临"，指居高临下，引申为洞察下情。

② 𗰿𗲩：深沉隐伏，此处为虔诚、虔敬之义。

③ 𗲩时：此处为"而"。

④ 𗈾则：汉本为"唯"。

⑤ 𗱕周：普遍。

⑥ 𗱕𗲩𗰜𗰿周则天也：就像天空的阳光普照万物。

⑦ 𗥃事：事物、事务。

⑧ 𗲩而：语助，夏译本无。

⑨ 𗱕劝、谏：此处指逆言。

⑩ 𗰿之：语助，夏译本中无。

⑪ 𗲩时：此处为"止"。

⑫ 𗹭欲：意愿动词。

⑬ 𗲩𗰿处无（无处）：不可。

⑭ 𗫸者：主格助词，此处为"之"。

深渊度欲，测思处无。神明德者，正静极广。"

意译　太公曰："勿妄而许，勿逆而拒；许之则失守，拒之则闭塞。高山仰止，则不可极也；深渊度之，不可测也。神明之德，正静其极。"

原文　𗄀�："𘔅�var𗱕𗄜�var𘜶？"

对译　文王曰："主明快其何云？"

意译　文王曰："主明如何？"

原文　𗰴𗥃�："𗙵𗤺①𗱕，𗧘𗤺𗗟，𗱷𗤺𗥃。𘕯𗖵𗱣𗵹，𘏩𗅉𘜶𘏞；𗵹𗖵𗁅，𘏩𗅉𘇂𘏁；𗵹𗖵𗅄，𘏩𘝵𘜶𘏞②。𗵹𗖵𗾟𗖨③，𗱣�var𗱕𗅉𗅉④𗥃。"

对译　太公曰："目贵明，耳贵聪，心贵智。故天下视，时不见无；天下听，时不闻无；天下念，时不知无。天下辐为，则明明不昏也。"

意译　太公曰："目贵明，耳贵聪，心贵智。以天下之目视，则无不见也；以天下之耳听，则无不闻也；以天下之心虑，则无不知也。辐辏并进（为天下纲纪），则明不蔽矣。"

（六）𗽁𗗟明传

原文　𗄀�var𗲯𗰙，𗰴𗄜𗚟𗑠，𘏩𗀈𘍦 fā（xiwā¹）⑤𗄀�var𘘞𘝵𗣼。"𘑨𗠁！𗋽𗯡𗤋𗸌，�稷𗬻𘝵𗓦𘊐𗱜𗢾。𘃡𗠁𗴿𗷾𗀈𗿷𗵒𗿷𗡏，𗓦𗭪𗤛明传欲。"

对译　文王患病，太公之召，太子发父王侧边在。"呜呼！天予之弃，社稷汝之嘱咐为将。今予师处正真言求，子孙之明传欲。"

意译　文王寝疾，召太公望，太子发在侧。曰："呜呼！天将弃予，周之社稷将以属汝。今予欲师至道之言，以明传之子孙。"

原文　𗰴𗄜�："𗰙𗀈𘓺𗣼𗲯⑧？"

对译　太公曰："王何问欲汝？"

---

① 𗤺当：趋向语助词（希求式前缀），本篇为"贵"。
② "𘕯𗖵𗱣𗵹，𘏩𗅉𘜶𘏞；𗵹𗖵𗁅，𘏩𗅉𘇂𘏁；𗵹𗖵𗅄，𘏩𘝵𘜶𘏞以天下之目视，则无不见也；以天下之耳听，则无不闻也；以天下之心虑，则无不知无也。"此段文字中"以、之、也"等为语气助词，在西夏语的语法中一般都省略。
③ 𗵹𗖵𗾟𗖨辐辏并进：辐辏，辐条之轴心。番文似"为天下纲纪"。
④ 𗅉𗅉：蒙蔽。
⑤ 𘏩𗀈𘍦太子发：文王次子，姓姬名发，因文王长子伯邑考被商纣王残杀，所以在文王死后，由他继位。姬发继位后，仍用姜子牙为国相，灭商立周，在位三年，病卒。姬发死后的庙号为武王。
⑥ 汉本"属"：托付，番文𘊐𗱜嘱咐，义同。
⑦ 𗵹正：通"至"。
⑧ 𗰙𗀈𘓺𗣼𗲯王何所问？即"王你要问什么呢？"

意译 太公曰："王何所问？"

原文 [illegible]："[illegible]，[illegible][1]，[illegible]？"

对译 文王曰："先祖圣道，起止其，何云所说？"

意译 文王曰："先圣之道，其所止，其所起，可得闻乎？"

原文 [illegible]："[illegible][2][illegible]，[illegible]，[illegible]，[illegible]，[illegible]。[illegible]，[illegible]，[illegible]，[illegible]，[illegible]，[illegible]，[illegible]，[illegible]；[illegible]，[illegible]。"[3]

对译 太公曰："善见不怠，时至不疑，非知时止，此三种者，道之滞止所。柔时德，恭时敬，强时弱，忍时刚，此四种者，道起所也，故然义欲于胜则昌，欲义于胜则亡；敬怠于胜则吉，怠敬于胜则灭也。"

意译 太公曰："见善而怠，时至而疑，知非而处，此三者，道之所止也。柔而静，恭而敬，强而弱，忍而刚，此四者，道之所起也，故义胜欲则昌，欲胜义则亡；敬胜怠则吉，怠胜敬则灭也。"

（七）[illegible][4]六守

原文 [illegible]："[illegible]，[illegible]，[illegible]？"

对译 文王太公之问曰："国君民主，中或失者，何因也？"

意译 文王问太公曰："君国主民者，其所以失之者，何也？"

原文 [illegible]："[illegible][5]。[illegible]、[illegible]。"

对译 太公曰："守所不慎因也。国主之六守、三宝有。"

意译 太公曰："因所守不慎也。人君有六守、三宝。"

原文 [illegible]："[illegible]？"

对译 文王曰："六守者何云？"

意译 文王曰："六守者何也？"

原文 [illegible]："[illegible]，[illegible]，[illegible]，[illegible]，[illegible]，[illegible]，[illegible]。"[6]

对译 太公曰："一仁，二义，三忠，四信，五勇，六谋，此等六守也。"

---

① 汉本"其所止，其所起"，夏译本以"[illegible]其起止"表述。

② 汉本"而"对译番文"[illegible]不"，此处之"而"义为"不"。

③ 汉本为"怠胜敬则灭"，夏译本为"[illegible]怠胜敬则灭也"。

④ [illegible]守：揆，指守则、准则、道理。

⑤ 汉本为"不慎所与也"，西夏文为"[illegible]因所守不慎也"。西夏文中不见有"与"的字义。

⑥ 西夏文似乎在此段文字中使用引述词，"曰"在夏译本中全部省略了，意译从汉本。

意译　太公曰："一曰仁，二曰义，三曰忠，四曰信，五曰勇，六曰谋，是谓六守。"

原文　〔西夏文〕："〔西夏文〕？"

对译　文王曰："此六守执能者择其何云？"

意译　文王曰："慎择六守者何？"

原文　〔西夏文〕："〔西夏文①〕〔西夏文②〕〔西夏文③〕，〔西夏文〕，〔西夏文④〕，〔西夏文〕，〔西夏文〕，〔西夏文〕。〔西夏文⑤〕，〔西夏文〕；〔西夏文〕，〔西夏文〕；〔西夏文〕，〔西夏文〕；〔西夏文〕，〔西夏文〕；〔西夏文〕，〔西夏文〕；〔西夏文〕，〔西夏文〕。〔西夏文⑥〕，〔西夏文〕。"

对译　太公曰："富时而犯观可，贵时而骄观可，付时而转观堪，使处而隐观可，危有而恐观能，事问而穷观能。富时不犯，则仁；贵时不骄，则义；执时不转，则忠；使处不隐，则信；危有不恐，则勇；事问不穷，则谋也。国主三宝他不借所，若他借则君威仪失。"

意译　太公曰："富之而观其无犯，贵之而观其无骄，付之而观其无转，使之而观其无隐，危之而观其无恐，事之而观其无穷。富之不犯，则仁；贵之不骄，则义；付之不转，则忠；使之不隐，则信；有危不恐，则勇；事之不穷，则谋也。人君无以三宝借人，借人则君失其威。"

原文　〔西夏文〕："〔西夏文〕？"

对译　文王问曰："三宝者何所也？"

意译　文王问曰："敢问三宝？"

原文　〔西夏文〕："〔西夏文〕、〔西夏文〕、〔西夏文⑦〕。〔西夏文⑧〕，〔西夏文⑨〕〔西夏文〕；〔西夏文〕，〔西夏文〕；〔西夏文〕，〔西夏文〕。〔西夏文〕，〔西夏文⑩〕。〔西夏文⑪〕，〔西夏文〕，〔西夏文〕，〔西夏文⑫〕。〔西夏文〕，〔西夏文〕；〔西夏文〕

---

① 〔西夏文〕时：此处为语助"之"与"而"。

② 〔西夏文〕语助词，具有然、而、其等多种意义，此处为"无"，同汉本。

③ 〔西夏文〕其、所：名物化语助，有时用在动词之后，具有应、可、其、堪等多种含义。

④ 〔西夏文〕转：改变、变化。

⑤ 该段文字夏译本与汉本略有不同，从"〔西夏文〕富之不犯"之后从夏译本。

⑥ 〔西夏文〕人：西夏文本义为"他"，为人称代词，指他人、别人。

⑦ 该段文字夏译本与汉本有所不同，从"〔西夏文〕、〔西夏文〕、农、工、商……"至"……则国安也"，从夏译本。

⑧ 此处汉本为"农一其乡"，依据《六韬·盈虚》"〔西夏文〕谋尽力农桑者"，"〔西夏文〕"三字义为"专心"或"诚心"，义同"尽力"，如按汉本将"〔西夏文〕"译为"一其乡"有些牵强，故依据前文译为"尽力"。

⑨ 〔西夏文〕种：指种种、各种。

⑩ 〔西夏文〕离虑：此处指无虑、绝虑、不虑。

⑪ 汉本作"无乱其乡"，夏译本从字面上看应为"〔西夏文〕无乱行业"，即不要打乱行业和地域经济。

⑫ 〔西夏文〕都：大城邑。都，西周及其以前的封邑，有城垣宗庙的称都。《左传·庄公二十八年》："邑有宗庙先君之主曰都，无曰邑。邑曰筑，都曰城。"〔西夏文〕国：国都。

□□①，□□□□。"

对译 太公曰："牧农、工匠、商贾者也，故农务上心诚，则种谷全足；工匠上心诚，则种器全足；商贾上心诚，则种财全足。此三宝者自各事依在使，则民庶虑绝。行业不乱，族部不乱，臣君于不富，都国于不大，长六守能，则君昌；三宝全，则国安也。"

意译 太公曰："农、工、商，谓之三宝。故尽力农务者，则谷足；尽力工造者，则器足；尽力商贸者，则货足。三宝各安其处，民乃不虑。无乱行业，无乱其族，臣无富于君，都无大于国。六守长，则君昌；三宝完，则国安也。"

（八）席□②守土

原文 □□□□□□□："□□□□□？"

对译 文王太公之问曰："位受其何云？"

意译 文王问太公曰："守土奈何？"

原文 □□□："□□□□③，□□□□□④，□□□□⑤，□□□□。□□□□□□⑥□□□，□□□，□□□□□⑦。□□□□□□□⑧□，□□□□□□。□□□□□⑨，□□□□□，□□□□□。□□□□，□□□；□□□□，□□□；□□□□，□□□⑩。□□□□，□□□□；□□□□，□□□□；□□□□，□□□□□。□□□□□□□□□，□□□□□□，□□□□□□□。□□□□□，□□□□□□。□□□□□□，□□□□□□□□□，□⑪□□□。"

对译 太公曰："亲之无徒，军众无不怠，左右养育，四旁御制。借无人之国事手莫，置为手置为，则君口礼出。凿内土释丘我无，置本舍末无治。卓午必过，刀操必割，

---

① □全：汉本作"完"，指完备、完善、具备。
② 席□守土：省守，番文本义为"受"，指受理。席土，西夏文本义为"位""职""座"，即"职位"。
③ 此句中属格助词"□之"同汉本"其"。□徒：此处指疏远。
④ 夏译本"□□□□□无怠其众"中比汉本多一"□军"字，义指"众"（不仅是广大民众，而且还包括军队）。"□"在《六韬·明传》中为"而"，此句中为"其"。
⑤ 夏译本"□□□□抚其左右"义同汉本，但在文字中未见"其"字，在番文的语法中往往省略语助词，在下文中还会涉及此类语法，不再赘述。□□养育：此处为"抚"，即抚养。
⑥ □柄：本义为手，此处引申为柄。
⑦ 番文"□□□□□则失其权"义同汉本，此句中有"□君"，其权指君权。□□权：西夏文"□口"，指关卡、关口，此处引申为"权"。"□礼"，指礼制、礼法、论理，"□□"二字构成"权"。□失，本义为出，通失，失去。
⑧ "□□□□□□□无掘凿而附丘"：不要挖掘深谷之土而增附于土山之上，引申为不要损下而益上。
⑨ 番文□□卓午，即中午。□□ sui 番文本义为"过""流"，汉语"□"指暴明、暴晒。
⑩ "□□□□，□□□执斧不伐，贼人将来"："□则"在本段文字中为语助词，"□"为悦、意、称意，表示"将来"。
⑪ 番文"□"为寿、世，汉本作"而不终其正也"，夏译本为"□□□□不终其世也"。

斧执所必伐。卓午不过，则时失；刀操不割，则利失；斧执不伐，贼人将来。水滴不塞，则河江为；火微不救，炎盛灭难；叶小不去，则所粗斧用。是故君者所必富要，不富则仁不为，不施则亲不合。亲相分则害，众相离则败。他之利器无借，若利器借则他害所为，世不终也。"

意译　太公曰："无疏其亲，无怠其众，抚其左右，御其四旁。无借人国柄，借人国柄，则失其权。无掘壑而附丘，无舍本而治末。日中必彗，操刀必割，执斧必伐。日中不彗，是谓失时；操刀不割，失利之期；执斧不伐，贼人将来。涓涓不塞，将为江河；荧荧不救，炎炎奈何；两叶不去，将用斧柯。是故人君必从事于富，不富无以为仁，不施无以合亲。疏其亲则害，失其众则败。无借人利器，借人利器则为人所害，不终其世也。"

原文　𘓞𗼃𗊬："𘃪𗼕𗏱𗖰𗏳？"

对译　文王曰："仁义者何云？"

意译　文王曰："何谓仁义？"

原文　𗊬𗼃𗊬："𘃪𗍫𗖵，𗗙𘟣𘕂。𘃪𗖵𗏱𘕂，𗗙𗦾𘕂𗾞，𗧓𘃪𘃪𗖵𘕀𗡶𗊋。𗦺𗧓𗥤𗆟𗊬，𘎪𘃪𘅍𗏁，𘟄𘒦𗘂𗊬。𗏱𗏁𗫨𗤓，𗦾𗨳𗥤𗧘𗣼𗊋。"

对译　太公曰："众之敬，亲相近。众敬则和，亲姻则喜，此者仁义之纲纪也。自威他无夺为，明利与其，常道顺为。故顺为者之德以任所，逆人者之力以拒所。敬上不疑，则天下和服也。"

意译　太公曰："敬其众，合其亲。敬其众则和，合其亲则喜，是谓仁义之纲纪也。无使人夺汝威，因其明，顺其常。顺者任之以德，逆者绝之以力。敬之无疑，天下和服。"

（九）𗊰𗐩^①守国

原文　𘓞𗼃𗊬𗊬𗼃𗊬："𗊰𗐩𗏱𗖰𗏳？"

对译　文王太公之问曰："国守其何云？"

意译　文王问太公曰："守国奈何？"

---

① 𗐩守：主、执、持。夏译本"𗊰𗐩守国"指治国的道理及领导、统治、建设国家的方法，并不是指保卫国家。

原文 𗱕𗾔𗦳："�𗥃𗥃𗧓，𗩾𗑱𗢁𗤱𗟲𗫼𗯨𗤻，𗑱𗰜𗚛𗥃，𗤋𗦳𗤱𗧀，𗧓𗴚𗴚𗤱𗵐𗵂𗰜𗤦𗥃。"①

对译 太公曰："王斋所为，臣君之天地常礼及，四时生所，仁圣之道，民庶动之性情等语我。"

意译 太公曰："斋，将语君天地之经，四时所生，仁圣之道，民机之情。"

原文 𗥃� 𗴪𗥃𗧓𗘱𗧡𗥃𗥃𗥃，𗧓𗯪𗧓𗚛𗟲𗖎𗤻𗵐。

对译 时王立即七日斋所为，北方面向再拜以问。

意译 王即斋七日，北面再拜而问之。

原文 𗱕𗾔𗦳："𗧡𗑱𗰜𗚛②𗪺，𗟲𗥃𗫼𗑱，𗰜𗤦𗤦𗴚，𗤋𗦳𗑱𗭪。𗰖𗰝�若𗰜𗙓𗴚③，�𗭪𗑱𗖎④；𗪺𗰜𗤦𗧓，�𗭪𗑱𗰫⑤；𗯨𗰜�𗯨，�𗭪𗴇𗑱⑥；𗰜𗰜𗰜𗰝，�𗭪𗺠𗝠⑦。�𗰖，𗝠𗑱𗪺𗪺，𗑱𗖎𗰜，𗰜𗰅𗰖。𗑱𗭪𗱕𗧓，𗧡𗟲𗥃𗧤𗳒𗺩𗴪⑧。𗬩𗰜𗤱𗟲𗴚𗴚（以下佚缺）……"

对译 太公曰："天四时生，地万物生，天下民庶，仁圣为使。故然春时芽动，万物出生；夏时长大，万物茂盛；秋时收割，万物结果；冬时藏贮，万物隐藏。又藏，藏复生起，莫知终，所不知。圣人行为，天地相互中缚绳。故天下安定时（以下佚缺）……"

意译 太公曰："天生四时，地生万物，天下有民，仁圣牧之。故春道生，万物荣；夏道长，万物成；秋道敛，万物盈；冬道藏，万物隐。又藏，藏则复起，莫知所终，莫知所始。圣人配之，以为天地经纪。故天下治（以下佚缺）……"

---

① 太公这段话为宾语的人称呼应，大意是："诸王先斋戒，然后让臣我告诉君天地运行的自然规律，四季万物生长的自然变化，仁圣君主的治国道理，以及民庶容易动摇的性情等"。汉本"民机之情"，番语为"𗴚𗴚𗤱𗵐𗵂"，"𗵐动"译为"机"，义为"机动"，含有"动乱"之义。太公告诉文王的下一段话是对该句话的延续和进一步的阐述，其中"夫民动而为机，机动而得失争矣"，说明了"机"与"动"的联系。该句中"将语君"，即将告诉君，"𗴇语"为第二人称后缀动词，西夏语的语法一般名词在前，动词在后，先读动词，后读名词，因此，解读西夏文要将整句联系起来读，以《番汉合时掌中珠》365为例："𗟲𗤱𗴇𗴇演说法门"，"𗴇说"为动词，在番文的句末。

② 𗰜𗚛四时：指四季。

③ 𗰖𗰝�若𗰜𗙓𗴚 故春道生（自然在春季生）：�若春时，指春季，夏、秋、冬同，汉本作"道"，也是指季节。𗙓𗴚苗动，指春季播下的种子及植物萌动发芽，汉本作"生"。

④ �𗭪𗑱𗖎万物荣：荣，夏译本用"𗑱𗖎出生"二字表述，大概是指万物出生后欣欣向荣。

⑤ 𗪺𗰜𗤦𗧓，�𗭪𗰜𗰫夏道长，万物成：指庄稼、植物、树木等在夏季已经长大，并且"枝繁叶茂"。成，西夏文用"𗰜𗰫茂盛"表述。

⑥ 盈：番文用"𗴇𗑱结果"二字表述，表示秋季果实累累，丰盈。

⑦ 𗰜𗰜𗰜𗰝，�𗭪𗺠𗝠冬道藏，万物隐：西夏文"𗺠𗝠仓库"有隐藏之义，故译为"隐"。汉本作"寻"，与夏译本字义有异，此处从夏译本。

⑧ 夏译本以"𗳒𗺩缚绳"代表"经纪"，指经纬和纲纪。

﹝西夏文﹞武韬第一"﹝西夏文﹞上贤""﹝西夏文﹞举贤""﹝西夏文﹞赏罚""﹝西夏文﹞兵道"篇全部佚缺。

　　﹝西夏文﹞武韬第二"发启""文启""文伐""顺启""三疑"篇全部佚缺。

三、﹝西夏文﹞《六韬》卷中

　　夏译本﹝西夏文﹞龙韬第三"王翼""论将""选将""立将""将威""励军""阴符""阴书""军势""奇兵""五音"篇全部佚缺，仅存"兵征"残片和"农器"全部。

　　（一）﹝西夏文①﹞兵征

原文　﹝西夏文："……？"﹞

对译　﹝武王太公之问曰："……？"﹞

意译　﹝武王问太公曰："……？"﹞

原文　﹝西夏文："……﹝西夏文﹞（以上佚缺）﹝西夏文②﹞，﹝西夏文③﹞。﹝西夏文④﹞，﹝西夏文⑤﹞，﹝西夏文⑥﹞。﹝西夏文⑦﹞。"﹞

对译　﹝太公曰："……城之气﹞高方往续无争断，则日期多留。凡城攻邑围，时旬过不雷不雨，则所必灾有急去应，城内必有大臣居。此所攻处有则攻，攻处无则退应。"﹞

意译　﹝太公曰："……城之气﹞出高而无所止，用兵长久。凡城攻围邑，过旬不雷不雨，必亟去之，城必有大辅。此所以知可攻而攻，不可攻而止。"﹞

原文　﹝西夏文："﹝西夏文﹞！"﹞

对译　武王曰："实是也！"

---

① ﹝西夏文﹞兵征：指敌我军队作战胜负的征兆。贴征，征兆。夏译本"﹝西夏文﹞兵征"原文佚亡，据《类林》"﹝西夏文﹞王莽篡位之先兆也"中用"﹝西夏文﹞"而补。

② ﹝西夏文﹞拔断：通"止"。

③ ﹝西夏文﹞多留：指长久。

④ ﹝西夏文﹞时宽：时间宽余，﹝西夏文﹞本义为"宽、坦"，此处引申为"旬"（十天左右）。

⑤ ﹝西夏文﹞往、去：此处指撤退。

⑥ ﹝西夏文﹞大臣：指辅佐大臣。

⑦ 西夏文"﹝西夏文﹞处有（有处）"为"可"，"﹝西夏文﹞处无（无处）"为"不可"。

意译 武王曰："善哉！"

（二）[illegible]①农器

原文 [illegible]："[illegible]，[illegible]，[illegible]？[illegible]？"

对译 武王太公之问曰："天下安定，国家争无时，战之器具可不准备？御禁用具事可不设置所？"

意译 武王问太公曰："天下安定，国家无事，战攻之具可无修？守御之备可无设乎？"

原文 [illegible]："[illegible]，[illegible]②[illegible]。[illegible]，[illegible]③[illegible]④；[illegible]，[illegible]⑤[illegible]；[illegible]，[illegible]；[illegible]，[illegible]；[illegible]、[illegible]、[illegible]、[illegible]、[illegible]⑥、[illegible]⑦[illegible]，[illegible]；[illegible]，[illegible]；[illegible]⑧，[illegible]；[illegible]，[illegible]⑨[illegible]；[illegible]，[illegible]；[illegible]，[illegible]；[illegible]，[illegible]⑩；[illegible]，[illegible]；[illegible]，[illegible]；[illegible]⑪[illegible]，[illegible]⑫[illegible]；[illegible]⑬，[illegible]⑭，[illegible]⑮；[illegible]⑯，[illegible]，[illegible]⑰[illegible]；[illegible]，[illegible]

① 该篇意译从汉本，番文与汉本不同之处的表述，将在下文的注释中说明。

② [illegible]农事：汉本作"人事"，指农事。

③ [illegible]耒耜古代耕地翻土的农具。"[illegible]耜"本义为铧，"[illegible]耒"西夏字书未见。[illegible]行马蒺藜：[illegible]本义为"坚固、甲胄"，此处引申为"行马"，即拒马，抵抗敌军、用于防御的障碍器材。[illegible]刺、杈：与[illegible]坚甲构成"行马""蒺藜"。

④ 夏译本"[illegible]同一门"，指同一门类、一样之义，与下文"[illegible]不相差""[illegible]同等""[illegible]相同""[illegible]相等""[illegible]相似""[illegible]相同""[illegible]相不差"等意义相近，这几处汉本均用代词"其"表述。

⑤ 汉本"蔽橹"，西夏文用"[illegible]战楼"，橹：古代战陈高巢车亦为橹，《后汉书·公孙瓒传》有"楼橹千里"一词。夏译本"[illegible]楼"指"橹"。

⑥ [illegible]碓碗：指臼。

⑦ [illegible]碓杵：指杵。汉本为杵、臼，夏译本顺序改变，为臼、杵。

⑧ 汉本为"牛马……鸡犬"，夏译本为"[illegible]牛马者等……[illegible]鸡犬者等"，现将夏译本义译为"牛马者……鸡犬者"。

⑨ [illegible]"旗"：刻印有误，本字为[illegible]，该字不见于西夏字书。

⑩ 汉本为"春钹草棘，其战车骑也；夏耨田畴，其战步兵也"，夏译本似乎为"[illegible]，[illegible]；[illegible]，[illegible]春钹草棘，其利于车骑通过；夏耨田畴，其用于步兵进入"。

⑪ [illegible]相伍：编制户籍。

⑫ 汉本为"符信"，夏译本为"[illegible]明道"，即明理。

⑬ 夏译本用"[illegible]阁中役主"表示汉本"里有吏"。

⑭ 夏译本用"[illegible]有权使者"表示"官有长"。

⑮ 汉本"其将帅也"，番文用"[illegible]将帅同一门"表述，"[illegible]同一门"，如同上文，意思是"一样"，表示代词"其"，义同汉本。

⑯ 汉本"里有周垣"，番文用"[illegible]邑主城垣"表述，[illegible]邑主指"里"，古代基层行政组织。周垣：指四周的墙垣，垣指矮墙，番文[illegible]指城垣。

⑰ 汉本作"队分"，夏译本为"[illegible]骑队"，指骑兵队伍。

〔西夏文〕（第一行西夏文字）……（四行西夏文字）。"

对译　太公曰："战具御拒用器者，尽农事中续取。末耜者，坚甲蒺藜同一门（一样）；牛马车舆者，垒堑战楼相不差；糯用锄具者，矛戟同等；蓑藏晒笠者，甲胄兵器相同；锹、锸、斧、锯、碗臼、碓杵者，城攻器相等；牛马等者，军粮输处用；鸡犬等者，巡察相似；妇人织纴者，旌旗为处需；丈夫地面平做者，城中攻时壕塞相同；春棘草铗者，车马过于利；夏田耨者，步兵通入欲；秋刈谷，仓置粮食准备也；冬谷贮藏者，坚守于用；田农宅主相中，缚索者禁止等明行相同；阁中役主，权使有者，将主（帅）同一门（一样）；邑主城垣，过处无者，骑队相不差；粟纳薪草藏者，军粮库其如；春秋郭城修造，渠掘深为者，垒堑做相同。故军行具者，尽农事于礼取谓。国安善人者，农事于礼取。则必定六畜存养，田畴扩，室处住，丈夫田农亩数当明，妇人织纴尺度有。则此者国富兵强本道也。"

意译　太公曰："战攻守御之具，尽在于人事。末耜者，其行马蒺藜也，马牛车舆者，其营垒蔽橹也；锄糯之具，其矛戟也；蓑薛簦笠者，其甲胄干楯也；钁、锸、斧、锯、臼、杵，其攻城器也；牛马者，所以转输粮用也；鸡犬者，其伺候也；妇人织纴，其旌旗也；丈夫平壤，其攻城也；春铗草棘，其战车骑也；夏耨田畴，其战步兵也；秋刈禾薪，其粮食储备也；冬实仓廪，其坚守也；田里相伍，其约束符信也；里有吏，官有长，其将帅也；里有周垣，不得相过，其队分也；输粟收刍，其廪库也；春秋治城郭，修沟渠，其堑垒也。故用兵之具，尽在于人事也。善为国者，取于人事。故必使遂其六畜，辟其田野，安其处所，丈夫治田有亩数，妇人织有尺度。是富国强兵之道也。"

原文　（西夏文）："（西夏文）！"

对译　武王曰："则是也！"

意译　武王曰："善哉！"

以下是夏译本《六韬》（西夏文）虎韬第四所列的篇目和顺序：

（西夏文）军用	（西夏文）三阵	（西夏文）疾战
（西夏文）必出	（西夏文）军略	（西夏文）一战
（西夏文）临境	（西夏文）动静	（西夏文）金鼓
（西夏文）绝道	（西夏文）略地	（西夏文）攻城

----

① 夏译本"（西夏文）拓田畴"，指开垦田地，义同汉本"辟其田野"。

　　▢▢火战　　▢▢垒虚

　　虎韬第四中仅存"军用"大部、"一战"全部、"临境"前半部和"攻城"残叶，其余各篇全部佚缺。

　　（三）▢▢▢^①军义用

原文　▢▢▢▢▢▢：" ▢▢▢▢▢，▢▢▢▢，▢▢▢▢，▢▢▢▢▢▢^②，▢▢▢▢▢？"

对译　武王太公之问曰："帝王众动时，三军义用，守攻器具，种种名数下高，其法一尔有？"

意译　武王问太公曰："王者举兵，三军器用，攻守之具，科品众寡，岂有法乎？"

原文　▢▢▢：" ▢▢▢▢▢。▢^③▢▢▢▢▢▢，▢▢▢▢，▢▢▢▢▢▢▢▢。"

对译　太公曰："王问其是汝。凡守攻其器具，各名数有，此者兵之大威仪也。"

意译　太公曰："王之问也！夫攻守之具，各有科品，此兵之大威也。"

原文　▢▢▢：" ▢▢▢▢。"

对译　武王曰："闻欲所讲。"

意译　武王曰："愿闻之。"

原文　▢▢▢：" ▢▢▢▢▢▢▢▢▢，▢▢▢▢▢▢▢▢▢，▢▢：▢▢▢▢▢▢ wǔ chōng dà fú xū（·u² tśhjow¹ thej¹ xu¹ sju²）^④▢▢▢▢▢▢^⑤，▢▢▢▢^⑥▢▢▢▢▢▢^⑦，▢▢▢▢▢▢▢▢，▢▢▢▢^⑧▢▢，▢▢▢▢▢^⑨。▢▢▢▢▢▢▢▢▢，▢▢▢，▢▢▢▢；▢▢▢▢▢▢▢▢▢ fú xū（xu¹ sju²）▢▢▢▢▢▢，▢▢▢▢▢▢▢^⑩▢▢▢▢^⑪，▢▢▢▢▢

----

① 汉本为"军用"，夏译本为"▢▢▢军义用"。"义"，《易·乾卦》："利物足以和义"，《同音》丁种本12A62背注："▢▢▢足够量"，又本篇第一段，汉本作"三军器用"，夏译本作"▢▢▢三军义用"，似乎"义"通"器"。可见"义"合众物为之，仗正道曰义，如义举、义战等。该篇指"义战"，"▢▢▢军义用"指义战所必备的军需物资。夏译本"▢▢▢军义用"并不是西夏人的误译和改编，应当是依据某个汉籍古本原作而翻译的。

② 科品众寡：番文直指各种器具的品名、类型和数量的多少，即"▢▢▢▢▢▢ 种种名数高低"。

③ "▢夫"：助词，用在一句话的开始，有凡之含义。

④ 注有汉语拼音的西夏文按音解读，西夏语拟音注在括号中，下同。

⑤ ▢需、用：指需用的数量，下文中的"▢▢准备"，也是指需要准备的数量，与"▢需"同一意义，不见于汉本。

⑥ ▢▢▢▢：西夏文指"材士强弩""螳螂武士"。

⑦ 汉本翼：指护卫、守护。夏译本▢▢以护：指守护两翼，下文"▢▢"同"▢▢"，"▢▢"为守护、护卫。"▢护"夏译本误为"▢若、或"。

⑧ 番文"▢▢"，表示物体的高度称"高低"，表示等级称"高下"。

⑨ 汉本作"车上立旗鼓"，夏译本则为"▢▢▢▢▢车上立旗矛"，未见鼓字。

⑩ ▢士：本篇中均误刻，疑为讹体，本字为▢。▢▢：新发现的西夏字，本字为▢，番字书未见。

⑪ ▢翼：护卫，同"▢护"。

〔Tangut text〕……①……fú xū（xu¹ sju²）……；……dà huáng（tha² xow¹）……②fú xū（xu¹ sju²）……、……③。……④……；……⑤。……fú xū chōng（xu¹ sju² tśhjow¹）……⑥……。……fú xū（xu¹ sju²）……（……）……⑦……。……⑧，……⑨，……⑩……。……⑪……。……⑫，……。⑬……、……⑭。……。……⑮……

---

① 矞：本义为"镫"，通登。本篇从汉本作"绞车"。

② 汉本"大黄参连弩大扶胥"，夏译本似"大黄（参）连弩共（载）扶胥"，疑脱"橄载"字。

③ 汉本"飞凫、电影自副"，夏译本为"幡幡、緱蘺嫊立飞凫、电影"，幡本义为幡、蘺本义为旗，夏本幡幡为凫、蘺旗为影，具有浮动、飘浮特征，番文又用"嫊立"，容易让人将"飞凫、电影"理解为幡旗的名称。但接下文"飞凫赤茎白羽，以铜为首；电影青茎赤羽，以铁为首"，"飞凫、电影"又为箭的名称。

④ 嫊茎：指杆，在下文中为"柄"，指兵器及有关器具的柄，例"嫊梡嫊蘺柄长五尺以上"。

⑤ 緺蘺絳夤弒，矼緱戗，凴緱戗，赦焻佟；緱煴絳夤祥，矼緱戗，凴緱戗，赦焻佟则以绛缯，长六尺，广六尺，为显耀（为光耀）；夜则以白缟，长六尺，广六尺，为明显（为流星）；汉本为"广六寸"，夏译本两处均为"凴缱戗广六尺"。"为光耀""为流星""光耀""流星"为旗名。夏译本用同样的文字表述，"赦焻佟为显耀"（为光耀），"赦焻佟以明显"（为流星）。

⑥ 汉本"一名电车"，夏译本为"濉俙緱蘺劣谓之电军"，疑将"蘺车"误刻为"蘺军"。

⑦ 汉本"矛戟扶胥轻车一百六十乘"，夏译本为"鷡髹婑悆蘺緤絅（缱）弢薆绵蔍矛戟扶胥轻车百（六）十乘先导"，番文一百、一千省略"一"，下同。夏译本脱一"緤六"字，多"先导"一词。

⑧ "緺薇嶄婑凭狃方首铁棓维盼"，番文用"緺薇嶄嶄四棱铁"描述"方首"，指方头的铁锤。棓：音义同棒，又指连枷，番文教指锤、槌、棒。凭维：四面连接。狃盼 fén：大头貌，此处指大锤头。

⑨ 祇过：超过，义同汉本"以上"。

⑩ 耗杈：右上少刻一点，为讹体，本字为耗。

⑪ 方首铁锤：番文作"緱婑嶄凭有棱大锤"，棱指方形，义同"方首铁锤"。

⑫ 钩芒长四寸：夏译本作"鹷絅屝芒四寸"，此处"芒"指锋芒、锋刃。

⑬ 汉本有"以投其众"，夏译本无。

⑭ 汉本"三军拒守：大剑坚杈木螳螂剑刃扶胥，广二丈，百二十具，一名行马。"夏译本为"緱蘺俙薮弒嵮，蘺嫲嫩嚣，矼梮辮，綕梮弢薆嵗三军拒守可用：大剑坚杈，长二丈，百二十具"，蘺嫲大剑，可译为"剑刃"；嫩嚣坚杈，据"农器"篇"嫩嚣行马蒺藜"应是"行马"；汉本"广二丈"，夏译本为"矼梮辮长二丈"。此句中夏译本未见"扶胥""行马"。

⑮ 汉本"轴旋短冲矛戟扶胥，百二十具，黄帝所以败蚩尤氏，败步骑，要穷寇，遮走北"，不见于夏译本。

□□□，□□□，□□□，□□□ □，□□□□□□，□□[①]。□□□[②]□□□□□，□□□[③]，□□□□□[④]，□□，□，□□□□□ □，□□□□□□□[⑤]。□□□□□，□□：□□□□[⑥]fang xiōng chán máo（xjow¹ xjow² śjã¹ mo²），□□□□[⑦]□□，□□ chán máo（śjã¹ mo²）□□□□，□□□□□□。□□□，□□□，□□□。□□□□□□[⑧]，□□□□，□□□□□□。□□□，□□□。□□□□：□□□□□□□[⑨]，□□□□。□□□□□：□□□□ tiān luó hǔ luò（thjịj¹ lo¹ xu¹ lo¹），□□□□□□，□□□□[⑩]，□□□□，□□□□□□。□□ hǔ luò（xu¹ lo¹）□□□□ fú xū（xu¹ sju²），□□□□，□□□□，□□□□□□□。□□□□：□□□，□□□□□□，□□□□□□[⑪]，□□□□[⑫]，□□□□，□□□□。□□□□，□□□□□□□□，□□□□□，□□□□，□□□□。□□□□，□□□□，□□□[⑬]，□□□□，□□□□。□□□□□□□，□□□□□，□□□□□，□□□□□。□□□□□，□□ hǔ luò（xu¹ lo¹）□□□□□，□□□□，□□□□□□，□□□□[⑭]。□□□□□□，瞻淮灯考父，□□□□□。□

① 汉本“狭路微径，张铁蒺藜，芒高四寸，广八寸，长六尺以上，千二百具，败步骑”，夏译本为“□□□□□，□□□□□□，□□□，□□□，□□□ □，□□□□□□，□□。狭路微径，张黑铁蒺藜，芒四寸，广八寸，长六寸以上，千二百具，（败）步骑”，黑，汉本无。□芒，指芒刺，夏本无“高”。“败步骑”，夏译本脱“败”。

② □时：讹体，本字为□。

③ 汉本“白刃接，张地罗”，夏译本以“□□□手混时”表示白刃相接，“张地罗”在下文。

④ “□□□□□铺两镞蒺藜”：镞，指箭头。夏译本用□唇译镞，为两唇的引申义，即指带有两个尖刺的铁蒺藜。

⑤ 汉本“参连织女，芒间相去二寸，万二千具”，夏译本为“□□，□，□□□□□ □，□□□□□□□（张）地罗，参连织女，各间隔一尺二寸，一万二千枚”。“（张）地罗”在“铺两镞蒺藜”之后。“参连织女”指在地上布设有铁蒺藜相连串的障碍物。参，泛指星宿，织女，指织女星座（三颗星），番文“□列”，义为行列、珠等，在《番汉合时掌中珠》211 为“□□□□璎珞数珠”。将□比喻为一串念珠，□在此处义为“参连织女”。联系上文，番文这段话的意译是：敌人乘夜暗突然前来逼战，白刃相接，这时应布设两鏃铁蒺藜（每芒有两二尖），张设地罗（捕捉敌人的网）和参连织女（三个蒺藜连起来），各具间隔一尺二寸（汉本为芒间相去二寸），需准备一万二千枚（汉本为万二千具）。

⑥ “□□□□方胸鋋矛”：指齐胸高的小矛。□鋋 chán，短柄小矛。“方胸鋋矛”前注“□□汉语”二字，指“方胸鋋矛”按汉语读音。

⑦ 汉本为具，夏译本用枚代替具。

⑧ 汉本“狭路、微径、地陷”，夏译本为“狭路微径”，无“地陷”。

⑨ 汉本“矛戟小橹十二具”，夏译本为“□□□□□□□矛戟小橹二十具”。

⑩ 汉本为“天罗虎落连锁，一部广一丈五尺”，夏译本为“□□□□，□□□□□□，□□□□天罗虎落，各处配有一部，广十五尺”，夏本无“连锁”，汉本无“各处配有”。

⑪ 汉本“渡沟堑：飞桥，一间广一丈五尺，长二丈以上”，夏译本为“□□□□：□□□，□□□□□□，□□□□□□渡沟堑：有飞桥，一檩广十五尺，高二十尺以上”，夏译本“一檩”不同汉本“一间”，□檩，屋上横木，在此处为量词。夏译本“高二十尺（二丈）以上”有误，应为“长二十尺以上”。

⑫ 夏译本“□□□□轮转大车”意译从汉本“着转关辘轳”。

⑬ 夏译本“□□坚舟”为“天浮”，用铁皮包的船，比较坚固，称之为“□□□□天浮铁螳螂”，其外圆内方，直径四尺。汉本作“径四尺以上”。

⑭ 汉本“环利铁锁，长二丈以上，千二百枚”，一说“环利铁索”。夏译本为“□□□□，闭门铁锁，千二百枚，长二丈以上”。

［西夏文］……chú yǔ（tśhjụ¹ gju¹）……②……③……④……⑤……

……fāng xiōng tiě pá（xjow¹ xjow² thjij² piã¹），……。……fāng xiōng（xjow¹ xjow²）……⑤。……⑥……⑦……⑧〔……〕"

对译　太公曰："军中用行应多数者，若将万人甲穿随时，法依：武冲大扶胥三十六乘车用，士强弩利矛戟持以护，车一乘二十四人推，车轮低高八尺，车上旗矛立。此之军法震骇名谓，阵坚陷，敌强败来；武翼橹大矛戟扶胥七十二具车需，材士强弩又矛戟守以护，车轮低高五尺，车上绞弩射者有，阵坚陷，敌强败能；翼提橹小扶胥车百四十具，绞车弩射者有，鹿车以助，阵坚陷，敌强败来；大黄（参）绞弩共（载）扶胥三十六乘，士强射勇矛戟执有随，飞凫、电旗立，飞凫者茎赤羽白，铜以首色；电影者茎青羽赤，铁以首色。日昼则缟红，长六尺，宽六尺，以明为；夜下则缟白，长六尺，宽六尺，以显为。阵坚陷，骑兵败使。大扶胥冲车三十六乘，士强射勇共载，纵以横击，寇之车重骑，兵败来，此之电军（车）谓，兵法依电击谓。阵坚陷，步骑败使。寇夜来时，矛戟扶胥车轻百（六）十乘前导，士强战勇三人共载，兵法依霆击谓。阵坚陷，步骑败

---

① 汉本为"环利大通索大四寸，长四丈以上，六百枚；环利中通索大二寸，长四丈以上，三百枚；环利小微缧长二丈以上，万二千枚"，夏译本则为"［西夏文］。上等索粗（环利大通索）四寸，长四十尺以上，六百枚；中等索粗（环利中通索）二寸，长四十尺以上，二千枚；下等索细（环利小微缧），长二十尺以上，一万二千枚"。中通索汉本三百枚，夏译本为二千枚，数字相差甚远。

② 汉本"天雨时，盖重车上板，结枲锄锯，广四尺，长四丈以上，车一具，以铁杙张之"，夏译本为"［西夏文］。天雨时，盖重车上板，木条表皮结枲麻，谓之鉬锯（结枲鉬锯），广四尺，长四十尺以上，车一具，首尾置铁杙（以铁杙张之）"。

③ 汉本"伐木大斧"，夏译本为"［西夏文］伐木斧头"。

④ 汉本"棨镬刃"：棨，通镢，夏译本为"镬齿"，齿通刃，义同汉本。

⑤ 夏译本只有"［西夏文］。方胸众枝铁刻叉（方胸两枝铁叉），柄长七尺以上，三百枚"，不见有"方胸铁叉，柄长七尺以上，三百枚"。夏译本中出现一个新字"［西夏文］"，也许是骪之讹体，番文字书未见。

⑥ 汉本"柄长六尺"，夏译本为"［西夏文］柄长七尺"。

⑦ 汉本"长三尺以上"，夏译本为"［西夏文］长三尺"。

⑧ 以下西夏文佚亡，依据汉本补。

使。四铁棱棓维扮，重十二斤，柄长五尺过，千二百枚用，其之天棓谓。大柯斧，刃长八寸，重八斤，柄长五尺过，千二百枚用，其之天钺谓。大锤棱有，重八斤，柄长五尺过，千二百枚用，其之天锤谓。群寇步骑败使能。飞钩，长八寸，芒四寸，柄长六尺过，千二百枚需。三军守用可，剑大坚权，长二丈，百二十具需。地平处，步兵以车骑之败使做。木蒺藜，低高二尺五寸，百二十具用。步骑败，穷寇要，走北之贼。谷狭道微内，铁黑蒺藜张为，芒四寸，广八寸，长六寸过，千二百具准备，步骑。夜突时禁来前促战，手混时，两镞铺蒺藜，地障，珠，间一尺二寸各，一万二千枚准备。旷野草稠中，汉语：方胸铤矛，千二百枚准备，铤矛设其法者，低高一尺五寸。步骑败，穷寇要，走北遮。谷狭道微入时，铁械锁参连，百二十具准备。步骑败，走北遮。垒门守所：戟矛橹小二十具，绞车弩以副。三军守护做：天罗虎落，一部自各有使，广十五尺，低高八尺，百二十具准备。虎落剑大扶胥，广十五尺，低高八尺，五百二十具准备。沟堑渡时：飞桥有一檩，广十五尺，低高二十尺过，轮转车大，八具准备，利依遣行。水大渡，飞江舟为，广十五尺，长二十尺过，八具准备，利见遣行。舟坚铁掩，内方外圆，径四尺，三十六具，环络自副。坚舟以江飞舟等，水大上行时，其之天潢谓，又天舡亦说。山林野居时，虎落底接木以垒，门闭铁锁，千二百枚准备，长二丈过。上等索粗四寸，长四十尺过，六百枚准备；中等索粗二寸，长四十尺过，二千枚准备；下等索微，长二十尺过，一万二千枚准备。天雨时，车重上盖用，木条上麻表皮，其之锄锫名谓，广四尺，长四十尺过，车一具用，首尾铁杙置。木伐斧头，重八斤，柄长三尺过，三百枚准备。钁齿，宽六寸，柄长五尺过，三百枚准备。筑铜杵，长五尺过，三百枚准备。鹰爪方胸铁杷，柄长七尺过，三百枚准备。方胸枝众铁刻叉，柄长七尺过，三百枚准备。草芟用镰大，柄长七尺过，三百枚准备。橹大刀，重八斤，柄长七尺，三百枚准备。环围铁杙，长三尺，三百枚准备。杙椓用锤大，重〔五斤，柄长二尺过，百二十具准备。甲士万人，强弩六千，戟盾二千，矛盾二千。修正攻具，砥砺兵器巧手三百人。此举兵军用之大数也。〕"

意译 太公曰："凡用兵之大数，将甲士万人，法用：武冲大扶胥三十六乘，材士强弩矛戟为翼，一车二十四人推之，以八尺车轮，车上立旗矛。兵法谓之震骇，陷坚阵，败强敌；武翼大橹矛戟扶胥七十二具，材士强弩矛戟为翼，以五尺车轮，绞车连弩自副，陷坚阵，败强敌；提翼小橹扶胥百四十具，绞车连弩自副，以鹿车轮，陷坚阵，败强敌；大黄（参）连弩共（载）扶胥三十六乘，材士强弩矛戟为翼，立飞凫、电影。飞凫赤茎白羽，以铜为首；电影青茎赤羽，以铁为首。昼则以绛缟，长六尺，广六尺，为显耀（为光耀）；夜则以白缟，长六尺，广六尺，为明显（为流星）。陷坚阵，败骑兵。大扶胥冲车三十六乘，螳螂武士共载，可以纵击横，辎车骑寇，败来兵，谓之电军（车），兵法谓之电击。陷坚阵，败步骑。寇夜来前，矛戟扶胥轻车百（六）十乘先导，螳螂武士三人共载，兵法谓之霆击。陷坚阵，败步骑。方首铁棓维朌，重十二斤，柄长五尺以上，千二百枚，谓之天棓。大柯斧，刃长八寸，重八斤，柄长五尺以上，千二百枚，谓之天钺。方首大锤，重八斤，柄长五尺以上，千二百枚，谓之天锤。败步骑群寇。飞钩，长八寸、芒四寸，柄长六尺以上，千二百枚。三军拒守可用：大剑坚权（木螳螂剑刃扶胥），长二丈，百二十具。平易地，以步兵败车骑。木蒺藜，高低二尺五寸，百二十具。败步骑，要穷寇，遮走北。狭路微径，张黑铁蒺藜，芒四寸，广八寸，长六寸以上，千二百具，（败）步骑。突暝来前促战，白刃接，铺两镞蒺藜，（张）地罗，参连织女，各间隔一尺二寸，一万二千枚。旷野草中，汉语方胸铤矛，千二百枚，张铤矛法，高一尺五寸。败步骑，要穷寇，遮走北。狭路微径，铁械锁参连，百二十具。败步骑，遮走北。垒门拒守：戟矛小橹二十具，绞车连弩自副。三军拒守：天罗虎落，各处配有一部，广十五尺，高八尺，百二十具。虎落大剑扶胥（虎落剑刃扶胥），广十五尺，高八尺，五百二十具。渡沟堑：有飞桥，一檩广十五尺，高二十尺以上，轮转大车（着转关辘轳），八具，以环利通索张之。渡大水，飞江舟广十五尺，长二十尺以上，八具，以环利通索张之。掩铁坚舟（天浮铁螳螂），矩内圆外，径四尺，三十六具，环络自副。坚舟以江飞舟等，大水上行时（以天浮张飞江，济大海），谓之天潢，又亦天舡。山林野居，结虎落柴营，闭门铁锁，千二百枚，长二丈以上。上等索粗（环利大通索）四寸，长四十尺以上，六百枚；中等索粗（环利中通索）二寸，长四十尺以上，二千枚；下等索细（环利小微缧），长二十尺以上，一万二千枚。天雨时，盖重车上板，木条表皮结枲麻，谓之锄铻（结枲锄铻），广四尺，长四十尺以上，车一具，首尾置铁杙（以铁杙张之）。伐木斧头（伐木大斧），重八斤，柄长三尺以上，三百枚。棨钁刃，广六寸，柄长五尺以上，三百枚。铜筑杵（铜筑固为垂），长五尺以上，三百枚。鹰爪方胸铁耙，柄长七尺以上，三百枚。方胸众枝铁刻叉（方胸两枝铁叉），柄长七尺以上，三百枚。芟草木大镰，柄长七尺以上，三百枚。大橹刀，重八斤，柄长七尺，三百枚。环围铁杙（委环铁杙），长三尺，三百枚。椓杙大锤，重〔五斤，柄长二尺以上，百二十具。甲士万人，强弩六千，戟盾二千，矛盾二千。修正攻具，砥砺兵器巧手三百人。此举兵军用之大数也。〕"

原文 〔ꞏ ꞏ ꞏ ꞏ："ꞏ ꞏ ꞏ！"原文佚，据汉本补〕

意译 〔武王曰："允哉！"〕〕

“[illegible]三阵”“[illegible]疾战”“[illegible]必出”篇全部佚缺。

（四）[illegible]军略

原文 〔[illegible]：“……以上佚缺〕[illegible]；[illegible]，[illegible]、[illegible]（[illegible]）[1]；[illegible]，[illegible][2]，[illegible]；[illegible]，[illegible]、[illegible][3][illegible]。[illegible]，[illegible]？”

对译 〔太公曰：“……以上佚缺〕振明天上至；沟堑越时，飞桥、转道，要水大渡时，天潢，如飞桥用；依退面流时，海浮、江渡用。三军此等，主集则王忧虑所何有？”

意译 〔太公曰：“……以上佚缺〕吹鸣笳（火光、鼓、铎、笳，振明至天空）；越沟堑，则有飞桥、转关；济大水，则有天潢，如用飞桥（飞江）；逆波上流，则有海浮、绝江。三军用备，主将何忧？”

（五）[illegible][4]一战

原文 [illegible]：“[illegible]，[illegible]，[illegible]，[illegible]？”

对译 武王太公之问曰：“国家兵皆发，战者三万人，与纣王之百万兵相击，三胜一不败欲者何所为所？”

意译 武王问太公曰：“发国家总兵，参战者仅三万人，与纣王之百万兵相击，欲一胜三而不败者，为之奈何？”

原文 [illegible]：“[illegible][5][illegible]，[illegible]。[illegible][6][illegible]，[illegible]，[illegible]，[illegible]，[illegible]，[illegible]，[illegible]。”

对译 太公曰：“方百里王小天子其击时，三日战击超过处无。天陈兵依，则百万兵马近远互不指示，金鼓之声自共互不闻，旌矛旗色自共不见，左者右不闻，前者后不见，则军疾击行可谓。”

---

① 夏译本未见有“辘轳、鉏铻”。

② [illegible]天潢：星宿名，此处指一种大船。

③ [illegible]、[illegible]浮海、绝江：均为渡河器材。[illegible]本义就是“渡、济”。

④ “[illegible]一战”：该篇为武王与太公商讨、谋略以少胜多，即以三万兵力应对纣王百万大军而一战取胜的战略战术问题，不见于存世的汉文本，有极高的文献价值。

⑤ 西夏文“[illegible]小王”专指诸侯。

⑥ 陈：同阵，指布阵。

意译　太公曰：“方百里诸侯击天子，击战不可超过三日。因天陈兵，则百万兵马远近互不指挥，金鼓之声各不相闻，旌旗之色各不相见，左不闻右，前不见后，则军可速攻也。”

原文　[illegible]：“[illegible]，[illegible]，[illegible]，[illegible]，[illegible]，[illegible]，[illegible]，[illegible]，[illegible]？”

对译　武王曰：“敌人三四条为，或东或西，或南或北，或战或息，或告时往，或默时隐，车骑首尾驰，三军大言，一遍败时再战处无，何所为所？”

意译　武王曰：“敌人为三四纵，或东或西，或南或北，或战或息，或明而往，或暗而伏，车骑首尾驰行，三军大噪，一败而不可再战，为之奈何？”

原文　[illegible]：“[illegible]，[illegible]；[illegible]，[illegible]。[illegible]，[illegible]，[illegible]，[illegible][1]，[illegible]。[illegible]，[illegible]，[illegible]，[illegible]，[illegible]，[illegible]，[illegible]，[illegible][2]。[illegible]，[illegible]，[illegible]，[illegible]，[illegible]。”

对译　太公曰：“小以大上行，时必日没需；多以少上行，时必日高要。一人炬持，二人鼓击，战混时火熄，天下嘿嘿，一明不卜。或鼓音出时往，或木击时停疾，二旁攻骑车左右荡使，勇士强弩二处箭放，空中声出地下起及雷声如，三军疾战，则敌人虽众，亦彼将手入处有。士勇选择，军中自进不退，二旁莫恐，左右莫守，则将必一遍战以胜也。”

意译　太公曰：“以小击大，则必日暮；以众击寡，则必日高。一人持炬，二人击鼓，混战熄火，天下黑暗，一明未卜。或鸣鼓而往，或击木而止，两旁车骑左右荡击，材士强弩两处（交叉）放箭，声出天而涌地若雷，三军疾战，敌人虽众，彼将可擒。挑选材士，中军自进不退，两旁勿恐，左右勿视，则必一战而胜也。”

（六）[illegible][3]临境

原文　[illegible]：“[illegible]，[illegible]，[illegible]，[illegible]，[illegible]

---

① [illegible]在“文师”篇中作“嘿”，“嘿”即“默”，“默”同“黑”，此处指黑暗。

② [illegible]译“彼将可擒”是依据夏译本《孙子兵法·行军篇第九》中“[illegible]必擒于人”（俄罗斯科学院东方研究所圣彼得堡分所、中国社会科学院民族研究所、上海古籍出版社：《俄藏黑水城文献（西夏文俗文部分）》第十一册，上海：上海古籍出版社，1999 年，第 168 页）而译，[illegible]手、[illegible]入两个关键词组成“擒”，番文“[illegible]处有（有处）”二字合用义为“可”，见“文师”篇“[illegible]天下可毕”。

③ 该篇残缺，意译从汉本。

𘓺𘗣𘟦𘟷𘙜。𘟦𘗣𘓺𘟷𘟦𘙜𘗣𘟦𘙜𘟷𘙜，𘟷𘙜𘗣𘓺，𘟷𘙜𘟦𘙜𘟷𘙜？"

对译 武王太公之问曰："敌人相境上拒时，彼来处有，我往处有，皆二固坚，先前手举莫敢。予我强士袭地堂行欲时，敌人亦来，则何乃为所？"

意译 武王问太公曰："吾与敌人临境相拒，彼可以来，我可以往，陈皆坚固，莫敢先举。我欲往而袭之，彼亦可来，为之奈何？"

原文 𘓺𘗣𘙜："𘟦𘙜𘟷𘙜①，𘟦𘙜𘟷𘙜②，𘟦𘙜𘟷𘙜𘟦𘙜𘟷𘙜，𘟦𘙜𘟷𘙜，𘟦𘙜𘟷𘙜𘓺，𘓺〔（以下佚缺）……"〕

对译 太公曰："分三处为，前面一处，垒高沟深坚为无出，旌旗以张，金鼓与击，其〔（以下佚缺）……"〕

意译 太公曰："分兵三处，令我前军，深沟增垒而无出，列雄旗，击鼙鼓，（以下佚缺）〔完为守备……"〕

（七）"𘓺𘙜③攻城"

原文 〔𘓺𘗣："……以上佚缺〕𘙜，𘟷𘙜𘟦𘙜，𘟷𘙜𘟦𘙜，𘟦𘙜𘟷𘙜𘟦𘙜𘟷𘙜，𘓺𘙜𘟷𘙜𘟦𘙜，𘟦𘙜𘟷𘙜𘓺𘙜。"

对译 〔太公曰："……以上佚缺〕解，日月道守，四季常明，左右头尾处旗执，则小大皆成，恼灾不有也。"

意译 〔太公曰："……以上佚缺〕解，守日月之道，明四季之常，持旗于左右首尾，则小大皆成，无厄难也。"

原文 𘟦𘗣𘙜："𘟷𘙜𘟦𘙜𘟷𘙜𘟦𘙜𘟷𘙜，𘟦𘙜𘟷𘙜𘟦𘙜，𘟷𘙜𘟦𘙜𘟷𘙜？"

对译 武王曰："敌人先至我利取为，先地利处取，时何如为所？"

意译 武王曰："敌人先至以夺我利，而彼先取地利，则如何应付？"

原文 𘓺𘗣𘙜："𘟦𘙜𘓺𘙜，𘟷𘙜𘟦𘙜𘟷𘙜𘟦𘙜𘟷𘙜𘓺𘙜，𘟦𘙜𘟷𘙜④，𘟦𘙜𘟷𘙜𘟦𘙜𘟷𘙜𘓺𘙜𘟦𘙜𘟷𘙜，𘟦𘙜𘟷𘙜𘟦𘙜𘟷𘙜𘟦𘙜𘟷𘙜𘟦𘙜，𘓺𘙜𘟷𘙜𘟦𘙜𘟷𘙜𘓺𘙜，𘟦𘙜𘟷𘙜𘟦𘙜𘟷𘙜𘟦𘙜。𘟷𘙜

---

① 兵分三处：指分兵于三个关口。𘙜，本义为嘴唇，与口有关，此处引申为"处"，指三处关隘。

② 令我前军：令我军前沿一线防御关口。

③ "攻城"是不见于今本的一个篇目，该篇名是依据夏译本《六韬》"虎韬第四"所列篇名而确定。对此，中国社会科学院聂鸿音先生也是依据夏译本《六韬》"虎韬第四"所列篇目和该篇所反映的内容，认为可能就是"攻城"的片断，但由于该文仅存半叶，112 个字，版口页码脱落，无法知其页码和篇名。从该文所反映的内容来看，宋璐璐博士从《通典》卷一五三"示怯"和《太平御览》卷二九四"示弱"篇等文献与该文比较，认为该文似乎应该是"示怯"或者"示弱"之类。遗憾的是夏译本《六韬》卷下全部佚亡，卷下是否有像卷中所增加的篇目？我们不得而知。因此，还不能认定该文就是"示弱"的内容，且暂定为"攻城"，有待考证。

④ 𘙜为希求式或未然式的动词前缀语助，表示向近处、向里的方向。𘟦𘙜𘟷𘙜表示待敌人追来或追近。

𗼜𗖻 𗵱𗰖〔以下佚缺……"〕

　　对译　太公曰："若此如，则怯弱兆显示佯逃败，敌人近追，急追则队长混乱自共互杀时，予我伏军驱以疾军后上击，车骑以左右近为所攻，时必破为欲者。敌人城高堑深〔以下佚缺……"〕

　　意译　太公曰："若此如，则示弱兆显佯北，待敌追至，追逐急则队长混乱而自相残，吾驱以伏军疾击其后，车骑左右予以近攻，则必破之。敌人高城深堑〔以下佚缺……"〕

四、结语

　　《六韬》继承了以往兵家的优秀思想，又兼采诸子之长，思想内容很丰富，堪称国学经典，对后世影响很大。"《六韬》的问世，标志着中国先秦军事思想的进一步发展和成熟，充实了中国古代军事理论宝库。"①为我们留下了宝贵的历史遗产。无疑，《六韬》对西夏也产生了巨大的影响，西夏人不仅翻译、刻印了《六韬》《孙子兵法》《黄石公三略》等中国古代的重要兵书，还制定了自己的《贞观玉镜将》等军律，使西夏军队成为当时战斗力较强的部队，说明《六韬》在理论和实践上具有重要的指导价值。

　　夏译本《六韬》不仅在体例上与存世的汉本不同，而且在内容上增加"一战"与"攻城"篇，即使在与汉文本相同的篇名中，其实际内容也有差异，让我们窥测到了汉文古本的影子。夏译本《六韬》还有7个字不见于西夏字书，即"𗼜末耛、旗𗵱旗、𗵱材士、𗵱戟、𗵱枚、𗵱时、晋叉"，这些文字多为讹体，为忠实原文，笔者仿制、录入了这些文字，并在"校注"中做了说明。总之，夏译本《六韬》直接或间接地传播了中华优秀历史遗产，具有重要的文献价值和研究价值。然而，限于水平，对夏译本《六韬》的解读，难免有违背原创原意之处，敬请读者指正。

（原载《西夏研究》2011 年第 2 期）

---

① 孔德骐：《〈六韬〉对后世的影响》，房立中主编：《姜太公全书》，北京：学苑出版社，1996 年。

西夏文《宫廷诗集》用典分析

梁松涛

摘　要：《宫廷诗集》为西夏人创作的文学作品，现存的 33 首诗歌中既大量使用汉民族的典故，又使用了本民族典故。汉民族典故主要来自汉籍的经、史、子、集，党项民族的典故，则来自西夏人所熟知的人、事、物。其用典可以根据不同的标准分为不同的类别，从与现实的关系可分为肯定性典故和否定性典故；从影响范围可分为整体性典故和局部性典故；从所表达的意义可分为事典和语典。这些典故在使用中具有鲜明特点：旁征博引、化古通今，将典故转变成诗句中的一个词或词组，具有高度的浓缩性；典故与对偶句式相结合，使诗歌用典繁密；鲜明的时代性，多以汉籍中的历史人物入典，直接或间接地表达了西夏王国渴求明君贤臣、实现政通人和的强烈愿望；目的性强，所有的典故都具有儒家文化的特征，尊崇先王之道是用典故的主要目的。

关键词：西夏文；《宫廷诗集》；用典；汉语；西夏民族；谚语

《俄藏黑水城文献》编号为Инв.No.121V 的《宫廷诗集（甲种本）》存诗 29 首[①]，编号Инв.No.876《宫廷诗集（乙种本）》存诗 7 首[②]。甲乙两种版本有 3 首诗歌内容相

---

① 俄罗斯科学院东方研究所圣彼得堡分所、中国社会科学院民族研究所、上海古籍出版社：《俄藏黑水城文献（西夏文世俗部分）》第十册，上海：上海古籍出版社，1999 年，第 283—311 页。
② ［汉］司马迁：《史记》，北京：中华书局，1959 年，第 312—314 页。

同①，除去重合的 3 首诗外，《宫廷诗集》甲乙两种本子共存诗 33 首②。这些诗歌以儒家教化为主旨，同时带有浓郁的佛教色彩，内容多以歌颂西夏帝王的仁德与贤能、大臣的忠勇与果敢，以及慨叹人世的无常、奉劝世人及早修佛为主旨。从该诗集残存的几个作者来看，《宫廷诗集》应为西夏文学作品无疑。诗人通过咏史、咏人、咏物和写景等多种方法的综合运用取得了较高的艺术效果，同时诗中大量使用典故来表达作者的思想感情，言简意赅，内涵丰富，蕴意深长。

用典是中国古代文学创作的基本表现手法之一，中国历代文人都喜欢在作品中运用典故。典故又称用事，凡诗文中引用过去相关人、地、事、物等史实，或以语言文字为比喻增加词句之含蓄与典雅者，即称"用典"。刘勰在《文心雕龙》中把用典释为"据事以类义，援古以证今"。《宫廷诗集》的阅读或聆听对象为党项民族中文化层次较高的仕人阶层，其诗歌文采华丽，大量使用典故来抒情写意是一个重要特点。

一、《宫廷诗集》中用典来源

《宫廷诗集》中的用典多达 40 余处，用典来源多样，一部分可能来源于西夏本民族或周边其他民族的文化体系，更多的来源于汉籍的经、史、子、集。

1. 对经部典故的运用

在运用经部典故时，往往把典故直接作为词语来使用，十分简洁。如《宫廷诗集（甲种本）》第 12 首《𗙻𗗙𗖻𗗚𗗚》（《圣殿俱乐歌》）第 41 句③：

> 𗙻𗗙𗖻𗗙𗙻𗗗𗗚
> 生如释菜施福德

"释菜"出自《周礼·春官·乐师》："春人学，舍菜，合舞。"《礼记·月令》："上丁，命乐正习舞释菜。""释菜"又可写作"祭菜"，《礼记·学记》："大学始教，皮弁祭菜，示敬道也。"郑玄注："祭菜，礼先圣先师。菜谓芹藻之属。"

---

① 分别是甲种本的第 25 首和乙种本的第 6 首重合，题目为《融膀罗》（《劝世歌》）。甲种本的第 28 首和乙种本的第 5 首重合，题目为《𗙻𗗚𗖻𗗙𗙻》（《臣子修治歌》）。甲种本的第 14 首和乙种本的第 7 首重合，题目为《𗙻𗗚𗖻𗗙𗙻》（《天下共乐歌》）。

② 甲种本的第 1、2 首，乙种本第 1 首内容残缺较多，其余 31 首保存完整。

③ 俄罗斯科学院东方研究所圣彼得堡分所、中国社会科学院民族研究所、上海古籍出版社：《俄藏黑水城文献（西夏文世俗部分）》第十册，上海：上海古籍出版社，1999 年，第 294 页。

2. 史部中的典故

《宫廷诗集》中的典故主来自正史类，如《史记》《后汉书》等，且多为人物典故，常借历史人物来寄托理想、抒发情感，表达自己的喜好，所涉及的人和事多为汉民族圣明的君主、忠心耿耿有为的大臣或品德高尚的各类历史人物。如《宫廷诗集（甲种本）》第 29 首《𗗿𗰜𗉛𗄈𗏹》（《勇智大臣歌》）第 9 句、第 11 句[①]：

𗵒𗷅𗦲𗆊，𗼲𗟲𗺉𗥼𗉛𗿒𗰗
运筹帷幄，犹如张良智谋同
𗌺𗿒𗍦𗰗，𗜍𗬈𗑗𗫻𗗟𗉋
千断百剥，类同樊哙巧臂平

此处用对偶句式连用两个典故，"运筹帷幄张良智"，出自《史记·高祖本纪》"夫运筹策帷帐之中，决胜于千里之外，吾不如子房"[②]。《后汉书》注云：张良出于城父，后投奔刘邦，为其重要谋士，以谋略著称。"千断百剥类同樊哙巧臂平"出自《史记·樊郦滕灌列传》："舞阳侯樊哙者，沛人也。以屠狗为事，与高祖俱隐。初从高祖起丰，攻下沛。高祖为沛公，以哙为舍人。"[③]樊哙以膂力闻名，屡立战功。鸿门宴上佩剑拥盾闯入军门，并斥责项羽，从而使刘邦免于杀身之祸，以刚勇闻名。

再如《宫廷诗集（甲种本）》第 4 首《𗥃𗰜𗾭𗉒𗏹》（《处处显瑞歌》）第 16 句[④]：

𗦲𗷅𗉛𗄈，𗤋𗣼𗑗𗬈𗘮𗷅𗈷
堪比杨震，黄金不取畏四知

"四知"出自《后汉书·杨震列传》："（杨震）道经昌邑，故所举荆州茂才王密为昌邑令，谒见，至夜怀金十斤以遗震。震曰：'故人知君，君不知故人，何也？'密曰：'暮夜无知者。'震曰：'天知，神知，我知，子知，何谓无知！'密愧而出。"[⑤]取之史部的典故多用人物的事典，通过古代与现代的转换、人物与事件的转换巧妙结合起来，统一了繁杂的内容，创造出一种混融的意境。通过化用、意用，将前人的故事压缩成几个

① 俄罗斯科学院东方研究所圣彼得堡分所、中国社会科学院民族研究所、上海古籍出版社：《俄藏黑水城文献（西夏文世俗部分）》第十册，上海：上海古籍出版社，1999 年，第 308 页。
② ［汉］司马迁：《史记》，北京：中华书局，1959 年，第 381 页。
③ ［汉］司马迁：《史记》，北京：中华书局，1959 年，第 2651 页。
④ 俄罗斯科学院东方研究所圣彼得堡分所、中国社会科学院民族研究所、上海古籍出版社：《俄藏黑水城文献（西夏文世俗部分）》第十册，上海：上海古籍出版社，1999 年，第 286 页。
⑤ ［南朝·宋］范晔：《后汉书》，北京：中华书局，1965 年，第 1760 页。

字词以借用其意境用典；通过化用前人的故事，寄托了对西夏政治民生的希望。

3. 子部中的典故

主要出自《论语》《孟子》《庄子》，多取子部诸家的治国之理。如《宫廷诗集（甲种本）》第 3 首《𗄊𗄻𘝰𘜶𗢲》（《圣德天悦歌》）第 13 句、第 15 句[①]：

𗧀𗕣𗄻𗤒，𘄽𘄽𗛝𗠩𗾈𘝰𗔆
执掌斗斛，各国皆服不贪功
𗄻𘊝𘕿𗘟，𘈖𘈖𗖵𘊃𗺉𗄻𘏒
行遣权衡，处处同心齐协力

"斗斛""权衡"均出自《庄子·胠箧》："为之斗斛以量之，则并与斗斛而窃之……故逐于大盗、揭诸侯、窃仁义并斗斛权衡符玺之利者，虽有轩冕之赏弗能劝，斧钺之威弗能禁。""为之权衡以称之，则并与权衡而窃之。"

4. 集部中的典故

主要出自集部的神话传说，多以能辨曲直的动植物入典，如《宫廷诗集（甲种本）》第 5 首《𘝰𗄻𘝰𘜶》（《尊皇喜悦歌》）第 2 句、第 4 句[②]：

𗤱𘔉𗺉𘕿𘟂𘖵
獬豸兽忠以为
𘕿𗔆𗸰𘔧𘉐𘔠
屈轶草柔是谓

"獬豸兽"出自汉代杨孚《异物志》："东北荒中有兽，名'獬豸'，一角，性忠，见人斗则触不直者，闻人论则咋不正者。"郭璞注引张揖曰："獬豸，似鹿而一角。人君刑罚得中，则生于朝廷，狱诉平则至。"传说中的尧时瑞兽，形似牛，一角，能辨曲直，见人相斗，则以角触邪恶无理者，古人视为吉祥物。《说文解字》云："古者决讼，令触不直。或云雄曰獬，雌曰豸，形同而难辨，今问意正谓此矣。详此问端，出于洞山。"《新丰吟》："獬豸同栏辨者，噬薰莸共处须分郁。"

"屈轶草"出自晋张华《博物志》卷三："尧时有屈轶草，生于庭，佞人入朝，则

① 俄罗斯科学院东方研究所圣彼得堡分所、中国社会科学院民族研究所、上海古籍出版社：《俄藏黑水城文献（西夏文世俗部分）》第十册，上海：上海古籍出版社，1999 年，第 285 页。
② 俄罗斯科学院东方研究所圣彼得堡分所、中国社会科学院民族研究所、上海古籍出版社：《俄藏黑水城文献（西夏文世俗部分）》第十册，上海：上海古籍出版社，1999 年，第 285 页。

曲而指之。"《金楼子》卷一有"屈轶草生庭，佞人入则指之"。章炳麟《原儒》："屈
轶指佞，皇帝骑龙。"

除此之外，西夏人也使用自己本民族所周知的谚语入典，如第 28 首《𗂧𗅲𗄈𗏹𗅥》
（《臣子修治歌》）第 13 句[1]：

> 𗸒𗒹𗦳𗸟，𗗚𗩾𗎫𗣼𗄑𗉛𗌲
> 鹃日忘食，上圣恩德思念用

此典故出西夏谚语："𗆬𗹙𗷅𗆐𗛪𗸒𗒹𗦳𗗚𗈶𗏁𗛪𗛪"（夜闻鹿鸣知天晓，日见鹃
啼近黄昏）。[2]寓意西夏的忠德臣夙兴夜寐，为国忘我的精神境界。汉文学的诗句中用
到"杜鹃"时，通常指夜间，"子规夜半犹啼血，不信东风唤不回"，而西夏诗歌及谚
语内却认为杜鹃啼叫在黄昏时分，具有鲜明的民族性。

二、宫廷诗集中的用典分类

西夏诗歌中对汉语典故的运用丰富而多变，其用典从不同的角度可以分为不同类别。

（一）从典故与现实的关系可分为肯定性典故和否定性典故

1. 肯定性典故

这类用典故强调的是历史与现实的相似或一致，充满赞美之情。如《宫廷诗集（甲
种本）》第 4 首《𗒘𗴺𗢸𗌗𗅥》（《处处显瑞歌》）第 16 句[3]：

> 𗅳𗆄𗣩 𗌗𗒛𗴆
> 周文王喜同乐

此典出《六韬》卷一《文韬》[4]，姜太公曰："天下非一人之天下，乃天下之天下也。
同天下之利者则得天下，擅天下之利者则失天下。天有时，地有财，能与人共之者，仁
也。仁之所在，天下归之。免人之死，解人之难，救人之患，济人之急者，德也。德之

---

① 俄罗斯科学院东方研究所圣彼得堡分所、中国社会科学院民族研究所、上海古籍出版社：《俄藏黑水城文献（西夏文世俗部分）》第十册，上海：上海古籍出版社，1999 年，第 308 页。

② 陈炳应：《西夏谚语》，太原：山西人民出版社，1993 年，第 23 页。

③ 俄罗斯科学院东方研究所圣彼得堡分所、中国社会科学院民族研究所、上海古籍出版社：《俄藏黑水城文献（西夏文世俗部分）》第十册，上海：上海古籍出版社，1999 年，第 286 页。

④ 关于周文王的事迹各种史记记述很多，因西夏时期翻译过《六韬》，此处的用典很有可能出自该书。

所在，天下归之。与人同忧同乐，同好同恶，义也。义之所在，天下赴之。凡人恶死而乐生，好德而归利，能生利者，道也。道之所在，天下归之。"文王再拜曰："允哉！敢不受天之诏命乎！"乃载与俱归，立为师。

再如《宫廷诗集（甲种本）》第 14 首《𗩾𘂕𗟲𗌰𘜶》（天下共乐歌）第 10 句[①]：

𗙴𗅋𗁮𗭪𗤒𗋽
忠德臣似魏征

此典出自《新唐书·魏征传》，魏征向唐太宗谏言："思所以危则安矣，思所以乱则治矣，思所以亡则存矣。存亡之所在，在节嗜欲，省游畋，息糜丽，罢不急，慎偏听，近忠厚，远便佞而已。"[②]唐太宗对魏征的评价："以铜为鉴，可正衣冠；以古为鉴，可知兴替；以人为鉴，可明得失。朕尝保此三鉴，内防己过。今魏征逝，一鉴亡矣。"[③]后代文学作品常以此为典比喻贤君与忠臣。

西夏时期翻译的汉籍很多，已发现的出土文献有《孝经》《论语》《易经》《孟子》《孙子传》《老子》《庄子》《淮南子》《贞观政要》《六韬》《类林》《黄石公三略》《十二国》《德行集》《慈孝记》《列子》《左传》《周书》《毛诗》《韵书》《尔雅》《夫子和坛记》等。除此之外，西夏人很可能还有《史记》《资治通鉴》等正史类著作。周文王、尧、舜、商汤、姜太公、魏征都作为典故进入诗歌，说明了西夏文人对中原的典籍非常熟悉，同时这些人物也作为西夏人治国安邦的典范来歌颂。赞颂西夏国君就如中原历史上的明君爱民如子，君臣同乐，贤臣对国君忠心耿耿，旨在树立正面典型。

2. 否定性典故

此类用典强调的是历史与现实之间的相反性，人物或事件多为历史上亡国之君或反面人物的故事。如《宫廷诗集（甲种本）》第 19 首《𘄒𘕺𘏨𗠀𗙴𘜶𘜶》（《夏胜邻国德高歌》）第 2 句[④]：

𘕺𗴺𗤋𘓄𗨢𗾞𗨴
赵皇君做五十寿

① 俄罗斯科学院东方研究所圣彼得堡分所、中国社会科学院民族研究所、上海古籍出版社：《俄藏黑水城文献（西夏文世俗部分）》第十册，上海：上海古籍出版社，1999 年，第 295 页。

② ［宋］欧阳修、宋祁：《新唐书》卷九七，北京：中华书局，1975 年，第 3873 页。

③ ［宋］欧阳修、宋祁：《新唐书》卷九七，北京：中华书局，1975 年，第 3880 页。

④ 俄罗斯科学院东方研究所圣彼得堡分所、中国社会科学院民族研究所、上海古籍出版社：《俄藏黑水城文献（西夏文世俗部分）》第十册，上海：上海古籍出版社，1999 年，第 299 页。

赵皇君指北宋国君宋徽宗，宋朝第八位皇帝，在位25年，国亡被俘受折磨而死，终年54岁，葬于永佑陵（今浙江省绍兴县东南35里处）。公元1126年闰十一月底，金兵再次南下。十二月十五日攻破汴京，金帝废宋徽宗与子赵桓为庶人。公元1127年三月底，金帝将徽、钦二帝，连同后妃、宗室、百官数千人，以及教坊乐工、技艺工匠、法驾、仪仗、冠服、礼器、天文仪器、珍宝玩物、皇家藏书、天下州府地图等押送北方，汴京中公私积蓄被掳掠一空，北宋灭亡。本典旨在总结历史经验教训为西夏治国提供警戒事例。

（二）从典故的影响范围分有整体性典故和局部性典故两种

1. 整体性典故

此类典故所赋予的意义可扩充，从而影响到整首诗的意义。如《宫廷诗集（甲种本）》第29首《𗼛𘝦𗹦𘊙𗠁》（《勇智大臣歌》）的第3句[1]：

　　𗼛𗼩𘝦𘊙𗠁𘝦
　　太公功战斗功

此典出自《史记·齐太公世家》，"周西伯昌之脱羑里归，与吕尚阴谋修德以倾商政，其事多兵权与奇计，故后世之言兵及周之阴权皆宗太公为本谋"[2]。"太公"即"太公望"，俗称姜太公，姜姓，吕氏，名望，字子牙，任周初"太师"之职，被尊为"师尚父"，因有"吕尚"之称。此处的战斗功应指太公著《太公兵法》，是《六韬》，题周吕望太公撰，现存六卷，即文韬、武韬、龙韬、虎韬、豹韬、犬韬，共60篇。《史记正义》卷五五云："太公兵法一峡三卷。太公，姜子牙，周文王师，封齐侯也。"

再如《宫廷诗集（乙种本）》第2首《𘊙𘜶𗞃𗴛𗠁》（《开启众智歌》）第4句[3]：

　　𘝦𘜶𘊙𘜶𘜶𘝦𘏨
　　夫子智有囊中锥

此典出自《史记·平原君虞卿列传》：

① 俄罗斯科学院东方研究所圣彼得堡分所、中国社会科学院民族研究所、上海古籍出版社：《俄藏黑水城文献（西夏文世俗部分）》第十册，上海：上海古籍出版社，1999年，第308页。
② ［汉］司马迁：《史记》，北京：中华书局，1959年，第1478—1479页。
③ 俄罗斯科学院东方研究所圣彼得堡分所、中国社会科学院民族研究所、上海古籍出版社：《俄藏黑水城文献（西夏文世俗部分）》第十册，上海：上海古籍出版社，1999年，第284页。

秦之围邯郸，赵使平原君求救，合纵于楚，与食客门下有勇力文武备具者二十人偕。平原君曰："使文能取胜，则善矣。文不能取胜，则歃血于华屋之下，必得定纵而还。士不外索，取于食客门下足矣。"得十九人，余无可取者，无以满二十人。门下有毛遂者，前，自赞于平原君曰："遂闻君将合纵于楚，约与食客门下二十人偕，不外索。今少一人，愿君即以遂备员而行矣。"平原君曰："先生处胜之门下几年于此矣？"毛遂曰："三年于此矣。"平原君曰："夫贤士之处世也，譬若锥之处囊中，其末立见。今先生处胜之门下三年于此矣，左右未有所称诵，胜未有所闻，是先生无所有也。先生不能，先生留。"毛遂曰："臣乃今日请处囊中耳。使遂蚤得处囊中，乃颖脱而出，非特其末见而已。"①

全诗表达了在儒释道三教合一背景下民众对国君举贤任能的希望与理想。寓意西夏国君对人才的重视与渴求，全诗通过典故表达人才就是国宝，举荐自己，早日为国家建功立业。

2. 局部性典故

这类指所使用的典故所赋予的意义仅仅影响典故所在的诗句，诗的其他部分则大体停留于字面意，如《宫廷诗集（甲种本）》第 28 首《𗼫𗆟𘜶𗢠𗣼》（《臣子修治歌》）第 6、7 句②：

　　　　𘝺𗆟𘔄𗎩，𗤋𗥤𗦻𗥤𗿷𗭲𗩋

　　　　金乌疾逝，东升西落时不待

　　　　𗧘𗭴𗤦𘕄，𗤋𗥤𘜶𘗽𘞎𗩋𘔣

　　　　玉兔急遁，日落月升时流疾

"金乌"中国古代神话中的神鸟，也称阳乌，三足金乌。说此鸟为日之精，居日中。典出自《淮南子》："日中有乌。"注云："犹跛也。谓三足乌。"《春秋元命苞》中也说："日中有三足乌。"故人们也把太阳叫作三足乌或金乌、三足金乌、阳乌。后以"金乌"作为太阳的代称。韩愈《李花赠张十一署》云："金乌海底初飞来，朱辉散射青霞开。""玉兔"典出自汉乐府《董逃行》"玉兔捣药长跪虾蟆丸"。晋代傅咸的《拟〈天问〉》也说："月中何有？玉兔捣药。"月亮之中有一只兔子，浑身洁白如玉，所以称作"玉兔"。后"玉兔"变成了月亮的代表。唐韩琮《春愁》诗云："金乌长飞玉兔走，

① ［汉］司马迁：《史记》，北京：中华书局，1959 年，第 2366 页。
② 俄罗斯科学院东方研究所圣彼得堡分所、中国社会科学院民族研究所、上海古籍出版社：《俄藏黑水城文献（西夏世俗部分）》第十册，上海：上海古籍出版社，1999 年，第 307 页。

青鬓常青古无有。"用乌、兔代表日月，比喻时间的流逝。此处用典只是说明时光飞逝如梭。

（三）从典故所表达的意义分事典和语典两种

1. 事典

这类典故指的是典故来自历史掌故和传说等，主要取在历史上建功立业的人物故事，如"取礼尧舜""随道汤武""杨震四知""文王共乐""文王治国""运筹帷幄张良智""樊哙勇武""囊中锥""史莫""马莲"等。

2. 语典

这类典故指的是典故来自经书、史书、子书或是对前代诗人诗句的化用，如"斗斛""权衡""獬豸兽""屈轶草""草头露""释菜""金乌""玉兔""鹿夜""鹃日"等。

三、《宫廷诗集》的用典特点

西夏宫廷诗歌典故一般表述两个问题：一个与现实问题相关；另一个与历史事件相关，用典的目的在于显示人物或事件与现实的相似之处，其用典的最终目的是体现西夏明君、贤臣及对国家的赞美之情。诗中用典其意借典故赞颂时政，"白高国内圣贤君"，"君子智人囊中锥"，君臣一心，国内长治久安，同时通过典故暗指宋朝皇帝沉溺声色犬马，终将遭受亡国之灾。因此西夏宫廷诗的诗风不可避免地与这些历史人物，尤其是明君贤臣发生联系。透过其典型形象直接或间接地表现作者的兴国理想和信仰。这些历史人物，频繁地出现在诗歌中，很自然直接启发和引导了西夏的治国之道，将典故当成词语直接化用于诗歌中，借隐语来表现自己的国家理想，用历史典故将自己形象化，将诗人本身经验与过去的史实联系在一起直接或间接地表现自我，用得自然灵活而又妥帖精妙。通过对历史人物的共同点进行类比，不仅能贴切地表现自己的理想，而且还能充分表现自己的情感。其用典具有鲜明特点：（1）高度的浓缩性。旁征博引，化古通今，将典故转变成诗句中的一个词或词组，具有高度的浓缩性。（2）典故与对偶句式相结合，使诗歌用典繁密。（3）鲜明的时代性。多以汉籍中的历史人物人典，直接或间接地表达了西夏王国渴求明君贤臣、实现政通人和的强烈愿望。（4）目的性强。所用典故大都具有儒家文化的特征，尊崇先王之道是用典故的主要目的。

　　西夏文学作品中的用典还有一个需要注意的问题，西夏人阅读汉籍有限，那么，其所使用的来自汉民族的典故和原出处是否一致？

　　总之，西夏宫廷诗歌用典方法多样，无论用事用句都与诗句融为一体。诗歌中的大量用典表现了西夏文学极其丰富多彩的样式，并且深受汉文学的影响，典故的运用对诗歌的表情达意起了相当重要的作用，具体情况见附表1。

附表1　西夏文《宫廷诗集》使用典故一览表

诗歌题目	所在句数	用典诗句
甲种本第3首《██████》（《圣德天悦歌》）	10、11、12、14	██████（一心一意学尧舜） ██████（一心治民循汤武） ██████（白斗斛永久执） ██████（黑权衡常久行）
甲种本第4首《██████》（《处处显瑞歌》）	14、16、29、31	██████（尧舜帝有大善） ██████（周文王共乐爱） ██████（懒多兽触何人） ██████（屈轶草何所指）
甲种本第5首《████》（《尊皇喜悦歌》）	2、4	██████（懒多兽忠以为） ██████（屈轶草柔是谓）
甲种本第11首《██████》（《万花厅同乐歌》）	20	██████（耳闻文王治国事）
甲种本第12首《██████》（《圣殿俱乐歌》）	41	██████（有如释菜施福德）
甲种本第15首《██████》（《君臣和睦歌》）	9、10	██████（圣明王类尧帝） ██████（忠德臣似魏征）
甲种本第16首《██████》（《君臣同德歌》）	12、13	██████（如今皇帝如文王爱共乐） ██████（皇位宝杖类周公，恩忠功俱足）
甲种本第19首《██████》（《夏胜邻国德高歌》）	17、18	██████（尧帝布衣招忧伤） ██████（舜王瓦器遭诽谤）
甲种本第23首《██████》（《大臣赞德歌》）	24、25	██████（白斗斛验功罪） ██████（黑权衡验轻重）
甲种本第25首《████》（《劝世歌》）	7	██████（寿命短如草头露）
甲种本第27首《██████》（《贤臣巧仪歌》）	10	██████（大功妙如獬豸兽）
甲种本第28首《██████》（《臣子修治歌》）	6、7、13	██████（玉兔急道，日落月升时流疾） ██████（金乌疾逝，东升西落时不待） ██████（鹊日食忘上圣恩德思念用）
甲种本第29首《██████》（《勇智大臣歌》）	3、9、11	██████（太公功战斗功） ██████（运筹帷幄，堪与张良比智谋） ██████（千断百剥，类同樊哙巧臂平）
乙种本第1首失题目	7	██████（爱清治同马莲）
乙种本第2首《██████》（《开启众智歌》）	4	██████（夫子智有囊中锥）
乙种本第3首《██████》（《有德胜物歌》）	9	██████（吴公牛马地所埋）
乙种本第4首《██████》（《净德臣赞歌》）	14、16	██████（犹如史莫执牛停犊不贪利） ██████（堪比杨震黄金不取畏四知）

多余的注释：甲种本第 2 首《𗧊□𘊄𗕼𗾧》（《圣□大贤歌》）、第 3 首《𘊄𗕼𗢌𗟀𗾧》（《圣德天悦歌》）、第 11 首《𗄊𘚾𗳵𗟠𗥃𗊙》（《万花厅同乐歌》）作者"𗧾𗕾𗵒𗥃"（没息义显）、乙种本第 3 首《𗊟𗣼𗕼𗱩𗾧》（《有德胜物歌》）作者"𗩈𗤋𗤍𗫧"（野利礼盛）、乙种本第 4 首《𗰖𗕼𘃸𗤶𗾧》（《净德臣赞歌》）作者"𘊈𗩾𗟲𗰜"（略卫志有）。

（原载《西夏研究》2011 年第 3 期）

西夏文《乌鸣占》考释*

梁松涛

摘　要：本文对俄藏黑水城出土的西夏文《乌鸣占》进行了录文、释读，并与西夏文《十二缘生祥瑞经》、敦煌出土的《乌鸣占吉凶书》进行比较，认为此西夏文《乌鸣占》既不是从敦煌《乌鸣占吉凶书》文献体系传播而来，也不是从印度《十二缘生祥瑞经》占卜体系传播而来。西夏境内所流行的《乌鸣占》更多的带有中原文化痕迹，其所依据底本可能与《事林广记》所收《鸦经之图》有比较密切的关系。

关键词：西夏占卜；乌鸣占；敦煌；事林广记

一

西夏文《乌鸣占》出土于黑水城遗址，现藏俄罗斯科学院东方文献研究所，为编号Иив.No.2554中的第五种文献。之前学界一直将其归在佛教文献中，日本西夏学家西田龙雄在《西夏文佛经目录》中介绍了其简要内容："乌鸣音量顺观，方位和时辰的乌鸣占"[①]。克恰诺夫也将其归入佛教文献，命名为"𗾑𘄄𗏆𗗘𗗙𗘆"（大唐三藏西天），并对其文献形态进行了描述："写本，麻纸蝴蝶装。19.5厘米×12.5厘米。26页，其余为空白页面。每叶6行，行18字。卷尾有题名。凡26叶，保存完整。"[②]

---

* 基金项目：本文为国家社会科学基金重大招标项目"出土西夏文涉医文献整理与研究"（项目编号：16ZDA239）成果。

① ［日］西田龙雄：《西夏文华严经》第三册，京都：京都大学文学部，1977年，第266页。

② Е.И.Кычанов. *Каталог тангутских буддийских памятников*, Киото：УниверситетКиото, 1999, c.612.

　　《乌鸣占》即通过乌鸦的叫声来判断吉凶，属鸟鸣占的一种。鸟鸣占主要是依据各类鸟的叫声、方位、动作、形态等来预测吉凶祸福的一种占卜形式。所说的鸟类主要指各类飞鸟，大致有凤、雉、鹊、鸿、鸠、乌鸦等，这些鸟类均可作为占候对象，故又可称为"鸟情占"。中国文化中较早保留了鸟占的资料。《隋书·经籍志》中记载的鸟占书籍达七种之多，主要有王乔撰《鸟情占》一卷、《六情诀》一卷，焦氏撰《六情鸟音内秘》一卷，《鸟情逆占》一卷，《鸟情书》二卷，《鸟情杂占》一卷，《占鸟情》二卷①。《旧唐书·经籍志》载鸟占书籍三种：刘孝恭撰《风角鸟情》二卷，《鸟情占》一卷，管辂撰《鸟情逆占》一卷②。《新唐书·艺文志》著录鸟占书籍两种：刘孝恭《风角鸟情》二卷，《鸟情占》一卷③。《宋史·艺文志》中著录两部鸟占书籍：郯子《占鸟经》二卷，《占鸟法图》一卷④。可惜这些书籍均已亡佚，但从其所存书目看，唐宋时期鸟占法在中原地域较为流行。

　　由于相关鸟占的传世文献亡佚，唐宋时期与乌鸣占有关的文献多保存在出土文献中。敦煌文献中保存了唐宋时期多件有关乌鸣占的文献，目前学界将这一类文献归为《乌鸣占吉凶书》，这一内容的文献由八件文献组成，有藏文和汉文两种文字书写。其中汉文三件⑤，藏文五件⑥。这几件文献是唐宋时期占卜文献，保存了河西中古时期占候术的重要资料。王晶波认为敦煌文献中的鸟占习俗，经历南北朝到唐宋时期仍然十分流行，但其关注范围逐渐缩小，逐渐集中到乌、鹊之上，除了官方所修正史的记载外，民间也出现新的占卜书，如《鸦经》《占鸦鸣》等⑦。

　　黑水城出土的西夏文《乌鸣占》为编号Инв.No.2544中的第五件文献，原卷题名"𗹬𗖰𗗙𗄽𗙜𗏁𗤀𗙫𗖰"（《东方朔乌鸣占图》）。这件文献是通过乌鸦的鸣叫声音及时辰、方位判断吉凶的占候文献，此文献为我们研究西夏民间占卜文化提供了难得的第一手资料，使我们得以管窥西夏民间文化的真实面貌。《乌鸣占》是西夏民间占卜文献的重要代表，是西夏民间占卜体系中罕见的史料之一。

① ［唐］魏征等：《隋书》卷三四，北京：中华书局，1973年，第1030页。

② ［晋］刘昫等：《旧唐书》卷四七，北京：中华书局，1975年，第2042页。

③ ［宋］欧阳修、宋祁：《新唐书》卷五九，北京：中华书局，1975年，第1554页。

④ ［元］脱脱等：《宋史》卷二〇六，北京：中华书局，1977年，第5242页。

⑤ 汉文写本有P.3479《鸟占习要事法》、P.3988《鸟占临决》、P.3888《鸟情占》三件。

⑥ 藏文写本有法藏P.t.1045、P.t.1049、P.3896V三件，英藏I.O.746、I.O.747两件，共五件。

⑦ 王晶波：《敦煌占卜文献与社会生活》，兰州：甘肃教育出版社，2013年，第509页。

二

下面是西夏文《东方朔乌鸣占图》录文及释读：

录文：

（西夏文）①（西夏文）②

（西夏文）③（西夏文）

（西夏文）（（西夏文）④）（西夏文）

（西夏文）

（西夏文）

（西夏文）

（西夏文）

（西夏文）

（西夏文）

（西夏文）

（西夏文）

（西夏文）

（西夏文）

（西夏文）

（西夏文）

（西夏文）⑤

（西夏文）

（西夏文）

（西夏文）⑥（西夏文）

---

① （西夏文）："（西夏文）"对音为"东"；"（西夏文）"对音为"方"；"（西夏文）"拟音读为"sio¹"，可对音为"朔"，故"（西夏文）"可对音为"东方朔"，《类林》中有将"东方朔"译做"（西夏文）"，有时译为"（西夏文）"。

② （西夏文）：图。指《占乌经》图本。

③ （西夏文）：经中言，这里的"经"指东方朔有关乌鸦占卜的某类经文。宋代洪迈《容斋续笔》记载："世有传《阴阳局鸦经》，谓东方朔所著，大略言凡占乌之鸣，先数其声，然后定其方位，假如甲日一声即是甲声，第二声为乙声，以十干数之，乃辨其急缓，以定吉凶，盖不专于一说也"。这里所说的经可能指《阴阳局鸦经》。

④ （西夏文）："（西夏文）"对音为"老"，"（西夏文）"拟音为[·jow²]，读为"样"，与"鸦"读音相似，故"（西夏文）"可对音为"老鸦"。

⑤ （西夏文）：直译为"闻恶言"，可意译为"争竞"之类。

⑥ （西夏文）：直译为"他争、他斗"，可意译为"交争"。

𗗙𗼕𘒔𗗿𗌭𗰜

𘊒𘒔𗩴𗤒𗊏

𗿵𗈳𘒔𘄊𗾖𘓟

𗜓𘒔𘄊𗾖𗼕

𘁏𗋽𘗐𗗊𘒔𘄊𗌭

𗗙𗼕𘒔𗴺𗈬𗯿①

𘊒𘒔𗴀𘏲𗘜

𗿵𗈳𘒔𗼀𗠎𗌭

𗜓𘒔𗗽𗈴𗗕②

𘁏𘐳𗈪𗋽𘗐𘒔𗌭𗈪

𗗙𗼕③𘒔𗈴𘂗𗌭

𘊒𘒔𗗼𗌭𘗽

𗿵𗈳𘒔𘖹𗗊𘃒

𗜓𘒔𗼀𗈴𘂗

𘐳�³𗈪𗋽𘗐𘒔𗗪𘓟𗗊𗼕

𗗙𗼕𘒔𘄯𗴀𗠎④

𗗔𘊒𘒔𗴺𘏲⑤𗌭𗮔

𘊒�̀𘒔𗼕𘄊

𗜓𘒔𗈴𗯿𗼕𗌭

�³𗊏𗈪𗋽𘗐𘒔𗴝𗏍𗠎⑥

𗗙𗼕𘒔𗌝𗭽𘃒

𘊒𘒔𘌷𗿵⑦𗈴

𗿵𗈳𘒔𘏲𘏲𗌭

𗜓𘒔𗩴𘃄𗴺𗌭𗮔⑧

𗊏�³𗈪𗋽𘗐�ô𗼕𗎍𘃒⑨

𗗙𗼕�è𗗿𘂗𗌭

---

① 𗴺𗭎𗯿："𗭎𗯿"译为"召唤、邀请"；"𗴺"译为"他"，可直译为"他人邀请"，即"人请"。

② 𗗽𗈴："𗗽"直译为"故、昔"；"𗈴"译为"朋、亲"，故"𗗽𗈴"可直译为"昔日的朋友"，即"故人"。

③ 𗼕：原卷误为"𗤒"。

④ 𘄯𗴀：" 𘄯𗴀"直译为"户下"指门户以内，可译为"家内、家人"，"𘄯𗴀𗠎"可意译为"内争"。

⑤ 𗴺𗌭：可直译为"他财、他物"，可意译为"外财"，按照汉语习惯可意译为"人送物"。

⑥ 𗴝𗏍："𗴝𗏍"译为"酒肉"；"𗠎"译为"遇"，"遇酒肉"可意译为"宴请、酒食"。

⑦ 𘌷𗿵：可译为"得食羊"，此处极具西夏本土特色。

⑧ 𘏲𘃄𗴺𗌭𗮔："𘏲𘃄"译为"失财"，"𗴺𗌭𗮔"可译为"他处得"，意为失去的财物又得到了，可意译为"失财归"。

⑨ 𗎍："𗎍"译为"佞、唆"；"𘃒"译为"舌"，"𗎍𘃒"可直译为"佞舌"，即"口舌"。

[illegible][1]

[illegible]

[illegible]

[illegible]

[illegible]

[illegible][2]

[illegible]

[illegible]

[illegible][3][illegible]

[illegible]

[illegible]

[illegible]

[illegible]

[illegible]

[illegible]

[illegible]

译文：

东方朔乌鸣占图

东方朔经中言：乌（汉语老鸦）何时，由所何方飞鸣来断十二时吉凶祸福，百步内可占，百步外不可占。

歌曰：

认取何方飞鸣来，验之鸣叫去何方。

吉则声柔欢喜至，凶则哭兆危难到。

小人忧虑智者查，贵贱依心最明了。

东方寅卯时，有送物；辰巳时，有风；午时，争竞；未申时，有大凶；酉时，主官事。

---

① [illegible]：“[illegible]”译为“牛”；“[illegible]”译为“畜”。牛畜应指“大牲畜”，此处极具西夏本土特色，“[illegible]”可译为“得畜、进畜”。

② [illegible]：“[illegible]”译为“媳妇”；“[illegible]”译为“父亲”，“[illegible]”可译为“媳妇父亲”，即“女方家里”。“[illegible]”译为“财来”，“[illegible]”可直译为“女方财来”，意译为“女家送物”。

③ [illegible]：“[illegible]”对音为“钟”；“[illegible]”语气助词；“[illegible]”译为“打、击”。“[illegible]”可直译为“钟所打”，意译为“打钟”。用“打钟”表示时间，可能与寺院打板、击钟鼓的丛林制度有关，俗语“晨钟暮鼓”，这里的“打钟”应指寺院早晨的钟声。

东南角寅卯时，有交争；辰巳时，女客至；午时，遇结婚；未申时，遇大凶；酉时，制小凶。

南方寅卯时，大吉；辰巳时，客相召；午时，亲戚斗；未申时，远信来；酉时，见故人。

西南角寅卯时，吉；辰巳时，亲人来；午时，心不宁；未申时，遇大雨；酉时，故人来。

西方寅卯时，遇大吉；辰巳时，家人争；午时，来外财；未申时，有吉；酉时，远亲来。

西北角寅卯时，宴请；辰巳时，公事安；午时，食羊；未申时，亲戚来；酉时，失物归。

北方寅卯时，口舌安；辰巳时，客人来；午时，得牲畜；未申时，失物得；酉时，有病患。

东北角寅卯时，病患安；辰巳时，亲客至；午时，女方送物；未申时，宾客来；酉时，病祸安。

寅卯时者，日不出至寺院钟声响者。

辰巳时者，寺院钟声响至未到正午者。

午时者，到正午但不过正午者。

未申时者，过正午到天擦黑以前。

酉时者，天擦黑鸡栖息这段时间。

亥时者，谓人刚刚睡下。

丑时者，谓后夜至不明之也。

三

黑水城出土的西夏文文献中还保存两个编号与《乌鸣占》相关的文献，即Инв.No.0899和Инв.No.7166《十二缘生祥瑞经》，这部佛经王龙已做过译释[①]，此经所言的占卜方式主要依据乌鸦鸣叫的方位及时间判断吉凶祸福，即"方位时间占"的形式。今转录其内容如下：

尔时众会，无量人天谓世尊言：乌鸣，时来不定，如何了知？愿佛演说：尔时世尊告诸大众。若人于十二支，审谛观察，了知善恶。若无明支日，乌鸣于右，妻

---

① 王龙：《黑水城出土西夏文〈十二缘生祥瑞经（卷下）〉考释》，《西夏研究》2016年第2期，第14—27页。

女见喜，左方鸣，行人必来。行支日，右鸣安吉，左鸣获财。识支日，右鸣皆得随求，左鸣所求皆不成就。

名色支日，右鸣得财，左鸣图圄。六入支日，右鸣有惊怖事，左鸣诤讼。触支日，右鸣惊怖，左鸣家人至。受支日，右鸣称意，左鸣闻信事，散失财物。爱支日，右鸣安乐，左鸣全闻信事。取支日，右鸣他问，左获安吉。有支日，右鸣他问，左鸣安吉。生支日，右鸣所求皆得，左鸣闻信事，财物破散。老死支日，右鸣无患，左鸣破坏，财物少许。

尔时世尊，告大众言。若人于无明支日，乌鸣北方，必闻信事。于行支日，乌鸣北方，有喜事获。识支日，鸣北安吉，皆得遂意。名色支日，北方鸣时，闻悦意事。六入支口，乌鸣北方，获路远事，财宝去遥，必非和合。触支日，乌鸣北方，有诤讼起。受支日，鸣北方安吉。爱支日北鸣，远离系缚。取支日北鸣，卒事获信。有支北鸣，衣物必获。生支北鸣，人来问事。老死北鸣，一切安吉。

从以上经文看，《十二缘生祥瑞经》乌鸣占所用方位主要有左、右、北三方，时辰以印度僧侣通行的十二支为序。Инв.No.2554 的占卜方法显然与此佛经的占卜方法不同。Инв.No.2554 文献主要由东方、东南、南方、西南、西方、西北、北方、东北八方及寅卯时、辰巳时、午时、未申时、酉时八个时辰为序来判断吉凶，这两种占卜方式有一定的差异。

敦煌文献中也保存了藏文本的《十二缘生祥瑞经》。《十二缘生祥瑞经》为印度佛经，房继荣认为其在唐代传入吐蕃，并认为藏文本是直接依据印度梵文本翻译而来①。《十二缘生祥瑞经》到宋代才译成汉文。西夏文《十二缘生祥瑞经》翻译底本是依据梵文、藏文、还是汉文，虽然目前我们暂无法考订，但有一点可以肯定：Инв.No.2554 西夏文《乌鸣占》所依底本体系与《十二缘生祥瑞经》无传承关系。

敦煌文献中的《乌鸣占吉凶书》虽然都以方位时辰占为主要占卜方式，以乌鸦鸣叫的九个方位（东方、东南、南方、西南、西方、西北、北方、东北、上方）及十个时辰（鸡鸣、平旦、日出、食时、隅中、日中、日昳、晡时、日入、黄昏）结合起来进行占卜②。敦煌文献《乌鸣占吉凶书》的这种"十干"加"方位"的占卜方法与西夏文《乌鸣占》基本一致，但在细节上与Инв.No.2554《东方朔乌鸣占图》有较大不同。首先，在方位上，敦煌文献是九个，西夏文《乌鸣占》是八个；在十干上，敦煌占卜文献基本上分十个时辰，西夏文献将十个时辰合并为五个时段进行占卜。其次，西夏文《乌鸣占》

---

① 房继荣：《敦煌本〈乌鸣占吉凶书〉研究》，兰州：甘肃人民出版社，2015年。
② 房继荣：《敦煌本〈乌鸣占吉凶书〉研究》，兰州：甘肃人民出版社，2015年。

占卜内容比敦煌文献简单，没有行军占、军营占之类，卜辞也比敦煌文献简约许多，通常不超过四个字。再次，西夏文《乌鸣占》没有表格及文字合并的形式，在形式上较敦煌文献简单。可以看出，西夏文《乌鸣占》所依底本体系与敦煌乌鸣占文献可能没有传承关系，西夏文《乌鸣占》不是由以敦煌为代表的河西地区传入的。

西夏文Инв.No.2554首题"𗰔𗼇𗤊𗤋𗰖𗅲𗗙𗄑𗏣"，其中一个字"𗏣"值得引起关注，"𗏣"可译为"图"，原题为"东方朔乌鸣占图"，很有可能其所依据的某种底本为"图"的形式，只是在翻译抄写过程中书写者改变了原有的图的形式。经查检，汉文典籍内，成书于南宋的《事林广记》内收录一副鸦经之图①。此图（图1）将鸦鸣声按照东方、东南、南方、西南、西方、西北、北方、东北八方排列，并有乌鸦的插图。在时辰分为寅卯时、辰巳时、午时、未申时、酉时八个时辰、五个时段来判断吉凶祸福，并且以八角图的形式列出，方便查找。其卜辞部分相对比较简单，与西夏文《乌鸣占》相似度较高（图2）。

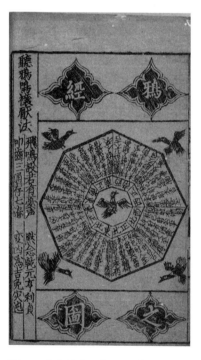

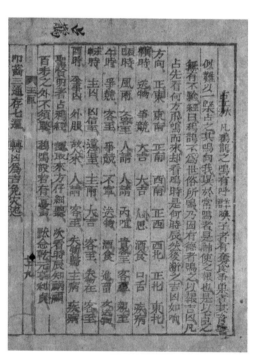

图1　《事林广记》所收《鸦经之图》　　　图2　《玉匣记》所收《乌鸣占》书影

在汉文典籍中，还有另外两件文献与西夏文《乌鸣占》较为相似。一为《说郛》卷

---

① ［宋］陈元靓编纂：《新编纂图增类群书类要事林广记》续集卷十二占史类，明成化十四年（1478）刻本。

一〇九卷下所收《百怪断经》中的《鸦鸣经》[①]。二为晋许逊撰之《玉匣记》中所保存了乌鸣占的内容[②]。明代陶宗仪所编纂《说郛》中所收《百怪断经》一卷，相传为宋代俞诲所做，收录有《鸦鸣占》。汉文典籍中的这两件文献与Инв.No.2554西夏文《乌鸣占》非常相似，均分为东方、东南、南方、西南、西方、西北、北方、东北八个方向，时辰上分为寅卯时、辰巳时、午时、未申时、酉时五个时段、八个时辰。并且卜辞都非常简单，语言风格也基本一致。只是，有的卜辞内容不尽相同。为了方便，今将西夏文《乌鸣占》（简称"西"）与《事林广记》之《占鸦经之图》（简称"事"）、《玉匣记》之《占鸦鸣鹊噪法》（简称"玉"）、《百怪断经》（简称"百"）列表 1 于下：

表 1　西夏文《乌鸣占》与中原三种《乌鸣占》对比表

方向	寅卯时				辰巳时				午时				未申时				酉时			
	西	玉	事	百	西	玉	事	百	西	玉	事	百	西	玉	事	百	西	玉	事	百
东方	送物	送物	人送物	送物	有风	主凶	风雨	风雨	争竞	争竞	有交争	争	有大凶	风雨	大凶	凶	主官事	公事凶	主官事	公事
东南	有交争	争竞	主交争	争	女客至	凶信至	女客至	女客	遇结婚	客至	亲客至	亲客	有大凶	女客至	凶信至	凶信	制小凶	外服	外服	外服
南方	大吉	大吉	大吉	吉	客相召	远信至	客相召	相命	亲戚斗	争竞	主有争	争	远信来	人请	远信	远信	故人来	故人来	故人来	故人
西南	吉	大吉	大吉	吉	亲人来	主凶	人相命	争	心不宁	不宁	啾唧至	不宁	遇大雨	人请	主雨	大雨	故人来	人请	亲人召	相召
西方	遇大吉	外人思	外人思	外人思	内争	大吉	内争	官讼	人送物	送物	人送物	送物	有吉	内喧	大吉	吉	远亲来	客至	远客至	客至
西北	有酒肉	酒食	有酒肉	酒食	公事安	客至	公事	贵人至	食羊	酒食	有酒肉	酒食	亲戚来	贵客至	人至	亲客	失物归	失物归	失物归	失物
北方	口舌安	口舌	口舌	口舌	客人至	失物在	人至	相命	进畜	进畜	添六畜	六畜至	失物得	客至	失物得	失物在	有病患	主疾病	主疾病	病
东北	病患	疾病	主疾病	病	亲客至	客至	亲客至	亲至	女家送物	女送物	女家送物	送物	宾客来	亲至	羡台？	客至	病祸	疾病	主生疾病	客至

从表 1 中我们可以看出，西夏文《乌鸣占》与中原典籍《乌鸣占》的方式非常一致，均为"十干"加"方位"的占候形式，只是个别卜辞不同。西夏文《乌鸣占》与《事林

---

① ［明］陶宗仪：《说郛》卷一〇九下，《景印文渊阁四库全书》第880册，台北：商务印书馆，1986年，第335—336页。

② ［晋］许逊撰：《增补选择通书广玉匣记》卷七九，清康熙年间广盛堂刻本。

广记》的卜辞几乎一致，不一样的只有东南午时、酉时，西南辰巳时三个地方卜辞不同。《百怪断经》的卜辞有东南午时、酉时，南方辰巳时，西南辰巳、酉时，西方寅卯，西北辰巳，北方辰巳八个地方不同。《玉匣记》的卜辞有东方酉时，东南辰巳、午时、未申、酉时，南方辰巳、未申，西南辰巳、未申、酉时，西方辰巳，西北辰巳十二个地方卜辞不同。

从以上分析我们可以看到，西夏文《乌鸣占》与《玉匣记》《百怪断经》所刊乌鸣占内容相对来说差异较多，与《事林广记》所载《鸦经之图》（图1）最为接近。《事林广记》为南宋末年所刊的大型日用型类书，多为收录宋代各类实用性书籍。故西夏文《乌鸣占》很有可能是从宋代某种占卜文献直接翻译而来，其所依据的底本与《事林广记》所载《鸦经之图》相似度极高。

由此，我们可以做出判断：西夏文《乌鸣占》更多的带有中原文化的痕迹，其依据的底本应该不是从敦煌乌鸣占等文献传播而来，而是由宋代的某种占卜典籍直接传入，虽然，西夏文《乌鸣占》和敦煌文献没有直接的传承关系，但有共同的中原文化源头。

（原载《西夏学》2018年第1期）

俄藏Инв.No.954《光定未年典驴贷粮契》新译释
——兼论西夏典当经济研究的几个问题*

于光建

摘　要：典当是出让抵押物的一种借贷经济活动。这种典押借贷，债务人只是将抵押物的使用权在债务期限内出让给债权人。西夏《天盛改旧新定律令·当铺门》详细规定了西夏的典当制度。通过出土典当契约证实，西夏民间典当经济活动基本遵循《天盛改旧新定律令》的法律规定，同时西夏的典当借贷利率基本在50%以下，基本没有超过法典"本利相等"的最高限定。同时，抵押典当借贷的利率要比无抵押的信用担保借贷利率低。

关键词：西夏；典当；契约；黑水城；《天盛改旧新定律令》

典当是债务人在保留回赎权基础上，出让抵押物的一种借贷交易。这种典押借贷，债务人只是将抵押物的使用权在债务期限内出让给债权人。而典当契约则是直接反映典当经济的第一手材料。根据目前刊布的西夏文献和学界研究成果，在大量的西夏契约社会文书中，典当契约也有相当的分量。既有汉文典当契约，也有西夏文典当契约。最早关注该典当契约是陈国灿先生在1980年发表了《西夏天庆间典当残契的复原》一文，对残契进行了系统整理复原。[①]之后，杜建录、史金波先生《西夏社会文书研

---

* 基金项目：本文系国家社会科学基金重大招标项目"西夏通志"（项目编号：15ZDB013）阶段性成果，宁夏高等学校一流学科建设民族学科资助（项目编号：NXYLXK201702）。
① 陈国灿：《西夏天庆间典当残契的复原》，《中国史研究》1980年第1期，第143—150页。

究》①，杜建录先生《俄藏西夏天庆年间典粮文契考释》②，陈静《黑水城所出天庆年间裴松寿处典麦契考释》③，李晓明、张建强《英藏黑水城文献中一件西夏契约文书考释》，④许伟伟《黑城夏元时期契约文书的若干问题——以谷物借贷文书为中心》，⑤史金波先生《西夏经济文书研究》对部分西夏文典畜贷粮契约进行了译释研究⑥。目前学界对西夏典当契约研究最多的是俄藏、英藏黑水城出土的天庆六年（1199）、天庆十二年（1205）、天庆十三年（1206）典当商裴松寿放贷粮食汉文契约，分别对西夏天庆年间裴松寿典贷粮食的各类契约进行了补充整理和相关问题研究。

一、Инв.No.954《光定未年耶和小狗山典驴贷粮契》再译释

从已刊布的西夏文献来看，还有数量众多的西夏文典畜契约，成为研究西夏典当经济的重要资料。但由于这部分典当契约大部分是西夏文草书，难以辨识，给研究者带了来极大的不便，有些西夏文契约虽然也有学者进行了翻译，但对其中有些词汇和翻译却存在较大的失误。此外，有些西夏文契约本来是典当契约，学界却定性为借贷契约，或者是卖畜契约，影响了对契约涉及的相关信息的理解，比如俄藏黑水城出土Инв.No.954《光定未年典驴贷粮契》。

《光定未年典驴贷粮契》1909年出土于内蒙古额济纳旗黑水城，原件现保存于俄罗斯科学院圣彼得堡分院东方文献研究所。2006年《俄藏黑水城文献》第12册公布了该件文献图版，定名为《光定未年贷粮契约》。⑦根据《俄藏黑水城文献》，该契约为写本，麻纸，残叶。高18.4厘米，宽25.6厘米。页面有西夏文15行，前13行为一完整的契约，行书。第1行有"光定未年四月二十六日（1223年）"。第14行、15行为另一契约的开始部分，草书。第14行有"光定未年四月二十七日"诸字，有署名画押。

1979年，俄国著名西夏学家克恰诺夫教授《谷物借贷文书》一文，首先对该典当契约进行了刊布译释，但由于是西夏文行草，克恰诺夫教授仅翻译了部分内容，且有失误。

---

① 杜建录、史金波：《西夏社会文书研究》，上海：上海古籍出版社，2010年。
② 杜建录：《俄藏西夏天庆年间典粮文契考释》，《西夏研究》2010年第1期，第55—59页。
③ 陈静：《黑水城所出天庆年间裴松寿处典麦契考释》，《文物春秋》2009年第2期，第62—66页。
④ 李晓明、张建强：《英藏黑水城文献中一件西夏契约文书考释》，《西夏研究》2012年第1期，第52—57页。
⑤ 许伟伟：《黑城夏元时期契约文书的若干问题——以谷物借贷文书为中心》，《宁夏社会科学》2009年第3期，第95—97页。
⑥ 史金波：《西夏经济文书研究》，北京：社会科学文献出版社，2017年。
⑦ 俄罗斯科学院东方研究所圣彼得堡分所、中国社会科学院民族研究所、上海古籍出版社：《俄藏黑水城文献（西夏文世俗部分）》第十二册，上海：上海古籍出版社，2006年，第146页。

1995 年，日本学者松泽博在克恰诺夫研究基础上，进一步译释了该文书并结合西夏汉文契约残件，对利息、保人、典当予以了初步论述。①1995 年，《中国历代契约汇编考释》首次公布了汉译文，内容与松泽博译文基本相同。②2002 年，王元林《西夏光定未年借谷物契考释》一文对该件契约进行了研究，其录文转录自《中国历代契约汇编考释》。③许伟伟《黑城夏元时期契约文书的若干问题——以谷物借贷文书为中心》引用该契约与黑城出土元代贷谷契约进行了比较，分析了两者的特点等问题。④2006 年，《俄藏黑水城文献》第 12 册公布了该件文献图版，目前学界研究大多是转录自《中国历代契约汇编考释》。依据图版，笔者再次译释了该件契约，内容是耶和小狗山典当两头驴借贷了三石杂粮，故该件契约定名为《光定未年耶和小狗山典驴贷粮契约》更贴切。同时，对比笔者译文发现，《中国历代契约汇编考释》的译文有待进一步详细译释。

现对该西夏文行书进行全文楷书转写、逐行对译，再给出意译，图 1 附后。录文译释如下：

　　（1）𗾔𗾖𗆟𗃬⑤𗸎𗑠𗎁𗿷𘂤𗀔𘕿𘓓𗗽𗾓⑥𘙇

　　光定未年四月二日五日文状为者耶和小狗

　　（2）𘓓𗟍⑦𘕃□𗋽⑧𗙏⑨𘊰𗠇𗗐⑩𗆐𗥃𘄒𗎁⑪𗑠𗭟𗇋𗊩

　　狗山今□讹僧金刚茂处三石杂取本利共

<hr>

① 松泽博：《西夏文·粮食借贷契约私见（3）——俄罗斯科学院东方文献研究所列宁格勒分所藏 No.954 文书再读》，《东洋史苑》1995 年第 46 号，第 1—23 页。

② 张传玺主编：《中国历代契约汇编考释》，北京：北京大学出版社，1995 年，第 652 页。

③ 王元林：《西夏光定未年借谷物契考释》，《敦煌研究》2002 年第 2 期，第 31—35 页。

④ 许伟伟：《黑城夏元时期契约文书的若干问题——以谷物借贷文书为中心》，《宁夏社会科学》2009 年第 3 期，第 95—97 页。

⑤ 𗾔𗾖𗆟𗃬：光定未年，光定是西夏第八位皇帝，夏神宗遵顼年号，光定年号共使用十三年，光定元年是公元 1211 年，干支纪年辛未，光定十三年（1223），干支纪年癸未，但这一年遵顼禅为于其子德旺，自号上皇。故此处的光定未年为光定元年，即 1223 年。

⑥ 𗗽𗾓：汉语音译"耶和"，姓氏。

⑦ 𘙇𗟍：𘙇汉语"小狗"，𘓓汉语"狗"，𗟍汉语"山"，𘙇𗟍是人名，小狗山。

⑧ 𗋽：姓氏，𗋽，音讹，西夏姓氏，《杂字》番姓部有"𗋽𘉋""𗋽𗷒""𗋽𘄡"，音译"讹一""讹二""讹三"。𗙏，音魔，𗸎，意"盲"。西夏文《杂字（乙种本）》，见俄罗斯科学院东方研究所圣彼得堡分所、中国社会科学院民族研究所、上海古籍出版社：《俄藏黑水城文献（西夏文世俗部分）》第十册，上海：上海古籍出版社，1999 年，第 48 页。

⑨ 𘊰，音阿，意"僧"，《同音》44A2"𘊰𗴺"译"僧名"。

⑩ 𗠇𗗐：汉译"金刚茂"，人名。𗠇𗗐 字面意思"石王"，意译"金刚"此二字长出现在佛经中，对应"金刚"。《番汉合时掌中珠》"𗠇𗗐"译"金刚杵"。[西夏] 骨勒茂才：《番汉合时掌中珠（甲种本）》，俄罗斯科学院东方研究所圣彼得堡分所、中国社会科学院民族研究所、上海古籍出版社：《俄藏黑水城文献（西夏文世俗部分）》第十册，上海：上海古籍出版社，1999 年，第 11 页。

⑪ 𗎁：汉译"杂"，《中国历代契约汇编考释》未译。在西夏文借贷粮食契约中出现所借贷的"杂"是指"杂粮"。

（3）𗣋𗤶𘝵𗤦𗆜𗰔𗣫𗫕𗈪𗧃𘄴𗁆𗁬𗣔①𗆜𗇋

算四石五斗为换处一驴子母黑五齿为用

（4）𗆜𗣫𗧃𗤛②𗤟③𘜶𘎼𘈩𘓯𗣟𗋽𗃛④𗤞𘌔𘍦𘋨𘋍

一驴驹畜等实所典为典手有梁氏糜月宝童

（5）𗂚⑤𗯿𘋞𘝵⑥𘜶𗃛𘎼𗣬𘆝𗦇𗤁𗈦𘝟𗆜𗧇𗧃𗍫𗣴

子男令山等手有期限年同八月一日日谷数

（6）𗇋𗜓�-𗅁□𘎶𗤍𘟃𗅁𘎶�𗣔𘜶𘎼�）□□

聚来入为□应若无入为时过典畜现处□□

（7）𗁬𘉞

心服

（8）𗋽𗣟𘎶𘝯𗧳𘋞𘝵（画押）

文状为者狗狗山

（9）𗣔𘓯𗃛𘎼𗤞𘌔𘍦𘋨𘋍（画押）

状接典手有梁氏糜月宝

（10）𗣔𘓯𗃛𘎼𗣬𗂚𗯿𘋞𘝵（画押）

状接典手有童子男令山

（11）𗣔𘓯�]⑦𘍦𗶪𗎁��₂（画押）

状接相洛祀福成茂

（12）𗣔𘓯�]𗅁�₂𘌔（画押）

状接相孔茂盛

（13）𗁆𘍜□𗸝𘄱𘋍𘄴（画押）

知人□讹腊月犬

---

① 𗁬𗣔：汉译"五齿"，计算牛、马、骆驼、驴等大牲畜年岁大小用"×齿"。

② 𗤛：汉译"驹"，《同音》丁中本背注27B65解释为"𗤛𗣬𘋞𘆝𗂚"，汉译"驹：驴马骆驼子"，𘜶�𗤛可意译"幼驴"。

③ 𗤟：汉译"畜"，《同音》44A8"𗤛𗤟"汉译"牲畜"。

④ 𗃛�𗤞：汉文直译"典当手有"，意译"典当经手人"。

⑤ 𗂚𗯿：𗂚汉译"儿童"，𗯿汉译"儿子"，𗂚𗯿可意译为"童子"。西夏规定，男子凡十五岁就要入军籍，即西夏社会男子十五岁就已经是成丁，就要纳服徭役、当兵。所以十五岁以下应该为儿童。《中国历代契约汇编考释》译文为"室子"。

⑥ 𘋞𘝵：人名，音译"令山"。夏意"运气"，音"令""力"。姓名一般音译，故"𘋞𘝵"音译"令山"。

⑦ 𗣔𘓯�]：汉译"状接相"，即"同立契约者"，负有债务连带赔偿责任的人。

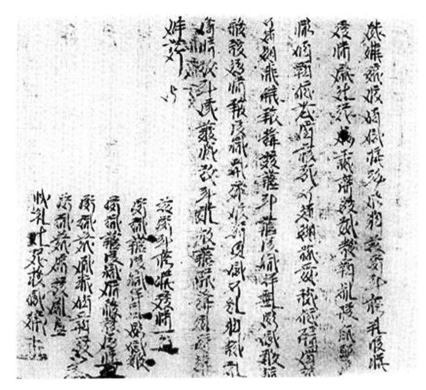

图1 黑水城出土Инв.No.954《光定未年耶和小狗山典驴贷粮契》

意译：

光定未年四月二日，立契约者耶和小狗山，今从□讹僧金刚茂出借三石杂粮，本利共算四斛五斗，换出以一头能用的五齿黑母驴和一头幼驴等实典当为，典当经手者梁氏糜月宝，童子男令山等经手，期限同年八月一日谷数聚齐来应还，若期限过时不还，牲畜交现典押处 卖□ ，心服。

立契约者小狗山（画押）

接状典经手者梁氏糜月宝（画押）

接状典经手者童子男令山（画押）

相接状者洛祀福成盛（画押）

相接状者孔茂盛（画押）

知人□讹腊月犬（画押）

《中国历代契约汇编考释》译文：

光定未年四月二十六日，立契者耶和小狗山今于移讹阿金刚茂处借贷三石，本利共计为四石五斗，对换一黑色母驴、一全齿骆驼、一幼驴等为典押。保典人梁氏月宝、室子男功山等担保。期限同年八月一日当谷物聚齐交出。若不交时，愿将所典牲畜情愿交出。

立文契者小狗山

商契保典人梁氏月宝

接商契保典人室子男功山

同商契□立福成盛

同商契康茂盛

知人移讹腊月犬

依据图版逐字行录文并对译完发现，《中国历代契约汇编考释》所载译文有几处有待修订之处。

第一处是出贷者姓与名之间有一字"㜕"，《中国历代契约汇编考释》音译为"阿"。"㜕"喉音·ja，音阿，汉语"僧"，《同音》44A2"㜕㜕"，解释为"僧名"。有时加在亲属称谓之前，表示尊敬、亲昵。[1]如《番汉合时掌中珠》"㜕㜕㜕㜕"汉译"阿耶（爸）阿娘"，"㜕㜕㜕㜕"汉译"阿哥阿姐"[2]。根据后文人名"金刚茂"，可知此人是一个僧人，所以此处意译为"僧"，表明其身份是僧人。这种情况就雷同与女性姓氏和名之间的"病"汉译"氏"，表示是女性。如"㜕㜕㜕㜕㜕"汉译"梁氏糜月宝"；"㜕㜕㜕㜕㜕"汉译"耶和氏宝引"。

第二处是所借贷的是"杂粮"，西夏文契约中为"㜕"汉译"杂"，《中国历代契约汇编考释》未译。直接是"借贷三石"，让人不知借贷的到底是"麦"，还是"谷"？或者是"杂粮"。在西夏文借贷粮契约中出现所借贷的"杂"是指"杂粮"。

第三处是根据西夏文原文，借贷粮食抵押的是"一头能用的五齿黑母驴和一头幼驴"，但在《中国历代契约汇编考释》译文中却是"一黑色母驴、一全齿骆驼、一幼驴等为典押"，漏译了黑母驴的年岁大小"五齿"，多出了"一全齿骆驼"。"五齿黑母驴"之后是西夏文"㜕㜕"，汉译"是用"，强调五齿黑母驴是正能使用的，而没有"一全齿骆驼"。

第四处是立契约人的妻子"㜕㜕㜕㜕㜕"（梁氏糜月宝），人名中遗漏了"㜕"（糜）。立契约人的儿子是"㜕㜕"，即尚未成丁的"童子"，《中国历代契约汇编考释》译文

① 李范文：《夏汉字典》，北京：中国社会科学出版社，1997年，第591页。

② ［西夏］骨勒茂才：《番汉合时掌中珠（甲种本）》，俄罗斯科学院东方研究所圣彼得堡分所、中国社会科学院民族研究所、上海古籍出版社：《俄藏黑水城文献（西夏文世俗部分）》第十册，上海：上海古籍出版社，1999年，第11页。

却是"室子"。

第五处是立契约人耶和小狗山的妻子、儿子在这次典押借贷中的契约身份"𗗙𘝯𗣼"，汉文直译"典当手有"，意译"典当经手人"。如前所引，黑水城出土的从普渡寺借贷粮食的契约中，有"𘝯𗣼𗥃𘃜𗿫𗼻𘄉"，汉译"谷经手人梁喇嘛等处"。《中国历代契约汇编考释》译文为"保典人"。保典人为典押担保人，应该是契约中的"𗥃𗿫𗹭"（状接相）洛祀福成盛和孔茂盛二人。

二、《天盛改旧新定律令·当铺门》对民间典当的规范

西夏法典《天盛改旧新定律令·当铺门》总计有 7 条律文是对西夏典当制度的具体规范，内容涉及典当物品、中间知证人、典物与价值相等、房屋与土地等不动产典当的程序、抵押物损害的赔偿、抵押物回赎及处置、典物借贷本利以及违律处罚等相关问题。笔者将结合黑水城出土西夏文典畜契约的解读，来探讨《天盛改旧新定律令》典当法在西夏民间典当中的执行情况及相关问题。

（一）签订契约

尽管典当是借贷中的抵押借贷，但西夏法典《天盛改旧新定律令》卷十一《出典工门》还是规定典当、借贷及买卖等都要有契约为凭。"诸人将使军、奴仆、田地、房舍等典当、出卖于他处时，当为契约。"[1]为了将债权置于法律保护之下，《天盛改旧新定律令·催索债利门》也有同样的规定："诸人买卖及借债，以及其他类似与别人有各种事牵连时，各自自愿，可立文据。"[2]并且要求了契约上主要内容"上有相关语，于买价，钱量及语情等当计量，自相等数至全部所定为多少，官私交取者当令明白，记于文字上。"[3]黑水城、敦煌莫高窟以及武威出土的西夏典当契约文书，都证实在债务关系产生时都要签订契约文书来见证债务的合法性。

一件具有法律效力的正式契约必须要有当事双方、典当买卖物、价格、违约处罚、借贷者、保证人、知见人的签字画押。黑水城出土的这两件典畜典畜契约就具备完整的契约要素，结尾也有立契约人、同借人、知见人的签字画押，是具有法律效力的正式典当契约文书。但是，甘肃武威亥母洞出土的《乾定戊年典驴契约》缺失了结尾立文人、

---

① 史金波、聂鸿音、白滨译注：《天盛改旧新定律令》，北京：法律出版社，2000 年，第 390 页。
② 史金波、聂鸿音、白滨译注：《天盛改旧新定律令》，北京：法律出版社，2000 年，第 189 页。
③ 史金波、聂鸿音、白滨译注：《天盛改旧新定律令》，北京：法律出版社，2000 年，第 189 页。

同立文人以及知人的签字画押，是一件还未起草完整草稿。①从这一点我们可以得知，西夏契约的签订有一定的流程，即在正式签订契约之前，应该还要草拟契约，经各方商议无疑和无补充条款之后，再起草正式的契约文书，最后契约结尾要有借贷者、同借者保人以及知见证人的签字画押，方能成为有法律效力的契约。

（二）典当物所有权

《天盛改旧新定律令·当铺门》规定，典当物品时，物主及当铺要双方自愿，典当物品要求价值物有所值，不能物好价低，或是物少钱多，不能强行典当。"典当时，物属者及开当铺者二厢情愿，因物多钱甚少，说本利相等亦勿卖出，有知证。"②从上述解读的两件典畜契约来看，在民间的日常借典中，都是物主和当铺主双方商议后自愿典当借贷。武威《乾定戊年罨斡善典驴契》中书写有"自愿立典驴契约"③，黑水城出土 Инв.No.4079—2《天庆亥年典驼契约》亦有"自愿卖给嵬移十犬"之句。④

《天盛改旧新定律令·当铺门》还规定："诸人当铺中典当各物品时，本利不等，此后无语量，不问属者，不准随意出卖。若违律卖典物时，物价在十缗以内，有官罚马一，庶人十三杖，十缗以上一律徒一年。物现有，则当还属者，若无，则依现卖法则，卖钱及物色相同价钱当还给，应算取本利。"⑤也就是说，典押借贷钱粮时，债务人在没有偿还完所借债务本利时，当铺主在不问典押物原主人的情况下，未经双方商议，是不允许出卖的。这与《宋刑统》卷二十六《杂律·受寄财物辄费用》："收质者，非对物主不得辄卖"⑥的规定相同。

盗物历来被各朝律法所禁止典当，西夏《天盛改旧新定律令》对此也予以了明确规定。为了禁止盗物典当，要求在抵押借贷时，必须要有中间人知情验证，方可典当。"诸当铺诸人放物典当取钱时，十缗以下，识未识一律当典给，是盗物亦不予治罪，物应还回，钱当取。送十缗以上物者，识则令典给，未识则当另寻识人，令其典当。"⑦从本文译释的典畜契约可知，黑水城出土的两件正式典畜契约中都有"知见人"签字画押来

① 于光建：《西夏文乾定戊年罨斡善典驴契约草稿初探》，杜建录主编：《西夏学》第十辑，上海：上海古籍出版社，2014年，第28—34页。
② 史金波、聂鸿音、白滨译注：《天盛改旧新定律令》，北京：法律出版社，2000年，第186页。
③ 于光建：《西夏文乾定戊年罨斡善典驴契约草稿初探》，杜建录主编：《西夏学》第十辑，上海：上海古籍出版社，2014年，第28—34页。
④ 史金波：《西夏经济文书研究》，北京：社会科学文献出版社，2017年，第629页。
⑤ 史金波、聂鸿音、白滨译注：《天盛改旧新定律令》，北京：法律出版社，2000年，第188页。
⑥ 薛梅卿点校：《宋刑统》，北京：法律出版社，1999年，第468页。
⑦ 史金波、聂鸿音、白滨译注：《天盛改旧新定律令》，北京：法律出版社，2000年，第186页。

证明典卖畜物是合法的。《天庆亥年典骆驼契》正文开始就用"自属"来说明典卖的骆驼是立契约人自己所有，而非盗物。武威出土的《乾定戌年典驴契约》虽然是草稿，结尾没有知见人的签字画押，但在契约行文中却有"假若偷盗欺骗者，在常住处典当有，买者不管，卖者管，反悔时本所损失"之语，来保证典卖的不是盗物。

Инв.No.954《光定未年耶和小狗山典驴贷粮契》与其他典当契约相比较，较为特殊。在行文和契约结尾的署名画押处，立契约人耶和小狗山的妻子和儿子在这次典押借贷中的身份是"𗁲𗷀𗫒𘉋𗗟"，意"状接典手有"。"𗫒𘉋𗗟"，意译"典当经手人"。如前所引，黑水城出土的有关普渡寺借贷粮食契约中就有"𘉋𗗟"该词，"𗾈𘉋𗗟𗢳𗦻𘘝𗣼𗢤"，意"谷经手人梁喇嘛等处"。《中国历代契约汇编考释》译文为"保典人"，保典人为典押担保人，应该是契约中的"𗁲𗷀𗓽"（状接相）。因为该件契约是典押畜物借贷粮食，这里的"𗫒𘉋𗗟"表示典当抵押牲畜也经手了梁氏糜月宝和令山。"𗁲𗷀"（状接）表示他们是这次贷粮债务偿还的连带偿还人——同借者；从行文表述看"𗫒𘉋𗗟"（典当经手人）则意在说明立契约人耶和小狗山的妻子梁氏糜月宝和儿子令山也是畜物的所有者，这次的抵押畜物借贷是经过其妻子梁氏糜月宝和儿子耶和令山的同意，是他们一家共同典贷。因为根据西夏文典当、买卖契约行文，契约正文还有"若买卖（典当）物其他相关所有人发生争讼，买者不管，立契约人管"的约定，而此件典驴贷粮契约中确没有。该件契约中的"𗫒𘉋𗗟𗢳𗤦𗒹𘝻𗕚𗢳𗩱𗣼𗢤𘉋𗗟"（典当经手梁氏糜月宝童子男令山等经手）之句的意思与上述约定相同，典当物的其他所有者是同意抵押借贷的，不存在物权争讼问题。因为，《天盛改旧新定律令·当铺门》第一条就是明确规定，典当物在十缗钱以上的必须要有识人，明确典押物的所有权，一则是为了禁止盗物典当；二则也是明晰物权，避免典当后产生纠纷争讼。

（三）典当物的回赎与过期不赎处置

虽然抵押物在抵押借贷期间是属于当铺主，但是典押物的所有权还没有发生完全转移，债务人有权赎回自己的抵押物。当然其赎回权也是有一定的期限，期限一般是由双方在契约中约定。《天盛改旧新定律令·当铺门》规定："典当各种物品，所议日限未令明者，本利头已相等，物属者不来赎时，开当铺者可随意卖。"①所以，在典当契约中都写明有赎回期限。如在Инв.No.4079—2《小狗胜典驼借粮契约》中就写有"日期定为

①　史金波、聂鸿音、白滨译注：《天盛改旧新定律令》，北京：法律出版社，2000年，第186—187页。

九月一日还付。日过不付时，先有抵押骆驼数债实取，无异议。"① Инв.No.954《光定未年耶和小狗山典驴贷粮契》也规定："期限同年八月一日谷数聚齐来应还，若期限过时不还，牲畜交现典押处卖□，心服。"《宋刑统》对质典物的赎回期限是"本利相等"期以内，债务人在清偿完债务后可以赎回。"若计利过本不赎，听告市司对卖，有剩还之。"②南宋《庆元条法事类》的规定则与西夏相同，由双方商定赎期。《庆元条法事类》卷八十《出举负债·关市令》亦规定："其收质者过限不赎，听从私契。"③上述典畜契约中写有，双方商议在九月一日、八月一日赎回典押畜物的最后期限，及过限不赎的处理方式，在民间的典押借贷中，基本是遵循双方约定，听从契约的规定。

《天盛改旧新定律令》与《宋刑统》对质典物过期不赎的处理方式也有差异。《宋刑统》规定要由听告至市司出卖，来偿还债权人，若有剩余则要归还抵押物主人。《天盛改旧新定律令》与《庆元条法事类》都是不许诉讼，任依私契。即过期不赎，债权人就可依据契约约定随意买卖处置。上述典畜契约中约定的"典押骆驼数债主实持有""牲畜交现典押处卖"也证实了《天盛改旧新定律令·当铺门》的规定，同时契约中也写有"不许诉讼"的约定。

（四）违约处罚形式

当然，有些也并不是完全严格执行了《天盛改旧新定律令》的规定。若典押物属者过期不赎，债权人将抵当物买卖了，物主人是不许诉讼的。"若属者违律诉讼时，有官罚马一，庶人十三杖。"④但在典畜契约中规定，典押人若诉讼的处罚是罚交粮食。Инв.No.2546—1《天庆亥年典驼契约》中是"若有心悔反悔者，依官罚五担杂粮"⑤。在Инв.No.4079—2 小狗胜典驼借粮契约"争讼、反悔依官罚交杂粮、麦十五斛"⑥。未取典偿价而典卖者改口时，有官罚马一，庶人十三杖。

总之，为了规范民间典当经济活动，《天盛改旧新定律令》将典当法律制度与"催索债利门"分类规范，专列一门进行详细的规范来保障典当者、典铺主双方的权益不受损失。从出土的西夏文典当契约整体上看，西夏民间的典当活动也基本是遵循《天盛改旧新定律令》所规定的条文制度实行，当然有些典当活动明显也有民间习惯法的影子。

① 史金波：《西夏经济文书研究》，北京：社会科学文献出版社，2017 年，第 378 页。
② 薛梅卿点校：《宋刑统》，北京：法律出版社，1999 年，第 468 页。
③ ［南宋］谢深甫等修、戴建国点校：《庆元条法事类》，北京：法律出版社，1999 年，第 903 页。
④ 史金波、聂鸿音、白滨译注：《天盛改旧新定律令》，北京：法律出版社，2000 年，第 187 页。
⑤ 史金波：《西夏经济文书研究》，北京：社会科学文献出版社，2017 年，第 629 页。
⑥ 史金波：《西夏经济文书研究》，北京：社会科学文献出版社，2017 年，第 378 页。

《天盛改旧新定律令》中专列"当铺门"律文来规定西夏的典当制度，要比《唐律疏议》《宋刑统》《庆元条法事类》中质、举不分的规定更为详备、内容更为清晰，这是《天盛改旧新定律令》中债务法的又一特点。

三、典当贷粮利率

典当借贷虽然有典当物作为抵押品，但其本质还是借贷，所以借贷钱粮也都是计算利息的。《天盛改旧新定律令·当铺门》在多条律文中都有对本利的说明。如"因物多钱少，说本利相等亦勿出卖。""典当物时，任意将衣物变破旧者，当取本钱，利当罚，现物归属者。""诸人居舍、土地因钱典当时……不允与本利钱相等以后再算利。若违律本利送，地上、房舍不归属者时，有官罚马一，庶人十三杖。"[1]在实际的典当借贷契约中对利率又是如何执行的呢？与无抵押的借贷利率比较是高还是低呢？

《天盛改旧新定律令·当铺门》规定："典当各种物品，所议日限未令明者，本利头已相等，物属者不来赎时，开当铺者可随意卖。"[2]这虽然是对典当物赎期已过不来赎回情况下，当铺有权处置典当物的规定，但"所议日限未令明者，本利头已相等"的前提情况，也说明抵押物品典当借贷债务的利息最高也是本利相等，这与《天盛改旧新定律令·催索债利门》对借贷利率"本利相等以后，不允去超额"的规定相统一。

在本文译释的Инв.No.954俄藏黑水城出土《光定未年典驴贷粮契》中，典当一大一小2头驴所借本金3石杂粮，本利共计为4石5斗，总利息1石5斗，总额利率50%。Инв.No.4079—3《典畜贷粮契》本金1石，本利共计为1石5斗[3]，总利息5斗，总额利率50%；Инв.No.4079—22《典畜贷粮契》本金4石麦1石杂，本利共计为8石麦2石杂[4]，总利息4石麦1石杂，总额利率50%。又如学界已研究的Or.821/727K.K.Ⅱ.0253（a）《天庆十一年裴松寿典麦契》中，大麦加3利，小麦加4利，总额利率大麦30%，小麦总额利率40%。[5]TK.49P《天庆六年裴松寿典麦契》中大麦加5利，总额利率

① 史金波、聂鸿音、白滨译注：《天盛改旧新定律令》，北京：法律出版社，2000年，第187页。
② 史金波、聂鸿音、白滨译注：《天盛改旧新定律令》，北京：法律出版社，2000年，第186—187页。
③ 俄罗斯科学院东方研究所圣彼得堡分所、中国社会科学院民族研究所、上海古籍出版社：《俄藏黑水城文献（西夏文世俗部分）》第十三册，上海：上海古籍出版社，2011年，第183页。
④ 俄罗斯科学院东方研究所圣彼得堡分所、中国社会科学院民族研究所、上海古籍出版社：《俄藏黑水城文献（西夏文世俗部分）》第十三册，上海：上海古籍出版社，2011年，第188页。
⑤ 杜建录、史金波：《西夏社会文书研究》，上海：上海古籍出版社，2010年，第200页。

50%。①上述数件通过典当牲畜或皮裘、毛毡等生活用品借贷粮食的利息绝大部分都是总额计息，总额利率也基本是 50%，有些甚至更低，为 30%、40% 等。由此可见，典物抵押借贷的利率没有超过《天盛改旧新定律令·当铺门》中对利率的最高限定。

但是，在前文对无抵押借贷粮食利率的梳理中，它们的总额利率普遍要高于典当抵押借贷利率，至少是有典押物去借贷粮食的利率要比无抵押借贷粮食利率低。如武威《乾定申年典糜契约》本金 1 石，总利息 8 斗，总额利率 80%。又如，Инв.No.4762 天庆寅年普渡寺出贷的诸多粮食借贷契约也是无抵押借贷，虽规定月息是 "一石有利一斗二升"，月利率是 12%，但由于契约约定本利相等时还，所以总利息率是 100%。其他无抵押借贷粮食契约中虽然约定有月息，但大部分的偿还期限都是本利相等时还，所以总额利率还是 100%。

通过将上述典当贷契粮契约利率与无抵押贷粮契约比较，可以发现，在西夏粮食借贷中，无抵押借贷利率一般要比有抵押的典当借贷利率高。可能是有抵押标的物保证了债权人的债权，在债务人无力偿还时，可以将抵押物出卖来抵债，所以利率低；而无抵押的借贷是信用担保，虽有同借者之连带赔偿责任，但债务风险较有抵押借贷要高，所以利息也高。综上所述，在西夏民间日常典当中，基本是依据《天盛改旧新定律令·当铺门》中对典当制度的规范来执行。典当时都有熟悉典当物情况的知见人；都有典当契约为凭据；契约中都有明晰典当物所有权、来源、价格；双方协议有赎回期限，逾期不赎时对典当物的处置有明确的规定；典当借贷的利率基本在 50% 以下，没有超过《天盛改旧新定律令·当铺门》所规定的 "本利相等" 的最高限定。同时，抵押典当借贷的利率要比无抵押的信用担保借贷利率低。出土的西夏典当契约体现了民间典当实践活动很好地遵循了国家法律制度。

（原载《西夏研究》2018 年第 4 期）

---

① 杜建录、史金波：《西夏社会文书研究》，上海：上海古籍出版社，2010 年，第 192 页。

出土西夏文献编目回顾及相关问题讨论

段玉泉

摘　要： 西夏文献自出土一百多年来，学术界为摸清这批文献作出大量卓有成效的努力，编著出版了《西夏文的写本与刊本》《西夏译佛典简目》《俄藏西夏佛教文献叙录》等重要目录著作，为西夏学研究提供了大量便利。由于出土材料数量众多和语言文字障碍，在编目著录过程中还存在着未曾著录或者漏录文献数量较多、同一文献分列在多条目录下著录、将不同译本来源的文献设置为一目、所著录文题失当，以及出现了一些未曾真正存在过的书题等相关问题。此外，文献书题、标题的翻译也有许多需要改进的地方。

关键词： 西夏文献；编目；著录

西夏文献资料的发现是 20 世纪重要考古发现之一。其主要发现地集中在内蒙古、甘肃和宁夏。这些文献除国内多家单位收藏外，主要集中于俄罗斯、英国、日本三国，法国、德国、美国、瑞典等国亦有少量收藏。出土的西夏文献到底是些什么，数量到底有多少，这是一百多年来西夏学界一直在探索的一个重要问题。

围绕着摸清出土西夏文献家底这一问题，西夏学研究工作者先后付出了大量努力，其中就包括西夏文献目录的编著。这项工作最早可以追索到清代末期，晚清学者王仁俊曾作《西夏艺文志》，他从《宋史》《金史》《续文献通考》《大藏经》以及元朝人虞集的《道园学古录》等文献材料中，辑得西夏人撰译之书 18 种，按经、史、子、集四部分类，并在每一目之下附有解题。由于当时资料匮乏，其著录的西夏文献数量实在太少。此后随着西夏文献相继出土，文献数量越来越多，相应的研究和著录陆续展开。

俄藏西夏文献于 1909 年由科兹洛夫探险队在黑水城（今内蒙古额济纳旗）发掘，现藏于俄罗斯科学院东方文献研究所，共有 8000 多个编号，其中 90% 以上为西夏文献。最早对这批西夏文献着手研究和介绍的首推伊凤阁，他从这批材料中发现了一种夏—汉对照的小册子《番汉合时掌中珠》，并据此整理出一个佛经小目录，著录了《观弥勒菩萨上生兜率天经》《大宝积经》《佛说佛母出生三法藏般若波罗密多经》《大方广佛华严经普贤菩萨品》等几部佛教文献。[①]此后，大量整理与著录工作是由聂历山和龙果夫进行的。1932 年，《国立北平图书馆馆刊》第 4 卷第 3 期（西夏文专号）分别刊出了两人编著的西夏文献目录，前者介绍了 34 件[②]，后者介绍了 41 件[③]，除去重合者外，当时介绍给学术界的只有 57 件。两人的工作断断续续进行，聂历山和龙果夫去世之后，这一工作由戈尔芭切娃接手，从 1959 年起克恰诺夫开始加入，至 1963 年，已考定出世俗性文献著作约 60 种，佛教文献约 370 种，完成了 8090 个编号的登录工作。在这 8090 个编号中，第 1 至 955 号由聂历山完成，第 956 至 3675（计 2720 件）由龙果夫登录，第 3676 至 3848（计 173 件）由戈尔芭切娃登录，第 3849 至 8090（计 4242 件）由克恰诺夫登录。这一系列工作后来由戈尔芭切娃、克恰诺夫进一步整理，结集出版了关于俄藏西夏文献的一部比较完整的目录学著作——《西夏文的写本与刊本》。[④]全书分"世俗著作解说目录"和"佛教目录"两部分。世俗部分目录附带简单说明，佛教部分仅列条目。这部目录是目前为止难得多见的一部俄藏西夏文献综合目录。1999 年，克恰诺夫所著《俄藏西夏佛教文献叙录》出版，这是一部对俄藏西夏文佛教按目逐件叙录的目录学著作。[⑤]《西夏文的写本与刊本》的特藏检索号原本只登录到第 405 号，《俄藏西夏佛教文献叙录》则增加到第 496 号。然而，到目前为止，俄藏的编目工作仍未完成。2011 年，笔者到访东方文献所，亲见一摞两尺多高夹带黄沙的原卷摆放在工作台，正等待编号。

英藏部分为 1914 年斯坦因第三次中亚探险在黑水城所获，现藏英国国家图书馆。英藏汉文部分，属于西夏时期的文献数量较少，马伯乐[⑥]、郭锋[⑦]等在介绍斯坦因第三次中

---

① А. И. Иванов，Памятники тангутского письма，*Известия Российской Академии наук*，No.8，1918，cc.799-800.

② 聂历山等：《苏俄研究院亚洲博物馆藏西夏文书籍目录》，《国立北平图书馆馆刊》1932 年第 3 号，第 367—372 页。

③ 聂历山等：《苏俄研究院亚洲博物馆藏西夏文书籍目录》，《国立北平图书馆馆刊》1932 年第 3 号，第 363—378 页。

④ З. И. Горбачева и Е. И. Кычанов，*Тангутские рукописи и ксилографы*，Москва：Издательство восточной литературы，1963.

⑤ Е.И.Кычанов，*Каталог тангутских буддийских памятников*，Киото：Университет Киото，1999г.

⑥ H.Maspero，*Les documengts chinois de la troisème expedition de Sir Aurel Stein en Asie Centrale*，London：The Trustees of the British Museum，1953.

亚探险成果时先后涉及。2005 年，沙知、吴芳思编《斯坦因第三次中亚考古所获汉文文献（非佛经部分）》再次将黑水城文献中的西夏文献一并介绍给国内。①西夏文部分，《英藏黑水城文献》已陆续出版，这些文献多为残片，胡若飞先生在目录整理方面做了大量前期工作②，但尚有部分文献有录无名。

日藏部分来源比较复杂。一部分系敦煌所出，一部分系宁夏灵武所出，尚有少量来自黑水城。1977 年，西田龙雄所著《西夏文华严经》第三册附录了《西夏译佛典简目》，这一简目包括了俄藏、中国藏等部分内容，也大致反映出了日本收藏的情况。③其后，松泽博在《东洋史苑》等刊物发表《敦煌出土西夏语佛典研究序说》序列文章，比较详细的介绍了敦煌出土西夏文佛教文献情况，也比较全面反映出了日本收藏的情况。④

国内收藏部分，主要集中于国家图书馆。此外，甘肃、内蒙古、陕西、宁夏、台湾等地均有收藏。1932 年，《国立北平图书馆馆刊》第 4 卷第 3 期（西夏文专号）刊出了周叔迦先生编著的《馆藏西夏文经目录考略》，介绍了馆藏中的 100 个卷号。⑤1987 年，史金波先生《西夏佛教史略》附录《西夏佛教目录》，分收藏单位介绍了世界各地收藏的简明目录，并对国内藏品进行了简单叙录。⑥2002 年，史金波等先生又于《国家图书馆西夏研究专号》刊登国内藏西夏文献的全部目录。⑦2006 年，《中国藏西夏文献》完整出版，杜建录先生在《西夏学》第三辑对这一部分文献做了初步叙录。⑧

前述目录整理多以收藏单位或者以出土地展开，虽然比较分散，体例也不统一，但于西夏学一步步向前深入发展起了重要作用。然而，由于工作量浩大，加上语言文字障碍，存在一些问题也是在所难免的。随着西夏学研究水平的不断提高，有些问题如今是

⑦ 郭锋：《斯坦因第三次中亚探险所获甘肃新疆出土汉文文书（未经马斯伯乐刊布部分）》，兰州：甘肃人民出版社，1993 年。

① 沙知、吴芳思：《斯坦因第三次中亚考古所获汉文文献（非佛经部分）》，上海：上海辞书出版社，2005 年。

② 胡若飞：《斯坦因文库主题目录和索引》，伦敦：大英博物馆，1996 年；胡若飞：《英藏黑水城文献甄录》，呼和浩特：内蒙古大学出版社，2004 年。

③ ［日］西田龙雄：《西夏文化华严经》第三册，京都：京都大学文学部，1977 年。

④ 松泽博：《敦煌出土西夏语佛典研究序说（1）》，《东洋史苑》1990 年第 36 号，第 1—98 页；松泽博：《敦煌出土西夏语佛典研究序说（2）》，《龙谷史坛》1994 年第 103、104 号，第 103—104 页；松泽博：《敦煌出土西夏语佛典研究序说（3）》，《东洋史苑》2004 年第 55 号，第 49—75 页；松泽博：《敦煌出土西夏语佛典研究序说（4）》，《东洋史苑》2008 年第 70、71 号，第 1—203 页；松泽博：《敦煌出土西夏语佛典研究序说（5）》，中国社会科学院民族学与人类学研究所：《薪火相传——史金波先生 70 寿辰西夏学国际学术研讨会论文集》，北京：中国社会科学出版社，2012 年，第 304—329 页。

⑤ 周叔迦：《馆藏西夏文经目录考略》，《国立北平图书馆馆刊》1932 年第 3 期，第 259—371 页。

⑥ 史金波：《西夏佛教史略》，银川：宁夏人民出版社，1988 年，第 343—413 页。

⑦ 史金波等：《国内现存出土西夏文献简明目录》，《国家图书馆学刊》2002 年增刊，第 206 页。

⑧ 杜建录主编：《西夏学》第三辑，银川：宁夏人民出版社，2008 年，第 72—158 页。

可以解决的，也是需要解决的。西田龙雄也曾专门讨论过西夏佛教文献目录编著过程中的相关问题，修正了不少欠妥的处理。①这里在前贤基础上继续关注这一方面的有关问题，以便大家在进行相关文献整理和研究过程中加以注意。

（1）未曾著录或者漏录的文献数量较多。需要强调的是，这里所说的未曾著录或者漏录仅限于已经整理、编号过的文献，完全未编号的文献不在此讨论范围之内。这里大概有两种不同情况：一是原文献中存有文题或经题，但因为几种文题的文献出现于同一卷号之中，编著者只注意到了其中一种而遗漏了其他。以Инв.No.2551为例，克恰诺夫在《西夏文佛教文献目录》中首次登录，书题译作"三观九门……键文"。索罗宁后来指出，这一编号实际上包括两部分：第1至11页即佛教文献"三观九门关键文"，第12至22页则是一个药方。②段玉泉进一步指出，这一药方名称实际上可与黑水城汉文文献中出现的"敕赐紫苑丸"勘同，而且又较汉文本内容多出了几页。③类似的情况还见于Инв.No.2830，该卷号在《西夏文的写本与刊本》及《西夏文佛教文献目录》两个目录中皆有登录，书题译作"无垢净光总持"，然而在其最后一页即第6页还有另外一件文献，既保存了西夏文转写的梵文经题，又保存了西夏文经题，翻译成汉文即《尊者圣妙吉祥增智慧觉之总持》。事实上，编号为Инв.No.6520的刻本也是同一种佛教文献，但在上述两个目录中均未登录。二是原卷残缺了文题或书题，又未被考证出来，这类情况最多只能登录编号，无法著录理想的文题。例如，佛教文献《根本萨婆多部律摄》，目前尚未见有成本成篇者，然在英藏西夏文献中有两件残片，经考证确属于《根本萨婆多部律摄》这一文献。再如，《瑜伽集要焰口施食仪》此前也未见著录，现今在山嘴沟石窟、日本藏西夏文献、国图藏西夏文献等多地残片中皆发现这一文献的多个残片。

（2）同一文献分列在多目著录。此类情况多半是因为文献残损所致，大致分为两类情况：一是文献残存的首题、尾题或版心经题各有差别，而导致多重著录。二是有些文献分为多个章、节、品，每个章、节、品又有单独的标题，出土材料往往只剩下其中几叶甚至一叶，其中保留的某个章节标题被当做一件文献著录。

西夏文献《圣胜慧到彼岸功德宝集偈》属于第一种情况。在《西夏文的写本与刊本》中，该文献被分置为四条目录，分别是《圣胜慧彼岸到德用宝集颂曰》《集颂》《集颂般若波罗蜜多经》《番言圣胜慧彼岸到方用宝集颂唱》，后来出版的《俄藏西夏佛教文

---

① Е.И.Кычанов, *Каталог тангутских буддийских памятников*, Киото：Университет Киото，1999г：IX-XLVII.

② 索罗宁：《白云释子〈三观九门〉初探》，杜建录主编：《西夏学》第八辑，上海：上海古籍出版社，2011年，第9—10页。

③ 段玉泉：《西夏文医方〈敕赐紫苑丸〉初探》，《宁夏社会科学》2013年第4期，第90—97页。

献叙录》也只是将《集颂般若波罗蜜多经》删去，仍保留了三条目录，但实际上它们都是同一文献，此次编目将它们合为一目。

西夏文献《正理滴论》属于第二种情况。这一文献译自藏文 *rigspa' ithigspazhesbyaba' irabtubyedpa*，藏文原本包括三部分：现量品（mgonsumgyile'u）、为自比量品（bdaggidonrjessudpagpa'ile'u）和为他比量品（gshangyidonrjessudpagpa'ile'u）。然而在俄藏黑水城文献中该文献皆以残件形式出现，有些残件只出现了其中某一品题，著录者依各品标题著录。因此，在《西夏文的写本与刊本》中，这件文献分别著录在以下几个特藏之内：

Таиг192 现前品Инв.No.4168

Таиг179 自利随量品Инв.No.2516、4848

Таиг232 正理滴百过（？）造Инв.No.832、4363

Таиг233 正理滴百过（？）造他利依□品Инв.No.5609

在克恰诺夫后出版的《西夏文佛教文献目录》中将此标题改译为"正理滴特殊造"，但仍将Таиг192《现前品》及Таиг179《自利随量品》分立为两目。事实上，《西夏文佛教文献目录》单独设立"品"的这一佛教文献类别（从700至705号）大多都不能成立，它们多是某一部文献中的某个章节之标题。

（3）将不同译本来源的文献设置为一目。西夏文献中往往存在者同一题材或相同文题但译本来源不同的文献，最初的著录往往更多关注于文题本身，缺少对文本的更多研究，而导致将两种不同的文献视同为同一文献。例如，《无量寿经》在西夏文献中有两个不同来源的译本：一是根据曹魏康僧铠所译《佛说无量寿经》的汉译本转译的；二是据藏文本*'phagspatshedangyeshesdpagtumedpazhesbyabathegpachenpo'imdo* 翻译而来的。以前将这两种不同来源的文献合为一目，后经孙颖新研究，将其厘定开来，分为《大乘圣无量寿经》与《无量寿经》两目。[①]再如，西夏文献有一本儒学作品汇编的《德行集》和一本佛教作品的《正行集》，两者的西夏文经题竟然完全一致，之前亦以为是同一性质的作品。后经孙伯君研究员考证，这完全是两种没有关系的作品。前者由番大学院教授曹道乐译所编译，后者则是依据白云宗祖师清觉《正行集》的某个略注本翻译而成的佛教文献。[②]

---

① 孙颖新：《西夏文〈无量寿经〉研究》，北京：中国社会科学出版社，2018 年。

② 孙伯君：《西夏文〈正行集〉考释》，《宁夏社会科学》2011 年第 1 期，第 87—94 页。

（4）所著录文题失当。在出土西夏文文献中，有些卷号中会存在几部文献或者几个部分，它们之间存在着特定联系。这类情况在上述两目录中一般都做著录或著录其中主要部分。但也有不少例外情况，例如Инв.No.7589，克恰诺夫在《西夏文佛教文献目录》中只著录了"大白盖母之总持诵顺要论"。检查原件图版，这件文献实际上包括四个部分：第一部分正是《大白盖母之总持诵顺要论》，为大白盖母陀罗尼经的诵持门法；第二部分则是《白伞盖佛母总持启请偈》；第三部分则是文献的主体《圣如来一切之顶髻中出白伞盖母余无能敌者回遮明咒大荫王总持大白伞盖陀罗尼经》；第四部分则是一篇施经发愿文。按照一般文献的著录方式，前三篇都应该可以单独著录，即便不单独著录，也应该是著录文献的主体，即著录第三部分，而非其诵读要门。

（5）将敬礼语当作书题或文题著录。有些文献残缺了经题，但保留了敬礼语部分，著录中误将敬礼语当作书题处理。例如，克恰诺夫在《西夏文佛教文献目录》中专门设置了"敬礼"一小节，其中有《敬礼出有坏吉祥普贤》《敬礼出有金刚亥母》等文题，这些明显都是佛教文献开头的敬礼语，在大量译自藏文的佛教文献中，开头一般都有类似的部分。

（6）出现了一些未曾真正存在的经题。在西田龙雄的《西夏佛典目录》中，曾著录了一件佛教文献《七宝华踏佛陀罗尼经》，然而在汉文佛典中很难找到这样名字的文献。根据西田龙雄登录的文献编号，这一文献来自英藏黑水城文献，它们分别是Or.12380/0215、2763和2768，然核对原卷，其中的Or.12380/0215实际上来自《佛说佛母出生三法藏般若波罗蜜多经》，而Or.12380—2763、2768两件则来自《妙法莲华经》。造成这样失误的原因，很可能是将残叶正文中可翻译作"七宝华踏佛"的几个西夏字看成了经题。①

除了以上几方面的问题之外，文献书题、标题的翻译也是一个很大的问题。上述目录著作，也包括一些研究著作，大多是依据西夏文字的顺序做逐字翻译，有时候这样的逐字翻译确实让人颇为费解。例如，在中国藏甘肃编文献中有一件此前未见有著录的佛教文献《德王圣妙吉祥之胜慧意盛用总持》，这一文题即是依据西夏文字逐字翻译而来的结果，其意令人难解。然经考证，这一文献实则译自藏文 *rjebtsun'phagspa'jamdpalgyisshesrabdangblo' phelbazhesbyaba'igzungs*，其中对应"德王"的两个西夏文字译自藏文 rjebtsun（尊者），"圣妙吉祥"来自'phagspa'jamdpal，"胜慧意"来自 shesrabdangblo（胜慧和觉），"盛"来自'phelba

---

① 李晓明：《英藏西夏文〈七宝华踏佛陀罗尼经〉的误定与考证》，杜建录主编：《西夏学》第八辑，上海：上海古籍出版社，2011年，第156—159页。

（增长），这句话的意思是"尊者圣妙吉祥能增长智慧觉的总持"，所以这一西夏文经题可以修正为"尊者圣妙吉祥能增智慧觉之总持"。①类似地，西夏文经题中有相当一部分词语，特别是一些藏式词语有必要做出改动。例如，经题中常出现翻译为"要语、要论"两西夏文字，现已明确其来自藏文 manngag（要门、门法），应改为"要门"或"剂门"；经题中常出现翻译为"主受"两西夏文字，现已明确其来自藏文 dbangbskur（灌顶），应改为"灌顶"，等等不再一一详述。

　　由于文献著录过程中存在上述种种问题，致使某些重要材料或相关信息出现误串也时有发生。例如，在克恰诺夫《西夏文佛教文献目录》曾介绍了一则编号Инв.No.6761题为《佛说阿弥陀经》的传译题记，其文可汉译为"贤觉帝师沙门显胜，五明国师沙门口捸也阿难捺，金智国师沙门法慧，至觉国师沙门慧护，圆合法师沙门智明，觉行法师沙门德慧等传"②。题记中的贤觉帝师、五明国师、觉行法师等人皆是西夏藏传佛教史上的一批关键性人物，邓如萍、聂鸿音、孙伯君、段玉泉、崔红芬等学者都有过或多或少论述或引用过此则材料。新近出版的《俄藏黑水城文献》第 22 册恰好刊布了Инв.No.6761 这件文献。据图版，此卷号为经折装，仅存四折，每折 7 行，行 15 字。内容并不只有《佛说阿弥陀经》，在第 3 折第 1 行有《佛说阿弥陀经》尾题，空一行之后另有西夏文字八个，逐字汉译即"极乐净土生顺禅定"，之后才是贤觉帝师等人之题记。这里的"极乐净土生顺禅定"正是聂鸿音先生曾经介绍过的Инв.No.2265《极乐净土求生念定》。③所以，Инв.No.6761 中的"极乐净土求生念定"是《佛说阿弥陀经》之外的另一篇文献，二者合刊在一起。然而因为编目时著录者漏掉了这一经题，致使西夏学界多年来一直误引了这一关键性题记。

（原载《图书馆理论与实践》2016 年第 4 期）

---

① 段玉泉：《西夏文〈尊者圣妙吉祥增智慧觉之总持〉考》，《西夏研究》2012 年第 3 期，第 7—9 页。
② 段玉泉：《西夏〈功德宝集偈〉跨语言对勘研究》，上海：上海古籍出版社，2014 年，第 54 页。
③ 聂鸿音：《西夏文献中的净土求生法》，《吴天墀教授百年诞辰纪念文集（1913—2013）》，成都：四川人民出版社，2013 年，第 160—169 页。

"《慈悲道场忏法》西夏文译本的复原与研究"概要

杨志高

摘 要：《〈慈悲道场忏法〉西夏文译本的复原与研究》一书以文献梳理缀合补阙复原汇辑、勘同，校勘考证入手，为西夏佛教研究提供了难得而又全面系统的第一手资料。这不仅可深入认识《慈悲道场忏法》的源流和翻译过程，也可加深西夏语言的认识，并进一步了解西夏在翻译佛教文献时特殊元素的考量。这既有利于加深对西夏佛教史乃至中国佛教史的认识，也有益于梳理中原地区和少数民族地区宗教文化交流的某些特点。同时，西夏译本的复原将会有助于推进西夏文献研究从微观到宏观，从局部到全面的完整研究。

关键词：慈悲道场忏法；西夏；佛经；复原；研究

《〈慈悲道场忏法〉西夏文译本的复原与研究》[①]一书，是以"优秀"等级结项的国家社科基金项目（证书号：20151936）。其后入选 2016 年度"国家哲学社会科学成果文库"（证书号：2016WK023），2020 年荣获"宁夏第十四届哲学社会科学优秀成果"著作一等奖。全书 63.2 万字，由著名西夏学专家聂鸿音作"序"。现将该书的研究目的、意义、方法以及该书的主要内容、重要观点和学术价值、学术创新等情况，概述如下：

---

① 杨志高：《〈慈悲道场忏法〉西夏文译本的复原与研究》，北京：中国社会科学出版社，2017 年。

一

新材料是催生新学科和促进学科发展的基础。西夏学的肇兴则得益于20世纪初宁夏灵武、内蒙古黑水城这两个地点出土文献的面世。在这些文献中数量最大、最多的为西夏文佛经。中国国家图书馆和俄罗斯科学院东方文献研究所是收藏西夏文献最多的两大机构。限于条件，中国学界以往在西夏佛教领域多关注于所能见到的单篇文献的解读，因而缺少系统性、全面性的研究。近些年来随着国家对文化研究的扶持和对外交流的加大，自1996年以来《俄藏黑水城文献》多卷本①（简称"俄藏本"）陆续刊布。其后2005—2007年《中国藏西夏文献》②，以及《英藏黑水城文献》③、《法国国家图书馆藏敦煌西夏文文献》④、《日本藏西夏文献》⑤出版发行。这为西夏文献整理乃至复原，并进而进行历史文化研究提供了契机。利用已刊布文献，再收集整理相关散落和未刊布的文献，并进行深入、具体的研究是推动西夏学研究的重要途径，特别是复原研究更显得尤其重要和突出。本成果"《慈悲道场忏法》西夏文译本的复原与研究"就是具有这样性质的一次尝试。

十卷本西夏文《慈悲道场忏法》是西夏佛教文献中有典型意义的一种，原为中土撰述，是流传至今影响最大的一部禅仪著作。该忏文为西夏皇太后梁氏和惠宗秉常（1068—1086）主持翻译，元代复刻于江南金陵建康府城（今江苏南京）。

忏法收载于《中国藏西夏文献》（4—5册），为中国国家图书馆西夏文文献（简称国图本）珍藏，是1917年宁夏灵武出土的元刻新本，约340折面。完整者有卷一、四、五、六、八、九计六卷；残缺者有卷三、七、十计三卷；佚卷二。未刊布的俄藏本为出土于黑水城多个编号的十卷刻、写本。通过复制的写本，考察得知其不仅有其他各卷，也存有国图本相应所缺佚的相应内容，其中卷二多达53叶。内容正好可补国图本所缺、所佚。印度出版的格林斯蒂德《西夏文大藏经》（1973年），也收藏包括卷二的该经。

① 俄罗斯科学院东方研究所圣彼得堡分所、中国社会科学院民族研究所、上海古籍出版社：《俄藏黑水城文献》，上海：上海古籍出版社，1996—2020年。

② 宁夏大学西夏学研究中心，中国国家图书馆，甘肃五凉古籍整理研究中心：《中国藏西夏文献》第二十册，兰州：甘肃人民出版社，敦煌文艺出版社，2005—2007年。

③ 西北第二民族学院、上海古籍出版社、英国国家图书馆：《英藏黑水城文献》第五册，上海：上海古籍出版社，2004—2010年。

④ 西北第二民族学院、上海古籍出版社、法国国家图书馆：《法国国家图书馆藏敦煌西夏文文献》，上海：上海古籍出版社，2007年。

⑤ 武宇林、［日］荒川慎太郎主编：《日本藏西夏文献》，北京：中华书局，2011年。

此外，英国、日本藏本，以及《中国藏西夏文献》第16—17册中甘肃省、内蒙古藏卷中的定名和误定经文也多出自国图本。存世本分散收藏于海内外各地，由于长期受资料分散和刊布的限制，在本成果之前没有全文解读。

本书在充分利用中国、俄国和英国、日本、印度等地的《慈悲道场忏法》西夏文本的基础上，旨在最大限度的缀成完本，这是目前西夏佛教典籍复原、研究的一项行之有效的工作。

《〈慈悲道场忏法〉西夏文译本的复原与研究》，以文献梳理缀合补阙复原汇辑、勘同，从校勘考证入手，为西夏佛教研究提供了难得而又全面系统的第一手资料。这不仅可深入认识《慈悲道场忏法》的源流和翻译过程，也可加深对西夏语言的认识，并进一步了解西夏在翻译佛教文献时特殊元素的考量。这既有利于加深对西夏佛教史乃至中国佛教史的认识，也有益于梳理中原地区和少数民族地区宗教文化交流的某些特点。同时，西夏译本的复原将会有助于推进西夏文献研究从微观到宏观，从局部到全面的完整研究。不言而喻，西夏文《慈悲道场忏法》具有重要的文物、文献、语言文字和历史文化研究价值。

本成果的研究方法主要是按照文献学的方法，兼及语言学、历史学、宗教学等多种学科理论进行研究。

（1）文献学法。首先，通过全力收集相关材料，一方面确定以用国图本为西夏文复原底本，缺佚部分补以俄藏本。对国图本原本存在的或错讹或残缺不全或模糊不清，以及刊本的错乱、重复现象都做了校证。另一方面以高丽藏为底本、校以宋元等诸本的《大正藏》，为汉文对勘。其次，是解读、注释。解读分对译、意译两种方式。注释则以夏汉对勘材料来重点进行异文的比对考证，偏重同类经卷不同藏地的西夏文献原文之间的差异，以及西夏文本与汉文不能形成字面对应的西夏词语。判断西夏文本与汉文本差别，力求说明其来源和意义。

（2）语言学法。在对文献解读中遇到的涉及个别特殊语言现象，辅以语言学解释，以求让读者更加明了。

（3）历史学法。通过文献的解读，以汉文与西夏文差异的文字语言现象进一步诠释了《慈悲道场忏法》从中原宋朝到边地少数民族地区西夏的传布、流变和影响。

（4）宗教学法。西夏文《慈悲道场忏法》是中国佛教忏法传播历史重要的节点，该忏法在西夏的传播和西夏遗民中的地位，为目前学界对汉文《慈悲道场忏法》的形成非元代说提供了足够佐证。

二

　　本成果主要以收集各国各地所收藏的已刊布和未刊布的西夏文《慈悲道场忏法》为材料来源，并对其进行整理复原和研究。其主要内容包括三大方面。一是导论。这部分是对文献的专题研究，具体包括五方面：

　　首先，通过对收集梳理起来的俄中英法日印等地西夏文《慈悲道场忏法》藏卷进行叙录考释。叙录以各藏地为经，卷目次序为纬。各藏地先对其来源珍藏、著录研究和刊布、存佚形制、刻写时代及价值等内容进行总述，总述后分卷分版逐一叙录。通过厘清版本关系源流，确定底本和补本，详见表1。

表1　《慈悲道场忏法》藏卷叙录考释

卷目	国图本	俄藏本	残缺部分汉文出处
卷一	完整，同俄藏本	同国图本	
卷二	全佚	仅缺三处（中两处、尾一处）	俄藏本缺"见已作念"至"乐善心"（《大正藏》0928b21-0929a4。下略）；"（无量摄受人道）力"至"恒在现前"；"以此发心功德因缘"至"俱登正觉（拜）。"
卷三	残缺（中缺一处）	完整	国图本缺："道路不同"至"（说罪业报应教化地狱）经"，以俄藏本补足
卷四	完整，同俄藏本	同国图本	
卷五	完整，同	同国图本	
卷六	完整，同	同国图本	
卷七	残缺六处（前两处、中一处、后三处）	完整	国图本缺"今日道场同业大众"至"而今见有息心定意者"；"生在像末"至"恩不可报"；"又复归依十方尽虚空界一切三宝"至"（某甲）等今日"；"难得今果"至"俱登法云"；"南无无边身菩萨"至"梵王等礼佛第三"；"（无量摄受人道）力"至"究竟解脱（一拜）"。俱以俄藏本八叶补足
卷八	完整，同俄藏本	同国图本	
卷九	完整，同俄藏本	同国图本	
卷十	残缺（前缺一处）	完整	国图本缺："慈悲道场忏法卷第十"至"南无尽相佛"，以俄藏本足补

　　其次，为查缺找漏复原性整理的具体情况。文中以表2的形式，先后展示了对国图本佚卷、残缺段落部分，以俄藏本的补阙复原和对国图本字词的考释复原和原图版的错乱、重复的改正情况。

表 2　国图本《慈悲道场忏法》复原性整理情况表

卷目	字词考释复原和图版乙正统计
卷一	国图本第 101 页第 1 行第 15—16 字
卷三	国图本 170 页第 1 行第 13—15 字，第 1 行第 15 字，第 171 页第 1 行第 10—12 字，第 182 页第 6 行第 6—8 字，第 189 页第 6 行第 7—10 字，第 10 行第 10—12 字，第 190 页第 1 行第 6、8、10、11、14 字，第 2 行第 7—8 字，第 194 页第 1—3 行和第 193 页第 8—10 行重复应删，第 198 页第 6—7 行重复应删，第 211 页第 6 行第 10—11 字
卷四	国图本第 213 页第 1 行第 1 字，第 214 页第 10 行第 11—12 字，第 215 页第 1 行第 5—14 字，第 246 页第 1 行第 2 字，第 250 页第 1—9 行第 27 字，第 251 页第 1—5 行第 28 字，第 252 页第 1 行第 3 字，第 259 页第 1 行第 3 字
卷五	国图本第 273 页第 10 行第 15 字，第 274 页第 1 行第 15 字，第 275 页第 1 行第 15 字，第 278 页第 1 行第 11 字，第 280 页第 1—10 行第 3 字，第 279 页第 1—10 行第 2 字，第 282 页第 1 行第 15 字，第 286 页第 3 行第 12 字，第 290 页第 6 行第 5 字，第 291 页第 5 第 6 字
卷六	国图本第 349 页第 10 行第 15 字，第 366 页第 1 行第 3 字
卷七	国图本第 19 页第 8 行第 5 字，第 22 页第 10 行第 15 字，第 24 页第 1 行第 10 字，第 28 页第 1—2 行第 5 字，第 30 页第 1—2 行第 9 字，第 31 页第 9 行第 1 字
卷八	国图本，无
卷九	国图本第 131 页第 6 行第 1 字
卷十	国图本第 152 页第 5 行第 1 字，第 157 页第 1—4 行与第 156 页 7—10 行重复应删，第 167 页图版第 1—5 行与第 6—10 行内容颠倒应乙正，第 179 页第 10 行第 15 字，第 180 页第 1—10 行第 7 字，第 181 页第 5—6 行第 13 字，第 183 页第 9—10 行第 8 字

　　再次，以《慈悲道场忏法》的最初的名称演变和文献记载为切入点，分析了《慈悲道场忏法》的内容结构、西夏文的翻译底本和在宋代时的传入初译，以及在元代的刊刻情况。

　　成果认为西夏文本经品在正文"归依三宝第一"之前列出汉文本所无的从"显现果报第七"至"嘱累第四十"总品目，个别品目和汉文有少许异文。此目不集中见于《大正藏》底本、参校本，且高丽藏本是在卷内又依次从"一"起新编目，而西夏文本则是采用卷间顺次编目，同《大正藏》乙本（明万历十三年，即 1585 年所刊日本东京增上寺报恩藏本）。此外，汉文高丽藏本卷三之下品目则有"显果报第一、出地狱第二、解怨释结第三、发愿第四"，正文作"显果报第一"、卷七之下品目则有"自庆第一、为六道礼佛第二、回向第三、嘱累第五"。智松柏庭作序的《永乐北藏·慈悲忏法》则全载了从"启运慈悲道场忏法……南无当来弥勒尊佛"所有内容。这正说明，在智松柏庭重订前，该经多有修改、增减的事实；说明出自汉文的西夏文《慈悲道场忏法》翻译底本非大藏经本，而是某个单行本。

　　然后，探讨了西夏文《慈悲道场忏法》的翻译特点，运用并研究新式标点在西夏文本中使用、理论观照和忏法在中国历史上的社会影响。

　　最后为简短结语，概述前述研究，总结了研究成果。在《西夏文〈慈悲道场忏法〉

的翻译和新式标点运用研究》一文中，一是依次分析了词、句子的翻译。涉及的词有音译词、合璧词、意译词对传统佛教术语翻译的继承，词义的替换，词义的增补、缩减，词序的颠倒。涉及的句子有句中字、词的增减换，句序的颠倒译法，语句的合述和分述。

句读是正确理解文言文的基础。西夏文本的新式标点，是近些年学界的新尝试。就佛教文献来讲，由于其名相繁多，语意艰深难懂，加之西夏的特殊语法，要对其添加新式标点实属艰难的工作。文中对涉及的部分佛教术语名相、特定的句子结构、疑问句的译词等形象进行了探讨。

文中认为，《慈悲道场忏法》除它所表现固有的"罪性本空"和"无生忏悔"等慈悲利生的大乘佛教忏悔思想外，也同时体现了对儒家、道教等中国传统思想文化的吸收、融合。西夏文《慈悲道场忏法》在孝悌重礼、畏鬼敬神等三方面表现了西夏党项民族文化对中原传统思想文化的传承纳新。忏法不仅承上启下、传播比较广泛、历经最久，而且起着文化纽带、辅政的功能。

另外，西夏文《慈悲道场忏法》，就文物、文献价值而言，无论是大宗的俄藏刻本经折装、梵夹装、写本梵夹装，还是中国藏刻本经折装，距今都已近千年历史，是珍本。特别值得一提的是，通过同源、同文种几个藏地西夏文本的汇辑考校，是进行西夏文复原整理的有效途径。

二是文献解读。这是课题的主体部分，内容是对复原的西夏文本进行详细的校勘、翻译、注释。具体形式包括录文（按文意分段、加新式标点）、对译，意译、注释。注释重点分析西夏文原文与汉文不能形成字面对应的西夏字、词和句序，偏重由于西夏译者对汉文本词语的不同理解，所译就与汉文不相对应的语句。意译部分结尾处还列出相对应的汉文出处，以资参考。

在大部分忏法足本的基础上，通过复原和解读，复补了卷三残缺（中缺一处）、卷七残缺六处（前两处、中一处、后三处）、卷十残缺（前缺一处），尤其是基本补足了全佚的卷二。考释复原国图本原始文献字词的和改正刊布图版中的错乱重复近百处（条）。通过夏汉文本对勘，对其中的语句、文意进行了词汇、历史文化等方面的深入研究，尤其是详细注释和尝试运用新式标点，这是比较系统、全面的文献解读和历史文化研究的路子。

三是附录。除列出主要参考文献吸收相关的原始文献和研究成果外，还做了重要词语索引，以方便读者阅读和利用。其中"西夏文首字角号序索引"，按《简明夏汉字典》

以其首字的四角号码编排。其后开列其相关的汉文字义和所在已刊布《中国藏西夏文献》第四、五册和未刊布的俄藏本图版位置。"汉文首字拼音序索引"，按其首字的汉语拼音顺序编排。多个并列意同词语，一般以较先出现者为首。

已有研究表明：

（1）西夏文《慈悲道场忏法》继承中原学术传统和本土化翻译原则。通过对《慈悲道场忏法》夏汉文本的比勘，发现其相应语句字词中继承了中土佛典翻译的传统，也有大量反映本土文化的异文现象。

西夏译本大体沿用了汉语佛经构词法，主要有音译词包括佛名、菩萨名、罗汉名等名物，全译和节译并存，即所谓梵式词，体现了玄奘的"五种不翻"。还有意译词，这是西夏文佛经造词的主体，特别应该注意的比喻造词和佛教成语俗谚，即所谓汉式词。

由于受历史、社会文化、地域环境、民风民俗、物质生活、宗教信仰等方面差异的影响，自该经问世至唐宋至元时期，从汉民族地区弘传到了党项族聚居的西北边地，西夏人在接受其影响时采用了适应性方法。改换词义是常用的方法。例如，汉文本反映出中原有"六亲"的亲属称谓，而西夏人则是"九亲"制度，译文于此则做了改译。中原人认为"玄黄朱紫"为"惑人之色"，西夏文则改"玄（黑）"为"青"。此外，还有词义的增补、缩减，句序的调整（句序的颠倒、语句的合述和分述），语义的通俗易懂，长短句子的交替运用，无不显示本土化的理念。如对汉文本"卓然排郡"，西夏文（汉译）"自己当强"相对应。"又为幽显一切灵祇回向"，西夏文对应以"又为幽显一切天神回向"（汉译）。西夏文本缩减汉文本"一切天主、一切诸天……"为"一切天王"。

（2）西夏文《慈悲道场忏法》可反观西夏人的民族文化和互动交流。《慈悲道场忏法》，又称《启运慈悲道场忏法》，俗称《梁武帝忏》《梁皇忏》《梁皇宝忏》。宋代"民间唯礼《梁武忏》以为佛事，或数僧呗呕歌赞相高，谓之攘忏法也"。宋神宗熙宁六年（1073）十二月"癸巳……夏国主秉常进马赎大藏经，诏特赐之，而还其马"。可以推测就是在这一年，《慈悲道场忏法》以单刻本随"进马赎大藏经"传入西夏，为西夏惠宗秉常皇帝（1068—1086）时挂名御译流行于皇室。

元大德十年（1306）管主八谨题的"……钦睹圣旨：于江南浙西道杭州路大万寿寺雕刊河西字《大藏经》三千六百二十余卷、华严诸经忏板，至大德六年完备。管主八钦此胜缘，印造三十余藏，及《华严大经》、《梁皇宝忏》、《华严道场忏仪》各百余部，焰口施食仪轨千有余部，施于宁夏、永昌等路寺院，永远流通"。"元至正间……城中高氏修礼《梁皇忏》三昼夜，请画像设坛场中供养。满散之夕，至二鼓，其像大放光明，透其屋外。市民以为失火，苍黄来救，乃见所现光明。"西夏文国图本大体刊刻于元代的至元到大德年间（1264—1307）。南京是元代西夏文佛经继杭州之外，第二个大规模的刊刻地。佛教忏法在西夏及元代的传承，呈现了边地民族和中原民族在佛教文化、佛教民俗的交融。

同时，由于该忏文彰显了当时弥勒信仰的盛行和信徒修忏以求消灾济度的社会实用，加之西夏人根据自身对佛理的掌握和本地实际，进行扬弃性改造。西夏文《慈悲道场忏法》的丰富异文语料，正是其价值所在。大量语言资料，不仅可为字典辞书弥补新词、辨证义项和提供语例，也对探究、深化西夏及其遗民的信仰观念、社会意识、心理习俗等精神生活和社会阶层、生产活动等物质文化大有裨益。同时对了解西夏人传承纳新中原传统思想文化，无疑有重要作用。

（3）就忏法本身来说，西夏文《慈悲道场忏法》可与汉文忏法的整理研究相辅相成，也有助于研究其在西夏的影响。《慈悲道场忏法》社会影响大、时间久传播远。而译自汉文的西夏文《慈悲道场忏法》，正好是中国佛教忏法史不可或缺的重要一环。西夏译本不仅有益于西夏研究，而且有裨益于中国佛教历史的研究。作为中国佛教忏法史研究的一个节点，西夏文《慈悲道场忏法》为中国佛教忏法增添了又一少数民族文本。目前学界对汉文《慈悲道场忏法》的形成有两说：南北朝梁代（周叔迦先生为代表）、元代（印顺法师先生为代表）。夏译汉本为非元代说提供了足够佐证。此外，该忏法从西夏的初译到元代重刻，历经二百多年，传承有序，影响深远。

（4）对残缺分散的同源同种文献复原整理和强化其宗教学研究，是目前西夏文献研究的重点、难点。宗教学是国家社会科学研究的一级学科，对其汉文本的整理研究蔚然大观。就西夏学来说，对其文献的宗教学研究依然亟待加强。学界一方面在进行佛教文献的整理，注重通过同源、同文种多藏地西夏文本的汇辑考校复原同时；另一方面应该充分提高对西夏佛教文献宗教学研究的重要性认识。固然西夏佛教文献的整理研究，即文献学的路子是先期的、主要的，但佛教文献就其性质来说对其宗教研究也是非常重要的。

三

（1）在学术创新方面。传世的西夏文佛经，完整传世者较为罕见，而将海内外存藏的同经"忏法"缀合复原，这无疑为西夏学提供了相对完整的研究大部头资料。充分挖掘利用有限的资料，同时，借鉴学界对汉文、回鹘文本已取得的研究成果，借鉴文献学佛教词语、敦煌文献复原研究的方法，是本成果的突出之所在。通过比勘海内外西夏文、汉文相同卷帙的内容，可以明晰两种文本间的翻译规律，不仅加深了对西夏语言的认识，可以进一步了解西夏在翻译佛教文献时特殊元素的考量。在复原的基础上，深入分析中国忏法的流传、刊布特点，既有利于加深对西夏佛教史乃至中国佛教史的认识，也有益于梳理中原地区和少数民族地区宗教文化交流的特点。

（2）其学术价值在于以整合海内外收藏的西夏文《慈悲道场忏法》为切入点，主要用文献学的方法，通过以夏汉文献之间、西夏文献之间的对勘考释，进行了有效的文本复原、分段、新式标点和译注。继之兼以历史学、语言学、佛教学和翻译学、目录版本等知识，建立与汉文文献的参照，分析《慈悲道场忏法》的著录、宋元时期在西夏的流传，试图揭示该忏法在传译过程中产生的流变和由此对西夏佛教文化，西夏与汉、回鹘间的历史文化关系的影响。这不仅为目前学界提供了一份系统完整并引起关注的第一手资料，而且也提供了方法上的引领，因而具有较高的学术价值、借鉴价值及社会影响。

这表现在西夏文国图本大体刊刻于元代的至元到大德年间（1275—1307）。南京是元代西夏文佛经继杭州之外，第二个大规模的刊刻地。佛教忏法在西夏及元代的传承，呈现了边地民族和中原民族在佛教文化、佛教民俗的交融。夏译汉文本借词的构成，大体沿用了汉语佛经构词法；文风质朴，多口语词，颇具道安、玄奘之译风。该经在西夏人的传承过程中，实现了本土化。大量词语的增补、缩减和语句的合述、分述，以及句序的颠倒，说明西夏人对佛教忏法有自己的独到理解。

（原载全国哲学社会科学规划办公室《国家哲学社会科学成果文库概要2016》
中国人民大学出版社，2017年，略有修改）

《经律异相》的经录入藏和西夏文本的翻译雕印

杨志高

摘　要：《经律异相》是中土一部现存最早、影响广泛的佛教类书，也是一部重要的佛教故事总集。其内容主要由经律藏中为说明佛教教理而讲述"异相"的佛教寓言、譬喻、传说等21部类故事构成。西夏文本《经律异相》第十五卷属全书"声闻无学第三"之"僧部第四"，为有关修声闻道的僧尼因缘故事。本文系统梳理了《经律异相》的经录入藏和西夏文本的翻译雕印，为西夏佛教史研究提供一份基础性语料。

关键词：经律异相；西夏；佛经；翻译；雕印

《经律异相》是中土一部现存最早、影响广泛的佛教类书，也是一部重要的佛教故事总集。全书50卷，由南朝僧旻、宝唱纂集而成。其内容主要由经律藏中为说明佛教教理而讲述"异相"的佛教寓言、譬喻、传说等21部类故事构成。

现存西夏文《经律异相》第十五卷属全书"声闻无学第三"之"僧部第四"，为有关修声闻道的僧尼因缘故事，20世纪初出土于宁夏灵武，藏中国国家图书馆（简称"中藏本"）。1932年周叔迦先生在《国立北平图书馆馆刊》[①]第四卷第三号上，对其进行了简略介绍。其后，史金波先生分别在《西夏佛教史略》[②]（1988年）、《国家图书馆学刊》[③]（2002年增刊）又做了全新的叙录。2005、2006年，《中国国家图书馆藏西夏

[①] 周叔迦：《馆藏西夏文经典目录》，《国立北平图书馆馆刊》1932年第3号，第64—65页。
[②] 史金波：《西夏佛教史略》，银川：宁夏人民出版社，1988年，第373页。
[③] 史金波等：《国内现存出土西夏文献简明目录》，《国家图书馆学刊》2002年增刊，第222页。

文献》①、《中国藏西夏文献》②先后刊布了全部图版。

中藏本为西夏皇太后梁氏与乾顺皇帝挂衔初译，仁宗皇帝御校，元武宗大德十一年（1307）重刻。登录号 B11·051（di7jian），护封误作"大方广佛华严经"。经文 98 折。每半页 6 行，行 17—18 字。框高 59.5 厘米、宽 25 厘米③，麻纸经折装。卷首版画 8 折（"释迦如来说法"3 折，龙牌 4 折，韦驮像 1 面），其中龙牌为元朝皇帝（武宗）2 折，太后、皇后，皇太子各 1 折（龙牌 1、5 分别记印施佛经之事）。其后依次为西夏文题款和该经卷之品目，自"优波离为佛剃发得入第四禅一"至"阿难试山中比丘并问阿育王十四"。相关通行汉文本见《大正藏》④53 册 No.2121 第 76—82 页。同名汉文整理本有董志翘等《〈经律异相〉整理与研究》⑤。

一、《经律异相》的经录入藏

《经律异相》自梁代成书后，代有流传。现存资料揭示，自隋法经等撰《大隋众经目录》以来，该书就见载于各种经录。下面，看看其在现存隋唐宋时期的经录和相关入藏。

首先，看《经律异相》在国家藏经（敕修）的著录。记录一朝一代较早的梁武帝时代的《华林佛殿众经目录》《梁世众经目录》，可惜已经失佚。现存的宋之前的国家藏经目录有《大隋众经目录》《大唐内典录》《开元释教录》。"后两部目录只有'入藏录'方是专记本朝本藏经之盛，其余部分仍为记通代译经之盛。"⑥《开元释教录·入藏录》（即《开元释教录略出》）的分类体系，还为后世沿用为钞写、雕刻佛经（大藏经）的目录。《历代三宝纪》则为敕修目录。

（1）隋法经等撰《大隋众经目录》。《大隋众经目录》载：

《经律异相》五十卷（梁武帝令宝唱撰）⑦

---

① 宁夏社会科学院：《中国国家图书馆藏西夏文献》第三册，上海：上海古籍出版社，2005 年，第 225—239 页。

② 宁夏大学西夏学研究中心、国家图书馆、甘肃五凉古籍整理研究中心：《中国藏西夏文献》第五册，兰州：甘肃人民出版社、敦煌文艺出版社，2006 年，第 314—368 页。

③ 任继愈主编：《中国国家图书馆古籍珍品图录》，北京：北京图书馆出版社，1999 年，第 343 页。

④ ［日］大正一切经刊行会：《大正新修大藏经》第五十三册，台北：财团法人佛陀教育基金会，1990 年，第 76—82 页。

⑤ 董志翘主撰：《〈经律异相〉整理与研究》，成都：巴蜀书社，2011 年。

⑥ 徐建华：《中国历代佛教目录类型琐议》，《佛教图书馆馆迅》1991 年第 29 期，第 24 页。

⑦ ［日］大正一切经刊行会：《大正新修大藏经》第五十五册《众经目录》，台北：财团法人佛陀教育基金会，1990 年，第 144 页下。

（2）隋费长房《历代三宝纪》。《历代三宝纪》也是足本目录。其卷三、十、十一关于《经律异相》有不同的记载：

> 敕沙门宝唱撰《经律异相》，凡五十卷。①

> 萧衍……敕沙门僧旻、宝唱等录经律要事，以类相从，名《经律异相》，凡五十卷。②

> 《经律异相》一部并目录五十五卷（天监十五年敕撰）……令庄严寺沙门释宝唱等总撰集录，以备要须。③

（3）唐道宣《大唐内典录》。《大唐内典录》卷四、十载：

> 天监七年，帝以正像浸末，信重渐微，三藏弥纶，鲜能该洽，敕沙门僧旻等撰《经律异相》，以类相从，凡五十卷。④

> 梁杨都庄严寺沙门释宝唱奉敕撰诸经律相合一百余卷：《经律异相》并目五十五卷。⑤

（4）唐释智升《开元释教录》《开元释教录略出》。《开元释教录》，被认为是历代经录中编得最好的一部足本目录著作，《经律异相》卷六、十三、十七在其文中有三处著录：

> 《经律异相》五十卷（天监十五年奉敕撰。录云：并目录五十五卷。今阙其目，但五十卷。其目但纂篇题，应无别事。见《宝唱录》及《长房录》）。⑥

> 《经律异相》五十卷五帙（梁天监十五年敕沙门宝唱等撰）。出《长房录》，新编入藏。⑦

---

① ［日］大正一切经刊行会：《大正新修大藏经》第四十九册《历代三宝纪》，台北：财团法人佛陀教育基金会，1990年，第45页上。
② ［日］大正一切经刊行会：《大正新修大藏经》第四十九册《历代三宝纪》，台北：财团法人佛陀教育基金会，1990年，第94页中。
③ ［日］大正一切经刊行会：《大正新修大藏经》第四十九册《历代三宝纪》，台北：财团法人佛陀教育基金会，1990年，第99页中。
④ ［日］大正一切经刊行会：《大正新修大藏经》第五十五册《大唐内典录》，台北：财团法人佛陀教育基金会，1990年，第263页下。
⑤ ［日］大正一切经刊行会：《大正新修大藏经》第五十五册《大唐内典录》，台北：财团法人佛陀教育基金会，1990年，第331页下。
⑥ ［日］大正一切经刊行会：《大正新修大藏经》第五十五册《开元释教录》，台北：财团法人佛陀教育基金会，1990年，第537页下。
⑦ ［日］大正一切经刊行会：《大正新修大藏经》第五十五册《开元释教录》，台北：财团法人佛陀教育基金会，1990年，第624页中。

《经律异相》五十卷梁敕沙门宝唱等撰。①

另，《开元释教录略出》是《开元释教录》中的节本目录——"入藏录"，创以"千字文"编次入藏典籍。其卷四"类别二此方撰述集传"载：

《经律异相》五十卷梁天监十五年敕沙门宝唱等撰自五帙计八百五十四纸灵丙舍傍启。②

本经录不仅提到了《经律异相》的用纸数量，而且还第一次提到了《经律异相》的千字文号"灵丙舍傍启"。

其次，看《经律异相》在个人私修的读藏目录。《开宝藏》刊行后，读藏目录（索引）也随之而兴。除已亡佚的宋代文胜《大藏经随函索隐》、遵式《教藏随函目录》外，现存最早的这类目录当属宋徽宗时的《大藏经纲目指要录》《大藏圣教法宝标目》。二者前详后略，其所据的印经，皆为《开宝藏》。

（1）北宋惟白《大藏经纲目指要录》。《大藏经纲目指要录》是现存最早的一部《大藏经》专题的解题著作，具体说"《指要录》的内容也就是《开宝藏》初刻本的内容"③。北宋徽宗崇宁三年（1104），东京（今河南开封）法云禅寺住持惟白集。其卷八"圣贤传记"部分是对《经律异相》的解题，抄录如下：

《经律异相》五十卷

仙（十卷）

　　一……十

灵（十卷）

　　十一……二十

丙（十卷）

　　二十一……三十

舍（十卷）

　　三十一……四十

---

① ［日］大正一切经刊行会：《大正新修大藏经》第五十五册《开元释教录》，台北：财团法人佛陀教育基金会，1990 年，第 670 页下。

② ［日］大正一切经刊行会：《大正新修大藏经》第五十五册《开元释教录略出》，台北：财团法人佛陀教育基金会，1990 年，第 745 页中。

③ 李富华：《金藏目录还原及研究》，北京：中华书局，2012 年，第 5 页。

启（十卷）

四十一……五十①

从上面可以看出，《指要录》对《经律异相》的解题，不仅开列了总卷数，尤其是首次标注了各卷所属千字文函号和所属品章简目。《经律异相》卷十五分属"灵"函，所列简目为："优波离为佛剃头入四禅、迦旃延教卖贫、难陀奈女、三十相、化牧女、二长者分物、先世为友、阿难奉佛、七梦、咒禁、乞乳、化王、试山等。"②著录没有反映《经律异相》的编者，也缺少"迦留陀夷非时教化自丧其命（七）"的品目。

（2）北宋王古《大藏圣教法宝标目》。《大藏圣教法宝标目》（十卷，一说八卷），北宋崇宁四年（1105年）由曾任礼部侍郎、清源居士王古撰。此目当由《开宝藏》而来。其卷九载：

《经律异相》五十卷（仙—傍）右梁天监中，敕僧旻等及禀武帝，节略经律论事。凡六部：一天，二地，三佛，四诸释，五菩萨，六声闻、比丘、比丘尼、人、鬼、神、杂畜、地狱。③

从上面《经律异相》在现存赵宋之前的主要足本佛教目录中著录来看，有两大特点：一是部分内容渐趋翔实（卷目存佚、帙数、用纸、函号、章品）；二是对作者的著项或宝唱等，或僧旻等，或僧旻、宝唱或回避不提。

书籍著录的相关信息是判断其版本的重要元素。下面我们再看看《经律异相》的在刻本大藏经的入藏情况。

再次，看《经律异相》的入藏。北宋开宝四年（971）《开宝藏（蜀版）》雕刻，《经律异相》即被首刻入藏，属于初刻本（千字文编号天—英）内的经典。④下面笔者在表1中开列其汉文本在宋元几种相关大藏经中的著者、千字文号、所属系统等情况。

---

① ［日］高楠顺次郎：《大正新修昭和法宝总目录》第二卷，东京：大正一切经刊行会，1929年，第758—760页。"仙（十卷）"之"十"，原误作"上"。
② ［日］高楠顺次郎：《大正新修昭和法宝总目录》第二卷，东京：大正一切经刊行会，1929年，第758页。
③ ［日］高楠顺次郎：《大正新修昭和法宝总目录》第二卷，东京：大正一切经刊行会，1929年，第831页。
④ 吕澂认为："蜀版的内容，从金代的复刻本（即《金刻藏经》）上，可见它最初刻成的部分以《开元录》入藏写经为底本，一共四百八十帙（千字文编号为天字到英字），五千零四十余卷"，吕澂：《吕澂佛学论著选集》第三册，济南：齐鲁书社，1991年，第1426页。

表 1 宋元时期汉文大藏经情况表

大藏经	《经律异相》署名帙号	《经律异相》卷十五帙号	备注
契丹藏（约1067年之前完成，山西存其部分残卷）	丙舍傍启甲①	舍（灵）	北方系统（辽代官刻）
开宝藏（983年刻成，现仅存数卷）	梁沙门僧旻、宝唱等集 仙灵丙舍傍②	灵	中原系统（北宋官刻）
赵城金藏（广胜寺本，1173年刻成，现存补雕本）	梁沙门僧旻、宝唱等集 仙灵丙舍傍③	灵	中原系统（金代私刻），我国现存最完整的大藏经
高丽藏（初刻本、再雕本）	梁沙门僧旻、宝唱等集 仙灵丙舍傍	灵	中原系统（官刻）
崇宁藏（1104年刻成，全藏已佚）	灵丙舍傍启④	丙	南方系统（北宋私刻）
毗卢藏（1151年刻成，日本存有部分印本）	梁沙门宝唱等译 灵丙舍傍启⑤	丙	南方系统（南宋私刻）。现存国内最早的《异相》有卷十二（丙）、二一、二九（舍）⑥
圆觉藏（1132年刻成，日本存有部分印本）	灵丙舍傍启⑦	丙	南宋私刻
资福藏	灵丙舍傍启⑧	丙	南宋私刻
碛砂藏	梁沙门宝唱等译 灵丙舍傍启⑨	丙	南方系统（南宋至元私刻）
普宁藏	灵丙舍傍启⑩	丙	南方系统（元白云宗所刻）

已有研究表明，现存《赵城藏》和《高丽藏（初刻本）》是《开宝藏》初刻本的覆刻。《赵城藏》中的《经律异相》卷十五卷首有广胜寺刊刻"释迦说法图"。今日本南禅寺收藏的《高丽藏》初刻本《经律异相》残存有卷1—10（仙），23、25—27、29（丙），40（舍），41—45、47—50（傍）残品，缺"灵"帙。其卷首钤有"摄州兵库下庄帝释神抚山禅昌寺常住"双行阳文朱印，作者俱署名"梁沙门僧旻、宝唱等集"。按每十卷一帙的千字文编号推算，《经律异相》卷十五为"灵"。现存的最早完整刻本《高丽藏》再雕本所载《经律异相》的作者和帙号，一如初刻本。

方广锠先生指出："区别诸种刻本大藏经的最大依据是它所依凭的版片。""凝聚

---

① ［日］小野玄妙：《佛教经典总论》，台北：新文丰出版公司，1983年，第648页上栏、638页下栏—649页上栏、647页上栏。白化文、李鼎霞《〈经律异相〉及其主编释宝唱》推断"《辽藏》的帙号恐亦为'仙、灵、丙、舍、傍'"，参阅永寿主编：《峨眉山与巴蜀佛教》，北京：宗教文化出版社，2004年，第424页。据此，《经律异相》卷十五帙号当为"舍（灵）"。以下各藏推算同。

② 李富华：《金藏目录还原及研究》，北京：中华书局，2012年，第86页。

③ 《经律异相》卷十五，《中华大藏经（汉文部分）》第五十二册，北京：中华书局，1987年，第900—914页；李富华：《金藏目录还原及研究》，北京：中华书局，2012年，第86页。

④ 蔡运辰：《二十五种藏经目录对照考释》，台北：新文丰出版公司，1983年，第2243页。

⑤ 白化文、李鼎霞：《〈经律异相〉及其主编释宝唱》，永寿主编：《峨眉山与巴蜀佛教》，北京：宗教文化出版社，2004年，第423页。

⑥ ［南朝·梁］僧旻、宝唱等：《经律异相》出版说明，上海：上海古籍出版社，1988年，第3页。

⑦ 蔡运辰：《二十五种藏经目录对照考释》，台北：新文丰出版公司，1983年，第2243页。

⑧ 蔡运辰：《二十五种藏经目录对照考释》，台北：新文丰出版公司，1983年，第2243页。

⑨ ［南朝·梁］僧旻、宝唱等《经律异相》，上海：上海古籍出版社，1988年，第78页。

⑩ 蔡运辰：《二十五种藏经目录对照考释》，台北：新文丰出版公司，1983年，第2243页。

了大藏经三要素的版片，自然成为我们鉴别刻本藏经的基础。"①

夏译汉文《经律异相》卷十五署名"𗫸𗐯𗧘𗗟𗰗、𗦁𘆑𗾔𘃡𗡸（汉本沙门僧旻、宝唱等集）"②，帙号为"𗼅"。𗼅，通常对译"做、作"，本身就是作格动词③。𗼅也有"为"之义。

依据表1，并结合现有成果和党项与周边民族关系，可以看出西夏文《经律异相》显然来源于《开宝藏》初刻本，是藏经本。虽然它的帙号迥异于上述各大藏经，但限于资料，我们目前还无法理清其来源。正如史金波先生《西夏佛教史略》所言："西夏文大藏经可能也效法了这种标号方法，但其标号并未沿用汉文《千字文》中的文字，而是另有一套。"④

最后，从前述来看，《经律异相》的作者在现存相关经录和大藏经中有些不一致。

僧旻（467—527）俗姓孙，吴郡富春（今属浙江）人，曾主编《一切经论》，注《般若经》，居五寺首讲右席。宝唱生卒年不详，俗姓岑，吴郡人。他18岁从僧祐出家，后住持新安寺，曾编撰《集绿》《续法轮论》《法集》《名僧传》《比丘尼传》等书，并奉敕重编僧绍《华林佛殿经目》。《开元释教录》题作宝唱撰。但该书序言中则有"新安寺僧豪、兴皇寺释法生等相助检读"等语，可见并非一人之作。各种著录以单独冠名宝唱者居少，这也说明该书的作者肯定非一人之力所为。白化文先生所持的"僧旻没有参加编纂"⑤观点，似非定论。

二、《经律异相》的翻译和雕印

有关研究表明，西夏立国前后有6次向北宋请赐佛教经籍⑥。记述北宋与西夏关系的史料典籍，当推李焘的《续资治通鉴长编》。⑦是书记载：

> （宋仁宗天圣八年十二月）丁未，定难节度使、西平王赵德明遣使来献马七十

① 方广锠：《中国写本大藏经研究》，上海：上海古籍出版社，2006年，第29页。
② 宁夏大学西夏学研究中心，国家图书馆，甘肃五凉古籍整理研究中心：《中国藏西夏文献》第五册，兰州：甘肃人民出版社，敦煌文艺出版社，2006年，第319页。
③ 林英津：《西夏语译〈真实名经〉释文研究》，台北："中央研究院"语言学研究所，2006年，第365页。
④ 史金波：《西夏佛教史略》，银川：宁夏人民出版社，1988年，第109页。
⑤ 永寿主编：《峨眉山与巴蜀佛教》，北京：宗教文化出版社，2004年，第426页。
⑥ 史金波：《西夏佛教史略》，银川：宁夏人民出版社，1988年，第59—62页。
⑦ 李华瑞：《宋夏关系史》，北京：中国人民大学出版社，2010年，第3页。

四，乞赐佛经一藏，从之。①（第 9 条）

（宋仁宗景祐元年十二月癸酉），赵元昊献马五十四，以求佛经一藏，诏特赐之（实录於此既书赐经，明年十二月又书献马求经特赐之，当是一事，误重出尔，今止见于此）。②（第 7 条）

（宋仁宗庆历五年润五月丙午），夏国主曩霄遣丁卢、凫名聿、营吕则依张延寿来谢册命。又遣僧吉外吉法正谢赐藏经。③（第 10 条）

（宋仁宗至和二年四月）庚子，赐夏国大藏经。④（第 7 条）

（宋神宗熙宁六年十二月庚午朔），夏国主秉常进马赎《大藏经》，诏特赐之，而还其马。⑤（第 52 条）

北宋太祖开宝四年至宋太宗太平兴国八年（971—983），我国第一部木刻本大藏经《开宝藏》初雕本问世，继而真宗咸平二年（999）首次增补本和历经仁宗、英宗到神宗的再增补本也延续进行。相应的从西夏立国前，德明、元昊到立国后元昊至秉常时期多次求经。上文"吉外吉"，应即是藏语的译音，意为法主，是藏传佛教高僧的一种称号。⑥是藏族僧人。⑦

西夏文《经律异相》有西夏时初译本、校译本和元代重新雕印三个版次。

（1）初译本。上面提到西夏文《经律异相》的翻译底本来源于《开宝藏》初刻本，是藏经本。这有助于具体明确童玮先生所持的"西夏文大藏经的翻译底本，可能系《开宝藏》的天禧修订本"⑧旧说。

《经律异相》的初译者为"胜智广禄治民集礼德盛皇太后梁氏御译神功胜禄习德治庶仁净皇帝嵬名御译"，也就是西夏皇太后梁氏与乾顺皇帝初译。

（2）校译本。西夏文《经律异相》的校译者为："奉天显道耀武宣文神谋睿智制义去邪惇睦懿恭皇帝御校"，也就是仁宗皇帝御校。

宋辽夏金一代，中国的大藏经版本已分南北经。南方有北宋《开宝藏》《崇宁藏》《圆觉藏》《毗卢藏》，北方有《契丹藏》和《赵城金藏》。夏仁宗（1140—1193）在

---

① ［宋］李焘：《续资治通鉴长编》卷一〇九"仁宗天圣八年十二月丁未"条，北京：中华书局，2004 年，第 2549 页。

② ［宋］李焘：《续资治通鉴长编》卷一一五"仁宗景祐元年十二月癸酉"条，北京：中华书局，2004 年，第 2708 页。

③ ［宋］李焘：《续资治通鉴长编》卷一五六"仁宗庆历五年润五月丙午"条，北京：中华书局，2004 年，第 3779 页。

④ ［宋］李焘：《续资治通鉴长编》卷一七九"仁宗至和二年四月庚子"条，北京：中华书局，2004 年，第 4330 页。

⑤ ［宋］李焘：《续资治通鉴长编》卷二四八"神宗熙宁六年十二月庚午朔"条，北京：中华书局，2004 年，第 6063 页。

⑥ 陈庆英：《西夏与藏族的历史、文化、宗教关系试探》，《藏学研究论丛》第五辑，拉萨：西藏人民出版社，1993 年，第 46 页。

⑦ 聂鸿音：《西夏的佛教术语》，李范文主编：《西夏研究》第三辑，北京：中国社会科学出版社，2006 年，第 388 页。

⑧ 《〈中国大百科全书〉选编·佛教》，北京：中国大百科全书出版社，1990 年，第 192 页。

位时，也是辽亡金兴，宋室南渡的高宗、孝宗时期。

研究表明在西夏中后期的 104 年间，夏共遣使 238 次，其中乾顺朝 36 次，仁宗朝 141 次，纯祐朝 36 次，夏金之间的交聘活动以西夏为主动，遣使频繁。①结合夏金交流和西夏据"南北经"重校的记载。南经指《开宝藏》似无较大争议外，北经可能除指《契丹藏》外，似乎也不排除《赵城金藏》是较大的可能。

（3）元代重刊本。西夏文《经律异相》在元代的雕印从动议到最后成行似有一个过程。有趣的是该经龙牌一文字有："大元国天下一统、世上独尊、福智名德主集，当今皇帝圣寿万岁！奉敕，印成、流通一全大藏经"。这里"集"前的尊称应是指元世祖。②"集"有"定"之义。

"当今皇帝"，无疑为大德十一年五月二十一日即位的元武宗（生于至元十八年七月十九日，即 1281 年 8 月 4 日）。

龙牌四文字有："奉敕，大德十一年六月二十二日，皇太子寿长使见千秋！印大藏经五十部流通。"可见西夏文《经律异相》在元代的重刻是西夏遗民为祝贺武宗寿辰，在沿袭世祖动议刻印西夏文佛教大藏经的基础上奉敕印制的。

（4）元刻西夏文《经律异相》与"河西字大藏经"。佛教"大藏经"历来是佛教文献研究的重点和难点。西夏文《大藏经》（即西夏时的《番大藏经》、元《河西藏》）不言而喻，也历来为学界所特别关注③，并艰难推进。在西夏文献中，到目前为止，有明确奉诏题款的元刻《大藏经》的材料发现依然较少，仅有三例，分别是：1917 年，宁夏灵武出土，今中国国家图书馆收藏的元大德十一年六月（1307，武宗主政）西夏文刻本《经律异相》卷十五、《悲华经》卷九、《说一切有部阿毗达磨顺正理论卷第五》（简称"《顺正理论》"）卷五。

西夏文《经律异相》无疑是"河西字大藏经"之版本一种。上述三部经典的共同版本特征：

版片大小：33×12 或 12.2 厘米（高宽）。

行款：每面 6 行，行 17—18 字。

① 刘建丽：《中国西北少数民族通史·辽、宋、西夏、金卷》，北京：民族出版社，2009 年，第 479 页。
② 杨志高：《西夏文〈经律异相〉卷十五"优波离为佛剃发得入第四禅一"译考》，《图书馆理论与实践》2013 年第 12 期，第 110—112、120 页。
③ 史金波：《西夏文〈过去庄严劫千佛名经〉发愿文译证》，《世界宗教研究》1981 年第 1 期，第 64—76 页；史金波、黄润华：《中国历代民族古文字文献探幽》，北京：中华书局，2008 年，第 196 页；段玉泉：《元刊西夏文大藏经的几个问题》，《文献》2009 年第 1 期，第 42—51 页；孙伯君：《元刊〈河西藏〉考补》，《民族研究》2011 年第 2 期，第 56—63 页；聂鸿音《西夏佛经序跋译注·导言》，上海：上海古籍出版社，2016 年等。

界栏：上下双栏，栏高 23.8 厘米（《经律异相》栏高 23.4 厘米）。

装帧：经折装。

扉画及其文字（译文）：卷首有佛说法图 1 幅 3 面，祝赞 4 面，韦驮像 1 面（《顺正理论》佛说法图 1 幅 4 面）。祝赞第 1 面西夏文 3 行译文为"奉大元国天下一统世上独尊福智名德俱集当今皇帝圣寿万岁敕，印制一全大藏经流行"，第 2 面译文为"当今皇帝圣寿万岁"，第 3 面译文为"太后皇后与天寿等"，第 4 面 3 行译文"奉敕大德十一年六月二十五日，皇太子寿长使见千秋，印大藏经五十部流行"。

题记（译文）：天生全能禄蕃佑圣式法皇太后梁氏御译，救德主世增福正民大明皇帝嵬名御译，奉天显道耀武宣文神谋睿智制义去邪惇睦懿恭皇帝嵬名御校。

帙号（译文）：《悲华经》卷九"翔（年、岁）"、《顺正理论》卷五"错（玉、璧）"、《经律异相》卷十五"属（做、作、为）"。

三部佛典同是明确的大藏经译印本，属于中原系统。按传统大藏经分类，《悲华经》属于经藏"五大部外诸重译经"部。《顺正理论》属于论藏"声闻对法藏"部。《经律异相》属于论藏"此方撰述集传"部。三者大小、装帧一致，分属夏皇太后梁氏共惠宗秉常皇帝译、皇太后梁氏共崇宗乾顺译、佚名译，又同为仁宗仁孝皇帝御校和同是"奉大元国天下一统、世界独尊、福智名德主——当今皇帝圣寿万岁诏集，印成、流通一全大藏经"的组成部分。

元代"印行西夏文大藏经至少四次或五次"[1]，有"三藏""十藏""五十藏""三千六百二十余卷""大藏经五十部"之说。那么同属"大藏经五十部"系列的《经律异相》《悲华经》《顺正理论》到底和前者有无关系？散在三经正文之外的内容（版间接纸处表示经名卷次的汉字、版序数、字数刻工和经末墨书汉字人名题款），还没有形成有效的关联，也缺乏其他方面过多文献的印证。看起来"河西字大藏经"终究在规模、结构到底如何，抑是否有汉藏"大藏经"那种意义上的佛典，还有待于发现更多的新资料。

（原载《西夏学》第十辑，上海古籍出版社，2014 年）

---

[1] 史金波、黄润华：《中国历代民族古文字文献探幽》，北京：中华书局，2008 年，第 196 页。